ANÁLISIS y DISEÑO de SISTEMAS de INFORMACIÓN

Segunda edición

ANÁLISIS y DISEÑO de SISTEMAS de INFORMACIÓN

Segunda edición

James A. Senn

Georgia State University

Traducción:

Edmundo Gerardo Urbina Medal
Profesor del Departamento de Ingeniería Eléctrica
UAM, Iztapalapa

Óscar Alfredo Palmas Velasco
Profesor de la Facultad de Ciencias
UNAM

Revisión Técnica:

Verónica Mendoza Anzures
Licenciada en Sistemas de Computación Administrativa
Directora del Departamento de Sistemas de Información
ITESM-CEM

Consuelo Natalia Fiorentini Cañedo
Licenciada en Sistemas Computacionales
Profesora Titular
ITEM-CEM

Octavio Sánchez Corona
Ingeniero Civil, UNAM
Maestría en Sistemas de Información
ITESM-CEM

McGRAW-HILL

MÉXICO • BUENOS AIRES • CARACAS • GUATEMALA • LISBOA • MADRID • NUEVA YORK
PANAMÁ • SAN JUAN • SANTAFÉ DE BOGOTÁ • SANTIAGO • SÃO PAULO
AUCKLAND • HAMBURGO • LONDRES • MILÁN • MONTREAL • NUEVA DELHI • PARÍS
SAN FRANCISCO • SINGAPUR • ST. LOUIS • SIDNEY • TOKIO • TORONTO

Gerente de producto: Javier Enrique Callejas
Supervisor de traducción y corrección de estilo: Armando Castañeda González
Supervisor de producción: Zeferino García García

ANÁLISIS Y DISEÑO DE SISTEMAS DE INFORMACIÓN

DERECHOS RESERVADOS © 1992, respecto a la segunda edición en español por
McGRAW-HILL INTERAMERICANA DE MÉXICO, S.A. de C.V.
Atlacomulco 499-501, Fracc. Ind. San Andrés Atoto,
53500 Naucalpan de Juárez, Edo. de México
Miembro de la Cámara Nacional de la Industria Editorial, Reg. Núm. 1890

ISBN 968-422-991-7
(968-422-165-7 primera edición)

Traducido de la segunda edición en inglés de
ANALYSIS & DESIGN OF INFORMATION SYSTEMS
Copyright © MCMLXXXIX, by McGraw-Hill, Inc., U. S. A.

ISBN 0-07-056236-9

4567890123   M.G.91   9087654123

Impreso en México   Printed in Mexico

Esta obra se terminó de
imprimir septiembre de 1993 en
Programas Educativos, S.A. de C.V.
Calz. Chabacano Núm. 65-A
Col. Asturias
Deleg. Cuauhtémoc
06850 México, D.F.

Se tiraron 7000 ejemplares

Prefacio

AL ESTUDIANTE

En la actualidad, para muchas organizaciones, los sistemas de información basados en computadoras son el corazón de las actividades cotidianas y objeto de gran consideración en la toma de decisiones. Las empresas consideran con mucho cuidado las capacidades de sus sistemas de información cuando deciden ingresar o no en nuevos mercados o cuando planean la respuesta que darán a la competencia. Sin ayuda automatizada, las dependencias gubernamentales tendrían que hacer un alto ante el volumen de trabajo que abrumaría a sus administradores y empleados. Por otra parte, la capacidad de comunicación de datos determina tanto el lugar como el momento en que fluirá la información.

El desarrollo de sistemas de información involucra tanto a los analistas de sistemas como a todos aquellos que harán uso de las aplicaciones que se desarrollen, es decir los usuarios finales. El análisis y diseño de sistemas de información incluye diversas partes de las organizaciones y no están limitados al dominio de los especialistas en computadoras. A lo largo de todo el libro se hace hincapié en este tema: las aplicaciones manejadas por el usuario.

En este libro se estudian cada una de las actividades asociadas con el desarrollo de sistemas de información basados en computadoras. El lector aprenderá cómo identificar los requerimientos del sistema, incluyendo los métodos para recolectar requerimientos relacionados con los datos, cómo interactuar con los gerentes y usuarios y, finalmente, cómo documentar los detalles del sistema con ayuda de diversos métodos. Por otra parte, también se estudia el diseño de características novedosas en los sistemas tales como la generación de reportes y pantallas, junto con el empleo de colores y gráficas. Juntos, examinaremos métodos para detectar errores en los datos de entrada y formas de evitar actividades fortuitas por parte del usuario que puedan producir resultados inesperados.

Para que usted se beneficie con este libro no es necesario que tenga un conocimiento extenso en negocios o un deseo de seguir una carrera en sistemas de información. Quizá usted sea un hombre de negocios, o un usuario, que espera interactuar con analistas de sistemas o programadores y desea comprender mejor su trabajo para cooperar de manera más eficiente con ellos. También es posible que usted desee adquirir conocimiento para coordinar al grupo de analistas responsable de desarrollar un proyecto en su departamento. Sin importar cuál sea el caso, usted se beneficiará con la lectura de este libro.

Es probable que usted sea un programador o un ingeniero que esté considerando trabajar en el futuro en el área de análisis de sistemas.

En este caso su experiencia en programación será complemento muy útil para el análisis y diseño de sistemas estudiados en el texto.

El libro contiene diversas herramientas que muestran un panorama real del desarrollo de sistemas. Cada capítulo presenta información relacionada con la experiencia en sistemas de información o sobre aspectos particulares abordados por compañías americanas muy importantes. Por lo tanto usted se dará cuenta de la manera en que empresas como McDonald's, AT&T, Polaroid, Delta Air Lines, Lockheed Aeronautical Systems Company-Georgia (y muchas más) desarrollan y utilizan con efectividad la tecnología de la información.

Cada capítulo comienza con una narración donde se describe una situación que es probable encontrar en una empresa. Usted puede reflexionar sobre la forma en que reaccionaría si se enfrentara a tal dilema. Espero que este tipo de situaciones le parezcan estimulantes.

En varias partes de cada capítulo aparece un *comentario al margen* que sirve como pausa diseñada para recalcar la perspectiva práctica de los conceptos y técnicas presentados en el texto. Cada uno de estos comentarios expresa mi opinión personal sobre algún aspecto en particular del desarrollo de sistemas que resulta adecuado para la realidad de las empresas.

Otras herramientas de estudio disponibles en este libro incluyen un conjunto de preguntas al inicio de cada capítulo que abordan los aspectos más importantes que se estudian en él, así como palabras clave en las que el lector debe fijar su atención conforme avanza en la lectura del capítulo. Al finalizar el capítulo, se recomienda volver a leer estas preguntas y que usted intente darles respuesta. También se incluye al final de cada capítulo un resumen que destaca los puntos más importantes tratados en él y que sirve como ayuda para dar respuesta a la serie de preguntas que aparecen a continuación del resumen.

A lo largo del libro aparecen muchos ejemplos y más de 200 ilustraciones que muestran la forma en que los analistas de sistemas determinan la factibilidad de desarrollar un sistema basado en computadora. En algunas ocasiones la decisión del analista es no desarrollar el sistema. Todos los ejemplos están basados en situaciones reales, en las cuales he estado involucrado como consultor, analista o diseñador de sistemas.

Los conceptos y teorías sobre los que descansan el análisis y diseño de sistemas están entrelazados a lo largo de todo el libro para que el lector comprenda por qué se deben abordar ciertas cuestiones y aprenda la manera como se toman varias decisiones. Asimismo se enfatizan los aspectos prácticos del desarrollo de sistemas, como las decisiones que el analista debe enfrentar de manera cotidiana cuando trabaja en un proyecto. Con todos los ejemplos e ilustraciones, usted obtendrá una clara imagen sobre el trabajo del analista de sistemas. Si usted dedica tiempo para trabajar sobre los problemas de aplicación que aparecen al final de cada capítulo, entonces reforzará los principios presentados en éste y ganará experiencia en la toma de decisiones que quizá enfrente algún día al trabajar en una empresa. Desarrollar las respuestas para estas preguntas, que están basadas en problemas reales, no siempre será sencillo y quizá sea necesario un esfuerzo mayor que uno o dos minutos de reflexión. Para esto no hay excusas. La cantidad de tiempo que usted invierta ahora determinará su pago en el futuro.

AL PROFESOR

Enseñar a estudiantes análisis y diseño de sistemas en un salón de clases es todo un reto ya que la materia se imparte fuera del contexto donde, en general, se crean las aplicaciones. Gran parte del análisis y diseño de sistemas depende de herramientas, experiencias y situaciones que son difíciles de recrear en un aula. En consecuencia los cursos que se ofrecen sobre este tema enfatizan la teoría y dedican poca atención a las aplicaciones.

Este libro va más allá de la teoría y conceptos que se ofrecen en el salón de clases ya que está orientado hacia la práctica mediante ejemplos, aplicaciones y técnicas bien probadas que *demuestran* lo que es el análisis y diseño de sistemas. Asimismo, se emplean en los ejemplos situaciones reales que se encuentran en comercios y organizaciones para indicar la forma en que se aplican los conceptos de sistemas en ellas.

El texto está diseñado para su uso en un curso trimestral o semestral sobre análisis y diseño de sistemas. Los temas se presentan en el orden que más facilita su comprensión por parte de los estudiantes. Los primeros capítulos están enfocados hacia los estudios de factibilidad y determinación de requerimientos, mientras que los últimos están orientados hacia las especificiaciones de diseño e implantación. Se estudia con bastante detalle la especificación de prueba y diseño del software, con un esmerado énfasis en mantener la calidad del sistema.

En el desarrollo y dirección de casi cualquier aspecto del desarrollo de un sistema siempre se plantean preguntas, objeto de estudio en los capítulos 16 y 17, relacionadas con la selección de hardware y software. Conforme avance el curso, los estudiantes pueden encontrar útil referirse a estos capítulos.

En el texto se da importancia a los métodos, herramientas y técnicas para el desarrollo de sistemas. Se estudia con detalle la construcción de prototipos, el análisis estructurado y el modelo tradicional del ciclo de vida del desarrollo de sistemas y se señalan sus ventajas y limitaciones. Asimismo, se destina un solo capítulo a las herramientas de software para realizar ingeniería de sistemas asistida por computadora (CASE, por sus siglas en inglés). En otras secciones del libro se emplean, para aplicaciones, herramientas CASE específicas como Excelerator ℗. En resumen la perspectiva es pragmática, señala cuándo es apropiada una herramienta CASE en el proceso de desarrollo, recalca las ventajas y limitaciones de los métodos y, finalmente, explora las características necesarias de las futuras generaciones de herramientas CASE.

Por otra parte se examinan con gran detalle la comunicación de datos y las redes, cada vez más comunes en sistemas de información de cualquier tamaño, ya sean distribuidos o no. Para esto se dedica un capítulo por separado a las decisiones de diseño que el analista debe abordar durante el desarrollo de redes de computadoras, selección de enlaces de comunicación y adquisición de medios para comunicación.

Para proveer a los estudiantes de un medio de aprendizaje activo donde puedan dominar los conceptos, el libro presenta varias características especiales y recursos didácticos entre los que se incluyen:

- Preguntas clave al principio de cada capítulo
- Objetivos y habilidades a desarrollar en cada capítulo
- Lista de términos importantes que aparecen en cada capítulo
- Cada capítulo inicia con una narración que describe una situación real que tiene relación con el contenido del mismo
- Recuadros donde se encuentran experiencias de varias corporaciones relacionadas con sistemas de información
- Herramientas para reforzar el desarrollo profesional
- Cada capítulo contiene pausas que recalcan y amplían las perspectivas prácticas de los conceptos y técnicas estudiados
- Resumen de cada capítulo
- Preguntas de repaso
- Problemas de aplicación que requieren del empleo de los conceptos, herramientas y técnicas presentados en el capítulo

Es importante que el estudiante siga de cerca el desarrollo de un sistema real conforme estudia los diferentes conceptos de análisis y diseño. Para ayudarlo a alcanzar este objetivo, se incluyen en el libro fragmentos de un proyecto real: Industrias Sevco, de desarrollo de sistemas. Este caso de estudio, ya probado en clase, está relacionado con un sistema, común en muchas empresas, que recibe pedidos y emite estados de cuenta.

Después de cada tema importante, se aplican los conceptos y técnicas en un caso de estudio, el que incluye un estudio de factibilidad y una investigación detallada. Para documentar el sistema se agrupan las entradas del diccionario de datos y el diagrama de flujo de datos. En el campo del diseño de entradas y salidas se muestran informes, pantallas y menús interactivos para señalar la forma en que los requisitos del usuario se trasladan en especificaciones de diseño y métodos de procesamiento. Dado que el sistema requiere de facilidades para la comunicación de datos, también se proporciona el diseño propuesto para la incorporación de dichos medios de comunicación. En el momento en que el estudiante lea el capítulo 15, que trata sobre la implantación de sistemas, se dará cuenta de que la implantación comienza durante la determinación de requerimientos y se extiende durante todo el proceso de desarrollo. El capítulo indica otros aspectos adicionales de la implantación.

Análisis y diseño de sistemas de información, en su edición en inglés, está complementado por un paquete de enseñanza y aprendizaje que incluye:

- *Guía de estudio.* Para esta segunda edición se ha preparado una nueva guía de estudio que incluye más preguntas y problemas de autoevaluación, tres casos de estudio y un glosario cuya finalidad es ayudar a sus estudiantes a dominar el material contenido en el libro. Se incluyen varias hojas de trabajo y formas para su uso en proyectos de desarrollo de sistemas.

- *Manual del profesor.* Este nuevo manual proporciona apoyo adicional para el libro. Incluye varias estrategias de enseñanza, sugerencias para lecturas adicionales, respuestas a los problemas de aplicación y preguntas de repaso, además de un apéndice especial sobre análisis costo-beneficio y un conjunto de transparencias.

- *Banco de exámenes.* Se ha creado un banco de exámenes para acompañar esta segunda edición que contiene, aproximadamente, 2000 preguntas tanto en fotocopias como en formato para computadora. En el banco existen tres tipos de preguntas: falso-verdadero, opción múltiple y para completar. Todas ellas se han seleccionado, de manera cuidadosa, para subrayar los temas importantes y permitir al profesor preparar una amplia gama de exámenes.

El libro, junto con sus herramientas, se desarrolló con la finalidad de brindar a los estudiantes un conocimiento práctico, orientado hacia las aplicaciones del análisis y diseño de sistemas. El material del libro es aplicable tanto a computadoras grandes como a computadoras personales. El analista que se encuentra al día debe estar familiarizado con ambas.

AGRADECIMIENTOS

Deseo expresar mi agradecimiento a las siguientes personas que revisaron el libro y proporcionaron valiosos comentarios y sugerencias para esta segunda edición:

Jack Stott, University of Hawaii
Eugene Muscat, University of San Francisco

Andrew Peacock, Digital Equipment Corporation
Edwin Blancks, Virginia Commonwealth University
Constance Knapp, Pace University
Robert Keim, Arizona State University
William Sasso, New York University

Al personal de McGraw-Hill Publishing Company que contribuyó al desarrollo de este proyecto. Erick Munson y Karen Jackson trabajaron de manera muy intensa durante todo el proceso de revisión de la obra. Agradezco su gran sentido de mercadotecnia y su buena voluntad para allegar recursos al proyecto. Elisa Adams realizó un gran trabajo en la primera edición y sus esfuerzos continúan siendo evidentes en esta segunda edición. Barbara Pickard, de Cole and Associates, desempeñó un papel muy importante al preparar y editar esta segunda edición. En particular, me siento muy satisfecho con el trabajo de Barbara. Su creatividad y percepción de las necesidades del estudiante son palpables en toda la obra.

La coordinación de este proyecto estuvo a cargo de verdaderos profesionales: Brete Harrison, Lorna Cunkle, Carolyn Chandler y Elizabeth Assefnia, quienes desarrollaron y mantuvieron los objetivos del programa y aseguraron que todas las piezas faltantes fueran encontradas y puestas en su lugar.

Durante todo el proyecto mi esposa Elaine fue una ardiente animadora, fuente de apoyo y gran amistad. Su colaboración aparece en las diversas formas que contribuyeron para alcanzar el resultado final.

James A. Senn

Contenido

Segunda parte: análisis y determinación de requerimientos 117

3. Herramientas para determinar requerimientos de sistemas 118

4. Estrategia de desarollo por análisis estructurado 170

5. Estrategia de desarrollo por prototipos de aplicaciones   240

6. Herramientas asistidas por computadora para el desarrollo de sistemas   282

9. Diseño de entradas y controles　　　　　　　　　　　　　　**473**

10. Diseño del diálogo en línea　　　　　　　　　　　　　　**513**

11. Diseño de archivos y uso de dispositivos de almacenamiento secundario　　**591**

15. Administración del proceso de implantación del sistema 814

16. Administración del proceso de desarrollo de sistemas de información 868

17. Selección de hardware y software 903

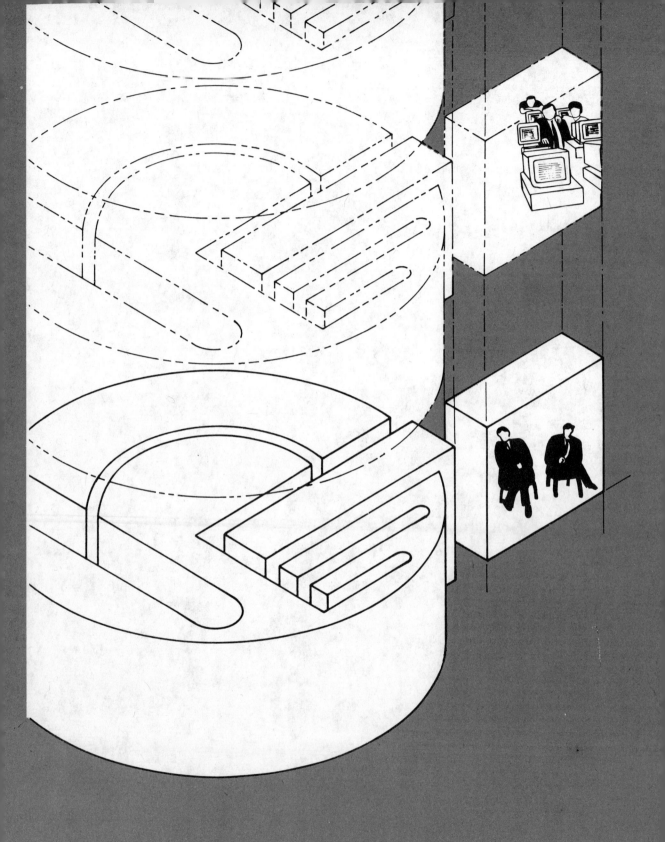

Esta primera parte comprende dos capítulos (1 y 2). El propósito de éstos es brindar una introducción al proceso de desarrollo de sistemas y definir la terminología básica utilizada en el campo del análisis y diseño de sistemas.

El capítulo 1 presenta un panorama de los sistemas de información en el marco de una economía global basada en la información y, también explora el papel que desempeñan los usuarios

PRIMERA PARTE
Introducción al desarrollo de sistemas de información

en estos sistemas. Asimismo, se definen el análisis y diseño de sistemas y se bosquejan las responsabilidades de los analistas de sistemas. Por otra parte, el capítulo presenta los conceptos de sistemas y delinea varias categorías de sistemas de información organizacionales; concluye con un estudio de las estrategias y herramientas utilizadas en el desarrollo de sistemas.

El capítulo 2 examina la forma en la que se inician los proyectos de sistemas y describe métodos para revisar y seleccionar proyectos. Asimismo, explica la investigación preliminar y el proceso de examinar la factibilidad operacional, técnica y económica de un proyecto. El capítulo concluye con estrategias específicas para el desarrollo de proyectos tanto de aplicaciones institucionales como para las desarrolladas por los usuarios.

1. Introducción al desarrollo de sistemas de información

GUÍA DE ESTUDIO

Usted tendrá un panorama general del análisis y diseño de sistemas cuando sea capaz de responder a las siguientes preguntas.

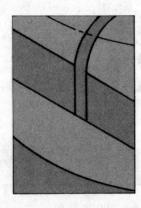

- ¿Qué es el análisis y diseño de sistemas?
- ¿Qué actividades forman parte del proceso de desarrollo de sistemas?
- ¿En qué forma cambian las responsabilidades del analista de sistemas?
- ¿Qué principios sirven de guía para el análisis y diseño?
- ¿Existen diferentes métodos para el desarrollo de sistemas de información?
- La selección de métodos de desarrollo, ¿depende de si el sistema será automatizado o no?
- ¿Quiénes son los usuarios de los sistemas? ¿De qué manera varían sus interacciones con el sistema?
- ¿Qué papel tienen los usuarios en el desarrollo de sistemas de información?
- ¿Qué puntos débiles deben considerar juntos los usuarios y los analistas cuando se implanta un sistema de información?

OBJETIVOS DEL CAPÍTULO

- Desarrollar la habilidad para examinar una solicitud de asesoría computacional y determinar si el empleo de una computadora es una respuesta apropiada, dentro del marco de la organización, para la situación planteada.
- Saber cómo recolectar e interpretar hechos que ayuden a diagnosticar un problema organizacional y la forma en que se relaciona con la computación y los sistemas de información.
- Entender cómo determinar, después de examinar una situación organizacional, dónde es deseable la asistencia computarizada y en qué partes son más efectivos los procedimientos y sistemas manuales.
- Adquirir la capacidad para diseñar y desarrollar las especificaciones para un sistema de información a partir del examen del sistema actual.
- Adquirir el conocimiento para seleccionar los mejores métodos para entrada de datos, almacenamiento y acceso, procesamiento y salidas para una situación dada.
- Obtener un panorama completo del desarrollo de software, métodos de prueba y estrategias de implantación.

Asimismo, usted obtendrá suficiente experiencia en cada uno de estos objetivos al trabajar con problemas de desarrollo de aplicaciones y casos de estudio.

PALABRAS CLAVE

Análisis de sistemas
Análisis estructurado
Aplicación
Ciclo de vida del desarrollo
   de sistemas (SDLC)
Control
Diagrama de flujo de datos (DFD)
Diseño de sistemas
Diseño estructurado
Diseño físico
Diseño lógico de sistemas
Estudio de factibilidad
Estudio de sistemas
Generador de aplicaciones
Investigación detallada
Investigación preliminar

Prototipo
Retroalimentación
Sistema
Sistema abierto
Sistema cerrado
Sistema de información
Sistemas de información
   administrativa (SIA)
Sistemas para el
   procesamiento de
   transacciones (IPS)
Sistemas para el soporte de
   decisiones
Subsistemas
Trabajadores de información
Usuario final

Analista de sistemas: ¿una profesión que vale la pena emprender?

"¿Analista de sistemas? ¡Pensé que estaban en vías de extinción!"

Un grupo de ejecutivos de cierta empresa se encuentra reunido con estudiantes en un simposio especial sobre carreras, patrocinado por la universidad. El ejecutivo con el que usted ha conversado por cierto tiempo habla de manera clara y precisa, viste bien, muestra aplomo y toda la exuberancia que parece acompañar al éxito en una profesión.

Usted escucha comentarios entusiastas de otros estudiantes que se encuentran alrededor, relacionados con el futuro de sus carreras en mercadotecnia, desarrollo de nuevos productos, contabilidad, ingeniería y leyes. Pero sus intereses se encuentran en otra dirección ya que usted ha seleccionado el campo de las computadoras y comunicaciones, donde existe una industria en continuo crecimiento y, por supuesto, aquel que muchas empresas y organizaciones de todo tipo consideran, cada vez con mayor insistencia, como indispensable para su éxito y rentabilidad.

Hace unos momentos usted experimentaba una sensación de orgullo cuando comentó a su interlocutor su decisión de convertirse en analista de sistemas. La respuesta escéptica de éste, sin embargo, lo tomó por sorpresa. ¿Qué es lo que el ejecutivo quizo darle a entender? ¿Deseaba poner a prueba su compromiso con la profesión que usted desea estudiar? ¿Trataba de poner en tela de juicio su conocimiento del campo? El ejecutivo continúa hablando mientras usted escucha con atención.

"En nuestra organización el análisis de sistemas significa computadoras y éstas, a su vez, sistemas de información. Todos estos sistemas necesitan, principalmente, software y es en este aspecto donde se encuentra nuestro punto débil pero estamos superando el problema. La venta de software en estos momentos es tan común que éste ya es considerado como un artículo de consumo. Hemos negociado contratos por un año de duración que tardan varios meses en entregar tan sólo una parte de lo solicitado.

"Con la diversidad existente de software, y dado que éste es la esencia de un sistema de información, podemos encontrar casi cualquier aplicación que necesitemos en forma de software preempaquetado o 'enlatado'. Claro, estamos conscientes de que no cualquier paquete hará el trabajo y que, además, tiene que reunir ciertos requerimientos. Cualquier sistema, en general, que no satisface nuestros criterios no recibe ninguna consideración adicional.

"Con todo esto dígame, si los sistemas de información son en realidad únicamente software y procedimientos y si usted considera la enorme cantidad de paquetes ofrecidos por vendedores y distribuidores de equipo de cómputo, ¿necesitamos analistas de sistemas?"

"Por varias razones creo que continuarán siendo necesarios" contesta usted con entusiasmo. "Es probable que las empresas pequeñas trabajen con software disponible en el mercado, pero las grandes organizaciones seguirán teniendo analistas para planear y desarrollar sus sistemas, aunque hagan uso de software elaborado por terceros. Por otra parte existe la necesidad de analistas que reemplacen a los miembros de un grupo que se jubilan o dejan el empleo por otras razones. Y..."

"Pero, ¿se dará un incremento de la demanda?" interrumpe el ejecutivo. "Me parece que, aun en las grandes organizaciones, la necesidad de analistas en el futuro será la misma que en este momento. Usted debe recordar que el puesto de analista de sistemas se creó en la década de los cincuentas, cuando las computadoras hicieron su aparición en las empresas. En ese entonces todo era un experimento; las computadoras eran nuevas, su utilidad no se había demostrado y constituían un riesgo. En la actualidad existen sistemas que pueden generar, de manera automática, aplicaciones para computadora; el usuario proporciona varios requerimientos y produce reportes y software ejecutable."

"En la actualidad están tomando auge los sistemas realizados por el usuario final; desarrollo de sistemas basados en computadora por gerentes, profesionistas y personas que no son expertos en computadoras. Si la demanda de analistas de sistemas no disminuye por causa del software preempaquetado, ¿no cree usted que lo hará por los sistemas realizados por el usuario final? De cualquier modo, usted debe saber lo que desea para sí mismo. ¿Está usted seguro de que vale la pena seguir esta profesión? ¿Qué tanta importancia tendrán para mi empresa los analistas de sistemas?"

Usted se da cuenta de que los siguientes momentos serán cruciales para su futuro ya que se ha presentado una oportunidad inesperada. Después de todo, el hecho de que su interlocutor haya decidido dedicar cierto tiempo para hablar con usted indica cierto grado de interés por parte de él, y en este momento espera de usted una respuesta.

Al mirarlo directamente a los ojos, usted siente la confianza necesaria para iniciar su respuesta.

En este momento, el mundo experimenta cambios fundamentales. Los continuos avances en tecnología de computadoras y comunicaciones tienen un efecto profundo sobre la forma en que las personas trabajan y se divierten. Tanto la tecnología en sí misma como las expectativas de las personas que la utilizan, están alterando las caraterísticas de los sistemas de información que el analista diseña; por otra parte el uso, cada vez más extenso, de sistemas de información está cambiando la naturaleza propia de la sociedad que hace uso de ellos. Nuestra economía está basada en la información, más en la tecnología de sistemas de información que sobre las máquinas y productos derivados del petróleo que caracterizaron a la anterior economía industrial. El desarrollo de sistemas de información ha jugado un papel muy importante en la evolución de esta nueva economía. A su vez, los creadores de estos sistemas han influido, y continuarán haciéndolo, en muchos de los aspectos de este cambio fundamental.

EN PERSPECTIVA

Los sistemas de información, a través de su papel central en la economía de la información, están llevando a cabo los cambios en cuatro aspectos fundamentales: 1) las personas trabajan de manera más inteligente, 2) un cambio global en el concepto de industria, 3) tanto las ideas como la información están tomando mayor importancia que el dinero, y 4) las personas que trabajan con la información dominan la fuerza de trabajo.

Trabajo más inteligente

Existe una definición más de la naturaleza del trabajo. Hoy, buena parte de nuestra sociedad se apoya en la tecnología de sistemas de información, ya sea directa o indirectamente, para trabajar con "mayor inteligencia". La tecnología se utiliza de muchas maneras: visibles e invisibles, espectaculares o rutinarias; desde efectos especiales para cine y televisión hasta hornos de microondas, cámaras electrónicas y sistemas de encendido para automóviles. Las computadoras y los sistemas de información ocupan ahora un sitio especial en las empresas donde facilitan la operación eficiente de oficinas de reservación de aerolíneas, departamentos de archivo clínico en hospitales, funciones de contabilidad y nómina, banca electrónica, sistemas de conmutación telefónica, y así como éstas existen un número sin fin de aplicaciones, grandes y pequeñas. Todas estas aplicaciones requieren, cuando es posible, un buen número de horas-hombre.

Los sistemas proporcionan información tanto de problemas como de oportunidades. Más que desarrollar un nuevo producto, es posible simularlo con el consiguiente ahorro de tiempo, dinero y errores. En todo momento se envían, alrededor del mundo, mensajes, noticias e imágenes. El correo nocturno ya no es suficientemente rápido. El afán por la información de la sociedad actual es incontenible, revistas, libros, bases de datos, reportes especiales, y algunos otros que son ejemplos de una lista en continuo crecimiento.

Pero las herramientas y la tecnología por sí mismos no producen ninguna mejora. Es necesario combinarlos con perspicacia e información, información sobre las oportunidades y perspicacia en las habilidades y recursos necesarios para obtener resultados. Estos elementos caracterizan la economía de la información, donde las nuevas ideas y tecnologías son los factores críticos del éxito.

La agricultura y la industria, sin embargo, sellos de tiempos anteriores, no han desaparecido ni tampoco han sido suplantados. La demanda de productos agrícolas y manufacturados continúa. Sin embargo, en 1900 casi la tercera parte de la fuerza de trabajo estaba formada por campesinos. A fines de la década de los ochentas, menos del 3% de la población en Estados Unidos se dedica a las labores del campo (más personas buscan empleos en las universidades que en el campo). Aun con esta situación, el nivel de producción de alimentos es el más alto de toda la historia y el flujo constante de información relacionada con el uso de la tierra, métodos de siembra y aplicación de fertilizantes, junto con nuevas generaciones de maquinaria, promete aumentar, de manera dramática, la producción. Los ejemplos anteriores son sólo unos cuantos de los muchos que ilustran la forma en que el trabajo se ha vuelto más inteligente.

Fusión global de empresas

Hace algún tiempo las funciones de banca, casa de bolsa, inversión y bienes raíces eran diferentes, estaban bien definidas y claramente entendidas. En muchos casos, las fronteras que separaban estas actividades se encontraban establecidas por las leyes. La banca maneja dinero; las casas de bolsa acciones y bonos; las empresas de bienes raíces terrenos y transacciones de propiedades; y las compañías de seguros pólizas contra accidentes y propiedades.

En muchos aspectos, estas fronteras crearon barreras artificiales. Los consumidores y las oficinas del gobierno, al darse cuenta que la transferencia real era de información (es decir información *relacionada* con dinero, acciones, pólizas o propiedades), comenzaron a presionar para retirar las barreras. En la actualidad, mediante el uso de sistemas de información diseñados de manera cuidadosa, los bancos manejan transacciones que involucran dinero, acciones, seguros y propiedades. Hoy, las funciones de Sears no sólo abarcan los almacenes de venta al menudeo sino también las de banca, seguros, bienes raíces y corretaje. De manera similar la casa matriz del Citibank en Nueva York, puede actuar como casa de inversión, agente de bienes raíces y banca internacional.

En estos momentos, la sociedad y la economía tienen una naturaleza global. Las actividades en Londres y Tokio, por ejemplo, tienen influencia sobre las transacciones comerciales en Nueva York, Chicago, Atlanta y Los Ángeles. Las influencias globales han reemplazado a las economías nacionalistas de la era industrial.

Las líneas que separan las industrias continuarán desapareciendo o fusionándose y el contenido de información en servicios y productos —no las barreras artificiales—, serán las características distintivas de la industria.

Ideas e información

En la era industrial lo más importante era el uso del capital, dinero y recursos tangibles, para generar nuevos productos. En el presente los recursos básicos son las ideas y el uso de la información.

El empleo estratégico de la información continuará creando, virtualmente en todas las industrias, nuevas oportunidades. La habilidad para hacer uso de la información, más que los recursos financieros, para obtener ventajas competitivas ya sea a través de nuevos productos y servicios o con un trato más eficaz hacia los clientes, proveedores y competidores, será el factor que decida cuáles empresas tendrán éxito en el año 2000.

Usuarios: trabajadores de la información

El analista John Naisbitt, autor de *Megatrends: Ten New Directions for Changing Our Lives,* es uno de los muchos que ha estudiado la transformación de la economía hacia un estado donde ésta depende, en gran medida, de los trabajadores de la información. En 1950, en el amanecer de la computación en los negocios, el 17% de la fuerza de trabajo estaba en los empleos relacionados con la información. Para finales de la década de los ochentas este porcentaje había crecido hasta, aproximadamente, un 70%.

En la actualidad, la industria de manufactura genera sólo alrededor del 28% de los sueldos y salarios del sector privado. El resto proviene de las empresas de servicios y manejo de información (véase Fig. 1.1).

Los trabajadores de la información, aquellos que se ganan la vida al crear, utilizar, procesar, administrar o intercambiar información, en ocasiones reciben el nombre de trabajadores de cuello blanco para distinguirlos de los llamados trabajadores de cuello azul que prestan sus servicios en la industria y el campo. Aunque exacto, el término *trabajador de la información* es demasiado abstracto y normalmente no se emplea en las organizaciones e industrias de sistemas de información. El nombre más común para este tipo de trabajador (que es el empleado en este libro) es *usuario,* término que se refiere a aquellos que utilizan la información y los sistemas de información.

En párrafos anteriores se mencionaron diferentes tipos de usua-

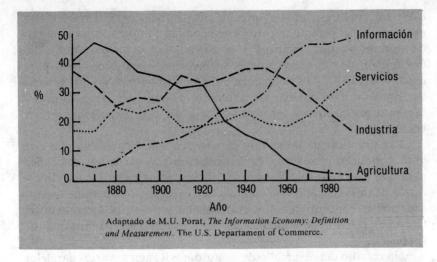

FIGURA 1.1
Fuerza de trabajo laboral en Estados Unidos.

Adaptado de M.U. Porat, *The Information Economy: Definition and Measurement*. The U.S. Departament of Commerce.

rios: banqueros, corredores de acciones y agentes de seguros o de bienes raíces. Existen muchos otros entre los que se incluyen ingenieros, asistentes administrativos, vendedores, técnicos, y gerentes de toda clase. Es importante reconocer el alto grado de dependencia que la sociedad tiene de los sistemas de información, y de las personas que los operan, para soportar sus actividades cotidianas. Sin sistemas de información eficaces muchas industrias serían inoperables. En la actualidad, ¿serían capaces los bancos, la bolsa de valores o las aerolíneas de operar sin sistemas de información? La respuesta es no.

El peso de la responsabilidad

Aumentar la confiabilidad en la información significa que aquellos que diseñan los sistemas de información tendrán una responsabilidad cada vez mayor. Tal como se menciona en la narración al inicio del capítulo, los sistemas de información deben ser capaces, utilizables, confiables y, por encima de todo, servir como medios para alcanzar fines sin convertirse en un fin por sí mismos.

¿Cómo se desarrollaron estos complejos sistemas de información? En una palabra, a través de la gente. La tecnología se ha desarrollado con vertiginosa rapidez, pero el aspecto más importante de cualquier sistema es la experiencia humana y el empleo de ideas para aprovechar las computadoras con la finalidad de que éstas lleven a cabo las tareas necesarias. Este proceso es esencialmente la parte medular del desarrollo de sistemas. Sin importar el uso, un sistema de información basado en computadora debe funcionar de manera apropiada, ser fácil de utilizar y adecuarse a la organización para la que fue diseñado. Si un sistema ayuda a las personas a trabajar con mayor eficiencia entonces éstas lo utilizarán, de lo contrario lo evitarán.

La manera en que se han desarrollado los sistemas de información, sin embargo, no siempre ha sido satisfactoria. Para algunas personas, aquellas que se entretienen con las computadoras, sistemas de comunicaciones, gráficas y otros, no hay objeción alguna. Su fascinación por la tecnología es lo principal para ellos. Pero para muchos usuarios la tecnología ha sido un obstáculo, algo que se tiene que soportar para obtener los resultados deseados. Es necesario cambiar esta perspectiva y *usted puede jugar un papel importante en este proceso.*

Las prácticas de desarrollo de sistemas que se presentan en este libro conducen a sistemas de información transparentes, diseñados para que los usuarios trabajen *con* ellos y no *en* ellos. La tecnología detrás de tales sistemas está oculta y esta característica permite que los usuarios se concentren sobre el problema y no en la computadora. Crear esta clase de sistemas es responsabilidad del analista de sistemas.

Un estudio del desarrollo de un automóvil sugiere varios paralelos con la evolución de los sistemas de información computacionales. Los primeros automóviles eran difíciles de utilizar. Los "usuarios" eran fanáticos que no objetaban arrancar la máquina con una manivela, ajustar a mano el encendido y pisar el pedal del clutch de la caja de transmisión al mismo tiempo que movían la palanca de velocidades y trataban de mantener el vehículo sobre un estrecho camino. Conforme se acumuló mayor experiencia con el automóvil, las personas se dieron cuenta del profundo impacto que éste tendría en la sociedad. Entonces surgió toda una infraestructura, carreteras, gasolinerías y estacionamientos, para sustentar el empleo del automóvil.

Al mismo tiempo, la tecnología del automóvil comenzó a ser menos evidente a tal grado que el operador, ahora llamado conductor, podía poner su atención en otras cosas. Los arrancadores, bobinas y transmisiones se volvieron automáticos. Se añadieron sistemas de diagnóstico y sensores que trabajan de manera invisible, indicando al conductor cuándo es necesario que éste lleve a cabo determinada acción como cerrar la puerta, quitar las llaves del interruptor de ignición, ajustar el encendido y añadir combustible o líquido anticongelante.

Los primeros fanáticos de las computadoras desarrollaban lenguajes de computadora y sistemas operativos conforme diseñaban aplicaciones que utilizaran la tecnología con eficiencia (por ejemplo la memoria y el almacenamiento entre otras cosas). Los usuarios finales tenían que tolerar un cierto nivel de tecnología como el medio para alcanzar el fin: recibir información útil. Con frecuencia sólo se recibía parte de la información y la utilidad de una fracción de ella era parcial. En la actualidad, nuestra habilidad para construir sistemas de información que satisfagan las necesidades de los usuarios es mejor pero no perfecta.

Diseñar y desarrollar sistemas requiere de varias habilidades, algunas de las cuales es posible que usted ya posea. Las restantes las desarrollará conforme lea el libro y trabaje con los problemas y casos de estudio.

A medida que usted avance en la lectura de los capítulos encontrará, de vez en cuando, un símbolo en el margen como el que aquí se muestra; este símbolo indica una sección del libro titulada *Comentario al margen*. Estas secciones especiales están escritas para dar una perspectiva del conocimiento recién ganado del análisis y diseño de sistemas y con ello comprender mejor el papel que desempeñan los analistas en el campo de los sistemas de información. Dichos comentarios tienen varios propósitos específicos: algunos brindan un panorama del material que será presentado; otros recapitulan conceptos importantes cubiertos en capítulos anteriores; varios más proporcionan ideas prácticas sobre situaciones reales que es probable que los analistas encuentren en su trabajo.

Antes de examinar con detalle el proceso de análisis y diseño de sistemas, primero es necesario comprender los principios que sirven de guía al esfuerzo de desarrollo de sistemas de información basados en computadora y el ciclo de vida del desarrollo de sistemas.

El resto del capítulo está enfocado a cuatro áreas. La primera define el análisis y diseño de sistemas y cubre la terminología básica empleada en el desarrollo de sistemas junto con las responsabilidades del personal que lleva a cabo esta tarea. La segunda sección presenta conceptos generales de sistemas tal como son aplicados, en general, en el campo de las organizaciones y, en particular, en los sistemas de información.

Asimismo se explorarán las diferentes categorías de sistemas de información incluyendo las características que afectan la forma en que se desarrollan éstos y las expectativas que los usuarios tienen una vez que los sistemas se implantan.

La última parte del capítulo describe las actividades de desarrollo asociadas con aplicaciones de sistemas de información y delinea los temas que serán estudiados en el resto del libro.

¿QUÉ ES EL ANÁLISIS Y DISEÑO DE SISTEMAS?

Dentro de las organizaciones, *el análisis y diseño de sistemas* se refiere al proceso de examinar la situación de una empresa con el propósito de mejorarla con métodos y procedimientos más adecuados. Esta sección presenta un panorama del análisis y diseño de sistemas y describe el trabajo de los analistas de sistemas así como los diferentes tipos de usuarios que participan en el proceso de desarrollo.

Panorama del análisis y diseño de sistemas

El desarrollo de sistemas puede considerarse, en general, formado por dos grandes componentes: el análisis de sistemas y el diseño de sistemas. *El diseño de sistemas* es el proceso de planificar, reemplazar o complementar un sistema organizacional existente. Pero antes de llevar a cabo esta planeación es necesario comprender, en su totalidad, el viejo sistema y determinar la mejor forma en que se pueden, si es posible, utilizar las computadoras para hacer la operación más eficiente. El *análisis de sistemas,* por consiguiente, es el proceso de clasificación e interpretación de hechos, diagnóstico de problemas y empleo de la información para recomendar mejoras al sistema. Este es el trabajo del analista de sistemas.

Considere, por ejemplo, las operaciones del almacén de una tienda de ropa. Para tener mejor control del inventario y acceso a información más actualizada con respecto a los niveles de inventario y abastecimiento, la empresa solicita a un analista de sistemas "computarizar" todas las operaciones del almacén. Antes que el analista pueda diseñar un sistema para capturar datos, actualizar archivos y emitir reportes, primero necesita averiguar más acerca de cómo opera el almacén, con qué documentación cuenta (requisiciones, pedidos, facturas) para guardar la información manualmente y, qué informes, si es que los hay, se producen y cómo se emplean.

Para seguir adelante, el analista busca información relacionada con las listas de reabastecimiento, pedidos pendientes, registros manuales del almacén y otros reportes. También necesita determinar dónde se origina esta información, ya sea en el departamento de compras, en el propio almacén o en el departamento de contabilidad. En otras palabras el analista debe comprender cómo trabaja el sistema actual y, de manera más específica, cuál es el flujo de información en todo el sistema.

Por otra parte, el analista necesita saber los motivos que tiene la tienda para cambiar su modo de operación. ¿Tiene la empresa problemas con el surtido de pedidos, con la mercancía o con el dinero? ¿Se rezaga el registro del inventario? ¿Se necesita un sistema más eficiente como requisito previo para poder aumentar el número de operaciones?

Sólo después de haber reunido todos los hechos, el analista se encuentra en la posición de determinar cómo y dónde un sistema de información basado en computadora será benéfico para todos los usuarios del sistema. Esta acumulación de información, denominada *estudio del sistema,* es la que precede a todas las demás actividades del análisis.

Los analistas hacen mucho más que resolver problemas. Con frecuencia se solicita su ayuda para planificar la expansión de la organización. En el caso de la tienda de ropa el estudio de sistemas está orientado hacia el futuro, ya que todavía no existe ningún sistema como tal. El analista valora, de manera cuidadosa, las necesidades futuras de la empresa y los cambios que deben considerarse para satisfacer esas necesidades. En este caso, como en muchos otros, los analistas recomiendan opciones para mejorar la situación, siendo lo usual tener varias estrategias posibles.

Al trabajar con los gerentes y empleados de la organización los analistas de sistemas recomiendan qué opciones adoptar de acuerdo con la forma en que se adecua la solución a la empresa y su ambiente en particular así como al soporte que, por parte de los empleados, tenga la solución propuesta. Algunas veces el tiempo necesario para desarrollar una opción, comparado con el de otras, es el aspecto más crítico. Los costos y beneficios también son factores determinantes. Al final, la administración, que es la que paga y hace uso de los resultados, es la que decide qué opción aceptar.

Una vez tomada la decisión, se diseña un plan para implantar la recomendación. El plan incluye todas las características de diseño del sistema, tales como las necesidades de captura de nuevos datos, especificaciones de archivo, procedimientos de operación y necesidades de equipo y personal. El diseño de sistemas es como los planos de un edificio: especifica todas las características del producto terminado.

Los diseños para el almacén proporcionan las diferentes maneras para capturar datos relacionados con pedidos y ventas, además de especificar la forma en que estos datos serán almacenados, ya sea en documentos diseñados para tal fin o en algún medio donde una computadora los pueda leer, como cintas y discos magnéticos. Los diseños también indican qué trabajos serán efectuados por las personas y cuáles por la computadora. Los diseños cambian en este aspecto de la división del trabajo; depende si éste es hecho por las personas o por las computadoras.

El personal del almacén también necesitará información relacionada con la empresa. Cada diseño describe las diferentes salidas generadas por el sistema, tales como reportes de inventario, análisis de ventas, listas de compradores y facturación. Los analistas de sistemas deciden qué salidas utilizar y cómo generarlas.

El análisis especifica *qué* es lo que el sistema debe hacer. El diseño establece *cómo* alcanzar el objetivo.

Nótese que en cada uno de los procesos mencionados participan personas. Los gerentes y empleados tienen buenas ideas con respecto a qué es lo que sí trabaja y qué es lo que no, qué causa problemas y qué no, dónde son necesarios los cambios y dónde no y, especialmente, en qué partes el cambio será aceptado y en cuáles no. Aun con toda la tecnología, son las personas las piezas más importantes para que una organización trabaje. De esta manera, comunicarse y tratar con las personas es uno de los aspectos muy importantes del trabajo del analista de sistemas.

Lo que NO es el análisis de sistemas

Ya se ha dado una idea de lo que es el análisis de sistemas, es decir el estudio de sistemas organizacionales para determinar sus métodos actuales y evaluar su efectividad. Resulta útil saber también lo que NO es el análisis de sistemas:

NO es:

> *El estudio de una empresa para buscar procesos ya existentes con el propósito de determinar cuáles deberían ser llevados a cabo por una computadora y cuáles por métodos manuales.* La finalidad del análisis está en comprender los detalles de una situación y decidir si es deseable o factible una mejora. La selección del método, ya sea utilizando o no una computadora, es un aspecto secundario.

NO es:

> *Determinar los cambios que deberían efectuarse.* La finalidad de la investigación de sistemas es estudiar un proceso y evaluarlo. En algunas ocasiones no sólo no se necesita un cambio sino que éste tampoco es posible. Los cambios deben ser un resultado, no un intento.

NO es:

> *Determinar la mejor forma de resolver un problema de sistemas de información.* Sin importar cuál sea la organización, el analista trabaja en los problemas de ésta. Es un error hacer una distinción entre los problemas de la empresa y los de sistemas ya que estos últimos no existirían sin los primeros. Cualquier sugerencia debe primero considerarse a la luz de si beneficiará o perjudicará a la organización. No se debe ir tras ideas técnicamente atractivas a menos que éstas mejoren el sistema de la organización.

El trabajo del analista de sistemas

La descripción dada hasta este momento del análisis de sistemas brinda un panorama de lo que hace el analista. Las responsabilidades de los analistas, sin embargo, así como su denominación dentro de una empresa, cambian de una organización a otra. A continuación se encuentra una lista de las funciones más comunes asignadas a los analistas de sistemas. (Entre paréntesis aparecen posibles denominaciones del puesto.)

1. *Análisis de sistemas.* En este caso la única responsabilidad del analista es conducir estudios de sistemas para detectar hechos relevantes relacionados con la actividad de la empresa. La función más importante en este caso es reunir información y deter-

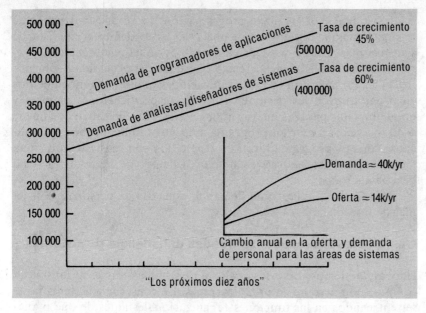

FIGURA 1.2
Demanda esperada de analistas y programadores de sistemas en los próximos diez años

minar los requerimientos. Los analistas no son responsables del diseño de sistemas. (Analista de información)

2. *Análisis y diseño de sistemas.* Además de llevar a cabo el estudio completo de los sistemas, el analista tiene la responsabilidad adicional de diseñar el nuevo sistema. Los que se responsabilizan tanto del análisis como del diseño trabajan en menos proyectos que los analistas de información pero invierten más tiempo en ellos. (Diseñadores de sistemas, diseñadores de aplicaciones)

3. *Análisis, diseño y programación de sistemas.* El analista conduce la investigación de sistemas, desarrolla las especificaciones de diseño y escribe el software necesario para implantar el diseño. (Analista programador)

De lo anterior no se debe concluir que el papel de algunos analistas es superior o inferior al de otros ya que es el tamaño de la organización el que, con bastante frecuencia, dicta la naturaleza del trabajo del analista. En empresas pequeñas, los analistas tienen más funciones que los que trabajan en grandes organizaciones; estos últimos son personas que se especializan en un solo campo, por ejemplo diseño de sistemas. En muchas otras organizaciones la programación la llevan a cabo los *programadores de aplicaciones,* quienes se especializan en esta parte del proceso de desarrollo de sistemas. Muchos analistas comienzan como programadores y después, una vez que han ganado suficiente experiencia, se convierten en analistas de sistemas.

Responsabilidad al programar computadoras

Los analistas de sistemas, ¿escriben programas? Algunos lo hacen, y con frecuencia son denominados analistas programadores. La mayoría de los analistas, ¿realizan programación? La respuesta depende de la organización. Sin embargo, una cosa es evidente: el analista de sistemas más valioso y mejor calificado es aquel *que sabe cómo programar*. Los analistas de sistemas que tienen esta cualidad son, por regla general, más útiles a las organizaciones ya que sus conocimientos en programación les permiten formular especificaciones mejores y más completas para las nuevas aplicaciones. No sólo saben qué puede o no incorporarse en un programa sino que también saben comunicarse con un programador. Los resultados son, casi siempre, una mayor calidad en el software y un menor tiempo de desarrollo; lo cual beneficia a todos.

La figura 1.2 muestra la demanda esperada de personal de sistemas de información.

Cambios en las responsabilidades del analista de sistemas

Hace algún tiempo todos los analistas de sistemas eran especialistas en computación pero no en organizaciones. En consecuencia, tenían que ser entrenados en las funciones organizacionales antes de que pudieran desarrollar sistemas para una organización.

Esta situación está cambiando a medida que las personas que trabajan en las empresas aprenden más acerca de la computación. Los usuarios (gerentes y empleados) participan cada vez más en el desarrollo de sistemas por varias razones:

1. Los usuarios han acumulado experiencia al trabajar con aplicaciones que fueron desarrolladas para ellos anteriormente. Tienen una mejor idea de lo que significa la ayuda que pueden brindarles los sistemas de información y la forma en cómo obtenerla. Si, además, ya han experimentado fallas en los sistemas entonces también tienen ideas sobre la manera de evitar problemas.
2. En la actualidad son comunes las microcomputadoras en forma de estaciones de trabajo, de computadoras personales, incluso para uso en casa, y software que satisfacen las necesidades de los usuarios.
3. En el presente los usuarios que ingresan en las organizaciones han recibido, ya sea en colegios o universidades, entrenamiento en diversos aspectos de los sistemas de información, generalmente en su análisis y diseño.
4. Las aplicaciones que se desarrollan en las organizaciones son cada vez más complejas. El analista de sistemas necesita la participación continua de los usuarios para comprender las funciones de la empresa que están bajo estudio.
5. La aparición de mejores herramientas para el desarrollo de sistemas. Algunas permiten a los usuarios diseñar y desarrollar sus propias aplicaciones sin la necesidad de contar con un analista de sistemas.

TIPO DE USUARIO ADMINISTRATIVO	CARACTERÍSTICAS
Usuario final directo	Opera el sistema. Interacción directa a través del equipo de sistemas
Usuario final indirecto	Emplea los reportes y otros tipos de información generada por el sistema pero no opera el equipo
Administradores	Supervisan la inversión en el desarrollo o uso del sistema. Tienen la responsabilidad ante la organización de controlar las actividades del sistema.
Directivos	Incorporan los usos estratégicos y competitivos de los sistemas de información en los planes y estrategias de la organización. Evalúan los riesgos —a los que se expone la organización— originados por fallas en los sistemas de información.

FIGURA 1.3
Categorías de usuarios administrativos

¿Quiénes son los usuarios?

En párrafos anteriores se ha hecho mención de los *usuarios*, gerentes y empleados de una organización que interactúan con los sistemas de información. El grado de participación quizá cambie y esto depende del tipo de usuario (Fig. 1.3).

Los analistas emplean el término *usuario final* para referirse a las personas que no son especialistas en sistemas de información pero que utilizan las computadoras para desempeñar su trabajo. Los usuarios finales pueden agruparse en cuatro categorías.

Los usuarios primarios son los que interactúan con el sistema. Ellos lo alimentan con datos (entradas) o reciben salidas, quizá por medio de una terminal. Los agentes de reservación de vuelos, por ejemplo, emplean las terminales para consultar el sistema y obtener información relacionada con pasajeros, vuelos y boletos.

Los usuarios indirectos son aquellos que se benefician de los resultados o reportes generados por estos sistemas pero que no interactúan de manera directa con el hardware o software. Estos usuarios que utilizan el sistema, pueden ser los gerentes encargados de las funciones de la empresa (por ejemplo, los gerentes de mercadotecnia son los responsables de las aplicaciones de análisis de ventas que generan los reportes mensuales de la compañía en este ramo).

No todos los usuarios finales tienen la misma experiencia. Algunos nunca han usado una computadora mientras que otros interactúan cotidianamente con un sistema de información. Cada grupo debe ser capaz de utilizar el sistema con facilidad y de manera oportuna cuando sea necesario, aunque su empleo no forme parte de la rutina cotidiana. Al mismo tiempo, las características necesarias del sistema para satisfacer las necesidades del usuario ocasional (tales como la capacidad de proporcionar ayuda adicional) no deben interferir con el trabajo de los demás usuarios. El analista debe hacer un esfuerzo para equilibrar las características del sistema para que éste se adecue a las necesidades de todos los usuarios.

El usuario final también puede ser un competidor y no un empleado de la organización. Algunos sistemas de información, por ejemplo, son utilizados por agentes de viajes de líneas aéreas o personal del departamento de compras de otras empresas que tienen terminales enlazadas con las de sus proveedores (en el capítulo 2 se introduce el empleo de los sistemas de información con el fin de ganar ventajas competitivas; el tema también aparece en diversas partes del libro donde se habla de diseño de sistemas). Para este tipo de usuario el sistema debe incorporar consideraciones adicionales tanto para la interacción con el usuario como para proteger de cualquier riesgo a la organización que proporciona el servicio.

Existe un tercer tipo de usuarios, los *usuarios gerentes,* que tienen responsabilidades administrativas en los sistemas de aplicación. Al igual que el ejecutivo de la narración al inicio del capítulo, estos usuarios son gerentes de la empresa que utilizan en gran medida los sistemas de información. Mientras estas personas no utilicen los sistemas ya sea directa o indirectamente, no tendrán la autoridad para aprobar o no la inversión en el desarrollo de aplicaciones, además no tendrán la responsabilidad ante la organización de la efectividad de los sistemas (en el mismo sentido que el vicepresidente de mercadotecnia es el responsable del éxito de todas las ventas y programas de mercadotecnia). De lo anterior se desprende que esta categoría de usuarios es la que debe participar en los esfuerzos de desarrollo de sistemas mayores, aspecto en el que se hace hincapié en capítulos posteriores.

De particular importancia reviste el hecho de que los *usuarios directivos,* el cuarto grupo de usuarios, toman cada vez mayor responsabilidad en el desarrollo de sistemas de información. Las organizaciones bien dirigidas consideran el posible impacto y los beneficios de los sistemas de información cuando elaboran su estrategia competitiva.

El uso creciente de los sistemas de información, sin embargo, es un arma de dos filos que tiene beneficios y tiene riesgos. Dado que los sistemas de información desarrollados en forma inadecuada pueden entorpecer, e incluso dañar, las actividades de una organización, los directivos deben evaluar de manera constante los riesgos a los que se expone la empresa en caso de falla de los sistemas de información.

Los cuatro tipos de usuarios son importantes. Cada uno posee información esencial sobre las funciones de la organización y hacia dónde se dirige ésta. Los analistas de sistemas, sin embargo, son los que proporcionan las ideas —la imaginación— con respecto a las mejores formas para usar eficientemente las computadoras. La información que reúnen los analistas sobre el sistema de la empresa, forma la base para el diseño de nuevos sistemas o para las modificaciones de los que ya existen.

Comentario al margen
Sistemas de información con éxito: un esfuerzo conjunto

Los sistemas de información con mayor éxito —*éxito* en términos de beneficio para la empresa— se originan con los usuarios. Una razón para ello es que las solicitudes de estos sistemas se originan de una necesidad de la organización que los usuarios perciben: por ejemplo, la necesidad de resolver un problema en particular, de manejar funciones rutinarias, o de monitorear la información para *evitar* ciertos problemas.

El hecho de que en estas empresas los usuarios contribuyan con ideas que conduzcan hacia sistemas con éxito, tal como debe ser, demuestra que el propósito fundamental de un sistema de información, y el más importante, es mejorar la organización y no el de probar el valor de una tecnología sofisticada. El desarrollo de sistemas con éxito, sin embargo, es un esfuerzo conjunto. Las contribuciones de los usuarios son importantes y los analistas tienen un papel esencial: extraer las mejores ideas de los usuarios para su análisis y discusión.

CONCEPTOS DE SISTEMAS ORGANIZACIONALES

Aunque la palabra "sistema" se ha utilizado en forma repetitiva, esta sección estudia su significado con mayor detalle. Los sistemas tienen un significado especial para los analistas y diseñadores y es éste el que guía cualquier faceta de su trabajo. Este significado es la base de lo que será el desarrollo del libro.

¿Qué es un sistema?

En el sentido más amplio, un *sistema* es un conjunto de componentes que interaccionan entre sí para lograr un objetivo común. Nuestra sociedad está rodeada de sistemas. Por ejemplo, cualquier persona experimenta sensaciones físicas gracias a un complejo sistema nervioso formado por el cerebro, la médula espinal, los nervios y las células sensoriales especializadas que se encuentran debajo de la piel; estos elementos funcionan en conjunto para hacer que el sujeto experimente sensaciones de frío, calor, comezón, etc. Las personas se comunican con el lenguaje, que es un sistema muy desarrollado formado por palabras y símbolos que tienen significado para el que habla y para quienes lo escuchan. Asimismo, las personas viven en un sistema económico en el que se intercambian bienes y servicios por otros

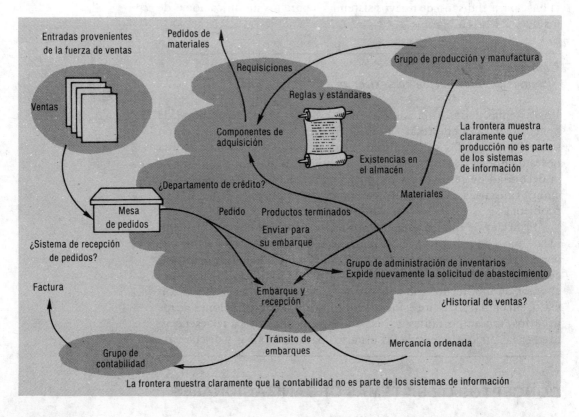

Entradas provenientes
de la fuerza de ventas

Ventas

Pedidos de
materiales

Requisiciones

Reglas y estándares

Grupo de producción y manufactura

Componentes de
adquisición

Existencias en
el almacén

La frontera muestra
claramente que'
producción no es parte
de los sistemas
de información

¿Departamento de crédito?

Materiales

Mesa
de pedidos

Pedido

Productos terminados

¿Sistema de recepción
de pedidos?

Enviar para
su embarque

Factura

Grupo de administración de inventarios
Expide nuevamente la solicitud de abastecimiento

Embarque y
recepción

¿Historial de ventas?

Grupo de
contabilidad

Tránsito de
embarques

Mercancía ordenada

La frontera muestra claramente que la contabilidad no es parte de los sistemas de información

FIGURA 1.4
Ejemplo de un
sistema abierto:
sistema para el
control de
inventarios.

de valor comparable y en el que, al menos en teoría, los participantes obtienen un beneficio en el intercambio.

Una organización es un sistema. Sus componentes —mercadotecnia, manufactura, ventas, investigación, embarques, contabilidad y personal— trabajan juntos para crear utilidades que beneficien tanto a los empleados como a los accionistas de la compañía. Cada uno de estos componentes es a su vez un sistema. El departamento de contabilidad, por ejemplo, quizá esté formado por cuentas por pagar, cuentas por cobrar, facturación y auditoría entre otras.

Todo sistema organizacional depende, en mayor o menor medida, de una entidad abstracta denominada *sistema de información*. Este sistema es el medio por el cual los datos fluyen de una persona o departamento hacia otros y puede ser cualquier cosa, desde la comunicación interna entre los diferentes componentes de la organización y líneas telefónicas hasta sistemas de cómputo que generan reportes periódicos para varios usuarios. Los sistemas de información proporcionan servicio a todos los demás sistemas de una organización y enlazan todos sus componentes en forma tal que éstos trabajen con eficiencia para alcanzar el mismo objetivo.

La figura 1.4 ilustra una aplicación de los conceptos de sistemas a

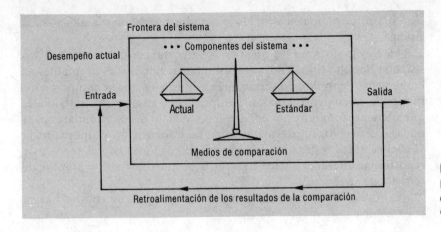

FIGURA 1.5
Elementos básicos de control en un modelo de sistemas.

una situación familiar en una organización. Nótense las interrelaciones entre los elementos. Esta característica es importante para lograr la exitosa operación de los sistemas.

Características importantes de los sistemas

La finalidad de un sistema es la razón de su existencia. Existe un sistema legislativo, por ejemplo, para estudiar los problemas que enfrentan los ciudadanos y aprobar la legislación que los resuelva. El sistema de encendido de un automóvil tiene el claro propósito de quemar el combustible para crear la energía que emplean los demás sistemas del automóvil.

Para alcanzar sus objetivos, los sistemas interaccionan con su *medio ambiente,* el cual está formado por todos los objetos que se encuentran fuera de las fronteras de los sistemas. Los sistemas que interactúan con su medio ambiente (reciben entradas y producen salidas) se denominan *sistemas abiertos.* En contraste, aquellos que no interactúan con su medio ambiente se conocen *como sistemas cerrados.* Todos los sistemas actuales son abiertos. Es así como los sistemas cerrados existen sólo como un concepto, aunque muy importante como se verá más adelante.

El elemento de *control* está relacionado con la naturaleza de los sistemas, sean cerrados o abiertos. Los sistemas trabajan mejor —"se encuentran bajo control"— cuando operan dentro de niveles de desempeño tolerables. Por ejemplo, las personas trabajan mejor cuando su temperatura es de 37 grados centígrados. Quizá una desviación de 37 a 37.5 grados no afecte en mucho su desempeño aunque, en algunos casos, la diferencia puede ser notable. Una mayor desviación, sin embargo, tal como una fiebre de 39.5 grados, desencadena un cambio drástico en las funciones corporales. El sistema deja de funcionar y permanece inactivo hasta que se corrija su condición. Si esta condición se prolonga demasiado, los resultados pueden ser fatales para el sistema.

Este ejemplo muestra además la importancia del control en los sistemas de todo tipo. Todos los sistemas tienen niveles aceptables de desempeño, denominados *estándares* y contra los que se comparan los niveles de desempeño actuales. Siempre deben anotarse las actividades que se encuentran muy por encima o por debajo de los estándares para poder efectuar los ajustes necesarios. La información proporcionada al comparar los resultados con los estándares junto con el proceso de reportar las diferencias a los elementos de control recibe el nombre de *retroalimentación* (véase Fig. 1.5).

Para resumir, los sistemas emplean un modelo de control básico consistente en:

1. Un *estándar* para lograr un desempeño aceptable
2. Un método para *medir* el desempeño actual
3. Un medio para *comparar* el desempeño actual contra el estándar
4. Un método de *retroalimentación*

Los sistemas que pueden ajustar sus actividades para mantener niveles aceptables continúan funcionando. Aquellos que no lo hacen, tarde o temprano dejan de trabajar.

El concepto de interacción con el medio ambiente, que es lo que caracteriza a los sistemas abiertos, es esencial para el control. Recibir y evaluar la retroalimentación, permite al sistema determinar qué tan bien está operando. Si una empresa, por ejemplo, produce como salidas productos o servicios con un precio elevado pero de baja calidad, entonces es probable que las personas dejen de adquirirlos. En este caso, las figuras o gráficas de ventas bajas son la retroalimentación que indica a la gerencia que es necesario efectuar ajustes, tanto en la calidad de sus productos como la forma en la que éstos se fabrican, para mejorar el desempeño, volver al camino y recobrar las esperanzas.

En contraste, los sistemas cerrados sostienen su nivel de operación siempre y cuando posean información de control adecuada y no necesiten nada de su medio ambiente. Dado que esta condición no puede sostenerse por mucho tiempo, la realidad es que no existen sistemas cerrados. El concepto, sin embargo, es importante porque ilustra un objetivo en el diseño de sistemas: construir sistemas que necesiten la menor intervención del medio externo para mantener un desempeño aceptable. Por consiguiente, la autorregulación y el propio ajuste son objetivos de diseño en todos los ambientes de sistemas.

Los componentes que forman un sistema pueden ser a su vez sistemas más pequeños; es decir, los sistemas pueden estar formados por varios niveles de sistemas o *subsistemas*. El cuerpo humano, por ejemplo, contiene subsistemas tales como los sistemas respiratorio y circulatorio. Un automóvil tiene sistemas de combustión, eléctricos y de control de emisiones. En general, en situaciones de sistemas, es común tener varios niveles de sistemas interactuando entre sí.

Sistemas organizacionales

Las organizaciones, presentadas en la sección anterior, están formadas por muchos sistemas, cada uno con las características propias del
sistema general. Por ejemplo, todos los sistemas de manufactura tienen similitudes. Su finalidad es producir bienes o productos que satisfagan la demanda del mercado. Para alcanzar este objetivo, los sistemas interactúan con sus medios ambientes para adquirir los materiales
necesarios, los obreros y el conocimiento para fabricar los bienes. Si el
proceso de fabricación debe mantenerse, no es posible prescindir de
ninguna de las entradas. Los sistemas de fabricación también generan
salidas tales como productos terminados, desperdicios y tecnología
para la producción.

Para mantener su funcionamiento, estos sistemas deben estar bajo
control. Por ejemplo, necesitan satisfacer ciertos estándares de desempeño. La cantidad de artículos fabricados debe cumplir con determinada cuota, además de alcanzar niveles aceptables de calidad y costo.

Los gerentes y empleados vigilan constantemente los niveles de
desempeño y los comparan contra la productividad planeada. Si existen diferencias o si la eficiencia está por debajo de lo esperado, entonces se efectúan los cambios necesarios. En este sentido, los sistemas de
fabricación son autorregulables y autoajustables ya que indican el
personal que necesita ser reemplazado y el momento para hacerlo,
el equipo que debe comprarse o los procedimientos que deben modificarse. Si los ajustes internos no son satisfactorios (si existen muchos
daños, la calidad es muy baja o los precios no son razonables) entonces es probable que hagan su aparición las fuerzas regulatorias del
medio ambiente.

Los sistemas de fabricación son subsistemas de organizaciones
más grandes; éstas a su vez forman otros subsistemas para la adquisición de materiales, mantenimiento de equipo y capacitación de obreros. Las características generales de todos los sistemas son las mismas.
Cualquier sistema puede examinarse con este marco de referencia en
mente, añadiendo los detalles que sean necesarios. Esta flexibilidad es
la que hace tan útil los conceptos de sistemas en las organizaciones, en
general, y en el diseño de sistemas de información en particular.

Sistemas de información organizacionales

Las finalidades de los sistemas de información, como las de cualquier
otro sistema dentro de una organización, son procesar entradas, mantener archivos de datos relacionados con la organización y producir
información, reportes y otras salidas.

Los sistemas de información están formados por subsistemas que
incluyen hardware, software, medios de almacenamiento de datos
para archivos y bases de datos. El conjunto particular de subsistemas
utilizados —equipo específico, programas, archivos y procedimien-

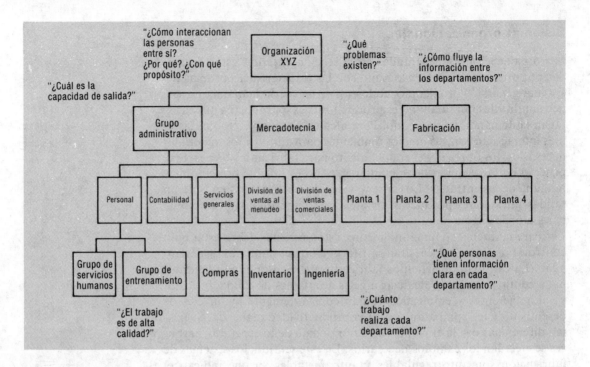

FIGURA 1.6

Organigrama que deja muchas preguntas de sistemas sin respuesta.

tos— es lo que se denomina una *aplicación* de sistemas de información. De esta forma, los sistemas de información pueden tener aplicaciones en ventas, contabilidad o compras.

Dado que los sistemas de información dan soporte a los demás sistemas de la organización, los analistas tienen primero que estudiar el sistema organizacional como un todo para entonces detallar sus sistemas de información. Los organigramas (véase Fig. 1.6) se emplean, con frecuencia, para describir la forma en que están relacionados los diferentes componentes de la organización, tales como divisiones, departamentos, oficinas y empleados. Aunque los organigramas indican con precisión las relaciones formales entre los diferentes componentes no dicen nada con respecto a la forma en que opera el sistema organizacional; ya que en este tipo de diagramas no es posible plasmar todos los detalles importantes. A continuación se dan varios ejemplos de detalles que son importantes para el analista de sistemas:

1. *Canales informales.* ¿Qué interacciones existen entre las personas y los departamentos que no aparecen en el organigrama o no están descritos en los procedimientos de operación?
2. *Interdependencias.* ¿De qué otros departamentos y componentes de la organización depende un elemento en particular?
3. *Personas y funciones clave.* ¿Cuáles son las personas y elementos más importantes en el sistema para que éste tenga éxito?
4. *Enlaces críticos de comunicación.* ¿Cómo es el flujo de informa-

ción e instrucciones entre los distintos componentes de la organización? ¿Cómo se comunican las áreas entre sí?

La anterior no es una lista exhaustiva de preguntas pero recalca la importancia de investigar y analizar la manera en que operan las organizaciones.

En contraste, durante el diseño los analistas tienen la responsabilidad de identificar las características importantes y necesarias que deben tener los nuevos sistemas. El analista especifica la forma en que va a operar el sistema y sus subsistemas, las entradas requeridas, las salidas que se deben producir y los trabajos que se efectuarán tanto por las computadoras como en forma manual. Por otro lado, los analistas también participan en el control de los sistemas básicamente en dos formas: la primera cuando describen los elementos de control, tales como estándares y métodos para evaluar el desempeño en relación con los demás estándares para los sistemas de información que diseñan. Al mismo tiempo, los sistemas que especifican proporcionan información a los directivos y usuarios que permite a éstos determinar si los sistemas que administran operan correctamente. Incorporar mecanismos de retroalimentación es un paso esencial en el diseño ya que su inclusión permite sostener las actividades de ambos sistemas. Ninguno de los sistemas perdurará si falta un control adecuado.

Los pasos para llevar a cabo el análisis y diseño de sistemas que se emplean a lo largo de todo el libro están basados en los conceptos de sistemas generales contenidos en el presente capítulo. Los métodos descritos se pueden aplicar a cualquier tipo de sistemas de información.

CATEGORÍAS DE SISTEMAS DE INFORMACIÓN

El analista de sistemas desarrolla diferentes tipos de sistemas de información para satisfacer las diversas necesidades de una empresa.

Sistemas para el procesamiento de transacciones

El sistema, basado en computadora, más importante dentro de una organización es el que está relacionado con el procesamiento de las transacciones. Los *sistemas de procesamiento de transacciones* (TPS) tienen como finalidad mejorar las actividades rutinarias de una empresa y de las que depende toda la organización. Una transacción es cualquier suceso o actividad que afecta a toda la organización. Las transacciones más comunes incluyen: facturación; entrega de mercancía, pago a empleados y depósito de cheques. Los tipos de transacciones cambian en cada una de las diferentes organizaciones. Sin embargo, la mayor parte de las compañías procesan dichas transacciones como una mayor parte de sus actividades cotidianas. Las

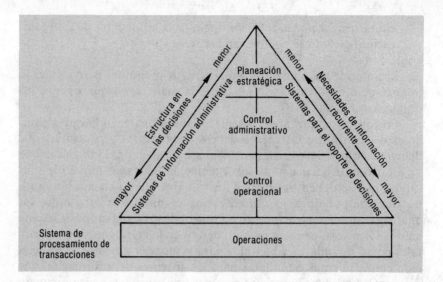

FIGURA 1.7
Relación entre sistemas de información y los niveles de una organización.

empresas con mayor éxito llevan a cabo este trabajo en una forma ordenada y eficiente.

El procesamiento de transacciones, que es el conjunto de procedimientos para el manejo de éstas, incluye entre otras, las siguientes actividades:

- Cálculos
- Almacenamiento y recuperación
- Clasificación
- Generación de resúmenes
- Ordenamiento

Todas estas actividades forman parte del nivel operacional de cualquier organización (Fig. 1.7). El estudio de un grupo de organizaciones también muestra la existencia de características similares entre ellas:

1. Gran volumen de transacciones.
2. Gran similitud entre las transacciones.
3. Los procedimientos para el procesamiento de transacciones están bien comprendidos y se pueden describir con detalle.
4. Existen muy pocas excepciones a los procedimientos normales.

Estas características permiten establecer rutinas para el manejo de transacciones. Las rutinas describen qué buscar en cada transacción, los pasos y procedimientos a seguir, y lo que debe hacerse en caso de que se presente una excepción. Los procedimientos para el proceso de transacciones se denominan *procedimientos de operación estándar*.

Las rutinas asociadas con transacciones bancarias caracterizan el empleo de procedimientos de operación estándar para el manejo de depósitos y retiros, pago de cheques y otros procesos.

Los sistemas automatizados para las cajas de los bancos permiten al cajero utilizar la terminal de computadora para ingresar los detalles de la transacción mientras el cliente espera en la ventanilla. Los procedimientos forman parte del software de la computadora donde está implantado el sistema. De manera similar, cuando los clientes efectúan retiros en las máquinas de caja automática, el software utilizado para operar el sistema se encarga de asegurar que se siga el procedimiento adecuado:

ACTIVIDAD DEL CLIENTE	ACTIVIDAD DEL SISTEMA
Proporcionar el número de cuenta.	Verificar la validez del número de cuenta.
Proporcionar la contraseña.	Verificar que la contraseña corresponda al número de cuenta.
Proporcionar el monto del retiro.	Verificar que el monto se encuentre dentro de los límites establecidos por el banco.
	Verificar que el monto se encuentre dentro del saldo de la cuenta.
	Registrar la transacción en los archivos.
	Entregar el dinero.
	Expedir el comprobante correspondiente a la transacción.
Retirar el dinero del receptáculo.	Prepararse para la siguiente transacción.

En la mayor parte de las máquinas de caja automática, la actividad anterior se repetirá muchas veces al día.

El gran volumen de transacciones precisas asociado con el nivel operativo de una organización junto con la capacidad de los administradores para desarrolllar procedimientos específicos para manejarlos, conduce con bastante frecuencia a la implantación de ayuda asistida por computadora. Muchas empresas comienzan a buscar este tipo de ayuda porque necesitan desarrollar formas más eficientes y eficaces para procesar los datos de una transacción. (Lo anterior es cierto para empresas grandes como pequeñas.) Los procedimientos forman parte de los programas de computadora que controlan la entrada de datos, el procesamiento de los detalles y la presentación de los datos y la información.

Los sistemas de procesamiento de transacciones brindan velocidad y exactitud; además se pueden programar para seguir rutinas sin ninguna variación. Los analistas diseñan tanto los sistemas como los procesos para el manejo de actividades tales como las mencionadas en el ejemplo.

TABLA 1.1 Categorías de los sistemas de información

CATEGORÍA DE LOS SISTEMAS DE INFORMACIÓN	CARACTERÍSTICAS
Sistema para el procesamiento de transacciones	Sustituye los procedimientos manuales por otros basados en computadora. Trata con procesos de rutina bien estructurados. Incluye aplicaciones para el mantenimiento de registros.
Sistema de información administrativa	Proporciona la información que será empleada en los procesos de decisión administrativos. Trata con el soporte de situaciones de decisión bien estructuradas. Es posible anticipar los requerimientos de información más comunes.
Sistema para el soporte de decisiones	Proporciona información a los directivos que deben tomar decisiones sobre situaciones particulares. Apoyan la toma de decisiones en circunstancias que no están bien estructuradas.

Sistemas de información administrativa

Los sistemas de transacciones están orientados hacia operaciones. En contraste, los *sistemas de información administrativa* (MIS) ayudan a los directivos a tomar decisiones y resolver problemas. Los directivos recurren a los datos almacenados como consecuencia del procesamiento de las transacciones, pero también emplean otra información.

En cualquier organización se deben tomar decisiones sobre muchos asuntos que se presentan con regularidad (a la semana, al mes, al trimestre, etc.) y para hacerlo se requiere de cierta información. Dado que los procesos de decisión están claramente definidos, entonces se puede identificar la información necesaria para formular las decisiones. Se pueden desarrollar sistemas de información para que, en forma periódica, preparen reportes para el soporte de decisiones. Cada vez que se necesita la información, ésta se prepara y presenta en una forma y formato diseñados con anterioridad.

Con frecuencia, los especialistas en sistemas de información describen las decisiones apoyadas por estos sistemas como decisiones estructuradas (véase Tabla 1.1). El aspecto estructurado se refiere al hecho de que los administradores conozcan de antemano los factores que deben tenerse en cuenta para la toma de decisiones así como las variables con influencia más significativa sobre el resultado de una decisión (buena o mala). A su vez, los analistas de sistemas desarrollan reportes bien estructurados que contienen la información necesaria para las decisiones o que indican el estado de las variables importantes.

En el ejemplo presentado anteriormente el sistema de información administrativa, o sistema de informes para la administración, presentará reportes basados en las actividades de nivel de transacción. Por ejemplo, los bancos emplean de manera rutinaria reportes sobre depósitos y retiros, en forma global y por sucursal, con el objeto de mantener al tanto a los funcionarios bancarios sobre el comportamiento de cada sucursal. Todo esto con el objeto de vigilar la relación entre préstamos otorgados y depósitos recibidos, el nivel de las reservas de efectivo y los intereses pagados a los cuentahabientes, entre otros indicadores de uso común.

Con frecuencia la información proporcionada se combina con otra de naturaleza externa, tal como los detalles relacionados con tendencias económicas, demanda y costo de préstamos, y también la tasa de gastos de los consumidores. Con esta información los funcionarios del banco pueden tomar decisiones con respecto a las tasas de interés de la siguiente semana para los diferentes tipos de préstamo o si deben aumentar las tasas de interés que pagan a los clientes con la finalidad de atraer más depósitos. La necesidad de tomar cada una de estas decisiones se presenta con frecuencia y, por tanto, la información necesaria para ello debe preparase con regularidad.

Sistemas para el soporte de decisiones

No todas las decisiones son de naturaleza recurrente. Algunas se presentan sólo una vez o escasamente. Los *sistemas para el soporte de decisiones* (DSS) ayudan a los directivos que deben tomar decisiones no muy estructuradas, también denominadas *no estructuradas* o *decisiones semiestructuradas* (véase Tabla 1.1). Una decisión se considera no estructurada si no existen procedimientos claros para tomarla y tampoco es posible identificar, con anticipación, todos los factores que deben considerarse en la decisión.

Un factor clave en el uso de estos sistemas es determinar la información necesaria. En situaciones bien estructuradas es posible identificar esta información con anticipación, pero en un ambiente no estructurado resulta difícil hacerlo. Conforme se adquiere la información, puede ocurrir que el gerente se dé cuenta que se necesita más información; es decir, tener información puede conducir a otros requerimientos. Considérese el proceso de decisión que debe seguir un funcionario bancario para decidir entre comenzar a ofrecer cuentas para manejo de efectivo o instalar máquinas de caja automática teniendo en cuenta que los dos servicios son nuevos en el banco. Entre las muchas preguntas que debe abordar se encuentran las siguientes: ¿Cuál es el costo de cada servicio? ¿Cuántas cajas serán necesarias? ¿Cuál será la respuesta de la competencia? ¿Qué límites deben ponerse al monto de cada retiro? ¿Se puede cobrar una cuota por este servicio? ¿El servició redundará en mayor cantidad de depósitos y con esto un aumento en el flujo de efectivo para el banco?

En estos casos es imposible diseñar de antemano tanto el formato como el contenido de los reportes del sistema. En consecuencia, los sistemas para el soporte de decisiones deben tener una flexibilidad mayor que la de los demás sistemas de información. El usuario debe ser capaz de solicitar informes definiendo su contenido y especificando la forma para producir la información. De manera similar, los datos necesarios para generar la información pueden encontrarse en diferentes archivos o bases de datos más que en un solo archivo maestro, que es el caso más frecuente en los sistemas de transacciones y en muchos otros que generan reportes.

El criterio de los directivos tiene un papel importante en la toma de decisiones donde el problema no es estructurado. Los sistemas para el soporte de decisiones ayudan pero no reemplazan el criterio del directivo.

Visión de los sistemas de información

Tal como se señala en la sección anterior, en cualquier organización existen varios sistemas de información. Desde el punto de vista de la estructura, los sistemas de información en una organización se forman a partir de un conjunto de sistemas para mercadotecnia, fabricación, personal, compras y otras funciones de la empresa. Cada una de estas funciones comprende actividades a nivel de transacciones, toma de decisiones junto con la ocurrencia de requerimientos únicos para éstas y aplicaciones para el soporte de oficinas y departamentos.

Lo anterior permite comprender por qué las diferentes funciones comerciales de una organización necesitan el soporte de los sistemas de información, de aquí que se tenga la noción de sistemas de información para áreas funcionales. Ésta es la forma en que evolucionan los sistemas de información en las organizaciones.

Hace algún tiempo se especuló en torno a los sistemas de información *totales;* sistemas de información administrativa únicos que permitieran satisfacer las necesidades de una organización en todos sus niveles y funciones comerciales. Sin embargo, en la actualidad no prevalece este punto de vista. Los administradores se han dado cuenta que es imposible y peligroso intentar construir un sistema de información monolítico. De esta forma, conforme usted estudie organizaciones, encontrará que en realidad existe un grupo de sistemas de información por áreas, cada uno con su propia visión y finalidad. En conjunto, todos ellos forman el sistema de información de una organización.

Comentario al margen
La interdependencia de los sistemas y subsistemas

Sistemas, ¿tan sólo otro concepto para recordar? ¡No del todo! La interacción entre sistemas y subsistemas y actividades y funciones en una empresa es algo muy real. Aunque puede resultar conveniente estudiar mercadotecnia independientemente de las demás actividades de la empresa, tales como fabricación, compras y contabilidad, en las operaciones cotidianas de la organización estas funciones no son independientes entre sí. Las políticas de contabilidad influyen en los procedimientos de compra; los lineamientos para efectuar compras afectan el proceso de fabricación; y este último determina la naturaleza de los programas de venta que establece la organización.

Como veremos, una habilidad importante de los analistas de sistemas es su capacidad para adquirir un panorama global de todas las actividades y operaciones de una organización. Distinguir y comprender las relaciones entre las diversas funciones de los diferentes departamentos y considerar, a lo largo del proceso de desarrollo, el impacto que éstas tienen en toda la organización, conducirá a los analistas a crear los sistemas de información más *útiles*; útiles porque se adaptan a los que existen en ese momento en la organización.

Poner atención a la interdependencia de unidades dentro de una organización, ya sea por medio del enfoque de sistemas o por un panorama global, es importante si se desea que el sistema que desarrolla el analista tenga la mayor utilidad para la empresa que lo solicita.

ESTRATEGIAS PARA EL DESARROLLO DE SISTEMAS

Los sistemas de información basados en computadora sirven para diversas finalidades que van desde el procesamiento de las transacciones de una empresa (la sangre de muchas organizaciones), hasta proveer de la información necesaria para decidir sobre asuntos que se presentan con frecuencia, asistencia a los altos funcionarios con la formulación de estrategias difíciles y la vinculación entre la información de las oficinas y los datos de toda la corporación. En algunos casos los factores que deben considerarse en un proyecto de sistemas de información, tales como el aspecto más apropiado de la computadora o la tecnología de comunicaciones que se va a utilizar, el impacto del nuevo sistema sobre los empleados de la empresa y las características específicas que el sistema debe tener, se pueden determinar de una manera secuencial. En otros casos, debe ganarse experiencia por medio de la experimentación conforme el sistema evoluciona por etapas.

A medida que las computadoras son empleadas cada vez más por personas que no son especialistas en computación, el rostro del desarrollo de sistemas de información adquiere una nueva magnitud. Los propios usuarios emprenden ya el desarrollo de algunos de los sistemas que ellos emplean, como por ejemplo el ejecutivo de quien se habló al inicio del capítulo.

Todas estas situaciones están representadas por tres distintos

TABLA 1.2 Características de las estrategias opcionales para el desarrollo de sistemas

ESTRATEGIA DE DESARROLLO	DESCRIPCIÓN	CARACTERÍSTICAS DE APLICACIÓN
Método del ciclo de vida de desarrollo de sistemas	Incluye las actividades de investigación preliminar, determinación de requerimientos, diseño del sistema, desarrollo de software, prueba de sistemas e implantación.	Requerimientos del sistema de información predecibles. Manejable como proyecto Requiere que los datos se encuentren en archivos y bases de datos Gran volumen de transacciones y procesamiento Requiere de la validación de los datos de entrada Abarca varios departamentos Tiempo de desarrollo largo Desarrollo por equipos de proyecto
Método del análisis estructurado	Se enfoca en lo que el sistema o aplicación realizan sin importar la forma en que llevan a cabo su función (se abordan los aspectos lógicos y no los físicos). Emplea símbolos gráficos para describir el movimiento y procesamiento de datos. Los componentes importantes incluyen los diagramas de flujo de datos y el diccionario de datos.	Adecuado para todo tipo de aplicaciones. Mayor utilidad como complemento de otros métodos de desarrollo.
Método del prototipo de sistemas	Desarrollo iterativo o en continua evolución donde el usuario participa directamente en el proceso.	Condiciones únicas de la aplicación donde los encargados del desarrollo tienen poca experiencia o información, o donde los costos y riesgos de cometer un error pueden ser altos. Asimismo, útil para probar la factibilidad del sistema, identificar los requerimientos del usuario, evaluar el diseño de un sistema o examinar el uso de una aplicación.

enfoques al desarrollo de sistemas de información basados en computadora:

1. Método del ciclo de vida para el desarrollo de sistemas
2. Método del desarrollo del análisis estructurado
3. Método del prototipo de sistemas

Esta sección tiene como finalidad explorar cada enfoque, abordando las características del método y las condiciones bajo las que es

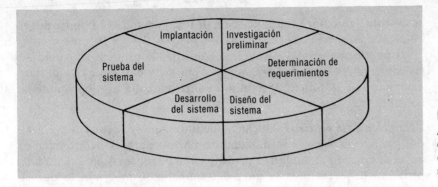

FIGURA 1.8
Actividades del ciclo
de vida clásico de
desarrollo de
sistemas.

probable que se obtenga el mayor beneficio para la organización. La tabla 1.2 presenta un resumen de las condiciones para las que cada estrategia tiene la mayor utilidad.

Ciclo de vida clásico del desarrollo de sistemas

El desarrollo de sistemas, un proceso formado por las etapas de análisis y diseño, comienza cuando la administración o algunos miembros del personal encargado de desarrollar sistemas, detectan un sistema de la empresa que necesita mejoras.

El *método del ciclo de vida para desarrollo de sistemas* (SDLC) (Fig. 1.8) es el conjunto de actividades que los analistas, diseñadores y usuarios realizan para desarrollar e implantar un sistema de información. Esta sección examina cada una de las seis actividades que constituyen el ciclo de vida de desarrollo de sistemas. En la mayor parte de las situaciones dentro de una empresa todas las actividades están muy relacionadas, en general son inseparables, y quizá sea difícil determinar el orden de los pasos que se siguen para efectuarlas. Las diversas partes del proyecto pueden encontrarse al mismo tiempo en distintas fases de desarrollo; algunos componentes en la fase de análisis mientras que otros en etapas avanzadas de diseño.

El método del ciclo de vida para desarrollo de sistemas consta de las siguientes actividades:

1. Investigación preliminar
2. Determinación de los requerimientos del sistema
3. Diseño del sistema
4. Desarrollo de software
5. Prueba de los sistemas
6. Implantación y evaluación

Investigación preliminar

La solicitud para recibir ayuda de un sistema de información puede originarse por varias razones; sin importar cuáles sean éstas, el proceso se inicia siempre con la petición de una persona —administrador, empleado o especialista en sistemas—.

Cuando se formula la solicitud comienza la primera actividad de sistemas: la *investigación preliminar*. Esta actividad tiene tres partes: aclaración de la solicitud, estudio de factibilidad y aprobación de la solicitud.

Aclaración de la solicitud Muchas solicitudes que provienen de empleados y usuarios no están formuladas de manera clara. Por consiguiente, antes de considerar cualquier investigación de sistemas, la solicitud de proyecto debe examinarse para determinar con precisión lo que el solicitante desea. Si éste tiene una buena idea de lo que necesita pero no está seguro cómo expresarlo, entonces bastará con hacer una llamada telefónica. Por otro lado, si el solicitante pide ayuda sin saber qué es lo que está mal o dónde se encuentra el problema, la aclaración del mismo se vuelve más difícil. En cualquier caso, antes de seguir adelante, la solicitud de proyecto debe estar claramente planteada.

Estudio de factibilidad Un resultado importante de la investigación preliminar es la determinación de que el sistema solicitado sea factible. En la investigación preliminar existen tres aspectos relacionados con el *estudio de factibilidad*:

1. *Factibilidad técnica.* El trabajo para el proyecto, ¿puede realizarse con el equipo actual, la tecnología existente de software y el personal disponible? Si se necesita nueva tecnología, ¿cuál es la posibilidad de desarrollarla?
2. *Factibilidad económica.* Al crear el sistema, ¿los beneficios que se obtienen serán suficientes para aceptar los costos?, ¿los costos asociados con la decisión de *no* crear el sistema son tan grandes que se debe aceptar el proyecto?
3. *Factibilidad operacional.* Si se desarrolla e implanta, ¿será utilizado el sistema?, ¿existirá cierta resistencia al cambio por parte de los usuarios que dé como resultado una disminución de los posibles beneficios de la aplicación?

El estudio de factibilidad lo lleva a cabo un pequeño equipo de personas (en ocasiones una o dos) que está familiarizado con técnicas de sistemas de información; dicho equipo comprende la parte de la empresa u organización que participará o se verá afectada por el proyecto, y es gente experta en los procesos de análisis y diseño de sistemas. En general, las personas que son responsables de evaluar la factibilidad son analistas capacitados o directivos.

Aprobación de la solicitud No todos los proyectos solicitados son deseables o factibles. Algunas organizaciones reciben tantas solicitudes de sus empleados que sólo es posible atender unas cuantas. Sin embargo, aquellos proyectos que son deseables y factibles deben incorporarse en los planes. En algunos casos el desarrollo puede comenzar inmediatamente, aunque lo común es que los miembros del equipo de sistemas se encuentren ocupados con otros proyectos. Cuando esto ocurre, la administración decide qué proyectos son los más importantes y decide el orden en que se llevarán a cabo. Muchas organizaciones desarrollan sus planes para sistemas de información con el mismo cuidado con el que planifican nuevos productos y programas de fabricación o la expansión de sus instalaciones. Después de aprobar la solicitud de un proyecto se estima su costo, el tiempo necesario para terminarlo y las necesidades de personal; con esta información se determina dónde ubicarlo dentro de la lista existente de proyectos.

Más adelante, cuando los demás proyectos se han completado, se inicia el desarrollo de la aplicación propuesta.

Determinación de los requerimientos del sistema

El aspecto fundamental del análisis de sistemas es comprender todas las facetas importantes de la parte de la empresa que se encuentra bajo estudio. (Es por esta razón que el proceso de adquirir información se denomina, con frecuencia, *investigación detallada*.) Los analistas, al trabajar con los empleados y administradores, deben estudiar los procesos de una empresa para dar respuesta a las siguientes preguntas clave:

1. ¿Qué es lo que se hace?
2. ¿Cómo se hace?
3. ¿Con qué frecuencia se presenta?
4. ¿Qué tan grande es el volumen de transacciones o de decisiones?
5. ¿Cuál es el grado de eficiencia con el que se efectúan las tareas?
6. ¿Existe algún problema?
7. Si existe un problema, ¿qué tan serio es?
8. Si existe un problema, ¿cuál es la causa que lo origina?

Para contestar estas preguntas, el analista conversa con varias personas para reunir detalles relacionados con los procesos de la empresa, sus opiniones sobre por qué ocurren las cosas, las soluciones que proponen y sus ideas para cambiar el proceso. Se emplean cuestionarios para obtener esta información cuando no es posible entrevistar, en forma personal, a los miembros de grupos grandes dentro de la organización. Asimismo, las investigaciones detalladas requieren el estudio de manuales y reportes, la observación en condiciones reales de las actividades del trabajo y, en algunas ocasiones, muestras de formas y documentos con el fin de comprender el proceso en su totalidad.

Conforme se reúnen los detalles, los analistas estudian los datos sobre requerimientos con la finalidad de identificar las características que debe tener el nuevo sistema, incluyendo la información que deben producir los sistemas junto con características operacionales tales como controles de procesamiento, tiempos de respuesta y métodos de entrada y salida.

Diseño del sistema

El diseño de un sistema de información produce los detalles que establecen la forma en la que el sistema cumplirá con los requerimientos identificados durante la fase de análisis. Los especialistas en sistemas se refieren, con frecuencia, a esta etapa como *diseño lógico* en contraste con la de desarrollo del software, a la que denominan *diseño físico.*

Los analistas de sistemas comienzan el proceso de diseño identificando los reportes y demás salidas que debe producir el sistema. Hecho lo anterior se determinan con toda precisión los datos específicos para cada reporte y salida. Es común que los diseñadores hagan un bosquejo del formato o pantalla que esperan que aparezca cuando el sistema esté terminado. Lo anterior se efectúa en papel o en la pantalla de una terminal utilizando para ello algunas de las herramientas automatizadas disponibles para el desarrollo de sistemas.

El diseño de un sistema también indica los datos de entrada, aquellos que serán calculados y los que deben ser almacenados. Asimismo, se escriben con todo detalle los procedimientos de cálculo y los datos individuales. Los diseñadores seleccionan las estructuras de archivo y los dispositivos de almacenamiento, tales como discos y cintas magnéticos o incluso archivos en papel. Los procedimientos que se escriben indican cómo procesar los datos y producir las salidas.

Los documentos que contienen las especificaciones de diseño representan a éste de muchas maneras (diagramas, tablas y símbolos especiales). La información detallada del diseño se proporciona al equipo de programación para comenzar la fase de desarrollo de software.

Los diseñadores son los responsables de dar a los programadores las especificaciones de software completas y claramente delineadas. Una vez comenzada la fase de programación, los diseñadores contestan preguntas, aclaran dudas y manejan los problemas que enfrentan los programadores cuando utilizan las especificaciones de diseño.

Desarrollo de software

Los encargados de desarrollar software pueden instalar (o modificar y después instalar) software comprado a terceros o escribir programas diseñados a la medida del solicitante. La elección depende del costo de cada alternativa, del tiempo disponible para escribir el software y de la disponibilidad de los programadores. Por regla general, los programadores (o analistas programadores) que trabajan en las grandes organizaciones pertenecen a un grupo permanente de profesionales, tal como se indica en la narración al inicio del capítulo. En empresas pequeñas, donde no hay programadores, se pueden contratar servicios externos de programación.

Los programadores también son responsables de la documentación de los programas y de proporcionar una explicación de cómo y por qué ciertos procedimientos se codifican en determinada forma. La documentación es esencial para probar el programa y llevar a cabo el mantenimiento una vez que la aplicación se encuentra instalada.

Prueba de sistemas

Durante la fase de prueba de sistemas, el sistema se emplea de manera experimental para asegurarse de que el software no tenga fallas, es decir que funciona de acuerdo con las especificaciones y en la forma en que los usuarios esperan que lo haga. Se alimentan como entradas conjuntos de datos de prueba para su procesamiento y después se examinan los resultados. En ocasiones se permite que varios usuarios utilicen el sistema para que los analistas observen si tratan de emplearlo en formas no previstas. Es preferible descubrir cualquier sorpresa antes de que la organización implante el sistema y dependa de él.

En muchas organizaciones, las pruebas son conducidas por personas ajenas al grupo que escribió los programas originales; con esto se persigue asegurar, por una parte, que las pruebas sean completas e imparciales y, por otra, que el software sea más confiable.

IMPLANTACIÓN Y EVALUACIÓN

La implantación es el proceso de verificar e instalar nuevo equipo, entrenar a los usuarios, instalar la aplicación y construir todos los archivos de datos necesarios para utilizarla.

Dependiendo del tamaño de la organización que empleará la aplicación y el riesgo asociado con su uso, puede elegirse comenzar la operación del sistema sólo en un área de la empresa (prueba piloto), por ejemplo en un departamento o con una o dos personas. Algunas veces se deja que los dos sistemas, el viejo y el nuevo, trabajen en forma paralela con la finalidad de comparar los resultados. En otras circunstancias, el viejo sistema deja de utilizarse determinado día para comenzar a emplear el nuevo al día siguiente. Cada estrategia de implantación tiene sus méritos de acuerdo con la situación que se considere dentro de la empresa. Sin importar cuál sea la estrategia utilizada, los encargados de desarrollar el sistema procuran que el uso inicial del sistema se encuentre libre de problemas.

Una vez instaladas, las aplicaciones se emplean durante muchos años. Sin embargo las organizaciones y los usuarios cambian con el paso del tiempo, incluso el ambiente es diferente con el paso de las semanas y los meses. Por consiguiente, es indudable que debe darse mantenimiento a las aplicaciones; realizar cambios y modificaciones en el software, archivos o procedimientos para satisfacer las nuevas necesidades de los usuarios. Dado que los sistemas de las organizaciones junto con el ambiente de las empresas experimentan cambios de manera continua, los sistemas de información deben mantenerse siempre al día. En este sentido, la implantación es un proceso en constante evolución.

La evaluación de un sistema se lleva a cabo para identificar puntos débiles y fuertes. La evaluación ocurre a lo largo de cualquiera de las siguientes dimensiones:

- *Evaluación operacional*
  Valoración de la forma en que funciona el sistema, incluyendo su facilidad de uso, tiempo de respuesta, lo adecuado de los formatos de información, confiabilidad global y nivel de utilización.
- *Impacto organizacional*
  Identificación y medición de los beneficios para la organización en áreas tales como finanzas (costos, ingresos y ganancias), eficiencia operacional e impacto competitivo. También se incluye el impacto sobre el flujo de información interno y externo.
- *Opinión de los administradores*
  Evaluación de las actitudes de directivos y administradores dentro de la organización así como de los usuarios finales.
- *Desempeño del desarrollo*
  La evaluación del proceso de desarrollo de acuerdo con criterios tales como tiempo y esfuerzo de desarrollo, concuerdan con presupuestos y estándares, y otros criterios de administración de proyectos. También se incluye la valoración de los métodos y herramientas utilizados en el desarrollo.

Desafortunadamente la evaluación de sistemas no siempre recibe la atención que merece. Sin embargo, cuando se conduce en forma adecuada proporciona mucha información que puede ayudar a mejorar la efectividad de los esfuerzos de desarrollo de aplicaciones subsecuentes.

Método de desarrollo por análisis estructurado

Muchos especialistas en sistemas de información reconocen la dificultad de comprender de manera completa sistemas grandes y complejos. El método de desarrollo del análisis estructurado tiene como finalidad superar esta dificultad por medio de 1) la división del sistema en componentes y 2) la construcción de un modelo del sistema. El método incorpora elementos tanto de análisis como de diseño.

¿Qué es el análisis estructurado?
El *análisis estructurado* se concentra en especificar lo que se requiere que haga el sistema o la aplicación. No se establece cómo se cumplirán los requerimientos o la forma en que implantará la aplicación. Más

McDonald's:
UN SISTEMA QUE REPRESENTA AL ÉXITO

Cuando pensamos en la década de los cincuentas vienen a nuestra mente el rock and roll, los cortes de cabello al estilo cola de pato, las aletas en los automóviles, Elvis Presley y muchas cosas más. Pero esta interesante época también fue el momento de la expansión económica que siguió a la guerra. Estados Unidos crecía económicamente, su población era muy productiva y las personas estaban tan ocupadas que con frecuencia comían en el trabajo. Fue en este escenario dinámico y pintoresco de los cincuentas donde hicieron su aparición los arcos dorados de McDonald's. En la actualidad, más de treinta años después, en McDonald's comen diariamente muchas más personas que las que viven en todo el continente australiano.

El secreto de esta extraordinaria historia de éxito se encuentra en la concepción y empleo de un sistema de operación consistente. Ray Kroc, fundador de McDonald's, fue un gran analista de sistemas. Kroc probó y perfeccionó aquellas estrategias que demostraron ser las más adecuadas porque satisfacían los deseos de los consumidores y las necesidades de los empleados para servir a los deseos de los clientes.

Bajo la dirección de Kroc, se preguntó a un sinnúmero de clientes lo que deseaban de un restaurante. Se estudiaron una y otra vez diversos procedimientos de cocina, empaquetado, menús, distribución de sillas y mesas junto con el alumbrado para determinar lo que funcionaba mejor y brindaba el mayor atractivo. Kroc siempre participó de manera directa en estos estudios así como en todas las operaciones. También

lavó ventanas, cocinó hamburguesas y recibió a los clientes convencido de que la información proporcionada por otros no era ningún sustituto de la experiencia directa.

Al utilizar todos los datos reunidos a lo largo de sus continuas investigaciones, Kroc descubrió con precisión lo que deseaba el consumidor estadounidense de hamburguesas y, entonces, rediseñó toda la industria americana de hamburguesas. Se escogieron métodos para garantizar un producto final de alta calidad. Kroc también se dio cuenta de varios aspectos importantes que los demás restaurantes pasaban por alto. De esta forma, se dio mayor prioridad a la rapidez del servicio. Asimismo, los tocadores limpios se convirtieron en el sello de la cadena.

Para aprovechar sus primeros éxitos, Kroc continuó aumentando sus datos por medio de más estudios e investigaciones y diseñó el principio de duplicación de la compañía: cuando una estrategia, procedimiento o método de operación tiene éxito, implántese en otros sitios.

Hoy, este sistema de operación ofrece a todos sus clientes consistencia y uniformidad en todo el mundo. Los métodos, ensayados y probados, se inculcan a todos los gerentes y empleados en las instalaciones de Chicago (la Universidad de la Hamburguesa). Aunque Ray Kroc falleció en 1984 a la edad de 81 años, sus ideas continúan viviendo. Todavía se le puede ver y escuchar en la Universidad de la Hamburguesa, por medio de videocintas, aconsejar a sus discípulos que "la suerte es un dividendo del trabajo. La suerte que usted tenga será consecuencia de su trabajo."

Como consecuencia de su exitoso sistema, McDonald's abre con facilidad sucursales en sitios poco familiares. Ya sea a bordo de un barco militar en pleno mar o en los Campos Elíseos de París; los arcos dorados son un símbolo de amistad, la señal de un lugar donde las personas se sienten a gusto, casi como en casa, todo porque el sistema McDonald's ofrece el mismo servicio alrededor de todo el mundo.

bien permite que las personas observen los elementos lógicos (lo que hará el sistema) separados de los componentes físicos (computadoras, terminales, sistemas de almacenamiento, etc.) Después de esto se puede desarrollar un diseño físico eficiente para la situación donde será utilizado.

Elementos del análisis estructurado
Los elementos esenciales del análisis estructurado son símbolos gráficos, diagramas de flujo de datos y el diccionario centralizado de datos.

Descripción gráfica Una de las formas de describir un sistema es preparar un bosquejo que señale sus características, identifique la función para la que sirve e indique cómo éste interactúa con otros elementos, entre otras cosas. Sin embargo, describir de esta manera un sistema grande es un proceso tedioso y propenso a errores ya que es fácil omitir algún detalle o dar una explicación que quizá los demás no entiendan.

En lugar de las palabras el análisis estructurado utiliza símbolos, o íconos, para crear un modelo gráfico del sistema. Los modelos de este tipo muestran los detalles del sistema pero sin introducir procesos manuales o computarizados, archivos en cinta o disco magnético, o procedimientos operativos y de programas. Si se seleccionan los símbolos y notación correctos entonces casi cualquier persona puede seguir la forma en que los componentes se acomodarán entre sí para formar el sistema.

Tal como lo indica la figura 1.9, los íconos identifican los elementos básicos de los procesos, el flujo de datos, el sitio donde se almacenan los datos y las fuentes y destinos de éstos. Se dibuja una línea alrededor del sistema para señalar qué elementos se encuentran dentro del sistema y cuáles fuera de su frontera.

El diagrama lógico de flujo de datos muestra las fuentes y destinos de los datos, identifica y da nombre a los procesos que se llevan a cabo, identifica y da nombre a los grupos de datos que relacionan una función con otra y señala los almacenes de datos a los que se tiene acceso (Fig. 1.9).

Diagramas de flujo de datos El modelo del sistema recibe el nombre de *diagrama de flujo de datos* (DFD). La descripción completa de un sistema está formada por un conjunto de diagramas de flujo de datos.

Para desarrollar una descripción del sistema por el método de

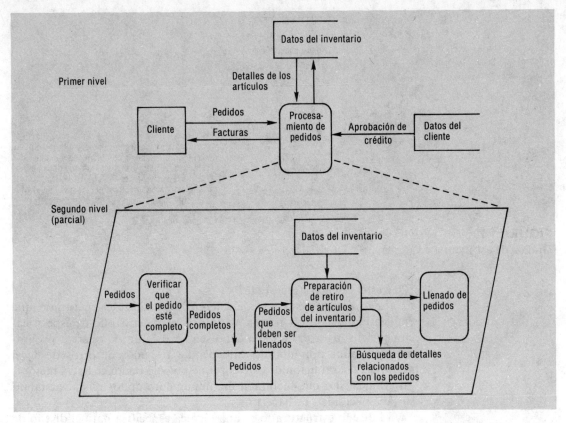

FIGURA 1.9
Diagrama de flujo de datos utilizado con el método de análisis estructurado.

análisis estructurado se sigue un proceso descendente (top-down). El modelo original se detalla en diagramas de bajo nivel que muestran características adicionales del sistema. Cada proceso puede desglosarse en diagramas de flujo de datos cada vez más detallados. Esta secuencia se repite hasta que se obtienen suficientes detalles que permiten al analista comprender en su totalidad la parte del sistema que se encuentra bajo investigación.

La figura 1.9 muestra los niveles primero y segundo de una parte de algún sistema. Nótese que el enfoque está sobre los datos y procesos. No se hace mención alguna de computadoras, comunicaciones, personas o departamentos y tampoco se incluyen detalles físicos.

Diccionario de datos Todas las definiciones de los elementos en el sistema —flujos de datos, procesos y almacenes de datos—están descritos en forma detallada en el diccionario de datos. Si algún miembro del equipo encargado del proyecto desea saber alguna definición del nombre de un dato o el contenido particular de un flujo de datos, esta información debe encontrarse disponible en el diccionario de datos.

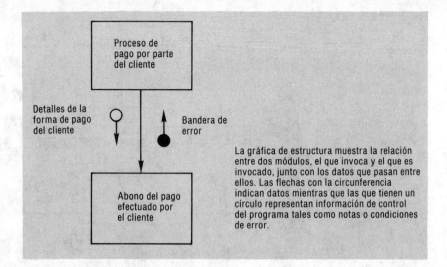

La gráfica de estructura muestra la relación entre dos módulos, el que invoca y el que es invocado, junto con los datos que pasan entre ellos. Las flechas con la circunferencia indican datos mientras que las que tienen un círculo representan información de control del programa tales como notas o condiciones de error.

FIGURA 1.10
Gráfica de estructura

¿Qué es el diseño estructurado?

El diseño estructurado, otro elemento del análisis estructurado que emplea la descripción gráfica, se enfoca en el desarrollo de especificaciones del software. La meta del diseño estructurado es crear programas formados por módulos independientes unos de otros desde el punto de vista funcional. Este enfoque no sólo conduce hacia mejores programas sino que facilita el mantenimiento de los mismos cuando surja la necesidad de hacerlo.

El diseño estructurado es una técnica específica para el diseño de programas y no un método de diseño de comprensión. Es decir, no indica nada relacionado con el diseño de archivos o bases de datos, la presentación de entradas o salidas, la secuencia de procesamiento o el hardware que dará soporte a la aplicación. Esta técnica conduce a la especificación de módulos de programa que son funcionalmente independientes.

La herramienta fundamental del diseño estructurado es el diagrama estructurado (Fig. 1.10). Al igual que los diagramas de flujo de datos, los diagramas estructurados son de naturaleza gráfica y evitan cualquier referencia relacionada con el hardware o detalles físicos. Su finalidad no es mostrar la lógica de los programas (que es la tarea de los diagramas de flujo). Los diagramas estructurados describen la interacción entre módulos independientes junto con los datos que un módulo pasa a otro cuando interacciona con él. Estas especificaciones funcionales para los módulos se proporcionan a los programadores antes que dé comienzo la fase de escritura de código.

Empleo del análisis estructurado con otros métodos de desarrollo

El análisis estructurado se combina, con bastante frecuencia, con el método ya presentado de ciclo de vida clásico de desarrollo de sistemas. Por ejemplo, los analistas pueden optar por desarrollar diagramas de flujo de datos como una forma para documentar las relaciones entre componentes durante la investigación detallada de algún sistema existente. Asimismo, se pueden definir los archivos y datos en un diccionario centralizado de datos de acuerdo con las reglas del análisis estructurado.

Sin embargo muchas organizaciones optan por no utilizar este método de desarrollo. Por ejemplo, los analistas deciden con frecuencia que el desarrollo de diagramas y esquemas es una tarea que consume mucho tiempo, sobre todo si el sistema es grande y complejo. (Es común que los diagramas tengan que dibujarse una y otra vez conforme se adquiere nueva información.) Como se verá más adelante, se han desarrollado herramientas asistidas por computadora para superar este problema.

Otros analistas señalan que los elementos que faltan, tales como las personas y los procedimientos de control, *son* parte del sistema mismo y no pueden omitirse en la descripción de éste. Más adelante se considerará este aspecto tan importante.

Método del prototipo de sistemas

Este método hace que el usuario participe de manera más directa en la experiencia de análisis y diseño que cualquiera de los ya presentados (ciclo de vida del desarrollo de sistemas y análisis estructurado). Tal como ya se indicó, la construcción de prototipos es muy eficaz bajo las circunstancias correctas. Sin embargo, al igual que los otros métodos, el método es útil sólo si se emplea en el momento adecuado y en la forma apropiada.

¿Qué es un prototipo?

El *prototipo* es un sistema que funciona —no sólo una idea en el papel—, desarrollado con la finalidad de probar ideas y suposiciones relacionadas con el nuevo sistema. Al igual que cualquier sistema basado en computadora, está constituido por software que acepta entradas, realiza cálculos, produce información ya sea impresa o presentada en una pantalla, o que lleva a cabo otras actividades significativas. Es la primera versión, o iteración, de un sistema de información; es el modelo original.

Los usuarios evalúan el diseño y la información generada por el sistema. Lo anterior sólo puede hacerse con efectividad si los datos utilizados, al igual que las situaciones, son reales. Por otra parte, deben esperarse cambios a medida que el sistema es utilizado.

Razones para desarrollar prototipos de sistemas

Los requerimientos de información no siempre están bien definidos. Es probable que los usuarios conozcan sólo ciertas áreas de la empresa donde se necesiten mejoras o cambios en los procedimientos actuales.

También es posible que reconozcan la necesidad de tener mejor información para administrar ciertas actividades pero que no estén seguros cuál de esta información será la adecuada. Los requerimientos del usuario pueden ser demasiado vagos aun al formular el diseño. En otros casos, es probable que una investigación de sistemas bien llevada dé como resultado un conjunto muy amplio de requerimientos de sistemas, pero construir un sistema que satisfaga a todos ellos quizá necesite del desarrollo de nueva tecnología.

Los prototipos permiten evaluar situaciones extraordinarias donde los encargados de diseñar e implantar sistemas no tienen información ni experiencia, o también donde existen situaciones de riesgo y costo elevados, y aquellas donde el diseño propuesto es novedoso y aún no ha sido probado. Por ejemplo, en muchas empresas algo que aún no se demuestra es la factibilidad de que los vendedores envíen órdenes de pedido al sistema de cómputo de la compañía desde el sitio donde efectúan la operación por medio de terminales portátiles enlazadas a teléfonos públicos. Para probar el concepto los administradores y encargados de sistemas pueden optar por construir una versión en pequeña escala del software, adquirir unas cuantas terminales y seleccionar un grupo de vendedores. El prototipo proporcionará información preliminar sobre la funcionalidad del concepto.

El prototipo es, en realidad, un modelo piloto o de prueba; el diseño evoluciona con el uso. Si el empleo del prototipo de ventas revela que se cometen muchos errores al escribir en la terminal portátil los nombres y direcciones de los clientes, entonces los diseñadores del sistema pueden modificarlo para que sólo sea necesario escribir los nombres de los clientes ya que sus direcciones se pueden obtener en forma automática de los archivos almacenados en el sistema.

Aunque el prototipo es un sistema que funciona, está diseñado para ser modificado con facilidad. La información obtenida con su uso se aplica en un nuevo diseño que se emplea, otra vez, como prototipo y que revela más información valiosa sobre el diseño. El proceso se repite las veces que sea necesario para revelar los requerimientos esenciales del diseño.

En general, los analistas de sistemas encuentran que los prototipos tienen mayor utilidad bajo las siguientes condiciones:

- Los encargados de diseñar e implantar sistemas nunca han desarrollado uno con las características del sistema propuesto.
- Se conoce sólo una parte de las características esenciales del sistema; las demás no son identificables a pesar de un cuidadoso análisis de requerimientos.
- La experiencia con el uso del sistema añadirá una lista significativa de requerimientos que el sistema debe satisfacer (más que la que puede obtenerse con cualquier otro método de desarrollo).
- Las diferentes versiones del sistema evolucionan con la experien-

cia al igual que el desarrollo adicional y el refinamiento de sus características.

• Los usuarios del sistema participan en el proceso de desarrollo.

El principio fundamental del desarrollo de prototipos es el siguiente:

Los usuarios pueden señalar las características que les agradaría o no tener, junto con los problemas que presenta un sistema que existe y funciona, con mayor facilidad que si se les pidiese que las describieran en forma teórica o por escrito. El uso y la experiencia producen comentarios más significativos que el análisis de diagramas y las propuestas por escrito.

El desarrollo de prototipos de sistemas es un proceso interactivo. Comienza con unas cuantas funciones y crece al incluir otras que son identificadas con posterioridad. También puede comenzar *con un conjunto de funciones que tanto el analista como los usuarios consideran completo* y que puede aumentar o disminuir con el uso y la experiencia.

En general, los pasos a seguir en el proceso de desarrollo de prototipos son los siguientes:

1. Identificar los requerimientos de información que el usuario *conoce* junto con las características necesarias del sistema.
2. Desarrollar un prototipo que funcione.
3. Utilizar el prototipo anotando las necesidades de cambios y mejoras. Esto expande la lista de los requerimientos de sistemas conocidos.
4. Revisar el prototipo con base en la información obtenida a través de la experiencia del usuario.
5. Repetir los pasos anteriores las veces que sea necesario, hasta obtener un sistema satisfactorio.

Tal como lo sugieren los pasos anteriores, la construcción de prototipos no es un proceso de desarrollo por prueba y error. Antes que dé inicio cualquier actividad de diseño o programación, el analista se reúne con los usuarios una o dos veces con la finalidad de identificar los requerimientos. El resultado de estas reuniones forma la base para la construcción del prototipo.

El desarrollo de un prototipo que funcione es reponsabilidad del analista de sistemas. El diálogo de interfase permite a los usuarios actuar recíprocamente con el sistema, las rutinas de procesamiento y las salidas deben ser adecuadas (aunque no necesariamente completas) para que las personas puedan comprender cómo utilizar el sistema para realizar estas funciones. Los mensajes y pantallas no incluidos en el prototipo se añaden más tarde, cuando se conoce un conjunto más completo de requerimientos.

Cuando el analista y el usuario deciden que cuentan ya con la suficiente información proveniente del proceso de construcción del prototipo, determinan cómo satisfacer los requerimientos ya identificados. En general, se opta por una de las siguientes cuatro opciones:

1. *Volver a desarrollar el prototipo.* Esta alternativa quizá signifique volver a programar por completo, empezando desde el principio.
2. *Implantar el prototipo como sistema terminado.* La eficiencia en el funcionamiento junto con los métodos para interactuar con el usuario son suficientes; esto permite utilizar el sistema tal como está.
3. *Abandonar el proyecto.* En este caso el prototipo ha proporcionado información suficiente para demostrar que no es posible desarrollar el sistema para satisfacer los objetivos deseados dentro del marco de la tecnología existente o de lineamientos económicos u operacionales.
4. *Iniciar otra serie de construcción de prototipos.* La información ganada con la experiencia sugiere ya sea un enfoque totalmente distinto o características contrastantes.

Cada una de estas opciones se considera como un éxito en el proceso de la construcción de prototipos.

Métodos para el desarrollo de prototipos

Con los prototipos la velocidad de desarrollo es más importante que la eficiencia en el procesamiento. Un sistema prototipo se construye con rapidez, frecuentemente en días o semanas. Por otro lado, el costo asociado con esta tarea es mucho menor comparado con el de un sistema convencional, aun a pesar de no ser tan eficiente como los sistemas desarrollados sobre periodos de meses.

Los sistemas prototipo pueden desarrollarse con métodos y lenguajes de programación convencionales, aunque no contengan todas las características y toques finales que normalmente se incluyen en un sistema terminado. Por ejemplo, en los reportes pueden faltar los encabezados, títulos y números de página. La organización de los archivos puede ser temporal y las estructuras de registros pueden dejarse incompletas. Quizá falten los controles de entrada y procesamiento y, en general, la documentación del sistema es un punto que suele evitarse. Lo importante es ensayar ideas y generar hipótesis relacionadas con los requerimientos y no la eficiencia y perfección alcanzadas.

En algunos casos se toman segmentos de programas que forman parte de otros sistemas o se utilizan librerías de código reutilizable. Por ejemplo, todos los sistemas en línea tienen rutinas de entrada de edición que son muy similares en su estructura de procesamiento, aunque los detalles de las aplicaciones sean diferentes. Durante la construcción de prototipos los analistas enlazan partes de código reutilizable con código que ellos mismos escriben con la finalidad de tener listo el sistema para su operación y evaluación.

La industria de computadoras busca continuamente *generadores de aplicaciones,* programas que sirven para generar otros programas, para apoyar los esfuerzos de la construcción de prototipos. Estas herramientas automatizan la construcción de sistemas de información, lo que permite a los analistas definir la estructura visual de las pantallas, los registros de entrada y el formato de los reportes; estas especificaciones son procesadas por los generadores de aplicaciones para producir con rapidez, usualmente en cuestión de horas, programas que trabajan.

En algunos casos, aquellos donde el sistema será utilizado con poca frecuencia, el prototipo puede, de hecho, convertirse en el sistema terminado. Una vez que existe acuerdo en los requerimientos o diseños formulados, el sistema puede ser reprogramado para alcanzar mayor rapidez en su ejecución o para tener todas las características deseadas que fueron ignoradas al inicio del proyecto.

Comentario al margen
¿Qué método de desarrollo es el más apropiado?

No existe *ningún método correcto* para desarrollar un sistema de información; pero sí existen diferentes formas para producir *el sistema correcto* para una aplicación. En la comunidad empresarial existen muchas variaciones de los métodos expuestos anteriormente en este capítulo. Algunos métodos tienen más éxito que otros y esto depende de cuándo se emplean, cómo se aplican y de los participantes en el proceso de desarrollo.

En ciertas ocasiones el único método adecuado será un enfoque paso por paso, comparable con el ciclo de vida de desarrollo de un sistema. En otros casos, el desarrollo de prototipos es el único método que tiene sentido. En otras situaciones se combinan los métodos y, además, los usuarios desarrollan parte de la aplicación, quizá utilizando hojas electrónicas de cálculo y una computadora personal.

El indicador definitivo del éxito de un método de desarrollo en particular es aquel que se refiere a los resultados obtenidos y no a la "precisión" teórica del método.

HERRAMIENTAS PARA EL DESARROLLO DE SISTEMAS

En general, una *herramienta* es cualquier dispositivo que, cuando se emplea en forma adecuada, mejora el desempeño de una tarea, tal como el desarrollo de sistemas de información basados en computadora. En los capítulos siguientes se examinarán varias herramientas y técnicas desarrolladas para ayudar al analista de sistemas. En general las herramientas se agrupan en las siguientes categorías: análisis, diseño y desarrollo.

Herramientas para análisis

Estas herramientas ayudan a los especialistas en sistemas a documentar un sistema existente, ya sea éste manual o automatizado, y a determinar los requerimientos de una nueva aplicación. Estas herramientas incluyen:

- *Herramientas para recolección de datos*
  Capturan detalles que describen sistemas y procedimientos en uso. Documentan procesos y actividades de decisión. Se utilizan para apoyar la tarea de identificar requerimientos.
- *Herramientas para diagramación*
  Crean representaciones gráficas de sistemas y actividades. Apoyan el dibujo y revisión de diagramas de flujo de datos e íconos asociados con el análisis estructurado. Asimismo incluyen programas para representación en diagramas de flujo.
- *Herramientas para el diccionario*
  Registran y mantienen descripciones de los elementos del sistema, tales como grupos de datos, procesos y almacenamiento de datos. Con frecuencia proporcionan la capacidad de examinar las descripciones del sistema para decidir si son incompletas o inconsistentes. Muchas incluyen la facilidad de reportar dónde se utilizan los elementos del sistema.

Las herramientas con mayor utilidad, en cualquier categoría, están siendo ya automatizadas tanto para mejorar la eficiencia del analista como para permitir obtener del esfuerzo de análisis, resultados más completos y exactos.

Herramientas para diseño

Las herramientas de diseño apoyan el proceso de formular las características que el sistema debe tener para satisfacer los requerimientos detectados durante las actividades de análisis:

- *Herramientas de especificación*
  Apoyan el proceso de formular las características que debe tener una aplicación, tales como entradas, salidas, procesamiento y especificaciones de control. Muchas incluyen herramientas para crear especificaciones de datos.
- *Herramientas para presentación*
  Se utilizan para describir la posición de datos, mensajes y encabezados sobre las pantallas de las terminales, reportes y otros medios de entrada y salida.

Los analistas han utilizado las herramientas para el diseño de sistemas desde el inicio de la era de las computadoras. Sin embargo, la reciente infusión de ayuda computarizada así como la facilidad de generar gráficas de gran calidad están dando a estas herramientas un nuevo significado en el diseño de sistemas.

Herramientas para el desarrollo

Estas herramientas ayudan al analista a trasladar los diseños en aplicaciones funcionales:

- *Herramientas para ingeniería de software*
  Apoyan el proceso de formular diseños de software, incluyendo procedimientos y controles, así como la documentación correspondiente.
- *Generadores de código*
  Producen el código fuente y las aplicaciones a partir de especificaciones funcionales bien articuladas.
- *Herramientas para pruebas*
  Apoyan la fase de evaluación de un sistema o de partes del mismo contra las especificaciones. Incluyen facilidades para examinar la correcta operación del sistema así como el grado de perfección alcanzado en comparación con las expectativas.

La infusión de procesamiento computarizado, aunado con prácticas de diseño sofisticadas, está cambiando en forma dramática la manera en que se trasladan las especificaciones de diseño en sistemas de información funcionales. Como se verá más adelante, el mayor impacto está aún por llegar.

RESUMEN

En una organización o empresa, el *análisis y diseño de sistemas* es el proceso de estudiar su situación con la finalidad de observar cómo trabaja y decidir si es necesario realizar una mejora; el encargado de llevar a cabo estas tareas es el analista de sistemas. Antes de comenzar el desarrollo de cualquier proyecto, se conduce un *estudio de sistemas* para detectar todos los detalles de la situación actual en la empresa. La información reunida con este estudio sirve como base para crear varias estrategias de diseño. Los administradores deciden qué estrategia seguir. Los gerentes, empleados y otros *usuarios finales* que se familiarizan cada vez más con el empleo de computadoras están teniendo un papel muy importante en el desarrollo de sistemas.

Todas las organizaciones son *sistemas* que actúan recíprocamente con su medio ambiente recibiendo entradas y produciendo salidas. Los sistemas, que pueden estar formados por otros sistemas más pequeños denominados *subsistemas,* funcionan para alcanzar fines específicos. Sin embargo, los propósitos o metas se alcanzan sólo cuando se mantiene el *control.* El funcionamiento de los *sistemas abiertos,* aquellos que interactúan con su medio ambiente, se evalúa comparando éste con los estándares. Los resultados (retroalimentación) son útiles para ajustar las actividades del sistema con el fin de mejorar su desempeño. La autorregulación y el propio ajuste son, en ambientes de sistemas, objetivos deseables de diseño.

Los *sistemas de información* se clasifican en tres categorías. Los *sistemas de procesamiento de transacciones* (TPS) que son los que llevan a cabo las actividades cotidianas de la organización. Los procedimientos estándares de operación que facilitan el manejo de las transacciones se incluyen, en general, en los programas de cómputo que controlan la entrada de datos, el procesamiento de los detalles y almacenamiento y presentación tanto de datos como de información.

Los *sistemas de información administrativos* están orientados hacia la toma de decisiones y utilizan datos relacionados con las transacciones así como cualquier otra información que sea generada dentro o fuera de la compañía. Estos sistemas están diseñados para dar soporte a todos aquellos asuntos donde es necesario tomar decisiones y que se presentan con frecuencia; en este caso es posible estudiar todas las variables y factores de decisión con la finalidad de desarrollar datos que contengan la información más útil para la toma de futuras decisiones.

Los *sistemas para el soporte de decisiones* tienen como finalidad ayudar a los directivos que enfrentan problemas de decisión únicos (no recurrentes). Con frecuencia un aspecto importante de estas decisiones es determinar qué información es la que se debe considerar. Dada la dificultad de predecir las necesidades de información, es imposible diseñar de antemano los reportes. Por consiguiente, este tipo de sistemas debe ser bastante flexible para satisfacer las necesidades cambiantes de los directivos. Los sistemas para el soporte de decisiones son una fuente de información pero no reemplazan el buen juicio que todo directivo debe tener.

Los componentes de un sistema de información incluyen hardware, software y almacenamiento de datos en archivos y bases de datos. Las *aplicaciones* de sistemas de información son los procedimientos, programas, archivos y equipo cuidadosamente integrados para alcanzar propósitos específicos.

Existen tres estrategias para el desarrollo de sistemas: el método clásico del ciclo de vida de desarrollo de sistemas, el método de desarrollo por análisis estructurado y el método de construcción de prototipos de sistemas. Las tres estrategias de desarrollo tienen un uso amplio en organizaciones de todo tipo y tamaño; cada estrategia es efectiva cuando se emplea adecuadamente. Los analistas son los responsables del desarrollo de sistemas de información que tengan utilidad para los administradores y empleados de una organización. El *ciclo de vida de desarrollo de sistemas* es el conjunto de actividades que emprenden los analistas y diseñadores para desarrollar e implantar un sistema de información, incluye la investigación preliminar, la recolección de datos junto con la determinación de requerimientos, el diseño de un sistema, el desarrollo de software, la prueba de los sistemas y su implantación. Muchas de estas actividades pueden realizarse en forma concurrente y esto hace posible que las diferentes partes del sistema se encuentren, al mismo tiempo, en distintos grados de avance.

El análisis estructurado es un método para modelar los componentes de un sistema por medio de símbolos gráficos. Los *diagramas de flujo de datos* (DFD) señalan el flujo de datos en el sistema y entre los procesos y dispositivos de almacenamiento de datos. Al preparar un modelo de esta naturaleza, el analista *hace hincapié en los hechos* y *no en la forma en que éstos se llevan a cabo.* De esta manera, el enfoque se dirige hacia los aspectos *lógicos,* más que hacia los *físicos,* del sistema.

El *diseño estructurado,* el cual también utiliza un modelo gráfico para la descripción del sistema, formula las especificaciones funcionales para los módulos de software. Asimismo, también incluye una descripción de la interacción entre los diferentes módulos pero sin mostrar la lógica interna en cada uno de éstos.

Todas las definiciones de datos, procesos y demás información pertinente, se encuentra descrita en el diccionario de datos, que es un elemento central en el método de análisis estructurado.

La construcción de prototipos es una estrategia de desarrollo apropiada cuando no es posible determinar todos los requerimientos del usuario. Para esto se desarrolla un *prototipo,* que es una versión del sistema de información que se emplea de inmediato y tiene las características esenciales pero no todos los detalles necesarios en la interfase con el usuario ni tampoco un desempeño eficiente. El analista de sistemas junto con el usuario evalúan los resultados con la finalidad de identificar deficiencias, características faltantes y los ajustes necesarios. Cada vez que se repite este proceso se hacen mejoras y se evalúan los resultados. En determinado momento es posible que el prototipo se convierta en el sistema deseado. De otra forma, el analista puede utilizar la información obtenida con el prototipo para comenzar el desarrollo detallado de un nuevo sistema. En otras ocasiones se emprende el desarrollo de un nuevo prototipo o se toma la decisión de abandonar el sistema en su totalidad.

Los analistas de sistemas cuentan con varias herramientas para análisis, diseño y desarrollo que les permiten cumplir con sus responsabilidades. Cuando estas herramientas se utilizan de manera apropiada contribuyen sustancialmente a la utilidad del sistema.

PREGUNTAS DE REPASO

1. ¿Qué impacto tienen los sistemas de información sobre nuestras actividades cotidianas? ¿Dónde se encuentra el mayor impacto de estos sistemas dentro de las organizaciones?

2. ¿Qué se entiende por "trabajo inteligente"? ¿Cómo propicia el uso adecuado de los sistemas de información este tipo de trabajo?

3. ¿De qué manera se ha vuelto estratégico para el crecimiento industrial el uso de sistemas de información?

4. ¿Qué es el análisis de sistemas? ¿Qué es el diseño de sistemas?

5. ¿Cuál es la finalidad de un estudio de sistemas? ¿Quiénes deben participar en él? ¿Qué resultados se esperan de dicho estudio?

6. ¿Cómo es que cambia el trabajo del analista de sistemas de una organización a otra? ¿Por qué existe esta diferencia?

7. Mencione varios conceptos equivocados con respecto al papel y propósito de los analistas de sistemas.

8. Lleve a cabo una discusión sobre la necesidad que tienen los analistas de sistemas de saber cómo escribir programas para computadora.

9. ¿Cómo ha cambiado dentro de las organizaciones el trabajo del analista de sistemas? Explique el porqué de este cambio.

10. ¿Qué son los sistemas de información? Describa las diferentes categorías de los sistemas de información.

11. Haga una comparación entre los diferentes tipos de usuarios de un sistema de información. ¿Qué diferencias existen entre las responsabilidades de cada uno?

12. Describa el concepto de sistemas. ¿Por qué este concepto es tan importante tanto en las organizaciones como en los sistemas de información?

13. ¿Qué elementos de control son importantes en los sistemas? ¿Cómo se benefician los analistas de sistemas al conocer conceptos relacionados con el control?

14. Describa los diferentes tipos de sistemas de información utilizados en las organizaciones. ¿Qué características distinguen a uno de otro? ¿Qué características son similares entre cada uno de los sistemas?

15. ¿Qué estrategias existen para el desarrollo de sistemas? ¿Por qué existen diferentes estrategias?

16. ¿Qué es el ciclo de vida del desarrollo de sistemas? Describa de manera breve la actividades que forman parte de él.

17. ¿Cuáles son las características que distinguen al método de desarrollo por análisis estructurado?

18. ¿Cuál es la diferencia entre el método del ciclo de vida de desarrollo de sistemas y el de análisis estructurado? ¿Cómo podrían vincularse estos métodos?

19. ¿Qué es un prototipo de sistemas? ¿Cuándo es más apropiado hacer uso del método de construcción de prototipos?

20. Describa el proceso de construcción de un prototipo de sistemas. ¿Qué papel tienen los analistas y los usuarios finales en este proceso?

21. Dentro del contexto del análisis y diseño de sistemas, ¿qué son las herramientas? ¿Qué tipos de herramientas existen?

PROBLEMAS DE APLICACIÓN

1. La compañía de artículos para mantenimiento Nueva Inglaterra es un distribuidor al mayoreo y menudeo de productos de limpieza. Compra grandes cantidades de artículos y los vende a sus clientes en pequeños lotes que van desde unos cuantos artículos hasta varias cajas, hecho que depende del tipo de artículo. La compañía inició sus operaciones hace veinte años, es rentable y se encuentra bien administrada.

   El propietario de la compañía piensa desarrollar un sistema basado en computadora para administrar el inventario del almacén y estar al tanto de los artículos solicitados en cada pedido. Asimismo también desea desarrollar un sistema automatizado para procesar las órdenes de pedido de sus clientes sin importar dónde se originen éstas, ya sea que se den en el mostrador, por vía telefónica, correo o a través de los representantes de ventas de la compañía.

El dueño no tiene planes para ampliar las instalaciones de la compañía o el territorio de ventas, el cual abarca gran parte del área de Nueva Inglaterra. Sin embargo, sus planes actuales incluyen un aumento en el volumen de ventas con poco cambio en la línea de productos ofrecidos por la compañía.

El propietario lo contrata como analista de sistemas y acuerda reunirse con usted para discutir el sistema deseado. Usted recibe sólo la información antes mencionada y debe prepararse para su primera reunión con el dueño. ¿Qué preguntas debe formular usted para averiguar más detalles relacionados con la compañía, sus clientes y los procedimientos actuales de inventario y procesamiento de órdenes? La finalidad que usted persigue es determinar si es necesario emprender un estudio detallado de sistemas.

2. Un analista de sistemas ha desarrollado un nuevo sistema para administrar las inversiones de cierta compañía en las bolsas de valores. Por regla general, la compañía tiene inversiones en bonos y acciones por 100 millones de dólares y da empleo a varios gerentes de inversión cuya única responsabilidad es administrar estos fondos. Los gerentes están autorizados para comprar, vender y negociar acciones cuando lo juzguen necesario para aumentar el valor de la inversión o evitar pérdidas cuando cambien las condiciones del mercado.

Todos los gerentes de inversión de la compañía están suscritos a varios boletines informativos y servicios de la bolsa de valores que les proporcionan información sobre las tendencias actuales del mercado y seguridades específicas. Sin embargo, la mayor parte de la información que utilizan los gerentes para decidir cómo administrar las inversiones se obtiene por medio de contactos personales o de opiniones e investigaciones muy cuidadosas y detalladas. Aunque los gerentes reconocen que su trabajo los presiona mucho y los lleva a efectuar gran cantidad de cálculos aritméticos, les agrada bastante.

El nuevo sistema automatizado fue desarrollado para proporcionarles ayuda en sus actividades de inversión. Los analistas de sistemas y los corredores de bolsa coinciden en que este sistema contribuirá a mejorar el desempeño de los gerentes. Sin embargo, los corredores de bolsa creen que será difícil utilizar el nuevo sistema porque no se ajusta a sus patrones de análisis y pensamiento actuales. Por otra parte, el método utilizado por el nuevo sistema computarizado necesita una cuantificación de bonos y acciones específicos, hecho que se aleja de la forma normal de análisis basada en la experiencia e intuición del inversionista.

a. ¿Qué factores se deben considerar al formular un conjunto de recomendaciones relacionadas con la posibilidad de implantar el nuevo sistema? Si se utiliza el nuevo sistema mejorará el desempeño pero será difícil de utilizar por los analistas de valores. Por otra parte, ellos no participaron en el desarrollo del sistema.

b. ¿Qué recomendaciones formularía usted? ¿Por qué?

3. ¿Qué importancia tienen los siguientes conceptos generales de sistemas para un analista que trabaja sobre el desarrollo un sistema de información basado en computadora? Proporcione ejemplos de cada uno de estos conceptos relacionados con los sistemas de información.

a. frontera del sistema

b. medio ambiente del sistema
c. retroalimentación
d. sistema abierto
e. sistema cerrado
f. subsistema
g. interfase
h. estándar de desempeño

4. Los analistas de sistemas son responsables de dotar a los usuarios en las organizaciones con el soporte de sistemas de información que necesiten. En muchas situaciones de desarrollo, el analista puede formular varias opciones diferentes para cumplir con los requerimientos de los usuarios. Como es de esperarse, las opciones difieren en costos, beneficios y niveles de sofisticación. Asimismo, la forma en que se integran los recursos computacionales para formar un nuevo sistema también serán diferentes.

   Los analistas de sistemas se enfrentan de manera constante con las siguientes preguntas: de las muchas opciones de sistemas que existen, ¿cuáles deben proponerse a la administración?, ¿se debe siempre recomendar la mejor opción para un sistema sin importar su costo? Proporcione su opinión con respecto a esta situación. Asegúrese de explicar lo que entiende por "la mejor opción".

5. Una pregunta que con frecuencia se hace en las universidades y escuelas que ofrecen planes de estudio en sistemas de información tiene que ver con el entrenamiento en programación que deben tener los futuros analistas de sistemas. Muchos estudiantes interesados en esta carrera (pero a los que no les gusta la programación de computadoras) no perciben razón alguna para este entrenamiento. Ellos afirman que no necesitan desarrollar ninguna habilidad para escribir programas para computadora dado que el trabajo del analista de sistemas no lo requiere.

   Otros estudiantes se inscriben a la mayor parte de cursos de programación de computadoras que pueden tomar. Creen que el analista de sistemas más eficaz es aquel que es un experto en programación.

   Lleve a cabo una discusión con respecto a estos puntos de vista opuestos. ¿Cuál piensa usted que es el punto de vista correcto? Explique sus razones.

BIBLIOGRAFÍA

ALAVI, M.: "An Assessment of the Prototype Approach to Information Systems Development", *Communications of the ACM,* 27, 6, junio 1984, pp. 556-563.

KELLER, R.: *The Practice of Structured Analysis: Exploding Myths,* Nueva York: Yourdon Press, 1983.

MARCHAND, D. A., y F. W. HORTON, JR.: *Infotrends: Profiting From Your Information Resources,* Nueva York: John Wiley & Sons, 1986.

McKEEN, J. D.: "Successful Development Strategies For Business Aplication Systems", *MIS Quarterly,* 7,3, septiembre 1983, pp. 47-65.

McMENAMIN, S. M., y J. F. PALMER: *Essential Systems Analysis*, Nueva York: Yourdon Press, 1984.

MAHMOOD, M. A.: "Systems Development Methods—A Comparative Investigation", *MIS Quarterly*, 11, 3, septiembre 1987, pp. 293-311.

NAISBITT, J.: *Megatrends: Ten New Directions Transforming Our Lives,* Nueva York: Warner Books, 1982.

NAUMANN, J. D., y A. M. JENKINS: "Prototyping: The New Paradigm for Systems Development", *MIS Quarterly,* 6,3 septiembre 1982, pp. 29-44.

2. Administración del portafolio de desarrollo de aplicaciones

GUÍA DE ESTUDIO

Usted habrá asimilado el contenido del presente capítulo cuando sea capaz de dar respuesta a las siguientes preguntas:

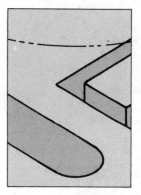

- Cuáles son las razones que llevan a los usuarios a solicitar el desarrollo de un sistema de información?
- ¿Quiénes inician los proyectos de sistemas? ¿Quién decide la aprobación de la solicitud de un proyecto?
- ¿Cómo se desarrolla y administra el portafolio de desarrollo de aplicaciones?
- ¿Qué papel tienen los analistas de sistemas en la aprobación de los proyectos de sistemas de información para los usuarios? ¿Cómo cambia este papel entre las diferentes organizaciones?
- ¿Cuál es la finalidad de la investigación preliminar y qué pasos se siguen durante su realización?
- ¿Existen pruebas específicas para determinar la factibilidad de un proyecto?
- ¿Cuáles son los usos apropiados del enfoque de desarrollo efectuado por los usuarios finales?
- ¿Cómo se integran las aplicaciones computacionales de la institución con las de los usuarios finales?

OBJETIVOS DEL CAPÍTULO

- Diseñar un estudio de factibilidad para revisar y evaluar una propuesta de un sistema de información.
- Escribir una solicitud para un proyecto de sistemas.
- Describir el papel de los administradores generales en la evaluación de aspectos favorables de los sistemas de información.
- Decidir cuándo una aplicación puede ser desarrollada por los usuarios finales o bien por el personal de sistemas de información.
- Determinar la disposición de una solicitud de desarrollo de un proyecto.

PALABRAS CLAVE

Aplicación del usuario final
Aplicaciones
   desarrolladas por los
   usuarios

Aplicación institucional
Arma estratégica
Comité de sistemas de
   información

Comité del grupo de
   usuarios
Comité directivo
Computación personal

Desarrollo por el
   usuario final
Factibilidad
Factibilidad económica
Factibilidad operacional
Factibilidad técnica
Factores críticos de éxito
Integración del medio
   externo al interno

Integración física
Integración horizontal
Integración vertical
Investigación preliminar
Planeación de sistemas
   organizacionales
Planificación estratégica
   de la arquitectura

Portafolio de desarrollo de
   aplicaciones
Sistema de cajas
   registradoras
Solicitud de proyecto
Ventaja competitiva

Los días dorados de los sistemas de información

"Cinco veces han dado marcha atrás en la prioridad del sistema prospecto de ventas. ¡Cinco veces!" murmuraba Peter Wallington para sí mientras se dirigía a la reunión del comité directivo de sistemas de información.

Peter es uno de los analistas de sistemas del grupo de sistemas de información, un departamento que cuenta con más de cien personas, de la compañía Fortuna 500. Durante los 18 años que lleva trabajando para la compañía, ha observado los cambios efectuados en la administración de los sistemas de información. Durante sus primeros años en la empresa, fue uno de los miembros del equipo responsable de persuadir a los departamentos y divisiones para que hicieran uso de la computadora. En "los días de los palacios de cristal", como Peter suele referirse a aquel periodo, el sistema de cómputo era una obra maestra, colocado detrás de grandes paredes de cristal a través de las que cualquiera podía observar las luces intermitentes de la consola y el caudal de hojas de papel proveniente de las impresoras.

Asimismo, las facilidades de cómputo eran gratuitas ya que el costo de éstas era absorbido por los gastos generales de la compañía. En ese entonces si los gerentes de programación —los analistas de sistemas aparecieron después— estaban convencidos del valor de una aplicación, organizaban un proyecto y se daban a la tarea de desarrollar el sistema. Claro está que los usuarios participaban en la conceptualización del proyecto pero los programadores se encargaban de definir muchas de las características. Esto era lo único sensato que podía hacerse ya que la mayoría de los usuarios no sabían lo que era o no posible llevar a cabo con una computadora.

Peter suele hablar con frecuencia de aquellos días:

"El enfoque funcionó. Todos los sistemas de transacciones de la compañía —contabilidad, nómina, inventario y recepción de pedidos— fueron desarrollados de esa manera. Muchos de estos sistemas siguen en uso, aunque se planea reemplazar ya algunos de ellos que los administradores consideran obsoletos."

"Los días dorados —cuando los programadores eran programadores y los administradores no interferían con los sistemas de información— se han ido. Ahora, todos los proyectos, aun aquellos que implican cambios en los sistemas existentes, son revisados por comités integrados principalmente por administradores. El colmo es que estas personas no son las que utilizarán los sistemas que aprueban ya que en su mayoría son directivos, planificadores y estrategas; no son las personas que se encuentran en la planta de fabricación o en el almacén."

Diez personas integran el llamado comité directivo de sistemas de información y tienen la responsabilidad de revisar y autorizar todos los proyectos de sistemas de información, incluyendo los cambios realizados a los sistemas existentes. Este comité también revisa la nueva tecnología con la finalidad de averiguar si satisface las necesidades de la organización.

"El problema con todo esto", afirma Peter, "es que *sólo dos* de los miembros del comité pertenecen al grupo de sistemas de información."

"¡SÓLO DOS! Aun así, tienen el poder de decidir el tipo de tecnología computacional que será utilizada en los futuros sistemas. Pero no me mal interprete. Todos sabemos que los sistemas de información tienen que ser manejados. Algunos de los problemas que tuvimos en el pasado, como el del sistema de recepción de pedidos que era tan difícil de utilizar —que nadie lo hizo— no se hubieran presentado con un adecuado manejo de sistemas de información. Pero aprendimos de nuestros errores. Ahora los usuarios participan y nos pueden decir, antes que sea demasiado tarde, qué es lo que no les parece correcto. Tampoco desarrollamos ningún sistema a menos que los usuarios en los departamentos indiquen que desean el proyecto, que tienen los fondos para financiarlo y que van a utilizar el sistema una vez que esté terminado. La mayor parte del tiempo, los usuarios nos presionan para que comencemos a trabajar sobre el proyecto porque están interesados en él."

"Pero que los usuarios deseen un proyecto no es ninguna garantía de que su solicitud sea aprobada por el comité. ¡Mire lo que ha ocurrido con el sistema prospecto de ventas! El comité ha cambiado su prioridad en cinco ocasiones, anteponiendo en cada una de ellas el desarrollo de otra aplicación. Y en este momento nos preguntan si tal aplicación podrá trabajar sobre sus computadoras personales."

"El sistema prospecto de ventas permitirá a nuestra fuerza de ventas llevar un registro de todos los clientes en potencia, incluyendo la fecha de la última visita, lo que se discutió en ella y qué posibilidad de ventas se tiene para el futuro. Ahora que somos una compañía sujeta a las fuerzas del mercado, es importante que nuestra fuerza de ventas lleve registros de sus contactos. Cuando John Jenkins permaneció dos meses enfermo, Glenda Barnes se hizo cargo de las cuentas pero tuvo que trabajar con las listas de ventas que John había realizado durante los meses anteriores. No encontró registros o notas relacionados con las personas, o las compañías, con quienes John había entrado en contacto. De hecho esta experiencia nos sugirió que necesitábamos un sistema más organizado, un sistema de información como usted puede apreciar."

"Durante los cinco meses que el comité se ha reunido, y aunque se *afirma* que el sistema tiene mérito, los miembros se han dado a la tarea de disminuir la prioridad del sistema. Si nos dieran la aprobación nosotros podríamos realizar el proyecto en seis meses. Tres de los miembros de la fuerza de ventas con los que he platicado *afirman* que quieren el sistema. Pero parece ser que el comité se concentra más sobre proyectos grandes, aquellos que necesitarán de varios años para su desarrollo o los que serán necesarios tener en plantas que ¡aún no existen!"

"¿Sabe usted qué es lo que pienso? Creo que perdimos el control de los sistemas de información. ¡Y todo ocurrió justo ante nuestros ojos!"

El *portafolio de desarrollo de aplicaciones* de una organización es el conjunto de proyectos de sistemas de información propuestos y aprobados que actualmente se encuentran en desarrollo. En muchos sentidos el portafolio representa el futuro de la organización ya que ciertos sistemas de gran valor —aquellos que permitirán mejorar de manera dramática la competitividad de la empresa— incluidos en éste y financiados en forma adecuada contribuirán al crecimiento de la compañía, de las ganancias o de cualquier grupo de estándares que se utilice para medir el éxito. En contraste, la ausencia en el portafolio de proyectos adecuados probablemente se convierta en un obstáculo para el desarrollo potencial de la organización.

Este capítulo estudia la naturaleza de los proyectos de sistemas de información y explica cómo llegan éstos a formar parte del portafolio de desarrollo. Por otro lado, también se muestra que en el fondo del desarrollo de sistemas se encuentra la ley básica de la oferta y la demanda: la demanda de nuevos proyectos, originada por los usuarios, es mucho mayor que la oferta de analistas de sistemas que puedan trabajar sobre éstos. De esta manera, los analistas de sistemas no trabajan sobre cualquier proyecto que ellos seleccionen sino más bien lo hacen sobre aquellos solicitados por los administradores, empleados e incluso por el propio personal de sistemas, claro está que siempre y cuando los proyectos cumplan con varios criterios esenciales.

Cuando usted complete este capítulo tendrá una buena idea de la forma como se inician los nuevos proyectos de sistemas de información y de la clase de búsqueda a la que se someten antes de recibir el visto bueno de la administración. Los aspectos estudiados se aplican a cualquiera de los métodos más comunes de desarrollo y abarcan todas las categorías de sistemas de aplicación.

Es frecuente que para el desarrollo de los sistemas de información las organizaciones inviertan grandes sumas de dinero, junto con el compromiso de personal, instalaciones y otros recursos, para emprender un proyecto a la vez. La *solicitud de proyecto,* preparada por un administrador o algún miembro del personal, es la semilla del desarrollo de un nuevo proyecto. El portafolio de una organización, formado por las solicitudes de proyectos individuales, es un excelente indicador de lo que ocurre en la compañía. Un número importante de proyectos orientados hacia los clientes es un indicador de que la compañía debe orientar sus actividades hacia el mercado y los servicios. En contraste, un portafolio integrado por un número significativo de proyectos de contabilidad sugiere que los asuntos más importantes son la información y el control financieros. Un portafolio de proyectos pequeño indica una inversión limitada en sistemas de información, tanto en la actualidad como en el futuro. Estos factores pueden dar, de acuerdo con la naturaleza de la compañía y la industria que ésta representa, una idea del futuro de la organización.

CÓMO INICIAN LOS PROYECTOS DE SISTEMAS

Las aplicaciones de sistemas de información tienen su origen en casi todas las áreas de una empresa y están relacionadas con todos los problemas de la organización. Esta sección discute varias de las razones por las que se solicitan sistemas de asistencia así como el origen de las propuestas de aplicación.

Razones para proponer proyectos

Las solicitudes de sistemas de información están motivadas por uno de los siguientes tres objetivos generales:

- *Resolver un problema*
  Actividades, procesos o funciones que en la actualidad, o quizá en el futuro, no satisfacen los estándares de desempeño o las expectativas y para lo que es necesario emprender una acción que resuelva las dificultades.
  Ejemplo: Disminuir el número excesivo de errores en los datos de entrada eliminando la introducción manual de los detalles de las ventas.
- *Aprovechar una oportunidad*
  Un cambio para ampliar o mejorar el rendimiento económico de la empresa y su competitividad.
  Ejemplo: Captura de una base grande de clientes ofreciendo un nuevo programa con mayor número de vuelos directos y descuentos en el precio del pasaje.

- *Dar respuesta a directivos*

  Proporcionar información en respuesta a órdenes, solicitudes o mandatos originados por una autoridad legislativa o administrativa; llevar a cabo tareas de cierta manera, o también cambiar la información o tal vez el desempeño.

  Ejemplo: Notificar anualmente a quien corresponda, utilizando para ello los formatos adecuados, los intereses obtenidos por ahorros, cuentas de cheques y de depósito.

Para alcanzar estos objetivos, las empresas emprenden proyectos por una o más de las siguientes razones, las cinco C (tabla 2.1):

- Capacidad
- Control
- Comunicación
- Costo
- Competitividad

Capacidad

Las actividades de la organización están influenciadas por la capacidad de ésta para procesar transacciones con rapidez y eficiencia. Los sistemas de información mejoran esta capacidad en tres formas: 1) aumentan la velocidad de procesamiento, 2) permiten el manejo de un volumen creciente de transacciones y 3) recuperan con rapidez la información.

Procesamiento acelerado La velocidad inherente con que las computadoras procesan los datos es una de las razones por las que las organizaciones buscan el desarrollo de proyectos. Los sistemas basados en computadora pueden ser de ayuda para eliminar la necesidad de cálculos tediosos y comparaciones repetitivas.

En la actualidad los almacenes aceleran el proceso de comprobación al instalar ya sea terminales sofisticadas o lectoras láser. Estos sistemas, denominados *sistemas de cajas registradoras* en realidad son computadoras que calculan y almacenan, con una velocidad sorprendente, información de las ventas y recuperan de la memoria los precios de los productos que están en venta.

Estos sistemas recuperan detalles de los precios con una rapidez mucho mayor que la de los empleados a los que, a su vez, les agrada realizar su trabajo con estos dispositivos asistidos por computadora.

Un sistema automatizado puede ser de gran utilidad si lo que se necesita es un procesamiento rápido. Sin embargo, el sistema debe ser diseñado en forma apropiada y utilizado con eficacia; estos últimos son dos aspectos que los analistas tienen que considerar en las solicitudes de proyecto formuladas por los usuarios.

Aumento en el volumen Dado que los sistemas de información constituyen una ventaja para la compañía, es frecuente que reciban una consideración primaria antes o durante el crecimiento y ampliación de

TABLA 2.1 Las cinco letras C: Razones para iniciar proyectos de sistemas de información

RAZONES	EXPLICACIÓN
Capacidad	
Mayor velocidad de procesamiento	Uso de la capacidad inherente de la computadora para efectuar cálculos, ordenar, recuperar datos e información y efectuar repetidamente la misma tarea con mayor velocidad que los seres humanos.
Incremento en el volumen	Proporcionar la capacidad para procesar una cantidad mayor de actividades, tal vez para aprovechar nuevas oportunidades de tipo comercial. A menudo resultado del crecimiento de la empresa que excede las capacidades y procedimientos que fueron claves para alcanzar los logros obtenidos.
Recuperación más rápida de la información	Localización y recuperación de información del sitio donde se encuentra almacenada. Llevar a cabo búsquedas complejas.
Control	
Mayor exactitud y mejora en la consistencia	Llevar a cabo los pasos de cómputo, incluidos los aritméticos, de manera correcta y siempre en la misma forma. Salvaguardar datos importantes y sensibles en una forma que sea accesible sólo al personal autorizado.
Comunicación	
Mejoras en la comunicación	Acelerar el flujo de información y mensajes entre localidades remotas así como dentro de oficinas. Se incluye la transmisión de documentos dentro de las oficinas.
Integración de áreas de la empresa	Coordinar las actividades de la empresa que se llevan a cabo en diferentes áreas de una organización a través de la captura y distribución de información.
Costos	
Monitoreo de los costos	Seguimientos de los costos de mano de obra, bienes e instalaciones para determinar su evolución en relación con lo esperado.
Reducción de costos	Uso de la capacidad de cómputo para procesar datos con un costo menor del que es posible con otros métodos al mismo tiempo que se mantienen la exactitud y los niveles de desempeño.
Ventaja competitiva	
Atraer clientes	Modificar los servicios proporcionados y la relación con los clientes de forma tal que ellos no opten por cambiar de proveedor.
Dejar fuera a la competencia	Disminuir las posibilidades de que los competidores tengan acceso al mismo mercado como consecuencia de la forma en que la organización utiliza sus sistemas de información.
Mejores acuerdos con los proveedores	Cambios en precios, servicios, condiciones de entrega o relaciones entre los proveedores y la organización para beneficio de ésta.
Desarrollo de nuevos productos	Introducción de nuevos productos con características que utilizan o son influenciadas por la tecnología de la información.

la empresa. La incapacidad para mantener el ritmo de procesamiento no necesariamente significa el abandono de los procedimientos existentes. Quizá éstos resulten inadecuados para satisfacer las demandas actuales (de hecho, es probable que los procedimientos actuales utilizados en el pasado contribuyeran al crecimiento de la empresa).

En estas situaciones, el analista de sistemas considera el impacto que tiene la introducción de procesamiento computarizado, si el sistema existente es manual, o la ampliación de éste. Es poco probable que únicamente el aumento de la velocidad sea la respuesta. El tiempo de procesamiento por transacción aumenta si se considera la cantidad de actividades comerciales de la empresa junto con su patrón de crecimiento, la capacidad de almacenamiento del sistema, la ubicación de las actividades comerciales en relación con la del centro de procesamiento y otros aspectos de índole similar. Es frustrante para los administradores saber que pierden negocios, por la capacidad limitada de los sistemas de información, o incluso clientes por causa de errores.

Recuperación rápida de información Las organizaciones almacenan grandes cantidades de datos relacionados con sus operaciones, empleados, clientes, proveedores y finanzas. En este caso dos aspectos son importantes: dónde almacenar los datos y cómo recuperarlos cuando se necesite de ellos. El almacenamiento de datos es más complejo si los usuarios recuperan los datos de diversas maneras bajo diferentes circunstancias. Para ilustrar este punto, considérese el siguiente ejemplo.

Para las compañías que se dedican a la fabricación de bienes es muy importante la información relacionada con el uso y abasto de materias primas. Cada parte utilizada en la fabricación de un producto tiene un número de identificación único junto con la descripción del artículo.

Cada artículo es suministrado por proveedores específicos y empleado en la fabricación de uno o varios productos. Existen muchas personas que utilizan estos datos, entre ellas está el supervisor de producción que es el encargado de administrar el proceso de fabricación, también puede ser el encargado de efectuar las compras de materiales, o el ingeniero que determina el conjunto de partes necesario para fabricar cada producto (Fig 2.1). Estos usuarios necesitan recuperar información que les permita dar respuesta, por ejemplo, a las siguientes preguntas:

1. ¿Qué materiales vende la compañía Fundidora General?
2. ¿Cuál es la compañía que distribuye motores de bajo ruido de un caballo de fuerza?
3. ¿En qué modelos de impresoras utilizan una interfase serial?
4. ¿Cuántas etiquetas con la marca de la fábrica existen en el almacén?
5. ¿Qué productos incluyen el artículo número X234?

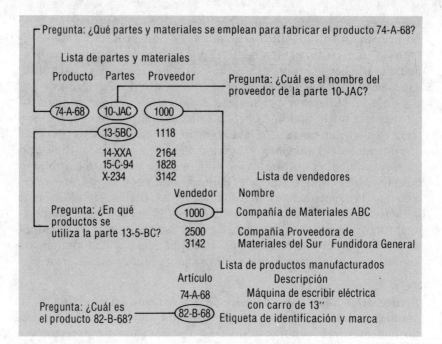

FIGURA 2.1

Requerimientos de recuperación de información en ambientes de manufactura.

En una empresa que no emplea computadoras, las respuestas a todas estas preguntas pueden encontrarse por medio de registros contenidos en archivos, uno por cada pregunta, o por medio de un archivo relevante (si se mantienen varios archivos entonces cada uno está organizado para dar respuesta a una pregunta específica). Por ejemplo, para contestar la primera pregunta, el encargado de llevar los pedidos busca en todos los registros (si el archivo se encuentra organizado de acuerdo con el número de identificación de parte) ve si el proveedor es Fundidora General (a menos que exista un segundo archivo en el que los registros se almacenen por proveedor). Es probable que el costo en tiempo y espacio de almacenamiento de cualquiera de las dos opciones llegue a ser prohibitivo; en este caso quizá la administración decida reducir la información con tal de operar con mayor eficacia. Sin embargo, al desarrollar en forma apropiada un sistema basado en computadora, la administración puede asegurar su capacidad para obtener con rapidez las respuestas a todas las preguntas anteriores.

Control

En el capítulo uno se habló de la relación que existe entre los sistemas de información con la administración y el control de operaciones. ¿Cómo se relacionan la administración y el control de operaciones con las razones para desarrollar sistemas de información? Básicamente en dos formas: 1) para mejorar la exactitud y la consistencia y 2) aumentar la seguridad de los datos más importantes.

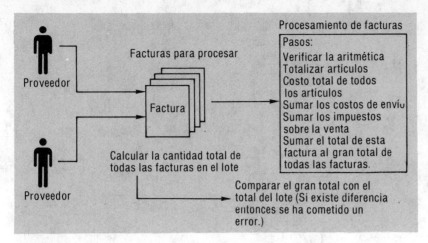

Mejora de la exactitud y la consistencia Para demostrar cómo los sistemas de información pueden alcanzar este objetivo, considérese la actividad común del procesamiento de facturas. En este caso se persigue asegurar que siempre se siga el mismo procedimiento específico (Fig 2.2). El procedimiento estándar consiste en acumular grupos de 15 facturas. Antes de enviarlas para su procesamiento, los empleados que reciben los pedidos calculan el total de todas las facturas en el lote y lo envían junto con esta información. Los tenedores de libros verifican cada factura en el lote que contiene errores aritméticos, calculan de nuevo el monto total y añaden los costos de embarque y los impuestos derivados de la venta. El total de todas las facturas se acumula para generar el total por lote. Esta cantidad se compara con el total preparado con anticipación por los empleados que reciben los pedidos. Cualquier diferencia entre ambas cantidades es un indicador de error (tal como un error aritmético, o una factura sin procesar o que esté extraviada).

Si el procedimiento para calcular de nuevo el monto de cada factura y acumular el total por lote se incorpora en un programa para computadora, entonces el tenedor de libros puede seguir todos los pasos sin omitir alguno. Cada paso se lleva a cabo de la misma manera, consistencia, y con exactitud; por otra parte se efectúan todos los pasos para cada lote de transacciones. A diferencia de un ser humano, el sistema no se distrae con llamadas telefónicas, tampoco pierde su lugar en el lote, ni tiende a omitir facturas más laboriosas. La administración se beneficiará con la consistencia del sistema (y la persona responsable de procesar las facturas quizá esté muy contenta de tener su ayuda).

Proveer mejor la seguridad Algunas veces el hecho de que los datos puedan ser guardados en una forma adecuada para su lectura por medio de una máquina, proporciona una seguridad que es difícil de alcanzar en un medio ambiente donde no existen computadoras. Un

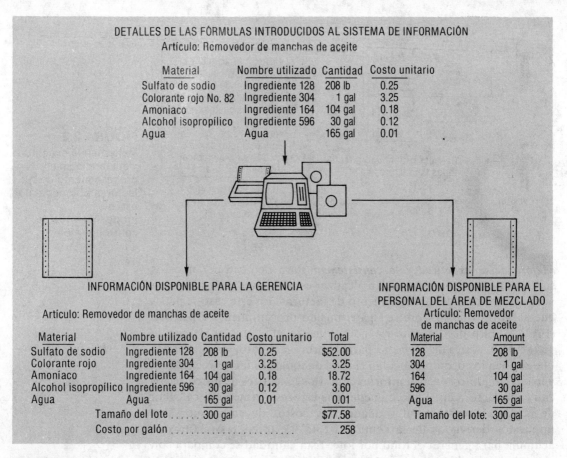

DETALLES DE LAS FÓRMULAS INTRODUCIDOS AL SISTEMA DE INFORMACIÓN
Artículo: Removedor de manchas de aceite

Material	Nombre utilizado	Cantidad	Costo unitario
Sulfato de sodio	Ingrediente 128	208 lb	0.25
Colorante rojo No. 82	Ingrediente 304	1 gal	3.25
Amoníaco	Ingrediente 164	104 gal	0.18
Alcohol isopropílico	Ingrediente 596	30 gal	0.12
Agua	Agua	165 gal	0.01

INFORMACIÓN DISPONIBLE PARA LA GERENCIA

Artículo: Removedor de manchas de aceite

Material	Nombre utilizado	Cantidad	Costo unitario	Total
Sulfato de sodio	Ingrediente 128	208 lb	0.25	$52.00
Colorante rojo	Ingrediente 304	1 gal	3.25	3.25
Amoníaco	Ingrediente 164	104 gal	0.18	18.72
Alcohol isopropílico	Ingrediente 596	30 gal	0.12	3.60
Agua	Agua	165 gal	0.01	0.01
Tamaño del lote		300 gal		$77.58
Costo por galón				.258

INFORMACIÓN DISPONIBLE PARA EL
PERSONAL DEL ÁREA DE MEZCLADO
Artículo: Removedor
de manchas de aceite

Material	Amount
128	208 lb
304	1 gal
164	104 gal
596	30 gal
Agua	165 gal
Tamaño del lote:	300 gal

FIGURA 2.3
Mejor seguridad a través del almacenamiento por computadora y conversión de fórmulas de fabricación.

fabricante de jabones y limpiadores automatizó su fórmula de fabricación como se muestra en la figura 2.3. Antes de la automatización, se daba un libro de fórmulas a los obreros encargados de fabricar los productos. El libro contenía el nombre, cantidad y costo de todos los ingredientes utilizados en cada producto. Cualquiera que tuviese el libro tenía en sus manos la información científica utilizada por la compañía para fabricar sus productos.

Para aumentar la seguridad, la administración desarrolló un sistema de información automatizado para las fórmulas. Las fórmulas y costos de todos los productos se almacenaron dentro del sistema. El acceso a esta información está controlado por un complejo sistema de contraseñas; aquel que conoce la contraseña tiene acceso a cualquier información. Las fórmulas en las hojas que se utilizan en la planta han sido sustituidas por letras en lugar de nombres químicos. (Los barriles de ingredientes en el almacén tienen nuevas etiquetas con letras para identificar los ingredientes.) Los obreros ya no necesitan de fórmulas; el acceso a toda la información está controlado y el nombre de los ingredientes utilizados en el proceso se encuentra dentro de la computadora. Asimismo se tienen menos errores por parte de los obreros ya que con el nuevo sistema la posibilidad de que se confundan es menor. Una ventaja adicional de este sistema es que cada vez que cambia el costo de un ingrediente, se puede recuperar con rapidez la lista de productos que lo utilizan y generar, en forma automática, la información relacionada con los nuevos costos de producción.

Comunicación

La falta de comunicación es una fuente común de dificultades que afectan tanto a clientes como a empleados. Sin embargo, los sistemas de información bien desarrollados amplían la comunicación y facilitan la integración de funciones individuales.

Aumento en la comunicación Muchas empresas aumentan sus vías de comunicación por medio del desarrollo de redes para este fin; dichas vías abarcan todo el país y les permiten acelerar el flujo de información dentro de sus oficinas y otras instalaciones que no se encuentran en la misma localidad. Una de las casas de inversión más grandes en Estados Unidos instaló un sistema de terminales y estaciones de trabajo en todas sus oficinas. Ahora, las solicitudes de compra y venta de acciones se pueden transmitir a todo lo ancho del país en una fracción de segundo. De manera similar, se pueden distribuir avisos desde las oficinas centrales hasta el escritorio de cualquier corredor de bolsa alrededor de todo el país.

El sistema de tarjetas de crédito que permite a muchas personas efectuar sus compras de mercancía y servicios, no existiría sin los sistemas de información. Redes muy grandes de enlaces de comunicación y centros de procesamiento regionales verifican el crédito y autorizan las transacciones en cuestión de segundos.

Una de las características más importantes de los sistemas de información para oficinas es la transmisión electrónica de información, como por ejemplo los mensajes y los documentos.

Integración de áreas en las empresas Con frecuencia las actividades de las empresas abarcan varias áreas de la organización; el trabajo realizado en un área se confunde con el que se efectúa en otro lugar. La fabricación, por ejemplo, depende de los materiales pedidos por el departamento de compras. Para coordinar mejor las operaciones, la administración distribuye a menudo reportes relacionados con los departamentos de fabricación y compras. Para presentar otro ejemplo, considérese el trabajo de coordinar el diseño y fabricación de un avión de pasajeros de gran capacidad (Fig. 2.4). Un grupo de diseñadores trabaja sobre las alas, otro sobre la cabina, otro más sobre el fuselaje y así sucesivamente. Por otra parte, los equipos encargados de diseñar los sistemas eléctrico, de comunicaciones y de clima artificial necesitan conocer los demás diseños antes de poder terminar sus tareas. Cada tarea requiere de materiales diferentes con costos tam-

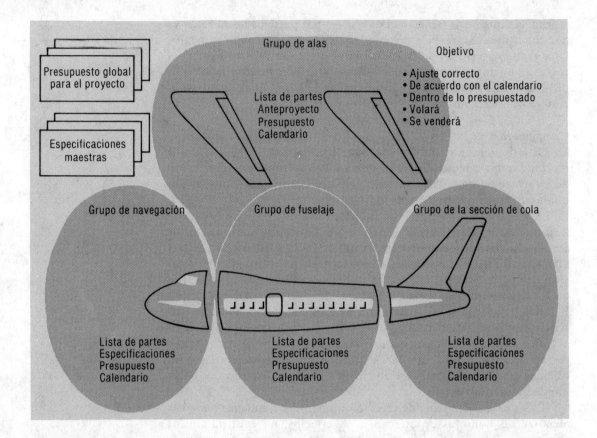

Presupuesto global
para el proyecto

Especificaciones
maestras

Grupo de alas

Lista de partes
Anteproyecto
Presupuesto
Calendario

Objetivo

• Ajuste correcto
• De acuerdo con el calendario
• Dentro de lo presupuestado
• Volará
• Se venderá

Grupo de navegación

Grupo de fuselaje

Grupo de la sección de cola

Lista de partes
Especificaciones
Presupuesto
Calendario

Lista de partes
Especificaciones
Presupuesto
Calendario

Lista de partes
Especificaciones
Presupuesto
Calendario

FIGURA 2.4
Requerimientos de
información para
coordinar el diseño y
fabricación de una
aeronave.

bién diferentes. En este caso la coordinación es necesaria para asegurar que los diversos componentes se ajusten adecuadamente entre sí, que el proyecto esté terminado dentro del plazo de tiempo programado y que los costos no sean mayores que los esperados. En este ejemplo el tiempo es un problema ya que pueden transcurrir meses entre varias tareas, y el éxito depende de su total conclusión. Asimismo, el personal se integra al proyecto y lo abandona tiempo después.

En este caso, los sistemas de información ayudan a comunicar los detalles del diseño a los diferentes grupos, mantienen las especificaciones esenciales en un sitio de fácil acceso y calculan factores tales como el estrés y el nivel de costos a partir de detalles proporcionados por otros grupos.

Costo

Muchas organizaciones han quedado fuera de la actividad comercial y otras tantas imposibilitadas para alcanzar el éxito por el poco control sobre los costos o por el total desconocimiento de éstos. Los sistemas de información juegan un papel importante tanto en la vigilancia como en la reducción de costos de operación.

Vigilancia de los costos Llevar a cabo el seguimiento de los costos de mano de obra, bienes y gastos generales es una tarea esencial para determinar si la compañía evoluciona en la forma esperada, es decir de acuerdo con lo presupuestado. Los sistemas manuales para el seguimiento de costos no son tan eficientes como los automatizados ni tampoco ofrecen el mismo número de categorías y minuciosidad en las comparaciones.

La creciente competitividad del mercado crea la necesidad de mejores métodos para seguir los costos y relacionarlos con la productividad individual y organizacional. Es probable que este último objetivo tenga en el futuro mayor importancia.

Reducción de costos Algunos diseños de sistemas ayudan a disminuir los costos ya que toman ventaja de las capacidades de cálculo automático y de recuperación de datos que están incluidos en procedimientos de programas en computadora. Muchas tareas son realizadas por programas de cómputo, lo cual deja un número muy reducido de éstas para su ejecución manual.

En el pasado, mucha gente pensó que el desarrollo de aplicaciones de sistemas de información, en especial de aquellas con alto grado de automatización, significaría una necesidad menor de trabajadores. Si bien es cierto que los sistemas de información cambian la naturaleza del trabajo, la necesidad de gente, en general, no ha ocurrido. Por consiguiente, los usuarios deben ser cautelosos al esperar que las nuevas aplicaciones disminuyan los requerimientos de personal. Por otro lado, aquellos que están preocupados por la posibilidad de perder su trabajo por causa de las aplicaciones automatizadas deben recuperar la tranquilidad. Rara vez las personas son desplazadas; de hecho, su trabajo se vuelve más interesante al automatizar todas las tareas tediosas.

Ventaja competitiva

Los sistemas de información computacionales son un *arma estratégica* que puede cambiar la forma en que la compañía compite en el mercado. Como consecuencia de lo anterior, estos sistemas mejoran la organización y la ayudan a ganar *ventaja competitiva*. En contraste, si los competidores de la compañía tienen capacidades más avanzadas para el procesamiento de información, entonces los sistemas de información pueden convertirse en una desventaja competitiva. Por tanto, las capacidades de los sistemas de información son una consideración importante al formular la estrategia de la organización.

Una organización puede ganar ventaja competitiva a través de sus sistemas de información en cuatro formas diferentes, donde cada una considera las distintas entidades con las que trata la compañía como parte de sus actividades comerciales: clientes, competidores, proveedores y los servicios o productos que la compañía proporciona.

Asegurar clientes Dado que los clientes son lo más importante para una organización, los directivos buscan diversas formas para allegarse nuevos clientes y, al mismo tiempo, retener los que tienen. ¿Cómo pueden los sistemas de información de la compañía ofrecer en este caso una ventaja competitiva? Una salida es saber si la compañía puede ofrecer al cliente una ventaja o un beneficio significativo sobre sus competidores. A continuación se mencionan tres formas que emplean las compañías para allegarse de clientes y luego retenerlos:

- Ofreciendo mejores precios
- Proporcionando servicios exclusivos
- Presentando productos diferentes

La ventaja en precios es algo que se observa continuamente en la actividad comercial (si el producto es exclusivo o distinto entonces tener el liderazgo en precios bajos quizá no sea el objetivo a alcanzar). La estrategia eficaz de precios a menudo se alcanza al desarrollar sistemas de información por las razones que ya se han mencionado (tales como reducción de costos y ganancia en la exactitud). Sin embargo, cualquier ventaja ganada en esta área puede ser temporal si los competidores encuentran formas para ofrecer los mismos precios de la compañía.

¿Puede una compañía ofrecer servicios exclusivos y aun así atraer clientes? Si es así, es posible que los competidores no sean capaces de atraer a los clientes de la compañía. Considérese la estrategia utilizada por la compañía Proveedora Americana de Hospitales, la cual detectó el alto costo que tenían las visitas a sus clientes, principalmente hospitales, al igual que los pedidos urgentes hechos por éstos. Claro está que toda compañía intenta reducir sus costos disminuyendo los gastos. Sin embargo, Proveedora Americana de Hospitales vio este problema como una oportunidad estratégica y lo abordó en una forma muy diferente a la de sus competidores.

La compañía instaló terminales en los departamentos de compra de los hospitales y permitió que sus clientes solicitaran sus pedidos a través de la terminal. Proveedora Americana de Hospitales obtuvo de inmediato beneficios como resultado de la reducción en los costos de ventas, dado que el personal de ese departamento ya no tenía que visitar los hospitales para tomar los pedidos. Pero este no fue el único beneficio.

Los hospitales se beneficiaron de manera dramática como resultado del sistema en línea. Ahora es posible solicitar los pedidos cuando necesitan los artículos. Por otra parte, el sistema incluye información sobre precios diferenciales que les permite seleccionar la combinación precio/tiempo de entrega que más les convenga. Para productos que se necesitan en forma inmediata (pedidos urgentes), el precio es mayor.

Los departamentos de compras de los hospitales llegaron a depender del sistema en línea ya que éste facilita la solicitud de pedidos. Al mismo tiempo, el sistema les permite controlar sus existencias en forma manual con la seguridad de que cuando haga falta un artículo lo pueden obtener con rapidez.

Tanto el proveedor como los hospitales sacaron provecho de esta situación, pero el beneficio más importante a largo plazo se hizo evidente cuando los competidores trataron de instalar sus propias terminales en los hospitales a los que presta servicio Proveedora Americana de Hospitales; sus esfuerzos fueron inútiles. Los hospitales no deseaban más terminales y sistemas de pedidos porque sus necesidades habían sido satisfechas por Proveedora Americana de Hospitales. La compañía tuvo éxito para conseguir y retener a sus clientes.

Dejar fuera a los competidores Dar el salto sobre los competidores puede ser riesgoso si ellos encuentran la forma para duplicar los logros de la compañía. Los descuentos, por ejemplo, no brindan beneficios estratégicos a largo plazo. Sin embargo, los sistemas de información pueden ser la base para dejar fuera del mercado a la competencia, ya sea al disuadir sus intentos por ingresar al mercado o creándoles obstáculos para su entrada.

Las cadenas de hoteles y aerolíneas cuentan con sofisticados sistemas de reservación basados en computadora que forman la columna vertebral de estas industrias. (De hecho, el gobierno de los Estados Unidos reconoce el obstáculo potencial que el desarrollo de los sistemas de reservación representa para las nuevas compañías de aviación. Para poner orden en esta industria, el gobierno alienta el crecimiento de la competencia al permitir varias formas para que las nuevas compañías de transporte utilicen los servicios de las aerolíneas existentes. De otro modo, estas compañías quedarían fuera de la industria en forma permanente.)

Mejores acuerdos con los proveedores En los negocios, los proveedores también tienen importancia estratégica. Una manera de utilizar los sistemas de información para favorecer arreglos con los proveedores es ofreciendo un mejor precio. El pronóstico de una fuerza de ventas superior junto con un sistema para el manejo de inventarios, permitió a una de las compañías de almacenes más grandes de Estados Unidos garantizar extensos pedidos durante todo un año para la mayor parte de sus proveedores. Claro, con esto los proveedores quedaron agradecidos. Pero al mismo tiempo, sin embargo, la compañía negoció no únicamente precios más bajos sino que también les solicitó que mantuvieran el inventario y lo abastecieran cuando fuese necesario. Con esto, la compañía logró disminuir sus costos de inventario, los que tenían en ocasiones un impacto entre 30% y 40% en el valor de la mercancía durante todo un año.

En la industria automotriz, General Motors requiere que sus proveedores adopten sistemas basados en computadora compatibles con los suyos. Los sistemas para diseño asistido por computadora y los logísticos son de áreas críticas para la compañía. Si una empresa externa desea recibir un trato preferencial como proveedor, entonces debe considerar el desarrollo de un sistema que encaje con los utilizados por General Motors.

Formar bases para nuevos productos Los sistemas de información también forman la base de muchos productos y servicios nuevos. Los grandes bancos, por ejemplo, comienzan a reconocer el valor de la información demográfica que tienen con respecto a sus deudores y ahorradores. Al utilizar computadoras para analizar datos sobre tendencias económicas, desarrollos habitacionales y otras noticias de índole económica —todo esto sin violar la información confidencial de los clientes— los bancos pueden obtener valiosa información con sus investigaciones de mercado que otros deseen adquirir.

Los servicios de bases de datos comerciales experimentan un crecimiento común en todas las industrias. En el campo de las comunicaciones, servicios tales como The Source y CompuServe no existirían sin las computadoras y servicios de comunicación. Y ocurriría lo mismo con el Dow Jones de la bolsa de valores y el Lexus en la industria legal.

Productos que van desde programas personales hasta planes de construcción pueden hacerse a la medida del cliente gracias al procesamiento de información. Asimismo, las compañías pueden obtener importantes descuentos y recibir de los vendedores consideraciones especiales personalizadas.

De todos estos ejemplos una cosa es clara: primero es necesario que los sistemas entren en operación y que trabajen de manera confiable. Si el proveedor de un hospital no puede satisfacer las necesidades urgentes de sus clientes cuando ha prometido hacerlo, probablemente debido a una debilidad en sus sistemas, entonces los sistemas de información se convierten en una desventaja competitiva. Las aerolíneas que no tienen sistemas de reservación de vuelos computarizados, se encuentran con frecuencia en desventaja cuando los pasajeros tienen otras opciones para volar.

Aunque a menudo las solicitudes de proyectos se formulan por más de una razón, las aquí presentadas indican áreas donde las propuestas son más justificables. El deseo de *aparentar* un aumento en la productividad o el logro de mayores avances al tener un sistema automatizado no es una justificación adecuada para invertir en sistemas basados en computadora. Las bases de cualquier solicitud de proyecto deben ser las mejoras —como las ya mencionadas— en las operaciones.

Comentario al margen
Metas de la empresa y papel de los sistemas de información

Quizá sea sorprendente la gran importancia dada al aspecto empresarial al discutir las razones por las que se proponen los proyectos. Un principio fundamental en el desarrollo de sistemas de información para las empresas es que las aplicaciones son una herramienta y no un instrumento que debe tenerse para utilizar la tecnología de la información. En consecuencia, los sistemas deben desarrollarse sobre la base de su propia capacidad para mejorar el desempeño de la organización. Sin embargo, estas razones no significan únicamente pérdidas y ganancias. La marcha de una empresa incluye también beneficios para sus empleados, clientes y otras personas con las que se tiene trato.

La forma como se adaptan los sistemas de información en una organización depende de la naturaleza comercial de ésta y de las razones que tenga para su éxito. Si los clientes son los más importantes, entonces es probable que los analistas de sistemas orienten la mayor parte de su trabajo hacia aplicaciones que mejoren el servicio proporcionado a los clientes. Si el control de los costos es el principal indicador del éxito de la compañía, entonces la mayor parte de las aplicaciones estarán dirigidas hacia la identificación y preservación de la ventaja en costos. Si el lanzamiento de nuevos productos es la llave del éxito, entonces los sistemas de información deben ayudar a identificar y crear tales productos. Es casi imposible que los sistemas de información resulten eficaces si son desarrollados en forma independiente de los objetivos, valores y metas de la organización, para la que fueron diseñados.

Las solicitudes de proyectos siempre se deben preparar y evaluar de acuerdo con este principio.

Metodologías para la planeación de sistemas de información

Los métodos formales de planificación se desarrollaron para brindar apoyo a los gerentes y ejecutivos en el proceso de desarrollo de sistemas de información que ayuden a alcanzar las metas de la organización.

La finalidad de estos métodos es describir directrices a nivel organizacional para los sistemas de información de la empresa. Lo anterior incluye la identificación de elementos clave de los que dependen tanto las aplicaciones como su desarrollo. Asimismo, también se incluye la descripción de las relaciones entre estos elementos y, posiblemente, la documentación de las necesidades actuales de información o el bosquejo de planes futuros de la empresa.

Las tres metodologías más utilizadas para la planeación de sistemas de información son el método de *planeación de sistemas empresa-*

riales (BSP) de IBM; el método de *planeación estratégica de arquitectura de computadoras* de Nolan, Norton & Co. y el método de *factores críticos del éxito.*

El método BSP de IBM, que es uno de los más utilizados, se concentra en la identificación de los datos necesarios para poner en marcha una organización. (Véase pág. 78.) El método de planificación estratégica de arquitectura de computadoras de Nolan, Norton & Co. enlaza la capacidad actual de la organización con sus necesidades futuras. Este método recalca la necesidad de desarrollar una fuerte infraestructura técnica para que sirva como plataforma para el desarrollo de aplicaciones y se estudiará en el capítulo 12. El método de los factores críticos del éxito, busca identificar las áreas que son clave para la supervivencia de la organización y asegurar su incorporación a los sistemas de información.

Las metas corporativas de la organización deben reflejarse desde la preparación y evaluación de las solicitudes de proyectos para sus sistemas de información. Por otro lado, los planes para sistemas de información deben tener en cuenta los sistemas ya existentes así como sus requerimientos a futuro. En consecuencia la planeación de sistemas de información requiere de una *visión,* un punto de vista sobre el impacto que los sistemas tendrán sobre el éxito de las metas corporativas de la organización a largo plazo, tanto estratégica como operacionalmente.

La visión no es un plan ya que no está bien definida; más bien describe una dirección para la organización y desarrolla un concepto sobre el impacto que tienen los sistemas de información. En otras palabras, la visión describe hacia dónde desea ir la compañía pero no los medios para alcanzar tal fin. Los medios para alcanzar los objetivos de la compañía se desarrollan cuando ésta formula su estrategia comercial.

Tener la visión es esencial pero ésta debe ser comunicada si se desea movilizar con éxito al personal de la organización y otros recursos para construir y mantener un plan viable de sistemas de información.

En las secciones siguientes se examinan varias fuentes de solicitud de proyectos junto con otros aspectos administrativos relacionados con el desarrollo de sistemas de información. Sin embargo, es importante recordar el propósito global de los sistemas de información en una empresa: servir a la organización para ayudarle a alcanzar la razón de su existencia, las metas corporativas.

Fuentes de solicitudes de proyectos

Existen cuatro fuentes primarias de solicitudes de proyectos. Los solicitantes dentro de la organización son los jefes de departamento, los altos ejecutivos y los analistas de sistemas. Por otra parte, es probable

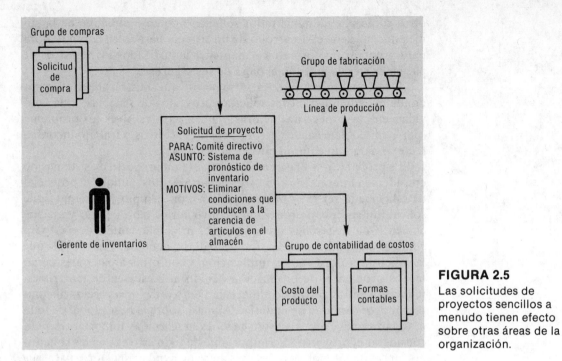

FIGURA 2.5
Las solicitudes de
proyectos sencillos a
menudo tienen efecto
sobre otras áreas de la
organización.

que las dependencias del gobierno externas a la organización también
soliciten proyectos de sistemas de información. De acuerdo con el
origen de la solicitud y el motivo para hacerla, los solicitantes buscan
ya sea aplicaciones totalmente nuevas o algunos cambios en las ya
existentes.

Gerentes de departamento

Es frecuente que las personas relacionadas con las actividades cotidianas de la empresa, ya sean empleados o gerentes, busquen ayuda
dentro de sus propios departamentos. Por ejemplo, el administrador
de una clínica supervisa la preparación de las formas de reclamo de los
pacientes que se envían a las compañías de seguros, las cuales pagan
los servicios médicos ofrecidos por la clínica.

Aunque el administrador sabe que es necesario preparar estos
formatos para que el paciente reciba la ayuda necesaria y asegurar que
la clínica reciba el reembolso correspondiente, no se encuentra satisfecho con la cantidad de tiempo que el personal dedica a esta tarea, en
especial cuando buena parte de la información sobre el seguro (nombre del paciente, dirección, edad y el nombre del médico que lo
atiende) ya está disponible en el expediente del enfermo. Al señalar la
duplicación de esfuerzos, los tenedores de libros expresan su deseo de
liberarse de las tareas rutinarias asociadas con el procesamiento de
estos formatos.

Después de discutir este problema con los administradores de otras clínicas, el administrador solicita al consejo directivo de la clínica que apruebe el desarrollo de un sistema basado en computadora para preparar los formatos y mantener actualizados los registros de pacientes en relación con el pago de sus seguros.

Este ejemplo es uno, entre muchos, que ilustra aquellos casos donde los administradores solicitan proyectos de sistemas. Una actividad en curso necesita mejoras, ya sea para resolver un problema (por ejemplo demasiados errores, costos excesivos o trabajo inconsistente) o para aumentar la eficiencia del trabajo.

Es probable que el gerente que solicita un proyecto de sistemas no considere la interacción con otros departamentos, aunque el potencial de ésta pueda ser muy alto (Fig. 2.5). Por ejemplo, un gerente que solicita un sistema de previsión de inventarios para pedido y abastecimiento de materiales quizá busque, principalmente, formas para eliminar las condiciones del tipo de material agotado. Es probable que la solicitud no discuta las implicaciones con otras áreas, tales como menos problemas de producción debido a la escasez de materiales, reducción en los costos de almacenamiento o mejores precios al comprar mayor cantidad de material. Aun así, sobre la base global de toda la organización, quizá existan razones mucho más importantes para considerar el proyecto . Lo importante de todo esto es que las solicitudes presentadas por los gerentes buscan ayuda específica para sus operaciones que quizá tenga implicaciones más profundas que pueden afectar a otros departamentos.

Altos ejecutivos

Es usual que los altos ejecutivos, tales como presidentes, directores de consejos y vicepresidentes, tengan información sobre toda la organización que no está a disponibilidad de los gerentes. Esta información, aunada con las grandes responsabilidades que estos ejecutivos tienen (ellos dirigen a toda la organización más que a varios departamentos) tiene influencia sobre las solicitudes de proyectos que se formulan. Por ejemplo, un vicepresidente de producción sabe que se construirá una planta en otra ciudad dentro de dos años, entonces decida emprender un proyecto de sistemas para desarrollar un sistema centralizado para planificar la producción, es decir un sistema que permita administrar los planes de fabricación de las dos plantas al mismo tiempo. Este proyecto abarca varios departamentos (producción, control de inventarios y adquisiciones) de ambas plantas así como a muchos otros gerentes.

En general, las solicitudes de proyectos presentadas por los altos ejecutivos tienen un ámbito mayor que las preparadas por los gerentes de departamento. Por ejemplo, para una solicitud de diseño e implantación de un nuevo sistema presupuestal para toda la organización deben considerarse cuántos departamentos y divisiones están incluidos en el ámbito de la solicitud así como un modelo de planeación financiera. Este tipo de proyectos tienden a influir más sobre toda la organización que, por ejemplo, un sistema de control de inventarios.

Sin embargo, los proyectos multidepartamentales son más difíciles de manejar y controlar. En contraste, los proyectos departamentales tienen mayores posibilidades de éxito sobre todo si los usuarios toman un papel activo en el proyecto.

Analistas de sistemas

En ocasiones los analistas de sistemas buscan áreas donde deben desarrollarse proyectos y escriben la propuesta, o animan a un gerente para que éste permita la elaboración de la propuesta en su nombre. Por ejemplo, un analista observa que el procedimiento de inscripción en cierta universidad es lento, susceptible de error y, en general, ineficiente por lo que decide proponer un proyecto para un nuevo sistema de inscripción. La solicitud prescribe el desarrollo de un sistema que aproveche las ventajas ofrecidas por terminales de fácil uso para el registro de datos con la finalidad de acelerar el proceso de inscripción.

Normalmente, las solicitudes de sistemas operativos tales como el de la inscripción, son preparadas por los gerentes de departamento. Sin embargo, en este caso, el analista tiene la información relacionada con nuevo equipo y tecnología que permitirá construir el sistema de inscripción más eficaz que sea posible. Es probable que el gerente, que no tiene la responsabilidad de investigar los avances en tecnología de computadoras, no tome la iniciativa de escribir la propuesta para un nuevo sistema que facilite los procedimientos de inscripción.

No debe olvidarse que los analistas de sistemas y encargados de desarrollar sistemas, también son usuarios. Los sistemas de administración de proyectos, paquetes para seguimiento de archivos o los proyectos de librerías de programación, son proyectos de aplicación característicos que el personal de sistemas puede solicitar.

Grupos externos

Los acontecimientos externos a la organización también conducen a solicitudes de proyectos. Por ejemplo, el gobierno pide a sus contratistas que utilicen sistemas especiales para contabilidad de costos con características estipuladas por el propio gobierno. El departamento de hacienda de Estados Unidos requiere que las organizaciones mantengan, de manera cuidadosa, registros del pago de nóminas e impuestos de cada empleado. Este departamento también especifica el formato para las diferentes declaraciones de impuestos; en este aspecto el patrón no tiene ninguna opción.

Con bastante frecuencia, las nuevas demandas de los grupos externos desembocan en solicitudes de proyectos, ya sea nuevos sistemas o para cambios en los ya existentes. Los proyectos que se originan por esta vía son tan importantes como los de la propia organización. En algunos casos, tales como calendarios muy estrictos impuestos por la dependencia externa, este tipo de proyectos tiene una prioridad mayor que los de, por ejemplo, los gerentes.

BSP:
LA PLANIFICACIÓN DE SISTEMAS EMPRESARIALES DE IBM

Entre los métodos más utilizados para desarrollar un marco de referencia estable para dar soporte a los procesos sustantivos de una organización, se encuentra la planificación de sistemas empresariales (BSP). Desarrollado originalmente por IBM para su propio uso fue posteriormente ofrecido como una metodología general de planeación, con manuales y cursos de entrenamiento desarrollados para los usuarios.

Bajo el enfoque BSP los datos son vistos como un recurso corporativo muy valioso, un punto de vista muy justificable a la luz de los millones de dólares que las empresas invierten en capturar, almacenar y preservar datos. De esta forma, el objetivo de BSP es *identificar los datos* esenciales para la operación de una empresa en la economía actual basada en la información.

Pasos a seguir para llevar a cabo estudios BSP. Obtener el compromiso de la gerencia es el primer paso para organizar un estudio BSP. Los altos ejecutivos encabezan el equipo de estudio y seleccionan para participar a los demás ejecutivos y gerentes. (Los analistas de sistemas *no conducen* un estudio BSP.)

Después de identificar los procesos sustantivos que dan vida a la organización, tales como el desarrollo de productos, la fabricación, mercadotecnia y ventas, el equipo define clases de datos (por lo general entre 30 y 60 categorías) para representar entidades de interés, como clientes, proveedores y pedidos de productos.

Se espera que la evaluación de las descripciones de los procesos de datos (reunidas por el equipo BSP) junto con la información obtenida a través de entrevistas (conducidas por analistas de sistemas), genere los siguientes resultados:

- Un marco de referencia que defina los sistemas y subsistemas para el manejo de la información dentro de la organización.
- Recomendaciones para el manejo y el control de datos, y
- Prioridades para el desarrollo de futuras aplicaciones de sistemas de información.

Ventajas y limitaciones de la metodología BSP. El enfoque BSP es un método eficaz para describir que es la organización después de reunir datos acerca de ésta y de sus sistemas de información tal como existen en un determinado momento. Sin embargo, este método no tiene ninguna provisión automática para incorporar necesidades de amplio alcance en los resultados del estudio BSP. A menos que el equipo BSP incluya expresamente los requerimientos de información estratégica a largo plazo de la organización, los resultados del estudio no reflejarán estos requerimientos.

Otra importante desventaja del método BSP es el tiempo necesario para desarrollar una cabal comprensión de los requerimientos de la organización, incluyendo el tiempo necesario para conducir un número grande de entrevistas con los gerentes. Por otra parte, aunque el empleo de las matrices preparadas durante el estudio es útil para capturar detalles, la tarea de analizar y sintetizar los datos obtenidos es todo un reto.

Al evaluar el valor potencial de BSP, se deben ponderar las ventajas y limitaciones del empleo de este método para planear sistemas de información contra las necesidades y capacidades de la organización.

MANEJO DEL PROCESO DE SELECCIÓN Y REVISIÓN DE PROYECTOS

Se generan muchas más solicitudes para el desarrollo de sistemas de los que la mayor parte de las compañías pueden emprender. Por tanto, alguien debe decidir qué solicitudes emprender y cuáles otras rechazar (o quizá deban ser resueltas por otros medios). La decisión de aceptar o rechazar una solicitud puede tomarse de muchas formas diferentes y por distintos miembros de la organización. Los analistas de sistemas no son los árbritos finales.

Uno de los métodos más comunes para revisar y seleccionar proyectos para su desarrollo es por medio de un comité.

Método del comité directivo

En muchas organizaciones, los *comités directivos* (también denominados comités operativos, consejos operativos o juntas de selección de proyectos) supervisan la revisión de propuestas para proyectos. El comité está constituido por gerentes importantes de varios departamentos de la organización así como por miembros del grupo de sistemas de información. Sin embargo, el comité no está dominado por los especialistas en sistemas. El comité directivo al que hace referencia la historia "Los días dorados de los sistemas de información" al inicio de este capítulo, incluía sólo dos especialistas en sistemas de información entre sus diez miembros. Un comité formado por un número de entre siete y diez personas estará integrado, en general, por los siguientes miembros:

1. Miembros de alto nivel administrativo:
   Vicepresidente ejecutivo
   Vicepresidente de producción
2. Gerentes departamentales:
   Gerente de ventas y mercadotecnia
   Gerente del departamento de crédito
3. Gerentes técnicos:
   Gerente de investigación y desarrollo
   Coordinador de control de calidad
4. Grupo de sistemas de información:
   Gerente de procesamiento de datos
   Jefe de analistas de sistemas

El comité recibe las propuestas y las evalúa. La mayor responsabilidad del comité es tomar una decisión, y con frecuencia ésta requiere de más información que la contenida en la propuesta. Por consiguiente, se solicita a menudo una investigación preliminar, la cual será estudiada en la próxima sección, para reunir detalles.

El método del comité impone mucho respeto y perspectiva a la revisión de las propuestas de proyectos. El comité está formado por gerentes con la responsabilidad y autoridad para decidir qué proyectos responden a los mejores intereses de toda la compañía. Dado que en el comité se incluyen distintos niveles de la administración, los miembros pueden tener discusiones bien informadas sobre aspectos relacionados con las operaciones cotidianas (tratamiento de pacientes, pedidos de materiales, o contratación de personal) y planes a largo plazo (nuevas instalaciones y programas) y que tienen que ver con la solicitud de proyecto. Los gerentes proporcionan información práctica y una idea con respecto a las operaciones y el desarrollo a largo plazo. Los especialistas en sistemas del comité brindan información técnica y relacionada con el desarrollo, que es de utilidad para alcanzar decisiones con respecto a la administración de proyectos.

El enfoque del comité es muy favorecido porque los proyectos de sistemas son inversiones de la empresa. La administración, y no los analistas o diseñadores de sistemas, es la que selecciona los proyectos para su desarrollo. Las decisiones se toman con base en los costos del proyecto, su beneficio para la organización y la factibilidad de llevarlo a cabo dentro de los límites de tecnología de sistema de información con los que cuenta la organización.

Este es el método utilizado por el jefe de Peter Wallington, protagonista de "Los días dorados de los sistemas de información".

Método del comité de sistemas de información

En algunas organizaciones la responsabilidad de revisar las solicitudes de proyectos se delega a un comité integrado por gerentes y analistas del departamento de sistemas de información. Bajo este método, todas las solicitudes para servicio y desarrollo se presentan directamente, para su revisión, al comité del departamento de sistemas de información. El *comité de sistemas de información* aprueba o rechaza proyectos y fija las prioridades y también indica qué proyectos son más importantes, dándoles atención inmediata.

Este método se puede utilizar cuando la mayor parte de las solicitudes son para servicios rutinarios o mantenimiento de las aplicaciones existentes. Para estos proyectos, los miembros del equipo de sistemas de información pueden ofrecer buenas ideas para los requerimientos del proyecto. Además, al trabajar en otros proyectos (y coordinar los esfuerzos con el comité de planeación empresarial de la organización) los encargados de desarrollar los sistemas tienen acceso a información relacionada con la marcha de toda la compañía, consideración importante para la selección eficaz de proyectos.

En ocasiones, tales como cuando es necesario tomar en equipo decisiones importantes o fijar compromisos de desarrollo a largo plazo para emprender un proyecto, la responsabilidad de la decisión se comparte con un alto ejecutivo quien determina qué proyecto es el que procede. Sin embargo, compartir la autoridad para decidir sobre un proyecto puede confundir a los usuarios que desean saber la forma en que el comité tomará la decisión sobre la solicitud hecha por ellos. Por otra parte si los altos gerentes y los miembros del comité de sistemas están en desacuerdo con respecto al mérito o prioridad de una solicitud, entonces la posibilidad de un conflicto puede inducir trastornos en el manejo futuro de las solicitudes. En otros casos, los usuarios quizá intenten presentar una solicitud directamente a un directivo o alto ejecutivo después de que ésta ha sido rechazada por el comité de sistemas de información. Si estos directivos aprueban la solicitud, entonces se mina la autoridad del comité.

Método del comité de grupos de usuarios

En algunas organizaciones la responsabilidad de la toma de decisiones con respecto a los usuarios se deja en manos de éstos. Los departamentos o divisiones que contratan sus propios analistas y diseñadores, son los que manejan la selección de proyectos y se encargan de desarrollarlos. De hecho los departamentos forman sus propios comités de selección —*comités de grupos de usuarios*— que tiene el control sobre qué se desarrolla y cuándo se implanta.

Aunque la práctica de tener comités de usuarios para seleccionar y desarrollar sistemas libera parte del trabajo del grupo de desarrollo de sistemas, puede tener desventajas para los propios usuarios. Por ejemplo, varios departamentos pequeños que trabajan en forma independiente para alcanzar la misma meta pueden estar, de manera inconsciente, desperdiciando recursos y perdiendo la oportunidad para coordinar la planeación de un sistema de información compartido e integrado que podría beneficiar a toda la empresa. Las instalaciones de cómputo de una compañía pueden verse muy agobiadas si el equipo de desarrollo de sistemas no se da cuenta de las demandas futuras de facilidades que se están planeando para toda la compañía. Es probable que algunos grupos de usuarios se encuentren con sistemas defectuosos o pobremente diseñados que requieren de tiempo y esfuerzos adicionales para reparar cualquier daño causado por la información errónea que estos sistemas pueden generar. Aunque los grupos de usuarios pueden encontrar, en ocasiones, muy decepcionantes las decisiones de los comités directivos y de sistemas de información, la tasa de éxito para aquellos que emprenden el trabajo de desarrollo no es muy alentadora.

La membresía en estos comités suele cambiar en forma periódica donde, por ejemplo, las personas participan durante lapsos de seis a doce meses. La sustitución de los integrantes del comité es gradual ya que con esto se evita cambiar al mismo tiempo a todos los miembros del comité. El presidente de cada comité debe tener experiencia como miembro de éste, en la revisión de propuestas de sistemas y en la toma de decisiones con respecto a las solicitudes de proyectos.

Otros métodos

De vez en cuando se ensayan otros enfoques aunque con un éxito menor al de los métodos ya descritos. Algunas organizaciones tienen un comité de planeación administrativa que propone nuevos proyectos que, a su vez, son evaluados por los miembros del departamento de sistemas. Este método tiene el inconveniente de la nula participación por parte de los usuarios; otra limitación importante es la asistencia limitada en cuanto a tecnología.

En otros casos, los gerentes pasan por alto los departamentos de sistemas de información de la organización y contratan compañías de sistemas independientes; dichas compañías manejan todo el análisis y el trabajo de diseño para los proyectos. Una desventaja de este enfoque es la posibilidad de que el departamento patrocine el desarrollo de un sistema mientras, al mismo tiempo, el grupo de sistemas de información o la alta gerencia ignoran que el proyecto se está llevando a cabo.

Comentario al margen
Administración del proceso de desarrollo de sistemas de información

El manejo de sistemas de información es tan importante para los planes de las empresas, que en ocasiones se contratan gerentes con la única responsabilidad de administrar estos sistemas. Comprar la tecnología adecuada es la parte fácil; el reto es adecuar la tecnología a las necesidades de la organización. Alcanzar un alto grado de adecuación es un aspecto fundamental para el éxito de la compañía. Cualquier decisión para invertir en alguna aplicación en particular significa más que un compromiso de tiempo, esfuerzo y recursos financieros. La decisión también define el futuro de la empresa, dado que al concentrar los esfuerzos en una aplicación se limita la atención que puede darse a otros proyectos. Las aplicaciones seleccionadas deben ser aquellas que brinden los mayores beneficios para la compañía.

Existe tanta complejidad dinámica en cualquier empresa, grande o pequeña, como para permitir que una persona se encuentre al tanto de todo. Es necesario reunir todas las ideas y observaciones provenientes de cualquier fuente que tengan algo valioso que ofrecer. Lo anterior es válido ya sea que se tomen decisiones con respecto a nuevos productos y mercados, construir nuevas instalaciones para manufactura o desarrollar sistemas de información.

El comité directivo incorpora los puntos de vista de los gerentes y empleados de toda la compañía. Este enfoque acepta que los sistemas de información son un recurso que sirve y beneficia a todos los miembros de la organización. Esta es la razón fundamental por la que la integración de un comité para la selección de proyectos sea el método más difundido para manejar sistemas de información.

Administración de la evolución del portafolio

El comité directivo incluye altos gerentes que son capaces de tomar puntos de vista amplios y estratégicos de los sistemas de información, al mismo tiempo que evalúan el soporte que los sistemas pueden ofrecer tanto a los usuarios como al propio grupo de sistemas de información. Para ejercer esta capacidad, el comité tiene que hacer lo siguiente:

- Administrar la dirección en que evoluciona el portafolio de aplicaciones.
- Clasificar cada aplicación en grupos de alto, mediano y bajo impacto, con base en los beneficios que ésta traerá a toda la organización.
- Determinar si la aplicación propuesta debe diseñarse para dar soporte a varias funciones dentro de la empresa.
- Asegurar el financiamiento por varios años, donde sea apropiado.
- Juzgar en *qué medida* y *qué tan bien* se ha brindado soporte a las áreas funcionales a través de los sistemas de información.
- Recomendar, en común acuerdo con el grupo de sistemas de información, la estrategia de desarrollo apropiada (por ejemplo, construcción de prototipos, análisis estructurado o el método del ciclo de vida de desarrollo de sistemas).
- Formular las siguientes preguntas para las aplicaciones propuestas:

  El desarrollo de esta aplicación (o el soporte de esta actividad), ¿traerá beneficios a largo plazo (utilizando los objetivos corporativos establecidos en términos de, por ejemplo, capacidad, control, comunicación, costos o ventaja competitiva)?
  ¿Cuál es el nivel de recursos financieros para esta función o área (más allá de lo presupuestado, menos de lo presupuestado u óptimo)?
  ¿Debe la compañía hacer una inversión diferente, quizá en otras áreas? ¿Por qué sí? ¿Por qué no?
  El desarrollo de sistemas de información, ¿avanza con un orden lógico? ¿Será necesaria una secuencia diferente para mejorar los resultados u obtenerlos con mayor rapidez?
  ¿Existen suficientes datos para juzgar el desempeño actual con los sistemas existentes? (Si no los hay, ¿por qué? ¿Cómo se pueden obtener estos datos?)

Ningún otro grupo en la organización tiene la perspectiva, la información interna y la autoridad para formular preguntas y obtener respuestas a todas estas cuestiones, además de influir en los beneficios de los sistemas de información computarizados.

Integración del portafolio de aplicaciones

Si se desea que las aplicaciones tengan el potencial para cambiar o influir actividades que estén más allá de su ámbito de trabajo entonces deben ser sistemas integrados, no autosuficientes. Por ejemplo, un departamento puede ser el único usuario del sistema que establece los precios relacionando los costos con los márgenes anticipados de ganancia (cuánto espera la compañía ganar después de haber cubierto los costos). Sin embargo, es evidente que el sistema de administración de inventarios que da seguimiento al movimiento de artículos desde la producción al almacén y de aquí a los clientes, abarca varias funciones dentro de la corporación. Este tipo de aplicación debe diseñarse para satisfacer las necesidades de *cada* área mientras al mismo tiempo brinda apoyo a las metas corporativas.

Los comités directivos deben evaluar las aplicaciones de sistemas de información teniendo en mente la búsqueda de cuatro tipos diferentes de integración. La *integración horizontal,* que abarca áreas funcionales de la empresa tales como fabricación, mercadotecnia y administración de inventarios, y que asegura que el flujo de información sea manejado en forma tal que un área conozca la manera en que sus actividades afectan o influyen las de otras áreas. Por ejemplo, con información adecuada la fuerza de ventas deberá comprender que el calendario de producción permite entregar los productos a los clientes sólo después de cierta fecha, siempre y cuando el pedido llegue al final de la semana. La meta es que cada área trabaje en armonía, no en conflicto, con los demás grupos.

La *integración vertical* eslabona las aplicaciones con la jerarquía de mandos dentro de una función específica de la empresa. Por ejemplo, las divisiones y departamentos comunican objetivos de desempeño y resultados. Por otra parte, los miembros de un equipo corporativo para determinado grupo de productos, al conocer y comprender los objetivos de desempeño y sus limitaciones no imponen a los supervisores y empleados objetivos y cuotas poco razonables. Con este tipo de integración los altos gerentes también disponen de información con respecto al desempeño actual.

Las aplicaciones son *físicamente integradas* cuando abarcan fronteras geográficas (tales como estados, países o incluso continentes). Dado que en la actualidad las empresas realizan sus operaciones en una verdadera economía global, los sistemas de información deben dar soporte a transacciones efectuadas con clientes y proveedores de todo el mundo mientras que al mismo tiempo permiten penetrar en la competencia y los mercados internacionales. Cada vez se desarrollan e implantan más métodos de comunicación de datos y movimiento de información que facilitan la integración física. Los grandes bancos internacionales, como el Citibank cuya casa matriz está en Nueva York, dependen de los sistemas de comunicación internacionales para enlazar todas sus operaciones alrededor del mundo.

Los sistemas de información miran hacia el exterior cada vez con mayor insistencia. La *integración del medio externo al interno* reconoce la necesidad tanto de poner a disposición de la organización fuentes externas de datos como de comunicarse con entidades externas tales como clientes, vendedores y proveedores de la industria de datos. Proveedora Americana de Hospitales, la compañía de uno de los ejemplos ya presentados, escogió integrar a sus clientes en el sistema de procesamiento de pedidos al permitirles que ellos mismos solicitaran sus pedidos. La corporación IBM permite en la actualidad que muchos de sus clientes tengan acceso directo tanto a su catálogo de productos como al sistema de pedidos. Para facilitar el empleo de este servicio se desarrollaron sistemas especiales en línea. En algunos casos, se tiene acceso por líneas de comunicación a información que antes era considerada como clasificada. Dado que tanto los clientes como la compañía obtienen beneficios de estos servicios integrados, es probable que esta tendencia continúe a medida que se desarrollen las propuestas de proyectos.

Solicitud de proyecto

La propuesta de proyecto presentada por los usuarios o analistas ante el comité de selección de proyectos es un elemento crítico para emprender el estudio de sistemas. Aunque el formato de dicha solicitud cambia de una compañía a otra, existe un acuerdo general sobre la clase de información que debe contener. La figura 2.6 muestra un ejemplo de una solicitud de proyecto.

En la propuesta, el solicitante identifica dónde necesita la asistencia y proporciona los detalles. También es de gran utilidad para los miembros del comité —los cuales desean saber por qué el solicitante considera necesario el proyecto— una exposición que describa el significado del problema o situación.

Si la solicitud de proyecto es generada por un evento aislado o una situación que se presenta con frecuencia, tal como la existencia de un problema de control al procesar los cheques de los vendedores (lo que cuesta a la compañía mucho dinero al año), entonces ésta indica a los miembros del comité que la situación es mucho más importante que aquella en la que se pierde un cheque por un pequeño monto. En contraste, un comité que revisa la propuesta de un sistema de información de pacientes desea saber qué errores cometidos en el expediente del enfermo conducen a la administración del medicamento equivocado. En esta situación médica tanto la frecuencia como el

¿CUÁL ES EL PROBLEMA?

Los registros de inventario a menudo son inexactos, situación que provoca falta de materiales para el proceso de fabricación y variaciones en el costo de venta de los bienes.

DETALLES DEL PROBLEMA

Las cantidades asentadas en los registros no siempre corresponden con las existencias y tampoco se observa algún patrón evidente. En ocasiones la cantidad asentada en los registros es mayor que la existencia, mientras que en otras es menor. Si se desea que las requisiciones se envíen en forma adecuada, entonces estas cantidades siempre deben corresponder. Los dos empleados que hacen los pedidos aseguran que, en general, siempre se ordena suficiente material y el pedido se recibe a tiempo.

IMPORTANCIA DEL PROBLEMA

La falta de materiales causa grandes problemas. En ocasiones ha sido necesario parar líneas de producción hasta que se efectúan de nuevo las solicitudes de pedido.

Los contralores ponen serias objeciones hacia fin de mes cuando los costos son excesivos.

El gerente de inventarios se queja cuando los libros no están de acuerdo con las existencias.

¿CUÁL CREE EL USUARIO QUE ES LA SOLUCIÓN?

Para eliminar los errores aritméticos es necesario automatizar las tareas de recepción, retiro, registro del inventario y envío.

¿EN QUÉ FORMA SERÁ DE AYUDA UN SISTEMA DE INFORMACIÓN?

Reducción de errores aritméticos; obtención más rápida de información.

¿QUÉ OTRAS PERSONAS TIENEN CONOCIMIENTO DE ESTE PROBLEMA Y SE PUEDEN CONTACTAR?

Contralor
Encargados de compras
Gerente de inventarios

Firmado por el Gerente de Producción

FIGURA 2.6
Ejemplo de una solicitud de proyecto de un sistema de información.

significado son detalles importantes ya que, aunque el error ocurra una vez, puede tener resultados muy peligrosos.

Dado que se llevará a cabo una investigación preliminar para obtener mayor información con respecto al problema o situación, el solicitante debe proporcionar el nombre de otras personas a las cuales acudir para obtener mayor información.

INVESTIGACIÓN PRELIMINAR

Si se va a desarrollar un sistema ya sea por el método del ciclo de vida de desarrollo de sistemas (SDLC), por la estrategia de desarrollo de prototipos, por análisis estructurado o por una combinación de estos métodos, primero es necesario revisar la solicitud de proyecto. La elección de una estrategia de desarrollo es un aspecto secundario; lo importante es determinar si la solicitud merece o no la inversión de recursos en un proyecto de sistemas de información.

Es aconsejable identificar aquellas propuestas, de entre todas las que se presentan al comité de selección, que traerán los mayores beneficios para la organización. Hecho lo anterior, los analistas de sistemas llevan a cabo una investigación preliminar bajo la dirección del comité de selección. Esta sección discute el ámbito de la investigación preliminar junto con las actividades que forman parte de ella.

Ambito del estudio

La finalidad de la investigación preliminar es evaluar las solicitudes de proyectos. *No* es un estudio de diseño ni tampoco incluye la recolección de detalles para describir el sistema de la empresa. Más bien, es la reunión de información que permite a los miembros del comité evaluar los méritos de la solicitud de proyecto y emitir un juicio, con conocimiento de causa, con respecto a la factibilidad del proyecto propuesto.

Los analistas que trabajan en la investigación preliminar deben satisfacer los siguientes objetivos:

1. *Aclarar y comprender la solicitud del proyecto.* ¿Qué es lo que se está haciendo? ¿Qué es lo que se requiere? ¿Por qué? ¿Existe alguna razón diferente a la identificada por el solicitante?

    Ejemplo: El usuario justifica una solicitud para el desarrollo de un sistema que sirva para la recepción de cuentas con base en el deseo de una mayor rapidez de procesamiento. Sin embargo, la investigación preliminar revela que la necesidad de un mejor control sobre el manejo de efectivo es mayor que la necesidad de rapidez. El problema real lo constituyen los cheques perdidos y no la velocidad de procesamiento, pero el solicitante no ha descrito con claridad esta necesidad específica.

2. *Determinar el tamaño del proyecto.*

    Ejemplo: La solicitud de un proyecto para inscripción a cursos, ¿en realidad pide un nuevo desarrollo o la modificación del sistema existente? La investigación para contestar esta pregunta también reúne detalles útiles para estimar la cantidad de tiempo y el número de personas necesarias para desarrollar el proyecto. Dado que el costo de muchas mejoras a los sistemas existentes es alto, reciben por parte del comité de selección de proyectos la misma consideración que las solicitudes de nuevos proyectos.

3. *Evaluar los costos y beneficios de diversas opciones.*

    Ejemplo: ¿Cuáles son los costos estimados para el desarrollo del sistema de información de pacientes, tal como es solicitado por el jefe del equipo médico del hospital? ¿Qué gastos se necesitan hacer para entrenar al personal médico y de enfermería así como para implantar el sistema? El sistema propuesto, ¿disminuirá los costos de operación? ¿Es probable que disminuya el costo asociado con los errores?

4. *Determinar la factibilidad técnica y operacional de las diferentes alternativas.*
   Ejemplo: ¿Existe o se puede adquirir la tecnología necesaria para enlazar los sistemas de procesamiento de palabra de las oficinas con la computadora central? ¿Qué tan práctica resulta la solicitud para permitir que los asistentes administrativos recuperen del sistema central información relacionada con las ventas, y la incluyan directamente en los informes escritos preparados por un procesador de textos?

5. *Reportar los hallazgos a la administración y formular recomendaciones que esbocen la aceptación o rechazo de la propuesta.*
   Ejemplo: Se debe modificar una propuesta para la instalación de un sistema de recepción de pedidos para permitir que todos los vendedores hagan sus pedidos directamente a la computadora o a través de líneas telefónicas ordinarias. La modificación mejorará la utilidad del sistema e incrementará los beneficios financieros para la organización.

Conducción de la investigación

Los datos recogidos durante las investigaciones preliminares se reúnen por medio, principalmente, de dos métodos: revisión de documentos y entrevistas a personal seleccionado de la compañía.

Revisión de los documentos de la organización

El primer objetivo que los analistas abordan al conducir la investigación es aprender acerca de la organización que está involucrada en, o que se verá afectada por, el proyecto. Por ejemplo, revisar la propuesta de sistemas de inventario significa conocer primero cómo opera el departamento de inventarios y quiénes son los gerentes y supervisores. Los analistas aprenden estos detalles por medio del examen del organigrama (véase Cap. 1) y el estudio de los documentos que describen los procedimientos de operación. Estos últimos indican cómo debe operar el proceso de inventario e identifican los pasos más importantes relacionados con la recepción, manejo y distribución de los artículos del almacén.

Conducción de entrevistas

Los documentos señalan al analista cómo deberían operar los sistemas pero no incluyen suficientes detalles para tomar una decisión con respecto al mérito de la propuesta, y tampoco presentan el punto de vista de los usuarios. Para conocer estos detalles, los analistas hacen uso de la entrevista.

Las entrevistas son el medio por el que los analistas conocen más sobre la naturaleza de la solicitud del proyecto y la razón de someterlo a consideración. Para alcanzar el propósito de las entrevistas, el analista debe asegurarse de recalcar la solicitud y el problema que ésta aborda. En otras palabras, las entrevistas deben proporcionar detalles que más adelante expliquen el proyecto y demuestren si la ayuda tiene méritos económicos, operacionales y técnicos. El diseño de una solución al problema planteado viene después, durante la fase de investigación detallada.

Es usual considerar en la investigación preliminar entrevistas sólo con los gerentes y el personal de supervisión.

Prueba de la factibilidad del proyecto

Las investigaciones preliminares examinan la *factibilidad* del proyecto, la posibilidad de que el sistema sea de utilidad para la organización. Se estudian tres pruebas de factibilidad, todas ellas importantes: *operacional, técnica* y *financiera*.

Factibilidad operacional

Los proyectos propuestos únicamente tienen beneficio cuando logran ingresar al grupo de sistemas de información que satisfacen los requerimientos de la organización. En palabras más sencillas, esta prueba de factibilidad formula la siguiente pregunta: ¿trabajará el sistema cuando esté terminado e instalado? ¿Existen barreras importantes para la implantación? A continuación se proporcionan varias preguntas que son de gran ayuda para probar la factibilidad operacional de un proyecto:

- ¿Existe apoyo suficiente para el proyecto por parte de la administración?, ¿y por parte de los usuarios? Si el sistema en uso es bien visto y es utilizado por muchas personas que no ven ninguna razón para efectuar cambios, entonces es probable encontrar resistencia al cambio.
- ¿Los métodos que actualmente se emplean en la empresa son aceptados por los usuarios? Si no es así, entonces los usuarios darán la bienvenida a cualquier cambio que permita tener un sistema más útil y operacional.
- ¿Los usuarios han participado en la planeación y desarrollo del proyecto? La participación temprana disminuye, en general, los riesgos de rechazo hacia el sistema y el cambio; asimismo aumenta las posibilidades de éxito de los proyectos.
- ¿El sistema propuesto causará perjuicios? ¿Producirá resultados pobres en algún aspecto o área? ¿Se perderá el control en alguna área? ¿Se perderá la facilidad de acceso a la información? ¿La

productividad de los empleados será menor después que antes de la implantación? ¿Los clientes se verán afectados en forma poco favorable? ¿El sistema reducirá la productividad de otras áreas?

Aspectos que al inicio parecen tener poca importancia pueden convertirse en grandes problemas después de la implantación. Por tanto, siempre deben considerarse de manera cuidadosa todos los aspectos operacionales.

Factibilidad técnica

Entre los aspectos técnicos que es común que aparezcan durante la etapa de factibilidad de la investigación, se incluyen los siguientes:

1. ¿Existe o se puede adquirir la tecnología necesaria para realizar lo que se pide?
2. ¿El equipo propuesto tiene la capacidad técnica para soportar todos los datos requeridos para usar el nuevo sistema?
3. ¿El sistema propuesto ofrecerá respuestas adecuadas a las peticiones sin importar el número y ubicación de los usuarios?
4. Si se desarrolla el sistema, ¿puede crecer con facilidad?
5. ¿Existen garantías técnicas de exactitud, confiabilidad, facilidad de acceso y seguridad de los datos?

Por ejemplo, si la propuesta incluye una impresora que imprima con una rapidez de 15 000 líneas por minuto, entonces una breve investigación mostrará que esta especificación es técnicamente factible. (La decisión de incluir la impresora en la configuración es de índole económica.) Por otro lado, si un usuario solicita un sistema cuya entrada sea la voz para escribir, leer y efectuar cambios en los datos ya almacenados, entonces es muy probable que la propuesta no sea técnicamente factible.

Factibilidad financiera y económica

Un sistema que puede ser desarrollado desde el punto de vista técnico y que, además, será utilizado si se llega a instalar, debe ser una buena inversión para la organización. Los beneficios financieros deben igualar o exceder a los costos. Las cuestiones económicas y financieras formuladas por los analistas durante la investigación preliminar, tienen el propósito de estimar lo siguiente:

1. El costo de llevar a cabo la investigación completa de sistemas.
2. El costo del hardware y software para la aplicación que se está considerando.
3. Beneficios en la forma de reducción de costos o de menos errores costosos.
4. El costo si nada sucede (es decir si el proyecto no se lleva a cabo.)

Para ser considerada como factible, la propuesta debe pasar todas las pruebas. De lo contrario, el proyecto no es factible. Por ejemplo, un sistema de registro de personal que sea factible desde el punto de vista financiero y operacionalmente atractivo, no es factible si la tecnología necesaria para su desarrollo aún no existe. Un sistema médico que se puede desarrollar con costos razonables pero que las enfermeras evitarán por cualquier medio, no puede ser juzgado como operacionalmente factible.

Manejo de proyectos no factibles

No todos los proyectos que se someten a una evaluación y revisión son aceptados. Las solicitudes que no pasan las pruebas de factibilidad ya no reciben ninguna atención, a menos que se trabaje sobre ellas y sean presentadas otra vez ante el comité de selección como nuevas propuestas. En algunos casos, sólo parte del proyecto no es de importancia práctica, por lo que el comité de selección quizá decida combinar las partes importantes del proyecto con otra propuesta factible.

En otras ocasiones, las investigaciones preliminares producen suficiente información para sugerir mejoras en la administración y supervisión, y no es precisamente el desarrollo de sistemas de información quien propone la solución a los problemas mencionados.

Comentario al margen
Investigación preliminar de aplicaciones
desarrolladas por los usuarios

Existe la tendencia a considerar las investigaciones preliminares en relación con las aplicaciones de la institución. Sin embargo, muchas compañías requieren de la preparación de solicitudes formales e investigaciones preliminares conducidas por los usuarios que desarrollan aplicaciones. Esto quizá sea sorprendente si se considera la naturaleza personal del tipo de cómputo realizado por el usuario final. Sin embargo, existe otra perspectiva por examinar.

Aunque es probable que la revisión de una aplicación desarrollada por los usuarios no lleve mucho tiempo, este proceso permite al comité de selección de proyectos mantenerse al frente de las aplicaciones que están bajo desarrollo y observar cómo los proyectos pueden afectar otras partes de la compañía. Si el comité descubre que varios usuarios están desarrollando aplicaciones que son esencialmente las mismas (por ejemplo la plantilla de una hoja de cálculo electrónica o un simple sistema de base de datos), entonces puede animar a estos usuarios para que conjunten sus esfuerzos con la finalidad de obtener beneficios para todos.

Claro está que no todas las aplicaciones son adecuadas para el cómputo hecho por los usuarios finales. Es inapropiado solicitar a un gerente de inventarios que genere un sistema desarrollado por los usuarios (posiblemente con base en software para computadoras personales) para la proyección de ventas con la finalidad de allegarse de materiales y productos; esta aplicación tiene efectos más allá del departamento de inventarios y los errores o inexactitudes en las proyecciones pueden poner en riesgo a toda la organización.

De aquí que sea esencial mantener en mente que el cómputo efectuado por los usuarios finales debe satisfacer los mejores intereses de las personas y de la organización. Por consiguiente, los principios del análisis y diseño de sistemas también son válidos para las aplicaciones desarrolladas por los usuarios finales.

SELECCIÓN DE LA ESTRATEGIA PARA EL DESARROLLO DEL PROYECTO

Todas las solicitudes de proyectos, sin importar cuál sea su origen, deben pasar por un proceso de evaluación de factibilidad operacional, técnica y económica. Pero, ¿cómo se determina la estrategia a seguir para aquellas solicitudes que parecen factibles después de la investigación preliminar? Tal como lo demuestra esta sección, la propia naturaleza de la aplicación es la que tiene influencia sobre esta decisión.

Aplicaciones institucionales contra las aplicaciones de los usuarios

Cada vez con mayor insistencia las organizaciones animan a los usuarios para que desarrollen sus propios sistemas, utilizando para ello las poderosas herramientas de software disponibles en la actualidad. Para ciertos tipos de aplicaciones, esta estrategia resulta productiva y tiene bastante éxito. Sin embargo, no es una panacea. Los comités de selección de proyectos deben tener una política que determine qué aplicaciones son adecuadas para su desarrollo por parte de los usuarios finales y cuáles no.

A menudo las organizaciones clasifican las aplicaciones en dos categorías: proyectos institucionales y proyectos de los usuarios finales (Tabla 2.2). Para ello hacen uso de las siguientes distinciones:

- *Aplicaciones institucionales*
  Afectan las actividades de los consejos corporativos, de varios departamentos o de procesos básicos de los que depende la organización; proporcionan datos o facilidades para cambiar datos almacenados en las bases de datos corporativas o archivos compartidos; incluyen, pero no están limitadas a, virtualmente todas las aplicaciones para el procesamiento de transacciones.
  Ejemplos: recepción de pedidos; manejo de inventarios; per-

TABLA 2.2 Selección de alternativas para desarrollo: institucional y por los usuarios finales

ALTERNATIVA	DESCRIPCIÓN	CARACTERÍSTICAS DE LA APLICACIÓN
Desarrollo por los usuarios finales	Los usuarios finales tienen la responsabilidad del desarrollo de la aplicación. Los analistas de sistemas brindan asesoría y comunican los estándares y lineamientos de desarrollo así como información relacionada con el software disponible.	Las herramientas orientadas hacia los usuarios y el software están disponibles. Aplicaciones especializadas que incluyen consultas esporádicas, reportes simples, cambios menores a los reportes y consultas existentes, y también la presentación de datos en diversas formas y análisis del tipo "qué pasa si".
Desarrollo institucional	La responsabilidad tanto del desarrollo como de la implantación de la aplicación recae en profesionales en sistemas de información. La participación del usuario está determinada por el método seleccionado para el desarrollo del proyecto.	Afecta aspectos muy amplios de la organización. El resultado más frecuente es el ingreso de datos en las bases de datos o la modificación de los datos existentes. Salvaguardar los datos y preservar su integridad son aspectos muy importantes junto con la administración eficiente del proceso de desarrollo.

sonal y pago de nómina; planeación de requerimientos de material; contabilidad; correo electrónico.

- *Aplicaciones de los usuarios finales*
  Ámbito limitado, producen con frecuencia información que permanece dentro del departamento o unidad de trabajo que la genera; están orientadas más hacia la emisión de reportes y salidas que a transacciones o procesamiento controlado por entradas; es común que utilicen lenguajes de cuarta generación, paquetes de software para computadoras personales o sistemas compartidos, que ya están escritos y que se especializan en la recuperación y presentación de la información; en muchas organizaciones su crecimiento representa entre un 50% y 70% de todas las aplicaciones de cómputo.

  Ejemplos: archivo histórico de ventas; cotización de precios y propuestas de proyectos; calendarios de mantenimiento de equipos; análisis geográfico de embarques; análisis distribuidos que son surtidos en un solo tiempo (esporádicos).

Las aplicaciones de los usuarios finales constituyen una gran proporción de las actividades en sistemas de información. La capacidad cada vez mayor de las computadoras personales y los sistemas de minicomputadoras para los departamentos junto con la disponibilidad de

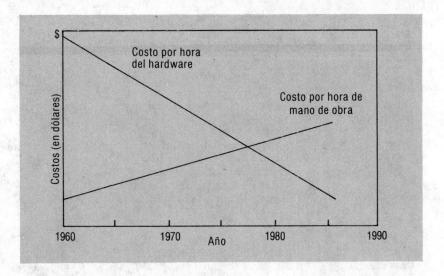

FIGURA 2.7
Tendencias en los costos de computadoras y mano de obra.

software muy poderoso pero de relativo bajo costo, continuarán esta tendencia.

Desarrollo por parte de los usuarios

La *estrategia de desarrollo por parte de los usuarios finales* coloca la responsabilidad del desarrollo de aplicaciones en las manos de éstos, ejecutivos, gerentes, supervisores y otros empleados que no son profesionales en sistemas de información (programadores de computadoras o analistas de sistemas). En la realidad, los usuarios desarrollan programas o procedimientos para recuperar datos o realizar cálculos y procesamiento por computadora.

Algunas organizaciones hacen referencia al desarrollo por parte de los usuarios con el término *computación personal.* (El término no es sinónimo del uso de computadoras personales.) El nombre recalca la participación directa de los usuarios en la preparación de sus propias aplicaciones de sistemas de información, ya sea por medio de software *o* por el desarrollo de aplicaciones por medio del uso de procedimientos especiales para computadora o software comercial que hace innecesaria la programación por parte del personal de sistemas de información (o necesaria sólo en forma limitada).

Bajo este enfoque, los usuarios desempeñan varias o todas las siguientes tareas características del desarrollo de sistemas:

- Especificación de los requerimientos de información en conjunción con una tarea administrativa específica o decisión de la organización.
- Consulta de una base de datos o archivo especial por medio del empleo de paquetes de software.

- Desarrollo de hojas de trabajo o análisis especiales (tales como finanzas, participación en el mercado, análisis de tendencias), utilizando software para computadoras personales o paquetes para el soporte de decisiones.

Como se mostrará en otros capítulos, muchas situaciones específicas caen en estas categorías.

La computación por parte de los usuarios finales es resultado de las tendencias en computadoras y costos de mano de obra. El costo de las computadoras disminuye con mucha rapidez cuando se le compara con la velocidad y potencia que una inversión en dicho equipo puede producir. Al mismo tiempo, el costo asociado con el personal sigue aumentando. La figura 2.7 muestra la magnitud de estas tendencias opuestas.

La rápida expansión de los sistemas de información computarizados, donde participan computadoras grandes y pequeñas, dará origen a demandas cada vez mayores del soporte de computadoras. Si se proyecta la demanda por varios años, con base en las herramientas de desarrollo disponibles en la actualidad, entonces existirá un incremento de *100 veces* en la demanda de programadores y analistas de sistemas. Satisfacer esta demanda significa que, a menos que la productividad mejore, *todo mundo* tendrá que convertirse en analista/programador.

Afortunadamente, todos los días se dan grandes pasos para mejorar la forma en que se desarrollan los sistemas. Los nuevos lenguajes de programación (estudiados más adelante en el texto) ofrecen la promesa de permitir un desarrollo de software más rápido y libre de errores. Por otra parte, la generación automática de software se está convirtiendo en toda una realidad y se dan mejoras en los métodos de desarrollo.

El desarrollo por parte de los usuarios finales junto con los sistemas personales, no disminuirá la necesidad de desarrollar otras aplicaciones por métodos como el ciclo de vida de sistemas, o de llevar a cabo aplicaciones institucionales a gran escala tales como contabilidad, recepción de pedidos o control de inventarios. Pero esta promesa es válida para ciertos tipos de administración y necesidades de información de los empleados.

Aplicaciones adecuadas para su desarrollo por parte de los usuarios finales

El desarrollo por parte de los usuarios tiene su lugar, pero no eliminará la necesidad de programadores y analistas de sistemas ni tampoco reemplazará al grupo de sistemas de información.

Las aplicaciones adecuadas para su desarrollo por parte de los usuarios pueden agruparse en cinco categorías:

- *Consultas esporádicas*
  Ensamble y despliegue de información para satisfacer un reque-

rimiento que no se espera que se presente con frecuencia y para el que los datos están disponibles con facilidad dentro de las bases de datos o en los sistemas de información existentes.

Ejemplo: "¿Cuántos depositantes tienen más de un tipo de cuenta de ahorros en nuestro banco? ¿Cuál es la cantidad promedio que cada depositante tiene en su cuenta?"

- *Reportes simples*
  La recuperación y formateo de información almacenada para su inclusión en reportes impresos. Los encabezados, los totales y la paginación son manejados en forma automática por el sistema sin intervención del usuario.

  Ejemplo: "Generar la lista de todos los depositantes por tipo de cuenta, ordenándola por saldo actual y mostrando para cada una el nombre, número de cuenta, saldo y fecha del último depósito."

- *Cambios pequeños en los reportes o consultas*
  Ajustes a las aplicaciones existentes de los usuarios finales donde los cambios pueden realizarse por variaciones sencillas en los letreros o en una fórmula.

  Ejemplo: "Generar sólo la lista de depositantes que tienen varias cuentas, proporcionando en orden alfabético el nombre del depositante, número de cuentas, número de identificación de cada una y saldo."

- *Presentación de datos en diferentes formas*
  Transformación de datos almacenados en distintos formatos para hacer hincapié en tendencias, cambios o variaciones en los mismos. Para presentar los datos se utilizan paquetes comerciales de software.

  Ejemplo: "Preparar una gráfica que muestre el cambio semanal en los saldos de los depósitos durante el último periodo de doce meses. Muéstrense los cambios en relación con las fluctuaciones en las tasas de interés."

- *Análisis del tipo "qué pasa si"*
  Presentación de respuestas a preguntas formuladas durante el análisis de estrategias y fenómenos de interés para el usuario. El análisis se prepara en forma automática y utiliza los datos almacenados dentro de los archivos de la organización; el análisis puede ser más amplio como consecuencia de los detalles proporcionados por las personas.

  Ejemplo: "Con base en las tendencias observadas, ¿cuál es la probabilidad de que el total de los depósitos aumente más del 10% por cada incremento de 1% en las tasas de interés que se pagan a cada tipo de cuenta? ¿Cuál es el beneficio para el banco?"

Los ejemplos anteriores son representativos de situaciones que son adecuadas para que los usuarios desarrollen sus propias aplicaciones.

En contraste, las siguientes aplicaciones nunca deben ser manejadas con este enfoque:

- Entrada de datos en los archivos y bases de datos de la organización (los datos deben ser validados en cuanto a confiabilidad y exactitud).
- Grandes volúmenes de transacciones que requieren de procesamiento eficiente o de procesamiento en varias etapas.
- Uso de lenguajes de programación "tradicionales", como COBOL, BASIC, PL/1 y FORTRAN, diseñados para ser utilizados por programadores profesionales y que requieren de una descripción detallada de los procedimientos y controles.
- Cambios de los valores de los datos contenidos en las bases de datos y archivos existentes.
- Aplicaciones que abarcan varios departamentos o divisiones dentro de la organización.
- Aplicaciones que requieren de documentación formal.
- Aplicaciones que requieren un periodo de desarrollo largo o gran fuerza de trabajo.
- Aplicaciones que requieren de especificaciones formales y detalladas.

La mayor parte de las aplicaciones de procesamiento de transacciones caen en estas categorías.

Sólo un pequeño número de necesidades de desarrollo de aplicaciones hace importante el uso apropiado de las estrategias de desarrollo de los usuarios finales. Sin embargo, es necesario manejar las interfases entre las aplicaciones de los usuarios finales y las institucionales para asegurar que se tenga acceso y disponibilidad a los datos de las bases y archivos comunes cuando éstos sean necesarios para las aplicaciones de los usuarios. Los estándares de bases de datos y las medidas de seguridad (temas del capítulo 11) al igual que los protocolos de comunicaciones (véase Cap. 13), pueden inhibir o acelerar el intercambio de datos. Sin estándares en estas áreas, la integración de las aplicaciones es mínima y frustrante.

Papel del grupo de sistemas de información

En el proceso de desarrollo por parte de los usuarios finales, pueden participar analistas de sistemas y miembros del grupo de sistemas de información aunque su papel pueda cambiar. A menudo, los analistas de sistemas se convierten en asesores de los usuarios y los ayudan a formular los requerimientos del sistema. Asimismo, también recomiendan qué paquetes de software utilizar. Muchas organizaciones han desarrollado grupos que son responsables de evaluar nuevos productos de software e informar a los usuarios de su existencia.

Los sistemas de información bien administrados traen como resultado estándares para los nombres de los datos, su longitud y validación. Los analistas de sistemas tienen un doble papel al comunicar esta información a los usuarios y asegurar que éstos los sigan en sus aplicaciones. En algunos casos, los analistas escriben las especificaciones de datos para ayudar a los usuarios finales.

La detección de problemas y el entrenamiento también ocupan un lugar importante en la computación realizada por el usuario final. En casi cualquier aplicación, los usuarios finales, necesitan ayuda para encontrar y corregir errores o problemas. Las sesiones de entrenamiento presentan a los usuarios software y aplicaciones nuevas junto con lineamientos para evitar riesgos y errores.

El desarrollo de aplicaciones por parte de los usuarios finales será cada vez más frecuente ya que es de utilidad para satisfacer necesidades de información muy específicas. Mejores herramientas, acopladas con mayor disponibilidad de potencia de cómputo y paquetes de software más confiables, darán mayor impulso a esta tendencia así como una mayor familiaridad de los gerentes y empleados con las computadoras. Para muchas personas, la computadora es una herramienta básica en los negocios.

Al seleccionar adecuadamente la opción de desarrollo por parte de los usuarios finales, se puede desahogar el trabajo del grupo de sistemas de información. En varias organizaciones, el personal de sistemas de información invierte hasta el 80% de su tiempo en el mantenimiento de los sistemas existentes, con frecuencia efectuando cambios en el formato y contenido de los reportes. Sólo el 20% de su tiempo se dedica al desarrollo de nuevas aplicaciones. Con la interfase correcta, los usuarios pueden manejar la mayor parte del trabajo de mantenimiento relacionado con el reformateo de los reportes y la creación de otros nuevos. Por añadidura, los usuarios pueden contribuir al desarrollo de aplicaciones que ayuden en la toma de decisiones a través de la formulación de análisis con hojas de cálculo electrónicas o de evaluación de opciones del tipo "qué pasa si".

Estrategias de desarrollo para aplicaciones institucionales

Los métodos de construcción de prototipos, SDLC y de análisis estructurado son los más apropiados para las aplicaciones institucionales. El uso de prototipos de sistemas es cada vez mayor porque permite detectar, de manera rápida, las características necesarias del sistema, nuevas tecnologías o posibles cambios en la evolución del desarrollo. Los prototipos también son adecuados cuando el costo o riesgo de los errores es alto. La gran disponibilidad de lenguajes de cuarta generación, bases de datos relacionales (véase Cap. 12) y herramientas de diseño automatizadas, brindan mayor soporte para este tipo de estrategia de desarrollo.

Los comités directivos recomiendan el desarrollo de prototipos para obtener información que les permita evuualar las propuestas de proyectos y comprometerse a desarrollarlos por etapas. Es mucho más fácil dar soporte a un proyecto de varios años cuando se ha dado el primer paso con un prototipo que resultó ser un éxito.

Con todo, el método SDLC ocupa un lugar importante y útil en la evolución de los sistemas de información. El punto de vista de que el desarrollo de prototipos y el análisis estructurado son los *únicos* caminos para el desarrollo de sistemas es demasiado estricto. El método SDLC también debe ser considerado ya que es muy eficaz bajo las siguientes circunstancias:

- La nueva aplicación reemplaza a una ya existente y obsoleta (el costo asociado con el uso y mantenimiento de aplicaciones ya obsoletas es mayor que el de desarrollar una nueva). En estos casos, cuando se propone el volver a desarrollar, las especificaciones ya se conocen y el proyecto puede manejarse con eficacia dentro de márgenes específicos de tiempo y de costo.
- Las especificaciones de datos y estándares, el corazón del sistema, ya existen para la aplicación junto con la computadora y la tecnología de comunicaciones.
- Los usuarios que proponen la aplicación tienen experiencia en el área y pueden articular con precisión las especificaciones de los requerimientos en forma tal que se asegure su conveniencia hoy *y* mañana.
- Aplicaciones que abarcan varios departamentos y que, por tanto, demandan una administración efectiva con una coordinación cuidadosa durante su evolución.
- La naturaleza de la aplicación requiere de un periodo grande de desarrollo (tener un prototipo por varios años es una situación poco deseable) que puede ser manejado por etapas.

Es importante recordar que existe la posibilidad de combinar las estrategias de desarrollo. Los requerimientos se pueden evaluar con rapidez por medio de la construcción de un prototipo que permita obtener la retroalimentación con respecto a las características importantes del sistema. Estos resultados pueden incorporarse durante la evolución del proyecto por medio del método SDLC. Ninguna estrategia de desarrollo es siempre la mejor. La selección depende de la naturaleza del proyecto, de los usuarios potenciales del sistema y del nivel de comprensión tanto de la tecnología utilizada como del ambiente de la organización. Por encima de todo, la estrategia debe adecuarse a la prioridad establecida por el comité directivo que administra en su totalidad el portafolio de aplicaciones.

RESUMEN

Los proyectos de sistemas de información se originan por varias razones: lograr mayor velocidad de procesamiento de datos, mejorar la exactitud y consistencia, recuperar información más rapidamente, disminuir los costos, mejorar la seguridad, ventaja competitiva y ampliar la comunicación. La *arquitectura* de la información es un plan que describe la dirección hacia donde deben ir los sistemas de información en la organización y que, por otra parte, identifica y describe las relaciones entre elementos clave de los que depende el desarrollo de aplicaciones específicas. Por añadidura, la arquitectura puede documentar el estado actual o la dirección futura del sistema de información.

Los enfoques para planificar sistemas de información incluyen la *planeación de sistemas empresariales* (BSP) y que se dirige a la identificación de los datos necesarios para la marcha de una organización. Un segundo enfoque, la *planeación estratégica de arquitectura de computadoras,* da mayor importancia al desarrollo de una sólida base técnica. Un tercer método, *factores críticos del éxito,* intenta identificar áreas que son vitales para la supervivencia de la organización y asegurar su inclusión en los sistemas de información de la empresa.

Existen diversas fuentes de información sobre solicitudes de proyectos: gerentes de departamento, altos ejecutivos y analistas de sistemas. En ocasiones una fuente externa, tal como un departamento gubernamental, estipula los requerimientos que deben satisfacer los sistemas de la organización.

Dado que los usuarios también pueden presentar solicitudes de proyectos, las organizaciones deben tener medios para evaluar sus propuestas y seleccionar las mejores para su desarrollo. Existen tres clases de comités: el *comité directivo* (de naturaleza administrativa con participación limitada de los miembros del departamento de sistemas), el *comité de sistemas de información* (cuyos miembros pertenecen al departamento de sistemas), y el *comité de grupos de usuarios* (personal seleccionado por los usuarios que trabajan en forma independiente del departamento de sistemas).

Los comités para la selección de proyectos, tales como el comité directivo, tienen la responsabilidad de administrar el *portafolio de desarrollo de aplicaciones* de la organización. Al ejercer esta función, el comité estima la prioridad del proyecto, asegura (cuando es apropiado) los fondos necesarios para proyectos de varios años de duración y determina la extensión, así como las áreas a las que se dará soporte con sistemas de información. Asimismo recomienda la estrategia de desarrollo más adecuada para una determinada aplicación.

El comité de selección se encarga de revisar las *solicitudes de proyecto,* que describen los sistemas participantes de la organización y las razones por las que se desea el desarrollo de proyectos. Al evaluar cada aplicación, el comité debe tener el cuidado de *integrar* todas las aplicaciones en el portafolio *horizontal, vertical* y *físicamente* sobre la base del *flujo de datos del exterior hacia el interior.*

Para evaluar una solicitud de manera adecuada, el comité solicita a los analistas que lleven a cabo una *investigación preliminar* con la finalidad de aclarar la solicitud y obtener información adicional relacionada con el sistema de la empresa. El objetivo de la investigación preliminar es determinar la *factibilidad técnica, operacional* y *económica* de la solicitud. Los analistas reúnen los detalles pero no emprenden el desarrollo a menos que el comité directivo apruebe la solicitud.

Las *aplicaciones* se pueden clasificar como *institucionales* o como orientadas hacia los *usuarios finales*. Los sistemas institucionales son de naturaleza amplia y con frecuencia abarcan varios departamentos o afectan los procesos básicos de la organización. En general, estas aplicaciones interactúan con las bases de datos de la organización; esta característica hace necesario tomar las debidas precauciones para proteger la integridad y seguridad de los datos, aspecto esencial para los profesionales de sistemas de información.

La *estrategia de desarrollo por parte de los usuarios finales* acepta que la responsabilidad del desarrollo de algunas aplicaciones sea puesta en manos de los usuarios finales, un enfoque que varias organizaciones prefieren denominar *computación personal*. A menudo el software comercial o las herramientas de programación automática que están disponibles en el mercado hacen innecesario el desarrollo por parte de programadores profesionales y analistas. El uso de este tipo de estrategia es más adecuado para recuperar datos ya almacenados con la finalidad de presentarlos en diferentes formatos o para modificar los reportes existentes desarrollados por los usuarios. No es apropiado utilizar el software desarrollado por los usuarios para cambiar el contenido de bases de datos y archivos.

Las estrategias de desarrollo por parte de los usuarios finales no eliminan la necesidad de personal de sistemas de información, ya que los miembros de este equipo se convierten en consultores y proporcionan la ayuda necesaria para mantener estándares de desarrollo y evaluar el nuevo software en cuanto esté disponible.

Sin importar quién desarrolla las aplicaciones (si son profesionales en sistemas de información o usuarios finales) es importante tener una perspectiva organizacional ya que la información generada por las aplicaciones será utilizada en todas las actividades cotidianas.

PREGUNTAS DE REPASO

1. ¿Cómo ha cambiado la manera de seleccionar proyectos desde el inicio de la administración de sistemas de información?
2. ¿Qué objetivos generales sustentan el desarrollo de sistemas de información?
3. ¿Cuáles son las razones que dan origen a proyectos de sistemas de información? ¿Quiénes inician estos proyectos?
4. Para cada una de las razones dadas en la pregunta anterior, describa cómo mejora la automatización la actividad o *cómo* se relaciona ésta con el problema identificado.
5. ¿Qué ventajas competitivas pueden ganarse con el desarrollo e implanta-

ción de sistemas de información? ¿Cómo se ven afectadas las relaciones de la compañía con otras organizaciones por los sistemas de información estratégicos?

6. "Los sistemas de información pueden llegar a ser armas estratégicas." ¿Qué es lo que debe entenderse con este comentario?

7. ¿Qué métodos se utilizan al planear sistemas de información para empresas? ¿Qué aspectos aborda cada uno?

8. Discuta las diferentes características que tienen los proyectos generados por gerentes, altos ejecutivos y personal de sistemas. ¿Por qué se presentan estas diferencias?

9. ¿En qué forma influyen los grupos externos a la organización en los proyectos de sistemas de esta última? Explique su respuesta.

10. Indique las diferentes clases de comités que existen para la selección de proyectos. ¿Qué ventajas y desventajas ofrece cada oferta? ¿Qué responsabilidades tiene cada uno?

11. ¿Cuál es el propósito de la investigación preliminar? ¿Qué resultados se esperan? ¿Quiénes la llevan a cabo? ¿Sobre qué bases se inicia?

12. Señale las responsabilidades de los comités de selección de proyectos al administrar la dirección del portafolio de sistemas de información de una organización. ¿Qué tan importante es esta responsabilidad? Explique su respuesta.

13. Explique el propósito de la integración horizontal, vertical, física y externa-interna de las aplicaciones de sistemas de información.

14. ¿Qué pasos llevan a cabo los investigadores que realizan la investigación preliminar? ¿Con qué finalidad los emprenden?

15. ¿Qué pruebas necesita pasar un proyecto para ser considerado como factible? Describa de manera breve el significado y finalidad de cada una.

16. ¿Qué es un proyecto no factible? ¿Cómo se manejan los proyectos de esta naturaleza?

17. ¿Cuál es la diferencia entre las aplicaciones institucionales y las desarrolladas por los usuarios finales? ¿Por qué esta diferencia es significativa para la organización? ¿Por qué lo es para los comités de selección de proyectos?

18. ¿Cuáles son las estrategias de desarrollo más adecuadas para las aplicaciones institucionales? ¿Cuáles lo son para las aplicaciones desarrolladas por los usuarios finales? Explique sus respuestas.

PROBLEMAS DE APLICACIÓN

1. El comité directivo de sistemas de información de una compañía que brinda servicio evalúa una propuesta para un sistema de recepción de pedidos en línea. El sistema de cómputo con el que cuenta la compañía tiene la capacidad suficiente de memoria y procesamiento para manejar la nueva aplicación. Aunque la capacidad del sistema es adecuada será necesario adquirir diez terminales especiales, cada una con un costo de 2700 dólares, para dar soporte al sistema propuesto. No se prevé que la entrega de las terminales en un tiempo razonable sea problema alguno ya que la oferta por parte de los vendedores es suficiente.

Si el sistema se desarrolla el software será ejecutado por una computadora que cuenta con un paquete de comunicaciones. Sin embargo el sistema propuesto requiere que la versión de este paquete sea actualizada, lo cual tiene un costo aproximado de 150 dólares al mes.

El personal para desarrollar el software del proyecto propuesto será seleccionado de entre los miembros del departamento de sistemas. Se estima que para desarrollar el proyecto será necesario que trabajen en él ocho personas durante 10 meses. El salario promedio para aquellos que desarrollen este proyecto será de 26 000 dólares anuales (el paquete de prestaciones para estos empleados cuesta a la compañía un 25% adicional por persona al año).

El uso de sistemas de información a nivel gerencial ha permitido a la compañía convertirse en líder de la industria. El equipo de sistemas de información, que desarrolló e implantó muchos sistemas sofisticados, recibe opiniones muy favorables por parte de la gerencia de la organización. Por otro lado, los representantes de otras empresas de la industria han visitado en varias ocasiones las instalaciones de la compañía para observar varios de sus sistemas de administración.

Durante varios años la operación de recepción de pedidos se ha hecho en forma manual; las solicitudes de pedidos se preparan en formatos escritos a mano. Una vez llenos, los formatos son revisados para detectar errores, recibir la aprobación y calcular los totales. A pesar de los esfuerzos de los empleados, el porcentaje promedio de errores es de 4%. Los errores que se presentan con mayor frecuencia son cantidades o precios incorrectos en los pedidos. En raras ocasiones no se registran algunos artículos solicitados por los clientes. En general, cuando esto ocurre los clientes notifican a la compañía el descuido y ésta lo corrige inmediatamente.

Los encargados de recibir los pedidos están orgullosos de su trabajo y afirman que los errores ocasionales son inevitables. Su opinión es que no existe ningún problema y que, por consiguiente, no es necesaria la intervención de la gerencia. Estos empleados no tienen conocimiento de la propuesta del sistema automatizado.

La gerencia de la compañía espera que la combinación de planes de mercado más agresivos junto con una línea de nuevos productos, dé como resultado el aumento significativo en ventas y pedidos. Con el personal disponible en ese momento, la compañía puede crecer hasta un 30% para satisfacer la demanda anticipada de pedidos. Sin embargo, si se desarrolla el sistema automatizado entonces el personal actual podrá manejar toda la carga de trabajo y, por tanto, no será necesario contratar más personas. (Nota: cada empleado representa un costo promedio para la compañía de 26 000 dólares por año en salarios y prestaciones.)

a. Analice y discuta la factibilidad de esta propuesta utilizando para ello la información proporcionada. Decida si se debe seguir adelante con este sistema.

b. Suponga que los resultados finales del estudio de factibilidad indican que el sistema propuesto es técnica y económicamente factible. Sin embargo, los empleados que reciben los pedidos y que no apoyan la propuesta señalan que harán todo lo que esté a su alcance para no utilizar el sistema si éste se desarrolla e implanta. Con esta información decida qué recomendaciones formularía para la factibilidad de este sistema. Explique sus razonamientos.

c. ¿Qué otra información específica necesitaría usted para llevar a cabo un estudio de factibilidad más extenso para esta propuesta? Indique quién proporciona la información de cada nuevo detalle.

2. Un diseñador y fabricante de muebles daneses terminó hace poco de reunir datos para un estudio de factibilidad relacionado con la propuesta de un proyecto de sistemas de información. La gerencia está considerando automatizar parte de los procesos de requisición y pedido de materiales de la división de producción de la compañía. En la actualidad, es necesario solicitar los materiales para la producción de los artículos conforme llegan los pedidos y, al mismo tiempo, calendarizarlos para su

fabricación. Cada artículo consta de varias partes, componentes y montajes. El conjunto y cantidad particular para cada diseño se mantiene en una lista de materiales. Existe además otra lista de materiales para cada producto fabricado; las dos listas deben actualizarse con frecuencia para que cualquier cambio en el diseño o ingeniería se refleje en la lista de materiales utilizada por la división de producción. Hace poco la compañía encontró dificultades para mantener al corriente los archivos. El número de productos manufacturados así como la cantidad de cambios en las listas es cada vez mayor. Por otra parte se anticipa que para mantener los archivos actualizados se necesitará contratar dos personas más. Dado que la compañía está creciendo es indudable que se tendrán que hacer en el futuro adiciones en estos archivos.

También se tienen problemas con el pedido de los materiales necesarios para la producción. Los errores ocurren a menudo porque, en apariencia, el proceso de pedido es manual. Cuando los artículos no se piden a tiempo, el calendario de producción tiene que elaborarse de nuevo. Los retrasos provocados por este cambio causan confusión y malestar entre los gerentes de la división de manufactura.

En otras ocasiones se pide demasiado material, lo que trae como consecuencia la saturación del inventario. Los excedentes en el inventario acarrean costos de manejo y almacenamiento (el nivel promedio de estos costos es de 30% anual). En general, de un total de 35 millones de dólares al año, el gasto global correspondiente a las requisiciones de material representa el 2.5%.

Los errores en el inventario están distribuidos por igual entre excedentes y faltantes. Por lo tanto se propone un sistema automatizado para los procesos de requisición y pedido. En este sistema el archivo que contiene la lista de materiales será guardado en disco magnético, para lo cual es necesario adquirir un conjunto adicional de unidades de disco. El arrendamiento de las unidades de disco tiene un costo de 1900 dólares (el contrato de mantenimiento tiene un costo adicional de 215 dólares por mes). Aunque el archivo que contiene los materiales necesitará mantenimiento periódico, el personal del departamento de sistemas puede realizar esta labor sin necesidad de contratar más empleados.

La principal ventaja que se espera obtener es un pedido más sistemático de materiales, con la disminución de excedentes y faltantes en el inventario. Además la organización, como un todo, espera obtener beneficios de este proyecto. Los usuarios participarán en su desarrollo si se demuestra que el proyecto es factible, aunque todavía no se les ha pedido su colaboración.

Se estima que el desarrollo del sistema requiere de un esfuerzo de 60 personas-mes y casi 300 horas de tiempo de cómputo. El trabajo de los analistas y programadores tiene un costo promedio por hora de 40 dólares. El tiempo de cómputo tiene un costo de 325 dólares por hora.

a. ¿Qué información adicional necesita el comité para determinar la factibilidad del proyecto? Indique qué aspecto de la factibilidad se debe evaluar utilizando para ello la información solicitada.

b. Utilice únicamente la información proporcionada con respecto a los costos y beneficios estimados del proyecto para evaluar la factibilidad económica de éste. El proyecto es ¿técnicamente factible?, ¿operacionalmente factible? Explique sus respuestas.

c. En este caso, ¿se justifica emprender una investigación de sistemas formal y extensa? ¿Por qué?

3. La compañía Odaiko Ltd., cuya casa matriz se encuentra en Tokyo, es una empresa que se dedica a fabricar aparatos electrónicos. Hace poco el equipo administrativo de la compañía instaló un comité directivo para

conducir el continuo desarrollo de aplicaciones basadas en sistemas de información. El comité está formado por representantes de cada uno de los departamentos importantes de la compañía (entre ellos envíos, ventas y contabilidad), miembros del comité ejecutivo (alta gerencia) de la casa matriz, el gerente de sistemas de información y dos analistas diseñadores. La responsabilidad del comité es revisar las solicitudes de sistemas de información y asignar las prioridades para el desarrollo de los proyectos aprobados. Se espera que éstos sean compatibles con las políticas de operación y los objetivos de crecimiento de la empresa.

De acuerdo con la política actual de la compañía los usuarios en los departamentos pagan los costos de todas las aplicaciones con el presupuesto del departamento, incluyendo el tiempo que los analistas y diseñadores invierten en el proyecto, además del tiempo de cómputo y gastos de suministros. (Sin embargo, los usuarios en los departamentos no absorben los costos asociados con el proyecto y su aplicación después del desarrollo e implantación.) Los gerentes de todos los departamentos están de acuerdo con esta política.

Sin embargo, los usuarios y la alta gerencia no están de acuerdo con que sea el comité directivo el encargado de aprobar o rechazar el desarrollo de proyectos de aplicaciones. Muchos usuarios sienten que si ellos van a pagar, del presupuesto del departamento, por el desarrollo de una aplicación entonces tienen el derecho de exigir que la aplicación se lleve a cabo. Si bien los usuarios reconocen la autoridad del comité para establecer prioridades en el desarrollo de proyectos, la cuestionan en lo que se refiere al rechazo de proyectos que son técnica y operacionalmente factibles.

Aunque los usuarios aceptan la necesidad de que varios miembros del grupo de desarrollo de sistemas formen parte del comité para dar asesoría a otros miembros de éste en problemas de índole técnica, sobre otros proyectos en desarrollo y otros aspectos generales de los sistemas de información, no consideran que estos miembros deban tener voto sobre las solicitudes de proyectos. Los usuarios señalan que dado que los miembros del grupo de sistemas de información que pertenecen al comité no pagarán por el proyecto ni tampoco harán uso de él cuando esté terminado, entonces no deben tener influencia sobre la decisión de factibilidad técnica de un proyecto.

a. Discuta si los miembros del grupo de sistemas de información deben tener voto para aprobar o rechazar un proyecto técnica y operacionalmente factible. Si son los usuarios los que pagan los costos de desarrollo entonces los miembros del grupo de sistemas de desarrollo que pertenecen al comité ¿deben tener voto o únicamente ser asesores del resto de los gerentes que integran el comité?

b. Dado que el costo del proyecto siempre lo pagan los usuarios que solicitan su desarrollo, ¿los comités directivos deben tener la autoridad para rechazar o aprobar proyectos? En otras palabras, ¿se deben desarrollar todas las aplicaciones que son técnica y operacionalmente factibles si los usuarios están dispuestos a pagar por ellas? ¿Por qué? Explique su respuesta.

BIBLIOGRAFÍA

"Building the Company's Computer Architecture Strategic Plan", *Stage by Stage*, 2,4, verano 1983, pp. 1-7.

Business Systems Planning: Information Systems Planning Guide, GE20-0527-4, White Plains, NY: IBM, 1984.

Cash, J. I., Jr, F. W. McFarlan, y J. L. McKenney: *Corporation Information Systems Management: The Issues Facing Senior Management*, 2d. ed., Homewood, IL: Irwin, 1987.

Davis, G. B.: "Strategies for Information Requirements Determination", *IBM Systems Journal*, 21,1, 1982, pp. 4-30. (Note: entire issue is devoted to information requirements determination.)

Ives, B., y G. P. Learmonth: "The Information System As a Competitive Weapon", *Communications of the ACM*, 27,12, diciembre 1984, pp. 1193-1201.

King, W. R.: "Strategic Planning for Management Information Systems", *MIS Quarterly*, 2,1, marzo 1978, pp. 27-37.

Lederer, A. L., y A. L. Mendelow: "Issues in Information Systems Planning", *Information and Management*, 10,5, mayo 1986, pp. 245-254.

McLean, E. P., y J. V. Soden: *Strategic Planning for MIS*, New York, NY: John Wiley and Sons, 1977.

Panko, R. R.: "Directions and Issues in End-User Computing", *Infor*, 25,3, agosto 1987, pp. 181-197. (Note: entire issue is devoted to end-user computing.)

Parsons, G. L.: "Information Technology: A New Competitive Weapon", *Sloan Management Review*, 25,1, otoño 1983, pp. 4-14.

Rockart, J., "Chief Executives Define Their Own Data Needs, *Harvard Business Review*, 57,2, marzo-abril 1979, pp. 81-91.

Rockart, J. F., y L. S. Flannery: "The Management of End User Computing", *Communications of the ACM*, 26,10, octubre 1983, pp. 776-784.

Senn, J. A.: "A Management View of Systems Analysts: Failures and Shortcomings", *MIS Quarterly*, 2,3, septiembre 1978, pp. 25-32.

Wiseman, C. y I. C. MacMillan: Creating Weapons from Your Information Systems", *Journal of Business Strategy*, 4,3, verano 1984, pp. 42-50.

CASO DE ESTUDIO: FASE I
Perfil de Industrias Sevco

Industrias Sevco es una empresa especializada en el diseño y producción de partes y componentes electrónicos pequeños. Desde sus oficinas centrales en Nueva York, la compañía envía pedidos hacia todas partes del mundo.

La empresa nació hace siete años gracias a un grupo de inversionistas cuyo deseo era llenar un vacío en el mercado de la electrónica. Al trabajar con la asesoría de varios fabricantes en mercados tales como la industria automotriz, fabricación de aeronaves, sonido e industrias de equipo electrónico para pruebas, los inversionistas comenzaron las operaciones de la compañía con una planta de producción de tres mil metros cuadrados de superficie. En la actualidad, las instalaciones abarcan quince mil metros cuadrados de superficie.

ADMINISTRACIÓN

Industrias Sevco fue fundada por John Severski, quien a su vez es el presidente de la compañía y dirige el comité de operación. Severski es un empresario con diversos intereses que conoce el negocio de la electrónica en todos sus aspectos. Comenzó a trabajar en esta industria desde que estudiaba la preparatoria. Durante su juventud prestó sus servicios en varias compañías. Su experiencia le permitió ver oportunidades que no eran aprovechadas por aquellos que le daban trabajo. Finalmente decidió fundar su propia compañía y consiguió los recursos necesarios para dar inicio a Industrias Sevco. En la actualidad, preside una compañía que tiene ventas anuales por más de diez millones de dólares. Severski es el accionista mayoritario y el único socio activo de la organización. La figura CE.1 muestra el organigrama de la compañía.

Harry Jacobson es el director de operaciones y trabaja para la compañía desde hace cinco años. Su especialidad es mercadotecnia y producción. Durante sus 30 años de experiencia, Jacobson ha trabajado en diversas compañías de las industrias electrónica e hidráulica. Él es la persona responsable de llevar el control de la compañía dado que establece y vigila todos los contactos con los representantes de los fabricantes que

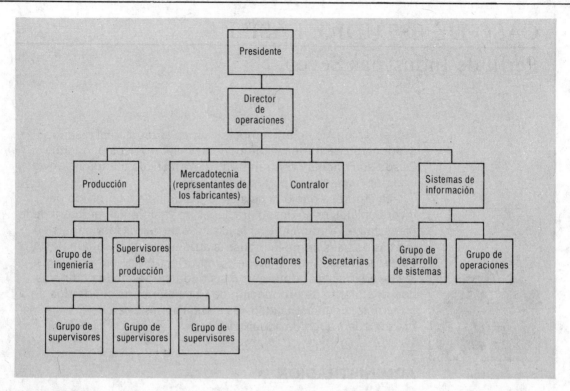

FIGURA CE.1
Organigrama de
Industrias Sevco.

distribuyen productos de la línea Sevco. Por otro lado, tiene la responsabilidad directa de los centros de costos y ganancias de la compañía.

El ingeniero en jefe, Jim Olson, dirige las operaciones de producción. Olson —que reporta a Jacobson— y sus dos asistentes se encargan de todas las decisiones relacionadas con calendarios, compra de materiales y envíos.

Además de supervisar el proceso de producción, Olson es el responsable del diseño de los productos que fabrica la compañía. De los más de 1000 artículos que produce Sevco, aproximadamente el 75% fue diseñado por Olson. Dado el gran conocimiento que tiene de toda la línea de productos, los clientes y representantes de mercadotecnia lo llaman con frecuencia para solicitarle información técnica, detalles como tolerancias de operación, capacidades, porcentajes de fallas o especificaciones de diseño para productos. Asimismo, Olson recibe toda la información sobre posibles modificaciones.

El personal de producción está integrado por 100 empleados divididos en varios grupos, cada uno con un supervisor y un asistente que tienen la responsabilidad de distribuir las horas del personal entre máquinas específicas y pedidos de producción. Cada equipo trabaja cinco días a la semana, aunque en ocasiones es común el tiempo extra cuando se presentan retrasos en la producción. La compañía crece a una tasa del 40% anual; a pesar de lo anterior no siempre es posible contratar personal para mantener el equilibrio entre éste y el aumento de pedidos.

Todas las ventas de los productos de la compañía son realizadas por representantes del fabricante. Las ocho empresas que se encargan de distribuir los productos en Norteamérica y Europa reciben una comisión por cada venta, pero no tienen ingresos si no hay venta. Como consecuencia de este esquema, Sevco no cuenta con personal de mercadotecnia al que se le tenga que pagar permanentemente.

Los empleados de oficina son el contralor, Marjorie Carbo, y tres asistentes que manejan todas las cuentas por pagar, cuentas por cobrar y pagos en efectivo. Harry Jacobson es el jefe de Marjorie Carbo pero ésta trabaja en cercana colaboración con Jim Olson. Por otro lado, dos secretarias se encargan de manejar toda la correspondencia y responsabilidades de las oficinas de John Severski y Harry Jacobson.

RECEPCIÓN DE PEDIDOS Y FACTURACIÓN

El rápido crecimiento de Industrias Sevco ha originado la necesidad de examinar los procesos actuales de recepción de pedidos y facturación de la compañía. Como muchas otras empresas, Sevco da mucha importancia a la capacidad, control, capacidades de comunicación, costo y competitividad, es decir las cinco letras C. El alto volumen de pedidos en conjunción con la necesidad de cumplir con fechas de envío, es una situación de gran importancia para Jacobson y Olson ya que la competencia, que afirma dar mayor satisfacción a los clientes, se ha vuelto más agresiva. Tanto a Jacobson como a Olson les preocupa perder el control de los pedidos y cuentas por cobrar como resultado del crecimiento de la compañía. La empresa depende en gran medida de sistemas basados en computadora para el procesamiento de cuentas por pagar, llevar los libros de contabilidad y el pago de nómina de los empleados. El mantenimiento de los registros de inventario y producción se lleva a cabo por medio de un sistema manual muy eficiente y eficaz.

Jim Olson solicitó un estudio sobre los procesos de

recepción de pedidos, facturación y operaciones sobre cuentas por cobrar utilizados por la compañía para determinar la conveniencia de automatizar estas funciones. Olson considera que una inversión en este aspecto es justificable, pero desea efectuar una evaluación de factibilidad para decidir la mejor manera de desarrollar el sistema. Al mismo tiempo, Jacobson opina que el actual sistema trabaja bien. Él considera que la mayor parte de los problemas se deben ya sea al gran volumen de operaciones de la compañía o al crecimiento que ésta experimenta.

FINANZAS E INGRESOS

En la actualidad las ventas anuales son aproximadamente de diez millones de dólares. La capacidad instalada permitirá a la compañía obtener a corto plazo 20 millones de dólares. Con cambios adicionales esta capacidad puede aumentar al doble o triple.

Las fluctuaciones actuales en las tasas de interés hacen difícil las predicciones. Los costos de materiales y mano de obra constituyen la mayor parte de los gastos de fabricación de los productos, mientras que los gastos administrativos representan sólo el 10%. El grupo administrativo es pequeño y no contribuye de manera importante en los gastos generales. Los salarios de los ejecutivos se encuentran entre 135 000 y 175 000 dólares al año; el salario promedio del personal administrativo es de 19 000 dólares anuales (más prestaciones). Dos empleados de tiempo completo se encargan de la recepción de pedidos y el manejo de las cuentas por cobrar.

Aspectos importantes del procesamiento de pedidos

En el procesamiento de pedidos es importante mantener la capacidad y el control. El procesamiento se debe llevar a cabo en forma oportuna, precisa e integrada a las demás áreas de la compañía. En este momento se pierden pedidos ("parece que esto sucede siempre en el momento equivocado" afirma Severski). Los retrasos afectan el trabajo de los dos empleados que procesan los pedidos. El sistema debe permitir la captura, con rapidez y eficiencia, de todos los datos importantes de los pedidos que llegan a las instalaciones de la compañía. Al mismo tiempo, el sistema debe tener la capacidad de seguimiento de los pedidos en proceso.

La gerencia sabe que los clientes se molestan cuando los pedidos se pierden o demoran. De acuerdo con la gerencia el porcentaje de pedidos extraviados no es grande pero, cuando esto sucede, deben encontrarlos con rapidez.

A los empleados que manejan los pedidos y la facturación les desagrada que se presenten retrasos. En general, no es necesario trabajar tiempo extra para reducir los retrasos aunque, en ocasiones, se retrasan otros trabajos mientras los empleados ponen al corriente "el libro de trabajo".

Los ejecutivos de Sevco no han puesto ninguna restricción específica sobre el estudio de formas para mejorar el sistema de recepción de pedidos y facturación. Por otra parte, señalan su disposición a considerar cualquier resultado del estudio que parezca razonable. Con todo esto; es factible conducir un estudio que requiera entre 50 y 80 horas-hombre.

Procesamiento de datos en Industrias Sevco

Aunque Sevco emplea la automatización, todavía no cuenta con un sistema de procesamiento de recepción de pedidos y facturación con alto grado de automatización. El equipo administrativo es eficiente y confiable y, dado que la compañía era relativamente pequeña cuando se fundó, los sistemas de información basados en computadora no parecían ser justificables. Sin embargo, con el crecimiento de la compañía, se adquirió un sistema 36 de IBM para las operaciones de contabilidad. El sistema sigue en uso pero el estudio considerará otras opciones de nuevo hardware.

Paralelo al crecimiento de la compañía, la industria de computadoras ha generado innovaciones muy importantes y profundas, en particular al nivel de microcomputadoras. Las microcomputadoras, con un tamaño tan pequeño que caben en un escritorio, tienen la potencia suficiente para procesar grandes volúmenes de datos y precios en el mercado que van desde 2000 hasta 15 000 dólares.

Con la llegada de las microcomputadoras, Industrias Sevco adquirió una IBM PC/XT. Gracias al fuerte apoyo de Jim Olson, el sistema fue instalado para brindar apoyo a las funciones básicas de ingeniería (tales como cálculos eléctricos y de potencia). No hace mucho que Olson consideró otros usos para el sistema, entre ellos la inclusión de las operaciones de recepción de pedidos.

Poco después se compró un segundo sistema, una IBM PC/AT, para Harry Jacobson. Este sistema se emplea

a)

b)

a) **Microcomputadora IBM PC/XT**
256 K de memoria principal con unidad de disco flexible de $5\frac{1}{4}$ pulgadas con capacidad de 360 K
Disco fijo interno de 10 MB
Monitor monocromático
Impresora de matriz de puntos de 160 CPS (caracteres por segundo)

b) **Microcomputadora IBM PC/AT**
640 K de memoria principal con unidad de disco flexible de $5\frac{1}{4}$ pulgadas con capacidad de 1.2 MB
Disco fijo interno de 20 MB
Monitor de color CGA
Impresora de matriz de puntos de 24 postes de conexión y 288 CPS (caracteres por segundo)

c) **Microcomputadora IBM PS/2 Modelo 60**
640 K de memoria principal con unidad de disco flexible de $3\frac{1}{2}$ pulgadas con capacidad de 1.44 MB
Unidad auxiliar de disco flexible de $5\frac{1}{4}$ pulgadas con capacidad de 1.2 MB
Disco fijo interno de 40 MB
Adaptador gráfico de color VGA con monitor de color
Impresora de matriz de puntos de 24 postes de conexión y 200 CPS (caracteres por segundo)

c)

FIGURA CE.2

Microcomputadoras utilizadas en Industrias Sevco.

(Las fotos son cortesía de International Business Machines Corporation) principalmente para procesamiento de palabra y correspondencia. Jacobson escribe la mayor parte de su correspondencia con clientes y representantes de fabricantes.

Incluso, John Severski, presidente de la compañía, adquirió su propia microcomputadora, un Sistema Personal 2/Modelo 60 de IBM.

El departamento de sistemas de información está encabezado por Joyce Randal, persona con gran conocimiento en este campo y los negocios. Después de terminar su carrera, Joyce fue programadora de aplicaciones y después analista de sistemas; esto le permitió obtener una perspectiva muy amplia no sólo del desarrollo de sistemas como un todo sino también de las necesidades de los usuarios. Antes de asistir a la Universidad, ella trabajó durante cinco años como representante de ventas de un fabricante de prendas de vestir.

El equipo de Randal, un programador y un operador de sistemas, siempre está ocupado pero satisface las demandas actuales. Al igual que en muchos otros grupos de sistemas de información, el programador dedica gran cantidad de tiempo en modificar y mantener los sistemas existentes. La gerencia de Sevco trabaja muy de cerca con Randal para asignar prioridades a proyectos y seleccionar aplicaciones para desarrollo.

El procesamiento de datos por computadora ha tenido un desarrollo interesante, si bien no grande, en Industrias Sevco. La figura CE.2 muestra el equipo actual utilizado por la compañía. Jim Olson ha tomado la responsabilidad de todo el desarrollo de software y programación. Buena parte del software ha sido comprada, pero otra fue desarrollada por Matt Jorgenson, el programador. Actualmente, sólo las funciones de cuentas por pagar, nómina y llevar los libros de contabilidad, están automatizadas. Olson desea automatizar más funciones. Su memorándum a Severski bosqueja la necesidad de emprender un estudio (Fig. CE.3). La figura CE.4 contiene el memorándum de Severski donde se aprueba la solicitud del estudio.

FECHA: Abril 10, 1991
PARA: Sr. John Saverski, Presidente
DE: Sr. Jim Olson, Jefe de ingeniería
ASUNTO: Revisión del sistema recepción de pedidos/facturación

Me preocupa el sistema de procesamiento de pedidos que utilizamos para manejar los pedidos de nuestros clientes y representantes de mercadotecnia. Como usted sabe, tenemos problemas con los retrasos y no tenemos la capacidad de determinar con rapidez el estado de un pedido en particular. Varios clientes han señalado que uno de nuestros competidores puede proporcionar esta información de manera inmediata sin importar la hora en que la soliciten. A medida que la compañía crece, el aumento en el volumen de los pedidos agravará este problema.

Al considerar la dependencia que tenemos de nuestro sistema de procesamiento para seguir, enviar y facturar los pedidos de nuestros clientes, me parece apropiado emprender una investigación. Por tanto, solicito su autorización para emprender un estudio con la finalidad de determinar si es posible automatizar el sistema y cómo hacerlo para satisfacer las demandas futuras.

Me gustaría ver que el estudio se lleve a cabo a la mayor brevedad posible.

JO:jb

FIGURA CE.3
Memorándum al presidente.

FECHA: Abril 12, 1991
PARA: Sr. Jim Olson, jefe de ingeniería
DE : Sr. John Saverski, presidente
ASUNTO: Estudio del sistema de recepción de pedidos y facturación

He recibido su memorándum y solicitud donde resume la necesidad de emprender un estudio de nuestro sistema de procesamiento de pedidos y facturación. Su preocupación, en vista de nuestro rápido crecimiento y dependencia de un manejo confiable, exacto y rápido de los pedidos, es algo que compartimos. Aunque creo que se pueden obtener diversas ventajas con la automatización y uso de las computadoras en el proceso, no deseo hacer un juicio prematuro sobre esta situación.

Por tanto, he solicitado a Joyce Randal que emprenda una investigación preliminar para estudiar la eficiencia del sistema actual a la luz de los planes de operación y expansión. Con base en los hallazgos de este estudio, tomaremos una determinación

FIGURA CE.4
Memorándum al jefe de ingeniería.

sobre la factibilidad del nuevo sistema y si debemos seguir o no adelante con él. La decisión será tomada por el grupo de gerentes de Industrias Sevco de nuestra casa matriz con la participación de la Sra. Randal.

JS:jb

c.c.p. Joyce Randal, Director de sistemas de información
        Harry Jacobson, Director de operaciones

La segunda parte del libro está formada por cuatro capítulos diseñados para describir el proceso de análisis de sistemas y determinación de requerimientos.

El capítulo 3 estudia el proceso que se sigue para determinar los requerimientos y delinea varias técnicas para encontrar hechos y reunir datos sobre éstos durante la investigación preliminar. Este capítulo también examina las herramientas para documentar procedimientos junto con las decisiones asociadas con el análisis y determinación de requerimientos.

SEGUNDA PARTE
Análisis y determinación de requerimientos

El capítulo 4 explica el uso de la estrategia de diseño por análisis estructurado para obtener detalles relacionados con datos y procesos. Por otra parte, se exploran el análisis de flujo de datos y el empleo de herramientas computarizadas para automatizar la recolección y análisis de detalles de flujo de datos. En el capítulo 5 se recalca la identificación de los requerimientos en el desarrollo de las características del sistema que satisfarán las necesidades de los usuarios. Asimismo, se introduce el desarrollo de prototipos de aplicaciones y se explica su uso en el análisis y diseño.

Finalmente el capítulo 6 explora la importancia de las herramientas asistidas por computadora, en particular las herramientas para ingeniería de sistemas (CASE). El capítulo subraya las características de la herramienta CASE Excelerator y concluye con una evaluación de las ventajas y desventajas del uso de herramientas automatizadas en el proceso de desarrollo de sistemas.

3. Herramientas para determinar requerimientos de sistemas

GUÍA DE ESTUDIO

El lector habrá asimilado el contenido del presente capítulo cuando sea capaz de dar respuesta a las siguientes preguntas:

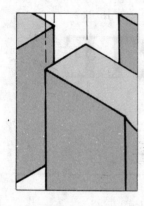

- ¿Qué son los requerimientos de un sistema de información? ¿Cómo se determinan?
- ¿Cómo cambian los requerimientos entre sistemas de transacciones y sistemas de decisión?
- ¿Qué métodos utilizan los analistas para investigar los requerimientos de sistemas de información?
- ¿Cuáles son las preguntas específicas que sirven de guía a los analistas de sistemas cuando llevan a cabo una investigación de sistemas?
- ¿Quién es la persona responsable de asegurar que sean identificados los requerimientos esenciales del sistema?
- ¿Existe un método para reunir detalles relacionados con sistemas de información que sea mejor que todos los demás?
- ¿Cómo abordan los analistas el estudio de procedimientos y procesos de decisión con los que no están familiarizados?
- ¿Qué herramientas se utilizan para describir y comprender procedimientos y decisiones para los que se requiere identificar condiciones en una secuencia particular?
- ¿Qué componentes se analizan al tomar una decisión o formular una estrategia de decisión?
- ¿Existe alguna diferencia entre los métodos empleados para describir condiciones cuantitativas y los utilizados para describir condiciones cualitativas?
- ¿Qué estrategias de análisis de decisiones utilizan métodos gráficos más que declaraciones en inglés?
- ¿Cómo se detectan y corrigen los errores en el análisis de decisiones?

OBJETIVOS DEL CAPÍTULO

- Desarrollar tablas y árboles de decisión para documentar procedimientos existentes y procesos de decisión.
- Describir los procesos de la organización por medio del español estructurado.
- Describir cómo se determinan los requerimientos básicos de los sistemas de información de una organización.
- Formular preguntas que puedan utilizarse para reunir información con respecto a procesos, operaciones, procedimientos y límites impuestos por el tiempo, volumen de trabajo y controles de operación.
- Adquirir información con respecto a sistemas de decisión, incluyendo los procedimientos de soporte para el procesamiento de transacciones.

PALABRAS CLAVE

Acción
Árbol de decisión
Anticipación de requerimientos
Condiciones
Contradicción
Cuestionario
Determinación de requerimientos
Entrevista
Español estructurado
Especificación de requerimientos
Establecimiento de acción
Establecimiento de condición
Estructura de iteración
Estructura de secuencia

Forma ELSE
Herramienta
Investigación de requerimientos
Observación
Redundancia
Regla de decisión
Requerimiento
Requerimientos de decisiones
Revisión de registros
Recopilación de hechos
Requerimiento de transacción
Tabla de decisión
Variables de decisión

El fiasco del salón recibidor

Ann Flemming, analista jefe de Harrison Corporation, estaba revisando el estado de lo que ella ha dado en llamar "el fiasco del salón recibidor". La gerencia desea saber por qué el nuevo sistema de reportes y control no está proporcionando la información confiable que se esperaba de él.

El nuevo sistema fue desarrollado para generar reportes diarios sobre ventas, costos, recepción de materiales por parte de proveedores y cheques pagados por la compañía el día anterior. El sistema lleva tres meses funcionando pero las cosas no han marchado bien. Para agravar más la situación, tanto el grupo de contabilidad como el supervisor de la bodega están descontentos con el sistema, hecho que han dado a conocer a la gerencia.

Harrison Corporation opera un centro de distribución al menudeo. Los clientes compran los artículos que hay en existencia en la bodega. Los fabricantes surten todo el inventario y Harrison se encarga de revenderlo. El éxito de la compañía depende del buen registro de la mercancía en existencia.

La bodega recibe la mercancía de los fabricantes seis días a la semana, pero el envío de la mercancía para los clientes se hace todos los días de la semana.

Cuando se tomó la decisión de desarrollar el nuevo sistema de reportes y control, Ann encargó a John Garland y Nancy Newsome, dos analistas de sistemas con poca experiencia, la conducción de una investigación para conocer los requerimientos del nuevo sistema. Ellos entrevistaron al supervisor de la bodega y al resto de los trabajadores con la finalidad de entender sus rutinas y actividades. También observaron el procedimiento de recepción y requisición de mercancía y sostuvieron varias conversaciones con la gerencia para obtener la información necesaria para su reporte. Con base en sus hallazgos, se formuló una lista de requerimientos a partir de la que se desarrolló e implantó un nuevo sistema. Los gerentes y supervisores clave de los departamentos de contabilidad y recepción de mercancía aprobaron la propuesta.

Cuando el sistema se utilizó por primera vez, la existencia de artículos en la bodega llevada en forma manual coincidió con los registros impresos. Sin embargo, el mes pasado existían discrepancias importantes en varios artículos caros. Los balances de pago de cheques eran más elevados de lo que indicaban los registros de recepción de mercancía. Por otra parte, las requisiciones eran mucho más altas que el número de ventas reportado.

¿Qué era lo que estaba mal? ¿El software o el sistema

computacional? ¿Se está sustrayendo mercancía de la bodega o existe algún problema en la contabilidad que pudiese explicar las diferencias?

Cuando Ann investigó ella misma el problema, encontró varias discrepancias entre lo que John y Nancy habían descubierto durante sus entrevistas y lo que ahora encontraba como práctica normal. Ella comprobó que los dos analistas habían entrevistado a todos los empleados de la bodega así como al supervisor de ésta.

Una de las cosas que John y Nancy observaron durante sus entrevistas fue que, en ocasiones, los empleados de la bodega surtían mercancía sin tener la requisición para hacerlo. Sin embargo, el supervisor les indicó que esa práctica no volvería a ocurrir porque planeaba implantar una política más estricta al mismo tiempo que se instalaba el nuevo sistema de control y reportes.

Parece ser que jamás fue implantada esta política. Ann descubrió que la mercancía seguía siendo surtida sin papeleo alguno. Existen otras discrepancias que John y Nancy no pudieron explicar pero, aunque están preocupados por la falla del sistema, consideran que hicieron su mejor esfuerzo.

John se puso a la defensiva. "Si no podemos creer lo que los demás miembros del personal nos dicen, ¿por qué tomarnos la molestia de entrevistarlos? ¿Cómo esperan que nos demos cuenta de todo lo que sucede en la bodega, contabilidad o en cualquier otra parte? ¡Tendríamos que estar ahí las 24 horas del día!"

"Por otro lado", añadió Nancy, "cuando se instaló el sistema, seguimos en forma cuidadosa su funcionamiento durante una semana para asegurarnos de que las cosas marchaban bien. Hicimos todo lo que estuvo a nuestro alcance para que el sistema trabajara . ¿Qué más podríamos haber hecho?"

Ahora Ann tenía que decidir qué hacer: ¿Fue inapropiado para este proyecto el proceso para determinar los requerimientos del sistema? ¿Esta tarea debió haberse manejado en forma diferente? ¿Fueron Nancy y John engañados por empleados hábiles y deshonestos? ¿Un analista de sistemas con mayor experiencia habría anticipado las dificultades y evitado los problemas que se suscitaron? ¿Podría ella misma haber sido capaz de detectar las posibles fuentes de problemas?

Ahora ella tiene que decidir cómo cambiar el sistema para que éste cumpla con los objetivos originales. ¿Debe darles de nuevo la tarea a John y Nancy con la esperanza de que aprendan de la experiencia? ¿O debe asignar otro analista al proyecto y dejar que esto se interprete como falta de confianza en John y Nancy? ¿Cómo debe manejar ella el fiasco del salón recibidor?

El objetivo del análisis de sistemas es comprender situaciones, no resolver problemas. Por tanto, los buenos analistas hacen hincapié en la investigación y el cuestionamiento para conocer cómo opera el sistema e identificar los requerimientos que tienen los usuarios para modificarlo o proponer uno nuevo. Sólo después de comprender en su totalidad el sistema, los analistas están en posición de analizarlo y generar recomendaciones para el diseño de sistemas.

La forma en que se lleva a cabo la investigación de sistemas es la que determina si se reúne la información apropiada. A su vez, tener la información correcta influye en la calidad de la aplicación. En otras palabras, el buen diseño de sistemas, ya sea que se desarrollen con el método SDLC o con los métodos de construcción de prototipos o análisis estructurado, comienza con la documentación del sistema actual y el diagnóstico apropiado de los requerimientos de sistemas.

Éste es el primero de cuatro capítulos que estudian el análisis y la determinación de los requerimientos de los sistemas. En las secciones que siguen se discute el significado de la determinación de requerimientos, sus componentes y las preguntas que este proceso incluye. Después se estudian de manera breve varios métodos para recopilar datos relacionados con los requerimientos, denominados técnicas para recolección de hechos. Este capítulo muestra cómo conducir un estudio de sistemas y qué métodos utilizar para ello. Los capítulos 4, 5 y 6 exploran diversas estrategias para organizar todos los detalles obtenidos durante la investigación así como los caminos a seguir para formular especificaciones para los requerimientos.

¿QUÉ ES LA DETERMINACIÓN DE REQUERIMIENTOS?

La *determinación de requerimientos* es el estudio de un sistema para conocer cómo trabaja y dónde es necesario efectuar mejoras. Los estudios de sistemas dan como resultado una evaluación de la forma como trabajan los métodos empleados y si es necesario o posible realizar ajustes. Como se verá más adelante, estos estudios consideran métodos tanto basados en computadora como manuales; es decir no se circunscriben exclusivamente a estudios de cómputo.

Un *requerimiento* es una característica que debe incluirse en un nuevo sistema. Ésta puede ser la inclusión de determinada forma para capturar o procesar datos, producir información, controlar una actividad de la empresa o brindar soporte a la gerencia. Es así como la determinación de requerimientos vincula el estudio de un sistema existente con la recopilación de detalles relacionados con él.

Dado que los analistas de sistemas no trabajan como gerentes o empleados en los departamentos de usuarios (como mercadotecnia, compras, producción o contabilidad), no tienen los mismos conocimientos, hechos y detalles que los usuarios y gerentes de esas áreas.

TABLA 3.1 Actividades en la determinación de requerimientos

ACTIVIDAD	DESCRIPCIÓN
Anticipación de requerimientos	Prever las características del sistema con base en la experiencia previa. Esto puede llevar al analista a investigar áreas y aspectos que de otra forma no serían tomados en cuenta. También puede introducir un sesgo.
Investigación de requerimientos	Estudio y documentación del sistema actual utilizando para ello técnicas para hallar hechos, análisis de flujo de datos y análisis de decisión.
Especificación de requerimientos	Análisis de los datos que describen el sistema para determinar qué tan bueno es su desempeño, qué requerimientos se deben satisacer y las estrategias para alcanzarlos.

Por consiguiente, el primer paso del analista es comprender la situación. Ciertos tipos de requerimientos son tan fundamentales que son comunes en casi todas las situaciones. Dar respuestas a un grupo específico de preguntas (aspecto que se estudia más adelante en esta sección) le será de gran ayuda para comprender los requerimientos básicos. También existe otra clase de requerimientos que dependen de si el sistema está orientado hacia transacciones, toma de decisiones o se extiende por varios departamentos. Por ejemplo, la necesidad de informar al gerente de inventarios de un pedido insólitamente grande que está por llegar subraya la importancia de eslabonar los departamentos de ventas, compras y almacén.

Actividades de la determinación de requerimientos

Es útil ver la determinación de requerimientos a través de tres grandes actividades: anticipación, investigación y especificación de requerimientos (Tabla 3.1).

Anticipación de requerimientos

La experiencia de los analistas en un área en particular y el contacto con sistemas en un ambiente similar al que se encuentra bajo investigación, tiene influencia sobre el estudio que éstos realizan. Su experiencia les permite anticipar ciertos problemas o características y requerimientos para un nuevo sistema. Por tanto, es probable que las características que investigan del sistema actual, las preguntas que formulan o los métodos que utilizan estén basados sobre esta familiaridad.

La *anticipación de requerimientos* puede ser una mezcla de bendiciones. Por un lado, la experiencia de estudios previos puede conducir a la investigación de áreas que no consideraría un analista novato. Tener las bases necesarias para saber qué preguntar o qué aspectos investigar puede ser de beneficio sustancial para la organización.

Por otra parte, si se introducen sesgos o atajos al conducir la investigación, entonces es muy probable que la anticipación de requerimientos se convierta en un problema. Por tanto, siempre deben darse lineamientos para estructurar una investigación alrededor de cuestiones básicas con la finalidad de evitar consecuencias indeseables de la anticipación de requerimientos.

Investigación de requerimientos

Esta actividad es la más importante del análisis de sistemas. Los analistas estudian el sistema actual con la ayuda de varias herramientas y habilidades, y documentan sus características para, más adelante, emprender el análisis.

La *investigación de requerimientos* depende de las técnicas para encontrar datos, que serán estudiadas más adelante en este capítulo, e incluyen métodos para documentar y describir las características del sistema. El capítulo 4 explica la estrategia del análisis estructurado para la investigación de requerimientos; el capítulo 5 examina la estrategia de desarrollo de prototipos. El capítulo 6 explora las herramientas asistidas por computadora para documentar y especificar requerimientos.

Especificaciones de requerimientos

Los datos obtenidos durante la recopilación de hechos se analizan para determinar las *especificaciones de los requerimientos*, es decir la descripción de las características del nuevo sistema. Esta actividad tiene tres partes relacionadas entre sí:

- *Análisis de datos basados en hechos reales*
  Se examinan los datos recopilados durante el estudio, incluidos en la documentación de flujo de datos y análisis de decisiones, para examinar el grado de desempeño del sistema y si cumple con las demandas de la organización.
- *Identificación de requerimientos esenciales*
  Características que deben incluirse en el nuevo sistema y que van desde detalles de operación hasta criterios de desempeño.
- *Selección de estrategias para satisfacer los requerimientos*
  Métodos que serán utilizados para alcanzar los requerimientos establecidos y seleccionados. Éstos forman la base para el diseño de sistemas, los cuales deben cumplir con la especificación de requerimientos.

Las tres actividades son importantes y deben realizarse en forma correcta. Tal como se menciona en la historia al inicio del capítulo, la especificación de requerimientos implica una gran responsabilidad para los analistas de sistemas, ya que la calidad del trabajo realizado en esta etapa se verá reflejada más adelante en las características del nuevo sistema. En varios de los siguientes capítulos se hace hincapié en este tema.

La siguiente sección explica cómo comenzar el estudio y sugiere preguntas que deben formular los analistas poco familiarizados con la organización.

Requerimientos básicos

Los analistas estructuran su investigación al buscar respuestas a las siguientes cuatro importantes preguntas:

¿Cuál es el proceso básico de la empresa?

¿Qué datos utiliza o produce este proceso?

¿Cuáles son los límites impuestos por el tiempo y la carga de trabajo?

¿Qué controles de desempeño utiliza?

Comprensión del proceso

Siempre se debe comenzar con lo básico. Los analistas hacen preguntas que, cuando reciben respuesta, proporcionan antecedentes sobre detalles fundamentales relacionados con el sistema y que sirven para describirlo. Las siguientes preguntas son de utilidad para adquirir la comprensión necesaria:

¿Cuál es la finalidad de esta actividad dentro de la empresa?

¿Qué pasos se siguen para llevarla a cabo?

¿Dónde se realizan estos pasos?

¿Quiénes los realizan?

¿Cuánto tiempo tardan en efectuarlos?

¿Con cuánta frecuencia lo hacen?

¿Quiénes emplean la información resultante?

Por ejemplo, supóngase que un analista emprende la investigación de un sistema para reabastecer inventarios, algo de lo que conoce muy poco. ¿Por dónde debe comenzar? Abajo se encuentran breves respuestas a preguntas básicas relacionadas con el sistema de reabasto del inventario. Esta es la clase de respuestas que el analista debe buscar para cualquier sistema que estudie.

¿Cuál es la finalidad del sistema de reabastecimiento de inventarios?

Asegurar la existencia de cantidades adecuadas de materiales y artículos en el almacén sin que éstas se vuelvan excesivas y, por tanto, costosas.

¿Qué pasos se siguen para reabastecer el inventario?
> Comprobar en forma manual las existencias. Determinar las necesidades futuras y los tiempos óptimos para solicitar los pedidos. Determinar las cantidades de artículos y materiales de los pedidos.

¿Dónde se realiza esta actividad?
> El departamento de compras utiliza la información proporcionada por el personal de producción, ventas e inventarios así como sus propios registros, para hacer los pedidos y formular predicciones con anticipación.

¿Quiénes realizan esta actividad?
> Los gerentes de compras se encargan de aprobar todos los pedidos. Los gerentes de inventarios reúnen todas las instrucciones para la compra y escriben las solicitudes de pedido.

¿Cuánto tiempo toma esta actividad?
> Para pedidos simples y de rutina el proceso puede tomar unos cuantos minutos o quizá varias horas para pedidos de artículos nuevos, de alto costo o bajo otras circunstancias especiales.

¿Con cuánta frecuencia se realiza esta actividad?
> En forma continua. Siempre se piden diversos artículos.

¿Quiénes utilizan la información resultante?
> La información generada por este proceso se emplea para administrar inventarios, servicios de calendarización y producción, hacer el seguimiento de las compras y pagos a proveedores así como para satisfacer requerimientos inesperados de compras e información relacionada con el reabastecimiento del inventario.

Nótese cómo las respuestas rápidas a estas preguntas proporcionan un conocimiento amplio de todo lo relacionado con el reabastecimiento del inventario y muestra que el objetivo de este proceso es mucho más amplio que la compra de artículos para el almacén. Pero los analistas no se detienen aquí. Todavía no existe suficiente información para comprender en su totalidad el sistema de reabastecimiento de inventarios. Más bien lo que se tiene son los antecedentes que permiten a los analistas formular preguntas más detalladas.

Identificación de datos empleados e información generada
El siguiente paso es detectar qué datos se utilizan para llevar a cabo cada actividad (Fig. 3.1). Por ejemplo, para reabastecer el inventario, el comprador requiere datos que describan para cada artículo la cantidad existente, la demanda esperada, el nombre del proveedor y el

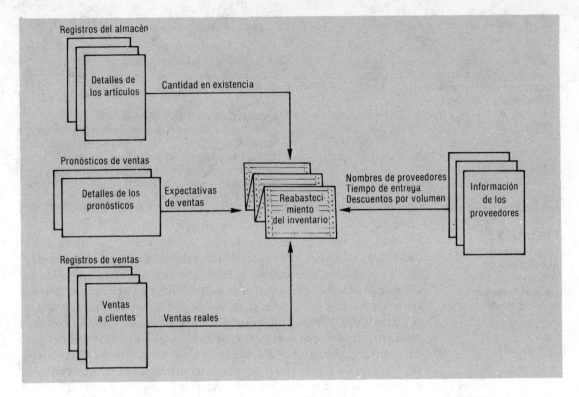

FIGURA 3.1
Flujo de información para el proceso de reabastecimiento del inventario.

costo. Para saber cuándo hacer el pedido, el comprador debe considerar el tiempo de entrega de la mercancía (con cuánto tiempo de anticipación es necesario efectuar el pedido para que el artículo se encuentre en existencia cuando sea necesario).

Por otra parte, muchas transacciones comerciales producen información útil para los gerentes cuando éstos evalúan el desempeño de empleados, negocios y sistemas; esta información también puede ser de utilidad, en otro contexto, para los gerentes y analistas. Por ejemplo, los analistas curiosos encuentran que los datos relacionados con el abasto del inventario y almacenaje también proporcionan información con respecto a las demandas del almacén, prácticas de compras, ventas y flujo de efectivo.

Frecuencia y volumen del proceso

La frecuencia con la que se presentan las actividades en una empresa cambia mucho. Por ejemplo, algunas como el pago de impuestos suceden pocas veces al año mientras que el pago de la nómina de empleados es algo que ocurre cada semana. Por consiguiente, los analistas deben investigar *con cuánta* frecuencia se repite una actividad. Conocer esta información puede llevar al analista a considerar más preguntas importantes para determinar la razón de esta frecuencia y su efecto sobre las actividades de la empresa.

ACTIVIDADES EN EL PROCESAMIENTO DE TRANSACCIONES:	ACTIVIDADES DE LA TOMA DE DECISIONES:
Bien estructuradas	Estructuradas por los individuos
Siguen rutinas bien definidas	Carencia de rutinas
Ocurren con frecuencia	Se presentan en forma irregular
Son muy predecibles	Son impredecibles
Cambian con poca frecuencia	Cambian de manera continua
Presentan necesidades de datos muy estructurados	Necesidades de datos determinadas por los individuos
Tratan con eventos reales	Enfocan el pasado, el presente y el futuro
Capturan y procesan datos	Utilizan los datos existentes y otros nuevos
Hacen hincapié en los detalles	Requieren de una perspectiva amplia que utiliza resúmenes de todos los detalles

FIGURA 3.2

Diferencias entre las actividades de procesamiento de transacciones y de soporte de decisiones.

Muchas veces la manera más fácil de obtener esta información es identificar el objetivo de la actividad: *¿cuál es* la causa de la actividad? En ocasiones los analistas se refieren a la causa directa como la función de iniciación. (Ésta inicia la actividad.) Las actividades pueden ser iniciadas por los clientes (a través de pedidos, llamadas telefónicas o cartas), por sucesos (por ejemplo la terminación de una solicitud para abrir una nueva cuenta bancaria de cargo o crédito) y por el paso del tiempo (al finalizar el día, la semana o el mes). Los analistas corren el riesgo de no comprender adecuadamente la razón de una actividad y de darle mayor o menor importancia de la que tiene en el sistema, a menos que conozcan qué es lo que inicia la actividad.

Algunas actividades, como completar la requisición de una compra, toman sólo unos cuantos segundos. Otras, como decidir si aceptar o no una oferta, ocurren con muy poca frecuencia pero cuando se presentan se lleva bastante tiempo finalizarlas. El tiempo, como único factor, para llevar a cabo una actividad no determina la importancia de ésta, pero tiene efecto sobre la forma en que el analista evalúa varios de los pasos necesarios para realizarla. Por ejemplo, hacer una llamada telefónica para obtener información sobre precios durante una situación de emergencia es algo aceptable ya que tal emergencia ocurre rara vez. Pero hacer llamadas telefónicas para obtener la misma información cada vez que se tiene una requisición de compra es otra cosa.

El volumen de artículos manejados puede aumentar el tiempo necesario para completar la actividad. Los bancos preparan los estados de cuenta de sus clientes (resúmenes de depósitos, retiros, intereses acumulados y saldos) sólo cuatro veces al año. Aunque la frecuencia de esta actividad es muy baja cuando el calendario inicia la actividad al finalizar cada trimestre, el volumen de trabajo es muy grande ya que, en ocasiones, se necesitan preparar decenas de miles de estados de cuenta. La cantidad total de pasos de que consta una actividad, puede generar problemas especiales para el estudio que efectúa el analista, aun cuando la actividad ocurra con poca frecuencia.

Datos de las órdenes de ventas:	Procedimientos:	Datos para envío:

Fecha del pedido
Nombre del cliente
Artículos solicitados
Descripción
Cantidad
Autorización
Instrucciones de envío
	Verificar crédito
	Aprobar el pedido
	Reunir los artículos
	Descontarlos del inventario
	Preparar la factura
	Hacer el cargo al ciente en los
	   registros de cuentas por
	   cobrar
	Enviar la factura
	Archivar el pedido
		Dirección
		Lista de empaque
		Cargo por el envío

Identificación de controles

En situaciones donde se ejerce buen control ya sea por parte de la gerencia o por el seguimiento del proceso, quizá no sea problema determinar si una actividad se ha llevado a cabo en forma adecuada. Aun así, los analistas deben examinar los métodos de control durante la etapa de análisis: ¿existen estándares específicos de desempeño?, ¿quién se encarga de comparar el desempeño contra los estándares?, ¿cómo se detectan los errores?, ¿cómo se corrigen los errores?, ¿se cometen demasiados errores? La falta o debilidad de los controles es un descubrimiento importante en cualquier investigación de sistemas. En la historia al inicio de este capítulo, la equivocación de los dos analistas fue no dar atención apropiada a la falta o debilidad de controles cuando estudiaron las actividades de la bodega, lo que trajo serias consecuencias.

Las dos secciones siguientes muestran cómo utilizar las preguntas básicas para comprender sistemas orientados hacia transacciones y hacia decisiones.

Requerimientos de las transacciones de los usuarios

En el capítulo 1 se señalaron varias diferencias entre los sistemas para el procesamiento de transacciones y los de toma de decisiones que se utilizarán en todo el libro. La figura 3.2 presenta un resumen de estas diferencias.

Los sistemas a nivel de transacciones, capturan, procesan y almacenan datos por alguna razón. Por ejemplo en un sistema de pedidos, los pedidos de los clientes son procesados de forma tal que sea posible enviar los artículos indicados. Este sencillo procedimiento se aplica a todos los pedidos que se reciben (Fig. 3.3).

Los analistas seleccionados para trabajar en un sistema de procesamiento de pedidos, deben conocer todo lo relacionado con la forma en que se procesan estas transacciones. Para entender los *requerimientos de las transacciones*, los analistas sin lugar a dudas formularán preguntas como las siguientes:

FIGURA 3.3
Actividades en el flujo de procesamiento de pedidos.

¿Qué es lo que forma parte de la transacción que está siendo procesada?

¿Qué es lo que inicia la transacción?

¿Quién inicia los pedidos? ¿Con qué propósito?

¿Con qué frecuencia ocurren los pedidos?

¿Qué volumen está asociado con cada pedido?

¿Existen diferentes condiciones que pueden afectar la forma en que se procesan los pedidos?

¿Qué datalles son necesarios para procesar la transacción?

¿Qué información se genera? ¿Qué datos se guardan?

La tabla 3.2 contiene una lista de preguntas que sirven para obtener una descripción apropiada del sistema.

Requerimientos de decisión de los usuarios

A diferencia de las actividades de transacción, las relacionadas con decisiones no siguen un procedimiento específico. Las rutinas no son muy claras y es posible que los controles sean vagos. Las decisiones se toman al integrar la información en forma tal que los gerentes puedan saber qué acciones emprender. Es probable que los sistemas de decisión tengan que ver con el pasado, el presente o el futuro. Algunos brindan soporte para decisiones recurrentes (como el precio de la mercancía), mientras que otros son únicos y no recurrentes (como el ejemplo de la situación de emergencia mencionado anteriormente). Estos sistemas pueden utilizar datos que se originan dentro de la empresa, como los generados por el procesamiento de transacciones, o fuera de ella, por ejemplo asociaciones o fuentes comerciales (como consorcios dedicados a la investigación en mercadotecnia que venden información a las organizaciones). En algunos casos, se procesan los datos de la transacción para generar nueva información para la toma de decisiones. Por ejemplo, el resumen de las transacciones de ventas indica a los gerentes qué productos se venden y cuáles no.

Los analistas que investigan sistemas para el soporte de decisiones deben formular las mismas preguntas sobre frecuencia y volumen mencionadas anteriormente, pero también deben hacer otras para determinar los *requerimientos de las decisiones:*

1. ¿Qué información se utiliza para tomar la decisión?
2. ¿Cuál es la fuente de esta información? ¿Qué sistemas de transacciones producen los datos utilizados en el proceso de decisión? ¿Qué otros datos son necesarios y no es posible obtener del procesamiento de transacciones? ¿Qué datos se originan en fuentes externas a la organización?
3. ¿Cómo se deben procesar los datos para producir la información necesaria?
4. ¿Cómo debe presentarse la información?

TABLA 3.2 Preguntas que se deben contestar al desarrollar el perfil del sistema

El analista debe dar respuesta a las siguientes preguntas para desarrollar un perfil completo del sistema bajo investigación:

Volumen	¿Cuál es el volumen de actividades que se presentan?
	¿Con qué frecuencia ocurren las actividades?
	¿Ocurren las actividades de acuerdo con un ciclo?
Control	¿Qué áreas necesitan un control específico?
	¿Cuáles son los métodos de control utilizados?
	¿Qué criterios se emplean para medir y evaluar el desempeño?
	¿Qué métodos se emplean para detectar lagunas en los controles?
	¿Se toman precauciones específicas de seguridad para protección contra una actividad impropia?
	¿Existen métodos para evadir el sistema? ¿Por qué se presentan?
Procesos	¿Qué procesos, pasos o funciones constituyen esta actividad?
	¿Qué es lo que da inicio a la actividad?
	¿Cuánto tiempo tarda cada actividad? ¿Qué factores intervienen en la duración de la actividad?
	¿Qué retrasos ocurren o pueden ocurrir?
	¿Cómo interactúan los elementos entre sí?
	¿Cuál es el costo de operación del sistema?
	¿Se satisfacen los objetivos específicos de la gerencia?
Datos	¿Qué datos entran al sistema y cuál es su origen?
	¿En qué forma se reciben los datos del sistema? ¿En qué forma son almacenados?
	¿Qué datos son almacenados en el sistema o como parte de las actividades del mismo?
	¿Quiénes utilizan la información generada por el sistema? ¿Con qué finalidad la utilizan?
	¿Qué es lo que no se utiliza (partes extrañas)?
	¿Qué datos faltan con mayor frecuencia?
	¿Existen datos desarrollados o empleados sobre una base *ad hoc*?
	¿Qué tablas de referencia, diagramas u otros datos se utilizan?
	¿Cómo están codificados o abreviados los datos y actividades?
Otros	¿Quiénes son las personas clave en el sistema? ¿Por qué son importantes?
	¿Qué obstáculos o influencias de tipo político afectan la eficiencia del sistema?

Estas preguntas también señalan la relación entre los sistemas de transacciones y los de decisiones. Información muy valiosa puede perderse si los sistemas de transacciones no capturan y guardan los datos necesarios para las decisiones. Los sistemas de inventario capturan información relacionada con los continuos pedidos, recepciones, ventas y envío de artículos. Los datos que estos sistemas almacenan son procesados nuevamente para generar información de manera periódica para analizar ventas, determinar políticas de precios o decidir planes de mercadotecnia para líneas de productos.

Todo esto significa que: 1) los analistas que investigan sistemas para el soporte de decisiones deben considerar los sistemas de procesamiento de transacciones y 2) que los sistemas eficaces para el soporte de toma decisiones requieren primero de procedimientos adecuados para el procesamiento de transacciones.

Requerimientos de toda la organización

En las empresas, los departamentos dependen unos de otros para brindar servicios, fabricar productos y satisfacer a los clientes. Por consiguiente, el trabajo hecho en un departamento afecta al de los otros. Cuando los analistas estudian sistemas para un departamento también deben evaluar las implicaciones para los demás departamentos con los que interactúa el sistema bajo investigación. Algunas veces los sistemas abarcan el trabajo de varios departamentos. Es responsabilidad del analista identificar las dependencias entre departamentos y determinar cómo los afecta un proyecto de sistemas.

El ejemplo de la recepción de pedidos ilustra la importancia de considerar las ramificaciones de un tipo de actividad para el resto de la organización. Cuando el grupo de ventas toma un pedido, la acción da origen a una serie de actividades que afectan las demás áreas. Un pedido puede hacer, eventualmente, que intervengan los departamentos de crédito, producción, control de inventarios, compras (si es necesario ordenar materiales para cumplir con el pedido del cliente), envíos y contabilidad (para facturación y anotación del monto de la venta en los registros de ventas). Es probable que los analistas que tienen interés en el proceso de recepción de pedidos no trabajen al mismo tiempo sobre el sistema de facturación. Sin embargo, deben tener conocimiento de cualquier requerimiento en cualquier otra parte de la organización que dependa del proceso de recepción de pedidos. Por ejemplo, si el proceso de recepción de pedidos no captura la dirección de los clientes para el cobro o el lugar adonde deben enviarse los productos, entonces ¿cómo enviar los artículos o las facturas por correo a su lugar de destino? Es importante estar al tanto de otros requerimientos de la organización.

Comentario al margen
Cuando la regla es la excepción

La determinación de requerimientos es el proceso por el cual los analistas obtienen conocimiento relacionado con la organización y lo aplican para seleccionar la tecnología correcta para una aplicación en particular. En muchos casos el objetivo más importante de este proceso es aprender cómo se manejan las excepciones —que siempre existen— dentro de la organización. Las excepciones desafían los procedimientos estándares de operación. La habilidad para el manejo de excepciones distingue con frecuencia al analista sobresaliente de los demás.

En muchas ocasiones, cuando trabajan con usuarios, los analistas escuchan cómo *deberían* manejarse las excepciones. Claro está que una aplicación debe diseñarse para dar cabida a los eventos rutinarios. Pero los analistas deben abordar lo que está fuera de la rutina ya que estos sucesos son una prueba de fuego para el sistema. Deben asegurarse de hacer preguntas a los usuarios que saquen a la luz los casos excepcionales: ¿El procedimiento que emplea el usuario siempre trabaja? ¿Con cuánta frecuencia es necesario hacer una excepción al procedimiento? ¿Nunca falla el procedimiento? ¿Todos los empleados siguen el mismo procedimiento?

Es posible que las respuestas para estas preguntas sean sorprendentes. En algunas ocasiones, ¡la regla es la excepción!

TÉCNICAS PARA ENCONTRAR HECHOS

Los analistas utilizan métodos específicos, denominados *técnicas para encontrar hechos,* con el objeto de reunir datos relacionados con los requerimientos. Entre éstos se incluyen la entrevista, el cuestionario, la revisión de los registros (en el sitio donde se encuentran éstos) y la observación. En general, los analistas emplean más de una de estas técnicas para estar seguros de llevar a cabo una investigación amplia y exacta. En este capítulo se examinan con brevedad cada una de estas técnicas.

Entrevistas

Los analistas emplean la entrevista para reunir información proveniente de personas o de grupos. Por lo común, los entrevistados son usuarios de los sistemas existentes o usuarios en potencia del sistema propuesto. En algunos casos, los entrevistados son gerentes o empleados que proporcionan datos para el sistema propuesto o que serán afectados por él. Aunque algunos analistas prefieren la entrevista sobre otras técnicas, ésta no siempre es la mejor fuente de datos sobre la aplicación. Dado que la entrevivista requiere de tiempo, es necesario utilizar otros métodos para obtener la información necesaria para conducir una investigación.

Es importante recordar que los entrevistados y los analistas *conversan* durante una entrevista, es decir no se *interroga* a los primeros. Las entrevistas dan a los analistas oportunidades para reunir informa-

TABLA 3.3 Comparación de los métodos de entrevista estructurada y no estructurada

	ENTREVISTA ESTRUCTURADA	ENTREVISTA NO ESTRUCTURADA
Ventajas	Asegura términos uniformes en las preguntas para todos los entrevistados. Fácil de administrar y evaluar. Evaluación más objetiva de preguntas y respuestas por parte de los que participan en la entrevista. Se necesita un entrenamiento limitado por parte del entrevistador. Se obtienen resultados con entrevistas cortas.	El entrevistador tiene mayor flexibilidad para cambiar los términos de las preguntas para que se acomoden mejor al entrevistado. El entrevistador puede ahondar en áreas que aparecen de manera espontánea durante la entrevista. La entrevista puede proporcionar información relacionada con áreas que en un principio no fueron tomadas en cuenta.
Desventajas	El costo de la preparación es alto. Es posible que los entrevistados no acepten un alto nivel en la estructura y planteamiento mecánico de las preguntas. El alto nivel de la estructura quizá no sea el más adecuado para todas las situaciones. El alto nivel de la estructura disminuye tanto la espontaneidad como la habilidad del entrevistador para seguir los comentarios durante la entrevista.	Uso ineficiente del tiempo por parte de los participantes. El entrevistador puede introducir sus propios sesgos en las preguntas o al notificar los resultados. Se puede obtener información ajena al problema. El análisis e interpretación de los resultados puede llevarse bastante tiempo. Se necesita más tiempo para reunir hechos esenciales.

ción de las personas que han seleccionado debido a sus conocimientos del sistema que está bajo estudio. A menudo este método es la mejor fuente de información cualitativa (opiniones, políticas, descripciones subjetivas de actividades y problemas). Otros métodos para recolectar hechos son más útiles para recoger datos cuantitativos (números, frecuencias y cantidades).

Este método puede ser de especial utilidad para reunir información de personas que no se comunican por escrito en forma adecuada o que no disponen de tiempo para llenar los cuestionarios. Las entrevistas permiten al analista descubrir áreas mal comprendidas, expectativas poco realistas e incluso indicadores de resistencia hacia el sistema propuesto.

Las entrevistas pueden clasificarse como estructuradas o no estructuradas (Tabla 3.3). Las entrevistas no estructuradas utilizan un formato pregunta-respuesta y son apropiadas cuando el analista desea adquirir información general acerca de un sistema. Este formato anima a los entrevistados a compartir sus sentimientos, ideas y creencias. Por otro lado, las entrevistas estructuradas utilizan preguntas estándar

FORMA DE PREGUNTA CON RESPUESTA ABIERTA

Ejemplo: Obtener información relacionada con factores críticos del diseño para los empleados

"Algunos empleados sugieren que la manera más adecuada para mejorar el procesamiento de los pedidos es instalando un sistema computacional que maneje todos los cálculos que en este momento los miembros del grupo llevan a cabo con calculadoras; esto les permitiría invertir más tiempo en otros pasos del procesamiento. ¿Bajo qué circunstancias recomendaría usted el desarrollo de tal sistema?"

FORMA DE PREGUNTA CON RESPUESTA CERRADA

Ejemplo: Obtener una idea de los puntos fuertes y débiles del sistema.

"Su experiencia le ha permitido obtener una buena idea de la forma en que la organización maneja los pedidos de ventas. Considere por un momento la forma en la que se reciben, procesan y despachan. En relación con todo ello, me gustaría que diera respuesta a las siguientes preguntas específicas:

¿Qué pasos funcionan bien? ¿Cuáles no?
¿Qué partes del procesamiento de pedidos disgustan más a los empleados?
¿Dónde se presentan la mayor parte de los problemas?
¿Dónde se presentan la menor parte de los problemas?
¿Qué se puede hacer para aumentar la velocidad?
¿Qué permitirá reducir los errores aún más?
¿Cómo se originan los retrasos? ¿Cómo manejan esta situación?

FIGURA 3.4
Métodos de entrevista estructurados con respuestas abiertas y cerradas.

en un formato de respuesta abierta o cerrada. El primero permite que el entrevistado dé respuesta a las preguntas con sus propias palabras; el segundo utiliza un conjunto anticipado de respuestas. Cada enfoque tiene sus ventajas y desventajas (véase Fig. 3.4).

El éxito de una entrevista depende de la habilidad del entrevistador y de su preparación para la misma. Los analistas necesitan ser sensibles a las dificultades que algunos entrevistados crean durante la entrevista y saber cómo tratar con problemas potenciales. Asimismo necesitan considerar no sólo la información que adquieren durante la entrevista sino también su significancia. De nuevo, como ejemplifica la narración al inicio de este capítulo, es importante contar con la adecuada verificación de los datos por medio de otros métodos para recopilarlos.

Cuestionarios

El uso de *cuestionarios* permite a los analistas reunir información proveniente relacionada con varios aspectos de un sistema de un grupo grande de personas. El empleo de formatos estandarizados para las preguntas puede proporcionar datos más confiables que otras técnicas; por otra parte, su amplia distribución asegura el anonimato de los encuestados, situación que puede conducir a respuestas más hones-

Lo que debería suceder...	Lo que en realidad ocurre...
Procedimientos estándares de operación	Retrasos en el trabajo
Controles y comprobación de exactitud y grado de terminación	Información que se recuerda de memoria (en forma incorrecta)
Documentos llenados en forma apropiada	Pasos omitidos
Trabajo terminado con eficiencia y a tiempo	Más fotocopias de las necesarias
	Necesidad de nuevos controles
	Falta de información en los archivos cuando se tiene la necesidad de hacer llamadas telefónicas
	Los documentos no se llenan en la forma requerida
	Los empleados desconocen los procedimientos prescritos

FIGURA 3.5
La observación proporciona información de primera mano sobre la forma en que se realiza el trabajo.

tas. Sin embargo, este método no permite al analista observar las expresiones o reacciones de los encuestados. Asimismo, la respuesta puede ser limitada ya que es posible que no tenga mucha importancia para los encuestados llenar el cuestionario.

Con frecuencia los analistas utilizan cuestionarios abiertos para descubrir sentimientos, opiniones y experiencias generales o para explorar un proceso o problema. Los cuestionarios cerrados controlan el marco de referencia al presentar a los encuestados respuestas específicas para escoger. Este formato es apropiado para obtener información basada en hechos reales.

El alto costo asociado con el desarrollo y distribución de cuestionarios demanda del analista la consideración cuidadosa del objetivo de éstos así como de la estructura que será más útil para el estudio y más fácil de entender para los encuestados. Asimismo, es necesario realizar pruebas con los cuestionarios y, si es necesario, modificarlos antes de su impresión y distribución.

Al igual que con las entrevistas, se debe seleccionar a los encuestados. El analista debe asegurar que el conocimiento y experiencia de éstos los califiquen para dar respuesta a las preguntas.

Revisión de los registros

Varios tipos de registros y reportes pueden proporcionar al analista información valiosa con respecto a las organizaciones y a sus operaciones. Al *revisar los registros,* el analista examina la información asentada en ellos relacionada con el sistema y los usuarios. La revisión de los registros puede efectuarse al comienzo del estudio, como introducción, o también después, y sirve de base para comparar las operaciones actuales, por lo tanto los registros pueden indicar qué está sucediendo.

Los registros incluyen manuales de políticas, reglamentos y procedimientos estándares de operación utilizados por la mayor parte de las organizaciones como guías para los gerentes y empleados. Estos registros no indican la forma en la que se desarrollan las actividades en la realidad, donde se encuentra todo el poder de la toma de decisiones, o cómo se realizan todas las tareas. Sin embargo pueden ser de gran ayuda para el analista en su afán de comprender el sistema al familiarizarlo con aquellas operaciones que necesitan apoyo y con las relaciones formales dentro de la organización.

Observación

La observación permite al analista ganar información que no se puede obtener por otras técnicas. Por medio de la *observación* el analista obtiene información de primera mano sobre la forma en que se efectúan las actividades (Fig. 3.5). Este método es más útil cuando el analista necesita observar, por un lado, la forma en que se manejan los documentos y se llevan a cabo los procesos y, por otro, si se siguen todos los pasos especificados. Los observadores experimentados saben qué buscar y cómo evaluar la significancia de lo que observan. La atención más cuidadosa en esta técnica quizá hubiese evitado los problemas que condujeron al "fiasco del salón recibidor", historia que se encuentra al inicio de este capítulo.

Comentario al margen
Hallazgo de hechos: un reto y una oportunidad

Es algo que debe aceptarse: obtener información quizá no sea el aspecto más interesante de un estudio de sistemas. Dar la consideración apropiada para desarrollar entrevistas, formular cuestionarios y conducir el estudio es trabajo, un trabajo *desafiante.* No hay duda.

Por otro lado, obtener información ofrece al analista la oportunidad de ir más allá del escenario de una organización —aprender la historia interna—, es descubrir cómo trabajan las cosas en la realidad en una nueva área de la información.

Recuerdo la primera vez que trabajé con un cliente en la industria hotelera. Las entrevistas iniciales que sostuve con el gerente general y los gerentes dc alimentos, bebidas, abastecimiento y ventas, me dieron la oportunidad de conocer a fondo el funcionamiento del hotel. Por un lado, *desde la perspectiva del usuario,* conozco varios hoteles con buen servicio; he viajado continuamente y me he hospedado en los mejores hoteles del mundo, y algunos no son de lo mejor. Bajo esta perspectiva conocía mucho respecto al *alojamiento* en los hoteles, pero no mucho sobre cómo *funcionan.*

Durante las entrevistas con los gerentes descubrí información valiosa relacionada con el servicio al cliente, trato con los invitados y las necesidades de los turistas. Asimismo, aprendí las expectativas de los guías de turistas y del entretenimiento a cargo de superestrellas, así como el orden de importancia que debe darse a los ejecutivos de corporaciones internacionales junto con los protocolos para recibir a los dignatarios de otros países y funcionarios del gobierno (incluyendo al presidente de Estados Unidos). Llegué a comprender los muchos aspectos que influyen en el diseño de sistemas de información para hoteles.

Toda esta información fue verificada después en los registros de mis observaciones sobre el trato dado a clientes e invitados.

Las entrevistas preliminares me dieron un panorama que fue de gran ayuda para anticipar requerimientos para otros clientes del ramo de la hotelería así como para otras industrias. Desde entonces, cada vez que reúno información aprendo. Aun así, cada vez que se presenta la oportunidad de investigar una nueva industria en crecimiento, abordo la tarea con entusiasmo; es otra oportunidad para ir más allá del escenario y conocer la realidad. ¡Este es el verdadero sentido de hallar los hechos!

Las técnicas estudiadas en esta sección para encontrar hechos, representan un aspecto del análisis de sistemas. La siguiente sección examina herramientas para organizar los detalles obtenidos y determinar dónde la información es incompleta o inconsistente.

HERRAMIENTAS PARA DOCUMENTAR PROCEDIMIENTOS Y DECISIONES

Seguir procedimientos y tomar decisiones son aspectos importantes de cualquier empresa. De hecho, la administración misma es, esencialmente, toma de decisiones. Algunas, como aceptar o no ofertas, afectan a todas las organizaciones. Otras, como decidir cuándo volver a pedir materiales para el almacén, dependen de pocas personas y siguen procedimientos paso por paso. Sin embargo, las decisiones y procedimientos son de importancia para el analista cuando éste conduce una investigación de sistemas dentro de la empresa. (El desarrollo de un sistema para reabastecer el inventario, por ejemplo, sin examinar la decisión sobre qué cantidad de un determinado artículo incluir en el pedido, puede conducir a un desastre.)

Esta sección examina varias herramientas para el estudio de procedimientos de operación y de los pasos a seguir para la toma de decisiones junto con los medios para documentar estos aspectos en el estudio. Una *herramienta* es cualquier dispositivo, objeto u operación utilizada para ejecutar una tarea específica. El analista de sistema depende de las herramientas para realizar su trabajo de la misma manera que otras personas de sus actividades cotidianas. Por ejemplo, el mecánico utiliza llaves y desarmadores para reparar automóviles; los carpinteros emplean martillos y serruchos en su trabajo. Es importante conocer qué herramientas existen, pero más aún saber utilizarlas adecuadamente. (Por ejemplo, el martillo no se utiliza para fijar tornillos, aunque algunas personas intenten hacerlo.)

Las herramientas ayudan al analista a integrar los datos recopilados por los diversos métodos estudiados en la sección anterior. Pero, como sucede con todas las herramientas, las que emplea el analista para documentar procedimientos y decisiones deben utilizarse adecuadamente.

La primera sección presenta las características que son comunes a todos los procedimientos y decisiones. Hecho esto, se presentan tres herramientas para documentar procedimientos: árboles de decisión, tablas de decisión y español estructurado.

Conceptos básicos sobre decisiones

Cuando se analizan procedimientos y decisiones el primer paso es identificar condiciones y acciones, conceptos comunes a todas las actividades.

Condiciones y variables de decisión

Cuando se observa un sistema y se pregunta ¿cuáles son las posibilidades? o ¿qué puede suceder?, en realidad se está preguntando por las *condiciones,* que son los posibles estados de una entidad (persona, lugar, objeto o evento). Es indudable que la mayoría de las personas describen automóviles, muebles e incluso a otras personas de acuerdo con sus condiciones buenas y malas. "Bueno" y "malo" son dos condiciones que pueden aplicarse a cada una de las entidades anteriores. Las condiciones cambian y es por esto que el analista se refiere a ellas como *variables de decisión.* En una empresa, el manejo de una factura está basado en una condición que constituye una variable de decisión. Algunas organizaciones insisten en que todas las facturas lleven una firma (quizá del contralor o del encargado de efectuar las compras) como requisito para autorizar el pago. En tales casos existen dos alternativas para la recepción de facturas por parte de la organización: con firma o sin ella. La misma factura también puede ser descrita por otras condiciones: autorizada o no autorizada, con el monto correcto o incorrecto.

Al documentar la decisión sobre cómo procesar facturas (o cualquier otro procedimiento), el investigador debe identificar tanto las condiciones permisibles como las relevantes que pueden presentarse en determinada situación. Sólo deben incluirse en el estudio aquellas condiciones que son relevantes. El hecho de que la factura esté o no firmada es una variable relevante. Sin embargo, el tamaño de la hoja de papel sobre la que está impresa probablemente no lo sea.

UNA VALIOSA HABILIDAD:
APRENDIENDO A ESCUCHAR

Buena parte del éxito que usted obtenga como analista de sistemas depende de su capacidad para escuchar, para poner atención en lo que le dicen los usuarios, aun si ellos no expresan sus ideas con muchas palabras. Si no se obtienen requerimientos entonces es imposible satisfacerlos durante el diseño. Escuchar es una habilidad que debe desarrollarse.

Preparación para la entrevista. Las pequeñas cosas se vuelven importantes en una entrevista. Por ejemplo, asegúrese de:

- Escoger un sitio tranquilo. El interior de la fábrica o el sitio donde se hacen los envíos, no son buenos sitios para el intercambio de información. En lugar de éstos, seleccione para la reunión una oficina o sala de conferencias.
- Tomar la iniciativa. Cierre la puerta, adecue la iluminación o haga cualquier cosa que genere una atmósfera confortable para la conversación.
- Estar preparado. Aprenda la jerga de la especialidad que está investigando. Pedir a la otra parte que defina términos una y otra vez, genera una sensación de incertidumbre evidente. La incertidumbre crea dudas.
- Estar preparado. Aprenda sobre todos aquellos aspectos que es probable que se aborden durante la discusión. Esté preparado para tratarlos si otros no lo hacen o para discutirlos cuando aparezcan en la conversación.
- Evitar el uso de la jerga de los sistemas de información. Aun la terminología que usted considera como bastante difundida, puede ser poco familiar para la persona a la que entrevista.

Saber qué esperar lo vuelve más eficaz. Las siguientes expectativas deben guiarlo durante el desarrollo de la entrevista:

- Con frecuencia los requerimientos de información y de las aplicaciones no se mencionan en forma directa. Es muy raro que el usuario señale que "necesitamos un reporte que contenga los siguientes datos... cada semana y además un resumen mensual". En lugar de ello, los usuarios hablan de situaciones recurrentes y de la forma en que se enfrentan con ellas. De estos comentarios, usted puede extraer o deducir los requerimientos de información pero asegúrese de comprobar la comprensión que tiene de ellos.
- A menudo los usuarios finales *no conocen* sus requerimientos de información. Esta situación quizá sea parte de las dificultades que tienen, no saben qué información examinar o cuál está disponible. En relación con esto también se encuentra su imposibilidad para señalar un problema, si bien únicamente describen los síntomas.

El analista debe estar consciente de sus debilidades. Por ejemplo, el analista puede:

- Tener tendencias a distorsionar la información que escucha. Formular ideas preconcebidas sobre los problemas o posibles soluciones antes de reunir toda la información, introduce un sesgo importante. El analista puede dar mayor interés a los comentarios de los usuarios finales si éstos confirman sus expectativas y menor importancia en caso contrario. Mantenga la mente abierta.
- Recordar sólo el 50% de lo que se dijo inmediatamente después de escucharlo. Tome notas.

Durante todo el proceso es importante mantener la sensibilidad con respecto a lo que cada persona pierde o gana y para determinar si existe suficiente información para evaluar en forma adecuada un problema u oportunidad. Además, se debe encontrar por qué los empleados consideran que sus opiniones son valiosas para contribuir a la solución de los problemas de la empresa y facilitar la selección de la estrategia más apropiada de sistemas de información.

Aprender a escuchar toma tiempo y paciencia, pero adquirir esta habilidad lo ayudará a convertirse en un valioso miembro de cualquier equipo de desarrollo de sistemas.

Acciones

Cuando se conocen todas las posibles condiciones, el siguiente paso del analista es determinar qué hacer cuando se presentan algunas de éstas. Las *acciones* son las opciones, que comprenden pasos, actividades o procedimientos, que puede elegir una persona cuando se enfrenta ante un conjunto de condiciones (Fig. 3.6). En algunos casos las acciones pueden ser bastante sencillas, mientras que en otros muy extensas.

El ejemplo del procesamiento de pedidos estudiado anteriormente, demanda acciones específicas que dependen, entre otras cosas, de que la factura esté o no firmada (las condiciones). Si está firmada entonces se verifica que la factura sea correcta. Si no está firmada, entonces se verifica si la mercancía fue aceptada (es decir, si llegó la mercancía al almacén y fue aceptada). En este ejemplo las acciones relevantes son iniciar el procesamiento para comprobar el pedido y 2) comenzar el proceso de aceptación de la mercancía (Fig. 3.7).

Asimismo, las acciones pueden estar relacionadas con condiciones cuantitativas. Por ejemplo, a menudo las empresas ofrecen descuentos diferentes en la venta de mercancía de acuerdo con el volumen del pedido. Una compañía puede basar el monto de los descuentos sobre tres valores diferentes para la condición VOLUMEN DEL PEDIDO: más de 10 000 dólares, entre 5000 y 10 000 dólares y menos de 5000 dólares. Las acciones son: 3% de descuento, 2% de descuento y ningún descuento (Fig. 3.8).

En muchos procedimientos el analista debe considerar combinaciones de condiciones y acciones. Como ayuda para comprender y adaptar estas combinaciones, emplean árboles de decisión, tablas de decisión y el español estructurado. Estas herramientas se estudian a continuación.

Árboles de decisión

Las personas tienen diferentes formas de decir lo mismo. Por ejemplo, las condiciones de descuento que se mencionaron en las líneas de arriba también pueden formularse de las siguientes maneras:

1. Mayor que 10 000 dólares, mayor o igual que 5000 pero menor o igual que 10 000 dólares, y menos de 5000 dólares.
2. No menos de 10 000 dólares, no más de 10 000 pero por lo menos de 5000 dólares, y no más de 5000 dólares.

CONDICIONES		ACCIONES
Estados posibles de los eventos →	Conducen a la selección de →	Alternativas, pasos, actividades o procedimientos que deben emprenderse cuando se toma una decisión específica.

FIGURA 3.6
Conceptos importantes sobre las decisiones

Tener diferentes formas de decir la misma cosa puede crear dificultades de comunicación durante los estudios de sistemas (pueden existir malentendidos sobre los comentarios entre el analista y el gerente u olvidar discutir todos los detalles). Por consiguiente, el analista busca evitar las malas interpretaciones. Asimismo, el analista necesita organizar la información recopilada con respecto a la toma de decisiones.

Los árboles de decisión son uno de los tres métodos que se emplean para describir decisiones y que evita dificultades en la comunicación.

Características de los árboles de decisión

El *árbol de decisión* es un diagrama que representa en forma secuencial condiciones y acciones; muestra qué condiciones se consideran en primer lugar, cuáles en segundo y así sucesivamente. Este método también permite mostrar la relación que existe entre cada condición y el grupo de acciones permisibles asociado con ella. Los diagramas de este tipo se parecen a las ramas de un árbol, de aquí su nombre (Fig. 3.9).

La raíz del árbol, que aparece en la parte izquierda de la figura, es el punto donde comienza la secuencia de decisión. La rama a seguir depende de las condiciones existentes y de la decisión que debe tomarse. Al avanzar de izquierda a derecha por una rama en particular, se obtiene una serie de toma de decisiones. Después de cada punto de decisión, se encuentra el siguiente conjunto de decisiones a considerar. De esta forma, los nodos del árbol representan condiciones y señalan la necesidad de tomar una determinación relacionada con la existencia de alguna de éstas, antes de seleccionar la siguiente trayectoria. La parte que se encuentra a la derecha del árbol indica las acciones que deben realizarse, las que a su vez dependen de la secuencia de condiciones que las preceden.

Uso de árboles de decisión

El desarrollo de árboles de decisión beneficia al analista en dos formas. Primero que todo, la necesidad de describir condiciones y acciones llevan a los analistas a identificar de manera formal las decisiones que actualmente deben tomarse. De esta forma, es difícil para ellos pasar por alto cualquier etapa del proceso de decisión, sin importar que éste dependa de variables cuantitativas o cualitativas.

Es posible, por ejemplo, señalar qué acción de descuento empren-

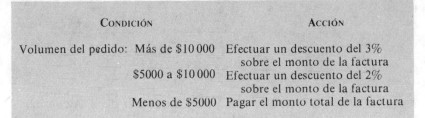

Condición	Acción
Pedido con firma	Comenzar el proceso de verificación del pedido
Pedido sin firma	Comenzar el proceso de aceptación de la mercancía

FIGURA 3.7
Relación entre condiciones y acciones para el ejemplo de procesamiento de pedidos.

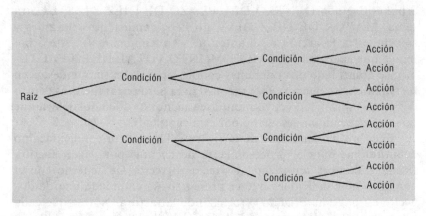

Condición		Acción
Volumen del pedido:	Más de $10 000	Efectuar un descuento del 3% sobre el monto de la factura
	$5000 a $10 000	Efectuar un descuento del 2% sobre el monto de la factura
	Menos de $5000	Pagar el monto total de la factura

FIGURA 3.8
Ejemplo de pares condición-acción con varios valores.

FIGURA 3.9
La secuencia de decisiones en un árbol de decisión es de izquierda hacia derecha.

der de acuerdo con la cantidad de dólares gastados por los clientes. Cuando una organización abre cuentas con proveedores y distibuidores, formaliza un acuerdo para efectuar descuentos del total de la factura. En este acuerdo se especifican dos condiciones: primera, que el monto de la factura debe pagarse dentro de los diez días siguientes a la fecha de su recepción, y, segundo, el porcentaje de descuento va de acuerdo con el monto de la factura. Se entiende que bajo algunas condiciones la organización puede tomar la acción de deducir el 3%, en otras el 2%, y para todas las demás no hay descuento.

Los árboles de decisión también obligan a los analistas a considerar la secuencia de las decisiones. Considérese la secuencia de decisiones de este ejemplo (Fig. 3.10). Del diagrama puede observarse con rapidez que la sola existencia de una condición —el monto total de la factura— no es importante, a menos que se cumpla otra condición y la factura sea pagada dentro del tiempo establecido por el proveedor, es decir diez días. Las demás condiciones son relevantes únicamente si esta condición es verdadera. Por consiguiente, el árbol de decisión identifica primero la condición de tiempo y después muestra dos valo-

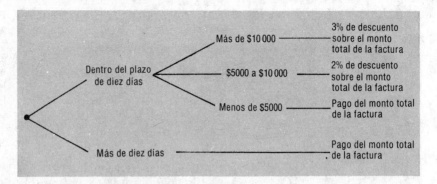

FIGURA 3.10
Árbol de decisión para la autorización de descuento.

res (dentro del plazo de diez días y mayor que diez días). A continuación aparece la condición de descuento pero sólo para la rama del árbol etiquetada DENTRO DEL PLAZO DE DIEZ DÍAS. La otra rama, MAYOR DE DIEZ DÍAS, no tiene condiciones relevantes y sólo muestra la acción resultante (que es incondicional). Este árbol indica que la acción PAGAR EL MONTO TOTAL DE LA FACTURA, se aplica bajo dos diferentes condiciones. Asimismo, muestra en forma implícita que no existe razón alguna para pagar facturas dentro del plazo especificado cuyo monto sea menor de 5000 dólares ya que no se ofrece ningún descuento por esta cantidad.

El árbol de decisiones de la figura 3.11 muestra condiciones no cuantitativas para el procesamiento de cuentas por pagar: factura firmada, compra autorizada y precio correcto. De acuerdo con el conjunto de condiciones que se presenten, se emprende una de dos acciones: pago autorizado o rechazo de la factura. Nótese que cada alternativa está claramente señalada en el árbol de decisión. Algunas veces, en situaciones más complejas, no es evidente qué acción específica es la más adecuada bajo varias situaciones, sin emprender un análisis de tipo formal.

Los analistas encuentran que en el procesamiento de cuentas por pagar es necesario determinar si el pedido de compra está disponible, es válido y si la factura se procesa en forma adecuada antes de su correspondiente pago. A su vez, deben aprender las condiciones necesarias para el procesamiento apropiado de la factura. El desarrollo y examen completo del árbol de decisión también muestra de manera clara que existen sólo dos caminos para autorizar el pago de una factura, pero muchas condiciones bajo las que se puede rechazar la factura.

En este ejemplo, la secuencia de decisiones se observa con facilidad. La condición de compra válida no tiene ninguna importancia *a menos que la factura esté firmada*. La firma es importante ya que es requisito indispensable para continuar con el procesamiento de la factura. En este caso, los analistas pueden considerar como condición la autorización de la factura.

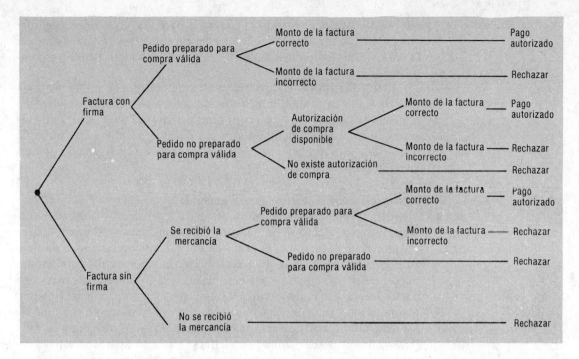

FIGURA 3.11
Árbol de decisión para el ejemplo del procesamiento de facturas.

Identificación de los requerimientos de datos

Ya se ha señalado el empleo de árboles de decisión para subrayar de manera formal la naturaleza de muchas decisiones en la empresa; asimismo, se ha demostrado que los árboles de decisión son eficaces cuando es necesario describir problemas con más de una dimensión o condición. Sin embargo, también son útiles para identificar los requerimientos de datos críticos que rodean al proceso de decisión; es decir, los árboles indican los conjuntos de datos que la gerencia requiere para formular decisiones o tomar acciones. Los datos explícitos en el ejemplo de las cuentas por pagar (Fig. 3.10) son los siguientes: datos del pago, monto de la factura y porcentaje de descuento. Existen otros datos importantes que son implícitos (es decir no se aparecen en el árbol de decisión), como los detalles de la factura (número de la factura, nombre y dirección del proveedor), nuevo monto por pagar y ajustes al "descuento aplicado". El analista debe identificar y elaborar una lista de todos los datos utilizados en el proceso de decisión, aunque el árbol de decisión no muestre todos los datos.

Si los árboles de decisión se construyen después de completar el análisis de flujo de datos (que es el seguimiento del flujo de datos por todos los procesos de la empresa), entonces es posible que los datos críticos se encuentren ya definidos en el diccionario de datos (el cual describe los datos utilizados por el sistema y dónde se emplean). Si únicamente se usan árboles de decisión (situación que se presenta rara vez), entonces el analista debe tener la certeza de identificar con precisión cada dato necesario para tomar la decisión. El formato del diccionario de datos, uno de los temas del capítulo 4, es útil para obtener la lista y descripción de los datos conforme son identificados y comprendidos.

Los requerimientos de datos estudiados hasta este momento para los árboles de decisión también son aplicables a los demás métodos del análisis de decisiones que se presentan más adelante. Los analistas necesitan describir y definir todos los datos utilizados en la toma de decisiones para que sea posible diseñar el sistema de forma tal que los genere apropiadamente.

**Cómo evitar los problemas que se generan
al utilizar árboles de decisión**
Los árboles de decisión no siempre son las mejores herramientas para el análisis de decisiones. El árbol de decisión de un sistema complejo con muchas secuencias de pasos y combinaciones de condiciones puede tener un tamaño considerable. El gran número de ramas que pertenecen a varias trayectorias constituye más un problema que una ayuda para el análisis. En estos casos los analistas corren el riesgo de no determinar qué políticas o estrategias de la empresa son la guía para la toma de decisiones específicas. Cuando aparecen estos problemas, entonces es momento de considerar las tablas de decisión.

Tablas de decisión

Más que un árbol, la *tabla de decisión* es una matriz de renglones y columnas que indican condiciones y acciones. Las *reglas de decisión*, incluidas en una tabla de decisión, establecen el procedimiento a seguir cuando existen ciertas condiciones. Este método se emplea desde mediados de la década de los cincuentas, cuando fue desarrollado por General Electric para el análisis de funciones de la empresa como control de inventarios, análisis de ventas, análisis de créditos y control de transporte y rutas.

Características de las tablas de decisión
La tabla de decisión está integrada por cuatro secciones: identificación de condiciones, entradas de condiciones, identificación de acciones y entradas de acciones (Fig. 3.12). La *identificación de condiciones* señala aquellas que son relevantes. Las entradas de condiciones indican qué valor, si es que lo hay, se debe asociar para una determinada condición. La *identificación de acciones* enlista el conjunto de todos los pasos que se deben seguir cuando se presenta cierta condición. Las entradas de acciones muestran las acciones específicas del conjunto que deben emprenderse cuando ciertas condiciones o combinaciones de éstas son verdaderas. En ocasiones se añaden notas en la parte inferior de la tabla para indicar cuándo utilizar la tabla o para diferenciarla de otras tablas de decisión.

CONDICIÓN	REGLAS DE DECISIÓN
Identificación de condiciones	Entradas de acciones
Identificación de acciones	Entradas de condiciones

FIGURA 3.12
Forma general de las tablas de decisión.

CONDICIONES	REGLAS DE DECISIÓN			
	1	2	3	4
C1 El paciente tiene seguro médico básico	SÍ	NO	SÍ	NO
C2 El paciente tiene seguro social	NO	SÍ	SÍ	NO
A1 Pagar la consulta	X			
A2 Exento de pago		X	X	
A3 Pagar todos los servicios				X

FIGURA 3.13
Tabla de decisión muestra para el pago de los servicios de salud.

Las columnas del lado derecho de la tabla enlazan condiciones y acciones, forman reglas de decisión que establecen las condiciones que deben satisfacerse para emprender un determinado conjunto de acciones. Nótese que se omite el orden de la secuencia (en que las condiciones son examinadas) cosa que no sucede con los árboles de decisión. La regla de decisión incorpora todas las condiciones que deben ser ciertas y no sólo una a la vez.

La tabla de decisión de la figura 3.13 describe las acciones emprendidas para los pagos por parte de los pacientes de una clínica. Las acciones tomadas dependen de que el paciente tenga seguro y, si es así, ver de qué tipo es dicho seguro. Se tienen identificados dos tipos de seguros: el seguro básico de salud (condición 1) y el seguro social (condición 2). La existencia o no de la primera condición (que el paciente tenga seguro básico de salud) se representa por medio de las letras S y N (sí o no) en la parte correspondiente en la tabla a las entradas de condiciones. Cuatro reglas relacionan las combinaciones de las condiciones 1 y 2 con tres diferentes acciones: el paciente debe pagar el costo de la consulta sin ningún otro cargo; el paciente no paga ninguno de los cargos; el paciente paga el costo de todo el tratamiento (consulta y otros cargos). Al observar esta tabla es claro que cuando C1 y C2 son Sí y No respectivamente, la regla establece que se debe tomar la acción A1; el paciente paga únicamente el costo de la consulta. Cuando los valores de las condiciones C1 y C2 se invierten (C1 es No y C2 es Sí), la regla 2 indica que debe emprenderse la acción A2; el paciente no necesita pagar ninguno de los cargos. De acuerdo con la regla 3, se utiliza de nuevo la acción A2 porque tanto C1 como C2 tienen valores Sí. Al comparar las reglas 2 y 3, se puede concluir que

Condiciones	Reglas de decisión					
	1	2	3	4	5	6
Tiempo	Dentro del plazo de diez días	Dentro del plazo de diez días	Dentro del plazo de diez días	Fuera del plazo de diez días	Fuera del plazo de diez días	Fuera del plazo de diez días
Volumen de ventas	Más de $10 000	$5000 a $10 000	Menos de $5000	Más de $10 000	$5000 a $10 000	Menos de $5000
Descuento del 3%	X					
Descuento del 2%		X				
Pagar el monto total de la factura			X	X	X	X

FIGURA 3.14

Tabla de decisión para el ejemplo del descuento en el pago.

C1 no tiene relevancia para la acción A2: siempre y cuando el paciente tenga seguro social, sin importar qué otros tipos de seguros posea, no es necesario que realice pago alguno. Para finalizar, la regla 4 estipula que, si tanto C1 como C2 son No (lo que significa que el paciente no tiene seguro), los miembros del personal deben seguir A3: el paciente debe pagar todos los cargos de la atención médica que recibe en la clínica.

El caso de descuento en el pago, descrito en la figura 3.10, se muestra en forma de tabla de decisión en la figura 3.14. Las reglas 1 y 2 reflejan en forma apropiada el hecho de que los descuentos se efectúan sólo cuando los pagos se realizan dentro de los próximos diez días y son altos (más de 10 000 dólares) o medianos (desde 5000 hasta 10 000 dólares). En todos los demás casos no se hacen descuentos. Las reglas 3, 4, 5 y 6 sirven de guía para realizar la selección de la acción correspondiente. (La tabla tiene doce condiciones: dos variables de decisión multiplicadas por seis valores para cada variable.)

La tabla de decisión de la figura 3.15 tiene el formato S/N. S y N se emplean en la sección de entradas de condiciones, pero el valor de cada condición aparece en la sección de identificación de condiciones. Si el analista utiliza este formato o algunos de los que se estudiarán en forma breve, es cuestión de preferencia personal. El formato no cambia la utilidad de las tablas de decisión.

Cómo construir tablas de decisión

Para desarrollar tablas de decisión, los analistas deben emprender los siguientes pasos:

1. Determinar los factores considerados como más relevantes en la toma de decisiones. Esto permite identificar las *condiciones* en la decisión. Cada condición seleccionada debe tener la característica

Condiciones	Reglas de decisión					
Dentro del plazo de diez días	S	S	S	N	N	N
Más de $10 000	S	N	N	S	N	N
$5000 a $10 000	N	S	N	N	S	N
Menos de $5000	N	N	S	N	N	S
Aplicar un descuento de 3%	X					
Aplicar un descuento de 2%		X				
Pagar el monto total de la factura			X	X	X	X

FIGURA 3.15
Tabla de decisión que emplea el formato Sí/No para el ejemplo del descuento en el pago.

de ocurrir o no ocurrir; en este caso no es posible la ocurrencia parcial.

2. Determinar los pasos o actividades más factibles bajo condiciones que cambian (no sólo las condiciones actuales). Esto permite identificar las *acciones*.

3. Estudiar las diferentes posibilidades de combinaciones de condiciones. Para cualquier número N de condiciones, existen 2^N combinaciones a considerar. Por ejemplo, para tres condiciones es necesario examinar ocho posibles combinaciones; $2^3 = 8$. Para cuatro, se tienen $2^4 = 16$ combinaciones posibles que pueden incluirse en la tabla.

4. Llenar la tabla con las reglas de decisión. Existen dos formas para hacerlo.

La primera, y más larga, es llenar los renglones de condición con valores sí o no para cada combinación posible de condiciones. Esto es, llenar la primera mitad del renglón con Sí y la segunda con No. El siguiente renglón se llena alternando con S y N cada 25% del renglón; es decir 25% Sí, 25% No, 25% Sí y 25% No. Se repite de nuevo este proceso: se llena cada renglón faltante en forma alterna con S y N, dividiendo cada vez por potencias sucesivas de 2. (En otras palabras, $2^2 = 4$ para el segundo renglón, $2^3 = 8$ para el tercer renglón, hasta 2^N para el último renglón N, donde N es el número de condiciones.)

El otro método para llenar la tabla considera una condición a la vez y, por cada condición adicional, la añade a la tabla pero sin considerar las combinaciones de condiciones y acciones duplicadas, tal como a continuación se explica y se muestra en la figura 3.16.

a. Establecer la primera condición y todas las acciones permisibles.

b. Añadir la segunda condición duplicando la primera mitad de la matriz y llenando los diferentes valores S y N de las dos

Condiciones	Reglas de decisión							
	1	2	3	4	5	6	7	8
Suficiente efectivo	Y	Y	N	N	Y	N	Y	N
Crédito bueno	Y	Y	Y	Y	N	N	N	N
Desea "hacerse a un lado"	Y	N	Y	N	Y	N	Y	Y
Seleccionar el artículo a comprar	X	X	X	X	X			
No seleccionar ningún artículo						X	X	X

Redundancia

Contradicción

FIGURA 3.16
Discrepancias comunes en tablas de decisiones.

mitades de la matriz aumentada con las nuevas condiciones.
c. Para cada condición adicional, repetir el paso b.
5. Marcar las entradas correspondientes a las acciones con una X para indicar que éstas se emprenden; dejar las celdas vacías o marcadas con un guión para señalar que en ese renglón no se emprende ninguna acción. La figura 3.15 muestra el resultado obtenido al utilizar este enfoque para desarrollar la tabla de decisión para uno de los ejemplos ya presentados.
6. Examinar la tabla para detectar reglas redundantes o contradicciones entre éstas (caso que se analiza un poco más adelante).

Estos sencillos lineamientos no sólo ahorran tiempo al construir una tabla de decisión a partir de información recopilada durante la investigación sino que también es de ayuda para señalar dónde falta información, dónde no importan las condiciones en un proceso, o dónde existen relaciones o resultados importantes que otros no detectaron o consideraron. En otras palabras, el empleo de las tablas de decisión produce un análisis más completo y exacto.

Verificación de tablas de decisión

Después de construir una tabla, los analistas verifican que sea correcta y completa con la finalidad de asegurar que la tabla incluye todas las condiciones junto con las reglas de decisión que las relacionan con las acciones. Asimismo, los analistas también deben examinar la tabla para encontrar redundancias y contradicciones.

Eliminación de la redundancia Las tablas de decisión pueden volverse muy grandes y difíciles de manejar si se permite que crezcan sin ningún control. Remover las entradas redundantes puede ser de ayuda para manejar el tamaño de la tabla. La *redundancia* se presenta cuando las siguientes condiciones son verdaderas al *mismo tiempo*: 1) dos

CONDICIONES	REGLAS DE DECISIÓN				
	1	2	3	4	5
Suficiente efectivo	Y	—	Y	N	N
Crédito bueno	Y	Y	N	N	N
Desea "hacerse a un lado"	—	N	Y	Y	N
Seleccionar el artículo a comprar	X	X	X	X	
No seleccionar ningún artículo					X

FIGURA 3.17
Tabla de decisión donde se han eliminado las discrepancias.

reglas de decisión son idénticas salvo para una condición del renglón, y 2) las acciones para las dos reglas son idénticas.

La figura 3.16 contiene reglas de decisión redundantes: las reglas de decisión 1 y 2. Para ambas reglas se sugiere, por medio de la X en la sección de entradas de acciones, tomar la acción "Seleccionar un artículo para su compra" correspondiente a las columnas 1 y 2. Un examen más detenido de los renglones de condiciones revela que las reglas de decisión son idénticas para las condiciones 1 y 2 pero opuestas para la condición 3. Esto indica que las acciones no dependen del valor de la condición 3 ya que sin importar cuál sea este valor, las acciones son las mismas. Dado que lo anterior siempre es verdadero, las reglas de decisión son redundantes y pueden combinarse en una sola regla. La condición sobre el renglón donde ellas difieren se puede reemplazar por un espacio en blanco o un guión para indicar que esa condición no es importante. La figura 3.17 muestra los resultados obtenidos al remover esta redundancia de la tabla original.

Supresión de contradicciones Las reglas de decisión son contradictorias entre sí cuando dos o más reglas tienen el mismo conjunto de condiciones pero sus acciones son diferentes. (Recuerde que si son las mismas entonces las reglas de decisión son redundantes.)

Las contradicciones indican que la información que tiene el analista es incorrecta o bien que existe un error en la construcción de la tabla. Sin embargo, muchas veces la contradicción es resultado de las discrepancias en la información que recibe el analista de diferentes personas con respecto a la forma en que éstas toman decisiones. Se puede tomar una decisión específica utilizando diferentes reglas. Encontrar tales discrepancias puede ser de gran utilidad para el analista que trabaja con la finalidad de mejorar una situación de decisión.

En la figura 3.16 existe una contradicción entre las reglas de decisión 5 y 7. Las dos tienen los mismos valores para las condiciones 1, 2 y 3 (S, N y S), pero la regla 5 afirma que se debe seguir la estrategia A1 mientras que la regla 7 señala A2. Para eliminar la contradicción se

Condiciones	Reglas de decisión					
	1	2	3	4	5	6
Tiempo	Dentro del plazo de diez días	Dentro del plazo de diez días	Dentro del plazo de diez días	Fuera del plazo de diez días	Fuera del plazo de diez días	Fuera del plazo de diez días
Volumen de ventas	Más de $10 000	$5000 a $10 000	Menos de $5000	Más de $10 000	$5000 a $10 000	Menos de $10 000
Acción	Descuento de 3%	Descuento de 2%	Pagar el monto total de la factura			

FIGURA 3.18
Tabla de decisión con formato de entrada extendida.

debe verificar la acción apropiada y proceder a eliminar la inconsistencia. La figura 3.17 muestra las correciones hechas para suprimir la contradicción.

Tipos de entradas en la tabla

Forma de entrada limitada La estructura básica de la tabla utilizada en los ejemplos anteriores, consistentes en S, N y entradas en blanco, es una forma de entrada limitada. Éste es uno de los formatos más comunes. Existen otros dos que también se emplean de manera amplia.

Forma de entrada extendida Esta forma reemplaza las S y N con acciones que le indican al lector cómo decidir. En este formato, los identificadores de condición y acción no están completos y es la razón por la que las entradas contienen más detalles que una S y N.

La figura 3.18 ilustra el método de entrada extendida para el ejemplo de los descuentos. La tabla con entradas limitadas lista tres condiciones en la sección de identificación de acciones. La X en esta sección indica la acción correcta. Sin embargo, la forma de entrada extendida tiene sólo una identificación de acción: ACCIÓN. Para cada regla, se coloca una frase breve en la sección de identificación de acciones: DESCONTAR 3%, DESCONTAR 2%, PAGAR EL MONTO TOTAL DE LA FACTURA.

Muchas personas favorecen este formato sobre el método de entradas limitadas porque es más explícito para señalar las acciones.

Forma de entrada mixta En ocasiones los analistas prefieren combinar en la misma tabla las características de los dos métodos anteriores. En

CONDICIONES	REGLAS DE DECISIÓN		
	1	2	
Tiempo	Dentro del plazo de diez días	Dentro del plazo de diez días	E
			L
Volumen de ventas	Más de $10 000	$5000 a $10 000	S
			E
Descuento de 3%	X		
Descuento de 2%		X	
Pagar el monto total de la factura			X

FIGURA 3.19
Forma ELSE para seleccionar la acción apropiada.

general, debe utilizarse sólo una forma en cada sección de la tabla, pero entre las secciones de condiciones y acciones se puede utilizar cualquier forma. El ejemplo de entrada mixta de la figura 3.14 combina el formato de entrada limitada para las acciones con el mixto para las entradas de condiciones.

Forma ELSE Esta es otra variante en las tablas de decisión que tiene como finalidad omitir la repetición por medio de reglas ELSE. Para construir una tabla de decisión en la *forma ELSE*, se especifican las reglas, junto con las entradas de condiciones, que cubren todo el conjunto de acciones con excepción de una que se convierte en la regla a seguir cuando ninguna de las demás condiciones explícitas es verdadera. Esta regla se encuentra en la columna final del margen derecho, que es la columna ELSE. Si ninguna de las otras condiciones es válida, entonces se sigue la regla de decisión ELSE. Esta regla elimina la necesidad de repetir condiciones que conducen a las mismas acciones.

La tabla de decisión de la figura 3.19 para el descuento en el pago, utiliza una forma ELSE. Como puede observarse, la regla de decisión ELSE reemplaza cuatro reglas de decisión que invocan la misma acción.

Tablas múltiples
La forma ELSE es una alternativa para controlar el tamaño de las tablas de decisión. Otra manera de alcanzar este mismo objetivo es enlazando varias tablas de decisión. De acuerdo con las acciones seleccionadas en la primera tabla, otras se explican en una o más tablas adicionales; cada tabla proporciona mayores detalles relacionados con las acciones a emprender. Por otra parte, las tablas múltiples permiten al analista establecer las acciones repetitivas que deben realizarse después de tomar las decisiones y que continúan hasta que se alcanza determinada condición.

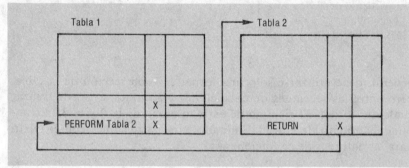

FIGURA 3.20
Enlace de varias tablas por medio de la forma GO TO.

FIGURA 3.21
Enlace de varias tablas por medio de la forma PERFORM.

Para utilizar este método los analistas construyen, por separado, tablas de decisión que satisfacen todos los requerimientos normales y que están relacionadas con una decisión específica. Las tablas se enlazan en forma jerárquica: Una tabla de nivel-alto contiene las condiciones principales que, cuando son seleccionadas, determinan las tablas y acciones adicionales donde se encuentran otros detalles. Una declaración de transferencia, como GO TO o PERFORM, en la sección de acciones de la tabla de control (nivel superior) dirige el recorrido hacia tablas de niveles inferiores. Existen dos tipos de transferencias: directa y temporal.

Transferencia directa La transferencia directa se emplea una sola vez; la tabla que es seleccionada de esta manera no vuelve a referirse a la tabla original. La proposición "GO TO (nombre de la tabla)" indica cuál es la siguiente tabla que se va a examinar. La figura 3.20 es el bosquejo de una tabla con transferencia directa. La proposición "GO TO Tabla 2" le indica al lector que examine otra tabla de decisión, en este caso la que está marcada como Tabla 2. Se examinan las condiciones, decisiones y acciones especificadas en esta tabla y se selecciona la apropiada para completar el trabajo.

Transferencia temporal En contraste con lo anterior, la Tabla 1 de la figura 3.20 se enlaza con la Tabla 2 por medio de la proposición

```
001 100010   DETAB      CHECK-TAX                     07  13  08  X
002 100011   N NOTE THIS TABLE CHECKS TAX LOGIC.
003 100020   RH                                01020304050607EL$
004 100030   C CARD-READ EQUAL TO 0            Y N N N N N N
005 100040   C ITEMIZED GREATER THAN 100         Y N N N N
006 100050   C TENPERCENT-DED GR 1000              Y N N N N
007 100060   C TWO-HUNDRED-PLUS-DED GR 1000          Y N N N
008 100070   C ITEMIZED GR TENPERCENT-DED              Y N -
009 100080   C ITEMIZED GR TWO-HUNDRED-PLUS-DED          Y - N
010 100090   C TENPERCENT-DED GR TWO-HUNDRED-PLS-DED       Y N
011 100100   A MOVE 1 TO CARD-READ.            X
012 100110   A PERFFFORM TAX-INFO-READ.        X
013 100120   A PERFORM TWO-HUNDRED-PLUS.       X
014 100130   A PERFORM TEN-PERCENT.            X
015 100140   A GO TO CHECK-TAX-LOGIC.          X
016 100150   A MOVE ADJ-GROSS-INC TO TAXABLE-INC.  X X X X X
017 100160   A PERFORM DED-2-ITEMIZED.             X   X
018 100170   A PERFORM DED-1-1000.                 X X
019 100180   A PERFORM DED-3-TWO-HUNDRED-PLUS.           X
020 100190   A PERFORM DED-4-TENPERCENT.                   X
021 100200   A MOVE TAXABLE-INC TO TAXABLE-INC-OUT.  X X X X X
022 100210   A GO TO CALC-OF-TAX-LOGIC.              X X X X X
023 100220   A GO TO TABLE-1-ERROR.                            X
024          ENDTB

                        TABLE DIAGNOSTICS
NO DIAGNOSTICS
001 101010   DETAB      CALC-OF-TAX                   08  13  10  X
002 101019   N NOTE THIS TABLE CALCULATES TAX
003 101020   RH                                0102030405060708 09EL$
004 101030   C TAXABLE-INC GR 16000            Y N N N N N N N
005 101040   C TAXABLE-INC LESS THAN 0         N Y N N N N N N
006 101050   C TAXABLE-INC GR 1000             Y N N Y Y Y Y Y
007 101060   C TAXABLE-INC GR 2000             Y N N N Y Y Y Y
008 101070   C TAXABLE-INC GR 3000             Y N N N N Y Y Y
009 101080   C TAXABLE-INC GR 4000             Y N N N N N Y Y
010 101090   C TAXABLE-INC GR 8000             Y N N N N N N Y
011 101100   C TAXABLE-INC GR 12000            Y N N N N N N Y
012 101110   A PERFORM ERROR-TOO-BIG.          X
013 101120   A MOVE 0 TO TAXABLE-INC.            X
014 101130   A PERFORM TAX-CALC-14.               X
015 101140   A PERFORM TAX-CALC-15.                 X
016 101150   A PERFORM TAX-CALC-16.                   X
017 101160   A PERFORM TAX-CALC-17.                     X
018 101170   A PERFORM TAX-CALC-19.                       X
019 101180   A PERFORM TAX-CALC-22.                         X
020 101190   A PERFORM TAX-CALC-25.                           X
021 101200   A PERFORM TAX-OUTPUT.             X X X X X X X X
022 101210   A MOVE 0 TO CARD-READ.            X X X X X X X X
023 101220   A GO TO CHECK-TAX-LOGIC.          X X X X X X X X
024 101230   A GO TO TABLE-2-ERROR.                           X
025 101240   ENDTB
```

FIGURA 3.22
Operaciones del procesador de tablas de decisiones. Continúa en la página 136.

```
000010    IDENTIFICATION DIVISION.
000020    PROGRAM-ID. INCOME-TAXES.
000030    AUTHOR.
000040    DATE-WRITTEN.
000050    REMARKS.
000060
000070         AN INTRODUCTION TO THE USE OF DECISION TABLES.
000080      DETAB/65MODIFIED, A DECISION TABLE PRE-PROCESSOR FOR
000090      LIMITED ENTRY DECISION TABLES WRITTEN USING COBOL , WAS
000100      USED TO CHANGE THE STUDENT PROGRAMS CONTAINING DECISION
000110      TABLE FORMAT SOURCE INPUT ALONG WITH STANDARD COBOL FORMAT
000120      INTO STANDARD COBOL SOURCE ACCEPTABLE TO THE COBOL COMPILER.
000130      THE PROBLEM THAT FOLLOWS IS A SIMPLIFIED TAX CALCULATION
000140       USING THE STANDARD TAX TABLES FOR 1968.   THREE METHODS OF
000150       CALCULATING THE TAXPAYERS DEDUCTIONS WERE ANALYZED TO
000160       PRODUCE THE SMALLEST TAX PAYMENT FOR THE INPUT VALUES
000170       PROVIDED ON THE INPUT CARD OF EACH TAXPAYER.
000180    ENVIRONMENT DIVISION.
000190    CONFIGURATION SECTION.
000200    SOURCE-COMPUTER. 6600.
000210    OBJECT-COMPUTER. 6600.
000220    SPECIAL-NAMES.
000230         OUTPUT IS PRINT-ER.
000240    INPUT-OUTPUT SECTION.
000250    FILE-CONTROL.
000260         SELECT TAX-INFO ASSIGN TO INPUT.
000270         SELECT TAX-OUTPUT-DATA ASSIGN TO OUTPUT.
000280    DATA DIVISION.
000290    FILE SECTION.
000300    FD   TAX-INFO
000310         LABEL RECORD IS OMITTED
000320         DATA RECORD IS TAX-INFO-REC.
000330    01   TAX-INFO-REC.
000340         02   NAMES          PICTURE X(15).
000350         02   FILLER         PICTURE X(5).
000360         02   EXEMPTIONS     PICTURE 999.
000370         02   ADJ-GROSS-INC  PICTURE 99999V99.
000380         02   ITEMIZED       PICTURE 99999V99.
000390         02   FILLER         PICTURE X(43).
000400    FD   TAX-OUTPUT-DATA
000410         LABEL RECORD IS OMITTED
000420         DATA RECORD IS TX-OUTPUT-DTA.
000430    01   TX-OUTPUT-DTA.
000440         02   SPACER         PICTURE X.
000450         02   DATA-OUT       PICTURE X(135).
000460    WORKING-STORAGE SECTION.
000470    01   LINE-SPACE-1        PICTURE X VALUE ≠-≠.
000480    01   TWO-HUNDRED-PLUS-DED    PICTURE 99999V99.
000490    01   TENPERCENT-DED          PICTURE 99999V99.
000500    01   LINE-DATA-OUT.
000510         02   SKIP-CONTROL   PICTURE X       VALUE ≠≠.
000520         02   FILLER         PICTURE X(4)   VALUE SPACES.
000530         02   ID-NAME        PICTURE X(20)   VALUE SPACES.
000540         02   FILLER         PICTURE  X(3)    VALUE SPACES.
000540         02   ADJGRINC-OUT    PICTURE  $ZZZZ9.99.
```

FIGURA 3.22
Continuación.

```
001170     PROCEDURE DIVISION.
001180     START.
001190         OPEN INPUT TAX-INFO.
001200         OPEN OUTPUT TAX-OUTPUT-DATA.
001210         MOVE 0 TO CARD-READ.
001220     TITLE-HEADINGS.
001230         MOVE LINE-SPACE-START TO SPACER.
001240         MOVE SPACES TO DATA-OUT.
001250         WRITE TX-OUTPUT-DTA.
001260          MOVE LINE-TITLE TO TX-OUTPUT-DTA.
001270         WRITE TX-OUTPUT-DTA.
001280         MOVE LINE-EXCEPTION TO TX-OUTPUT-DTA.
001290         MOVE LINE-SPACE-1 TO SPACER.
001300         WRITE TX-OUTPUT-DTA.
001310         MOVE LINE-HDG-1 TO TX-OUTPUT-DTA.
001320         MOVE LINE-SPACE-2 TO SPACER.
001330         WRITE TX-OUTPUT-DTA.
001340         MOVE LINE-HDG-2 TO TX-OUTPUT-DTA.
001350         WRITE TX-OUTPUT-DTA.
001360         MOVE LINE-HDG-3 TO TX-OUTPUT-DTA.
001370         WRITE TX-OUTPUT-DTA.
001380         MOVE ALL ≠*≠ TO DATA-OUT.
001390          WRITE TX-OUTPUT-DTA.
001400         MOVE LINE-SPACE-1 TO SPACER.
001410         MOVE SPACES TO DATA-OUT.
001420         WRITE TX-OUTPUT-DTA.
001430         MOVE SPACES   TO SPACER.
001440     PROCESS-INPUTS.
001450         GO TO CHECK-TAX-LOGIC.
001460     TAX-OUTPUT.
001470         MOVE NAMES TO ID-NAME.
001480         MOVE EXEMPTIONS TO EXEMPT-OUT.
001490         MOVE ITEMIZED TO ITEMIZED-OUT.
001500         MOVE ADJ-GROSS-INC TO ADJGRINC-OUT.
001510         MOVE TAXABLE-INC TO INC-TAX-OUT.
001520         MOVE LINE-DATA-OUT TO TX-OUTPUT-DTA.
001530         WRITE TX-OUTPUT-DTA.
001540     TAX-END-BEGIN.
001550         DISPLAY ≠ EOJ ≠ UPON PRINT-ER.
001560         CLOSE TAX-INFO.
001570         CLOSE TAX-OUTPUT-DATA.
001580         STOP RUN.
001590     TAX-INFO-READ.
001600         READ TAX-INFO AT END GO TO TAX-END-BEGIN.
001610     TWO-HUNDRED-PLUS.
001620         MULTIPLY 100 BY EXEMPTIONS GIVING TWO-HUNDRED-PLUS-DED.
001630         ADD 200 TO TWO-HUNDRED-PLUS-DED.
001640     TEN-PERCENT.
001650         MULTIPLY ADJ-GROSS-INC BY 0.10 GIVING TENPERCENT-DED.
001660     DED-1-1000.
001670         MULTIPLY 600 BY EXEMPTIONS GIVING TEMPORARY-1.
001680         SUBTRACT 1000, TEMPORARY-1 FROM TAXABLE-INC.
001690         MOVE ≠DEDUCT 1000≠ TO METH-OUT.
001700     DED-2-ITEMIZED.
001710         MULTIPLY 600 BY EXEMPTIONS GIVING TEMPORARY-1.
001720         SUBTRACT TEMPORARY-1, ITEMIZED FROM TAXABLE-INC.
```

FIGURA 3.22

Continuación.

"PERFORM Tabla 2". Al final de la Tabla 2 la proposición RETURN regresa de nuevo el control a la proposición que sigue al GO TO en la Tabla 1.

Procesadores de tablas de decisión

Las tablas de decisión han sido parcialmente automatizadas. Los procesadores de tablas de decisión son programas para computadora que manejan la formulación actual de una tabla con base en la información de entrada proporcionada por el analista. Estos procesadores también emprenden todas las verificaciones necesarias para detectar inconsistencias y redundancias. Algunos convierten el conjunto de decisiones en instrucciones para programas de computadora (Fig. 3.22)

La utilidad de los procesadores de tablas de decisión radica en el ahorro de tiempo de programación y detección de errores. Este tipo de procesadores, que recibieron mucha publicidad durante la década de los sesentas y principios de la de los setentas, son los precursores de los generadores de código estudiados en los capítulos 5 y 6.

Comentario al margen
Buen uso de herramientas de análisis

No es necesario que las decisiones de importancia para un analista sean de enorme importancia. Algunas decisiones son sólo cosa de decidir cuándo emprender determinada acción que es parte de un procedimiento fundamental de operación. Otras reclaman la determinación de las posibles acciones a considerar para una situación dada.

Es probable que el lector se sorprenda cómo, con cuánta frecuencia, surgen situaciones que nunca fueron considerardas durante el diseño de un sistema de información. Cuando esto sucede y el sistema de información no se adapta a las circunstancias, tanto el analista como el sistema quedan mal. En una confrontación con un usuario enfadado, una respuesta como "Juan nunca me lo mencionó" no salva la situación.

Las herramientas son sólo tan buenas como quienes las usan. Sin embargo, el empleo adecuado de éstas puede identificar condiciones y acciones que de otra forma pasarían inadvertidas. Algunos analistas optan por no hacer uso de las tablas de decisión, pero otros encuentran que son un medio excelente para identificar con anticipación situaciones donde es posible que aparezcan problemas. Lo anterior también es válido para el lenguaje estructurado y otras herramientas de análisis.

El empleo de herramientas no significa que se evitarán las sorpresas, pero la incidencia de éstas será mucho menor. ¡Usted puede contar con ello!

Aceptar la factura para su procesamiento
Preparar el talón de pago utilizando para ello la factura
Revisar el estado de cuentas vencidas utilizando el talón de pago
Elaborar el cheque para el vendedor por un monto igual al saldo de la cuenta y ajustar
el saldo de verificación por una cantidad igual al monto del cheque
Enviar el cheque al vendedor

FIGURA 3.23
SECUENCIA de
doolaraciones en
español estructurado.

Español estructurado

El *español estructurado* es otro método para evitar los problemas de ambigüedad del lenguaje al establecer condiciones y acciones, tanto en procedimientos como en decisiones. Este método no hace uso de árboles o tablas; en su lugar utiliza declaraciones para describir el proceso. El método no muestra las reglas de decisión; las *declara*.

Aun con esta característica, las especificaciones en español estructurado requieren que el analista primero identifique las condiciones que se presentan en un proceso y las decisiones que se deben tomar cuando esto sucede, junto con las acciones correspondientes. Sin embargo, este método también le permite hacer una lista de todos los pasos en el orden en que se llevan a cabo, como lo muestran los ejemplos de esta sección. Para ello no se utilizan símbolos y formatos especiales, características de los árboles y tablas de decisión que para algunos resultan incómodos. Además, es posible describir con rapidez los procedimientos en su totalidad ya que para ello se emplean declaraciones muy similares al español.

La terminología utilizada en la descripción estructurada de una aplicación consiste, en gran medida, en nombres de datos para los elementos que están definidos en el diccionario de datos desarrollado para el proyecto.

Desarrollo de declaraciones estructuradas

El español estructurado emplea tres tipos básicos de declaraciones para describir un proceso: estructuras de secuencia, estructuras de decisión y estructuras de iteración. Estas estructuras son adecuadas para el análisis de decisión y pueden trasladarse al desarrollo de software y programación, como se indica en los capítulos de este libro dedicados al desarrollo de software.

Estructuras de secuencia Una *estructura de secuencia* es un solo paso o acción incluido en un proceso. Éste no depende de la existencia de ninguna condición y, cuando se encuentra, siempre se lleva a cabo. En general, se emplean varias instrucciones en secuencia para describir un proceso.

Por ejemplo, es probable que la compra de un libro siga un procedimiento similar al siguiente:

1. Escoger el libro deseado.
2. Llevar el libro al mostrador de salida.
3. Pagar el libro.
4. Obtener el recibo.
5. Abandonar la librería.

Este ejemplo sencillo muestra una secuencia de cinco pasos. Ninguno contiene alguna decisión o condiciones que determinen la realización del siguiente paso. Por otra parte, los pasos se efectúan en el orden mostrado. Por ejemplo, tiene poco sentido pagar por un libro antes de seleccionarlo. Por consiguiente, el procedimiento señala el orden correcto de las acciones.

La figura 3.23 muestra la secuencia de pasos para el ejemplo del procesamiento de cuentas por pagar. Tal como aparecen en la figura, siempre se lleva a cabo esta secuencia de cinco pasos, uno después de otro sin ninguna decisión sobre el orden o relacionada con las excepciones.

Estructuras de decisión El español estructurado es otro camino para mostrar el análisis de decisión. Por tanto, a menudo se incluyen las secuencias de acciones dentro de estructuras de decisión que sirven para identificar condiciones. Es así como las estructuras de decisión aparecen cuando se pueden emprender dos o más acciones, lo que depende del valor de una condición específica. Para esto, primero se evalúa la condición y después se toma la decisión de emprender las acciones o el grupo de acciones asociado con esta condición. Una vez determinada la condición las acciones son incondicionales, como se mencionó anteriormente.

Para ilustrar las estructuras de decisión, considérese de nuevo el ejemplo anterior. Al ir a la librería es posible que ésta no tenga en existencia el libro que se desea comprar. En este caso se tienen dos condiciones: encontrar el libro y *no* encontrar el libro. Estas condiciones, junto con las acciones correspondientes, pueden indicarse de la siguiente manera:

SI se encuentra el libro deseado ENTONCES
    Llevar el libro al mostrador de salida.
    Pagar el libro.
    Asegurarse de obtener el recibo de compra.
    Abandonar la librería.

DE OTRO MODO
    No llevar libros al mostrador de salida.
    Abandonar la librería.

Si la factura está firmada
   Otro
      Si la mercancía no fue aceptada
      Rechazar la factura
      Fin de si
   Si se preparó una orden de compra
     válida
     Otro
      Si no se recibió autorización
      Rechazar la factura
      Fin de si
     Si la factura tiene el monto
      correcto
     Otro
     Rechazar la factura
     Fin de Si
   Entonces
   Anotar la factura en el libro
   Preparar el talón de pago
Fin de si
Fin de ejecuta

FIGURA 3.24
Estructura SI-
ENTONCES-OTRO
para una
especificación en
español estructurado.

La estructura de decisión, que emplea las frases SI/ENTONCES/DE OTRO MODO, señala con bastante claridad las alternativas del proceso de decisión. En este caso se indican dos condiciones y dos acciones. Nótese la forma en que cada secuencia está contenida dentro de cada condición. La parte SI contiene cuatro declaraciones separadas en secuencia, mientras que la parte DE OTRO MODO contiene sólo dos, situación que es bastante común. Con el español estructurado se pueden incluir estructuras dentro de otras estructuras. Por otra parte, escribir los detalles en un formato que contenga sangrías es de gran ayuda para agrupar condiciones y acciones. La claridad adicional que se obtiene con esta convención tiene mayor utilidad cuando se consideran situaciones de decisión amplias o complicadas.

La figura 3.24 contiene la descripción en español estructurado de la forma en que se aprueban las facturas para el ejemplo del sistema de cuentas por pagar. Nótese que primero se considera la condición más importante, que la factura esté firmada. De acuerdo con las condiciones que se presenten, la factura puede ser pagada o rechazada.

Las estructuras de decisión no están limitadas a pares de combinaciones condición-acción. Pueden existir muchas condiciones. La figura 3.25 es un diagrama que muestra la anidación de varios niveles de condiciones y acciones para cada punto de decisión . Nótese (Fig. 3.26) que se emplea la frase IF/THEN/ELSE en lugar de IF/THEN /OTHERWISE. Cualquiera de las dos es aceptable aunque los especialistas en computadoras prefieren la primera.

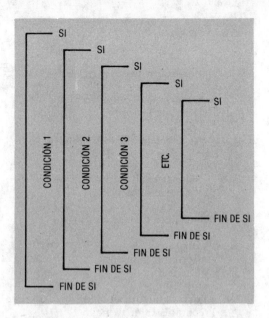

FIGURA 3.25
Anidación de estructuras de decisión en especificaciones en español estructurado.

Estructuras de iteración En las actividades rutinarias de operación, es común encontrar que algunas de ellas se repiten *mientras* existen ciertas condiciones o *hasta* que éstas se presentan. Las instrucciones de *iteración* permiten al analista describir estos casos.

La búsqueda de un libro en la librería puede realizarse repitiendo los siguientes pasos:

> EJECUTAR MIENTRAS se examinan más libros:
>> Leer el título del libro
>> SI el título suena interesante
>>> ENTONCES tomar el libro y hojearlo.
>>> Buscar el precio.
>>> SI la decisión es llevar el libro
>>>> Colocarlo en la pila de LIBROS PARA LLEVAR.
>>>> OTRO regresar el libro al estante.
>>> FIN DE SI
>>> OTRO continuar
> FIN DE EJECUTAR
> SI se encuentran los libros deseados ENTONCES
>> Llevar los libros al mostrador de salida.
>> Pagar los libros.
>> Asegurarse de obtener el recibo.
>> Abandonar la librería.
> OTRO
>> No llevar libros al mostrador de salida.
>> Abandonar la librería.
> FIN DE SI

PROCESAMIENTO DE CUENTAS
POR PAGAR

Ejecuta hasta que todas las facturas
hayan sido procesadas
Si la factura está firmada
    Otro
        Si la mercancía no fue aceptada
        Rechazar la factura
        Fin de si
    Si se preparó una orden de compra
    válida
        Otro
            Si no se recibió autorización
            Rechazar la factura
            Fin de si
    Si la factura tiene el monto
        correcto
        Otro
        Rechazar la factura
        Fin de si
    Entonces
        Anotar la factura en el libro
        Preparar el talón de pago
Fin de si
Fin de ejecuta

FIGURA 3.26
Estructura EJECUTA
HASTA en una
especificación en
español estructurado.

En este ejemplo se observa que se describen cero, una o más iteraciones para describir la búsqueda de los libros de interés. Los pasos adicionales anidados dentro del lazo de iteración, dan instrucciones sobre qué hacer cuando el título parece interesante o cuando se halla el libro deseado. La repetición de este proceso continúa siempre y cuando exista la condición de "examinar más libros". Después el procedimiento indica los pasos a seguir en caso de que se encuentren libros de interés.

La estructura de iteración de la figura 3.26 muestra la forma en que se procesan facturas. Dado que se reciben muchas facturas para pagar, el proceso se repite de cero, una o más veces, lo que depende del número de facturas recibidas. Nótese que la estructura utiliza la forma de repetición EJECUTAR HASTA. En otras palabras, el proceso se repite HASTA completar el procesamiento de todas las facturas.

Beneficios del español estructurado

Como puede observarse, el español estructurado puede ser de utilidad para describir con claridad condiciones y acciones. Cuando se examina el ambiente de una empresa, los analistas pueden utilizar el español estructurado para declarar las reglas de decisión que se aplican en ese medio. Si los analistas no pueden declarar qué acción emprender cuando se toma una decisión, entonces necesitan adquirir mayor información para describir la situación. Por otro lado, después de describir las actividades en forma estructurada, los analistas pueden pedir a otras personas que revisen la descripción y determinen con rapidez los errores u omisiones cometidos al establecer los procesos de decisión.

Aunque en este momento se ha presentado el español estructurado como una herramienta de análisis, más adelante se verá que también es un método eficaz para el diseño de sistemas.

RESUMEN

A menudo los analistas, cuando emprenden por primera vez la investigación de un sistema, se encuentran en desventaja porque es probable que tengan poco conocimiento del área bajo estudio para la que más tarde deberán hacer recomendaciones importantes. Por consiguiente, es esencial para ellos adquirir en forma rápida y exacta hechos importantes relacionados con los requerimientos del sistema.

La *determinación de requerimientos* abarca tres actividades: *anticipación, investigación* y *especificación de requerimientos*. Estas actividades permiten al analista identificar las características que debe tener un nuevo sistema así como las diferentes e strategias para satisfacer todos los requerimientos esenciales.

En este capítulo se estudió la investigación de requerimientos, que es el estudio del sistema actualmente en uso. Los métodos para hallazgo de hechos, *entrevistas, cuestionarios* y *revisión de registros*, son de gran ayuda para los analistas si éstos los utilizan en forma apropiada. Cada método tiene sus ventajas y desventajas; ninguno es el más adecuado por sí mismo. Es muy importante efectuar la comprobación cruzada de la información obtenida durante la fase de *hallazgo de hechos*.

Cuando inician un estudio, los analistas desean saber por qué y cómo se realizan ciertas actividades y qué datos se emplean en el trabajo. El tiempo que tardan, la frecuencia y el volumen de las actividades son también hechos importantes que deben ser recopilados. El estudio de los controles de los sistemas, permite a los analistas observar la forma en que es posible mantener en marcha, de manera aceptable, las funciones de la empresa. Los requerimientos básicos son aplicables tanto a sistemas de transacciones como a los de decisiones y, en general, forman parte de las necesidades de toda la organización.

Para documentar los procesos y decisiones de la organización, es necesario identificar *condiciones* y *acciones* y saber qué información está disponible para sugerir las acciones que deben emprenderse cuando aparezcan combinaciones específicas de condiciones. Las tres *herramientas* para documentar procedimientos y toma de decisiones son: *árboles de decisión, tablas de decisión* y *español estructurado*.

Los árboles de decisión son representaciones gráficas y secuenciales de las variables de decisión que indican qué condiciones considerar en primera instancia, cuáles en segunda y así sucesivamente. La raíz del árbol de decisión es el punto donde se inicia el análisis de una situación específica; las ramas indican la secuencia de decisiones que conducen a la acción apropiada que es necesario emprender.

Las tablas de decisión relacionan condiciones y acciones por medio de reglas de decisión. Una *regla de decisión* establece las condiciones que deben satisfacerse para emprender un grupo particular de acciones. La regla de decisión incorpora todas las condiciones que al mismo tiempo deben ser verdaderas y no sólo una condición.

Existen cuatro formas de tablas de decisión: de entrada limitada, de entrada extendida, de extrada mixta y *formas ELSE*. Las tablas múltiples se utilizan en situaciones donde las decisiones son muy amplias o es deseable separar los procedimientos para seguir una condición particular cuando ésta se presente. Sin embargo, todas las formas se deben desarrollar sin *redundancia* ni *contradicción*.

El español estructurado se emplea para declarar reglas de decisión. Los tres tipos de declaraciones utilizadas son las siguientes: *estructuras de secuencia*, estructuras de decisión y *estructuras de iteración*. Estas declaraciones muestran acciones incondicionales, acciones repetitivas y acciones que ocurren sólo cuando se presentan ciertas condiciones.

El español estructurado ofrece un camino conciso para resumir un procedimiento donde se deben tomar decisiones y emprender acciones. Por otra parte, el resultado puede ser revisado con facilidad por otras personas para detectar y corregir tanto errores como equivocaciones. Los errores que permanezcan en el análisis después de realizar la investigación de sistemas, aparecerán durante el diseño y la implantación, donde será mucho más costoso corregirlos.

PREGUNTAS DE REPASO

1. ¿Qué es un requerimiento de sistema? ¿Cómo se determinan los requerimientos?
2. ¿Por qué es frecuente que los analistas se encuentren en desventaja en relación con los gerentes de departamento cuando conducen una investigación de sistemas?
3. Mencione las cuatro preguntas más importantes a las que los analistas buscan respuesta durante la investigación de sistemas. ¿Estas preguntas son válidas para cualquier estudio de sistemas? Explique.
4. ¿Qué es un "factor de iniciación"? ¿Por qué es de interés para los analistas de sistemas? ¿Qué papel tiene en un estudio de sistemas?
5. Mencione las diferencias entre los requerimientos de decisión y los sistemas de transacciones. ¿Qué relación existe entre ellos? ¿Cómo los afectan los requerimientos de toda la organización?

6. ¿Qué tipo de información se obtiene mejor por medio de una entrevista?
7. ¿Qué diferencias existen entre los cuestionarios abierto y cerrado? ¿Para qué tipo de información tiene mayor utilidad cada uno?
8. ¿Cuándo es eficaz la revisión de registros? ¿Cuál es la finalidad de este método?
9. ¿Qué papel juega la observación en las investigaciones de sistemas?
10. ¿Qué son las condiciones? ¿Qué son las acciones? ¿Cuál es papel que ambas tienen en el análisis de decisiones?
11. ¿En qué forma son de ayuda los árboles de decisiones en el análisis de decisiones? Explique la forma en la que el analista desarrolla un árbol de decisión.
12. "No importa cómo esté organizado un árbol de decisión siempre y cuando identifique las acciones apropiadas y cuándo emprenderlas." ¿Está usted de acuerdo con esta afirmación? Explique su respuesta.
13. ¿Qué ventajas tienen los árboles de decisión para los analistas?
14. ¿Cuál es la diferencia entre la finalidad de un árbol y la de una tabla de decisión? ¿Qué componentes forman una tabla de decisión?
15. ¿Cómo desarrollan los analistas una tabla de decisión?
16. ¿Qué es una regla de decisión? ¿Cómo se establece en una tabla de decisión?
17. ¿Cuáles son las diferentes formas de tablas de decisión que se emplean en el análisis de decisiones?
18. ¿Qué beneficios ofrecen las tablas de decisión múltiples? ¿Cómo se utilizan?
19. ¿Cómo se encuentran en una tabla de decisión las redundancias y contradicciones? ¿Cómo se eliminan?
20. ¿Qué diferencias existen entre el español estructurado y los árboles y tablas de decisión? ¿Qué ventajas ofrece este método sobre los otros dos?
21. Describa de manera breve cada una de las estructuras utilizadas en el español estructurado.

PROBLEMAS DE APLICACIÓN

1. Un distribuidor de artículos para oficina tiene todo un conjunto de criterios para preparar los precios que ofrece a sus clientes en compras tanto al mayoreo como al menudeo.

    Cuando el cliente solicita un pedido, un miembro del grupo de ventas lo prepara y elabora la factura. Si no existe cantidad suficiente de artículos, se elabora otra forma de pedido que ampara la cantidad faltante de artículos. Los artículos en existencia se envían junto con su correspondiente factura. La cantidad de artículos faltantes se cobra cuando éstos son enviados al cliente.

    La compra de artículos por encima de cierta cantidad recibe un descuento. Sin embargo, el descuento se ofrece sólo en compras al mayoreo. Los clientes que compran al menudeo no reciben ningún descuento, aun si compran cantidades mayores de cierto nivel mínimo.

    Todos los compradores al menudeo pagan impuestos en sus pedidos. Los clientes que compran al mayoreo no pagan impuestos siempre y cuando cuenten con registro de excepción, otorgado por el gobierno, en un archivo (de otra forma, también pagan los impuestos de sus pedidos).

    Todos los cobros se envían a los clientes por correo, a menos que éstos decidan pagar el monto del pedido cuando reciban la mercancía.

    a. Haga una lista con todas las condiciones y acciones incluidas en la descripción de los procedimientos de cobro del distribuidor de artículos para oficina.

b. Para la situación descrita, ¿cuántas posibles reglas de decisión existen? Indique cómo obtuvo su respuesta.

c. Desarrolle una tabla de decisión completa que muestre todas las condiciones y acciones junto con las reglas de decisión apropiadas. Asegúrese de que no existan en la tabla reglas de decisión redundantes o contradicciones en la tabla.

2. Al igual que muchas universidades y preparatorias, el Colegio Herschel exime del proceso formal de inscripción a todos aquellos estudiantes que se inscribieron con anticipación en sus cursos. Sin embargo, todos los estudiantes tienen que pagar su cuota de inscripción y colegiatura antes de que sean admitidos en las clases.

Los estudiantes que no se inscribieron con anticipación deben preparar una lista con los cursos que desean tomar e indicar el horario que prefieren para asistir a clases, tomando en cuenta para este último el calendario oficial de clases para el semestre. El asesor de cada estudiante debe aprobar la selección de cursos propuesta por éste y firmar la forma de registro. Hecho lo anterior, el estudiante debe presentar la boleta de registro en los departamentos apropiados dentro de la escuela, obtener los comprobantes de inscripción para los cursos e informar al asistente del departamento sobre los cursos seleccionados. Es entonces cuando el asistente añade el nombre del estudiante en la lista correspondiente a cada curso.

Después del periodo oficial de inscripción a los cursos, los estudiantes deben informar a la oficina de tesorería, que es el sitio donde se determina el monto de la inscripción y las colegiaturas (estos preceptos varían de acuerdo con el sitio donde vive el estudiante, el número de cursos y el programa de estudios o área de especialización en el que esté inscrito). Todos los estudiantes que tienen automóvil pagan una cuota por estacionamiento de 40 dólares; los estudiantes de tiempo completo pagan una cuota de 30 dólares por actividades culturales y deportivas y otra por 55 dólares por los servicios médicos. Con el sistema actualmente en uso, los estudiantes pueden pagar sus cargos y obtener sus comprobantes en dos formas: pago directo en la oficina de tesorería (en ese momento obtienen sus comprobantes de pago) o enviando por correo el pago, en cuyo caso los comprobantes se envían por correo antes del primer día de clases.

a. Desarrolle una descripción de este proceso en español estructurado. Si es necesario, indique las áreas donde hace falta más información para completar la descripción.

b. Desarrolle una tabla múltiple de decisión para representar el proceso de inscripción. Para este ejemplo, compare las ventajas y desventajas de la tabla de decisión con las del español estructurado.

3. El personal de la barra de recepción del hotel Colonia debe determinar el estado de las reservaciones de todos sus clientes cuando éstos llegan al hotel. Dado que el hotel disfruta de una excelente reputación muchos huéspedes hacen sus reservaciones con bastante anticipación, aunque en ocasiones llegan personas sin aviso y solicitud previa de alojamiento. En estos casos, el hotel sólo puede aceptar más huéspedes en función del número de habitaciones disponibles en la lista de habitaciones de reserva. Conforme se asignan habitaciones a los huéspedes, se borran éstas de la lista de reserva. Lo anterior permite al personal mantener un inventario exacto y actualizado del número de habitaciones disponibles.

Algunos huéspedes confirman sus reservaciones (y garantizan el pago de la habitación). A su vez el hotel está de acuerdo en reservar habitaciones para estos clientes sin importar qué tan tarde lleguen. En ocasiones, el hotel no toma en cuenta las anotaciones en el libro de reservaciones y los huéspedes que llegan tarde, con reservaciones garantizadas, tienen que ser alojados en un sitio cercano al hotel. En estos casos, hotel Colonia paga todos los gastos resultantes del acomodo para estos huéspedes.

Durante el registro, el empleado de la barra de recepción pide a cada huésped ya sea el número de su tarjeta de crédito o un depósito en efectivo y completa la hoja de registro correspondiente. El número de las tarjetas se mantiene en un archivo y ahí permanece hasta que el cliente liquida su cuenta.

La política del hotel es que todos los clientes paguen sus cuentas antes de abandonarlo. Para esto, el gerente de recepción prepara una declaración de gastos para cada huésped y, cuando efectúan el pago, les entrega una copia. La hoja de registro se anexa a la otra copia, la que entonces se llena con la información pertinente.

a. Desarrolle una tabla de decisión que describa los procesos y decisiones que intervienen en el manejo del arribo de los huéspedes y de su partida del hotel.

b. Identifique toda la información necesaria que falte para completar la tabla de decisión.

c. Señale y explique todas las contradicciones que aparezcan en las reglas de su tabla de decisión.

4. Desarrolle un árbol de decisión que describa las decisiones que debe tomar el encargado de la asistencia en una escuela para cumplir con sus responsabilidades.

El encargado invierte todos los días parte de su tiempo buscando a todos los estudiantes que no entran a clases. Si encuentra alguno, lo lleva a su oficina donde permanece mientras el encargado intenta comunicarse con los padres o tutores del adolescente. Si los encuentra entonces se deja al estudiante bajo su custodia y fija una fecha para la revisión formal del registro de asistencia del adolescente. Si no tiene éxito al localizar a los padres o tutores, el estudiante permanece en la oficina hasta que terminan las clases y se le deja ir.

El sistema depende de que los registros de asistencia estén actualizados al igual que los números telefónicos (hogar y trabajo) de los padres o tutores.

Cada vez que es posible, el encargado de la asistencia intenta visitar a los padres o tutores del estudiante e informarles el problema. Sin embargo, si tiene varios casos qué investigar envía una carta a los padres o tutores con los que no le fue posible entrevistarse, ya sea por teléfono o personalmente. La carta les informa sobre la inasistencia de su hijo y les solicita que entren en contacto con la oficina de control de asistencia.

BIBLIOGRAFÍA

Boynton, Andrew C., y Robert W. Zmud: "An Assessment of Critical Success Factors", *Sloan Management Review*, 26,1, 1984, pp. 17-27.

Cheny, Paul J., y Gary W. Dickson: "Organizational Characteristics and Information Systems", *Academy of Management Journal,* 25,1, marzo 1982.

Decision Tables: A Systems Analysis and Documentation Technique, GF20-8102-0, White Plains, NY: IBM, 1962.

DeMarco, Tom: *Structured Analysis and System Specification,* NY: Yourdon, Inc., 1978.

Galbraith, Jay: *Organization Design,* Reading, MA: Addison-Wesley, 1977.

Gane, Chris, y Trish Sarson: *Structured Systems Analysis: Tools and Techniques,* Englewood Cliffs, NJ: Prentice-Hall, Inc., 1979.

Keen, Peter G. W.: "Information Systems and Organization Change", *Communications of the ACM,* 24,1, enero 1981, pp. 24-33.

Lyytinen, Kalle: "Different Perspectives on Information Systems: Problems and Solutions", *Computing Surveys*, 19,1, marzo 1987, pp. 5-46.

McDaniel, H.: *An Introduction To Decision Logic Tables,* Princeton, NJ: Petrocelli Books, 1978.

Markus, M. Lynne: "Power, Politics, and MIS Implementation," *Communications of the ACM,* 26,6, junio 1983, pp. 430-444.

Munro, Malcolm, y Gordon B. Davis: "Determining Management Information Needs: A Comparison of Methods", *MIS Quarterly*, 1,2, junio 1977, pp. 55-67.

Naumann, J. David, Gordon B. Davis, y James D. McKeen: "Determining Information Requirements: A Contingency Method for Selection of a Requirements Assurance Strategy", *The Journal of Systems and Software*, 1, 1980, pp. 273-281.

Pollack, S. L., H. T. Hick, Jr., y W. F. Harrison: *Decision Tables: Theory and Practice,* NY: Wiley Interscience, 1971.

Rockart, John F.: "Chief Executives Define Their Own Data Needs", *Harvard Business Review,* 57,2 marzo-abril 1979, pp. 81-91.

Taggert, William M., y Marvin O. Tharp: "A Survey of Information Requirements Analysis Techniques", *Computing Surveys*, 8,1, marzo 1976, pp. 1-15.

Vitalari, Nicholas P., y Gary W. Dickson: "An Investigation of the Problem-Solving Behavior of Systems Analysts", *Communications of the ACM*, 26,10, noviembre 1983, pp. 948-956.

Yadav, S. B.: "Determining An Organization's Information Requirements: A State of the Art Review", *Data Base*, 14,3 primavera 1983, pp. 3-20.

4. Estrategia de desarrollo por análisis estructurado

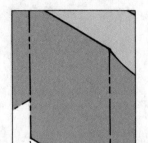

GUÍA DE ESTUDIO

Usted habrá asimilado el contenido del presente capítulo cuando sea capaz de dar respuesta a las siguientes preguntas:

- ¿Qué es el análisis estructurado? ¿Qué significado tiene la palabra "estructurado"?
- ¿Qué relación existe entre el análisis estructurado y el diseño de un sistema de información?
- ¿Qué es el análisis de flujo de datos? ¿Qué beneficios ofrece?
- ¿De cuántas formas se desarrollan y almacenan las descripciones de datos?
- ¿Cuál es la diferencia en contenido y finalidad entre los diagramas de flujo de datos Lógicos y Físicos?
- ¿En qué forma el flujo de datos entre procesos es similar a un paquete que contiene datos? ¿Qué funciones realizan estos paquetes?
- ¿Cuáles son las razones por las que los analistas de sistemas utilizan diccionarios de datos?
- ¿Cómo se desarrollan y almacenan las descripciones de datos?
- ¿Qué contienen los diccionarios de datos? ¿Cómo se desarrollan?
- ¿Cómo se relacionan los elementos dato y las estructuras de datos por medio del diccionario de datos?
- ¿Qué formas de notación se utilizan para describir los datos y las relaciones entre elementos dato?
- Una vez que los analistas comprenden los requerimientos de un sistema, ¿tienen utilidad los diccionarios de datos?

OBJETIVOS DEL CAPÍTULO

- Separar un sistema en componentes, de lo general hacia lo específico, y describir las interfases entre cada componente.
- Dibujar un diagrama de flujo de datos físico para documentar un sistema existente.
- Desarrollar a nivel lógico un conjunto de diagramas de flujo de datos para analizar el sistema existente.
- Evaluar un conjunto de diagramas de flujo de datos para determinar si es completo y exacto.
- Desarrollar entradas para diccionario de datos para elementos dato y estructuras de datos.
- Definir estructuras de datos que muestren la relación entre los elementos dato de un sistema.
- Preparar las entradas del diccionario de datos para flujos de datos, procesos y lugares donde almacenar los datos.

PALABRAS CLAVE

Alias
Almacenamiento de datos
Análisis de flujo de datos
Concatenación
Destino
Diagrama de contexto
Diccionario de datos
Diagrama de estructura de
  datos
Diagrama de estructura
Diagrama de flujo de datos
Diagrama de flujo de datos
  físico
Diagrama de flujo de datos
  lógico

Elementos dato
Estructura
Estructura de datos
Flujo de datos
Fuente
Gráfica de presentación
Nivelación
Ocurrencias opcionales
Proceso
Relación cualquiera/o
  interacción
Relación de secuencia
Relación de selección
Relación opcional

Estático o no: he aquí el dilema

"¡Estático! Eso es lo que está mal en buena parte de los esfuerzos de análisis de información. Las personas encargadas de esta tarea, tratan los sistemas de información como si fueran estáticos."

Mary Helen deseaba asegurarse de que ninguno de los participantes en el seminario perdiera de vista este punto. "Cada vez que emprendan un estudio", continuó Mary, "necesitan recordar que existe algo en el departamento o grupo de trabajo que estudian que siempre está en constante cambio. El sistema que ustedes diseñen también sufrirá cambios."

A lo largo de toda su presentación y, después, en la discusión que siguió a ésta, Mary Helen recalcó una y otra vez que las organizaciones ya están en movimiento cuando los analistas comienzan un proyecto:

"Ustedes comienzan a dar sus pasos en un sistema que ya tiene tiempo funcionando. Piénsenlo de esta forma. Cuando abordan un automóvil que ya está en marcha, ustedes no tratan de encender el motor de nuevo (hacerlo causaría daños). Más bien, consideran la situación y entonces proceden."

"Muchas actividades transcurren de manera concurrente. Existen muchos centros de actividades. En ocasiones interactúan entre sí pero en otras funcionan en forma independiente."

"Por otra parte, los sistemas trabajan en tiempo real. Esto no hay que olvidarlo. Aunque como analistas quizá tomemos la decisión de acumular ciertas actividades en lotes, procesamiento por lotes como ustedes lo conocen, el sistema trabaja en tiempo real."

"Las personas, máquinas y organizaciones trabajan en tiempo real. Algo ocurre siempre de manera constante y las respuestas son continuas. Los buenos analistas de sistemas reconocen la existencia de esta situación y la toman en cuenta cuando estudian el área de aplicación e identifican los requerimientos del sistema. En gran medida, la capacidad para reconocer este importante hecho es lo que distingue a los buenos analistas de los demás."

"A menudo las personas se sientan frente a una terminal con la idea de que si ellos no instruyen al sistema para que procese una transacción, localice información o presente en la pantalla una gráfica, el sistema no hará nada. Tendemos a pensar que la computadora nos está esperando, pero nada es más alejado de la verdad. De hecho, todo el tiempo está procesando datos."

"De hecho, muchas veces por segundo examina el estado de los teclados para determinar si se ha proporcionado cualquier información o solicitud de acción. Y eso no es todo. La información mostrada en la pantalla de la terminal se renueva constantemente. En otras palabras, la información se presenta de nuevo con tanta rapidez en la pantalla que tendemos a considerar lo que vemos, como estático."

"Como ustedes saben, una de las habilidades que distinguen a un buen médico es su capacidad para distinguir todo lo que sucede simultáneamente en un paciente. El sistema circulatorio nunca se detiene. Tampoco el cerebro, el sistema nervioso o cualquier otro componente del cuerpo humano. Los médicos también saben que cada paciente, cada sistema, tiene su propia personalidad y deben tratar con él sobre una base individualizada. Por otro lado, tomar el pulso del paciente les dice muy poco de lo que está sucediendo con él. ¿Qué pensarían ustedes de un médico que trata un problema circulatorio sin considerar las demás actividades y sistemas del paciente? No esperarían buenos resultados. De hecho, éstos podrían llegar a ser fatales."

"Lo mismo ocurre con el estudio de los sistemas de información en las empresas. En ellos participan muchas personas y actividades. Y todo ocurre al mismo tiempo. Ustedes nunca deben olvidar eso."

"Si consideran el sistema y las personas como estáticos, entonces es probable que cuando terminen su trabajo sus resultados sean estáticos, ¡estáticos porque ustedes no tuvieron éxito para ver las cosas como realmente son!"

Las actividades y funciones a las que debe brindar soporte un sistema de información en una organización pueden ser bastante complejas. Con frecuencia el sistema soporta actividades, como el procesamiento de cuentas por pagar, inventarios o el mantenimiento de los registros del personal, que están formadas por otras diferentes, tantas que el analista de sistemas usualmente no es capaz de aprender y comprender, al mismo tiempo, con detalle todas las características del sistema.

Determinar los requerimientos del sistema (es decir, las características necesarias en un sistema) es, en general, un proceso en continua evolución. El analista primero comprende el sistema actual y después lo evalúa. Para comprender el sistema, el analista comienza con plantear preguntas relacionadas con la finalidad del sistema, sus entradas y salidas y los procesos involucrados. Poco a poco conforme se estudian, en forma independiente, partes cada vez mayores del sistema, los analistas obtienen más detalles. En proyectos de sistemas grandes, varios analistas conducen la investigación y ellos mismos dividen el trabajo en forma tal que cada uno pueda realizar su tarea de manera independiente mientras que, al mismo tiempo, comunican a los demás información y detalles importantes.

Este capítulo explora el uso del análisis estructurado como ayuda para comprender sistemas grandes o complejos. Conforme se exploren las estrategias para determinar los requerimientos también se abordarán aspectos sobre la estructuración del proceso de análisis, esto es analizar un sistema existente de manera tal que se asegure la captura de todos los detalles pertinentes relacionados con datos y procesos. El análisis estructurado tiene relación con los aspectos presentados por Mary Helen en la historia al inicio del capítulo, reconocer la naturaleza dinámica de los sistemas en las organizaciones. En este capítulo primero se explica la finalidad del análisis estructurado y después se explora el análisis de flujo de datos, resaltando la utilidad que tiene para los analistas y describiendo su uso. Cada estrategia depende de la habilidad de los analistas para hacer uso de las técnicas, estudiadas en el capítulo anterior, para detectar hechos y recopilar detalles relacionados con el sistema.

ANÁLISIS ESTRUCTURADO

Cuando los analistas comienzan a trabajar sobre un proyecto de sistemas de información, a menudo tienen que profundizar en un área de la organización con la que tienen poca familiaridad. A pesar de esto, deben desarrollar un sistema que ayude a los gerentes y personal —los futuros usuarios— de esa área. Cualquier nuevo sistema o conjunto de recomendaciones para cambios en el sistema existente, ya sea éste manual o automatizado, debe conducir hacia una mejora. Para alcanzar este resultado, se espera que los analistas de sistemas hagan lo siguiente:

- Aprendan los detalles y procedimientos del sistema en uso.
- Obtengan una idea de las demandas futuras de la organización como resultado del crecimiento, del aumento de la competencia en el mercado, de los cambios en las necesidades de los consumidores, de la evolución de las estructuras financieras, de la introducción de la nueva tecnología y cambios en las políticas del gobierno entre otros.
- Documentar detalles del sistema actual para su revisión y discusión por otros.
- Evaluar la eficiencia y efectividad del sistema actual y sus procedimientos, tomando en cuenta el impacto sobre las demandas anticipadas para el futuro.
- Recomendar todas las revisiones y ampliaciones del sistema actual, señalando su justificación. Si es apropiado, quizá la propuesta de un nuevo sistema completo.
- Documentar las características del nuevo sistema con un nivel de detalle que permita comprender a otros sus componentes (y su interrelación), y de una manera que permita manejar el desarrollo del nuevo sistema.

- Fomentar la participación de gerentes y empleados en todo el proceso, tanto para aprovechar su experiencia y conocimiento del sistema actual, como para conocer sus ideas, sentimientos y opiniones relacionadas con los requerimientos de un nuevo sistema o de los cambios para el actual.

¿Parece esta lista ser demasiado exigente? ¿Quizá abrumadora? Aunque no siempre se expresa de manera concisa, estas tareas representan las expectativas que muchas organizaciones tienen sobre el trabajo de los analistas de sistemas. Por lo general también se añade otro requisito: las tareas deben completarse con rapidez (y dentro de plazos establecidos) con un mínimo de interrupciones para los gerentes y empleados.

Para tener éxito, los buenos analistas de sistemas estructuran el proceso que siguen para el desarrollo de un nuevo sistema. Aunque cada lugar donde trabaja un analista es diferente, las tareas que llevan a cabo son similares y existe un conjunto común de preguntas por contestar cuando las emprenden.

¿Qué es el análisis estructurado?

Considérense las siguientes preguntas:

- ¿Deben dos analistas desarrollar una lista idéntica de requerimientos cuando estudian en forma independiente la misma situación?
- Para una situación dada, ¿existe siempre un solo diseño correcto para el sistema?
- ¿Las aplicaciones que el analista observa tienen una naturaleza bien estructurada o están mal definidas?

Obtener las respuestas a estas preguntas es un reto. Cuando una persona visita al médico se piensa que el diagnóstico para una condición o enfermedad en particular es correcto o equivocado. Esta tendencia también se observa en otras áreas, incluyendo los sistemas de información.

El hecho es que dos analistas que examinan una situación en forma independiente, sin lineamientos o herramientas y técnicas preestablecidos, recopilan información diferente para describir el sistema. Esta información a su vez conduce a la determinación de diferentes requerimientos. De acuerdo con lo apropiado de los requerimientos especificados, el sistema puede o no satisfacer las necesidades de los usuarios.

Por su propia naturaleza, quizá los escenarios de los sistemas de información sean mal estructurados. No siguen leyes, como en la ciencia. Dependen de los seres humanos para funcionar o no funcionar, y junto con otras actividades se ven influenciados por las políticas de la organización, restricciones sobre costos y ganancias, política, naturaleza humana y otras consideraciones. Es contra este fondo que los analistas de sistemas deben determinar los requerimientos de los sistemas de información.

El análisis estructurado es un método para el análisis de sistemas manuales o automatizados, que conduce al desarrollo de especificaciones para sistemas nuevos o para efectuar modificaciones a los ya existentes. Cuando los analistas de sistemas abordan una situación poco familiar, siempre existe una pregunta sobre dónde comenzar el análisis. Una situación dinámica siempre puede ser vista como abrumadora debido a que muchas de las actividades se llevan a cabo constantemente, como señaló Mary Helen en su seminario. El análisis estructurado permite al analista conocer un sistema o *proceso* (actividad) en una forma lógica y manejable al mismo tiempo que proporciona la base para asegurar que no se omite ningún detalle pertinente.

Significado de "estructurado"

¿Qué es lo que se desea estructurar? ¿Qué significa "estructura"? El objetivo que persigue el análisis estructurado es organizar las tareas asociadas con la determinación de requerimientos para obtener la comprensión completa y exacta de una situación dada. A partir de aquí se determinan los requerimientos que serán la base de un sistema nuevo o modificado.

En el análisis estructurado, la palabra *estructura* significa que: 1) el método intenta estructurar el proceso de determinación de los requerimientos comenzando con la documentación del sistema existente; 2) el proceso está organizado de tal forma que intenta incluir todos los detalles relevantes que describen al sistema en uso; 3) es fácil verificar cuándo se han omitido detalles relevantes; 4) la identificación de los requerimientos será similar entre varios analistas e incluirá las mejores soluciones y estrategias para las oportunidades de desarrollo de sistemas; y 5) los documentos de trabajo generados para documentar los sistemas existente y propuesto son dispositivos de comunicación eficientes.

Componentes del análisis estructurado

El análisis estructurado hace uso de los siguientes componentes:

1. *Símbolos gráficos*
   Iconos y convenciones para identificar y describir los componentes de un sistema junto con las relaciones entre estos componentes.
2. *Diccionario de datos*
   Descripciones de todos los datos utilizados en el sistema. Puede ser manual o automatizado (y estar incluido en el diccionario de un proyecto más grande que quizá contenga las descripciones de los procesos que integran el sistema).

3. *Descripciones de procesos y procedimientos*
   Declaraciones formales que emplean técnicas y lenguajes que permiten a los analistas describir actividades importantes que forman parte del sistema.
4. *Reglas*
   Estándares para describir y documentar el sistema en forma correcta y completa.

El método de análisis estructurado se ha convertido en sinónimo del análisis de flujo de datos, que es una herramienta; quizá esto se deba a que la herramienta es esencial para documentar el sistema existente y determinar los requerimientos de información por medio del método estructurado.

¿Qué es el análisis de flujo de datos?

Los analistas desean conocer las respuestas a cuatro preguntas específicas: ¿qué procesos integran el sistema?, ¿qué datos emplea cada proceso?, ¿qué datos son almacenados? y ¿qué datos ingresan y abandonan el sistema? De lo anterior es claro que se da gran importancia al análisis de los datos.

Los datos son la guía de las actividades de la empresa. Ellos pueden iniciar eventos (por ejemplo, los datos sobre nuevos pedidos) y ser procesados para dar información útil al personal que desea saber qué tan bien se han manejado los eventos (al medir la calidad y tasa del trabajo, rentabilidad, etc.). El análisis de sistemas conoce el papel central que tienen los datos de la empresa en las organizaciones. Seguir el flujo de datos por todos los procesos de la empresa, que es la finalidad del análisis de flujo de datos, les dice mucho a los analistas sobre cómo se alcanzan los objetivos de la organización. En el transcurso del manejo de transacciones y terminación de tareas los datos entran, son procesados, almacenados, recuperados, analizados, utilizados, cambiados y presentados como salidas. El *análisis de flujo de datos* estudia el empleo de los datos en cada actividad. Documenta los hallazgos con diagramas de flujo de datos que muestran en forma gráfica la relación entre procesos y datos, y en los diccionarios de datos que describen de manera formal los datos del sistema y los sitios donde son utilizados.

CARACTERÍSTICAS DE LA ESTRATEGIA DE FLUJO DE DATOS

El análisis de flujo de datos examina el empleo de los datos para llevar a cabo procesos específicos de la empresa dentro del ámbito de una investigación de sistemas. El análisis puede pensarse de tal manera que se estudien actividades del sistema desde el punto de vista de los datos:

dónde se originan, cómo se utilizan o cambian, hacia dónde van, incluyendo las paradas a lo largo del camino que siguen desde su origen hasta su destino.

Los componentes de la estrategia de flujo de datos abarcan tanto la determinación de los requerimientos como al diseño de sistemas. Una notación bien establecida facilita la documentación del sistema actual y su análisis por todos los participantes en el proceso de determinación de requerimientos.

Herramientas de la estrategia de flujo de datos

La estrategia de flujo de datos muestra el empleo de éstos en forma gráfica. Las herramientas utilizadas al seguir esta estrategia muestran todas las características esenciales del sistema y la forma en que se ajustan entre sí. Puede ser difícil comprender en su totalidad un proceso de la empresa si se emplea para ello sólo una descripción verbal; las herramientas para el flujo de datos ayudan a ilustrar los componentes esenciales de un sistema junto con sus interacciones.

El análisis de flujo de datos utiliza las siguientes herramientas:

1. *Diagrama de flujo de datos*
   Una herramienta gráfica se emplea para describir y analizar el movimiento de datos a través de un sistema, ya sea que éste fuera manual o automatizado, incluyendo procesos, lugares para almacenar datos y retrasos en el sistema. Los diagramas de flujo de datos son la herramienta más importante y la base sobre la cual se desarrollan otros componentes. La transformación de datos de entrada en salida por medio de procesos puede describirse en forma lógica e independiente de los componentes físicos (por ejemplo, computadoras, gabinetes de archivos, unidades de discos y procesadores de texto) asociados con el sistema. Estos diagramas reciben el nombre de *diagramas lógicos de flujo de datos*. En contraste, los *diagramas físicos de flujo de datos* muestran la implantación y movimiento real de datos entre las .personas, departamentos y estaciones de trabajo. (Los diagramas lógicos y físicos de flujo de datos se estudian con mayor detalle más adelante en este capítulo.)

2. *Diccionario de datos*
   El diccionario contiene las características lógicas de los sitios donde se almacenan los datos del sistema, incluyendo nombre, descripción, alias, contenidos y organización. También identifica los procesos donde se emplean los datos y los sitios donde se necesita el acceso inmediato a la información. Sirve como punto de partida para identificar los requerimientos de las bases de datos durante el diseño del sistema. (Los sistemas de diccionario de datos se estudian más adelante en este capítulo.)

3. *Diagrama de estructura de datos*

   Este diagrama es una descripción de la relación entre entidades (personas, lugares, eventos y objetos) de un sistema y el conjunto de información relacionado con la entidad. No considera el almacenamiento físico de los datos. (Los diagramas de estructura de datos se estudian en el capítulo 11.)

4. *Gráfica de estructura*

   Herramienta de diseño que muestra con símbolos la relación entre los módulos de procesamiento y el software de la computadora. Describen la jerarquía de los módulos componentes y los datos que serán transmitidos entre ellos. Incluye el análisis de las transformaciones entrada-salida y el análisis de transacciones. (Las gráficas de estructura se estudian en el capítulo 14 cuando se presenta el diseño de software.)

La figura 4.1 muestra la relación entre cada uno de los elementos del análisis estructurado. La línea punteada que separa los diagramas de flujo de datos y los diagramas de estructura de los demás componentes recalca el uso primario de los primeros durante las actividades de diseño de sistemas.

Comentario al margen
Herramientas para flujo de datos: más allá del análisis

El método de desarrollo por análisis estructurado a menudo se interpreta como útil sólo para la parte de análisis de sistemas de la actividad de desarrollo. Algunos analistas lo emplean sólo de esta manera pero su uso no se limita necesariamente a esta fase.

El nombre es tal vez poco afortunado ya que sugiere sólo el *análisis* de sistemas. Sin embargo, las herramientas que forman parte del método proporcionan la base para soportar todo el proceso de desarrollo. Dado que gran parte del trabajo de desarrollo de una aplicación se centra sobre el manejo adecuado de los datos, el diccionario de datos y las gráficas estructuradas de datos se convierten en herramientas muy importantes. En particular, en lo que resta del libro, se hace referencia al contenido del diccionario de datos para preparar componentes del sistema como los diseños de las entradas y salidas, los métodos de acceso a los archivos y el diseño de las bases de datos. Los diagramas de estructura de datos son —en especial— importantes para el diseño de bases de datos y para la ingeniería de software.

El análisis estructurado aparece en muchos y diferentes aplicaciones de desarrollo. Algunas personas lo utilizan como herramienta de documentación; otras para el diseño. Además, como se presenta en el capítulo 6, el análisis estructurado es un elemento central en muchas herramientas de desarrollo automatizadas.

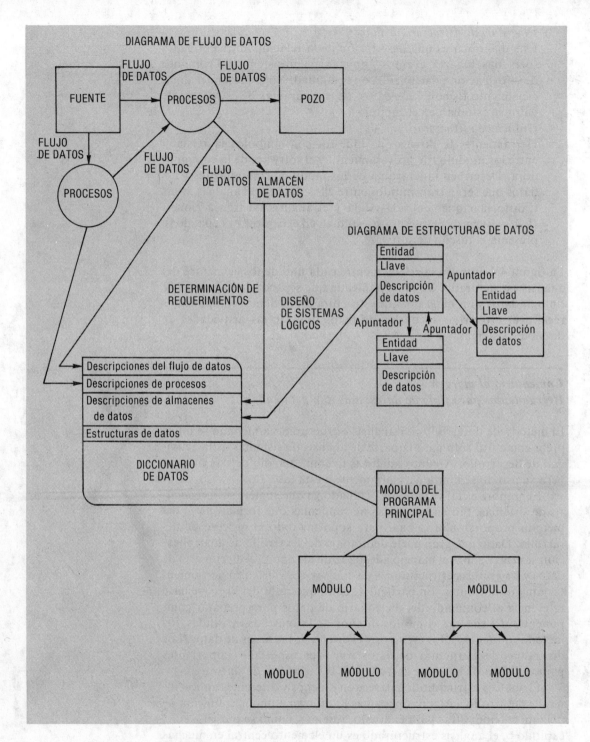

FIGURA 4.1
Relación entre los componentes del análisis estructurado.

Notación

Los métodos para el análisis de flujo de datos fueron desarrollados y promovidos al mismo tiempo por dos organizaciones. Yourdon Inc., una compañía de consultoría y desarrollo profesional, promovió con bastante vigor el método con publicidad y libros (DeMarco, Weinberg, Page-Jones). McDonnell-Douglas, con el trabajo y escritos de Gane y Sarson, también influyeron en la popularidad del análisis de flujo de datos.

Los diagramas lógicos de flujo de datos se pueden dibujar con sólo cuatro notaciones sencillas, es decir con símbolos especiales o iconos y anotaciones que los asocian con un sistema específico. El uso de iconos especiales para cada elemento depende de qué enfoque se utilice, el de Yourdon o el de Gane y Sarson:

1. *Flujo de datos*. Movimiento de datos en determinada dirección desde un origen hacia un destino en forma de documentos, cartas, llamadas telefónicas o virtualmente por cualquier otro medio. El flujo de datos es un "paquete" de datos.

Yourdon   Gane y Sarson

2. *Procesos*. Personas, procedimientos o dispositivos que utilizan o producen (transforman) datos. No se identifica el componente físico.

Yourdon   Gane y Sarson

3. *Fuente* o *destino de los datos*. Fuentes o destinos externos de datos que pueden ser personas, programas, organizaciones u otras entidades que interactúan con el sistema pero se encuentran fuera de su frontera. Los términos *fuente* y *pozo* son intercambiables con origen y destino.

Yourdon   Gane y Sarson

4. *Almacenamiento de datos*. Es el lugar donde se guardan los datos o al que hacen referencia los procesos en el sistema. El almacenamiento de datos puede representar dispositivos tanto computarizados como no computarizados.

Yourdon   Gane y Sarson

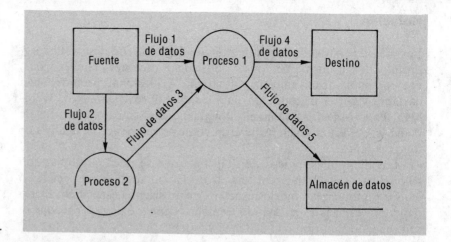

FIGURA 4.2a
Diagrama de flujo de
datos que utiliza la
notación de Yourdon.

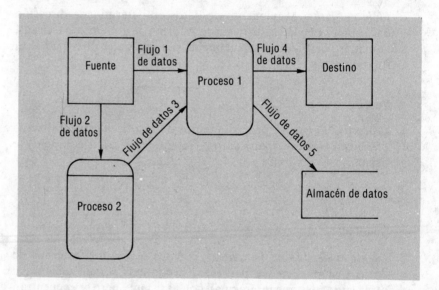

FIGURA 4.2b
Diagrama de flujo de
datos que utiliza la
notación de Gane y
Sarson.

Cada componente en un diagrama de flujo de datos tiene una etiqueta con un nombre descriptivo. Los nombres de los procesos también reciben un número que es utilizado con fines de identificación. El número asignado a determinado proceso no tiene que ver con la secuencia de procesos. Sirve estrictamente para identificación y tiene un valor adicional cuando se estudian los componentes que integran un proceso específico. La figura 4.2a muestra la notación Yourdon en un diagrama sencillo de flujo de datos que contiene cinco flujos, dos procesos, un almacén de datos, una fuente y un destino. La figura 4.2b muestra los mismos elementos pero con la notación de Gane y Sarson. Llegado el momento, cada etiqueta será reemplazada con otra que sea más apropiada para la situación bajo estudio.

Actividades paralelas

Nótese en la figura 4.2 que se pueden presentar varios flujos de datos en forma simultánea. Los flujos de datos uno y dos ocurren en forma paralela. Esta característica de los diagramas de flujo de datos de señalar las actividades paralelas, es un beneficio adicional. Constituye una respuesta a la pregunta formulada en la historia del inicio de capítulo. Otros métodos gráficos, como la gráfica de flujos (véase Tabla 4.1), muestran actividades y procesos en forma secuencial, es decir que ocurren en un orden específico. Todas las organizaciones tienen muchas actividades que ocurren al mismo tiempo con flujos de datos concurrentes. Los diagramas de flujo de datos permiten a los analistas representar las actividades con mayor exactitud al mostrarlas cuando ocurren al mismo tiempo.

Como su nombre lo sugiere, los diagramas de flujo de datos se concentran en el movimiento de datos a través del sistema, no en los dispositivos o el equipo. Los analistas identifican y describen, desde el inicio hasta el final del proceso, para comprender una área de aplicación o los datos que fluyen por todo el sistema y entonces explican por qué los datos entran o salen y cuál es el procesamiento que se realiza con ellos. Es muy importante determinar cuándo entran los datos al área de aplicación y cuándo salen de ésta. En ocasiones los datos se guardan para su uso posterior o se recuperan de un almacén de datos. Los diagramas de flujo de datos también muestran estas características.

Ventajas del análisis de flujo de datos

Los usuarios y otras personas de la empresa que forman parte del proceso bajo estudio comprenden con facilidad anotaciones sencillas. Por consiguiente, los analistas pueden trabajar con los usuarios y lograr que participen en el estudio de los diagramas de flujo de datos. Los usuarios pueden hacer sugerencias para modificar los diagramas con la finalidad de describir la actividad con mayor exactitud. Asimismo pueden examinar las gráficas y reconocer con rapidez problemas; esto permite efectuar las correcciones necesarias antes de que comiencen otras tareas relacionadas con el diseño. Si los problemas no son detectados en las primeras fases del proceso de desarrollo, entonces será difícil corregirlos cuando aparezcan más adelante (Fig. 4.3). Evitar los errores desde el inicio puede prevenir una posible falla del sistema.

El análisis de flujo de datos permite a los analistas aislar áreas de interés en la organización y estudiarlas al examinar los datos que entran en el proceso, de tal manera que puedan observar la manera en que cambian cuando lo abandonan. A medida que los analistas reúnen hechos y detalles, comprenden mejor el proceso; esto los conduce a formular preguntas relacionadas con aspectos específicos del

TABLA 4.1 Símbolos para diagramas de flujo

Símbolos para medios de entrada y salida

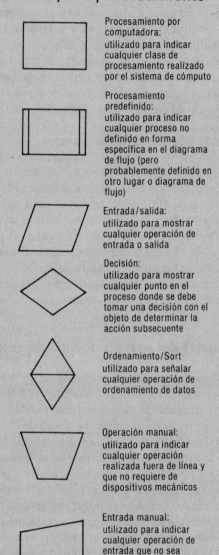

Tarjeta perforada:
utilizada para mostrar cualquier dato perforado en tarjetas

Documento:
utilizado para señalar cualquier documento impreso ya sea de entrada o de salida

Desplegado visual en línea:
utilizado para representar cualquier dato o información desplegada por el sistema de cómputo

Cinta de papel:
utilizado para representar cualquier dato almacenado en una cinta de papel

Tambor magnético:
utilizado para representar cualquier dato almacenado sobre un tambor magnético

Disco magnético:
utilizado para representar cualquier dato almacenado en disco magnético

Cinta magnética:
utilizado para representar cualquier dato almacenado en cinta magnética

Almacenamiento en línea:
utilizado para representar cualquier dispositivo de almacenamiento conectado en línea

Almacenamiento fuera de línea:
utilizado para representar cualquier dato almacenado fuera de línea

Símbolos para procesamiento

Procesamiento por computadora:
utilizado para indicar cualquier clase de procesamiento realizado por el sistema de cómputo

Procesamiento predefinido:
utilizado para indicar cualquier proceso no definido en forma específica en el diagrama de flujo (pero probablemente definido en otro lugar o diagrama de flujo)

Entrada/salida:
utilizado para mostrar cualquier operación de entrada o salida

Decisión:
utilizado para mostrar cualquier punto en el proceso donde se debe tomar una decisión con el objeto de determinar la acción subsecuente

Ordenamiento/Sort
utilizado para señalar cualquier operación de ordenamiento de datos

Operación manual:
utilizado para indicar cualquier operación realizada fuera de línea y que no requiere de dispositivos mecánicos

Entrada manual:
utilizado para indicar cualquier operación de entrada que no sea mecánica

Operación auxiliar:
utilizado para señalar cualquier proceso mecánico que complemente el procesamiento hecho por la computadora

TABLA 4.1 Continuación

Símbolos descriptivos

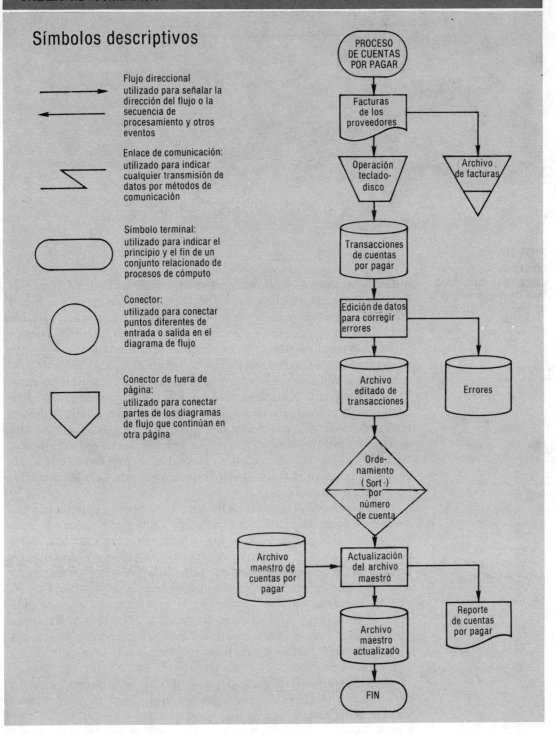

Flujo direccional utilizado para señalar la dirección del flujo o la secuencia de procesamiento y otros eventos

Enlace de comunicación: utilizado para indicar cualquier transmisión de datos por métodos de comunicación

Símbolo terminal: utilizado para indicar el principio y el fin de un conjunto relacionado de procesos de cómputo

Conector: utilizado para conectar puntos diferentes de entrada o salida en el diagrama de flujo

Conector de fuera de página: utilizado para conectar partes de los diagramas de flujo que continúan en otra página

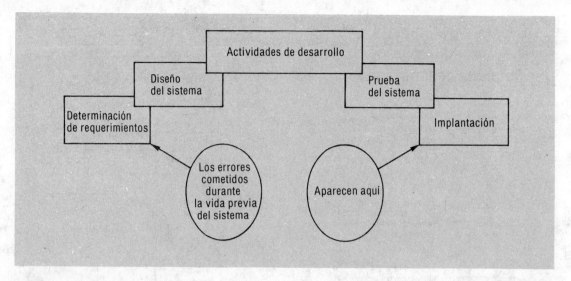

FIGURA 4.3
Efecto de los errores
cometidos durante la
fase de determinación
de requerimientos.

mismo y los lleva a una investigación adicional. La figura 4.4 muestra los aspectos generales de esta metodología; la investigación se divide en detalles que tienen cada vez un nivel menor hasta que se comprenden todos los componentes esenciales junto con sus interrelaciones.

Una extensa investigación de sistemas produce muchos conjuntos de diagramas de flujos de datos, algunos brindan panoramas de procesos importantes mientras que otros nos muestran con bastante detalle elementos dato, almacenes de datos y pasos de procesamiento para componentes específicos de un sistema grande. Si los analistas desean revisar después todo el sistema, primero utilizan los diagramas de alto nivel, aquellos que contienen la visión panorámica de todo el sistema. Sin embargo, si están interesados en estudiar un proceso en particular entonces emplean el diagrama de flujo de datos de bajo nivel correspondiente a ese proceso.

Los niveles de diagramas de flujo de datos pueden compararse con los mapas de calles y carreteras que emplea una persona cuando viaja por un sitio desconocido (véase Fig. 4.5). En primera instancia utiliza el mapa de todo el país que muestra las carreteras y ciudades. A medida que se acerca la ciudad que va a visitar, necesita un mapa más detallado que señale los diferentes sitios de la ciudad y las calles de acceso. Después, cuando ha llegado al sitio deseado, será de gran utilidad otro mapa que muestre las calles y sitios de interés, como puentes y edificios. Tanto detalle es esencial cuando se busca una dirección determinada pero no tiene utilidad cuando se inicia el viaje y se presentan problemas de orientación.

Los diagramas de flujo de datos se utilizan de la misma forma. Se desarrollan y emplean de manera progresiva, desde lo general hacia los específico para el sistema de interés.

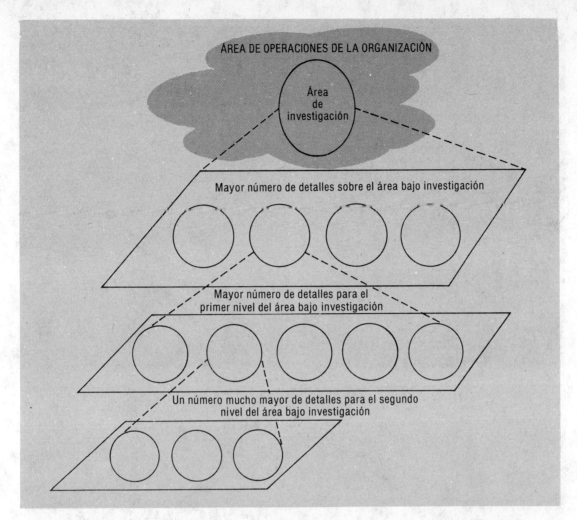

FIGURA 4.4
Los detalles de un sistema se adquieren al considerar sólo un nivel a la vez.

DESARROLLO DE DIAGRAMAS DE FLUJO DE DATOS

Para que sean de utilidad y proporcionen información, los diagramas de flujo de datos deben dibujarse en forma adecuada. Esta sección muestra cómo dibujarlos: dónde comenzar, cómo añadir detalles a las descripciones, cuándo incorporar la información sobre el control y cómo mantener la consistencia al asignar los nombres de los objetos incluidos en los diagramas. La presentación señala también errores comunes que deben evitarse.

Proceso de desarrollo

Los analistas de sistemas estudian primero el sistema en uso, esto es, las actividades y procesos que ocurren en el presente. En la terminolo-

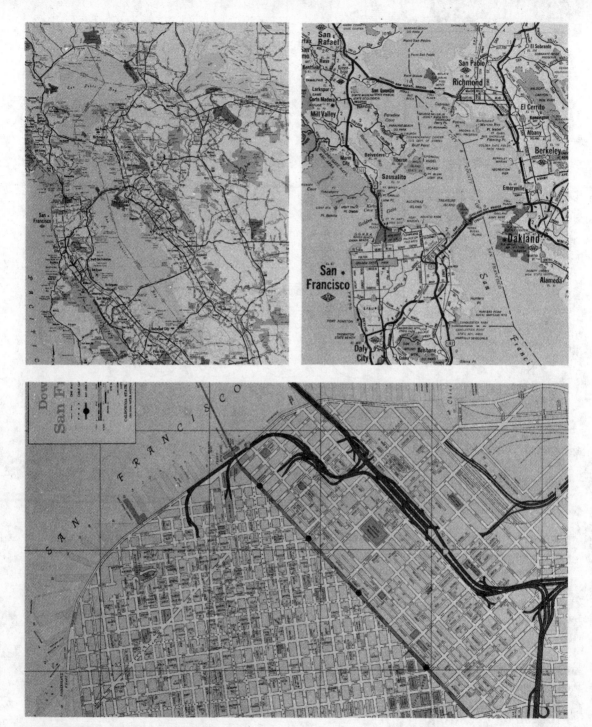

FIGURA 4.5
Ejemplo geográfico de progresión, de lo general hacia lo específico
(Cortesía de *California State Automobile Association*).

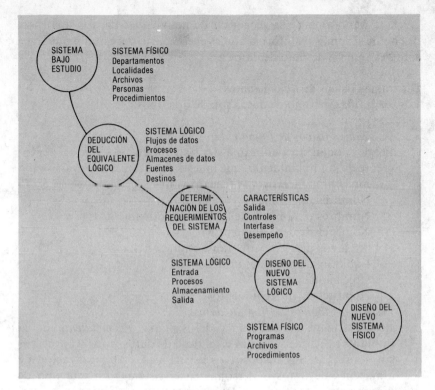

FIGURA 4.6
Secuencia de panoramas lógicos y físicos de un sistema.

gía del análisis estructurado, éste es el estudio del sistema *físico*. Las técnicas para hallar hechos del capítulo 3 forman la base para recopilar los detalles necesarios.

El sistema físico se traslada en una descripción lógica que se centra en datos y procesos (Fig. 4.6). Recalcar los datos y procesos para abordar las actividades que se llevan a cabo junto con los recursos necesarios para ello, más que sobre quiénes realizan el trabajo, tiene sus ventajas.

Los siguientes detalles son ejemplos de un sistema físico:

Departamento	Sala de fotocopiado o ubicación de las instalaciones
Persona	Número de paso
Archivo	Procedimiento

Durante el análisis de flujo de datos se evalúan todos los detalles en términos de los componentes lógicos de flujos de datos, procesos, almacenes de datos, orígenes y destinos.

En todas las etapas de diseño que siguen, los requerimientos del sistema se trasladan en detalles de diseño lógico. En las fases de construcción, como la programación del software para computadora, las especificaciones lógicas son trasladadas en características físicas y en un sistema de información que trabaja.

Este panorama de la secuencia de actividades para el análisis y diseño de sistemas de información es el escenario del estudio que sigue sobre el análisis de flujo de datos.

Diagramas físicos de flujo de datos
Los diagramas de flujo de datos son de dos tipos:

- *Diagramas físicos de flujo de datos*
  Proporcionan un panorama del sistema en uso, que es dependiente de la implantación, que muestra qué tareas se llevan a cabo y cómo. Las características físicas incluyen:
      Nombres de personas
      Nombres o números de formatos y documentos
      Nombres de departamentos
      Archivos maestro y de transacciones
      Equipo y dispositivos utilizados
      Ubicaciones
      Nombres de procedimientos
- *Diagramas lógicos de flujo de datos*
  Proporcionan un panorama del sistema *independiente* de la implantación, que se centra en el flujo de datos entre los procesos sin considerar los dispositivos específicos y la localización de almacenes de datos o personas en el sistema. En este tipo de diagramas no se indican las características físicas, lo cual sí sucede con los diagramas físicos de flujo.

El enfoque más amplio y útil para desarrollar una descripción exacta y completa del sistema en uso, comienza con el desarrollo del diagrama físico de flujo de datos. El empleo de estos diagramas es deseable por tres razones. Primera, es común que los analistas de sistemas encuentren mucho más fácil describir la interacción entre los componentes físicos que comprender las políticas empleadas para administrar la aplicación. De este modo, comienzan por identificar a las personas y lo que hacen, qué documentos y formas inician las diferentes actividades y el equipo empleado para el procesamiento. Asimismo, identifican el movimiento de personas, documentos e información entre departamentos y diversas localidades.

Segunda, los diagramas físicos de flujo de datos son de utilidad para comunicarse con los usuarios. Éstos relacionan con facilidad a las personas, las localidades y los documentos ya que trabajan todos los días con cada entidad. (Es usual que los analistas de sistemas encuentren que los usuarios consideran "abstractos" los diagramas lógicos de flujo de datos porque no contienen componentes que les sean familiares.) Los usuarios pueden señalar con rapidez cuando un paso es incorrecto o equivocado.

Tercera, los diagramas físicos de flujo de datos proporcionan un camino para validar o verificar el punto de vista del usuario sobre la forma en que opera el sistema en uso. Si existen diferencias, éstas son anotadas y discutidas. No es poco usual encontrar que lo que un usuario *piensa* que está sucediendo difiere en forma importante de lo que *en realidad* está ocurriendo. Son estas diferencias las que probablemente expliquen los problemas o ineficiencias —quizá la razón por la que se propone un nuevo sistema—.

Dibujo de diagramas físicos de flujo

La siguiente descripción sobre la forma como maneja una compañía su sistema de cuentas por pagar, será utilizada para el desarrollo de diagramas de flujo de datos:

> National Merchandising recibe por correo las facturas de sus vendedores. Todas las mañanas el gerente de la oficina de correo, Ross Manning, envía a Ginny Anderson todas las facturas y correspondencia dirigida al departamento de cuentas por pagar. Anderson, que es asistente, acumula las facturas recibidas durante la semana en un folder. El jueves las revisa y añade la cantidad adeudada junto con el número de factura en la tarjeta correspondiente al vendedor (un registro manual de todas las transacciones contables para un vendedor en particular). Las facturas se guardan por orden alfabético en un gabinete de archivos.

> Los cheques de pago de los vendedores se elaboran y firman los días viernes. Harry Deming, gerente del departamento de cuentas por pagar, revisa todas las cuentas y facturas pendientes para determinar cuáles deben pagarse. Elabora el cheque y al mismo tiempo anota el monto del cheque y los números de las facturas que ampara en la chequera. Esta información también se asienta en la tarjeta de registro del vendedor.

> Los cheques se envían al contralor, Ann Williams, en un lote al que se anexan las facturas. Ella revisa y firma cada cheque. En algunos casos no autoriza el pago y regresa a Harry el cheque sin firmar.

> Los cheques ya firmados se colocan en un sobre y son remitidos a la oficina de correos para que ésta se encargue de enviarlos a los vendedores.

Nótense los elementos físicos en esta descripción: nombre de personas —Ross, Ginny, Harry y Ann—; los dispositivos, como folder, gabinetes de archivo y chequeras; diferentes departamentos como correo, cuentas por pagar y la oficina del contralor; la frecuencia de los eventos: diaria o semanal. Estos elementos describen el sistema existente de cuentas por pagar y se incluyen en el diagrama físico de flujo de datos que a continuación será elaborado.

Dibujo del diagrama de contexto Como ya se indicó, los primeros pasos para determinar los requerimientos tienen como finalidad conocer las características generales del proceso bajo investigación. Para decirlo de algún modo, primero se estudian los detalles de la capa superior. Conforme los analistas comprenden mejor los detalles, ahondan con mayor profundidad para recopilar información más precisa y detallada. Cada vez se formulan preguntas más específicas utilizando para ello el análisis descendente (top-down).

El diagrama de flujo de datos de la figura 4.7, describe el procesamiento de cuentas por pagar en un nivel muy general (alto nivel). Este diagrama muestra que los vendedores envían facturas hacia la organización y reciben cheques de ella. El propio proceso requiere de cuentas por pagar e información de los vendedores. Nótese que cada flecha, la cual representa un flujo de datos, tiene una etiqueta que indica los datos que se están empleando. Los datos sobre los estados de cuenta se recuperan del almacén de datos de las cuentas por pagar para cada vendedor; la dirección de éste se obtiene del almacén de datos de vendedores.

A menudo el diagrama de alto nivel se denomina *diagrama de contexto*. Contiene un solo proceso pero juega un papel muy importante en el estudio del sistema en uso. El diagrama de contexto define el sistema que va a ser estudiado en el sentido de que determina las fronteras. Todo lo que no se encuentre dentro de las fronteras identificadas en el diagrama de contexto del proceso no forma parte del estudio de sistemas. La forma en que funcionan otras organizaciones o elementos externos (las *fuentes* y *destinos*) está fuera de nuestro control y no será estudiada con detalle. No obstante, si afectan el proceso porque son fuentes o destinos, debe tener una interfase, o medios para interactuar, con los elementos que están fuera de él.

Por ejemplo, en la figura 4.7, se observa que los datos del vendedor son una de las entradas al proceso de cuentas por pagar. Esto indica que el estado de cuenta del vendedor se establece fuera del sistema. De hecho el departamento de compras de National Merchandising, que se encarga de capturar todos los datos del vendedor (nombre, dirección y número telefónico entre otros) durante el proceso de compra, se encuentra fuera del ámbito de las cuentas por pagar. El sistema de compras no está incluido en el nuevo sistema, pero cualquier otro diseño tendrá que proporcionar una forma para utilizar los datos del vendedor desarrollados por medio de ese sistema.

Nótese que cada flecha, que representa un flujo de datos, tiene una etiqueta que indica qué dato se emplea. Los datos del estado de cuenta se recuperan del almacén de datos de las cuentas por pagar mientras que la dirección del vendedor se obtiene del almacén de datos relacionado con los vendedores.

La notación utilizada en este ejemplo es estándar tanto en el método de Yourdon como en el de Gane y Sarson. Cuando los datos se mueven desde un almacén de datos o fuente hacia un proceso (esto es, los datos que son la entrada al proceso), la punta de la flecha señala hacia el proceso para reflejar la entrada. Por otro lado, cuando el

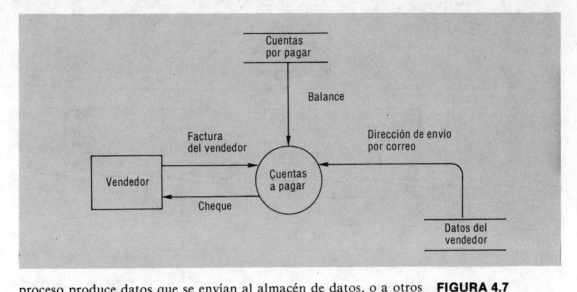

proceso produce datos que se envían al almacén de datos, o a otros procesos y destinos, la punta de la flecha señala en una dirección que se aleja del proceso, lo que refleja una salida. Por ejemplo, si el proceso de contabilidad actualiza un estado de cuenta por pagar, entonces el flujo de datos del nuevo saldo es una salida del proceso.

FIGURA 4.7

Diagrama de contexto de flujo de datos para el sistema de cuentas por pagar.

Desarrollo de gráficas de procesos Un sistema está formado por varias actividades o procesos. Usted ha aprendido en forma gradual aspectos pertinentes a la relación entre procesos; también ha descubierto que un proceso contiene varios pasos (procesos en pequeña escala). En la programación de computadoras, los programadores con frecuencia desarrollan el software como una colección de módulos independientes pero que interactúan entre sí. A menudo estos módulos se muestran en los diagramas de jerarquía (Fig. 4.8).

Estos diagramas son similares a los desarrollados por los programadores. La gráfica de procesos de la figura 4.9 muestra la jerarquía de los procesos que forman el sistema de cuentas por pagar:

- El proceso de cuentas por pagar está integrado por tres procedimientos de menor nivel: 1) AUTORIZACIÓN DE LA FACTURA, 2) REVISIÓN DEL ADEUDO EN LA CUENTA y 3) ELABORACIÓN DE CHEQUES.
- A su vez, cada proceso se divide en procesos más específicos.
- Los nombres dados a los procesos especifican acciones y procedimientos de control: ANOTACIÓN, VERIFICACIÓN, COMPROBACIÓN, ESTABLECIMIENTO, etcétera.
- Para algunos procesos se incluyen nombres de objetos o situaciones físicas (CONTRALOR QUE FIRMA LOS CHEQUES, ASISTENTE DE CUENTAS POR PAGAR QUE ASIENTA LAS FACTURAS EN LAS CUENTAS DEL VENDEDOR).

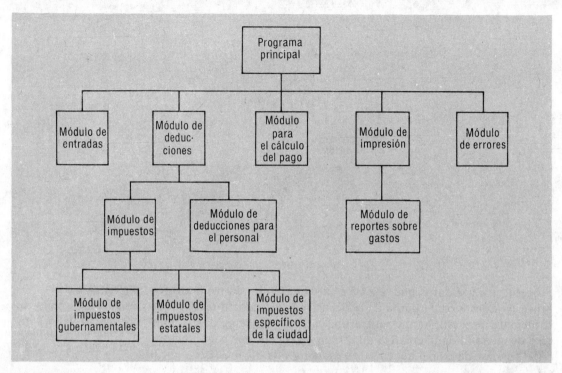

FIGURA 4.8
Gráfica de jerarquía
que muestra los
módulos de un
sistema de nóminas.

Los diagramas de jerarquía de procesos continúan hasta los niveles que sean necesarios para identificar las actividades que forman parte del sistema. En general debe incluirse en el diagrama de jerarquía cualquier actividad que genere, modifique o utilice información. Lo común es que se necesiten, de acuerdo con la naturaleza del sistema, entre tres y siete niveles. En este ejemplo, los procesos del sistema de cuentas por pagar están descritos con cuatro niveles.

Puede ser tentador utilizar el organigrama de la organización para estructurar la jerarquía de los procesos. Sin embargo, el organigrama puede conducir a malas interpretaciones ya que describe lo que *debería* suceder y no necesariamente lo que en realidad ocurre. Además, es probable que los recuadros en el organigrama describan responsabilidades y actividades muy amplias que estén fuera del ámbito del sistema bajo estudio. Dadas estas dificultades, es aconsejable desarrollar nuevos diagramas de jerarquía de procesos y no basarse en el organigrama, aun si éste se encuentra actualizado.

Desarrollo del primer nivel de un diagrama físico de flujo de datos La descripción del sistema de cuentas por pagar en el diagrama de contexto requiere más detalles. El siguiente paso es describir el sistema tal como éste es entendido en el primer nivel de la gráfica de jerarquía de procesos, esto es, lo que se desea identificar en este momento son los flujos de datos, almacenes de datos, entradas y salidas que juntos eslabonan los procesos AUTORIZACIÓN DE FACTURA, REVI-

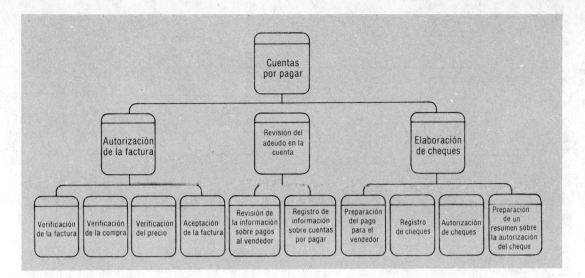

FIGURA 4.9
Diagrama de jerarquía de procesos para un sistema de cuentas por pagar.

SIÓN DEL ADEUDO EN LA CUENTA Y EXPEDICIÓN DE CHEQUES.

Algunos analistas encuentran ventajoso trabajar primero con todos los flujos de datos y asignar nombres que sean descriptivos y útiles. Se identifican todos los procesos pero no se les da nombre hasta que están bien comprendidos todos los flujos de datos. Después, cuando se les ha asignado nombre a los procesos, si el analista tiene dificultad para ligar los flujos de datos con los nombres apropiados entonces esta situación indica que es necesario dividir aún más el proceso. Para algunos analistas lo anterior da buenos resultados, para otros la efectividad es menor.

La figura 4.10 muestra el primer nivel de un diagrama físico de flujo de datos. En él se observa lo siguiente:

- Las facturas que se reciben son acumuladas en un almacen de datos de facturas para después ser revisadas por el asistente de cuentas por pagar (Ginny). Nótese que no se incluyeron como procesos la oficina de correo o la entrega física de la correspondencia. Estos detalles no están relacionados con el proceso de pago de facturas (puede hacerse una anotación a mano si el analista desea considerar después el detalle).
- Las facturas son examinadas para garantizar que son válidas y que, por tanto, deben pagarse. Esto ocurre antes de que sean colocadas en el folder.
- Cada jueves se examinan y seleccionan las facturas para su pago. En este proceso se emplea el archivo de facturas acumuladas. Se hacen anotaciones en la tarjeta correspondiente a cada vendedor.
- Las facturas contenidas en el folder son revisadas por el gerente del departamento de cuentas por pagar (Harry Deming), que se

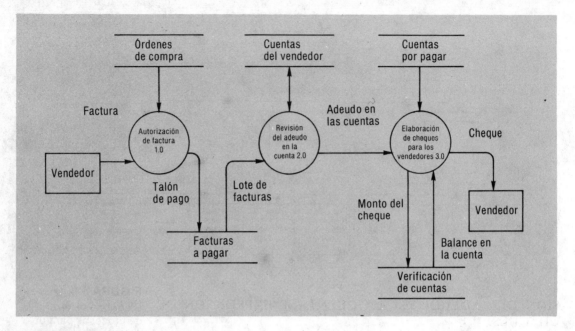

FIGURA 4.10
Diagrama de flujo de
datos de primer nivel
para el procesamiento
de cuentas por pagar.

encarga de elaborar los cheques para pagar a los vendedores.
Esto sucede todos los viernes.

- El cheque se envía al vendedor.

El diagrama físico de flujo de datos de la figura 4.10, emplea sólo
símbolos estándar para describir el sistema. Algunos analistas utilizan
un sistema de soporte automatizado (estudiado después en este capítulo) para preparar diagramas de flujo de datos. De acuerdo con el
sistema utilizado en particular es probable que los analistas preparen
una *gráfica de presentación*, una versión del diagrama físico de flujo de
datos que hace uso de símbolos de personas, archivos, terminales,
reportes, etc., para documentar el sistema con fines de discusión.

Esta forma de descripción física del sistema puede ser más efectiva
al discutir el sistema con los usuarios cuando los símbolos estándar
limitan la comunicación. Las gráficas de presentación deben dibujarse
con cuidado para que la atención permanezca en el flujo de datos
entre los procesos, que es el corazón del estudio de sistemas.

La figura 4.11 muestra el primer nivel del sistema de cuentas por
pagar en la forma de una gráfica de presentación.

Expansión de los procesos para mayor detalle Una vez desarrollado el
sistema como está descrito en el diagrama de primer nivel (véase Fig.
4.10), es indudable que el analista formule preguntas en relación con
la forma en que se llevan a cabo los procesos. Por ejemplo, es importante conocer las respuestas a las siguientes preguntas:

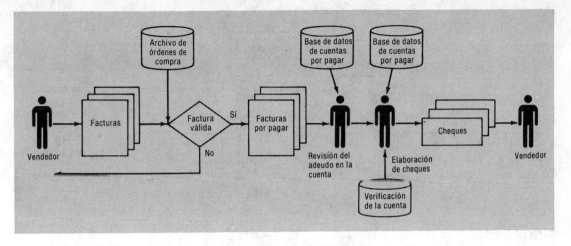

FIGURA 4.11
Gráfica de
presentación que
muestra el primer
nivel del proceso de
cuentas por pagar.

- ¿Qué es lo que debe hacerse para verificar que una factura sea correcta? ¿Qué información se utiliza para realizar dicha verificación?
- ¿Cómo se establecen los estados de cuenta para los nuevos vendedores (aquellos que aún no tienen una tarjeta de registro)?
- ¿Qué información se emplea para asentar la factura en la cuenta?
- ¿Qué criterios se emplean para seleccionar una factura en particular para su correspondiente pago? ¿Cuándo se paga una factura?

La lista puede aumentar pero estos ejemplos son representativos del tipo de preguntas formuladas con la finalidad de conocer más en relación con el sistema. Nótese cómo abordan aspectos físicos tales como el manejo de nuevos vendedores, la forma en que se asientan las facturas y la determinación de saber a cuáles vendedores se les debe pagar. Todos estos detalles sirven de guía al personal de contabilidad para llevar a cabo su trabajo y deben documentarse en forma correcta.

La figura 4.12 muestra el diagrama físico de flujo de datos para el proceso AUTORIZACION DE FACTURA. En él se observa lo siguiente:

- Antes de autorizar la factura se debe verificar la recepción de la mercancía.
- En algunos casos se emplean solicitudes de pedido o llamadas telefónicas para verificar que la compra esté autorizada.
- Varias facturas son rechazadas porque son incorrectas.
- Se registran todas las facturas que se reciben.
- El asistente de cuentas por pagar (Ginny) verifica que cada factura sea correcta.

Todas las actividades, flujos de datos y almacenes de datos utilizados deben incluirse en el diagrama de flujo de datos previo (recuérdese que

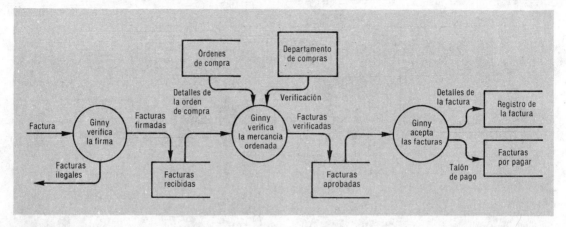

FIGURA 4.12
Diagrama físico de flujo de datos para el proceso de autorización de facturas.

esto es una expansión de la descripción previa del proceso). Este panorama de bajo nivel debe ser consistente con el de alto nivel.

En general, se debe estar seguro de lo siguiente:

- Todos los flujos de datos que explican el proceso en el diagrama previo deben incluirse en el diagrama del siguiente nivel inferior.
- Los flujos y almacenes de datos nuevos se añaden si son utilizados internamente por el proceso para eslabonar otros procesos introducidos por primera vez en la expansión de este nivel.
- Se deben mostrar los flujos y almacenes de datos originados dentro del proceso en este nivel.
- Ninguna entrada debe contradecir las descripciones de los diagramas de flujo de datos de niveles más altos (si lo hacen, uno o ambos son incorrectos o incompletos y, por tanto, debe introducirse un cambio).

Nótese cómo se continúa incluyendo detalles físicos del proceso: registro de la factura al momento de su recepción y el teléfono.

Las figuras 4.13 y 4.14 incluyen diagramas físicos de flujo de datos para los procesos de actualización del saldo de la cuenta y elaboración de cheque. Estos diagramas siguen los principios y prácticas delineados anteriormente. Si el lector examina estas figuras notará que están incluidos los componentes físicos.

¿Hasta qué punto se puede llevar esta expansión? ¿Cuántos niveles de diagramas son necesarios? Dado que la naturaleza y complejidad de los sistemas varía, no es posible anticipar un número específico de niveles. En general, se debe continuar con el proceso todo lo que sea necesario para comprender los detalles del sistema y la forma en que trabaja, teniendo cuidado de verificar todos los aspectos con usuarios que conocen el sistema. En los diagramas físicos de flujo de datos:

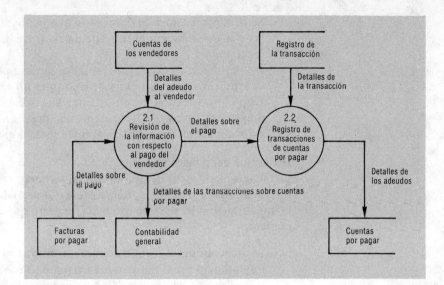

FIGURA 4.13
Diagrama de flujo de datos de segundo nivel para mantener los balances en las cuentas de los vendedores.

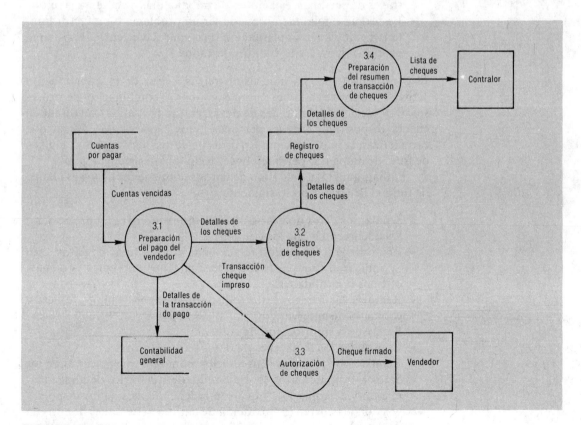

FIGURA 4.14
Diagrama de flujo de datos de segundo nivel para el procesamiento de pagos a los vendedores (elaboración de cheques).

- Se deben expander los procesos que incluyen varias tareas para las que es necesario el flujo de datos entre diferentes personas o localidades.
- No requieren de expansión aquellas tareas que son realizadas por una persona o en un escritorio, donde no existe flujo de datos. Estos lineamientos deben auxiliar al analista en el desarrollo de diagramas físicos de flujo de datos que sean de utilidad para el subsecuente análisis de las características lógicas del sistema.

Deducción del panorama lógico

Los diagramas físicos de flujo de datos son un medio para alcanzar un fin, no un fin en sí mismos. Recuérdese que se elaboran para describir la implantación del sistema existente, aspecto que es de interés por dos razones:

- Se debe estar seguro de tener la comprensión correcta de la implantación real del sistema existente (recuérdese que los usuarios discuten mejor el sistema físico tal y como lo conocen a través de personas, estaciones de trabajo, días de la semana, etc.).
- La propia implantación puede ser un problema o un factor limitante; cambiar la implantación, más que el concepto del sistema; proporcionará los resultados deseados.

El panorama lógico es una visión retrospectiva de la implantación actual y proporciona la base para examinar la combinación de procesos, flujo de datos, almacenes de datos, entradas y salidas sin tomar en cuenta dispositivos físicos, personas o los aspectos de control que caracterizan la implantación. En otras palabras, los diagramas lógicos de flujo de datos nos permiten hacer todo lo antes mencionado.

El diagrama lógico de flujo de datos se obtiene del diagrama físico de flujo al llevar a cabo lo siguiente:

- Señalar los *datos* necesarios en este momento para un proceso, no los documentos que los contienen.
- Remover la información relacionada con las rutas de datos; esto es, indicar el flujo entre los *procedimientos* y no entre personas, oficinas o localidades.
- Remover las herramientas y dispositivos (por ejemplo, folders y gabinetes de archivo).
- Remover la información de control.
- Consolidar los almacenes de datos redundantes.
- Remover los procesos innecesarios, como los que no cambian los datos o flujo de datos (por ejemplo: de itinerario, de almacenamiento y de copiado), y que son independientes de los dispositivos donde ocurren (preparación de datos o actividades de entrada de datos), o que representan un proceso único dentro del sistema (si existen procesos duplicados entonces deben consolidarse en un solo proceso).

Comentario al margen
Uso de diagramas físicos y lógicos de flujo de datos

Cuando se inicia el estudio de sistemas en un área poco familiar, el analista necesita obtener un panorama del terreno. Primero los elementos físicos: personas, reportes, documentos, gabinetes de archivo y eventos. No es raro recordar ciertos lugares o personas importantes. ("Este es el trabajo que realiza Judy" o "la autorización de las facturas se efectúa en las oficinas de contabilidad" o "aquí organizamos las cosas de esta manera porque es más fácil recordarlas".) Los diagramas físicos de flujo de datos representan estos elementos físicos.

Una vez que se tiene el panorama del terreno, se pueden estudiar con mayor cuidado los aspectos esenciales de una tarea. Para esto es necesario, por decirlo de algún modo, ir debajo de la superficie. Los diagramas lógicos de flujo son los que permiten hacer lo anterior.

Los diagramas lógicos de flujo de datos describen datos, procesos y eventos en forma diferente. Son más abstractos que sus contrapartes físicas, pero esta diferencia es importante. El analista tiene que conocer el trabajo que debe hacerse más que las personas que actualmente lo hacen. Lo anterior no significa que la gente no sea importante, claro que lo es. Aunque un empleado clave se enferme o decida abandonar la compañía, el trabajo tiene que continuar. Los escritorios, archivos y computadoras también cambian. Al centrarse en los elementos de fondo, aspectos lógicos y no físicos, es cuando el analista comprende la estructura del sistema. Sólo entonces el analista puede desarrollar una comprensión completa y sentar las bases para diseñar el sistema correcto.

Reglas generales para el dibujo de diagramas lógicos de flujo de datos

Varias de las reglas básicas que sirven como fundamento para los lineamientos que ya se han discutido, también son de utilidad para el dibujo de diagramas lógicos de flujo de datos:

1. Cualquier flujo de datos que abandone un proceso debe estar basado en los datos que entran al proceso.
2. Todos los flujos de datos reciben un nombre, el nombre refleja los datos que fluyen entre procesos, almacenes de datos, fuentes o destinos.
3. Sólo deben entrar al proceso los datos necesarios para llevarlo a cabo.
4. Un proceso no debe saber nada de ningún otro en el sistema, es decir debe ser independiente; la única dependencia que debe exis-

tir es aquella que esté basada en sus propios datos de entrada y
salida.

5. Los procesos siempre están en continua ejecución; no se inician ni
   tampoco se detienen. (Como se menciona en la historia al inicio
   del capítulo, los sistemas nunca son estáticos.) Los analistas
   deben suponer que un proceso siempre está listo para funcionar o
   realizar el trabajo necesario.

6. La salida de los procesos puede tomar una de las siguientes formas:

   a. Flujo de datos con información añadida por el proceso (por
      ejemplo, una anotación en la factura).
   b. Una respuesta o cambio en la forma de los datos (como un
      cambio en la forma de expresar las utilidades, de dólares a
      porcentajes).
   c. Un cambio de condición (de no autorizado a autorizado).
   d. Un cambio de contenido (integración o separación de la in-
      formación contenida en uno o más flujos entrantes de datos).
   e. Cambios en la organización (por ejemplo, separación física o
      reacomodo de datos).

Se recurrirá a las reglas anteriores conforme se documente y discuta la
aplicación de cuentas por pagar. Asimismo se presentarán normas a
seguir en el desarrollo de diagramas de flujo de datos, tanto lógicos
como físicos. Estas normas ya se han empleado en este capítulo pero
en las siguientes páginas se indican de manera explícita.

Expansión de los procesos para mayor detalle

Dado que la información contenida en el diagrama de contexto de la
figura 4.7 es inadecuada para explicar en su totalidad los requerimientos del sistema, es deseable describir el panorama lógico del procesamiento de cuentas por pagar con mayor detalle. La figura 4.15
"extiende" el procesamiento de cuentas por pagar en tres subprocesos:
AUTORIZACIÓN DE FACTURA, REVISIÓN DEL ADEUDO EN
LA CUENTA y EXPEDICIÓN DE CHEQUES. Cada uno es parte
del proceso de cuentas por pagar identificado en el diagrama de nivel
superior mostrado en la figura 4.7 y consecuencia de las actividades
previamente identificadas. Nótese que se han retirado todos los elementos físicos y se recalcan los datos y procesos que no dependen de la
implantación.

Los números 1.0, 2.0 y 3.0 se emplean para identificar los procesos. Se puede hacer referencia a ellos ya sea por sus números (como
1.0) o por sus nombres (como AUTORIZACIÓN DE FACTURA).

Este paso de la descripción descendente (top-down) se repite
muchas veces en una investigación de sistemas: primero se comprenden los detalles en cierto nivel y después se extienden éstos en forma

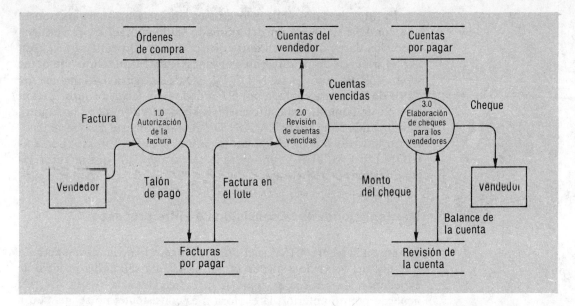

FIGURA 4.15
Diagrama de flujo de
datos del primer nivel
para el procesamiento
de cuentas por pagar.

pormenorizada en el siguiente nivel. La figura 4.15 muestra el proceso original extendido en tres subprocesos que añaden detalles a la comprensión del proceso de cuentas por pagar. En sistemas grandes, un solo proceso puede extenderse muchas veces hasta que se obtiene una cantidad adecuada de detalles que permitan a los analistas comprender el proceso.

Los diagramas de flujo de datos no tienen utilidad si se dibujan en forma inapropiada o se manejan sin cuidado. Algunas organizaciones, donde los diagramas de flujo de datos se diseñan en forma manual, establecen políticas que sugieren un límite para el número de procesos que se pueden incluir en un diagrama. La norma común es definir cada nivel inferior en términos de tres a siete procesos por cada proceso de nivel superior. El empleo de más de siete procesos hace que el diagrama sea difícil de manejar y dibujar. Los diagramas de flujo de datos son más fáciles de leer si es posible dibujar la descripción de un proceso en una hoja de papel. La norma de utilizar entre tres y siete procesos para describir uno de alto nivel, debe confinar la descripción en una sola hoja de papel. Si son necesarios más detalles, esto puede hacerse en el siguiente nivel.

Por otro lado, si se utilizan herramientas automatizadas como las estudiadas en otros capítulos, el dibujo de símbolos y la impresión de texto se hace ya sea con un graficador o con una impresora. En este caso el significado no es problema, al igual que el manejo de los diagramas. De esta forma, muchas de las restricciones antes mencionadas son a menudo innecesarias y, por tanto, puede incluirse en un solo diagrama un panorama mayor del sistema. En cualquier caso, sin embargo, los flujos de datos deben estar descritos en forma significativa.

El flujo de datos entre procesos es similar a un sobre o paquete que contiene datos en un determinado momento. El sobre contiene todos los datos que fluyen entre dos procesos. Sin embargo, si cada vez se mueven datos diferentes entonces existen dos flujos de datos separados. El flujo TALÓN DE PAGO de la figura 4.15 incluye los datos de la factura enviada por el vendedor y la fecha de autorización interna de compra, esta información siempre va junta y, por tanto, está incluida en el sobre TALÓN DE PAGO. En este caso sería incorrecto mostrar dos flujos de datos para el proceso 1.0 AUTORIZACIÓN DE FACTURA (uno para la factura y otro para la autorización de compra) del ejemplo.

Mantenimiento de la consistencia entre procesos

Nótese en la figura 4.15 que el primer proceso tiene la misma entrada (factura del vendedor) que en la figura 4.7. La salida del proceso de expedición de cheque es igual a la indicada en la figura 4.7. De acuerdo con lo anterior, la explosión es consistente; no se añadieron nuevas entradas o salidas a todo el proceso y las únicas que están presentes son las identificadas en el diagrama de nivel superior. Sin embargo, dentro del proceso, se identifican nuevos flujos y almacenes de datos. Nótese, por ejemplo, que los flujos de datos para FACTURA y REVISIÓN DEL ADEUDO EN LA CUENTA fueron identificados al extender el proceso de cuentas por pagar. Este es precisamente uno de los puntos importantes de la expansión hacia niveles inferiores: encontrar más detalles relacionados con los procesos internos.

Seguir convenciones de nivelación significativas

Nivelación es un término que se refiere al manejo de archivos locales (aquellos que se emplean dentro de un proceso). Los detalles relacionados con un solo proceso en un determinado nivel, deben permanecer *dentro* del proceso. *Los almacenes y flujos de datos que son relevantes únicamente para el interior del proceso, son ocultados hasta que el proceso se extiende con mayor detalle.*

La figura 4.7 muestra como entrada únicamente al almacén de DATOS DEL VENDEDOR. Este almacén se crea fuera del sistema de cuentas por pagar bajo estudio. Por otro lado, los almacenes de datos como CUENTAS POR PAGAR, ÓRDENES DE COMPRA y FACTURAS POR PAGAR (estudiados más adelante cuando se extienda con mayor detalle el sistema de cuentas por pagar) están contenidos en su totalidad dentro del proceso. La convención de nivelación señala que estos almacenes son internos al proceso, no entradas para él.

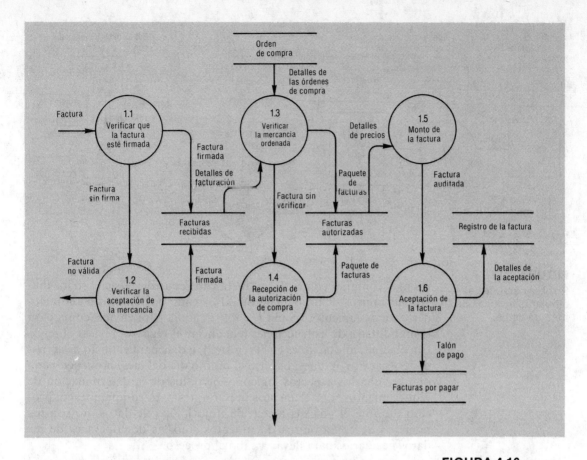

Añadir los controles sólo en los diagramas de bajo nivel

Los diagramas de flujo de datos desarrollados hasta este momento no incluyen información sobre los controles. No hacen ninguna mención sobre cómo manejar errores o excepciones, por ejemplo no indican cómo procesar las facturas incorrectas. Aunque esta información es necesaria en el análisis final, no es importante para identificar todos los flujos de datos. Los diagramas secundarios (por debajo del segundo o tercer nivel) muestran el manejo de errores y excepciones del proceso.

La figura 4.16 es el diagrama lógico de flujo de datos para el proceso AUTORIZACIÓN DE FACTURA de la figura 4.15. En esta figura no se tomaron en cuenta excepciones como facturas sin firma o facturas de compras sin pedido autorizado. Aun bajo estas condiciones el procesamiento de las facturas debe hacerse de manera correcta. Estos son detalles específicos del procesamiento de facturas y, por consiguiente, se añaden a la extensión de este proceso.

En los diagramas de flujo lógico es innecesaria cierta información física sobre los controles. La figura 4.17 incluye ejemplos de los erro-

FIGURA 4.16
Diagrama de flujo de datos de segundo nivel para el proceso de autorización de factura.

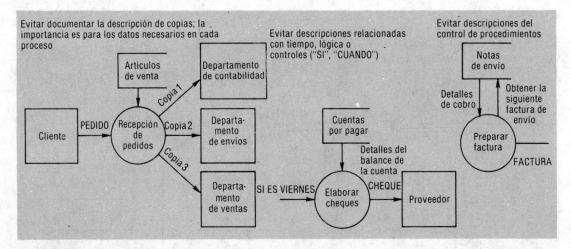

FIGURA 4.17
Errores comunes al dibujar diagramas de flujo de datos.

res más comunes cometidos al incluir los controles físicos en los diagramas lógicos de flujo de datos. El copiado de números o anotaciones para documentos (copia 1, copia 2, copia para envíos, copia para contabilidad), de instrucciones (encontrar el registro, revisar el registro, efectuar anotaciones en el registro), o días para el inicio de actividades (hacerlo el lunes, hacerlo el último día del mes) no tienen nada que ver con los aspectos lógicos y de datos de la determinación de requerimientos. Los elementos importantes para comprender un proceso durante el análisis lógico de flujo lógico de datos, no son los números de copia de los documentos sino las descripciones de los datos necesarios para llevar a cabo el proceso.

Asignar etiquetas significativas

Las descripciones asignadas a los flujos de datos y procesos deben decirle al lector qué está ocurriendo. Todos los flujos de datos deben tener un nombre que refleje con exactitud su contenido.

Asignación de nombre al flujo de datos Los nombres dados a los flujos de datos deben reflejar los datos de interés para los analistas, no los documentos o el lugar donde residen. Algunos sistemas, como los que emplean computadoras para el procesamiento en línea, pueden evitar el uso de papel casi por completo. Por ejemplo, una factura contiene varios elementos diferentes de información. Los analistas están interesados en aquellos que son importantes para un proceso en particular. Éstos pueden ser el número de la factura y la fecha de expedición, o la firma de autorización de la factura. Lo importante no es la hoja de papel. (Si después los analistas diseñan un sistema que no necesita papel, entonces las hojas serán omitidas pero los datos importantes seguirán siendo utilizados.)

Los datos que fluyen hacia los procesos experimentan cambios. Por consiguiente, el flujo de datos de salida tiene un nombre diferente al de entrada. (Si no se efectúa algún cambio en el flujo de datos, entonces ¿cuál es la finalidad del proceso?)

Asignación de nombre a los procesos Se deben asignar nombres a todos los procesos que les digan a los usuarios algo específico con respecto a la naturaleza de las actividades del proceso. Los nombres CONTROL DE INVENTARIOS, COMPRAS y VENTAS son muy generales para tener utilidad en un diagrama lógico de flujo de datos. Es mucho mejor utilizar AJUSTAR CANTIDAD, PREPARAR ORDEN DE COMPRA o CORREGIR PEDIDO DE VENTAS para describir los procesos.

Los siguientes lineamientos tienen como finalidad servir de ayuda para identificar los procesos en forma tal que sean útiles a las actividades subsecuentes de análisis y diseño:

1. Seleccionar nombres que indiquen la acción que se lleva a cabo. Lo más apropiado es escoger un verbo y un objeto que reciba la acción del verbo.
2. Asegurar que el nombre describa completamente el proceso. (Si un proceso edita y valida los datos asentados en la factura, entonces no debe dársele el nombre EDICIÓN DE FACTURAS.)
3. Seleccionar nombres para los procesos que expliquen el enlace entre los flujos de entrada y los de salida.
4. Evitar nombres vagos para los procesos como PROCESO, REVISIÓN, REUNIR u ORGANIZAR.
5. Utilizar los nombres de los procesos de bajo nivel ya que éstos son más específicos y descriptivos que los asociados con los procesos de alto nivel.
6. Asignar nombres a los procesos que sean únicos para la actividad que ellos describen.

Si se encuentra que el nombre de un proceso es vago o complejo entonces es probable que este hecho signifique que el proceso no está bien comprendido o que quizá sea necesario subdividirlo aún más en varios componentes. Los procesos complejos siempre deben simplificarse ya que durante la etapa de diseño existe la posibilidad de manejar las actividades de manera diferente. El análisis cuidadoso significa, más adelante, un diseño más eficiente.

Por otro lado, el sistema de numeración antes mencionado también sirve para identificar procesos, en especial entre diferentes niveles de detalles. No es necesario numerar el diagrama con el nivel más alto, que es el que define todo el sistema bajo estudio. Todos los diagramas asociados con niveles inferiores deben tener un número de identificación. Por ejemplo, se pueden identificar cinco procesos con los números 1, 2, 3, 4 y 5. A la extensión de estos procesos en los niveles inferiores se les asigna un decimal para indicar que son descripciones detalladas de un proceso de nivel superior. Por ejemplo, las cuatro extensiones del proceso 3 se identifican como 3.1, 3.2, 3.3 y 3.4. Las extensiones adicionales se denotan añadiendo dígitos decimales: 3.1.1, 3.1.1.1, 3.1.1.1.1, etcétera.

Las figuras 4.13 y 4.14 utilizan esta convención para explicar la autorización de la factura del vendedor y el proceso de pago dentro del procesamiento de cuentas por pagar. Nótese la forma como los números identifican los procesos de nivel superior. De esta forma, cuando se observa un diagrama, se conoce el nombre del proceso y el nivel de extensión mostrado.

La figura 4.18 combina todos los diagramas lógicos de flujo de datos dibujados hasta este momento para el ejemplo del sistema de cuentas por pagar.

Evaluación del diagrama de flujo de datos para verificar que es correcto

Es fundamental verificar con cuidado todos los diagramas de flujo para determinar si son correctos. Los errores, omisiones e inconsistencias se pueden presentar por varias razones, incluidas las equivocaciones al dibujar el diagrama. Pero es probable que la presencia de lo que parece ser un error señale una deficiencia en el sistema o en una situación en la que los usuarios no están al tanto de cómo opera cierto proceso.

Las siguientes preguntas son de utilidad para evaluar diagramas de flujo de datos:

1. ¿Existen en el diagrama de flujo de datos componentes que no tienen nombre (flujos de datos, procesos, almacenamientos, entradas o salidas)?
2. ¿Existen almacenes de datos que son entradas y a los que nunca se hace referencia?
3. ¿Existen procesos que no reciben entradas?
4. ¿Existen procesos que no generan salidas?
5. ¿Existen procesos que tienen varias finalidades? (Si es así, entonces se tienen que simplificar extendiéndolos en varios procesos para poder estudiarlos mejor.)
6. ¿Existen almacenes de datos a los que nunca se hace referencia?
7. ¿Es el flujo de datos que llega a un proceso adecuado para realizarlo?
8. ¿Existen demasiados datos en el almacén de datos (más que los detalles necesarios)?
9. ¿El flujo de datos que llega a un proceso es demasiado extenso para la salida que éste produce?
10. ¿Se introducen alias en la descripción del sistema? ¿Aparecen en el diccionario de datos? (Si no es así entonces pueden presentarse inconsistencias al describir y comprender el sistema.)

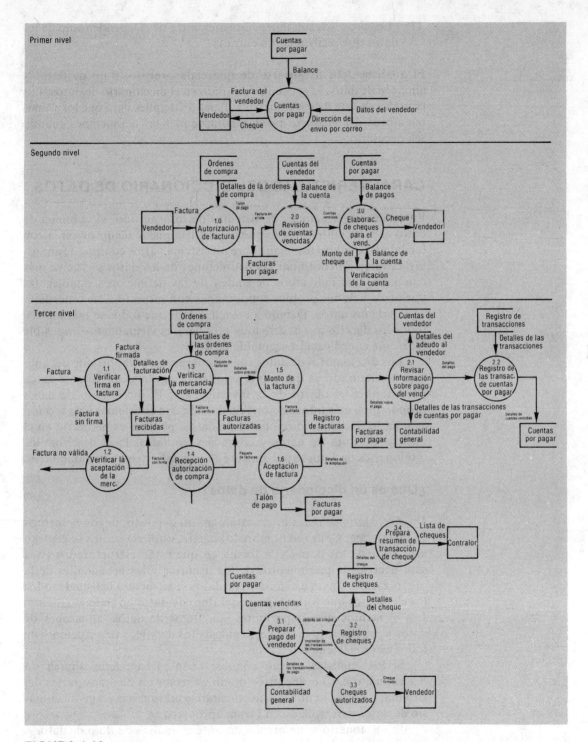

FIGURA 4.18
Ejemplo del sistema de cuentas por pagar donde se muestran los tres niveles de análisis.

11. ¿Los procesos son independientes entre sí? ¿Dependen sólo de los datos que reciben como entrada?

El analista debe asegurarse de que cada proceso, flujo de datos y almacén de datos se encuentre definido en el diccionario de datos. Las entradas de éste deben contener suficientes detalles para que los demás miembros del proyecto puedan comprender las definiciones cuando sea necesario.

CARACTERÍSTICAS DEL DICCIONARIO DE DATOS

En muchas aplicaciones de sistemas de información, el volumen de datos es esencial (más de lo que un analista puede seguir de cerca con facilidad). Cuando trabajan sobre un sistema varios equipos de analistas, la tarea de coordinar las definiciones de los datos se vuelve más compleja. Los individuos dependen de las definiciones establecidas por otros y de sus propias suposiciones con respecto a las especificaciones de los datos. Debido a esto, a menos que todos se reúnan casi todos los días (lo que ocurre muy rara vez), es virtualmente imposible tener una coordinación aceptable de datos.

Los diccionarios de datos son un componente importante del análisis estructurado ya que por sí solos los diagramas de flujo de datos no describen el objeto de la investigación. El diccionario de datos proporciona más información relacionada con el sistema. Esta sección estudia lo que es un diccionario de datos, por qué es necesario en el análisis de flujo de datos y cómo desarrollarlo. Para describir los diccionarios de datos se utilizará el ejemplo del sistema de contabilidad.

¿Qué es un diccionario de datos?

Un *diccionario de datos* es un catálogo, un depósito, de los elementos en un sistema. Como su nombre lo sugiere, estos elementos se centran alrededor de los datos y la forma en que están estructurados para satisfacer los requerimientos de los usuarios y las necesidades de la organización. En un diccionario de datos se encuentra la lista de todos los elementos que forman parte del flujo de datos en todo el sistema. Los elementos más importantes son flujos de datos, almacenes de datos y procesos. El diccionario guarda los detalles y descripciones de todos estos elementos.

Si los analistas desean conocer cuántos caracteres abarca un determinado dato o qué otros nombres recibe en distintas partes del sistema, o dónde se utiliza, encontrarán las respuestas en un diccionario de datos desarrollado en forma apropiada.

El diccionario se desarrolla durante el análisis de flujo de datos y auxilia a los analistas que participan en la determinación de los requerimientos de sistemas. Sin embargo, como se verá más adelante, también se emplea su contenido durante el diseño de sistemas. (En lo que toca al análisis de flujo de datos sólo son necesarios los detalles de flujo de datos. Pero después son necesarios detalles como la longitud de los datos, el volumen de transacciones y la secuencia en que se emplean. Es aconsejable capturar todas estas particularidades al mismo tiempo que se lleva a cabo la investigación detallada. Todos los detalles son validados al mismo tiempo que se verifica la información sobre el flujo de datos.)

Importancia del diccionario

Los analistas utilizan los diccionarios de datos por cinco razones importantes:

1. Para manejar los detalles en sistemas grandes.
2. Para comunicar un significado común para todos los elementos del sistema.
3. Para documentar las características del sistema.
4. Para facilitar el análisis de los detalles con la finalidad de evaluar las características y determinar dónde efectuar cambios en el sistema.
5. Localizar errores y omisiones en el sistema.

En lo que resta de esta sección se discute con gran detalle cada una de las anteriores razones.

Manejo de detalles

Los sistemas grandes tienen enormes volúmenes de datos que fluyen por ellos en forma de documentos, reportes e incluso pláticas (aun en los sistemas pequeños se observan grandes cantidades de datos). De manera similar, se llevan a cabo muchas actividades que utilizan los datos existentes o que generan nuevos detalles. Recuérdese, como se mencionó en la historia al inicio de este capítulo, que todos los sistemas experimentan cambios continuos y manejar de manera completa todos los detalles es un desafío. Con franqueza, es imposible que los analistas recuerden todo. Los que tratan de hacerlo cometen de manera invariable equivocaciones u olvidan elementos importantes. Los mejores analistas no intentan recordarlo todo, en lugar de hacerlo registran toda la información. Algunos lo hacen sobre hojas de papel y otros quizá sobre tarjetas indexadas. Muchos emplean para tal fin un procesador de palabras y una computadora personal por supuesto. Los analistas mejor organizados y más eficaces utilizan diccionarios de datos automatizados diseñados de manera específica para el análisis y diseño de sistemas. En este capítulo se muestra la forma en que operan este tipo de diccionarios. El capítulo 6 examina con detalle otras herramientas empleadas por los analistas.

Comunicación de significados

Los diccionarios de datos proporcionan asistencia para asegurar significados comunes para los elementos y actividades del sistema. Si se examina una muestra de diagramas de flujo de datos para el procesamiento de pedidos (ejemplo ya presentado en este capítulo), es probable que se tengan pocas dificultades para comprender qué datos representan a la factura y al cheque. Los dos son términos comunes en el mundo de los negocios y muchas personas conocen su significado. Pero, ¿lo que una persona entiende significa lo mismo para otra? ¿FACTURA significa la cantidad adeudada al proveedor?, ¿el monto incluye el impuesto y los gastos de envío?, ¿cómo se identifica una factura entre varias? Obtener respuestas para estas preguntas o verificar las suposiciones hechas con respecto a lo que significan las respuestas ayudará a aclarar y definir los requerimientos del sistema al describir de manera más completa los datos utilizados y generados por él. Los diccionarios de datos registran detalles adicionales relacionados con el flujo de datos en el sistema de tal forma que todas las personas participantes puedan localizar con rapidez la descripción de flujos de datos, almacenes de datos o procesos.

Documentación de las características del sistema

Documentar las características de un sistema es la tercera razón para utilizar los sistemas de diccionario de datos. Las características incluyen partes o componentes así como los aspectos que los distinguen. Claro está que además se desea conocer información relacionada con los procesos y almacenes de datos. Pero también es necesario saber bajo qué circunstancias se lleva a cabo cada proceso y con cuánta frecuencia ocurren éstas. Tener la descripción formal de las características del sistema produce una comprensión más completa de éste. Una vez que las características están articuladas y registradas, todos los participantes en el proyecto tendrán una fuente común de información con respecto al sistema.

Facilidad de análisis

La cuarta razón para hacer uso de los diccionarios de datos es determinar si son necesarias nuevas características o si están en orden los cambios de cualquier tipo. Supóngase que un analista trabaja con una universidad que está considerando permitir a sus estudiantes que se inscriban en los cursos por medio de una llamada telefónica al sistema en línea de inscripciones. ¿Qué preguntas debe formular el analista y qué información desearía tener disponible para examinarla? En cualquier situación, incluida la de este ejemplo, los analistas de sistemas abordan las siguientes características del sistema:

- *Naturaleza de las transacciones*
  Las actividades de la empresa que se llevan a cabo mientras se emplea el sistema, incluidos los datos necesarios para aceptar, autentificar y procesar cada actividad.

Ejemplo: ¿Permite el sistema el procesamiento de las transacciones de inscripción a cursos para las que el pago se efectúa por medio de una tarjeta de crédito bancaria? ¿Qué características adicionales son necesarias para permitir la inscripción por medio de una llamada telefónica? ¿En qué forma se recibirán los pagos si los estudiantes deciden no hacerlos por medio de una tarjeta de crédito?

- *Preguntas*
  Solicitudes para la recuperación o procesamiento de información para generar una respuesta específica.
  Ejemplo: Los datos del estudiante y los que describen los cursos se encuentran en dos archivos separados que no están ligados. ¿Cómo se pueden poner en forma conjunta a disponibilidad de los asesores que desean ayudar a los estudiantes en la planeación de sus programas de estudio y horarios de clase?

- *Salida y generación de reportes*
  Resultados del procesamiento hecho por el sistema que son presentados a los usuarios en una forma aceptable para ellos.
  Ejemplo: ¿Cómo identificar a aquellos estudiantes que se inscribirán por teléfono para generar un listado de ellos que pueda incluirse en un reporte por separado? ¿Cómo dotar a estos estudiantes con un expediente firmado igual al que tienen ahora los que acuden a inscribirse a la universidad?

- *Archivos y bases de datos*
  Detalles de las transacciones y registros maestros que son de interés para la organización.
  Ejemplo: ¿Qué datos deben capturarse para verificar la exactitud y autenticidad de las transacciones que se realizan por vía telefónica?

- *Capacidad del sistema*
  Habilidad del sistema para aceptar, procesar y almacenar transacciones y datos.
  Ejemplo: ¿Cuántos estudiantes se pueden registrar al mismo tiempo por vía telefónica? ¿Cuál es el número actual y esperado de estudiantes que pueden inscribirse en una hora?

Localización de errores y omisiones

Tener información en un diccionario relacionada con las características del sistema —transacciones, consultas, datos y capacidad— dice mucho con respecto al sistema y permite evaluarlo. Pero para esto es necesario saber que la propia información es completa y exacta. Por consiguiente, los diccionarios se emplean por una quinta razón: localizar errores en la descripción del sistema. El conflicto entre descripciones de flujos de datos, procesos que nunca reciben entradas o producen salidas, almacenes de datos que nunca se actualizan etc., son indicadores de un análisis incorrecto o incompleto; se debe corregir esta situación antes de determinar los cambios que sean necesarios.

Los sistemas automatizados de diccionarios de datos tienen características que detectan estas dificultades y las presentan en un reporte. Aun en los diccionarios manuales, el proceso de registrar la información revela los errores.

Contenido de un registro del diccionario

Todas las partes de un sistema de información —transacciones, consultas, reportes, salidas, archivos y bases de datos— dependen de los datos. El diccionario contiene dos tipos de descripciones para el flujo de datos dentro del sistema: elementos de datos y estructuras de datos. Los elementos de datos se agrupan para formar una estructura de datos.

Elemento dato

El nivel más importante de datos es el *elemento dato*. (Es probable que usted conozca otros nombres que se le dan a este término: campo, dato o parte elemental.) Ninguna unidad más pequeña tiene siginificado para los analistas de sistemas o usuarios. Por ejemplo, el número de la factura, su fecha de expedición y la cantidad adeudada son elementos dato incluidos en el flujo de datos de la facturación.

Los elementos dato son los bloques básicos para todos los demás datos del sistema. Por sí mismos no conllevan suficiente significado para ningún usuario. Por ejemplo, el significado de FECHA en relación con una factura es claro para todos los usuarios: es la fecha en que expidió la factura. Sin embargo, fuera de este contexto no tienen ningún significado. Quizá sea la fecha de pago, de graduación, de inicio o la de expedición de la factura.

Estructuras de datos

Una *estructura de datos* es un grupo de datos elementales que están relacionados con otros y que en conjunto describen un componente del sistema. Por ejemplo, la estructura de datos FACTURA está definida por un grupo de datos elementales que incluyen la fecha de expedición de la factura, el vendedor, la dirección de éste y detalles relacionados con los artículos que ampara la factura (Fig. 4.19).

Los flujos y los almacenes de datos son estructuras de datos. Están formados por elementos relevantes que describen la actividad o entidad bajo estudio.

La figura 4.20 define TALÓN DE PAGO. Esta estructura muestra de manera clara los componentes principales del paquete de facturas y los datos de autorización de pago. Estas estructuras de datos se dividen hasta sus niveles más bajos de datos elementales. Por ejemplo, los detalles relacionados con el vendedor, la referencia de la orden de compra, los detalles de los artículos y la cantidad adeudada son datos elementales de la estructura de datos DETALLES DE LAS FACTURAS.

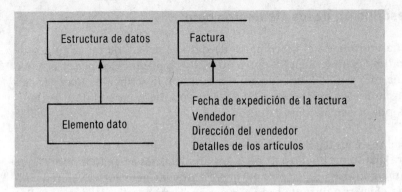

FIGURA 4.19
Relación de componentes en un diagrama de flujo de datos.

TALÓN DE PAGO

PAQUETE DE FACTURA

Detalles del vendedor
   Nombre
   Dirección
   Teléfono ....   área opcional si el teléfono es local
Número de factura ....   opcional
Fecha de expedición de la factura
Referencia de la orden de compra ....   opcional
Detalles de los artículos ....   repetir para cada artículo
Monto adeudado ....   Una vez verificado se denomina
                               "Factura auditada"

Acuse de recibo
   Fecha de recepción
   Nombre de quien recibe ....   cuando está presente recibe el nombre
                               de "Factura firmada"

   Autorización de compra ....   se puede añadir después de recibir la
                               factura si la orden es especial

   Número de orden de compra
   Prefijo del departamento
   Fecha de la orden de compra

                               cuando está presente se denomina
AUTORIZACIÓN DE PAGO ....   "Factura autorizada"
   Autorización de auditoría
   Detalles del talón:
     Número
     Fecha de expedición
     Número de cuenta en la contabilidad
     general ....   pueden ser varias cuentas
   Monto total a pagar

FIGURA 4.20
Descripción de datos empleados en el procesamiento de cuentas por pagar.

Descripción de los elementos dato

Cada entrada en el diccionario de datos consiste de un conjunto de detalles que describen los datos utilizados o producidos por el sistema. Cada uno está identificado con un nombre, descripción, alias y longitud, junto con el intervalo de valores específicos para el dato permitidos por el sistema bajo estudio.

Nombre de los datos

Para distinguir un dato de otro, los analistas les asignan nombres que sean significativos. Los nombres se emplean para hacer referencia a cada elemento durante todo el proceso de desarrollo de sistemas. Por consiguiente, debe tenerse cuidado al seleccionar nombres para que éstos sean comprensibles y significativos. Por ejemplo, la fecha de la factura tiene mayor significado si se le asigna el nombre FECHA DE LA FACTURA más que ABCXXX.

Algunas organizaciones imponen estándares para el desarrollo de nombres de datos (que a menudo imitan a los estándares de los lenguajes de programación que se emplean en ese momento). Un estándar común especifica que los nombres de los datos no deben ser mayores de treinta caracteres (letras mayúsculas desde la A hasta la Z, números desde 0 hasta 9 y el guión) y tampoco deben contener espacios en blanco. En este caso la fecha se escribiría como FECHA-DE-LA-FACTURA.

Descripción de los datos

La descripción de un dato indica de manera breve lo que éste representa en el sistema. Por ejemplo, la descripción para FECHA-DE-LA-FACTURA señala que es la fecha en la que se preparó el documento (para distinguirla de la fecha en que fue enviada por correo o recibida para su pago).

Las descripciones de datos deben escribirse con la suposición de que la persona que las leerá no sabe nada con respecto al sistema. Deben evitarse la jerga del campo o los términos especiales; todas las palabras deben ser comprensibles para el lector.

Alias

Con frecuencia el mismo dato recibe varios nombres, mismos que dependen de quién haga uso del dato. Estos nombres se denominan *alias.* Por ejemplo, en otras áreas de la organización el término FACTURA puede recibir los siguientes nombres: ESTADO, NOTA o DOCUMENTO DE PRECIO.

Por otro lado, cuando los datos aumentan durante el procesamiento y esto se refleja en sus nombres entonces ya no son alias. Por ejemplo, si FACTURA se convierte en FACTURA AUTORIZADA y ésta a su vez en FACTURA AUDITADA entonces los términos *no* son alias uno de otro. El procesamiento realizado para *aprobar* o

Símbolo	Significado	Explicación	Uso
=	es equivalente a	Alias	Denota sinónimos
+	y	Concatenación. Define componentes que siempre están incluidos en una estructura de datos en particular	Denota una relación de secuencia
[ ]	uno u otro	Define opciones entre los componentes de una estructura de datos	Denota una relación de selección
{ }	iteraciones de	Define la repetición de un componente en una estructura de datos	Denota una relación de iteración
( )	opcional	Define iteraciones que ocurren sólo cero o una vez	Denota una relación opcional

auditar la factura cambia los datos al añadir otros detalles. En cierto sentido el proceso *añade valor* ya que se adicionan detalles a lo que ya se conoce con respecto a la factura.

Un diccionario de datos significativo debe incluir todos los alias.

FIGURA 4.21
Notación utilizada para indicar las relaciones estructurales entre los datos.

Longitud

Cuando se dearrollan más adelante las características de diseño de los sistemas (véanse capítulos 7 a 14), es importante saber la cantidad de espacio necesario para cada dato. Los analistas pueden plasmar todos estos detalles cuando desarrollan diagramas de flujo de datos. La longitud identifica el número de espacios (para letras, números o símbolos) necesarios para cada dato pero sin considerar la forma en que serán almacenados. En otras palabras, si el nombre de un cliente consta hasta de 30 caracteres cuando sea escrito sobre una forma de pedido, entonces la entrada correspondiente en el diccionario de datos debe señalar una longitud igual a 30.

Valores de los datos

En algunos procesos sólo son permitidos valores muy específicos para los datos. Por ejemplo, a menudo los números de orden de compra en muchas organizaciones tienen como prefijo una letra que indica el departamento que dio origen a la orden. Este detalle se encuentra en la descripción de los números de departamento en el diccionario de datos. La siguiente tabla muestra los prefijos utilizados por una compañía para los números de orden de compra:

Prefijo	Departamento
C	Contabilidad
O	Compras

PREFIJO	DEPARTAMENTO
M	División de manufactura
P	Personal
V	Ventas
T	Transporte

Más adelante el sistema puede ser diseñado para que sólo acepte como entradas los prefijos anteriores.

Si los valores de los datos están restringidos a un intervalo específico, esto debe verse reflejado en la correspondiente entrada del diccionario de datos. Con frecuencia los campos relacionados con datos de finanzas (dólares y centavos) tienen valores limitados. Por ejemplo, si el precio de cualquier producto vendido por la compañía nunca excede los 25 dólares entonces esta anotación pertenece al diccionario de datos. De manera similar, debe asentarse el hecho de que todos los números de las órdenes de compra deben tener cinco dígitos significativos. Todos estos detalles serán de utilidad a los analistas más adelante, cuando diseñen los controles del sistema. En ese momento ellos deben asegurarse de que el sistema trate los números que tengan cuatro dígitos como un error.

Descripción de las estructuras de datos

Las estructuras de datos se construyen sobre cuatro relaciones de componentes; estos últimos pueden ser datos u otras estructuras de datos. Se pueden utilizar las siguientes combinaciones ya sea en forma individual o en conjunción con alguna otra (Fig. 4.21):

- *Relación secuencial*
  Define los componentes (datos u otras estructuras de datos) que siempre se incluyen en una estructura de datos en particular; concatenación de dos o más datos.
- *Relación de selección (uno u otro)*
  Define alternativas para datos o estructuras de datos incluidas en una estructura de datos.
- *Relación de iteración (repetitiva)*
  Define la repetición de un componente cero o más veces.
- *Relación opcional*
  Caso especial de la iteración; los datos pueden estar o no incluidos, esto es, una o ninguna iteración.

Relación secuencial
Las estructuras de datos basadas en una *relación secuencial* incluyen un conjunto definido de componentes. Los elementos están incluidos, sin excepción, en la estructura de datos. Por ejemplo, el expediente de

un estudiante universitario incluye el nombre del estudiante y su dirección; este par de datos son esenciales.

Los profesionales en sistemas llaman *concatenación* a la unión de varios elementos discretos dentro de una estructura más grande. El nombre completo de una persona, por ejemplo, es la concatenación de su nombre y apellidos paterno y materno.

Las relaciones secuenciales también pueden incluir otras estructuras de datos. Por ejemplo, la estructura de datos: DATOS DEL ESTUDIANTE incluye datos por separado y una estructura más compleja:

NOMBRE:
    NOMBRE DE PILA
    APELLIDO PATERNO (letra inicial)
    APELLIDO MATERNO
DIRECCIÓN
CIUDAD
ESTADO
CÓDIGO POSTAL
NÚMERO TELEFÓNICO

Esta jerarquía de datos, bastante común en sistemas de información, debe preservarse en el diccionario de datos. Cada una de las cuatro relaciones estudiadas en esta sección tienen esta característica.

Considérese de nuevo el ejemplo de inscripción a los cursos. A continuación se define una estructura para los cursos académicos que contiene los datos necesarios para describir cada curso:

CURSO
    CLAVE DEL CURSO
    NOMBRE DEL CURSO
    CRÉDITOS
    DEPARTAMENTO
    HORARIO
    DÍAS
    PROFESOR

En lenguaje sencillo, la definición de esta estructura de datos puede leerse de la siguiente forma: "La estructura de datos CURSO está formada por la concatenación de los siguientes datos: CLAVE DEL CURSO, NOMBRE DEL CURSO, CRÉDITOS, DEPARTAMENTO, HORARIO, DÍAS y PROFESOR." Cuando se diseña un sistema de información y sus procesos de soporte, archivos y bases de datos, siempre serán necesarios estos informes para describir los cursos.

Relación de selección

En algunos casos la estructura de datos está formada por varias opciones. La *relación de selección* representa estas opciones e indica *uno u otro*. Esto es, debe seleccionarse el objeto de un conjunto de dos o más (deben existir por lo menos dos objetos, de otro modo la selección es innecesaria).

Todos los estudiantes son identificados por medio de un número de matrícula que evita la posibilidad de confundir estudiantes que tienen nombres similares o duplicados. En términos de una estructura de datos, esta relación se muestra como una selección. Ésta se incluye en una parte de la estructura de datos NOMBRE:

> *ESTUDIANTE*
>   NOMBRE
>   DIRECCIÓN
>   CIUDAD
>   ESTADO
>   CÓDIGO POSTAL
>   NÚMERO TELEFÓNICO
>   y uno de los siguientes
>   MATRÍCULA DEL ESTUDIANTE
>   NÚMERO DEL SEGURO SOCIAL

Esta estructura de datos indica que todos los estudiantes deben proporcionar ya sea su número de seguro social o la matrícula asignada a ellos por la universidad; se espera que todos los estudiantes que son ciudadanos de los Estados Unidos obtengan un número de seguro social; los de otros países no tienen número de seguro social y, por tanto, la universidad les asigna un número de matrícula. La estructura de datos debe permitir cualquier opción.

No deben confundirse las opciones uno u otro en la estructura de datos con valores de los datos alternativos. Por ejemplo, en las instituciones educativas financiadas por el gobierno se debe clasificar a todos los estudiantes, para fines de pago de cuotas de inscripción, como residentes o no del estado. Es poco probable obtener esta información con el ejemplo de la matrícula del estudiante. La residencia depende de la presentación de una entidad específica (el estudiante que ha sido clasificado en este aspecto de una u otra forma). La selección de un número de identificación es estructural; es el dato y no su valor el que cambia.

Otros ejemplos de selección son los siguientes:

nombre del padre; nombre del tutor
dirección temporal; dirección permanente
código postal con cinco dígitos; código postal con nueve dígitos;
código postal (seis dígitos o caracteres)

En contraste, los siguientes ejemplos dependen del valor de los datos y, por tanto, no se muestran como una selección:

SUPERVIVENCIA ORGANIZACIONAL: FACTORES CRÍTICOS PARA EL ÉXITO

Ayudar a los gerentes a identificar los factores que son importantes para la supervivencia de la organización es el objetivo del *método de los factores críticos para el éxito* en la planificación de sistemas de información en las empresas. Desarrollado inicialmente por un equipo de investigación en el Instituto Tecnológico de Massachusetts (MIT), este enfoque es muy utilizado por los consultores en planeación de sistemas.

Definición y clasificación de los factores críticos del éxito. En cualquier organización existen factores que afectan a todo su funcionamiento (elementos clave que siempre deben estar disponibles y tareas que deben llevarse a cabo si se desea que la organización tenga éxito). Los factores críticos para el éxito son aquellas áreas clave de la empresa que deben funcionar en forma correcta para que la compañía tenga éxito. La información pertinente de los factores críticos para el éxito debe describir tanto las operaciones internas como las consideraciones externas, tales como eventos significativos que tienen impacto sobre la compañía, las tendencias en la industria y los competidores.

Los factores críticos para el éxito se clasifican en dos tipos: los *factores de control* que son importantes cuando se desean resultados a corto plazo, y los *factores de construcción* que son significativos a largo plazo para el desarrollo de nuevos mercados o la adopción de nuevas estrategias competitivas.

Fuentes. Las fuentes de factores críticos para el éxito incluyen:

1. el área o campo en el que compite la organización;
2. la estrategia competitiva y la posición de la organización dentro de la industria;
3. factores ambientales como costos de energía, aspectos relacionados con el desecho de desperdicios y disposiciones gubernamentales;

4. aspectos que afectan la oferta y la demanda, y
5. asuntos temporales como el reemplazo de personal o modificaciones a la planta física.

Conforme cambien las prioridades de la administración en una organización, también lo harán los factores que son críticos para su éxito.

Identificación de los factores críticos para el éxito. Para identificar estos factores se realizan entrevistas basadas en estrategias a corto y a largo plazo, importancia del trabajo, metas y objetivos y otra información de tipo subjetivo.

La prioridad que la administración asigna a cada factor específico debe reflejarse en la planeación y desarrollo de los sistemas de información de la organización. Es de gran ayuda aislar entre tres y siete factores estrechamente relacionados con el éxito de la organización para desarrollar sistemas de reportes y determinar el contenido de las bases de datos de toda la corporación.

Evaluación del método. El método de los factores críticos para el éxito identifica de manera eficaz los elementos claves en una organización y sugiere los caminos para incluirlos en el diseño de sistemas de información. Por otra parte se obtienen otros beneficios por la participación directa de los altos gerentes en este método de planeación de sistemas de información, ya que el trato con ellos proporciona una idea sobre la información que es importante para la gerencia y toda la organización en su conjunto.

La habilidad del entrevistador tiene influencia sobre el éxito potencial de este método. El equipo del MIT es experto en el empleo de este método pero queda en duda si otros equipos pueden emular este éxito. En todos aquellos sitios donde el método pueda aplicarse con resultados similares, éste ofrecerá ventajas en la planeación de sistemas de información.

Residencia: dentro de la universidad; fuera de la universidad

Clase: primero, segundo, tercero o cuarto año

Estado: graduado; no graduado

Escuela: contabilidad; artes y ciencias; medicina; leyes; ingeniería

Estos ejemplos no son de tipo estructural y, por tanto, no cambian la estructura de datos.

Relación de iteración

La *iteración* implica repetición. Al definir estructuras de datos, la relación de iteración significa que los elementos que componen una estructura están repetidos. ¿Cuántas veces? Esto depende de la entidad específica descrita en ese momento. En general, sin embargo, se suele afirmar que en una relación de iteración los datos en la estructura de datos se repiten cero, una o más veces. El analista de sistemas puede indicar para *una aplicación* específica valores mínimo y máximo para la repetición de los datos; o dejarlos sin definir.

El ejemplo sobre los cursos muestra iteración. Durante un determinado trimestre los estudiantes se inscriben a clases, pero el número específico de cursos cambia de una persona a otra ya que algunos toman más cursos que otros. Los datos necesarios para cada periodo lectivo forman una estructura de datos.

La estructura de datos INSCRIPCIÓN AL PERIODO LECTIVO está formada por los siguientes elementos:

INSCRIPCIÓN AL PERIODO LECTIVO
    PERIODO
    AÑO
    ASESOR
    desde una hasta seis iteraciones de CURSO:
        CLAVE DEL CURSO
        NOMBRE DEL CURSO
        CRÉDITOS
        DEPARTAMENTO
        HORARIO
        DÍAS
        PROFESOR

En esta estructura de datos se encuentra que los datos PERIODO LECTIVO, AÑO y ASESOR son mandatorios y se incluyen sólo una vez. Además también se incluyen los datos que describen cada curso, que son los mismos para cada uno. ¿Cuántas iteraciones de CURSO están incluidas en INSCRIPCIÓN AL PERIODO LECTIVO? Esto depende del programa particular de cada estudiante. Para estar inscritos, los estudiantes deben tomar *por lo menos* un curso pero el *máximo* permitido es de seis.

Factura	= Solicitud de pago *para algunos puede no estar etiquetada*
Talón de pago	= Paquete de factura + autorización de pago
Recepción de factura	= Factura firmada
Autorización de auditoría	= Factura auditada
Autorización de compra	= $\begin{bmatrix} \text{Número de orden de compra} \\ \text{Autorización del gerente} \end{bmatrix}$ + fecha de autorización
Detalles de los artículos	= Número de artículo + descripción del artículo + costo del artículo + número de artículos
Monto de la factura	= {Número de artículos} + costo de envío (+ impuestos de venta)
Saldo del vendedor	= Saldo inicial + {compras} + {pagos} + {créditos}
Saldo inicial	= Saldo del vendedor *sirve de base para el ciclo del siguiente mes*
Símbolos:	= es equivalente a
	+ y
	[ ] uno u otro
	{ } iteraciones de
	( ) opcional
	* delimita anotaciones

FIGURA 4.22
Descripciones de datos y notación utilizada.

Relación opcional

Algunos elementos dato pueden ser opcionales. Más que mostrarlos como un caso especial de iteración, esto es como *cero o una* iteración; es más eficiente indicar que estos elementos pueden o no estar incluidos.

En una universidad en general se encuentra que durante las inscripciones se presentan como opciones el pago de varias cuotas especiales. Para desarrollar una estructura de datos que proporcione soporte para esta situación, lo primero es hacer una lista de los datos que son opcionales:

Cuota de inscripción
Cuota por actividades deportivas
Recargos por pago extemporáneo
Cuota de laboratorios
Cuota de estacionamiento
Cuota por graduación

En otras situaciones también se pueden clasificar otros datos como opcionales. Algunos de ellos son el número telefónico, nombre y apellidos del cónyuge, carrera, área de especialización y nombre del asesor; este tipo de datos depende de la institución para la que será desarrollado el sistema.

```
DATOS ESTUDIANTE = NOMBRE + DIRECCIÓN + CIUDAD + ESTADO +
                   CÓDIGO POSTAL + NÚMERO TELEFÓNICO
                   + [MATRÍCULA | NÚMERO DE SEGURO SOCIAL]
                   + {CLAVE DEL CURSO + NOMBRE DEL CURSO + CRÉDITOS +
                      DEPARTAMENTO + HORARIO + + DÍA + PROFESOR}
                   + PERIODO LECTIVO
                   + AÑO
                   + ASESOR
NOMBRE            = NOMBRE + (APELLIDO PATERNO) + APELLIDO MATERNO
```

FIGURA 4.23
Estructura de datos
para los datos de los
estudiantes.

Notación empleada en el diccionario de datos

Los analistas utilizan símbolos especiales con la finalidad de limitar la cantidad de texto necesario para describir las relaciones entre datos y al mismo tiempo mostrar con claridad las relaciones estructurales. La figura 4.22 muestra estos símbolos especiales y su uso. La figura 4.23 utiliza estos símbolos para describir la estructura de datos ESTUDIAN-TE.

Para demostrar el valor que tiene el empleo de una notación formal se utilizará el ejemplo del sistema de procesamiento de pedidos para describir los flujos de datos. En este caso se presentará la especificación completa en el diccionario de datos de los flujos y almacenes de datos.

Las estructuras de datos se describen al vincular los datos sobre artículos en particular con un signo (+). Se observa que DETALLES DE LOS ARTÍCULOS proviene de NÚMERO DE ARTÍCULO, DESCRIPCIÓN, COSTO y EXTENSIÓN. El monto de una factura, MONTO DE LA FACTURA, está formado por EXTENSIÓN + COSTOS DE ENVÍO + IMPUESTOS DE VENTA.

La definición de MONTO DE LA FACTURA incluye llaves ({}) alrededor de EXTENSIÓN. Con frecuencia las facturas contienen detalles sobre más de un artículo. En este caso, el monto total de la factura se obtiene al sumar el precio de cada artículo. Este es un ejemplo de iteración: el precio de los artículos se suma hasta que no existan más (después de esto se añaden costos de envío e impuestos). La definición de ESTADO DE CUENTA DEL VENDEDOR, muestra cómo se contabilizan varias facturas de un mismo proveedor para calcular la cantidad adeudada en la cuenta. Los pagos y créditos pueden tener cero, una o más ocurrencias.

En ocasiones existen *ocurrencias opcionales*. Por ejemplo, un número telefónico puede tener una extensión pero este detalle no es esencial en todos los casos. Los datos opcionales se muestran entre paréntesis.

Si un objeto debe estar presente pero su valor puede ser uno de

NOMBRE DEL FLUJO DE DATOS:Paquete de factura
DESCRIPCIÓN: Detalles de la factura firmada por el
    vendedor y autorización interna de compra - no auditada para
    comprobar el monto total y de los impuestos
PROVENIENTE   1.3 verificación de la mercancía ordenada
DE LOS PROCESOS: 1.4 recepción de la autorización de compra
PARA LOS PROCESOS: 1.5 monto de la factura (en el lote de
    facturas retrasadas)
ESTRUCTURAS DE DATOS: Paquete de factura
                            - detalles de la factura
                            - acuse de recibo
                            - autorización de compra

FIGURA 4.24

Entrada que ejemplifica el flujo de datos en el diccionario de datos.

entre varios, entonces se hace referencia a esta situación como *relación uno u otro.* Los corchetes ([ ]) indican este caso en el diccionario de datos. Por ejemplo, AUTORIZACIÓN DE COMPRA puede ser ya sea NÚMERO DE ORDEN DE COMPRA o AUTORIZACIÓN DE LA GERENCIA. El hecho de que la figura 4.22 muestre ambos datos entre paréntesis rectangulares, significa que debe estar presente uno o el otro.

En algunos casos se emplean varios términos diferentes para describir la misma entidad. Los *alias,* como se denomina a estos sinónimos, se representan con facilidad con un signo igual (=) que vincula los datos. Por ejemplo, FACTURA y SOLICITUD DE PAGO son alias; los dos términos se refieren al mismo dato. De manera similar, los términos AUDITORÍA APROBADA y FACTURA AUDITADA son alias, tal como se describe en la figura 4.22.

REGISTRO DE LAS DESCRIPCIONES DE DATOS

Dado que las descripciones de datos se utilizarán una y otra vez durante toda la investigación y después durante el diseño, es aconsejable adoptar un formato fácil de usar tanto para el registro como para la recuperación de detalles cuando sea necesario. En esta sección se presentan varias muestras de formatos. Éstos emplean los principios y la notación desarrollada en la sección anterior.

Definición de los flujos y almacenes de datos

Una explicación completa de todos los elementos del diagrama de flujo de datos incluye una descripción de cada flujo de datos, estructuras de datos y procesos. La figura 4.24 muestra un formato para

ALMACÉN DE DATOS: Facturas autorizadas

DESCRIPCIÓN: Solicitudes por parte del vendedor para procesamiento. Detalla la mercancía recibida, costo de cada artículo y contiene la firma del empleado que recibe la mercancía

FLUJOS DE DATOS RECIBIDOS:
1.1 factura con firma
1.2 factura con firma – cuando la firma es necesaria

FLUJOS DE DATOS PROPORCIONADOS: Detalles de los artículos asentados en el lote de facturas

DESCRIPCIÓN DE DATOS:
Detalles del vendedor	Detalles de los artículos
Número de factura	Cantidad adeudada
Fecha de expedición de la factura	
Referencia de la orden de compra	

VOLUMEN: 200 al día, crecimiento anual 10%; la mayor carga de trabajo se presenta al inicio de cada mes

ACCESO: Retrasado hasta completar el lote; una vez completado se tiene acceso a cualquiera de ellas; el procesamiento dentro del lote es secuencial

FIGURA 4.25

Entrada que ejemplifica el almacén de datos en el diccionario de datos.

asentar estos detalles. El flujo de datos PAQUETE DE FACTURAS, que también aparece en la figura 4.20, se origina en los procesos 1.3 y 1.4 y se convierte en la entrada del proceso 1.5: MONTO DE LA FACTURA. Este ejemplo ilustra un flujo de datos complejo y recalca el flujo de datos, no el movimiento de documentos. La factura no está aprobada en forma oficial hasta que es verificada contra una orden de compra autorizada. Si esta última no existe cuando se recibe la mercancía, entonces la autorización se emprende como un paso aparte antes de que sea posible el procesamiento subsecuente. En consecuencia, los datos del paquete de facturas pueden arribar en dos flujos diferentes. Tal como lo indica la figura 4.20, existe un retraso en el procesamiento de las facturas verificadas; éstas son colocadas en un lote (representado por el almacén de datos) hasta que dé inicio el siguiente paso del procesamiento.

Todos estos detalles son capturados en una forma especial para el flujo de datos. Cada flujo de datos recibe un nombre y se describe de manera breve. Asimismo, se incluyen los nombres y la identificación de los procesos asociados con el flujo de datos. Para completar la definición del flujo de datos, se listan todas las estructuras de datos apropiadas. (No es necesario definir el contenido de las estructuras de datos, éste se encuentra en otra parte del diccionario de datos.)

La entrada correspondiente al almacenamiento de datos describe los flujos de datos hacia y desde el almacén así como el volumen (cantidad) de éstos, lo que constituye un indicador de la carga de trabajo en esta parte del sistema. La figura 4.25 muestra el contenido del almacén de datos para FACTURAS AUTORIZADAS. La entrada

```
ESTRUCTURA DE DATOS:  Talón de pago
DESCRIPCIÓN:           Aprobación interna y de la factura,
autorización de compras y auditoría de la factura; señala el pago
a realizar por mercancía o servicios.
CONTENIDO: Paquete de factura
              detalles de la factura
              nombre del vendedor
             (número de factura)
              fecha de expedición de la factura
             (referencia de la orden de compra)
             (detalles de los artículos)
              Cantidad adeudada

              acuse de recibo
              autorización de compra
          Autorización de pago
              autorización de auditoría
              detalles del talón de pago
VOLUMEN:      200 al día
```

FIGURA 4.26

Entrada que
ejemplifica una
estructura de datos en
el diccionario.

de acceso en el diccionario de datos, indica la forma en que se recupera el dato almacenado para la siguiente etapa de procesamiento.

Definición de estructuras de datos

Los flujos y almacenes de datos *son* estructuras de datos. Dicho de otra forma, si las estructuras de datos están en movimiento reciben el nombre de flujos de datos. En contraste, las estructuras de datos que no están en movimiento se denominan almacenes de datos.

Todas las estructuras de datos están definidas en una entrada del diccionario de datos. El volumen de detalles indica el nivel de actividad, así como el número de transacciones o la rapidez de cambio, todo esto para un dato durante un periodo determinado de tiempo.

La figura 4.26 contiene una entrada común del diccionario de datos. Ésta describe la estructura de datos para TALÓN DE PAGO que está formada por todos los detalles sobre los pagos y autorizaciones. La notación indica que pueden incluirse varios artículos en una factura (hecho señalado por llaves que representan iteración).

Se utilizan definiciones por separado para los artículos con la finalidad de describir los valores permisibles para los mismos. La figura 2.7 muestra los valores permisibles para los diferentes datos contenidos en NÚMERO DE ORDEN DE COMPRA.

```
ELEMENTOS DATO:        Número de orden de compra
DESCRIPCIÓN:           Identificación y autorización de cada orden
   otorgada a un proveedor externo

TIPO:                  © AN N
LONGITUD:              7
ALIAS:                 OC, requisición
RANGO DE VALORES:                           A
               VALOR REPRESENTATIVO    aumentando desde 10 000
LISTA DE VALORES ESPECÍFICOS (EN CASO DE QUE EXISTAN)

          Prefijos válidos        Significado

                 AC              Contabilidad
                 AD              Publicidad
                 EX              Oficina ejecutiva
                 PE              Personal
                 PU              Compras
                 RD              Investigación y desarrollo
                 SA              Ventas
OTROS DETALLES DE EDICIÓN:  Número de la orden de compra que
   incluye un número de cinco dígitos y el prefijo del departamento
```

FIGURA 4.27
Formato que muestra la descripción de elementos dato.

```
PROCESO:       Verificar la mercancía ordenada
DESCRIPCIÓN:   Asociar toda factura que se reciba
   con un número válido de orden de compra o autorización

ENTRADA:       Detalles de la factura
               Detalles de la orden de compra


SALIDA:        Paquete de factura
               Paquete no verificado

RESUMEN DE LA LÓGICA: Asociar cada factura recibida con una
   autorización válida de compra. Agregar información de la orden
   de compra para completar el paquete de la factura.
               Si no existe ninguna orden de compra válida,
               obtener la aprobación del gerente.
                  Si es aprobada por el gerente, asentar la
                  aprobación y completar el paquete de la factura.
                  Si no es aprobada por el gerente, regresar la
                  factura al proveedor indicando que no se autoriza
                  el pago.
```

FIGURA 4.28
Entrada que muestra el diccionario para un determinado proceso.

Descripción de procesos

También se proporciona una definición por separado de cada proceso en el sistema. La forma que se ejemplifica en la figura 4.28 identifica y describe el proceso VERIFICAR LA MERCANCÍA ORDENADA. Este proceso utiliza DETALLES DE LA FACTURA y DETALLES DE LA ORDEN DE COMPRA y produce dos salidas: PAQUETE DE FACTURAS y FACTURA NO VERIFICADA. La finalidad del proceso es asociar a toda factura una compra autorizada. También se indica en forma breve la lógica utilizada para el procesamiento. Si no se puede encontrar la orden de compra, entonces se debe completar por separado el paso de autorización antes de que la factura sea aprobada.

Uso de los detalles contenidos en el diccionario de datos

Tener un conjunto de definiciones concisas para todas las entidades del proceso bajo estudio es algo muy valioso. A menudo, el diccionario de datos es la única fuente común de definiciones para los usuarios e investigadores, y la única fuente común de respuestas para todas las preguntas relacionadas con el formato y contenido de los conjuntos de datos utilizados en el sistema.

El propio proceso de desarrollo del diccionario de datos, obliga a los analistas a clarificar su comprensión de los datos en el sistema. Encontrar durante la investigación los flujos de datos faltantes, detectar definiciones duplicadas y descubrir datos no empleados por ningún proceso, ayudará a evitar problemas en la determinación de requerimientos y diseño del sistema.

Por añadidura, el propio diccionario de datos puede ser procesado para revelar información adicional (Fig. 4.29):

1. Listado de elemento dato y estructura de datos. Conjunto completo de todos los datos utilizados por el sistema bajo investigación y que incluye nombre, descripción, longitud y alias.
2. Listado de los procesos. Conjunto completo de todos los procesos que se llevan a cabo en el sistema junto con una descripción de las actividades asociadas con cada uno de ellos. Incluye la identificación de los datos utilizados y los flujos de datos participantes.
3. Verificación con referencias cruzadas. Determinación de los lugares donde se emplean los datos en el sistema; qué procesos los utilizan y qué datos no se emplean.
4. Detección de errores. Descubrimiento de inconsistencias en el área bajo estudio como por ejemplo los datos necesarios por un proceso y que nunca ingresan al sistema, o los procesos que no son alimentados con un flujo de datos interno o que no producen como salida flujos de datos, o también procesos que duplican las finalidades de otros.

Los ejemplos de este capítulo utilizan formatos en papel para capturar las definiciones de datos. Los sistemas manuales como éste trabajan muy bien. Sin embargo, algunas organizaciones emplean sistemas automatizados de diccionarios de datos. Aunque la función y finalidad de los sistemas automatizados son las mismas que ya se han descrito, son de mayor conveniencia para sistemas grandes. Los sistemas automatizados de diccionarios de datos producen glosarios de datos, listados cruzados y reportes a solicitud expresa sobre errores, todo esto con el consiguiente ahorro de tiempo cuando se comparan con los sistemas manuales. Sin embargo, su costo es muy alto, desde 3000 hasta 20 000 dólares aproximadamente.

Sin importar la forma, los diccionarios de datos constituyen un aspecto esencial del análisis de flujo de datos y la determinación de requerimientos. Éstos siempre deben utilizarse en conjunción con la lógica y la definición de los procesos.

Comentario al margen
El diccionario de datos

¿Ha notado usted que cuando los buenos administradores tienen nuevas tareas por realizar tienden a asignarlas a la persona que ya está ocupada con otros asuntos? A primera vista quizá esto parezca falta de sensibilidad, pero funciona. ¿Por qué? Porque es común que la gente que siempre está ocupada sea bastante organizada. Saben cómo estructurar el trabajo para asegurar que la tarea sea terminada. Y esto lo hacen una y otra vez.

Los diccionarios de datos son un camino para estructurar los datos del sistema. En cierto sentido, todos los analistas deben capturar los datos que los demás asocian con el diccionario de datos. (Esta situación puede verse del siguiente modo: si el analista no conoce nada con respecto a datos, métodos de codificación y códigos permisibles para los procedimientos, entonces no será analista por mucho tiempo.) Algunos analistas sólo anotan los datos en una libreta, otros utilizan tarjetas de anotación y varios más un diccionario de datos. También se observa que algunos analistas son más organizados (y por tanto más productivos) que otros. A menudo son los primeros los que tienen bajo su responsabilidad la parte más importante del proyecto. Nótese quiénes recopilan los detalles en un cúmulo de notas y quiénes emplean la estructura formal de un diccionario, ya sea éste manual o automatizado. ¿Qué correlaciones esperaría encontrar el lector?

RESUMEN

La determinación de los requerimientos de sistemas es un proceso en continua evolución. Los analistas aumentan de manera gradual su

```
FECHA:  8-AUG-88        CONTENIDO DE TODOS LOS REGISTROS – RESUMEN        PÁGINA        1
TIEMPO: 09:09          NOMBRE:*                                     EXCELERATOR      1.7
Los registros contienen entidades de cualquier tipo                      Occ       Seq
------------------------------------------------------------------       ---       ---


Cuentas por cobrar                 REC   detalles-cliente                  001       001
                                   ELE   detalles-cuenta-cliente           001       002
Autorización/rechazo               REC   detalles-pedido                   001       001
                                   ELE   autorización/rechazo-gerencia     001       002
Detalles de la cuenta del cliente  ELE   número-cliente                    001       002
                                   ELE   balance-cuenta                    001       002
                                   ELE   límite-crédito                    001       003
                                   ELE   estado-cuenta                     001       004
Factura                            REC   detalles-factura                  001       001
                                   REC   detalles-cliente                  001       002
Pedido                             REC   detalles-pedido                   001       001
                                   REC   formato-pedido                    001       002
                                   REC   detalles-autorización             001       003
                                   ELE   número-pedido                     001       004
Detalles-tarjeta                   REC   pedido-producción                 001       001
de autorización de pedido          ELE   verificación-precio               001       001
                                   ELE   verificación-estado               001       002
                                   ELE   autorización-gerencia             001       003
crédito                            ELE   número-cuenta                     001       001
                                   ELE   monto-crédito                     001       002
                                   ELE   autorización                      001       003
detalles-cliente                   ELE   nombre-cliente                    001       001
                                   REC   dirección-cobro                   001       002
                                   REC   dirección-envío                   001       003
                                   ELE   código-impuesto                   001       004
detalles-factura                   ELE   número-pedido                     001       001
                                   ELE   número-trabajo                    001       002
                                   ELE   número-factura                    001       003
                                   ELE   fecha-factura                     001       004
                                   ELE   cargos-especiales                 001       005
                                   REC   detalles-artículos                001       006
                                   ELE   cargo-envío                       001       007
                                   ELE   monto                             001       008
                                   ELE   impuesto                          001       009
                                   ELE   descuento-permitido               001       010
                                   ELE   monto-total-factura               001       011
detalles-artículos                 ELE   número-artículo                   001       001
                                   ELE   descripción                       001       002
                                   ELE   cantidad-solicitada               001       003
                                   ELE   precio-artículo                   001       004
                                   ELE   costo-varios-artículos            001       005
                                   ELE   cantidad-enviada-artículos        001       006
número-factura                     ELE   número-factura                    001       002
                                   REC   detalles-factura                  001       003
pedido-abierto                     ELE   número-trabajo                    001       001
                                   REC   detalles-pedido                   001       002
                                   ELE   estado-trabajo                    001       003
detalles-pedido                    ELE   número-pedido                     001       001
                                   ELE   fecha-pedido                      001       002
                                   REC   detalles-cliente                  001       003
                                   REC   detalles-artículo                 001       004
                                   ELE   fecha-entrega                     001       005
                                   ELE   términos                          001       006
```

FIGURA 4.29

Listados que muestran el diccionario de datos.

```
formato-pedido                    ELE   cargo-e-c                        001    001
                                  ELE   ing.-cargo                       001    002
                                  ELE   mecanizado                       001    003
                                  ELE   observaciones-adicionales        001    004
pago                              ELE   número-cuenta                    001    001
                                  ELE   monto-pago                       001    002
orden-producción                  ELE   número-trabajo                   001    001
                                  REC   detalles-pedido                  001    002
                                  ELE   número-pedido                    001    003
detalles-envío                    REC   pedido-producción                001    001
                                  ELE   estado-completo                  001    002
detalles-localidad-envío          REC   pago                             001    001
                                  REC   crédito                          001    002
relación                          REC   detalles-cliente                 001    001
                                  REC   detalles-cuenta-cliente          001    002


FECHA:   3-AUG-88      INFORME ANÁLISIS DE DIAGRAMA DE FLUJO DE DATOS          PÁGINA 001
TIEMPO: 11:20                                                                  EXCELERATOR
NOMBRE DE LA GRÁFICA: 2.0 procesamiento de pedidos     ARCHIVO DE LA GRÁFICA: IFBAUHP.DFD

PROCESO: 2.1 registro de pedidos          ETIQUETA: 2.1    Pedido autorizado
DESCRIPCIÓN:


            ENTRADA                                        SALIDA

  DAF  Pedido autorizado  Pedido autorizado
       REC Pedido autorizado
                                        DAF Pedido registrado   Pedido registrado

                                        DAF Detalles del pedido  Detalles del pedido
                                            REC detalles-pedido
            *...significa dato actualizado
```

FIGURA 4.29
(Continuación)

nivel de comprensión de un sistema o proceso existente, al añadir detalles conforme estudian grandes porciones del sistema en forma independiente.

El análisis estructurado es un enfoque general que permite a los analistas desarrollar en forma gradual la comprensión de los componentes de un sistema. El objetivo detrás de esto es organizar las tareas asociadas con la determinación de requerimientos en forma tal que sea posible documentar el sistema existente con exactitud. El término *estructurar* se aplica a la estructuración del proceso, a la intención de incluir todos los detalles relevantes relacionados con el sistema, a la capacidad de detectar la omisión de detalles, al desarrollo de la mejor solución posible (sin importar qué analista trabaje sobre el proyecto) y a la producción de documentos que faciliten la comunicación entre analistas y usuarios.

El *análisis de flujo de datos* está integrado por cuatro herramientas: *diagramas de flujo de datos*, *diccionarios de datos*, *diagramas de estructuras de datos* y *gráficas de estructura*. Las primeras dos se desarrollan durante la determinación de requerimientos mientras que las dos últimas tienen mayor utilidad durante el diseño de sistemas.

Un diagrama de flujo de datos es una descripción gráfica de un sistema o de una parte de él. Está formado por *flujos de datos, procesos, fuentes, destinos* y *almacenes*, todos ellos descritos por medio del uso de símbolos fáciles de comprender. Desde el punto de vista de los datos, todo el sistema puede describirse con sólo cuatro símbolos. Al mismo tiempo, los diagramas de flujo de datos son bastante poderosos como para señalar las actividades que ocurren en paralelo. Cuando los símbolos estándar limitan la comunicación se puede utilizar una *gráfica de presentación* que emplea símbolos de personas, archivos, terminales y documentos para discutir el sistema con los usuarios.

Los *diagramas físicos de flujo de datos* dependen de la implantación. Muestran los dispositivos, departamentos y personas, entre otros, que tienen relación con el sistema en uso. Los *diagramas lógicos de flujo de datos*, en contraste, describen al sistema en una forma que es independiente de la implantación; es decir, indican lo que ocurre más que la forma como se realiza la actividad. Los dos tipos de diagramas de flujo de datos apoyan el enfoque descendente (top-down) para el análisis de sistemas, ya que los analistas comienzan desarrollando un conocimiento general del sistema que gradualmente extienden en componentes más detallados. Conforme se añaden detalles también es posible incluir información relacionada con los controles, aunque los diagramas de nivel superior se dibujan, en general, sin señalar ningún aspecto sobre controles específicos con la finalidad de asegurar que la atención se centre sobre los datos y procesos.

El *diccionario de datos* contiene descripciones de datos y estructuras así como de los procesos del sistema. Su finalidad es ayudar a los analistas a comprender el sistema ya que éstos recuperan las descripciones y detalles que contiene; por otra parte pone a disponibilidad de los que intervienen en el diseño de sistemas información sobre longitud de los datos, diferentes nombres para el mismo dato (*alias*), y los datos utilizados en procesos específicos. El diccionario de datos también guarda información sobre aspectos para validar que sirven como guía a los analistas al especificar los controles para aceptar datos por parte del sistema.

Los sistemas de diccionario de datos son importantes por las siguientes cinco razones: 1) manejar todos los detalles en sistemas grandes; 2) comunicar el mismo significado para todos los elementos del sistema; 3) documentar las características del sistema; 4) facilitar el análisis de los detalles para evaluar las características y determinar dónde deben realizarse los cambios, y 5) localizar errores y omisiones en el sistema. Durante el análisis se pone particular atención en comprender la naturaleza de las transacciones y consultas hechas por el sistema junto con los requerimientos para salidas y generación de reportes. Estos aspectos son significativos para determinar los requerimientos de archivos y bases de datos y las necesidades sobre la capacidad del sistema.

Los *elementos dato* forman el nivel más importante de datos contenidos en el diccionario; son los bloques básicos sobre los que se construyen los demás datos del sistema. Un conjunto de datos, denominado *estructura de datos*, describe la relación existente entre elementos individuales. Los datos se colocan de acuerdo con una de cuatro *relaciones: secuencia, selección (uno u otro), iteración (repetición)* y *opcional*. Sin importar cuál sea la relación específica, se debe describir cada detalle de los datos incluyendo el nombre, así como las especificaciones sobre su tipo y longitud.

El diccionario también contiene definiciones de flujos de datos, almacenes de datos y procesos. Estos últimos incluyen un resumen de la lógica de procesamiento.

Los diccionarios de datos pueden desarrollarse ya sea en forma manual o automatizada. Los sistemas automatizados ofrecen la ventaja de generar de manera automática elementos dato, estructuras de datos, y listados de los procesos. Asimismo, efectúan verificaciones con referencias cruzadas y detección de errores; todas éstas son ventajas importantes cuando se trabaja ante sistemas grandes que deben ser correctos. Los sistemas automatizados de diccionarios de datos se vuelven cada vez más la norma en el desarrollo de sistemas de información basados en computadora.

PREGUNTAS DE REPASO

1. ¿Qué es el análisis estructurado? ¿Cómo está relacionado con técnicas para hallar hechos como la entrevista y el cuestionario?
2. El análisis estructurado, ¿incluye el diseño de sistemas de información? Explique su respuesta.
3. ¿Cuál es la diferencia entre el análisis de flujo de datos y el análisis de decisiones? ¿Qué finalidades tienen en común?
4. ¿Qué ventajas se tienen al estudiar o explicar un sistema y mostrar en forma gráfica el flujo de datos sobre una descripción por escrito?
5. ¿Qué es un flujo de datos? ¿Cuál es la diferencia entre éste y un documento? ¿Qué relación guarda con un proceso? ¿Con un almacén de datos?
6. ¿Qué ventajas ofrece el método de flujo de datos sobre otros métodos para recopilar datos y delinear sistemas?
7. Identifique los símbolos utilizados en diagramas de flujo de datos y explique la forma en que se emplea cada uno de ellos.
8. ¿Qué diferencias existen entre los enfoques físico y lógico de un sistema? ¿Qué enfoque está incluido en los diagramas de flujo de datos? ¿Por qué?
9. ¿Cómo y dónde se incorporan en los diagramas de flujo de datos los elementos para el control del procesamiento? ¿Qué lineamientos determinan su inclusión?
10. ¿Cuáles son las dos formas para identificar procesos? Señale lineamientos para su uso en diagramas de flujo de datos.
11. Haga un resumen de los procedimientos para desarrollar diagramas de flujo de datos.

12. Sin un diccionario de datos, ¿tienen utilidad los diagramas de flujo de datos? Explique su respuesta.
13. ¿Qué es un diccionario de datos? ¿Por qué es importante en el análisis y diseño de sistemas?
14. Describa el papel que tiene el diccionario de datos en el análisis y documentación de un sistema existente.
15. Describa en forma breve cómo están descritos los procesos en un diccionario de datos.
16. ¿Cuál es la relación entre los artículos de datos y las estructuras con flujos de datos, procesos y almacenes de datos?
17. ¿Qué notación se emplea para describir las entradas del diccionario de datos?
18. ¿Qué son las estructuras de datos? ¿Cuál es su relación con los elementos dato? ¿Con los procesos, flujos y almacenes de datos?
19. Identifique y discuta los posibles arreglos y relaciones entre los datos que describen las estructuras de datos.
20. Defina los siguientes términos: concatenación y alias.
21. ¿Qué ventajas ofrecen los sistemas automatizados de diccionarios de datos sobre los diccionarios manuales? Describa las razones y la importancia de estas ventajas. ¿Existen desventajas al emplear sistemas automatizados de diccionarios de datos?

PROBLEMAS DE APLICACIÓN

1. Los sistemas computarizados para reservación de vuelos, están diseñados no sólo para manejar las reservaciones sino también para aceptar el pago de los boletos. Los pagos pueden efectuarse en muchas formas, además de efectivo, que incluyen tarjetas de crédito, talones y boletos emitidos con anterioridad. El sistema debe estar diseñado para capturar datos importantes relacionados con la transacción de acuerdo con el tipo de pago.

Todas las transacciones de pago deben identificar al pasajero por su nombre (apellido materno, nombre de pila, inicial del apellido paterno [opcional], y una designación SR/SRA/DR/SRTA), el número del boleto, el cual consiste en un código de la línea aérea de tres dígitos, también un número de boleto, que puede ser de uno a doce dígitos de longitud, y la fecha de la transacción.

Los pagos con tarjeta de crédito también incluyen el número de la tarjeta (dieciséis dígitos), fecha de vencimiento, un número de cuatro dígitos que identifica al banco y el nombre del tarjetahabiente (si es diferente al del nombre del pasajero que aparece en el boleto).

Cuando se emplean talones de la aerolínea para efectuar el pago, se capturan el número del talón (hasta dieciséis dígitos de longitud), la fecha de expedición del talón y el nombre de la aerolínea que lo ampara. (A menudo las aerolíneas expiden talones como pago para los boletos que los pasajeros comprarán en *otras* aerolíneas cuand se presentan, por ejemplo, retrasos por fallas mecánicas que causan que un pasajero no alcance a transbordar hacia otro vuelo; en estos casos la aerolínea que genera el retraso efectúa los arreglos necesarios con otros competidores.)

Los créditos para vuelos normales se otorgan cuando los pasajeros, inscritos en un programa especial de la aerolínea, realizan varios vuelos dentro de las rutas establecidas por la aerolínea. Después de acumular un número suficiente de créditos, el solicitante tiene derecho a viajar en una o varias rutas. Los créditos acumulados sirven como pago del boleto. Para tramitar este último, el pasajero debe proporcionar el número de dieciséis dígitos que corresponde a su cuenta de crédito. Asimismo, se carga el número apropiado de créditos (por ejemplo, 40 000, 50 000 o 120 000 puntos) en función de si el vuelo es nacional o internacional.

También es posible que en una sola transacción aparezcan varias formas de pago, por ejemplo cuando se emplea un boleto para realizar parte del pago y el resto se hace en efectivo.

a. Identifique los elementos dato que emplea el sistema de la aerolínea. Para cada uno indique el tipo y su longitud.

b. Desarrolle la(s) estructura(s) de datos para el sistema de pago. Identifique la naturaleza de la relación: como una secuencia, selección o iteración, y explique las razones en las que basa su decisión. Asimismo señale cualquier relación opcional. Utilice la notación correcta donde considere que sea apropiado.

2. En los siguientes párrafos se describe el hotel de convenciones DelMar. Desarrolle las descripciones para el diccionario de datos de todos los elementos y estructuras de datos necesarios para la operación del hotel en la forma descrita.

El hotel de convenciones DelMar se encuentra en Atlantic City; tiene 750 habitaciones, cuatro restaurantes, tres salones de diversión, un club nocturno, un piano bar y un casino. Los ingresos anuales por concepto de alojamiento de huéspedes alcanzan los 35 millones de dólares; la atención que se le da a éstos deja alrededor de 12 millones de dólares al año, y también se obtienen ganancias importantes por alimentación y bebida en los comedores del hotel así como de las instalaciones para diversión con las que éste cuenta.

Una de las principales preocupaciones de la administración es la operación eficaz de la recepción. Además del manejo del registro de llegada y salida de los huéspedes y de servicios especiales (solicitudes de lavandería y limpieza, viajes turísticos y boletos para teatro por parte de los huéspedes) la recepción es responsable del procesamiento de las cuentas y de la información sobre pagos para banquetes y eventos especiales que se desarrollen dentro del hotel.

El procedimiento para registrar a un huésped es el siguiente: todos los registros se hacen en la recepción del hotel. La mayoría de los huéspedes hace sus reservaciones con anticipación aunque en ocasiones llegan sin previo aviso (personas que se presentan en forma inesperada y que solicitan alojamiento).

Cuando llega un huésped, el personal de recepción le pregunta si tiene reservación. Se revisa la lista de reservaciones para ese día con la finalidad de determinar el cuarto reservado para el cliente. Algunas veces las personas afirman que tienen reservaciones aunque esto no sea cierto. En estos casos el personal de la recepción debe investigar si existen cuartos disponibles en el hotel, si no existe ninguno entonces sugieren otros hoteles cercanos donde es probable que tengan habitaciones disponibles.

Cada habitación tiene una cuota específica que depende de su tipo. El monto exacto de la cuota cambia, ya que depende del número de personas que van a ocupar la habitación. Cuando el cliente termina de llenar la tarjeta de registro, el personal de la recepción determina la cuota para la habitación de acuerdo con el número de ocupantes registrados.

El personal de la recepción también verifica el tiempo de estancia planeado y la forma de pago, dicha información la anota en la tarjeta de registro. A menos que el huésped haya realizado otros trámites para el pago con la administración general del hotel, también se solicita información sobre el número de tarjeta de crédito.

Para aquellos clientes que llegan muy temprano el día de su reservación, el personal de la recepción debe determinar si el cuarto que les fue asignado está vacante y preparado para dar albergue al huésped. Si el personal de mantenimiento del hotel descubre daños en la habitación provocados por el huésped anterior, entonces el personal de la recepción debe asignar otro cuarto al cliente.

El procedimiento para el registro de la salida del huésped es el siguiente: todos los registros de salida son manejados por la recepción; al momento de la salida del cliente, su registro se cierra. Este registro contiene todos los cargos por alojamiento más los generados por el uso de otros servicios del hotel, como teléfono o tintorería. El monto de estos cargos se asienta diariamente en la cuenta del cliente.

En general, los pagos se efectúan en efectivo o con tarjeta de crédito. En ocasiones se otorga un crédito, en estos casos los gastos del cliente se añaden a las cuentas por cobrar del hotel. (Esto no afecta el balance financiero de la recepción al finalizar el día. Sin importar cuál sea la forma de pago, el total ingresado debe ser igual al monto de los gastos de todos los huéspedes que abandonaron el hotel ese día.)

La recepción también apoya el manejo de cuentas por reuniones, banquetes y eventos especiales. Estos últimos constan de servicio de comidas y otros especiales; el personal de la recepción recibe copia de toda esta información. (Esto ayuda al personal a dar respuesta a las llamadas telefónicas de personas que buscan entrar en contacto con alguno de los asistentes al evento especial que se desarrolla dentro del hotel.) Después del evento, el gerente de eventos especiales informa al personal de la recepción los costos del mismo. Si ya se efectuó el pago, el gerente informa esto a la recepción. De otro modo, se elabora una factura (lo que sí afecta las cuentas por cobrar del hotel).

Al siguiente día el departamento de contabilidad del hotel realiza una auditoría de las ventas del día anterior, dando particular interés a los ingresos totales por concepto de habitaciones, ingresos adicionales generados por éstas y cualquier otro ingreso proveniente de los eventos especiales. Se investigan las discrepancias entre los ingresos reales y los esperados, realizándose los ajustes necesarios. Se procesan las cuentas por cobrar, los depósitos en efectivo y los talones de tarjetas de crédito. Los depósitos bancarios se realizan en la mañana y las facturas se envían por la tarde. Estas actividades se realizan todos los días de la misma manera.

3. Cuando se diseñan sistemas de cuentas por cobrar, una característica importante es la impresión mensual del balance de la cuenta. Dada la frecuencia con la que se reciben facturas, en general los clientes esperan que se incluyan ciertos datos en el reporte. Los detalles como nombre, dirección y número de cuenta son esenciales al igual que el balance anterior y actual de la cuenta.

Los clientes también desean conocer las transacciones realizadas durante el mes en curso. Son comunes tres tipos de transacciones:
- pagos abonados en la cuenta
- transacciones de compra y venta
- ajustes (créditos o cargos a la cuenta)

Un formato muy común contiene la fecha, tipo y monto de cada transacción en la parte principal de la factura. De acuerdo con la cuenta en particular, pueden darse ninguna, una o varias transacciones. (Los estados de cuenta siempre se envían a los clientes que tienen saldos pendientes, aun si no existen transacciones durante el mes en curso).

Algunos sistemas abonan los intereses sobre el saldo no pagado de la cuenta durante el mes pasado. Los intereses del mes en curso aparecen por separado en un lugar especial del estado de cuenta.

Si es el final del año civil, a menudo se añade una línea separada que informa al cliente el monto de los intereses pagados durante el año. Los clientes esperan ver esta información para saber cuánto pagaron de intereses; en otras ocasiones necesitan todos los detalles relacionados con el pago de intereses para notificar el pago de sus impuestos al gobierno.

Para finalizar, dado que el estado de cuenta captura la atención del cliente, a menudo los comerciantes incluyen en la parte inferior del estado un mensaje especial. Este mensaje, que puede tener hasta un determinado número de caracteres (por ejemplo 120), puede emplearse para promover ventas especiales, proporcionar números telefónicos para el servicio de los clientes, etc. Sin embargo, su empleo es opcional.

    a. Desarrolle la(s) estructura(s) de datos necesarias para generar los estados de cuenta.

    b. Indique cuáles datos son indispensables y cuáles son opcionales.

4. Los sistemas automatizados para la venta de boletos, como Ticketron y S.E.A.T.S., dependen en gran medida del procesamiento por computadora y de grandes bases de datos para manejar la distribución de boletos sobre espectáculos y eventos deportivos. Los clientes pueden comprar los boletos en muchas localidades incluidas las taquillas del lugar donde se llevará a cabo el evento, taquillas localizadas en sitios remotos, y distribuidores autorizados como tiendas de discos, tiendas de departamentos y farmacias. En algunos casos se emplean terminales de puntos de venta en línea para registrar la transacción e imprimir el boleto; en otras localidades se registra la transacción y el cliente recibe el boleto por correo.

Cuando se hace una solicitud, el sistema está diseñado para determinar en forma automática el lugar y la fecha del evento (algunos clientes tienen fechas incorrectas e incluso información errónea sobre el mismo). Para esto el sistema mantiene un calendario maestro. Si es apropiado el sistema sugiere como opciones algunos otros eventos, ya sea en la misma fecha o en otras diferentes.

Una vez que el cliente selecciona el evento y la fecha, el sistema asigna los asientos de acuerdo con un plano maestro (los clientes pueden solicitar las secciones donde desean sentarse pero no así un asiento o fila en particular). A medida que se otorgan los asientos, el plano maestro se actualiza para indicar la disponibilidad de lugares.

El precio de los boletos está en función del evento, de la hora y de la localidad dentro del teatro o instalación deportiva. También varían de acuerdo con el patrocinador del evento. Por ejemplo, es común que el precio de los boletos para personas de edad avanzada sea menor que para otras. Algunos eventos también ofrecen descuentos para los estudiantes. Algunos boletos son distribuidos sin costo alguno por la administración o los patrocinadores del evento. Aun en estos casos, los administradores solicitan los boletos a través del sistema.

Los registros de todas las transacciones de ventas, los cuales incluyen el origen y la fecha de la transacción, el nombre o número de identificación del vendedor y los detalles del evento tales como precio y categoría, se acumulan en forma automática dentro del sistema. Los registros se emplean en las auditorías de pagos y ventas o para dar respuesta a cualquier pregunta.

Los sistemas automatizados para la venta de boletos aumentan el número de localidades que es posible vender y son muy estimados por los patrocinadores. Sin embargo, también ofrecen el beneficio adicional de mejorar la contabilidad y la captura de información relacionada con las ventas.

    a. Desarrolle un diagrama de flujo de datos para el sistema automatizado de venta de boletos. Proporcione nombres a todos los flujos de datos, procesos y almacenes de datos. Indique las entradas y salidas del sistema.

b. Identifique y describa todos los elementos dato y estructuras de datos. Identifique cualquier información que necesite y no se haya mencionado líneas arriba. Mencione todas las suposiciones que haga para describir el sistema.

BIBLIOGRAFÍA

DeMarco, T.: *Structured Analysis and System Specification*, Nueva York: Yourdon, Inc. 1978.

Gane, C., y T. Sarson: *Structured System Analysis: Tools and Techniques*, Englewood Cliffs, NJ: Prentice-Hall, 1979.

Guimares, T.: "A Study of Application Program Development Techniques", *Communication of the ACM*, 28,5, mayo 1985, pp. 494-499.

Konsynski, B.R.: "Advances in Information Systems Design", *Journal of Management Information Systems*, 1,3, invierno 1984-85, pp. 5-32.

Naumann, J.D., G.B. Davis y J.D. McKeen: "Determining Information Requirements: A Contingency Method for Selection of a Requirements Assurance Strategy", *The Journal of Systems and Software*, 1, 1980, pp. 273-281.

Weinberg, V.: *Structured Analysis*, Nueva York: Yourdon, Inc. 1978.

Yourdon, E.: "Whatever Happened to Structured Analysis", *Datamation*, 32,11, junio 1, 1986, pp. 133-138.

5. Estrategia de desarrollo por prototipos de aplicaciones

GUÍA DE ESTUDIO

El lector habrá asimilado el contenido del presente capítulo cuando sea capaz de dar respuesta a las siguientes preguntas:

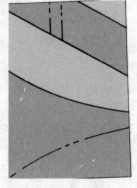

- ¿Qué es un prototipo?
- ¿Bajo qué circunstancias se debe considerar el método de desarrollo de prototipos de aplicaciones?
- ¿Cómo responden los usuarios finales a los prototipos?
- ¿Cómo se desarrollan los prototipos? ¿Qué diferencias existen entre este método y el de ciclo de vida?
- ¿Qué herramientas emplean los analistas para desarrollar prototipos de aplicaciones?
- ¿Cuándo está terminado el proceso de desarrollo de un prototipo y qué se hace con el prototipo de aplicación?
- ¿Quién es responsable por el desarrollo de un prototipo de aplicación?

OBJETIVOS DEL CAPÍTULO

- Decidir si debe emplearse el método de desarrollo de prototipos para una situación en particular.
- Seleccionar las herramientas más adecuadas para preparar un prototipo específico.
- Explicar a los usuarios finales por qué se pueden beneficiar con el uso de un prototipo y cuál es su papel en la evolución de éste.
- Planificar la secuencia de actividades para construir un prototipo de aplicación.

PALABRAS CLAVE

Código reutilizable
Construcción de prototipos para aplicaciones
Generador de aplicaciones
Generador de pantallas
Generador de programas
Generador de reportes

Lenguaje de consulta y recuperación
Lenguaje de cuarta generación
Lenguaje no orientado hacia procedimientos
Retrasos
Retraso oculto
Sistema de diccionario de datos

Una demostración

Kenneth Hanson, líder analista del grupo de sistemas de información, sabía que encaraba una dura situación cuando comenzó su presentación ante los miembros del grupo de ventas.

Hasta ese momento, la retroalimentación había confirmado lo que Kenneth sospechaba: la mayor parte del departamento albergaba gran escepticismo con respecto a invertir tiempo en el desarrollo de un *prototipo* para el nuevo sistema de información solicitado por el director de ventas. El personal creía que el desarrollo de sistemas de información era trabajo del grupo de sistemas de información y no de la fuerza de ventas.

Sin embargo, Kenneth estaba convencido de poder demostrar al grupo de ventas los beneficios que obtendrían de su participación en el proyecto.

"Permítanme presentarles una analogía que, como vendedores profesionales, estoy seguro que comprenderán", dijo Kenneth.

"Supongamos que los invitan a la presentación de un nuevo automóvil de lujo de alto rendimiento con un diseño radicalmente nuevo y del que se tiene muy poca información. En el camino a la sala de exhibición, pasan por sus mentes imágenes de lo que posiblemente sea la apariencia del automóvil. ¿Costará mucho? Quizá. Pero si el automóvil satisface las expectativas entonces el costo valdrá la pena."

"A medida que se acercan a la sala de exhibición, su curiosidad y ansiedad crecen. Descienden rápidamente de su automóvil, abren la puerta de la sala de exhibición y se dirigen al mostrador de ventas. Al mismo tiempo observan a su alrededor que sólo hay modelos del año pasado."

"Estamos aquí para la presentación", indican a la recepcionista. Un representante de ventas los atiende e invita a que pasen a la sala de conferencias. Para su sorpresa, el representante comienza a delinear las características del nuevo modelo. "Pero ¿cuándo podemos ver el automóvil? preguntan ustedes."

"El representante les explica que, desde el concepto hasta la fabricación, los diseñadores han considerado todo para este nuevo modelo: encendido electrónico, inyección de combustible controlada por computadora... Y entonces pone en sus manos un manual donde él afirma que se encuentran documentadas todas las características del nuevo modelo. Todo lo que necesitan hacer es leer el manual, afirma el representante."

"¿Leer un manual? se preguntan a sí mismos, ¿pero qué está

diciendo? Su entusiasmo por el nuevo automóvil decae con rapidez."

"Ustedes señalan que no les interesa leer el manual y explican que vinieron a la sala de exhibición para *ver* el automóvil!"

"El representante de ventas parece sorprendido a medida que ustedes insisten en ver el nuevo modelo: ustedes desean manejarlo para determinar si es lo que desean."

"Manejar el automóvil es imposible, afirma el representante. La compañía construirá un automóvil para cada uno de ustedes sólo si firman un contrato para tal fin, explica. Después de todo, el automóvil es un producto único. No existirá ningún otro modelo similar. El distribuidor no les puede mostrar una imagen del automóvil ya que cada uno es construido de acuerdo con los requerimientos del cliente. Pero el representante de ventas les ofrece un esquema que supuestamente les muestra todas las características esenciales y les invita a que lean todo el manual de especificaciones. Ahí se encuentra la respuesta a todas sus preguntas, insiste..."

"A medida que ustedes abandonan la sala de exhibición, mueven la cabeza en señal de desencanto. Ellos piden que seleccionemos las características y opciones para un producto que aún no hemos visto, comentan entre ustedes. Después lo construirán. Pero no podemos *ver* lo que vamos a obtener, no podemos hacer la prueba. Esto es sorprendente, concluyen ustedes."

"Pero lo anterior no es más sorprendente que invertir en un sistema de información que nunca han probado", continuó Kenneth.

"En cualquier caso, ustedes pueden observar que encontrarán algunas sorpresas desagradables que podrían haberse evitado si hubiesen tenido la oportunidad de probar el modelo antes de hacer cualquier compromiso. Hacer una prueba con un modelo que funciona les permite señalar qué les gusta y qué no les gusta en relación con el automóvil —o un sistema de información— algo que no podrían hacer muy bien sólo con la descripción abstracta del producto. Participar en el desarrollo y prueba del modelo les da voz en el diseño. Este es un buen camino para asegurar que el producto final cumplirá con sus especificaciones y expectativas."

Una manera efectiva para asegurar que las necesidades de los usuarios serán satisfechas es recalcar la identificación de requerimientos del sistema, más que las actividades de diseño posteriores a esta etapa. Mantener esta política disminuye las posibilidades de desarrollar el sistema equivocado, es decir aquel que tenga las características incorrectas.

El *desarrollo de prototipos de aplicación* proporciona un camino para adquirir información que describa los requerimientos de la aplicación y su evaluación con base en el empleo de un sistema que trabaja. Esta metodología de desarrollo también brinda experiencia en el empleo del sistema antes de que toda la aplicación esté desarrollada e implantada en su totalidad. La llave de esta posibilidad es el desarrollo de un prototipo de la aplicación.

Este capítulo explora la finalidad del desarrollo de prototipos de aplicaciones, los pasos a seguir para obtener una aplicación que trabaje y el uso que se da a los resultados obtenidos. Como se verá más adelante, el prototipo puede ser un vehículo de análisis o diseño. La discusión explora las herramientas y estrategias que los analistas emplean, señala conceptos erróneos relacionados con el desarrollo de prototipos y presenta un ejemplo extenso del desarrollo de un prototipo de aplicación. Cuando usted termine el capítulo debe comprender por qué este método se emplea con mucha frecuencia.

FINES DE LOS PROTOTIPOS DE APLICACIONES

El término *prototipo* se refiere a un modelo que funciona para una aplicación de sistemas de información. El prototipo no contiene todas las características o lleva a cabo la totalidad de las funciones necesarias del sistema final. Más bien incluye elementos suficientes para permitir a las personas utilizar el sistema propuesto para determinar qué les gusta, qué no les gusta e identificar aquellas características que deben cambiarse o añadirse. El proceso de desarrollo y empleo de un prototipo tiene cinco características, todas ellas estudiadas en este capítulo:

- El prototipo es una aplicación que funciona.
- La finalidad del prototipo es probar varias suposiciones formuladas por analistas y usuarios con respecto a las características requeridas del sistema.
- Los prototipos se crean con rapidez.
- Los prototipos evolucionan a través de un proceso iterativo.
- Los prototipos tienen un costo bajo de desarrollo.

La finalidad del desarrollo de prototipos se entiende mejor al examinar las razones para seleccionar esta estrategia y la forma en que incrementa el nivel de productividad en el desarrollo de sistemas. Por otra parte también se explora la naturaleza de las aplicaciones que son buenos candidatos para desarrollo con el método del prototipo.

Usos de los prototipos de aplicaciones

El desarrollo de prototipos de aplicación tiene dos usos principales. Por un lado, es un medio eficaz para aclarar los requerimientos de los usuarios. Las especificaciones por escrito se crean, en general, como vehículos para describir las características y requerimientos que debe satisfacer la aplicación. Sin embargo, es común que no llenen el vacío que algunas veces se presenta entre lo que los analistas y usuarios comprenden con respecto a una aplicación y lo que dicta la situación. El desarrollo y uso de un prototipo puede ser un camino muy eficaz para identificar y aclarar los requerimientos que debe satisfacer una aplicación, como lo señala el analista de la historia al inicio de este capítulo a los miembros del grupo de ventas.

El segundo uso del prototipo de aplicación es verificar la factibilidad del diseño de un sistema. Los analistas pueden experimentar con diferentes características de la aplicación y evaluar la reacción y respuesta por parte del usuario. Por ejemplo, un método de interacción —ya sea por medio de menús, teclas especiales o palabras clave— quizá sea mejor que otros para una aplicación en particular. Es probable que algunos formatos de la presentación de información sean mejores que otros. Los procedimientos de procesamiento pueden cambiar, lo que conduce a un diseño más eficiente. Crear un prototipo y evaluar el diseño por medio de su uso, mostrará la factibilidad del diseño o sugerirá la necesidad de encontrar otras opciones.

Razones para el empleo de prototipos

Las razones para el uso de prototipos son resultado directo de la necesidad de diseñar y desarrollar sistemas de información con rapidez, eficiencia y eficacia.

Aumento en la productividad
Muchas organizaciones tienen una *cartera vencida* de aplicaciones en espera de desarrollo. Con frecuencia los retrasos en el desarrollo alcanzan dos años de trabajo, sin incluir lo que se denomina *cartera vencida oculta* (Alloway y Quillard, 1983), que son las solicitudes de aplicaciones que los usuarios nunca sometieron a una aprobación debido al retraso tan grande de otras aplicaciones.

Por otra parte, el desarrollo de aplicaciones de sistemas de información es un proceso largo que a menudo (pero no siempre) abarca meses o años.

En consecuencia, la productividad es importante para los analistas de sistemas y para la organización en la que trabajan. La productividad, cuando se aplica al desarrollo de sistemas, significa llevar a cabo las actividades en la forma más eficiente, obteniendo el mayor impacto con la mejor utilización de los recursos. Los analistas de sistemas son más productivos si toman precauciones que:

- Minimicen el tiempo que se pierde debido al desarrollo incorrecto.
- Minimicen los errores de diseño.
- Garanticen que los esfuerzos realizados por ellos sean fructíferos.
- Garanticen que los usuarios reciban la aplicación que necesitan.
- Garanticen que no tendrá que volverse a hacer el trabajo de desarrollo.

Al mismo tiempo, los analistas se enfrentan con muchos obstáculos para alcanzar sus objetivos de desarrollo. A continuación se mencionan varios hechos que deben considerarse:

- Los usuarios tienen gran dificultad para especificar con anticipación sus necesidades de información, en especial cuando la situación es nueva o cambia con rapidez.
- La especificación completa de los requerimientos de información depende en particular de la forma en que debe utilizarse la tecnología.
- A menudo las descripciones estáticas de sistemas (por ejemplo en documentos o gráficas) no son suficientes para proporcionar detalles sobre situaciones dinámicas.
- La mala comunicación, que siempre es una posibilidad, parece que siempre se presenta en el momento menos oportuno.

Estas realidades son un reto para el analista de sistemas que busca la ayuda de diversas metodologías de desarrollo que sirvan como guía para los procesos de análisis y diseño.

Redesarrollo planificado

"De aquí en adelante, los planes son desechados. Ustedes lo harán de todos modos." De esta forma resume Fred Brooks, gerente de proyecto para el sistema operativo OS/360 de IBM, su punto de vista sobre el desarrollo de cualquier aplicación. De acuerdo con Brooks es poco usual preespecificar los requerimientos de información asociados con una aplicación y crear un sistema correcto. La mayor parte de las veces la aplicación tiene que volverse a desarrollar para satisfacer los requerimientos de manera completa.

La noción de redesarrollo puede parecer extraña pero describe una situación real. Algunas veces es necesario debido a la falta de comunicación o mala comprensión. En otras ocasiones los analistas desarrollan e implantan las aplicaciones en forma deliberada por ensayo y error. En este último caso, los analistas planifican las modificaciones después de recibir las reacciones de los usuarios.

Proporcionar un sistema incompleto o inapropiado es un desperdicio de recursos y se suma a la cartera vencida de desarrollo de sistemas de información. Los usuarios se sienten frustrados e irritados cuando no reciben la aplicación que desean y necesitan, en especial si han esperado por ella varios meses. Los analistas pierden su tiempo al volver a realizar el trabajo que pensaban estaba ya terminado. Por otro lado, los gerentes de proyectos de sistemas cada vez están más preocupados por el calendario de desarrollo, los niveles de costos y la cantidad de trabajo que tienen que efectuar de nuevo. Muchas organizaciones encuentran que invierten mucho más tiempo en mantener las aplicaciones existentes en comparación al tiempo que dedican los analistas a crear nuevos sistemas.

La estrategia de desarrollo de prototipos de aplicaciones toma en cuenta esta situación y permite planificar el redesarrollo de un sistema. En otras palabras, el prototipo de una aplicación está diseñado para ser modificado y esto trae beneficios acumulados tanto a los usuarios como a la organización. Los usuarios pueden cambiar de opinión con respecto a los requerimientos e incluso se les invita a que lo hagan cuando evalúan el prototipo. Asimismo, las especificaciones de la aplicación son más completas; si la información adquirida durante el desarrollo del prototipo se emplea en forma adecuada entonces no existirán sorpresas cuando el sistema sea implantado.

Entusiasmo de los usuarios con respecto a los prototipos

Leer documentos sobre la descripción de un sistema o mostrar ejemplos de lo que puede hacer es algo que, francamente, no entusiasma a los usuarios. Recuerde la situación planteada en la historia del inicio del capítulo y póngase en el lugar del comprador. A menos que no exista otra opción, usted no adquiere un automóvil después de leer sólo las especificaciones técnicas. Los usuarios no desean hacer esto de ninguna manera. Aunque la revisión y comprensión de las especificaciones por parte de los usuarios es un paso necesario en el desarrollo de una aplicación, esta tarea no recibe mucho *entusiasmo* por parte de ellos. Las especificaciones son abstractas e impersonales y, para muchos usuarios, poco tangibles.

Por otra parte, los usuarios no tienen que esperar para ver un prototipo. Ellos no reciben sólo especificaciones; obtienen un sistema. Todo el proyecto se convierte en realidad cuando se sientan frente a una estación de trabajo y utilizan la aplicación u observan una demostración del sistema. La aplicación ya no es algo abstracto sino algo real que trabaja.

Las reacciones son instantáneas y comienzan a formularse preguntas y sugerencias. "¿Puede mostrar la dirección adonde se deba enviar el pedido? ¿Las cuentas sobregiradas también se pueden mostrar sobre la pantalla? ¿Si tenemos dudas en cuanto al resumen, podemos buscar la orden de pedido original? ¿Por qué está *eso* ahí? ¿No puede mostrarse en la esquina superior?"

Esto es lo más importante. Los prototipos de aplicación generan respuestas y reacciones. Durante este proceso los analistas aprenden mucho más en relación con los requerimientos de información —detalles que más adelante tendrán influencia sobre el diseño—.

Aplicaciones para candidatos

Los prototipos son más eficaces en el desarrollo de sistemas de información cuando se cumplen ciertas condiciones. Cualquiera de las siguientes cinco condiciones sugieren la necesidad de utilizar un prototipo:

- *No se conocen los requerimientos*
  La naturaleza de la aplicación es tal que existe poca información disponible con respecto a las características que debe tener el sistema para satisfacer los requerimientos de los usuarios.
  Ejemplo: Una compañía desea desarrollar un sistema de correo que tenga voz y que también pueda iniciar la preparación de determinados reportes impresos. La compañía no tiene experiencia previa con este tipo de correo.

- *Los requerimientos necesitan evaluarse*
  Se conocen los requerimientos aparentes de información, tanto de los usuarios finales como de la organización, pero es necesario verificarlos y evaluarlos.
  Ejemplo: Cierta universidad desea reducir las aglomeraciones que los estudiantes enfrentan cada vez que se inscriben a los cursos. Se ha concebido un plan para permitir a los estudiantes que proporcionen información con respecto a los cursos que desean tomar utilizando para ello cualquier teléfono de botones. El sistema acepta llamadas locales y de larga distancia. Asimismo, se han articulado las especificaciones de este sistema para facilitar el proceso de inscripción mientras que al mismo tiempo se minimizan los errores y se mantiene la integridad de todo el sistema. Además se han desarrollado los requerimientos de seguridad para evitar que se use sin autorización el sistema automatizado de inscripciones.

- *Costos altos*
  La inversión de recursos financieros y humanos así como el tiempo necesario para generar la aplicación es sustancial. Existen otros proyectos que también compiten por los mismos recursos.
  Ejemplo: Un banco va a instalar un sistema de cajeros automáticos en más de cien de sus sucursales. El sistema es costoso y será diseñado para permitir la captura instantánea de información y la actualización de la base de datos central.

- *Alto riesgo*
  La evaluación inexacta de los requerimientos del sistema o el desarrollo incorrecto de una aplicación ponen en peligro a la organización, a sus empleados y también a sus propios recursos.
  Ejemplo: Se va a diseñar un sistema de control de producción para el traslado de materiales del inventario del almacén hacia todas las partes del proceso de producción. La organización desea mantener al mínimo el inventario y al mismo tiempo no

sufrir retrasos en el proceso de producción. Un retraso en cualquier área, causado por un error o por la falta de materiales, puede detener todo el proceso de producción. Los paros de actividades no planificados dañan los materiales, destruyen los calendarios de producción y conducen al riesgo de perder clientes cuyos pedidos no podrán ser atendidos a tiempo.

- *Nueva tecnología*
  El deseo de instalar nueva tecnología ya sea en los campos de la computación, de las comunicaciones de datos u otras áreas relacionadas, abre nuevas fronteras para la organización. Muchas compañías no tienen experiencia en el uso de cierta tecnología ni tampoco las demás organizaciones con las que se comunican.
  Ejemplo: Una compañía desea desarrollar un sistema que permita utilizar la voz para que sus clientes realicen directamente sus pedidos: el personal repetirá en voz alta los detalles del pedido en una unidad de entrada de voz en lugar de escribirlos para su procesamiento.

Recuérdese el principio que se encuentra detrás del desarrollo de prototipos, mismo que fue presentado en el capítulo 1: *los usuarios pueden señalar con mayor facilidad las características que les agradan o desagradan e indicar caminos más cortos en un sistema existente y que funciona, que identificarlos en una descripción gráfica o por escrito del sistema propuesto.* Este principio se recalca en la historia del inicio de este capítulo.

Cuando se presenta cualquiera de las situaciones antes descritas, siempre debe considerarse el desarrollo de un prototipo como posible método que beneficie a todas las partes interesadas (Tabla 5.1). El método puede ahorrar recursos que de otra manera serían invertidos en corregir errores o concepciones equivocadas. El método también permite que el usuario participe directamente en el proceso de desarrollo. Por otra parte, se puede reducir el tiempo necesario, comparado con los resultados obtenidos por otros métodos, para preparar y corregir una aplicación que trabaja, en particular si se necesita dar mantenimiento a la aplicación.

ETAPAS DEL MÉTODO DE PROTOTIPOS

El desarrollo de un prototipo para una aplicación se lleva a cabo en una forma ordenada, sin importar las herramientas utilizadas (Fig. 5.1).

Identificación de requerimientos conocidos

La determinación de los requerimientos de una aplicación es tan importante para el método de desarrollo de prototipos como lo es para los métodos del ciclo clásico de desarrollo de sistemas o análisis estructurado (aunque las tácticas son diferentes). Por consiguiente,

TABLA 5.1 Características del método de desarrollo de prototipos

PARTICIPACIÓN DEL USUARIO

Los datos proporcionados por el usuario proporcionan durante el
   desarrollo información valiosa sobre el diseño.
La experiencia ganada a través del empleo del prototipo por los usuarios,
   misma que genera reacciones inmediatas por parte de éstos, evita
   sorpresas desagradables en la fase de implantación; asimismo facilita
   los cambios y mejoras que son deseables.
La rápida disponibilidad de una aplicación funcional evita la frustración
   que trae consigo la espera del desarrollo de un sistema que trabaje.
La disponibilidad de un sistema real, no de una especificación abstracta,
   fomenta la participación entusiasta de los usuarios para revisar y
   evaluar las características propuestas del sistema.
Se esperan sugerencias, que serán bien recibidas, para efectuar cambios
   en las especificaciones y modificaciones en las características del
   sistema.

USO DE LOS RECURSOS Y CARACTERÍSTICAS DEL DESARROLLO

Se concede mayor importancia a la velocidad de desarrollo y no a la
   eficiencia en el funcionamiento del prototipo, se ahorra tiempo y se
   disminuye el retraso en el desarrollo de sistemas de información.
Se recalca la determinación de los requerimientos correctos; esto evita el
   desarrollo e instalación de un sistema equivocado.
Se concede mayor importancia a los requerimientos del sistema, no a las
   necesidades secundarias de procesamiento; el desarrollo gira en torno
   a lo que es esencial.
Comparado con otras opciones de desarrollo, facilita la administración
   del tiempo de los usuarios y analistas.
Los costos de desarrollo son bajos, siempre y cuando se utilicen las
   herramientas apropiadas.
La eficiencia en el desarrollo para completar la aplicación, mejora como
   resultado de la recepción inmediata de las reacciones de los usuarios.
Los requerimientos de información son determinados antes de iniciar el
   desarrollo de la aplicación; de esta manera se evitan errores y retrasos
   costosos.
La eficiencia del proceso de desarrollo asegura la validación temprana de
   interfaces y características operacionales.
La participación de personal clave fomenta la comunicación durante el
   desarrollo.
Los usuarios ganan experiencia durante el desarrollo, lo que facilita el
   entrenamiento previo en el uso del sistema.
Las iteraciones son anticipadas y planificadas (es común que se espere
   realizar entre cuatro y seis iteraciones).
Se puede manejar con eficiencia el empleo de personal relacionado con el
   desarrollo.

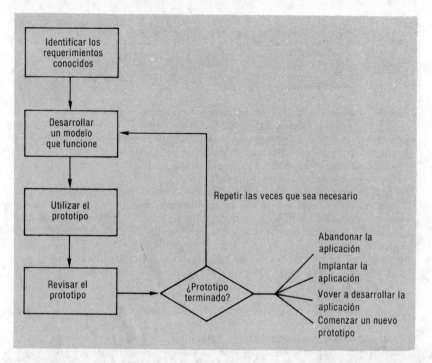

FIGURA 5.1

Pasos a seguir con el método de desarrollo de prototipos.

Dentro de la figura:

Identificar los requerimientos conocidos

Desarrollar un modelo que funcione

Utilizar el prototipo

Revisar el prototipo

¿Prototipo terminado?

Repetir las veces que sea necesario

Abandonar la aplicación

Implantar la aplicación

Vover a desarrollar la aplicación

Comenzar un nuevo prototipo

antes de crear el prototipo, los analistas y usuarios deben trabajar juntos para identificar los requerimientos *conocidos* que tienen que satisfacerse. Para hacerlo determinan los fines para los que servirá el sistema y el alcance de sus capacidades. En general, sólo un analista de sistemas es el que coordina este paso.

A lo largo de éste y los subsecuentes pasos en el desarrollo del prototipo se observa que muchas responsabilidades son compartidas por analistas y usuarios (Tabla 5.2). En otras palabras, el usuario final participa directamente en todo el proceso.

Desarrollo de un modelo de trabajo

Tal como se mencionó en el capítulo 4, la construcción de un proto-tipo es un proceso iterativo de desarrollo. Antes de la primera itera-ción, los analistas de sistemas explican el método a los usuarios, las actividades a realizar, la secuencia en que se llevarán a cabo y también discuten las responsabilidades de cada participante. Es útil comenzar el proceso de construcción del prototipo con el desarrollo de un plan general que permita a las personas conocer lo que se espera de ellas y del proceso de desarrollo. Un cronograma para el inicio y fin de la primera iteración es de gran ayuda y, por tanto, debe elaborarse justo antes de comenzar las actividades. Sin embargo, dada la naturaleza de este método de desarrollo, es difícil, y en ocasiones imposible, fijar una fecha tentativa de terminación. La experiencia con el sistema es la que determina eventualmente cuando el sistema está terminado.

TABLA 5.2 Responsabilidades compartidas cuando se emplea el método de desarrollo de prototipos.

RESPONSABILIDAD	PARTICIPANTE
Identificar la finalidad del sistema	Ambos
Describir la salida del sistema	Ambos
Describir los requerimientos de datos	Ambos
Familiarizar al usuario con el proceso de desarrollo de prototipos	Analista
Formular el plan para el desarrollo del prototipo	Analista
Estimar el costo del prototipo	Analista
Construir el prototipo inicial	Analista
Evaluar el prototipo	Analista
Utilizar y evaluar el prototipo	Usuario
Identificar las mejoras necesarias	Usuario
Documentar insuficiencias y características no deseables	Usuario
Evaluar las reacciones y sugerencias de los usuarios	Analista
Discutir cambios en el prototipo	Ambos
Modificar el prototipo	Analista
Utilizar y evaluar las veces que sea necesario, las nuevas versiones del prototipo	Usuario
Evaluar y discutir las reacciones de los usuarios, y realizar las modificaciones apropiadas	Analista
Determinar cómo utilizar la información obtenida con el uso del prototipo:	Analista
1. Volver a desarrollar el prototipo	
2. Implantar el prototipo	
3. Abandonar el proyecto	
4. Comenzar otro proyecto de prototipo	

Para comenzar la primera iteración, usuarios y analistas identifican de manera conjunta los datos que son necesarios para el sistema y especifican la salida que debe producir la aplicación. Esto significa describir 1) los reportes y documentos que el sistema debe proporcionar y 2) el formato de cada uno de ellos. Las decisiones de diseño necesarias para desarrollar la salida del sistema cambian muy poco en relación con las tomadas en otros métodos de desarrollo. Sin embargo, con un prototipo, se espera que las especificaciones iniciales estén incompletas. En general, se necesitan entre dos y tres reuniones para establecer las especificaciones iniciales.

Asimismo, el analista estima los costos asociados con el desarrollo del prototipo. Este paso es muy importante, aunque sólo se indique una estimación del costo. Lo anterior da a la administración y a los participantes una idea de los gastos necesarios (personal, equipo y artículos de consumo) que les permite revisar el plan de desarrollo.

La construcción del prototipo inicial está a cargo del analista de sistemas que para este fin emplea cualquiera de las herramientas que se presentan más adelante en este capítulo. La rapidez con la que se genera el sistema es esencial para que no se pierda el estado de ánimo sobre el proyecto y los usuarios puedan comenzar a evaluar la aplicación a la mayor brevedad posible.

En el desarrollo de un prototipo se preparan los siguientes componentes:

- El lenguaje para el diálogo o conversación entre el usuario y el sistema
- Pantallas y formatos para la entrada de datos
- Módulos esenciales de procesamiento
- Salida del sistema

Al construir el prototipo se deben seguir los estándares para datos que emplea la organización (por ejemplo, longitud del dato y especificación de tipo). La incorporación en la interfase entrada/salida de características representativas de las que serán incluidas en el sistema final permite una mayor exactitud en el proceso de evaluación.

En esta fase no se prepara la documentación ni tampoco las especificaciones de salida o de diseño de software.

En esta etapa es más importante la rapidez con la que se construye el prototipo que la eficiencia de operación. Es por esto que el analista no intenta optimizar la velocidad de operación del sistema (este aspecto será importante más adelante).

El prototipo y el usuario

Es responsabilidad del usuario trabajar con el prototipo y evaluar sus características y operación. La experiencia con el sistema bajo condiciones reales permite obtener la familiaridad indispensable para determinar los cambios o mejoras que sean necesarios así como la eliminación de características inadecuadas o innecesarias.

Revisión del prototipo

Durante la evaluación los analistas de sistemas desean capturar información sobre lo que les gusta y lo que les desagrada a los usuarios; al mismo tiempo ponen atención al *por qué* reaccionan los usuarios en la forma en que lo hacen. La información obtenida tendrá influencia sobre las características de la siguiente versión de la aplicación. Asimismo, la evaluación permite profundizar en los rasgos de los usuarios y también en los de la empresa —detalles que tienen influencia no sólo en la aplicación sino también en la forma en que será implantada—.

Los cambios al prototipo son planificados con los usuarios antes de llevarlos a cabo. Sin embargo, el analista es el responsable de realizar las modificaciones.

TABLA 5.3 Opciones para el uso de prototipos de aplicación

Abandonar la aplicación	En este caso se descartan el prototipo y la aplicación. El desarrollo del prototipo proporcionó información a partir de la cual se determinó que la aplicación o el enfoque seleccionado son inapropiados para justificar un desarrollo adicional. En algunos casos, quizá la situación haya cambiado de manera tal que la aplicación ya no sea necesaria.
Implantar el prototipo	Las características y funcionamiento del prototipo satisfacen las necesidades de los usuarios ya sea en forma permanente o para un futuro previsible. Se puede optar por esta estrategia cuando el ambiente de la aplicación cambia con tal rapidez que es difícil determinar los requerimientos estables o a largo plazo.
Volver a desarrollar la aplicación	El desarrollo del prototipo proporcionó suficiente información para determinar las características necesarias de toda la aplicación. La información se utiliza como punto de partida para el desarrollo de la aplicación en forma tal que haga el mejor uso posible de los recursos.
Comenzar un nuevo prototipo	La información ganada con el desarrollo del prototipo inicial sugiere otras opciones o circunstancias. Se construye un prototipo diferente para añadir información relacionada con los requerimientos de aplicación.

Repetición del proceso las veces que sea necesario

El proceso antes descrito se repite varias veces; en general, son necesarias entre cuatro y seis iteraciones. El proceso finaliza cuando los usuarios y analistas están de acuerdo en que el sistema ha evolucionado lo suficiente como para incluir todas las características necesarias o cuando ya es evidente que no se obtendrá mayor beneficio con una iteración adicional.

USO DE PROTOTIPOS

Cuando el prototipo está terminado, el siguiente paso es tomar la decisión sobre cómo proceder. Tal como ya se mencionó en el capítulo 4, existen cuatro caminos a seguir después de evaluar la información obtenida con el desarrollo y uso del prototipo: descartar el prototipo y abandonar el proyecto de aplicación, implantar el prototipo, volver a desarrollar la aplicación o comenzar con otro prototipo (Tabla 5.3).

Abandono de la aplicación

En algunos casos, la decisión es descartar el prototipo y abandonar el desarrollo de la aplicación. Esta conclusión no significa que fuese un error emprender el proceso de desarrollo del prototipo o un desperdicio de recursos —nada más alejado de la realidad—. Más bien, la información y experiencia ganada con el desarrollo y empleo del prototipo condujo hacia una decisión de desarrollo. Es probable que usuarios y analistas hayan aprendido que el sistema era innecesario o hayan descubierto otra solución durante el proceso. También es posible que la experiencia obtenida sugiera que el enfoque utilizado no fue el más adecuado. Y, en algunas ocasiones, el evento que dio inicio al esfuerzo de desarrollo ocurre solamente una vez. El prototipo cumplió con las necesidades inmediatas y no se espera que el evento se presente de nuevo.

Cualquiera de los casos anteriores puede sugerir que ya no se siga adelante con el prototipo o con el desarrollo de la aplicación. Es deseable decidir lo anterior antes de completar todo el esfuerzo de desarrollo y la implantación de la aplicación. Hacerlo de este modo ahorrará tiempo y recursos, lo que permitirá a los analistas invertir sus esfuerzos en las necesidades de otras aplicaciones.

Implantación del prototipo

La segunda opción es implantar el prototipo. Algunas veces el prototipo se convierte en el sistema que se necesita. En este caso, se implanta sin ninguna modificación y no se emprenden más esfuerzos de desarrollo. Esta decisión es más probable de tomarse bajo una o más de las siguientes circunstancias:

- La evolución del prototipo condujo a una aplicación que tiene las características, capacidades y desempeño requeridos.
- La aplicación será utilizada con poca frecuencia y no es importante su rapidez o eficiencia operacional.
- La aplicación no tiene efectos sobre otras aplicaciones o datos de la organización y tampoco interacciona con ellos; además satisface las necesidades de los usuarios inmediatos.
- El medio ambiente de la aplicación se encuentra en un estado de flujo; es difícil determinar necesidades a largo plazo o condiciones de operación más estables. En consecuencia no es posible justificar otras actividades de desarrollo. El prototipo es de utilidad para las condiciones actuales.

Cuando el ambiente de operación es incierto (lo que significa que es difícil identificar requerimientos concretos), el prototipo puede implantarse indefinadamente. La mitad, en forma aproximada, de todos los prototipos se implantan a medida que la aplicación trabaja.

Redesarrollo de la aplicación

Cuando un prototipo tiene éxito puede proporcionar información muy amplia con respecto a los requerimientos de la aplicación y conducir a su completo desarrollo. Terminar el prototipo no significa finalizar el proceso de desarrollo. Más bien señala el comienzo de la siguiente actividad: el desarrollo completo de la aplicación.

La información recopilada durante el desarrollo del prototipo sugiere características que deben añadirse a la aplicación. También permite que los analistas y usuarios tengan mayor información para tomar decisiones relacionadas con la forma en que debe realizarse el procesamiento y la información que se debe producir. La presentación de información, incluida la forma de interactuar con el sistema, es un requerimiento importante; los datos obtenidos a partir de la experiencia con el prototipo contribuyen a considerar con mayor eficacia otras características adicionales que son necesarias.

Con frecuencia, cuando la aplicación se vuelve a desarrollar, se pone mucha atención en el mejor uso posible de los recursos del sistema. La velocidad de procesamiento y el tiempo de respuesta tienen mayor importancia, al igual que el uso eficiente de los medios de almacenamiento.

El redesarrollo de una aplicación puede presentarse como parte del método de ciclo de vida de los sistemas de información. Las dos formas más comunes de incorporar la construcción de un prototipo para la aplicación son las siguientes:

- El prototipo se emplea como una opción para la determinación de requerimientos; las características del prototipo son consideradas como los requerimientos a satisfacer en las subsecuentes actividades de desarrollo.
- El prototipo se utiliza como sustituto para el diseño e implantación de la aplicación, es decir como un esqueleto a partir del que se construye el resto del sistema.

Cualquiera que sea el camino, la construcción de prototipos de aplicación favorece el proceso de desarrollo.

Inicio de un nuevo prototipo

La cuarta opción es comenzar un nuevo proyecto de prototipo. Algunas veces la información ganada con el desarrollo y uso del prototipo, sugiere el empleo de un enfoque muy diferente para satisfacer las necesidades de la organización. En este caso es posible encontrar que las características de la aplicación son muy diferentes si el prototipo es inadecuado para demostrarlas y evaluarlas.

Como consecuencia de lo anterior, más que emprender directamente el esfuerzo de desarrollo total, la gerencia puede apoyar la creación de otro prototipo que permita añadir más información a la que ya se tiene disponible.

De nuevo, es importante notar que no se han desperdiciado los esfuerzos hasta este momento, aunque ellos revelen requerimientos diferentes a los anticipados. Conocerlos en esta fase del proceso, justo cuando se cambia la dirección del esfuerzo de desarrollo del prototipo, es mucho mejor que advertirlos después de invertir en él todo el esfuerzo de desarrollo e implantación.

Comentario al margen
Punto de partida: entender los requerimientos del usuario

El desarrollo de prototipos para aplicaciones no debe interpretarse como la estrategia a seleccionar cuando el analista no sabe por dónde comenzar un proyecto. Si el analista no comprende los requerimientos generales de los usuarios o no puede articular detalles esenciales de diseño, el prototipo no será de gran ayuda. De hecho, todo el esfuerzo significará un desperdicio de recursos y aumentará tanto el tiempo de desarrollo como la frustración de los usuarios.

Considérese la siguiente analogía. Si los papás no saben qué juguetes comprar a sus hijos, ellos no deben comprar en forma precipitada muchos juguetes con la intención de devolver aquellos con los que sus hijos no juegan. Si lo hacen entonces el hecho significa que los padres no conocen los deseos o necesidades de sus hijos. Por otra parte, ellos deben considerar las preferencias de cada uno de sus hijos, juegos de mesa, muñecas y habilidades para las artes o trabajos manuales. Estos requerimientos generales son los que sirven como punto de partida para comprar el juguete adecuado.

Lo mismo sucede con el desarrollo de prototipos. El analista primero debe identificar los requerimientos generales o las características esenciales del diseño. Un prototipo de aplicación permite a usuarios y personal encargado de su desarrollo, ganar información adicional con respecto a la forma en que será utilizado el sistema, las características que serán necesarias y otras consideraciones. Pero el proceso no puede comenzar sin ningún conocimiento elemental de la aplicación. En otras palabras, la falta de conocimiento no sugiere la necesidad de construir un prototipo, más bien es un indicador de la necesidad que se tiene de investigar para poder conocer los requerimientos del usuario.

HERRAMIENTAS PARA EL DESARROLLO DE PROTOTIPOS

El empleo de herramientas adecuadas es un factor muy importante para el éxito del prototipo. En esta sección se examinan las siguientes herramientas: lenguajes de cuarta generación, generadores de aplicaciones, generadores de programas, código reutilizable, paquetes de aplicación y computadoras personales.

TABLA 5.4 Comparación entre lenguajes de tercera y cuarta generación

Lenguajes de tercera generación (COBOL, FORTRAN, BASIC)	Lenguajes de cuarta generación (FOCUS, SQL, NOMAD)
Diseñados para ser utilizados por programadores profesionales.	Pueden ser utilizados por profesionales que no son programadores (es decir, usuarios) así como por programadores profesionales.
Requieren la especificación sobre *cómo realizar una tarea.*	Requieren la especificación de *qué tarea* realizar (el sistema determina cómo efectuarla).
Se deben especificar todas las posibles opciones.	Ofrecen opciones predeterminadas. El usuario no necesita especificar estas opciones.
Requieren de un número grande de instrucciones.	Requieren de menos instrucciones (en muchos casos sólo la décima parte).
El código puede ser difícil de leer, comprender y mantener.	El código es fácil de comprender y mantener.
Lenguajes desarrollados originalmente para operación por lotes.	El lenguaje está diseñado principalmente para su uso en línea.
Algunos pueden ser difíciles de aprender.	Muchas de sus características pueden aprenderse con rapidez.
Difíciles de depurar.	Los errores son más fáciles de localizar porque los programas son más cortos y el código más estructurado.
En general, orientados hacia archivos.	En general, están orientados hacia bases de datos.

Lenguajes de cuarta generación

La cantidad de tiempo necesario para desarrollar una aplicación siempre ha sido un aspecto que interesa tanto a los usuarios como a los encargados del desarrollo de sistemas. La creciente necesidad de software para computadora, misma que se manifiesta en retrasos en el desarrollo, trae como consecuencia más inquietud. Los lenguajes de cuarta generación fueron creados para ayudar a satisfacer la necesidad de desarrollar software con mayor eficiencia. Estos lenguajes son una herramienta importante para la creación de prototipos de aplicación.

Los *lenguajes de cuarta generación* inluyen un amplio espectro de lenguajes de computadora que hacen hincapié sobre lo que *debe hacerse* más que sobre *cómo* realizar la tarea. Las especificaciones de los programas se desarrollan con un nivel mucho mayor que el encon-

```
TABLE FILE EMPLEADO
''<DEPARTAMENTO>: SECCIÓN, EMPLEADOS Y SALARIOS </1''
PRINT SALARIO
BY DEPARTAMENTO NOPRINT BY SECCIÓN
BY APELLIDO BY NOMBRE
ON DEPARTAMENTO PAGE-BREAK
FOOTING
<LOS EMPLEADOS QUE NO TIENEN NÚMERO DE IDENTIFICACIÓN SON EMPLEADOS TEMPORALES''
END
```

FIGURA 5.2

Ejemplo de programa para generar informes.

trado en los lenguajes de tercera generación como COBOL, FOR-TRAN y BASIC. El término "alto nivel" se refiere a las características que no están orientadas hacia procedimientos, es decir aquellas en las que el programador no tiene que especificar cada paso necesario para completar una tarea de procesamiento. El procesamiento por computadora se puede llevar a cabo con una fracción de las instrucciones necesarias para realizar la misma tarea con un lenguaje de tercera generación —es común que se necesite sólo la décima parte de las instrucciones—. (Sin embargo, debe notarse que algunos lenguajes de cuarta generación incluyen elementos orientados hacia procedimientos y elementos no orientados hacia procedimientos; esto permite a los programadores equilibrar la facilidad de programación con la eficiencia en la operación.) La tabla 5.4 contiene una comparación entre lenguajes de tercera y cuarta generación mostrando que "alto nivel" significa "necesidad menor de mandatos" ya que cada mandato de alto nivel reemplaza muchas instrucciones de bajo nivel.

Los lenguajes de cuarta generación se clasifican en tres categorías: lenguajes no orientados hacia procedimientos, lenguajes de consulta y recuperación y lenguajes generadores de reportes.

Lenguajes no orientados hacia procedimientos

El lenguaje con el que trabajan los analistas y usuarios finales *no está orientado hacia procedimientos.* Algunas veces el lenguaje recibe el nombre de lenguajes *no-procedurales.* Un solo mandato (por ejemplo SORT, SELECT, LOCATE) lleva a cabo una función completa. No es raro encontrar que el mandato de un lenguaje no orientado hacia procedimientos reemplace al equivalente de más de cien instrucciones de un lenguaje de tercera generación como COBOL.

Los lenguajes de este tipo por lo general forman parte de los lenguajes de consulta y recuperación, así como de los generadores de reportes.

Lenguajes de consulta y recuperación

Los *lenguajes de consulta y recuperación* (o simplemente *lenguajes de consulta*) facilitan la recuperación de datos almacenados sin necesidad

```
PAGE       1

MIS          : SECCIÓN, EMPLEADOS Y SALARIOS

SECCIÓN ID       APELLIDO         NOMBRE           SALARIO

I/O              BILLINGS         ROSEMARIE        $21,780.00
OPNS             CRAY             BARBARA          $27,062.00
OPNS             MASTERS          JOHN             $18,480.00
                 GREENSPAN        MARY              $9,000.00
PROG             JONES            DIANE            $18,480.00
I/O              SMITH            MARY             $13,200.00

LOS EMPLEADOS QUE NO TIENEN NÚMERO DE IDENTIFICACIÓN SON EMPLEADOS TEMPORALES
```

```
PAGE 2

PRODUCCIÓN: SINDICATO, EMPLEADOS Y SALARIOS

SINDICATO_ID     APELLIDO         NOMBRE           SALARIO

MFG              BOURK            JOHN             $29,700.00
MFG              ISON             JOAN             $26,862.00
QC               RINGO            ANTHONY          $21,120.00
                 SMITH            RICHARD           $9,500.00
QC               MCKNIGHT         ROGER            $16,100.00

LOS EMPLEADOS DE PRODUCCIÓN QUE NO TIENEN NÚMERO DE IDENTIFICACIÓN SON EMPLEADOS TEMPORALES
```

FIGURA 5.3
Salida producida por el programa de ejemplo para generar informes.

de escribir muchas instrucciones orientadas hacia procedimientos, o especificar el formato de los datos. Estos lenguajes permiten a los usuarios formular preguntas —*consultas*— en formatos tabulares o parecidos al inglés. Por ejemplo, al examinar la evolución de las ventas en una organización se puede plantear la siguiente consulta:

Hacer una lista de las ventas de la compañía por regiones durante los años 1986 a 1991.

El sistema recupera los datos necesarios de los archivos o bases de datos asociados con el programa y presenta una respuesta al usuario. Para ello se deben efectuar los siguientes pasos:

1. Clasificar los datos por año y región.
2. Preparar el total para cada región.
3. Presentar los resultados en un formato comprensible.

Sin embargo, el usuario no necesita participar en estos pasos ya que éstos son realizados automáticamente cuando se formula la consulta. (Recuperar la misma información por medio de lenguajes de tercera generación podría requerir de más de cien instrucciones para producir el mismo resultado. El analista también debe tomar todas las decisiones relacionadas con la forma en que se presentarán los datos.)

Algunos lenguajes en esta categoría permiten a los usuarios dar entrada a datos y actualizar archivos o bases de datos.

Generadores de reportes

Los *generadores de reportes* permiten a los usuarios obtener con facilidad (pero no dar entrada o modificar) datos de archivos o bases de datos. Se puede obtener el contenido parcial o total de los registros. En comparación con los lenguajes de consulta y recuperación, los generadores de reportes dan a los usuarios mayor control sobre la apariencia y contenido de la salida. Los resultados se pueden presentar en un formato de reporte que se establece en forma automática por software, o el usuario también puede proporcionar las especificaciones que instruyan al sistema para preparar títulos específicos, descripciones de página y encabezados de columnas.

La figura 5.2 muestra un programa escrito con un generador de reportes. Nótese que son necesarias muy pocas instrucciones para producir la salida mostrada en la figura 5.3. Comparado con todo lo que sería necesario hacer en un lenguaje de tercera generación, como COBOL, el programa es muy breve pero bastante convincente.

Es común que los usuarios deseen resúmenes de los totales con respecto a las categorías de actividades en la forma de totales y subtotales. Cuando se emplean lenguajes de tercera generación, los programadores deben especificar no sólo qué totales producir sino también cómo calcularlos y presentarlos. Los generadores de reportes requieren únicamente que los usuarios especifiquen el campo sobre el que debe calcularse el subtotal; el software lleva a cabo los procedimientos de manera automática. También se pueden manejar de esta manera otras operaciones aritméticas y lógicas, tales como la supresión de datos repetitivos. Todos los totales y características del formato de la salida mostrada en la figura 5.3 fueron determinadas de manera automática por el generador de reportes.

Generadores de aplicaciones

Los lenguajes no orientados hacia procedimientos, los lenguajes de consulta y recuperación y los generadores de reportes, están orientados hacia la producción de salidas; ellos preparan y muestran reportes impresos. En contraste, los *generadores de aplicaciones* son programas de software que permiten la especificación de *toda una aplicación* en un nivel muy alto. Ellos proporcionan las condiciones para desarrollar

TABLA 5.5 Herramientas más utilizadas para desarrollar prototipos

Categoría	Paquete/Lenguaje	Vendedor
Consulta y recuperación	INTELLECT	Artificial Intelligence Corp.
	On-Line English	Cullinet
	Query-By-Example	IBM
	Quick Query	Caci
	SQL	IBM
Generadores de reportes	Easytrieve Plus	Panasophic
	GIS	IBM
	Mark IV	Informatics
	NOMAD	NCSS
Generadores de aplicaciones	ADS	Cullinet
	Application Factory	Cortex Corporation
	FOCUS	Information Builders
	MAPPER	Unisys (Sperry)
	MANTIS	CINCOM
	NATURAL	Software AG
	RAMIS	Mathematica, Inc.

aplicaciones que acepten datos, efectúen cálculos, sigan complicadas rutinas de procesamiento lógico y produzcan reportes y salidas. El generador de aplicaciones produce el código fuente (Fig. 5.4). Algunos producen programas completos. Otros, denominados *generadores de programas,* preparan parte del código del programa, como módulos individuales, y permiten al usuario enlazar otros módulos con los producidos por el generador. Los generadores de programas son una forma especial (un subconjunto) de los generadores de aplicaciones.

La tabla 5.5 proporciona una lista de los generadores de aplicación más utilizados.

Generadores de pantallas

La forma en que los usuarios interactúan con una aplicación es examinada a fondo por los usuarios finales. Si la forma en que está distribuida la información sobre la pantalla es incómoda o muy diferente a la que están acostumbrados los usuarios (y no existe además ninguna razón para explicar la diferencia), entonces existe la posibilidad de que éstos eviten utilizar el sistema.

Desde el punto de vista del desarrollo, la creación de un formato para pantalla es una de las áreas que más consume tiempo y donde existe mayor propensión a cometer errores. Este proceso incluye las tareas de acomodar encabezados, instrucciones y campos de datos sobre una terminal de computadora así como establecer los procedimientos para aceptar los datos que entran al sistema por medio del teclado, al mismo tiempo que muestran sobre la pantalla los datos proporcionados.

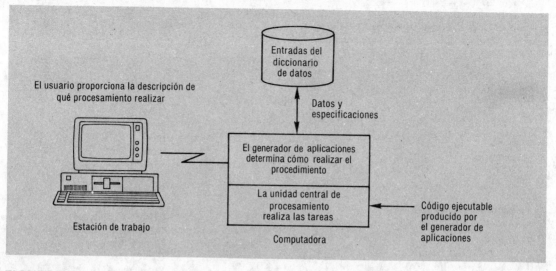

FIGURA 5.4

Funciones realizadas por un generador de aplicaciones.

Un *generador de pantalla* es una herramienta interactiva para "dibujar" pantallas y efectuar la validación automática de la entrada y procesamiento (búsqueda en tablas, etc.). Es posible seleccionar con respuestas sencillas preferencias sobre el presentar con mayor brillantez la información más importante, el utilizar determinados colores o hacer uso del video inverso.

Los generadores de pantalla también permiten que los usuarios preparen automáticamente componentes que sean de ayuda en la interacción usuario-máquina, incluyendo la localización de campos para entrada de datos, campos para presentar datos, encabezados de columna, etiquetas y mensajes.

Es común que los generadores de aplicaciones incluyan facilidades para generar pantallas en forma automática.

Sistemas de diccionario de datos

Los *sistemas de diccionario de datos* guardan definiciones y descripciones de los datos utilizados en los sistemas de información de la organización. Apoyarse en estas definiciones es benéfico para el desarrollo de prototipos ya que se ahorra tiempo. Los analistas no necesitan determinar las descripciones apropiadas para los datos; en lugar de esto emplean las que se encuentran en el diccionario. Además, si después se desarrolla un sistema con todas las funciones, utilizando el prototipo como modelo, éste estará basado en las definiciones estándar de la organización.

Algunos sistemas de diccionario de datos ofrecen características similares a las que se encuentran en los generadores de aplicaciones. (Los sistemas de diccionario de datos se estudiaron con bastante detalle en el capítulo 4.)

Computadoras personales

La factibilidad de un diseño en particular puede verificarse sobre una computadora diferente a la que será utilizada para el sistema cuando éste se encuentre terminado. Lo anterior puede ocurrir porque la computadora en la que se instalará el sistema se emplea tanto que no es posible tenerlo a disposición para el desarrollo de prototipos. O porque la computadora no se encuentra en el lugar donde se hará el desarrollo sino en otra localidad. El prototipo se puede crear sobre una máquina diferente, tal como una computadora personal, para verificar el diseño del sistema. Cuando el proceso está terminado, el sistema final se puede desarrollar sobre la máquina en la que finalmente se ejecutará.

(Muchas compañías han encontrado que las aplicaciones que en el pasado eran ejecutadas sobre sistemas de cómputo muy grandes, como los *mainframes,* ahora pueden transportarse hacia computadoras personales. La potencia de las computadoras personales que existen en la actualidad, acoplada con el control ya sea personal o de grupo que se tiene sobre su uso, es una opción cada vez más atractiva para compartir la capacidad de las *mainframes.*)

A menudo el software de las computadoras personales también se puede utilizar para desarrollar prototipos de aplicaciones. Los usuarios finales que interactúan con una mainframe por medio de estaciones de trabajo no están preocupados por la naturaleza de la computadora conectada a la terminal. Su interacción ocurre a través del teclado y por el significado de la información presentada en la pantalla; para ellos esto es "el sistema".

Los teclados de computadora están cada vez más estandarizados a través de toda la línea de productos ofrecidos por un vendedor (por ejemplo, todas las nuevas computadoras de IBM utilizan ahora un teclado estándar). De esta forma, el teclado de una computadora personal será idéntico al encontrado en un sistema grande o de mediano tamaño de la misma marca. El comentario anterior también es válido para los monitores. Es así como los estilos tipográficos, tamaño de caracteres y opciones de color son los mismos a través de toda la línea de productos de un mismo vendedor.

Con estas similitudes, es bastante frecuente y deseable desarrollar pantallas de visualización sobre computadoras personales permitiendo a los usuarios que evalúen la distribución de los datos y sugieran cambios.

Los sistemas de bases de datos diseñados para computadoras personales con frecuencia tienen incorporados generadores de aplicaciones que permiten especificar la posición de los datos para entrada y salida, junto con directrices para la entrada de datos. Las pantallas de visualización son preparadas de manera automática por el software. Los analistas no necesitan de la participación de los programadores para desarrollar el código fuente.

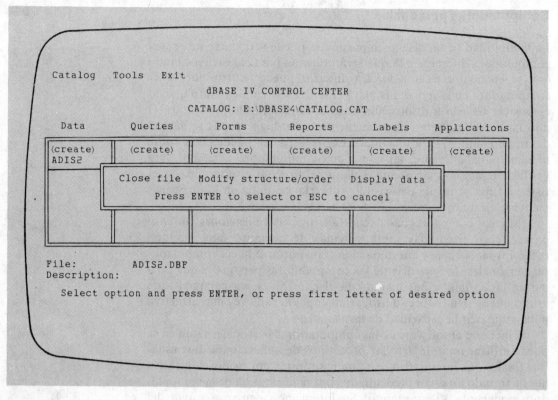

```
    Catalog   Tools   Exit
                        dBASE IV CONTROL CENTER
                     CATALOG: E:\DBASE4\CATALOG.CAT

     Data          Queries        Forms         Reports       Labels      Applications

   (create)      (create)       (create)      (create)       (create)      (create)
   ADIS2
                   Close file    Modify structure/order    Display data
                       Press ENTER to select or ESC to cancel




   File:          ADIS2.DBF
   Description:
      Select option and press ENTER, or press first letter of desired option
```

FIGURA 5.5

Centro de control de
dBASE IV.

De hecho, un prototipo de sistema que se ejecuta sobre una computadora personal puede convertirse en el sistema final.

Las figuras 5.5 y 5.6 ilustran el uso del popular sistema de base de datos dBASE para computadoras personales en el desarrollo de prototipos.

Bibliotecas de código reutilizable

Muchas organizaciones fomentan la creación de bibliotecas de programas que contienen módulos individuales de código. Por lo general los módulos fueron desarrollados para emplearse en otros sistemas y, si los módulos son reutilizables, una biblioteca puede ser una herramienta muy valiosa para el desarrollo de prototipos. Si es necesario se pueden recuperar y modificar varios módulos de *código reutilizable*. Al insertar estos módulos en el prototipo se puede crear un sistema que funcione con rapidez y con un costo relativamente bajo.

Algunas organizaciones tienen preferencia sobre algunas herramientas específicas para el desarrollo de prototipos. Sin embargo, todas las que se han presentado hasta este momento son útiles en el desarrollo de prototipos de aplicaciones.

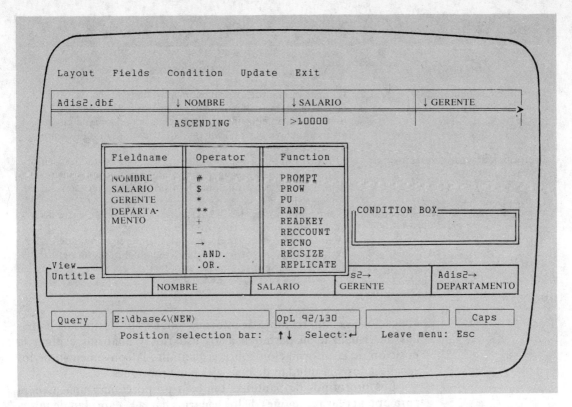

```
    Layout    Fields    Condition    Update    Exit

   Adis2.dbf          ↓ NOMBRE          ↓ SALARIO              ↓ GERENTE
                                                                              →
                       ASCENDING         >10000

        ┌─────────────┬─────────────┬─────────────────┐
        │ Fieldname   │ Operator    │ Function        │
        │             │             │                 │
        │ NOMBRE      │ #           │ PROMPT          │
        │ SALARIO     │ $           │ PROW            │
        │ GERENTE     │ *           │ PU              │    ┌CONDITION BOX─────┐
        │ DEPARTA-    │ **          │ RAND            │    │                  │
        │ MENTO       │ +           │ READKEY         │    │                  │
        │             │ −           │ RECCOUNT        │    └──────────────────┘
        │             │ →           │ RECNO           │
        │             │ .AND.       │ RECSIZE         │
        │             │ .OR.        │ REPLICATE       │
   View─┴─────────────┴─────────────┴─────────────────┘s2→        Adis2→
   Untitle              NOMBRE          SALARIO          GERENTE    DEPARTAMENTO

   ┌ Query ┐ ┌ E:\dbase4\(NEW) ┐ ┌ OpL 92/130 ┐ ┌       ┐ ┌ Caps ┐
              Position selection bar:   ↑↓   Select:↵      Leave menu: Esc
```

ESTRATEGIAS PARA EL DESARROLLO DE PROTOTIPOS

FIGURA 5.6
Desarrollo de prototipos utilizando dBASE IV.

Se puede desarrollar un prototipo para cada uno de los diferentes componentes de una aplicación. Es común el uso de tres estrategias para el desarrollo de prototipos de aplicaciones (Tabla 5.6).

Prototipos para pantallas

La interface entre el sistema y el usuario es, en general, la pantalla de visualización. Se tiene la tendencia a considerar que la pantalla de visualización es únicamente la pantalla de la terminal, formada por 25 renglones cada uno con 80 caracteres. Por ejemplo, es frecuente que las máquinas de cajero automático (MCA) y los dispositivos de punto de ventas utilicen una pantalla de visualización con una o dos líneas únicamente. Sin importar que se muestre una línea o varias, la pantalla de visualización es el vehículo para presentar información tal como ésta es proporcionada al sistema o recuperada de éste. De esta manera es necesario asegurar que facilita una buena interacción.

La táctica de desarrollar prototipos sólo para las pantallas de visualización, es apropiada cuando el elemento clave para juzgar una

TABLA 5.6 Estrategias utilizadas en el desarrollo de prototipos de aplicación

ESTRATEGIA	DESCRIPCIÓN
Prototipos de pantallas de visualización	La distribución de información sobre la pantalla de visualización se crea en forma de prototipo para mostrar la interface entre el usuario y el sistema. Es apropiada cuando el elemento clave para juzgar una aplicación es el intercambio de información.
Prototipos de procedimientos para procesamiento	El prototipo está formado por funciones de entrada, cálculo, recuperación de información y salida. Es adecuado para determinar si estas funciones han sido desarrolladas en forma correcta.
Prototipos para funciones básicas	Incluyen las funciones primarias de la aplicación, entre las que se encuentran actividades de edición y validación. No incluye funciones secundarias, tales como el manejo de archivos, que no forman parte esencial del procesamiento normal hecho por la aplicación.

aplicación es el intercambio de información. Los prototipos de pantallas de visualización permiten a los usuarios y analistas evaluar la posición de la información sobre la pantalla, la conveniencia de los encabezados y la utilidad de mensajes e instrucciones.

Los prototipos de pantallas también proporcionan una manera para obtener las reacciones de los usuarios hacia la cantidad de información presentada sobre la pantalla de visualización. Tal vez el usuario decida que un diseño en particular es muy denso ya que existen demasiados detalles sobre la pantalla. En otros casos la información sobre una pantalla, aunque no es excesiva en el sentido de causar que la pantalla se vuelva densa, tal vez sea mucho mayor que la que un individuo necesita durante *todo* el tiempo. La creación y uso de un prototipo de pantalla de visualización puede conducir a la conclusión de que debe presentarse, en forma automática, un resumen de la información. Entonces, si el usuario desea ver más detalles para explicar cierta entrada, éstos se pueden mostrar sobre la pantalla cuando sea necesario por medio de una solicitud para tal fin.

El prototipo de pantalla de visualización ayuda a determinar qué información es necesaria sobre la pantalla principal y cuál pertenece a la pantalla de visualización de detalles.

Prototipos para procedimientos de procesamiento

Las funciones de procesamiento incluyen entradas, cálculos, recuperación de información y actividades de salida. El desarrollo de prototipos para los procedimientos de procesamiento aborda sólo las actividades que preceden a la aplicación. Cómo se verá más adelante, es poco aconsejable suponer que todos los datos entrarán al sistema en forma apropiada o que el usuario solicitará el procesamiento con la secuencia correcta de eventos. Es así como una aplicación completa incluye muchas características diseñadas para asegurar la detección de errores o de solicitudes no válidas.

Estas características, aunque son muy importantes, consumen mucho tiempo de desarrollo. Si en cierto momento el objetivo básico es determinar si los procedimientos de aplicación fueron desarrollados apropiadamente, entonces se puede desarrollar un prototipo que se concentre sólo sobre dichos procedimientos; esto es, se pueden omitir por un tiempo las características de detección de errores y salida para permitir que el proceso de evaluación avance con mayor rapidez.

De manera similar, la evaluación de los procedimientos y la observación de los errores y equivocaciones cometidas por los individuos cuando emplean el prototipo, pueden *sugerir* la adición de características de manejo de errores en línea que no habían sido anticipadas.

Prototipos para funciones básicas

Un sistema completo incluye módulos que realizan muchas funciones diferentes entre las que se encuentran:

- Creación de archivos maestros o bases de datos
- Preparación de copias de respaldo
- Reorganización de archivos o bases de datos
- Selección y borrado de registros

Para determinar los requerimientos de una aplicación tal vez no sean necesarios todos los módulos. De aquí que una estrategia común es desarrollar únicamente los procesos básicos (aquellos que forman el núcleo de la aplicación). Por ejemplo, en un sistema de recepción de pedidos, las principales actividades diseñadas en un prototipo quizá incluyan módulos para el manejo de:

- Recepción de información sobre nuevos pedidos
- Recepción de los datos de un nuevo cliente
- Cambio (edición) de datos relacionados con los pedidos existentes
- Validación de número y nombre del cliente
- Validación de los detalles de artículos
- Validación de una transacción solicitada (ejemplo: órdenes procesadas)
- Recuperación de un pedido específico por medio del número de pedido
- Recuperación de un pedido específico por medio del nombre del cliente
- Reporte impreso de los datos contenidos en los pedidos por número de pedido, monto, cliente, etcétera.

- Reportes sobre los pedidos recibidos al día por número de pedido, monto, cliente, etcétera.

En contraste, pueden omitirse las siguientes rutinas secundarias y otras de soporte durante la creación del prototipo:

- Creación de archivos de clientes
- Borrado de registros que no están actualizados (no utilizados)
- Detección y manejo de solicitudes para pedidos no existentes

El desarrollo de prototipos para las actividades principales está dirigido hacia las funciones básicas y no hacia las que son secundarias.

Comentario al margen
Herramientas adecuadas para crear un prototipo

No existe ninguna herramienta mágica para el desarrollo de prototipos. Algunas veces el analista sugiere que el prototipo puede construirse adecuadamente sólo si se emplea para ello un lenguaje de cuarta generación. Otros sugieren que esta actividad no es legítima a menos que se desarrolle una aplicación que trabaje. Sin embargo, estos puntos de vista son extremos y no tocan el punto importante: las herramientas son medios para alcanzar un fin, no son el fin por sí mismas.

El aspecto más importante para el analista es tomar todos los pasos para asegurar el desarrollo de la aplicación correcta, que contiene todas las características necesarias, de la manera más productiva posible. Si un lenguaje de cuarta generación es la mejor herramienta para una tarea, entonces debe utilizarse. Por otro lado, tal vez un paquete de base de datos para computadora personal sea el mejor medio para proporcionar los resultados deseados.

La elección de herramientas para el desarrollo de prototipos debe tomar en cuenta las características de la aplicación bajo desarrollo.

IDEAS ERRÓNEAS CON RESPECTO AL DESARROLLO DE PROTOTIPOS

Los beneficios obtenidos con el desarrollo de prototipos pueden ser sustanciales, como se ha mostrado en este capítulo. Sin embargo, a pesar del entusiasmo para este método de desarrollo, en ocasiones las personas tienen la idea equivocada de que el proceso es trivial o fácil de utilizar. Algunos pueden verlo como útil sólo para sistemas pequeños o aplicaciones sencillas. En otras circunstancias, sus beneficios se perciben como la participación directa del usuario en el proceso de desarrollo. En esta sección se discuten estas ideas mal entendidas.

Actividad trivial

Aunque el desarrollo de prototipos de aplicación es una metodología valiosa, no se puede utilizar en forma fortuita. Los prototipos no son sistemas de juguete desarrollados por prueba y error. Las aplicaciones deben ser reales e importantes. El desarrollo de aplicaciones que serán implantadas en una organización no es trivial. (Más adelante se presenta un ejemplo.)

El desarrollo de prototipos hecho con poco cuidado conduce a ciertas aplicaciones poco satisfactorias. No existe ninguna magia en el proceso, ni tampoco es posible producir buenas aplicaciones de manera instantánea. Tal como se discutió anteriormente, la participación del usuario y el analista es indispensable.

Sólo para aplicaciones pequeñas

El tamaño de una aplicación no es un criterio para utilizar un prototipo de aplicación para el desarrollo de sistemas de información. Los sistemas grandes y pequeños, ya sea que se juzguen por el número de funciones realizadas, el número de usuarios potenciales u otros criterios, se pueden beneficiar con el método de desarrollo de prototipos.

Sólo para aplicaciones sencillas

El desarrollo de prototipos no es sólo para sistemas sencillos o con un número limitado de funciones. De hecho, el mayor beneficio se puede obtener cuando la aplicación es grande o complicada, o cuando el riesgo de error es alto. Puede ser muy eficaz para determinar qué funciones deben incluirse, qué interrelaciones son necesarias entre las funciones y cuándo se deben compartir datos. De manera similar, se pueden evaluar procedimientos complejos de control y validación de datos como un aspecto importante del proceso de desarrollo de prototipos. El enfoque trabaja para sistemas de diferente complejidad.

La participación del usuario es simbólica

A menudo se alienta la participación del usuario final en el desarrollo de una aplicación como medio para aumentar el flujo de información entre el usuario y el analista con la finalidad de mejorar los resultados del desarrollo. Es importante recalcar que las responsabilidades dadas a los usuarios cuando participan en el desarrollo del prototipo son sustanciales. De aquí que la naturaleza de la participación no es superficial y tampoco un gesto simbólico.

La tabla 5.2 presenta un resumen del papel que tienen los usuarios en este proceso.

EJEMPLO DE DESARROLLO DE UN PROTOTIPO

Un ejemplo ilustrará la utilidad del desarrollo de prototipos de aplicaciones. Al repasar este ejemplo nótese la naturaleza de los cambios que se realizan durante la evolución de la aplicación. ¿Podría haberse anticipado la necesidad de estos cambios? ¿El diseño del sistema finalmente implantado sería el mismo si en lugar del prototipo se hubieran utilizado los métodos de ciclo clásico o de análisis estructurado?

Correo por teléfono

En respuesta a una oportunidad cada vez mayor en el mercado, una firma empieza la búsqueda de una aplicación de correo por teléfono con cobertura en todo el país. La empresa, a la que en este ejemplo se hace referencia como Tele-Voz (que no es un nombre real) fue diseñada para permitir que los miembros inscritos reciban mensajes de las personas que los llaman. Todos los mensajes son grabados utilizando tecnología de almacenamiento por computadora, lo que permite que el suscriptor escuche la voz de la persona que hizo la llamada y no la de un operador leyendo el mensaje.

Concepto de correo por teléfono

Al trabajar con el director del proyecto y un grupo de suscriptores, el analista asignado al proyecto definió los requerimientos esenciales del sistema y delineó la forma en que el servicio funcionará. Los miembros se suscriben al sistema por periodos de un mes y pagan una cuota fija por los servicios. A su vez se asigna a cada uno de ellos un "buzón de correo" donde se guardan los mensajes recibidos (Fig. 5.5). Cada suscriptor recibe un número de identificación con cuatro dígitos. Todo acceso al sistema, ya sea para dejar mensajes a otros o recibirlos, requiere que el usuario proporcione primero su número de identificación. A los usuarios también se les da un número para llamadas de larga distancia sin costo alguno que pueden utilizar para entrar en contacto con Tele-Voz desde cualquier parte del mundo. Sólo los suscriptores conocen este número telefónico.

Además del pago de la cuota mensual, el único requerimiento para el suscriptor es que posea un teléfono con botones para hacer llamadas al sistema. El teléfono envía señales discretas cada vez que se presiona la tecla correspondiente a un número o letra —señales que sólo son comprensibles para una computadora digital—. Este tipo de teléfonos también tiene dos teclas adicionales: # y *. El sistema las designa como las teclas de ENTRAR y ALTO respectivamente.

Cuando los suscriptores hacen una llamada al sistema, escuchan primero una solicitud audible (por medio de una voz pregrabada) que les pide que proporcionen sus números de identificación: "Por favor proporcione su código de identificación de cuatro dígitos y entonces

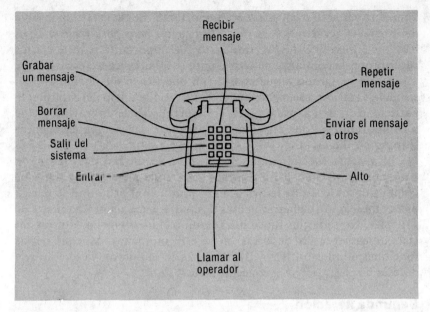

FIGURA 5.7
Características del
sistema Tele-Voz.

Las etiquetas del diagrama son:
- Recibir mensaje
- Grabar un mensaje
- Repetir mensaje
- Borrar mensaje
- Enviar el mensaje a otros
- Salir del sistema
- Entrar
- Alto
- Llamar al operador

presione la tecla ENTRAR." Después se escucha lo siguiente: "Usted puede grabar un mensaje, recibir su correo o dejar el sistema. Para grabar un mensaje, presione 1. Para recibir sus mensajes, presione 2. Para salir del sistema presione ALTO." El sistema espera hasta que el usuario presione y libere la tecla apropiada (1, 2 o *). Si se oprime inadvertidamente otra tecla, el sistema responderá con el siguiente mensaje: "No comprendo su solicitud. Usted puede grabar un mensaje, recibir su correo o dejar el sistema. Para grabar un mensaje, presione 1. Para recibir sus mensajes, presione 2. Para salir del sistema presione ALTO. Si necesita ayuda presione 0 y le contestará un operador." Estos y otros mensajes son comunicados por una voz agradable, no por un tono generado por computadora.

Cuando se graba un mensaje, el sistema instruye al usuario para que deje su mensaje cuando escuche una señal sonora. Al mismo tiempo, el usuario puede hablar hasta dos minutos. Todo lo que diga será grabado. El usuario indica al sistema que el mensaje está completo presionando la tecla ENTRAR.

Para recibir mensajes, el usuario presiona y libera la tecla marcada como un 2. Entonces el primer mensaje se escucha en el teléfono. Al finalizar el mensaje, el usuario recibe la opción de volver a escuchar el mensaje o borrarlo. De nuevo, todo esto se hace por medio de señales proporcionadas por el teclado del teléfono.

Prototipo inicial
Se desarrolló software para crear el sistema descrito con anterioridad. Aproximadamente se inscribieron 50 personas para utilizar el sistema. A todas se les indicó que harían uso de un nuevo servicio llamado

Tele-Voz y que su evaluación era importante. El analista responsable del proyecto recalcó que *se esperaban sugerencias para realizar cambios y dio ánimos para hacerlas.* Esto fue importante para dar a los suscriptores la confianza necesaria para señalar las características que no son de su agrado o que consideran que tienen que incluirse en el sistema. (Tal como se mencionó en la historia al inicio del capítulo, la participación de los usuarios en el desarrollo de la aplicación puede ser importante ya que esto ayuda a asegurar que sus requerimientos sean satisfechos.)

El sistema fue implantado utilizando la unidad de voz que la compañía adquirió bajo un contrato de arrendamiento, y el sistema de cómputo propiedad de la firma. Para producir el prototipo se reunió una combinación de herramientas de cuarta generación y paquetes de software. No todas las funciones fueron incluidas en el prototipo inicial, únicamente las descritas hasta este momento. Muchas de las funciones administrativas y de cobranza se omitieron ya que no son necesarias para probar el concepto Tele-Voz.

Segunda iteración

Los primeros suscriptores de Tele-Voz estaban satisfechos con la comodidad del sistema, encontrándolo muy eficaz para recibir mensajes, sin importar la hora en que tuvieran acceso al sistema, ya sea de día o de noche. También quedaron impresionados con la facilidad para dejar mensajes, aun los muy grandes, para sus colegas. Para esto todo lo que tienen que hacer es proporcionar con su teléfono una orden con un sólo dígito y hablar como si estuviesen llevando a cabo una conversación normal.

Se sugirieron varios cambios. Algunos suscriptores pensaron que sería deseable que el sistema tuviese la facilidad de eliminar instrucciones dadas en forma verbal. Por otra parte, mientras todos los suscriptores necesitaban información para utilizar el sistema las primeras veces, encontraban después que esta característica resultaba fastidiosa. El analista y el director decidieron manejar este problema permitiendo que el suscriptor interrumpiera las instrucciones en cualquier momento con sólo proporcionar un mandato que el sistema procesaría de manera inmediata.

La versión inicial del sistema daba al suscriptor sólo una oportunidad para proporcionar su número de identificación. Si éste era incorrecto o irreconocible, el suscriptor era desconectado inmediatamente. La experiencia indicó que una característica muy limitante era permitir sólo un intento para tener acceso al sistema. Por tanto se realizó un cambio para permitir que el suscriptor hiciera hasta tres intentos para proporcionar su número correcto de identificación antes de ser desconectado del sistema .

Los suscriptores encontraron que muchas veces deseaban enviar un mensaje que ellos habían recibido a otros suscriptores en el sis-

Polaroid:

SIMULACIÓN DE SISTEMAS PARA ALCANZAR EL ÉXITO

Cuando Polaroid Corporation, fabricante de la conocida cámara instantánea, diseña un nuevo proceso de manufactura, los ingenieros prueban el nuevo diseño por simulación. Al simular cómo operará la línea de ensamble, los ingenieros de Polaroid pueden obtener respuestas a preguntas importantes antes que la compañía invierta tiempo, esfuerzo y recursos financieros instalando computadoras, cintas transportadoras, robots y otros equipos que forman la línea de ensamble.

La cámara Polaroid fue desarrollada en la década de los cuarentas por Edwin Land. Desde entonces, la investigación y el desarrollo condujo a la creación de modelos innovadores que cada vez tenían más características. Pero los productos revolucionarios, junto con los avances en tecnología de producción, requieren de nuevos procedimientos de fabricación y ensamble.

La simulación es equivalente a probar la línea de producción antes que ésta exista. Se puede verificar la velocidad de los procesos y vigilar el intercambio entre componentes clave. Durante la simulación pueden aparecer desarrollos inesperados o no deseables que requieren de correcciones. Por ejemplo, si bajo ciertas condiciones existe el riesgo de que los transportes controlados por computadora choquen entre sí, la simulación descubrirá la posibilidad de que esto ocurra. Asimismo, también se hará evidente a través de la simulación el riesgo de que los productos terminados sufran retrasos en la sección de empaque.

En Polaroid la información es un recurso muy poderoso. La industria con la que compite Polaroid se aboca a proporcionar el producto fotográfico adecuado al menor costo. Aunque los productos de Polaroid están protegidos por patentes, la compañía debe vender sus cámaras con precios competitivos al mismo tiempo que asegura un buen margen de ganancias para la firma. Por ejemplo, se pueden ajustar los niveles excesivos de inventario o la acumulación de partes para obtener una mejor planificación y control, pero esto sólo es posible si se cuenta con la información correcta. En una industria tan competitiva como ésta, cualquier oportunidad para mejorar la eficiencia en la manufactura aumentará el éxito de Polaroid en el mercado.

Hace tiempo, la simulación significaba pilas de papel que contenían números y más números, generados por una computadora, que indicaban promedios y desviaciones de los promedios entre otras cosas. En Polaroid todo eso ha cambiado. Los ingenieros utilizan computadoras de escritorio que muestran en forma visual los procesos y actividades de fabricación. Los niveles de inventario mostrados sobre la pantalla cambian a medida que se van terminando los productos. Las actividades de ensamble son representadas por medio de técnicas de animación, no por los listados que caracterizaron en el pasado a la simulación. Y ahora los gerentes pueden obtener con rapidez una idea con respecto a la forma en que operará la línea de producción, sin necesidad de asesoría sobre cómo interpretar los datos estadísticos que describen el comportamiento de un modelo matemático del proceso.

En el futuro la simulación se trasladará a la planta de fabricación. Herramientas fáciles de emplear permitirán a los técnicos de la planta hacer la simulación correcta de lo que ocurre a su alrededor.

El tipo de simulación que ahora se emplea en Polaroid Corporation tendrá cada vez mayor auge en la medida en que las computadoras y métodos de análisis aumenten su capacidad y sofisticación. El color y la animación, junto con software poderoso, permitirán describir de manera más completa la información sobre los sistemas antes que éstos sean desarrollados, hecho que trae beneficios para todos.

tema. La necesidad de esta característica no había sido anticipada pero resultó ser de utilidad potencial. Por tanto, se añadió una "facilidad para volver a dirigir" que permitiera enviar cualquier mensaje a cualquier otro suscriptor con sólo proporcionar las iniciales de la persona. La verificación y envío del mensaje fue manejada en forma automática por el sistema.

Asimismo, se añadió un número de seguridad al perfil de cada individuo. Se detectó que si alguien aprendía el número telefónico de Tele-Voz y conocía el nombre de algún suscriptor, podía utilizar el sistema sin autorización. Para evitar esto se asignó a cada suscriptor un número de seguridad con tres dígitos para ser utilizado junto con el número de identificación. También se cambió el procedimiento para darse de alta en el sistema. Ahora los suscriptores proporcionan primero su número de identificación y después su número de seguridad.

Finalmente se añadió una característica para dar por terminado el servicio si después de tres minutos no ocurre ninguna actividad por parte del suscriptor. Los analistas encontraron que en ocasiones los teléfonos se dejaban descolgados y esto bloqueaba el sistema.

Se implantó la nueva versión y los cambios fueron bien recibidos.

Tercera iteración

Varias semanas después, se hicieron más cambios al sistema con base en las respuestas obtenidas por parte de los suscriptores. El nuevo procedimiento de seguridad fue bien aceptado. Sin embargo, los suscriptores deseaban cambiar sus números de seguridad a su propia discreción. Ellos también solicitaron que la identificación fuese tan breve como un número o una letra o hasta de doce números o letras. Esta característica se añadió al sistema. (Desde la perspectiva del sistema, la distinción entre números y letras no es difícil ya que el teclado de los teléfonos traslapa números y letras, es decir la tecla marcada con el número 2 corresponde a las letras A, B y C. Es así como para el sistema es lo mismo si el usuario presiona la tecla correspondiente al número 2 o a la letra C.)

También se añadió una capacidad de perfil personal para permitir al usuario fijar el nivel de "ayuda" que desea. Estos niveles van desde recibir todas las instrucciones hasta no recibir ninguna.

Asimismo se añadió la capacidad para entrar en contacto con el operador del sistema en cualquier momento como medio para contestar preguntas relacionadas con el uso del sistema o para notificar problemas.

Algunos suscriptores encontraron que la longitud estándar del mensaje no era suficiente para satisfacer las necesidades que tenían para resolver sus negocios. Por tanto, se ajustó el algoritmo interno utilizado por el sistema para permitir un minuto más de grabación. También se añadió una advertencia de fin de mensaje para indicar al usuario que le quedan sólo 15 segundos.

Cuarta iteración

Todos los que emplean el prototipo de Tele-Voz experimentaron un entusiasmo cada vez mayor con respecto al sistema y encontraron que éste se había convertido en una importante herramienta de negocios para ellos. También utilizan el sistema para concertar reuniones y conferencias, algo que pueden hacer sin importar el momento en que deben realizar los arreglos. Para adaptar el sistema al uso cada vez mayor que los usuarios hacen de él, se aumentó el tamaño de los buzones personales para permitir que cada usuario grabe un mayor número de mensajes.

En ocasiones, los suscriptores encuentran que no desean borrar los mensajes y afirman que necesitan guardarlos en el sistema para referencia posterior. Dejarlos en el buzón limita el número de nuevos mensajes que pueden recibir. El analista llegó a un acuerdo con el director para añadir un nuevo servicio que permite que los mensajes sean colocados en un almacén por medio de un mandato sencillo, un sólo dígito, enviado desde el teléfono. Sin embargo, el empleo de almacenamiento adicional por computadora significa un cargo adicional. Se incorporó esta opción —junto con los procedimientos administrativos y contables necesarios— al sistema.

Después de varias semanas de utilizarse el prototipo, el análisis de la forma en que el sistema estaba llevándose a cabo sugirió que era necesario borrar los mensajes dejados en el sistema por mucho tiempo. Cuando se añadió la capacidad de almacenamiento también se instaló un procedimiento para borrado automático.

Asimismo se instaló un registro de las llamadas hechas al sistema. Cada vez que se hace una llamada, ya sea para dejar o recoger un mensaje, se registra el evento. El registro incluye información relacionada con la persona que llamó, cuándo comenzó y terminó la llamada y qué uso se hizo del sistema (dejar mensajes, cambiar el perfil, etc.).

Implantación completa

El proceso llevado a cabo con el prototipo fue útil y resultó ser una experiencia agradable para todos los que participaron. Tanto el director como el analista estuvieron de acuerdo con muchas de las sugerencias que se hicieron y además encontraron que el sistema es atractivo. Por tanto, decidieron continuar con la implantación completa del sistema.

Con la decisión de completar el sistema e implantarlo, ahora el servicio está disponible sobre una base más general. Se han obtenido más líneas telefónicas para asegurar el manejo del volumen de tráfico esperado a partir del crecimiento anticipado de suscriptores. También se adquirió una unidad de voz con mayor capacidad y se hicieron los arreglos necesarios para contar con una unidad de respaldo.

La aplicación fue modificada para proporcionar más buzones,

mejor manejo del almacenamiento y un registro más detallado del uso del sistema. Asimismo, se mantienen registros adicionales para cobro y se instalaron procedimientos para generar informes sobre el uso del sistema.

El proceso de implantación total del sistema ocurrió en forma gradual. Los usuarios continúan encontrando el sistema fácil de utilizar y a menudo comentan que cuando ellos piensan que necesitan cierta característica, por lo general ésta ya forma parte del sistema. Los usuarios están impresionados con el hecho de que sus necesidades sean tan bien anticipadas.

RESUMEN

El *desarrollo de prototipos de aplicaciones* es una actividad que consiste en crear un modelo que trabaje para un sistema de información. Aunque el prototipo quizá no incluya todas las características de una aplicación completa, contiene las que son esenciales para profundizar en aquellas que son necesarias en el sistema. Un prototipo es, entonces, una aplicación que trabaja, creada en forma rápida y económica. Entre las razones que se encuentran detrás del desarrollo de prototipos están la aclaración de los requerimientos del usuario y la verificación de la factibilidad del diseño de un sistema. La información ganada con este proceso no sólo mejora la eficiencia del desarrollo, también es una manera eficaz para garantizar el desarrollo del sistema correcto. El desarrollo de prototipos de aplicación ofrece ventajas mayores cuando no se conocen los requerimientos o es necesario evaluarlos, cuando el costo o los riesgos asociados con el sistema son grandes, o cuando se emplea una nueva tecnología.

Los usuarios participan en el proceso y son un elemento importante para que el proceso tenga éxito. Ellos son capaces de señalar características que no son de su agrado o de identificar aquellas que faltan y, a menudo, hacen esto con bastante entusiasmo. Comparado con el trabajo hecho con las especificaciones por escrito, al que con frecuencia ellos temen, los usuarios están deseosos de ver un prototipo que funcione.

El desarrollo de un prototipo de aplicación sigue un proceso organizado que comienza con la identificación inicial de los requerimientos conocidos. Una vez hecho esto, se desarrolla un modelo y se pone en uso. A medida que se evalúa el prototipo, se hacen sugerencias y cambios. Por medio de la iteración, el prototipo evoluciona hasta que llega el momento de tomar la decisión de implantar el prototipo, transformarlo en un sistema completo o abandonar el proyecto. En algunas ocasiones un prototipo de aplicación conduce hacia un nuevo prototipo como consecuencia de la información obtenida con el primer proceso.

Los prototipos de aplicación se pueden dirigir exclusivamente hacia las pantallas de visualización, los procedimientos para procesamiento o hacia las funciones básicas, dependiendo de las necesidades fundamentales de la situación en particular.

El analista utiliza herramientas para desarrollar un prototipo de aplicación efectivo. Entre éstas se incluyen diferentes tipos de *lenguajes de cuarta generación*, entre los que se incluyen *lenguajes no orientados hacia procedimientos, lenguajes de consulta y recuperación,* y *generadores de reportes.* Asimismo se pueden utilizar en este proceso *generadores de aplicaciones, generadores de pantallas, sistemas de diccionario de datos,* computadoras personales y *bibliotecas de código.* La combinación correcta de herramientas y técnicas está determinada por las características de la aplicación y las normas utilizadas por el analista.

El desarrollo de prototipos es una técnica probada que mejora la efectividad total del esfuerzo de desarrollo —para beneficio del usuario, el analista y la organización en su conjunto—.

PREGUNTAS DE REPASO

1. ¿Qué es un prototipo? ¿Qué uso tiene en el desarrollo de un prototipo de aplicación? ¿Qué características distinguen al prototipo?
2. ¿Cuál es el motivo para seleccionar el método de desarrollo de prototipos? ¿Cuál es el efecto deseado sobre el proceso de desarrollo de una aplicación?
3. En general, ¿qué opinión tienen los usuarios sobre el desarrollo de un prototipo de aplicación? ¿Por qué es éste el caso?
4. ¿Bajo qué circunstancias y para qué tipos de aplicaciones las organizaciones deben considerar el uso del método de desarrollo de prototipos? Para cada situación que señale, explique los beneficios acumulados para la organización.
5. Discuta los pasos a seguir en el método de prototipos indicando los resultados esperados en cada uno de ellos.
6. ¿Cuándo está terminado el desarrollo de un prototipo? En ese momento, ¿qué uso se destina al prototipo?
7. Discutir el papel que tienen los usuarios y analistas de sistemas en el método de desarrollo de prototipos.
8. Si se desarrolla un prototipo y se hace uso de él, y la decisión que se toma después es abandonar la aplicación, ¿significa esto que la inversión hecha en el prototipo fue un desperdicio de tiempo y recursos? Explique las razones que fundamentan su respuesta.
9. El analista, ¿qué objetivos debe perseguir al seleccionar herramientas para el desarrollo de prototipos?
10. Los lenguajes de cuarta generación, ¿en qué formas apoyan el proceso de desarrollo de prototipos?
11. El uso de un lenguaje de cuarta generación, ¿es sinónimo de desarrollo de prototipos de aplicación? Explique su respuesta.
12. ¿Cuáles son las diferencias entre los generadores de aplicaciones y los de pantallas? ¿Cuáles son sus similitudes?
13. Discuta las formas en que pueden emplearse las computadoras personales y el software de éstas para desarrollar un prototipo.
14. ¿Qué papel tienen las bibliotecas de código en el desarrollo de un proto-

tipo de aplicación? ¿Qué papel tiene un sistema de diccionario de datos? ¿Bajo qué circunstancias?

15. Identifique y describa las tres estrategias que los analistas emplean en general para el desarrollo de prototipos de aplicación. Asegúrese de distinguir cada estrategia de las demás y de enumerar los beneficios de cada una.

16. ¿Qué ideas equivocadas pueden aparecer con respecto al desarrollo de prototipos? ¿Qué razones puede dar usted para explicar la aparición de estas ideas?

17. ¿Se puede utilizar el método de prototipos junto con otros métodos de desarrollo? Explique las razones que fundamentan su respuesta.

PROBLEMAS DE APLICACIÓN

1. Un fabricante de alimentos preparados distribuye sus productos por medio de transportes en tiendas de comestibles, supermercados y almacenes de alimentos preparados. Cada día se hacen más de 5000 recorridos desde 100 centros de distribución ubicados en todo el país para hacer llegar a los consumidores más de 100 productos diferentes. Existe una considerable variación en el volumen de operaciones con los clientes y en la venta de los productos. En algunas tiendas se venden más algunos productos que en otras tiendas. En otra localidad los resultados quizá sean diferentes.

Dado que los productos tienen una duración limitada, la frescura es una consideración importante desde el inicio del proceso de fabricación hasta la entrega de los productos en los almacenes. Por esto es importante que la información sobre las ventas sea transmitida con exactitud y rapidez desde los supermercados hacia las instalaciones del fabricante. Los errores y retrasos se reflejan en la pérdida de ventas y en niveles de producción inadecuados. Asimismo, en ocasiones se presentan pérdidas como consecuencia de una producción mayor que la necesaria.

Dado que el número de productos es muy grande, el formato de pedido utilizado por la compañía es largo y complicado. Esta complejidad sólo contribuye a aumentar la posibilidad de cometer errores, lo que es visto con desagrado por los conductores de los transportes y los gerentes de tiendas y supermercados. En las oficinas centrales de la compañía, el trabajo de papelería es excesivo. Cuando los pedidos llegan a las oficinas centrales, todos los detalles importantes contenidos en éstos son capturados en el sistema de cómputo de la empresa. Se tienen casi mil empleados para realizar este trabajo, dado que la información que ellos ingresan en el sistema es importante para planificar y calendarizar el proceso de fabricación, y determinar lo que cada cliente está comprando.

Se ha propuesto otro enfoque para cambiar la situación actual. Varios gerentes y analistas de sistemas se reunieron para discutir la idea de reemplazar con computadoras portátiles el formato de papel utilizado para los pedidos. Con el nuevo sistema, se dará a cada uno de los 5000 conductores una computadora portátil y se instalará una impresora en cada camión de transporte. El conductor, que en realidad es un vendedor, llevará la computadora a la tienda e ingresará los detalles de todos los artículos y cantidades necesarias para reabastecer las anaqueles de un cliente en particular. De regreso al camión, la información será impresa y entonces se podrán retirar los artículos del camión para ser colocados en los anaqueles del cliente.

La información sobre los pedidos de cada una de las 50 o más tiendas que visita cada conductor por día, será retenida en la memoria de la computadora portátil al igual que la identificación de cada uno de los clientes. Al finalizar el día, el conductor conectará la computadora a una línea de comunicación para transmitir a las oficinas centrales la información sobre las operaciones realizadas durante el día para su procesamiento.

La efectividad de la conexión de una computadora portátil a una red de telecomunicaciones es un hecho bien demostrado. La idea también ha sido discutida con varios conductores veteranos, los cuales la recibieron con entusiasmo. La gerencia de la compañía está convencida de que los beneficios superan a los costos y no tiene ninguna reserva para conseguir los fondos necesarios para desarrollar el sistema y comprar el equipo necesario.

a. El equipo de analistas desea evaluar esta aplicación desarrollando un prototipo del sistema. Utilice la información proporcionada (recuerde que la aplicación se centra en la entrada de pedidos, algo que es común en cualquier tipo de empresa) para explicar qué beneficios piensa usted obtener del uso del método de desarrollo de prototipos.

b. Describa las características que usted piensa que deben ser incluidas en el prototipo de este sistema. Explique sus razones.

c. ¿Qué información necesitaría usted para comenzar el desarrollo del prototipo?

d. ¿Quiénes participarían en el desarrollo del prototipo? ¿Por qué? Explique el papel de cada participante.

e. ¿Cómo determinaría usted si los costos del prototipo son mayores que los beneficios obtenidos con éste?

2. Un analista de sistemas, que forma parte del personal de un gran departamento de sistemas de información, sugiere un proceso de desarrollo diferente al que sus colegas emplean. Él llama a este proceso *desarrollo de prototipos por ejemplos.* El proceso se lleva a cabo de la siguiente manera: más que intentar desarrollar un prototipo que funcione, el analista desea encontrar a varios vendedores de paquetes comerciales de software que satisfagan la mayor cantidad posible de requerimientos para la aplicación que se tiene en mente. Los vendedores serán invitados a que instalen temporalmente su software en el sistema para demostrar sus características y capacidades.

En cualquier momento, afirma el analista, será instalado un portafolio de aplicaciones en la computadora de la compañía que permitirá a los usuarios examinar las diferentes aplicaciones y señalar las características que les agradan junto con las que no son de su agrado. Se harán demostraciones sobre la distribución de las pantallas, el formato de los informes y las interfaces con el sistema, después de lo cual se solicitarán comentarios. El analista afirma que al observar, durante la revisión de los ejemplos de aplicaciones, aquellos aspectos que los usuarios consideran importantes junto con los que les desagradan, obtendrá una idea con respecto a las preferencias de los usuarios en materia de sistemas de información.

Por encima de todo, sugiere el analista, los usuarios estarán más informados. Y un usuario que informa, dice, es el mejor amigo del analista.

a. ¿Esta estrategia satisface los objetivos del desarrollo de prototipos?

b. Los paquetes de aplicaciones proporcionados por vendedores, ¿son prototipos? Explique su respuesta.

c. ¿Qué ventajas y desventajas ofrece este enfoque tanto para los usuarios como para la organización? ¿Son mayores las ventajas que las desventajas? Explique sus respuestas.

d. ¿Qué problemas, si es que éstos existen, podrían presentarse con la sugerencia del analista?

3. Se esperan cambios en las especificaciones de diseño cuando se emplea la metodología de prototipos. No existe ningún registro en la comunidad de sistemas de información de algún caso en el que no se hayan realizado cambios en el prototipo de un sistema, hecho que indica que el diseño inicial siempre es incompleto o inaceptable. Si usted, como analista de sistemas, desarrolla un diseño de prototipo que es aceptado de manera inmediata por los usuarios, sin ningún cambio, ¿qué es lo que haría? ¿Implantar el sistema o considerar algún cambio en el prototipo? Explique su respuesta.

4. Se selecciona el desarrollo de un prototipo como método de diseño cuando ni el usuario ni el analista pueden determinar con anticipación los requerimientos de una aplicación y, además, es necesario un proceso gradual. Cada iteración produce nueva información con respecto a cambios que, a su vez, conduce a modificaciones tanto en el diseño del sistema como en el software y las estructuras de archivos. El proceso continúa siempre y cuando la iteración que se esté llevando a cabo conduzca a cambios adicionales en el diseño.

   De lo anteriormente expuesto, ¿puede concluirse que es difícil manejar el proceso de diseño cuando se emplean prototipos? ¿Es posible estimar el costo o establecer las fechas de terminación y vigilar con eficacia el avance, si el objetivo del prototipo es encontrar características que necesitan ajustes o áreas donde son necesarios ciertos cambios? Explique sus respuestas.

5. Para cada una de las siguientes situaciones indique si el analista debe utilizar el método de desarrollo de prototipos de aplicación. Explique las razones que fundamentan su respuesta.

   a. Se está desarrollando un sistema de reservaciones para hoteles. Este sistema, que será utilizado por los departamentos de reservaciones de más de 100 hoteles que opera cierta compañía, permitirá a los miembros del personal registrar las reservaciones con varios años de anticipación. La información que ingresa al sistema incluye la identificación del cliente (nombre, dirección, etc.), días de estancia, habitaciones preferidas y cuota diaria. Una característica importante es que permitirá al agente de reservaciones de un hotel tener acceso, pero no realizar cambios, a la información de otro hotel (con la finalidad de ayudar a los huéspedes).

      El sistema que actualmente se encuentra en uso no puede manejar un número suficiente de hoteles y emplea procedimientos de reservación que ya están en desuso. Cuando el nuevo sistema sea desarrollado, cambiará los procedimientos de toda la compañía al mismo tiempo que se mejorará el servicio al utilizar un nuevo equipo computarizado.

   b. Se encuentra bajo desarrollo en una aerolínea un nuevo sistema para reservaciones de vuelo. El sistema, que lleva un registro de la distancia recorrida por los pasajeros que forman parte de un programa especial de la aerolínea, será modificado para utilizar nuevas líneas de comunicación de alta velocidad que permiten presentar la información en color, más que en blanco y negro, y que ofrece a los miembros del programa tres veces más kilómetros de recorrido en todos los vuelos de primera clase (en el presente sólo se ofrece el doble de la distancia para vuelos en primera clase). El grupo de sistemas de información desea que la nueva versión se encuentre libre de errores.

   c. Un gerente de finanzas desea desarrollar un sistema de predicción utilizando para ello un paquete muy popular de hoja electrónica de cálculo. El sistema será instalado en la computadora personal del gerente y él será el único usuario. Hasta el momento no se ha desarrollado ninguna aplicación de este tipo, aun cuando el gerente se encarga de manejar el proceso por medio de procedimientos manuales.

d. El encargado de construcción de un conjunto residencial de varios cientos de casas, desea desarrollar un sistema automatizado para el seguimiento de los trabajos programados en cada una de las casas y, cuando éstos se llevan a cabo, determinar los costos presupuestados y el monto real de lo gastado. Varios superintendentes se harán cargo de la vigilancia del proceso de construcción y elaborarán informes semanales sobre el trabajo realizado. En la actualidad, los superintendentes llevan a cabo este trabajo en forma manual por medio de informes escritos. Por otra parte, el encargado desea incorporar al sistema el procesamiento de la recepción de materiales y los pagos a trabajadores y subcontratistas, labores que en este momento se realizan por separado. En el presente sólo están computarizadas las funciones de contabilidad. El encargado no está seguro de todos los aspectos que pueden surgir en este proceso dado que nunca se ha intentado la integración de todas estas actividades.

e. Un vendedor de computadoras planea el desarrollo de una sola copia de una nueva terminal, si ésta es bien recibida entonces se fabricarán muchas terminales de este tipo.

BIBLIOGRAFÍA

ALLOWAY, R. M., y J.A. QUILLARD: "User Managers' Information Nedds", *MIS Quarterly*, 7,2, junio 1983, pp. 27-41.

BOAR, B. H.: *Application Prototyping: A Requirements Definition Strategy for the 80s*, Nueva York: Wiley-Interscience, 1984.

BROOKS, F. J. JR.: *The Mythical Man Month,* Reading, MA: Addison-Wesley, 1975.

CANNING, R. G.: "Developing Systems by Prototyping", *EDP Analyzer,* 19,9, septiembre 1981, pp. 1-14.

GREMILLION, L. L., y P. PYBURN: 'Breaking the Systems Development Bottleneck", *Harvard Business Review,* 61,2, marzo-abril 1983, pp. 130-137.

JENKINS, A. M.: "Prototyping: A Methodology for the Design and Development of Application Systems", (en dos partes), *Spectrum*, 2,2, y 3, abril, junio 1985, pp. 1-8 y 1-4.

MARTIN, J.: *Application Development Without Programmers,* Englewood Cliffs, NJ: Prentice-Hall, 1982.

MASON, R. E. A., y T. T. CAREY: "Prototyping Interactive Information Systems", *Communications of the ACM,* 26,5, mayo 1983, pp. 347-354.

NAUMANN, J. D., y A. M. JENKINS: "Prototyping: The New Paradigm for Systems Development", *MIS Quarterly*, 27,2, febrero 1981, pp. 29-44.

6. Herramientas asistidas por computadora para el desarrollo de sistemas

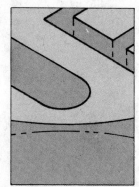

GUÍA DE ESTUDIO

El lector tendrá una buena idea sobre cómo utilizar herramientas para el análisis de sistemas cuando sea capaz de dar respuesta a las siguientes preguntas:

- ¿Qué herramientas utilizan los analistas de sistemas?
- El uso de herramientas apropiadas, ¿en qué forma cambia el proceso de análisis y diseño de sistemas? ¿Qué influencia tienen en las aplicaciones que se obtienen con dicho proceso?
- ¿Qué aspectos distinguen una herramienta de otra?
- ¿En qué categorías se clasifican las herramientas para el desarrollo de sistemas?
- ¿Cuál es la diferencia entre las herramientas CASE y las que son de otro tipo?
- ¿Qué beneficios ofrecen las herramientas CASE? ¿Cuáles son sus limitaciones?
- Las herramientas CASE, ¿pueden mejorar la capacidad de un analista?

OBJETIVOS DEL CAPÍTULO

- Preparar una estrategia que describa cómo seleccionar y utilizar herramientas para determinar los requerimientos de información para el desarrollo de un proyecto.
- Comparar las herramientas para las fases de análisis y de desarrollo con las herramientas integrales, de acuerdo con la forma en que éstas ayudan al analista.
- Describir el empleo de una herramienta CASE para el desarrollo de un proyecto de aplicación específico.
- Comparar las diferentes herramientas CASE utilizando para ello los criterios de selección más comunes.

PALABRAS CLAVE

CASE
Conjunto de herramientas
Depósito de información
Especificaciones de alto nivel
Especificaciones de bajo nivel
Generador de código
Generadores de interfaces
Herramienta

Herramienta back-end
  (para la fase de desarrollo)
Herramientas de programación
  asistida por computadora
Herramienta front-end
  (para la fase de análisis)
Herramienta integral
Herramienta para administración

Automatizando el arte

Bruce y Linda, dos analistas, estaban discutiendo sobre la tendencia hacia el empleo de herramientas automatizadas para el desarrollo. "Las herramientas tienen su importancia, pero no existe duda alguna de que el análisis de sistemas es un arte" insistía Linda.

"Virtualmente es imposible que dos analistas desarrollen sistemas que tengan características iguales. Y la razón de que esto ocurrra se debe a la dimensión artística del análisis de sistemas. La habilidad para interactuar en forma eficaz con las personas es un arte, y uno de los aspectos más críticos para el éxito del sistema bajo desarrollo es obtener información de las personas que lo utilizarán."

Bruce no podía contenerse más. "Por mucho tiempo los analistas hemos dicho que no utilizamos la tecnología disponible para nosotros en el desarrollo de los sistemas que proporcionamos a otros", señaló Bruce.

"Esto nunca ha sido totalmente cierto, pero la forma en la que tradicionalmente hemos realizado el desarrollo de sistemas está cambiando de manera muy clara —y es para mejorar. Las herramientas automatizadas nos permiten ser más productivos. También mejoran la calidad y la magnitud de la interacción entre los usuarios y los responsables del proceso de desarrollo— y los usuarios tienen gran estima por todo lo que podamos hacer para reducir el tiempo de desarrollo. Tampoco debemos olvidar que el empleo e herramientas automatizadas también aumenta la probabilidad de que el sistema desarrollado cumpla con los requerimientos de los usuarios".

"Existen muchas cosas que se pueden automatizar", replicó Linda.

"No se puede automatizar la interacción entre las personas. Además, aún con lo valioso que son las herramientas automatizadas, en realidad ¿cuánto tiempo de desarrollo ahorran?"

"Mucho —y eso es algo que han reconocido la mayor parte de los centros actualizados de capacitación y las universidades en sus planes de estudio", contestó Bruce.

"Es la razón del porqué estos centros están incorporando dichas herramientas en sus programas. Las herramientas automatizadas facilitan la revisión de las especificaciones y permiten ver la forma en que pueden afectar al funcionamiento del sistema diversas opciones de diseño. Es así como las herramientas automatizadas nos permiten hacer el mejor uso del tiempo invertido en el desarrollo de un proyecto; por otro lado contribuyen a reducir los tiempos muertos cuando llega el momento de dar mantenimiento a la aplicación".

"No existe duda de que las herramientas pueden ser útiles si se utilizan de manera apropiada", asintió Linda. "Pero, ¿su empleo disminuirá el arte presente en el análisis de sistemas?"

Una *herramienta* es cualquier dispositivo que, cuando se emplea en forma apropiada, mejora el desempeño de una tarea. En el capítulo anterior se estudiaron varias herramientas asociadas con el desarrollo de prototipos de aplicaciones (lenguajes de cuarta generación; generadores de reportes, aplicaciones y pantallas de visualización; computadoras personales; sistemas de diccionario de datos y, bibliotecas de código) y se mencionó la forma en que ayudan al analista a desarrollar un prototipo. El uso adecuado de estas herramientas también mejora la eficacia y eficiencia del analista así como la utilidad del sistema bajo desarrollo.

Este capítulo explora las herramientas asistidas por computadora. La primera sección examina el papel de las herramientas en el desarrollo de sistemas de información, mencionando los beneficios que estas ofrecen. La clasificación de las herramientas en las categorías de frontend, back-end y herramientas integrales, es un indicador de las áreas donde éstas han hecho su aparición. Las herramientas asistidas por computadora para ingeniería de sistemas (CASE por sus siglas en inglés) son, como se verá más adelante, de particular importancia para el desarrollo. Un ejemplo bastante extenso demostrará las características de Excelerator, que es una herramienta de tipo CASE. Cuando el lector finalice el capítulo, tendrá una buena comprensión del valor que ofrecen al analista estas herramientas. Sin embargo, las mejores herramientas no sustituyen a un analista de sistemas habilidoso.

IMPORTANCIA DE LAS HERRAMIENTAS EN EL DESARROLLO DE SISTEMAS

Las herramientas son esenciales para el análisis de sistemas. Ellas mejoran la forma en que ocurre el desarrollo y tienen influencia sobre la calidad del resultado final.

Beneficios del empleo de herramientas

Las herramientas extienden en tres formas la capacidad del analista de sistemas: proporcionan el potencial para mejorar la productividad del analista, facilitan el desarrollo de procesos más eficaces y mejoran la calidad del sistema. En otras palabras, tanto el proceso de desarrollo

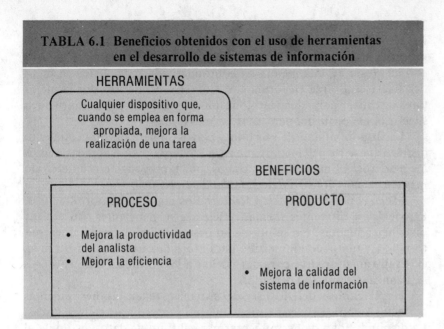

TABLA 6.1 Beneficios obtenidos con el uso de herramientas en el desarrollo de sistemas de información

HERRAMIENTAS

Cualquier dispositivo que, cuando se emplea en forma apropiada, mejora la realización de una tarea

BENEFICIOS

PROCESO	PRODUCTO
• Mejora la productividad del analista • Mejora la eficiencia	• Mejora la calidad del sistema de información

de sistemas como el producto que se obtiene con él (Tabla 6.1), pueden mejorarse con el uso de herramientas apropiadas

Mejora en la productividad

Con las herramientas correctas, el analista tiene el potencial de ser más productivo; se pueden completar las mismas actividades de desarrollo en un tiempo menor que el que se necesita cuando no se utilizan las herramientas. En algunos casos, las herramientas correctas contribuyen a alcanzar un nivel de productividad que hace factible una tarea que de otro modo no sería posible realizar.

Para ejemplificar lo anterior, basta considerar por un momento las dificultades a las que se enfrentaría un grupo de carpinteros si no tuviesen a su disposición martillos y serruchos —que son herramientas básicas de su oficio. Ellos estarían forzados a utilizar piedras y palos de madera en lugar de martillos para poner los clavos (si es que los tienen a su disposición). Tendrían que buscar troncos con la longitud correcta para construir techos y paredes; limitación que desapareció cuando se utilizaron las sierras para cortar los troncos con una longitud adecuada. Con toda seguridad, se cuestionaría la habilidad de los carpinteros. Cualquier trabajo les llevaría más tiempo sin el uso de las herramientas correctas. ¿Podrían los carpinteros construir algo sin ellas? Tal vez, pero pocos lo intentarían.

En el mismo sentido que el acuerdo al que llegaron los analistas de la historia al inicio del capítulo, las herramientas aumentan la productividad del analista al disminuir la cantidad de tiempo necesaria para documentar, analizar y desarrollar sistemas de información. Cuando se utilizan adecuadamente, aumentan la eficiencia del analista.

Mejora en la eficacia

Las herramientas sugieren procedimientos que conducen al empleo de procesos más eficientes. Si la productividad significa realizar la tarea correcta (esto es, una mejora en la productividad), la eficiencia significa hacer esta tarea en forma correcta (esto es, decidir por la mejor tarea a realizar para alcanzar un resultado). Las herramientas pueden sugerir la mejor forma para abordar una tarea.

La disponibilidad de martillo y clavos sugiere un procedimiento distinto al uso de pegamento, muescas o cuerda para mantener unidos los maderos. El martillo y los clavos, por tanto, sugieren un método más eficaz para construir el armazón de un edificio.

Muchas personas asocian los tornillos con los desatornilladores. Pero existen diferentes formas, eficientes e ineficientes, de utilizar estas herramientas. No se utiliza un desatornillador para golpear un tornillo (¡y tampoco un martillo para atornillar tornillos!). Más bien, el desatornillador sirve para dar vueltas a los tornillos. Sólo entonces se alcanza el resultado deseado.

En el campo del análisis de sistemas, tener las herramientas correctas significa sugerir formas más eficientes para realizar tareas. La disponibilidad de herramientas para el flujo de datos, estimula al analista a poner mayor hincapié, antes de iniciar el desarrollo del sistema, sobre la determinación de los requerimientos de sistemas. Identificar los requerimientos del usuario, trasladarlos en una forma comprensible y comunicarlos a todas las partes interesadas, puede ser un proceso de desarrollo más eficiente que iniciar con rapidez la codificación de programas —un enfoque que, en general, aumenta el número de cambios que después se deben realizar para corregir errores y suposiciones inapropiadas.

Las decisiones eficientes con respecto a la herramienta ahorran recursos: personal, tiempo y dinero.

Mejora en la calidad del sistema de información

Cuando las herramientas mejoran los procesos, por lo general también ocurre lo mismo con los resultados. Considérese de nuevo la analogía con los carpinteros. En una construcción se observan paredes verticales, esquinas en ángulo recto y marcos de ventana bien hechos; para hacer esto, los carpinteros necesitan herramientas que les permitan obtener estos resultados en forma oportuna. Con cualquier otro tipo de resultados, el proyecto será rechazado o aceptado de mala gana, con la idea de que la calidad no es la que debería (o podría) ser.

Los usuarios de los sistemas de información desean lo mismo: calidad en el sistema con un tiempo razonable.

Hace algún tiempo no había muchas herramientas. Por tanto, no era posible el desarrollo de prototipos de aplicación ni tampoco el análisis estructurado. La invención de los lenguajes de cuarta generación y de diagramas de flujo de datos, dos herramientas esenciales para realizar respectivamente estas tareas, cambiaron en las organizaciones los procedimientos para analizar sistemas.

(Aun cuando las herramientas estén disponibles, algunos analistas no desean utilizarlas —quizá por su poca experiencia o porque tienen malas costumbres para efectuar el desarrollo. Es posible que no se desarrolle un prototipo de aplicación aunque exista la necesidad de hacerlo y se tenga a la mano el software necesario para tal fin. Al final, los usuarios tienen que conformarse con un sistema que, de otra forma, podría haber sido mejor.)

Beneficios de las herramientas asistidas por computadora

La automatización mejora los beneficios que se pueden obtener con el empleo de herramientas. Con ella disminuye el tiempo necesario para llevar a cabo las tareas, se reduce la intensidad del trabajo, y el seguimiento de todos los procedimientos se lleva a cabo de manera consistente; también se capturan los datos que describen el sistema para tenerlos almacenados en un formato que pueda leer una computadora.

Disminución de tiempo

La introducción de herramientas asistidas por computadora en los esfuerzos de análisis y desarrollo aumenta los beneficios que se derivan del uso de las herramientas. De nuevo, con la analogía de los carpinteros en mente, considérense por un momento los beneficios que se obtendrían al diseñar una sierra eléctrica. Se observa, de manera inmediata que el corte de la madera se hará con mayor rapidez. También se puede mejorar la exactitud del corte; es mucho más fácil cortar a lo largo de una línea recta con una sierra eléctrica que con una de mano. Sin embargo, también es cierto que con una sierra eléctrica los errores tienen consecuencias más serias ya que la velocidad de corte impide realizar con rapidez cualquier movimiento.

La introducción de herramientas de desarrollo con capacidades de procesamiento por computadora, es un hecho similar al de añadir potencia eléctrica a las herramientas utilizadas en la construcción. Las herramientas de análisis asistido por computadora mejoran la velocidad y disminuyen el tiempo necesario para completar la tarea de desarrollo. Tanto el análisis como las actividades de desarrollo se llevan a cabo en un tiempo menor. Por ejemplo, el tiempo necesario para desarrollar un prototipo disminuye, comparado con el tiempo requerido para alcanzar tal fin si se emplean otras opciones de codificación manual. Por tanto, resulta claro que para obtener resultados aceptables es esencial que el analista esté entrenado en el uso de las herramientas.

Automatización de tareas tediosas

La automatización también se hace cargo de algunas tareas que son pesadas. El desarrollo de diagramas de flujo de datos, parte esencial

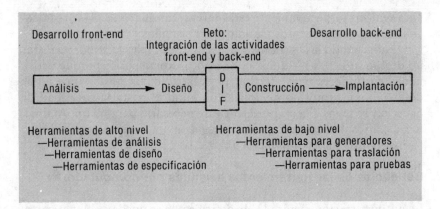

FIGURA 6.1

Actividades de desarrollo de tipo front-end y back-end.

del método de análisis estructurado, es una tarea que puede consumir mucho tiempo. El dibujo de diagramas, sin importar que tanta utilidad tenga esta actividad, puede convertirse en algo tedioso y quizá sea necesario revisar varias veces los diagramas. Las herramientas automatizadas para flujo de datos, hacen posible dejar al software de la computadora el proceso de dibujo.

Garantizar la consistencia de los procedimientos

Cuando los procedimientos forman parte del software, éstos se realizan en forma más consistente. Se convierten en rutinas. La consistencia que pueden ofrecer los procedimientos es una excelente razón para ampliar el conjunto de herramientas asistidas por computadora para el desarrollo de sistemas. Considérese la tarea de examinar diagramas de flujo de datos con la finalidad de determinar si éstos son consistentes y completos. Si bien es cierto que este proceso puede realizarse en forma manual, quizá sea lento y susceptible de error. La automatización de este proceso garantizará que, cada vez que sea necesario, las evaluaciones se efectúen en forma consistente.

De manera similar, la generación de código para computadora es una tarea que realizan mejor las computadoras que las propias personas, ya que las reglas de generación se pueden aplicar en forma consistente y exacta.

Captura de los datos del sistema

Los proyectos de desarrollo de sistemas de información dependen de la captura y análisis de los detalles que describen una situación real, los requerimientos de una aplicación y las especificaciones de diseño. Estos datos quizá pertenezcan a una determinada aplicación o a todos los sistemas utilizados en una organización.

Una ventaja que distingue a muchos sistemas automatizados es la captura, almacenamiento, procesamiento y recuperación de los detalles de un sistema. Una vez en forma procesable por la computadora, los detalles del sistema pueden utilizarse para muchas finalidades.

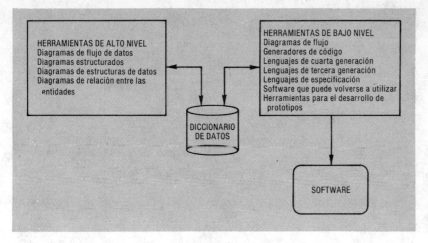

FIGURA 6.2
Herramientas de desarrollo de alto y bajo nivel.

La naturaleza de la automatización cambia de acuerdo con las diferentes categorías en las que se clasifican las herramientas automatizadas.

CLASIFICACIÓN DE HERRAMIENTAS AUTOMATIZADAS

Por regla general, las herramientas automatizadas se agrupan en tres categorías: front-end, back-end e integrales. Esta clasificación recalca las actividades del proceso de desarrollo donde las herramientas tienen su mayor papel (Fig. 6.1). Cada categoría es de utilidad y ninguna es más valiosa que otra.

Herramientas de tipo front-end

Las *herramientas de tipo front-end,* automatizan las primeras actividades del proceso de desarrollo de sistemas. La figura 6.1 muestra como actividades de esta fase: el análisis de requerimientos y el diseño lógico.

Entre los muchos aspectos que se toman en cuenta al desarrollar herramientas para esta fase, se hallan las técnicas de soporte para ayudar al analista a preparar especificaciones formales que carezcan de ambigüedades, a validar las descripciones del sistema con el objeto de determinar su consistencia y completez, y a seguir la evolución de los requerimientos de la aplicación en características que formen parte del sistema que finalmente será implantado. Hasta donde sea posible, esta ayuda debe ser automatizada (por ejemplo, la computadora valida automáticamente las descripciones del sistema).

A menudo, las herramientas de tipo front-end proporcionan soporte para el desarrollo de modelos gráficos de sistemas y procesos. Los diagramas de flujo de datos son representativos de este tipo de

TABLA 6.2 Productos automatizados

PRODUCTO	VENDEDOR	HARDWARE
Analyst/Designer Toolkit	Yourdon	PC/XT AT y compatibles IBM PS2
Automate Plus	LBMS	AT y compatibles
CASE 2000	Nastec Corp.	PC/XT AT y compatibles Estaciones de trabajo VAX
CorVision Application Factory	Cortex	Digital VAX/VMS
Excelerator	Index Technologies	PC XT/AT; Sun; Apollo; IBM PS2
Information Engineering Facility	Texas Instruments	AT y compatibles IBM MVS
Information Engineering Workbench	KnowledgeWare	AT y compatibles PS2 (Modelo 50 y más avanzados) IBM MVS; DEC VAX
Maestro	Softlab, Inc.	PC XT/AT y compatibles Digital VAX/VMS
Pacbase	OGI Systems	IBM MVS/VM
PCSA	Cadre Technologies	PC/XT AT y compatibles IBM PS2
Promod	Promod	Digital VAX; Micro VAX
PSL/PSA	Meta Systems	IBM MVS/VM; Digital VMS/ Ultrix; HP-HPUX; Sperry 1100; Tandam; Microvaxll; Apollo; VAXStation
Structured Architect	Meta Systems	PC XT/AT y compatibles
Teamwork	Cadre Technologies	Sun; Apollo; VAXStation; IBM RT; HP 9000
Visible Analyst	Visible Systems Corp.	PC XT/AT y compatibles

herramienta. Tal como se mencionó en el capítulo 4, los diagramas de flujo de datos representan en forma gráfica (más que por escrito) los procesos y flujos de datos del sistema.

Herramientas de tipo back-end

Las *herramientas de tipo back-end* tienen como finalidad ayudar al analista a formular la lógica del programa, los algoritmos de procesamiento y la descripción física de datos, también ayudan a la interacción con los dispositivos (para entrada y salida), etc. Estas actividades convierten los diseños lógicos del software en un código de programación que es el que finalmente da existencia a la aplicación. Dado que

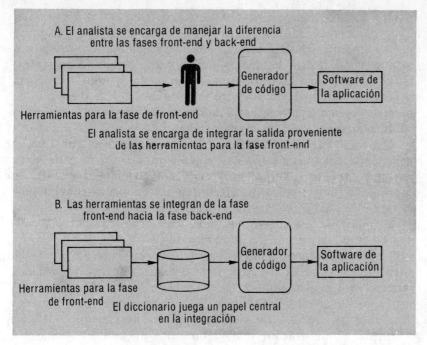

A. El analista se encarga de manejar la diferencia
entre las fases front-end y back-end

Herramientas para la fase de front-end

Generador
de código

Software de
la aplicación

El analista se encarga de integrar la salida proveniente
de las herramientas para la fase front-end

B. Las herramientas se integran de la fase
front-end hacia la fase back-end

Herramientas para la fase
de front-end

Generador
de código

Software de
la aplicación

El diccionario juega un papel central
en la integración

FIGURA 6.3

Manejo de la
diferencia que existe
entre los desarrollos
front-end y back-end
(de análisis, diseño y
de desarrollo).

su empleo está destinado al desarrollo de software, este tipo de herramientas también se conoce como *herramientas para programación asistida por computadora.*

La figura 6.2 muestra varios tipos de herramientas, tanto de tipo front-end como back-end. En el capítulo 5 se estudiaron varios tipos de herramientas back-end o de desarrollo, entre los que se incluyeron los generadores de aplicaciones, de programas y de pantallas. La tabla 6.2 contiene una lista de herramientas de tipo back-end y front-end, disponibles en el mercado.

Herramientas integrales

Las actividades de análisis abordan los detalles de alto nivel mientras que las actividades de desarrollo dan mayor importancia a los detalles de bajo nivel. El nivel de detalle es una forma familiar para caracterizar el tipo de información que se está reuniendo. Las *especificaciones de alto nivel* describen requerimientos del usuario, como entradas, salidas y expectativas de funcionamiento. Las *especificaciones de bajo nivel* indican la forma en que serán satisfechos estos requerimientos por medio de detalles que son específicos de la computadora. (De lo anterior no se debe concluir que un nivel es más importante que el otro, ya que para proporcionar un sistema de calidad satisfactoria, ambos deben desarrollarse con exactitud y eficiencia).

En algún momento, los requerimientos y diseños deben trasladarse en especificaciones que tengan la forma de código ejecutable (o fuente). En la actualidad, es aquí donde existe un hueco. En general, las herramientas front-end y back-end no están integradas a tal grado que las especificaciones generadas por una puedan ser procesadas sin problemas por la otra. Por ejemplo, no es posible trasladar con facilidad diagramas de flujo de datos a código fuente, y lo mismo ocurre con las estructuras de datos. A pesar de lo anterior, la transición de una herramienta front-end hacia una back-end puede ahorrar tiempo y aumentar la velocidad de implantación.

Cuando las herramientas front-end y back-end están separadas, el analista debe hacerse cargo del proceso de transición entre estas herramientas (Fig. 6.3). Los responsables de desarrollar sistemas de información junto con los investigadores, buscan formas para integrar las tareas de análisis y desarrollo (desde la determinación de requerimientos hasta la implantación de la aplicación). Sin embargo, alcanzar este grado de integración es un reto difícil.

Las *herramientas integrales* proporcionan un ambiente que automatiza tareas clave a lo largo de todo el proceso de desarrollo. Estas herramientas abarcan todo el ciclo de vida de la aplicación, no sólo el proceso de desarrollo. Si bien estas herramientas incluyen facilidades para manejar aspectos de análisis y desarrollo, también facilitan el diseño, administración y mantenimiento del código. Asimismo, brindan un ambiente eficiente para crear, almacenar, manipular, administrar y documentar sistemas.

Algunas herramientas están vinculadas con metodologías específicas de desarrollo (por ejemplo, análisis estructurado). Otras soportan sólo lenguajes específicos (como COBOL) o a determinado fabricante de hardware (quizá IBM o Digital). De acuerdo con las necesidades de la organización, estas características tal vez limiten la utilidad de ciertas herramientas.

A menudo la clave se encuentra en la base de datos central. Más adelante, en este capítulo, se considerará este aspecto con mayor cuidado, después de estudiar con más detalle las herramientas CASE.

Comentario al margen
Uso de herramientas automatizadas en el desarrollo de sistemas

Los analistas difieren en las características que buscan al considerar herramientas automatizadas; situación análoga a la que se presentaría si desearan comprar un automóvil. Sin embargo, un beneficio central de las herramientas automatizadas, que es importante para todos los analistas, es su capacidad para organizar sistemas de información.

Durante el curso de una investigación de sistemas, se acumulan muchos detalles que describen tanto a la compañía como a sus procedimientos.

Si un analista se encuentra en la fase de análisis, ya sea conduciendo la investigación, o en la fase de desarrollo, diseñando software, la información organizada para facilitar su empleo, simplifica y acelera todo el proceso. Esta sola razón atrae a muchas personas hacia las herramientas de desarrollo automatizadas.

HERRAMIENTAS ASISTIDAS POR COMPUTADORA PARA LA INGENIERÍA DE SISTEMAS (CASE)

Las siglas *CASE* se emplean con bastante frecuencia en la comunidad de sistemas de información para denotar la *ingeniería de sistemas asistida por computadora o la ingeniería de software asistida por computadora.* Aunque el uso de este último término está más diseminado, el primero es más exacto ya que el objetivo a largo plazo de las herramientas CASE es automatizar los aspectos clave de todo el proceso de desarrollo, desde el principio hasta el final. Para aquéllos que emplean el término *ingeniería de software asistida por computadora,* hacemos mención de que el desarrollo de una aplicación comienza con la especificación de requerimientos, no con la codificación del software. Es así como las extensiones de CASE hacen referencia al mismo proceso.

Esta sección examina los componentes que forman parte de las herramientas CASE y los métodos utilizados para integrar las herramientas dentro de un sistema de información.

Componentes de CASE

En general, las herramientas de tipo CASE incluyen los siguientes cinco componentes: herramientas para diagramación, un depósito de información, generadores de interfaces, generadores de código y herramientas de administración. Las actividades de alto nivel reciben la mayor importancia, aunque ya están apareciendo generadores de código de bajo nivel.

Herramientas para diagramación

Las *herramientas para diagramación* dan soporte al análisis y documentación de los requerimientos de una aplicación. Por lo general, incluyen facilidades para producir diagramas de flujo de datos. Como el lector ya sabe, estas herramientas de alto nivel son esenciales para brindar apoyo a la metodología de análisis estructurado. Las herramientas CASE incorporan, de manera extensa, métodos propios del análisis estructurado.

Estas herramientas ofrecen la capacidad de dibujar diagramas y cartas, además de guardar los detalles en forma interna. Cuando es necesario realizar cambios, la naturaleza de éstos se describe en el sistema, el cual puede entonces volver a dibujar todo el diagrama de manera automática. La capacidad para cambiar y volver a dibujar elimina una actividad que los analistas encuentran tediosa y poco deseable.

T&T:
ALCANZANDO CON CASE

En 1984 AT&T, conocida en todo el mundo como líder en telecomunicaciones, se convirtió en una compañía nueva en una industria también nueva, ya que en ese año su separación de Bell System se convirtió en una realidad. Lo que alguna vez había sido una compañía cuyos movimientos estaban normados por la Federal Communications Commission, se encuentra ahora en un mercado abierto y competitivo. AT&T estaba ahora en posición de ofrecer nuevos productos y servicios, pero lo mismo podrían hacer sus competidores. La necesidad de información para identificar oportunidades, fijar precios y vigilar el desempeño, alcanzó nuevos niveles de importancia a medida que la gigantesca compañía comenzó a transformarse a sí misma en un formidable competidor dentro de la industria.

Esta transformación significó que tenían que ponerse en línea más sistemas de información en un tiempo mucho menor y nunca antes visto; por otra parte, la consistencia de la información adquirió cada vez mayor importancia. No era raro encontrar a lo largo de toda la organización, el mismo elemento dato con varios nombres diferentes (en algunos casos, más de 30 aplicaciones hacían referencia a los mismos datos pero con nombres diferentes).

Dentro de la gerencia de procesamiento de datos de la organización (integrada por 400 profesionales), AT&T decidió que la ingeniería de sistemas asistida por computadora podría jugar un papel clave en la mejora tanto de los tiempos de desarrollo como en la posición competitiva de la compañía en el mercado. Pero ¿cómo debería capacitarse en CASE al personal de desarrollo de sistemas?

Se seleccionó a uno de los líderes del equipo encargado de CASE, Barbara Bouldin, y se le pidió que implantara una herramienta CASE como herramienta de desarrollo primario para la compañía. AT&T ya confiaba en el método de análisis estructurado y en los sistemas de información clave; por otro lado, los gerentes habían sugerido ya diferentes formas para mejorar la eficiencia y efectividad de los procesos de desarrollo.

Se desarrolló con rapidez la demostración de una aplicación. Los datos utilizados en la aplicación eran ficticios pero había algo familiar en ellos. Cuando los programadores y analistas examinaron la aplicación, supieron al instante lo que ésta representaba y se sintieron cómodos con ella. Como líder del equipo, Bouldin mostró lo que representaba CASE para los miembros del equipo interesados en esta herramienta. Pero las cosas no quedaron aquí. Bouldin también externó sus propios intereses: lo que le gustaba de la forma en que se hacían las cosas, lo que le parecía molesto de las nuevas herramientas y también qué cosas ellos nunca dejarían en manos de las herramientas.

Con el empleo de la información reunida durante las demostraciones iniciales, se reunió un equipo para trabajar en la primera aplicación del sistema CASE. Después de varias reuniones al inicio, los miembros del equipo decidieron abocarse al desarrollo de un diccionario de datos para aplicaciones. Se completó la primera tarea, obteniéndose los resultados con rapidez —un factor importante para garantizar el soporte para CASE.

La demostración del éxito llegó con rapidez cuando, en una reunión de planificación, surgió una pregunta con respecto a los datos. La sugerencia hecha por uno de los miembros del equipo, "veamos lo que hay en el diccionario de datos", confirmó la confianza en CASE. Aunque CASE recibió la bendición por parte de la gerencia, esto no garantizaba el apoyo por parte de analistas y programadores. Sin embargo, este simple comentario demostró su aceptación.

En la actualidad, todos los programadores y analistas de AT&T hacen un uso extenso de CASE. La compañía ha adquirido muchas copias de herramientas específicas y casi la mitad de los grupos dedicados al desarrollo de sistemas hacen un uso muy extenso de ellas. Los líderes de los grupos de desarrollo continúan buscando niveles más altos de logros. Pero una cosa en segura: CASE está cambiando la forma en que AT&T produce sistemas de información.

Depósito centralizado de información

La captura, análisis, procesamiento y distribución de todos los sistemas de información es asistida por un *depósito de información* centralizado o diccionario de datos, el cual ya fue estudiado en el capítulo 4. (Se hará un uso intercambiable de los términos depósito de información y diccionario de datos, aunque los vendedores quizá utilicen uno u otro cuando anuncian sus productos.) El diccionario contiene detalles sobre los componentes del sistema, tales como datos, flujo de datos y procesos; asimismo, también incluye información que describe el volumen y frecuencia de cada una de las actividades.

Aunque los diccionarios son diseñados para que el acceso a la información sea sencillo, también incluyen controles y medidas de protección que preservan la exactitud y consistencia de los detalles del sistema. El uso de 1) niveles de autorización, 2) validación de procesos y 3) procedimientos para verificar la consistencia de las descripciones, asegura que el acceso a las definiciones y las revisiones hechas a ellas en el depósito de información, ocurran en forma apropiada y acorde con procedimientos ya establecidos.

Generador de interfaces

Las interfaces con el sistema son los medios que permiten a los usuarios interactuar con una aplicación, ya sea para dar entrada a información y datos o para recibir información. Los *generadores de interfaces* ofrecen la capacidad para preparar imitaciones y prototipos para las interfaces con los usuarios. Por lo general, soportan la rápida creación de menús de demostración para el sistema, de pantallas de presentación y del formato de los informes.

Los generadores de interfaces son un elemento importante para el desarrollo de prototipos de aplicación, aunque también son de utilidad para los demás métodos de desarrollo.

Generadores de código

Los *generadores de código* automatizan la preparación de software. Éstos incorporan métodos que permiten convertir las especificaciones del sistema en código ejecutable.

La generación de código aún no ha sido perfeccionada. Los mejores generadores de código producen aproximadamente el 75% del código fuente de una aplicación. El resto debe ser escrito por los programadores. La codificación manual, que es el nombre que recibe este proceso, sigue siendo necesaria.

Dado que las herramientas CASE son de propósito general, es decir no están limitadas a ciertas áreas específicas de aplicación como el control de procesos de manufactura, análisis de portafolios de inversiones o administración de cuentas, resulta que el desafío de automatizar el proceso de generación de software es sustancial.

Los mayores beneficios se obtienen cuando los generadores de código se encuentran integrados con un depósito central de información. Esta combinación alcanza el objetivo de crear un código que pueda volverse a emplear. Cuando las especificaciones cambian, se puede volver a generar el código al alimentar los detalles del diccionario de datos a través del generador de código. El contenido del diccionario puede emplearse de nuevo para preparar el código ejecutable.

Herramientas de administración

Los sistemas CASE también ayudan a los gerentes de proyecto a mantener la efectividad y eficiencia de todo el proceso de desarrollo de una aplicación. Este componente de CASE ayuda a los gerentes de desarrollo a calendarizar las actividades de análisis y diseño así como la asignación de recursos a las diferentes actividades del proyecto. Por ejemplo, algunos sistemas CASE soportan el seguimiento de los tiempos de desarrollo de un proyecto y los comparan con los ya planificados; también realizan la misma labor con la asignación de tareas específicas al personal. Los calendarios e informes pueden prepararse utilizando para ello los detalles contenidos en el diccionario de datos.

Algunas *herramientas CASE para administración* permiten que los gerentes de proyecto especifiquen elementos de su propia elección. Por ejemplo, ellos pueden seleccionar los símbolos gráficos que desean para describir procesos, personas, departamentos, etc. Otros permiten definir metodologías de desarrollo propias, incluyendo las reglas de validación y los estándares para datos y nombres de procedimientos. Sin embargo, la mayor parte de los sistemas CASE depende en gran medida de la notación, principios y prácticas del método de análisis estructurado.

Integración de herramientas en CASE

CASE incorpora varias herramientas que pueden considerarse por separado, como elementos discretos, o como parte de un sistema —un *grupo de herramientas*—. Por lo general, se prefiere esto último. La integración de las herramientas permite que la información obtenida con una de ellas sea utilizada por otra dentro del mismo proyecto.

La integración de herramientas ocurre en tres formas:

- Creación de una interface para desarrollo uniforme o adaptable
- Proporcionar la facilidad para transferir datos entre las herramientas
- Unir las actividades de desarrollo

Interface uniforme

Una *interface uniforme* significa que todas las herramientas en el sistema CASE son activadas de la misma manera y desde un lugar común en el sistema. Para esto son comunes varios enfoques. La figura 6.4 muestra las interfaces utilizadas por varias herramientas CASE. Excelerator, una herramienta bastante diseminada, utiliza

a)

FIGURA 6.4

Interfaces utilizadas por varias herramientas CASE
comunes. (Cortesía de a. Index Technology Corp.,
Cambridge, MA; b. KnowledgeWare, Inc. Atlanta,
GA)

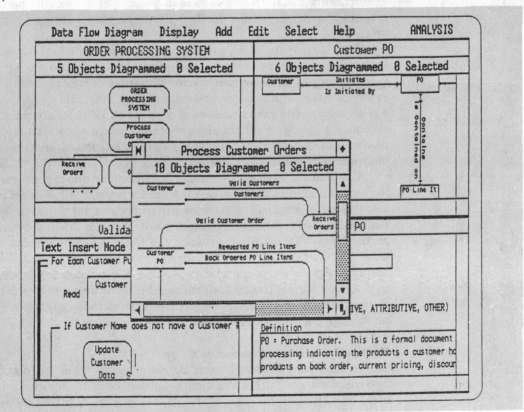

b)

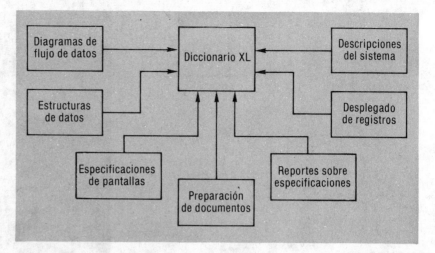

FIGURA 6.5
Un diccionario central permite la transferencia de datos entre distintos componentes.

menús para seleccionar diversas funciones (por ejemplo desarrollo de gráficas, preparación de pantallas e informes, etc.) La opción en un menú conduce a otro. De aquí que al seleccionar la opción de gráficas, aparezca otro menú del que se pueden seleccionar actividades para la preparación de diagramas de flujo de datos y de estructura, entre otras.

KnowledgeWare, otro producto importante de tipo CASE, utiliza ventanas, un sistema en el que la pantalla de la computadora contiene varias áreas pequeñas de presentación visual que se traslapan entre sí, y que muestran al mismo tiempo información diiferente. (Las ventanas se estudian con gran detalle en el capítulo 10.) Con las ventanas, el sistema KnowledgeWare permite que el usuario vea en forma simultánea diagramas de flujo de datos, diagramas de estructura, entradas del diccionario de datos y otra información.

A menudo la interface determina la comodidad que experimentan los analistas al utilizar un sistema CASE. La interface debe adaptarse a los usuarios expertos y novatos así como a la tarea que se está realizando. Los resultados, mensajes e instrucciones deben mostrarse en un lugar y formato consistentes. También son importantes los mensajes interactivos y los buenos diagnósticos. Sin embargo, las herramientas deben proporcionar soporte directo para los procedimientos con los que trabajan los encargados de un desarrollo; es decir, el usuario no tiene que estar forzado a utilizar métodos y técnicas que no se ajusten a los procedimientos de trabajo existentes.

Facilidad para la transferencia de datos
La *facilidad para la transferencia de datos* significa que los detalles desarrollados con una herramienta pueden estar disponibles para otras. Por ejemplo, los generadores de código y los de interfaces pueden utilizar las descripciones preparadas por medio de la creación de diagramas de flujo de datos. El diccionario de datos es el elemento

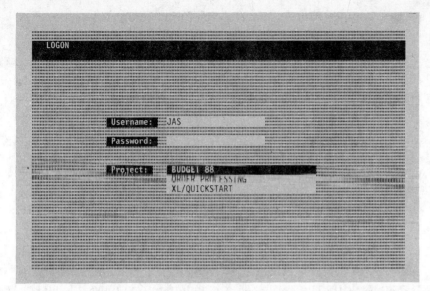

FIGURA 6.6
Control del acceso a
la información de un
proyecto. (Cortesía de
Index Technology
Corp.)

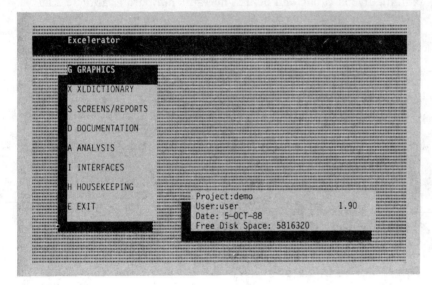

FIGURA 6.7
Menú principal de
Excelerator.
(Cortesía de Index
Technology Corp.)

crítico que hace posible la transferencia de datos entre herramientas
distintas. Es de este modo como todas las herramientas interactúan
con el diccionario de datos para utilizar las definiciones y descripciones contenidas en él (Fig. 6.5).

Unir de las actividades de desarrollo
La facilidad para transferir datos y la unión de las fases de desarrollo
se encuentran relacionadas, ya que se pueden utilizar una y otra vez
los datos transferidos entre herramientas a través de todo el proceso
de desarrollo. Los enlaces se pueden crear en forma manual, con una

participación extensa del analista, o en forma automatizada, donde el analista no participa directamente en la interacción.

La herramienta ideal (aunque todavía no existe) debe tener la capacidad para volver a conformar la salida de una actividad en una entrada para la siguiente actividad. Por ejemplo, los diagramas de flujo de datos, las descripciones de procesos y los almacenes y flujos de datos definidos en la fase de análisis, deberían transformarse de manera automatizada en diagramas estructurados, funciones y módulos para el proceso de diseño. Estas características están comenzando a aparecer en las herramientas que se emplean actualmente. Un número limitado de herramientas genera ciertas clases de diagramas a partir de las descripciones guardadas en el diccionario de datos (por ejemplo, KnowledgeWare genera diagramas en distintos formatos utilizando para ello las entradas del diccionario de datos. Los diagramas no se guardan, se generan cada vez que se necesite de ellos.)

La integración de las herramientas a través del hardware de los sistemas, es deseable en aquellos ambientes donde están mezclados estaciones de trabajo y sistemas de cómputo muy grandes. La integración incluye la capacidad de una herramienta para adaptarse a las ya existentes, un problema que apenas comienzan a estudiar investigadores y responsables del desarrollo de sistemas.

USO DE UNA HERRAMIENTA CASE

Esta sección describe las características de una herramienta CASE muy común. El lector tendrá la oportunidad de observar la potencia de CASE y de darse cuenta que la responsabilidad sigue estando en el analista de sistemas.

Se hará uso de Excelerator como vehículo para demostrar cómo se ingresan los datos y se generan informes. Las pantallas de visualización que aparecen en esta sección son las que el lector vería si se sentase frente a una computadora personal donde se estuviese ejecutando el software Excelerator.

Operaciones iniciales

Los sistemas CASE almacenan información por proyecto. Cada aplicación de sistemas de información es considerada como un proyecto. De esta forma, una aplicación de cuentas por pagar es un proyecto, al igual que un sistema de recepción de pedidos. La información que describe cada aplicación se mantiene por separado de la de otros proyectos.

Al igual que muchas herramientas CASE, Excelerator incluye un sistema de contraseñas para impedir el acceso a la información por usuarios que no tienen autorización para hacerlo. El acceso se controla a nivel de cada proyecto.

TABLA 6.3 Funciones realizadas por Excelerator

FUNCIONES	FINALIDAD	APLICACIONES
GRAPHICS (GRÁFICAS)	Dibujo de seis diferentes tipos de diagramas y cuadros para análisis y diseño	El analista puede ver la lógica del sistema con diferentes niveles de abstracción Facilita la comunicación entre el equipo y el cliente Presentaciones Hacer de nuevo los dibujos en forma manual es una tarea tediosa y susceptible de error
XLDICTIONARY (DICCIONARIO)	Acceso al núcleo de Excelerator: el diccionario de proyectos Catálogo y mantenimiento de datos, procesos, gráficas, pantallas, reportes Producción de reportes sobre el contenido de las entradas del diccionario así como para auditoría	Coordinación de toda la información requerida para construir un sistema Administración de proyectos
SCREENS AND REPORTS (PANTALLAS E INFORMES)	Diseño de pantallas y reportes Pruebas para entrada por pantallas y reportes	Desarrollo de prototipos Retroalimentación por parte del cliente
DOCUMENTATION (DOCUMENTACIÓN)	Crear/imprimir el documento de especificaciones del sistema con toda la información pertinente Enlace con un procesador de texto	Presentación de conclusiones para diversas etapas Administración de proyectos
ANALYSIS (ANÁLISIS)	Validación de gráficas para determinar su consistencia y estructura Creación, modificación e impresión de listados que contienen entidades del diccionario de datos Producción de reportes del proyecto	Localización temprana de errores Detección de datos duplicados
XLD INTERFACE (INTERFACE)	Manejo de funciones para varios usuarios como importación y exportación de archivos, bloqueo	Integridad Seguridad
HOUSEKEEPING (ADMINISTRACIÓN)	Facilidades para crear y mantener el ambiente de un proyecto	Adición/cambio de usuarios proyectos y niveles de autorización Establecer dispositivos de salida y opciones estándar para éstos

Antes de iniciar el trabajo, el analista debe proporcionar su nombre y contraseña. Si ésta es correcta, Excelerator presenta sobre la pantalla una lista de todos los proyectos para los que el analista tiene autorizado el acceso (Fig. 6.6). Después de seleccionar el proyecto, por medio de un cursor, aparece el menú principal del sistema.

Menú principal de funciones

El menú principal presenta los nombres de las siete funciones más importantes de Excelerator: gráficas, XLDiccionario, pantallas y reportes, documentación, análisis, interfaces y utilerías (Fig. 6.7 y Tabla 6.3).

El resto de esta sección mostrará la forma en que se emplea Excelerator para dibujar diagramas y cartas, trabajar con el diccionario de datos, analizar un diseño y producir un documento de especificaciones completo.

Muchas herramientas CASE permiten que el usuario seleccione una acción señalando su nombre o un número sobre la pantalla, ya sea a través de un dispositivo apuntador (como el ratón) o por el posicionamiento de una barra luminosa por medio de las teclas de flechas y tabulador contenidas en el teclado. A partir de aquí, se utilizará el término *seleccionar* para indicar que se ha escogido una opción.

Dibujo de diagramas de flujo de datos

Cuando se selecciona la función de gráficas, aparece otro menú (Fig. 6.8) que muestra las opciones disponibles para el analista. Los diagramas de flujo de datos son uno de los muchos tipos de diagramas y cartas disponibles en el menú de gráficas. Se puede utilizar cualquier técnica, ya sea la de Yourdon o la de Gane y Sarson (estudiadas en el capítulo 4). Para este ejemplo se utilizará la técnica de Gane y Sarson. Cada diagrama puede manejar aproximadamente 75 objetos. Sobre el diagrama, cada objeto puede tener una etiqueta y estar interconectado con otros objetos del diagrama.

Todas las gráficas se crean dentro de un área delimitada por un menú de mandatos que aparece en la parte izquierda de la pantalla (Fig. 6.9). El menú de mandatos difiere de acuerdo con la función de dibujo seleccionada por el analista. Los mandatos de dibujo se seleccionan de la misma manera que las opciones del menú.

Para dibujar un objeto sobre la pantalla, el analista apunta hacia el objeto y al tipo de objeto que desea dibujar (por ejemplo un proceso o almacén de datos). Después apunta al lugar sobre la pantalla donde desea dibujar el objeto. Una vez hecho esto, el objeto aparece en ese lugar. De esta manera es como se posicionan gran variedad de objetos sobre la pantalla.

Para conectar dos objetos, lo que representa un flujo de datos, el analista selecciona el mandato CONNECT y apunta hacia los dos objetos que desea conectar. Las líneas que unen a los dos objetos pueden incluir flechas para señalar la dirección del flujo de datos.

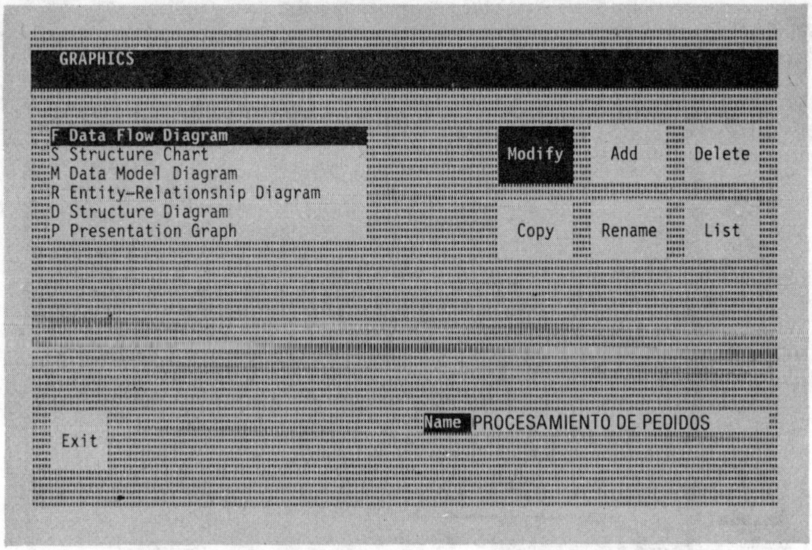

FIGURA 6.8
Menú correspondiente a la facilidad de gráficas. (Cortesía de Index Technology Corp.)

Excelerator determinará automáticamente la trayectoria para las líneas junto con los lados de los objetos donde éstas incidirán. El analista también puede crear en forma manual la conexión. Se aplica el mismo procedimiento a todos los objetos que representan procesos, almacenes de datos y fuentes de datos.

El diagrama de flujo de datos de la figura 6.9 fue preparado con Excelerator en unos cuantos minutos. Para dibujar cada objeto, el analista escoge el objeto deseado de una lista de mandatos que se encuentra en la parte izquierda de la pantalla, apunta hacia el objeto y lo selecciona. El sistema lo dibuja sobre la pantalla.

Es muy sencillo modificar los diagramas. Cuando los objetos se mueven o borran, Excelerator vuelve a dibujar, en forma automática, todas las etiquetas y rectas que representan flujos de datos afectadas por el cambio. Esta característica por sí sola justifica el uso de sistemas CASE por analistas que emplean diagramas de flujo de datos.

El mandato PROFILE permite al analista seleccionar opciones de su preferencia. Por ejemplo, la dirección de las flechas (uni o bidireccional), la decisión de emplear líneas rectas con ángulos rectos o curvos y la localización del texto, son aspectos que están determinados por el mandato PROFILE.

Los diagramas de flujo de datos muy grandes, no siempre se ajustan al tamaño de la pantalla. El mandato ZOOM permite al analista cambiar el nivel de amplificación para poder ver una porción específica del diagrama. El mapa de orientación que aparece en la parte inferior izquierda de la pantalla, representa todo el diagrama y permite al analista saber qué parte del diagrama está observando. La parte que se observa del dibujo puede cambiarse simplemente apun-

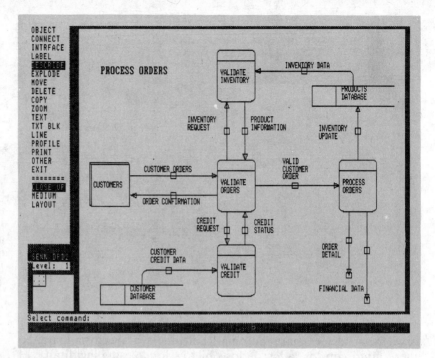

FIGURA 6.9
Pantalla y menú de mandatos para el dibujo de diagramas de flujo de datos. (Cortesía de Index Technology Corp.)

tando sobre el mapa hacia la localidad deseada y entonces seleccionarla. Excelerator cambiará, en forma inmediata, el contenido de la pantalla.

Las gráficas de presentación, estudiadas en el capítulo 4, son útiles para mostrar elementos físicos —personas, terminales, informes y otros componentes— de un sistema. En la figura 6.10 se muestran los elementos que pueden dibujarse en una gráfica de presentación. Nótese que la pantalla de la figura 6.11 contiene la gráfica de presentación para la parte de recepción de pedidos y elaboración de informes, además de una caja de mandatos en la parte izquierda de la pantalla. Los mandatos son diferentes a los utilizados para dibujar diagramas de flujo de datos puesto que se emplea otro tipo de objetos. La gráfica de presentación, al igual que las demás gráficas, se crean de la misma manera que los diagramas de flujo de datos; los cambios también se efectúan con la misma facilidad. Esta característica es representativa de las que se encuentran en todos los sistemas CASE.

Diccionario por proyecto

A medida que se formulan las especificaciones y la documentación, toda la información con respecto al proyecto se acumula en el diccionario de datos que Excelerator mantiene para dicho proyecto. Parte de la información, como el flujo de datos entre procesos, la graba directamente la persona que hace uso de la herramienta. Otra parte de la información se graba automáticamente, como la fecha en que se

Nombre	Descripción
PERSON	Persona
TERMINAL	Terminal CRT
FLOPPY	Disco flexible
ACTIVITY	Actividad
HEAP	Pila de documentos
OVAL	Óvalo
RECTANGL	Rectángulo horizontal
SQUARE	Cuadrado
CIRCLE	Círculo
DISK	Símbolo para disco
DISPLAY	Símbolo para monitor
REPORT	Símbolo para un reporte
IN/OUT	Entrada/salida
DECISION	Símbolo de decisión
PRE/PROC	Procesos predefinidos
INTERUPT	Símbolo de interrupción
CARD	Tarjeta para computadora
TAPE	Símbolo para cinta magnética
ON/STORE	Almacenamiento en línea
MERGE	Símbolo de concatenación
EXTRACT	Símbolo de extracción
MAN/OPR	Operación manual
PREPARE	Símbolo de preparación
MAN/INPT	Entrada manual
ONPAGE	Símbolo para conexión con la siguiente página

FIGURA 6.10

Elementos de una gráfica de presentación. (Cortesía de Index Technology Corp.)

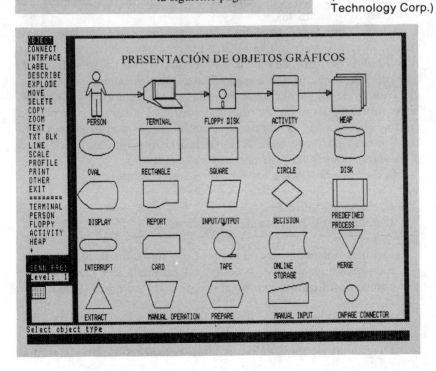

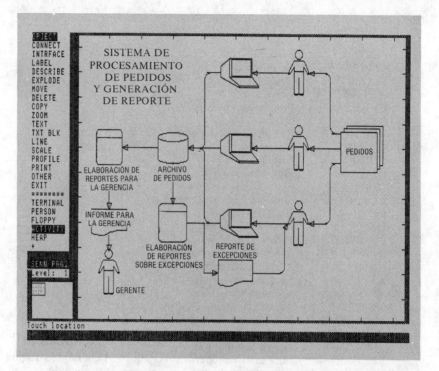

FIGURA 6.11
Gráfica de
presentación.
(Cortesía de Index
Technology Corp.)

actualizó por última vez el diagrama o la información alterada por seguimiento o auditorías.

Una vez que la información se encuentra en el diccionario, puede volver a ser utilizada por el mismo proyecto en forma repetida, sin necesidad de definirla de nuevo. Esta característica por sí sola, añade consistencia y exactitud a las especificaciones del sistema.

Dentro del diccionario, las entradas se pueden añadir, modificar, listar, borrar y cambiar de nombre (Fig. 6.12). También es posible enlistar el contenido del diccionario con informes preformateados.

Por otra parte, se tiene acceso a la información contenida en el diccionario desde cualquier parte de Excelerator.

El diccionario guarda los siguientes tipos de información:

- *Registros y elementos*
  Detalles de elementos dato y registros.
- *Datos*
  Detalles relacionados con almacenes y flujos de datos, etc. También se incluyen tablas de códigos definidos por el usuario junto con su significado así como el uso de otros nombres (alias).
- *Procesos*
  Procesos, funciones y módulos del sistema.
- *Gráficas*
  Diagramas de flujo de datos, gráficas estructuradas, diagramas

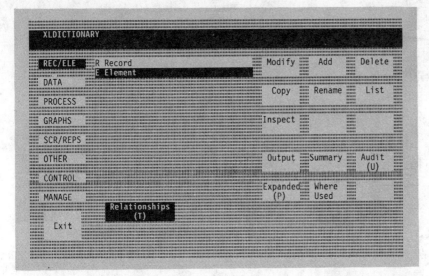

FIGURA 6.12
Menú correspondiente al diccionario de Excelerator. (Cortesía de Index Technology Corp.)

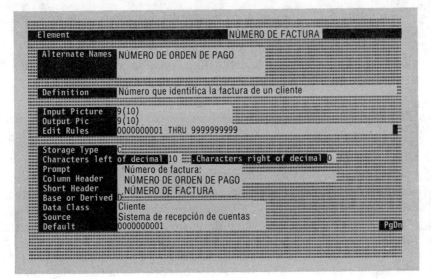

FIGURA 6.13
Entrada para elementos dato al diccionario. (Cortesía de Index Technology Corp.)

para modelos de datos, diagramas estructurados, diagramas de relación entre entidades y gráficas de presentación.

- *Pantallas e informes*
  Definiciones y composición del diseño de los informes, diseños de pantallas y formas para la entrada de datos. También es posible preparar informes relacionados con la entrada de datos en pantalla.

- *Entidades de otro tipo*
  Informes de las especificaciones contenidas en el diccionario, listados de entidades, nombres de usuarios y descripciones de documentos.

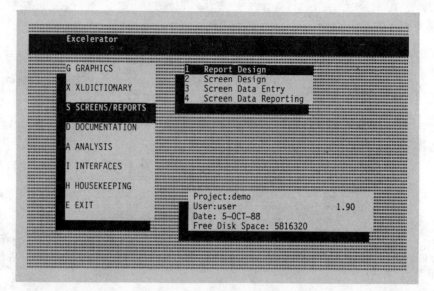

FIGURA 6.14

Menú correspondiente a la facilidad de pantallas y reportes. (Cortesía de Index Technology Corp.)

La figura 6.13 muestra una entrada del diccionario que describe un elemento dato. Nótese que la entrada incluye detalles que describen al elemento dato por su nombre, tamaño, especificación de tipo y alias. También se incluyen la definición, reglas de edición y origen del dato para proporcionar una descripción completa del elemento.

Pantallas e informes

Excelerator, como muchas otras herramientas de tipo CASE, proporciona un método rápido y sencillo para desarrollar prototipos de pantallas para que los usuarios finales trabajen con ellas. El analista puede diseñar y ejecutar pantallas y reportes con el apoyo de un menú, e incluso desarrollar el prototipo de una base de datos. Después de definir la distribución de una pantalla o reporte, el analista puede generar un reporte basándose en datos de prueba proporcionados al sistema.

El diseño de una pantalla comienza con una pantalla de presentación visual en limpio. Al mover el cursor por toda la pantalla, quizá utilizando para ello las teclas con flechas que aparecen en el teclado, el usuario puede especificar las posiciones donde desea que aparezcan letreros, campos para entradas y salidas, encabezados y títulos. Estos elementos aparecerán en la pantalla en el lugar deseado (Fig. 6.15).

Cuando el usuario invoca la función para añadir un campo, aparece una ventana que permite dar entrada al nombre de los campos, su longitud y la especificación de tipo de dato. También es posible eslabonar un campo con algún elemento del diccionario; con esto se extrae información relacionada con la longitud, reglas de edición, etc., que ya se encuentra definida.

La plantilla de distribución de los reportes se crea de manera similar (Fig. 6.16). Dado que Excelerator permite especificar informes

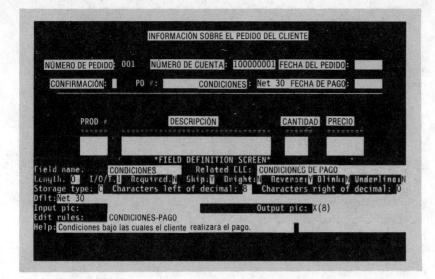

FIGURA 6.15

Pantalla para la descripción de los campos de datos. (Cortesía de Index Technology Corp.)

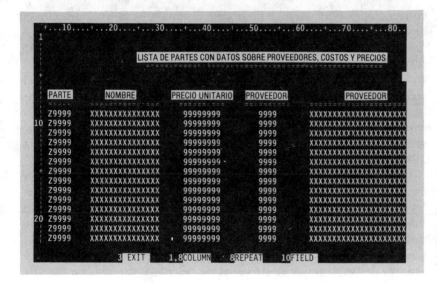

FIGURA 6.16

Diseño de una pantalla para reportes. (Cortesía de Index Technology Corp.)

que contienen hasta 132 columnas y 66 líneas, el analista puede crear virtualmente cualquier reporte e incluir su definición y plantilla de distribución en la documentación del sistema.

Herramientas para análisis y documentación

Excelerator ofrece características tales como un conjunto de reportes que validan las descripciones del sistema. Los reportes del análisis contienen una lista de relaciones inconsistentes o ilegales entre datos, flujos de datos y procesos, así como inconsistencias al seguir las

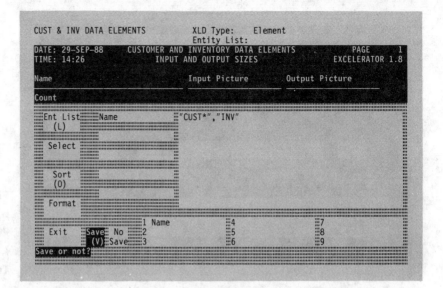

FIGURA 6.17

Pantalla para generar reportes. (Cortesía de Index Technology Corp.)

convenciones para asignar nombres. También es posible detectar y notificar diagramas no balanceados.

Esta labor se efectúa con el apoyo de un generador de reportes que forma parte del software (Fig. 6.17) y que produce los reportes, ya sea con un formato preestablecido o definido por el usuario, sobre el contenido del diccionario; estos reportes permiten al analista documentar o analizar el avance del desarrollo. También es posible seleccionar opciones para enlistar las entidades del sistema, seleccionar ciertos tipos de información e incluso para clasificar y distribuir la apariencia del contenido del reporte.

En Excelerator se ha dado especial importancia a la preparación exacta y atractiva de la documentación del sistema. Con el uso de las facilidades para documentación, se pueden reunir en un documento final todas las gráficas, los reportes provenientes del diccionario, los diseños de reportes y de pantallas e incluso texto narrativo. También pueden incorporarse en el documento final la salida de muchos procesadores de texto, hojas electrónicas de cálculo y sistemas de base de datos.

Utilerías

La información utilizada por el sistema Excelerator se encuentra descrita por las funciones de utilería. Por ejemplo, estas funciones permiten definir las contraseñas de los usuarios, los privilegios de acceso y los procedimientos de respaldo. Existe también una función especial para el manejo de proyectos que los analistas emplean para dar nombre al proyecto, proporcionar las descripciones del mismo y definir la notación que utilizarán para los diagramas de flujo de datos.

Las utilerías también proporcionan funciones de respaldo y recuperación. Con ellas es posible copiar o volver a crear una parte o todo el diccionario del proyecto a partir de una copia de respaldo.

El ejemplo de esta sección describe muchas de las funciones que Excelerator y otras herramientas CASE pueden llevar a cabo; además muestra que el uso de esta herramienta puede reducir de manera importante el tiempo necesario para describir una aplicación. El mejor uso del tiempo del analista así como la automatización de tareas repetitivas, benefician a todos los que participan en el proceso de desarrollo, tal como recalcó uno de los analistas de la historia con que se inicia este capítulo.

Comentario al margen
Herramientas CASE: una mirada al futuro

Las herramientas CASE que actualmente se encuentran en uso ofrecen sus mayores beneficios en el área de determinación de requerimientos porque, en gran medida, el apoyo proporcionado por éstas se dirige hacia sistemas de diccionario y herramientas de diagramación. La siguiente frontera es la generación de código —relacionada con la programación automática para la generación de aplicaciones basadas en computadora. Ésta es una área donde los avances están ocurriendo con rapidez, mientras tanto habrá que esperar a que llegue el día en que el desarrollo de aplicaciones esté 100% automatizado. Claro está que el análisis llegó primero. Si no hubiese ocurrido así, las herramientas automatizadas no harían otra cosa más que generar software basado en especificaciones erróneas.

Debemos buscar los anuncios de vendedores de herramientas CASE para estar enterados de los últimos avances logrados en sus laboratorios.

EVALUACIÓN DE CASE

CASE no es una panacea. Si bien es cierto que las herramientas CASE ofrecen beneficios, los analistas deben estar conscientes de sus puntos débiles, algunos de los cuales se señalan en esta sección.

Beneficios de CASE

Entre los beneficios ofrecidos por la tecnología CASE se encuentran los siguientes: 1) facilidad para llevar a cabo la tarea de revisión de especificaciones del sistema así como de representaciones gráficas (lo que aumenta la posibilidad de realizar la tarea); 2) facilidad para desarrollar prototipos de sistemas por medio de la capacidad para cambiar especificaciones y, por otro lado, para determinar el efecto que sobre el desempeño del sistema tendrían otras alternativas; 3) generación de código; 4) soporte para mantenimiento como resultado de haber guardado las especificaciones del sistema en un depósito central de información, y 5) aumentar las posibilidades de satisfacer los requerimientos del usuario.

Facilidad para la revisión de aplicaciones

La experienca muestra que una vez que las aplicaciones se implantan, se emplean por mucho tiempo. Las herramientas CASE proporcionan un beneficio substancial para las organizaciones al facilitar la revisión de las aplicaciones. Contar con un depósito central, agiliza el proceso de revisión ya que éste proporciona bases para las definiciones y estándares para los datos. Las capacidades de generación interna, si se encuentran presentes, contribuyen a modificar el sistema por medio de cambios en las especificaciones más que por ajustes al código fuente.

Soporte para el desarrollo de prototipos de sistemas

En general, el desarrollo de prototipos de aplicaciones toma varias formas, como se mencionó en el capítulo anterior. En ocasiones se desarrollan diseños para pantallas y reportes con la finalidad de mostrar la organización y composición de datos, encabezados y mensajes. Los ajustes necesarios al diseño se hacen con rapidez para alterar la presentación y las características de la interface. Sin embargo, no se prepara el código fuente, de naturaleza orientada hacia procedimientos, como una parte del prototipo.

Como disyuntiva, el desarrollo de prototipos puede producir un sistema que funcione. Las características de entrada y salida son desarrollados junto con el código orientado hacia los procedimientos y los archivos de datos.

Muchas herramientas CASE soportan las primeras etapas del desarrollo de un prototipo. Muy pocas brindan apoyo durante todo el proceso de desarrollo del prototipo. Las que proporcionan la capacidad para generar el código soportan de hecho todo el proceso, ya que el código puede ser generado al inducir la actividad de generación después de cambiar las especificaciones o requerimientos.

Generación de código

Como ya se mencionó, algunas herramientas CASE tienen la capacidad de producir el código fuente. La ventaja más visible de esta característica es la disminución del tiempo necesario para preparar un programa. Sin embargo, la generación del código también asegura una estructura estándar y consistente para el programa (lo que tiene gran influencia en el mantenimiento) y disminuye la ocurrencia de varios tipos de errores, mejorando de esta manera la calidad. Las características de la generación del código permiten volver a utilizar el software y las estructuras estándares para generar dicho código, así como el cambio de una especificación modular, lo que significa volver a generar el código y los enlaces con otros módulos. Ninguna de las herramientas que existen en el presente es capaz de generar un código completo en todos los dominios.

Mejora en la habilidad para satisfacer los requerimientos del usuario

Es bien conocida la importancia de satisfacer los requerimientos del usuario, ya que esto guarda relación con el éxito del sistema. De manera similar, tener los requerimientos correctos mejora la calidad de las prácticas de desarrollo. Parece ser que las herramientas CASE disminuyen el tiempo de desarrollo, una característica que es importante para los usuarios. Las herramientas afectan la naturaleza y cantidad de interacción entre los encargados del desarrollo y el usuario, un aspecto que fue recalcado en la historia que se encuentra al inicio de este capítulo. Las descripciones gráficas y los diagramas, así como los prototipos de reportes y la composición de las pantallas, contribuyen a un intercambio de ideas más efectivo.

Soporte iterativo para el proceso de desarrollo

La experiencia ha demostrado que el desarrollo de sistemas es un proceso iterativo. Las herramientas CASE soportan pasos iterativos al eliminar el tedio manual de dibujar diagramas, elaborar catálogos y clasificar. Como resultado de esto, se anticipa que los analistas repasarán y revisarán los detalles del sistema con mayor frecuencia y en forma más consistente.

Debilidades de CASE

Las herramientas CASE tienen puntos débiles significativos, que van desde la confiabilidad en los métodos estructurados hasta su alcance limitado, los cuales amenazan con minar los beneficios potenciales descritos con anterioridad.

Confiabilidad en los métodos estructurados

Muchas herramientas CASE están construidas teniendo como base las metodologías del análisis estructurado y del ciclo de vida de desarrollo de sistemas. Por sí sola, esta característica puede convertirse en la principal limitante ya que no todas las organizaciones emplean métodos de análisis estructurado

Los métodos estructurados, introducidos en la década de los setentas, fueron muy elogiados por su habilidad para mejorar la exactitud de los requerimientos específicos de las aplicaciones. El nivel de conocimiento de los métodos estructurados es alto entre los profesionales de sistemas de información —de acuerdo con algunas estimaciones (Yourdon), casi el 90% de todos los analistas está familiarizado con estos métodos—. Aproximadamente la mitad de todas las organizaciones en Estados Unidos han utilizado alguna vez estos métodos. A pesar de lo anterior, si la organización o el analista no utilizan los métodos propios del análisis estructurado y tampoco desean considerar su uso, entonces el valor de CASE disminuye. En algunos casos, los analistas evitan del todo emplear herramientas CASE.

Falta de niveles estándar para el soporte de la metodología

Aún no aparece un conjunto "estándar" de herramientas CASE. Por tanto, se debe tener precaución al seleccionar una herramienta de este tipo.

Existen dos significados para las palabras "soporte de la metodología". Una herramienta puede 1) dar soporte a los diagramas que emplea una metodología o 2) soportarlos e imponer la metodología, sus reglas y sus procesos.

Las herramientas CASE que existen en el presente, tienen una de las siguientes características:

- Son independientes de la metodología
- Permiten que los usuarios definas sus propias metodologías, reglas y estándares
- Soportan una metodología
- Soportan las metodologías más diseminadas

En todas ellas existen ciertos compromisos. Las herramientas que son independientes de la metodología, no pueden fomentar el uso de las reglas y estándares de la misma. Estas herramientas quizá proporcionen los componentes de una metodología (por ejemplo, diagramas de flujo de datos, un diccionario de datos y facilidades para la descripción de procesos), pero no el marco de referencia, reglas y procedimientos que en realidad constituyen el núcleo de la metodología. Aunque se pueden llevar a cabo acciones básicas para la validación de diseños y diagramas para detectar componentes faltantes, éstas son sólo funciones mecánicas. Por otra parte, esta clase de herramientas no puede proporcionar ayuda metodológica o pedir al usuario que realice tareas necesarias para la metodología que aún están sin terminar. Estas herramientas mejoran la productividad al efectuar tareas tediosas y de documentación, aunque ellas no puedan asegurar buenos resultados. Desde el punto de vista funcional, las capacidades que brindan para garantizar la calidad son mínimas.

Las herramientas que proporcionan un soporte limitado a una sola metodología pueden forzar el uso riguroso de reglas, procedimientos y estándares de ésta; además brindan ayuda sensible al contexto y bases de conocimiento que ofrecen asistencia experta. Sin embargo, entre más metodologías soporte una herramienta, existe la posibilidad cada vez mayor de que la seguridad y ayuda que ésta ofrece sea menor.

Conflictos en el uso de los diagramas
Las herramientas difieren en el uso que hacen de los diagramas. Algunas son herramientas exclusivamente para gráficas, que se abocan al

dibujo de diagramas para el análisis de entrada y salida de datos. Este tipo de herramientas pueden restringir ya sea el proceso de desarrollo normal seguido por una organización o el estilo particular de trabajo de los analistas.

Otros vendedores de herramientas consideran los diagramas como documentación y aceptan entradas por medio de formas o lenguajes de especificación y, en ocasiones, en forma gráfica. Por tanto, se debe tener cuidado cuando se selecciona una herramienta para apoyar los métodos existentes dentro de una organización.

Diagramas no utilizados

En general, los productos CASE emplean gráficas para modelar y generar informes sobre el análisis y desarrollo durante todo el proceso de desarrollo de sistemas. Una de las afirmaciones de los vendedores de herramientas es que las presentaciones gráficas y la documentación mejoran la comunicación entre los miembros del equipo de desarrollo, propician una calidad mayor de la entrada proporcionada por el cliente y mejoran la productividad de desarrollo de software. Sin embargo, los investigadores han encontrado que, en algunos casos, *las herramientas gráficas, automatizadas o manuales, no se emplean del todo.* O tal vez no se utilicen en la forma en que deberían emplearse. Por otra parte, algunos analistas prefieren para algunas tareas un lenguaje estructurado o descriptivo. Muchos profesionales de los sistemas de información no hacen uso de herramientas gráficas en el desarrollo de software; más bien las emplean para automatizar la producción de informes y documentación del sistema, como los diagramas de flujo utilizados por los programadores para documentar un programa una vez terminado éste.

Función limitada

Aunque una herramienta puede apoyar varias fases del ciclo de vida de desarrollo de sistemas o adaptarse a diferentes metodologías de desarrollo, por lo general su enfoque primario está dirigido hacia una fase o método específico. Por ejemplo, los encargados de desarrollar un nuevo producto pueden afirmar que éste apoya todo el proceso de análisis y diseño. Sin embargo, las capacidades de comprobación y verificación de errores del producto quizá sean más rigurosas ya sea en el área de análisis o en la de diseño, pero no en ambas. Algunos productos están dirigidos hacia el diseño de bases de datos para la organización y al desarrollo de aplicaciones que giren en torno a la base de datos, omitiendo el soporte para pantallas de presentación visual los informes sobre requerimientos o las necesidades de seguridad. Algunos productos capaces de generar el código hacen mayor hincapié en el desarrollo de prototipos como *el* principal método de desarrollo de sistemas de información. Muchas herramientas para la fase de desarrollo recalcan el mantenimiento y la reestructuración del código, pero ofrecen un soporte débil durante la fase de análisis para la determinación y especificación de requerimientos.

Alcance limitado

Aunque muchas herramientas basadas en computadora incluyen la capacidad de verificar las especificaciones para determinar su completez o consistencia, virtualmente no llevan a cabo ningún análisis de los requerimientos de la aplicación. Por tanto, el alcance de las actividades de desarrollo asociado con las herramientas existentes es bastante limitado.

La mayor parte de productos CASE describe (documenta) pero no analiza. De poca ayuda es proporcionar una *regla de inclusión* en los mejores enfoques y una *regla de exclusión* para los que son poco satisfactorios. No ofrecen o evalúan soluciones potenciales para los problemas relacionados con sistemas. Y tampoco existe una garantía clara para que dos analistas que utilicen los mismos métodos aplicados a información idéntica, formulen recomendaciones igualmente aceptables.

Las tareas humanas siguen siendo críticas

La tecnología CASE ofrece herramientas que soportan las funciones de modelado, verificación, manejo de datos y de utilería que son necesarias para mejorar la productividad del desarrollo. Sin embargo, las herramientas deben estar en manos de personas con experiencia y deben "adaptarse" a la arquitectura de la información así como a las metodologías de desarrollo utilizadas por la organización. Por otra parte, las actividades críticas no son el desarrollo de gráficas que documenten al sistema existente sino que son aquellas tareas donde las personas interactúan entre sí: determinación y verificación de requerimientos con el usuario. A medida que sean automatizadas las funciones de modelado y búsqueda de errores, la responsabilidad del éxito en un sistema de información caerá cada vez más sobre aquellos que especifican los requerimientos de información. *Obtener y comprender los requerimientos son tareas realizadas por los seres humanos, y lo más probable es que se continúe de tal forma.* La importancia del elemento humano en el proceso de desarrollo fue recalcada en la historia con que se inició el presente capítulo.

Comentario al margen
Herramientas CASE: mitos y realidades

CASE siempre debe considerarse bajo una perspectiva adecuada. Las herramientas CASE nunca convertirán a un analista malo en uno bueno, al igual que la compra de un piano de cola no transformará a cualquiera que tenga poco talento musical en concertista. El músico diestro debe conocer la teoría musical y desarrollar sus habilidades naturales por medio de la práctica. De manera similar, el analista debe saber cómo formular las preguntas correctas y desarrollar su habilidad para interactuar en forma efectiva con las demás personas. Ninguna herramienta puede substituir lo anterior.

Por otro lado, la herramienta correcta a menudo puede mejorar los resultados. Un piano de cola embellece las habilidades alcanzadas por un concertista. De la misma forma, CASE, cuando se emplea apropiadamente, puede mejorar el desempeño de un analista.

RESUMEN

El uso apropiado de *herramientas* puede mejorar la efectividad y eficiencia con la que el analista de sistemas desarrolla sistemas de información; al mismo tiempo, su uso beneficia la calidad del sistema bajo desarrollo. La automatización puede aumentar los beneficios obtenidos con el uso de las herramientas al permitir que el analista disminuya el tiempo necesario para terminar un proyecto, al evitar el tedio asociado con ciertas tareas, al seguir procedimientos consistentes y al realizar automáticamente la captura de datos sobre el sistema.

En general, las herramientas se clasifican en herramientas de alto nivel, que hacen referencia a las tareas de análisis y diseño, y herramientas de bajo nivel, que son aquellas que apoyan la conversión de los diseños en código para computadora. Las herramientas automatizadas se agrupan en tres categorías: herramientas de tipo front-end, herramientas de tipo back-end y herramientas integrales. Las *herramientas de tipo front-end* automatizan las primeras tareas del proceso de desarrollo de sistemas, incluidas el análisis de requerimientos y el diseño lógico. A menudo estas herramientas soportan la preparación de modelos gráficos, como diagramas de flujo de datos, que documentan procesos y actividades.

Las *herramientas de tipo back-end* brindan apoyo en la formulación de la lógica del programa, de algoritmos de procesamiento y otros detalles relacionados con el procesamiento por computadora. En algunas ocasiones, estas herramientas se conocen como *herramientas de programación asistidas por computadora,* ya que ayudan a preparar el software para la computadora y el código del programa.

Las *herramientas integrales* buscan enlazar las actividades de análisis y desarrollo en una forma que automatice todo el proceso de desarrollo de sistemas y, relacionado con esto, la vida de la aplicación. Las especificaciones de *alto* y *bajo nivel* clasifican la información recuperada durante las actividades de análisis y diseño. Dado que es común que exista una laguna entre las dos categorías de herramientas, el analista debe enlazar en forma manual las dos actividades.

CASE son las siglas en inglés para *ingeniería de sistemas asistida por computadora* o, alternativamente, *ingeniería de software asistida por computadora;* estos términos se refieren a herramientas para el desarrollo de sistemas que constan de cinco componentes: *herramientas de diagramación, depósito de información, generadores de interfaces, generadores de código* y *herramientas de administración*. A la fecha, la mayor parte de las herramientas CASE hacen hincapié en las actividades de alto nivel, aunque el objetivo a largo plazo es abarcar las actividades de análisis, diseño y desarrollo.

Se pueden integrar varias herramientas CASE en una sola, lo que genera una *caja de herramientas*. La integración de muchas herramientas permite que la información generada por una de ellas esté disponible para las demás. Esto se logra por medio de una herramienta de interface común, un diccionario de datos compartido por todas las herramientas, y a través de enlaces entre las diferentes actividades de desarrollo.

Las herramientas CASE ofrecen muchos beneficios que pueden aumentar la habilidad de los analistas para satisfacer los requerimientos de los usuarios. Sin embargo, las capacidades y habilidades de los analistas, son los elementos más importantes del proceso de desarrollo. Las herramientas brindan apoyo pero no las reemplazan.

PREGUNTAS DE REPASO

1. ¿Qué es una herramienta? ¿Por qué las herramientas son esenciales para los analistas de sistemas?
2. Describa los beneficios obtenidos con el empleo de herramientas, ya sean éstas manuales o automatizadas, en el desarrollo de sistemas de información. ¿Qué beneficios se obtienen con las herramientas automatizadas?
3. Las herramientas, ¿cómo mejoran la productividad del analista? ¿Su efectividad? Si el analista emplea las herramientas adecuadas, ¿cuáles son los beneficios para la organización?
4. Describa las características de las tres categorías de herramientas automatizadas. ¿Qué factores distinguen a cada categoría de herramientas?
5. ¿Qué es una herramienta asistida por computadora?
6. ¿Cuál es la diferencia entre una herramienta de alto nivel y otra de bajo nivel? Para el analista, ¿es más útil una que otra? Explique su respuesta.
7. ¿Qué es una herramienta CASE? Discuta el significado del término *CASE*.
8. Describa los componentes de una herramienta CASE e indique la función realizada por cada uno de ellos.
9. Las herramientas CASE, ¿son algo más que herramientas para el dibujo automatizado de diagramas? Explique su respuesta.
10. ¿Cuál es la diferencia entre un generador de interfaces y uno de código?
11. Discuta la forma en que las herramientas se integran para formar una herramienta CASE. ¿Qué significado tiene el término *integración*?
12. Describa las características de la herramienta CASE Excelerator.

PROBLEMAS DE APLICACIÓN

1. Un gerente de sistemas de información ve con escepticismo el gran interés sobre las herramientas CASE. El gerente señala que en el pasado se han dado muchos pronunciamientos relacionados con herramientas que pre-

tendían mejorar la forma en que se desarrollan las aplicaciones. El desarrollo de prototipos de aplicaciones, los lenguajes de alto nivel y las metodologías de desarrollo estructurado, están identificados como casos donde las expectativas excedieron a los beneficios reales alcanzados. El gerente expresa con rapidez su opinión de que aun cuando estas herramientas y técnicas se utilicen apropiadamente, el desarrollo de aplicaciones es un gran reto donde se presentan errores.

    a. El gerente desea una garantía de que se van a obtener en realidad los beneficios de las herramientas CASE. ¿Qué razones le daría usted? ¿Qué garantías puede usted ofrecer con respecto a los beneficios de CASE? ¿Qué otros beneficios no se pueden garantizar?

    b. ¿Qué acciones debe emprender el gerente de sistemas para asegurar que se obtengan los beneficios potenciales si la organización adopta un conjunto particular de herramientas automatizadas?

2. La inversión que realiza una organización para instalar tecnología CASE en su grupo de sistemas de información, en ocasiones es un tema que da origen a discusiones muy acaloradas. Aunque los beneficios que se esperan obtener con este tipo de tecnología son muchos, algunas personas señalan que, en su opinión, las herramientas CASE no son económicas. Algunas versiones para computadoras personales cuestan por lo menos 7 500 dólares y requieren de memoria adicional (tal vez hasta cuatro megabytes de memoria principal), tarjetas para gráficas de alta resolución y espacio adicional en disco duro. No es raro encontrar organizaciones que han invertido 15 000 dólares, sin incluir el costo del software, en cada una de las estaciones de trabajo donde tienen instalado un sistema CASE. Por encima de los costos de hardware y software, existen los costos de capacitación, que por lo general tienen un monto mínimo de 2 000 dólares.

    La mayor parte de las organizaciones que utilizan herramientas CASE basadas en estaciones de trabajo, deben hacer este tipo de inversión por cada estación que deseen instalar para los analistas.

    El software CASE para sistemas de cómputo grandes, que incluye la capacidad para generar código, cuesta más de 100 000 dólares, esto sin incluir el precio del sistema de cómputo.

    a. ¿Considera usted que los costos antes mencionados son altos en comparación con los beneficios potenciales ofrecidos por estas herramientas? Explique su respuesta.

    b. ¿Cómo determinaría una organización si los beneficios de la inversión hecha en CASE exceden a los costos? ¿Qué factores deben tomarse en cuenta?

3. La mayor parte de los sistemas de información son desarrollados por equipos integrados por varios analistas de sistemas y programadores o por programadores/analistas, además de un gerente de proyecto.

    a. ¿Qué características deben incluirse en una herramienta CASE para que ésta sea de utilidad para los equipos de desarrollo?

    b. Discuta los beneficios asociados con CASE en un ambiente de equipos de desarrollo.

4. Considere los beneficios ofrecidos por las herramientas de desarrollo asistidas por computadora al realizar el mantenimiento de aplicaciones de sistemas de información. Asimismo, considere la necesidad de cambios en el software para corregir errores así como las características de una aplicación.

    a. ¿Qué características de las herramientas CASE tienen el potencial más útil para brindar apoyo al mantenimiento de sistemas? Explique su respuesta.

    b. ¿Qué beneficios se pueden obtener de las herramientas automatizadas en términos de 1) mantenimiento debido a errores; 2) mantenimiento debido a la necesidad de realizar cambios en las características de la aplicación?

5. Existe una gama muy amplia de herramientas CASE disponible comercialmente. Cada una tiene un costo diferente y se ejecuta sobre diferentes sistemas de cómputo. Muchas tienen un uso muy amplio a través de diferentes organizaciones.

a. Discuta los factores que un departamento de sistemas de información debe considerar cuando selecciona una herramienta CASE para su personal de desarrollo. En otras palabras, los gerentes de sistemas de información ¿cómo pueden determinar si la adopción de una herramienta CASE específica es adecuada para la organización?

b. ¿Tiene sentido que un departamento de sistemas de información utilice varias herramientas CASE diferentes más que estandarizar el empleo de una sola? Explique su respuesta.

BIBLIOGRAFÍA

BOEHM, B. W.: "Improving Software Productivity", *Computer*, 20,9, septiembre 1987, pp. 43-57.

BROOKS, F. P.: "The Silver Bullet: Essence and Accidents of Software Engineering", *Computer,* 20,4, abril 1987, pp. 10-19.

GUIMARES, T.: "A Study of Application Program Development Techniques", *Communications of the ACM,* 28,5 mayo 1985, pp. 494-499.

HOUGHTON, R. C.: "Software Development Tools: A Profile", *Computer,* 16,5, mayo 1983, pp. 63-70.

KONSYNSKI, B. R.: "Advances in Information Systems Design", *Journal of Management Information Systems,* 1,3, invierno 1984-1985, pp. 5-32.

NASSI, I. R.: "A Critical Look at the Process of Tool Development: An Industrial Perspective", en Riddle, W. E., y R. E. Fairley (eds): *Software Development Tools,* Berlin: Springer-Verlag, 1980.

RADHAAKRISHNAN, T., y JAWORSKI, W.M.: "Audiographic Teleconferencing and CASE", *CASE 1987. Proceedings of First International Workshop on Computer-Aided Software Engineering,* Cambridge, MA, 1987, pp. 307-317.

SENN, J. A., y J. L. WYNEKOOP: "Computer-Aided Systems Engineering (CASE) in Perspective", INTEC: The Information Technology Management Center, College of Business Administration, Georgia State University, Atlanta, 1988.

SUMNER, M., y J. SITEK: "Are Structured Methods for Systems Analysis and Design Begin Used?", *Journal of Systems Management,* 37,6, junio 1986, pp. 18-23.

SUYDAM, W.: "CASE Makes Strides Toward Automated Software Development", *Computer Designs*, 26,1, enero 1, 1987, pp. 49-70.

VITALARI, N. P., y G. W. DICKSON: "Problem Solving for Effective Analysis: an Experimental Evaluation", *Communications of the ACM,* 26,11, noviembre 1983, pp. 948-956.

YOURDON, E. W.: "Whatever Happened to Structured Analysis?" *Datamation,* 32,11, junio 1, 1986, pp. 133-138.

CASO DE ESTUDIO: FASE II
Análisis de sistemas en Industrias Sevco

INVESTIGACIÓN PRELIMINAR

Las entrevistas realizadas durante la etapa del estudio de factibilidad, tienen la finalidad de determinar las razones que se encuentran detrás de una solicitud de proyecto y reunir suficiente información para decidir si se debe emprender una investigación detallada. La siguiente información, obtenida por medio de entrevistas con Olson, Jacobson, Carbo y Severski, abordan la naturaleza del problema y la forma en que éste se presenta (esto es, ¿cuál es el problema?, ¿quiénes tienen que ver con él?, ¿cuándo se presenta?, ¿por qué se piensa que ocurre?, ¿con cuánta frecuencia ocurre?, ¿cuáles son sus efectos?, ¿cuál es su importancia?).

Entrevista con Olson

"Tenemos problemas para llevar a cabo el seguimiento de todos nuestros pedidos. Los pedidos se pierden, aunque no estoy seguro por qué. Tal vez esto se deba a que estamos creciendo con tanta rapidez que no podemos mantener el mismo paso que la demanda. Este parece ser un problema menor, al menos eso creo, pero no deja de meternos en dificultades cuando se pierde un pedido. Desafortunadamente, nos enteramos de esta situación hasta que el cliente llama y se queja."

"El monto de nuestras cuentas por cobrar es alto, según me han comentado, pero no sé mucho al respecto. Mi principal preocupación es que, cuando se envíe la mercancía, el departamento de contabilidad tenga ya preparada la factura. Esa es mi responsabilidad más importante, después del diseño y fabricación de productos."

"Es esencial que esté enterado cuando los pedidos llegan aquí. La forma del trabajo de producción es tan buena como la información que tenemos de él. Somos muy buenos en esta área, pero la pérdida de uno de cada cien pedidos es demasiado cuando usted se pone a analizar el hecho."

"Posiblemente la automatización sea la clave para mejorar esta situación. Lo que necesitamos para manejar el volumen de documentos de esta compañía, es una computadora de cualquier tamaño, instalada aquí, con un sistema diseñado e implantado en forma apropiada. Si abrimos otras plantas, ellos también necesitarán de ayuda administrativa para tener éxito."

Entrevista con Jacobson

"Nuestro principal problema parece que es el hecho de no obtener con rapidez la información necesaria con respecto a nuestros clientes o sus pedidos. A menudo, cuando deseamos saber el estado del trabajo del mes, tenemos que revisar manualmente los registros de producción. Asimismo, el tiempo invertido en el lote nos detiene con demasiada frecuencia. Nos lleva mucho tiempo revisar los pedidos que aún no surtimos, hacer el resumen de ellos por número de parte y generar una lista alfabética de clientes."

"También es mucho trabajo llevar la contabilidad de las cuentas por cobrar. Cada semana enviamos entre 100 y 200 lotes. Aunque lo anterior no representa una cantidad muy grande, si el trabajo no se hace en forma correcta entonces puede convertirse en un dolor de cabeza. No creo que tengamos problemas con nuestras cuentas por cobrar, pero no estoy muy seguro de esto. Algunas veces despierto en las noches tratanto de imaginar que nuestros registros son totalmente confiables."

Entrevista con Carbo

"Esta compañía está creciendo. Usted probablemente habrá escuchado que nuestra tasa de crecimiento es casi del 40%. Sin embargo, eso significa que aquí, en contabilidad, también está creciendo la carga de trabajo."

"Nuestro personal son dos personas de tiempo completo (con un salario de 19 000 dólares anuales más prestaciones) que se encargan de manejar la recepción de pedidos y las cuentas por cobrar. Con el volumen de pedidos que manejamos, ellos se encuentran más que ocupados. En ocasiones se pierden los pedidos o faltan las facturas. Esto no ocurre con demasiada frecuencia, pero cuando el hecho se presenta, se culpa de ello al departamento de contabilidad."

"Nuestro principal problema es la cantidad de trabajo. Nuestra política es no trabajar tiempo extra, así que cuando se retrasan los pedidos o las cuentas por cobrar dejamos de hacer otras cosas y sólo trabajamos sobre ello. Podríamos utilizar más personal cuando esta situación se presenta."

"Hace poco escuché algo con respecto a un sistema automatizado para el proceso de recepción de pedidos y facturación. En este momento estamos utilizando sistemas automatizados para cuentas por pagar, contabilidad general y nómina, con muy buenos resultados. Algunas compañías vecinas instalaron hace poco nuevos sistemas automatizados para el procesamiento de pedidos y han comentado con nosotros varias experiencias interesantes. Existe la posibilidad de que sea difícil de realizar aquí el desarrollo de un sistema automatizado para los pedidos, pero creo que debemos considerar esta opción y tomar una decisión informada con respecto a ella. Cualquier acción que se lleve a cabo debe ser cuidadosamente planificada y no hecha al vapor."

Entrevista con Severski

"Estamos en un periodo de crecimiento continuo que durará varios años. Es un hecho —que quizá usted ya habrá escuchado— que estamos anticipando abrir nuevas plantas en otras ciudades cercanas. Pero con este crecimiento también aumentarán nuestros problemas. La solicitud del proyecto merece una atención cuidadosa. Se ha formulado una pregunta, y necesitamos encontrar la respuesta."

"Al mismo tiempo, no deseo que esta solicitud se escape de nuestras manos. Consideremos los hechos. Las ventas son altas, el crecimiento es bueno y, en el presente, esto es importante. El futuro depende de sistemas de soporte más eficientes. No deseo causar inquietud si, por lo general, las compras están bajo control y el manejo de los pedidos y cuentas por cobrar se efectúan de manera aceptable. Pero esto yo no lo sé. Por eso apoyo el estudio de factibilidad. Sus hallazgos y recomendaciones serán muy importantes para mí."

Hallazgos

La investigación señaló que la administración no tenía suficientes informes para dar una respuesta a las preguntas básicas sobre la operación. Por otra parte, se encontraron bastantes indicadores sobre la necesidad de mejorar el procesamiento de pedidos y el mantenimiento de las cuentas por cobrar, aunque no se determinó el número específico de pedidos que se pierden. Sin embargo, resultó claro que la frecuencia con la que esto sucede era mucho mucho mayor que el promedio normal de la industria, entre 1 y 2% en relación con todos los pedidos.

La administración aceptó los hallazgos de la investigación preliminar e instruyó al departamento de sistemas para que comenzara de inmediato una investigación detallada para identificar los requerimientos de sistemas. Con esto se espera una propuesta formal que esboce las estrategias para mejorar los sistemas de cuentas por cobrar y de recepción de pedidos de Industrias Sevco.

PLANES PARA EL ANÁLISIS DE REQUERIMIENTOS Y SOLICITUDES DE INFORMACIÓN

El análisis de requerimientos fue realizado por un equipo de proyecto formado por miembros del departamento de sistemas. Esta sección esboza las estrategias seguidas para organizar la investigación; también se presentan las preguntas formuladas durante las entrevistas efectuadas con gerentes y empleados, previamente seleccionados, de Industrias Sevco.

Estrategia global

Para comprender la forma en que se realizan en este momento los procesos de recepción de pedidos y mantenimiento de cuentas por cobrar, el equipo de proyecto desarrolló la siguiente estrategia para determinar los requerimientos de información:

1. Entrevistar a las siguientes personas:
   John Severski, presidente
   Henry Olson, director de operaciones
   Jim Olson, ingeniero en jefe, y sus dos asistentes
   Marjorie Carbo, contralor, y los empleados de contabilidad
2. Reunir una muestra de todos los documentos y registros de información utilizados por el personal para la recepción de pedidos, facturación y cuentas por pagar. Hacer lo mismo con todos los informes preparados para la administración o personal que tiene que ver con el procesamiento de pedidos y el manejo de cuentas por cobrar.
3. Observar los procedimientos que se siguen para el procesamiento de los pedidos que llegan, para preparar las facturas de los clientes y para manejar las cuentas por cobrar.
4. Estudiar todos los procedimientos estándares y manuales existentes, así como investigar los estándares empleados para el procesamiento de los pedidos que ingresan, para preparar las facturas de los clientes y para manejar las cuentas por cobrar.

Los siguientes objetivos generales sirvieron de guía para la investigación:

1. Describir todas las actividades de procesamiento de pedidos y contabilidad, incluyendo los requerimientos de información formales e informales así como los procedimientos actuales seguidos para el proceso de pedidos y cuentas por cobrar.
2. Identificar y describir todos los elementos dato críticos utilizados para aceptar y mantener los pedidos de los clientes, para preparar y enviar por correo las facturas cuando se mandan los pedidos hacia los clientes, y para mantener y notificar los saldos de los clientes.
3. Estimar el volumen, actual y futuro, de pedidos, registros y producción.
4. Determinar las estrategias actuales para retener los registros, controlar el acceso, procedimientos de seguridad y medidas para mantener la integridad de los datos.

Entrevistas

De acuerdo con los planes desarrollados y descritos en las secciones anteriores, se llevaron a cabo las entrevistas con todas las personas seleccionadas. Para cada una de ellas, se indican a continuación los objetivos de la entrevista y las preguntas formuladas.

Las entrevistas van de lo general hacia lo particular. Primero se pide a las personas que contesten preguntas muy generales; después se les hacen preguntas mucho más específicas y minuciosas, dado que participan en las operaciones cotidianas y como consecuencia de los detalles ya reunidos por los analistas. En algunos casos, los analistas han planeado preguntas que anticipan algunas respuestas. Estas preguntas no serán utilizadas si no se recibe la respuesta esperada. Más bien constituyen formas diferentes de hacer la misma pregunta. En la siguiente sección se resumen la información y los detalles reunidos con las entrevistas.

ENTREVISTA CON JOHN SEVERSKI

El propósito de esta entrevista es dilucidar las metas y objetivos para Industrias Sevco, los planes para los siguientes cinco años y los niveles de rendimiento requeridos del procesamiento de pedidos y de cuentas por cobrar, para alcanzar dichas metas. También se espera obtener durante la entrevista una idea del apoyo por parte de Severski para el concepto de sistemas que fundamenta la investigación.

Preguntas

1. ¿Cuáles son sus planes para Industrias Sevco para los siguientes cinco años? ¿Cuál es su punto de vista al respecto?
2. ¿Cuáles son sus metas y objetivos para Industrias Sevco durante los próximos cinco años? ¿El consejo de administración tiene algún conjunto diferente de objetivos? Si es así, ¿cuál es la razón? ¿Cuál es la diferencia entre los objetivos que usted persigue y los que propone el consejo?
3. ¿Cómo está obteniendo estas metas?
4. ¿En qué medida se ajusta a sus planes el sistema que se emplea actualmente para recibir los pedidos? ¿Cómo clasificaría su efectividad? ¿Qué razones tiene para dar esta clasificación?
5. ¿Podría ahondar en los niveles de rendimiento necesarios para el procesamiento de los pedidos, la facturación y el manejo de cuentas por cobrar? ¿Tiene algunos estándares específicos para estas tareas? ¿Existen actualmente estándares? ¿Quién cree usted que tenga el mayor conocimiento con respecto a la forma en que en este momento se realiza el procesamiento de pedidos y la contabilidad? ¿Sabe usted si la situación actual es resultado de una persona o grupo de personas en particular?
6. Con los sistemas que en este momento se emplean, ¿qué dificultades anticipa para el crecimiento a futuro y las expectativas de operación? ¿Tiene sugerencias para hacer frente a las dificultades que usted anticipa? ¿Cuál es su opinión con respecto a los costos y beneficios resultantes si se implantan estas sugerencias? ¿Ha desarrollado ya alguna proyección relacionada con los costos?

ENTREVISTA CON HARRY JACOBSON

Los objetivos de esta entrevista son determinar las metas y objetivos para Industrias Sevco, así como evaluar la problemática actual asociada con el empleo de los sistemas existentes. Además de lo anterior, también se evaluarán las necesidades que tiene Jacobson para proporcionar un servicio igual o mejor durante el periodo esperado de crecimiento.

Preguntas

1-6. Las mismas que para Severski.
  7. De todos los detalles e información que usted recibe con respecto al procesamiento de pedidos y al manejo de la

contabilidad, ¿cuáles son los más importantes? ¿Qué utilidad tienen? ¿Con cuánta frecuencia los recibe? ¿Son adecuados?

8. De toda la información que recibe, ya sea con exceso o de manera innecesaria, ¿cuál considera que no es de utilidad? ¿Sabe por qué la recibe? ¿Preferiría no recibirla?

9. ¿Ha identificado información que, en este momento, usted no recibe pero que piensa que tiene tanta utilidad que debería ser generada por cualquier sistema, ya sea nuevo o modificado, que se obtenga como consecuencia de esta investigación? Si la elaboración de esta información es costosa, ¿cree que aún así deba prepararse? En este caso, ¿cómo evalúa la relación costo-eficiencia?

10. ¿Qué cuellos de botella o problemas tiene con respecto a la información que necesita? ¿Dónde se presentan? ¿Por qué? ¿Qué sugerencias cree que mejorarían esta situación?

11. ¿Con qué personas sugiere usted que tenemos que platicar para averiguar cómo funcionan esos sistemas?

12. ¿Cree usted que su personal es el adecuado para satisfacer el aumento en la demanda? ¿Tiene sugerencias o cuestiones específicas que debamos tener en cuenta cuando discutamos con su personal este asunto?

13. Describa la manera en que sus representantes de ventas interactúan con el sistema de recepción de pedidos. ¿Usted o su personal piensan que el método es eficiente? ¿Debería mejorarse? ¿Qué otras opciones han considerado?

14. A menudo, los sistemas de pedidos y contabilidad son vistos como funciones del personal que contribuyen con gastos excesivos para la operación de la empresa. ¿Piensa que esta impresión es sostenida por muchos empleados de Industrias Sevco? ¿Existen áreas donde los costos son excesivos? ¿Puede sugerir mejoras para los sistemas y procedimientos actualmente en uso que pudieran evitar dichos costos, mejorar el servicio o incrementar los ingresos?

15. De manera específica, ¿sería de utilidad tener información actualizada con respecto a las órdenes de trabajo o a la contabilidad de los clientes? ¿Ayudaría esto a disminuir los costos?

16. ¿Cuál es su impresión con respecto a las cuentas por cobrar que ya están vencidas; su volumen está aumentando, disminuyendo o sigue siendo el mismo? ¿Cómo realiza el seguimiento de estas cuentas?

17. ¿Qué procesos de toma de decisiones serían mejor apoyados por un sistema automatizado? ¿Qué tipo de apoyo sería de mayor utilidad?

ENTREVISTA CON JIM OLSON Y SUS ASISTENTES

Los objetivos de estas entrevistas son, primero, determinar las metas y objetivos de Olson para su departamento y el conocimiento que los asistentes tienen de ellas y, segundo, determinar los problemas que enfrenta Olson con el sistema que actualmente se usa y lo que necesita para proporcionar un servicio igual o mejor durante la etapa planificada de crecimiento.

Preguntas

1. ¿Cuál es su punto de vista en relación con Industrias Sevco para los próximos cinco años?
2. ¿Qué metas tiene para su departamento durante los próximos cinco años?
3-9. Las mismas preguntas que para Harry Jacobson.
10. ¿Cómo efectúa el seguimiento de la línea de productos? ¿Qué registros o especificaciones tiene en este momento? ¿Qué archivos y procedimientos de llenado emplea actualmente?
11. ¿Cómo se entera de un nuevo pedido?
12. ¿Qué información, registros o formularios, emplea para calendarizar la producción? ¿Considera que es necesario efectuar un mejor seguimiento de los pedidos? ¿Por qué? ¿Cuáles son sus sugerencias para lograr lo anterior?
13. ¿Cómo notifica a Carbo que es momento de preparar una factura para un pedido que ya está listo y qué hay que enviar? ¿Se debe cambiar este procedimiento? ¿Por qué? ¿Qué sugerencias tiene para este sistema?
14. ¿Qué papeles tienen sus asistentes en esta área? ¿Se les han asignado responsabilidades específicas? Por favor, descríbalas.
15. En su departamento, ¿cuáles son las tareas más tediosas y que consumen más tiempo? ¿Qué tareas son las que gustan más? ¿Cuáles las que gustan menos?
16. Por favor, describa o mencione los pasos que se siguen para procesar un pedido, desde su recepción hasta su envío, para que podamos ver el papel que tiene su departamento en el procesamiento.
17. ¿Cómo determina si se puede satisfacer un pedido cuando éste llega a su departamento? Por favor, relacione este aspecto con la calendarización del pedido y la capacidad de la planta.
18. Con respecto al manejo de los pedidos, ¿qué decisiones

son las más complejas a tomar? ¿Cuáles son las menos complejas?

19. ¿Qué procesos de toma de decisiones son los más rutinarios y voluminosos? (Esta es una prueba que se utiliza cuando se considera si la ayuda de una computadora será de utilidad para cierta área de trabajo.)

20. Usted ha señalado que una de sus preocupaciones es la pérdida de pedidos. ¿Con cuánta frecuencia se pierden los pedidos? ¿Cómo se dan cuenta de ello? ¿Cuánto tiempo transcurre antes que el cliente reclame? ¿Por qué se pierden los pedidos? Cuando esta situación se presenta, ¿cómo se resuelve? ¿En qué costos se incurre por la pérdida de un pedido? ¿Cuál es el costo asociado con la solución del problema?

21. ¿Qué información se incluye con un envío y dónde se origina el documento? ¿Como interaccionan contabilidad, producción y la sección de envíos? ¿Podemos obtener copias de formularios para pedidos, en blanco y llenados, y de los informes relacionados con el procesamiento de pedidos?

22. Por favor, explique las operaciones de envío y recepción del área de producción así como el flujo de información, desde y hacia esa área.

23. ¿Cuál es el volumen promedio por día y a la semana? ¿Cuáles son los niveles máximo y mínimo? Cuando el volumen alcanza un nivel muy alto durante cierto periodo, ¿realiza ajustes específicos en el procesamiento? Por favor, describa todos los ajustes que hace.

24. ¿Existe un gran porcentaje de pedidos de un grupo pequeño de toda la línea de productos o éstos se distribuyen de manera uniforme en toda la línea de productos?

25. Para algunos productos, ¿sería factible establecer un inventario? ¿Daría esto mayor fluidez a los pedidos y reduciría las demoras? o ¿es más eficiente continuar con la producción de los artículos solicitados?

ENTREVISTA CON MARJORIE CARBO

Los fines de esta entrevista son, primero, determinar las metas y objetivos del departamento a cargo de Carbo y conocer lo que ella necesita para proporcionar un servicio igual o mejor durante el periodo de crecimiento; segundo, obtener una descripción de todas las actividades de procesamiento, así como de los procedimientos establecidos para la recepción de un pedido, facturación y operaciones relacionadas con las cuentas por cobrar; tercero, obtener una descripción de los datos que se archivan junto con el uso que se da a éstos, y las relaciones entre los datos y los archivos; cuarto, obtener un indicador sobre el tamaño y las características de los informes, archivos, frecuencia de acceso, retención y seguridad de la información, incluyendo las técnicas utilizadas para asegurar la exactitud, integridad y validez; quinto, diferenciar cada función dentro del sistema y delinear 1) los elementos que inician los procesos, 2) las restricciones, 3) los elementos dato de las salidas, 4) los elementos dato de las entradas, 5) los pasos a seguir para el procesamiento y 6) el volumen de transacciones y la frecuencia de las actividades; y sexto, abordar en forma positiva la posibilidad de un sistema automatizado.

Preguntas

1. ¿Qué planes tiene para su departamento durante los próximos cinco años? ¿Cuál es su punto de vista? ¿Cuáles son sus metas y objetivos para el departamento?
2. ¿Cómo está alcanzando estas metas?
3. ¿En qué medida se ajustan a sus planes los sistemas de recepción de pedidos y de cuentas por cobrar? ¿Qué problemas originan estos sistemas? ¿Por qué? ¿Cómo podrían mejorarse estos sistemas?
4. De toda la información que recibe en este momento, ¿cuál tiene la mayor importancia y utilidad? ¿Cuál es la menos útil? ¿Con cuánta frecuencia recibe esta información? ¿Es satisfactoria? Por favor, explique sus respuestas.
5. ¿Ha identificado información que en este momento usted no reciba, pero que piensa que tiene tanta utilidad que debería ser generada por cualquier sistema, ya sea nuevo o modificado, que se obtenga como consecuencia de esta investigación? Si la elaboración de esta información es costosa, ¿cree que aún así deba prepararse? En este caso, ¿cómo evalúa la relación costo-eficiencia?
6. ¿Qué problemas o cuellos de botella tiene para obtener o preparar la información necesaria? ¿Qué sugerencias propone al respecto para mejorar esta situación?
7. ¿Cómo se manejan los pedidos hechos por teléfono? ¿Quiénes reciben estos pedidos? ¿Cuál es la tasa de pedidos recibidos por correo? ¿Cómo se procesan? ¿Quiénes los procesan? Además de la solicitud de producción, ¿se

generan otros documentos o más información? ¿Cuáles?

8. Describa los procedimientos de seguridad que utiliza para los datos de pedidos y contabilidad. ¿Cómo clasificaría la eficiencia de éstos? ¿Por qué son necesarias estas medidas de seguridad?

9. Deseamos comprender cada función del procesamiento de pedidos y del manejo de cuentas por cobrar. Por tanto, le solicitamos que describa estas funciones con detalle. ¿Qué formularios emplea? ¿De dónde provienen? ¿Cómo se llenan? ¿Quiénes los llenan? Los asistentes, ¿dónde obtienen la información necesaria? ¿Hacia dónde se envía la factura? ¿Cómo se recibe un pago? ¿Cómo se procesa? ¿Cuándo y cómo se vencen las cuentas por cobrar?

10. Por favor, haga un seguimiento de pedidos, facturas y papeles de embarques por todo el sistema, desde la recepción de pedidos hasta el momento en que se realiza el pago. Cuando los pedidos están vigentes, ¿cómo se archivan?, y después de llenarlos, ¿quiénes reciben copias de las facturas? ¿Cómo se guardan y recuperan? ¿Cómo ingresan las facturas en las cuentas por cobrar? ¿Cómo se organizan los expedientes de contabilidad de los clientes? ¿Cuándo se da mantenimiento a dichos expedientes y qué proceso se utiliza para ello? ¿Con cuánta frecuencia se preparan los estados de cuenta de los clientes? ¿Qué tan frecuente se hacen resúmenes e informes de contabilidad para su uso por parte de la gerencia? Nos gustaría observar el procesamiento de los pedidos y la preparación de las cuentas por cobrar. ¿Podemos contar con su consentimiento para hacerlo? ¿Podría informar al personal de cada una de las áreas que se ponga en contacto con nosotros para concertar una cita y tratar estos aspectos?

11. ¿Con qué otras personas, departamentos y funciones interactúan la recepción de pedidos y las cuentas por cobrar? De estas interacciones, ¿qué aspectos funcionan bien? Para aumentar la eficiencia, ¿qué otros aspectos son necesarios mejorar?

12. ¿Con cuánta frecuencia se pierde un pedido? ¿Cuánto tiempo transcurre hasta que el cliente reclama por la pérdida del pedido? ¿A qué causas atribuye esto? ¿Cómo resuelven la situación? ¿Tiene sugerencias para evitar en el futuro esta situación?

13. ¿Siente que su departamento tiene la responsabilidad de los problemas que se presentan en otras áreas? Por favor, explique su respuesta. ¿Cómo se puede resolver esta situación?

14. Actualmente, ¿cómo manejan las cuentas vencidas y sin pagar? ¿A quiénes informa sobre este hecho y cómo lo hace? ¿Qué significado tiene la frase "debido y no pagado"?

15. En este departamento, ¿qué papel tienen sus asistentes? Por favor, explique sus responsabilidades.

16. En su departamento, ¿existen tareas tediosas en particular? ¿Cuáles son las tareas que se repiten con mayor frecuencia y a la vez consumen más tiempo? Si les es posible, ¿los miembros de su departamento evitan estas tareas? ¿Tiene sugerencias para mejorar esta situación?

17. Describa el proceso utilizado para verificar el crédito de un cliente cuando se reciben pedidos por parte de éste. Dicho proceso, ¿se aplica de manera consistente? ¿Cómo se manejan los pedidos de un cliente cuando la investigación de crédito produce resultados poco satisfactorios?

18. ¿Existe alguna política para hacer descuentos? ¿Para hacer cargos adicionales por pago extemporáneo? Por favor, explique sus respuestas.

19. ¿Cuál es el volumen de registros que tiene en sus archivos de manera permanente (por ejemplo, cuentas por cobrar o antecedentes sobre pagos)? ¿Cuál es el tamaño de otros archivos de asuntos pendientes, como los pedidos abiertos? Por favor indique el volumen de transacciones que se procesan durante un periodo normal y en otro de gran volumen. Incluya en su estimación pedidos, facturas, estados de cuenta y cuentas vencidas y no pagadas.

DATOS OBTENIDOS DURANTE LA INVESTIGACIÓN DETALLADA

La combinación de las entrevistas, observación, recopilación de documentos y revisión de expedientes, produjo gran cantidad de detalles relacionados con los ciclos de procesamiento, las estadísticas de operación y el volumen de las transacciones. En esta sección se presenta un resumen de los resultados obtenidos. También se incluyen los documentos y formularios recabados durante la investigación.

Ciclo de recepción de pedidos y facturación

Los pedidos son recibidos por teléfono, correo o télex. El acuse de recibo para todos los pedidos se hace en forma manual (Fig. CE.5). El acuse de recibo de un pedido hecho por télex también se hace por télex.

```
SEV    SYR

GMM SEP 6   1109
847692   KAYEN G
09.06.9_      1827/AN
ATENCIÓN VENTAS

FAVOR DE ACEPTAR EL PEDIDO NO. 58165/4000 POR LOS
SIGUIENTES ARTÍCULOS:

6 DE E705/2512R .  @ 13.00
55 DE E613/E0003   @ 4.20

SE REQUIERE CON EXTREMA URGENCIA

POR FAVOR, NOTIFIQUE PRECIOS AL REGRESAR ÉSTE Y EL
PEDIDO ANTERIOR.

REGARDS
                                              2587
                                              2583
L. AHLSTROM
847692    KAYEN G    ORDEN DE TRABAJO NÚMERO:
SEV   SYR            ORDEN DE TRABAJO NÚMERO:

CONTESTE ESTE TÉLEX VÍA GMM
```

FIGURA CE.5

Pedido por télex con las anotaciones que señalan el número de pedido para producción.

Cuando se reciben los pedidos, Harry Jacobson se encarga de verificar los precios de los artículos solicitados; Olson o Severski aprueban el pedido. Los pedidos pueden ser rechazados si los precios no son correctos o si el cliente tiene adeudos vencidos con la compañía o antecedentes muy pobres en cuanto a pagos.

Después de la aprobación, los pedidos se envían a la mesa de control, donde son asentados en una bitácora (Fig. CE.6) y se les asigna un número de trabajo interno. De aquí llegan al departamento de Marjorie Carbo, quien prepara la tarjeta de pedido (Fig. CE.7) y actualiza la información que hasta ese momento se tiene del cliente. (Carbo dispone de información relacionada con el cliente, los artículos solicitados en el pedido y el saldo actual de la cuenta.) Toda la información de cada cliente se mantiene en una tarjeta grande de pedidos (Fig. CE.8).

Se entregan copias de los pedidos al gerente de producción y a uno de los asistentes, el que se encarga de mantener una lista de pedidos en proceso. Al finalizar cada semana, el asistente elabora un informe sobre los pedidos en proceso. El gerente de producción verifica el conjunto acumulado de copias durante la semana contra el informe preparado para los pedidos en proceso.

La producción es de tipo PEPS (primero en entrar, primero en salir; el primer pedido en llegar es el primero en producir), salvo

INDUSTRIAS SEVCO
INFORMES DE ARTÍCULOS
POR TRABAJO

Nombre del cliente	Número de artículo	Cantidad Solicitada	Número de trabajo	Fecha de entrega	Fecha comprometida	Asentada en libros
Westinghouse	V515-22Oct	100	2274	10/18/89	10/20/89	08/22/89
Worth Wire Inc	V1612-2.030S	50	1697	10/15/89		04/21/89
Xerox	V924-.45100V9	180	2191	09/11/89		08/10/89

FIGURA CE.6
Datos contenidos en
la bitácora de
pedidos.

CLIENTE: General Milling & Mfg

NÚMERO DE CLIENTE: _____

FACTURAR A: 3055 32nd Ave. South
Minneapolis, Minnesota 55455

ENVIAR A: Same

COMPRADOR: Lewis Ahlstrom

NÚMERO TELEFÓNICO: 602-373-6423

ACEPTADO POR: JO   FECHA: 9/6/89

REP.: Jerold Adv. Mdsing.   NÚM. DE REP. ___

NOTAS ADICIONALES:

NÚMERO DE ARTÍCULO (CLIENTE): ____

NÚM. DE ART. (SEVCO): E705/2512R

NIVEL DE EXISTENCIA _____

NÚM. DE O. DE P. TX 9.06.8-1827

CANTIDAD 6

PRECIO 13.00

COSTOS DE INGENIERÍA _____

MAQUINARIA UTILIZADA: _____

FECHA DE ENTREGA: _____

ENTREGA DEL PEDIDO A CARGO DE ____
UPS

NÚMERO DE TRABAJO 2587

FIGURA CE.7
Tarjeta de pedido.

en aquellas ocasiones en las que la demanda poco usual de un cliente requiere de volver a calendarizar el pedido o de agilizar su producción; lo cual ocurre con poca frecuencia. De hecho, el pedido se covierte en una orden de producción.

Cuando finaliza el trabajo, el gerente de producción elabora una carta donde indica a quién serán enviadas las partes y las unidades que se encuentran listas. Esta información se entrega al personal de apoyo para que elabore la factura y el talón de embarque (Fig. CE.9) El talón de embarque se encuentra en la última copia de la factura.

Instrucciones especiales	Representante	Fecha	Talón de envío	Enviadas	Forma		Fecha		Enviadas	Forma	Cantidad enviada 1800
ADV. MDSING.							8/15				
							8/15	5614	125	6/52137 FED. EXP.	1638.87
							8/29	5750	100	UPS BLUE	1312.87
							9/6	5816	48	"	637.87
							9/6	5817	48	"	637.87
							10/6	5927	48	"	637.87
							10/8	5973	6	UPS BLUE	90.87

FACTURAR A:

GENERAL MILLING & MANUFACTURING
3055 32ND AVENUE SOUTH
MINNEAPOLIS, MINNESOTA 55855
612-373-6423
ATENCIÓN: LEWIS AHLSTROM

NO INVENTARIAR
LA CUENTA DEL CLIENTE
PEDIDO POR TELEX

Fecha	Cant.	Saldo	Fecha	Cant.	Saldo	Fecha	Cant.	Saldo	Fecha	Cant.	Saldo	Fecha	Cant.	Saldo	Fecha	Cant.	Saldo	Fecha	Cant.	Saldo	Fecha	Cant.	Saldo

ENVIAR GENERAL MILLING AND MANUFACTURING 3055 32ND AVENUE SOUTH MINNEAPOLIS, MINNESOTA 55455	Número de trab. del cliente PROPORCIONADO EN CADA SOLICITUD	Precio unitario: 13.00	Cliente GENERAL MILLING & MANUFACTURING
	Fecha pedido ASENTADA EN EL TELEX	Costos de ingeniería	Número de orden de producción
	Modo de envío UPS	Número de trabajo	Número de artículo (cliente)
			Número de artículo (SEVCO)

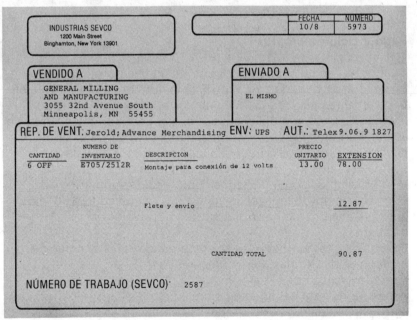

FIGURA CE.8
Tarjeta de pedido del cliente.

INDUSTRIAS SEVCO
1200 Main Street
Binghamton, New York 13901

FECHA	NUMERO
10/8	5973

VENDIDO A

GENERAL MILLING
AND MANUFACTURING
3055 32nd Avenue South
Minneapolis, MN 55455

ENVIADO A

EL MISMO

REP. DE VENT: Jerold; Advance Merchandising   ENV: UPS   AUT.: Telex 9.06.9 1827

CANTIDAD	NUMERO DE INVENTARIO	DESCRIPCION	PRECIO UNITARIO	EXTENSION
6 OFF	E705/2512R	Montaje para conexión de 12 volts	13.00	78.00
		Flete y envío		12.87
		CANTIDAD TOTAL		90.87

NÚMERO DE TRABAJO (SEVCO): 2587

FIGURA CE.9
Factura.

Semana que termina el 10/23/89

Fecha	Factura No.	Compañía	No. de Art.	No. de Piezas	Total	Cargos por envío	Total de la factura	Número de trabajo
10/8	5969	Buick	V724-2.51R	600	2142.00		2142.00	1739
	5970	Honeywell	PS12-430	25	182.75	4.32	187.07	2579
10/8	5971	Sunspots Inc	1583-A	283	1635.74		1635.74	2354
	5972	Tex Instru.	V1212-2.530S	2	105.80	2.38	108.18	2572
10/8	5973	Gen Mill & Mfg	E705/2512R	6	78.00	12.87	90.87	2587

FIGURA CE.10
Datos asentados en la hoja de la bitácora de facturas.

Las partes se trasladan hacia el área de embarque, donde son empacadas, y el talón de embarque se anexa a la caja de embarque.

Una copia de la factura está dirigida al auxiliar de contabilidad que se encarga de asentarla en el archivo de cuentas por cobrar del cliente. Otra copia más se añade al archivo maestro de facturas. Este último archivo se emplea únicamente como referencia; no es un archivo activo sino sólo una copia de respaldo.

A todas las facturas se les asigna un número o son asentadas en una hoja de bitácora de facturas (Fig. CE.10).

Pago y ciclo de crédito

Cuando se recibe el pago por parte de un cliente, el auxiliar de contabilidad obtiene una copia de la factura original y asienta el pago en el registro manual de cuentas por cobrar. Asimismo, el balance de la cuenta del cliente se ajusta para que refleje el saldo actual. En todos los casos, se emplea un método de estados de cuenta (en el sistema de contabilidad se mantienen estados de cuenta más que los números de cada factura).

Los créditos son manejados como pedidos negativos. Cuando son aprobados, se envían al auxiliar de contabilidad, quien se encarga de hacer los ajustes necesarios en los estados de cuenta.

Los cargos por intereses se suman a todas las cuentas que tienen más de 30 días. Para cualquier cuenta vencida, la tasa de interés aplicada es de 1 1/2% mensual. Sevco ha encontrado que puede reunir esta cantidad adicional de todas las compañías que son sus clientes regulares. Aquellas que hacen un pedido sólo una vez, pueden ignorar este cargo cuando liquidan sus adeudos.

Se otorga un periodo de 30 días para efectuar el pago a partir de la fecha de expedición de la factura. En el pasado, Sevco experimentó con un lapso de diez días, pero los clientes no tomaron este periodo con seriedad.

Cada mes se prepara, en forma manual, un informe de cuentas por cobrar. El total por cliente así como el de todas las cuentas por cobrar, se obtiene sumando el saldo de todas las facturas aún sin pagar. Si es necesario, contabilidad también elabora un informe sobre estados de cuenta por periodos de 30 días (por ejemplo, este mes, el mes pasado y más de 60 días).

Identificación de productos

Cada producto fabricado por Sevco tiene su propio número, mismo que es asignado por el departamento de ingeniería. Por ejemplo, uno de tales números es V912-2.530S. El 912 es el número de serie e indica que el producto utiliza un voltaje de alimentación de 12 volts. Este artículo produce una salida de 250 volts (representada por 2.5), con una corriente de 30 mA (el 30) y una sola salida (S). El número del artículo también define su precio, pero sólo el ingeniero en jefe puede leer el número del artículo y saber cuál es su costo.

Precio de los productos

Los precios de todos los productos se establecen por unidad. Sin embargo, se otorgan descuentos cuando el volumen de los artículos vendidos es de 250, 500, 1 000, 2 500, 5 000 y 10 000, de acuerdo con un complejo algoritmo proporcionado por uno de los entrevistados. El algoritmo se emplea con frecuencia para determinar el monto del descuento a realizar para cada pedido de los clientes y parece ser que trabaja bien.

Seguimiento de los pedidos

Para la fabricación de cada artículo son necesarias, aproximadamente, ocho operaciones. La gerencia ha planteado un código para señalar el estado de un pedido, pero aún no lo ha desarrollado. Actualmente, no existe ninguna manera de obtener retroalimentación alguna o informes actualizados y hojas de trabajo sobre el estado de un pedido.

Jacobson y Olson están preocupados por obtener un método mejor para el seguimiento de los pedidos y el avance de los mismos por todo el sistema. Carbo piensa que éste también es un aspecto de control muy importante.

Los problemas se asocian con, aproximadamente, el 5% de todos los pedidos recibidos. Cuando aparece un problema, éste recibe la atención del personal de producción, quienes vuelven a calendarizar el pedido de acuerdo con las prioridades. Los ingresos por estos pedidos no se pierden, pero si se retrasan, ya que los clientes rara vez cancelan el pedido, aunque éste se demore.

Ciclos de venta

Para Sevco, existen algunas épocas durante el año donde se vende más que en otras. El volumen de los pedidos decae al finalizar el año, ya que los clientes disminuyen sus existencias antes de realizar el inventario. Sin embargo, las ventas aumentan de nuevo en enero cuando los mismos clientes tienen la necesidad imperiosa de volver a surtir sus existencias. A fines de la primavera las ventas vuelven a disminuir como consecuencia de una reducción en la producción de la industria automotriz; los pedidos de esta industria representan casi la mitad de todos los pedidos que recibe Sevco. La industria automotriz aumenta nuevamente su producción durante los meses de julio y agosto, que es cuando comienza el periodo de producción de los modelos para el siguiente año.

Volumen de transacciones

El examen de pedidos y los registros de contabilidad confirmaron las estadísticas dadas durante las entrevistas realizadas al personal de producción. Se anotaron los siguientes volúmenes de transacciones e información:

Número de pedidos en proceso:	De 300 a 400 en promedio En temporadas pico aumenta entre 700 y 800
Número de pedidos enviados por día:	Entre 50 y 60 en promedio En temporadas pico 100 por día
Número de facturas elaboradas por día:	Igual al número de envíos por día
Número de líneas por factura	Usualmente 1 o 2 Máxima 10 (cuando existen cargos adicionales)
Número de pagos recibidos por día:	En promedio 25
Memoranda de crédito y débito:	Aproximadamente 10 a la semana
estados de producción:	Mensualmente

Errores en los precios:	10 000 dólares al año
Saldo promedio de las cuentas por cobrar:	1.1 millones de dólares
(cantidad sin pagar):	(250 000 dólares)

La frecuencia con la que se elaboran los informes resulta aceptable para todas las personas, aunque la necesidad del gerente de producción de detener los pedidos para verificarlos con el informe de pedidos abiertos del lunes no es bien vista por todos los empleados. Parece que los demás informes cumplen con su función.

Prestaciones para los empleados

Los empleados disfrutan de prestaciones que alcanzan el 30% de su salario. Los aumentos salariales se planifican de modo que representen, en promedio, un 10% anual.

Análisis de decisiones del procedimiento de recepción de pedidos de Industrias Sevco

Se desarrollaron herramientas de decisión para comprender con mayor profundidad los pasos seguidos en la recepción y procesamiento de pedidos, así como las decisiones tomadas en cada paso. Todos los detalles capturados durante las entrevistas junto con el examen de los registros, permitieron a los analistas comprender las actividades y decisiones que forman parte del proceso de recepción de pedidos.

PROCEDIMIENTO DE ENTRADA DE PEDIDO

El procedimiento de entrada de pedido incluye todos los pasos que se presentan desde la recepción del pedido a un cliente, hasta que el pedido es aceptado por la empresa. Todos los detalles son capturados durante las varias entrevistas y el análisis de registros que permiten a los analistas entender los pasos y decisiones que abarca el procedimiento de entrada de pedido.

En la tabla de decisión que se muestra en la figura CE.11, aparecen cinco condiciones diferentes de decisión. Ellas incluyen la forma en que son recibidos los pedidos, su exactitud y tipo de cliente. Con base en la combinación de condiciones se envía el acuse de recibo, se da entrada a los pedidos o se rechazan.

Durante el proceso de desarrollo de esta tabla de decisión,

los analistas formularon preguntas relacionadas con información que no tenían como resultado de su investigación. Para darles respuesta era necesario consultar los registros, así como a los gerentes de Sevco. Entre las preguntas se incluyeron las siguientes:

El acuse de recibo de un pedido, ¿se envía cuando existe una solicitud de pedido o sólo después de autorizarlo?

¿Se asientan todos los pedidos en la bitácora, sin importar si están o no autorizados? Si es así, ¿existe un paso para descartar los pedidos no autorizados y señalar que fueron rechazados y regresados al solicitante?

¿Existen clientes que envían el pago junto con el pedido? Si es así, ¿cómo se procesan tanto el pedido como el pago?

La mayoría de los clientes, ¿emplea formatos numerados para realizar sus pedidos? Si no es así, ¿cómo distingue la compañía entre los varios pedidos hechos por sus clientes?

La tabla de decisión de la figura CE.11 hace referencia a otras tablas de decisión. Los detalles de algunos procedimientos son demasiado extensos para incluirlos en una sola tabla.

La secuencia de decisiones señala rápidamente qué condiciones tienen el control sobre el rechazo de pedidos. El árbol de decisión para la aceptación de los pedidos, mostrado en la figura CE.12, indica que sólo será aceptado para su procesamiento un pedido válido que tenga asentados los precios correctos y cuyo solicitante tenga suficiente crédito. Todos los demás son rechazados.

Procedimiento nuevo-cliente

Industrias Sevco, una compañía en crecimiento, está adquiriendo nuevos clientes como resultado de su expansión. Al mismo tiempo, la información demográfica relacionada con los clientes actuales (como nombre, dirección, teléfono, compañía o crédito) también cambia. Los dos casos deben incorporarse en el sistema de recepción de pedidos que es necesario en Sevco. En la figura CE.13 aparece una tabla que resume las decisiones tomadas en el procedimiento nuevo-cliente.

Al examinar el procedimiento para añadir o cambiar la información de un cliente, los analistas determinaron que necesitaban más detalles relacionados con la forma en que se autoriza un crédito (qué información es necesaria y qué reglas se siguen para tomar la decisión) y si todos los clientes emplean, razón por la que primero deben obtener la aprobación, el crédito. Estos detalles no se obtuvieron durante la investigación, aun a

PROCEDIMIENTO DE RECEPCIÓN DE PEDIDOS

CONDICIONES				REGLAS DE DECISIÓN			
Pedido recibido por télex	N	N	N	Y	Y	-	-	-
Precios correctos asentados en el pedido	Y	Y	Y	Y	Y	Y	Y	N
Saldo vencido en la cuenta del cliente	N	N	Y	N	N	N	Y	-
Cliente de lento pago	N	N	-	N	N	-	N	-
Nuevo cliente	Y	N	N	N	Y	N	N	-
Enviar acuse de recibo	X	X						
Enviar acuse de recibo por télex				X	X			
Pedido registrado en la bitácora	X	X		X	X			
Escribir en forma apropiada el pedido	X	X		X	X			
Asignar un número interno de trabajo	X	X		X	X			
Ejecutar el procedimiento nuevo cliente	X				X			
Ejecutar el procedimiento para aceptar el pedido	X	X		X				
Rechazar el pedido			X			X	X	X

FIGURA CE.11
Tabla de decisión
para el procedimiento
de recepción de
pedidos.

pesar de que era evidente que la aprobación del crédito es un
paso necesario en el procesamiento de pedidos.

Procedimiento para aceptar pedidos

El procedimiento para aceptar pedidos está formado por tres
condiciones distintas: el pedido es autorizado, la información
contenida en él es correcta y existen un número suficiente de
copias sobre la información. Tal como se indica en la figura
CE.14, se pueden emprender ocho acciones diferentes de
acuerdo con la decisión tomada con respecto a las condiciones
del pedido.

Para desarrollar la tabla de decisión se formularon las
siguientes preguntas adicionales:

¿Cuántas copias son necesarias del formulario de pedido y quiénes
las utilizan?
La copia del gerente de producción, ¿es una fotocopia o se toma del
juego correspondiente al formulario de pedido?
¿Cuál es la secuencia que el personal lleva a cabo para realizar las
tareas de procesamiento en forma correcta?
¿Dónde se llena la copia del pedido?

La utilidad del proceso de desarrollo de la tabla de decisión para
las preguntas anteriores será de gran importancia, ya que
permitirá completar el diseño eventual del sistema.

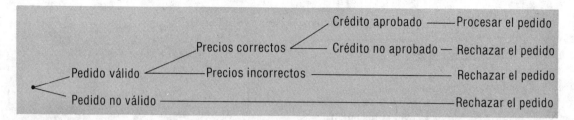

FIGURA CE.12
Árbol de decisión para decidir si aceptar o rechazar un pedido.

PROCEDIMIENTO NUEVO CLIENTE

CONDICIONES	REGLAS DE DECISIÓN				
Nuevo cliente	N	N	Y	Y	Y
Formulario de información sobre el cliente	N	Y	Y	Y	N
El cliente desea crédito	–	–	Y	N	–
Solicitud de cambio por parte del cliente	–	Y	N	N	–
Adquirir información respecto al cliente		X			X
Cambiar el registro del cliente			X	X	
Preparar tarjeta Rolodex		X	X		
Recibir autorización de crédito			X		
Terminar procedimiento	X				X

FIGURA CE.13
Tabla de decisión para el procedimiento nuevo cliente.

Ciclo de pagos y crédito

En la figura CE.15 se presenta un resumen del ciclo de pagos y crédito de Industrias Sevco. Este procedimiento se basa en la existencia de tres condiciones, cada una de las cuales da inicio a su vez a una o dos de cinco posibles acciones.

Un procedimiento que guarda relación con el ciclo de pagos y crédito es el que contiene los detalles necesarios para calcular los descuentos. La figura CE.16 presenta este procedimiento en una forma concisa, utilizando para ello el lenguaje estructurado. No se indica el momento en que se toma la decisión ni tampoco si los registros del pedido en dicho instante muestran el valor bruto o neto del pedido. Los analistas no consideran estos aspectos sino hasta que desarrollan el procedimiento. Sólo entonces buscarán las respuestas a estas preguntas.

PROCEDIMIENTO DE RECEPCIÓN DE PEDIDOS				
CONDICIONES	**REGLAS DE DECISIÓN**			
Pedido autorizado	N	Y	Y	Y	Y
Datos completos sobre el pedido	–	Y	Y	N	N
Recepción de un número suficiente de copias	–	N	Y	Y	N
Asignar número interno de trabajo		X	X	X	X
Preparar la tarjeta de pedido		X	X	X	X
Actualizar la información del cliente		X	X	X	X
Actualizar la información que aparece en el pedido		X	X	X	X
Enviar copia del pedido a producción		X	X	X	X
Elaborar copias adicionales del pedido		X			X
Obtener la información faltante				X	X
Regresar el pedido a la mesa de control	X				

FIGURA CE.14

Tabla de decisión para el procedimiento de aceptación de pedidos.

ANÁLISIS DE FLUJO DE DATOS EN INDUSTRIAS SEVCO

El análisis de flujo de datos para Industrias Sevco está formado por diagramas de flujo de datos, que describen los procesos y el movimiento de datos en el sistema, y de los componentes del diccionario de datos, que definen los elementos de los sistemas. Tanto los diagramas como el diccionario proporcionan información útil para determinar los requerimientos de los sistemas de información.

DIAGRAMAS DE FLUJO DE DATOS

El análisis de flujo de datos en Industrias Sevco reveló cinco grandes procesos: recepción de pedidos, procesamiento de pedidos, generación de facturas, asentar los pagos y ajustar la contabilidad de los clientes y mantener los registros de cuentas por cobrar. El sistema completo, formado por estos cinco procesos, se muestra en la figura CE.17. El análisis de flujo de datos también señala que el sistema actualmente en uso emplea tres almacenes de datos primarios: cuentas por cobrar, que son los registros de estado de cuenta de los clientes; la bitácora de pedidos, que es un registro de todos los pedidos que se están

CONDICIONES	REGLAS DE DECISIÓN			
Notificación de pago recibida	Y	Y	N	N
Notificación de crédito recibida	N	N	Y	N
Copia disponible de la factura original	N	Y	N	–
Buscar la factura	X		X	
Ajustar el saldo de la cuenta del cliente	X	X	X	
Asentar que la factura está pagada		X		
Registrar la transacción en el archivo	X		X	
Regresar copias a la mesa de control				X

FIGURA CE.15
Tabla de decisión para el ciclo de pago y crédito.

```
EJECUTA PARA CADA PEDIDO

    SI EL CLIENTE Y LA MERCANCÍA REÚNEN LAS CONDICIONES
    PARA OBTENER UN DESCUENTO
        SI LA CANTIDAD ES DESDE 250 HASTA 499 UNIDADES
            ENTONCES
            APLÍQUESE LA TASA DE DESCUENTO 1
    OTRO
    SI LA CANTIDADES ES DESDE 500 HASTA 999 UNIDADES
        ENTONCES
        APLÍQUESE LA TASA DE DESCUENTO 2
    OTRO
    SI LA CANTIDAD ES DESDE 1000 HASTA 2499 UNIDADES
        ENTONCES
        APLÍQUESE LA TASA DE DESCUENTO 3
    SI LA CANTIDAD ES DESDE 2500 HASTA 4999 UNIDADES
        ENTONCES
        APLÍQUESE LA TASA DE DESCUENTO 4
    OTRO
    SI LA CANTIDAD ES MAYOR QUE 4999 UNIDADES
        ENTONCES
        APLÍQUESE LA TASA DE DESCUENTO 5
    OTRO
        NO EFECTUAR NINGÚN DESCUENTO
FIN DE EJECUTA
        PROCEDIMIENTO PARA CALCULAR EL PORCENTAJE DE
        DESCUENTO
```

FIGURA CE.16
Procedimiento para calcular el porcentaje de descuento.

procesando; y el inventario de artículos, que es la fuente que contiene los precios de los productos. Este último almacén de datos es el más controvertido, ya que combina diferentes tipos de datos. En un nuevo diseño, el conjunto de datos contenidos en este almacén merece una mejor organización.

El sistema interactúa con tres entidades externas a él que son el cliente, la gerencia de Sevco y el departamento de producción de la compañía. En definitiva, este último se encuentra fuera del

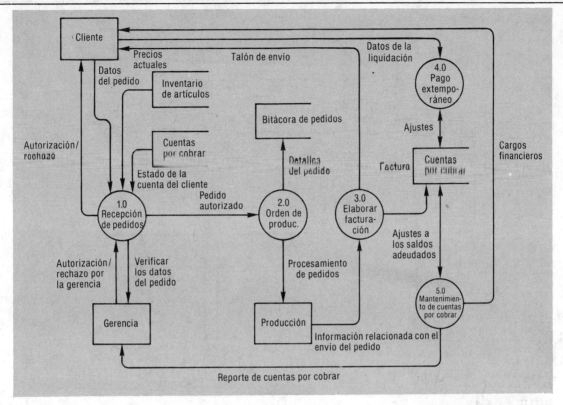

FIGURA CE.17
Sistema de recepción
de pedidos y cuentas
por cobrar.

sistema de procesamiento de pedidos, a pesar de que depende
de la interacción que mantiene con el sistema por medio del
proceso de recepción de pedidos. Los pedidos inician la
producción pero no forman parte del proceso de fabricación.

El sistema se explica con detalle por medio de cuatro
diagramas de bajo nivel para los subsistemas, desarrollados con
la finalidad de comprender las actividades asociadas con el
sistema en uso actualmente.

Cuatro de los cinco procesos son desarrollados con mayor
detalle, como lo ilustran las figuras CE.18 a CE.21. El proceso de
recepción de pedidos está formado por las actividades de
verificación de precios de los artículos y del estado que guarda la
cuenta del cliente, autorización del pedido para su
procesamiento y, eventualmente, el suministro por parte del
departamento de producción de los artículos solicitados. En el
sistema que se está usando, los datos relacionados con los
pedidos se envían fuera del sistema para su autorización por
parte de la gerencia; después de esto se informa al cliente de la
decisión y más tarde, los pedidos autorizados se mandan de

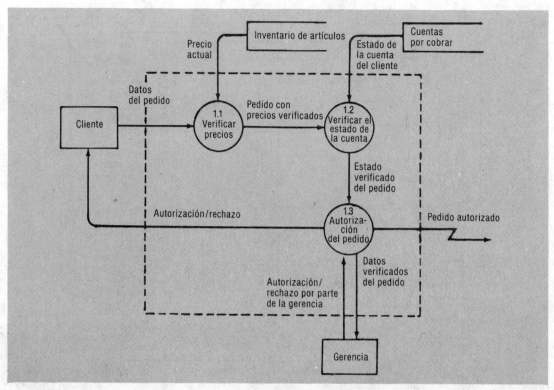

FIGURA CE.18
Recepción de
pedidos.

nuevo para un procesamiento posterior. La figura CE.18 es
consistente con el diagrama de flujo de datos a nivel de todo el
sistema de la figura CE.17, ya que muestra las mismas entradas y
salidas y no incluye actividades que contradigan la definición
global del sistema.

El refinamiento del procesamiento de pedidos mantiene el
mismo esquema de numeración introducido en el nivel general
del sistema (esto es, en la figura CE.19 los detalles del primer
nivel del proceso 2 se indican como 2.1, 2.2, 2.3 y 2.4). En este
diagrama también aparece un nuevo almacén de datos, la lista
abierta de pedidos; la cual es el resultado de la preparación de la
tarjeta de pedido y se utiliza para proporcionar información sobre
los pedidos a las personas responsables de llevar el control de
los estados de cuenta y del total de las cuentas por cobrar.

La figura CE.20 es un refinamiento del proceso de
facturación e indica un almacén de datos relacionado con dicho
proceso. Como beneficio adicional del sistema, se mantiene una
lista maestra de facturas abiertas que aún no han sido liquidadas.
Sin embargo, el análisis de flujo de datos da origen a preguntas

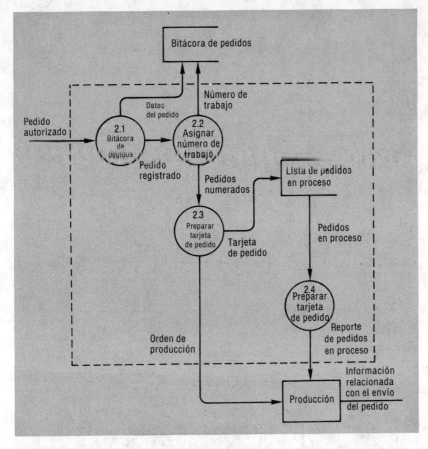

FIGURA CE.19
Procesamiento de
pedidos.

relacionados con la forma en que se numeran las facturas. En el
presente, primero se elabora la factura y después se le asigna un
número. Por otra parte, como lo indica el diagrama de flujo de
datos, la lista maestra de facturas se prepara antes de asignar los
números de factura.

La figura CE.21 contiene los detalles de procesamiento para
mantener las cuentas por cobrar. La base de todos los pagos y
ajustes es la documentación presentada por los clientes. Por
tanto, parece ser que se necesita establecer un procedimiento
con mejores controles para efectuar los ajustes de crédito y
débito, incluyendo todos aquellos que el personal de Industrias
Sevco desee realizar.

DICCIONARIO DE DATOS

Los elementos del diccionario de datos desarrollado para el
sistema que en el presente emplea Industrias Sevco está formado

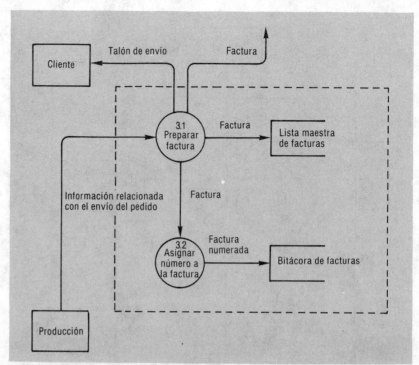

FIGURA CE.20
Elaboración de la
factura.

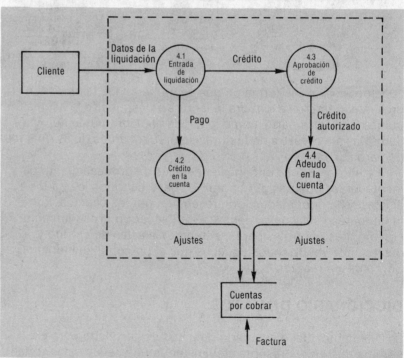

FIGURA CE.21
Pago extemporáneo.

por detalles de los procesos, flujos de datos y estructuras de datos. Cada proceso está descrito en forma breve para indicar su finalidad. Asimismo, también aparecen los flujos de datos internos y externos de cada uno de los cinco procesos.

La figura CE.23 define 29 flujos de datos que se encuentran incluidos en el sistema. Cada flujo de datos está descrito con brevedad de forma tal que cualquiera que examine los datos recopilados durante el análisis pueda observar con rapidez lo que cada flujo de datos hace. Asimismo, los procesos que originan y reciben flujos de datos son identificados con un número y nombre. Algunos flujos van hacia fuera del sistema más que hacia otros procesos. Otros no son originados por ningún proceso. Todas estas consideraciones aparecen en las entradas del diccionario correspondientes al flujo de datos.

También, cada flujo de datos está descrito por las estructuras de datos que contiene. En la figura CE.24 están descritas, en forma de lista, las estructuras de datos que forman parte de este sistema. Existen 14 estructuras de datos en el sistema. En algunos casos las definiciones indican iteraciones o alternativas, utilizando para ello la notación descrita en el capítulo. También se marcan los alias para indicar en qué partes de los diferentes procesos del sistema las estructuras de datos reciben nombres diferentes. Marcar los alias ayuda a los analistas de sistemas a identificar cuándo se emplean una y otra vez los mismos datos en el sistema, aunque los usuarios les den diferentes nombres.

Algunas estructuras de datos se emplean mucho más que otras. Por ejemplo, los detalles de pedidos, clientes y cuentas por cobrar forman parte de muchos flujos de datos. Esta información recalca a los analistas el hecho de que deben organizar el almacenamiento de datos y la recuperación de estructuras de tal manera que apoyen en forma eficiente todos los usos de los datos a través de cada proceso.

Posteriormente, en un análisis más profundo de los diagramas de flujo de datos se revelarán aspectos adicionales.

NOMBRE DEL PROCESO:	1.0 Recepción de pedidos
DESCRIPCIÓN:	Recibir el pedido del cliente y autorizarlo o
	rechazarlo para su procesamiento ulterior
FLUJOS DE DATOS INTERNOS:	Datos del pedido Estado de la cuenta del cliente
	Precio actual Autorización/rechazo por la gerencia
FLUJOS DE DATOS EXTERNOS:	Autorización/rechazo Lista verificada de pedidos
	Pedido autorizado

NOMBRE DEL PROCESO:	2.0 Procesamiento de pedidos
DESCRIPCIÓN:	El pedido aceptado es asentado en la bitácora con la finalidad
	de llevar un registro de todos los pedidos recibidos
FLUJOS DE DATOS INTERNOS:	Pedido autorizado
FLUJOS DE DATOS EXTERNOS:	Información sobre el pedido
	Orden de producción

NOMBRE DEL PROCESO:	3.0 Elaboración de la factura
DESCRIPCIÓN:	Cuando el departamento de producción notifica a los encargados
	de elaborar las facturas que el pedido está listo para su envío,
	éstos preparan la factura y mandan copias de la misma tanto al
	cliente como al departamento de contabilidad
FLUJOS DE DATOS INTERNOS:	Información relacionada con el envío del pedido
FLUJOS DE DATOS EXTERNOS:	Talón de envío
	Factura

NOMBRE DEL PROCESO:	4.0 Pago extemporáneo
DESCRIPCIÓN:	Para cambiar el contenido de los registros de cuentas a cobrar
	se emplean los pagos recibidos por parte de los clientes
	así como los ajustes realizados en la contabilidad
FLUJOS DE DATOS INTERNOS:	Datos de la liquidación
	Ajustes
FLUJOS DE DATOS EXTERNOS:	Ajustes

FIGURA CE.22
Descripciones de los
procesos del primer
nivel.

NOMBRE DEL FLUJO DE DATOS:	Datos del pedido
DESCRIPCIÓN:	Información relacionada con el pedido hecho por el cliente
DESDE LOS PROCESOS:	
HACIA LOS PROCESOS:	1.0 Recepción de pedidos
ESTRUCTURAS DE DATOS:	Información sobre el pedido

NOMBRE DEL FLUJO DE DATOS:	Autoriz./rechazo por la gerencia
DESCRIPCIÓN:	Autorización o rechazo por parte de la gerencia de los datos ya verificados del pedido
DESDE LOS PROCESOS:	
HACIA LOS PROCESOS:	1.0 Recepción de pedidos
ESTRUCTURAS DE DATOS:	

NOMBRE DEL FLUJO DE DATOS:	Autorización/rechazo
DESCRIPCIÓN:	Acuse de recibo del pedido del cliente que contiene ya sea la autorización o el rechazo del pedido
DESDE LOS PROCESOS:	1.0 Recepción de pedidos
HACIA LOS PROCESOS:	
ESTRUCTURAS DE DATOS:	Información sobre el pedido Autorización/rechazo por parte de la gerencia

NOMBRE DEL FLUJO DE DATOS:	Datos verificados del pedido
DESCRIPCIÓN:	El pedido del cliente, después de haber sido verificado en cuanto a precios y estado de cuenta, se compara contra la información asentada en el archivo de datos
DESDE LOS PROCESOS:	1.0 Recepción de pedidos
HACIA LOS PROCESOS:	
ESTRUCTURAS DE DATOS:	Información sobre el pedido Información sobre la autorización Verificación de precios/ Verificación del estado de cuenta

NOMBRE DEL FLUJO DE DATOS:	Precios vigentes
DESCRIPCIÓN:	Los precios vigentes de la compañía para los artículos solicitados por el cliente
DESDE LOS PROCESOS:	
HACIA LOS PROCESOS:	1.0 Recepción de pedidos
ESTRUCTURAS DE DATOS:	Detalles de los artículos Precios de los artículos

NOMBRE DEL FLUJO DE DATOS:	Pedido autorizado
DESCRIPCIÓN:	Pedido del cliente una vez verificados los precios y autorizado por la gerencia
DESDE LOS PROCESOS:	1.0 Recepción de pedidos
HACIA LOS PROCESOS:	2.0 Procesamiento de pedidos
ESTRUCTURAS DE DATOS:	Pedido Información sobre el pedido Información sobre la autorización

NOMBRE DEL FLUJO DE DATOS:	Estado de la cuenta del cliente
DESCRIPCIÓN:	Indicación sobre si el cliente tiene ya sea un adeudo o malos antecedentes en relación con el pago
DESDE LOS PROCESOS:	
HACIA LOS PROCESOS:	1.0 Recepción de pedidos
ESTRUCTURAS DE DATOS:	Inf. sobre la cuenta del cliente Estado de la cuenta del cliente

NOMBRE DEL FLUJO DE DATOS:	Información sobre el pedido
DESCRIPCIÓN:	Detalles del pedido ya autorizado del cliente que son asentados en la bitácora por la compañía
DESDE LOS PROCESOS:	2.0 Procesamiento de pedidos
HACIA LOS PROCESOS:	
ESTRUCTURAS DE DATOS:	

FIGURA CE.23

Entradas del diccionario de datos para los flujos de datos.

NOMBRE DEL FLUJO DE DATOS:	Orden de producción		NOMBRE DEL FLUJO DE DATOS:	Ajustes a los saldos adeudados
DESCRIPCIÓN:	Copia del pedido del cliente que se hace llegar al gerente de producción		DESCRIPCIÓN:	Balance en la cuenta del cliente que refleja la suma de cargos por intereses
DESDE LOS PROCESOS:	2.0 Procesamiento de pedidos		DESDE LOS PROCESOS:	5.0 Mantenimiento de cuentas por cobrar
HACIA LOS PROCESOS:			HACIA LOS PROCESOS:	5.0 Mantenimiento de cuentas por cobrar
ESTRUCTURAS DE DATOS:	Número de trabajo Información sobre el pedido Número de pedido		ESTRUCTURAS DE DATOS:	

NOMBRE DEL FLUJO DE DATOS:	Inf. rel. con el envío del pedido		NOMBRE DEL FLUJO DE DATOS:	Estado de cuenta
DESCRIPCIÓN:	Información proporcionada por producción en relación con un artículo o grupo de artículos que están listos para ser enviados al cliente		DESCRIPCIÓN:	Notificación al cliente que refleja la suma de cargos por intereses
DESDE LOS PROCESOS:			DESDE LOS PROCESOS:	5.0 Manten. de cuentas por cobrar
HACIA LOS PROCESOS:	3.0 Elaboración de factura		HACIA LOS PROCESOS:	
ESTRUCTURAS DE DATOS:	Orden de producción Estado de terminación		ESTRUCTURAS DE DATOS:	Información sobre el cliente Inf. sobre la cuenta del cliente Información sobre la factura

NOMBRE DEL FLUJO DE DATOS:	Factura		NOMBRE DEL FLUJO DE DATOS:	Datos de la liquidación
DESCRIPCIÓN:	Información contenida en el formulario de pedido, específicamente el monto total adeudado		DESCRIPCIÓN:	Pago o crédito de un cliente para liquidar una cuenta o ajustar el saldo
DESDE LOS PROCESOS:	3.0 Procesamiento de facturas		DESDE LOS PROCESOS:	
HACIA LOS PROCESOS:			HACIA LOS PROCESOS:	4.0 Pago extemporáneo
ESTRUCTURAS DE DATOS:	Información sobre la factura Información sobre el cliente		ESTRUCTURAS DE DATOS:	Pago o Crédito

NOMBRE DEL FLUJO DE DATOS:	Ajustes		NOMBRE DEL FLUJO DE DATOS:	Talón de envío
DESCRIPCIÓN:	Ajustes realizados al estado de cuenta de un cliente que sirven para reflejar pagos, créditos, intereses moratorios, etc.		DESCRIPCIÓN:	Última copia de la factura que se anexa al embarque
DESDE LOS PROCESOS:			DESDE LOS PROCESOS:	3.0 Elaboración de la factura
HACIA LOS PROCESOS:	4.0 Pago extemporáneo		HACIA LOS PROCESOS:	
ESTRUCTURAS DE DATOS:	Pago o Crédito		ESTRUCTURAS DE DATOS:	Factura Información sobre la factura Información sobre el cliente

NOMBRE DEL FLUJO DE DATOS:	Cuentas por cobrar
DESCRIPCIÓN:	Balance total de las facturas aún no liquidadas por los clientes
DESDE LOS PROCESOS:	5.0 Mantenimiento de cuentas por cobrar
HACIA LOS PROCESOS:	
ESTRUCTURAS DE DATOS:	Información sobre el cliente Inf. sobre la cuenta del cliente

NOMBRE DEL FLUJO DE DATOS:	Tarjeta de pedido
DESCRIPCIÓN:	Orden de producción que se guarda como pedido en proceso
DESDE LOS PROCESOS:	2.3 Preparación de tarj. de pedido
HACIA LOS PROCESOS:	
ESTRUCTURAS DE DATOS:	Orden de producción Número de trabajo/Información sobre el pedido/Número de pedido

NOMBRE DEL FLUJO DE DATOS:	Estado de la cuenta del cliente
DESCRIPCIÓN:	Estado de la cuenta del cliente en términos de su saldo y elegibilidad para más transacciones de crédito
DESDE LOS PROCESOS:	
HACIA LOS PROCESOS:	1.2 Verificar estado de la cuenta
ESTRUCTURAS DE DATOS:	Información sobre el cliente Información sobre la cuenta Estado de la cuenta

NOMBRE DEL FLUJO DE DATOS:	Pedido en proceso
DESCRIPCIÓN:	Orden interna a la que se le ha asignado un número y se encuentra ya en producción
DESDE LOS PROCESOS:	
HACIA LOS PROCESOS:	2.4 Preparación del reporte sobre pedidos en proceso
ESTRUCTURAS DE DATOS:	Número de trabajo Información sobre el pedido Estado del trabajo

NOMBRE DEL FLUJO DE DATOS:	Pedido asentado en la bitácora
DESCRIPCIÓN:	Pedido que ha sido aceptado y para el que se ha enviado el acuse de recibo correspondiente y al que se le ha asignado un número interno
DESDE LOS PROCESOS:	2.1 Reg. pedido en la bitácora
HACIA LOS PROCESOS:	2.2 Asignar número de trabajo
ESTRUCTURAS DE DATOS:	Pedido Información sobre el pedido

NOMBRE DEL FLUJO DE DATOS:	Pedido con precios verificados
DESCRIPCIÓN:	Orden interna que ha sido verificada en relación con los precios de los artículos solicitados
DESDE LOS PROCESOS:	1.1 Verificar precios de los artículos
HACIA LOS PROCESOS:	1.2 Verificar el estado de la cuenta
ESTRUCTURAS DE DATOS:	Información sobre el pedido Información sobre la autorización Verificación de precios

NOMBRE DEL FLUJO DE DATOS:	Pedido numerado
DESCRIPCIÓN:	Solicitud interna a la que se da un número oficial de trabajo
DESDE LOS PROCESOS:	2.2 Asignar el número de trabajo
HACIA LOS PROCESOS:	2.3 Preparar la tarjeta de pedido
ESTRUCTURAS DE DATOS:	

NOMBRE DEL FLUJO DE DATOS:	Estado de la orden verificada
DESCRIPCIÓN:	Orden interna que ya ha sido verificada en relación con un estado de cuenta aceptable
DESDE LOS PROCESOS:	1.2 Verificar el estado de la cuenta
HACIA LOS PROCESOS:	1.3 Autorizar pedido
ESTRUCTURAS DE DATOS:	Información sobre el pedido Información sobre la autorización Condición de verificación

FIGURA CE.23
Continuación.

NOMBRE DEL FLUJO DE DATOS:	Talón de envío		NOMBRE DEL FLUJO DE DATOS:	Inf. rel. con el envío del pedido
DESCRIPCIÓN:	Producto adicional que se obtiene durante la preparación de la factura. La información contenida en él identifica el pedido del cliente y su costo. El talón se anexa al pedido cuando éste se envía al cliente		DESCRIPCIÓN:	Notificación del departamento de producción de que el pedido ha sido fabricado y se encuentra listo para su envío
DESDE LOS PROCESOS:	3.1 Preparación de la factura		DESDE LOS PROCESOS:	
HACIA LOS PROCESOS:			HACIA LOS PROCESOS:	3.1 Preparación de la factura
ESTRUCTURAS DE DATOS:	Factura Información sobre la factura Información sobre el cliente		ESTRUCTURAS DE DATOS:	Orden de producción Condición de terminación

NOMBRE DEL FLUJO DE DATOS:	Factura		NOMBRE DEL FLUJO DE DATOS:	Crédito
DESCRIPCIÓN:	Especificación de la autorización del pedido, de información sobre el pedido y del costo que se cobrará al cliente		DESCRIPCIÓN:	Acción de crédito recibida, pero aún no autorizada para efectuar el ajuste en la cuenta del cliente
DESDE LOS PROCESOS:	3.1 Preparación de la factura		DESDE LOS PROCESOS:	4.1 Ingreso de datos sobre liquidación
HACIA LOS PROCESOS:	3.2 Asignar número de factura		HACIA LOS PROCESOS:	4.3 Autorización de crédito
ESTRUCTURAS DE DATOS:	Información sobre la factura Información sobre el cliente		ESTRUCTURAS DE DATOS:	Datos sobre la liquidación Crédito

NOMBRE DEL FLUJO DE DATOS:	Pago		NOMBRE DEL FLUJO DE DATOS:	Ajustes
DESCRIPCIÓN:	Fondos recibidos por parte de los clientes para la disminución del saldo en sus cuentas		DESCRIPCIÓN:	Pagos o créditos autorizados que son descontados de la cuenta del cliente con la finalidad de reducir el saldo de ésta
DESDE LOS PROCESOS:	4.1 Ingreso de datos sobre liquidación		DESDE LOS PROCESOS:	4.2 Saldo en la cuenta de crédito 4.4 Adeudo en la cuenta
HACIA LOS PROCESOS:	4.2 Saldo en cuentas de crédito		HACIA LOS PROCESOS:	4.2 Saldo en la cuenta de crédito 4.4 Adeudo en la cuenta
ESTRUCTURAS DE DATOS:	Datos sobre la liquidación Pago		ESTRUCTURAS DE DATOS:	Datos sobre la liquidación Pago Crédito

NOMBRE DEL FLUJO DE DATOS:	Crédito autorizado		NOMBRE DEL PROCESO:	5.0 Mant. de cuentas por cobrar
DESCRIPCIÓN:	Acción de crédito recibida y autorizada para realizar el ajuste en la cuenta del cliente		DESCRIPCIÓN:	Se examinan los registros de cuentas por cobrar para producir los estados de cuenta y la lista de saldos en las cuentas
DESDE LOS PROCESOS:	4.3 Crédito autorizado		FLUJOS DE DATOS INTERNOS:	Ajustes a saldos no pagados
HACIA LOS PROCESOS:	4.4 Adeudo en la cuenta		FLUJOS DE DATOS EXTERNOS:	Estado de cuenta Cuentas por cobrar
ESTRUCTURAS DE DATOS:				

```
CUENTAS A COBRAR
    INFORMACIÓN-CLIENTES
    INFORMACIÓN-CUENTA-CLIENTE.....para saldos de cuenta diferentes de cero
AUTORIZACIÓN/RECHAZO...........alias ACUSE-RECIBO
    INFORMACIÓN-PEDIDO
    AUTORIZACIÓN/RECHAZO-GERENCIA
INFORMACIÓN SOBRE LA CUENTA
    DEL CLIENTE
    NÚMERO-CLIENTE
    SALDO-CUENTA
    LÍMITE CRÉDITO
    CONDICIÓN CUENTA

INFORMACIÓN-CLIENTE
    NOMBRE-CLIENTE
    DIRECCIÓN-FACTURA
    DIRECCIÓN-ENVÍO
    CÓDIGO-IMPUESTOS

FACTURA ........................se envía una copia al cliente como parte
    INFORMACIÓN-FACTURA              de la lista de artículos enviados
        NÚMERO-PEDIDO
        NÚMERO-TRABAJO-SEVCO
        NÚMERO-FACTURA
        FECHA-FACTURA
        CARGOS-ESPECIALES
        DETALLES-ARTÍCULO
        CARGOS-ENVÍO
        MONTO
        IMPUESTOS
        TASA-DESCUENTO-EFECTIVO
        MONTO-TOTAL-FACTURA
    INFORMACIÓN-CLIENTE
DETALLES SOBRE EL ARTÍCULO
    NÚMERO-ARTÍCULO
    DESCRIPCIÓN
    CANTIDAD-SOLICITADA
    PRECIO-ARTÍCULO ................alias PRECIO-VIGENTE
    EXTENSIÓN-COSTO-ARTÍCULO
    CANTIDAD-ARTÍCULO-ENVIADA

FACTURA-NUMERADA
    NÚMERO-FACTURA
    INFORMACIÓN-FACTURA

PEDIDO-EN-PROCESO
    NÚMERO-TRABAJO
    INFORMACIÓN-PEDIDO
    CONDICIÓN TRABAJO

PEDIDO
    INFORMACIÓN-PEDIDO
        NÚMERO-PEDIDO...............cuando está presente recibe el nombre
        FECHA-PEDIDO                   de PEDIDO-ASENTADO-BITÁCORA
        INFORMACIÓN-CLIENTE
        INFORMACIÓN-ARTÍCULO
        FECHA-REQUERIDA
        CONDICIONES
    PREPARACIÓN-ORDEN
        CARGOS-E-C
        CARGOS-INGENIERÍA
```

FIGURA CE.24

Diccionario de datos
para el procesamiento
de pedidos y cuentas
por cobrar

```
                MAQUINARIA-UTILIZADA
                NOTAS-ADICIONALES
            INFORMACIÓN-AUTORIZACIÓN                              cuando está
                VERIFICACIÓN-PRECIO..........alias PEDIDO VERIFICADO      presente se
                VERIFICACIÓN-CONDICIÓN.......alias VERIFICACIÓN-CONDICIÓN   denomina
                AUTORIZACIÓN-GERENCIA                            PEDIDO-AUTORIZADO
        NÚMERO-PEDIDO
    TARJETA-PEDIDO
        ORDEN-PRODUCCIÓN
    ORDEN-PRODUCCIÓN...............cuando está presente se llama PEDIDO-NUMERADO
        NÚMERO-TRABAJO-SEVCO
        INFORMACIÓN-PEDIDO
        NÚMERO-PEDIDO
    INFORMACIÓN-ENVÍO-PEDIDO
        ORDEN-PRODUCCIÓN
        CONDICIÓN-TERMINACIÓN.........alias TRABAJO-CONDICIÓN
    DATOS DE LIQUIDACIÓN
        PAGO
            NÚMERO-CUENTA
            MONTO-PAGO ...............alias AJUSTES
        o
            CRÉDITO....................si se autoriza, denominado AUTORIZACIÓN-CRÉDITO
            NÚMERO-CUENTA
            MONTO-CRÉDITO.............alias AJUSTE
            AUTORIZACIÓN
    ESTADO DE CUENTA
        INFORMACIÓN-CLIENTE
        INFORMACIÓN-CUENTA-CLIENTE
        INFORMACIÓN-FACTURA
```

FIGURA CE.24
Continuación.

Diccionario de datos

ALMACENES DE DATOS:

PEDIDOS-ACUMULADOS-PRODUCCIÓN
   TARJETA-PEDIDO *(1-)
BITÁCORA
   PEDIDO-AUTORIZADO *(1-)
FOLDER-PEDIDO-CLIENTE
   INFORMACIÓN-CLIENTE
   NÚMERO-ARTÍCULOS-PEDIDO
   SALDO-ACTUAL-CUENTA
CUENTAS-POR-COBRAR-CLIENTE
   NOMBRE-CLIENTE
   DIRECCIÓN-CLIENTE
   FECHA-PAGO
   MONTO-PAGO
   CARGO-INTERESES
   SALDO-CUENTA
   NÚMERO-FACTURA

NOMBRE-CLIENTE
NÚMERO-ARTÍCULO-SEVCO
CANTIDAD
CARGO-TOTAL
HOJA-BITÁCORA-FACTURAS
   FECHA-TERMINACIÓN-SEMANA
   FECHA
ARCHIVO-MAESTRO-FACTURAS
   FACTURA *(1-)
LISTA-PEDIDOS-EN-PROCESO
   TARJETA-PEDIDO *(1-)
ARCHIVO-FACTURA-ORIGINAL
   FACTURA *(1-)
LISTA-PRECIOS
NÚMERO-ARTÍCULO-SEVCO
   COSTO-UNITARIO

FLUJOS DE DATOS:
ACUSE-RECIBO-PEDIDO
    FECHA-RECEPCIÓN
    RECIBIDO-POR
    NÚMERO-ORDEN-PRODUCCIÓN
    CANTIDAD
    CARGOS-ENVÍO
MONTO-TOTAL-FACTURA
NÚMERO-TRABAJO-SEVCO
FACTURA
    NOMBRE-CLIENTE
    DIRECCIÓN-ENVÍO-CLIENTE
    FECHA-REGISTRO
    FORMA-ENVÍO
    NÚMERO-TRABAJO-SEVCO
    NÚMERO-ENSAMBLE
    SOLICITANTE
    FECHA-PROMETIDA
    ARTÍCULO
    CANTIDAD
    UNIDAD
    DESCRIPCIÓN
    COSTO-UNITARIO
    MONTO-TOTAL
INFORMACIÓN-FACTURA
    FACTURA
REPORTE-SUMARIO-FACTURA
NÚMERO-ARTÍCULO-SEVCO
ACUSE-RECIBO
    NOMBRE-CLIENTE
    DIRECCIÓN-COBRO-CLIENTE
.   ACUSE-RECIBO-PEDIDO
REPORTE-CUENTAS-POR-COBRAR
    CUENTAS-POR-COBRAR-CLIENTES *(1-)
CRÉDITO-AUTORIZADO
    NOMBRE-CLIENTE
    DIRECCIÓN-COBRO-CLIENTE
    MONTO-CRÉDITO
    AUTORIZACIÓN-GERENCIA
PEDIDO-AUTORIZADO
    PEDIDO-Y-PRECIO
    AUTORIZACIÓN-GERENCIA
PEDIDO-AUTORIZADO-Y-NÚMERO-DE-TRABAJO
    PEDIDO-AUTORIZADO
    NÚMERO-TRABAJO-SEVCO
    INFORMACIÓN-FACTURA *(1-)
REPORTE-PEDIDOS-EN-PRODUCCIÓN
    FECHA-INFORME
    NOMBRE-CLIENTE
    NÚMERO-ARTÍCULO-SEVCO
    CANTIDAD

    NÚMERO-TRABAJO-SEVCO
    FECHA-ENTREGA
    FECHA-PROMETIDA
    FECHA-REGISTRO
PEDIDO
    NOMBRE-CLIENTE
    DIRECCIÓN-COBRO-CLIENTE
    DIRECCIÓN-ENVÍO-CLIENTE
    NÚMERO-ARTÍCULO-CLIENTE
    CANTIDAD
    CANTIDAD-ENVIADA
PEDIDO-Y-PRECIO
    ACUSE-RECIBO-PEDIDO
    PRECIO
CRÉDITO
    NOMBRE-CLIENTE
    DIRECCIÓN-COBRO-CLIENTE
    MONTO-CRÉDITO
    NOMBRE-COMPRADOR
    NÚMERO-TELEFONICO-COMPRADOR
    ACEPTADO-POR
    FECHA-ACEPTACIÓN
    REPRESENTANTE
    NÚMERO-REPRESENTANTE
    NÚMERO-ARTÍCULO-CLIENTE
    NÚMERO-ARTÍCULO-SEVCO
    NIVEL-EXISTENCIA
    NÚMERO-ORDEN-PRODUCCIÓN
    CANTIDAD
    COSTO-UNITARIO
    CARGOS-INGENIERIA
    HERRAMIENTA-UTILIZADA
    CANTIDAD-SOLICITADA ·
    CANTIDAD-ENVIADA
    NÚMERO-TRABAJO-SEVCO
INFORMACIÓN-PEDIDO
TARJETA-PEDIDO
    NOMBRE-CLIENTE
    NÚMERO-CLIENTE
    DIRECCIÓN-COBRO-CLIENTE
    DIRECCIÓN-ENVÍO-CLIENTE
ESTADO-DE-CUENTA
    NOMBRE-CLIENTE
    DIRECCIÓN-COBRO-CLIENTE
    CARGOS-POR-INTERESES
    MONTO-TOTAL

LISTA DE PROCESOS:
RECEPCIÓN DE PEDIDOS
    ACUSE DE RECIBO DEL PEDIDO
    VERIFICACIÓN DE PRECIOS
    AUTORIZACIÓN DEL PEDIDO
    ASENTAR EN LA BITÁCORA EL PEDIDO
TARJETA DE PEDIDO PARA PRODUCCIÓN
    PREPARAR TARJETA DE PEDIDO
    PREPARAR INFORMACIÓN DE TRABAJO
    CREAR LISTA DE PEDIDOS EN PROCESO
    TARJETA-PEDIDO *(1-)
TALÓN-DE-ENVÍO
    FACTURA
PAGO
    NOMBRE-CLIENTE
    MONTO-PAGO
ORDEN-PRODUCCIÓN
    TARJETA-PEDIDO

INFORMACIÓN-SOBRE-ENVÍO-DEL-PEDIDO
    NOMBRE-CLIENTE
    CANTIDAD-LISTA-PARA-ENVIAR
    PREPARAR INFORME DE PEDIDOS EN PRODUCCIÓN
    VERIFICAR PEDIDOS ACUMULADOS
ELABORAR FACTURA
    PREPARAR FACTURA
    REGISTRAR FACTURA EN BITÁCORA
    PREPARAR RESUMEN DE LA FACTURA
RECEPCIÓN DE PAGO DE FACTURA
    FACTURA EXTEMPORÁNEA
    PAGO EXTEMPORÁNEO
    AUTORIZACIÓN DE CRÉDITO
    AJUSTAR EL SALDO EN LA CUENTA
PREPARAR INFORME DE CUENTAS POR COBRAR
CUENTAS VENCIDAS

Esta tercera parte la forman siete capítulos (7 al 13). Los capítulos abarcan elementos que participan en el diseño de sistemas de información.

El capítulo 7 aborda la especificación de los requerimientos de la aplicación y las características de diseño comunes a todas las aplicaciones, así como la administración del proceso de diseño tanto de las aplicaciones institucionales como de las de los usuarios finales.

El capítulo 8 se concentra sobre el diseño de la salida de computadora con base en los requerimientos identificados durante el desarrollo de

TERCERA PARTE
Diseño de sistemas

prototipos o la investigación de sistemas; asimismo delinea consideraciones específicas de diseño así como opciones de impresión y presentación en pantalla. El capítulo 9 aborda el diseño de entradas y especificaciones de control; por otro lado también se explica el diseño de formularios para la captura y procesamiento de datos. El capítulo 10 presenta el diseño de diálogos en línea y explora las características de manejo de la pantalla.

El capítulo 11 trata el diseño de archivos y la organización de sistemas de información, utilizando para ello almacenamiento tanto en cinta como en disco magnético. El capítulo 12 cubre el diseño de bases de datos, de sistemas para el manejo de bases de datos, así como el papel que los analistas de sistemas tienen en los ambientes de bases de datos. El capítulo 13 está dirigido hacia el diseño de sistemas de información con tecnologías de comunicación de datos existentes o de reciente aparición en el mercado.

7. Transición del análisis hacia el diseño

GUÍA DE ESTUDIO

El lector tendrá un buen dominio sobre cómo formular opciones para el desarrollo de sistemas cuando sea capaz de dar respuesta a las siguientes preguntas:

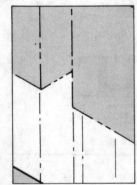

- ¿Cuál es la relación entre la investigación de requerimientos y el desarrollo de especificaciones de requerimientos?
- ¿Cómo se analizan los datos sobre requerimientos de sistemas?
- ¿Qué preguntas se deben formular para evaluar un sistema existente?
- ¿Cómo se diseñan las alternativas para un nuevo sistema?
- ¿Las propuestas sobre sistemas cambian si éstos son automatizados o manuales?
- ¿Qué objetivos debe procurar alcanzar el analista cuando formula el diseño de un sistema de información?
- ¿Qué diferencias existen entre los diseños lógico y físico?
- ¿Qué son las especificaciones de diseño?
- ¿Qué características de un sistema de información son las que deben ser diseñadas?
- ¿Qué información debe preparar el analista para especificar los detalles del diseño?
- ¿Cómo se manejan los sistemas desarrollados por los usuarios finales?
- ¿Cuáles son las áreas más importantes en la administración del desarrollo de sistemas?

OBJETIVOS DEL CAPÍTULO

- Analizar los detalles que describen un sistema existente para determinar las características que deben incluirse en el nuevo sistema información.
- Describir la forma en que se transforman los requerimientos en un diseño de sistemas.
- Preparar el plan de desarrollo de sistemas para aplicaciones institucionales.
- Preparar lineamientos para el desarrollo de aplicaciones por parte de los usuarios finales.

PALABRAS CLAVE

Accesibilidad de la información	Complejidad
Autodocumentación	Construcción física
Caminata estructurada	Control
Capacidad	Conversación en línea
Características	Deliverables

Descarga
Diálogo
Diseño lógico de sistemas
Distribución
Entrada
Ergonomía
Especificaciones de diseño
Estrategias para cumplir
totalmente con los
requerimientos
Ingeniería humana
Interacciones con la base de datos
Libro de diseño
Orientado hacia el usuario
Registros de distribución
Salida

"Claro que sí.Consiento el hecho de que los usuarios participen en el desarrollo del sistema, pero...", la voz de Rudy Michaels se desvanecía mientras tomaba un poco de ensalada con un tenedor de plástico.

"¿Pero qué?" preguntó Elena Rodríguez. Mientras esperaba que el ejecutivo terminara su frase. Ella tenía la certeza de saber lo que iba a responder.

"Está bien Elena, se lo explicaré una vez más. Mi experiencia me dice que la participación del usuario es sólo un gesto de amabilidad. En una compañía tan grande como la nuestra, el personal de su grupo de sistemas de información no puede esperar que participen todos los usuarios en cualquier parte del desarrollo de sistemas. En términos reales, el porcentaje de personas que pueden participar en el proceso de desarrollo es pequeño comparado con el número de personas que utilizarán el sistema o que dependerán de él. Sé que es una práctica muy popular alabar los beneficios de la participación de los usuarios, pero considero que eso no es real."

"No estoy de acuerdo con lo que señala, Rudy. Usted sabe que no importa qué tan bien diseñemos el sistema, éste no tendrá éxito sin la participación de las personas que harán uso de él. Tenemos que lograr que ellos se den cuenta de lo que puede hacer el sistema y cómo deben utilizarlo. Esto significa que tenemos que hacer que ellos participen."

"Lo que usted quiere decir es que les *vendamos* el sistema, ¿no es así? Lo que yo afirmo es que les enseñemos a emplear el sistema", argumentó Rudy. "Conversar es todo lo que usted desea. No espere que los usuarios contribuyan con mucho al diseño. ¿Cómo puede usted esperar que los usuarios diseñen algo? Lo más que obtendría de ellos es su *reacción*. La mayor parte de las aportaciones de los usuarios que yo he visto, son sugerencias para el diseño de la salida; quizá la distribución de un informe o sugerencias para volver a arreglar cierta información o añadir uno o dos detalles más. Yo no pienso que en realidad los usuarios le ayuden a *diseñar* un sistema. Además, esta actividad es el motivo por lo que le pagamos a *usted*."

Creo que ya hemos sostenido esta conversación con anterioridad, pensaba Elena para sí misma. No existe ninguna manera de convencer al grupo de ejecutivos para que apoyen la participación de los usuarios; y esto no es, de ninguna manera, un gesto de amabilidad. Pero al menos, él aún no ha dicho *no* de manera definitiva, recordó Elena.

"¿Qué hay acerca de la experiencia que los usuarios nos pueden ofrecer? Ellos tienen mucha información que nosostros necesitamos. Conocen sus áreas específicas de trabajo mucho mejor que nosotros los analistas, y lo que ellos saben es clave para diseñar un sistema que satisfaga las necesidades de la organización. Pero la participación de los usuarios no puede detenerse aquí. Sus comentarios deben continuar a lo largo de todo el proceso de desarrollo."

"¿Usted desea comentarios por parte de los usuarios? Está bien; obtenga su opinión *después* de que el sistema sea diseñado, cuando ellos tengan la oportunidad de utilizarlo cotidianamente", indicó Rudy con bastante hincapié. "La experiencia —no la revisión de especificaciones— es su mejor prueba de la utilidad del sistema. La especificación de diseño tiene sólo utilidad teórica hasta que no haya sido probada en la vida real."

"Exactamente es por eso por lo que necesitamos obtener la participación de los usuarios", insistió Elena. "Incorporar las ideas de los usuarios durante el proceso de diseño y desarrollo nos permitirá ver qué tan bien trabaja el diseño en una situación de la 'vida real'".

Para determinar los requerimientos de sistemas, es necesario analizar los hechos que se tienen a la mano. Las descripciones y la documentación desarrollada como resultado del esfuerzo de búsqueda de hechos, se estudian con la finalidad de evaluar el funcionamiento del sistema en uso y establecer los requerimientos que debe cumplir un nuevo diseño. Las conclusiones obtenidas durante esta actividad forman la base para la transición hacia el diseño así como de otras actividades de desarrollo.

Este capítulo explora primero el *análisis* que ocurre entre el análisis de sistemas y el diseño de sistemas. Por otra parte, se enfoca a la identificación de los requerimientos de sistemas de información y también a la especificación de alternativas de diseño. Cada alternativa tiene asociados los costos y beneficios que los analistas deben reconocer y considerar antes de asesorar a la gerencia con respecto a la selección de una de ellas sobre las otras.

El diseño es una solución: la conversión de los requerimientos en formas que los satisfagan. La siguiente sección del capítulo estudia cómo diseñar un sistema de información; cómo especificar las características de un sistema para que cumpla con los requisitos previamente establecidos. El diseño determina el éxito del sistema. A través del diseño, los analistas de sistemas pueden tener gran influencia sobre la efectividad de un usuario, ya sea para el manejo de transacciones o para la administración de la organización. Algunos diseños son más efectivos que otros.

Al considerar los objetivos de diseño, se observa que éstos van desde el satisfacer las necesidades de la empresa hasta el empleo eficaz de la tecnología de cómputo. La esencia del diseño de sistemas es la selección y especificación de las características de un sistema de información. Por tanto, en el capítulo se presenta el diseño de siete características que son comunes a todas las aplicaciones. Asimismo, se explora cómo manejar el proceso de desarrollo de aplicaciones institucionales y la documentación que debe liberarse al término de la etapa de diseño. Se da especial atención al diseño de sistemas para aplicaciones desarrolladas por los usuarios finales.

Cuando el lector termine el presente capítulo, conocerá qué actividades se efectúan para especificar el diseño de un sistema de información. Los capítulos subsecuentes de este módulo examinan cómo llevar a cabo las tareas descritas en este capítulo, haciendo hincapié en el diseño de sistemas por medio de prototipos y los métodos de desarrollo utilizados por los usuarios finales.

ESPECIFICACIÓN DE LOS REQUERIMIENTOS DE LA APLICACIÓN

Tal como ya se indicó en la segunda parte, la determinación de requerimientos incluye la anticipación, investigación y especificación de los mismos. Los capítulos anteriores presentaron métodos para integrar los datos que describen la forma en que opera el sistema, es decir, métodos relacionados con la anticipación e investigación de requerimientos. En esta sección se considera cómo integrar esos detalles para identificar los requerimientos que debe satisfacer un nuevo sistema.

Revisión de los objetivos de la investigación de requerimientos

Durante la fase de búsqueda de hechos de la investigación detallada, la atención se centra alrededor de los requerimientos básicos: comprensión de los procesos, incluyendo por qué y cómo se efectúan; identificación de los datos utilizados así como de las actividades de procesamiento de la información; determinación del volumen y tiempo de procesamiento; y la identificación de los controles del sistema (véase Cap. 3).

El análisis estructurado no sólo documenta el sistema existente sino que también proporciona información que ayuda al analista de sistemas a examinar el sistema. Cada una de las preguntas de diagnóstico (véase Cap. 3, pág. 131) que formula el analista sirve de ayuda para desarrollar una descripción completa del sistema y para la identificación temprana de aquellas áreas donde pueden aparecer problemas. Las siguientes preguntas son representativas de esta categoría: ¿existen almacenes de datos a los que nunca se hace referencia?, ¿existen procesos que tienen varias finalidades? y ¿es el flujo interno de datos el adecuado para efectuar el proceso?

Estos métodos, herramientas y técnicas proporcionan al analista

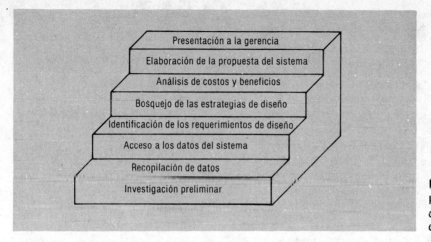

FIGURA 7.1
Pasos a seguir para el
desarrollo de sistemas
de información.

una ayuda importante para la documentación del sistema, pero no llevan a cabo el análisis que identifica los requerimientos de sistemas de información. Tampoco señalan las especificaciones incompletas, o las áreas donde los controles no existen o son débiles. Identificar y especificar los requerimientos de sistemas de información es la responsabilidad del analista de sistemas.

Percepción de requerimientos: análisis de hechos

El análisis de sistemas comprende la recopilación de hechos y el análisis de los mismos. El lector puede afirmar que el analista primero define y documenta y después analiza (Fig. 7.1). Las capacidades perceptivas del analista tienen influencia en los resultados del análisis. Esta sección proporciona un marco de referencia que es de gran utilidad para percibir las debilidades y requerimientos de un sistema. Asimismo, identifica las estrategias a seguir para satisfacer los requerimientos establecidos, como base para la transición hacia el diseño de sistemas.

Cierta información tal como la finalidad de cada paso, la personalidad de los empleados o el número de copias elaboradas de determinados documentos, pueden parecer, a primera vista, como detalles de fondo que describen un sistema pero que no parecen ser críticos para su análisis. Después, durante el análisis, a menudo se vuelven de gran importancia. Por ejemplo, el aumento en los costos de mano de obra o la caída de los niveles de venta son hechos que pueden estar relacionados con desacuerdos que afectan en forma adversa a la productividad y que conducen a la contratación de más personal. El número de copias elaboradas de un documento pueder ser un indicio de qué pasos se están omitiendo si alguna de las copias siempre se descarta sin que se le haya dado uso alguno. También existe una relación entre el conocimiento que tienen los individuos de los pasos específicos a se-

TABLA 7.1 Marco de referencia para el análisis de los hechos del sistema.

ASPECTO ANALIZADO	DESCRIPCIÓN	ESTRATEGIAS DE DISEÑO
CAPACIDAD	Capacidad del sistema existente (personas, equipo, espacio y procedimientos) para alcanzar su finalidad y objetivo	Aumentar la capacidad Reducir las expectativas Volver a definir la naturaleza de la tarea
CONTROL	Mecanismos diseñados para aumentar la probabilidad de que las actividades se lleven a cabo en forma apropiada y para detectar eventos inesperados o inaceptables para su manejo como excepciones	Diseño para evitar fallas de control Detección y notificación de fallas de control Detección y corrección de fallas de control
ACCESIBILIDAD DE LA INFORMACIÓN	Disponibilidad de la información necesaria en un formato útil para alcanzar un objetivo cuando ésta sea indispensable	Eliminar la necesidad de información Facilitar el acceso a la información Eliminar la necesidad de procesamiento Cambiar el método de presentación
COMPLEJIDAD	Número muy grande de tareas o interrelaciones, pasos o actividades que trae como consecuencia un rendimiento incompleto o inaceptable; esta situación puede conducir a problemas de capacidad, control o de accesibilidad a la información	Simplificar Dividir Cambiar la secuencia de actividades

guir en un determinado flujo de trabajo y la forma en que ellos efectúan dichos pasos.

Estos ejemplos son sólo unos cuántos de las muchas situaciones que pueden encontrarse en la práctica cuando se inicia el análisis de los detalles de un sistema. Pero también ejemplifican el tipo de información que se debe buscar. El analista debe analizar los detalles para detectar lo que funciona bien, lo que es ineficiente o poco efectivo y dónde son necesarios ciertos ajustes.

Un marco de referencia útil para examinar los hechos de un sistema y establecer los requerimientos de los usuarios, incluye las áreas de capacidad, control, acceso a la información y complejidad (Tabla 7.1).

Capacidad

La *capacidad* es la habilidad que tiene el sistema actual formado por personas, equipo, espacio y procedimientos, para alcanzar las metas y objetivos básicos del sistema. Desde el punto de vista de procesos, el analista debe determinar si la capacidad actual brinda soporte a todas las actividades generales de sistemas de información como son la aceptación de entradas, el procesamiento, almacenamiento y recuperación de datos, la producción de resultados, o la transmisión de información y mensajes.

Existen signos muy evidentes de la falta de capacidad de un sistema. Por ejemplo, el retraso poco deseable entre el momento en que se presenta un evento y el procesamiento de los datos asociados con él, puede deberse a una capacidad de procesamiento insuficiente. De manera similar, un consultorio médico que desee mantener en línea 24 meses de información clínica y financiera sobre los pacientes (para tener acceso rápido a ella cuando sea necesario), tendrá problemas de capacidad si sólo están disponibles en línea doce meses de información. En algunas ocasiones, el espacio de trabajo crea problemas de capacidad. Si no existe suficiente espacio físico para que las personas realicen su trabajo, entonces ellas tendrán que escalonar sus labores. Por tanto, el tiempo necesario para realizarlas será mayor. Las tasas de error serán innecesariamente más grandes si las oficinas de trabajo son muy pequeñas.

Para abreviar, se tiene evidencia de un problema de capacidad cuando el sistema no puede manejar las transacciones o no cumple con los requerimientos de procesamiento y tampoco satisface los niveles de rendimiento esperados. Las soluciones más comunes —contratar más personal, aumentar la potencia de cómputo o añadir más espacio— admiten sólo una de entre tres estrategias generales:

1. *Aumentar las capacidades*
   Añadir al sistema más personal, equipo u otros recursos para incrementar la carga de trabajo que se puede alcanzar.
2. *Reducir las expectativas*
   Disminuir los requerimientos de desempeño por medio de un cambio en los tiempos ya sea para dar inicio a una tarea o para finalizarla.
3. *Volver a definir la naturaleza de la tarea*
   Cambiar las actividades ya sea modificando las responsabilidades, ajustando los niveles de especialización o generalización, o cambiando los estándares de rendimiento (y el número de excepciones que la gerencia debe tratar directamente).

Cuando se vuelve a diseñar un sistema para que los datos de las ventas sean introducidos en él cada dos semanas en lugar de cada fin de semana, lo que se está haciendo es disminuir las expectativas. Sin embargo, cuando se diseña la automatización de los datos fuente o se pide al grupo de ventas que capture los datos en terminales portátiles, eliminando con esto la necesidad de dar entrada a los datos, entonces lo que se hace es redefinir las tareas.

Control

En general, la palabra *control* significa "mantener las cosas en su sitio". En un sentido más formal, el control está relacionado con el conjunto de mecanismos (tales como estándares y medios para comparar el desempeño) que aumentan la probabilidad de que las actividades que afectan los objetivos de una organización se lleven a cabo en forma apropiada. El control también permite que el sistema detecte y notifique los casos donde estas actividades no se realizaron. También es esencial el manejo de eventos no anticipados. Un sistema bien diseñado debe tener la capacidad de notificarlos sin interrumpir las demás actividades.

El control puede verse en términos de procedimientos, contenido, auditoría y responsabilidad. Entre las preguntas que el analista debe formular cuando evalúa el control de los procedimientos, se encuentran las siguientes:

- ¿Se llevan a cabo todos los pasos del proceso? ¿Se realizan en forma apropiada?
- ¿Es posible que se efectúen pasos adicionales o no autorizados?
- ¿Pueden presentarse actividades duplicadas (por ejemplo transacciones idénticas)?
- ¿Se entera la gerencia de eventos o pasos que no se realizan?
- ¿Se verifica el contenido de las transacciones (datos correctos, códigos de procedimiento correctos)?

Muchos sistemas hacen hincapié en el *control de las tareas,* notificando cuándo no se realizan en forma apropiada, es decir cuando se presenta un error. A menudo, los controles fracasan en la tarea de notificar a los gerentes cuándo algo *no* está ocurriendo. Por ejemplo, si en cierta compañía no se realiza la rutina de verificar el efectivo hacia el mediodía, nadie sabrá si existe una situación de "sobregiro". Supóngase que la práctica seguida por la gerencia es notificar sólo las irregularidades en el manejo del efectivo. Si la gerencia no recibe el informe del sobregiro, supondrá que el manejo del efectivo se encuentra bajo control. La gerencia no se dará cuenta que la verificación de mediodía nunca ocurrió.

El control sobre el contenido se enfoca hacia los datos. Como se verá en el capítulo que trata el diseño de entradas, los analistas invierten mucho tiempo desarrollando pruebas y lineamientos para asegurar que los datos ingresados en el sistema de información sean correctos. Los datos incorrectos conducen hacia información poco confiable. Si un sistema tiene un control de auditoría éste debe tener la característica de seguimiento, lo que significa que existe un registro de la transacción o un evento que le permita a la gerencia decir quién efectuó la transacción, cuándo y qué resultados produjo.

A menudo, durante la determinación de requerimientos, los analistas encuentran que existe un problema de control porque la responsabilidad no recae sobre nadie; es decir, nadie supervisa el logro de los niveles de rendimiento especificados. También es posible que falten estándares de rendimiento o que éstos sean tan vagos que no tengan significado alguno; en otros casos, los estándares existen, pero no han sido dados a conocer a las personas indicadas.

Desde el punto de vista del diseño de sistemas, las siguientes estrategias se encuentran entre las que deben considerarse cuando se tiene entre manos un problema de control de sistemas:

- *Diseño para evitar fallos en el control*
  Desarrollar el sistema para prohibir la ocurrencia de fallos en los controles y con esto invalidar eventos que no pueden ocurrir. Este camino puede ser muy difícil o extremadamente costoso.
- *Diseño para detectar y notificar problemas de control*
  Asegurar que sean incorporados en el sistema procedimientos que identifiquen dificultades o inexactitudes y las notifiquen como una excepción que debe ser corregida por la persona autorizada para hacerlo.
- *Diseño para detectar y corregir fallos en los controles*
  Proporcionar medios para emprender una acción correctiva y notificar que ésta ha sido realizada.

Cada estrategia supone, tanto en sentido favorable como desfavorable, que las *personas* que forman parte de la organización son las responsables de lo que ocurre en ella. Para el analista, la pregunta más difícil es responder si son las personas la *causa* del fallo en los controles (¿cambiar el personal mejorará el nivel de control?) o si ellas son la *solución* para evitar las dificultades con los controles.

Accesibilidad de la información

¿Está disponible la información necesaria para llevar a cabo una tarea o alcanzar cierto objetivo? ¿Los detalles se pueden recuperar y presentar en forma adecuada cuando son necesarios? Estos aspectos tienen que ver con el análisis de la *accesibilidad de la información*.

Cuando es difícil el acceso a la información, el analista debe considerar si hay un problema de información (¿existe la información correcta y se encuentra disponible?) o es sólo cuestión de procedimiento (¿qué procedimientos deben seguirse para tener acceso y procesar la información?). El análisis cuidadoso de los hechos puede revelar que, aunque exista la información necesaria, las personas tienden a confiar más en su memoria o corazonadas porque el procedimiento de recuperación es demasiado laborioso. El método de recuperación puede ser difícil o bien la información se presenta en forma equivocada.

Entre las estrategias más representativas para evitar los problemas anteriores, se encuentran las siguientes:

- *Eliminar la necesidad de información*
  Cierta información puede ser recuperada y utilizada por un sistema automatizado sin necesidad de la intervención del usuario. En otros casos, el desarrollo de opciones preestablecidas, ejecu-

tadas a menos que se presenten consideraciones poco comunes, eliminará un requerimiento de información. El analista también puede optar por volver a diseñar los sistemas o procedimientos para que las reglas y procesos de decisión formen parte de él, eliminando de esta manera la necesidad de recuperar información salvo en los casos excepcionales.

- *Facilitar el acceso a la información*
  Los sistemas se pueden diseñar para que respondan a mandatos y dependan de opciones preestablecidas que se ajusten a las situaciones que se presentan con mayor frecuencia.
- *Eliminar la necesidad de procesamiento*
  Los detalles utilizados con mayor frecuencia pueden almacenarse en una forma que no requiera procesamiento o manejo. En este caso mejoran tanto la disponibilidad como la accesibilidad.
- *Cambiar el método de presentación*
  Se pueden seleccionar el empleo de otros formatos, incluyendo gráficas, colores e incluso técnicas de animación.

La información y el acceso a ella deben ser parte de la solución ¡no del problema!

Complejidad

La elegancia de la sencillez es un atributo de los sistemas de información mejor diseñados. Requerir que una persona participe en tareas interrelacionadas, es algo que puede crear una *complejidad* innecesaria. Los procedimientos que contienen un número muy grande de tareas, pasos o actividades, a menudo dan como resultado un rendimiento inaceptable o incompleto. Si es más fácil que una persona evite una tarea que hacerla, entonces será probable que ésta no se efectúe (quizá con excepción de los más celosos burócratas). La complejidad puede ser la base de los problemas de capacidad, control e información ya mencionados.

Para reducir la complejidad se deben considerar tres estrategias:

- *Simplificación*
  La simplificación puede obtenerse al eliminar los pasos que no son necesarios o el registro de información que no se utiliza. El uso de estándares preestablecidos simplificará los procesos. Los casos que no se ajustan a lo establecido por los estándares pueden manejarse como excepciones. Proporcionar estándares más explícitos o lineamientos también pueden ayudar a simplificar procesos que de otra manera serían complejos.
- *División*
  Dividir un proceso complejo en tareas separadas disminuye con frecuencia la complejidad. (El mismo principio se emplea en el análisis de flujo de datos, dividir los sistemas de información en

TABLA 7.2 Hechos representativos para el ejemplo de cuentas por pagar

Procesos principales	Autorización de factura Revisión del saldo adeudado en las cuentas · Elaboración del cheque
Personal	Dos personas que manejan todo el proceso de facturación y pagos Las dos personas no desean el tiempo extra (el tiempo extra se paga a razón de 1.5 veces el salario normal)

Detalles de procesamiento	Cerca de 200 facturas procesadas por día; 1000 por semana
	Crecimiento anual de 10%
	La carga de trabajo es más pesada al inicio de cada mes
	Retrasos en el procesamiento, los lotes son procesados en forma
	  secuencial
	Se preparan cerca de 200 talones de pago por día
	Arribo continuo de transacciones
	Número de artículos por factura: seis en promedio con un precio
	  menor de 25 dólares

Evaluación del procesamiento	Los errores de procesamiento causados por facturas no firmadas
	  representan el 10% del total de facturas
	Los errores de procesamiento causados por la pérdida de las
	  órdenes de compra representan el 19% del total de facturas
	Las facturas y listas de mercancía en ocasiones se envían por
	  separado, lo que causa con frecuencia que las facturas se paguen
	  dos veces, esto cuesta a la compañía 10 000 dólares al año
	La variación de los impuestos en las distintas partes del país no se
	  maneja en forma adecuada, esto representa un costo adicional
	  de 6 000 dólares al año
	Tiempo necesario para procesar cada factura o talón de pago (sin
	  que se presenten problemas), cinco minutos

sus componentes.) Al dividir un proceso, el analista debe considerar qué tareas tienen que ser hechas por las personas y cuáles son más adecuadas para una computadora.

- *Cambios en la secuencia*
  Cambiar el orden en el que ocurre un proceso puede disminuir la complejidad aparente. De esta manera es posible poner a disponibilidad información esencial y las respuestas a las preguntas difíciles se vuelven inmediatamente obvias.

De acuerdo con la situación que tenga entre manos, el analista puede añadir otra dimensiones a la evaluación del sistema.

Ejemplo de análisis

Un ejemplo puede servir para demostrar la transición desde la recopilación de los detalles de un sistema hasta su análisis. Por medio de este ejemplo, es posible desarrollar un conjunto de lineamientos para evaluar un sistema y sugerir mejoras.

TABLA 7.3 Preguntas que sirven de guía para el desarrollo de la propuesta del sistema

Hechos detectados	Análisis	Objetivos
¿QUÉ es lo que hace? ¿CÓMO se hace? ¿CON CUÁNTA FRECUENCIA se hace? ¿CUÁNDO SE HACE? ¿QUIÉN lo hace? ¿DÓNDE se hace? ¿CON QUÉ se hace? ¿QUÉ PASA si no se hace?	**CAPACIDAD** ¿Son adecuadas las instalaciones y demás facilidades? ¿Es suficiente el personal? ¿Existen procedimientos con un pobre diseño? ¿Existen formularios con un pobre diseño? ¿Cuál es la rapidez de ejecución? ¿Es necesaria una mayor capacidad de procesamiento? **CONTROL** ¿Qué tanto está bajo control? ¿Existen estándares? ¿Quién tiene la responsabilidad? ¿Cuál es la frecuencia con la que se omite? ¿Existen procedimientos formales? ¿Faltan algunos pasos? ¿Es adecuada la comunicación? **ACCESIBILIDAD DE LA INFORMACIÓN** ¿Existe información? ¿Se puede tener acceso con facilidad? ¿Se encuentra en la forma correcta? ¿Es confiable? ¿Existen datos duplicados? **COMPLEJIDAD** ¿Existen pasos adicionales? ¿Existen pasos que no tienen finalidad alguna? ¿Existe un manejo excesivo de formularios? ¿Existen secuencias erróneas?	Mayor velocidad de procesamiento Aumento en la exactitud Mejora en la consistencia Mayor velocidad de recuperación de la información Integración de áreas de la empresa Integración de datos Reducción de costos Mayor capacidad Ventaja competitiva Mejoras en la comunicación

Después de examinar los datos recopilados con respecto al sistema, el analista desarrolla un perfil de cada área de aplicación (o subsistema dentro de un área). Por ejemplo, en una actividad de cuentas por pagar, el esfuerzo de recopilación de hechos produce el perfil de un sistema, el cual se muestra en la tabla 7.2. El perfil de sistemas está formado por los detalles que describen las características de operación del sistema, tales como frecuencia de presentación, volumen de trabajo o tasa de error.

Estos detalles son los resultados del análisis y muestran los hechos recopilados por medio de preguntas. El analista estudia los detalles para evaluar la efectividad de la situación. Está claro que, en este ejemplo, para procesar diariamente todas las facturas y talones de pago, dos personas manejan en promedio 200 operaciones al día para un total de 8 000 transacciones por persona al mes (20 días de trabajo) para los dos procesos.

El analista debe determinar si se cometen bastantes errores u omisiones, con cuánta frecuencia ocurren, por qué se dan y cuál es el costo para la organización. Por lo general, se escoge un periodo específico: día, semana o año, como vehículo para cuantificar la tasa de error.

Cada una de las tres actividades principales, esto es aprobación de facturas, revisión de saldos vencidos y elaboración de cheques, sufren errores. Las facturas sin firma es un hecho que se presenta el 10% de las veces y requiere de varios pasos adicionales para corregir el problema. El faltante de órdenes de compra tiene una tasa de incidencia de 19% y, de nuevo, se requieren varios pasos para resolver el problema. El análisis también descubrió pagos con impuestos incorrectos sobre la venta; este problema se debe en parte a los distintos porcentajes de impuestos entre los diferentes estados del país. El uso de tasas erróneas añade un monto adicional de 6 000 dólares a los gastos generales de la compañía durante todo el año.

Cada transacción requiere de cierta cantidad de tiempo para su manejo y terminación. Al determinar el tiempo promedio para cada transacción, se obtiene un indicador del volumen de trabajo que puede ser manejado en determinado periodo de tiempo. Esta información también ayuda al analista a decidir si los trabajadores cumplen con la carga de trabajo que llega a sus manos o se retrasan.

En el ejemplo, las facturas llegan de manera continua, pero los empleados las colocan en un lote para realizar el procesamiento, acción que da origen a retrasos. Sin embargo, el análisis de los hechos señala un problema creciente y más significativo. Todos los días se reciben 200 facturas para su procesamiento. El manejo de cada factura requiere de, aproximadamente, cinco minutos y éste depende del número de artículos que ampara la factura. En general, durante las siete horas al día que trabajan las personas con las facturas, es posible manejar sólo 140. Esta estadística también se aplica a los talones de pago. Se necesita trabajar tiempo extra, el cual se paga a razón de 1.5 veces el salario normal, para sacar el trabajo cuando existen serios retrasos. Pero la prisa en ocasiones trae como resultado que algunas facturas se paguen dos veces. Estimaciones muy prudentes indican que este problema cuesta a la compañía alrededor de 20 000 dólares anuales.

El análisis de los detalles recopilados durante la investigación de sistemas indica que existen lagunas muy serias en los controles así como cuellos de botella —un problema de capacidad— para procesar las reclamaciones.

Identificación de requerimientos

El ejemplo de la sección anterior muestra sólo una situación muy específica. Sin embargo, lo que este análisis representa es algo muy común de lo que se lleva a cabo durante cualquier investigación de sistemas. La tabla 7.3 presenta un resumen de las preguntas hechas durante el análisis detallado de los datos del sistema.

Los requerimientos de diseño se formulan a partir de los resultados del análisis. Los requerimientos de un nuevo sistema son aquellas características o detalles que deben incorporarse para producir las mejoras o cambios que el analista determinó como necesarios. En otras palabras, los requerimientos son las actividades o mejoras que debe proporcionar el nuevo sistema y se obtienen al comparar el rendimiento actual con los objetivos de desempeño aceptables de un sistema.

Los requerimientos comunes de sistemas incluyen mejoras en la operatividad, tales como el aumento del volumen de trabajo o un tiempo menor para la recuperación de información (véase Tabla 7.3). Existen también beneficios económicos obtenidos al disminuir ya sea los costos de procesamiento o el número de errores. También son requerimientos comunes de sistemas la integración de datos o de varias áreas de las organizaciones. Asimismo, en el presente está aumentando el número de organizaciones que desarrollan sistemas de información con la finalidad de ganar ventaja competitiva en el mercado.

En el ejemplo anterior, entre los requerimientos del nuevo sistema, se incluyen los siguientes:

- Mayor velocidad de procesamiento
- Mayor confiabilidad y consistencia en los procedimientos para eliminar errores en el manejo de facturas y pagos así como en el cálculo de los impuestos
- Habilidad para interactuar con la información de compras para evitar pasos adicionales y retrasos innecesarios.
- Disminuir los costos de procesamiento y la ocurrencia de errores menos costosos por medio de mejores controles de procesamiento

Selección de estrategias para el cumplimiento total de los requerimientos

El análisis hecho con el estudio de los datos sugiere, en general, varios caminos que conducen hacia el cambio o mejora deseada. Por consiguiente, el analista trata de identificar aquéllos que son más factibles desde el punto de vista técnico, económico y operacional. Las opciones identificadas de esta manera son las *estrategias para satisfacer los requerimientos*. Ellas forman la base para el diseño de sistemas, tema que será estudiado en la siguiente sección.

En este capítulo ya se han mencionado varias estrategias represen-

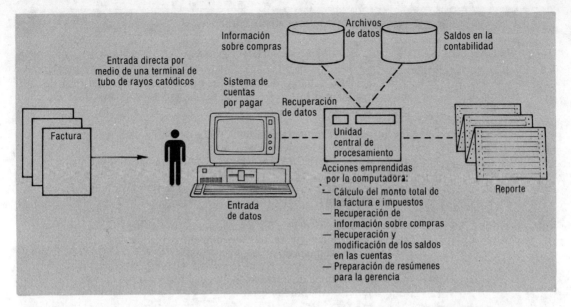

En la figura se muestran los siguientes elementos:

Entrada directa por medio de una terminal de tubo de rayos catódicos

Factura

Información sobre compras

Archivos de datos

Saldos en la contabilidad

Sistema de cuentas por pagar

Recuperación de datos

Unidad central de procesamiento

Entrada de datos

Acciones emprendidas por la computadora:

— Cálculo del monto total de la factura e impuestos
— Recuperación de información sobre compras
— Recuperación y modificación de los saldos en las cuentas
— Preparación de resúmenes para la gerencia

Reporte

FIGURA 7.2
Actividad propuesta de procesamiento de cuentas por pagar.

tativas en conexión con aspectos relacionados con el análisis de la capacidad, el control, la accesibilidad de la información y la complejidad. Estas estrategias también aparecen en la tabla 7.1. En una situación real de diseño, las estrategias a seguir pueden tomar la forma de cambios en los procedimientos de operación, nuevos métodos de trabajo, cambios en el personal, adición de controles, introducción de procesamiento automatizado, métodos para el soporte de decisiones, sistemas de comunicación dentro de las oficinas o una combinación de cualquiera de las anteriores.

Una de las estrategias del analista es mejorar una situación mediante el desarrollo de mejores procedimientos de operación. La revisión de procedimientos para eliminar formularios y documentos innecesarios o pasos duplicados, simplifica y acelera el trabajo. Lo anterior también puede disminuir el potencial de error.

A menudo el analista sugiere procedimientos para entrada, procesamiento, generación de reportes y de control con el objeto de guiar las operaciones o la toma de decisiones. Los procedimientos pueden ser automatizados o manuales y, por lo general, se incluyen varios que pertenezcan a cada una de estas categorías. Aquí el aspecto importante es que el analista tiene la responsabilidad de sugerir dónde serán de utilidad los procedimientos, ya sean nuevos o revisados. La administración decide si acepta o rechaza dichas recomendaciones.

El papel de la computadora en un diseño se centra alrededor de sus capacidades de cálculo, almacenamiento y recuperación de datos, clasificación y comunicación de datos. El analista debe decidir cuándo, por ejemplo, la velocidad y la capacidad de almacenamiento son ingredientes importantes para satisfacer los requerimientos de sistemas, o cuándo es más necesario el procesamiento por lotes que en

TABLA 7.4 Objetivos del diseño de sistemas de información

OBJETIVO	DESCRIPCIÓN
Especificar los elementos de diseño lógico	Especificaciones detalladas de diseño que describen las características de un sistema de información: entrada, salida, archivos y bases de datos y procedimientos
Actividades de soporte para la empresa	Los resultados del empleo del sistema serán de ayuda para mejorar el rendimiento de la empresa El diseño debe ajustarse a la forma en que la compañía conduce sus actividades La tecnología es secundaria en relación con los resultados obtenidos con el uso del sistema
Satisfacer los requerimientos de los usuarios	Satisfacer las necesidades de los usuarios en términos de: • efectuar en forma correcta los procedimientos apropiados • presentar en forma apropiada la información • proporcionar resultados exactos • utilizar los métodos de interacción apropiados • proporcionar confiabilidad total
Fácil de usar	Ingeniería humana favorable El diseño ergonómico debe ser físicamente cómodo y contribuir a la efectividad y eficiencia del usuario
Proporcionar las especificaciones de software	Especificar los componentes y funciones con suficiente detalle para construir el software de aplicación
Ajustarse a los estándares de diseño	El diseño y su especificación deben estar en concordancia con las reglas y prácticas establecidas por la organización

línea. El analista toma la decisión al aplicar el conocimiento que tiene sobre las capacidades de la computadora y combinarlo con la comprensión de los requerimientos de sistemas.

Un nuevo sistema podría, por ejemplo, requerir la automatización del manejo de las facturas para clasificarlas con rapidez, justo en el momento en que arriban, y determinar si es correcto el monto estipulado en ellas. Estos pasos pueden iniciarse con sólo proporcionar en una terminal el número de factura, el número de la orden de compra y la identificación del vendedor (Fig. 7.2). A su vez, el procesamiento computarizado puede ser sustituido por procesamiento efectuado por seres humanos. Los procesos pueden ocurrir con rapidez y es posible que se incorporen en el procedimiento la recuperación de la información de los archivos apropiados para la autorización de compra y el balance financiero. Los resultados de todo un día de trabajo se pueden totalizar y comunicar con rapidez a los supervisores, sin importar si éstos se encuentran dentro del mismo edificio a varios kilómetros de distancia.

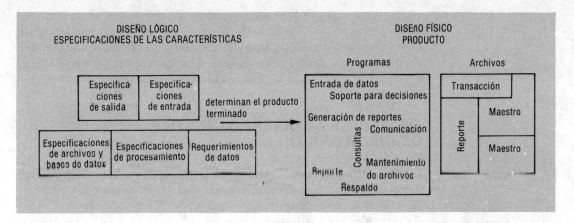

FIGURA 7.3
El diseño de un
sistema está formado
por los diseños físicos
y lógicos.

El analista debe decidir dónde serán utilizados los componentes de procesamiento para mejorar las situaciones detectadas durante la recopilación de datos y comprendidas por medio del análisis. Posteriormente, se tomarán las decisiones relacionadas con el grado de automatización y el modo de procesamiento requerido. El método de procesamiento, procedimientos automatizados o manuales junto con el modo de operación, por lotes o interactivo, eventualmente dará forma al diseño de todo el sistema (véase capítulos 8 a 13). El analista también debe formular las recomendaciones de las tareas que tienen que ser realizadas por las personas así como de aquéllas, si es que existen, donde se hará uso de computadoras.

Como el lector puede ya imaginar, cada estrategia tiene sus ventajas y desventajas, las cuales dependen de la situación en particular. Por consiguiente, el analista selecciona aquellas opciones que son más adaptables y después las estudia.

En el ejemplo de facturación, una estrategia de diseño incluye la capacidad de interactuar en línea con un sistema de facturación por medio de una terminal. El operador, que sólo emplea números de facturas, introduce y recupera facturas. Cada factura está asociada con un vendedor y es almacenada en el sistema una vez que se recibe para su correspondiente pago. Cuando la factura ingresa al sistema, éste calcula de nuevo, en forma automática, el costo de los artículos, los impuestos de venta y la cantidad total adeudada; si existe algún error, lo notifica al operador justo en el momento que lo detecta.

Cuando el operador desea pagar a un vendedor en particular, puede recuperar todas sus facturas. El operador, al hacer uso de los números de factura, pueden entonces seleccionar aquellas que va a pagar. A medida que paga cada factura, el sistema anota la fecha de pago y el número de cheque. También hace el ajuste adecuado, en una cantidad igual a la pagada, para disminuir el monto total adeudado al vendedor. El pago duplicado es imposible porque el sistema mantiene un registro de todas las facturas que ya han sido pagadas.

Esta es una forma de satisfacer los requerimientos identificados con anterioridad. Es probable que el lector identifique otros caminos que utilicen ya sea el procesamiento por lotes o que no hagan uso de una computadora. Cada uno de ellos puede ser una opción viable de diseño. Los costos y beneficios de cada estrategia son los que conducen a la selección de una opción entre las demás.

OBJETIVOS AL DISEÑAR UN SISTEMA DE INFORMACIÓN

Los requerimientos se trasladan en especificaciones de diseño. ¿Qué pretende alcanzar el analista cuando diseña un sistema de información? Esta sección describe los objetivos del diseño de sistemas (Tabla 7.4) y explora la naturaleza del diseño así como los resultados explícitos esperados de esta actividad.

Especificación de los elementos lógicos del diseño

El diseño de sistemas tiene dos etapas: el diseño lógico y la construcción física del sistema. Cuando el analista formula el *diseño lógico,* escribe las especificaciones detalladas del nuevo sistema, es decir aquellas que describen sus características: salidas, entradas, archivos y bases de datos y los procedimientos, todo en una forma que satisfaga los requerimientos del proyecto. El conjunto formado por todas estas características recibe el nombre de *especificaciones de diseño* del sistema.

El diseño lógico de un sistema de información es similar al proyecto de ingeniería de un automóvil: muestra las características más sobresalientes (como el motor, la transmisión y el espacio para los pasajeros) y la relación que guardan entre sí (dónde se conectan los componentes unos a otros o cuál es la separación que existe entre las puertas). Los reportes y salidas generadas por el analista son similares a los componentes de diseño del ingeniero. Los procedimientos y datos se enlazan entre sí para producir un sistema que trabaja.

Al diseñar un sistema de inventarios, por ejemplo, las especificaciones del mismo incluyen definiciones de reportes y pantallas de presentación que describen las existencias disponibles, el abastecimiento y retiro de artículos, y el resumen de transacciones realizadas durante, por ejemplo, un mes de operación. El diseño lógico también especifica los formatos de entrada y la distribución de la salida en pantalla para todas las transacciones y archivos que son necesarios para dar mantenimiento a los datos del inventario, a los detalles de las transacciones y a los datos de los proveedores. Las especificaciones de procedimientos describen los métodos utilizados para ingresar datos en el sistema, copiar archivos y detectar problemas, si éstos se presentaran (Fig. 7.3).

La *construcción física,* que es la siguiente actividad después del diseño lógico, produce el software, los archivos y un sistema que funciona. Las especificaciones de diseño indican a los programadores lo que el sistema debe hacer. A su vez, los programadores escriben programas que aceptan la entrada proporcionada por los usuarios, procesan los datos, producen los reportes y guardan los datos en los archivos.

El diseño físico para el sistema de inventarios ya mencionado, está formado por instrucciones de programa, escritas en un lenguaje de programación. Estos pasos revisan los registros de mercancía en existencia utilizando para ello los datos asentados en la transacción, imprimen los reportes y guardan los datos. El analista especifica los algoritmos necesarios para cambiar las cantidades de mercancía en existencia. Durante la construcción física, los programadores *escriben* las instrucciones necesarias del programa para calcular los cambios y producir los resultados.

Apoyo para las actividades de la empresa

Un objetivo fundamental en el diseño de un sistema de información es asegurar que éste brinde apoyo a la actividad de la empresa para la que fue desarrollado. En otras palabras, la *tecnología* de cómputo y comunicaciones especificada en el diseño siempre debe tener un papel secundario en relación con los *resultados* que se pretende que el sistema proporcione.

Por ejemplo, si es esencial para una organización mover la información con mucha rapidez para mantener su competitividad, entonces las especificaciones de diseño del sistema de información deben girar alrededor de este objetivo esencial de la empresa. En este ambiente, un sistema que procesa la información con lentitud causará daños a la organización. Imagine el lector un sistema de reservación de vuelos que no dice con prontitud a sus usuarios qué asientos quedan disponibles en un determinado vuelo o un sistema de cajero automático en un banco que no permite a los clientes conocer con rapidez el saldo de sus cuentas. Para estas organizaciones, dichas actividades son esenciales y los sistemas de información deben apoyarlas.

De manera similar, el diseño tiene que ajustarse a la forma en que trabaja la empresa. Si el sistema de ventas de una compañía es diseñado para trabajar mejor con pedidos que son pagados en efectivo, cuando de hecho la empresa tiene una política de crédito para las ventas, entonces la gerencia no estará muy feliz con el sistema, y los mismo sucederá con los clientes. Aun a pesar de que el sistema de información trabaje bien desde el punto de vista técnico, no se ajusta a las actividades de la empresa.

Los ejemplos anteriores ilustran la importancia de adecuar el sistema a las necesidades de la organización, un objetivo que debe servir virtualmente de guía a todas las decisiones de diseño.

Asegurar que las características del sistema cumplan con los requerimientos del usuario

Durante el diseño, los requerimientos del usuario se trasladan en características del sistema. Se dice que un sistema de información satisface las necesidades de los usuarios si:

- Realiza en forma apropiada los procedimientos correctos
- Presenta información e instrucciones en una forma aceptable y efectiva
- Produce resultados exactos
- Proporciona una interface y métodos de interacción aceptables
- Es percibido por los usuarios como un sistema confiable

En discusiones anteriores sobre el análisis de sistemas, se mencionó que el principal interés del analista es determinar el sistema correcto y proporcionar el sistema correcto. El objetivo del diseño de sistemas es alcanzar estos dos objetivos.

Comentario al margen
Adecuando el sistema a la organización

Los sistemas de información son una herramienta importante para la empresa. Por tanto, es esencial adecuar el sistema a la organización. Los analistas más eficientes son los que comprenden las razones del éxito de la organización. Algunas compañías tienen éxito porque recalcan el servicio al cliente como el aspecto más importante de sus actividades. Otras hacen hincapié en los costos administrativos, y varias más basan su éxito en la rapidez con la que suministran los pedidos. El desarrollo de sistemas de información debe ir en paralelo con los factores que determinan el éxito de la compañía.

Las características que sirven de soporte para el éxito de la organización, son una parte integral de las aplicaciones de sistemas de información. Una aerolínea que es reconocida por la excelencia de los servicios que ofrece a sus clientes, necesita satisfacer las necesidades de aquéllos que viajan con mayor frecuencia. El sistema de reservación, utilizado en los aeropuertos por los asistentes del mostrador, muestra información de aquellas personas que viajan con bastante frecuencia. El sistema indica si cierto pasajero ha recibido un crédito especial para el vuelo que va a tomar. Dado que el sistema fue diseñado de manera cuidadosa para presentar esta información, el representante de la aerolínea puede dirigirse al cliente por su nombre: "Señor Thompson, el agente de viajes proporcionó su número especial para este vuelo, por lo que ha recibido un crédito especial. Creo que le gustaría saberlo." Esta característica puede parecer muy simple, ¡pero los clientes y analistas con experiencia saben que esto hace la diferencia! Incluir estas características en el diseño de sistemas de información ayudará a garantizar el continuo éxito de la organización.

Proporcionar un sistema que sea fácil de utilizar

Los beneficios que se obtienen por *NO* utilizar un sistema de información, ¿son mayores que los que se pueden alcanzar con su uso? Esta parece ser una pregunta ilógica, ya que siempre se prefiere la información correcta que la errónea. Pero los analistas con experiencia saben que muchas de las características técnicas de un sistema de información —como su confiabilidad, exactitud y velocidad de procesamiento— son secundarias en relación con los aspectos humanos del diseño de sistemas. Por consiguiente, los analistas procuran diseñar el sistema con ingeniería dirigida hacia las personas y, en consecuencia, incluyen características ergonométricas.

Ingeniería humana

Después que el sistema ha sido instalado y de que los analistas se han ido, los gerentes y sus empleados comienza a interactuar con el sistema. A medida que el entusiasmo (y el miedo) por la nueva aplicación toma su cauce normal y su uso se convierte en algo rutinario, los usuarios comienzan a examinar y probar sus características. Es en este contexto donde las características de *ingeniería humana* a menudo tienen mayor importancia de las técnicas. Si los sistemas de información no son diseñados *para las personas* entonces no tendrán éxito, como lo señala el alto ejecutivo al gerente del grupo de sistemas de información en la historia que se encuentra al inicio de este capítulo.

Cada uno de los capítulos en esta tercera parte, hace hincapié en aspectos de ingeniería humana. En general, sin embargo, el analista debe procurar formular el diseño de sistemas en forma que

- Incorpore características del sistema que sean fáciles de comprender y utilizar
- Desaliente los errores cometidos por los usuarios o la falta de cuidado por parte de ellos
- Evite fallas o procedimientos inapropiados que generen perjuicios o complicaciones para los usuarios o vayan en detrimento de la organización
- Tenga suficiente flexibilidad para adaptarse a las necesidades de cada usuario
- Se adapte a la creciente familiaridad del usuario con el sistema
- Funcione, en general, en una forma que parezca natural al usuario

A menudo se emplea el término *orientado hacia el usuario* para designar aquellos sistemas que exhiben excelentes características de ingeniería humana (desafortunadamente, el empleo frecuente de este término en la publicidad lo ha hecho tan popular que existe la tendencia a pasar por alto su significado).

Diseño ergonómico

En el contexto de los sistemas de información, la *ergonomía* estudia los factores físicos que afectan el rendimiento, la comodidad y la satisfacción de los usuarios directos. El diseño de terminales, sillas y otro tipo de equipos, influye en la fatiga y tensión derivadas del uso de dichos objetos. Estos factores afectan a su vez la tasa de errores cometidos por los usuarios cuando ingresan datos en el sistema, la eficiencia de los usuarios y hasta el ausentismo.

La ergonomía tiene relación con la selección de equipo y el diseño de las áreas de trabajo. Sin embargo, como se verá más adelante, se deben considerar factores ergonómicos cuando se escogen los colores para la presentación de información, la ubicación de las teclas de mandatos, o los métodos de interacción con el sistema. En los sistemas más eficientes, los analistas consideran con cuidado y desde diferentes perspectivas, los aspectos ergonómicos del diseño de sistemas.

En capítulos posteriores se exploran varias formas diferentes para alcanzar objetivos de diseño de ingeniería humana.

Proporcionar especificaciones detalladas para el desarrollo de software

Al igual que con las características de un sistema de información, el software también debe ser diseñado con cuidado. El diseño de sistemas incluye la formulación de las especificaciones de software.

Estas especificaciones establecen las funciones de entrada, salida y procesamiento así como los algoritmos necesarios para efectuarlas. Los módulos de software junto con las rutinas, se enfocan sobre lo que cada función realiza; asimismo, se especifican los procedimientos necesarios para llevar a cabo dichas funciones. La selección de lenguajes de programación, paquetes de software y utilerías se efectúa durante el proceso de diseño lógico y las recomendaciones se incluyen como parte de las especificaciones del software.

Ajustarse a los estándares de diseño

Como puede observarse, los objetivos del diseño de sistemas son muy amplios y afectan aspectos tanto de la aplicación como de la organización en la que será utilizado el sistema. Por consecuencia, no debe sorprender el hecho de que los grupos de sistemas de información mejor manejados, también mantengan estándares para el desarrollo de sistemas. Las especificaciones de diseño se establecen dentro del marco fijado por los estándares.

Los siguientes son ejemplos de áreas incluidas en el diseño de estándares:

- *Estándares para datos*
  Lineamientos para asignar nombre a los datos y especificar su longitud y tipo. Estos lineamientos son utilizados por todas las aplicaciones desarrolladas por el grupo de sistemas de información. Con frecuencia están contenidas en el diccionario de datos.
- *Estándares de codificación*
  Abreviaturas y designaciones formales para describir actividades y entidades dentro de la organización (por ejemplo, clasificación de clientes y tipos de transacciones).
- *Estándares estructurales*
  Lineamientos sobre *cómo* estructurar el software y el sistema. Políticas para dividir el software en módulos, para la codificación estructurada y la relación existente entre los componentes del sistema. Pueden incluir estándares sobre la longitud del programa y lineamientos para volver a utilizar los módulos de software.
- *Estándares de documentación*
  Descripciones de las características del diseño de sistemas, de la relación entre componentes y de las características de operación que pueden ser revisadas para conocer los detalles de la aplicación.

Con el objeto de garantizar que la aplicación cumpla con los estándares, muchas organizaciones cuentan con un grupo de control de calidad que tiene la responsabilidad de revisar todas las especificaciones de diseño de sistemas de información, así como el propio sistema una vez terminado.

¿QUÉ CARACTERÍSTICAS SON LAS QUE SE DEBEN DISEÑAR?

Las especificaciones de diseño describen las *características* del sistema, los componentes o elementos del sistema y la forma en que éstos aparecerán ante los usuarios. Para muchos usuarios, el éxito de un sistema está relacionado con la creencia que tengan sobre sí el sistema tiene las características adecuadas.

Esta sección describe las características que debe diseñar el analista de sistemas. Pero antes de considerarlas, es conveniente primero aclarar qué elementos tienen que tomarse en cuenta en las especificaciones formales de diseño.

Elementos del diseño

Los componentes de un sistema de información descritos durante el análisis de requerimientos, son el punto focal del diseño de sistemas. Los analistas deben diseñar los siguientes elementos:

- *Flujos de datos*
  Movimientos de datos hacia, alrededor y desde el sistema.

- *Almacenes de datos*
  Conjuntos temporales o permanentes de datos.
- *Procesos*
  Actividades para aceptar, manejar y suministrar datos e información. Pueden ser manuales o basadas en computadora.
- *Procedimientos*
  Métodos y rutinas para utilizar el sistema de información y lograr con ello los resultados esperados.
- *Controles*
  Estándares y lineamientos para determinar si las actividades están ocurriendo en la forma anticipada o aceptada, es decir si se encuentran "bajo control". Asimismo, debe especificar las acciones que tienen que emprenderse cuando ocurren problemas o se presentan circunstancias inesperadas. Puede incluirse un reporte sobre las excepciones o procedimientos para la corrección de los problemas.
- *Funciones del personal*
  Las responsabilidades de todas las personas que tienen que ver con el nuevo sistema, incluyendo los usuarios, operadores de computadora y personal de apoyo. Abarca todo el espectro de componentes del sistema, incluso desde la entrada de datos hasta la distribución de salidas o resultados. A menudo, las funciones del personal se establecen en forma de procedimientos.

Como se verá más adelante, estos elementos aparecen una y otra vez en muchas de las características de los sistemas de información. Por consiguiente, todos estos elementos tienen la misma importancia al estructurar el diseño.

Diseño de la salida

El término *salida,* como es probable que el lector lo conozca, se refiere a los resultados e información generados por el sistema. Para muchos usuarios finales, la salida es la única razón para el desarrollo del sistema y la base sobre la que ellos evaluarán la utilidad de la aplicación. En la realidad, muchos usuarios no operan el sistema de información y tampoco ingresan datos en él, pero utilizan la salida generada por el sistema.

Cuando diseñan la salida, los analistas deben realizar lo siguiente:

- Determinar qué información presentar
- Decidir si la información será presentada en forma visual, verbal o impresa y seleccionar el medio de salida
- Disponer la presentación de la información en un formato aceptable
- Decidir cómo distribuir la salida entre los posibles destinatarios

La disposición de la información sobre una pantalla o documento impreso se denomina *distribución*.

Para llevar a cabo las actividades antes mencionadas, se requieren decisiones específicas tales como el empleo de formatos ya impresos cuando se preparan reportes, cuántas líneas planear sobre una página impresa o si se deben emplear gráficas y colores.

El diseño de la salida está especificado en los formularios de distribución, que son hojas que describen la ubicación, características (como longitud y tipo) y formato de los encabezados de columnas y la paginación. Tal como ya se indicó al inicio de la presente discusión, estos elementos son análogos al bosquejo donde el arquitecto indica la localización de cada componente.

Diseño de archivos

El diseño de archivos incluye decisiones con respecto a la naturaleza y contenido del propio archivo, como si se fuera a emplear para guardar detalles de las transacciones, datos de tipo histórico o información de referencia. Entre las decisiones que se toman durante el diseño de archivos, se encuentran las siguientes:

- Los datos que deben incluirse en el formato de los registros contenidos en el archivo
- La longitud de cada registro, con base en las características de los datos que contiene
- La secuencia a disposición de los registros dentro del archivo (la estructura de almacenamiento que puede ser secuencial, indexada o relativa)

No todos los nuevos sistemas de información requieren del diseño de todos lo archivos utilizados por la aplicación. Por ejemplo, es probable que ya existan archivos maestros porque éstos son utilizados por otras aplicaciones existentes. Tal vez la nueva aplicación necesite hacer referencia sólo al archivo maestro. En este caso, los detalles del archivo se incluyen en las especificaciones de diseño de la aplicación, pero el archivo no vuelve a diseñarse.

Diseño de interacciones con la base de datos

Muchos sistemas de información, ya sea implantados en sistemas de cómputo grandes o pequeños, interactúan con las bases de datos que abarcan varias aplicaciones. Dada la importancia que tienen las bases de datos en muchos sistemas, su diseño es establecido y vigilado por un administrador de bases de datos, que es una persona (o grupo de personas) que tiene la responsabilidad de desarrollar y mantener la base de datos. En estos casos, el analista de sistemas no efectúa el diseño de la base de datos sino que consulta al administrador de la base para determinar las *interacciones* más apropiadas con la base de datos. El analista proporciona al administrador la descripción de 1) los datos que son necesarios de la base de datos, y 2) las acciones que tendrán efecto sobre la propia base (por ejemplo, la recuperación de datos, cambios en los valores de los datos o el ingreso de nuevos datos en la base).

A su vez, el papel del administrador de bases de datos incluye las siguientes responsabilidades:

- Evaluar la conveniencia de la solicitud del analista
- Describir los métodos para interactuar con la base de datos
- Asegurar que la aplicación no pueda dañar la base de datos o que la afecte de manera adversa a las necesidades de otros sistemas de información

Los capítulos 12 y 13 examinan el diseño de sistemas de información que interactúan con bases de datos compartidas.

Diseño de la entrada

Los analistas de sistemas deciden los siguientes detalles del diseño de *entradas:*

1. Qué datos ingresan al sistema
2. Qué medios utilizar
3. La forma en que se deben disponer o codificar los datos
4. El diálogo que servirá de guía a los usuarios para dar entrada a los datos
5. Validación necesaria de datos y transacciones para detectar errores
6. Métodos para llevar a cabo la validación de las entradas y los pasos a seguir cuando se presentan errores

Las decisiones de diseño para el manejo de entradas, especifican la forma en que serán aceptados los datos para su procesamiento por computadora. Los analistas deciden si los datos serán proprocionados directamente, quizá a través de una estación de trabajo, o por el uso de documentos, como talones de ventas, cheques bancarios o facturas, donde los datos a su vez son transferidos hacia la computadora para su procesamiento.

El diseño de la entrada también incluye la especificación de los medios por los que tanto los usuarios finales como los operadores darán instrucciones al sistema sobre las acciones que debe emprender. Por ejemplo, un usuario que interactúa con el sistema por medio de una estación de trabajo, tiene que ser capaz de indicarle al sistema ya sea que acepte una entrada, genere un reporte o termine el procesamiento.

DELTA AIR LINES:
DELTASTAR PARA AGENTES DE VIAJES

Una y otra vez *Delta AirLines,* con oficinas centrales en Atlanta y una de las compañías más grandes de Nortcamérica, ha sido distinguida por su servicio ejemplar. Esto se ha traducido en una lealtad de los pasajeros que es la envidia de toda la industria.

El servicio que ofrece Delta comienza en tierra. Sus beneficiarios no sólo son pasajeros sino también agentes de viajes que forman parte de la red de distribución de toda la industria de aerolíneas. A lo largo de toda esta industria, los agentes de viajes son los responsables de la mayor parte de las reservaciones de todas las aerolíneas.

Delta va más allá de los medios tradicionales, como especificaciones impresas, dibujos y fotografías, para mantener informados a sus clientes. La aerolínea utiliza una tecnología de información que permite a los compradores ver una imagen muy real y con animación del viaje que el cliente desea comprar. Los sistemas de DeltaStar utilizan gráficas de color junto con poderosas estaciones de trabajo que proporcionan a los viajeros imágenes de cuartos de hotel, albercas, playas y otras atracciones.

Si los pasajeros desean saber cómo se ve la Torre Eiffel, en París, desde el cuarto del hotel donde planean hospedarse, DeltaStar puede proyectar una imagen de video sobre la pantalla de la terminal que se encuentra en la oficina del agente de viajes, con esa vista específica. Están apareciendo sistemas que permiten generar en la impresora de la oficina y con sólo un mandato, fotografías con la calidad de las que aparecen en los folletos y que muestran camarotes de barco, salones para banquetes y campos de golf, entre otras cosas. También se pueden mostrar en la pantalla o imprimir mapas de ciudades importantes.

La flexibilidad también es parte del sistema. Si una agencia en particular se especializa en viajes de trabajo para ejecutivos, más que en viajes de placer, entonces se puede seleccionar un módulo que se acomode a sus necesidades. Este módulo permite que los agentes construyan un perfil de las políticas de cada corporación. Con esto es posible mantener para cada viajero los sitios hacia donde se ha trasladado, su asiento preferido, y los procedimientos de pago junto con otros datos. El agente de viajes puede utilizar el sistema DeltaStar para buscar literalmente miles de combinaciones de tarifas y vuelos y seleccionar entonces aquellas que mejor satisfagan las necesidades del cliente. Dado que DeltaStar hace un uso mucho más eficiente del tiempo tanto del agente como del cliente, esto trae como resultado un mayor número de servicios y ventas.

Cada faceta de este poderoso sistema de información puede adaptarse a los requerimientos del agente de viajes, lo que permite proporcionar el servicio a los pasajeros en la forma más completa y ventajosa posible.

El sistema también puede trabajar internamente para el agente de viajes al enlazar por medio de una red todas las computadoras de escritorio que se encuentran en su oficina. De esta manera, se puede tener acceso a los datos de contabilidad desde cualquier estación. Al emplear la misma computadora, cada agente puede conectarse a la red de reservaciones más grande de todo el mundo.

DeltaStar es mucho más que un sistema de información. Engloba la promoción, el servicio al cliente y las actividades internas, es un sistema completo que emplea y aplica tecnología de información con características muy diferentes.

Los sistemas en línea incluyen un *diálogo* o *conversación* entre el usuario y el sistema. Por medio del diálogo, el usuario solicita servicios al sistema y le indica cuándo realizar cierta función. A menudo la naturaleza de la conversación en línea hace la diferencia entre un diseño exitoso y otro inaceptable. Un diseño inapropiado, que deja la pantalla en blanco, confunde al usuario con respecto a qué acción debe emprender. Ya que esta idea es muy importante y dado que los sistemas en línea son bastante comunes, el capítulo 10 está dedicado a la conversación en línea.

La disposición de mensajes y comentarios en las *conversaciones en línea,* así como la ubicación de los datos, encabezados y títulos sobre las pantallas o documentos fuentes, también forman parte del diseño de entradas. En general, se preparan bosquejos para comunicar la disposición a los usuarios, para que ellos la revisen, y a los programadores y otros miembros del equipo de diseño de sistemas.

Diseño de controles

Los analistas de sistemas también deben anticipar los errores que se cometerán al ingresar los datos en el sistema o al solicitar la ejecución de ciertas funciones. Algunos errores no tienen importancia ni consecuencias, pero otros pueden ser tan serios que ocasionarían el borrado de datos o el uso inapropiado del sistema. Aunque exista sólo la más mínima probabilidad de cometer un error serio, un buen diseño de sistema de información ofrecerá los medios para detectar y manejar el error.

Los controles de entrada proporcionan medios para 1) asegurar que sólo los usuarios autorizados tengan acceso al sistema, 2) garantizar que las transacciones sean aceptables, 3) validar los datos para comprobar su exactitud y 4) determinar si se han omitido datos que son necesarios.

Diseño de procedimientos

Los procedimientos especifican qué tareas deben efectuarse al utilizar el sistema y quiénes son los responsables de llevarlas a cabo. Entre los procedimientos importantes se encuentran

- *Procedimientos para entrada de datos*
  Métodos para la captura de datos de las transacciones y su ingreso en el sistema de información (*ejemplo:* secuencia para dar entrada a los datos registrados en los documentos fuente)
- *Procedimientos durante la ejecución*
  Pasos y acciones emprendidos por los operadores del sistema y, en ciertos casos, por los usuarios finales que interactúan con el sistema para alcanzar los resultados deseados (*ejemplo:* montar paquetes de discos o colocar en las impresoras formas preimpresas)
- *Procedimientos para el manejo de errores*
  Acciones a seguir cuando se presentan resultados inesperados (*ejemplo:* ocurre un error cuando el sistema intenta leer datos de un archivo o la impresora se atasca durante la impresión de una gran cantidad de hojas)
- *Procedimientos de seguridad y respaldo*
  Acciones para proteger al sistema y sus recursos contra posibles daños (*ejemplo:* ¿cuándo y cómo hacer copias de los archivos maestros o de partes de la base de datos?)

Estos procedimientos deben formularse por escrito y formar parte de la documentación del sistema.

Diseño de especificaciones para programas

Las especificaciones para programas son por sí mismas un diseño. Ellas describen cómo transformar las especificaciones de diseño del sistema —salidas, entradas, archivos, procesamiento y otras— en software de computadora.

El diseño del software de computadora es importante para asegurar que

- Los programas producidos lleven a cabo todas las tareas y lo hagan en la forma establecida
- La estructuración del software en módulos permita su prueba y validación para determinar si los procedimientos son correctos
- Las modificaciones futuras se puedan realizar en forma eficiente y con un mínimo de interrupción en el diseño del sistema

Un sistema de software en particular será diseñado sólo una vez, pero será usado repetidamente y es muy probable que evolucione en la medida que cambien las necesidades de los usuarios, como lo señala el profesional de sistemas de información de la historia con que se inicia este capítulo. Estas observaciones añaden más importancia al diseño de software.

En algunas organizaciones, existe una separación entre las responsabilidades del programador y las que tiene el analista. En otras, tanto los programadores como analistas comparten las responsabilidades. Aunque la combinación de responsabilidades facilita la comunicación del diseño a ciertos programadores que trabajan en el proyecto, ésta no elimina los aspectos mencionados hasta este momento.

Los métodos para desarrollar el diseño o para especificar los detalles varían de acuerdo con las prácticas establecidas en cada organización. También serán diferentes como consecuencia de los lenguajes utilizados para escribir el software. Los lenguajes de tercera generación requieren una atención mucho mayor en lo que respecta a los detalles de los procedimientos en comparación con la dedicada cuando se emplean lenguajes de cuarta generación. El capítulo 14 examina con gran detalle el diseño de software para computadora.

Comentario al margen
Mantenimiento: preservación de la utilidad del sistema

El mantenimiento es un aspecto más del desarrollo de sistemas de información. Sin embargo, efectuar cambios y ajustes no necesariamente indica la corrección de errores o la ocurrencia de problemas.

Entre los cambios más frecuentes solicitados por los usuarios finales se encuentra la adición de información al formato de un reporte. Se pueden revisar los requerimientos del sistema como consecuencia de su uso o del cambio de las necesidades de operación. Quizá sea necesario corregir algún descuido que ocurrió durante el proceso de desarrollo.

A menudo surge la necesidad de capturar más datos y almacenarlos en la base de datos o en los archivos de transacciones. O quizá sea necesario añadir características para la detección de errores con la finalidad de evitar que los usuarios del sistema emprendan por equivocación una acción no deseada.

Todas estas situaciones son realidades del mantenimiento de aplicaciones. Cuando se presentan, sin embargo, son un buen indicador de que el sistema se está utilizando, de que tiene una función útil y de que los usuarios no lo están "archivando".

MANEJO DEL PROCESO DE DISEÑO PARA APLICACIONES INSTITUCIONALES

El manejo del proceso de diseño significa tomar los pasos necesarios para que el esfuerzo de desarrollo avance en forma apropiada y produzca los resultados esperados. Esta sección introduce los aspectos de manejo que serán discutidos en el módulo de diseño de sistemas. También se examina la información que se espera que libere el analista, así como las áreas que deben vigilarse durante todo el proceso.

Asimismo, se discute el papel que tienen los usuarios finales en el diseño del sistema.

Carpeta de descripción del diseño del sistema

Cuando el diseño de un sistema de información está completo, las especificaciones son documentadas en una forma que esboza las características de la aplicación. Los analistas de sistemas denominan a estas especificaciones *información liberada* o *carpeta de diseño*. Ningún diseño está completo sin la carpeta de diseño, ya que ésta contiene todos los detalles que deben incluirse en el software de computadora, conjuntos de datos y procedimientos que comprenden el sistema de información.

La información liberada incluye los siguientes aspectos (Fig. 7.4):

- *Cuadros de despliegue*
  Descripciones de las entradas y salidas donde se muestra la ubicación de todos los detalles que aparecerán en los reportes, documentos y pantallas de terminal.
- *Estructuras de registros*
  Descripciones de todos los datos contenidos en los archivos maestros y de transacciones así como los diagramas relacionados con la base de datos.
- *Sistemas de codificación*
  Descripciones de los códigos que explican o identifican tipos de transacciones, clasificaciones y categorías de eventos o entidades.
- *Especificaciones de los programas*
  Cuadros, tablas y descripciones gráficas de los módulos y componentes del software de computadora junto con la interacción entre cada uno de ellos; también se incluyen las funciones realizadas y los datos utilizados o producidos por cada una de ellas.
- *Especificación de procedimientos*
  Procedimientos planificados para instalar y operar el sistema cuando esté terminado.
- *Plan de desarrollo*
  Cronogramas que indican los tiempos necesarios para el desarrollo de las actividades; analistas de sistemas, programadores y personal necesario para el desarrollo; planes para pruebas preliminares e implantación.
- *Costo del paquete*
  Gastos anticipados para el desarrollo, implantación y operación del nuevo sistema, clasificados por categorías tales como personal, equipo, comunicaciones, facilidades y suministros (revisados y actualizados con base en las proyecciones de costo y beneficio de la propuesta original del proyecto)

Muchas organizaciones han desarrollado lineamientos formales para la integración de la carpeta de diseño de sus sistemas de información.

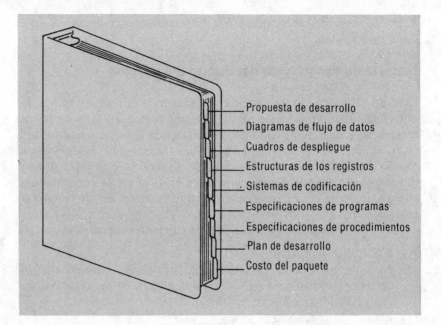

Propuesta de desarrollo
Diagramas de flujo de datos
Cuadros de despliegue
Estructuras de los registros
Sistemas de codificación
Especificaciones de programas
Especificaciones de procedimientos
Plan de desarrollo
Costo del paquete

FIGURA 7.4
Información liberada
en el proceso de
desarrollo de un
sistema.

Esto es recomendable para asegurar que las especificaciones son completas y que el personal de sistemas de información estará familiarizado con la naturaleza y formato de la información a través de varios proyectos. En los capítulos dedicados al diseño de sistemas aparecen varias demostraciones de estos estándares.

Seguimiento del proceso de diseño

Al igual que cualquier otro proyecto grande o importante de la compañía, el diseño de sistemas de información debe ser manejado en forma adecuada para asegurar que se obtendrán los resultados deseados. Entre las preguntas que por lo general se hacen los gerentes de proyecto o los de sistemas de información, se encuentran las siguientes:

- *Tiempo de desarrollo*
  ¿Cuánto tiempo tomará el proyecto? ¿Qué actividades son las críticas para mantener el desarrollo dentro de los tiempos planificados? ¿En este momento el proyecto va desarrollándose de acuerdo con los tiempos especificados?
- *Costo de desarrollo*
  Los gastos del proyecto, ¿se encuentran dentro de lo presupuestado?
- *Aceptabilidad del diseño*
  El diseño especificado, ¿satisface los requerimientos de los usuarios y de la organización? ¿Se puede construir el sistema de acuerdo con el diseño propuesto? ¿Es posible mejorar el diseño?

A través de la experiencia, los expertos en sistemas de información han concebido métodos y lineamientos para dar respuesta a estas preguntas y manejar el avance del desarrollo del proyecto. El capítulo 16 estudia con detalle cómo estimar el número de horas necesarias para el desarrollo de un proyecto, así como el tiempo requerido para hacerlo. También se exploran diferentes planes para formar el grupo de desarrollo.

Una técnica muy utilizada para asegurar que el diseño sea adecuado se conoce como el *recorrido estructurado,* que es un método para revisar las especificaciones de varios de los aspectos del diseño. En el capítulo 16 también se examinan varias estrategias para emplear esta técnica con la finalidad de manejar el diseño. (El lector quizá quiera en este momento consultar rápidamente esta información y después referirse a ella a medida que estudie los demás capítulos sobre el desarrollo de sistemas de información.)

Selección de hardware y software

Muchas veces cuando un sistema de información se encuentra bajo desarrollo, el sistema de cómputo, las estaciones de trabajo y el aparato de comunicaciones sobre los que se implantará el sistema, ya se encuentran en la organización. En estos casos, todo el esfuerzo de diseño se concentra en adaptar la aplicación a las características del sistema de cómputo.

Sin embargo, cuando es necesario un nuevo equipo de cómputo, la selección y adquisición del mismo introduce una dimensión más en la actividad del nuevo sistema. Se deben formular las especificaciones del sistema, recibir y revisar las propuestas de los vendedores y hacer una selección. Esta última se centra alrededor de los costos de adquisición, operación y mantenimiento, de la velocidad y capacidad, y de las características de procesamiento y comunicaciones.

Aparecen aspectos similares cuando se deben adquirir paquetes de software disponibles en el mercado. La selección de software para computadora necesita la evaluación de las características de cada paquete y la decisión de optar por comprarlo o rentarlo.

El capítulo 17 estudia los aspectos y métodos necesarios para evaluar y seleccionar tanto hardware como software de computadora.

Participación de los usuarios

El diseño de un sistema de información no sólo es responsabilidad de los analistas de sistemas. Por el contrario, los gerentes y usuarios del sistema también tienen un papel importante en el diseño del sistema. A continuación se explica *por qué* y *cómo.*

El tema de la participación de los usuarios, que aparece en la breve historia con que inicia este capítulo, es uno de los más importantes. La participación de los usuarios proporciona al analista una retroalimentación que es importante a medida que avanza el diseño, pero ésta también asegura que los usuarios tengan una perspectiva no técnica de lo que el sistema hará y de lo que no hará. Existen tres razones para que los usuarios participen en el diseño de un sistema. La primera de ellas es que el sistema pertenece a los usuarios, no a los analistas. Cuando el sistema está terminado, son los gerentes y miembros del personal los que trabajarán con él cotidianamente, no los analistas. Por consiguiente, es importante que los usuarios participen en el desarrollo del sistema. Cuando los usuarios sienten que el sistema pertenece al "departamento de cómputo", se presenta una de las situaciones menos deseables. Al tener influencia sobre el diseño y sugerir características, los usuarios no sólo son *dueños* de los sistemas, sino que además *tienen un papel en su desarrollo.* (Y si el sistema no satisface todos los requerimientos, los usuarios compartirán también la responsabilidad de todas las fallas.)

La segunda razón para que el usuario participe es la detección de omisiones y de características innecesarias o difíciles de emplear. Las omisiones o los excesos deben detectarse durante el diseño lógico, no cuando el sistema está implantado y en operación. Descubrir estos problemas en el momento de la implantación no sólo es frustrante, sino que también resulta *mucho* más costoso hacer las adiciones o cambios en este momento que durante el diseño del sistema.

La tercera razón es que cualquier error tanto en los procedimientos manuales como computarizados, almacenes de datos y otras características de diseño, debe detectarse lo más pronto posible. Descubrir errores una vez que el sistema está implantado provoca dudas por parte de los usuarios, aun después de corregirlos (los usuarios se sorprenderían si existieran otros errores que todavía no han sido detectados). Por otra parte, los errores descubiertos en el software o después de que la aplicación se ha liberado para su uso regular, son *mucho* más costosos de corregir.

Se puede lograr una buena participación de los usuarios durante el diseño al pedirles que revisen los reportes sobre prototipos, formatos de entrada y que brinden ayuda para escribir procedimientos que les digan a otras personas cómo utilizar el sistema en forma adecuada. Los usuarios también son de gran ayuda para los métodos de prueba de interfases con el sistema, el empleo de menús y en la evaluación de la secuencia de mandatos. Con frecuencia resulta sorprendente la cantidad de diálogos que son perfectamente claros para los analistas y que los usuarios perciben como confusos y llenos de errores. Tener un punto de vista fresco de un gerente que no ha utilizado la interfase con anterioridad puede llevar a cambios productivos en las especificaciones, con lo que se evitan dificultades futuras.

Cuando existe un número muy grande de usuarios —quizá tratándose de un sistema que abarca a toda la organización— no es deseable ni tampoco factible invitar a todos los usuarios en potencia a que participen en el esfuerzo de diseño del sistema, tal como lo señaló

TABLA 7.5 Responsabilidades en el desarrollo hecho por los usuarios

RESPONSABILIDADES DE LOS USUARIOS	RESPONSABILIDADES DEL ANALISTA
Comprender el problema que va a ser abordado por la aplicación	Reconocer los beneficios de las aplicaciones desarrolladas por los usuarios
Conocer los datos necesarios para abordar el problema	Traducir las necesidades generales de datos en especificaciones para éstos y en requerimientos de procesamiento
Saber cómo utilizar el software	Proporcionar educación y programas de entrenamiento
Saber cómo utilizar la terminal, la computadora personal o cualquier otro equipo	Ser consultores del diseño y proceso de desarrollo de los usuarios
Adherirse a los lineamientos y estándares establecidos	Proporcionar asistencia en la detección y corrección de errores

el ejecutivo de la historia con que inicia este capítulo. En estos casos, deben seleccionarse varias personas para que participen en la recopilación de los comentarios de un usuario *típico,* así como de otros, tal vez de aquellas personas que lo usan y que tienen bastante experiencia en el empleo de sistemas de información.

MANEJO DE SISTEMAS DESARROLLADOS POR USUARIOS FINALES

Los sistemas desarrollados por los usuarios finales, al igual que cualquier otro sistema, no tendrán éxito a menos que sean manejados y apoyados en forma apropiada. De lo contrario, estos sistemas pueden ser dañinos para la organización. Tanto usuarios como analistas, tienen responsabilidades en el manejo de los sistemas desarrollados por los primeros (Tabla 7.5). Seguir lineamientos de diseño puede ser de gran ayuda para evitar problemas en potencia en las aplicaciones desarrollados por los usuarios finales.

Responsabilidades de los usuarios en el diseño

Cuando los usuarios participan en el desarrollo de sistemas, tienen la responsabilidad de conocer los requerimientos de sistemas. Ellos deben comprender el problema que están abordando al desarrollar un sistema y los datos necesarios para enfrentarse a él. Los usuarios necesitan también un conocimiento genérico de los requerimientos de datos; deben ser capaces de identificar los datos en los términos de la compañía (no con respecto a la forma en que se encuentran almacenados, cómo están organizados físicamente o de especificaciones de longitud). Además, cuando desarrollan una aplicación de análisis de costos, deberán saber, por ejemplo, qué costos de operación, personal, equipo, suministros y utilidades son necesarios para completar el análisis.

Parte del éxito que tienen las organizaciones al manejar el desarrollo a través de los usuarios de sistemas de información, se debe a que elaboran y mantienen lineamientos y estándares para el almacenamiento, recuperación y uso de los datos. La finalidad de estos lineamientos y estándares es evitar problemas como la destrucción accidental de los datos o el acceso no autorizado a las bases de datos. Los usuarios tienen la responsabilidad de adherirse a ellos.

Los usuarios finales también deben estar familiarizados con el software que emplean. Además se espera de ellos que sepan operar un equipo de cómputo, tal como la terminal donde se ejecuta la aplicación o la computadora de escritorio que utilizarán. No se desea que conozcan cómo operar un sistema de cómputo grande de tiempo compartido. Esto último sigue siendo responsabilidad de los profesionales en sistemas de información.

Responsabilidades del analista de sistemas

Los analistas de sistemas también tienen responsabilidades importantes en los sistemas diseñados con el método de desarrollo por parte de los usuarios finales. Primero, deben aceptar los beneficios que son atribuidos a las aplicaciones desarrolladas por los usuarios. Entre éstos se encuentran la participación productiva del usuario en el proceso de diseño, la reducción del tiempo de espera para el desarrollo de cierto tipo de aplicaciones y la disminución de los requerimientos de mantenimiento de sistemas. El uso de lenguajes de cuarta generación y de software comercial (incluyendo paquetes como hojas de cálculo electrónicas o de gráficas), también aumentan la productividad del desarrollo.

También sería conveniente pedirles a los analistas de sistemas que sean consultores durante el proceso de diseño y desarrollo. De esta forma, ellos sabrían recomendar el software apropiado o sugerir especificaciones de entrada y salida. Los analistas pueden contribuir a hacer más específicas las necesidades generales de datos de los usuarios al determinar los datos disponibles, el formato en que se encuentran y el método para recuperarlos en una aplicación.

Es muy probable que los usuarios necesiten ayuda para encontrar y corregir los errores o los problemas en las aplicaciones que desarrollan. Cuando trabajan como consultores, los analistas tienen la responsabilidad de abordar estos problemas y proporcionar la asistencia necesaria para que los usuarios comprendan nuevas herramientas o productos. Muchas organizaciones establecen un grupo de analistas cuya responsabilidad principal es ayudar a los usuarios en estas áreas.

Manejo de riesgos asociados con el desarrollo por parte de los usuarios

Existen problemas en potencia que están relacionados con el desarrollo de sistemas de información realizado por los usuarios finales:

- El empleo de especificaciones incxactas o de suposiciones incorrectas con respecto a las actividades de la organización
- La aplicación de fórmulas o modelos incorrectos
- El uso de información incompleta
- El uso de información no actualizada
- La selección de software inapropiado y que aún no ha sido probado
- Incumplimiento de los estándares o lineamientos de diseño
- No realizar pruebas extensas

La lista puede extenderse aún más, pero todos estos riesgos pueden evitarse si, por un lado, los gerentes de sistemas de información establecen lineamientos de diseño y, por otro, los usuarios se adhieren a ellos. A continuación se sugieren cinco lineamientos (Tabla 7.6).

Descarga de datos

Para evitar el uso de datos erróneos, los usuarios deben solicitar que sus datos sean descargados de los archivos o bases de datos que mantiene el grupo de sistemas de información. La *descarga* es el proceso de copiar una parte de un archivo o base de datos desde un sistema, a menudo un *mainframe,* hacia una estación de trabajo, computadora personal o computadora departamental, sobre la que se ejecutará la aplicación del usuario.

El proceso de descarga de datos ahorra tiempo al usuario, ya que no es necesario que éste vuelva a ingresar datos que ya existen. Por otra parte, este procedimiento también asegura que todas las aplicaciones y todo el personal, sin importar cuál sea su ubicación o posición dentro de la compañía, utilicen los mismos datos. Además de alcanzar la uniformidad, esta práctica igualmente proporciona datos que han sido validados en forma apropiada y que se ajustan a los estándares del grupo de sistemas de información.

Evitar que los usuarios ingresen datos

Los usuarios no deben diseñar aplicaciones que requieran o permitan la entrada directa de datos en los archivos o bases de datos de la organización y tampoco tienen que intentar cambiar los datos contenidos en ellos. Estas restricciones evitan el riesgo de introducir errores en datos que ya han sido validados.

Todos los datos que ingresan en las bases de datos deben hacerlo a través de las aplicaciones desarrolladas, mantenidas y administradas

TABLA 7.6 Lineamientos para el manejo del desarrollo hecho por los usuarios finales	
LINEAMIENTO	DESCRIPCIÓN
Descarga de datos	La copia de una parte de un archivo o base de datos desde otro sistema, evita la introducción de errores, asegura la uniformidad de los datos y permite hacer un uso eficiente del tiempo de las personas.
Evitar que los usuarios ingresen datos	El evitar la entrada directa de datos por los usuarios impide la introducción de errores en la base de datos o la alteración de los que ya han sido validados para verificar su exactitud.
Estandarización	Las normas para estandarizar el desarrollo, las pruebas y los datos permiten obtener consistencia y uniformidad.
Documentación del diseño	La documentación explica la forma en que está diseñado el sistema y la manera de operarlo.
Revisión de las especificaciones de diseño	La revisión por parte del departamento de sistemas de información de todas las aplicaciones desarrolladas por los usuarios, ayudará a éstos y asegurará que los resultados que producen dichas aplicaciones sean confiables.

por el departamento de sistemas de información; esto incluye procedimientos extensos de validación y control de entradas.

Estandarización

Se deben seguir estrictamente todos los estándares para datos, para el proceso de desarrollo y las pruebas de software. La definición cuidadosa y el apego estricto al significado de cada dato, asegura que los datos siempre tengan el mismo significado para todas las personas. Por ejemplo, la estandarización del significado del valor del inventario estipulará su cálculo utilizando para ello los precios vigentes de compra de todos los artículos que se encuentran en el almacén.

Los estándares también tienen que incluir rangos de valores aceptables. Este es otro aspecto que sirve para validar los datos.

Documentación del diseño

La buena documentación proporciona una explicación de la forma en que opera el sistema y qué características tienen los modelos y algoritmos utilizados en él. Muchos paquetes de hoja de cálculo y de ayuda para la toma de decisiones guardan todos estos detalles en forma automática a medida que se van especificando. Aunque esta información es transparente para el usuario, se puede recuperar cuando sea necesario ya sea en forma impresa o a través de una pantalla.

Muchos lenguajes de cuarta generación son *auto-documentados,* lo que significa que los propios programas son tan fáciles de entender que ellos se convierten en su propia documentación. La lectura del código explica lo que hace el programa.

Las especificaciones de entrada y salida deben documentarse en la forma ya señalada en este capítulo.

Revisión de las especificaciones de diseño

Una política que admita la revisión, por parte del departamento de sistemas, de todas las aplicaciones diseñadas por los usuarios será de gran ayuda para el desarrollo de sistemas que cumplan con su finalidad y que sean confiables. Desde el punto de vista de la organización, esta estrategia también permite hacer cumplir de manera estricta los estándares de diseño y la validación de las suposiciones hechas durante la formulación de las especificaciones.

El método de desarrollo por parte de los usuarios se está utilizando cada vez más en muchas organizaciones. Los procedimientos eficaces para su manejo serán de gran ayuda para asegurar que los resultados beneficien a los individuos y a la organización.

RESUMEN

Las actividades de recopilación de hechos del estudio de sistemas, producen detalles que describen las operaciones y señalan áreas donde las mejoras son posibles o necesarias. Los analistas de sistemas tienen la responsabilidad de examinar los hechos, evaluar los procedimientos y sistemas existentes, y formular las recomendaciones de diseño. Cada recomendación de diseño bosqueja requerimientos de operación, procedimientos y componentes de procesamientos incluidos en el sistema propuesto.

Para evaluar el sistema existente, los analistas usualmente consideran la *capacidad* real y la necesaria, incluyendo personal, equipo, almacenamiento, espacio y procedimientos involucrados. El examen de los *controles* determina si el sistema opera de acuerdo con los procedimientos prescritos y si tiene los medios para detectar cuando no se alcanzan los objetivos o no se siguen los lineamientos. El término *accesibilidad de la información* se refiere al hecho de tener disponible cuando se necesita la información correcta en el formato adecuado. Si la *complejidad* es un problema, los analistas tratan de simplificar, dividir o cambiar la secuencia de actividades con la finalidad de hacer más manejables los procesos y tareas.

Los objetivos del diseño de sistemas de información son proporcionar la especificación del bosquejo del sistema, esto es, las características del sistema que serán trasladadas en software para su uso por la organización. Estas especificaciones, denominadas *diseño lógico del sistema,* incluyen detalles sobre salidas, entradas, archivos, interacciones con bases de datos, controles y procedimientos. La *construcción física,* que es la etapa que sigue al diseño lógico, produce el software, los archivos y un sistema que trabaja.

Otros objetivos de diseño incluyen proporcionar especificaciones detalladas para el software y asegurar que el sistema proporcione apoyo a las actividades de la empresa, cumpla con los requerimientos de los usuarios finales e incorpore la ingeniería necesaria para hacerlo *orientado hacia los usuarios.* Todas las características de diseño deben adherirse a los estándares establecidos por la organización para sus sistemas de información.

Cuando los analistas especifican las *características* de un sistema diseñan flujos de datos, almacenes de datos, procesos, procedimientos y controles. También describen los papeles que deben asignarse a todas las personas que tienen que ver con el nuevo sistema, como los usuarios, operadores de computadora y el personal de apoyo. Con frecuencia, los procedimientos explican el papel de los individuos. Los analistas también tienen la responsabilidad de diseñar *salidas, entradas* e *interacciones con las bases de datos.*

Las especificaciones para sistemas institucionales están incluidas en la *información liberada por el analista*: cuadros de *despliegue, estructuras* de los registros, sistemas de codificación, especificaciones para programas y procedimientos, plan de desarrollo y proyecciones de costos. Se pueden utilizar *recorridos estructurados* para asegurar que el diseño satisfaga los requerimientos de la organización. En algunos sistemas puede incluirse la selección de hardware y software si es necesario adquirir más equipo o si se van a utilizar paquetes de software.

Cuando se emplea el método de desarrollo por parte de los usuarios, tanto éstos como los analistas comparten responsabilidades. Para disminuir los riesgos a la organización, es importante *descargar* los datos, evitar que los usuarios ingresen datos, seguir estándares de diseño, documentar el sistema y revisar *todas las especificaciones de diseño.*

Los demás capítulos que forman la tercera parte de este libro, describen cómo desarrollar las especificaciones de diseño delineadas en este capítulo.

PREGUNTAS DE REPASO

1. ¿Cuáles son los dos componentes más importantes del análisis de sistemas? ¿Qué relación existe entre ellos?
2. Los analistas de sistemas, ¿qué áreas deben evaluar cuando examinan los datos recopilados durante la investigación de sistemas? Describa en forma breve cada área. Para cada una de ellas, indique las opciones que el analista puede seleccionar para especificar los requerimientos del nuevo sistema.

3. ¿Qué son las estrategias de diseño? ¿En qué consisten?
4. Identifique las preguntas que los analistas emplean para guiar el estudio de un proceso o sistema después de recopilar datos sobre los requerimientos de información. Discuta el proceso general de análisis de estos datos.
5. ¿Qué objetivos sirven de guía para los analistas de sistemas en el diseño de un sistema de información?
6. ¿Cuál es la diferencia entre el diseño lógico y la construcción física? ¿En cuál de ellas el analista tiene la responsabilidad del diseño? ¿Cuál es el papel de programador? ¿Cuál el del usuario?
7. Describa las actividades asociadas con el diseño lógico.
8. ¿Qué rasgos caracterizan a un sistema de información que satisface los requerimientos del usuario?
9. ¿Cómo contribuyen las características ergonómicas y de ingeniería humana para crear un sistema diferente? ¿Qué relación existe entre ellas?
10. ¿Qué papel tienen los estándares de diseño en el desarrollo de una aplicación de sistemas de información? Proporcione ejemplos de áreas de diseño de estándares.
11. ¿Qué características deben especificarse en el diseño de un sistema de información? ¿Qué es una especificación de diseño?
12. Discuta cómo difieren las responsabilidades del analista de sistemas en los aspectos de archivos y bases de datos del diseño de un sistema de información.
13. ¿En qué medida puede afectar al éxito o fracaso de un sistema el diseño del diálogo o conversación en línea?
14. ¿Qué objetivos sirven de guía para diseñar las especificaciones de la salida y la entrada?
15. Identifique los diferentes tipos de procedimientos que el analista debe diseñar. Proporcione ejemplos de cada uno de ellos.
16. ¿Quién tiene la responsabilidad de diseñar el software? ¿Qué objetivos sirven de guía para el diseño de las especificaciones de programas de computadora?
17. Discuta los aspectos relacionados con el manejo del diseño de sistemas. ¿Qué papel tienen los usuarios en esta labor?
18. ¿Qué es la información liberada por el analista? ¿Qué es la carpeta de diseño y cuál su finalidad?
19. ¿Por qué los usuarios deben participar en el proceso de desarrollo?
20. ¿Qué lineamientos deben seguirse para minimizar los riesgos asociados con el desarrollo por parte de los usuarios de sistemas de información?

PROBLEMAS DE APLICACIÓN

1. Un analista de sistemas con bastante experiencia hizo los siguientes comentarios con respecto al objetivo de la compañía de invitar a que los usuarios participen:

    La participación de los usuarios en el diseño de sistemas de información es un tema que a menudo es difícil de tratar. Sin embargo, cada vez que nosotros lo hemos intentado, encontramos que no es eficaz. Permítanme darles varios ejemplos. En varios proyectos, nuestros analistas desarrollaron bosquejos de los formatos de entrada y salida que fueron dados a los usuarios de la aplicación. En cada caso, los usuarios sugirieron modificaciones, las cuales nosotros hicimos. Los nuevos bosquejos fueron regresados a los usuarios para su revisión. El resultado fue que los cambios condujeron a más modificaciones. Cuando las realizamos todas, el diseño final no era mejor que el original, pero ya habíamos perdido varias semanas.

En otra ocasión, discutimos varias veces con los usuarios las funciones de un sistema. Al final, nos quedamos con los requerimientos que propusimos en un principio. Perdimos tiempo de desarrollo y no ganamos nada.

También señalaría otra dificultad. Supongamos que los usuarios sugieren cambios significativos en el diseño que nosotros somos incapaces de efectuar por limitaciones de índole técnica. En este caso, probablemente escucharemos acusaciones señalando que la participación del usuario es sólo un gesto y de que no atenderemos sus sugerencias cuando ellos las hagan. Francamente, no podemos ganar.

   a. Discuta los méritos que tienen los comentarios del analista.

   b. A la luz de estos comentarios, ¿sigue siendo buena idea que los usuarios participen? Si es así, ¿cómo aconsejaría manejar aquellas situaciones donde no se toman en cuenta las sugerencias de los usuarios?

2. Con frecuencia los analistas primero diseñan la salida, sin importar cuál será el lenguaje de programación que se utilizará o la naturaleza de la aplicación. El motivo de que esto sea así, como se explicó en el capítulo, es que los usuarios consideran la salida como la razón más importante para tener el sistema.

   a. ¿La salida de computadora debe ser siempre la primera característica de diseño a desarrollar? Explique su respuesta.

   b. ¿Qué papel tienen los usuarios en el diseño de la salida de computadora? Proporcione varios ejemplos.

3. ¿Es posible separar el diseño lógico de los aspectos relacionados con el diseño físico? Considere los siguientes detalles de índole física: velocidad de los dispositivos de entrada y salida, velocidad de procesamiento de la computadora, restricciones en el tamaño de las pantallas, diversos métodos para presentación de datos (por ejemplo, disponibilidad de colores o acceso a formatos de presentación gráfica), capacidad para almacenamiento de archivos y limitaciones en el número de datos que puede contener cada registro. Las especificaciones de diseño lógico, ¿deben elaborarse independientemente de estos detalles? Si su respuesta es afirmativa, ¿cómo hacerlo? En caso contrario, ¿cómo mantener separados los aspectos lógicos y físicos?

4. Un alto ejecutivo de la compañía Fortune 500 desarrolló un programa para predecir las ventas de la compañía para el próximo año. Los datos destinados al programa fueron tomados de otros reportes preparados dentro de la compañía. En cada caso, miembros del personal volvieron a capturar de nuevo estos datos para alimentar el programa que el ejecutivo había desarrollado en una computadora personal. Los empleados probaron el modelo para verificar que era correcto de acuerdo con las especificaciones del ejecutivo.

El ejecutivo preparó un memorándum con la descripción del sistema y lo distribuyó entre los gerentes de la compañía para informarles de su existencia. El memorándum también explicaba los objetivos del modelo y la forma en que podría utilizarse el sistema.

Al hacer uso de la proyección formulada por el modelo, varios gerentes de la compañía planificaron la contratación de más personal y el aumento del inventario de la compañía. También se evaluaron, con el sistema del ejecutivo, nuevos niveles de precios y el impacto de un nuevo programa publicitario.

Tiempo después se descubrió que la proyección de ventas era inexacta por más de 20 millones de dólares. Las ventas proyectadas eran mucho más altas que las reales porque el ejecutivo, al trabajar sin ayuda, había rechazado incluir en sus proyecciones cualquier descuento en los precios. Es así como la ganancia por las ventas fue mucho menor que la predecida por el modelo.

Una investigación más profunda demostró que los datos alimentados al sistema por el personal a cargo del ejecutivo, eran incompletos ya que no se dieron cuenta de la omisión de datos en varios de los informes.

a. ¿Que papel hubiesen tenido los analistas de sistemas de la compañía en el diseño y desarrollo de este sistema?

b. En este caso, ¿qué errores de desarrollo se cometieron? ¿Cómo podrían haberse evitado?

c. ¿Qué papel habría tenido este ejecutivo en el diseño del sistema de proyección de ventas?

d. Con base en la información proporcionada líneas arriba, ¿esta aplicación es apropiada para ser desarrollada por los usuarios finales?

5. Una organización está interesada en los riesgos asociados con el diseño de sistemas de información por parte de los usuarios. Al estudiar los problemas de sus competidores, ha observado que los sistemas diseñados por los usuarios carecen de un análisis completo y que emplean datos poco confiables. En consecuencia, los gerentes de la compañía insisten en que los analistas de la organización supervisen el diseño y desarrollo de todas las aplicaciones de los usuarios, ya sea que éstas se ejecuten en computadoras personales o sobre los sistemas de cómputo grandes con los que cuenta la compañía. En otras palabras, la organización desea manejar el desarrollo de todas las aplicaciones e insiste en la certificación de la confiabilidad del sistema como requisito indispensable para permitir su uso cotidiano.

Un grupo de usuarios ha objetado la posición de la gerencia. El grupo afirma que se perderán los beneficios que ofrecen las aplicaciones desarrolladas por los usuarios si la gerencia instala procedimientos formales de diseño. Insisten en que la administración del proceso lo sujetará a retrasos y traerá como consecuencia un daño a la utilidad de estos sistemas. Por otra parte, también recalcan que si el grupo de sistemas de información no desea ver una aplicación diseñada o desarrollada, bastará que afirmen que representa un riesgo para las bases de datos de la organización, para verla descartada.

a. Discuta la posición de los usuarios. ¿Está usted de acuerdo con sus planteamientos? ¿En desacuerdo?

b. ¿Es posible manejar el desarrollo de aplicaciones computarizadas en la forma descrita anteriormente sin disminuir sus beneficios?

BIBLIOGRAFÍA

BIGGS, C. L., E. G. BIRKS, y W. ATKINS: *Managing the Systems Development Process,* Englewood Cliffs, NJ: Prentice-Hall, 1980.

DAVIS, G. B.: "Strategies for Requirements Determination", *IBM Systems Journal,* 21,1, 1982, pp. 4-30.

LYYTINEN, K.: "Different Perspectives on Information Systems: Problems and Solutions", *Computing Surveys,* 19,1, marzo 1987, pp. 5-46.

McKEEN, J. D.: "Successful Development Strategies for Business Application Systems", *MIS Quarterly,* 7,3, septiembre 1983, pp. 47-65.

McLEAN, E. R.: "End Users As Application Developers", *MIS Quarterly,* 4,4, diciembre 1979.

METZGER, P. W.: *Managing Programming Project,* Englewood Cliffs, NJ: Prentice-Hall, 1981.

METZGER, P. W.: *Managing Programming People: a Personal View,* Englewood Cliffs, NJ: Prentice-Hall, 1987.

VITALARI, N.: "Knowledge as a Basis for Expertise in Systems Analysis: An Empirical Study," *MIS Quarterly,* 9,3, septiembre 1983, pp. 948-956.

YADAV, S. B.: "Determining an Organization's Information Requirements: A State of the Art Review", *Data Base,* 14,3, Primavera 1983, pp. 3-20.

CASO DE ESTUDIO: TERCERA FASE

Del análisis al diseño en Industrias Sevco

LA PROPUESTA DE SISTEMAS

El analista de sistemas selecciona sólo las estrategias más factibles y de mayor beneficio para el desarrollo de los sistemas de información de la organización. En general, se recomienda a la gerencia una estrategia por medio de una propuesta formal de sistemas. El analista recomienda, pero es la gerencia la que en realidad decide si continúa con el proyecto y, cuando éste es el caso, qué estrategia seguir.

La *propuesta de sistemas* es un resumen detallado de la investigación realizada. Es un bosquejo del propio estudio que resume los hechos y pone en relieve los problemas u oportunidades más grandes. La propuesta también esboza las opciones desarrolladas por los analistas y presenta sus recomendaciones. Este reporte escrito es la herramienta más importante utilizada por la gerencia para determinar si se continúa con un nuevo sistema o se modifica el existente.

Las propuestas eficientes son planeadas con cuidado y siguen un formato que el gerente pueda comprender y utilizar con facilidad. Por lo general, también se efectúa una presentación oral a la gerencia con el tiempo adecuado para permitir preguntas y discusiones.

Memorándum de la portada

Un memorándum (o carta) acompaña a la propuesta de sistemas y su finalidad es presentar el reporte. Este documento debe estar dirigido al comité directivo o a su presidente y debe señalar en forma resumida el objetivo del estudio y la naturaleza del reporte.

Resumen de recomendaciones

La primera parte del reporte presenta un avance de las recomendaciones hechas a la gerencia, para que los lectores sepan los puntos específicos que serán tratados antes de presentar todos los detalles. Asimismo, si los gerentes tienen sólo tiempo para hojear el reporte, entonces podrán darse cuenta de la esencia de las recomendaciones.

Tabla de contenido

Si el reporte es largo, una tabla de contenido, que muestre los encabezados de cada sección junto con números de página, puede servir de guía para la gerencia. El propósito del reporte es servir como herramienta de trabajo, y será sometido a un cuidadoso examen cuando se tome una decisión con respecto al proyecto. Es probable que algunas secciones se lean una y otra vez, y en un orden distinto. La tabla de contenido permite localizar con rapidez la ubicación de secciones importantes.

Panorama del estudio de sistemas

Esta sección de la propuesta contiene un bosquejo del estudio realizado. Contiene una lista de los métodos utilizados para recopilar los requerimientos de datos, incluyendo las personas entrevistadas o encuestadas. Algunos analistas también adjuntan tablas, que identifican documentos y reportes estudiados, para que la gerencia esté segura de que se dio atención adecuada a todos los aspectos importantes. La finalidad es mostrar que se llevó a cabo un estudio completo y que los hechos que en él se citan son exactos y confiables.

Hechos detallados

Esta sección está formada en su mayor parte por las conclusiones alcanzadas con respecto al sistema, junto con los hechos que las fundamentan. Detalles como el volumen de trabajo, las tasas de crecimiento y las de error, son una demostración de conclusiones relacionadas con la falta de controles, personal inadecuado, métodos obsoletos o del aumento de costos. Los hechos también pueden proyectar los costos en que se incurrirá si se sostiene el sistema actualmente en uso.

Otras soluciones

En esta sección se presentan a la gerencia las opciones más viables de sistemas. Por lo común, se listan no más de tres o cuatro opciones. Se debe describir cada opción y enlistar las acciones específicas que debe tomar la gerencia para cada una de ellas (como contratar más personal, adquirir un sistema de cómputo o el desarrollo de nuevo software por el personal de la compañía). También se deben proporcionar los resultados que se obtendrán con cada opción para que el lector comprenda exactamente lo que se espera que ocurra en caso de seleccionar una de ellas. Si una opción disminuye los errores y aumenta la velocidad de trabajo, pero no reduce las necesidades de personal, por ejemplo, esto es algo que también ha de mencionarse. Se deben presentar, en forma objetiva, las ventajas y desventajas.

También se deben señalar los costos y beneficios asociados con cada opción. Los costos deben incluir tanto los de desarrollo como los de operación. Asimismo, deben indicarse los gastos que conlleva el uso del nuevo sistema una vez que éste se encuentre instalado (como los costos de suministro, gastos de comunicación o salarios del personal).

Recomendaciones

Esta sección sugiere a la gerencia la estrategia que el analista considera como la más manejable y de mayor beneficio. Ésta debe ser consistente con las conclusiones del estudio, con las ventajas y desventajas previamente esbozadas, y con las estimaciones ya presentadas de costo y beneficio. También se tiene que enlistar, una forma clara y concisa, las razones que sirven de base para las recomendaciones evitando hacer uso del lenguaje técnico o de la jerga propia del campo.

Presentación oral

Es bastante común que los analistas presenten en persona sus hallazgos y recomendaciones, antes que se reúna el comité directivo. Aun así, se escribe y presenta la propuesta esbozada anteriormente. Sin embargo, la presentación es una oportunidad más para que la gerencia escuche los puntos de vista del analista y haga preguntas sobre ellos.

Durante la presentación los analistas se venden a sí mismos, junto con sus recomendaciones. Ellos deben tener una confianza absoluta en su trabajo. El resumen de éste, el uso de medios audiovisuales (rotafolios, acetatos, cintas de video, transparencias o documentos muestra) para la presentación y permitir que la gerencia vea las sugerencias además de escucharlas, son todos aspectos que aumentan la comprensión de la gerencia con respecto a los hechos presentados. También se deben anticipar las preguntas y preparar para ellas respuestas específicas y directas, utilizando para ello los hechos contenidos en el estudio.

Los analistas deben esperar a que se les pregunte por sus opiniones. Sin embargo, tienen que estar seguros de separar los hechos de una opinión. Por ejemplo, se les puede preguntar si creen que la mayor debilidad del sistema actualmente en uso son los controles o el personal. Los analistas deben estar preparados para externar sus opiniones sobre este tipo de asuntos, pero también tienen que explicar las razones que las fundamentan. La gerencia considera a los analistas expertos en el área de desarrollo de sistemas y desea saber lo que ellos piensan y *por qué* lo hacen.

Antes de la presentación, los analistas deben preparar el contenido de la misma, los apoyos audiovisuales, identificar las posibles preguntas y organizar las respuestas para ellas. Tienen que ensayar la presentación varias veces para estar seguros de todos los detalles y de la forma en que éstos serán presentados. Asimismo, tienen que estimar el tiempo necesario para la presentación de forma tal que éste no sea excesivo. Por encima de todo, los analistas deben recordar que tienen que vender sus ideas y recomendaciones en forma oral y visual, así como por escrito. Su apariencia junto con una presentación segura y clara, pueden ser de gran ayuda para convencer a la gerencia.

Los hechos detectados, así como las recomendaciones que resultan del estudio realizado por el despartamento de sistemas de Industrias Sevco, son los siguientes:

RECOMENDACIONES PARA EL SISTEMA DE RECEPCIÓN DE PEDIDOS Y CUENTAS POR COBRAR

Industrias Sevco
1200 Main Street
Binghamton, New York 13901
607-798-2000
PARA: John Severski, Presidente
DE: Joyce Randal, Director de sistemas de información
ASUNTO: Recomendaciones para el sistema de recepción de pedidos y cuentas por cobrar

En respuesta a la solicitud interna de Jim Olson, el departamento de sistemas de información realizó un estudio profundo de los procedimientos actualmente en uso tanto para recibir los pedidos de nuestros clientes y representantes de ventas como para realizar el seguimiento de los mismos desde su recepción hasta que los artículos son enviados al cliente. El equipo encargado del estudio también examinó la administración de las cuentas por cobrar junto con las actividades de elaboración de reportes. Se analizaron las dos áreas con la finalidad de evaluar su efectividad y eficiencia a la luz de las operaciones actuales y del crecimiento y desarrollo proyectados para Industrias Sevco.

Se llevaron a cabo varias discusiones con todos los usuarios clave de la información sobre pedidos y cuentas por cobrar. Además, se observaron las actividades de la empresa y se estudiaron los registros para evaluar las operaciones.

Los resultados del estudio de sistemas están incluidos en el reporte que se anexa a la presente. El reporte está organizado en cuatro secciones. Se presenta un panorama del sistema actual tanto para resumir sus características más importantes como para señalar las razones que sirvieron de base para la evaluación, los comentarios y las sugerencias que se encuentran en el resto del reporte. La parte 3 esboza las características del nuevo sistema propuesto para satisfacer los requerimientos de operación actuales y planificados junto con el crecimiento esperado de la compañía. La parte final del reporte presenta los costos de desarrollo, los beneficios del sistema y el tiempo de desarrollo estimado.

Resumen de hallazgos y recomendaciones

Se puede mejorar la eficiencia y exactitud de los sistemas que se emplean en este momento para procesar los pedidos y las cuentas por cobrar, por medio del diseño y desarrollo de un nuevo sistema. El crecimiento a la fecha del número de pedidos que deben manejarse, excede la capacidad del personal. El crecimiento y desarrollo que se logra planear aumentará aún más, en una forma que no podrá satisfacerse sólo con la contratación de más personal, el número de pedidos y demandas de pago. Se propone un nuevo sistema que se pagará solo, en un lapso ligeramente mayor de un año, que permitirá un mejor control sobre los pedidos e ingresos así como un manejo mejor y más oportuno de la información.

PROPUESTA PARA UN SISTEMA BASADO EN COMPUTADORA PARA LA RECEPCIÓN DE PEDIDOS Y CUENTAS POR COBRAR

Este reporte resume el estudio realizado con la finalidad de examinar el sistema empleado hasta este momento en Industrias Sevco, para recibir los pedidos y llevar las cuentas por cobrar. El estudio fue realizado por miembros del personal del departamento de sistemas de información, y tuvo como objetivo, por un lado determinar si son posibles algunas mejoras en la eficiencia y efectividad de operación, y por otro lado, evaluar la capacidad de los métodos actualmente empleados para satisfacer el crecimiento y desarrollo planeados. El reporte presenta primero los rasgos más importantes del sistema empleado en el presente, junto con sus características de operación. Asimismo, se describe la naturaleza del estudio realizado. Para finalizar, se presentan las recomendaciones para un nuevo sistema y se incluye el análisis costo/beneficio correspondiente.

Características del sistema empleado en este momento

El sistema para el proceso de pedidos y mantenimiento de cuentas por cobrar es de tipo manual, utiliza muchos documentos y requiere de bastante trabajo. El sistema se centra en torno a los aspectos relacionados con los antecedentes de crédito de los clientes que solicitan nuestros productos, ya sea por medio de un representante de ventas o en forma directa por correo, teléfono o télex. El procedimiento que verifica el crédito del cliente, después del cual sigue el de la autorización del pedido, es importante para asegurar qué pedidos son los que deben autorizarse. Asimismo, los precios también deben estar debidamente señalados.

De manera similar, un elemento esencial del sistema es la integración con el departamento de producción, que es donde se fabrican los artículos solicitados. También es necesario el enlace entre fabricación, facturación y registros de cuentas por cobrar. La confiabilidad de este enlace afecta en forma directa los ingresos de la compañía, ya que los pedidos que se envían con facturas incorrectas o que se cargan en forma errónea en la cuenta del cliente dan como resultado un registro de ventas más bajo del que en realidad se tiene.

La compañía crece con rapidez, a una tasa de 40% anual. Por consiguiente, la gerencia está buscando caminos más eficientes para procesar los pedidos y efectuar el seguimiento de éstos a través de su producción y de la administración de cuentas por cobrar.

Si se retiene el sistema que viene utilizándose hasta este momento para la recepción de pedidos y el manejo de cuentas por cobrar, será necesario contratar más personal para manejar el volumen de trabajo. En el presente, se requiere de más tiempo para satisfacer el volumen de actividades comerciales de Industrias Sevco. Dado que no se trabaja tiempo extra, se toma de otras actividades el tiempo necesario para cubrir la carga de trabajo, con el consecuente retraso en las mismas. Por tanto, también es necesario brindar apoyo a las demás actividades de oficina. El crecimiento del volumen de pedidos aumentará en forma importante el número de horas que cada empleado necesitará dedicar sólo para mantener el paso. Mejorar el control sobre los pedidos y aumentar la información necesaria para que la gerencia haga el seguimiento de ventas, producción y cuentas por cobrar, sólo aumentará las necesidades de personal.

El resto del presente reporte esboza los hechos detectados por el estudio de sistemas y presenta las recomendaciones sobre un sistema modificado para recepción de pedidos, facturación y cuentas por cobrar. El sistema automatizado propuesto mejorará la capacidad necesaria para dar soporte al crecimiento y desarrollo futuros y garantizará el hecho de determinar en cualquier momento el grado de avance de cualquier pedido. Asimismo, también integrará las actividades relacionadas con los pedidos y con el manejo de las cuentas por cobrar.

Panorama del estudio de sistemas

El estudio de sistemas efectuado para examinar las actividades de recepción de pedidos y facturación, incluyó entrevistas con todo el personal que interviene en cualquiera de estas actividades. El sistema actualmente en uso fue analizado con profundidad y en conjunción con J. Severski, M. Carbo, J. Olson y H. Jacobson. Asimismo, se entrevistó a los supervisores del departamento de producción para conocer sus sugerencias con respecto a las mejoras en el control de los pedidos durante las actividades de fabricación. El grupo de analistas también observó la forma en que se reciben los pedidos, ya sea por correo, teléfono o télex, y discutió con el personal de contabilidad las actividades de procesamiento de pedidos.

El estudio de sistemas también se enfocó hacia los documentos utilizados para recibir, procesar y hacer el seguimiento de los pedidos, desde su llegada a la compañía hasta la terminación de los productos solicitados en ellos junto con la elaboración de la factura y el cargo al cliente. Se examinaron también los documentos y formularios empleados para procesar cada pedido y efectuar el seguimiento de éstos desde su recepción hasta el envío de la mercancía, incluyendo la autorización, el registro en los libros, la elaboración de facturas y las transacciones de contabilidad así como la eventual recaudación de ingresos por los pagos recibidos de los clientes.

Resumen de estadísticas sobre el procesamiento de pedidos

Las siguientes estadísticas resumen el sistema actual para el procesamiento de pedidos:

1. Se reciben en promedio aproximadamente 50 pedidos por día; sin embargo, el volumen puede alcanzar hasta 100 pedidos en un solo día.
2. Buena parte de los pedidos no son procesados el mismo día que llegan a la compañía. En general, se observa un retraso de entre dos y cuatro días, pero puede transcurrir hasta una semana para que el pedido se envíe al departamento de

producción, si el departamento de pedidos tienen mucho trabajo o le falta personal.

3. Contabilidad recibe aproximadamente 25 pagos al día. Los pagos son procesados generalmente el mismo día o en la mañana siguiente.

4. En la actualidad, en un momento dado, por lo menos 350 pedidos se encuentran en proceso, aunque durante los periodos pico pueden existir hasta 700 pedidos en espera. El número de pedidos en proceso aumenta en forma continua y se espera que en el futuro el volumen crezca con una tasa mayor.

5. El número actual de clientes es 1000. Este número aumentará si la compañía mantiene su actual línea de productos. Si se añaden más productos o se emprenden campañas publicitarias, crecerá el nivel de ventas esperado por la gerencia.

6. Entre los problemas que afectan al procesamiento de pedidos, se encuentran los siguientes:

   a. Precios incorrectos de los artículos (se estima que esto cuesta a la compañía 10 000 dólares al año).

   b. Se cometen errores en aproximadamente el 5% de todos los pedidos. El monto promedio de cada pedido es de 1500 dólares. Por tanto, se estima que los errores cometidos en los pedidos cuestan a la compañía 500 000 dólares al año. La explicación de estos errores recae en la combinación de una carga de trabajo cada vez mayor y en la ineficiencia de los procedimientos; esta última es el resultado del creciente número de actividades comerciales de la empresa.

   c. El monto promedio de cuentas por cobrar que ya están vencidas es de 250 000 dólares. Este monto puede reducirse, si se emplean mejores procedimientos de cobro y verificación de crédito, de la cantidad antes mencionada a una cifra entre 20 000 y 50 000 dólares al año.

   d. Una cantidad aún no determinada de procedimientos para calcular descuentos se presta mucho para cometer errores; sin embargo, no fue posible estimar el costo por año que éstos representan para la compañía.

   e. Los pedidos se extravían, aunque no existen datos disponibles sobre el número y la frecuencia con que esto ocurre. En general, no se tiene conocimiento de este hecho sino hasta que el cliente habla para conocer el avance de su pedido.

Hechos detectados y recomendaciones

El estudio de sistemas revela la necesidad de un sistema de procesamiento de pedidos y de cuentas por cobrar que pueda sostener las expectativas de crecimiento y garantice que las metas futuras de desarrollo no sean obstaculizadas por estos sistemas. Los beneficios de las mejoras sugeridas en este reporte excederán con rapidez los costos asociados con los de operación y los de desarrollo. Por otra parte, el personal está cada vez más consciente de la necesidad de reemplazar el sistema actual de procesamiento de pedidos por uno que sea más eficiente. Ellos no desean que se les orille a realizar grandes esfuerzos para mantener un sistema que ya es inadecuado.

Se recomienda el desarrollo de un sistema automatizado utilizando para ello los recursos de cómputo disponibles en este momento en Industrias Sevco, complementados con la adquisición de un equipo que satisfaga los requerimientos de diseño señalados en este reporte.

Para esto, se recomienda el sistema AS/400 de IBM (véase fotografía) por sus características de diseño y crecimiento. Este sistema puede configurarse para permitir la entrada de datos y la recuperación de información desde diversos lugares dentro de las instalaciones de la compañía. El sistema AS/400 también permitirá la adición de terminales remotas así como la comunicación eficiente vía líneas telefónicas.

(Cortesía de IBM)

Características de la parte de recepción de pedidos

El sistema propuesto tiene dos aspectos distintos pero integrados. La parte que se encarga de la recepción de los pedidos y la facturación, incluye las siguientes características:

1. Estado del crédito del cliente y verificación de su cuenta
2. Verificación de precios de los artículos
3. Registro automático de los pedidos
4. Preparación por computadora de los acuses de recibo
5. Capacidades interactivas de consulta para dar respuesta a solicitudes sobre crédito, clientes y grado de avance de los pedidos
6. Integración del procesamiento de pedidos con producción
7. Preparación por computadora de reportes que describen el estado de todos los pedidos recibidos o en proceso durante cierto periodo de tiempo.

Debe señalarse que este sistema no incluirá actividades de calendarización o de supervisión de los procesos de manufactura. Sin embargo, se espera que los supervisores de producción ingresen datos en él que indiquen las fechas de inicio y terminación de las actividades de fabricación asociados con un pedido en particular. Esta información es esencial, por un lado, para efectuar el seguimiento de las actividades relacionadas con los pedidos y, por otro, para dar respuesta a las preguntas tanto del cliente como de la gerencia.

Características de la parte de cuentas por cobrar

La parte del sistema que se encarga de las cuentas por cobrar, proporcionará el procesamiento necesario para:

1. La preparación de las facturas de los clientes, incluyendo el cargo en la cuenta del cliente de todos los costos relacionados con el pedido
2. Facilidades interactivas de consulta para obtener información sobre los estados de cuenta de los clientes
3. Cálculo de cargos financieros y por vencimiento para los saldos de los clientes
4. Elaboración por computadora de las facturas.
5. Preparación por computadora de los estados de cuenta mensuales, señalando en éstos todos los cargos, pagos y ajustes efectuados durante el mes previo a la fecha de emisión del estado
6. Preparación automática de reportes para la gerencia que muestren el balance de las cuentas junto con las ventas y actividades de pago

Además de estas características, el sistema propuesto incluirá los controles de auditoría apropiados para asegurar el manejo correcto de las actividades relacionadas con los pedidos e ingresos. La capacidad de eslabonar con el sistema varias localidades en el futuro será de gran importancia.

Costos y beneficios

El Apéndice A contiene un resumen de los costos de desarrollo del sistema propuesto, utilizando para ello el sistema de cómputo AS/400. Los costos de desarrollo, incluidos los ya erogados en el estudio de sistemas —sobre el que se fundamenta este reporte—, serán aproximadamente de 35 000 dólares. Además, será necesario comprar varias terminales e instalarlas en sitios que antes deberán ser preparados en forma adecuada. Se estima que el costo total del nuevo sistema es de 85 300 dólares, incluyendo el nuevo equipo. Por otra parte, se estima que el costo total para el primer año de operación, que incluye papelería, gastos de suministro y mantenimiento, es de 10 000 dólares, cifra que toma en cuenta los incrementos proyectados para la inflación y la depreciación del sistema.

Existen varios beneficios del nuevo sistema que pueden clasificarse en tres categorías. Con el desarrollo del nuevo sistema, el departamento de contabilidad no tendrá la necesidad de contratar más personal para satisfacer las necesidades de procesamiento de pedidos durante este año y los próximos. Sin embargo, el nuevo sistema no disminuirá la cantidad actual de personal. Los ahorros obtenidos por no necesitar más personal, se verán durante el tiempo de vida del sistema.

Dado que serán instalados nuevos y mejores procedimientos junto con el nuevo sistema, se reducirán los errores y pérdidas en las ganancias. Una estimación muy conservadora, indica que esta cantidad será menor de 5000 dólares para el primer año. En el futuro, aumentarán los ahorros por este concepto. Asimismo, también disminuirán las cuentas por cobrar por lo menos 20 000 dólares por año.

El sistema producirá beneficios que se pueden clasificar como intangibles. Aunque son importantes y notables, es difícil darles un valor en dólares; se enumeran en el apéndice A, pero no se utilizaron para realizar la comparación costo/beneficio.

Se anticipa que el nuevo sistema tendrá una vida de 5 años, aunque aumentará el costo de su uso y mantenimiento durante los últimos años, lo cual es una expectativa normal.

Al emplear los costos y beneficios esperados durante los 5 años de vida, como se muestra en el apéndice B, el sistema se pagará por sí mismo en un lapso menor de 30 meses. De aquí que el periodo de recuperación del sistema propuesto sea mucho mejor que el promedio y éste sea considerado como una inversión efectiva en costos.

Si la gerencia de Industrias Sevco desea iniciar los trabajos de desarrollo, se estima que el diseño, la programación, el entrenamiento del personal y la implantación del sistema necesitarán de cuatro meses. Para tal fin, se asignarán al proyecto dos analistas/programadores (uno de ellos contratado para tal fin) que trabajarán tiempo completo.

COSTOS INICIALES DEL SISTEMA
Desarrollo
Análisis de sistemas y determinación de requerimientos.
semanas (160 horas)...................................$6,000
Diseño de sistemas
semanas (240 horas)................................. 9,000
Desarrollo e implantación
semanas (480 horas)................................18,000
Costos indirectos generados por el personal 2,500
Compra de equipo
IBM AS/400 40,000
Tres terminales a 600 dólares cada una 1,800
Mobiliario 2,500
Instalación
Preparación del local 1,000
Entrenamiento 3,750
Generación del sistema (a cargo de IBM) 750
Costos totales para el inicio $85,300

COSTOS DE OPERACIÓN DEL SISTEMA
Suministros
Mantenimiento adicional del equipo
Programa de mantenimiento
Costos totales de operación (primer año)................ $10,000

BENEFICIOS DEL SISTEMA
Ahorros por no necesitar más personal $22,100
Ahorros de operación
Eliminación de errores en los precios (mínimo) 5,000
Disminución del saldo de las cuentas por cob. (mín.) 20,000
Beneficios intangibles
Mejor información para planificación
Mejores relaciones con los clientes
Empleados más satisfechos con su trabajo
Necesidad de crecer
Posibilidad de aumentar la comunicación y evitar costos
asociados con el correo (si se da la expansión)
Total de beneficios tangibles del sistema (primer año)... $47,100

APÉNDICE A

Análisis de costos y beneficios del sistema propuesto para la recepción de pedidos y cuentas por cobrar (IBM AS/400).

TIEMPO DE VIDA DE CINCO AÑOS

Año	Costos del sistema	Beneficios del sistema	Diferencia neta acumulativa
1	$ 85,300	$ 47,100	$(38,200)
2	11,000	24,300	10,900
3	12,500	26,750	50,150
4	15,000	29,400	89,550
5	17,000	32,300	$129,850
	$140,800	$159,850	

APÉNDICE B

Análisis de costo y beneficio.

La recuperación de la inversión ocurre entre 17 y 18 meses después del inicio del proyecto.

8. Diseño de salidas del sistema de cómputo

GUÍA DE ESTUDIO

El lector tendrá buenos conocimientos de cómo diseñar la salida de la computadora cuando responda a las siguientes preguntas:

- ¿Qué decisiones debe tomar el analista durante el diseño de la salida del sistema?
- ¿Cómo determina el analista la información que el sistema debe producir como salida? Para los usuarios, ¿cuáles son las características más importantes de la salida generada por el sistema?
- ¿Cuáles son los métodos que deben considerarse para la presentación de la salida?
- ¿Cómo escogen los analistas un método en particular?
- ¿Qué lineamientos deben seguir los analistas en el diseño de la salida?
- ¿Qué diferencias existen en el diseño de salidas impresas, por audio o en pantalla?
- ¿De qué maneras pueden diseñar los analistas la salida para disminuir los detalles, pero al mismo tiempo aumentar la comunicación o la información?

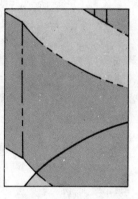

OBJETIVOS DEL CAPÍTULO

- Desarrollar la distribución para presentar información en formatos impresos y de pantalla.
- Definir las especificaciones de la salida de la computadora.
- Seleccionar el mejor medio de cómputo y dispositivo de salida para presentar la información a sus destinatarios.
- Especificar diseños que utilicen colores o gráficas para mejorar la presentación de la información.

PALABRAS CLAVE

Cursor
Distribución de salida
Documentos de retorno
Formato preimpreso
Gráfica de escalones
Gráficas de áreas
Gráficas de barras
Gráficas de curvas
Gráficas de evolución de la empresa

Gráfica de sectores
Ícono
Información tabular
Interrupción (control break)
Traslape
Ventana
Ventana de aparición repentina
    (pop-up window)

Una imagen vale más que mil palabras

Durante el almuerzo, Craig Reilly, un analista recién contratado, y Miriam Robinson, una gerente con mucha experiencia, discutían el diseño de la salida de computadora para el nuevo sistema que la compañía está desarrollando.

"Bueno, Miriam, una imagen vale más que mil palabras. Pero ¿me está usted diciendo que evite gráficas en el diseño de la salida del nuevo sistema?" Craig se impacientaba cada vez más a medida que esperaba la respuesta de Miriam.

"Nosotros, los gerentes, conocemos a todos los diseñadores que han utilizado esa tecnología porque no sabían cómo presentar con eficiencia la información. Ellos intentaban cubrir un trabajo de diseño pobre con unas cuantas gráficas llamativas", replicó Miriam. "La verdad es que las gráficas de barras y líneas a las que ustedes los analistas son tan aficionados, no comienzan por decir las mismas cosas que los números. Una columna con datos correctos le dará a usted más información que una gráfica de sectores con cuatro colores."

Craig difícilmente podía ocultar su malestar con respecto a lo que él sentía como una opinión sesgada de Miriam. "Pero usted está olvidando que a las personas les **gustan** las gráficas". insistió. "No sólo eso, ya que presentar la información por medio de gráficas permite aprovechar las capacidades que las personas no utilizan cuando trabajan con texto o columnas de datos. ¿No se da cuenta que las personas emplean en realidad una parte del cerebro para procesar la información gráfica que es diferente de la que se utiliza para otras clases de datos? Por otra parte, ¡todos sabemos que las gráficas son más interesantes que observar columnas y renglones!"

"¿Más interesantes para *ver* qué?" Miriam meneó la cabeza y esbozó una sonrisa en forma tal que Craig se sintió incómodo. "Seamos prácticos, Craig. Lo que a las personas les gusta en realidad es recibir los datos en cierta forma —aquélla a la que están acostumbradas. En esto, estoy segura de que hablo por todos los demás gerentes. Usted no puede ir por allí, cambiando formatos, sólo porque esto le parece novedoso."

"¿Cómo se imagina que reaccionaría la oficina de impuestos si usted les presenta sus datos sobre ingresos e impuestos en forma gráfica más que en el formato 1040? ¿Y qué podemos decir de la contabilidad? ¿Esperaría que el departamento de contabilidad cambiara sus hojas de balance por gráficas de barras? ¡No sea ingenuo! Los usuarios desean todo aquello a lo que están acostumbrados a tener porque saben que funciona."

Ella lo dijo en forma clara, pensó Craig para sí mismo, pero como la mayoría de los gerentes que ya tienen tiempo en esto, no se ha dado cuenta de lo que las buenas gráficas pueden hacer por esta aplicación. Así que decidió intentar con otro enfoque diferente. "Está bien, así que las personas tienden a resistirse hacia todo aquello con lo que no están familiarizados. Pero esto no es ninguna razón para descartar las gráficas. ¿Qué podemos decir del hecho de que las buenas gráficas pueden comunicar a las personas detalles que de otra forma pasarían por alto —como tendencias y comparaciones—? Es mucho más fácil verlas gráficamente que en cualquier otra forma. Y, además, pensemos en el tiempo que tomaría leer un texto comparado con el necesario para obtener la información que se encuentra en forma gráfica."

Miriam lo miró y se recargó en el respaldo de la silla. "En eso coincido con usted", dijo sonriendo a Craig. "Usted ha hecho su tarea. Pero no olvide que aun las gráficas mejor diseñadas tienen datos que no son gráficos —título, encabezados, notas de pie de figura, etiquetas—. ¡Existe mucha información que *no* es gráfica, eso usted lo sabe!" Para finalizar, ella añadió: "Pero, ¿sabe una cosa? Lo que en realidad sucede es que aquí estamos familiarizados con los números y nos sentimos a gusto con ellos más que con las imágenes. ¿Por qué ustedes, los analistas, no se concentran sólo en el diseño de la clase de salida que saben que nosotros deseamos?"

Una de las características más importantes para los usuarios de un sistema de información es la salida que éste produce. Si la salida no tiene calidad, entonces todo el sistema puede parecer a los usuarios tan poco necesario que evitarán usarlo, y esto posiblemente se convierta en causa de fracaso.

En este capítulo se estudia cómo diseñar la salida que producirá un sistema de información y se verá cómo utilizar los requerimientos identificados durante el desarrollo de prototipos o la investigación de sistemas —detalles que especifican necesidades, no un diseño— para desarrollar las características del sistema. Durante la presentación de este tema se señalarán el tipo de decisiones que deben tomarse, las opciones de que dispone el analista y cómo seleccionar y especificar una opción.

Primero se considerará la forma en que evoluciona el diseño de la salida de la computadora y después cómo presentar la información con eficiencia. Estos lineamientos serán aplicados al diseño de salidas impresas y por pantalla.

CÓMO IDENTIFICAR LAS NECESIDADES DE SALIDA DEL SISTEMA

El diseño de la salida de la computadora debe avanzar en una forma organizada y bien pensada: tiene que desarrollarse correctamente mientras que al mismo tiempo se garantice que cada elemento de la salida está diseñado para que las personas encuentren que el sistema es fácil de emplear.

El término *salida* se utiliza para denotar cualquier información producida por un sistema de información, ya sea impresa o en una pantalla. Cuando los analistas diseñan la salida, ellos

- *Identifican* la salida específica que es necesaria para satisfacer los requerimientos de información.
- *Seleccionan* los métodos para presentar la información.
- *Crean* los documentos, reportes u otros formatos que contienen la información producida por el sistema.

Los métodos de salida varían a través de los sistemas. Por ejemplo, algunos métodos como el del reporte de inventario sobre la cantidad de mercancía, o el del sistema de cómputo, o el que está bajo el control de un programa, simplemente recuperan los datos de un dispositivo de almacenamiento (por lo general, de un medio de almacenamiento secundario) y los presentan en forma adecuada. En estos casos, si acaso, se realizan algunos cálculos debido a que los datos ya existen y sólo es necesario recuperarlos. Otros tipos de salida quizá requieran de un procesamiento sustancial antes de que los datos estén disponibles para su uso. Por ejemplo, para producir como salida el costo de fabricación de un producto, el sistema primero localiza las descripciones de todas las partes utilizadas en el producto final y la cantidad necesaria de éstas para fabricarlo (Fig. 8.1). Después, se obtiene el costo de cada una. Finalmente, se multiplican y totalizan los costos y cantidades de todas las partes para producir la salida deseada. En este ejemplo, los pasos de procesamiento son mucho más extensos que para el ejemplo del inventario, aunque ambos conjuntos de información quizá tengan la misma importancia para los usuarios del informe de inventarios.

Objetivos de la salida

La salida de un sistema de información debe alzanzar uno o más de los siguientes objetivos (Fig. 8.2):

1. *Expresar* información relacionada con actividades pasadas, estado actual o proyecciones para el futuro
2. *Señalar* eventos importantes, oportunidades, problemas o advertencias

3. *Iniciar* una acción

4. *Confirmar* una acción

El buen diseño de la salida de los sistemas, no puede ser desarrollado en forma independiente del uso que se dará a la salida. En otras palabras, no se puede clasificar como "buena" una salida estéticamente atractiva o que haga uso de una nueva tecnología a menos que satisfaga las necesidades de la organización y de sus usuarios. El propio proceso de diseño comienza cuando el analista de sistemas identifica la salida que debe producir el sistema (un proceso que se inicia durante la determinación de requerimientos).

En el desarrollo de prototipos de aplicaciones, a menudo los analistas desarrollan pantallas de salida para permitir que los usuarios reaccionen tanto al contenido como a la forma de la salida, tomando en consideración la manera en que harán uso de ella. De manera similar, bajo el método de desarrollo por análisis estructurado, los diagramas de flujo preparados con anticipación durante el proceso de desarrollo, enfocan la atención sobre la naturaleza de la salida. Cada flujo de datos lleva información que será empleada en otras partes del sistema o que la abandonará como salida externa. El objetivo principal durante el diseño de la salida de la computadora es la información que será presentada a las personas. Puede afirmarse que *la salida de la computadora es para las personas.* Lo anterior es una consideración importante para el contenido de este capítulo. Es por esto que no se aborda la forma en que los datos se mueven entre los procesos o entre los almacenes de datos y los procesos (estos flujos de datos serán diseñados después, durante el diseño del procesamiento).

Tipos de salidas

Sin importar si la salida es un reporte o un listado del contenido de un archivo, éste siempre es resultado de un proceso por computadora.

La salida del sistema puede ser:

1. Un reporte
2. Un documento
3. Un mensaje

De acuerdo con las circunstancias y los contenidos, la salida puede ser impresa o presentada en una pantalla.

El contenido de la salida tiene su origen en las siguientes fuentes:

1. Recuperación de un dispositivo de almacenamiento
2. Transmisión desde un proceso o actividad del sistema
3. Directamente desde una fuente de entrada

El diagrama de flujo de datos de la figura 8.3, contiene anotaciones que indican aspectos relacionados con el diseño de la salida. La

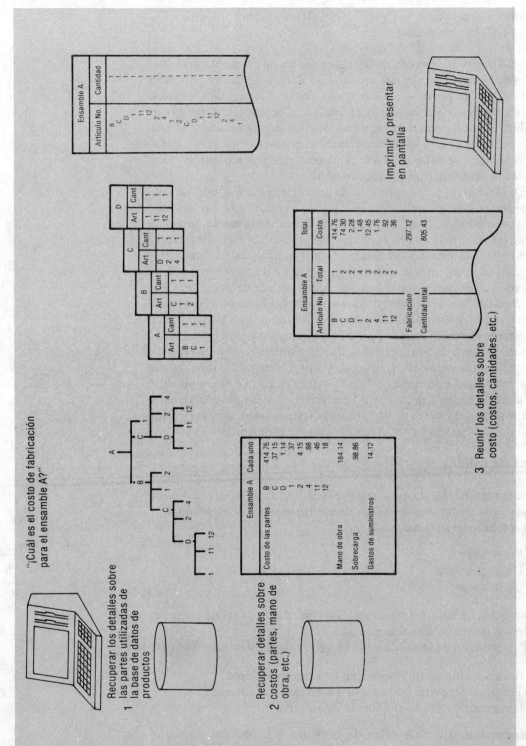

FIGURA 8.1
Preparación de la salida para notificar los costos de fabricación.

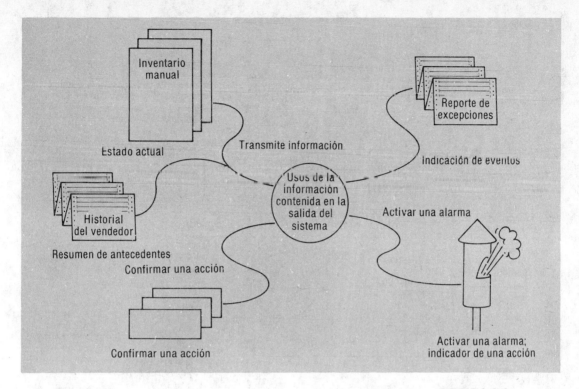

FIGURA 8.2
Objetivos del empleo de la salida de computadora.

ilustración también muestra dónde es necesario una salida generada por el sistema. Estas anotaciones también señalan la necesidad de varias copias, formularios y otros detalles de diseño.

Aspectos importantes de la salida

Cinco preguntas, a las que debe darse respuesta en forma completa y apropiada, ayudan a los analistas de sistemas a comprender mejor lo que debe ser la salida de un nuevo sistema:

1. *¿Quiénes recibirán la salida?*
   El usuario, ¿forma o no parte de la organización? Quizá los usuarios externos tengan requerimientos específicos que no se pueden cambiar y que dictan los requerimientos de contenido, formato y medio de presentación. Tal vez las organizaciones decidan presentar la misma información en forma diferente cuando ésta es enviada a los usuarios tanto externos como internos.
2. *¿Cuál es el uso que se le pretende dar?*
   La salida, ¿presenta información (por ejemplo, un reporte sobre el volumen de ventas), solicita una respuesta (notificación de la renovación de la licencia de manejo), o inicia una acción (notificación de adeudo vencido)? El uso determina el contenido, la forma y el medio a utilizarse para su generación.

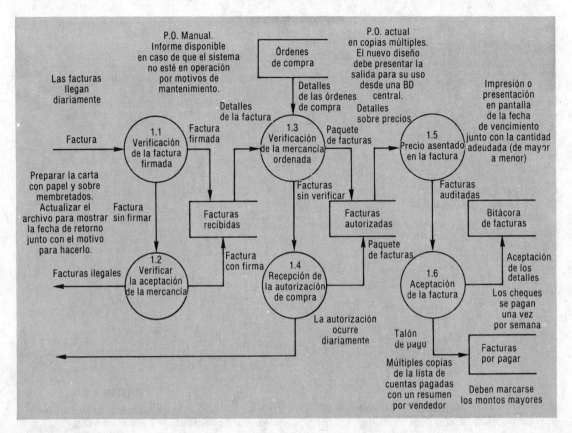

FIGURA 8.3

Diagrama de flujo de datos con anotaciones para el diseño de la salida.

3. *¿Cuántos detalles son necesarios?*

Pocos detalles son necesarios para indicarle a alguien que renueve una licencia de manejo (nombre, dirección, fecha de renovación, cuota y una identificación de la salida como aviso de renovación). Sin embargo, un informe trimestral de ventas contiene muchos detalles con formatos diferentes que son de ayuda para trasmitir un mensaje (qué sucedió, cómo ocurrió y cuál fue el resultado) a todos los usuarios. Asimismo, la cantidad de datos también sugiere si deben emplear métodos de impresión o de presentación en una pantalla.

4. *¿Cuándo y con qué frecuencia es necesaria la salida?*

El calendario junto con la oportunidad de la salida son guías específicas de diseño. Algunas salidas se producen con poca frecuencia y sólo cuando aparecen ciertas condiciones: la emisión del aviso de renovación de licencia puede ocurrir cada cuatro años, la emisión de una notificación de pago sucede cuando el saldo de la cuenta está vencido. Sin embargo, la organización puede requerir cada mes una salida que indique todas las licencias que deben renovarse el próximo mes, o una salida cada semana que señale todas aquellas cuentas cuyo saldo se venció durante la semana.

5. *¿Qué método utilizar?*

La salida, ¿debe ser impresa o presentada en una pantalla? Los ejemplos anteriores muestran que la salida impresa se emplea con bastante frecuencia. Sin embargo, si un sistema da respuestas del tipo *sí* o *no* a las consultas ("¿Existe un lugar disponible hoy en el vuelo 130?"), entonces a menudo es apropiado presentar la respuesta en una pantalla. Los sistemas de conmutación electrónica utilizados por muchas compañías telefónicas de Estados Unidos, emplean una salida de audio para informarles sobre un nuevo número telefónico o el cambio de éste. Sin embargo, ¿quién desearía examinar una lista extensa sobre las cantidades de inventario utilizando una salida de audio?

Para cualquier requerimiento de salida, los analistas de sistemas deben dar respuesta a estas preguntas.

En lo que resta del capítulo, se exploran las opciones que el analista selecciona cuando formula el diseño de la salida. La siguiente sección estudia varias formas para presentar la información a los usuarios finales.

Comentario al margen
Diseño de salidas: cuando el mínimo necesario es lo mejor

El verdadero reto en el diseño de la salida de computadora no es *cuánta* información proporcionar sino *cuál* es el mínimo necesario para poner a disponibilidad información importante. Cualquiera puede llenar una página o pantalla con información, pero no existe ninguna garantía de que la información comunicada a los usuarios sea la correcta.

El desarrollo de cualquier diseño para la salida debe dirigirse hacia aquello que los usuarios necesitan saber. Claro está que también es probable que se decida que ellos requieren cierta información sobre las actividades pasadas y presentes, o con respecto a proyecciones para el futuro; los usuarios quizá necesiten ser notificados sobre eventos, oportunidades o problemas; o tal vez necesiten verificar qué acciones se llevaron a cabo y cuáles no. También es probable que el analista decida que los usuarios necesitan saber qué cosas dan inicio a una acción —quizá una excepción, ya sea favorable o no—. Los lineamientos de este capítulo sugieren cómo presentar la información. Pero recuérdese ¡que entre menos mejor!

CÓMO PRESENTAR LA INFORMACIÓN

¿Puede usted capturar la atención de los usuarios sobre las características de la información contenida en la salida de una computadora? La forma en que se presenta la información determinará si la salida es clara y comprensible, si los detalles son convincentes y si la toma de decisiones se efectúa con mayor rapidez y exactitud.

Esta sección estudia los lineamientos a seguir para presentar información en forma gráfica y tabular junto con el empleo de íconos y varias maneras de utilizar colores.

Formato tabular

En general, los usuarios finales están más acostumbrados a recibir información en forma de tablas. Los contadores y todos aquellos que revisan datos financieros en forma periódica, dependen casi exclusivamente de *información tabular* (en un formato que contiene renglones y columnas), como se muestra en la figura 8.4. La sola mención de la palabra "reporte" sugiere, para muchas personas, un formato tabular. Ejemplos comunes de este tipo de formato son los informes de control de inventarios, cuentas por pagar, contabilidad general, análisis de ventas y calendarios de producción. En general, el formato tabular debe utilizarse bajo las siguientes condiciones:

- Cuando los detalles dominan y son necesarios pocos comentarios o explicaciones
- Cuando los detalles son presentados en categorías discretas
- Cuando cada categoría debe tener una etiqueta
- Cuando se deben obtener totales o realizar comparaciones entre diversos componentes

En un formato tabular cierta información es más importante y, por consiguiente, debe resaltar sobre la demás. Lo anterior cambia de acuerdo con la aplicación pero, en general, se debe estar seguro de que los siguientes aspectos sean los que sobresalgan:

- Excepciones a las expectativas normales
- Categorías más importantes de actividades o entidades
- Resúmenes de las categorías o actividades más importantes
- Identificación única de la información
- Entidades que dependen del tiempo

Se pueden añadir muchos más aspectos a la lista anterior, lo que depende de la aplicación específica. En cualquier caso, lo importante es garantizar que dichos elementos resalten; el analista de sistemas debe diseñar la salida tabular con la finalidad de alcanzar este objetivo.

Asimismo, se desea presentar la información en un formato que presente los detalles en un orden significativo (quizá de mayor a menor valor, por código postal, u orden alfabético), aquél donde éstos sean más sencillos de localizar. Es fácil colocar muchos detalles sobre

FORMAS DE LA COMPAÑÍA NORTHERN DE CALIFORNIA
REGISTRO DE CHEQUES DE CUENTAS POR PAGAR

11/16/88
Page: 1

Vendedor	Compañia	****Factura**** Fecha	Número	Cantidad	****Descuento**** Fecha	Cantidad	****Cheque**** Fecha	Número	Cantidad
00101	BLOCK BUSINESS FORMS, INC.								
		11/07/88	54679	126.79	11/18/88	2.41	00/00/00	0	124.38
	TOTAL:			$126.79		$2.41			$124.38
00113	DATAGRAPHIC INC.								
		11/08/88	W020910	85.38	11/18/88	3.90	00/00/00	0	81.48
	TOTAL:			$85.38		$3.90			$81.43
00115	CARLSON CRAFT								
		10/19/88	454150	23.88	00/00/00	.00	00/00/00	0	23.88
	TOTAL:			$23.88		$.00			$23.88
00143	LABELS WEST INC.								
		10/21/88	203231	1,173.21	00/00/00	.00	00/00/00	0	1,173.21
	TOTAL:			$1,173.21		$.00			$1,173.21

Run Date: 11/16/88
Run Time: 13:36:58

FORMAS DE LA COMPAÑÍA NORTHERN DE CALIFORNIA
REQUERIMIENTOS A/P DE EFECTIVO DEL 11/16/88 por fecha de pago

Rpt-2E
Page: 1

Pago Fecha	Descuento Fecha	Número de factura	Vendedor	Exp Pd	Factura Monto	Descuento Monto	Descuento Aplicado	Cantidad Neta
01/08/88	00/00/00	120703C	00321 DISCOVERY OFFICE SYS	02	$1,022.90	$.00		$1,022.90
02/19/88	00/00/00	25452C	00315 KING'S OFFICE PRODUC	05	$3.98-	$.00		$1,018.92
08/10/88	00/00/00	26926	00138 FORMS MANAGEMENT DAT	10	$254.87	$.00		$1,273.79
08/10/88	00/00/00	26926C	00138 FORMS MANAGEMENT DAT	11	$254.87-	$.00		$1,018.92

FIGURA 8.4
Informes tabulares más comunes.

Cliente	Orden de trabajo	Número de pedido	Fecha de vencimiento	Monto	Tipo
ARBOGAST MATERIALS	15678	248-D	10-12-88	41,345.98	ALMACÉN
ARBOGAST MATERIALS	26645	835-L	10-23-88	98,746.77	CLIENTE
ARBOGAST MATERIALS	29840	899-L	10-31-88	15,976.36	ALMACÉN
ARBOGAST MATERIALS	49876	1065-S	11-15-88	9,764.46	ALMACÉN
ARBOGAST MATERIALS	62345	2075-L	12-02-88	76,345.98	CLIENTE
BORGUST CONSTRUCTION CO	9865	78-D-9873	9-15-88	9,677.65	CLIENTE
BORGUST CONSTRUCTION CO	10453	78-D-0032	10-12-88	11,674.23	ALMACÉN
BORGUST CONSTRUCTION CO	11064	78-A-1827	11-15-88	45,848.90	ALMACÉN
BORGUST CONSTRUCTION CO	14087	79-L-8765	1-15-89	23,857.90	ALMACÉN
CARLTON SUPPLY CORP	28239	12287X	9-23-88	78,857.64	CLIENTE
CARLTON SUPPLY CORP	59646	41258S	9-30-88	65,958.89	ALMACÉN
CARLTON SUPPLY CORP	78579	32980X	2-15-89	9,756.89	CLIENTE
DENTON DISTRIBUTING	28576	11582JS	8-30-88	3,856.89	ALMACÉN
DENTON DISTRIBUTING	31459	21382MN	10-01-88	14,644.56	ALMACÉN
***TOTALES				506,333.10	

FIGURA 8.5

Informe sobresaturado con datos de ejemplo.

un reporte y causar con esto que éste se vea atestado. De hecho, una de las quejas más frecuentes de los usuarios es *demasiados detalles y poca información.* A menudo, los gerentes comentan que están *ahogados en datos, pero muertos por hambre de información.*

El primer aspecto que debe considerarse al abordar el diseño de la salida es evitar los datos que no son necesarios. El siguiente paso es seleccionar las características que mejorarán la claridad. La figura 8.5 contiene un informe diseñado para decirle al usuario ciertas características relevantes relacionadas con los pedidos de los clientes. Nótese cómo el diseñador ha limitado el número de datos que aparecen sobre la página, ha etiquetado todas las columnas y añadido los totales. Para facilitar aún más la localización de los pedidos de los clientes, todos los detalles se presentan en orden alfabético.

Este reporte puede mejorarse todavía más (Fig. 8.6). Dado que se repite el nombre de los clientes, sólo es necesario mencionarlo cuando existe un cambio. Por ejemplo, Materiales Arbogast para el primer pedido y no volver a repetirlo sino hasta que cambie el nombre del cliente (en este ejemplo, Borgust y Construcción Co.).

Las líneas punteadas entre los encabezados de las columnas y los detalles del primer pedido resaltan el encabezado. La inclusión de los totales por cliente y la clasificación de los detalles relacionados con su pedido, le dicen al usuario en una forma sencilla muchas cosas con respecto a los pedidos. Los subtotales impresos al terminar las entradas de un cliente reciben el nombre de *interrupciones de control (control breaks).* Estas interrupciones comunican información y resaltan

LISTADO DE PEDIDOS DE CLIENTES EN PROCESO

Cliente	Orden de trabajo	Número de pedido	Fecha de vencimiento	Monto	Tipo
ARBOGAST MATERIALS	15678	248-D	10-12-88	41,345.98	
	26645	835-L	10-23-88	98,746.77	CLIENTE
	29840	899-L	10-31-88	15,976.36	
				156,069.11	
	49876	1065 S	11-15-88	9,764.46	
	62345	2075-L	12-02-88	76,345.98	CLIENTE
	*******			242,179.55	
BORGUST CONSTRUCTION CO	9865	78-D-9873	9-15-88	9,677.65	CLIENTE
	10453	78-D-0032	10-12-88	11,674.23	
	11064	78-A-1827	11-15-88	45,848.90	
	14087	79-L-8765	1-15-89	23,857.90	
	*******			91,058.68	
CARLTON SUPPLY CORP	28239	12287X	9-23-88	78,857.64	CLIENTE
	59646	41258S	9-30-88	65,958.89	
				144,816.53	
	78579	32980X	2-15-89	9,756.89	CLIENTE
	*******			154,573.42	
DENTON DISTRIBUTING	28576	11582JS	8-30-88	3,856.89	
	31459	21382MN	10-01-88	14,644.56	
	*******			18,501.45	

FIGURA 8.6
Plantilla modificada del reporte de pedidos en proceso.

aspectos que son útiles para el usuario. Un espacio adicional, entre cada grupo de información, es el pequeño precio que se debe pagar por la claridad.

Cuando los datos no cambian, no existe ninguna razón para imprimirlos, ya que no le dicen nada nuevo al usuario. Este principio se utiliza en la columna TIPO DE PEDIDO de la figura 8.6. Al procesar los pedidos, aquellos que solicitan artículos del almacén son rutinarios mientras que los que solicitan mercancía que se fabrica sólo bajo pedido, requieren de una atención especial. Por consiguiente se elimina del texto ALMACEN y sólo se imprime BAJO PEDIDO cuando viene al caso.

Compárense las revisiones realizadas en la figura 8.6 con el reporte anterior (Fig. 8.5) para observar las diferencias tanto en claridad y utilidad que fueron posibles gracias´a los cambios realizados.

TABLA 8.1 Paquetes gráficos más utilizados	
Paquete	*Vendedor*
35mm Express	Business & Professional Software
Chart-Master	Ashton-Tate
Cricket Graph	Cricket Corporation
Draw Applause	Ashton-Tate
Harvard Graphics Manager	Software Publish Corporation
ISSCO	ISSCO
Microsoft Chart	Microsoft Corporation
Pixie	Zenographics
Precision Visuals	Precision Visuals, Inc.
SAS Graf	SAS Institute
XL Copy	UNIRAS

Formato gráfico

En el mercado se encuentran disponibles sistemas gráficos para computadoras personales hasta *mainframes,* con una amplia gama de precios y características (Tabla 8.1). Las *gráficas empresariales* no son por sí mismas una nueva área. Las presentaciones a nivel gerencial han experimentado mejoras desde hace mucho tiempo gracias a las gráficas y medios audiovisuales. Sin embargo, dentro del campo de los sistemas de información basados en computadora, ésta es un área en continuo crecimiento gracias a la existencia de software muy poderoso y de bajo costo que produce diagramas y gráficas de alta calidad, y que además permite utilizar datos provenientes de las bases de datos. Por otra parte, las gráficas pueden mostrarse en pantallas de video, elaborarse con varios colores en impresoras de bajo costo, dibujar en graficadores o producirse en transparencias de color por medio de cámaras especiales que pueden conectarse a la computadora. Todas estas facilidades se encuentran a disponibilidad de las computadoras personales, con una pequeña inversión, así como para los sistemas de cómputo grandes para los que existe una amplia gama de opciones y costos.

Estas capacidades ofrecen diversos beneficios a los usuarios. Si bien las gráficas pueden mejorar la presentación de la información, también existe la posibilidad de que muchas presentaciones se vean *afectadas* por el deficiente uso de las gráficas (el diseño de salida gráfica es mucho más que sólo convertir datos tabulares en gráficas). Al mismo tiempo, pocos gerentes están dispuestos a aceptar gráficas generadas por computadora como sustitutos de los reportes tradicionales, tal como lo señala el gerente de la breve historia con que inicia este capítulo. La información empresarial continuará basándose en

FIGURA 8.7

Dispositivo de salida para presentaciones gráficas y en color. (Cortesía de *Apple Computer, Inc.*)

datos numéricos, aun a pesar de que los suplementos sean bien recibidos.

Las opciones para presentación gráfica, mismas que se mencionan más adelante, son importantes; sin embargo, la forma en que el analista decida utilizarlas es la que determina la claridad de la información que contienen. Como analista, el lector necesitará saber cuándo utilizar gráficas y cuándo evitarlas, además de tener la capacidad de realizar los juicios necesarios de cómo hacer uso de sus características. El éxito de las gráficas de este tipo, depende de la tarea para la que serán empleadas así como de la naturaleza de la información presentada.

Tipos de gráficas

Las gráficas empresariales emplean varios tipos de diagramas y mapas (Fig. 8.8). Las *gráficas de sectores* describen partes de un todo que guardan relación con un desarrollo o actividad en particular. Por ejemplo, una compañía que desee comparar el porcentaje de gastos asignados a producción con los de otras categorías puede hacerlo con una gráfica de sectores. Las *gráficas de áreas* muestran cambios en el desempeño a lo largo de varios periodos de tiempo. Una escala horizontal indica el tiempo (días, meses o años) mientras que otra vertical señala las unidades de medición de interés (como dólares, porcentajes o número de unidades). La superposición de varios objetos sobre la misma gráfica, permite al lector ver el cambio de uno en relación con los demás. Por ejemplo, señalar el aumento en los gastos de los sistemas de producción, mercadotecnia y solicitudes de personal, sobre la misma *gráfica de curvas,* dará mayor realce a la tendencia global de los

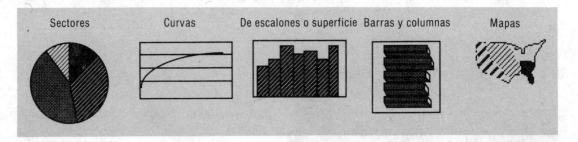

Sectores   Curvas   De escalones o superficie   Barras y columnas   Mapas

FIGURA 8.8
Tipos de gráficas.

gastos además de indicar qué categoría de gasto es la que presenta el mayor cambio. En una gráfica no se deben mostrar más de tres o cinco líneas. Si se emplean líneas de diferente grosor para transmitir la información, entonces es recomendable utilizar un máximo de tres diferentes grosores.

Las *gráficas de barras y escalones* también muestran cambios en categorías. Sin embargo, más que unir cada punto (como el que representa los gastos de sistemas de fabricación durante un año en particular), miden los puntos dato desde la escala horizontal hasta el nivel apropiado de la escala vertical. Cada periodo puede ser discreto, como en las gráficas de barras, o puede mostrarse de lado a lado, como en las gráficas de escalones. Con frecuencia, se superponen varios objetos para comparar las categorías de un año a otro.

Los mapas pueden mostrar con eficacia variaciones a través de distintas zonas geográficas. Los mapas climáticos a menudo muestran diferencias en temperatura, precipitación pluvial o luminosidad solar. Una mirada rápida indica qué zonas del país tendrán clima cálido o frío, seco o húmedo. Los mapas generados por computadora tienen la misma efectividad para mostrar las ventas o la penetración en el mercado.

Las gráficas de este tipo deben tener anotaciones que indiquen la escala utilizada, el significado de cada línea u objeto y lo que la gráfica representa. Las gráficas *complementan* otra información; no la reemplazan. Las gráficas son como las señales de las carreteras: *deben hacer notar su objetivo con rapidez al lector o de lo contrario éste perderá el interés.* En consecuencia, deben contener pocas palabras.

También es esencial tener un formato familiar para comunicar un mensaje por medio de gráficas. Las formas estudiadas hasta este momento son de uso universal. Idealmente, el lector no necesitaría invertir mucho tiempo para comprender cómo utilizar una gráfica, pero debe ser capaz de centrar su atención sobre el contenido de ésta.

Las gráficas quizá no ahorren tiempo en la toma de decisiones ni tampoco disminuyan el volumen de información producido por el sistema. Alcanzar estos objetivos depende de los usuarios y de otras características de diseño del sistema de información, como puede ser la forma en que se prepara la información que no es de carácter geográfico. Sin embargo, si se diseñan adecuadamente, las gráficas

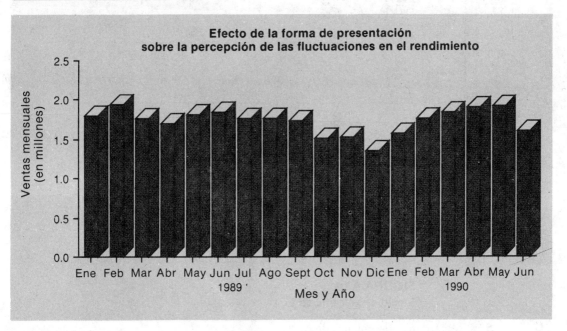

Tabular			
Mes	1	1.8	Millones
	2	1.94	
	3	1.76	
	4	1.70	
	5	1.81	
	6	1.85	
	7	1.76	
	8	1.74	
	9	1.51	
	10	1.53	
	11	1.46	
	12	1.35	
	1	1.58	
	2	1.76	
	3	1.85	
	4	1.91	
	5	1.93	
	6	1.61	
	7	1.58	
	8	1.71	
	9	1.61	
	10	1.68	
	11	1.47	
	12	1.41	

FIGURA 8.9

Efecto de la presentación sobre la percepción de la fluctuación en el rendimiento.

	A	B
1	585,000	581,335
2	591,000	580,665
3	546,115	576,344
4	591,847	546,132
5	551,818	574,333
6	584,346	576,246
7	581,651	549,385
8	576,482	571,329
9	592,343	585,876
10	587,612	557,364
11	594,888	568,851
12	599,500	596,343

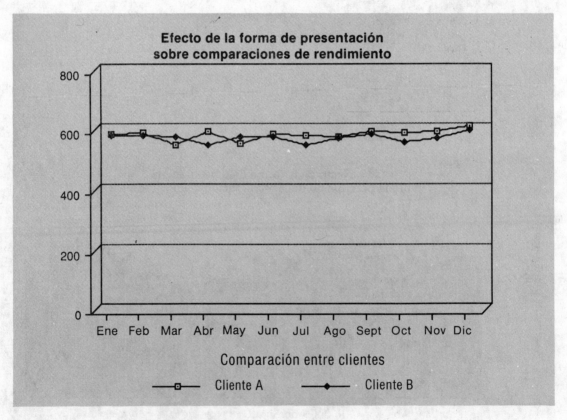

FIGURA 8.10
Efecto de la forma de
presentación sobre
comparaciones de
rendimiento.

son complementos excelentes para tablas y reportes escritos. Tal como lo explicó el analista de la historia con la que inicia este capítulo, las gráficas también pueden comunicar información importante para ciertas personas que de otra forma no verían los detalles interesantes.

Cuándo utilizar gráficas

Las gráficas se emplean por varias razones: 1) para mejorar la efectividad de los reportes que como salida se envían a los usuarios que deben recibirlos, 2) para manejar el volumen de información y 3) para ajustarse a preferencias personales.

Facilidad para la presentación efectiva de datos Las gráficas son más adecuadas para detectar tendencias en el desempeño de la empresa que los reportes escritos o tabulares. Por ejemplo, las gráficas deben utilizarse para indicar si existe en un gran volumen de clientes la tendencia a comprar más o menos durante un lapso de, por ejemplo, dos años o para evaluar las fluctuaciones en las compras. La figura 8.9 muestra en forma clara cómo el empleo de las gráficas facilita el análisis sobre la caída de las ventas durante los últimos meses del año mientras que, al mismo tiempo, aumentó el volumen global de compras. Las comparaciones también son más fáciles de hacer con gráficas que con datos en forma tabular. Nótese en la figura 8.10 la forma tan rápida con la que la gráfica muestra que los niveles de venta del cliente A están aumentado mientras que los del cliente B permanecen constantes.

Las presentaciones gráficas también facilitan el recordar grandes cantidades de datos asentados en una serie de reportes. Por ejemplo, cuando se trabaja con una serie de reportes, uno al mes por cada vendedor, es mucho más fácil recordar gráficamente la proporción promedio de ventas, en relación con las realizadas a través de llamadas telefónicas. Descubrir o comparar tendencias junto con la capacidad de recordar detalles importantes es algo que está ligado con la capacidad gerencial en los negocios. Aquellos que tienen el dominio de la información, toman mejores decisiones en un tiempo menor que los gerentes que no tienen disponible la información.

Manejo del volumen de información La compresión de grandes cantidades de datos en una gráfica, no disminuye la cantidad de información. Los detalles de la figura 8.10 son equivalentes en ambas partes de la ilustración. Aun así, el volumen de detalles *parece* ser menor en la versión gráfica.

El beneficio real de la compresión es que separa la información en grupos más pequeños, lo que permite recordarlos y comprenderlos con mayor facilidad. La información fragmentada aísla los elementos (por ejemplo, el número de saltos o caídas en las ventas) y facilita su comparación.

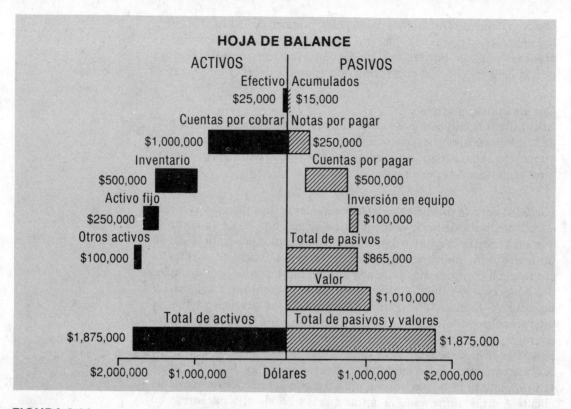

HOJA DE BALANCE

ACTIVOS | PASIVOS

Efectivo | Acumulados
$25,000 | $15,000

Cuentas por cobrar | Notas por pagar
$1,000,000 | $250,000

Inventario
$500,000

Cuentas por pagar
$500,000

Activo fijo
$250,000

Inversión en equipo
$100,000

Otros activos
$100,000

Total de pasivos
$865,000

Valor
$1,010,000

Total de activos | Total de pasivos y valores
$1,875,000 | $1,875,000

$2,000,000 $1,000,000   Dólares $1,000,000 $2,000,000

FIGURA 8.11
Efecto de la forma gráfica de presentación sobre la información de contabilidad.

Satisfacción de preferencias personales A menudo, a las personas les gusta ver la información más en forma gráfica que en renglones y columnas. Con frecuencia, los inversionistas prefieren tener los precios de las acciones en una gráfica de líneas que en forma tabular. Como analista, el lector debe poner atención en la forma en que, por lo general, se prepara la información en determinado campo o ambiente específico. El diseño de una pantalla que no se adecua a las expectativas, puede confundir a los usuarios de la información y tal vez afectar en forma adversa el desempeño. Por ejemplo, los datos de ganancias y pérdidas se muestran en un formato exprofeso, es decir en un formato tabular. Cambiarlo a forma gráfica (Fig. 8.11) seguramente será causa de objeciones (pocos gerentes están preparados para aceptar las gráficas por computadora como sustitutos de los tradicionales informes de contabilidad).

Estos ejemplos subrayan la importancia de utilizar un formato de presentación familiar, a menos que los usuarios estén de acuerdo con que el cambio de formato dará como resultado una mejora en el desempeño sin la necesidad de una gran cantidad de trabajo. Aun si el cambio de formato mejora el desempeño por un periodo prolongado de tiempo, a los usuarios les gusta concluir que sólo se ganó un ligero incremento en desempeño a costa de un gasto muy alto.

Las gráficas por computadora bien preparadas tienen un impacto

TABLA 8.2 Cuándo utilizar presentaciones gráficas

Las gráficas son más eficientes para:
1. Detectar patrones en los datos
2. Detectar tendencias o cambios en éstas
3. Identificar relaciones de desempeño
   entre elementos

Las gráficas son menos eficientes para:
1. Determinar los valores específicos para ciertos puntos dato
2. Determinar el cambio absoluto en los valores numéricos
   representados en tendencias o patrones
3. Representar una pequeña cantidad de datos (pocos puntos)

visual muy grande, pero no mejoran automáticamente la efectividad de la presentación. La tabla 8.2 contiene un resumen de hallazgos relacionados con la forma en que las gráficas influyen en el desempeño de la gerencia.

Estándares para el diseño de gráficas Los estándares apoyan el trabajo del diseñador en la preparación de presentaciones gráficas, pero también son de gran ayuda para que el usuario lea los datos. Muchas organizaciones tienen estándares que especifican cómo diseñar la salida gráfica.

Toda la salida gráfica contiene texto, cuyo diseño es tan importante como el de los demás aspectos de la salida. Cada reporte gráfico, ya sea impreso o presentado en una pantalla, debe incluir un título, así como la fecha en que se preparó. Para toda una serie, es importante añadir números de página.

Dado que el texto toma más tiempo en leerse que las gráficas, es importante el sitio donde se coloque y su legibilidad. Las etiquetas para datos verticales deben colocarse en forma horizontal, teniendo cuidado de evitar detalles en exceso. Un espaciamiento consistente entre todas las etiquetas y el uso del tipo de letra ayudará a aumentar la claridad.

Las etiquetas pueden aumentar la exactitud con la que las personas leen los datos de una gráfica de barras. Sin embargo, la ubicación de las etiquetas afecta la claridad. El valor de los datos debe colocarse en el extremo de la barra (Fig. 8.11).

Todos los ejes horizontales y verticales deben ser proporcionales, al igual que sus etiquetas. Se pueden utilizar tipos en negritas, itálicas o subrayados para recalcar las frases o palabras importantes. El uso exclusivo de mayúsculas en palabras, títulos o pies de figura extensos, disminuye la claridad y, por tanto, debe evitarse. Tampoco deben utilizarse abreviaturas.

El empleo de la misma tipografía asegura la consistencia de las gráficas y pantallas diseñadas por diferentes analistas. El uso de la

Optima 6 pt.
Optima 7 pt.
Optima 8 pt.
Optima 9 pt.
Optima 10 pt.
Optima 11 pt.
Optima 12 pt.
Optima 14 pt.
Optima 18 pt.

Helvetica Condensed 6 pt
Helvetica Condensed 7 pt.
Helvetica Condensed 8 pt.
Helvetica Condensed 9 pt.
Helvetica Condensed 10 pt.
Helvetica Condensed 11 pt.
Helvetica Condensed 12 pt.
Helvetica Condensed 14 pt.
Helvetica Condensed 18 pt.

ITC Garamond 6 pt
ITC Garamond 7 pt
ITC Garamond 8 pt
ITC Garamond 9 pt
ITC Garamond 10 pt
ITC Garamond 11 pt
ITC Garamond 12 pt
ITC Garamond 14 pt
ITC Garamond 18 pt

Palatino 6 pt
Palatino 7 pt
Palatino 8 pt
Palatino 9 pt
Palatino 10 pt
Palatino 11 pt
Palatino 12 pt
Palatino 14 pt
Palatino 18 pt

FIGURA 8.12

Efecto de la variación en el tamaño de la tipografía sobre la presentación de la información.

tipografía correcta también influye en la legibilidad del texto. (Nótense las diferencias en claridad entre los diversos tamaños de tipografía que se muestran en la figura 8.12.)

Uso de íconos

Los íconos son la representación gráfica de las entidades descritas por los datos. Por ejemplo, se puede utilizar la imagen de un automóvil para notificar las ventas de nuevos modelos de automóviles durante un lapso de 5 años (Fig. 8.13). Se puede representar el nivel de ventas en cada año por medio del tamaño del automóvil. De esta forma, se puede mostrar un aumento del doble de ventas en dos años consecutivos por medio de un ícono dos veces mayor que otro.

Hoy los íconos se emplean comúnmente en las interfaces de computadora para representar documentos, cestos, archivos e impresoras. Durante muchos años los artistas han hecho uso de íconos para presentar datos en periódicos, informes anuales para accionistas y demostraciones de ventas.

¿Qué ventajas ofrecen los íconos sobre las descripciones escritas o las gráficas (como las de barras y sectores)? Los íconos comunican información en forma inmediata cuando son seleccionados en forma apropiada, ya que duplican imágenes con las que los usuarios están familiarizados (el ícono de un automóvil se reconoce inmediatamente;

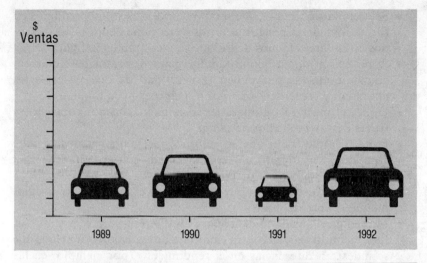

FIGURA 8.13
Uso de íconos para presentar información de ventas.

FIGURA 8.14
Íconos más utilizados.

lo mismo ocurre con el de una computadora personal). Los íconos eliminan la necesidad de que los usuarios aprendan abreviaturas, notaciones o nomenclatura especial. Por otra parte, las mismas imágenes no añaden complejidad a las demás tareas (por ejemplo, durante la evaluación de la magnitud de las fluctuaciones en las ventas). En contraste, el tiempo necesario para leer las etiquetas o pies de figura por lo común contribuyen a la complejidad. Claro está que la mayoría de los seres humanos recuerdan una imagen con mayor facilidad que las palabras o frases, aspecto que fue recalcado en la historia que se encuentra al inicio de este capítulo. Sin embargo, los íconos apropiados aseguran que las palabras y frases *correctas* tengan un significado preciso.

Los siguientes lineamientos sugieren cuándo y cómo utilizar los íconos en el diseño de sistemas:

- Seleccionar los íconos que serán reconocidos y comprendidos en forma inmediata por los usuarios (seleccione de los miles de íconos estándares algunos de los que se muestran en la figura 8.14).
- Si no existe ningún ícono familiar para determinada situación, emplee etiquetas que eviten la necesidad de que los usuarios aprendan y recuerden símbolos o imágenes poco familiares.
- Utilice el mismo ícono para representar los mismos conceptos a través de varios medios de salida.
- Evite el empleo de etiquetas en los íconos; la imagen misma debe comunicar su significado con claridad, sin necesitar de una leyenda o etiqueta.
- Utilice una distribución que mantenga el espacio y evite la aglomeración entre íconos.
- Mantenga el mismo tamaño entre los diferentes tipos de símbolos (por ejemplo, carros contra camiones de transporte) a menos que se muestren diferencias en el rendimiento (por ejemplo, en las ventas).

Presentaciones en color

Cada vez son mayores las facilidades de color en sistemas de cómputo grandes y pequeños. Sin embargo, al igual que con las gráficas, el uso inapropiado del color puede ser más un obstáculo que una ayuda para la productividad del usuario y la gerencia. El color debe mejorar, no reemplazar, el buen diseño de la salida. De hecho, una buena práctica para los analistas es primero diseñar la salida en la mejor forma posible. Sólo hasta entonces debe considerarse el empleo del color.

En general, se recomienda el uso de cuatro o menos colores en un reporte o pantalla. Entre más colores se utilicen, mayor deberá ser la información proporcionada por los datos y figuras. Si la información se presenta en forma visual, entonces menor será su claridad si se emplean cuatro colores que, por ejemplo, sólo dos.

El analista debe tener cuidado de mantener la consistencia en el uso del color a través de toda la salida en reportes de un sistema. Por ejemplo, el color rojo es excelente para resaltar las excepciones (como cuando se presenta en los reportes de la gerencia) y problemas. El verde y el azul son mejores para representar situaciones normales. Si un analista especifica el uso de estos colores en un reporte del sistema, entonces éstos deben utilizarse en forma consistente en todos los reportes producidos por el sistema.

Los colores intensos sobre una pantalla recalcan la información más importante. Los colores brillantes incluyen al blanco, el turquesa y el rosa. Los colores oscuros son el magenta, el rojo, el verde y el azul.

Por otra parte, ni el color ni las gráficas mejoran o compensan un diseño pobre, un punto importante mencionado en la historia del inicio de este capítulo. Sin embargo, el uso efectivo de las gráficas

TABLA 8.3 Rendimiento de las clases más comunes de impresoras

Tipo de impresora	Velocidad aproximada de operación
De impacto:	
Impresora de líneas de baja velocidad	300-600 líneas por minuto
Impresora de líneas de alta velocidad	hasta 3600 líneas por minuto
Impresora de caracteres de matriz de puntos	40 a 1200 caracteres por segundo
Impresora de caracteres con tipografía sólida	12-120 caracteres por segundo
De no impacto:	
Impresora de chorro de tinta	20-240 caracteres por segundo
Impresora de deposición de iones	30-150 páginas por minuto
Impresora láser	8-215 páginas por minuto

puede mejorar los resultados que alcanzan los gerentes y usuarios cuando trabajan con la salida del sistema.

Las gráficas, los íconos y el empleo del color, pueden aparecer en cualquier tipo de salida de computadora, ya sea impresa o en la pantalla de una terminal. En la siguiente sección se explora el diseño de la salida impresa.

DISEÑO DE SALIDA IMPRESA

Los analistas de sistemas especifican la salida impresa cuando necesitan enviar por correo un documento ya sea para un cliente o proveedor, imprimir un registro de datos o notificar cierta información, o para hacer llegar al mismo tiempo un gran volumen de información a varias personas.

El analista debe buscar el empleo de sólo aquellas salidas impresas que son absolutamente necesarias. Hasta donde sea posible, el desarrollo de un sistema de información basado en computadora debe reducir, no aumentar, el número de reportes impresos que circulan por toda la organización. Un reporte bien diseñado debe reemplazar a varios mal diseñados. Y, además, el proporcionar detalles innecesarios no ayuda a nadie, por lo que los analistas siempre deben estar alertas para evitar la producción de datos extraños.

Reportes impresos

Los reportes impresos varían en tamaño, aunque los analistas a menudo emplean los siguientes tamaños estándares:

$9\frac{1}{2}$ por 11 pulgadas
11 por $14\frac{7}{8}$ pulgadas
8 por $14\frac{7}{8}$ pulgadas

Todos estos tamaños son para formas continuas, que son hojas de papel unidas entre sí y que son alimentadas a la impresora una detrás de otra.

Métodos para la salida impresa

Todos los métodos de impresión, ya sean o no de impacto (véase Tabla 8.3), utilizan una impresora de computadora para colocar la información de salida sobre el papel donde se imprime el reporte. Los analistas de sistemas están empleando cada vez más la impresión por láser para generar la salida impresa. Este método es más eficaz para integrar gráficas y texto.

La tabla 8.3 también resume las velocidades de todos los tipos de impresoras.

Tal como ya se indicó, uno de los objetivos de diseño de un sistema es el manejo del volumen de información generada. También debe considerarse la salida en película cuando es deseable la información impresa pero es objetable la cantidad de papel necesaria para hacerlo. Todas las características de la salida impresa también se encuentran disponibles en microfilmes o microfichas, que son los dos métodos para producir salida en película. La salida de este tipo reduce los costos en aproximadamente una tercera parte.

Después de obtener la microficha, ésta puede almacenarse y recuperarse cuando sea necesario. Para datos de referencia que se emplean en forma esporádica, tales como los saldos de las cuentas de ahorro que cambian con poca frecuencia y donde los intereses se depositan cada tres meses, la microficha puede ser útil como opción de salida.

Una página de salida necesita muy poco espacio cuando se almacena en una microficha; una pulgada cuadrada de película puede contener la información de varias páginas. Una tarjeta de 3×5 pulgadas puede contener el equivalente de cientos, aun miles, de páginas.

El tiempo que toma localizar el rollo de película o tarjeta que contiene la información deseada (el usuario debe mantener un índice) aunado con el necesario para colocar la película en la lectora de microfichas o microfilmes, es la verdadera desventaja de este método.

Entre los procedimientos del sistema que el analista prepara, deben incluirse los necesarios para almacenar y recuperar la salida en películas.

Formas especiales

Los sistemas de información basados en computadora también producen formas especiales. Una de las más comunes es la *forma preimpresa* que está diseñada para incluir símbolos especiales y marcas registradas de la organización, y que se imprime con varios colores, los que dependen de los requerimientos establecidos por el analista o usuario. Las formas se imprimen sobre papel blanco. Cuando éstas se entregan al cliente, todos los detalles que no serán añadidos por la impresora del sistema de información ya se encuentran sobre ellas (Fig. 8.15).

Algunas formas utilizadas por las organizaciones tienen un formato tradicional que permanece sin cambios, aun cuando se introduzcan sistemas de cómputo. Estas formas son preimpresas con la finalidad de mantener caraterísticas estándares. Por ejemplo, el formato de contabilidad de la figura 8.15 es muy utilizado por varias compañías. Lo mismo sucede con el cheque que también forma parte de la figura. En ambos documentos todos los detalles que no cambian (como encabezados, notas y nombres) son preimpresos. Los detalles que cambian, incluyendo las cantidades en dólares, fechas y nombres de personas, se añaden después. En sistemas basados en computadora, estos detalles son impresos por la impresora de la misma computadora.

Entre las situaciones más representativas donde debe considerarse el uso de formas preimpresas, se encuentran las siguientes:

- Reglamentos o requerimientos legales que obligan al uso de formas preimpresas
- Destinatarios que esperan un formato estándar
- La inclusión del logotipo de la organización, una marca registrada o símbolo que debe estar incluido en la forma
- Trabajo artístico o gráficas (incluyendo líneas horizontales y verticales) que tendrán mejor apariencia si se preimprimen

Dado que el empleo de formas preimpresas aumenta en gran medida el costo del papel, en ocasiones lo duplican, los analistas deben tener buenas razones para recomendar su uso. En algunos casos no existe ninguna opción. Por ejemplo, las formas W-2 que sirven para resumir la cantidad retenida por concepto de impuesto sobre el ingreso para cada uno de los empleados durante todo el año, son preparadas por cada empleado al finalizar cada año fiscal. Los analistas que diseñen un sistema de nómina no tienen ninguna opción, deben de especificar formas preimpresas W-2 para preparar los resúmenes. El gobierno federal señala el tamaño de la forma y la ubicación de la información sobre ella. También indica qué información debe ser preimpresa o cuál debe ser impresa por la computadora o por una máquina de escribir.

Existen muchas situaciones que no están controladas en forma tan específica. Sin embargo, cuando se envía un reporte fuera de la compañía o cuando la apariencia de éste es importante, tal vez se especifique la preimpresión. Los tamaños y estilos adicionales en la tipografía, más el empleo de tinta de color, logotipos y otros símbolos especiales asociados con la compañía, mejoran la apariencia del informe así como el mensaje que éste envía a los lectores.

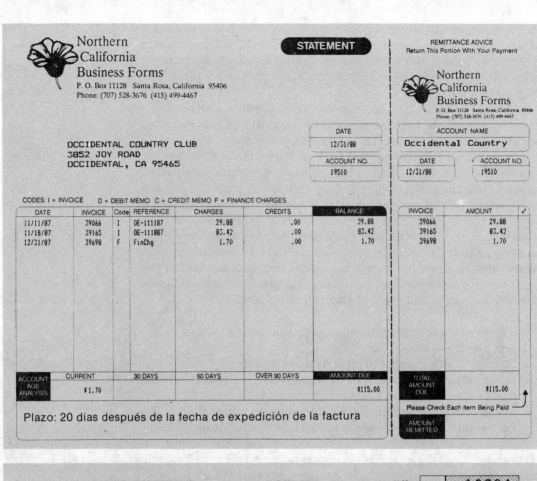

FIGURA 8.15
Formas preimpresas
para la salida de una
computadora.

BUEN DISEÑO:
SIMPLICIDAD Y CALIDAD

Las grandes ideas son las ideas sencillas. Así es lo grande en ingeniería. Estos principios son la base del éxito de muchas historias y se aplican virtualmente en cualquier campo, incluyendo los sistemas de información.

La simplicidad también va de la mano con la calidad. La calidad está asociada con el buen diseño y éste a su vez con la simplicidad. Si un producto o proceso es complejo, entonces tenderá a producir errores.

Las siguientes son formas para alcanzar la calidad por medio de la simplicidad:

Participación temprana en la fabricación. La participación temprana en la fabricación (PTF) conduce a las personas encargadas de la fabricación hacia el proceso de diseño del producto al trabajar con el equipo de diseño desde el inicio del trabajo. Esto mejora la calidad. Los comentarios y sugerencias de las personas que participan en la fabricación con respecto a las características del producto que mejorarán los procedimientos de fabricación y, por consiguiente, la calidad del mismo son considerados de manera cuidadosa durante el proceso de diseño.

En los sistemas de información, esta interacción recibe el nombre de participación de los usuarios. Sin embargo, si la participación de los usuarios es sólo un gesto de amabilidad (es decir, los usuarios asisten a las reuniones pero no tienen ninguna influencia sobre el diseño real), los beneficios serán mínimos y la calidad del sistema no mejorará.

Partes comunes. La calidad en ingeniería también hace hincapié en el uso de partes y procesos comunes, un enfoque que algunas compañías denominan "estabilidad del diseño". Un diseño probado en un producto se emplea en otro. Dentro de una familia de productos, tal vez éstos compartan muchas partes.

El uso repetido de características de diseño, ya sea en sistemas de fabricación o de información, asegura la consistencia y la confiabilidad. También simplifica tanto el proceso de diseño, así como el soporte necesario ya sea para el proceso o para el producto. Después de todo, cuando un diseño produce resultados satisfactorios, existen pocas razones para cambiarlo a menos que se demuestre que se obtendrán más beneficios.

Simplicidad. La simplicidad también significa menos partes, ya sean componentes de máquinas o módulos, tratándose de un sistema de información. "La seguridad en números" ha sido transformada en simplicidad por medio de pocos números.

La máquina de escribir Selectric de IBM es un sello de calidad en el mercado tradicional de productos para oficina. Mientras los primeros modelos tenían 2300 partes, en los nuevos sólo hay 190. Y el último modelo de IBM utiliza un número bastante grande de los productos anteriores al diseño de 1984. Con la disminución en el número de partes, la confiabilidad aumenta más. Ahora la máquina de escribir de IBM no necesitará de ninguna reparación durante su tiempo de vida.

La calidad es controlada desde el interior. Los productos con calidad surgen del interior de la compañía, usualmente como resultado de la creatividad. En cierto sentido, *la calidad es gratis* ya que se necesitan muy pocos recursos para crear una calidad basada en el diseño que para probar y corregir defectos. Los costos de desarrollo no necesariamente aumentan cuando la calidad lo hace. En esencia, los niveles de costos se mantienen o disminuyen, pero no tienen que ver con las tareas y con el empleo de mejores prácticas de diseño.

La calidad no se puede aumentar probándola en los productos. Más bien, la calidad debe ser el resultado de un buen diseño.

La simplicidad es fundamental para el diseño de calidad.

Las impresoras láser se emplean cada vez más para imprimir tanto los datos y la forma, incluyendo las gráficas, símbolos y líneas asociadas con las formas preimpresas. Ejemplos comunes de este hecho son las formas para el impuesto W-2, las facturas de los clientes y los contratos y pólizas de seguro. Los beneficios de la velocidad de impresión y economía quizá justifiquen la inversión en impresoras láser para muchas organizaciones.

En el futuro, el color será un aspecto de diseño más común para la salida impresa por computadora. Tanto la impresión láser como los métodos tradicionales de impacto tendrán esta característica como una opción.

¿Se ha preguntado el lector alguna vez cómo se producen las tarjetas de crédito y, en algunos países, las licencias de conducir y las credenciales de identificación? Todos estos documentos son formas de computadora. Impresoras especiales controladas por computadora colocan datos sobre estas tarjetas de plástico, dejando una impresión de relieve.

Existen otras ventajas, además de la velocidad, al emplear facilidades computarizadas para imprimir tarjetas de plástico. Una de ellas es el control, aspecto por demás importante en las operaciones con tarjetas bancarias, donde es necesario asegurar que sólo se preparen tarjetas autorizadas, que exista un registro automático de cualquier tarjeta, y que los detalles impresos sobre la tarjeta sean los mismos que se encuentran en los archivos de la organización.

Cuando los analistas desarrollan el diseño de la salida, tienen la responsabilidad de especificar las partes preimpresas y las generadas por la computadora. Al mismo tiempo, también tienen la responsabilidad de conocer o averiguar dónde *se deben* utilizar formas preimpresas (como la empleada para notificar el impuesto).

Copias múltiples de la salida

Las organizaciones necesitan a menudo más de una copia de un reporte o documento preparado por la computadora. Existen varias formas de producir varias copias, tales como la impresión repetida del informe (especialmente fácil y económica con la impresión láser) o la fotocopiadora de la oficina. Otra manera común y eficiente en costos para producir un informe del que se necesitan, por ejemplo, de dos a seis copias es especificar formas con papel carbón, las cuales producirán automáticamente los duplicados de la primera copia (original). Por ejemplo, una forma de tres partes incluye el original y dos copias.

Existen dos tipos de forma múltiple:

1. *Copias sin papel carbón*
   Este tipo de copias que no emplean papel carbón son posibles gracias a un recubrimiento químico especial que se encuentra en la parte trasera de cada copia, con excepción de la última. La escritura o impresión del original se traslada a las copias. El

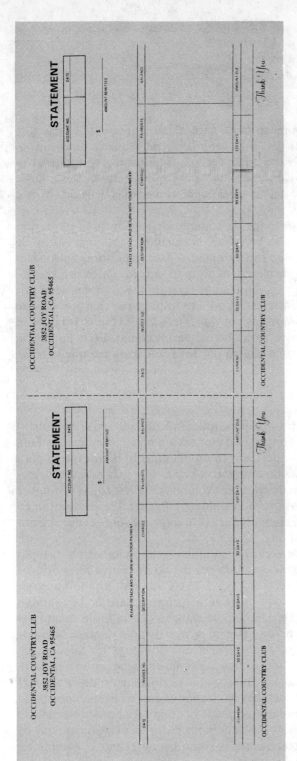

FIGURA 8.16
Documento impreso por ambos lados.

recubrimiento causa que la imagen aparezca en las copias que se encuentran debajo del original.

2. *Copias con papel carbón*

Entre cada hoja de papel se coloca papel carbón que sirve sólo una vez.

Las formas que no emplean papel carbón, aunque son más caras que las que sí lo utilizan, tienen la ventaja de no requerir de tiempo o equipo extra para retirar el papel carbón de las formas continuas. Las dos clases de formas son adecuadas para obtener hasta seis copias, cantidad que depende del peso del papel. (Entre más delgado sea éste mejor serán las copias.)

Dado que estos métodos de copiado dependen de la impresión para producir las copias, resultan adecuados para impresoras de impacto. Sin embargo, no son apropiados para impresoras que no son de impacto, como las de chorro de tinta, donde los datos son "rociados" sobre la forma, o las impresoras láser donde los datos se imprimen en forma electrostática. Con las impresoras que no son de impacto, las formas impresas por dos o tres lados (Fig. 8.16) pueden ser una mejor alternativa para obtener varias copias. En la impresión con láser, se imprime una página por separado cada vez que se necesita una copia.

Documentos de retorno

Si la empresa emplea rastreadores ópticos (estudiados en el capítulo 9) capaces de leer formas impresas o escritas a mano, entonces el sistema puede preparar una proposición en un documento u otra forma para utilizarla como *documento de retorno,* salida que más adelante regresará como documento de entrada. Algunos detalles, como el nombre de la compañía y otros que no cambian, en general se encuentran en forma preimpresa y la computadora sólo imprime sobre el documento la información que cambia.

Las compañías de servicios públicos proporcionan un ejemplo común del uso de formas de salida por medio de rastreadores ópticos como documentos de retorno (Fig. 8.15). Cada mes, cuando la compañía prepara sus estados de cuenta, primero calcula la cantidad adeudada por el cliente. Después se elabora el estado de cuenta del cliente y se envía por correo a éste (al mismo tiempo, también se puede preparar un reporte para la gerencia que contenga los adeudos de todos los clientes). Cuando el cliente efectúa el pago regresa una parte del estado de cuenta junto con el pago. El documento de retorno, el cual contiene todos los detalles relacionados con el cliente, número de cuenta y cantidad adeudada, se puede rastrear y leer por el sistema de cómputo, eliminando de esta manera los pasos de preparación que de otra forma serían necesarios (tales como proporcionar el nombre, la dirección y el número de cuenta).

TABLA 8.4 Resumen de las características de edición

Tipo de dato	Símbolo	Explicación
Numérico	9	Dígito numérico
	S	Signo aritmético
Alfabético	A	Carácter alfabético
Alfanumérico	X	Carácter alfanumérico
Edición numérica Supresión	Z	Supresión de ceros con reemplazo por espacios en blanco
Reemplazo	*	Supresión de ceros con reemplazo por asteriscos
Inserción simple	,	Coma
	/	Diagonal
	B	Espacio en blanco
	.	Punto decimal
	—	Signo menos
	+	Signo más
	CR	Símbolo de crédito
	DB	Símbolo de débito
	$	Signo de dólar
Edición alfanumérica	/	17 Diagonal
	B	Espacio en blanco
	0	Cero

Desarrollo de una plantilla para la salida impresa

Tener la información y los detalles correctos en un reporte, así como la selección del medio de salida apropiado, es esencial. Sin embargo, el diseño de la salida impresa determinará la utilidad que ésta tiene para quien la recibe. En esta sección se examina *cómo* diseñar la plantilla para la salida impresa.

La *plantilla de salida* es la distribución de objetos en el medio de salida. Cuando los analistas diseñan esta plantilla, construyen un modelo del reporte o documento tal como aparecerá después de que el sistema entre en operación. La plantilla debe mostrar la localización y posición de lo siguiente:

- *Toda la información variable:*
  Detalles
  Resúmenes y totales
  Marcas de control
  Separadores (por ejemplo, símbolos como el subrayado y el guión)

- *Todos los detalles preimpresos:*
  Encabezados
  Títulos y nombres del documento
  Nombre de la compañía y dirección
  Instrucciones
  Notas y comentarios

Tal como ya se discutió, la plantilla es el prototipo que conducirá más adelante a la elaboración de los programas durante el proceso de desarrollo. Cada variable contenida en la plantilla debe reflejarse en una instrucción de programa si se emplea un lenguaje de tercera generación. (Una de las ventajas de los lenguajes de cuarta generación es que muchos de los detalles de la plantilla, tales como la ubicación de los encabezados, la inserción de marcas de control y la inclusión de totales, son manejados en forma automática.)

Por eficiencia, se pueden utilizar formas especiales que muestran el espaciamiento y las posiciones disponibles para impresión. Como se verá en los ejemplos de esta sección, la plantilla les indica a los analistas en forma precisa dónde deben imprimirse los datos, el espaciamiento que existe entre éstos y los demás detalles, y si existe suficiente espacio para incluir todos los detalles esenciales sin atestar la apariencia de la forma.

Convenciones para la presentación de datos

Un conjunto común de convenciones describen los detalles de la salida. La notación utilizada en el diseño de la plantilla de una salida incluye:

1. *Información variable*
   X para denotar que la computadora imprimirá un carácter alfabético o especial (por ejemplo, A-Z, a-z, *, /, $ y otros); 9 para denotar que la computadora imprimirá o presentará un número (0-9)
2. *Información constante*
   Información escrita sobre la forma, tal como debe aparecer cuando ésta sea impresa

La información numérica puede presentarse bajo varios formatos que indican dónde colocar comas, la supresión de ceros, la inserción de símbolos monetarios, etc. La tabla 8.4 presenta un resumen de estas características de edición y señala además la forma en que el analista especifica cada una de ellas.

Diseño de la salida impresa

Para comenzar el diseño de una plantilla para reporte, primero es necesario determinar qué datos estarán incluidos en el reporte. El

TABLA 8.5 Diccionario de datos para el informe manual de inventario

Campo	Tipo	Longitud
1. NÚMERO DE ARTÍCULO	9	8
2. DESCRIPCIÓN	X	20
3. UNIDAD	X	4
4. CLASE DE ALMACENAMIENTO	X	2
5. CANTIDAD MÍNIMA	9	6
6. INVENTARIO DE EXISTENCIAS	9	6
7. INVENTARIO PERMITIDO	9	6
8. INVENTARIO BAJO PEDIDO	9	6
9. INVENTARIO RETRASADO	9	6
10. COSTO UNITARIO	9	9(3),9(3)·9(2)
11. VALOR DE LAS EXISTENCIAS	9	9(3),9(3)
12. VALOR UBICADO	9	9(3),9(3)
13. VALOR ORDENADO	9	9(3),9(3)
14. VALOR ATRASADO	9	9(3),9(3)
15. VALOR TOTAL DE LAS EXISTENCIAS	9	9,9(3),9(3)
16. VALOR TOTAL UBICADO	9	9,9(3),9(3)
17. VALOR TOTAL ORDENADO	9	9,9(3),9(3)
18. VALOR TOTAL ATRASADO	9	9,9(3),9(3)

análisis de requerimientos proporciona esta información, y el diccionario de datos contiene la información descriptiva necesaria: el tipo de dato y su longitud. La tabla 8.5 presenta 18 datos correspondientes a un reporte hecho a mano sobre un inventario e incluye los formatos de edición deseados.

Las plantillas de los reportes pueden formarse a partir de las plantillas de pantallas, quizá con una herramienta automatizada CASE o de otro tipo, o en forma manual utilizando formas de papel para plantillas. El empleo de ambos se ejemplifica en esta sección.

Encabezados

Toda salida producida por un sistema de información debe tener un título. La tabla 8.5 indica que la salida que se está diseñando es el reporte de existencias en el inventario. Éste es el procedimiento para el diseño de los encabezados: colóquese el título del reporte y los encabezados sobre la plantilla (Figs. 8.17 y 8.18) empleando para ello las columnas específicas donde se desea que aparezca la información, y céntrese el título. Si se emplea una herramienta automatizada para crear la plantilla, entonces sólo será necesario colocar el cursor en la columna deseada y comenzar a escribir la información apropiada. La plantilla incluye un número de página y la fecha, la que debe estar incluida sobre todas las páginas para indicar a los usuarios no sólo el nombre del reporte que tienen en sus manos sino también la fecha en la que fue preparado. El número de página proporciona una rápida referencia para los usuarios que trabajan con datos que se encuentran en distintas partes del reporte.

Después de escribir los encabezados, la atención se centra en el contenido del reporte, que para el ejemplo son los datos del inventario. Dado que la cantidad de espacio necesario para cada uno de ellos se encuentra en la tabla 8.5, es posible determinar que el espacio total requerido para los datos por cada línea impresa es de 74 posiciones de impresión. Si se desea tener tres espacios sin utilizar entre cada uno de los 10 datos, entonces es necesario reservar 101 espacios de los 130 disponibles. Tal como lo muestra la plantilla, el reporte comenzará en la columna 13 y aparecerá centrado sobre la página.

Antes de marcar los campos, se proporcionan los encabezados de las columnas que se desea que aparezcan impresos sobre cada página. Es buena práctica utilizar un subrayado, guión o cualquier otro símbolo para separar los encabezados de las columnas del comienzo de los datos. Toda columna debe tener un encabezado que describa su contenido. Escriba nombres y palabras y evite las abreviaturas.

Datos y detalles

El procedimiento para diseñar los datos y detalles es el siguiente: proporcionar la descripción de los datos que aparecerán por debajo de los encabezados de columna; utilícense las convenciones X y 9 para los datos numéricos y alfabéticos. Si se emplean puntos decimales, símbolos para moneda u otros especiales, éstos deberán marcarse. Para describir los artículos, algunas organizaciones marcan los caracteres primero y último del campo con un símbolo apropiado (en este caso una X para datos alfabéticos) y los unen con una línea para mostrar todo el campo. Otras organizaciones emplean veinte X para señalar que el campo tiene una longitud de 20 caracteres. Cualquier forma es aceptable.

Aunque los reportes pueden continuar en varias páginas, basta con definir sólo una vez los detalles de cada línea (en este ejemplo los detalles del inventario). La línea ondulada que desciende después de cada dato sobre la hoja que contiene la plantilla de la forma, señala que éste se repite las veces que sea necesario sobre cada página del reporte.

Resúmenes

Algunos diseños de reportes especifican resúmenes de información, columnas de totales, o subtotales. Éstas se encuentran señaladas sobre las plantillas de los reportes en la forma ya descrita. El reporte de inventario contiene un resumen de todos los artículos por clase de almacenamiento. Para cada clase, se presentan los valores en moneda junto con el gran total para todas las clases. El principio para mostrarlos sigue siendo el mismo: etiquetar los títulos y encabezados tal como se desea que aparezcan; denotar los datos variables con especificaciones X o 9, de acuerdo con el tipo de campo, y señalar la máxima longitud del campo.

Nótese el enlace entre la especificación de los datos sobre la planti-

INFORME DE INVENTARIO EXISTENTE

NUMERO DE ARTICULO	DESCRIPCIÓN	UNIDAD	CLASE DE ALMACEN	CANTIDAD MINIMA	DISPONIBLE SIN ABASTECER	CANTIDAD ABASTECER	CANTIDAD AUTORIZADA	CANTIDAD SOLICITADA	
9999999	XXXXXXXXXXXXXXXXX	XXXX	XX	999999	999999	999999	999999	999999	999999.99
9999999	XXXXXXXXXXXXXXXXX	XXXX	XX	999999	999999	999999	999999	999999	999999.99
9999999	XXXXXXXXXXXXXXXXX	XXXX	XX	999999	999999	999999	999999	999999	999999.99
(1)	(2)	(3)	(4)	(5)	(6)	(7)	(8)	(9)	(10)
9999999	XXXXXXXXXXXXXXXXX	XXXX	XX	999999	999999	999999	999999	999999	999999.99
9999999	XXXXXXXXXXXXXXXXX	XXXX	XX	999999	999999	999999	999999	999999	999999.99
9999999	XXXXXXXXXXXXXXXXX	XXXX	XX	999999	999999	999999	999999	999999	999999.99

RESUMEN   XXX

XXX

CLASE DE ALMACEN	VALOR EN EXISTENCIAS	VALOR AUTORIZADO	VALOR SOLICITADO	VALOR SIN ABASTECER
XX	999999	999999	999999	999999
XX	999999	999999	999999	999999
(4)	(11)	(12)	(13)	(14)
XX	999999	999999	999999	999999
XX	999999	999999	999999	999999
TOTAL	9999999	9999999	9999999	9999999
	(15)	(16)	(17)	(18)

FIGURA 8.17

Plantilla para el reporte sobre el inventario disponible utilizando una herramienta basada en computadora.

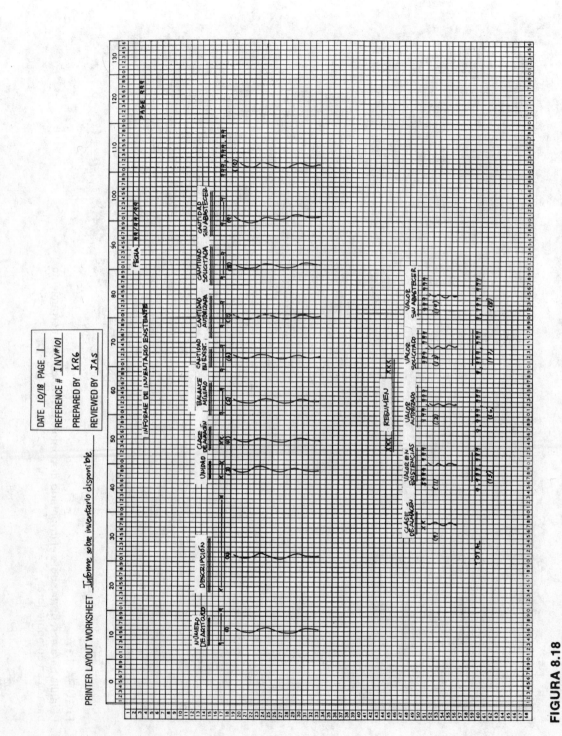

FIGURA 8.18

Plantilla para el reporte sobre el inventario disponible utilizando una forma para tal fin.

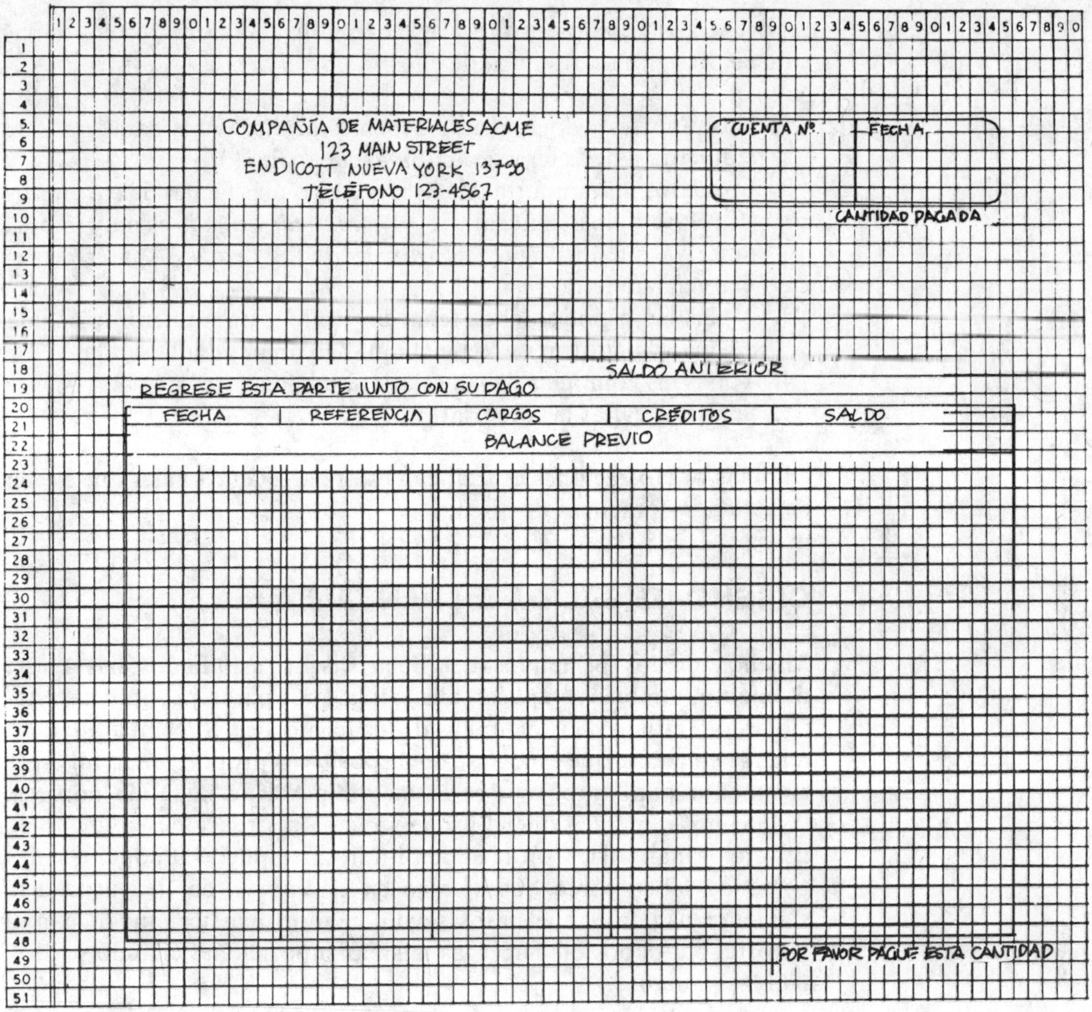

FIGURA 8.19
Plantilla para un estado de cuenta.

lla del reporte y los listados de elementos dato. Más que dar nombre a cada elemento en la lista se le asigna un número y es éste el que se asienta en la plantilla. Por tanto el 1) sobre la plantilla se refiere al 1. NÚMERO DE ARTÍCULO sobre la lista de elementos dato, el 2) representa DESCRIPCIÓN DEL ARTÍCULO y así sucesivamente.

Ninguno de los pasos anteriores es exclusivo de los sistemas de inventario o, en relación con lo mismo, de reportes. Todos se emplean en el diseño de cualquier salida. La figura 8.19 muestra la plantilla para un estado de cuenta preimpreso. Sin embargo, los principios que señalan la longitud del campo, los subtotales y otros datos no cambian.

Lineamientos

Existen muchos lineamientos que hacen el trabajo del analista más fácil y, lo más importante, aseguran que los usuarios reciban un reporte claro y comprensible. Ya se han utilizado varios y a continuación se presenta un resumen de ellos:

1. Los reportes y documentos deben estar diseñados para leerse de izquierda a derecha y de arriba hacia abajo.
2. Los datos más importantes deben ser los más fáciles de encontrar. (En el ejemplo del inventario, el *número de artículo* es muy importante ya que distingue un artículo de los demás. Aparece en el margen izquierdo.)
3. Todas las páginas deben tener un título y un número de página además de mostrar la fecha en que fue preparada la salida.
4. Todas las columnas deben estar etiquetadas.
5. Se deben evitar las abreviaturas.

Algunas organizaciones especifican estándares adicionales que sirven de guía a las prácticas de diseño.

DISEÑO DE SALIDA EN PANTALLA

Muchos de los principios del buen diseño estudiados hasta este momento, también se aplican a la salida que aparecerá sobre las estaciones de trabajo o las pantallas de las terminales. Sin embargo, debe tenerse en mente que esta clase de dispositivos proporcionan un espacio menor para trabajar que la mayor parte de la salida impresa. Asimismo, requieren que el usuario reciba instrucciones sobre cómo utilizar la pantalla. Con la salida impresa se puede suponer que las personas saben cómo buscar algo en el reporte, dar la vuelta a la siguiente página y qué pasos seguir cuando han terminado con el reporte. No es posible hacer las mismas suposiciones cuando se diseñan las pantallas.

Plantillas para pantallas

Cada página de presentación visual recibe el nombre de *pantalla* o *panel.* En este caso, la plantilla facilitará o impedirá su uso. El diseño de la plantilla comienza con la verificación de las características de la pantalla de presentación visual. Entre éstas se incluyen las siguientes:

- Dimensiones físicas de la pantalla
- Número de renglones y columnas de datos que pueden ser mostrados al mismo tiempo
- Grado de resolución (alta, mediana o baja)
- Número de colores disponibles (por ejemplo, monocromático, tres colores, ocho colores, etc.)
- Métodos de realce (subrayado, negritas, parpadeo, diferentes intensidades)

- Métodos para el control de la intensidad (alta/baja; normal/inversa)

Las pantallas para presentación visual por lo general tienen 80 columnas con 24 o 25 líneas. Las pantallas de las terminales de punto de venta y de algunas computadoras portátiles tienen dimensiones más pequeñas. En los ejemplos se supone el tamaño estándar de 80 por 25.

Como el lector sabe hasta este momento, la información debe leerse de izquierda a derecha y de arriba hacia abajo, además de que debe ser fácil encontrar los detalles más importantes. Por otra parte, cierta información, como los títulos y encabezados, deben colocarse siempre en forma consistente.

Comentario al margen
Pantallas de presentación visual

Muchos de los diseños que el lector observa para la salida de computadora tienen problemas. ¡Demasiada información! ¡Demasiados colores! ¡Organización pobre de la información! ¡Falta de información importante (incluyendo los números de página)!

Desafortunadamente estos problemas se encuentran en muchas de las pantallas de los sistemas diseñados comercialmente. Si a usted le parece que un sistema está pobremente diseñado cuando observa la salida, no se detenga en externar su opinión. Si a usted no le gusta la presentación visual es porque probablemente existe en ella algo *equivocado*. Después de asimilar la información sobre el diseño de pantallas contenida en este capítulo, usted estará calificado para realizar críticas. ¡Adelante y sea crítico! Comience notando qué características contribuyen a que el diseño de una pantalla sea bueno o malo.

Diseño de pantallas

El diseño de una pantalla comienza al reconocer que la pantalla está compuesta por diferentes áreas. Las herramientas para elaborar plantillas ayudan al analista a especificar el contenido de los formatos de diseño, ya sean únicos o múltiples.

Secciones de una pantalla

Resulta útil dividir la pantalla en secciones que se emplean de manera consistente para presentar información, identificaciones y mensajes para el usuario. La figura 8.20 muestra las áreas más comunes en que se divide una pantalla, incluyendo la línea superior, la región central y las cuatro esquinas. La experiencia ha demostrado que la esquina superior izquierda es la parte más visible de la pantalla. El buen diseño de una pantalla hace el mejor uso posible de estas áreas.

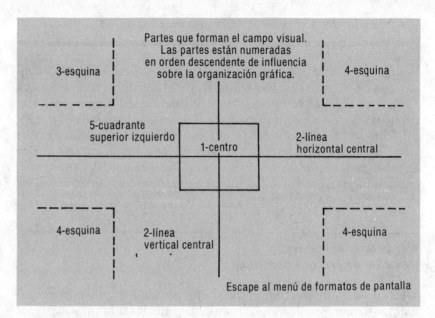

Partes que forman el campo visual.
Las partes están numeradas
en orden descendente de influencia
sobre la organización gráfica.

3-esquina

4-esquina

5-cuadrante
superior izquierdo

1-centro

2-línea
horizontal central

4-esquina

2-línea
vertical central

4-esquina

Escape al menú de formatos de pantalla

FIGURA 8.20
Áreas de una pantalla.

Al diseñar pantallas de salida se necesitan áreas para 1) encabezados y títulos, 2) el contenido de la pantalla, 3) mensajes e instrucciones y 4) algunas explicaciones sobre la información que se presenta. La figura 8.21 muestra cómo debe colocarse esta información en la pantalla. Los encabezados y títulos se colocan en la parte superior de la pantalla, los mensajes e instrucciones en la parte inferior, y las explicaciones, si éstas son necesarias, en el cuadrante superior izquierdo. En buena parte esta distribución depende de la preferencia ya que la investigación en factores humanos ha demostrado que cualquier opción puede tener la misma efectividad.

Una línea de estado proporciona al usuario información relacionada con el programa (por ejemplo, un mensaje que indique que la rutina de clasificación está haciendo su trabajo, que se está imprimiendo un informe o que se ha dejado de presionar la tecla CAPS LOCK del teclado). No es necesario detallar la información ya que su uso principal es servir como referencia. Ésta debe mostrarse en forma consistente y en una región que llame la atención.

De acuerdo con la aplicación, quizá sea útil presentar visualmente una rejilla o subdivisiones. Esta práctica se sigue con bastante frecuencia cuando se presenta información de contabilidad en forma de tabla o los detalles contenidos en una factura (Fig. 8.22).

Las herramientas para la elaboración de plantillas, ya sea de papel o asistidas por computadora, sirven para conducir el diseño de las pantallas. El diseño adecuado de éstas incluye un título y encabezados para las columnas (por ejemplo, sistema de recuperación de precios, número de artículo, presentación, categoría y unidades). Los datos en cada columna se indican de la misma manera que para la salida impresa.

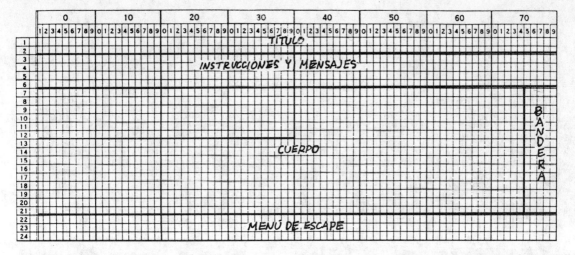

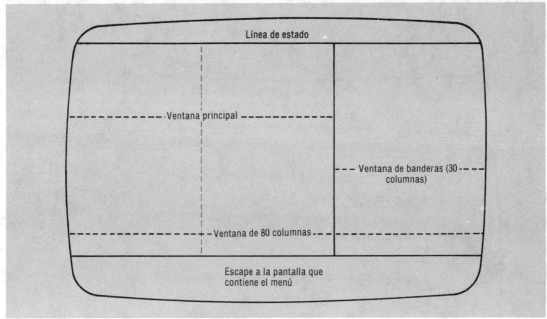

FIGURA 8.21

Ubicación efectiva de la información sobre la pantalla.

La información que indica a los usuarios cómo proseguir en general se muestra en la parte inferior de la pantalla. Se debe señalar a los usuarios cómo recuperar la siguiente pantalla de información (PRESIONE N...) y cómo abandonar el sistema (PRESIONE X PARA SALIR). El diseño también debe instruir al programador para que éste escriba el software en una forma que, si el usuario presiona otra tecla y esto puede ser causa de error, el software intercepte la entrada y evite con ello el error. Por ejemplo, si el usuario presiona la tecla Q (o cualquier otra tecla que no sea X o N en este diseño específico), el

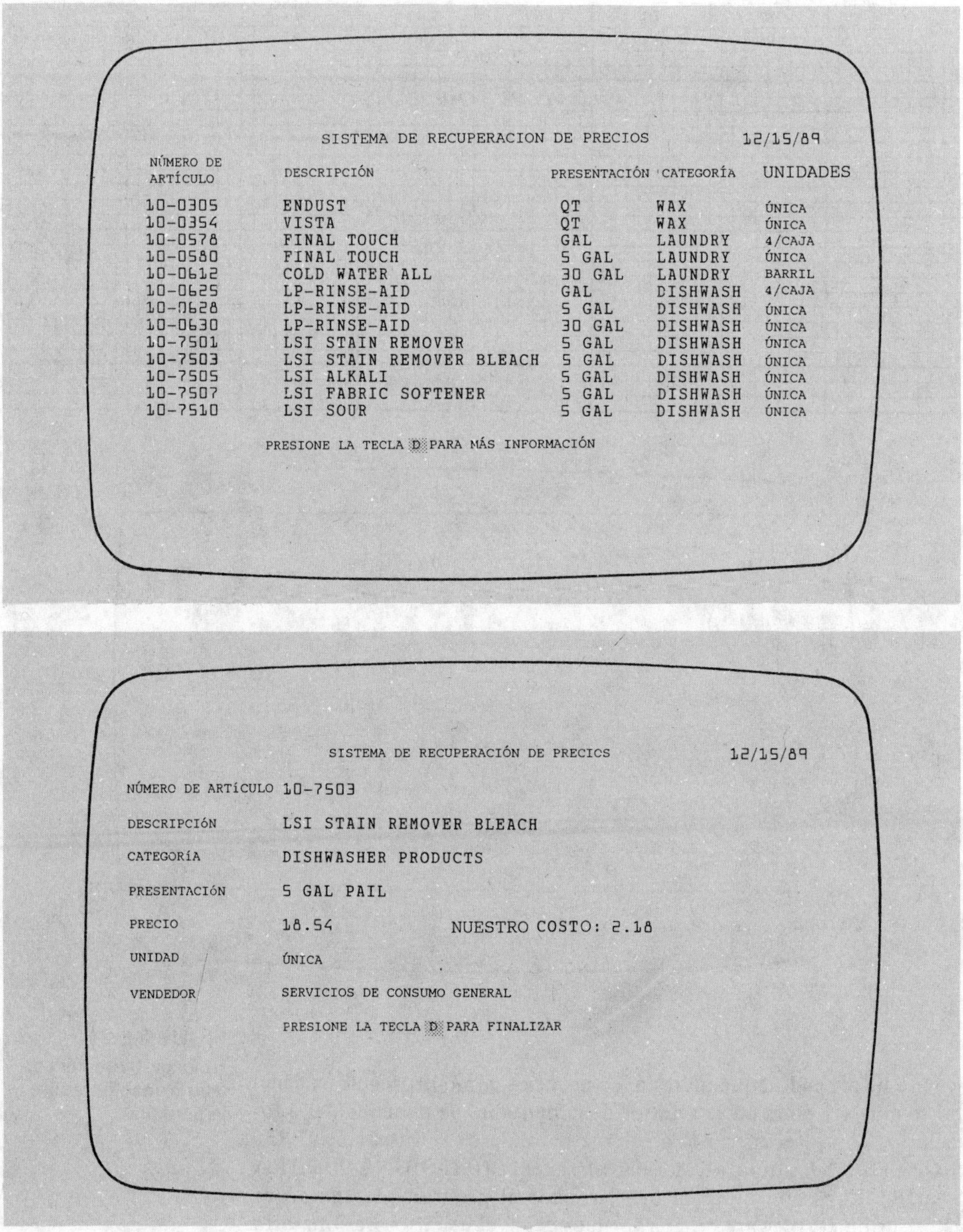

```
            SISTEMA DE RECUPERACION DE PRECIOS          12/15/89
NÚMERO DE
ARTÍCULO     DESCRIPCIÓN                PRESENTACIÓN  CATEGORÍA   UNIDADES

10-0305      ENDUST                     QT            WAX         ÚNICA
10-0354      VISTA                      QT            WAX         ÚNICA
10-0578      FINAL TOUCH                GAL           LAUNDRY     4/CAJA
10-0580      FINAL TOUCH                5 GAL         LAUNDRY     ÚNICA
10-0612      COLD WATER ALL             30 GAL        LAUNDRY     BARRIL
10-0625      LP-RINSE-AID               GAL           DISHWASH    4/CAJA
10-0628      LP-RINSE-AID               5 GAL         DISHWASH    ÚNICA
10-0630      LP-RINSE-AID               30 GAL        DISHWASH    ÚNICA
10-7501      LSI STAIN REMOVER          5 GAL         DISHWASH    ÚNICA
10-7503      LSI STAIN REMOVER BLEACH   5 GAL         DISHWASH    ÚNICA
10-7505      LSI ALKALI                 5 GAL         DISHWASH    ÚNICA
10-7507      LSI FABRIC SOFTENER        5 GAL         DISHWASH    ÚNICA
10-7510      LSI SOUR                   5 GAL         DISHWASH    ÚNICA

        PRESIONE LA TECLA D PARA MÁS INFORMACIÓN
```

```
            SISTEMA DE RECUPERACIÓN DE PRECICS          12/15/89

NÚMERO DE ARTÍCULO 10-7503

DESCRIPCIÓN      LSI STAIN REMOVER BLEACH

CATEGORÍA        DISHWASHER PRODUCTS

PRESENTACIÓN     5 GAL PAIL

PRECIO           18.54          NUESTRO COSTO: 2.18

UNIDAD           ÚNICA

VENDEDOR         SERVICIOS DE CONSUMO GENERAL

        PRESIONE LA TECLA D PARA FINALIZAR
```

FIGURA 8.22
a. Pantalla de información general para el sistema de precios.
b. Pantalla con detalles para el sistema de precios.

programa debe detectar el error y no tomar ninguna acción o realizar cualquier procesamiento hasta que se presione la tecla correcta. (El capítulo 9, que trata del diseño de las entradas, examina estos aspectos con detalle.)

Diseño de pantallas múltiples

Con frecuencia los diseñadores emplean varias pantallas para dar a los usuarios la información que ellos necesitan. La primera pantalla proporciona información general. Al presionar una tecla específica, el usuario recupera una segunda pantalla que contiene los detalles. Las figuras 8.22a y 8.22b presentan esta secuencia de dos pantallas. La primera de ellas muestra cuántos productos existen, con una descripción breve de cada uno de ellos. El usuario estudia la lista y selecciona el producto del cual necesita más información. La figura 8.22a muestra el *cursor,* una barra más intensa que sirve como apuntador y que le dice al sistema y al usuario dónde buscar en la pantalla, en este caso el artículo 10-7503. Cuando el usuario presiona la tecla D (que significa: "encuentra más detalles sobre este artículo"), aparece la pantalla mostrada en la figura 8.22b donde se encuentran más detalles sobre el artículo.

La técnica anterior es muy común en el diseño de pantallas. Permite que los usuarios recorran con rapidez todos los detalles e identifiquen cada artículo para el que requieren de más información. Al mismo tiempo, la "explosión" en detalles para un artículo en particular sobre una segunda (incluso una tercera) pantalla, mantiene la facilidad de lectura de la primera al requerir sólo los detalles suficientes para identificar el artículo deseado.

A medida que avance el estudio aquí presentado sobre el diseño de pantallas, se considerarán varias características adicionales de las pantallas.

Diseño de ventanas

En la salida de una computadora, las *ventanas* son subdivisiones de la pantalla que hacen posible presentar al mismo tiempo diferentes conjuntos de salida. Los usuarios pueden ejecutar varios programas al mismo tiempo (característica denominada multitarea) y presentar la salida de cada programa en una ventana. También un programa puede presentar más de una salida al mismo tiempo.

Capacidades de las ventanas De acuerdo con los detalles del sistema, puede ser posible reposicionar las ventanas sobre la pantalla. Los usuarios también desean tener la capacidad de cambiar el tamaño de una ventana, ya sea aumentarlo para incluir en ella más información, o de ocultar las ventanas que en un determinado momento no son necesarias. El *traslape* permite que los usuarios muevan la información a primer plano cuando sea necesario y que la reemplacen de nuevo con otra información al traslaparla, una ventaja que permite utilizar una gran parte de la pantalla sin alterar la flexibilidad ofrecida por las ventanas. Todas estas características deben ser proporcionadas por el sistema operativo de la computadora. De esta forma, el analista de sistemas no diseña la lógica de procesamiento, pero debe discutir la característica, si es que ésta existe, con el usuario tal como se utilizará en la aplicación bajo desarrollo.

El uso de ventanas debe considerarse cuando la aplicación lo requiera o deba ser mejorada con faciilidades para:

- Presentar datos diferentes o conjuntos de reportes al mismo tiempo
- Para cambiar entre varios programas, mostrando la salida de cada uno de ellos
- Mover información de una ventana a otra (dentro del mismo programa o entre diferentes programas)
- Permitir que los usuarios reposicionen la información sobre la pantalla para adecuarla a sus necesidades particulares

Estas situaciones son comunes en uno o más de los siguientes ejemplos:

- *Consultas sobre pedidos*
  Cuando se revisan los pedidos de los clientes, un asistente encontraría de utilidad que una ventana pudiese presentar el catálogo de productos de la compañía, otra los detalles del pedido en cuestión y una tercera con datos específicos (tales como el número de artículo, la cantidad surtida y el costo) de la factura del cliente. Este ejemplo muestra cómo se pueden presentar al mismo tiempo datos de referencia y detalles de la transacción.
- *Verificación de cuentas por pagar*
  En los sistemas de cuentas por pagar, se muestran en una ventana la descripción del cliente (nombre, número de cuenta, dirección, número telefónico, saldo de la cuenta y nombre del contacto), en otra aparecen el monto mensual de compras, pagos, y en una más las transacciones de ajuste. Los detalles de las transacciones pueden pasar sobre la pantalla hacia arriba o hacia abajo, lo que facilita el examen de aquellos artículos que no caben en la pantalla al mismo tiempo. Este ejemplo ilustra la presentación simultánea de detalles e identificación de transacciones.
- *Paquete de auditoría para el pago de impuestos*
  En este ejemplo los impuestos pagados se muestran página por página en una ventana, los detalles de la auditoría en otra y las copias de la correspondencia, una página a la vez, en otra ventana. Este ejemplo ilustra la forma en que se puede tener acceso a varias páginas de información por medio de ventanas. Las capacidades de aumento o reducción en el tamaño permiten ver toda la página de un documento y ampliar una sección o párrafo en particular del mismo.

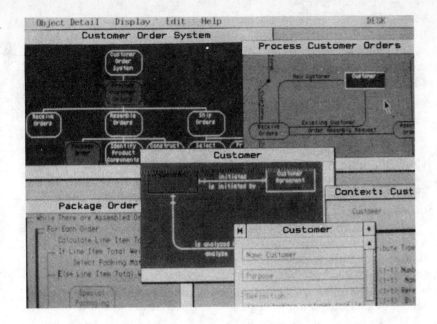

FIGURA 8.23
Ventanas de aparición repentina (Cortesía de KnowledgeWare, Inc., Atlanta, GA)

La lista podría aumentar, pero estos ejemplos ilustran las capacidades que ofrecen los ambientes de ventana para presentar la salida de la computadora; la cual se puede diseñar en sistemas que se ejecutan sobre computadoras personales así como en sistemas de cómputo grandes.

Criterios de diseño para ventanas

Las ventanas no cambian la necesidad de utilizar buenas prácticas de diseño. La necesidad de títulos, encabezados, números de página y otros aspectos son igualmente importantes en las ventanas. Cada documento o reporte que aparezca sobre una ventana debe estar diseñado como un documento único; en consecuencia, la plantilla es importante.

Tal como ya se indicó en los ejemplos anteriores, a menudo se requiere de la capacidad para cambiar la ejecución del programa entre varias ventanas. Al tomar los pedidos de los clientes, por ejemplo, tal vez el usuario necesite consultar el catálogo de productos en una ventana y después cambiar a otra para ingresar los detalles en los campos señalados para tal fin. Si se permite la entrada de datos, el sistema debe indicar, quizá por medio de una línea de estado, cuál es la ventana que se encuentra activa. Si el documento contenido en una ventana está formado por varias páginas, los usuarios deben ser capaces de ver cualquier página y entonces recorrerla en cualquier forma que ellos deseen. Cuando surge la necesidad de imprimir una copia de la página, debe ser posible hacerlo en una forma sencilla. Cada ventana debe tener la capacidad de recorrer un documento, ya sea hacia arriba o hacia abajo, y de imprimirlo en forma independiente de las demás ventanas.

En algunos casos los analistas deciden utilizar *ventanas de aparición repentina (pop-up windows).* Este tipo de ventanas aparecen y sobreescriben temporalmente información sobre la pantalla (Fig. 8.23). Las ventanas de aparición repentina son efectivas para presentar a los usuarios mensajes y pedir información.

Las ventanas de cualquier tipo deben utilizarse con cuidado y de acuerdo con los lineamientos presentados en esta sección. Cuando se emplean apropiadamente, las ventanas pueden incrementar la facilidad de uso de un sistema. En contraste, las ventanas mal diseñadas aparecerán como "truculentas" y pueden dañar seriamente la utilidad del sistema.

Recuérdese que para muchos usuarios finales, los reportes y la salida de una aplicación *son el sistema.* La habilidad de los usuarios finales para utilizar la información proporcionada y emplearla en la forma en que se presenta determina en gran medida la utilidad y aceptación del sistema. En el siguiente capítulo se examinará la importancia de una buena plantilla para la entrada de datos al sistema.

RESUMEN

Durante el diseño lógico, los analistas desarrollan las especificaciones para la salida del nuevo sistema; las cuales serán utilizadas después por los programadores para desarrollar el software que producirá la salida. Para el usuario, la salida es una de las características más importantes, algunas veces la única razón para financiar el proyecto. Por consiguiente, el analista debe seleccionar los métodos de salida que comuniquen la información con mayor efectividad.

La *información tabular,* presentada en un formato de renglón y columna, se recomienda para presentar detalles cuando se necesitan pocos comentarios o explicaciones, cuando los detalles se pueden describir en categorías discretas, o cuando resultan apropiados los totales y subtotales. A menudo, los formatos de este tipo son los más adecuados para la información de contabilidad.

Las formas gráficas para la presentación de información incluyen las gráficas de *sectores, curvas de escalones* y *barras* así como los *mapas.* Las gráficas de este tipo son superiores a los reportes tabulares para señalar tendencias y efectuar comparaciones al mismo tiempo que facilitan el recuerdo de grandes cantidades de datos. Sin embargo, las gráficas quizá no ahorren tiempo para la toma de decisiones ni tampoco disminuyan la cantidad de datos necesarios en el proceso de decisión, aunque el volumen de información parezca reducido. En ocasiones los analistas emplean las gráficas porque saben que los usuarios las prefieren sobre las formas tabulares.

Los *íconos,* que son representaciones gráficas de los datos, también pueden sustituir los informes tabulares y resultan especialmente útiles para mostrar proporciones o comparaciones, tales como la diferencia en las ventas a lo largo de varios años. Dado que los íconos más utilizados se pueden reconocer con facilidad y sin explicación, se emplean cada vez más en las interfases de computadora.

Las prácticas de diseño son conducidas por estándares que aseguran la producción de una salida comprensible. De acuerdo con las necesidades de salidas de las organizaciones, pueden resultar adecuadas las *formas preimpresas,* las formas múltiples y los *documentos de retorno.*

La salida se puede generar por medio de una gran variedad de dispositivos entre los que se incluyen impresoras, cámaras e impresoras de tarjetas. Las impresoras que no son de impacto, como las impresoras láser que preparan una página a la vez, se emplean cada vez con mayor frecuencia. Su velocidad y el hecho de que permiten la integración eficiente de las gráficas, están cambiando la forma en que se prepara la salida de computadora.

Para especificar el diseño lógico, los analistas crean una *plantilla de la salida,* que es un modelo que muestra la localización de la información. Para diseñar y presentar la plantilla se puede utilizar cualquier tipo de forma, ya sea manual o basada en computadora. En estas plantillas se marcan los detalles que son constantes y los que son variables; además se indican los resúmenes, los totales y las *marcas de control* para recalcar puntos específicos de información. Cuando se diseñan pantallas, o paneles, los analistas quizá encuentren que es necesario utilizar varias pantallas o capacidades especiales de *ventana,* como las de *aparición repentina,* que sean fáciles de leer. La facilidad de lectura debe ser uno de los objetivos que sirvan de guía en el diseño de la salida de los sistemas.

PREGUNTAS DE REPASO

1. ¿Cuáles son los cuatro objetivos que debe satisfacer en general la salida de la computadora?
2. Defina salida. ¿Cuáles son los objetivos del analista cuando éste diseña la salida?
3. Identifique y discuta las preguntas y requerimientos a los que el analista debe dar respuesta para comprender en su totalidad los requerimientos de la salida para un proyecto específico.
4. ¿Qué es la información tabular? Cuando se diseña información tabular, ¿qué aspectos, situaciones o circunstancias se deben diseñar para que sobresalgan en la salida?
5. ¿Bajo qué circunstancias es aconsejable hacer uso de las gráficas? Explique su respuesta.
6. ¿Cuáles son los tipos de gráficas más utilizados en las empresas? ¿Cuál es el tipo de información en el que cada una de ellas es la más adecuada?
7. Discuta los métodos y estándares utilizados para marcar la salida gráfica.
8. ¿Cómo puede el color mejorar el uso de los sistemas de información?

Discuta los lineamientos a seguir para utilizar el color en la salida de los sistemas.

9. ¿Qué son los íconos? ¿Qué beneficios ofrecen a los usuarios de las computadoras? ¿Qué lineamientos determinan, cuándo y cómo utilizarlos?

10. ¿Qué son las ventanas? ¿Qué beneficios ofrecen a los usuarios?

11. Haga una comparación entre los diferentes medios de salida.

12. ¿Qué diferencias existen entre los diferentes medios para la salida impresa? ¿Qué factores sirven de guía al analista para seleccionar un método de entre todos los disponibles?

13. Defina los siguientes términos: marca de control, pantalla, panel, salida brusca, documento de retorno, ventana de aparición repentina.

14. ¿Qué es una plantilla? ¿Qué uso tiene en el diseño de la salida? ¿Puede emplearse para el diseño tanto de salida impresa como de pantallas? Explique su respuesta.

15. ¿Cuál es la diferencia entre los métodos de salida impresa y por pantalla?

16. ¿Cuáles son las dimensiones o tamaños más comunes para la presentación de datos sobre las pantallas de las terminales?

17. ¿Qué métodos emplean los analistas para especificar la información constante y variable cuando desarrollan modelos para el diseño de las salidas?

PROBLEMAS DE APLICACIÓN

1. ¿Qué método gráfico debe emplearse en cada una de las siguientes situaciones?

   a. Mostrar una comparación entre el ingreso por inversión y las tendencias de la Bolsa de Valores de Nueva York durante un periodo de doce meses.

   b. Mostrar la proporción de ventas totales alcanzadas durante un solo periodo específico.

2. El reporte de inventario que se muestra en la figura de la página 469 fue producido al final de cada mes de actividad. La finalidad del reporte es señalar en 5 categorías (etiquetadas como A, B, C, D y E) el cambio en el valor del inventario durante el último mes y a través de todo el año. Algunos artículos no están asignados a ninguna categoría específica y están colocados en un grupo aparte etiquetado como: NINGUNA. Para los demás artículos a los que hace referencia el informe, se incluye el margen de beneficio (ganancia) para cada uno de ellos, la cantidad de tiempo necesaria para vender toda la existencia y el volumen de ventas.

   La administración ha solicitado que el informe vuelva a ser diseñado. La información actualmente contenida en él es difícil de leer y no es fácil separar los datos que tienen que ver de un año a la fecha con los del mes. Además la administración desea recibir información sobre el porcentaje de márgenes, así como el porcentaje total de ventas y el porcentaje marginal que cada categoría representa.

   a. Vuelva a diseñar el reporte para que sea más fácil de utilizar y satisfaga los requerimientos de la gerencia.

   b. Examine la información que proporcionan los encabezados del reporte actual y determine si ésta es suficiente. Haga los cambios a la plantilla del reporte que usted considere necesarios.

3. Se está diseñando un sistema automatizado con el fin de dar apoyo a las actividades que reúnen fondos para una asociación nacional que promueve la investigación sobre el cáncer. El sistema tendrá un archivo maestro con los nombres y direcciones de quienes en el pasado han

CLASE ABC	VALOR INICIAL	VALOR ACTUAL	CAMBIO NETO	TOTAL DE VENTAS	COSTOS DE VENTAS	MARGEN DE INGRESO	TASA DE RETORNO	EDAD PROMEDIO (DIAS)
A(UM)	0.00	0.00	0.00	0.00	0.00	0.00	0.0	0
A(ANUAL)	0.00	0.00	0.00	0.00	0.00	0.00	0.0	0
B(um)	25.15	20.20	−7.95	16.15	7.95	8.20	0.3	1095
B(ANUAL) C(UM)	36.03	20.20	−15.83	321.65	158.45	163.20	5.6	64
C(UM)	11.00	8.80	−2.20	4.58	2.20	2.38	0.2	1620
C(ANUAL)	14.90	8.80	−6.10	96.18	46.20	49.98	3.9	92
D(UM)	0.00	0.00	0.00	0.00	0.00	0.00	0.0	0
D(ANUAL)	0.00	0.00	0.00	0.00	0.00	0.00	0.0	0
E(UM)	0.00	0.00	0.00	0.00	0.00	0.00	0.0	0
E(ANUAL)	0.00	0.00	0.00	0.00	0.00	0.00	0.0	0
Ninguno(UM)	11.85	9.48	−2.37	4.77	2.37	2.40	0.2	1620
Ninguno(ANUAL)	15.97	9.48	−6.49	195.57	97.17	98.40	7.6	47
TOTAL (UM)	48.00	38.48	−12.52	25.50	12.52	12.98	0.7	4335
TOTAL (ANUAL)	66.90	38.48	−28.42	613.40	301.82	311.58	171	203

contribuido a dicha causa (personas y organizaciones), así como de aquellos que son candidatos en potencia para hacerlo, junto con una solicitud de contribución.

Un aspecto importante del sistema será el mantenimiento de un registro de todas las contribuciones. El analista desea que el sistema prepare e imprima formas personalizadas que contengan el nombre y dirección de la persona u organización, así como la solicitud de contribución.

a. Cuando las contribuciones sean entregadas a la asociación, ellas incluirán la solicitud original enviada a la persona u organización. Al emplear la información contenida en la forma, el personal de oficina debe ingresar en los archivos de la organización la fecha en que se recibe el donativo junto con el monto de éste. La velocidad y exactitud con que se efectúa la entrada de datos, con la mínima oportunidad de cometer errores, son consideraciones importantes en el diseño del sistema. ¿Qué alternativas debe considerar el analista para satisfacer los objetivos antes mencionados?

b. Con base en el uso antes descrito, ¿qué información debe contener el documento de salida?

4. Examine el registro de salida que se encuentra en la página 470. La finalidad de este reporte es tener una lista de las transacciones que se han realizado al procesar los archivos maestros actualizados. El reporte será impreso al finalizar cada día de trabajo.

a. Evalúe la plantilla para determinar su grado de completez y facilidad de uso.

b. En esta plantilla, ¿qué datos deben cambiarse de posición? ¿Por qué? ¿Existe la necesidad de incluir otros datos o elementos de datos tales como encabezados? Para cada uno de ellos, indique por qué es necesario y dónde deben aparecer sobre la plantilla.

5. Examine la plantilla para la forma de salida que se muestra en la página 471.

a. Evalúe la plantilla para determinar su grado de completez y facilidad de uso.

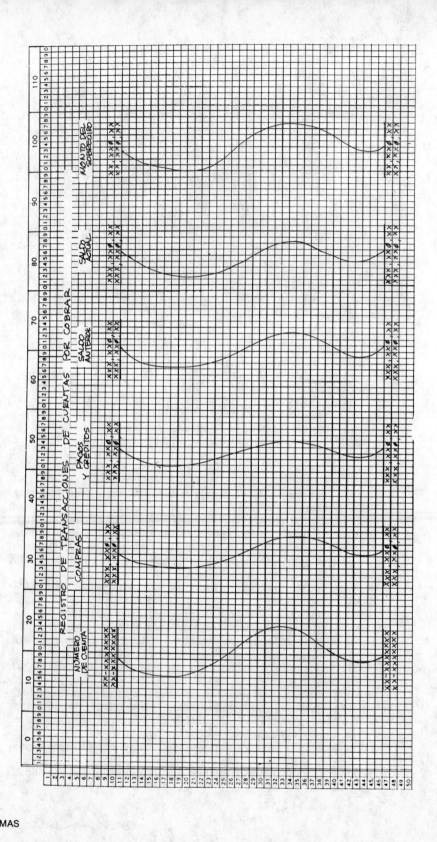

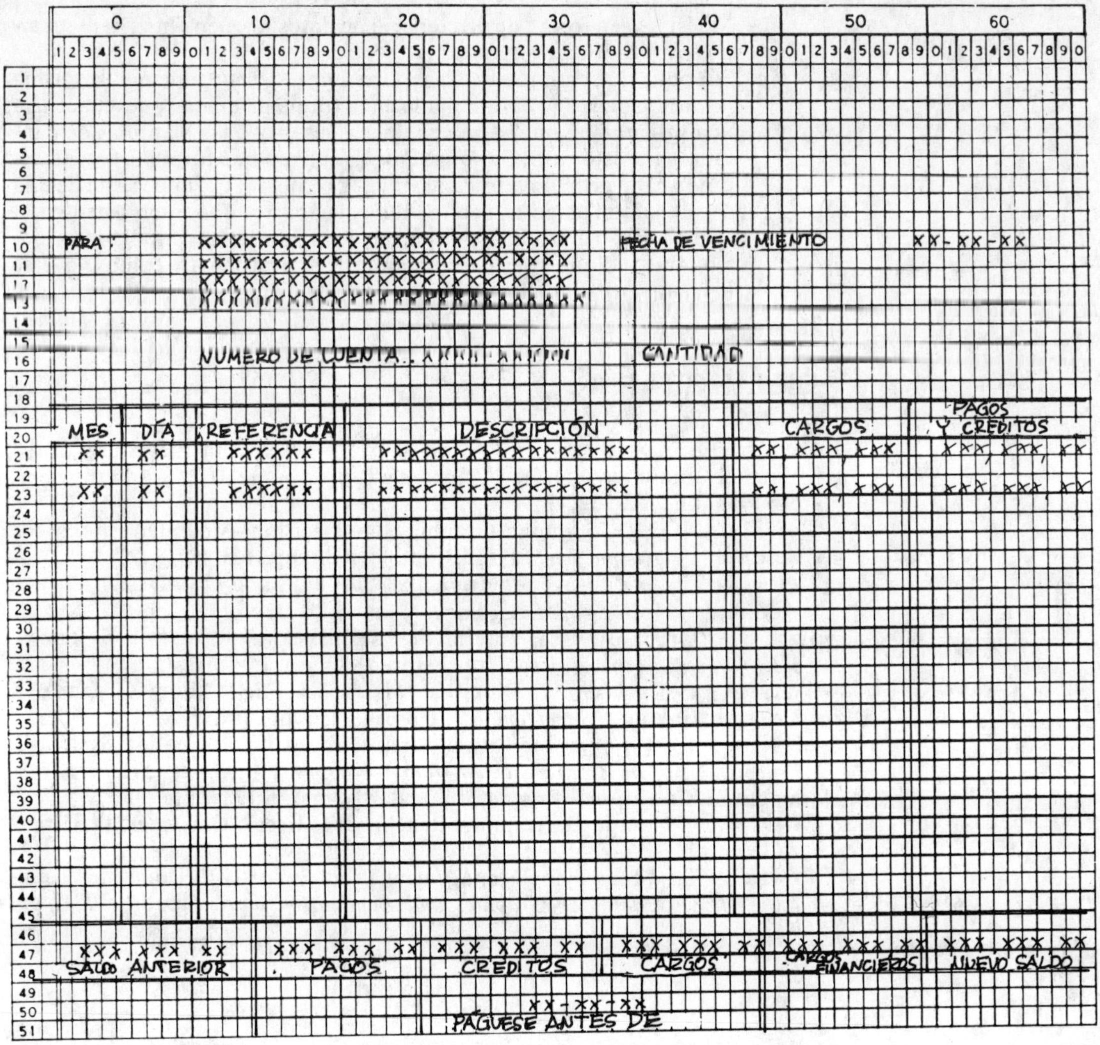

The following is the layout form with column ruler 0–60.

```
                    PARA: XXXXXXXXXX XX XXX XXXX XX XXX XXXX    FECHA DE VENCIMIENTO     XX-XX-XX
                          XXXXXXXXX XXX XXX XXXX XXXXX
                          XXXXXXXXX XXX XXX XXXX XXXXX
                          XXXXXXX XX XX XXXX XXXXXXXXXX

                    NUMERO DE CUENTA  XXXX-XXXXXX      CANTIDAD
```

MES	DÍA	REFERENCIA	DESCRIPCIÓN	CARGOS	PAGOS Y CRÉDITOS
XX	XX	XXXXXX	XXXXXXXXXXXXXXXXXXXXX	XX XXX XXX	XXX XXX XX
XX	XX	XXXXXX	XXXXXXXXXXXXXXXXXXX	XX XXX XXX	XXX XXX XX

SALDO ANTERIOR	PAGOS	CRÉDITOS	CARGOS	CARGOS FINANCIEROS	NUEVO SALDO
XXX XXX XX	XXX XXX XX	XXX XXX XX	XXX XXX XX	XXX XXX XX	XXX XXX XX

PÁGUESE ANTES DE XX-XX-XX

b. ¿Qué datos constantes y variables deben añadirse, omitirse o ubicar en una posición diferente sobre la salida? Explique las razones que tenga para recomendar cada cambio.

6. Se necesita un reporte que contenga una lista de las piezas, ensambles y componentes utilizados para fabricar cada uno de los artículos que ofrece una compañía de deportes. Los detalles incluyen el nombre del artículo o su descripción, el precio de venta, el costo de fabricación, la cantidad disponible, la cantidad por pedido y el número de inventario. El reporte también debe contener una lista del número de parte, su costo, descripción y cantidad en existencia para cada componente y ensamble utilizado en la fabricación de cada artículo. Los componentes y ensambles utilizados en cada artículo fabricado deben aparecer debajo de cada artículo en el que se empleen.

   a. Desarrolle una plantilla para el reporte antes delineado. Indique la información constante y la variable.

b. Muéstrese en forma de diccionario de datos los elementos dato (campos) utilizados en el reporte.
c. Suponga que en lugar de un reporte impreso se le pide que la misma información sea proporcionada en la forma de una respuesta hecha a una solicitud en un sistema en línea. Desarrolle las plantillas de pantalla para este caso. Suponga que la consulta se formulará considerando cada artículo fabricado y que la respuesta quizá necesite de una o más pantallas para mostrar todas las partes que intervienen en la fabricación del artículo. Asegúrese de incluir en la pantalla información que indique al usuario cómo utilizar el sistema y cómo moverse hacia otras pantallas.

BIBLIOGRAFÍA

BENBASAT, I., A.S. DEXTER, y P.S. MASULIS: "An Experimental Study of the Human/Computer Interface", *Communications of the ACM*, 24,11, noviembre 1981, pp. 752-762.

DESANCTUS, G.: "Computer Graphics As Decision Aids: Directions for Research", *Decision Sciences*, 15,4, otoño 1984, pp. 463-487.

HUBER, G. P.: "Cognitive Style as a Basis for MIS and DSS Designs: Much Ado About Nothing", *Management Science*, 29 mayo 1983, pp. 567-582.

IVES, B.: "Graphical User Interfaces for Business Information Systems", *MIS Quarterly* (special issue), diciembre 1982, pp. 15-48.

JARVENPAA, S.L., y G. W. DICKSON: "Myths Vs. Facts About Graphics in Decision Making", *Spectrum*, 3,1, febrero 1986, pp. 1-4.

MARKUS, A.: "Typographic Design for Interfaces of Information Systems", *Proceedings of the Conference on Human Factors in Computer Science*, Washington DC: National Bureau of Standards, marzo 1982, pp. 1-5.

MYERS, W.: "Computer Graphics: Reaching the User", *Computer*, 14,3, marzo 1981, pp. 7-17.

PALLER, A.T.: "Improving Management Productivity with Computer Graphics", *IEEE Computer Graphics and Applications*, 1,4, octubre 1981, pp. 9-16.

9. Diseño de entradas y controles

GUÍA DE ESTUDIO

Usted tendrá una buena comprensión sobre cómo diseñar controles de entrada cuando responda a las siguientes preguntas:

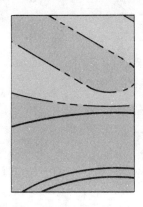

- ¿Qué lineamientos deben seguir los analistas en el diseño de los procesos de entrada?
- ¿En qué formas pueden reducir los analistas la cantidad de datos que ingresan en el sistema y al mismo tiempo aumentar su exactitud y confiabilidad?
- ¿Cómo validan los analistas los datos de entrada?
- ¿Existen datos que no deben ser proporcionados como entradas a un sistema de información?
- ¿Cómo ayudan a los usuarios las formas de documentos fuente para proporcionar datos de entrada?
- ¿Cuáles son los errores más frecuentes al ingresar datos en sistemas de información?
- ¿Quiénes tienen la responsabilidad de asegurar que los datos preparados para la entrada sean correctos y válidos?
- ¿Qué diferencias existen entre los diseños de entrada para ambientes ya sea en línea o por lotes?

OBJETIVOS DEL CAPÍTULO

- Explicar por qué los requerimientos de entrada juegan un papel importante al determinar el grado de uso del sistema.
- Seleccionar el método y medio de entrada más apropiado para una aplicación.
- Desarrollar un sistema para validar la entrada a una aplicación computarizada.
- Preparar las formas de documentos fuente y de entrada utilizando los detalles contenidos en el diccionario de datos y el medio donde será instalada la aplicación.

PALABRAS CLAVE

Código con subconjuntos de dígitos significativos	Error de transcripción
Código de clasificación	Estación de trabajo
Código de funciones	Fuera de línea
Códigos de secuencia	Identificación de datos
Código nemónico	Llave
Cuello de botella	Métodos de codificación
Dígito de verificación	Módulo 11
Documento fuente	Procesamiento duplicado
En línea	Procesamiento en línea diferido
	Procesamiento por lotes

Es más barato en forma manual

Se está desarrollando un nuevo sistema automatizado de manejo de crédito para una gran tienda de departamentos que permitirá al personal de ventas verificar con rapidez que la cuenta de algún cliente esté al corriente y, al mismo tiempo, permitirá a la compañía hacer más cargos a los clientes deudores. El número de la cuenta será proporcionado al sistema en el mostrador de ventas, utilizando para ello un pequeño teclado numérico y una terminal enlazada con cable coaxial a la computadora, la cual está ubicada en otra parte de las instalaciones de la tienda.

Las terminales son iguales a las utilizadas en ventas, donde su confiabilidad está bien demostrada. Los teclados son similares a los de las calculadoras ordinarias, pero tienen teclas adicionales para borrar el despliegue, cancelar la transacción y transmitir los datos. Cada línea del despliegue permite números de cuenta y mensajes hasta con 24 caracteres.

En una reunión reciente entre los gerentes de departamento de la compañía y el equipo de diseño que trabaja sobre el nuevo sistema, Ross Shadner, responsable del crédito en la compañía, dijo algo con respecto al proyecto.

"Todo esto está tomando mucho más tiempo del que yo pensaba", comenzó Shadner. "Con esto quiero decir ¿qué tan difícil puede ser conectar un montón de teclados a la computadora? Y ¿por qué se invierte tanto tiempo en el diseño de los procedimientos de entrada? Todo lo que tiene que hacer el empleado es proporcionar el número de la cuenta del cliente y el monto de la compra. Y esto es una entrada muy simple. Después de eso, sólo se tiene que leer el resultado de la operación. Eso es todo. Así que, ¿por qué ustedes, los analistas, están tardando tanto tiempo para que todo funcione?"

"Puedo comprender su impaciencia por tener ya en operación el nuevo sistema, Sr. Shadner", respondió Mark Rowell, el analista jefe. "Pero desafortunadamente no es tan simple conectar las estaciones de trabajo. ¿Puedo tomar unos cuantos minutos para repasar nuestros objetivos al diseñar la entrada para el nuevo sistema?"

"No faltaba más", respondió Shadner, cruzando sus brazos y dejándose caer sobre su silla. La oposición de Shadner al desarrollo de un sistema automatizado para la compañía no era ningún secreto para los demás gerentes o, incluso, para los analistas que trabajaban sobre el proyecto. Aun con esto, era evidente que el nuevo sistema podía acelerar los procedimientos de manejo de crédito de la tienda. Era obvio que Shadner no comprendía la importancia que tiene el diseño cuidadoso de la entrada, pensó para sí mismo Mark Rowell a medida que se levantaba para dirigirse al grupo de gerentes.

"El diseño de la entrada es la clave del éxito de cualquier sistema, y el buen diseño se lleva su tiempo. De hecho, la entrada es el enlace entre los datos almacenados en la computadora y la información que el empleado de ventas proporciona durante una transacción. Al diseñar la entrada nosotros, los analistas, debemos considerar varios factores que son fundamentales para que el sistema trabaje como debe hacerlo."

"Tenemos que considerar, primero que todo, el control sobre la cantidad de datos en la entrada. Estamos conscientes de los altos costos de mano de obra que representan preparar e ingresar los datos, pero podemos ayudar a reducirlos al minimizar la cantidad de datos en la entrada. Mantener los requerimientos de datos en un mínimo disminuirá sus costos de mano de obra."

"Claro, también diseñamos la entrada pensando en evitar retrasos en el procesamiento, los cuellos de botella. Además, aunque mantenemos la cantidad de datos de entrada en un mínimo, deseamos controlar los errores en los datos de entrada, y el diseño cuidadoso nos puede ayudar a alcanzar todo esto. A menor cantidad de datos, menores oportunidades de cometer errores."

"Existen otras formas para generar buenos diseños de entrada que ayuden a evitar los errores. Por ejemplo, los mismos procedimientos pueden afectar la incidencia de errores en la entrada. Y también deseamos diseñar un proceso que sea lo más sencillo posible de utilizar. Ésa es la mejor manera de asegurar que su gente quiera utilizar el sistema."

Mientras Rowell tomaba asiento de nuevo, se preguntaba si sus comentarios cambiarían la actitud del gerente de crédito hacia el nuevo sistema. La respuesta llegó cuando Shadner tomó la palabra:

"Tal vez debemos volver a pensar toda la idea de la autorización en línea de crédito. Estamos invirtiendo mucho dinero en todo ese equipo y otro tanto en el diseño. ¿Qué tan complejo puede ser un sistema que mostrará sólo 24 caracteres?"

"Bueno, ¿cómo vamos a manejar el volumen creciente de autorizaciones de crédito si no tenemos un sistema en línea?", preguntó Sarah Hoover, gerente de ventas de la compañía. "Vamos a empezar a perder ventas si no aceleramos el proceso de autorización."

"Mire, puedo contratar varios empleados para verificar el crédito pagándoles 5 dólares la hora", respondió Shadner. "Ellos pueden hacer un trabajo tan bueno como el sistema automatizado y no costarán más que lo que hemos gastado hasta este momento en el proceso de diseño. No olviden que la autorización de crédito es un proceso sencillo. Mi opinión es ésta: ¿vale la pena lo que vamos a obtener y el gasto que estamos haciendo en ello?"

Entonces, Shadner se dirigió directamente a Rockwell: "¿por qué no nos dicen sus analistas cómo hacer las cosas mejor con su sistema automatizado en vez de seguir realizándolas manualmente?"

Las especificaciones de entrada describen la manera en que los datos ingresarán al sistema para su procesamiento. Las características de diseño de la entrada pueden asegurar la confiabilidad del sistema y producir resultados a partir de datos exactos, o también pueden dar como resultado la producción de información errónea. Asimismo, el diseño de la entrada determina si el usuario puede interactuar con el sistema de manera eficiente.

Este capítulo discute las responsabilidades que tiene el analista en el diseño de las especificaciones de entrada. Las consideraciones que guían el diseño de la entrada comienzan con el origen de los datos y continúan a lo largo de la selección de métodos para trasladar la entrada en una forma que el sistema pueda verificar su exactitud. También se discute el diseño de documentos y formas para la recopilación de datos antes de enviarlos a procesamiento.

Cuando usted termine de estudiar este capítulo, conocerá el papel que tiene un analista en el diseño de entradas y controles. También será capaz de describir los métodos y técnicas que garantizan que los datos ingresen al sistema en forma eficiente, de la manera esperada y con un mínimo de errores.

ASPECTOS QUE GUÍAN EL DISEÑO DE ENTRADAS

El diseño de la entrada es el enlace que une al sistema de información con el mundo y sus usuarios. Algunos aspectos del diseño cambian, lo que depende de si el sistema está orientado hacia lotes o en línea. Pero sin considerar el sistema, existen aspectos generales en la entrada que todos los analistas deben tener en cuenta. Esta sección examina esos aspectos: los objetivos de diseño de la entrada y los métodos de captura de datos.

Objetivos del diseño de la entrada

El diseño de la entrada consiste en el desarrollo de especificaciones y procedimientos para la preparación de datos, la realización de los pasos necesarios para poner los datos de una transacción en una forma utilizable para su procesamiento, así como la entrada de los datos. La entrada de los datos se logra al instruir a la computadora para que los lea ya sea de documentos escritos o impresos, o por personas que los escriben directamente en el sistema.

Los cinco objetivos que sirven de guía para el diseño de la entrada se abocan a controlar la cantidad de entrada requerida, a evitar los retrasos, a controlar los errores y a mantener la sencillez de los pasos necesarios. A continuación se estudia cada objetivo en forma breve y después se aplica en ejemplos.

Control de la cantidad de entrada

Existen varias razones que explican por qué un buen diseño debe controlar la cantidad de datos en la entrada. Primero, las operaciones de preparación y entrada dependen de las personas. Dado que los costos de mano de obra son altos, los asociados con la preparación e ingreso de los datos también son altos. Disminuir los requerimientos de datos puede reducir los costos y ocurrir lo mismo con los costos de mano de obra. Segundo, la fase de entrada puede ser un proceso lento que toma mucho más tiempo que el que necesitan las computadoras para llevar a cabo sus tareas. De hecho, la computadora quizá permanezca sin hacer nada durante el tiempo en que se preparan los datos y la entrada para su procesamiento. Al disminuir los requerimientos de la entrada, el analista puede acelerar todo el proceso desde la captura de datos hasta que los resultados llegan a manos de los usuarios.

Evitar los retrasos

Un retraso en el procesamiento que es resultado de las operaciones de preparación o de entrada de datos, recibe el nombre de *cuello de botella.* Evitar los cuellos de botella debe ser siempre uno de los objetivos que el analista persiga al diseñar la entrada, tal como se discutió en el proyecto de la historia con que inicia este capítulo. Ya se ha mencionado una forma para minimizar los cuellos de botella: utilizar documentos de retorno. Más adelante, en este capítulo, se consideran otras formas para evitar los retrasos en el procesamiento.

Evitar los errores en los datos

El tercer objetivo está relacionado con los errores. En cierto sentido la tasa de errores depende de la cantidad de datos, ya que entre más pequeña sea ésta menores serán las oportunidades para cometer errores. Es común encontrar en las operaciones de venta al por menor una tasa promedio del 3% de error en las operaciones de entrada de datos. Si el volumen de datos es de 10 000 transacciones por semana, entonces se presentarán aproximadamente 300 errores. A pesar de lo anterior, el analista puede reducir el número de errores al disminuir el volumen de datos que deben ingresarse por cada transacción.

El analista también puede modificar las tasas de error de una operación a través del diseño de la entrada, ya que la forma en que se deben ingresar los datos puede tener efectos sobre la incidencia de los errores. Otro aspecto del control de errores es la necesidad de detectarlos cuando éstos se presentan. Las verificaciones y balances en los programas para entrada de datos, denominadas técnicas de validación de entradas, también descubren errores en la entrada. Estas técnicas se examinan más adelante, en este capítulo.

Evitar los pasos adicionales

Algunas veces el volumen de transacciones y la cantidad de datos en preparación, o el trabajo de entrada de datos, es algo que no se puede controlar. Por ejemplo, en las oficinas de procesamiento de cheques de los bancos o de las grandes compañías de ventas al por menor, el número de transacciones a procesar es del orden de decenas de miles. Basta con imaginar el número de cheques que un banco como el Citibank de Nueva York, con oficinas en todo el mundo, debe procesar sólo en sus instalaciones de Manhattan. Cuando no es posible reducir el volumen de transacciones, el analista debe asegurar que el proceso sea lo más eficiente posible. El analista experimentado también evitará diseños para la entrada que traigan como consecuencia una mayor cantidad de pasos a seguir. El efecto que trae consigo ya sea añadir o quitar un paso cuando se alimentan los cheques al proceso bancario, será multiplicado muchas veces en el transcurso de un día de trabajo.

Mantener la sencillez del proceso

Quizá el mejor consejo para los analistas es alcanzar todos los objetivos ya mencionados en la forma más sencilla posible. Claro está que al incluir tantos controles sobre los errores las personas puedan tener dificultades al emplear el sistema. En otras palabras, el control de los errores puede obstruir la tarea. El sistema mejor diseñado se ajusta a las personas que lo utilizarán y al mismo tiempo, proporcionarán métodos para el control de los errores. La simplicidad funciona y es aceptada por los usuarios. En contraste, cuesta trabajo que los usuarios acepten diseños para la entrada que sean complejos o confusos, y no existe ninguna garantía para el éxito al instalar un sistema complejo. En consecuencia, es aconsejable evitar la complejidad cuando hay opciones más sencillas. En este capítulo se señalan con muchos ejemplos métodos de entrada que son sencillos pero a la vez controlados.

CAPTURA DE DATOS PARA LA ENTRADA

En esta sección se estudian métodos para la captura de los datos que ingresarán al sistema para su procesamiento. Asimismo, se examinan los lineamientos para la captura de datos, el diseño de documentos fuente y la validación de los datos de entrada.

Lineamientos para la captura de datos

En una transacción, ¿qué datos son los importantes y, por tanto, deben recopilarse para entrada y procesamiento? Las respuestas para esta pregunta dependen de la organización y del sistema. Sin embargo, existen lineamientos generales que son de ayuda para el analista cuando éste formula el diseño de la entrada.

El analista debe comenzar por capturar sólo aquellos datos que en realidad deben formar la entrada. Existen dos tipos de datos que deben proporcionarse como entradas cuando se procesan transacciones:

1. *Datos variables*
   Son aquellos datos que cambian para cada transacción o toma de decisión. Por ejemplo, la identificación de cada artículo dentro del inventario cambia de un pedido a otro. Por consiguiente, debe formar parte de la entrada. Por otro lado, el costo de un artículo específico no cambia (con excepción de los descuentos ofrecidos por volumen, los cuales son manejados en otros pasos), así que no es necesario que forme parte de la entrada. El costo puede ser almacenado en el sistema y recuperado en forma automática cuando el artículo sea identificado durante una venta.

2. *Datos de identificación*
   Es el dato que identifica en forma única el artículo que está siendo procesado. (El *dato de identificación* de artículo en cada registro de transacción se denomina *llave*.) Por ejemplo, para manejar los retiros del inventario del almacén, primero debe identificarse el artículo, lo que en general se hace por medio de un número. (Puede utilizarse también la descripción del artículo o algún otro campo, pero es probable que éste no sea único y en consecuencia se convierta en causa de error; asimismo es posible que sea incómodo tener que proporcionar la descripción del artículo.)

También es igualmente importante lo que no se debe proporcionar como entrada. Los procedimientos de entrada no deben requerir lo siguiente:

1. *Datos constantes*
   Datos que son los mismos para cualquier transacción. Por ejemplo, dado que la fecha de transacción es la misma para todas las transacciones efectuadas en una fecha específica, no es necesario proporcionarla por cada transacción. Si se va a procesar un lote de pedidos al mismo tiempo, se puede utilizar el reloj/calendario de la computadora (ya sea ésta un sistema grande o pequeño) para obtener la fecha de cada transacción. Si el lote no es procesado el mismo día en que se realizan las transacciones, entonces el

ingreso de la fecha correcta, una sola vez para la primera transacción a ser procesada, será suficiente para informar al sistema la fecha que debe utilizar para las demás transacciones contenidas en el lote.

En los sistemas en línea, la fecha en cada transacción corresponde a la del momento en que ésta se realizó y se obtiene, de nuevo, por medio del calendario del sistema de cómputo. Si el sistema no tiene ningún calendario, el analista debe dar instrucciones a un programador para que escriba el software necesario con el fin de señalar al usuario que proporcione la fecha correcta antes de ingresar los datos de la primera transacción. Una vez hecho esto, la fecha se asigna a las siguientes transacciones.

2. *Detalles que el sistema puede recuperar*
Son los datos almacenados que el sistema puede recuperar con rapidez de sus archivos. Por ejemplo, cuando se ingresan datos del inventario, utilizando para ello el número de identificación del artículo, no existe ninguna razón para que el personal proporcione la descripción del artículo. El sistema puede recuperar con rapidez y exactitud estos detalles ya sea de la memoria de la computadora o de algún dispositivo de almacenamiento secundario.

3. *Detalles que el sistema puede calcular*
Son los resultados que se pueden producir al pedir que el sistema utilice combinaciones de datos almacenados y proporcionados. Por ejemplo, para calcular el costo de los artículos vendidos, el sistema puede pedir al operador que proporcione el número del artículo junto con la cantidad vendida (Fig. 9.1). El diseño debe entonces especificar que el sistema recuperará el precio unitario y lo multiplicará por la cantidad para producir el costo total por artículo. Lo mismo sucede con todos los artículos en un pedido, con el cálculo del impuesto sobre la venta y el cálculo del total. Sólo es necesario proporcionar poca información para que ocurra todo el procesamiento.

La figura 9.2 contiene una forma de retiro de inventario, diseñada para usarse en ambientes ya sea en línea o por lotes. Los datos que el operador debe proporcionar son el nombre y la dirección del comprador, el número de unidades solicitadas y el número de inventario. La descripción y el precio por unidad son recuperados o calculados por el sistema. Los datos DESCRIPCIÓN, PRECIO UNITARIO y FECHA se incluyen para beneficio de los clientes que desean tener una lista de todos estos detalles para sus propios registros. Sin embargo, cuando se ingresan los datos en el sistema sólo son necesarios la cantidad y el número de artículo si los demás detalles se encuentran ya en almacenamiento secundario.

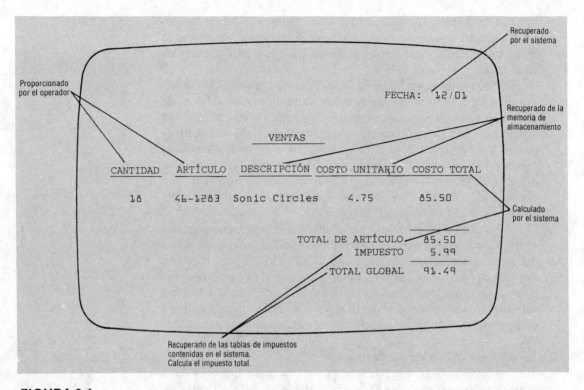

FIGURA 9.1
Identificación de los requerimientos de entrada de datos y responsabilidades del sistema.

Diseño de documentos fuente

El *documento fuente* es la forma en la que inicialmente se capturan los datos. Por ejemplo, la forma de retiro de inventario utilizada en la figura 9.2, es el documento fuente para registrar los datos de las transacciones que serán ingresados en el sistema de información. Para decidir cómo deben ser diseñados los documentos fuente para capturar los datos que entrarán en el sistema, los analistas deben formular las siguientes preguntas:

1. ¿Se encuentran los datos en una forma utilizable o que puede ser leída por el sistema?
2. ¿Cuál es el mejor método para ingresar los datos y que al mismo tiempo minimice la cantidad de entrada, el número de errores en los datos y el tiempo necesario para ingresarlos?

Para diseñar el documento fuente el analista primero debe decidir qué datos capturar, utilizando para ello los lineamientos señalados en la sección anterior. Una vez hecho esto, el analista puede desarrollar una forma para el documento en la que se muestre qué datos van a incluirse y dónde serán colocados. El documento no sólo incluye los lugares para los datos, sino también títulos e información que le dice al usuario cómo completar la forma y qué información proporcionar.

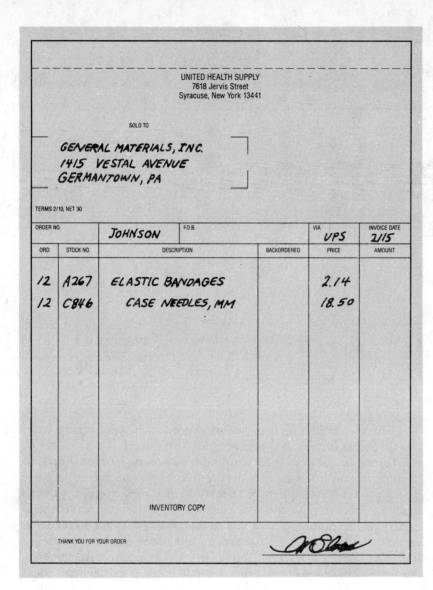

FIGURA 9.2
Copia de un talón de venta para el inventario.

Formas

La forma organiza el documento al colocar la información importante donde más llame la atención y establece la secuencia apropiada de datos. Mucha gente llena los documentos de izquierda a derecha y, por tanto, la forma del documento debe estar diseñada para utilizarse de la misma manera. También debe ser posible que el usuario proporcione la información siguiendo una secuencia lógica más que brincando hacia diferentes partes del documento.

Una forma diseñada de manera cuidadosa pasa desapercibida, y es fácil de seguir y utilizar.

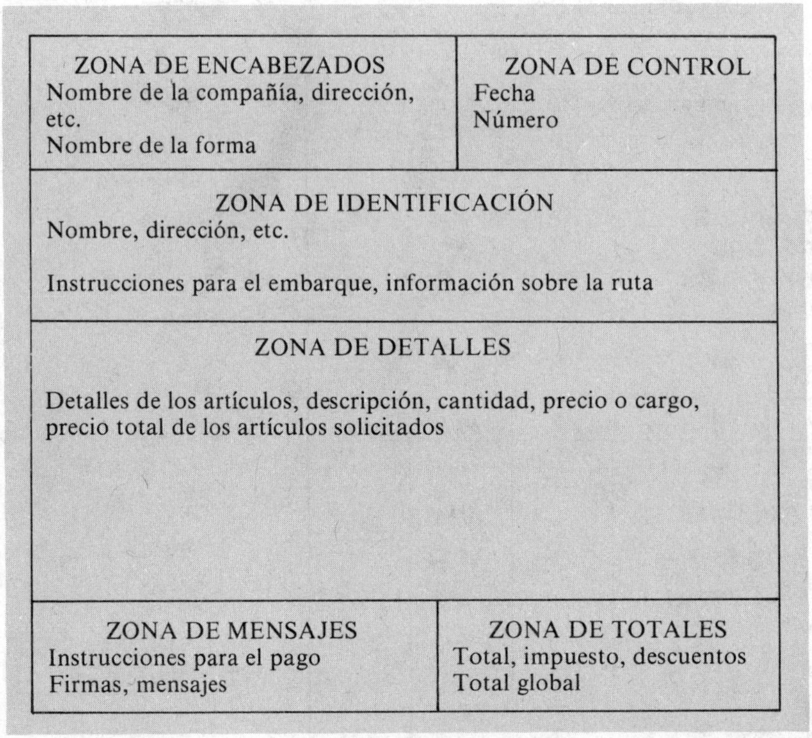

ZONA DE ENCABEZADOS Nombre de la compañía, dirección, etc. Nombre de la forma	ZONA DE CONTROL Fecha Número
ZONA DE IDENTIFICACIÓN Nombre, dirección, etc. Instrucciones para el embarque, información sobre la ruta	
ZONA DE DETALLES Detalles de los artículos, descripción, cantidad, precio o cargo, precio total de los artículos solicitados	
ZONA DE MENSAJES Instrucciones para el pago Firmas, mensajes	ZONA DE TOTALES Total, impuesto, descuentos Total global

FIGURA 9.3
Guía de zonas en las
que se divide un
documento fuente.

Las zonas en las que se divide una forma, son otra consideración en el diseño de formas. Los encabezados aparecen en la parte superior de la forma; los totales y otros resultados en la parte inferior (Fig. 9.3). La información utilizada con mayor frecuencia aparece en la parte superior y del lado izquierdo. Dentro de una zona, los datos deben seguir en el orden esperado. Por ejemplo, los usuarios esperan que se les pregunte su nombre, enseguida su dirección y después la ciudad, el estado y el código postal. Si se cambia este orden entonces existirá la posibilidad de que la información sea proporcionada incorrectamente. Una forma bien diseñada pedirá datos sólo una vez; existen muy pocas ocasiones en las que los usuarios deban proporcionar la misma información más de una vez.

Las formas que no tienen el suficiente espacio para proporcionar la información solicitada, no serán utilizadas correctamente por los usuarios. Para permitir un espacio más amplio, se emplean máquinas de composición tipográfica que a menudo utilizan cinco caracteres por pulgada. Éste es un lineamiento útil para el analista de sistemas. Por ejemplo, si en una forma se va a escribir a mano un dato de 11 caracteres, como el número de seguro social, entonces debe darse un espacio aproximado de $2\frac{1}{4}$, pulgadas.

El analista también debe considerar cómo se llenará la forma al determinar el espacio entre las líneas. La mayor parte de la veces ¿será

DICCIONARIO DE DATOS Desarrollado durante la fase de análisis			DOCUMENTO FUENTE Desarrollado durante el diseño

DATO	LONGITUD	TIPO
35 Nombre del jefe	A	28
36 Dirección del jefe	A	24
43 Dirección-paciente	A	24
44 Nombre-paciente	A	30
45 Seguro-paciente	A	24
46 Pariente-más-cercano	A	30
47 Número-póliza-paciente	A	12
48 Código-postal-paciente	A	9
49 Estado-paciente	A	16
50 Ciudad-paciente	A	16

DOCUMENTO FUENTE

NOMBRE __44__ __ __ __
DIRECCIÓN __43__ __ __
CIUDAD __50__
ESTADO __49__ CÓDIGO POSTAL __48__

ASEGURADORA __45__
NÚMERO DE PÓLIZA __47__

JEFE __35__
DIRECCIÓN __36__

PARIENTE MÁS CERCANO __46__

FIGURA 9.4

Enlace entre el documento fuente y el diccionario de datos.

escrita a mano o en máquina de escribir? Si se llena la forma con máquina de escribir, entonces se recomienda reservar espacio de modo que quepan 6 líneas por cada pulgada vertical, a menos que las respuestas se escriban a doble espacio, situación en la que se deben asignar tres líneas por cada pulgada.

La forma del documento muestra la posición de cada dato y todos los encabezados e instrucciones para los usuarios. Los nombres de los datos, obtenidos del diccionario de datos creado durante todo el proceso de análisis de sistemas, identifica a cada uno de ellos para que no existan errores cuando comience el desarrollo del software y los archivos. La convención del diseño de la salida de colocar un identificador numérico en el campo de datos, también se emplea en las formas para entradas (Fig. 9.4).

Títulos y captura de datos

Los títulos sobre los documentos fuente le dicen al usuario qué dato proporcionar y dónde debe asentarlo. Los títulos tienen que ser breves, pero fáciles de comprender, con términos estándares que conozcan todas las personas que utilicen la forma. En general, se deben evitar las abreviaturas. La inclusión de un ejemplo sencillo será de gran ayuda para eliminar preguntas relacionadas con la información que se va a proporcionar. Por ejemplo, al preguntar la fecha de nacimiento, la forma podría indicar cómo debe proporcionarse este dato (por ejemplo "MES, DÍA, AÑO" o "MM/DD/AA" o "MM/DD/19AA"). Es fácil pasar por alto el hecho de que las personas que utilicen esta forma tal vez provengan de países o culturas donde cosas tan simples como la fecha se proporcionan en forma diferente de la que se espera; un caso común es precisamente Estados Unidos. Es así

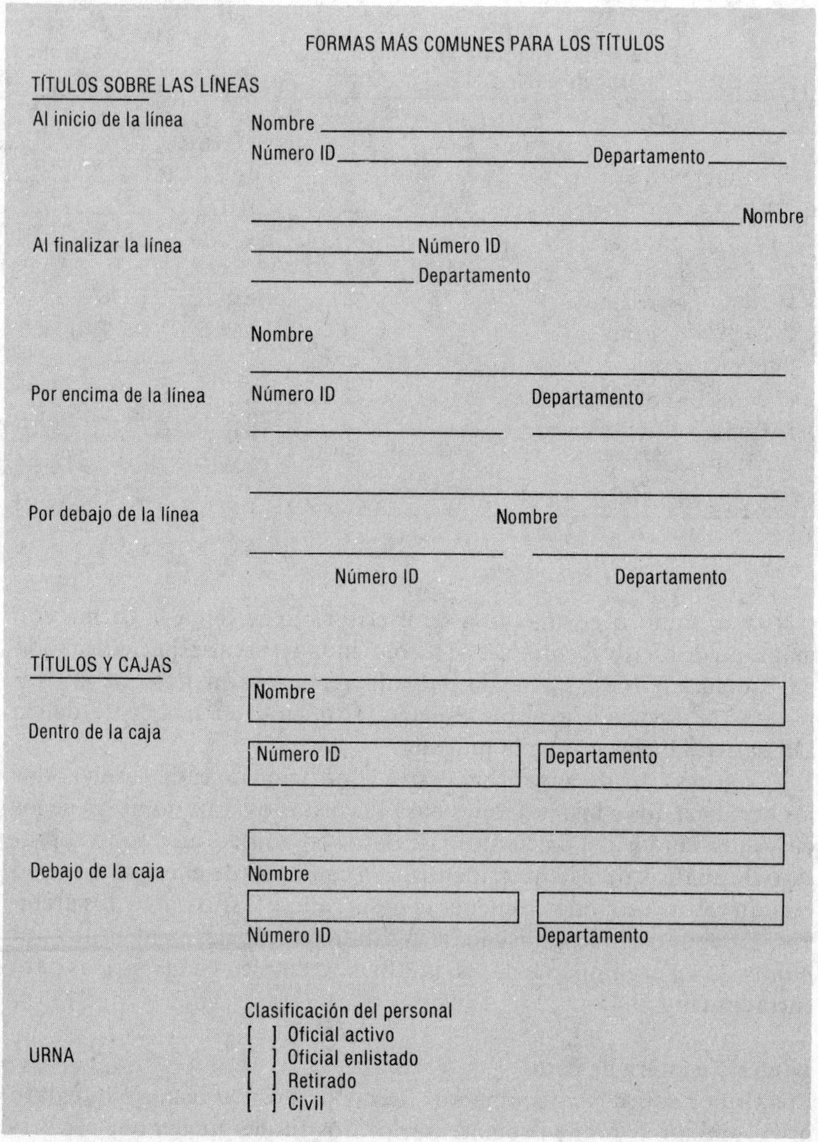

FORMAS MÁS COMUNES PARA LOS TÍTULOS

TÍTULOS SOBRE LAS LÍNEAS

Al inicio de la línea

Nombre _____

Número ID _____ Departamento _____

_____ Nombre

Al finalizar la línea

_____ Número ID

_____ Departamento

Nombre

_____

Por encima de la línea

Número ID   Departamento

_____   _____

Por debajo de la línea

_____

Nombre

_____   _____

Número ID   Departamento

TÍTULOS Y CAJAS

Dentro de la caja

Nombre

Número ID		Departamento

Debajo de la caja

Nombre

Número ID		Departamento

URNA

Clasificación del personal
[ ] Oficial activo
[ ] Oficial enlistado
[ ] Retirado
[ ] Civil

FIGURA 9.5
Formas más comunes
para los títulos.

como el colocar un ejemplo en la forma es el pequeño precio que hay que pagar para que la información sea dada en forma correcta.

En la figura 9.5 se ve una muestra de formas con varios títulos que tienen diferentes requerimientos de espacio. Algunos títulos son más eficientes que otros para explicar dónde deben escribirse los datos.

Un documento fuente bien diseñado es fácil de llenar y permite que el proceso de registro de los datos sea rápido. La figura 9.5 incluye varios de los métodos más utilizados para la captura de datos. Nótese que estos formatos hacen más fácil comprender la pregunta y proporcionar el dato. Si las marcas y recuadros de verificación son suficientes

CAPTURA DE DATOS POR MEDIO DE CODIFICACIÓN AUTOMÁTICA

COPIA ORIGINAL	DUPLICADO
Piloto	181
Copiloto	181
Capitán de la aeronave	078
Oficial de navegación	216
Oficial en caso de guerra	334
Encierre en un círculo el cargo que le corresponde.	Columnas 3-5 para entrada de datos

FIGURA 9.6
Captura de datos por medio de codificación automática.

para capturar los datos, entonces no se debe pedir a quienes llenan la forma que escriban respuestas extensas; de otro modo es posible que no respondan a todo.

El último ejemplo de la figura 9.6 muestra una forma con dos copias. En el original se marca la respuesta correcta a la pregunta. Sin embargo, la segunda página contiene códigos para las respuestas. En otras palabras, la persona que llena la forma automáticamente proporciona respuestas codificadas mientras que al mismo tiempo trabaja con nombres y términos que le son familiares. La siguiente sección estudia con detalle varios métodos de codificación.

Métodos de codificación

Dado que los proyectos de sistemas de información se diseñan teniendo en mente ahorros en espacio, tiempo y costos, se desarrollan *métodos de codificación* para acelerar todo el proceso, controlar los errores y reducir la entrada; con ellos las condiciones, palabras, ideas o relaciones se expresan por medio de un código. El código es un número, título o símbolo breve que se emplea en lugar de una descripción más larga o ambigua. Cuando ocurre un evento, a menudo los detalles del mismo son resumidos por medio de un código. Con el código se necesitan menos detalles en la entrada, pero esto no trae como consecuencia pérdida de la información. Los métodos de codificación estudiados en esta sección son: clasificación, funciones, secuencia, el dígito significativo y los códigos nemónicos.

Códigos de clasificación Los códigos de clasificación colocan entidades separadas, como eventos, personas u objetos, en grupos distintos que reciben el nombre de clases. El código se emplea para distinguir una clase de otra. El usuario asienta el código en el documento fuente o, en un sistema en línea, se puede proporcionar al sistema por medio de una terminal. El usuario (que ya ha aprendido los códigos o los puede buscar) clasifica el evento en una de las diferentes categorías disponibles y entonces proporciona el código.

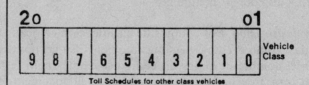

ENTRY EXIT	SERIAL NO.	VEHICLE CLASS	DAY	HOUR	COLL. NO.

ENTRY AT

27 AMSTERDAM

SURRENDER TICKET AT EXIT AND PAY TOLL

LOSS OF TICKET OR UNAUTHORIZED U-TURN REQUIRES
PAYMENT OF TOLL FROM THE MOST DISTANT STATION.

NO.	STATION	TOLL	NO.	STATION	TOLL
15	WOODBURY	4.45	31	UTICA-RTE. 8 & 12	1.85
16	HARRIMAN-RTE. 17	4.00	32	WESTMORELAND-ROME	2.20
17	NEWBURGH (I-84) RTE. 17K	3.55	33	VERONA-ROME-RTE. 365	2.50
18	NEW PALTZ-RTE. 299	3.05	34	CANASTOTA-RTE. 13	2.75
19	KINGSTON-RTE. 28	2.55	34A	SYRACUSE (I-481)	3.20
20	SAUGERTIES-RTE. 32	2.25	35	SYRACUSE-RTE. 298	3.30
21	CATSKILL-RTE. 23	1.85	36	SYRACUSE (I-81)	3.40
21B	COXSACKIE-RTE. 9W	1.55	37	ELECTRONICS PKWY.	3.45
21A B1	HUDSON-RENSS. (I-90)	1.85	38	SYRACUSE-LIVERPOOL-RTE. 57	3.50
21A B2	TACONIC PKWY.	2.15	39	SYRACUSE (I-690)	3.60
21A B3	CANAAN (MASS. LINE)	2.40	40	WEEDSPORT-RTE. 34	4.05
22	SELKIRK-RTE. 396	1.20	41	WATERLOO-RTE. 414	4.60
23	ALBANY (I-787)	1.00	42	GENEVA-RTE. 14	4.80
24	ALBANY (I-87 & I-90)	.80	43	MANCHESTER-RTE. 21	5.20
25	SCHENECTADY (I-890)	.65	44	CANANDAIGUA-RTE. 332	5.40
25A	SCHENECTADY (I-88)	.40	45	ROCHESTER (I-490)	5.50
26	SCHENECTADY (I-890)	.40	46	ROCHESTER (I-390)	5.90
27	AMSTERDAM-RTE. 30	XXX	47	LEROY (I-490)	6.40
28	FULTONVILLE-RTE. 30A	.30	48	BATAVIA-RTE. 98	6.75
29	CANAJOHARIE-RTE. 10	.65	48A	PEMBROKE-RTE. 77	7.10
29A	LITTLE FALLS-RTE. 169	1.15	49	DEPEW-RTE. 78	7.60
30	HERKIMER-RTE. 28	1.45	50	WILLIAMSVILLE (BUFFALO)	7.65

TABLE ABOVE SHOWS CLASS 1 TOLL FROM ENTRY STATION.

YOUR VEHICLE CLASS IS PUNCHED BELOW

20   01

9	8	7	6	5	4	3	2	1	0	Vehicle Class

Toll Schedules for other class vehicles
are available at toll stations

PCS 11579-F   DO NOT FOLD OR MUTILATE THIS CARD.

FIGURA 9.7
Codificación de datos
para las cuotas de
peaje en la autopista
estatal de Nueva Yokr.
(Cortesía de *New York
State Thruway
Authority*)

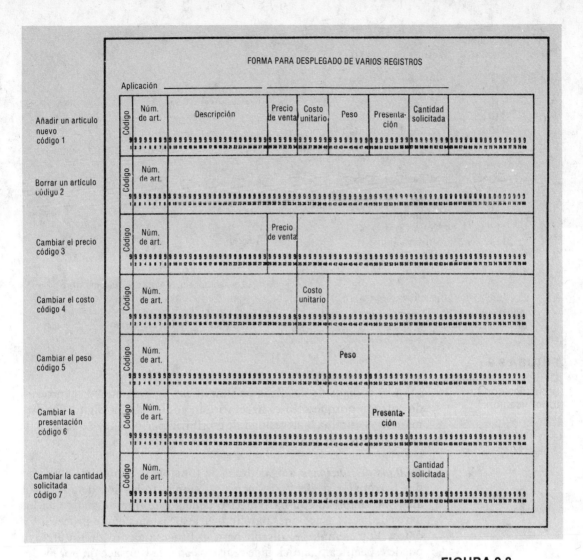

FIGURA 9.8

Control del contenido de los registros de entrada por códigos de funciones.

Por ejemplo, sobre la autopista estatal de Nueva York, al igual que en todas las carreteras públicas, se cuenta el número de vehículos de diferentes tipos que viajan por la autopista con la finalidad de vigilar el uso que se hace de éstas. Por otra parte, las cuotas dependen del tipo de vehículo. Dado que por las carreteras circulan muchos tipos de vehículos, sería difícil dar su descripción en términos de atributos comunes como tamaño, peso, estado del que provienen, etc. Por consiguiente, la mayor parte de los estados establecen clases de vehículos, como la clase mostrada en la figura 9.7. Un automóvil de pasajeros que viaje por la autopista es catalogado como vehículo clase 1 y paga la cuota más baja. Sin embargo, un automóvil con remolque de dos ruedas se codifica como perteneciente a la clase 2, mientras que uno con cuatro ruedas pertenece a la clase 3.

NÚMERO DEL CLIENTE	NOMBRE DEL CLIENTE	
1101	James J. Aldrich	
1102	Edgar Burgan	← Se desea añadir
1103	Alvin Chalmers	un registro
1104	Shirley Demske	para Burger
1105	Randy Krimsnatch	

NÚMERO DEL CLIENTE	NOMBRE DEL CLIENTE	
1110	James J. Aldrich	
1120	Edgar Burgan	← Se añade un
1130	Alvin Chalmers	registro
1140	Shirley Demske	para Burger
1150	Randy Krimsnatch	# 1121

Las secuencias sin espaciamiento significan que no hay espacio para hacer adiciones sin perder el orden.

Las secuencias espaciadas permiten hacer adiciones mientras que al mismo tiempo conservan el orden alfabético de la secuencia.

FIGURA 9.9
Códigos en secuencia utilizados con fines de identificación.

Los códigos de clasificación simplifican en gran medida el proceso de entrada porque sólo es necesario un código de un dígito. De esta manera se elimina la necesidad de escribir descripciones extensas o de hacer juicios. En una palabra, el proceso se simplifica.

Códigos de funciones Los códigos de funciones señalan las actividades o trabajos a efectuar sin proporcionar todos los detalles. Los analistas emplean con bastante frecuencia este tipo de código en los datos de las transacciones para indicarle al sistema cómo procesar los datos. Por ejemplo, el diseño para el procesamiento de un archivo puede especificar la adición de registros en una transacción por medio de una A o de un 1, o de cualquier otro esquema de codificación que el analista seleccione. Para borrar los registros, el código de función podría ser B o 2. Para cambiar o actualizar los datos almacenados, tal vez el analista utilice el código C, U o 3.

El código particular para la función quizá determine el contenido del registro de entrada (Fig. 9.8) si se rastrea o escribe el dato en el código. Por ejemplo, para que el sistema añada un registro, todos los elementos dato del registro deben incluirse en los datos de entrada. Por otro lado, para borrar un registro sólo debe especificarse el código para borrar y los números de identificación o la llave del registro. Si se desea cambiar un campo del registro, la entrada debe incluir el código para realizar el cambio, una indicación de qué campo es el que se va a cambiar y el nuevo valor que se le dará.

Códigos en secuencia Los *códigos en secuencia* son números o letras asignados en secuencia. Ellos indican el orden en el que ocurrirán los eventos. Por ejemplo, un sistema bancario debe ser capaz de mantener el orden de las transacciones de forma tal que sea claro saber cuáles son las transacciones que deben procesarse en primer lugar, cuáles en segundo y así sucesivamente. Por consiguiente, se debe especificar en el diseño una secuencia de números para el orden de las transacciones.

Los códigos en secuencia también se emplean con fines de identificación, pero se asignan en el orden en que los clientes entran al sistema. Por ejemplo, la figura 9.9 muestra un grupo de números de clientes con cuatro dígitos que se asigna a los clientes en orden consecutivo.

La asignación descuidada de una secuencia de números no permite la inserción de nuevos miembros entre los ya existentes dentro de la secuencia. De esta manera, si en el ejemplo de la figura 9.9 se desea añadir al cliente Michael Burger después de Edgar Burgan, no existe ninguna forma fácil de hacerlo. Por consiguiente, los analistas a menudo especifican la asignación de las secuencias de códigos en intervalos de 10, 20 u otro mayor que permita su eventual expansión.

Códigos con subconjuntos de dígitos significativos Un esquema de codificación bien concebido, utilizando *códigos con subconjuntos de dígitos significativos,* puede proporcionar mucha información tanto a la gerencia como a los usuarios. Supóngase que se asignarán números de artículo a los diferentes materiales y productos que surte o vende cierta compañía. Una manera de hacer esto es asignar números en secuencia, comenzando con el primero hasta llegar al último. También se puede añadir un prefijo a los números de identificación para describir con más detalle el tipo de artículo; el acero tiene como prefijo A, el plástico una P, y así sucesivamente.

Los códigos pueden dividirse en subconjuntos o subcódigos, que son caracteres que forman parte del número de identificación y que tienen un significado especial. Los subcódigos dan al usuario información adicional sobre el artículo. En el ejemplo del inventario, la información más importante es la clase de producto, el artículo dentro de esa clase y el proveedor. Por consiguiente, el analista desarrolla un número de identificación que contiene esta información en los dígitos significativos de los diversos subconjuntos del número de artículo:

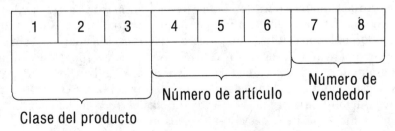

Si la gerencia desea saber cuántas ventas se han realizado en la línea de productos agrícolas, #323, los datos pueden clasificarse sobre ese subconjunto para producir un reporte. De manera similar, si se desea información con respecto a todos los productos proporcionados por el proveedor 28, un rápido examen de este subconjunto de productos proporcionará la información.

El uso de dígitos en un número de identificación lleva información adicional que no se añade al tamaño de los datos o al tiempo de procesamiento. Sin embargo, la adición de subcódigos de información puede ser algo muy valioso para la gerencia.

Códigos nemónicos Los *códigos nemónicos* usan letras y símbolos del producto para describirlo en una forma *visual*. Por ejemplo, es útil usar el código TV-CL-21 para describir un televisor de color de 21 pulgadas (blanco y negro sería TV-BN-21). Es difícil confundir el nemónico *TV* con el de otros productos. Las universidades americanas emplean con frecuencia nemónicos para codificar información: MAE para Maestro en Administración de Empresas o CS para ciencias de la computación.

La codificación de datos y transacciones disminuye el volumen de los primeros y simplifica el proceso, lo que reduce la posibilidad de cometer errores. La selección del código depende de la naturaleza de los datos y de los objetivos del analista.

Métodos de captura de datos

El método utilizado para capturar los datos de las transacciones afecta en forma marcada la capacidad del analista para cumplir con los objetivos que hasta este momento se han mencionado. Existen cuatro métodos diferentes a considerar y cada uno emplea equipo y preparación de datos específicos: captura de documentos fuente por medio de perforadoras, dispositivos teclado-almacenamiento, reconocimiento óptico de caracteres y entrada directa a través de terminales inteligentes.

Captura de datos fuente por medio de perforadoras En la actualidad la perforación, un método que por razones históricas es el mejor conocido y el más utilizado para la entrada de datos, se usa muy rara vez. En este método el documento fuente se llena mientras se lleva a cabo la transacción. Después los datos de la transacción se transcriben hacia una forma codificada y se perforan en tarjetas. En este punto, algunos ambientes utilizan un proceso de verificación aparte. Después de la preparación, verificación y corrección, los datos son leídos por la computadora. La lectora de tarjetas proporciona una validación final para asegurar que no falten datos y tampoco existan errores durante la preparación y la entrada. El uso de tarjetas perforadas ha cedido su lugar a los dispositivos teclado-almacenamiento.

FIGURA 9.10
Estación de trabajo.
(Cortesía de IBM)

Para resumir, los siguientes son los pasos necesarios para capturar datos de un documento fuente en una perforadora:

1. Escribir los datos sobre el documento fuente.
2. Si es necesario, codificar los datos del documento fuente en una forma aceptable para el procesamiento por computadora.
3. Perforar los datos en tarjetas.
4. Verificar las tarjetas perforadas volviendo a proporcionar los datos a la máquina de verificación, la cual los compara con los datos ya perforados.
5. Agrupar las tarjetas en un lote para que la computadora las lea y procese.
6. Validar los datos a medida que la computadora los lee para su procesamiento.
7. Procesar los datos.

Captura de datos fuente con dispositivos teclado-almacenamiento Los documentos fuente también se emplean en ambientes donde no es necesario ingresar los datos por medio de tarjetas perforadas. Con los dispositivos teclado-almacenamiento (tales como teclado-cinta magnética y teclado-disco magnético), el personal encargado de la entrada de datos trabaja con el mismo tipo de documento fuente que ya ha

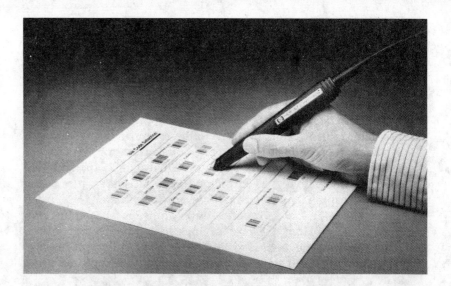

FIGURA 9.11
Rastreo con una
lectora óptica de
caracteres. (Cortesía
de *Hewlett-Packard*)

sido descrito. Los datos ingresan al sistema por una *estación de trabajo,* la cual incluye un teclado similar al de las máquinas de escribir y una pantalla. En el ejemplo del inicio de este capítulo, se hizo referencia a una estación similar como la que aquí se describe. A medida que se van ingresando los detalles, la estación realiza verificaciones para detectar errores de escritura, números de producto incorrectos o datos inaceptables. (Por ejemplo, si el sistema está programado para hacerlo, la estación podría rechazar un número de seguro social si éste contiene guiones, diagonales o espacios en blanco.) Otras ayudas son los tabuladores especiales, luces y una pantalla que permite al operador ver los datos que ha proporcionado (Fig. 9.10). Los datos se graban sobre un medio magnético de almacenamiento.

En resumen, los pasos necesarios para capturar datos de un documento fuente en un ambiente que utiliza dispositivos teclado-almacenamiento son los siguientes:

1. Escribir los datos sobre el documento fuente.
2. Si es necesario, codificar los datos del documento fuente en un formato aceptable para su procesamiento por computadora.
3. Procesar directamente la cinta o disco que contiene los datos. No se necesitan más pasos para proporcionar los datos a la computadora.
4. Validar los datos a medida que éstos son leídos por la computadora para su procesamiento. (Algunos pasos de la validación se llevan a cabo durante la entrada.)
5. Procesar los datos.

Captura de datos fuente con un scanner El procesamiento óptico de caracteres permite a las organizaciones acelerar sus actividades de captura entre un 50% y 70% en comparación con los métodos tradicionales. Para esto se necesita un documento fuente que pueda ser utilizado de manera directa por el scanner como documento de entrada (Fig. 9.11). Cuando ocurre la transacción, los datos son escritos o marcados en forma tal que puedan ser leídos, algunas veces con letras y números escritos a mano mientras que en otros casos se emplean símbolos o cajas especiales para representar datos. Nótese la omisión de muchos de los pasos que se necesitan para preparar y codificar los datos necesarios con los métodos ya presentados.

El dispositivo de entrada, el lector óptico de caracteres (OCR: Optical Character Reader), se encarga de leer directamente los datos. La validación de éstos se hace a medida que ingresan en la computadora, después se inicia el procesamiento. En general, para el procesamiento se forma un lote de formatos OCR.

Los siguientes son los pasos necesarios a seguir para capturar datos de un documento fuente en un ambiente OCR:

1. Escribir los datos en el documento fuente.
2. Formar un lote de documentos fuente y leerlos para su procesamiento por computadora.
3. Validar los datos conforme se van leyendo para su procesamiento. (Parte del proceso de validación se realiza durante la fase de entrada de datos.)
4. Procesar los datos.

Entrada directa a través de terminales inteligentes Las terminales inteligentes son similares a las de tubo de rayos catódicos (CRT: Cathode Ray Tube) y tienen capacidades de procesamiento (como si contaran con un microprocesador en su interior). Los dispositivos de punto de venta utilizados en los supermercados y tiendas representan un ejemplo de terminal inteligente. Otros tipos son comunes en manufactura, venta de boletos en aerolíneas, y operaciones en la bolsa de valores. El uso de terminales inteligentes para capturar datos puede eliminar aún más la necesidad de documentos fuente, a menos que se necesite de un documento para el registro de la transacción. A medida que transcurre la transacción, el operador puede proporcionar los datos directamente al sistema. El procesador valida los datos conforme los recibe para detectar errores o para solicitar la verificación de un dato (tal como una venta de 10 000 dólares en un almacén). El sistema mencionado en la historia que se encuentra al inicio de este capítulo, incluye esta característica.

A diferencia de los otros métodos, las terminales inteligentes pueden interactuar en forma directa con la computadora en una de dos formas posibles. Cuando la interacción es completa, lo que se conoce como *sistema en línea,* el operador introduce las transacciones y recibe con rapidez los resultados del procesamiento, cuando el cliente todavía está presente. La serie de eventos es la siguiente: proporcionar los datos, verificarlos, procesarlos y regresar los resultados (salida) a la terminal.

Una variación del procesamiento en línea combina ciertas características del procesamiento por lotes. En los *sistemas diferidos en línea,* la entrada y validación de los datos ocurre en forma interactiva, es decir en línea. Sin embargo, el procesamiento se difiere, lo que significa que las transacciones se acumulan en un lote para después ser procesadas, *fuera de línea.* Si es necesario capturar los datos en línea, pero el procesamiento se pueda realizar más tarde, el ahorro en los costos de hardware y software especial quizá lleve al analista a seleccionar el procesamiento diferido en línea.

Los pasos necesarios para capturar datos, utilizando para ello terminales (ya sea en línea o diferido en línea), son los siguientes:

1. Proporcionar los datos en la terminal.
2. Validar los datos conforme se ingresan en la terminal.
3. Procesar los datos (si el procesamiento es diferido, las transacciones se acumulan en un lote que después será procesado).

El lector óptico puede hacer más rápida la preparación y entrada de los datos. Dado que los costos del equipo varían, el analista debe considerar el lado económico de cualquier decisión relacionada con los métodos de entrada. Sin embargo, generalmente es cierto que los altos costos de mano de obra disminuyen con mejores métodos de entrada, aun si se consideran los costos iniciales del equipo.

Comentario al margen
Generación de formas: estado del arte

Cada vez tiene mayor importancia la tecnología electrónica para la edición de formas, incluyendo el empleo de la impresión láser para preparar la salida de la computadora. A medida que la tecnología avanza y se incluyen métodos más sofisticados para el manejo de gráficas y estilos tipográficos, usted encontrará que muchas compañías están eliminando sus formas preimpresas y ahora las generan como parte de la salida de la computadora. En la actualidad tanto los datos como las formas serán la salida. Con frecuencia aun las formas que se emplearán de manera independiente al sistema de cómputo ya son generadas por medios de edición electrónicos.

La evolución de la edición electrónica también tiene implicaciones para el diseño de la entrada. Dado que muchas formas son documentos de retorno o documentos fuente para la entrada de datos, los buenos principios de diseño continuarán siendo importantes. El analista que diseñe documentos de salida tendrá que considerar al mismo tiempo las necesidades de la entrada.

Los principios de diseño que se han mencionado en éste y los capítulos anteriores, pueden ser útiles para la producción de formas generadas por computadora que reflejen el estado del arte.

VALIDACIÓN DE LA ENTRADA

Los diseños de las entradas tienen como finalidad reducir las posibilidades de cometer errores o equivocaciones durante la entrada de datos. Sin embargo, el analista siempre debe suponer que se presentarán errores. Éstos deben detectarse durante la entrada y corregirse antes de guardar los datos o procesarlos. Es mucho más difícil corregir datos equivocados después de almacenarlos que antes de hacerlo. De hecho, los datos equivocados se olvidan con frecuencia hasta que alguien utiliza un reporte basado en esos datos y cuestiona su exactitud y validez.

El término general dado a los métodos cuya finalidad es detectar errores en la entrada es *validación de entradas.* Tres categorías principales de métodos tienen que ver con la verificación de la transacción, la verificación de los datos de la transacción y el cambio de estos últimos.

Verificación de la transacción

Lo primero y más importante es identificar todas las transacciones que no son válidas, esto es: inaceptables. Las transacciones pueden caer en esta categoría porque están incompletas, no autorizadas e incluso fuera de lugar.

Controles de lote

En ambientes donde se manejan lotes, existe un retraso entre el momento en que ocurre la transacción y el instante en que se procesan los datos relacionados con ella. El *procesamiento por lotes* es un término que significa proceso retardado por la acumulación de transacciones en lotes o grupos de registros. (Una consideración de diseño importante es el retraso que los usuarios están dispuestos a aceptar.)

Cuando las transacciones se acumulan y no se procesan justo en el momento en que ocurren, existe una alta posibilidad de que alguna de ellas sea mal procesada, olvidada o pasada por alto. Sin importar si la pérdida de transacciones es grande o pequeña, éste es un aspecto que debe interesar al analista.

Un método para el control del lote, es el definir un tamaño fijo para éste. Las transacciones se acumulan en grupos de, por ejemplo, 50 registros. Cada grupo constituye un lote. Durante el transcurso de la jornada de trabajo (ya sea en la mañana o por la tarde, o después de un día o una semana por ejemplo) es indudable que se acumulará más de un lote. Por consiguiente, la administración desea asegurarse

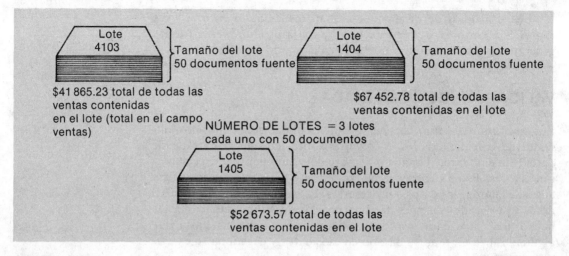

FIGURA 9.12
Métodos de control de lotes.

de que todos los lotes sean procesados y que ninguno se pierda o se pase por alto. Conocer el número de lotes acumulados y enviados para su procesamiento es de gran ayuda. De hecho es posible que el analista especifique la asignación de un número de serie para cada lote.

Otro aspecto relacionado con el procesamiento por lotes es asegurar que todas las transacciones en el lote sean procesadas en forma apropiada. El total por lote ayuda a garantizar lo anterior. Este método requiere el cálculo del total de campos presentes en todos los registros contenidos en el lote, tales como números de artículos ordenados, sin importar de qué artículos se traten. El total se obtiene antes que el lote sea enviado para su procesamiento. Conforme se procesa el lote, se acumula de nuevo el total por medio de la computadora, si el proceso es automatizado, o por una persona diferente a la que realizó el cálculo en el lote original. Si los totales son los mismos (Fig. 9.12), entonces la gerencia sabe que todas las transacciones fueron procesadas. Si existe alguna discrepancia, la gerencia se dará cuenta de ella e investigará la causa.

En los párrafos anteriores se han identificado tres métodos muy importantes para verificar las transacciones en un lote: el tamaño del lote, que señala si todas las transacciones se encuentran en el lote; el conteo en el lote, que indica si se ha perdido u olvidado alguna transacción en él, y el total por lote, que señala cuándo todas las transacciones de lote han sido procesadas apropiadamente.

Validación de transacciones

Los analistas sin experiencia suponen algunas veces que los usuarios envían solamente transacciones válidas para su procesamiento, es decir sólo aquellas que serán aceptadas y procesadas adecua-

FIGURA 9.13
Métodos para
validación de entradas

damente por el sistema. Por desgracia, a menudo los usuarios intentan procesar datos en forma incorrecta, ya sea accidental o intencionalmente. Es responsabilidad del analista especificar los procedimientos de validación que probarán la aceptación de una transacción. La validación tiene varias partes (Fig. 9.13).

La transacción debe ser aceptable para el sistema antes de que pueda ser procesada por él. Los pasos que el sistema sigue para asegurarse de que la transacción es aceptable reciben el nombre de *validación de la transacción.* Por ejemplo, el típico sistema de inventario se diseña para esperar transacciones que añadan artículos, los borren o cambien la cantidad en existencia al hacer un retiro del almacén. Sin embargo, no es aceptable tratar de añadir un artículo nuevo si existe ya uno con el mismo nombre y número de identificación. Ésta es una transacción no válida y debe detectarse durante el procesamiento para que el sistema de inventario conserve su confiabilidad.

Algunas veces se envían a procesamiento, en forma inadvertida, transacciones que no tienen relación con la finalidad del sistema. Por ejemplo, si alguien intenta enviar una transacción de nómina al sistema de inventario, aun por accidente, se debe detectar esta entrada no válida e impedir que sea procesada.

El analista también debe asegurar que los procesos de validación de transacciones detecten situaciones donde se envía una entrada aceptable por un usuario que no está autorizado para hacerlo. Por ejemplo, en el procesamiento de la nómina se aceptan aumentos de salario, pero únicamente por parte del personal autorizado. Los empleados no están autorizados a aumentarse sus propios salarios o hacer ajustes en el pago de sus impuestos. Éste es un ejemplo de una entrada válida enviada por un usuario no autorizado. La combinación da como resultado una transacción que no es válida. Las especificaciones de diseño de un sistema de nómina deben establecer las condiciones que tiene que reunir una transacción para ser considerada válida. El programador debe recibir instrucciones para que haga suposiciones sobre todas las demás condiciones que invalidan una transacción.

Prueba de secuencia

Las *pruebas de secuencia* utilizan códigos en los datos (números de serie) para probar una de las dos diferentes condiciones, dependiendo de las características del sistema. En algunos sistemas es importante el orden de las transacciones. Cuando un banco verifica los depósitos y retiros, es importante asegurar que cada uno sea procesado en el orden en que fue recibido. Si una serie de retiros se procesa por error antes que los depósitos que realmente ocurrieron primero, el cliente puede tener un sobregiro en su cuenta cuando de hecho lo anterior nunca ocurrió.

Las pruebas de secuencia también señalan *faltantes*. Por ejemplo, la cuenta de cheques de una persona identifica a cada uno de ellos por medio de un número de cheque. Cuando el cliente hace la conciliación al finalizar un mes o trimestre, es probable que reúna los cheques en orden, de acuerdo con el número que los identifica. Si existe un salto en la secuencia, por ejemplo de 1140 a 1143, el cliente sabe en forma inmediata que se extraviaron dos cheques, 1141 y 1142. Sin esos números es difícil determinar si todas las transacciones están presentes. No tiene caso el aceptar una entrada donde faltan algunos datos, dado que con esto se almacena información incompleta o errónea. Por consiguiente, debe verificarse cada entrada para validarla y asegurar que todos los datos esenciales estén incluidos. Por ejemplo, al aceptar los depósitos de un cliente, los bancos deben conocer el número de cuenta, el monto del depósito y la fecha de la transacción. También desean saber qué cajero procesó el depósito. Si alguno de estos detalles falta cuando la información sobre el depósito ingrese al sistema del banco, entonces la transacción será rechazada y clasificada como no válida.

Los sistemas de punto de venta de los centros comerciales están orientados hacia la realización automática de *pruebas de completez*. De hecho, muchas terminales de punto de venta utilizan sistemas de luces que indican a los operadores el siguiente paso. La luz bajo la tecla de "la operación a realizar" se enciende (Fig. 9.14). Sólo hasta que se proporcione un código válido de transacción (tal como venta, o crédito) se permitirá alguna otra operación (el teclado queda trabado). Después de proporcionar el código válido de la transacción, se guía al operador por el sistema de luces colocado debajo de la teclas indicándole cuál es la siguiente tecla que debe presionar. Si no se proporciona el número de la tarjeta de crédito del cliente para realizar el cargo, por ejemplo, la terminal no permitirá que la transacción sea completada; esperará en forma indefinida hasta que se proporcione el dato correcto.

Las pruebas de completez son una forma más de validar la

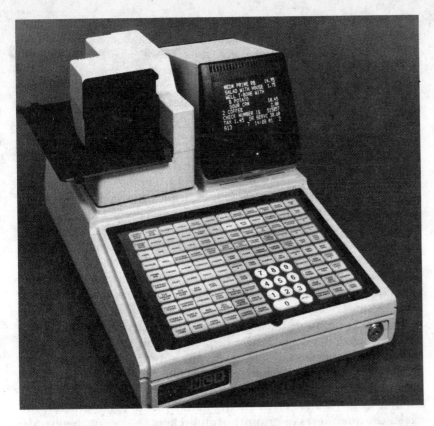

FIGURA 9.14
Terminal de punto de venta. (Cortesía de *NCR Corporation*)

No debe ser mayor que 12

Order #: *No debe dejarse en blanco*   Date (M/D/Y): __/__/__   Customer #: *No debe dejarse en blanco*

Bill to: _____   Ship to: _____
Address to: *Recuperarlos del almacén de*   Address: *Recuperarlos del almacén de*
City: *datos con base en el número*   City: *datos con base en el número*
State: _____ *de cliente* Zip code: _____   State: *de cliente* Zip code: _____
P.O. #: *No debe dejarse en blanco*   Ship via: *Llenarlo* Terms: _____

Quantity	Product	Description	Unit Cost	Total Cost
un valor razonable	*Llenarlo*	*Recuperarla del almacén de datos*	*Recuperarla del almacén de datos*	*Calcularlo*
No debe dejarse en blanco	*Llenarlo*			

Tax Rate: *Recuperar* %   Sales Tax: *Calcularlo*   Total: *Probar que el cálculo proporciona un monto razonable*

FIGURA 9.15
Métodos de validación de entradas aplicados a las transacciones de ventas.

transacción y con ello asegurar que ésta sea exacta y aceptable para que el sistema pueda procesarla o almacenarla.

Verificación de los datos de la transacción

Aun las transacciones válidas pueden contener datos que no lo son. Por consiguiente, los analistas deben asegurarse de especificar métodos para validar los datos cuando desarrollan los procedimientos de entrada. Existen cuatro métodos para validar los datos.

Pruebas de existencia

Algunos de los campos de datos de las transacciones son diseñados para no dejarlos vacíos o en blanco. Las *pruebas de existencia* examinan los campos esenciales para determinar que éstos contengan datos. Por ejemplo, en el procesamiento del inventario, no es correcto aceptar pedidos que no especifiquen la cantidad solicitada de determinado artículo. Es inaceptable dejar en blanco este campo y esto, a su vez, es un indicador de que se ha cometido un error (Fig. 9.15).

En otras ocasiones son aceptables los espacios en blanco. Por ejemplo, los clientes que hacen pequeños pedidos quizá no envíen órdenes de compra o tal vez paguen por anticipado. En cualquiera de estos casos, no existe ningún número de pedido que pueda ser ingresado en el registro de ventas, y no tendría sentido que el sistema exigiera uno. De manera similar, como regla general, los pacientes que ingresan en un hospital cuentan con un seguro de gastos médicos. Pero *no todos* los pacientes lo tienen. Por consiguiente, una situación donde se requiera la información sobre el seguro quizá no pase la prueba de existencia.

Al desarrollar un programa para el mantenimiento de archivos, por ejemplo, se sabe que algunos datos (por ejemplo: campo llave, que es un campo que identifica de manera única a un registro) siempre deben existir, de la misma forma que sucede con el código que señala el tipo de transacción (añadir, borrar o cambiar). Sólo si la transacción es borrar un registro entonces será necesario conocer la llave del registro. Para agregar un nuevo registro se requieren todos los datos. Si se desea hacer un cambio entonces sólo se necesitan los datos que van a cambiarse (véase Fig. 9.8).

La tarea de los analistas, cuando trabajan con los usuarios, es determinar qué datos deben estar presentes y cuándo su ausencia es aceptable. Esta información pertenece a las especificaciones de diseño y debe comunicarse a los programadores.

Pruebas de límites y rangos

Estas pruebas verifican la veracidad de los datos de una transacción. (También se pueden utilizar para verificar el resultado del procesamiento.) Las *pruebas de límites* sirven para validar la cantidad mínima o máxima aceptable para un dato. Las *pruebas de rango* validan tanto los valores mínimo como máximo.

En muchos bancos, los cajeros deben notificar al gerente de la sucursal cualquier transacción en efectivo que exceda los 10 000 dólares; en este caso 10 000 dólares es el límite que el banco autoriza manejar sin la necesidad de una autorización. Si se depositan cheques o títulos en el banco, entonces no se aplica este límite. Los analistas que trabajan en el diseño de sistemas bancarios deben incluir en sus especificaciones la verificación del límite de 10 000 dólares para las transacciones en efectivo. Cuando se presentan transacciones no autorizadas, el sistema debe rechazarla.

Algunas veces son importantes los límites inferior y superior. Durante el periodo de inscripción, las universidades desean saber cuántos estudiantes llevarán menos de un crédito, el límite inferior, y más de, por ejemplo, 22 créditos (ya que en este caso se debe pagar una cuota adicional). Por consiguiente, los analistas que desarrollen este sistema deben especificar para fines de validación un rango desde 1 hasta 22 créditos. Tal vez exista una explicación cuando este criterio no se satisface pero, al menos en lo que se refiere a las especificaciones de sistemas, siempre debe señalarse la excepción para que la autorización sea hecha por el responsable, en este caso el jefe del departamento escolar de la universidad.

Pruebas de combinación

Las *pruebas de combinación* validan el hecho de que varios datos tengan al mismo tiempo valores aceptables; en otras palabras, el valor de un campo determina si son correctos lo valores de los demás datos. Supóngase que se emprende el diseño de un sistema de pedidos para la industria automotriz. El analista tiene la responsabilidad de identificar todas las combinaciones de condiciones que requieran una atención especial. Por ejemplo, el diseño de sistemas para esta industria debe notar que cuando un cliente ordena un automóvil de fábrica con aire acondicionado, también debe especificar otras opciones: batería de uso pesado, protección reforzada contra choques y un radiador de mayor tamaño. Todos estos accesorios se ordenan en combinación con otros. Por tanto, el requerimiento de validación abarca varios datos diferentes.

Procesamiento duplicado

En áreas especialmente importantes, quizá sea necesario procesar los datos más de una vez, ya sea en un equipo diferente o en una forma distinta. Después de dicho procesamiento, los resultados se comparan para determinar su consistencia y exactitud. En el programa espacial de Estados Unidos, el cual depende mucho de computadoras para controlar trayectorias y direcciones, varias computadoras procesan los mismos datos y comparan los resultados. El *procesamiento duplicado* asegura la mayor exactitud. (Si existe un desacuerdo entonces se tienen procedimientos específicos para resolver las diferencias.)

Modificación de los datos de la transacción

Una tercera forma de validación de datos implica modificar los mismos datos. Dos de los métodos utilizados son la corrección automática de errores y los dígitos de autoverificación en los campos llave.

Corrección automática

Algunas veces los analistas especifican la realización de programas para corregir errores en los datos. Este método para validar los datos se emplea con el fin de reducir el número de pasos necesarios para corregir errores o rechazos de transacciones durante el procesamiento. Este método sólo requiere que el programa detecte un error y efectúe la corrección en forma automática. Por ejemplo, el personal encargado de capturar datos puede escribir sólo tres dígitos en un campo numérico que requiere de seis. A pesar de esto, todo el campo debe contener números. (Un espacio en blanco no es número.) En lugar de que el programa rechace la transacción porque faltan ceros, que los inserte en forma automática en los espacios en blanco. Sin embargo, sólo se introducen ceros en los lugares que se encuentran antes del punto decimal, no después de éste.

Dígitos de verificación

Dos de los errores más comunes en el manejo de datos se presentan cuando los datos son capturados en forma incorrecta, estos errores se conocen como *errores de transcripción*. Por ejemplo, el número de cliente 24589 se ingresa en el sistema como 24587. (El operador copió incorrectamente el último dígito.) Otro tipo común de error de transposición, es el cambio de posición de dos o más dígitos, lo que trae como resultado que el dato sea incorrecto. Puede decirse que ha ocurrido un error de transposición si, por ejemplo, el número de cliente 24589 ingresa al sistema como 24598.

Dado que la posibilidad de que estos errores se presenten es muy alta, se ha diseñado un método especial para ayudar a detectarlos durante el procesamiento por computadora. Este método, denominado *dígito de verificación,* añade un dígito más al dato que será utilizado con fines de identificación. El dígito de verificación se añade al número original *antes* que se haga uso de éste. En otras palabras, para utilizar dígitos de verificación con los números de cliente, se calcula el dígito y se suma al número de cliente, con lo que se obtiene un número de cinco dígitos, antes que sea asignado a cualquier cliente. En realidad, es necesario advertir a los usuarios del número sobre la inclusión del dígito de verificación.

Supóngase que se cuenta con un sistema donde los números de cliente tienen cuatro dígitos y se desea asignar dígitos de verificación.

Número de cliente:		2 4 5 8
Pesos:		5 4 3 2
Multiplicar los números por los pesos:		10 16 15 16
Sumar los resultados:		10 + 16 + 15 + 16 = 57
Dividir el número por el módulo:		57/11 = 5 con un residuo de 2
Sustraer el residuo del módulo:		11 − 2 = 9
Añadir el dígito de verificación al número original: ⟶		24589

FIGURA 9.16

Método de módulo 11 para la verificación de dígitos.

Por ejemplo, el número original de un cliente es 2548. Para determinar el dígito de verificación se utilizará la división modular; lo que interesa de esta división es el residuo más que el cociente y, por tanto, se emplea el primero para obtener el dígito de verificación. En este caso se escoge como divisor el número 11, número que es común en este método, de aquí el nombre de *módulo 11* para este método.

Primero se asigna un peso a cada dígito, comenzando con la posición menos significativa y utilizando valores desde 2 hasta 10 (si existen más dígitos se vuelve a comenzar con el 2). La figura 9.16 muestra los pesos 2,3,4 y 5 debajo de cada dígito correspondiente al número de cliente.

El siguiente paso es multiplicar los pesos por los números. Tal como lo indica la figura 9.16, estos productos dan como resultado 10, 16, 15 y 16. Después se suman dichos resultados, lo que en este ejemplo da un total de 57.

La suma se divide por el módulo 11, y se obtiene como resultado 5 y un residuo igual a 2. Después se sustrae el residuo 2 del módulo 11 y se obtiene como resultado 9. Este número es el dígito de verificación, el cual se vuelve parte permanente del número de cliente.

¿Cuál es la ayuda que proporciona este dígito para detectar los errores de transcripción o transposición? Como puede observarse, el procedimiento para obtener los dígitos de verificación es muy sencillo y siempre se siguen los mismos pasos. Por consiguiente, el procedimiento puede incluirse en forma sencilla como parte de un programa de computadora si el analista así lo desea. Supóngase que se incluye el procedimiento de verificación de dígitos de módulo 11 como parte de un programa que requiere del uso de números de cliente. La persona se encarga de introducir el dato en el sistema, pero por error escribe el número 24539. ¿Cómo encuentra el programa este error?

Cuando los datos ingresan para su procesamiento (ya sea en un lote o en forma directa en un sistema en línea), el programa lee los primeros cuatro dígitos del número de cliente, 2453. Entonces se lleva a cabo el proceso módulo 11, como se muestra en la figura 9.16. El resultado de multiplicar los dígitos y sumar los resultados es 47. Al realizar la división por 11, el residuo es 3 y al restarse de 11 el resultado es 8, que es el dígito de verificación. Cuando el programa compara este resultado con el dígito original, 9, detecta que éstos no son iguales y, por tanto, puede indicar que ha ocurrido un error.

Si bien los dígitos de verificación añaden un dígito más a los datos, mejoran la calidad de los datos que ingresan al sistema y ayudan a eliminar los errores de transcripción y transposición.

El analista de sistemas siempre debe suponer que serán enviados al sistema datos no válidos y, por tanto, debe desarrollar métodos para detectarlos con el propósito de que sea posible realizar las correcciones necesarias. Como ya se indicó en esta sección, los errores deben detectarse durante la entrada para evitar almacenar datos erróneos, tal como se señala en la historia con que inicia este capítulo. La figura 9.13 contiene un resumen de los métodos de validación para la entrada estudiados en esta sección.

Comentario al margen
Validación de entradas: actualización conforme cambian las necesidades

A menudo las aplicaciones de sistemas de información que tienen éxito se emplean durante mucho tiempo, en ocasiones más de 15 años. Como usted puede imaginar, durante ese lapso sufren cambios que en general añaden nuevas características que son necesarias para satisfacer las condiciones cambiantes de la empresa o las necesidades de los usuarios.

La validación de la entrada es una consideración importante cuando se diseña por primera vez la aplicación y es entonces cuando se le da la atención apropiada. Sin embargo, cuando las aplicaciones sufren cambios por el mantenimiento, algunos analistas no consideran importante dar el mismo nivel de atención a la validación de la entrada que cuando diseñaron por primera vez el sistema original. Usted puede imaginar la reacción de los usuarios: "Aquí tenemos un sistema que trabajaba muy bien hasta que solicitamos algunos cambios. Y ahora que ya se han hecho los cambios, también tenemos problemas. Procedimientos manuales que antes funcionaban correctamente, nos están causando problemas ahora que contamos con la nueva versión del sistema."

La moraleja de esta experiencia es simple. Los analistas deben dar la misma atención a la identificación de las necesidades de validación cuando los sistemas cambian por el mantenimiento como cuando los sistemas se desarrollan por primera vez. La importancia de la validación de la entrada nunca debe menospreciarse.

ELEVADORES OTIS
EN LÍNEA CON OTIS-LINE

De 1982 a 1985, el mercado de Elevadores Otis aumentó desde un 18% hasta un 24%, una ganancia que, de acuerdo con el presidente de la corporación, se debió casi totalmente a la utilización creativa de los sistemas de información.

Antes que Otis introdujera Otis-Line, un sistema de información, en su servicio de operaciones (el cual atiende los 90 000 elevadores Otis instalados en todos los Estados Unidos), el servicio que ofrecía era frustrante para sus clientes e ineficiente y costoso para la compañía. Los elevadores son susceptibles de sufrir fallas en forma intermitente. En el pasado, durante el tiempo que transcurría desde que se solicitaba el servicio hasta que los técnicos se presentaban a reparar la falla, la unidad ya estaba de nuevo en funcionamiento. En muchos casos, pasaban entre tres y cinco solicitudes de servicio antes de que el representante de servicio finalmente acudiera a resolver el problema.

UNITED TECHNOLOGIES OTIS ELEVATOR

Hoy, cada elevador Otis lleva una caja negra que vigila continuamente los miles de elementos que contiene cada unidad. Ahora, cuando se hace una llamada para solicitar servicio, el representante conecta una computadora personal a la caja negra y enlaza por vía telefónica ambas unidades directamente a las oficinas generales de la compañía en Hartford, Connecticut. Los datos son transmitidos de la caja negra a Hartford. En un tiempo no mayor de 10 minutos, Hartford regresa a la computadora personal un análisis que proporciona al representante de servicio un diagnóstico del problema y recomendaciones a seguir para resolverlo.

Esta clase de servicio rápido y eficiente no sólo significa clientes más contentos y, en consecuencia, un mayor número de ventas, sino que también disminuye en forma significativa los costos del servicio lo que trae consigo un aumento en las ganancias.

Además de tratar con reparaciones inmediatas, el sistema de información Otis-Line también revisa la historia del elevador que está siendo reparado y da instrucciones al representante de servicio para que verifique todos los elementos que han sido causa de problemas en el pasado. El acceso a esta información ayuda a los representantes de Otis a evitar muchas llamadas de solicitud de servicio.

Pero Otis-Line no se detiene aquí. El calendario de mantenimiento también está enlazado con el sistema. Un técnico que responda a la llamada de un cliente puede recibir información de que, por ejemplo, la unidad que está siendo reparada tiene también un contrato de mantenimiento mensual. Entonces el representante puede proporcionar el servicio y realizar la reparación con una sola llamada.

No contentos con esto, Otis está planeando implantar un sistema de autovigilancia que dará a cada caja negra la capacidad de detectar cuándo una unidad está comenzando a tener un problema. La caja negra será entonces capaz de conectarse con Otis-Line para notificar la información y que la empresa envíe un representante de servicio antes que ocurra la falla.

Otis-Line demuestra con esto la capacidad que tienen los sistemas de información para poner las operaciones de servicio bajo el control de la alta gerencia de las oficinas centrales, en lugar de depender de oficinas locales sobre las que la casa matriz tiene poco o ningún control directo. Esta consolidación del control y los excelentes resultados en la uniformidad y eficiencia del servicio han dado como resultado un mayor mercado para Otis. Otis tipifica la clase de transformación que la tecnología de la información está creando en las estructuras de control a nivel gerencial, mejorando con esto la participación de la alta gerencia y su influencia correcta en el momento en que se entra en contacto con el cliente.

RESUMEN

El diseño de la entrada especifica cómo deben ingresar los datos en *sistemas por lote* o *en línea* para su procesamiento. Las especificaciones también incluyen métodos para capturar los datos y validar su exactitud. Los objetivos globales del diseño de la entrada son minimizar la cantidad de datos en ésta mientras que al mismo tiempo se tiene el control de los errores y retrasos. Un diseño efectivo también evita pasos adicionales en la entrada y asegura que todo el proceso sea lo más sencillo posible para los usuarios y para el personal encargado de ingresar los datos. Los datos que son capturados sólo deben incluir los aspectos que cambian de una transacción a otra, incluyendo la *identificación de los datos (llaves)*. No se deben especificar datos que el sistema pueda calcular o recuperar de un medio de almacenamiento.

El *documento fuente* juega un papel importante en todo el proceso de entrada de datos, ya que se emplea para la captura inicial de éstos. La selección cuidadosa de los *métodos de codificación* para identificar *clases, funciones, secuencias o subconjuntos* de datos (*dígitos significativos*), simplifica aún más la preparación de los datos. Los *códigos nemónicos* mejoran la comunicación visual del valor de los datos.

Existen varios métodos para la captura de datos, los que dependen del modo de procesamiento y el uso del documento fuente. Con algunos métodos, tales como aquellos que emplean dispositivos teclado-almacenamiento o lectoras ópticas de caracteres, los documentos fuente siempre se utilizan para recopilar los datos que más adelante se convertirán en la entrada del sistema. Sin embargo, si en este momento de la transacción se emplean terminales inteligentes entonces tal vez se pueda especificar la entrada directa de los datos. Con el *procesamiento diferido en línea,* la entrada y validación ocurre en línea pero las transacciones son colocadas en un lote y procesadas después, *fuera de línea.*

Sin importar cuál sea el modo de procesamiento o el método utilizado para la entrada de datos, éstos deben ser correctos. Para ello, se emplean tres métodos para la *validación de la entrada.* Al verificar la transacción, los métodos de validación certifican que ésta sea correcta y completa. Si se preparan grupos de transacciones para su procesamiento, entonces se pueden utilizar controles de lote para asegurar que no se pierdan datos y que todo registro ingrese al sistema en forma apropiada. Las pruebas de secuencia y completez verifican que el orden sea el correcto y que no falte ningún dato. El segundo método verifica los datos contenidos en cada transacción para asegurar que éstos se encuentran presentes, tienen valores razonables y se hallan dentro de los límites permitidos, además de ser consistentes con los demás datos de la transacción. Un tercer camino para validar los datos utiliza la corrección automática y la adición de dígitos de verificación (*Módulo 11*) en los campos llave. Todos los métodos tienen la finalidad de encontrar los errores antes que los datos sean procesados y almacenados.

El siguiente capítulo examina los aspectos que el analista debe considerar en el diseño de ambientes en línea, incluyendo el diálogo que se presenta entre el usuario y el sistema.

PREGUNTAS DE REPASO

1. ¿Qué objetivos sirven de guía para el diseño de la entrada? Describa con brevedad cada uno de ellos.
2. Describa los datos que siempre forman parte de la entrada a un sistema. ¿Qué datos *no* forman parte ordinaria de la entrada?
3. "Si una forma está bien diseñada, entonces usted no la notará." Discuta el significado de esta afirmación. Haga una lista de todos los lineamientos que el analista debe seguir cuando diseña documentos fuente. ¿Cuáles son los pasos que se deben seguir en el diseño de documentos fuente?
4. ¿Cuáles son los espaciamientos que se sugiere utilizar en documentos fuente que deben llenarse ya sea a mano o con máquina de escribir?
5. ¿Qué son los métodos de codificación? ¿Cuál es su finalidad? Explique los diferentes tipos de métodos de codificación.
6. Explique los métodos de captura e ingreso de datos. ¿Cuáles son las ventajas y desventajas de cada uno de ellos? ¿Cuáles se emplean en el procesamiento por lotes y cuáles en el procesamiento en línea?
7. ¿Por qué es importante validar los datos durante la entrada? ¿Qué métodos existen para realizar esta tarea? Explique en forma breve cada uno de ellos.
8. Explique los siguientes términos: tamaño del lote, total del lote, conteo del lote. ¿Qué garantías ofrece cada uno de ellos tanto al analista como a los usuarios interesados en la confiabilidad de la entrada?
9. ¿Qué diferencia existe entre la validación de un dato y la de una transacción? ¿Qué métodos se emplean para cada uno de ellos? Explique cada método.
10. ¿Qué son los errores de transcripción?, ¿los de transposición? ¿Qué características deben incluir los analistas en el diseño de la entrada para detectar los errores? Explique cómo se pueden detectar los errores.
11. ¿Existen diferencias entre el diseño de la entrada para sistemas en línea y el correspondiente a ambientes por lote?

PROBLEMAS DE APLICACIÓN

1. Los sistemas de recepción de pedidos que dependen de terminales de computadora para dar entrada a los datos, son cada vez más comunes en las empresas. Al usar las terminales, los operadores proporcionan los datos y el sistema recupera los detalles necesarios del cliente junto con información sobre precios.

   En Roberto's, una compañía muy grande que distribuye muchos productos, la gerencia está planeando reemplazar su sistema de precios (en el cual todos los compradores pagan el mismo precio) con un nuevo sistema. La compañía permitirá que los vendedores ofrezcan precios especiales cada vez que ellos consideren necesario hacer un descuento para lograr la venta. Sin embargo, los vendedores deben acatar las siguientes disposiciones establecidas por la gerencia:

- Los precios especiales no pueden exceder más de un 15% del precio de lista sin autorización previa de la gerencia (cuando se otorgan estas autorizaciones, se debe asentar el nombre de la persona que autorizó el descuento).
- Para clientes específicos los precios especiales pueden ser autorizados por una sola vez o en forma permanente.
- La gerencia debe ser informada cuando se autorice en forma permanente un precio especial.

Salvo por el manejo de precios especiales, la información requerida por el sistema para cada cliente es la siguiente:

1.	Número de cuenta del cliente	(8 dígitos)
2.	Nombre del cliente	(24 caracteres)
3.	Dirección de envío	(24 caracteres)
4.	Ciudad	(16 caracteres)
5.	Estado	(16 caracteres)
6.	Código postal	(9 caracteres)
7.	Número telefónico	(10 dígitos)
8.	Representante de ventas	(12 caracteres)
9.	Número de artículo	(12 caracteres)
10.	Descripción del artículo	(24 caracteres)
11.	Precio normal	(9 dígitos, 2 decimales)
12.	Precio especial	(9 dígitos, 2 decimales)
13.	Cantidad	(3 dígitos)
14.	Costo total (precio × cantidad)	(9 dígitos, 2 decimales)

a. Desarrolle un formato de pantalla que muestre toda la información apropiada, incluyendo los datos del pedido.
b. Identifique todos los datos que requieran de validación. Indique la razón y naturaleza de la validación recomendada.
c. ¿Qué datos sobre la pantalla deben ser recuperados por el sistema o calculados en forma automática? Explique su respuesta.
d. Describa las características que debe tener la pantalla para manejar los requerimientos de los precios especiales.
e. ¿Cómo informaría usted a la gerencia cuando se ha realizado una autorización permanente para un precio especial? ¿Cuándo los precios especiales tienen un monto que rebasa el 15% autorizado por la gerencia?
f. ¿Qué formas de realce utilizaría usted sobre el diseño de la pantalla y por qué?

2. Una organización planea utilizar estaciones teclado-disco para ingresar datos en su nuevo sistema. La velocidad promedio del operador es de 7500 caracteres por hora. La siguiente tabla muestra cuatro tipos diferentes de transacciones para las que deben prepararse los datos:

ACTIVIDAD	NÚMERO DE TRANSACCIONES (POR SEMANA)	LONGITUD PROMEDIO DE CADA TRANSACCIÓN (CARACTERES)
Pedidos	15,000	90
Mantenimiento del archivo de clientes	8,000	40
Archivo de nuevos clientes	2,500	600
Transacciones del inventario	45,000	125

En una jornada normal de trabajo, se tienen aproximadamente seis horas para las actividades de entrada de datos.

  a. Si se desea tener un factor de seguridad del 25% para estar en posibilidad de absorber las sobrecargas de trabajo, ¿cuántas estaciones de trabajo deberán adquirirse?

  b. Si el salario promedio junto con los beneficios en costos del operador totaliza 8.50 dólares por hora, ¿cuál es el costo por semana que tienen las operaciones de entrada de datos (sin incluir el costo del equipo)?

3. Un sistema de registros médicos utilizará el procesamiento por lotes para mantener la información de los pacientes, incluyendo su nombre, dirección y cobertura del seguro médico. También se anotará en una sección especial de cada registro médico, las alergias y reacciones a medicamentos específicos.

  Cada paciente tiene un número único de identificación que se emplea en todos sus registros. Si el paciente es un niño o la esposa, el registro también muestra un segundo número que corresponde al de la persona responsable del pago de la cuenta del paciente.

  Los pacientes pueden tener muchos tipos de cobertura, incluyendo seguros médicos privados, *Medicare, Medicaid,* compensación de su trabajo y seguro de automóvil (daño personal). Para cada paciente el registro debe mostrar ya sea un código de seguro para cada uno de estos tipos de cobertura o un código específico que indique que el paciente no tiene seguro que cubra sus gastos. (El registro también proporciona espacio para indicar una segunda forma de cobertura para aquellas personas que la tengan.)

  Cada vez que los pacientes reciben atención médica, se crea una transacción que identifica quién recibió el tratamiento, cuál fue éste y la fecha en que le fue proporcionado. Esta información será trasladada de notas escritas a mano, realizadas por la enfermera o el médico, a un registro en el sistema. Es importante que ninguna transacción se pierda, ya que los registros médicos deben ser exactos.

  a. Indique los datos que usted crea que deben incluirse en el registro (con base en la información proporcionada anteriormente). Asegúrese de incluir toda la información de control necesaria. (Indique también la longitud que crea necesaria para cada uno de los campos que usted propone.)

  b. Desarrolle métodos para la codificación de los datos que sean apropiados para la situación descrita. Indique tanto los códigos como su significado. Explique por qué recomienda la codificación.

  c. Indique en qué campos es necesaria la validación y el tipo de validación que debe utilizarse.

4. Un banco en Miami está desarrollando un sistema en línea para acelerar el procesamiento de las transacciones. Se utilizarán dos tipos de terminales. Una de ellas es una terminal especial que utilizará el cajero para ingresar datos sobre las operaciones de depósito y retiro de los clientes que llegan a la ventanilla.

  El otro tipo de terminal será un dispositivo de punto de venta (localizado en los centros comerciales y las oficinas del banco) que los clientes pueden utilizar para retirar dinero de sus cuentas. Para usar esta terminal, el cliente debe insertar una tarjeta bancaria especial que contiene información grabada sobre la cinta magnética que se encuentra en la parte trasera de la tarjeta. El cliente también tiene que proporcionar un número secreto de identificación, utilizando para ello un teclado similar al de una calculadora ubicado en la parte frontal de la terminal. Cuando la transacción esté completa, el cliente recibe el efectivo solicitado junto con un comprobante de la transacción.

A usted se le pide que desarrolle las especificaciones de entrada para el nuevo sistema. Para cada transacción, ¿qué información requeriría usted que fuese validada? ¿Qué información almacenaría usted de cada transacción? Proporcione ejemplos para explicar sus respuestas.

BIBLIOGRAFÍA

FITZGERALD, G.: *Designing Controls into Computerized Systems*, Redwood City. CA: Jerry Fitzgerald and Associates, 1981.

WELBURN, T.: *Advanced Structured COBOL*, Palo Alto, Ca: Mayfield, 1983.

YOURDON, E.: *Design of On-Line Computer Systems*, Englewood Cliffs, NJ: Prentice-Hall, 1978.

10. Diseño del diálogo en línea

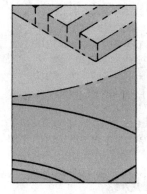

Naturaleza secundaria

Tom Wilson, un analista recién contratado, escuchaba con interés a su jefe, Lee Kowalski, el principal analista de sistemas de la firma, analizar la filosofía del diseño para el diálogo del sistema en línea que manejaba la compañía.

"Tom, cuando tengas más experiencia como analista de sistemas, verás cada vez más analogías entre los sistemas que diseñes y las actividades cotidianas en las que estén involucrados los usuarios y demás personal en una organización."

"Cuando manejaba hacia la oficina en la mañana, pensaba en la serie de acciones que realicé para encender mi coche. El hecho de alcanzar la manija de la puerta para abrirla es de naturaleza secundaria. Me senté sin siquiera pensar qué estaba haciendo. Mis pies saben el lugar justo donde encontrar los pedales y mi mano derecha pone la llave en la ignición mientras que mi mano izquierda pone el seguro de la puerta. Al darle vuelta a la llave en la ignición para encender el motor, por instinto mi pie oprime el acelerador lo suficiente como para darle al motor la cantidad exacta de gasolina. A menos que exista un problema con el motor, siempre se enciende. Difícilmente pienso en lo que estoy haciendo porque estoy muy familiarizado con la operación. Todo esto es de naturaleza secundaria."

"¿Quisiéramos que el diseño de la interfase para este sistema tuviera las mismas características?", preguntó Lee al miembro más nuevo de la firma.

"No estoy seguro de lo que me estás preguntando", dijo titubeando Tom. "¿Qué quieres decir con 'las mismas características'?"

"Lo que deseo decir es, ¿si quisiéramos que los usuarios fueran capaces de manejar el sistema por instinto? o bien ¿quisiéramos que tuvieran que pensar en forma deliberada cada paso que dieran?"

"Ninguna de las dos", replicó Tom. Deseariamos asegurarnos de que los usuarios son lo suficientemente conscientes de lo que hacen, de forma que no descompongan el sistema o pierdan datos. Pero por otro lado, no queremos que trabajen arduamente al usar el sistema, lo cual haga que lo eviten. El diálogo que diseñemos debe tener un buen balance entre los dos extremos."

Lee pareció complacido con la respuesta de Tom. "Exactamente, Tom. Y tenemos que construir ese balance en cada uno de los sistemas que diseñemos. El diseño no sólo debe ajustarse a la aplicación y a los usuarios; debe ser tan aceptable para los novatos de esta organización como para los usuarios experimentados. Independientemente de la experiencia de los usuarios, la interfase presenta la diferencia en el hecho de qué tan efectivos serán los usuarios al usar el sistema y en la incidencia de errores que cometen. Tenemos que construir características que garanticen los resultados correctos para los usuarios y para todo aquel que sea afectado por el sistema, incluyendo a la dirección."

"¡Quieres decir que tenemos que diseñar un sistema que los haga ver bien!", interpuso Tom.

"Cierto. Pero ése es nuestro trabajo. Juzgarán al sistema más por lo que ven que por lo que hace por ellos. No podemos esperar que tengan la misma apreciación que nosotros por los miles de detalles técnicos que están dentro de él. Así, ¿cómo vamos a diseñar una interfase para un sistema que permita a los usuarios saber qué hacer (como si fuera en forma instintiva)? De tal manera que el sistema sea cada vez más cómodo para ellos mientras más lo utilicen (como un automóvil). Y al mismo tiempo, ¿cómo garantizamos que, en caso necesario, los usuarios tengan que detenerse y pensar una acción y sus posibles consecuencias? ¿Cómo hacemos eso, Tom?"

"No tengo todos los detalles todavía", dijo Tom. "Pero sé que la gente que utiliza el sistema difícilmente es consciente de que existe un sistema. Rara vez serán conscientes incluso de que utilizan una computadora. Así es como se supone que debería ser de fácil el flujo del diálogo entre el usuario y el sistema."

"Tienes razón. Ese flujo fácil (o su carencia) depende casi totalmente de cómo diseñemos el diálogo".

"Bien", señaló Tom a otro analista después de que su jefe dejó la oficina, "creo que capté el mensaje. Todo lo que debemos hacer es diseñar una interfase que haga sentir a los usuarios que el introducir datos, iniciar las acciones correctas y evitar los errores serios, son procesos sencillos".

La mayoría de las aplicaciones de sistemas de información desarrolladas hoy en día en las organizaciones utilizan métodos en línea, en donde el usuario interactúa de forma directa con el sistema de cómputo por medio de una estación de trabajo o dispositivo similar. En efecto, el usuario y el sistema llevan a cabo una conversación: uno incita una acción del otro por medio del diálogo. La naturaleza de las insinuaciones y las respuestas determina qué tan suave y espontánea es la forma en la que se desarrolla la conversación. Este capítulo analiza el diseño de conversaciones en línea y examina las decisiones que debe tomar un analista en torno a la interfase y al diálogo cuando diseña un sistema en línea.

Debido a que el espacio en la pantalla del monitor es muy valioso, enfatizaremos los criterios de manejo de pantalla. Cuando usted termine el capítulo, sabrá cómo diseñar conversaciones en línea y comprenderá los tipos de interfases con los usuarios. En primer lugar, veremos cómo difieren los sistemas en línea de las aplicaciones por lotes.

¿EN QUÉ DIFIERE UN SISTEMA EN LÍNEA?

En contraste con las aplicaciones en lote, las características de los sistemas en línea son (1) la respuesta inmediata a las solicitudes del usuario, (2) demanda poco predecible y (3) contacto directo entre la computadora y el usuario.

Respuesta inmediata a las solicitudes del usuario

El usuario introduce un comando, en cualquier forma, por medio de una terminal en línea y siempre recibe una respuesta: agradecimiento de la entrada, un mensaje de error, una señal de que el procesamiento ha comenzado o la presentación de la información solicitada. A diferencia de los sistemas por lote, en los sistemas en línea el retraso entre la solicitud y la respuesta no debe ser sustancial. Por supuesto, el hecho de que la respuesta sea la esperada depende de la naturaleza de la entrada y las posibilidades del sistema.

Consideremos una analogía. Las diferencias entre enviar una carta y hacer una llamada telefónica son comparables con las diferencias entre el diálogo por lotes y en línea. Cuando usted envía una carta, existe un retraso entre el tiempo de su envío y el tiempo en que se recibe una respuesta (en la forma que sea). De hecho, es posible que usted ni siquiera sepa si la carta llegó a su destino o la respuesta que produjo. Sumado a esta incertidumbre se encuentra el hecho de que el correo se recoge periódicamente, en lotes, por lo que no es posible que la carta comience su recorrido en el momento exacto que usted desee. Estas características distinguen el procesamiento por lotes.

El trabajo con un sistema en línea es análogo al de hacer una llamada por teléfono: usted hace la llamada cuando lo desea, sin retraso y además su transacción se procesa. La respuesta inmediata puede ser una señal de ocupado, un mensaje de error (tal como "el número ya no está en servicio" o "verifique el número y llame de nuevo"), o la conexión con la persona cuyo número marcó. Cuando usted utiliza el teléfono, existen ciertas reglas que debe seguir para usarlo correctamente. Entre éstas se encuentra el uso del dispositivo en la forma apropiada (en contraste con el envío de una carta, para la cual se requiere únicamente cualquier hoja de papel, sobre y ponerle una estampilla).

Demanda poco predecible

La recepción de llamadas telefónicas, igual que las transacciones en línea son impredecibles. Pueden hacerse en distintos momentos y se deben responder en forma inmediata. En contraste, la recepción o llegada de lotes por correo, se puede predecir, ya que es usual que estas actividades ocurran aproximadamente en los mismos momentos de cada día. La llegada del correo se maneja de acuerdo a un procedimiento preestablecido, aunque ocurren excepciones cuando el correo tiene la dirección equivocada o cuando se entregan paquetes pesados.

Las transacciones en línea, como las llamadas telefónicas, siguen un procedimiento estándar para su aceptación y, subsecuentemente, para las secuencias rutinarias de procesamiento, según la naturaleza de la transacción. Sin embargo, sólo podemos estimar la frecuencia de ciertos tipos de transacciones.

Contacto directo entre sistema y usuario

Los sistemas en línea no acumulan a los usuarios del sistema; los sistemas por lotes sí. El usuario opera la terminal u otro dispositivo de entrada/salida para enviar y recibir información. Por consiguiente, el diseño de la interfase se vuelve de extrema importancia por ser la base para el contacto directo. La apariencia del sistema y su uso afectan de forma drástica el hecho de que el contacto directo impida o apoye el resultado deseado.

Un segundo resultado igualmente importante del contacto directo es la creciente necesidad de proporcionar seguridad e integridad al sistema. El procesamiento por lotes ofrece mayores oportunidades para el control, tales como separar el originador y el procesador de una transacción o autorizar y validar lotes individuales. Estas oportunidades no están disponibles en el procesamiento en línea. En consecuencia, el analista debe incorporar los siguientes niveles de seguridad en un diseño en línea: acceso controlado a las instalaciones, seguridad garantizada de los datos, captura automática de pruebas de auditoría y autorización de cada usuario individual para un tipo específico de transacción.

En tercer lugar, los sistemas en línea se integran típicamente con las operaciones a las que apoyan y se vuelven parte de la actividad misma. Por ejemplo, un agente de boletos en una línea aérea utiliza la computadora como parte integral de la revisión de la programación de vuelos, almacenamiento de reservaciones y aceptación de la asignación de asientos. La falla del sistema por la razón que sea (fallas de la computadora, fallas de líneas telefónicas o terminales inoperantes) puede detener todo el proceso de reservación. Así, al diseñar estos tipos de sistemas en línea, los analistas integran características especiales para prevenir la falla del sistema y pérdida de datos. La necesidad de tales características es crítica en un ambiente en línea.

TABLA 10.1 Componentes de las conversaciones en línea

Conversación

Serie de intercambios entre el usuario y el sistema que, al unirse, cumplen un objetivo de
procesamiento
Un intercambio consta de una entrada y una respuesta o una serie de respuestas

Diálogo

Los pasajes, mensajes, inducciones y respuestas utilizadas para llevar a cabo una conversación
entre el sistema y el usuario
La estrategia de diálogo determina la información a introducir y la forma en que se hacen
las respuestas

Entrada

La información proporcionada por los usuarios para solicitar una acción que inicie una
respuesta por parte del sistema

Respuesta

Un mensaje, inducción o actividad de procesamiento que sea el resultado de una entrada
proporcionada por el usuario

Conviene recordar estas distinciones en el análisis de las conversaciones en línea, que a continuación se presenta.

¿QUÉ ES UNA INTERFASE?

Una *interfase* es la frontera entre el usuario y la aplicación del sistema de cómputo (el punto donde la computadora y el individuo interactúan). Sus características influyen en la eficiencia del usuario, al igual que en la frecuencia de errores cuando se introducen datos o instrucciones.

Propósito de la interfase

El objetivo del analista de sistemas es diseñar una interfase que cumpla con los siguientes objetivos:

- *Decir al sistema las acciones a realizar*
  Seleccionar las acciones de procesamiento; introducir, cambiar o recuperar datos; moverse entre las funciones del sistema
- *Facilitar el uso del sistema*
  Permitir que los usuarios lleven a cabo acciones o actividades de procesamiento de manera eficiente, de tal forma que perciban

como natural y razonable el hecho de solicitar y desarrollar actividades; incluye el uso de los métodos para que éstos no se vuelvan tediosos o inaceptables para los usuarios experimentados que ya están familiarizados con el sistema, pero asimismo deben facilitar el uso eficiente a los usuarios novatos

- *Evitar los errores del usuario*
Prevenir la realización de acciones que produzcan un error de procesamiento o la interrupción de las operaciones esperadas del sistema.

Con frecuencia, los analistas consideran la interfase como una ventana hacia el sistema que permite visualizar una parte de todo el sistema. Los usuarios, por el contrario, tienden a ver a la interfase como todo *el sistema*. Su experiencia con la interfase forma la base de su juicio de las características del sistema. Podrían tener poca apreciación por los detalles internos y técnicos invisibles para ellos o la elegancia del código de computadora, como lo señaló el analista principal en el ejemplo al principio de este capítulo. Si la interfase no permite la captura fácil de los datos o la iniciación de acciones, con sencillez y sin el riesgo de cometer errores serios, no podemos esperar que los usuarios y demás afectados por el sistema lo juzguen aceptable.

Características de la interfase

Las características de la interfase en los sistemas en línea incluyen los dispositivos utilizados para introducir y recibir datos, el *diálogo* (Tabla 10.1), que incita y guía a los usuarios y los métodos y patrones que se siguen al mostrar la información.

Los dispositivos comunes de interfase en los sistemas en línea son el teclado, ratón, pluma óptica, scanner, pantalla sensible al tacto o a la voz.

El diálogo conduce a la interacción entre el sistema y el usuario. El diseño particular influye en el detalle que uno debe especificar y la forma en que se articula. Un diálogo pobre puede disminuir las características de los mejores dispositivos de interfase, pero el diálogo correcto puede hacer que la frontera entre usuario y sistema parezca inexistente.

Los usuarios también reaccionan a la manera en que la información se organiza para mostrarse en un sistema en línea. La forma en que se estructura el área física de un monitor, así como los métodos particulares para destacar y señalar datos pueden mejorar la posibilidad de lectura de la información mostrada.

Las secciones siguientes analizan las alternativas para el diseño de cada componente de la interfase, comenzando con las estrategias del diálogo.

Comentario al margen
Dispositivos de interfase

Observe el interés que ha despertado la entrada por medio de la voz en los sistemas de cómputo. Están surgiendo la tecnología y la comprensión necesarias para hacer posible este método de interfase. Hasta este momento, un sistema de tipo de red principal ha podido procesar una entrada por medio de voces, utilizando un vocabulario de 5000 palabras (la persona promedio tiene un vocabulario de 20 000 palabras).

Es probable que se adopten primero las aplicaciones que deben manejarse mediante el uso de una palabra o frases cortas (en áreas tales como control de maquinaria en fábricas, manejo de equipaje en aeropuertos y acciones de emergencia en los aviones, incluyendo situaciones de comando y control).

Son menos probables las aplicaciones en el marco de una oficina. Después de todo, ¿cuánta gente de las empresas desearía sentarse en sus oficinas y hablarle a sus computadoras? Por otro lado, algunos podrían apreciar la posibilidad de "dictar" un memorándum y tenerlo tipografiado de inmediato, cuidando automáticamente cualquier problema gramatical o de ortografía.

Acciones que se llevan a cabo en la interfase

Se llevan a cabo tres tipos de acciones en la interfase del sistema. Los usuarios le dicen al sistema qué páginas de información mostrar o cómo moverse entre las distintas funciones. A esto le llamamos *navegación*. Además, la interfase incluye características que permiten a los usuarios señalar al sistema qué funciones de procesamiento deben llevarse a cabo. En tercer lugar, los mensajes recibidos mediante la interfase informan al usuario de las acciones y respuestas del sistema. Todas estas actividades son necesarias y las características de diseño de un sistema pueden disminuir su desempeño.

Navegación
En un sistema manual de reportes y documentos, los usuarios pueden ver cómo saltarse la información que tienen ante ellos. Por ejemplo, saben que para empezar a revisar un reporte extenso, simplemente deben abrir la carpeta. Para ver la siguiente página del reporte, sólo necesitan darle vuelta a la hoja. También pueden saber cuándo están al principio del reporte, cerca del final o en algún punto intermedio.

Estas acciones, que parecen obvias en un sistema manual, adquieren importancia adicional en una aplicación basada en una computadora. Debido a que la pantalla del monitor presenta únicamente una página de información a la vez, el analista debe mantener informado

WALDENBOOKS:
GANANCIAS EN EL REORDENAMIENTO ELECTRÓNICO

Antes de que los sistemas computarizados de control de inventarios fueran utilizados por los vendedores de libros, muchos de ellos en realidad no tenían idea de lo que eran sus inventarios. Un ejemplo de esto era el que una de las principales cadenas nacionales que seguía comprando libros a las editoriales, no se daba cuenta de que ya tenía esos libros en el almacén. No tenían control sobre su inventario, lo cual provocó el desconocimiento de la mercancía en la empresa.

Waldenbooks es el líder en el mercado. Es el vendedor de libros más grande en los Estados Unidos con un millar de tiendas en los 50 estados e ingresos netos que exceden de los 500 millones de dólares al año. Gran parte de este éxito se puede atribuir al uso de los sistemas de información por parte de la compañía.

El sistema de control de inventario de Waldenbooks utiliza una red para capturar datos desde las terminales de sus tiendas por la noche, rastreando entonces las ventas individuales de libros diariamente. Además de monitorear las ventas, el sistema reordena en forma automática cerca de la mitad de los libros adquiridos por cada tienda.

Esta faceta particular del sistema de información es crucial para las ganancias de la compañía. La compra directa a la editorial da a la tienda un 60% de descuento del precio al menudeo. Si la tienda compra el mismo libro de un vendedor local, el descuento es únicamente del 40%. Si las ventas de un libro particular se llevan a cabo muy rápidamente, la tienda podría verse forzada a solicitarlos del vendedor local para obtener una entrega rápida y satisfacer la demanda. Sin embargo, en tal caso, el margen de ganancia se reduce a la tercera parte.

Mantener un control total sobre un inventario de cerca de 20 000 libros por tienda es muy caro. Por lo tanto, el sistema de información ignora los libros que se venden en una forma lenta pero constante, los cuales por lo común son clásicos como *Moby Dick, La guerra y la paz* y *David Copperfield*.

La acción en el negocio de los libros se desenvuelve en torno a los libros nuevos (un área de productos pasajeros e impredecibles). Solicitar títulos nuevos y no probados es una cuestión de intuición para el comprador de libros. Por ejemplo, es casi imposible evaluar si una nueva obra de suspenso de Stephen King venderá 300 000 o 600 000 copias.

En tales casos, el sistema computarizado de control de inventario de Waldenbooks, con sus reportes diarios de todo el millar de sucursales, ayuda a garantizar que una oferta adecuada —adquirida con el 60% de descuento de la editorial— fluya hacia las tiendas en los números necesarios para satisfacer la demanda.

A pesar del éxito de los sistemas de información, que literalmente han revolucionado el negocio de la venta de libros, Waldenbooks está muy lejos de quedar satisfecho con su flujo actual de los datos. Existen planes para hacer disponibles más datos en el futuro. Por ejemplo, la compañía quiere hacer posible que sus compradores accesen las cifras de ventas de todos los títulos en una sola categoría. Por el momento, estos datos están disponibles en papel, pero eso no es suficientemente rápido.

El negocio de venta de libros se ha vuelto tan competitivo que las tiendas de hoy no guardan ninguna remembranza al estereotipo victoriano de una librería lenta, atiborrada y polvosa. Además, la competencia continua garantiza que habrá futuros cambios e innovaciones en los sistemas de información de Waldenbooks.

al usuario acerca de qué página se está mostrando y cuándo cambiar a otras páginas.

En todo momento, los usuarios deben saber o ser capaces de encontrar lo que hay que hacer después y qué acciones son válidas. Póngase usted mismo en el lugar de un usuario de la computadora que examina una pantalla llena con información en una nueva aplicación. He aquí algunas de las preguntas que usted podría formular:

- ¿Dónde estoy en el sistema?
- ¿Adónde puedo ir dentro del sistema?
- ¿Cómo llego al principio?
- ¿Cómo me muevo hacia atrás?
- ¿Cómo cancelo el efecto de mi última acción?
- ¿Cómo corrijo mi error?
- ¿Cómo puedo detener la acción de procesamiento que acaba de comenzar?

Usted puede añadir otras preguntas, pero el punto es que las respuestas a estas preguntas no son tan obvias en un sistema en línea como lo son en un sistema manual.

Tenga en mente un principio fundamental en el diseño de sistemas de información por computadora: si el sistema está bien diseñado, es difícil que los usuarios estén conscientes de que realmente existe un sistema, punto enfatizado en el ejemplo del principio de este capítulo. Las acciones que realicen les parecerán normales y cómodas, y se pueden llevar a cabo pensando poco, es tan mínimo el esfuerzo que no tienen conciencia de que están utilizando una computadora.

Acciones de procesamiento

En nuestro diseño, debemos incluir las formas para que el usuario sepa cómo realizar cada una de las siguientes acciones:

- *Captura de datos*
  La captura de datos, la cual utiliza cualquiera de los varios métodos de captura de datos, incluye una descripción de cada campo y su posición en la pantalla. El sistema debe mostrar al usuario qué campo se está alimentando.
- *Edición de datos*
  Cambiar el valor de un campo capturado previamente. El sistema debe indicar qué campo en la pantalla está en modo de edición —es decir, si se pueden cambiar— en cierto momento
- *Almacenamiento de datos*
  La transferencia de datos desde el área de captura hasta el almacenamiento, usualmente en dispositivos de almacenamiento secundario tales como el disco magnético, diskettes o cinta
- *Recuperación de datos*
  La especificación de datos o registros que se tienen que localizar y

recuperar del almacenamiento para mostrarlos, editarlos o producir una salida.

Como veremos, podemos combinar las características de los menús con las necesidades de navegación para llenar los requerimientos del usuario.

Recepción de mensajes

Una parte importante de la interfase es la comunicación de mensajes entre el sistema y el usuario. Las personas desean saber cuándo iniciar o tomar acciones, el estado de ciertos eventos y actividades, y cuándo se ha terminado una tarea. Por supuesto, también necesitan saber cuándo ocurren errores e interrupciones de procesamiento. Estos mensajes son esenciales para el diseño de los buenos sistemas, tanto como la distribución de una pantalla.

La naturaleza de las acciones que ocurren en la interfase (navegación a través de un sistema, elección de acciones de procesamiento y uso de mensajes) dependerá de la estrategia de diálogo que elija el analista al diseñar la aplicación.

DISEÑO DEL DIÁLOGO

Un diálogo es la forma en la que el usuario interactúa con el sistema de cómputo y con la aplicación. Sus características no sólo determinan lo "amigable" del sistema, sino que también influyen en la decisión de una persona de usar el sistema. La experiencia ha mostrado que si un sistema es difícil de usar debido al diálogo, los usuarios tenderán a evitar el sistema, *aunque pudieran ser más productivos* si lo usaran.

Diagramas para diálogos

Es frecuente que los analistas muestren las actividades de un sistema de información bajo la forma de ilustraciones gráficas. Los *diagramas para diálogos,* como se les llama, presentan las secuencias de actividades que se pueden llevar a cabo en un sistema y también cómo iniciar las acciones. Por otro lado, muestra cómo puede salirse un usuario (es decir, interrumpir) de una actividad. En cierto sentido, se podría decir que el diagrama para diálogos es un mapa de carreteras a través del sistema.

La figura 10.1 muestra la parte de un diagrama de diálogos para un sistema de manejo de inventarios. Por ejemplo, vemos que se pueden llamar desde el menú principal a cinco procesos: ajuste de inventario, introducción de información sobre un artículo, introducción de la información del vendedor, elección de reportes y mantenimiento del sistema.

Por convención, las funciones de procesamiento se muestran en

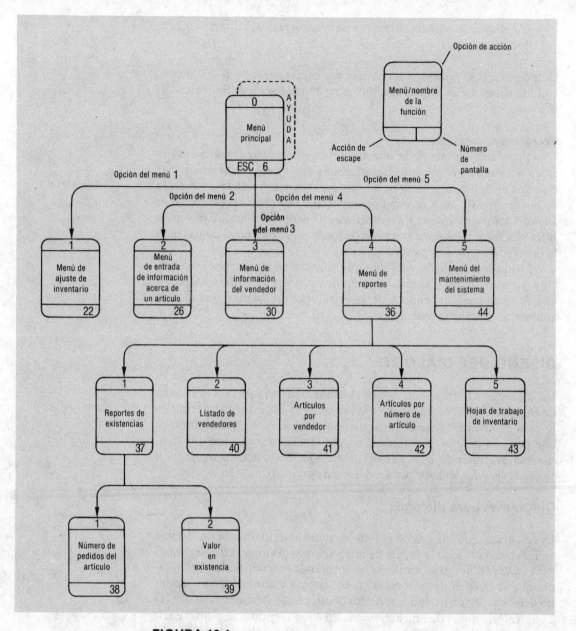

FIGURA 10.1
Diagrama de diálogo para el sistema de manejo de inventario.

rectángulos que incluyen el nombre de la función. Cada función está ligada a funciones de niveles superiores e inferiores mediante una flecha con el nombre de la opción elegida en el nivel superior. Por ejemplo, desde el nivel del menú principal, el procesamiento para ajustar el inventario es la opción 1; introducción de información acerca del artículo es la opción 2, etc. (El analista debe conocer cuál será la elección del usuario entre estas opciones, elección que se analizará en la siguiente sección del capítulo.)

Las abreviaturas son deseadas con frecuencia, debido a que permiten al usuario moverse rápidamente de un nivel a otro o interrumpir el procesamiento. Los escapes, nombre con el que se conocen las abreviaturas, se planean por el analista conjuntamente con el diseño del diálogo. El diagrama del diálogo muestra el escape en la esquina inferior izquierda del rectángulo. Por ejemplo, como se ve en la figura 10.1, para escapar del menú de ajuste de inventarios hacia el menú principal de la aplicación, el usuario puede oprimir la tecla de escape en el teclado de la estación de trabajo.

Puesto que el diagrama de diálogo se utilizará en todo el diseño del sistema, es útil incluir una copia del diagrama en la documentación del sistema. La esquina inferior derecha de cada símbolo enlista el número de formato de distribución. El formato 22 corresponde a la función de ajuste de inventario, como se muestra en la figura 10.1.

Es frecuente que los analistas de sistemas incluyan características de ayuda al usuario en la forma de "pantallas de ayuda", las que se analizan con más detalle en otra parte del capítulo. En general, las pantallas de ayuda permanecen detrás de la escena hasta que se necesiten. Al ser llamadas, utilizan toda o parte de la pantalla para proporcionar información sobre cómo utilizar cierta función o iniciar una acción particular. Al planear un diálogo en línea que incluya *funciones de ayuda,* los analistas muestran que estas funciones se encuentran detrás de la pantalla principal. La figura 10.1 presenta la función de ayuda del nivel principal del sistema.

Decisiones en el diseño de diálogos

La conversación entre el usuario y el sistema depende completamente del diseño del diálogo, principio que fue enfatizado en el ejemplo al inicio de este capítulo. Un diseño fácil de usar significa que la conversación puede fluir con facilidad. Los diseños torpes impiden el uso del sistema. Estas decisiones, las cuales debe hacer el analista al diseñar los diálogos, determinan la naturaleza del diálogo:

1. Estratcgia general del diálogo
2. Diálogo de entrada de datos
3. Paginación y scrolling
4. Mensajes y comentarios
5. Navegación del usuario

6. Asignación de teclas
7. Sistemas de ayuda

Estos temas se analizan en las secciones siguientes. Se proporcionarán varios ejemplos de aplicaciones para demostrar las opciones de diseño.

ESTRATEGIAS DE DIÁLOGO

Existen 3 estrategias para una conversación en línea: conducción por menú, teclado y pregunta/respuesta. La estrategia utilizada influirá enormemente en la percepción del sistema por parte del usuario. Primero veremos por qué los usuarios no experimentados con sistemas prefieren la forma de menú como la estrategia de diálogo más común, más simple y fácil de accesar para un sistema de información.

Diálogo conducido por menú

Puesto que los sistemas en línea proporcionan varias opciones de entrada y procesamiento a los usuarios, se requiere de un método para mostrar a los usuarios las alternativas disponibles. Los menús cumplen este propósito. Un menú es una lista de las funciones disponibles en el sistema, las cuales se muestran en el monitor de la terminal o estación de trabajo, de modo que el usuario puede elegir entre ellas. Los diálogos que utilizan este método de interacción son *conducidos por menú*.

Opciones en un menú
Si el sistema está bien diseñado, el usuario debe ser capaz de elegir e invocar cualquier opción del menú oprimiendo una única tecla que corresponde a la opción deseada. Por ejemplo, el menú de la figura 10.2 enlista seis opciones para introducir datos, preparar reportes, llevar a cabo el mantenimiento del sistema y salir del mismo. Este menú muestra todas las opciones disponibles. Para pedir cualquier opción, el usuario sólo necesita introducir el número correspondiente a la descripción de la función. Así, para iniciar la impresión en algunos sistemas, el usuario únicamente necesita oprimir la tecla 4.

Los diálogos de menú también se pueden diseñar para utilizar dispositivos de interfase distintos del teclado. Por ejemplo, algunos sistemas permiten que los usuarios elijan una función apuntando a ella en la pantalla en vez de teclear un número. Las pantallas sensibles al tacto permiten que los usuarios inicien una acción tocando un punto en la pantalla del monitor, llamado *tecla de selección* (Figura 10.2). Algunos sistemas pueden utilizar una pluma óptica para llamar a la opción deseada. Otros sistemas permiten que los usuarios seleccionen la opción con un *ratón* (mouse), un pequeño dispositivo manual de

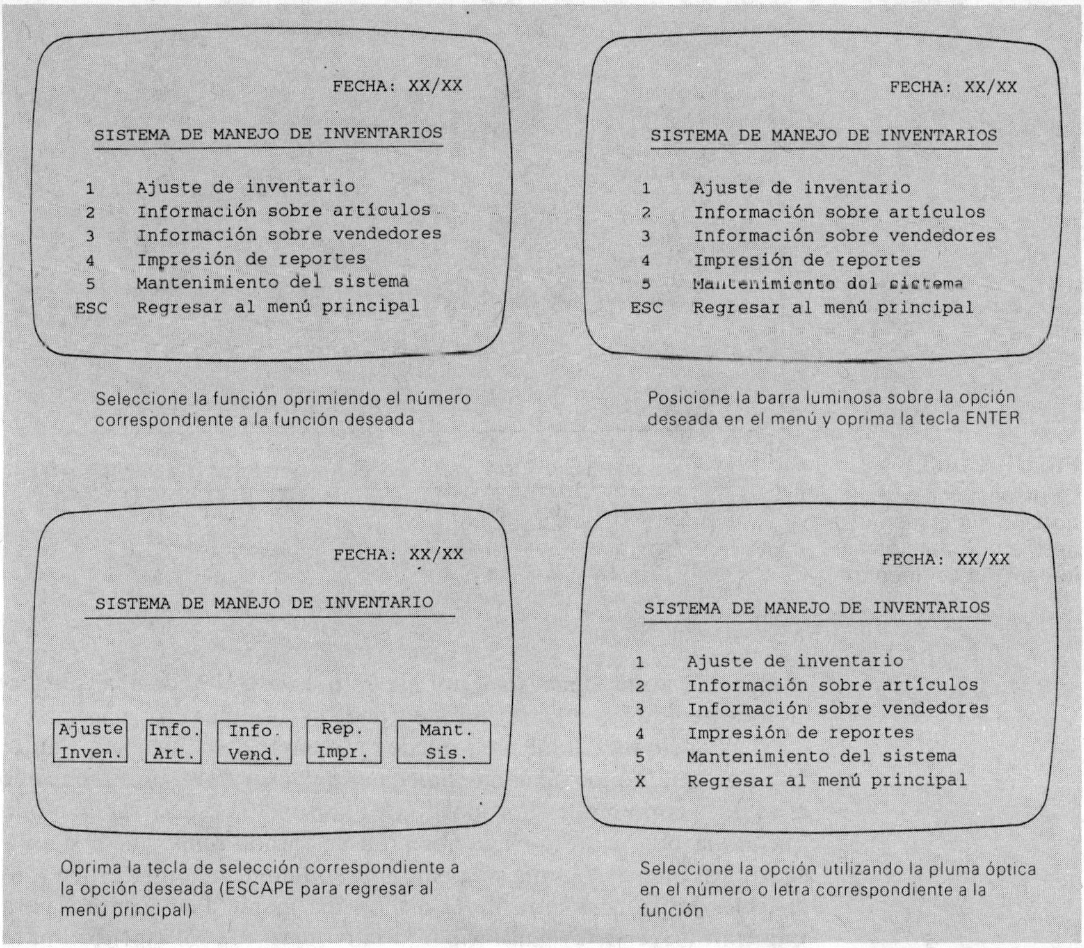

FIGURA 10.2
Alternativas comunes de selección de menú.

interfase. Al oprimir un botón en el ratón, cuando el apuntador esté dirigido hacia la opción deseada, se hará el llamado a la función.

El menú de opciones se puede posicionar en la pantalla del monitor de varias formas. Muchos sistemas de procesamiento y reporte de transacciones utilizan casi toda la pantalla para presentar las opciones (Figura 10.3). Se dispone de suficiente espacio en la pantalla para desplegar una frase que identifique a cada opción. En caso necesario, se pueden utilizar dos columnas verticales, aunque una sola columna debe contener a lo más de 8 a 10 opciones.

Cuando el analista desea mostrar información del negocio en la pantalla y al mismo tiempo ofrecer un menú a los usuarios, el menú se puede mostrar en forma horizontal en la parte de arriba o en la parte de abajo de la pantalla, o bien en forma vertical, a un lado de la pantalla. Este enfoque se usa comúnmente en el diseño del software de una hoja electrónica de cálculo para mostrar un registro de transac-

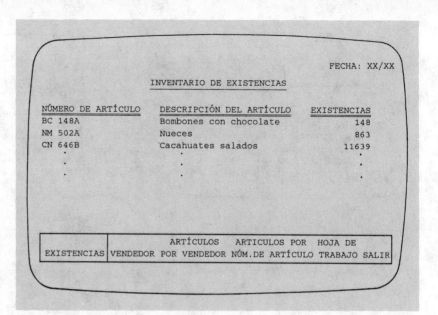

FIGURA 10.3
La disposición horizontal del menú deja la información en la pantalla del monitor

ciones o de archivo maestro (por ejemplo, los detalles de una transacción de pedidos) o mostrar un reporte de varias líneas.

Las opciones del menú se pueden presentar con una sola palabra. Este enfoque, conocido como *diálogo de palabras clave,* presupone que el usuario comprende el propósito de una función específica de modo que al ver una palabra clave obtendrá en forma inmediata el significado. Los menús con una sola palabra requieren usualmente que sólo se teclee la primera letra de la opción del menú. Por ejemplo, para imprimir un reporte, el usuario podría requerir tan sólo teclear I para llamar a la función de impresión.

En los sistemas que utilizan un ratón, se han vuelto característicos los *menús pull-down.* En este caso, cuando el ratón apunta a una palabra clave en la parte de arriba de la pantalla, baja un menú de alternativas (el ratón jala hacia abajo el menú), escribiendo encima de una parte de la pantalla (Figura 10.4). La ventaja es que el área principal de trabajo permanece en la pantalla a la vez que permite considerar muy rápidamente varias alternativas.

Menús anidados

Cuando existe un conjunto amplio de alternativas de las cuales se puede escoger, es frecuente que los menús estén anidados; es decir, al elegir de un cierto conjunto de opciones se pasa a una decisión subsecuente acerca de otras alternativas incluidas dentro de la elegida (análogo a la forma de árbol de decisión examinada en el capítulo 3). En un sentido, las decisiones se hacen en forma descendente: las decisiones generales son seguidas por opciones más específicas.

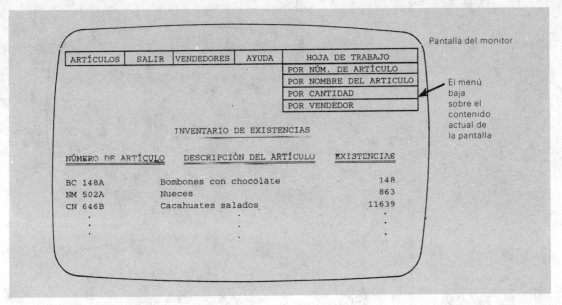

FIGURA 10.4
Menú pull-down.

Los menús deben estar anidados cuando existen una o más de las siguientes condiciones:

- El número de alternativas es demasiado grande como para utilizar un único menú
- Debe hacerse una serie de elecciones relacionadas entre sí (cada opción depende de la anterior)
- Una aplicación complicada puede necesitar una serie de opciones que, en forma progresiva, especifiquen más detalles acerca de la aplicación

La figura 10.5 ilustra cómo se anidan los menús para la aplicación del manejo de inventarios. Si el usuario elige la opción 4 del primer nivel, se muestra un segundo menú para imprimir la salida. Al elegir la opción 3 de este menú se pasa a la pantalla de un menú de tercer nivel, donde el usuario especifica el orden en el que la información debe imprimirse.

La forma de anidarse de los menús conduce al usuario paso por paso a través de las opciones, con lo cual se evita tener que escoger entre un número confuso de opciones, reduciendo así la complejidad del uso del sistema.

Sin embargo, los menús anidados pueden provocar frustración en los usuarios del sistema que utilizan diariamente las mismas opciones cada vez. Cuando los usuarios conocen la opción que desean, desearían introducir todas las opciones juntas, no una a la vez. Análogamente, al salir de un sistema, no debería ser necesario ir hacia atrás en

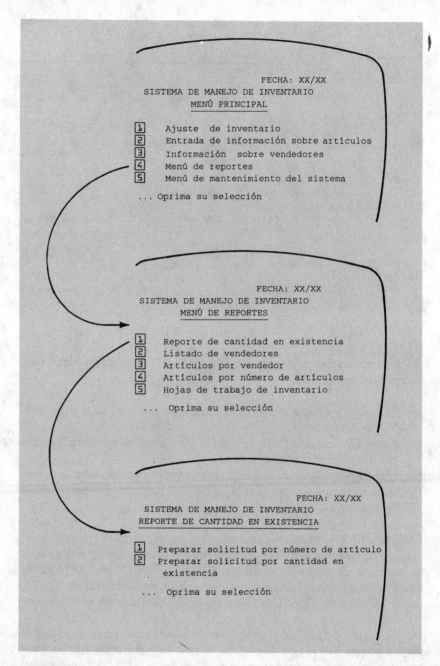

FECHA: XX/XX

SISTEMA DE MANEJO DE INVENTARIO
MENÚ PRINCIPAL

1. Ajuste de inventario
2. Entrada de información sobre artículos
3. Información sobre vendedores
4. Menú de reportes
5. Menú de mantenimiento del sistema

... Oprima su selección

FECHA: XX/XX

SISTEMA DE MANEJO DE INVENTARIO
MENÚ DE REPORTES

1. Reporte de cantidad en existencia
2. Listado de vendedores
3. Artículos por vendedor
4. Artículos por número de artículos
5. Hojas de trabajo de inventario

... Oprima su selección

FECHA: XX/XX

SISTEMA DE MANEJO DE INVENTARIO
REPORTE DE CANTIDAD EN EXISTENCIA

1. Preparar solicitud por número de artículo
2. Preparar solicitud por cantidad en
   existencia

... Oprima su selección

FIGURA 10.5

Menús para el sistema
de manejo de
inventario.

```
                                        FECHA: XX/XX
        * * * MANEJO DE BIENES RAÍCES * * *
        Actividades que se pueden realizar

AÑA    Añadir una propiedad al inventario de ventas
CAM    Cambiar la descripción de la renta de la
       propiedad
BOR    Borrar la propiedad de la lista de rentas
MOS    Mostrar la lista de inquilinos
PRO    Procesar pagos de inquilinos
AJU    Ajustar pagos de inquilinos
REG    Regresar al menú principal ...
...    Introduzca las tres letras de la palabra clave
       correspondiente a la función deseada
```

FIGURA 10.6
Diálogo con palabras clave para un sistema de manejo de propiedades.

cada opción (de abajo hacia arriba). Las buenas prácticas de diseño permiten una salida directa del sistema. Con frecuencia, se utiliza la tecla de escape para implantar esta característica: se oprime para regresar al menú. Se oprime de nuevo para regresar al menú principal y salir al sistema operativo.

Diálogo por medio del teclado

Con el diálogo por medio del teclado, los usuarios llaman a las actividades de procesamiento tecleando un comando que el sistema entiende. Las tres formas de diálogo mediante teclado incluyen las formas de comando único, nemónico y de lenguaje natural.

Forma de comando único

Bajo la forma de comando único, los usuarios teclean la palabra clave que el sistema asociará con la realización de un proceso específico. Las palabras son comandos que el analista incluyó en el sistema y que los programadores tomarán en cuenta en el código fuente. Cada comando único tiene un significado especial dentro de la aplicación y llamará a un procesamiento específico.

La figura 10.6 ilustra los comandos en un sistema de manejo de propicdades. Para añadir una propiedad a los registros, mostrar información acerca de una propiedad, cambiar o quitar información sobre una inversión, el usuario introduce las palabras clave AÑADIR, MOSTRAR, CAMBIAR o QUITAR, respectivamente. Esto sería equivalente a oprimir el número de cada opción en un diálogo por menú.

Forma de comando nemónico

Una forma especial del comando de una única palabra se basa en el uso de los *nemónicos*: abreviaturas de frases largas. Por ejemplo, la

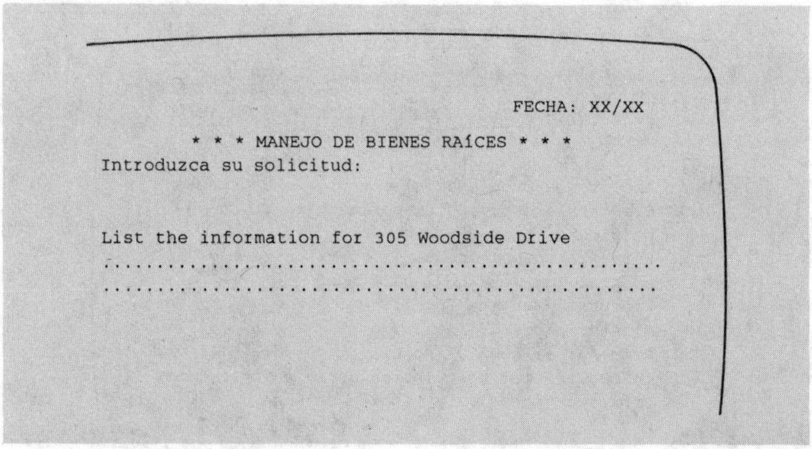

FIGURA 10.7
Forma de lenguaje
natural del diálogo
con palabras clave

```
                                            FECHA: XX/XX

              * * * MANEJO DE BIENES RAÍCES * * *
        Introduzca su solicitud:


        List the information for 305 Woodside Drive
        ...........................................................
        ...........................................................
```

frase "compilar, cargar y ejecutar" se representa a menudo mediante el nemónico simple CCGO. Al teclear la palabra en algunos sistemas, comenzarán las acciones de los tres tipos de procesamiento, uno después del otro ("GO" significa "ejecutar" en muchos sistemas de información).

Forma de lenguaje natural

Un gran número de sistemas de información tienen la característica del uso de lenguaje natural, la cual permite que los usuarios instruyan al sistema con comandos menos rígidos. En vez de utilizar la sintaxis convencional de los comandos, los usuarios aplican su propio vocabulario de palabras u operaciones. La aplicación, basada en la tecnología de los sistemas expertos y de la inteligencia artificial (es decir, la determinación del significado a partir del contexto en el que se utilizan las palabras), traduce en forma automática estas palabras y operaciones en instrucciones que entiende la computadora para llevar a cabo las tareas apropiadas. Los comandos del usuario se enuncian en inglés común, llamado *lenguaje natural* y el sistema desarrolla por sí mismo la traducción (Figura 10.7).

Por ejemplo, en el sistema de manejo de propiedades descrito anteriormente, la forma natural para que un usuario solicite información acerca de una propiedad específica podría ser "Show me the details of 305 Woodside Drive". Otra forma podría ser "List the information of 305 Woodside Drive". Con la forma de lenguaje natural, el sistema rastrea estas frases e identifica las palabras clave *show* y *list,* las que a su vez iguala con su comando DISPLAY. El sistema también sabría o determinaría que "305 Woodside Drive" es la clave para identificar la propiedad de interés. Si se introducen frases o palabras que el sistema no comprende, se pedirá al usuario que las presente de manera más clara.

Los sistemas de lenguaje natural motivan a la gente para hacer uso del sistema sin tener que aprender comandos o secuencias especiales. La complejidad de los comandos del sistema está implícita en el software de cómputo y es invisible en los procedimientos que sigue el usuario. Debido a que el sistema debe traducir los comandos en lenguaje natural a una forma que pueda comprender la computadora, este tipo de sistemas podría operar con menor rapidez en algunos procesos.

Comentario al margen
Inteligencia artificial

La definición de inteligencia artificial (el nombre que asignamos a ciertas características que permiten a las computadoras llevar a cabo tareas de una forma que podría calificarse de inteligente) siempre está cambiando. (Alguien dijo alguna vez que la inteligencia artificial es en realidad la siguiente cosa que todavía no nos hemos imaginado cómo hacer.)

La inteligencia artificial será más útil cuando no sea excitante el hablar de ella. Estará en su lugar y trabajando, tanto que no nos daremos cuenta de ella.

Un área promisoria de la inteligencia artificial es en la interfase de los sistemas de cómputo. Es deseable que cualquier persona pueda llegar a una estación de trabajo y comience a utilizar en forma inmediata el sistema (sin libros o manuales). Por el momento, incluso con los sistemas bien diseñados, este objetivo es difícil de alcanzar. Los mejores diálogos siguen necesitando del operador para cumplir con ciertos requerimientos del sistema (a la *interfase*).

¿Qué significa esto? Cuando usted puede enunciar un problema o solicitud en forma clara, en lenguaje común y de manera que otra persona lo pueda comprender, y el sistema de cómputo pueda decidir qué hacer, entonces será útil la inteligencia artificial.

Veámoslo de este modo: suba a un taxi en la ciudad de Nueva York y pida al chofer que vaya a "Chorus Line" (la obra de Broadway). Eso es todo lo que tiene que decir. El conductor sabe a cuál teatro se refiere y cómo llevarlo ahí (cuáles calles y puentes tomar y cuándo detenerse por los semáforos). Usted simplemente viaja. ¡*Eso es* inteligencia artificial!

Diálogo pregunta/respuesta

Los *diálogos pregunta/respuesta,* como lo sugiere el nombre, se basan en la presentación de una pregunta al usuario. La respuesta guía el procesamiento resultante. El formato puede contener respuestas sí/no ("¿Desea mostrar la información acerca de una propiedad?") o res-

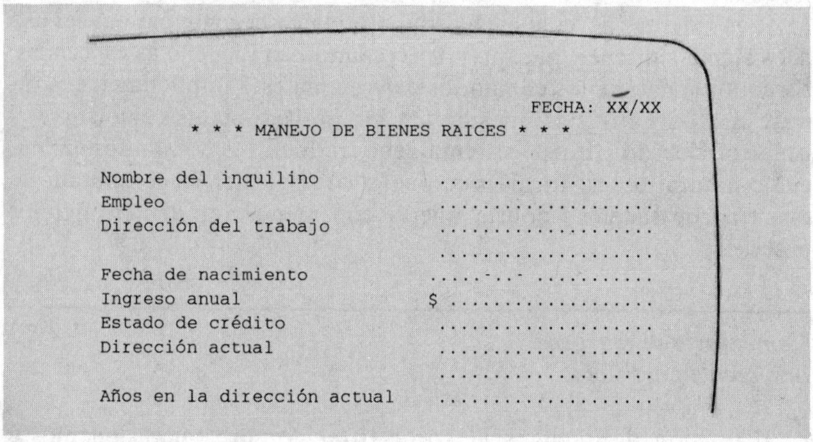

FIGURA 10.8

Formato para captura de datos en el sistema de manejo de propiedades.

puestas narrativas ("¿Cuáles propiedades desea usted revisar?"). La estrategia de pregunta/respuesta permite la presentación de preguntas y alternativas más elaboradas que las otras estrategias. Requiere que el analista prevea cualquier posible respuesta que pueda proporcionar el usuario, tarea potencialmente difícil. También es la estrategia que utiliza más palabras (así, el analista debe minimizar el número de palabras a utilizar para hacer más rápida la interacción del usuario y el sistema y evitar posibles errores).

DIÁLOGO CON ENTRADA DE DATOS

La entrada de datos se ve afectada por la forma en que el sistema ayuda a los usuarios y les pide los datos. Esta sección analiza las estrategias de entrada de datos, utilizando formatos e indicaciones de pregunta/respuesta.

Formatos para entrada de datos

Un formato para entrada de datos es una forma o bosquejo que muestra la información a introducir (Figura 10.8). Además de los títulos y encabezados en la pantalla, el formato contiene etiquetas (o instrucciones) que identifican a los datos por introducir. Parece una forma impresa sobre la pantalla. Cada área de entrada de datos está señalada por áreas en blanco, marcas del campo, espacios destacados, líneas punteadas o guiones, según lo elegido por el analista.

Cuando los datos se introducen, el cursor se mueve al siguiente dato para introducir su valor. En los sistemas mejor diseñados, el software sugiere el orden de los datos y el usuario teclea el valor. Como alternativa, los usuarios pueden determinar la secuencia de movimiento hacia arriba, hacia abajo, hacia adelante o hacia atrás en

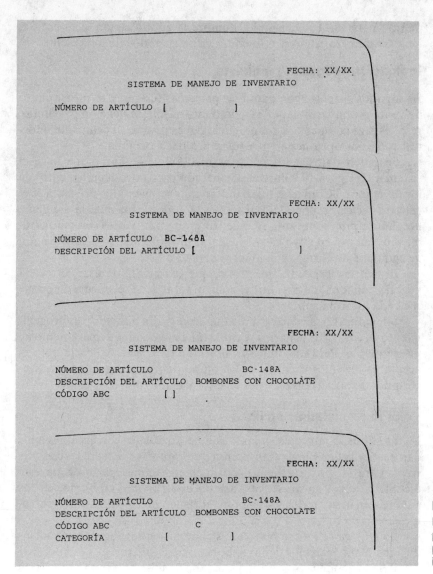

FIGURA 10.9
Forma de pregunta/respuesta para los datos de inventario.

la pantalla, utilizando las teclas de flecha de control del cursor, pero los pasos adicionales implicados hacen esto menos deseable.

Los formatos son más útiles cuando se requiere visualizar cierta información y sus detalles ya que pueden mostrarse como una forma electrónica (el operador sólo necesita llenar la forma). Los formatos ofrecen también la ventaja de permitir al usuario que vea al mismo tiempo toda la información que se requerirá (en contraste con responder a una serie de preguntas, se responde una a la vez).

Las buenas prácticas de diseño garantizan que el orden de los detalles en la forma electrónica sea lógico y que corresponda con el orden natural en el que la gente está acostumbrada a la información de tipo personal (por ejemplo, nombre, a continuación la dirección, luego el número telefónico) o como viene en el documento fuente.

Indicación pregunta/respuesta

En algunos sistemas con pantallas pequeñas (como la terminal punto de venta o una terminal de tarjeta bancaria), la indicación pregunta/respuesta es la única opción práctica. No es posible, físicamente, mostrar todas las opciones en una sola línea de la pantalla.

Se piden datos a los usuarios mediante preguntas que hace el sistema. La figura 10.9 ilustra este método para introducir los datos de un inventario. Conviene hacer notar que se hace una pregunta y el usuario teclea entonces el dato antes de que se formule la siguiente pregunta (por supuesto, se pueden presentar varias preguntas al mismo tiempo, en cuyo caso el usuario proporcionará la información de cada una en forma individual).

El método pregunta/respuesta, que es sencillo de usar, ofrece la ventaja adicional de permitir el control total de la secuencia en que se recibe la información.

Sin embargo, si sólo se indica una pregunta a la vez y el procedimiento es lento, los usuarios se cansarán de un diálogo aparentemente interminable. Para una única transacción de tarjeta bancaria, esto es aceptable, pero los usuarios de la computadora no desearían introducir miles de tales transacciones en esa forma.

Edición en sistemas en línea

En los sistemas por lotes, cuando son necesarias las correcciones a los datos, se crea una nueva transacción que contiene las correcciones y se envía para su procesamiento, posiblemente como parte de un lote distinto a aquel en donde se cometió el error. Sin embargo, en los sistemas en línea, todos los cambios se hacen por medio de la terminal o estación de trabajo.

La *edición* se refiere tanto a los cambios en los registros ya introducidos o almacenados como al borrado de registros.

Para entender cómo se lleva a cabo la edición en un sistema en línea, hay que considerar la adición de nuevos registros como un caso especial de edición. En otras palabras, cuando usted introduce datos para crear un nuevo registro y almacenarlo en el sistema, realiza los mismos pasos que en la edición, incluyendo el hecho de teclear los datos que desea almacenar, el hacer correcciones de cualquier error tipográfico y el decirle al sistema que almacene los datos. Los datos se teclean encima de blancos, puntos, guiones o líneas en el documento fuente. Pero usted está tecleando sobre algo. La edición hace lo mismo: permite teclear sobre algo para cambiar los valores actuales. Sin embargo, en vez de blancos o guiones, usualmente son números o caracteres. Si usted piensa en la edición en línea de esta forma, será fácil de comprender.

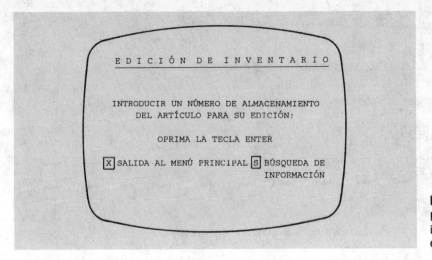

FIGURA 10.10
Pantalla de
instrucción para la
entrada de datos

Identificación de datos para edición

Para diseñar una función de edición, primero hay que proporcionar una forma para que los usuarios le digan al sistema cuáles registros de datos desean editar. La figura 10.10 muestra una pantalla que instruye a los usuarios para que introduzcan el número de artículo en la parte del inventario que desean editar. Conviene observar cómo las instrucciones le dicen al usuario exactamente qué hacer en términos breves y sencillos.

En la figura 10.11, utilizando los datos introducidos por el usuario, la computadora recupera del almacenamiento los datos del producto número BC-148A y los muestra en la pantalla junto con las instrucciones para hacer cambios. Al mover el cursor hacia abajo, hasta el campo precio, y teclear el valor del dato ($2.85), el usuario cambia el precio del artículo BC-148A de $2.50 a $2.85. Los datos nuevos se teclean encima de los antiguos. El analista puede utilizar un diseño alternativo en el que los cambios se tecleen al lado de los valores actuales (Fig. 10.12) y los datos existentes se reemplacen sólo cuando el usuario oprima la tecla ENTER. Cualquiera de estos formatos es aceptable y común.

Después de hacer el cambio durante la edición, se almacenan.

Borrado de registros en la edición en línea

El borrado de registros en los sistemas en línea requiere que el analista proporcione una forma para que los usuarios indiquen el registro apropiado, como se describió arriba, además de instruir al sistema para que la transacción sea el borrado del registro.

Existen dos métodos comunes. El primero permite al usuario oprimir una tecla que instruya al sistema para que suprima el registro actual en la pantalla. (Algunos analistas usan un diseño que requiere que el usuario cambie una clave de registro a *blancos* para suprimir

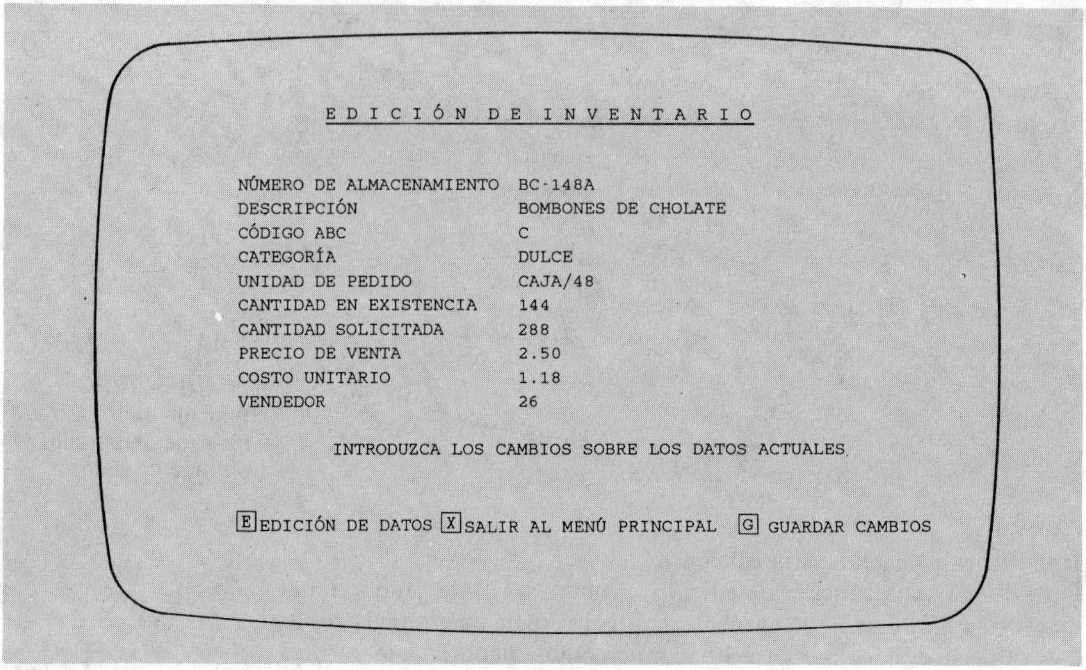

```
           EDICIÓN  DE  INVENTARIO

NÚMERO DE ALMACENAMIENTO   BC-148A
DESCRIPCIÓN                BOMBONES DE CHOLATE
CÓDIGO ABC                 C
CATEGORÍA                  DULCE
UNIDAD DE PEDIDO           CAJA/48
CANTIDAD EN EXISTENCIA     144
CANTIDAD SOLICITADA        288
PRECIO DE VENTA            2.50
COSTO UNITARIO             1.18
VENDEDOR                   26


        INTRODUZCA LOS CAMBIOS SOBRE LOS DATOS ACTUALES.


  E EDICIÓN DE DATOS  X SALIR AL MENÚ PRINCIPAL  G GUARDAR CAMBIOS
```

FIGURA 10.11

Ejemplo de pantalla de edición para el sistema de inventario.

registros. Sin embargo, tal diseño no es recomendable, ya que es muy fácil que el usuario olvide poner en blanco el campo de la clave.) Este método requiere que primero se recupere el registro apropiado y se muestre en la pantalla.

El otro método para borrar registros pide al usuario que identifique el registro apropiado introduciendo la clave de registro (como el número de artículo) y teclear entonces una clave que diga al sistema que borre el registro.

Ambos métodos son comunes, aunque se prefiere el primero, ya que permite ver el registro antes de decirle al sistema que lo borre. Algunos sistemas en línea piden la confirmación antes de borrar el registro de los archivos.

Manejo de pantalla

Las pantallas deben seguir un diseño general que proporcione un uso consistente de las áreas o ventanas en el monitor. Entre las consideraciones del diseño están la estandarización de uso de ventanas, el manejo de navegación y secuencias de escape, y la paginación y scrolling.

Uso de ventanas

La importancia de las *ventanas,* áreas de la pantalla que presentan información en forma independiente de los demás espacios del moni-

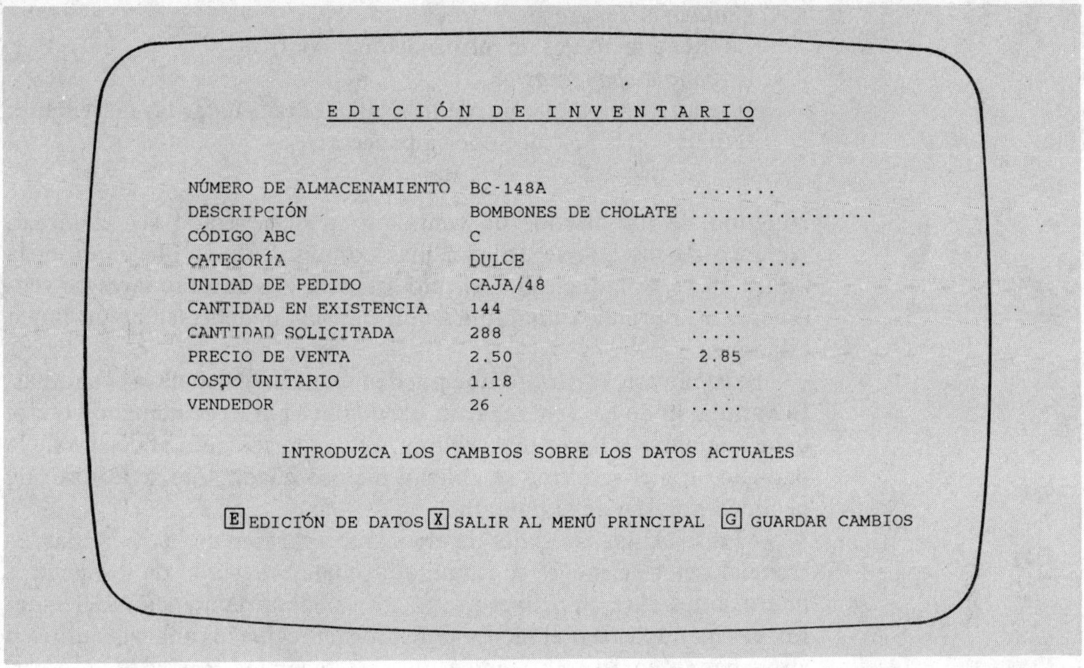

```
              E D I C I Ó N   D E   I N V E N T A R I O


     NÚMERO DE ALMACENAMIENTO   BC-148A              ........
     DESCRIPCIÓN                BOMBONES DE CHOLATE ................
     CÓDIGO ABC                 C                       .
     CATEGORÍA                  DULCE                 ..........
     UNIDAD DE PEDIDO           CAJA/48               ........
     CANTIDAD EN EXISTENCIA     144                   .....
     CANTIDAD SOLICITADA        288                   .....
     PRECIO DE VENTA            2.50                  2.85
     COSTO UNITARIO             1.18                  .....
     VENDEDOR                   26                    .....


          INTRODUZCA LOS CAMBIOS SOBRE LOS DATOS ACTUALES


     E EDICIÓN DE DATOS X SALIR AL MENÚ PRINCIPAL G GUARDAR CAMBIOS
```

tor, se introdujo en el capítulo 8 al analizar el diseño de salida. El hecho de tener buenos estándares para el uso de las ventanas es esencial en los sistemas en línea y en el diálogo: es la base para un buen manejo de la pantalla.

Puesto que el espacio de un monitor de computadora es limitado, es importante utilizar el área disponible de la mejor manera y a la vez en forma consistente. Conviene recordar que para el usuario, la pantalla es el sistema.

Al diseñar la distribución de la pantalla del sistema, el analista debe proporcionar las siguientes áreas de ventanas:

- *Ventana de título*
  Identifica el título de la pantalla, la función a desarrollar o la aplicación en ejecución; puede incluir datos del sistema
- *Ventana de instrucciones*
  Le dice al usuario cómo introducir datos, elegir un procesamiento alternativo o salir del sistema; usualmente incluye una única instrucción para iniciar la siguiente acción del sistema
- *Ventana principal de texto*
  La porción más grande de la pantalla; incluye pantalla para la captura de datos, menús o procesamientos alternativos
- *Área de navegación y menú*
  Instruye al usuario sobre cómo moverse entre las páginas de información, pantallas o menús; también identifica la información de escape

FIGURA 10.12
Ejemplo de pantalla de edición mostrando el formato de introducción "a un lado"

- *Ventana de mensajes*
  Contiene mensajes de información y control
- *Ventana de banderas*
  Una alternativa que puede utilizarse para señalar las actividades actuales o las instrucciones a procesar.

Ninguno de los diseños de ventanas ha demostrado ser el mejor. Algunos de los que se utilizan más comúnmente se observan en la figura 10.13. Aunque este capítulo muestra varios estándares de ventanas, en la práctica una aplicación particular debe seguir un único estándar.

Existen varios criterios que pueden mejorar el uso de las ventanas. El contenido de las ventanas, en particular el área principal de texto, debe paginarse o hacer un scrolling. Los criterios para el diseño de la paginación y el scrolling se aplican incluso cuando sólo se utiliza una pequeña porción de la pantalla.

Al diseñar los mensajes de error que aparecen en las ventanas, es esencial tener en mente su finalidad: señalar el estado de los eventos importantes. Así, su primer propósito es llamar la atención del usuario, el segundo es dar el mensaje. Es frecuente que los analistas utilicen el parpadeo como una técnica para destacar los mensajes de error. Con este método, es importante recordar que los mensajes de error en sí no deben parpadear (eso haría que el mensaje fuera muy difícil de leer). En vez de esto, el mensaje puede estar rodeado por una caja que parpadea, la cual servirá para llamar la atención, pero no impedirá que se vea el mensaje.

La localización de la línea de estado siempre debe ser consistente (usualmente es la primera o la última columna en una pantalla de 80 columnas) de forma que sea fácil de localizar. Contiene una breve explicación del estado del sistema (por ejemplo, indica si la tecla de mayúsculas está bloqueada o si el teclado está en modo numérico). La intención de la línea de estado es solamente para referencia. Si se requiere información adicional, el usuario puede llamar a la función de ayuda.

Facilidad de navegación del usuario
Es frecuente que los usuarios se pierdan y requieran de un mapa del sistema. Los menús anidados pueden inhibir la facilidad de navegación. Pensemos en lo confuso que se sentirían los usuarios si tuvieran que moverse a través de varios niveles para salir de un sistema: desde el formato de entrada de datos, elegir una alternativa de verificación de datos, especificar el número de identificación del cliente, elegir cliente o edición de datos, especificar la función edición, de ahí al menú principal y, finalmente, salir del sistema.

Hay que tener un cuidado especial para evitar que los usuarios se pierdan o confundan cuando se espera que se manejen entre dos o más

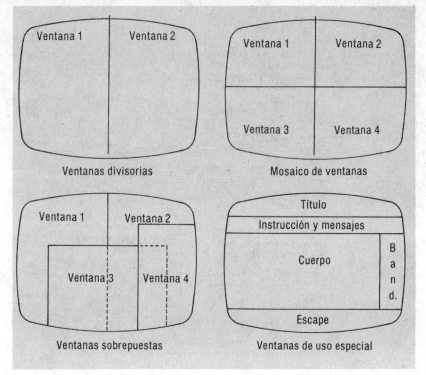

FIGURA 10.13
Formatos comunes de diseño de ventanas.

pantallas y documentos de referencia; considere las siguientes sugerencias:

- Utilice las ventanas para facilitar el uso de la información que proviene de varias pantallas. La mayoría de los usuarios tienen dificultad para recordar la información de pantallas pasadas (recuerde lo rápido que se olvida un número telefónico no muy familiar). El manejo adecuado de las ventanas disminuye esta limitación humana.
- Coordine la secuencia de los datos en el uso en línea y fuera de línea. Las aplicaciones que requieren comparaciones de la pantalla y versiones impresas de información deben diseñarse de forma que la secuencia y localización de los datos coincidan.
- Cuando sólo cambia parte de la información en la pantalla, conviene que aparezca solamente la porción que cambió; el hecho de volver a mostrar toda la pantalla puede confundir a los usuarios y hacerles pensar que otros datos han cambiado.

Paginación y scrolling
Según la naturaleza de la aplicación, puede haber mucha información que mostrar en una sola pantalla. La *paginación* puede manejar esta situación. Una página es una pantalla de información. Con la pagina-

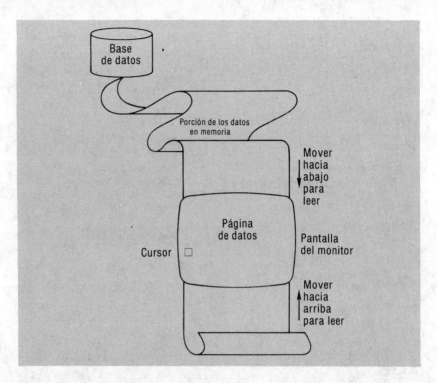

FIGURA 10.14
Paginación y scrolling de datos.

ción, se puede presentar información que ocupe más de una pantalla, de modo que el usuario pueda ir hacia adelante y hacia atrás en las páginas. Los números de las páginas (usualmente en la parte de arriba de la pantalla) identifican qué pantalla se muestra y guía al usuario a través de la información.

El *scrolling* puede ser útil cuando los usuarios necesitan rastrear líneas específicas en un listado. Se dice que una pantalla hace un scrolling cuando las líneas de datos se mueven hacia arriba o hacia abajo; al moverse las líneas fuera de la parte de arriba de la pantalla, un número equivalente de líneas aparece en la parte de abajo de la pantalla (Fig. 10.14).

Si el usuario necesita que el sistema sea capaz de accesar rápidamente el número de artículo, descripción, costo y cantidad disponible en inventario (todos los datos para un artículo cabrían en un solo renglón), el scrolling es apropiado. El usuario verá que el scrolling es más fácil de manejar que tener una página separada para cada artículo.

Al diseñar pantallas para el scrolling, es importante especificar qué datos deben aparecer en el scrolling. Los encabezados y los mensajes deben permanecer fijos en la pantalla.

Mensajes y comentarios

Los *mensajes son la forma de comunicación del sistema con los usuarios.* En el análisis previo sobre los diálogos, indicamos que el analista de sistemas debe desarrollar la interacción entre el usuario y la aplicación, de modo que las funciones del sistema sean obvias y que el método para llamar a cada una de ellas sea evidente. Hacer esto minimiza la explicación necesaria. Los *mensajes* también proporcionan la información que necesita el usuario para controlar el sistema. En general, los mensajes tienen alguna de las siguientes finalidades:

- Indicar el *estado* del procesamiento
- Indicar que se ha detectado un *error*
- *Solicitar* al usuario que elija una acción
- *Verificar* que una acción elegida sea correcta

Mensajes de estado La pantalla nunca debe estar en blanco. De otro modo, los usuarios se preguntarían qué es lo que se está llevando a cabo e incluso iniciarían acciones inadecuadas para interrumpir o cambiar lo que el sistema hace. Los mensajes de estado informan al usuario sobre el progreso de un procesamiento específico. Por ejemplo, al buscar en una base de datos la respuesta a una pregunta, el sistema puede estar diseñado para decirle al usuario el número de registros examinados y el porcentaje de procesamiento terminado. De manera análoga, se puede mostrar un mensaje en la pantalla para mostrar el número de registro o clave de registro que en ese momento se examina (al examinar el siguiente, su número se mostrará encima del anterior).

Una pantalla de estado es particularmente útil cuando el procesamiento se lleva a cabo en una instalación lejana del usuario. Por ejemplo, en un ambiente de red, los mensajes "Imprimiendo reporte" o "Registro transmitido" o "Conectado" indican que las acciones se llevan a cabo. De otra forma, los usuarios podrían pensar que no ocurre nada.

Mensajes de error Los mensajes de error reportan equivocaciones o eventos inesperados que ha detectado el sistema. Esta categoría abarca una amplio rango de información acerca del sistema, desde el hardware ("La impresora no está prendida o conectada en forma inadecuada") hasta el software ("Se encontró el error número 12 en la línea 5001") o los datos ("Se encontró un final inesperado en el archivo").

Las pruebas de validación de entrada analizadas en el capítulo anterior también deben ligarse con los mensajes de error. Si faltan datos, están fuera del rango o tienen un formato incorrecto, el sistema debe decirle esto al operador. Un mensaje de error diseñado en forma adecuada cumplirá esta función.

Siempre que se muestren mensajes de error, se debe pedir que el usuario lleve a cabo una acción, aunque no sea más que oprimir una tecla. De esta forma, crecerá la probabilidad de que el usuario haya visto el mensaje. La experiencia ha demostrado que en los diseños donde se muestra un mensaje durante cierto número de segundos o se escribe en un registro impreso, es frecuente que no sea visto por la persona a la cual va dirigido. La estrategia de solicitar una respuesta evita este problema.

Mensajes de solicitud de acciones En nuestros ejemplos, hemos utilizado muchos mensajes de solicitud de acciones. Si observa de nuevo las ilustraciones, verá mensajes tales como "Teclee su elección" y "Oprima la tecla ENTER". Estos mensajes de solicitud de acciones le dicen al usuario qué hacer. Un mensaje breve, en vez de mostrar un signo de interrogación o cualquier otro signo gráfico, es preferible para esta finalidad.

La forma en que el sistema motive al usuario para que realice una acción es importante. Los mensajes deben diseñarse para que le digan al usuario *qué acción* llevar a cabo y *cuándo*. Pero además, como todos los mensajes, los mensajes de solicitud de acciones deben ser breves y no tienen que obstruir el resto de la pantalla.

Mensajes de verificación de acciones En general, se debe responder a todo comando introducido, ya sea por la iniciación inmediata de la acción solicitada o mostrando un mensaje conciso. Sin embargo, las solicitudes que produzcan cambios significativos o que puedan iniciar procesos de ejecución larga necesitan verificación. Los analistas deben diseñar mensajes para informar a los usuarios de las siguientes condiciones:

- Cuando se vayan a borrar muchos registros
- Cuando se vayan a borrar los registros del archivo maestro
- Cuando se haya solicitado un proceso de larga ejecución y sea importante verificar que el usuario reconoce que el tiempo empleado es sustancial (procesamiento en memoria, impresión, ordenamiento, indexación y lectura de datos del almacenamiento secundario)
- Cuando se solicite la finalización de un proceso o la salida del sistema
- Cuando se solicite la finalización de la comunicación con otro lugar

El mensaje para cada una de estas condiciones debe ser muy breve. Pero a menos que el mensaje sea respondido (ver Fig. 10.15), el sistema no debe iniciar el proceso solicitado. (Si la respuesta no se recibe después de un tiempo especificado, digamos de un minuto, la solicitud será cancelada en forma automática y se mostrará un mensaje con tal efecto.)

La tabla 10.2 resume los criterios para el diseño de mensajes y comentarios.

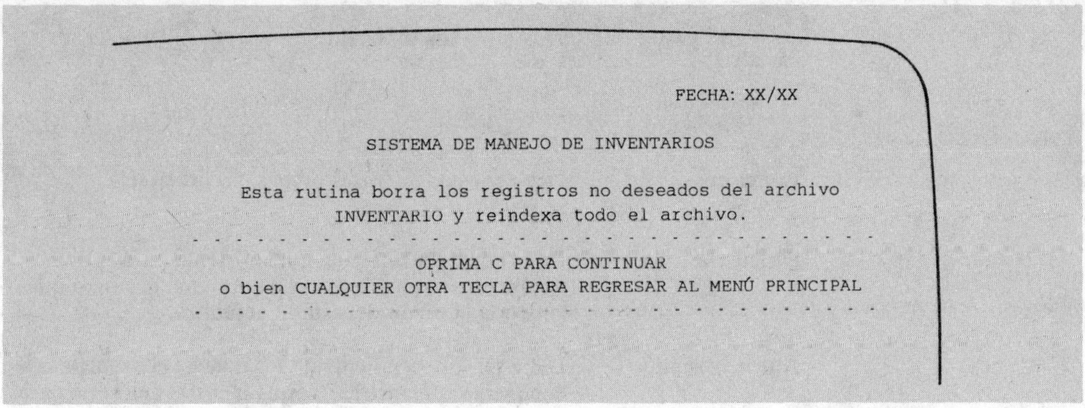

```
                                    FECHA: XX/XX


              SISTEMA DE MANEJO DE INVENTARIOS

        Esta rutina borra los registros no deseados del archivo
            INVENTARIO y reindexa todo el archivo.
    · · · · · · · · · · · · · · · · · · · · · · · · · · · · · · · · · ·
                    OPRIMA C PARA CONTINUAR
        o bien CUALQUIER OTRA TECLA PARA REGRESAR AL MENÚ PRINCIPAL
    · · · · · · · · · · · · · · · · · · · · · · · · · · · · · · · · · ·
```

FIGURA 10.15
Mensaje de
verificación de una
acción.

Asignación de teclas

En la mayoría de los sistemas, la asignación de teclas de uso especial es una parte importante de la interfase y una característica distintiva del diálogo en línea. Aunque se use un ratón, una pluma óptica o un teclado, es usual que se programen teclas de propósito especial para algunas funciones.

Funciones adecuadas para la asignación de teclas En una aplicación ciertas actividades se centran en la operación del sistema en ese momento. Aun así, aparecen con tanta frecuencia que es deseable evitar la necesidad de que el usuario introduzca una palabra clave o una serie de teclas cada vez que aparezca. Estas funciones, resumidas en la tabla 10.3, deben tener asignadas teclas especiales. En algunos casos, el teclado del sistema incluirá teclas dedicadas a la función (por ejemplo, ESCAPE). En otros, el analista debe elegir una tecla especial.

Las funciones de AYUDA, ESCAPE y SALIDA siempre deben tener una asignación a una tecla, debido a que son actividades que se repiten y que son esenciales para controlar la aplicación. También los comandos de navegación son casi universales. Las necesidades de moverse hacia adelante o hacia atrás en un registro o brincar hacia la página siguiente o regresar a la anterior son comunes y deben tener asignada una tecla (algunos sistemas tienen teclas especialmente marcadas con este fin). Otros comandos de navegación controlan el cursor (lo mueven hacia adelante, hacia atrás, hacia arriba o hacia abajo un carácter o una línea) durante la captura y edición de datos. Si el sistema en donde se correrá la aplicación no tiene teclas con dicha finalidad (virtualmente todas las tienen en la actualidad), el analista debe considerar la programación a través del código fuente de dichas funciones.

Otras teclas dependen de la aplicación. Por ejemplo, en muchas aplicaciones comerciales, incluyendo la contabilidad, captura de pedidos, manejo de inventarios, ciertas funciones son esenciales y deben

TABLA 10.2 Criterios para los mensajes

CARACTERÍSTICA DESEADA	EXPLICACIÓN
Conciso	Debe constar de frases breves, no oraciones elaboradas
Suficiente	Debe contener información suficiente para que el usuario sea capaz de llevar a cabo una acción o que entienda la razón del estado actual
Autocontenido	Debe ser independiente de los demás; el usuario no debe tener que rastrear varios mensajes en serie para comprender una acción
Necesidad de conocerlo	Debe incluir sólo la información necesaria; una información que sea "útil conocer", pero que no sea esencial para llevar a cabo una función que no pertenece a un mensaje
Alternativas permisibles	Debe informar al usuario de las acciones y valores permisibles
Sólo funciones	Debe evitar la información que describa las operaciones internas; enfatiza el desempeño de las funciones del usuario

tener teclas especiales para llamarlas. Las actividades iniciales de una función de edición, almacenar un registro o cambiar la fecha del sistema se incluyen en esta categoría. Por ejemplo, al diseñar un sistema de procesamiento de palabras, queremos incluir los medios para leer y almacenar un documento; en las hojas de cálculo, es fundamental la necesidad de cargar, guardar o reformatear una hoja de trabajo.

Criterios para la asignación de teclas

Las organizaciones varían en sus estándares para asignar teclas. Aquellas que insisten en que los dedos del operador nunca deben abandonar la posición definida para escribir, evitan el uso de las teclas de función de propósito general que se encuentran al lado o arriba del teclado. En estos casos, el analista debe elegir letras en el teclado que correspondan a las funciones. En muchos de los ejemplos anteriores de este capítulo, demostramos este enfoque: S para salir de una función; R para mostrar el siguiente registro; A para almacenar un registro. Para los sistemas conducidos por menú, las alternativas se eligen introduciendo letras, números o moviendo el cursor a la opción deseada.

Sin embargo, la mayoría de las organizaciones aceptan el uso de las teclas de función programables e incluyen estándares para su uso.

TABLA 10.3 Funciones que ameritan asignación de claves

Llamar una acción	Comenzar el procesamiento; llamar una función (por ejemplo, copiar un archivo, imprimir un reporte, mover un bloque de datos, suprimir un bloque de datos)
Cancelar una acción	Invierte el efecto de una acción previa (por ejemplo, volver al estado original un campo que ha sido cambiado a blancos)
Almacenar datos	Copiar el contenido de la memoria al almacenamiento (por ejemplo, un archivo de datos o una hoja de cálculo)
Escapar	Salir de un módulo o rutina; terminar una acción
Comando de macro	Reemplazar una serie de comandos con una única tecla de función
Ayuda	Obtener asistencia sobre el uso de un comando, llamar una función o una explicación de un comentario o mensaje
Movimiento del cursor	Reposicionar el cursor en el campo siguiente, anterior, primero o último (por ejemplo, para la entrada de datos)
Posicionamiento del archivo	Posicionar el apuntador del archivo en el primer, último o siguiente registro

La tabla 10.4 muestra los estándares sugeridos en una organización para el uso de las teclas.

En general, el analista debe diseñar la programación de teclas con los siguientes requerimientos:

- Necesidad de oprimir una única tecla para activar la función
- Necesidad de no oprimir la tecla ENTER
- Ser consistente con la asignación en toda la aplicación
- No usarlas para fines múltiples y contradictorios en distintas partes de la aplicación
- Describirlas siempre en la misma forma sólo si aparece una referencia a ellas
- Seguir el uso del sentido común (por ejemplo, INSERT no debe tener asignada una función de supresión; la *primera* tecla de función no debe significar "ir hasta el *último* registro")

Estos detalles aparentemente pequeños juegan un papel importante al establecer el carácter del sistema y a menudo acentúan la necesidad de ayuda en el aprendizaje y uso de la aplicación.

TABLA 10.4 Usos comunes de las teclas de función

- *Llamar un proceso*

  Al oprimir la tecla de función se señala al sistema que comience una función específica de procesamiento (por ejemplo, entrada, edición, reporte o recuperación de datos). La tecla de función proporciona un CÓDIGO que es interpretado por la aplicación para llamar al proceso. El uso de la tecla de función elimina la necesidad de introducir una palabra clave, comando o alternativa de MENÚ.

- *Terminar (o escapar de) un proceso*

  Al oprimir una tecla de función específica se interrumpe una actividad de procesamiento en desarrollo (por ejemplo, ordenar los registros en un archivo) o bien se señala al sistema que no se iniciarán procesos adicionales. Al terminar el proceso, el control regresa a un punto predefinido en el sistema (por ejemplo, el MENÚ principal).

- *Mostrar un MENÚ de alternativas de proceso*

  Al oprimir una tecla de función se mostrarán al usuario todas las opciones de procesamiento o navegación que puedan elegirse desde el punto actual en el sistema (por ejemplo, si se oprime la tecla de función para reportes, se mostrarán todas las alternativas de reporte).

- *Mostrar una pantalla de ayuda*

  Al oprimir là tecla de función de ayuda se muestran las pantallas de información que orientan al usuario cómo proceder o iniciar una acción específica. En forma alternativa se puede diseñar la aplicación de forma que, al oprimir la tecla de ayuda, se llame un sistema completo de ayuda, el cual proporcione explicaciones y ayuda amplia en el uso de las funciones de procesamiento.

- *Movimiento del cursor*

  Al oprimir teclas específicas se llaman funciones predefinidas, las cuales posicionan al cursor (por ejemplo, al principio o final de un documento o archivo de datos).

Sistemas de ayuda

Los mensajes y comentarios pretenden informar, no instruir, a los usuarios del sistema. Cuando se prevee que algunos usuarios o ciertas actividades necesitarán de explicaciones breves acerca de algún proceso, podría diseñarse una función de ayuda en el sistema.

Las funciones de ayuda, pretenden cumplir los siguientes propósitos:

- Auxiliar al usuario a completar una tarea tan rápido como sea posible
- Usar la menor cantidad de diálogo o conversación posible para realizar una acción, proporcionando respuestas a preguntas esenciales, por ejemplo, "¿Cómo llevo a cabo ...?", "¿Cómo hago...?" o "¿Qué sucederá si...?"

Las funciones de ayuda resuelven problemas que el usuario tiene en cierto momento al operar el sistema. (Por el contrario, el entrenamiento, analizado en el capítulo 14, anticipa estos problemas y también proporciona los fundamentos generales del sistema.) Esta sección

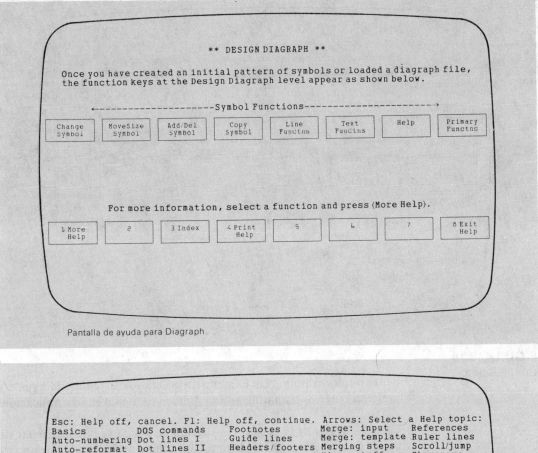

```
                    ** DESIGN DIAGRAPH **

    Once you have created an initial pattern of symbols or loaded a diagraph file,
    the function keys at the Design Diagraph level appear as shown below.

    ◄───────────────────────Symbol Functions───────────────────────►

    ┌─────────┐ ┌─────────┐ ┌─────────┐ ┌─────────┐ ┌─────────┐ ┌─────────┐ ┌─────────┐ ┌─────────┐
    │ Change  │ │MoveSize │ │ Add/Del │ │  Copy   │ │  Line   │ │  Text   │ │  Help   │ │ Primary │
    │ Symbol  │ │ Symbol  │ │ Symbol  │ │ Symbol  │ │ Functns │ │ Functns │ │         │ │ Functns │
    └─────────┘ └─────────┘ └─────────┘ └─────────┘ └─────────┘ └─────────┘ └─────────┘ └─────────┘



            For more information, select a function and press (More Help).

    ┌─────────┐ ┌─────────┐ ┌─────────┐ ┌─────────┐ ┌─────────┐ ┌─────────┐ ┌─────────┐ ┌─────────┐
    │ 1 More  │ │    2    │ │ 3 Index │ │ 4 Print │ │    5    │ │    6    │ │    7    │ │ 8 Exit  │
    │  Help   │ │         │ │         │ │  Help   │ │         │ │         │ │         │ │  Help   │
    └─────────┘ └─────────┘ └─────────┘ └─────────┘ └─────────┘ └─────────┘ └─────────┘ └─────────┘
```

Pantalla de ayuda para Diagraph

```
Esc: Help off, cancel. F1: Help off, continue. Arrows: Select a Help topic:
Basics          DOS commands    Footnotes       Merge: input    References
Auto-numbering  Dot lines I     Guide lines     Merge: template Ruler lines
Auto-reformat   Dot lines II    Headers/footers Merging steps   Scroll/jump
Char: foreign   Dot lines III   Locate cursor   Misc. stuff     Shareware
Char: math      Enhance text    Manual reformat Page breaks     Spaces/hyphens
Copy/move text  Enter text      Margins/tabs    Page layout     System/file
Cursor moves    File management Mark text       Printing        Windows
Delete text     Find/replace    Merging         Record keys     Glossary

D O S   C O M M A N D S                    Introduction to Computers and DOS
Here are some DOS COMMANDS you may find useful. PC-Write has keystrokes for
most of these file operations. "A)" is the DOS prompt. See MANAGING FILES.

FORMAT                             RENAME
 A)FORMAT B:                        A)RENAME oldname newname
   formats diskette in drive B         renames "oldname" to "newname"

DIR                                COPY
 A:DIR B:                           A)COPY fromfile tofile
   lists files in drive B             copies "fromfile" to "tofile"

TYPE                               DEL
 A:TYPE filename                    A)DEL filename
   displays contents of "filename"    deletes the file "filename"
```

Pantalla de ayuda para PC Write

FIGURA 10.16

Formatos alternativos para la pantalla de ayuda.

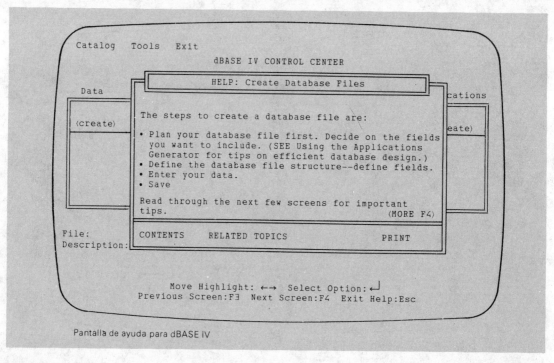

```
    Catalog  Tools  Exit

                        dBASE IV CONTROL CENTER
    ┌──────────────────────────────────────────────────────────────┐
    │                    HELP: Create Database Files                 │
    Data│                                                      cations
    ┌────│────────────────────────────────────────────────────│────
    │     The steps to create a database file are:
 (create) │                                                      eate)
    │     • Plan your database file first. Decide on the fields
    │       you want to include. (SEE Using the Applications
    │       Generator for tips on efficient database design.)
    │     • Define the database file structure--define fields.
    │     • Enter your data.
    │     • Save
    │
    │     Read through the next few screens for important
    │     tips.                                        (MORE F4)
    ─────│──────────────────────────────────────────────────────────
  File:     CONTENTS    RELATED TOPICS               PRINT
  Description:

                 Move Highlight: ←→  Select Option: ↵
            Previous Screen:F3  Next Screen:F4  Exit Help:Esc
```

Pantalla de ayuda para dBASE IV

FIGURA 10.16
Continuación.

del capítulo examina las características de los sistemas de ayuda y presenta criterios para utilizar una función de ayuda en una aplicación.

Características de la ayuda Un sistema de ayuda se puede diseñar de varias formas (Fig. 10.16). Una forma utiliza un índice de términos y palabras clave. El usuario introduce la palabra clave apropiada (posiblemente un comando para ALMACENAR) y se da una explicación para el uso del comando. Se puede mostrar una lista de todas las palabras clave a solicitud del usuario, si éste no está seguro de la palabra clave apropiada. Si se necesitan detalles adicionales, el usuario puede solicitar un segundo nivel de explicación.

Una segunda forma utiliza el diálogo para instruir al usuario y que éste lleve a cabo la tarea paso por paso: "examine...; mueva...". Este formato tiene más palabras, por lo que no es muy apreciado que digamos por los usuarios experimentados. Sin embargo, el usuario novato podría apreciar realmente el apoyo de este método. La importancia de lograr un balance entre lo apropiado para los usuarios novatos y lo que prefieren los usuarios experimentados se enfatizó en el ejemplo del principio de este capítulo.

Algunos sistemas de ayuda son *sensibles al contexto*; es decir, determinan lo que el usuario intenta hacer y proporcionan información acerca de la acción que se pretende. Por ejemplo, podrían reconocer que la salida del sistema en cierto nivel del mismo es segura y no provocará la pérdida de datos. Pero en otro nivel, digamos, en la edición, una salida antes de guardar los datos provocará la pérdida de todos los cambios introducidos hasta ese punto. (El sistema de ayuda podría decir entonces al usuario que guarde los cambios antes de solicitar la salida.) La última forma es más sofisticada que las otras ya que debe llevar un registro de la actividad del sistema.

Criterios para la ayuda Una tecla específica debe estar programada para llamar siempre a la ayuda, independientemente de la función a consultar. Así, ya sea durante la entrada de datos, la edición o la preparación de un reporte, el usuario debe poder oprimir la misma tecla (un "botón de alarma") y recibir auxilio. Si el individuo debe detenerse a pensar qué tecla llama a la función de ayuda en cierta parte del sistema, la función de ayuda se volverá parte del problema. (En muchos sistemas la tecla de función F1 siempre se reserva para llamar la función de ayuda.)

La ayuda siempre debe involucrar a todo el sistema; no se debe omitir ninguna función. Imagínese lo frustrante que es para un usuario pedir ayuda y recibir una respuesta que indica que la ayuda no está disponible para esa función.

Finalmente, la ayuda debe enseñar al usuario sobre cómo usar el sistema, no cómo hacer el trabajo. Así, en una aplicación de contabilidad, es apropiado que la ayuda proporcione la guía sobre la forma de introducir débitos y créditos o enviar entradas a los registros diarios. Es inadecuado proporcionar una guía sobre si una entrada debiera ser un débito o un crédito o a cuál registro diario tuviera que enviarse una transacción.

Como se ha mostrado en este capítulo, las características del diálogo en línea, bajo el control del analista, juegan un papel central en el juicio del usuario hacia el sistema. Si el diálogo (desde las pantallas hasta los mensajes y asignaciones de teclas) parece natural y discreto para el individuo, se "sentirá" que la aplicación es fácil de usar. Por otro lado, un diálogo con un diseño pobre no sólo provocará que se sienta que el sistema es terrible, sino que podría producir ese tipo de resultados para la propia organización.

Comentario al margen
Selección de estrategias de diálogo en aplicaciones específicas

Ninguna estrategia de diálogo es la mejor. Depende de la situación. El enfoque pregunta/respuesta podría ser recomendable para el cajero automático de un banco; el enfoque de menú se usa con frecuencia cuando hay que hacer una serie de elecciones; las palabras clave son muy cómodas para los usuarios de las computadoras personales, acostumbrados a formatear diskettes para su uso inicial o para copiar archivos de un diskette a otro.

¿Qué pasaría si el analista que diseña el software para controlar los modernos elevadores en los edificios se convenciera de que un diálogo mediante palabras clave debiera utilizarse como la interfase? ¿Podría imaginarse lo molesto que sería elegir el piso deseado?

Mire a su alrededor y note las interfases de sistemas en torno suyo, tales como las que sirven para elegir el piso deseado al entrar a un elevador, echar a andar un coche en reversa o elegir un refresco en una máquina despachadora. Estas interfases son tan naturales que incluso no pensamos en ellas como interfases.

Asegúrese de considerar cada aplicación en forma individual y recuerde que ningún enfoque será siempre el correcto para todas las aplicaciones.

RESUMEN

Las conversaciones en línea se caracterizan por el diálogo entre el usuario y el sistema, aspecto importante de la *interfase*. Dependiendo de la naturaleza del diseño, la interfase puede facilitar o también obstaculizar la capacidad del usuario final para navegar a través del sistema, iniciar acciones de procesamiento (entrada, edición, almacenamiento y recuperación de datos) o recibir mensajes.

Frecuentemente, los analistas planean los diálogos en línea con ayuda de *diagramas de diálogo,* los cuales describen en forma visual las rutas a través del sistema y muestran las distintas funciones y su interconexión. La inclusión de características de diseño sólido para los sistemas en línea depende de la decisión del analista en sistemas.

El diálogo, la forma de interacción entre el usuario y el sistema, puede seguir cualquiera de las tres estrategias generales. La estrategia de diálogo *conducido por menú* presenta las alternativas en la pantalla del monitor, de las cuales el usuario escoge una o más oprimiendo una *tecla de selección,* posicionando una barra de color, etc. El diálogo conducido por menú, la más popular de todas las estrategias, es preferido por los usuarios debido a su sencillez y la facilidad con la que pueden aprenderlo.

El diálogo de comando, la segunda estrategia, puede tomar la forma de una única palabra (una *palabra clave* inicia un proceso), la forma de comando *nemónico* (comandos de una única palabra formada por abreviaturas de frases más largas) o la forma de *lenguaje natural* (los comandos se introducen en lenguaje común). En la estrategia de *diálogo de pregunta/respuesta,* el sistema motiva al usuario con una pregunta y espera una respuesta (frecuentemente, sí o no). Esta estrategia permite la presentación de preguntas y alternativas más elaboradas que las demás estrategias, pero también puede tener más palabras de las que preferirían muchos usuarios.

Los diálogos para la *entrada de datos* se conforman a menudo en torno a formatos que corresponden al documento fuente a partir del cual se introducirán los datos. La forma debe explicarse por sí misma y requerir pocos comentarios o mensajes de explicación.

En algunas aplicaciones, tales como el manejo de operaciones bancarias, se utiliza una inducción pregunta/respuesta. Por medio de preguntas, se solicitan los datos a los usuarios. Este método tan sencillo se usa con frecuencia cuando se introduce una cantidad limitada de datos (por ejemplo, uno o dos datos) y el área del monitor es limitada.

La *edición* en los sistemas en línea es un caso especial de la entrada de datos, en la cual se introducen los nuevos datos sobre espacios en blanco. Así, los diseños del diálogo y la pantalla para las dos funciones son comparables en propósito y forma.

El buen manejo de la pantalla producirá diálogos en línea efectivos. Las *ventanas* para los títulos, instrucciones, *mensajes* y *navegación* mejoran la comunicación con el usuario. Estas consideraciones de diseño deben estar apoyadas también por la asignación lógica y consistente de las *teclas de control de funciones* (tales como AYUDA, ESCAPE y SALIDA) y la *capacidad de paginar* y hacer un *scrolling* a través de los datos en pantalla.

Aun en los sistemas mejor diseñados, se necesitan las funciones de ayuda, no para instruir a los usuarios, sino para proporcionar información acerca de las preguntas que surjan. Tal función puede llamarse rápidamente mediante una simple combinación de teclas. Algunas características de ayuda son *sensibles al contexto*; determinan la acción que el usuario intenta llevar a cabo y lo auxilian para que la termine con éxito. Las características de ayuda se coordinan con cualquier función que intente utilizar el usuario, proporcionando así información específica de auxilio sin demasiadas solicitudes por parte del usuario.

El diseño del diálogo en línea contribuye de manera significativa a la aceptación de un sistema por parte de los usuarios. Un diálogo bien diseñado puede aumentar la eficiencia del usuario y reducir la probabilidad de los errores serios que podrían afectar de manera adversa a una organización.

PREGUNTAS DE REPASO

1. ¿En qué difieren los sistemas en línea de las aplicaciones por lote?
2. ¿Qué es una interfase? ¿Cuál es su propósito?
3. Analice las características de una interfase para los sistemas en línea.
4. ¿Qué finalidad tiene el diálogo? ¿Por qué es importante la calidad de un diálogo? ¿En qué formas afecta el diseño de un diálogo pobre a los usuarios y a las organizaciones?
5. Describa las acciones que ocurren durante la interfase de un sistema. Para cada una, dé ejemplos de acciones que se pueden llevar a cabo y qué respuestas proporciona el sistema a cada una de ellas.

6. Enliste y describa brevemente las funciones de procesamiento que los usuarios requieren al utilizar los sistemas en línea.

7. Distinga entre diálogos conducidos por menú, mediante palabras clave y de pregunta/respuesta.

8. ¿En qué difieren los menús y los menús pull-down? ¿Qué ventajas ofrece cada uno?

9. ¿Cuáles son los distintos tipos de diálogo mediante palabras clave? ¿En qué difieren?

10. Analice la finalidad de un formato para entrada de datos. ¿Qué características debe tener? ¿Cuándo es recomendable su uso?

11. ¿En qué casos es más frecuente el uso del método de pregunta/respuesta para la captura de datos? ¿Qué consideraciones tiene que tomar en cuenta el analista al utilizar este método? ¿Qué ventajas y desventajas ofrece este método?

12. Analice las analogías y diferencias entre entrada de datos, edición de datos y supresión de registros.

13. Analice las características de la pantalla que sean relevantes para la edición de sistemas en línea.

14. ¿Qué son las ventanas y por qué son importantes en el diálogo en línea? ¿Cuáles son las áreas de las ventanas que se encuentran en la mayoría de los buenos diseños de sistemas en línea y qué finalidad tienen?

15. ¿Cómo facilitan los mensajes la interacción del usuario con los sistemas en línea? ¿Cuáles son los distintos tipos de mensajes? Explique la finalidad de cada uno.

16. ¿Cuáles son las teclas de control y navegación que se incluyen en la especificación del diseño de un sistema en línea?

17. ¿Cuál es la diferencia con respecto a la finalidad y uso entre los sistemas de ayuda y los mensajes?

PROBLEMAS DE APLICACIÓN

1. Los investigadores y escritores mantienen bibliografías de artículos en periódicos, revistas y libros (información que es valiosa para llevar a cabo investigaciones en las áreas de interés, así como para preparar artículos escolares, manuscritos o artículos en los periódicos). Existen dos tipos esenciales de información: (1) detalles bibliográficos que identifiquen a la publicación y (2) clasificación de la información que describa el contenido de una publicación.

La información acerca de la publicación incluye el nombre del autor (o autores), título, editor o nombre de la publicación e información descriptiva sobre el trabajo. Si la publicación es una revista o un periódico, entonces la información descriptiva incluye el volumen y número de la revista, así como el mes y año de publicación. Si es un libro, la información descriptiva sólo incluye el lugar y año de publicación.

La información acerca de la clasificación consiste en palabras clave o frases que describen el tópico o tema incluido en la publicación. Usualmente es necesario un máximo de seis palabras o frases (algunos ejemplos serían "análisis y diseño de sistemas", "ingeniería de software" y "administración de sistemas de información").

a. ¿Qué factores determinan si la información bibliográfica descrita arriba será capturada en un documento fuente antes de que el investigador introduzca los detalles en un sistema bibliográfico basado en computadora?

b. Diseñe la distribución de una pantalla de captura de datos por compu-

ORDEN DE TRABAJO Y FORMA DE ESPECIFICACIÓN

TIENDA *D. Lindbergh*

PERSONAL DE VENTAS *Agner*

LLAMARÁ SE ☐ ENVIARÁ

NÚMERO DE PEDIDO **062980**

Almacén de marcos

NOMBRE *James A Senn*   TELÉFONO *6583880*

DIRECCIÓN   DEPTO. NÚM.

CIUDAD   ESTADO   CÓDIGO POSTAL

FECHA DE HOY — *5 - 89*
FECHA PROMETIDA *22 - 89*
FECHA DE RECEPCIÓN
FECHA DE ENTREGA

CANTIDAD	MOLDURA	TAMAÑO	PIES	PRECIO POR PIE	CADA UNO	TOTAL
1	168	$10\frac{1}{2} \times 12\frac{5}{8}$	4	3.15		12.60

ORILLA *762*   ORILLA   MAT
COLOR Y NÚMERO   COLOR Y NÚMERO   COLOR Y NÚMERO

NÚMERO DE PEDIDO

CANTIDAD		SÍ	NO	BURLAP	TERCIOPELO	ESQUINA PINTADA	CADA UNO	TOTAL
	MAT							3.51
	MONTAR	PERGAMINO	PIEL	PINTURA AL PASTEL	CARBONCILLO	OBJETOS		
		FAN CASE	TELA	ACRÍLICO SOBRE MASONITA	ACRÍLICO SOBRE BASTIDOR			
	VIDRIO	NO	REGULAR	OPACO	PLACA DE ESPEJO	OTRO		2.90
	AJUSTE					CAJA DE SOMBRA		

TOTAL MERC *19.01*
menos 20   15.70
IMPUESTO
MANEJO
SEGURO

INSTRUCCIÓNES ESPECIALES *Analisis y Diseño*
21 de enero del 89

TOTAL

FIRMA DEL CLIENTE   NÚMERO DE VENDEDOR *Agner*

NÚMERO DE PEDIDO

NO SOMOS RESPONSABLES POR TRABAJOS DEJADOS POR MÁS DE 60 DÍAS

10/83/20M

tadora para este sistema. Los datos sobre el autor y el título pueden ser de hasta 120 caracteres cada uno y la información editorial y descriptiva no deben exceder más de 80 caracteres. (La terminal de pantalla de video contiene 80 columnas y 25 renglones.) Incluya los datos de clasificación mediante palabras clave en su diseño.

c. Prepare pantallas que permitan la recuperación de lo siguiente:

(1) Una publicación específica, identificada por el título

(2) Todas las entradas bibliográficas de un autor específico

(3) Todas las entradas bibliográficas en una clasificación específica mediante palabras clave en un rango específico de años

2. La forma de pedido que se muestra en la página 555 es utilizada por una fábrica de marcos para pinturas. Los clientes eligen la moldura (usualmente de madera o metal) y un acabado específico. Escogen el grueso y color de la orilla que rodeará al cuadro (las pinturas al óleo no llevan orilla). También especifican las dimensiones de la moldura de la orilla y del tipo de vidrio que desean usar.

   La dirección de la firma desea computarizar su proceso de control de pedidos de forma que se pueda monitorear con precisión qué materiales se usan con más frecuencia. La dirección también necesita saber el momento en el que se aceptan los pedidos específicos de los clientes y cuándo están listos para la entrega. Esta información es de particular importancia debido a que ciertos artículos dejados por los clientes son muy valiosos y están asegurados. También es recomendable tener un buen panorama de los ingresos, incluyendo los impuestos, seguros y manejo de cargos.

   Aunque la dirección está convencida de los beneficios del procesamiento por computadora, existe un cierto temor para decidirse a proseguir, principalmente porque la forma de pedido que se utiliza por el momento en el sistema manual es efectiva y esencial. La forma no sólo contiene toda la información descriptiva, sino que también incluye la disposición del artículo a enmarcar, junto con sus dimensiones. La dirección ha decidido que continuará con la automatización siempre que la información que contiene la forma actual de pedido se pueda retener en un sistema con base en una computadora.

   a. Examine la forma actual de pedido. ¿Qué componentes de la forma deben retenerse en un sistema automatizado, en el que el personal de ventas introducirá los datos por medio de una computadora con una pantalla de 80 columnas por 25 renglones? ¿Qué componentes no deben ser incluidos? Explique.

   b. Desarrolle una pantalla (o conjunto de pantallas) para la captura de datos que reemplace la forma, incluyendo todo aquel detalle que usted considere factible. Incluya la navegación necesaria y la información descriptiva. Identifique la distribución de ventana utilizada en su diseño.

   c. Elija una estrategia de diálogo que permita la captura, modificación y borrado de pedidos, así como la impresión de los pedidos pendientes.

3. Un sistema en línea de control de espectáculos permite la recuperación de registros mediante la fecha de la función, número de identificación de la función o su posición. Los datos se almacenan en el sistema mediante el número de función y los registros de funciones se pueden presentar en orden ascendente o descendente.

   Se muestran los siguientes datos en la pantalla:

Número de función	8 caracteres
Patrocinador	24 caracteres
Fecha del evento	6 dígitos (DD/MM/AA)
Costo del evento	10 dígitos, 2 cifras decimales
Down payment	10 dígitos, 2 cifras decimales
Balance de deudas	10 dígitos, 2 cifras decimales
Dirección de cobro	48 dígitos
Notas y comentarios	24 caracteres

   a. Desarrolle la distribución de la pantalla de captura de datos que describa la función o espectáculo. Indique cualquier validación de datos que desee que el sistema lleve a cabo. Indique también los campos que el sistema debiera calcular en forma automática.

   b. Desarrolle la distribución de una pantalla de actualización de datos, incluyendo instrucciones para el usuario sobre cómo editar datos, cómo recuperar registros de eventos específicos mediante la fecha o número de función y cómo navegar en forma secuencial a través de los registros de funciones. La pantalla tiene 24 líneas, cada una con 80 caracteres.

4. La factura que se muestra en la página 558 será producida en forma automática cuando se instale un nuevo sistema en línea de procesamiento de pedidos. Por el momento, esto se realiza en forma manual. Todos los clientes tienen número de identificación si son compradores regulares que han establecido crédito con la compañía (y así, no deben pagar sus pedidos por adelantado). Todos los clientes con crédito tienen plazos de 30 días.

Todos los pedidos son embarcados por el Servicio Unido de Paquetería (SUP), a menos de que el cliente solicite otro medio. En cualquier caso, el costo del envío se añade a la factura. El monto es un costo predeterminado que se basa en el peso del artículo.

Ninguno de los artículos que vende la firma tiene un precio unitario mayor de $1000.

Todas las facturas se numeran cuando se elaboran (el empleado escribe el número en la forma de factura) y todas tienen órdenes de trabajo interno y fechas de pedido. El punto FOB (para el envío) siempre es el origen. Algunos clientes dan sus propios números de orden de compra para referencia. Al ser proporcionados los artículos, los números de orden de compra siempre se imprimen en la factura.

En la factura se incluyen tanto la dirección de cobro como la de envío, aun cuando sea la misma.

a. Diseñe una pantalla de captura de datos para el sistema de facturación. Describa todos los detalles del pedido, utilizando pantallas anidadas o ventanas en caso necesario.

b. Indique todos los detalles que deben introducirse, aquellos que serán calculados por el sistema y los que serán recuperados de los archivos del sistema. Para los datos que serán recuperados, diga cómo se le señalará al sistema lo que hay que recuperar.

c. Indique cualquier campo que deba ser validado en el sistema propuesto. ¿Qué método de validación recomendaría para cada uno?

d. ¿Cómo propondría el manejo de facturas para aquellas en las que el número total de artículos no se pueda imprimir en el espacio permitido en una única forma de factura, o aquellas para las que el número total de artículos no se pueda mostrar en la pantalla al mismo tiempo?

5. Un nuevo sistema en línea para la actualización de la información del cliente y detalles de las transacciones al menudeo llevará a cabo las siguientes funciones principales: captura y despliegue de transacciones al menudeo, captura y despliegue de información sobre clientes, imprimir listas detalladas de transacciones y cerrar periodos de ventas. Entre las características de la parte del sistema acerca de la información sobre los clientes estará la capacidad de capturar información de clientes nuevos, editar detalles de los registros existentes de los clientes, borrar registros de los clientes e imprimir información sobre éstos. Dentro de la parte de impresión del programa, el usuario tiene la opción de mostrar la información para un cliente específico o listar e imprimir información de todos los clientes en orden alfabético, por número de cliente o código postal.

El sistema es manejado por menú principal y permitirá que el usuario regrese desde cualquier punto del sistema al menú anterior o salga del sistema.

FACTURA

FACTURA NÚM.

CLIENTE NÚM.

COBRAR A: ENVIAR A:

FECHA	ENVIAR VIA	F.O.B.	TÉRMINOS

NÚMERO DE ORDEN DE COMPRA	FECHA DE SOLICITUD	PERSONAL DE VENTAS	NUESTRO NÚMERO DE PEDIDO

CANTIDAD		NÚMERO DE ARTÍCULO	DESCRIPCIÓN	PRECIO UNITARIO	PRECIO EXTENDIDO
SOLICITADA	ENVIADA B.O.				

a. El sistema debe diseñarse como un sistema con varios menús. Desarrolle los menús para la aplicación descrita, en lo que respecta a la parte de los clientes. Diseñe las pantallas para incluir toda la información relevante como debiera mostrarse al usuario. (La pantalla tiene 24 renglones por 80 columnas.)

b. Para la parte de edición del sistema, describa el proceso de entrada necesario para añadir, borrar y cambiar los registros de los clientes. Sea específico acerca de las entradas que debe proporcionar el usuario para cada tipo de transacción y cómo debe validarse por el sistema.

c. Indique cualquier énfasis visual en a y b.

d. Prepare un diagrama de diálogo para el sistema.

6. Suponga que usted es un participante en el diseño de un sistema de apoyo de decisiones para ayudar a los directores en la planeación y proyección. El sistema será diseñado en una computadora pequeña, y mostrará las estimaciones de las ventas, mano de obra, costo de las existencias, así como costos de dirección e instalaciones. El sistema también calculará los gastos de instalación y las estimaciones del costo de las existencias como un porcentaje fijo de las ventas. Los gastos por dirección es un monto fijo en dólares. Las estimaciones por la mano de obra y los gastos varios fluctúan y deben introducirse por el usuario.

Las ganancias brutas serán calculadas en forma automática por el sistema como ventas, menos los costos.

a. Desarrolle una o más pantallas para captura de datos en el sistema y el diálogo en línea que lo soporte. Desarrolle un diseño fácil de visualizar y que proporcione ayuda al usuario para introducir y examinar datos.

b. Diseñe una pantalla para edición de datos en la aplicación descrita, indicando cualquier uso apropiado del realce de caracteres (mayor intensidad y brillo).

c. Indique qué cambios, si fuera necesario, haría usted si el sistema utilizara color para la presentación de datos. Explique las razones para los cambios que sugiere.

BIBLIOGRAFÍA

MARTIN, J.: *Design of Man-Computer Dialogues,* Englewood Cliffs, NJ: Prentice-Hall, 1973.

MILLER, L.A., y J.C. THOMAS, Jr.: "Behavioral Issues in the Use of Interactive Systems," *International Journal of Man-Machine Systems,* 9, 1977, pp. 509-536.

PETERSON, D.E.: "Screen Design Guidelines," *Small Systems World,* 6,8, febrero 1979, pp. 19-21 y siguientes.

SCHNEIDERMAN, B.: "Direct Manipulation: An Alternative to Programming Languages," *Computer Programming Management,* Nueva York, NY: Auerbach Publishers, 1984.

SCHNEIDERMAN, B.: *Software Psychology: Human Factors in Computer and Information Systems,* Cambridge, MA: Winthrop, 1980.

TUFTE, E.R.: *The Visual Display of Quantitative Information,* Cheshire, CT: Graphics Press, 1983.

CASO DE ESTUDIO FASE IV

Diseño de entradas y salidas para Industrias Sevco

RESUMEN DE REPORTES Y DOCUMENTOS

El analista de sistemas responsable del diseño de la salida del nuevo sistema de entrada de pedidos y estados de cuenta para Industrias Sevco ha determinado 14 puntos específicos de salida impresa. Además, también se han diseñado pantallas para mostrar las respuestas de las preguntas del usuario.

Para cada uno de los diseños de salida incluidos en esta sección, se presenta la información para indicar quién es el usuario o receptor de la salida. También se identifica la frecuencia con la que se generará cada reporte o documento de salida.

Salida externa

Existen cinco salidas separadas o reportes (Figs. CE.25 a la CE.29) con la intención de distribuirlas por fuera de la compañía:

1. Confirmación del pedido
2. Factura
3. Aviso de envío
4. Informe mensual
5. Aviso de saldo vencido

El aviso de envío es la información de embarque preparada cuando un pedido se transmite al embarcador o transportador. En este diseño, se ha añadido un campo de saldo vencido para auxiliar a la dirección a reunir las cuentas con deuda y ayudar a reducir el balance de los estados de cuenta.

Cada uno de los cinco documentos enlistados arriba son formas preimpresas. La distribución del documento especifica el nombre de la compañía, dirección y logotipo, así como los encabezados de las columnas. La información está preimpresa en la forma. El resto de la información variable será dada por el sistema de cómputo que genera cada documento. Para indicar los tamaños de los campos, los analistas han señalado la longitud y tipo de la información, utilizando el símbolo X para

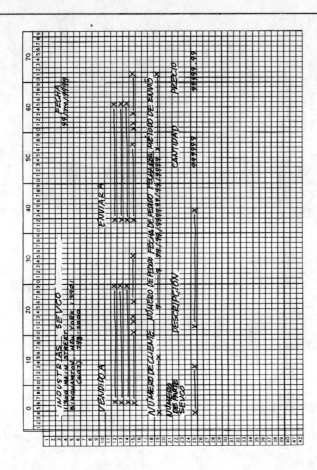

Usuario: Cliente
Frecuencia: Al menos una vez al
dia, para cada lote
de pedidos
introducido
Tipo: Reporte externo

Contenido: FECHA ACTUAL
NÚMERO DE PÁGINA
NOMBRE DEL CLIENTE
NÚMERO DEL CLIENTE
DIRECCIÓN DE COBRO
DIRECCIÓN DE ENVÍO
NÚMERO DE PEDIDO
FECHA DEL PEDIDO
FECHA REQUERIDA
MÉTODO DE ENVÍO
NÚMERO DE ARTÍCULO
DESCRIPCIÓN
CANTIDAD SOLICITADA
PRECIO

FIGURA CE.25
Factura.

indicar los datos alfanuméricos y 9 para los datos numéricos.
Estos detalles se muestran sólo en los primeros tres documentos.
Hemos omitido las especificaciones de longitud en el resto de los
documentos al reproducirlos aquí. Normalmente, se incluyen las
especificaciones de longitud y tipo en todos los documentos
antes que sean transferidos a los programadores.

Salida interna

Se han diseñado nueve reportes (Figs. CE.30 a la CE.38 para el
uso interno en la compañía. Se han especificado registros,
reportes y documentos especiales.

Los tres registros que se utilizan en el nuevo sistema son

1. Registro de actualización de lotes
2. Registro de facturas y estados de cuenta
3. Registro de recibos de pago y ajustes

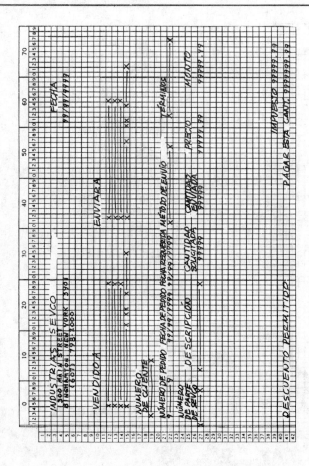

Usuario:	Cliente
Frecuencia:	Al menos una vez al día, dependiendo del volumen de envíos
Tipo:	Reporte externo
Contenido:	FECHA ACTUAL
	NÚMERO DE PÁGINA
	NOMBRE DEL CLIENTE
	NÚMERO DEL CLIENTE
	DIRECCIÓN DE COBRO
	DIRECCIÓN DE ENVÍO
	NÚMERO DE PEDIDO
	FECHA DE PEDIDO
	MÉTODO DE ENVÍO
	FECHA REQUERIDA
	TÉRMINOS
	NÚMERO DE PARTE DE SEVCO
	DESCRIPCIÓN
	CANTIDAD SOLICITADA
	CANTIDAD ENVIADA
	PRECIO
	MONTO
	IMPUESTO
	DEUDA TOTAL
	DESCUENTO PERMITIDO

FIGURA CE.26
Confirmación de pedido.

Los registros pretenden ayudar a las actividades de auditoría y control del sistema y apoyar a la dirección para garantizar que las transacciones entren al sistema adecuadamente, además de monitorear cualquier cambio y ajuste hechos a los registros de clientes y de contabilidad. Los controles específicos incluidos en este diseño se analizan con más detalle en la parte de entrada del diseño.

Los demás reportes internos son:

1. Tarjeta de pedido
2. Notificaciones para envío
3. Reporte de pedidos pendientes
4. Resumen de facturas
5. Facturas actualizadas en los archivos maestros
6. Balance cronológico de prueba

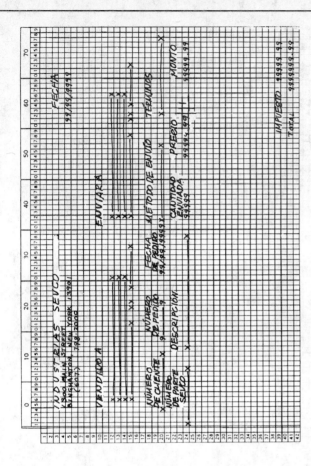

Usuario: Empleado de facturación

Frecuencia: Al menos una vez al día, siempre que se preparen las facturas

Tipo: Reporte externo

Contenido: FECHA ACTUAL
NÚMERO DE PÁGINA
NOMBRE DEL CLIENTE
NÚMERO DE CLIENTE
DIRECCIÓN DE COBRO
DIRECCIÓN DE ENVÍO
NÚMERO DE PEDIDO
FECHA DE PEDIDO
MÉTODO DE ENVÍO
TÉRMINOS
NÚMERO DE ARTÍCULO
DESCRIPCIÓN
CANTIDAD ENVIADA
PRECIO
MONTO

FIGURA CE.27
Nota de envío.

Estos documentos reflejan el carácter interactivo del sistema, reemplazando la generación manual de los documentos por una automatizada mediante el sistema. Las tarjetas de pedido y las notificaciones para envío serán realizadas por el sistema.

El énfasis en la auditoría y control construidos en el sistema también son evidentes en el reporte de procesamiento de facturas y el balance cronológico de prueba. Mediante estos reportes, el usuario puede monitorear y determinar si las actividades y balances contables son correctos.

Sistemas de pantalla

El diseño del sistema incluye pantallas que permiten a los usuarios introducir preguntas acerca de las actividades de los clientes y recibir información en respuesta a sus cuestionamientos en una pantalla. Se han diseñado tres pantallas de salida:

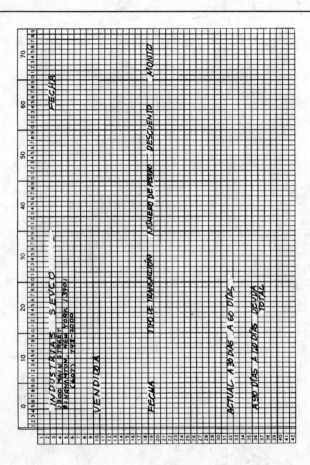

Usuario: Cliente

Frecuencia: Al cierre del periodo

Tipo: Reporte externo

Contenido: FECHA ACTUAL
NÚMERO DE PÁGINA
NOMBRE DEL CLIENTE
DIRECCIÓN DE COBRO
FECHA DE LAS
TRANSACCIONES
TIPO DE LAS
TRANSACCIÓNES
DESCUENTO
MONTO
NÚMERO DE PEDIDO
DEUDA ACTUAL
A 30 DÍAS
A 60 DÍAS
A 90 DÍAS
A 120 DÍAS
BALANCE DE CUENTA

FIGURA CE.28
Informe.

1. Pantalla para preguntar por los pedidos de los clientes
2. Pantalla para preguntar por la situación del cliente
3. Pantalla para preguntar por los datos pendientes en los estados de cuenta

Estas pantallas también se incluyen en las pantallas de entrada que se analizan en la fase siguiente. Asimismo se examinan los datos necesarios para llamar a cada pantalla.

Diccionario de datos

Los datos que se incluyen en cada salida se muestran con la distribución de la salida. Los nombres de los datos enlistados son idénticos a los del diccionario de datos que se muestra en la figura CE.39. Usted habrá notado que hemos añadido algunos detalles que no estaban en el análisis original. Por ejemplo, los requerimientos del usuario muestran con claridad que se

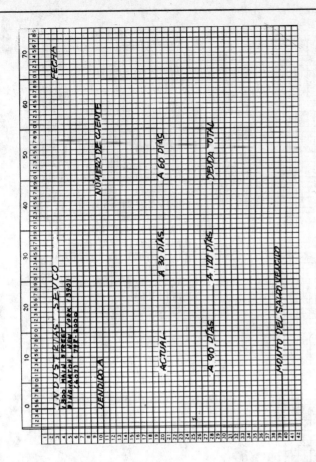

Usuario: Cliente

Frecuencia: Al cierre del periodo

Tipo: Reporte externo

Contenido: FECHA ACTUAL
NOMBRE DEL CLIENTE
DIRECCIÓN DE COBRO
NÚMERO DEL CLIENTE
DEUDA ACTUAL
A 30 DÍAS
A 60 DÍAS
A 90 DÍAS
A 120 DÍAS
MONTO DEL SALDO VENCIDO
BALANCE DE CUENTA

FIGURA CE.29
Aviso de saldo vencido.

necesitaba una mejor información acerca de las actividades del cliente y los balances de cuenta. Por lo tanto, los analistas incluyeron la información cronológica para mostrar los balances actuales y a 30, 60, 90 y 120 días. El diccionario de datos se amplió para incluir estos elementos de los datos.

El diccionario de datos desarrollado durante el diseño también incluye los demás datos utilizados para producir el reporte. Por ejemplo, se han añadido los datos necesarios para obtener los totales adecuados de auditoría y control.

Cuando usted examine la distribución de los reportes, verá cómo los requerimientos han sido traducidos a las características del diseño.

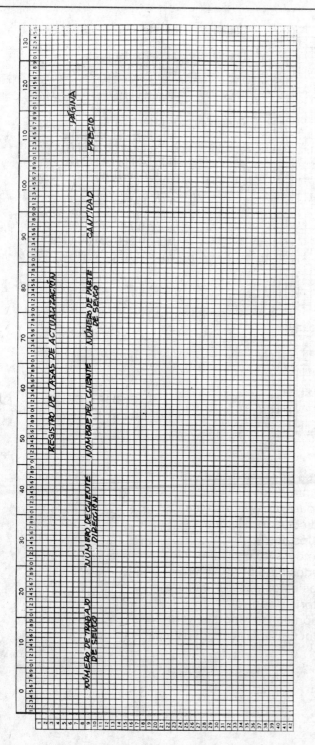

Usuario: Carbo, gerente de producción

Frecuencia: Al menos una vez al día

Tipo: Reporte del usuario

Contenido:
FECHA ACTUAL
NÚMERO DE PÁGINA
TÍTULO DEL REGISTRO
NÚMERO DE TRABAJO DE SEVCO
NÚMERO DE PEDIDO
NOMBRE DEL CLIENTE
DIRECCIÓN DE COBRO
NÚMERO DE PARTE DE SEVCO
CANTIDAD SOLICITADA
PRECIO
TOTAL POR NÚMERO DE PEDIDOS
TOTAL $ MONTO

FIGURA CE.30
Registro de actualización de lotes.

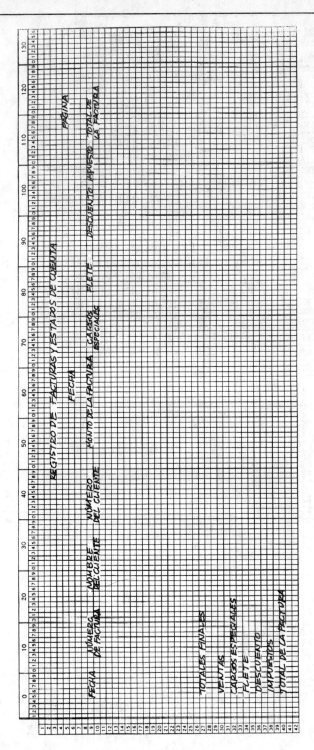

Usuario: Carbo, gerente
                    de producción

Frecuencia: Al menos una vez al
                    día, dependiendo del
                    volumen de las
                    facturas

Tipo: Reporte del usuario

Contenido: FECHA ACTUAL
                    NÚMERO DE PÁGINA
                    FECHA DE FACTURACIÓN
                    NÚMERO DE FACTURA
                    NÚMERO DE CLIENTE
                    NOMBRE DEL CLIENTE
                    MONTO DE LA FACTURA
                    CARGOS ESPECIALES
                    CARGO DE ENVÍO
                    DESCUENTO
                    IMPUESTO
                    TOTAL DE LA FACTURA
                    TOTAL DE VENTAS
                    TOTAL DE CARGOS
                    ESPECIALES
                    TOTAL DE FLETE
                    TOTAL DE DESCUENTO
                    TOTAL DE IMPUESTOS
                    TOTAL DE LA FACTURA

FIGURA CE.31

Registro de facturas y estados de cuenta.

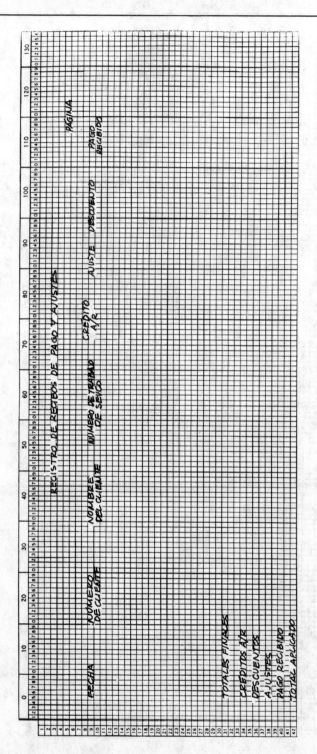

Usuario: Carbo, gerente de producción

Frecuencia: Diario

Tipo: Reporte del usuario

Contenido: FECHA ACTUAL
NÚMERO DE PÁGINA
FECHA DE A/R
NÚMERO DE CLIENTE
NOMBRE DEL CLIENTE
NÚMERO DE TRABAJO DE
SEVCO
CRÉDITOS A/R
DESCUENTO
AJUSTES
PAGO RECIBIDO
TOTAL DE CRÉDITOS A/R
TOTAL DE DESCUENTOS
TOTAL DE AJUSTES
TOTAL DE PAGO RECIBIDO
TOTAL APLICADO

FIGURA CE.32

Registro de recibos de pago y ajustes.

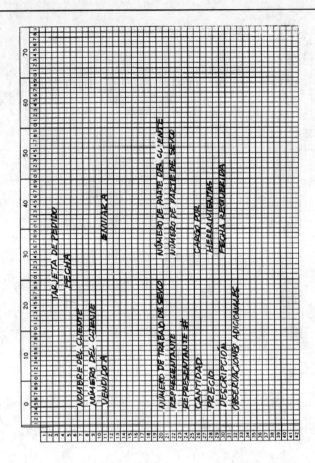

Usuario: Carbo, gerente de producción

Frecuencia: Al menos una vez al día por cada lote de pedidos registrados

Tipo: Reporte de usuario

Contenido: FECHA ACTUAL
NÚMERO DE PÁGINA
NOMBRE DEL CLIENTE
NÚMERO DE CLIENTE
DIRECCIÓN DE COBRO
DIRECCIÓN DE ENVÍO
NÚMERO DE TRABAJO DE SEVCO
NOMBRE DEL REPRESENTANTE
NÚMERO DE REPRESENTANTE
CANTIDAD
PRECIO
DESCRIPCIÓN
NÚMERO DE PARTE DEL CLIENTE
NÚMERO DE PARTE DE SEVCO
CARGO POR HERRAMIENTAS
FECHA REQUERIDA
OBSERVACIONES ADICIONALES

FIGURA CE.33
Tarjeta de pedido.

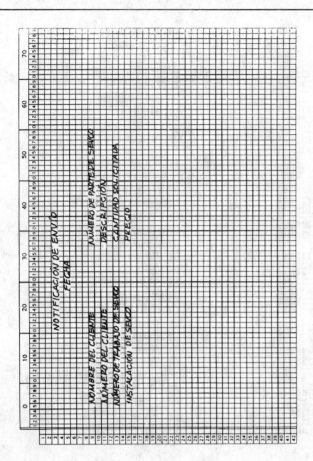

Usuario: Empleado de facturación

Frecuencia: Al menos una vez al día, dependiendo del volumen de la producción

Tipo: Reporte del usuario

Contenido: FECHA ACTUAL
NOMBRE DEL CLIENTE
NÚMERO DE CLIENTE
INSTALACIÓN DE PRODUCCIÓN
NÚMERO DE PARTE DE SEVCO
DESCRIPCIÓN
CANTIDAD SOLICITADA
PRECIO
NÚMERO DE TRABAJO DE SEVCO

FIGURA CE.34
Notificación de envío.

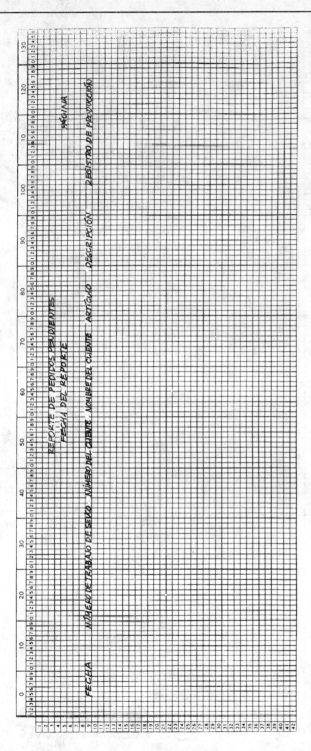

Usuario: Carbo, gerente de
               producción

Frecuencia: Cuando sea
               necesario, al menos
               una vez a la semana

Tipo: Reporte del usuario

Contenido: FECHA ACTUAL
               NÚMERO DE PÁGINA
               FECHA
               NÚMERO DE TRABAJO DE
               SEVCO
               NÚMERO DE CLIENTE
               NOMBRE DEL CLIENTE
               ARTÍCULO
               DESCRIPCIÓN
               LUGAR DE PRODUCCIÓN

*El usuario elige el ordenamiento
mediante uno de los siguientes
puntos:
     Fecha
     Número de trabajo de SEVCO
     Número de cliente
     Artículo

FIGURA CE.35
Reporte de pedidos
pendientes.

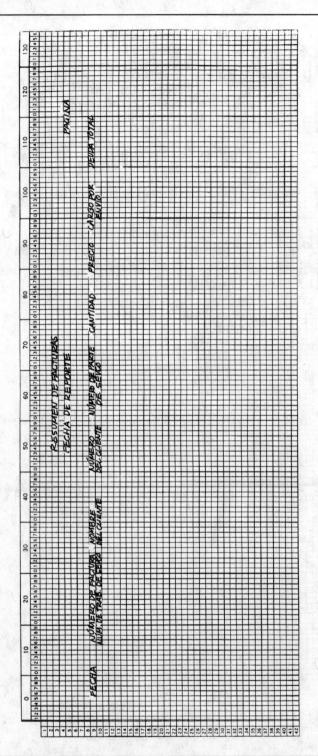

Usuario: Olson, Jacobson

Frecuencia: Semanal

Tipo: Reporte del usuario

Contenido: FECHA ACTUAL
NÚMERO DE PÁGINA
FECHA
NÚMERO DE FACTURA
NOMBRE DEL CLIENTE
NÚMERO DE CLIENTE
NÚMERO DE PARTE DE SEVCO
CANTIDAD SOLICITADA
PRECIO
CARGO POR ENVÍO
DEUDA TOTAL
NÚMERO DE TRABAJO DE
SEVCO

FIGURA CE.36
Resumen de facturas.

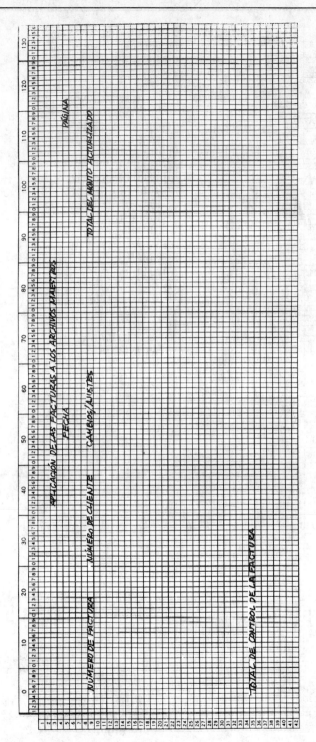

APLICACIÓN DE LAS FACTURAS A LOS ARCHIVOS MAESTROS

Usuario: Carbo, gerente de producción (con propósitos de auditoría)

Frecuencia: Al menos una vez al día, para cada lote de facturas

Tipo: Reporte del usuario

Contenido: FECHA ACTUAL
NÚMERO DE PÁGINA
NÚMERO DE FACTURA
NÚMERO DE CLIENTE
TOTAL DEL MONTO ACTUALIZADO
TOTAL DE CONTROL DE LA FACTURA
CAMBIOS/AJUSTES

FIGURA CE.37
Aplicación de las facturas a los archivos maestros.

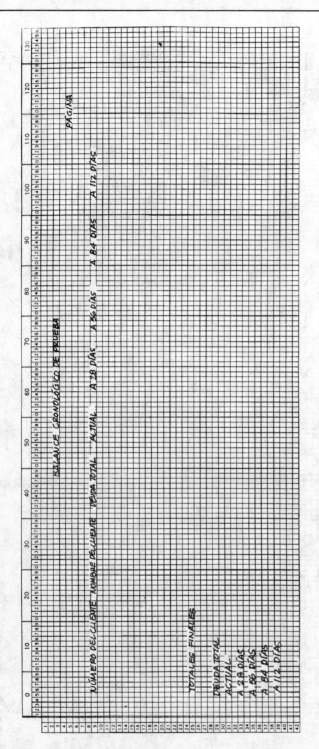

Usuario: Carbo, gerente de producción, Olson Jacobson

Frecuencia: Al cierre del periodo

Tipo: Reporte del usuario

Contenido: FECHA ACTUAL
NÚMERO DE PÁGINA
NÚMERO DE CLIENTE
NOMBRE DEL CLIENTE
DEUDA TOTAL
DEUDA ACTUAL
A 30 DÍAS
A 60 DÍAS
A 90 DÍAS
A 120 DÍAS
TOTAL DE DEUDA
TOTAL DE DEUDA ACTUAL
TOTAL A 30 DÍAS
TOTAL A 60 DÍAS
TOTAL A 90 DÍAS
TOTAL A 120 DÍAS

FIGURA CE.38
Balance cronológico
de prueba.

	TIPO	LONGITUD
ESTADOS DE CUENTA		
DETALLES DEL CLIENTE		
DETALLES DE LA CUENTA DEL CLIENTE		
APROBACIÓN-DESAPROBACIÓN		
DETALLES DEL PEDIDO		
APROBACIÓN-DESAPROBACIÓN DE LA GERENCIA	X	1
DETALLES DE CONTROL DE LOTES		
NÚMERO DE LOTES	N	5
IDENTIFICACIÓN DE LA ESTACIÓN DE TRABAJO	N	3
FECHA DEL LOTE	N	6
NÚMERO DE REGISTRO DEL LOTE	N	5
DIRECCIÓN DE COBRO		
CALLE DE COBRO	C	24
CIUDAD DE COBRO	C	16
ESTADO DE COBRO	C	2
CÓDIGO POSTAL DE COBRO	C	9
CAMBIOS/AJUSTES	C	8
CONTROL/AJUSTES	C	8
FECHA ACTUAL	N	6
DETALLES DE LA CUENTA DEL CLIENTE		
NÚMERO DE CLIENTE	C	12
BALANCE DE CUENTA	N	8.2
LÍMITE DE CREDITO	N	8.2
SITUACIÓN DE LA CUENTA	C	1
DEUDA ACTUAL	N	8.2
MONTO DEL SALDO VENCIDO	N	8.2
A 30 DÍAS	N	8.2
A 60 DÍAS	N	8.2
A 90 DÍAS	N	9.2
A 120 DÍAS	N	8.2
CUENTA DE PEDIDOS PENDIENTES	N	3
DETALLES DEL CLIENTE		
NÚMERO DE CLIENTE	C	12
NOMBRE DEL CLIENTE	C	24
DIRECCIÓN DE COBRO		
DIRECCIÓN DE ENVÍO		
CÓDIGO DE IMPUESTOS	N	2
TELÉFONO	N	10
FACTURA		
DETALLES DE LA FACTURA		
NÚMERO DE PEDIDO	N	8
NÚMERO DE TRABAJO DE SEVCO	N	8
NÚMERO DE FACTURA	N	8
FECHA DE LA FACTURA	N	6

FIGURA CE.39

Diccionario de datos para el nuevo sistema de procesamiento de pedidos y estados de cuenta.

	TIPO	LONGITUD
CARGOS ESPECIALES	N	5.2
DESCRIPCIÓN DE CARGOS ESPECIALES	N	16
DETALLES DEL ARTÍCULO		
CARGO POR ENVÍO	N	5.2
MONTO	N	5.2
DETALLES DEL IMPUESTO		
DESCUENTO PERMITIDO	N	2
MONTO TOTAL DE LA FACTURA	N	8.2
DETALLES DEL CLIENTE		
RESUMEN DE FACTURA		
TOTAL DE VENTAS	N	8.2
TOTAL DE CARGOS ESPECIALES	N	8.2
TOTAL DE FLETE	N	8.2
TOTAL DE DESCUENTOS	N	8.2
TOTAL DE IMPUESTOS	N	8.2
TOTAL DE FACTURA	N	8.2
DETALLES DEL ARTÍCULO		
NÚMERO DE ARTÍCULO	N	10
DESCRIPCIÓN	C	24
CANTIDAD SOLICITADA	N	5
EXTENSIÓN DEL COSTO DEL ARTÍCULO	N	5.2
CANTIDAD ENVIADA DE ARTÍCULOS	N	5
CÓDIGO DE DESCUENTO	N	2
FACTURA NUMERADA		
NÚMERO DE FACTURA	N	8
DETALLES DE LA FACTURA		
PEDIDO PENDIENTE		
NÚMERO DE TRABAJO	N	8
DETALLES DEL PEDIDO		
ESTADO DEL TRABAJO	C	1
PEDIDO		
DETALLES DEL PEDIDO		
NÚMERO DE PEDIDO	N	8
FECHA DEL PEDIDO	N	6
NÚMERO DE ORDEN DE COMPRA	N	8
DETALLES DEL CLIENTE		
DETALLES DEL ARTÍCULO		
FECHA REQUERIDA	N	6
TÉRMINOS	C	16
CANTIDAD DE DESCUENTO	N	2
CONFORMACIÓN DEL PEDIDO		
CARGO POR ENG	N	5.2
NÚMERO DE PLANO DE INGENIERÍA	N	5
PESO UNITARIO	N	5
HERRAMIENTAS	C	16
OBSERVACIONES ADICIONALES	C	24
DETALLES DE LA APROBACIÓN		
VERIFICACIÓN DEL PRECIO	N	1

FIGURA CE.39
Continuación.

	TIPO	LONGITUD
VERIFICACIÓN DEL ESTADO	N	1
APROBACIÓN DE LA GERENCIA	N	1
NÚMERO DE PEDIDO	N	8
TARJETA DE PEDIDO		
ORDEN DE PRODUCCIÓN	N	8
NÚMERO DE PÁGINA	N	3
ORDEN DE PRODUCCIÓN		
NÚMERO DE TRABAJO DE SEVCO	N	8
DETALLES DEL PEDIDO		
NÚMERO DE PEDIDO	N	8
DETALLES DEL PRECIO POR CANTIDAD		
LÍMITE DE CANTIDAD NÚMERO 1	N	5
LÍMITE DE CANTIDAD NÚMERO 2	N	5
LÍMITE DE CANTIDAD NÚMERO 3	N	5
LÍMITE DE CANTIDAD NÚMERO 4	N	5
LÍMITE DE CANTIDAD NÚMERO 5	N	5
DESCUENTO POR CANTIDAD NÚMERO 1	N	2
DESCUENTO POR CANTIDAD NÚMERO 2	N	2
DESCUENTO POR CANTIDAD NÚMERO 3	N	2
DESCUENTO POR CANTIDAD NÚMERO 4	N	2
DESCUENTO POR CANTIDAD NÚMERO 5	N	2
DETALLES DE LISTO PARA ENVÍO		
ORDEN DE PRODUCCIÓN	N	8
SITUACIÓN DE TERMINACIÓN	C	1
LUGAR DE PRODUCCIÓN	C	2
DETALLES DE REPRESENTANTE		
NÚMERO DE REPRESENTANTE	N	3
NOMBRE DEL REPRESENTANTE	C	24
DATOS DEL SALDO		
PAGO		
NÚMERO DE CUENTA	C	12
MONTO DEL PAGO	N	8.2
o bien		
CRÉDITO		
NÚMERO DE CUENTA	C	12
MONTO DEL CRÉDITO	N	8.2
APROBACIÓN	N	1
DIRECCIÓN DE ENVÍO		
CALLE DE ENVÍO	C	24
CIUDAD DE ENVÍO	C	16
ESTADO DE ENVÍO	C	2
CÓDIGO POSTAL DE ENVÍO	C	9
INFORME		
DETALLES DEL CLIENTE		
DETALLES DE LA CUENTA DEL CLIENTE		
DETALLES DE LA FACTURA		

FIGURA CE.39
Continuación.

	TIPO	LONGITUD
DETALLES DE IMPUESTO		
CÓDIGO DE IMPUESTO	N	2
NOMBRE DEL CUERPO DE IMPUESTO	C	24
TASA DE IMPUESTO	N	2
DETALLES DE LA TRANSACCIÓN		
TIPO DE TRANSACCIÓN	N	2
DETALLES DE LA FACTURA		
DATOS DEL SALDO	C	16
DETALLES DE PROCESAMIENTO DE LA TRANSACCIÓN		
TOTAL DE PAGOS DE LA TRANSACCIÓN	N	8.2
TOTAL DE LA FACTURA DE LA TRANSACCIÓN	N	8.2
TOTAL DE LOS AJUSTES DE LA TRANSACCIÓN	N	8.2
FECHA DE TRANSACCIÓN	N	6
TIPO DE TRANSACCIÓN	N	2
NÚMERO DE REFERENCIA DE LA TRANSACCIÓN	N	8
MONTO DE LA TRANSACCIÓN	N	8.2
BALANCE DE CUENTA DE LA TRANSACCIÓN	N	8.2
TOTAL DEL NÚMERO DE PEDIDOS	N	3
TOTAL $ MONTO	N	8.2
MONTO TOTAL ACTUALIZADO	N	8.2

FIGURA CE.39
Continuación.

DISEÑO DE ENTRADAS PARA PEDIDOS Y FACTURAS

El diseño de entradas pretende ajustarse a las operaciones comerciales actuales, así como a la expansión futura, incluyendo las operaciones en instalaciones remotas. Las características de entrada se analizan aquí. Los aspectos de comunicación de entrada y recuperación de datos se estudiarán después del capítulo 13.

Diseño en un ambiente en línea

El diseño de entradas para el nuevo sistema incluye las siguientes pantallas:

Pantalla # 1 Menú principal de entrada de pedidos y facturación
Pantalla # 2 Menú de procesamiento de pedidos
Pantalla # 3 Pantalla para entrada de pedidos (Datos del cliente)
Pantalla # 4 Pantalla para entrada de pedidos (Datos del pedido del cliente)

```
        ENTRADA DE PEDIDOS Y FACTURACIÓN
                MENÚ PRINCIPAL

        1   PROCESAMIENTO DE PEDIDOS
        2   CONSULTAS
        3   REPORTES
        4   CIERRE MENSUAL
        5   MANTENIMIENTO DE ARCHIVOS
        6   LISTADOS DE ARCHIVOS

        X   SALIR DEL SISTEMA

INTRODUCIR EL NÚMERO            FECHA ACTIVA
                                 99/99/99
```

FIGURA CE.40
Menú principal para
entrada de pedidos y
facturación.

Pantalla # 5 Pantalla para entrada de pedidos (Entrada
básica del artículo por cliente)

Pantalla # 6 Pantalla para entrada de pedidos (Entrada del
artículo por cliente)

Pantalla # 7 Pantalla de facturación (Selección del artículo
por el cliente)

Pantalla # 8 Pantalla para preguntas sobre los pedidos de un
cliente

Pantalla # 9 Pantalla para preguntar sobre los
requerimientos del cliente por artículo

Pantalla #10 Pantalla para preguntar sobre la situación del
cliente

Pantalla #11 Menú principal de estados de cuenta

Pantalla #12 Menú de procesamiento de transacciones

Pantalla #13 Pantalla de estados de cuenta (Entrada de
recibos de pago)

Pantalla #14 Pantalla de estados de cuenta (Envío de recibos
de pago)

Pantalla #15 Pantalla de estados de cuenta (Entrada de
facturas)

Pantalla #16 Pantalla para preguntar por los estados de
cuenta (Puntos pendientes)

Su uso se analiza en las secciones siguientes, las cuales
describen la entrada de pedidos, la facturación y las actividades
de manejo de cuenta. Los métodos de validación y verificación de
las entradas se señalan cuando es conveniente. Se incluyen
características adicionales de validación y diseño en el diseño del
procesamiento (el cual se analiza al final del capítulo 15).

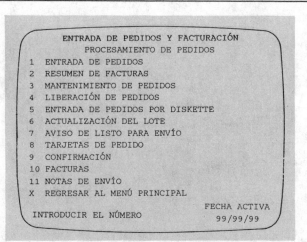

FIGURA CE.41
Menú de procesamiento de pedidos.

```
        ENTRADA DE PEDIDOS Y FACTURACIÓN
            PROCESAMIENTO DE PEDIDOS
1   ENTRADA DE PEDIDOS
2   RESUMEN DE FACTURAS
3   MANTENIMIENTO DE PEDIDOS
4   LIBERACIÓN DE PEDIDOS
5   ENTRADA DE PEDIDOS POR DISKETTE
6   ACTUALIZACIÓN DEL LOTE
7   AVISO DE LISTO PARA ENVÍO
8   TARJETAS DE PEDIDO
9   CONFIRMACIÓN
10  FACTURAS
11  NOTAS DE ENVÍO
X   REGRESAR AL MENÚ PRINCIPAL

INTRODUCIR EL NÚMERO         FECHA ACTIVA
                               99/99/99
```

FIGURA CE.42
Pantalla para entrada de pedidos (datos del cliente).

ENTRADA DE PEDIDOS Y FACTURACIÓN

Entrada de pedidos

La entrada de pedidos y facturación comienza con el Menú principal (pantalla #1), el cual se muestra en la figura CE.41, a partir de dicha captura se puede llamar a la pantalla de Procesamiento de pedidos que se ve en la figura CE.41 (pantalla #2) y elegir entrada de pedidos. Para introducir un pedido, el operador introduce el número de cliente y el número de orden de compra de la Forma de pedido (entrada #1). El sistema responde con la Pantalla para entrada de pedidos, Datos del cliente (pantalla #3), la cual se muestra en la figura CE.42. Si se trata de un nuevo cliente, el operador debe introducir la información

FIGURA CE.43
Pantalla para entrada de datos (datos del pedido del cliente).

FIGURA CE.44
Pantalla para entrada de pedidos (entrada de artículos básicos por cliente).

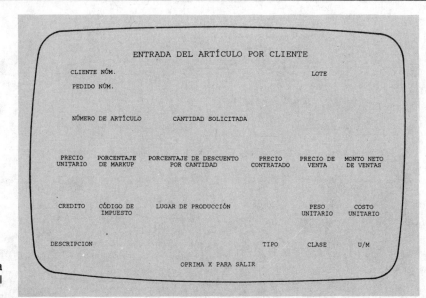

FIGURA CE.45
Pantalla para entrada de datos (entrada del artículo por cliente).

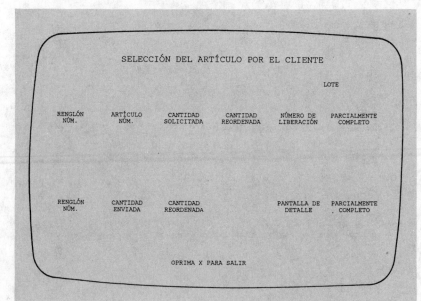

FIGURA CE.46
Pantalla de facturación (selección del artículo por el cliente)

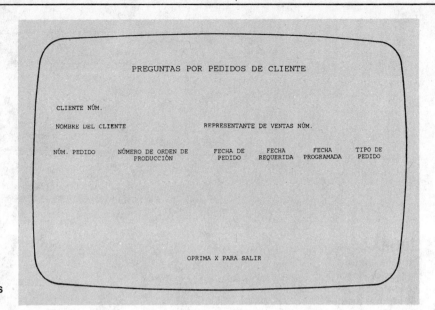

FIGURA CE.47
Pantalla para
preguntar por pedidos
de un cliente.

básica acerca del cliente, que se enviará después al archivo. Si el cliente no es nuevo, la información se archivará y el operador la verificará antes de proseguir. Si la información es correcta, el sistema mostrará la Pantalla para entrada de pedidos, Datos del pedido del cliente (pantalla #4), la cual aparece en la figura CE.43. El operador introduce y verifica los datos del pedido.

El operador puede elegir entre dos tipos de entrada de los datos. La Pantalla para entrada de datos, Entrada básica del artículo por cliente (pantalla #5), que aparece en la figura CE.44, permite únicamente la entrada del número de artículo y cantidad, y el sistema muestra la descripción y precio por el artículo introducido.

El segundo método, la Pantalla para entrada de datos, Entrada del artículo por cliente (pantalla #6), la cual se muestra en la figura CE.45, permite que el operador introduzca la información básica, además de poder cambiar la información referente a este artículo para el pedido específico (por ejemplo, precio de venta, código de impuesto, etc.). El sistema muestra la información sobre la descripción y el precio.

Al introducir cada pedido, el operador lo puede procesar en forma inmediata en los archivos de pedidos pendientes (permitiendo el procesamiento inmediato de la tarjeta de pedido) o puede detener el pedido para el procesamiento por lotes.

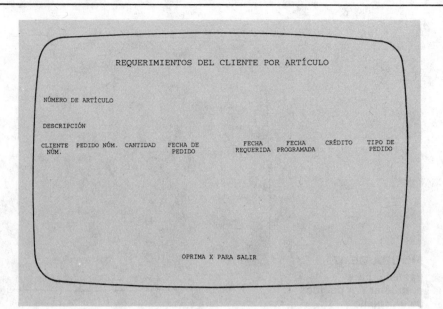

FIGURA CE.48
Pantalla para preguntar los requerimientos del cliente por artículo.

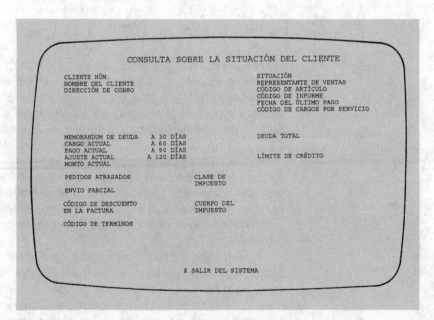

FIGURA CE.49
Pantalla para preguntar la situación del cliente.

FIGURA CE.50
Menú principal de estados de cuenta.

Facturación

El operador introduce el número de la orden que se va a facturar y el sistema elige la información sobre el cliente y artículo asociados con este pedido. Cuando se muestran los artículos solicitados al operador para su verificación en la Pantalla de facturación, Selección del artículo por cliente (pantalla #7), en la figura CE.46, se pueden hacer cambios a la información sobre el precio y la cantidad enviada.

Una vez que se ha completado el lote, el operador puede iniciar el verdadero procesamiento de las facturas o dejar el lote para su facturación posterior.

Cuestionamientos

La aplicación de entrada de pedidos y facturación tiene la capacidad de aceptar cuestionamientos que permitan al operador determinar el estado de cualquier artículo o cliente en el archivo.

La pregunta acerca de los requerimientos del cliente por artículo muestra todos los pedidos actuales para un cliente específico. La Pantalla para preguntar por los pedidos del cliente (pantalla #8), que aparece en la figura CE.47, presenta cada pedido pendiente del cliente.

Al preguntar los requerimientos del cliente por artículo también se muestran todos los pedidos actuales del cliente de cualquier artículo del inventario en la Pantalla para preguntar por los requerimientos del cliente por artículo (pantalla #9), que se ve en la figura CE.48.

Al preguntar por la situación del cliente se muestra la

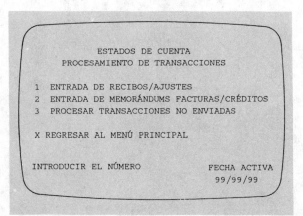

FIGURA CE.51
Procesamiento de transacciones.

```
          ESTADOS DE CUENTA
      PROCESAMIENTO DE TRANSACCIONES

  1  ENTRADA DE RECIBOS/AJUSTES
  2  ENTRADA DE MEMORÁNDUMS FACTURAS/CRÉDITOS
  3  PROCESAR TRANSACCIONES NO ENVIADAS

  X  REGRESAR AL MENÚ PRINCIPAL

  INTRODUCIR EL NÚMERO           FECHA ACTIVA
                                   99/99/99
```

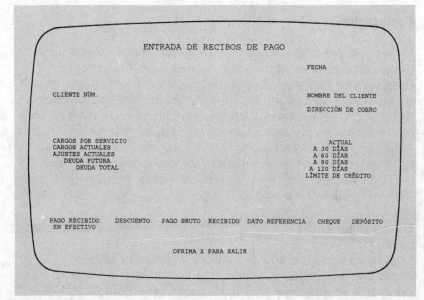

FIGURA CE.52
Pantalla de estados de cuenta (entrada de recibos de pago).

```
              ENTRADA DE RECIBOS DE PAGO

                                          FECHA

  CLIENTE NÚM.                            NOMBRE DEL CLIENTE
                                          DIRECCIÓN DE COBRO

  CARGOS POR SERVICIO                              ACTUAL
  CARGOS ACTUALES                                  A 30 DÍAS
  AJUSTES ACTUALES                                 A 60 DÍAS
     DEUDA FUTURA                                  A 90 DÍAS
        DEUDA TOTAL                                A 120 DÍAS
                                          LÍMITE DE CRÉDITO


  PAGO RECIBIDO   DESCUENTO   PAGO BRUTO  RECIBIDO DATO REFERENCIA  CHEQUE  DEPÓSITO
  EN EFECTIVO

                      OPRIMA X PARA SALIR
```

información básica referente a un cliente. También se incluye el balance de su estado de cuenta. Se utiliza la Pantalla para preguntar por la situación del cliente (pantalla #10), la cual aparece en la figura CE.49.

Estados de cuenta

Todas las operaciones para la aplicación sobre estados de cuenta comienzan con el Menú principal de estados de cuenta (pantalla #11), que aparece en la figura CE.50. Este menú proporciona flexibilidad para elegir el trabajo a desarrollar.

```
                    ENVÍO  DE  RECIBOS  DE  PAGO        FECHA

     CLIENTE NÚM.
     NOMBRE DEL CLIENTE

     PAGO BRUTO  DESCUENTO    AJUSTE   RENGLÓN DE    MONTO      FECHA     FECHA DE    PORCENTAJE
      RECIBIDO                         REFERENCIA              ORIGINAL   LA DEUDA        DE
                                                                                     DESCUENTO
                                            1                                        PERMITIDO
                                            2
                                            3
                                            4
                                            5

     RENGLÓN DE  PAGO BRUTO                  DESCUENTO                    AJUSTE     PAGO NO
       CODIGO     RECIBIDO                                                          APLICADO




     CÓDIGOS:                    1      PAGO TOTAL CON DESCUENTO
                                 2      PAGO TOTAL SIN DESCUENTO
                                 3      PAGO TOTAL CON DESCUENTO
                                 4      PAGO PARCIAL SIN DESCUENTO
                                 5      AJUSTE ÚNICAMENTE

                                 X      OPRIMA X PARA SALIR
```

FIGURA CE.53

Pantalla de estados de cuenta (envío de recibos de pago).

Transacciones de entrada a caja y ajustes

El documento de entrada es el Pago o Crédito del cliente (entrada #4). Cuando se procesan la caja y los ajustes, el operador llama en primer lugar a la Pantalla de procesamiento de transacciones (pantalla #12), que aparece en la figura CE.51 y elige la Entrada de Recibos/Ajustes. Cuando el operador introduce el número de cliente, el sistema muestra la Pantalla de estados de cuenta, Entrada de recibos de pago (pantalla #13), que se ve en la figura CE.52. El operador puede verificar el nombre y dirección del cliente e introducir después la transacción de recibo de caja.

El campo de referencia (REF) determina el método de aplicación en caja para este recibo particular. Se dispone de tres métodos con base en la información introducida en el campo de referencia:

1. El operador teclea Todos. Se paga la cuenta completa del cliente.
2. El operador introduce un número específico de factura. El sistema busca la factura y le aplica el pago.
3. El operador deja en blanco el campo de referencia. Este método es el que se usa con más frecuencia, ya que un cliente podría pagar con un cheque varias de las facturas, pero no todas. El sistema muestra los puntos pendientes,

FIGURA CE.54
Pantalla de estados de cuenta (entrada de facturas).

cinco a la vez, hasta que termina la transacción. Se utiliza la Pantalla de estados de cuenta, Envío de recibos de pago (Pantalla #14), la cual aparece en la figura CE.53. El operador introduce el número de renglón elegido para el pago. Este método permite que el operador borre las discrepancias menores en cada factura o aplique pagos parciales a una factura.

La característica de ajuste de la aplicación permite que el operador procese las entradas de ajuste contra la cuenta del cliente. El flujo del procesamiento es análogo a la aplicación del pago. Cuando se hace la entrada, primero se verifica y luego se aplica al punto de referencia en el archivo detallado.

Al final del envío de recibos y ajustes, una pantalla muestra los totales de control para los datos recién introducidos.

Entrada de resumen de facturas

Los registros de resumen de facturas se piden solamente para las facturas que no han sido procesadas mediante la aplicación de entrada de pedidos y facturación. La entrada de resumen de facturas verifica el número de cliente antes de aceptar la transacción. Esta entrada permite que el operador introduzca un memorándum sobre crédito y lo aplique directamente a una

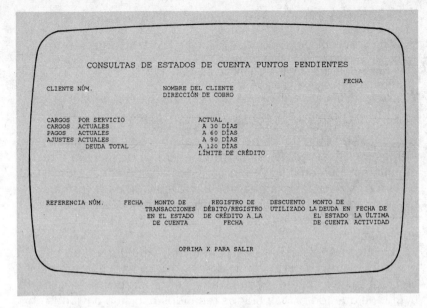

```
      CONSULTAS DE ESTADOS DE CUENTA PUNTOS PENDIENTES

                                                        FECHA
CLIENTE NÚM.              NOMBRE DEL CLIENTE
                         DIRECCIÓN DE COBRO


CARGOS   POR SERVICIO         ACTUAL
CARGOS   ACTUALES             A 30 DÍAS
PAGOS    ACTUALES             A 60 DÍAS
AJUSTES  ACTUALES             A 90 DÍAS
         DEUDA TOTAL          A 120 DÍAS
                              LÍMITE DE CRÉDITO




REFERENCIA NÚM.   FECHA   MONTO DE      REGISTRO DE    DESCUENTO  MONTO DE
                          TRANSACCIONES DÉBITO/REGISTRO UTILIZADO LA DEUDA EN  FECHA DE
                          EN EL ESTADO  DE CRÉDITO A LA          EL ESTADO    LA ÚLTIMA
                          DE CUENTA     FECHA                    DE CUENTA    ACTIVIDAD


                     OPRIMA X PARA SALIR
```

FIGURA CE.55

Pantalla para preguntas de estados de cuenta (puntos pendientes).

factura particular del cliente. Se utiliza la Pantalla de estados de cuenta, Entrada de facturas (pantalla #15), que se ve en la figura CE.54.

Preguntas

La aplicación de estados de cuenta proporciona las respuestas acerca de los archivos de un cliente en cualquier momento. El operador introduce un número de cliente y recibe la información en la Pantalla para preguntar por los estados de cuenta, Puntos pendientes (pantalla #16), la cual se muestra en la figura CE.55.

Documentos de entrada

FORMA DE PEDIDO (ENTRADA #1)
Contenido:
Nombre del cliente
Dirección de envío (Validado con el archivo # durante el proceso en pantalla.)
Dirección de envío (Validado con el archivo # durante el proceso en pantalla.)
Fecha de solicitud
Fecha requerida
Número de orden de adquisición
Cantidad (Validado por prueba de rangos.)
Número de parte de Sevco (Validado con el archivo # durante el proceso en pantalla. Mediante el uso de un dígito de verificación,

se valida que el número es un número válido de Sevco.)
Vendedor
Añadir al pedido original: Fecha actual (Tomar la fecha de
transacción del sistema.)
Número de cliente (El sistema lo asigna)
Precio (El sistema lo asigna)
Número de trabajo de Sevco (Validado por prueba secuencial.)

Todos los pedidos se escribirán en la forma de pedido
revisado. Aun cuando los pedidos lleguen a Sevco de varias
formas (por teléfono, télex, en forma escrita o de manera directa
mediante el personal de ventas), los pedidos no tienen que estar
en la forma nueva. Sin embargo, la información de la forma de
pedido debe proporcionarse. La información necesaria para
registrar un pedido se mostrará en las sesiones de
entrenamiento.

La situación de crédito del cliente se valida durante el
proceso en línea de entrada de datos, utilizando el número de
archivo. Las excepciones se envían a la Sra. Carbo. Para validar el
hecho de que todos los pedidos recibidos han sido enviados en
forma adecuada al sistema, éste calculará un total para el
número de artículos solicitados. Este total por dispersión
aparecerá en la pantalla y en el registro de actualización de lotes
al día siguiente. Después del proceso de entrada de datos, se
necesitará realizar una cuenta manual de los pedidos y
compararla contra la pantalla. Si no coincide, habrá que
recuperar el registro de actualización de lotes y hacer una
auditoría contra las formas de pedido y realizar las correcciones
necesarias.

Para verificar que todos los recibos de pago se enviaron en
forma adecuada, se comparará el cambio neto en las cifras de las
cuentas, en el registro de recibos de pago y ajustes con el
depósito diario en el banco, más los créditos de los clientes. Si
no corresponden, habrá que hacer una auditoría de los recibos
contra el registro de recibos de pago y ajustes para corregir el
error.

11. Diseño de archivos y uso de dispositivos de almacenamiento secundario

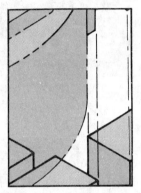

GUÍA DE ESTUDIO

Usted tendrá un panorama del diseño de archivos y dispositivos de almacenamiento secundario cuando sea capaz de responder a las siguientes preguntas:

- ¿Cómo se organizan los datos para su almacenamiento y recuperación en los sistemas de información?
- ¿Qué tipos de archivos se utilizan para almacenar los datos?
- ¿Qué papel juegan los campos llave de un registro en el diseño y procesamiento de archivos?
- ¿Qué tipo de organización de archivo logra el uso más eficiente del espacio de almacenamiento?
- ¿De qué forma varía la capacidad de almacenamiento en las cintas y discos magnéticos?
- ¿Cómo encuentra el sistema las posiciones específicas para almacenar y recuperar datos?
- ¿Qué factores determinan la eficiencia de los dispositivos de almacenamiento secundario para almacenar y recuperar datos?
- ¿Cómo pueden los analistas de sistemas diseñar formas para proteger a los sistemas contra la pérdida de datos?

OBJETIVOS DEL CAPÍTULO

- Diseñar archivos de computadora, utilizando estructuras de almacenamiento adecuadas.
- Elegir estructuras de archivo y métodos de acceso, respaldo y recuperación.
- Desarrollar diagramas de estructura de datos para el diseño de archivos y registros.
- Diseñar procedimientos de respaldo para protegerse contra la pérdida de datos.

PALABRAS CLAVE

Archivo de reporte
Archivo de tablas
Archivo de transacciones
Archivo maestro
Área de overflow
    (desbordamiento)

Base de datos
Clave del registro físico
Creación de bloques
Direccionamiento directo
Dirección inicial
Doblez

Extracción
Hashing (Dispersión)
Impresión por cola
Índice
Índice separado
Llave de búsqueda
Método virtual de acceso
    secuencial
Organización de acceso directo

Organización indexada no
    secuencial
Organización indexada
    secuencial
Organización secuencial
Registro de longitud fija
Registro de longitud variable
Registro físico
Sinónimo
Transformación de claves

¡Reunión inesperada!

"El componente más importante de todos estos sistemas son precisamente los datos que manejan. Si se quitan o se vuelven poco confiables, estaremos perdidos", comentó George Odom, el director de sistemas de información recién designado. Él mismo fue a analizar su plan con Susan Riley, una analista que se unió a la compañía hace cerca de un año.

"Primero tenemos que saber qué datos son los que cada quien usa", dijo George. "Entonces debemos conocer qué necesitan —las especificaciones—: qué nombre dan a un artículo específico, qué tamaño de forma o reporte necesitan, etc. Lo que necesitamos es una reunión para los datos."

George prosiguió delineando su plan: cada departamento enviaría un representante a una reunión de dos días que se celebraría fuera de la oficina.

"Queremos que traigan sus formas y reportes. Ésta sería una reunión de trabajo en un marco de retiro", explicó George. Durante los dos días, a cada representante se le pediría que ayudara a formular una lista de todos los datos utilizados en la compañía. Después, para cada dato, se registrarían los detalles: longitud (número de caracteres), especificación del tipo (alfabético o numérico) y dónde se usa la información (en qué documentos, transacciones y reportes).

"También queremos fijar las responsabilidades de los datos. Por cada dato, deberíamos determinar qué departamento introduce el dato en la base de datos y aprueba cualquier cambio en él. Por ejemplo, si el departamento de ventas es responsable de introducir los detalles de una transacción de venta específica en el sistema, no queremos que alguien de la oficina de control cambie los detalles de la venta o alguno de los puntos financieros, porque piense que existe un error. Los cambios en los datos de ventas sólo deben hacerse dentro del departamento de ventas. Lo mismo se aplicaría a los datos de inventario, registros de personal, etcétera."

Susan Riley no podía creer lo que oía. ¿Una reunión para los datos?, pensó para sí. No hay forma de que funcione. Dos días no es suficiente tiempo para enlistar y autentificar todos los datos que se utilizan en la compañía.

Necesitamos diseñar los archivos, determinar su contenido y elegir el mejor método para organizar los datos. Muchos de los departamentos requerirían tanto los balances de cuenta actuales como los históricos, y el departamento de ventas necesitaría el sistema para mostrar los totales precisos desde el principio del año hasta la fecha. Eso quiere decir que también necesitamos diseñar un sistema funcional para actualizar los archivos maestros. Entonces existen procedimientos de respaldo...y ¿qué hay de los requerimientos que probablemente cambien cuando la compañía siga creciendo?

La propiedad de los datos y la responsabilidad de su mantenimiento pueden ser puntos muy sensibles. Es posible que ocurra un torneo de tiro si seguimos con la idea de tal reunión. Además, podríamos hacer más mal que bien si no nos tomamos el tiempo para diseñar este sistema en forma adecuada.

Por otro lado, no es del todo irracional que George espere los resultados que bosqueja —recordó—. ¿Pero cómo obtendremos esos resultados? ¿Estoy equivocada? ¿Funcionará esa reunión? Ciertamente, puede ser una forma de involucrar a los usuarios. Quizá, la organización de las especificaciones la efectúa mejor un equipo de analistas de sistemas. Después de todo, tenemos las herramientas y conocemos a los usuarios. ¿Qué le diré a George si me pregunta mi opinión sobre su idea de la reunión? —pensó—.

Los sistemas de información en las empresas están orientados hacia el uso de archivos y bases de datos. Los datos se acumulan en archivos que son procesados o mantenidos por el sistema. Las bases de datos, que se analizarán en el capítulo 12, acumulan los datos de las transacciones y otros tipos de archivos y están diseñadas para compartir los datos para distintas aplicaciones. El analista de sistemas es el responsable de diseñar archivos, determinar su contenido y elegir un método para organizar los datos. Al mismo tiempo, si las aplicaciones propuestas utilizaran los recursos de la base de datos, el analista debe desarrollar los medios para interactuar con la base de datos, como veremos en el capítulo 12.

En este capítulo revisaremos los conceptos de archivos y los intereses que surgen al procesar archivos en los sistemas de información. Veremos cómo relacionar los datos en torno a las entidades de interés para los usuarios finales y cómo se usan los diagramas de estructura de datos para describir los puntos individuales de los datos asociados con las entidades y las relaciones creadas entre los datos. Se analizarán los distintos tipos de archivos y métodos de acceso a ellos y tres métodos de uso de los archivos para la entrada, salida y cálculo. También examinaremos varias estrategias de respaldo para el mantenimiento de archivos duplicados.

TERMINOLOGÍA BÁSICA DE ARCHIVOS

Comenzaremos por revisar los conceptos de archivos y los intereses que surgen en el diseño de un registro o archivo.

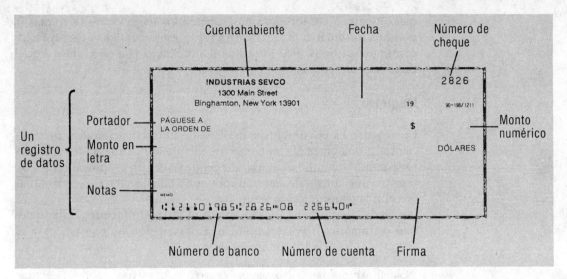

FIGURA 11.1
Cheque de banco,
como un registro de
datos con los campos
anotados.

Datos

Los elementos individuales de los archivos se llaman *datos* (también conocidos como campos: por ejemplo, un cheque de banco (Fig. 11.1) está formado por los siguientes datos: cuentahabiente, número de cheque, fecha, persona a la que se paga, monto numérico, monto en letra, nota, identificación del banco, número de cuenta y firma.

Cada dato se identifica por su nombre y tiene un valor específico asociado a él. Por ejemplo, el número 2826 es un valor de un dato asignado al dato llamado Número de cheque. He aquí un conjunto de datos para el cheque 2826:

NOMBRE DEL CAMPO	VALOR
Cuentahabiente	Industrias Sevco
	1300 Main Street
	Binghamton, New York 13901
Número del cheque	2826
Fecha	10/06/8X
Portador	S. Holmes Agency
Monto	$300.58
Número de banco	121101985
Número de cuenta	226640

La asociación de un valor con un campo crea una ocurrencia del dato.

Los datos pueden abarcar subdatos o subcampos. Por ejemplo, a menudo la Fecha se utiliza como un dato único, consistente en los tres subdatos de día, mes y año. En el ejemplo del cheque bancario, el campo de cuentahabiente consta de los siguientes subcampos: nombre del cuentahabiente, dirección, ciudad, estado y código postal. Siempre que un campo conformado por subcampos tenga como referencia el nombre, automáticamente incluye sólo a ese subcampo y excluye a los demás subcampos. Por lo tanto, el subcampo Día en el dato Fecha excluye el mes y el año.

Registro

Un registro es el conjunto completo de datos relacionados pertenecientes a una entrada, tal como un cheque bancario. Al ser considerado como una unidad única, el cheque bancario es, por lo tanto, un registro que consta de siete campos separados, todos ellos relacionados con la transacción de pago.

Cada campo tiene fijos su longitud y tipo (alfabético, alfanumérico o numérico). Por ejemplo, una descripción de registro para el cheque contendría los siguientes datos:

NOMBRE DEL REGISTRO	NOMBRE DEL CAMPO	TIPO	LONGITUD
Cheque bancario	Cuentahabiente	C	90
	Número del cheque	N	6
	Fecha	C	8
	Portador	C	24
	Monto	N	8,2 decimales
	Número de banco	N	9
	Número de cuenta	N	8

Cuando el número y tamaño de los datos en un registro son constantes para cada registro, éste se denomina de *longitud fija*. La ventaja de los registros de longitud fija es que siempre tienen el mismo tamaño. Así, el sistema no debe determinar lo extenso que es el registro o cuándo termina éste y comienza el siguiente, ahorrando así tiempo de procesamiento. Sin embargo, los registros de longitud fija no siempre hacen un uso eficiente del espacio asignado. Por ejemplo, el campo del Portador en el ejemplo del cheque de banco tiene asignados 24 espacios. Pero si el portador sólo necesita 16 espacios, los restantes 8 son innecesarios. (Se llenan con blancos.) En este ejemplo, el analista decidió evitar el requerimiento de tiempo adicional de procesamiento utilizando espacio extra (los 8 caracteres que no se usan en el campo Portador.

Los *registros de longitud variable* son menos comunes en la mayoría de las aplicaciones de las empresas que los diseños de longitud fija, debido a que estos últimos son más fáciles de manejar y cubren las necesidades de la mayoría de las aplicaciones. El tamaño del registro puede variar debido a que los datos varían en longitud (cada registro puede tener un número diferente de bytes) o debido a que el *número* de datos en un registro cambie de un caso al otro. En el ejemplo del cheque, si a cada dato se le asigna sólo el espacio necesario, el tamaño de cada registro debe variar.

CANTIDAD	NÚMERO DE ART.	DESCRIPCIÓN	PRECIO UNIT.	EXTENSIÓN
		De 1 a 20 artículos facturados		
			SUB-TOTAL	
			IMPUESTO SOBRE LA VENTA	
			PAGUE ESTA CANTIDAD ▶	

ABC MAINTENANCE & SUPPLY INC.

NÚMERO DE FACTURA

VENDIDO A

ENVIADO A

FECHA DE FACTURACIÓN

Todas las cuentas están sujetas a 1.5 % mensual de **CARGOS POR FINANZAS** **(TASA ANUAL PROMEDIO** 18%) sobre las ventas atrasadas más de 30 días.

FAVOR DE ENVIAR CON SU CORRESPONDENCIA

FAVOR DE REMITIR CON ESTA FACTURA

Ningún informe se enviará a menos que se solicite

FACTURA

FIGURA 11.2

El contenido de una factura debe proporcionarse mediante el adecuado diseño del archivo.

La figura 11.2 demuestra cómo puede variar el número de datos en un registro. En cada factura se incluyen ciertos datos, tales como la fecha, número de factura y los detalles de nombre y dirección del comprador y de envío. Estos campos (datos) pueden tener longitud fija. El resto de la factura describe los artículos vendidos: cantidad, número de artículo, descripción del artículo, costo unitario y extensión (precio por cantidad). Esta información se necesita para cada artículo de la factura. La factura se diseña de forma que tenga suficiente espacio para contener hasta 20 artículos distintos y al final existe un espacio para cada subtotal, monto de los impuestos sobre ventas y total de la factura. La pregunta para el analista es cómo diseñar este registro para el almacenamiento. (El coordinador de sistemas de información en el ejemplo del principio de este capítulo también estaba interesado en diseñar registros de almacenamiento.) Para nuestros propósitos, la información del encabezado tiene longitud fija, las extensiones, los impuestos y los totales no necesitan almacenarse. (Se pueden calcular cuando se utilice el registro, de tal forma que no haya espacio innecesario.) ¿Debería ser el registro de longitud fija —lo cual quiere decir que el diseño permita el máximo de los 20 artículos— o debería ser de longitud variable, de manera que sólo se utilice el monto de espacio realmente necesario? La decisión de diseño dependerá de si la factura común tendrá pocos o muchos artículos (lo cual determina el monto promedio de espacio necesario) y la cantidad promedio de espacio de almacenamiento. (Veremos posteriormente en el capítulo cómo determinar las necesidades de almacenamiento.)

Llave del registro

Para distinguir un registro de otro, los analistas de sistemas eligen uno de los datos del registro cuyo valor sea único en todos los registros del archivo y lo utilizan con fines de identificación. Este campo, llamado *llave del registro,* atributo llave o simplemente llave, ya forma parte del registro y no es un dato adicional que existe sólo para los propósitos de identificación.

Los ejemplos comunes de llaves de registros son el número de parte en un registro de inventario, el número de expediente en el registro médico de un paciente, el número de estudiante en un registro de inscripciones de una universidad o el número de serie de un producto manufacturado. Cada una de estas llaves de registro tiene otros usos en el marco de la organización o empresa, aunque su función como medio de distinción de un registro es esencial para el procesamiento de los archivos en los sistemas de información.

Entidad

Una entidad es cualquier persona, lugar, cosa o evento de interés para la organización y acerca del cual se capturan, almacenan o procesan datos. Los pacientes y exámenes son entidades de interés en los hospitales, mientras que las entidades en un banco incluyen los clientes y los cheques.

Archivo

Un archivo es una colección de registros relacionados. Se incluye cada registro en un archivo ya que pertenece a la misma entidad. Por ejemplo, un archivo de cheques está formado solamente por cheques. Los registros y facturas de inventario no pertenecen a un archivo de cheques ya que forman parte de entidades distintas.

El tamaño del archivo se determina por el número de registros que hay en él. Si un archivo tiene 6 registros y cada registro es de longitud fija y utiliza 200 caracteres de almacenamiento, entonces el archivo utilizará 6 por 200 caracteres de almacenamiento.

Bases de datos

Una *base de datos* es una colección integrada de datos almacenados en distintos tipos de registros, de forma que sean accesibles para múltiples aplicaciones. La interrelación de los registros se obtiene de las relaciones entre los datos, no de su lugar de almacenamiento físico.

Los registros para distintas entidades se almacenan comúnmente en una base de datos (mientras que los archivos almacenan registros para una única entidad). Por ejemplo, en una base de datos de una universidad, se interrelacionan los registros de estudiantes, cursos y profesores en la misma base de datos.

Las bases de datos no eliminan la necesidad de archivos en un sistema de información. Los distintos tipos de archivos siguen siendo necesarios para capturar los detalles de los eventos y actividades de la empresa, para preparar reportes o almacenar datos que no están en la base de datos. Veremos ejemplos de esta interacción durante el capítulo.

DIAGRAMA DE ESTRUCTURAS DE DATOS

Aunque históricamente los analistas de sistemas han manejado la información en la forma de datos (campos), registros y archivos, la experiencia ha mostrado que es necesario un marco de referencia más amplio. En este capítulo se examinan los diagramas de estructura de datos como herramienta útil para desarrollar dicho marco de referencia, aplicándolos después en el análisis de las interacciones en una base de datos en el capítulo 12.

Finalidad

Los diagramas de estructura de datos (introducidos en el capítulo 4) son herramientas básicas que muestran los requerimientos lógicos de las estructuras de datos de una aplicación de sistemas de información. Tienen cuatro finalidades: 1) verificar los requerimientos de información, 2) describir los datos asociados con las entidades, 3) mostrar la relación entre entidades y 4) comunicar los requerimientos de datos a un diseñador de archivo o administrador de la base de datos.

Notación

Una notación común se usa al preparar los diagramas de estructuras de datos. Las entidades se representan mediante rectángulos, con el nombre de la entidad en la parte de arriba y una lista de atributos (datos o campos) que describan la entidad. Cada entidad se puede identificar mediante un atributo llave, el cual, por convención, es el primer campo mencionado.

Uso en el diseño de archivos

El uso de los diagramas de estructuras de datos requiere que el analista haga preguntas importantes acerca de la entidad a describir:

- ¿Cuáles son los campos que identificarán de manera única una ocurrencia de la entidad?
- ¿Por qué medios se accesará la información acerca de la entidad?
- ¿Cuáles otros datos describen los atributos de la entidad?

La figura 11.3 incluye un diagrama sencillo de estructura de datos para el ejemplo del cheque introducido anteriormente en el capítulo. Como se muestra en la ilustración, la llave del registro, que en este caso es el número de cuenta, identifica de manera única a la cuenta. Los otros detalles, como el número de cheque, fecha, portador y monto de la transacción, son atributos.

El análisis del uso de la información del cheque mediante el diagrama de estructura de datos muestra que el número de cheque debe utilizarse con fines de identificación. Puesto que el número de cuenta identifica la cuenta, pero no describe las transacciones relacionadas con aquélla, debe utilizarse una llave combinada del número de cuenta y número de cheque para rastrear las transacciones individuales.

La siguiente sección examina el diseño de archivos, utilizando los principios subyacentes en el desarrollo de diagramas de estructura de datos.

TIPOS DE ARCHIVOS

Las empresas y organizaciones, ya sean computarizadas o no, utilizan ampliamente los archivos maestros, de transacción, tablas y reportes para reunir y mantener muchos tipos de registros.

Archivo maestro

Los sistemas de información son un avance y se utilizan mientras sean significativos para la organización. Lo mismo se piensa de los archivos utilizados para almacenar información de las actividades de la empresa. Un *archivo maestro* es un conjunto de registros acerca de un aspecto importante de las actividades de una organización. Puede contener datos que describan el estado actual de eventos específicos o indicadores de la empresa. Por ejemplo, el archivo maestro en un sistema de pagos de cuenta muestra el balance de cada vendedor o proveedor al

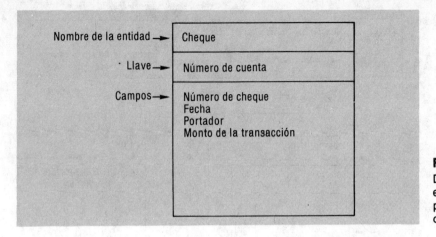

Nombre de la entidad → Cheque

Llave → Número de cuenta

Campos → Número de cheque
Fecha
Portador
Monto de la transacción

FIGURA 11.3
Diagrama de
estructura de datos
para el ejemplo del
cheque.

cual compra la organización provisiones o servicios. El balance del proveedor refleja el estado actual de todas las cuentas (los resultados de todas las compras, pagos y créditos hechos entre la organización y los proveedores). Este ejemplo muestra un tipo de archivo maestro: el utilizado para reflejar el estado actual de las entidades (tal como las cuentas de pagos al vendedor).

Un segundo tipo de archivo maestro refleja la historia de los eventos que afectan a una entidad particular. Por ejemplo, la historia de ventas de una empresa comercial se refleja en un archivo maestro que contiene un registro de cada venta hecha a un cliente en un periodo específico (digamos de un año). Cada registro en el archivo (Fig. 11.4) muestra la fecha y monto de la venta.

En muchas aplicaciones, es ventajoso tener disponibles ambos tipos de información. La figura 11.4 muestra tanto el balance de cuenta actual como los datos históricos, utilizando los totales desde el principio de año hasta la fecha.

Los archivos maestros son útiles sólo mientras se mantengan exactos y actualizados, como lo señaló el coordinador de sistemas de información en el ejemplo del principio de este capítulo. En otras palabras, antes de que los archivos puedan utilizarse, deben ser mantenidos para reflejar incluso los eventos más recientes que afecten los datos en ellos. Los archivos maestros se mantienen actualizados mediante el uso de achivos de transacciones.

Archivos de transacciones

Un *archivo de transacciones* es un archivo temporal con dos propósitos: acumular datos acerca de los eventos al momento que ocurran y actualizar los archivos maestros para reflejar los resultados de las transacciones actuales. El término *transacción* se refiere a cualquier evento que afecte la organización y sobre el cual se calculan datos. Los

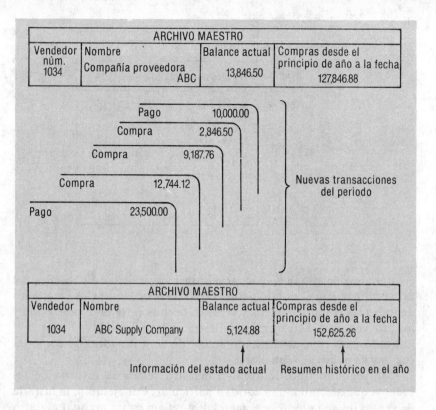

ARCHIVO MAESTRO			
Vendedor núm. 1034	Nombre Compañía proveedora ABC	Balance actual 13,846.50	Compras desde el principio de año a la fecha 127,846.88

Pago 10,000.00
Compra 2,846.50
Compra 9,187.76
Compra 12,744.12
Pago 23,500.00

} Nuevas transacciones del periodo

ARCHIVO MAESTRO			
Vendedor 1034	Nombre ABC Supply Company	Balance actual 5,124.88	Compras desde el principio de año a la fecha 152,625.26

↑ Información del estado actual   ↑ Resumen histórico en el año

FIGURA 11.4
El registro del archivo maestro contiene el estado actual y la información histórica

ejemplos de transacciones comunes en las organizaciones son hacer compras, pagar compras, contratar personal, pagar a los empleados y registrar ventas. Los datos importantes para la organización se reúnen en torno a cada evento y se acumulan en el archivo de transacciones. Como se explicó previamente, un archivo es una colección de registros relacionados entre sí, en el sentido de que todos ellos pertenecen a la misma entidad. Por ejemplo, los registros en un archivo de transacciones de pagos de cuentas son los pagos, créditos o compras a los proveedores. Las transacciones de contratación de personal o pagos de nómina, por ejemplo, no pertenecen a un archivo de transacciones de pagos de cuenta ya que no tienen relación con los proveedores. Cada archivo de transacciones contiene únicamente los registros que pertenecen a las entidades particulares que son el tema del archivo.

Los archivos de transacciones se utilizan para actualizar los archivos maestros. En el capítulo 9, analizamos el diseño de un sistema de código para identificar el propósito de la entrada de transacciones para procesamiento (tales como A para añadir, B para borrar y C para cambiar). Estos códigos guían al programa de actualización, el programa de computación específico que controla la actualización de los registros del archivo maestro para reflejar las transacciones ocurridas.

La figura 11.5 muestra la serie de eventos que ocurren al llevarse a cabo las transacciones y capturar y procesar los datos. (La captura de

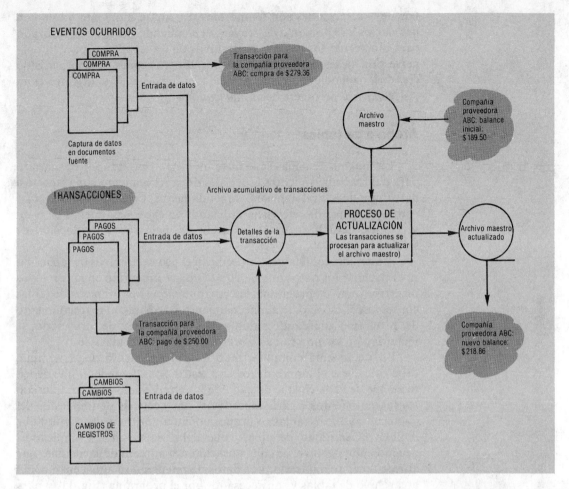

EVENTOS OCURRIDOS

COMPRA
COMPRA
COMPRA

Entrada de datos

Captura de datos
en documentos
fuente

Transacción para
la compañía proveedora
ABC: compra de $279.36

Archivo
maestro

Compañía
proveedora
ABC: balance
inicial:
$189.50

TRANSACCIONES

PAGOS
PAGOS
PAGOS

Entrada de datos

Archivo acumulativo de transacciones

Detalles de la
transacción

PROCESO DE
ACTUALIZACIÓN
Las transacciones se
procesan para actualizar
el archivo maestro)

Archivo maestro
actualizado

Transacción para
la compañía proveedora
ABC: pago de $250.00

CAMBIOS
CAMBIOS

Entrada de datos

CAMBIOS DE
REGISTROS

Compañía
proveedora ABC:
nuevo balance:
$218.86

FIGURA 11.5

Secuencia del
procesamiento de una
transacción.

datos se realiza de acuerdo a los criterios analizados en el capítulo 9.) Los detalles se acumulan, un registro a la vez, en el registro de transacciones. Los archivos de transacciones y maestros se leen como entrada por el programa de actualización; esto da como resultado un archivo maestro revisado que refleja los resultados del procesamiento. Dos transacciones se refieren al registro del archivo maestro de la *ABC Supply Company* (Fig. 11.5). Antes del procesamiento, el balance de cuenta para esta compañía era de $ 189.50. Después de aplicar la transacción de compra por $ 279.36 y la transacción de pago de $ 250.00, se calcula el nuevo balance de $ 218.86 y se muestra en el registro del archivo maestro para la *ABC Supply Company*. Este ejemplo muestra cómo se utilizan los archivos de transacciones para mantener los registros del archivo maestro.

Los archivos maestros son permanentes y duran mientras exista el sistema. Sin embargo, los contenidos de los archivos cambian como resultado del procesamiento y actualización. Por otro lado, los archivos de transacciones son temporales. En algún momento ya no son necesarios y se borran o destruyen, dependiendo del método utilizado para almacenar los datos. Los archivos de transacciones pueden retenerse por meses, a veces incluso por años, después de que han sido creados, dependiendo de las necesidades legales y de la organización. Así, *temporal* no quiere decir *momentáneo*.

Archivo de tablas

En muchos sistemas se incluye un cierto tipo de archivo maestro para cubrir requerimientos especiales de procesamiento con respecto a datos que deben referenciarse repetidamente. Los archivos de tablas contienen datos de referencia utilizados en el procesamiento de transacciones, actualización de los archivos maestros o producción de salida.

A menudo, los analistas especifican el uso de archivos de tablas para almacenar los datos que de otra forma se incluirían en los archivos maestros o en los programas de computación. Los archivos de tablas conservan el espacio de almacenamiento y facilitan el mantenimiento del programa guardando en un archivo datos que, de otro modo, se incluirían en los programas o registros del archivo maestro.

En un sistema computarizado de procesamiento de la nómina, debe calcularse el monto de los impuestos estatal y federal que deben retenerse de cada cheque de pago de los empleados, para cumplir con los requerimientos legales específicos. Las agencias de impuestos del gobierno publican tablas (o proporcionan algoritmos de cálculo) que indican la cantidad de dinero que debe retener a los empleados, dependiendo del nivel de compensación y el número de exenciones que afirme tener el empleado. Los datos de retención se almacenan como un archivo de tablas y son accesados por el programa (Fig. 11.6) para su uso en la determinación de la cantidad de impuesto a retener.

Archivo de reportes

La unidad central de proceso de una computadora frecuentemente produce datos para salida a una velocidad más rápida de lo que la impresora puede retener. Si se sigue la secuencia normal de los eventos, habría que retrasar el procesamiento mientras que se imprimen los resultados.

Para prevenir tal uso ineficiente del CPU (Unidad Central de Procesamiento), el componente más poderoso (y a menudo el más caro) de la mayoría de los sistemas de cómputo, muchos sistemas están diseñados para utilizar el procesamiento sobrepuesto y los archivos de reportes. El procesamiento sobrepuesto, que es la capacidad de una computadora para llevar a cabo en forma simultánea la entrada, procesamiento y salida (en vez de ejecutar cada paso en forma secuencial)

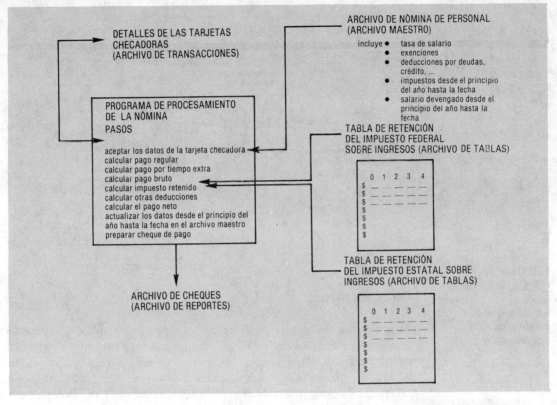

DETALLES DE LAS TARJETAS
CHECADORAS
(ARCHIVO DE TRANSACCIONES)

ARCHIVO DE NÓMINA DE PERSONAL
(ARCHIVO MAESTRO)

incluye ● tasa de salario
● exenciones
● deducciones por deudas,
crédito, ...
● impuestos desde el principio
del año hasta la fecha
● salario devengado desde el
principio del año hasta la
fecha

PROGRAMA DE PROCESAMIENTO
DE LA NÓMINA
PASOS

aceptar los datos de la tarjeta checadora
calcular pago regular
calcular pago por tiempo extra
calcular pago bruto
calcular impuesto retenido
calcular otras deducciones
calcular el pago neto
actualizar los datos desde el principio del
año hasta la fecha en el archivo maestro
preparar cheque de pago

TABLA DE RETENCIÓN
DEL IMPUESTO FEDERAL
SOBRE INGRESOS (ARCHIVO DE TABLAS)

```
      0  1  2  3  4
$  __ __ __ __ __
$  __ __ __ __ __
$  __ __ __ __ __
$
$
$
$
```

TABLA DE RETENCIÓN
DEL IMPUESTO ESTATAL SOBRE
INGRESOS (ARCHIVO DE TABLAS)

```
      0  1  2  3  4
$  __ __ __ __ __
$  __ __ __ __ __
$  __ __ __ __ __
$
$
$
$
```

ARCHIVO DE CHEQUES
(ARCHIVO DE REPORTES)

FIGURA 11.6
Archivos utilizados en
el sistema de
procesamiento de la
nómina.

incrementa el tiempo de desarrollo (tasa de procesamiento) en forma considerable.

Los *archivos de reportes* son archivos temporales que se utilizan cuando el tiempo de impresión no está disponible para todos los reportes producidos, situación que surge con frecuencia en el procesamiento sobrepuesto. La computadora escribe el reporte o documento a un archivo en disco o cinta magnética, donde permanece hasta que pueda imprimirse (Fig. 11.7). Este proceso se conoce como impresión por cola; es decir, la salida que no se puede imprimir cuando se produce forma una cola en un archivo de reportes. Después, en pocos minutos u horas, dependiendo del volumen de trabajo y velocidad de las impresoras, se dará la instrucción al sistema para que lea el archivo de reportes e imprima la salida.

Los archivos de reportes se pueden utilizar con muchos otros dispositivos de salida, tales como los graficadores, unidades de microfilm y microficha o sistemas tipográficos comerciales. Su uso es parte de los procedimientos operativos estándar de muchos sistemas de información.

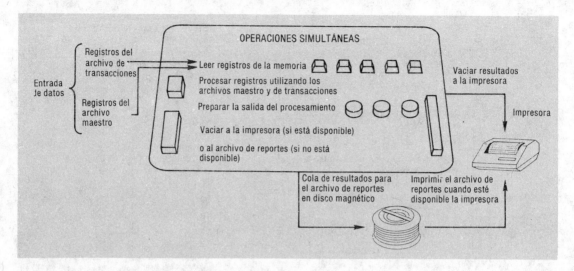

OPERACIONES SIMULTÁNEAS

Registros del archivo de transacciones → Leer registros de la memoria

Entrada de datos

Registros del archivo maestro

Procesar registros utilizando los archivos maestro y de transacciones

Preparar la salida del procesamiento

Vaciar a la impresora (si está disponible)

o al archivo de reportes (si no está disponible)

Vaciar resultados a la impresora

Impresora

Cola de resultados para el archivo de reportes en disco magnético

Imprimir el archivo de reportes cuando esté disponible la impresora

FIGURA 11.7

Cola de archivos de reporte en un sistema, utilizando el procesamiento sobrepuesto.

Otros archivos

Al igual que los usos especiales de los tipos de archivos analizados anteriormente, otros archivos también juegan un papel en los sistemas de información. Por ejemplo, un archivo de respaldo es una copia de un archivo maestro, de transacciones o de tablas hecho para garantizar que se dispone de un duplicado si algo le ocurre al original. (Analizaremos las copias de respaldo con detalle posteriormente en este capítulo.)

También se hacen copias de los archivos para el almacenamiento de datos a largo plazo; estas copias usualmente se almacenan lejos del centro de cómputo para prevenirse de que en forma inadvertida se accesen o recuperen para su uso, garantizando así su preservación.

MÉTODOS DE ORGANIZACIÓN DE ARCHIVOS

Los registros se almacenan en archivos, utilizando una organización de archivo que determina cómo se almacenan, localizan y recuperan los registros. Esta sección analiza tres formas comunes de almacenamiento y recuperación de registros en un archivo. Dos de los métodos, el secuencial y el directo, están disponibles en todas las computadoras. El tercero, el indexado, es posible sólo con software especial.

Organización secuencial

La *organización secuencial* es la forma más simple de almacenar y recuperar registros en un archivo. En un archivo secuencial, se almacenan los registros uno tras otro sin importar el valor real de los datos en los registros. El primer registro almacenado se coloca al principio del archivo. El segundo se almacena inmediatamente después del primero (no existen posiciones sin uso), el tercero después del segundo, etc. Este orden nunca cambia en la organización secuencial del archivo, a diferencia de las otras organizaciones que se desea analizar.

Una característica de los archivos secuenciales es que todos los registros se almacenan por posición: primer registro, segundo registro, etc. No existen direcciones ni asignaciones de lugar en los archivos secuenciales.

Lectura de archivos secuenciales

Para leer un archivo secuencial, el sistema siempre comienza al principio del archivo y lee un registro a la vez hasta llegar al registro deseado. Por ejemplo, si ocurre que un registro particular es el décimo en un archivo, el sistema comienza en el primer registro y lee hacia adelante un registro a la vez hasta llegar al décimo. No se puede ir directamente al décimo registro en un archivo secuencial sin partir del principio. En realidad, el sistema no sabe que es el décimo registro. Según la naturaleza del sistema a diseñar, esta característica puede ser una ventaja o desventaja, como se mostrará posteriormente en este capítulo.

El ejemplo del cheque, introducido al principio de este capítulo, se puede utilizar para ejemplificar los archivos secuenciales. Usted usa cheques en una secuencia, uno a la vez. Usa el primer cheque de la chequera en primer lugar, el segundo a continuación y el tercero después de eso. En cierto sentido, la chequera es un archivo secuencial en el cual los cheques están en orden con base en el número de cheque (la clave del registro).

Supóngase que los cheques se escriben y envían al portador quien a su vez los cambia en un banco. Posteriormente, el grupo de cheques regresa a usted. El orden de los cheques se basa en el orden en que su banco los procesó. No están en el mismo orden en que usted los escribió, pero están en orden secuencial. El décimo cheque continúa después del noveno, etc.

Ahora existen dos archivos secuenciales: los cheques originales restantes, en orden por el número de cheque, y el archivo de transacción de cheques procesados, en orden por hora procesada. (Si prefiere tener los cheques procesados en una secuencia distinta, usted mismo debe ordenarlos.) En cualquier caso, la forma para procesar el archivo de cheques es examinar el grupo de cheques, comenzando desde el principio.

Búsqueda de registros

Se señaló que al sistema no le importan los valores de los datos almacenados en los campos dentro de un registro. De hecho, los archivos secuenciales no utilizan llaves de registro físico; los registros se accesan por su orden de aparición en el archivo. (Por esta razón los analis-

Stratus Computers:
Sistemas tolerantes de fallas

Los directores quieren que sus sistemas de información ¡NUNCA! fallen. No hay nada peor que llegar a depender de un sistema de información por computadora y encontrarse con que no se puede contar con él.

Si el hardware falla, esto no debe afectar del todo. En consecuencia, las corporaciones han desarrollado un gran interés en no detener la labor de las computadoras (sistemas que toleran fallas, lo cual significa que siguen funcionando incluso cuando un componente se debilita o falla).

Stratus Computers, un exitoso vendedor de sistemas tolerantes de fallas, utiliza un enfoque probado para cumplir las necesidades de sus clientes. Ha basado su negocio en el servicio y conexión de comunicaciones de datos de primera calidad como un medio para alcanzar la confiabilidad de los sistemas de cómputo.

Dentro de cada computadora hay componentes duplicados (redundantes). Por ejemplo, existen dos tableros de memoria principal en vez de uno y dos procesadores centrales.

El enfoque de Stratus hace que cada paso del procesamiento se lleve a cabo en forma simultánea por los componentes duplicados. Los resultados se comparan y si son diferentes, el sistema se diagnostica así mismo para determinar si ha fallado. La parte descompuesta es apagada mientras que el sistema sigue corriendo, sin pérdida alguna de servicio. El hardware duplicado hace posible esta característica. En la mayoría de las computadoras tradicionales, sólo existe una pieza de cada componente. Cuando este componente falla, el sistema no puede continuar su procesamiento normal.

Con una computadora Stratus, el usuario puede continuar introduciendo datos, utilizando la base de datos o llevando a cabo alguna otra función. *La computadora* realiza automáticamente una llamada telefónica a sus oficinas de servicio. El sistema sabe el número telefónico, cómo marcarlo y también reconoce cuándo se hace la conexión.

En las oficinas de servicio, cuando una computadora responde a la llamada, el sistema reporta la falla ocurrida y se identifica así mismo mediante un único número de identificación. Una base de datos contiene la dirección en la que fue instalado el sistema de cómputo. El usuario, que todavía no sabe que ha fallado un componente, continúa su procesamiento.

Cuando el sistema reporta la falla, también identifica qué parte fue diagnosticada como la causante del problema. Esta notificación *automáticamente* echa a andar el envío de una parte de reemplazo al lugar correcto, utilizando un portador nocturno.

Sólo cuando la parte llega a la mañana siguiente, el cliente se da cuenta de la situación. El proceso de reparación usualmente es tan sencillo como abrir la puerta de la computadora, quitar la parte iluminada con una luz roja y deslizar la nueva dentro del lugar adecuado. Cuando esto ocurre, la computadora detecta que se ha reemplazado una parte y automáticamente lleva a cabo una verificación del componente mientras que el procesamiento sigue sin interrupción. El cliente cierra la puerta y sigue con el negocio del día. La computación que no se detiene y el enfoque de Stratus son una combinación atractiva para las empresas.

tas se refieren a los archivos secuenciales como archivos *sin llave*.)
¿Cómo recupera entonces el sistema un registro específico? En nuestro
ejemplo, ¿cómo se localiza y recupera el cheque 1258? Llamaremos al
número 1258 del cheque la *llave de búsqueda* (para el valor del dato a
buscar mediante la llave del registro).

El programa controla todos los pasos de procesamiento siguientes. El primer registro es leído y su número de cheque comparado con
la llave de búsqueda: 1240 contra 1258. Puesto que el número de
cheque y la llave de búsqueda no coinciden, se repite el proceso. El
número de cheque para el siguiente registro es 1248 y tampoco coincide con la llave de búsqueda. El proceso de lectura y comparación
de registros continúa hasta que el número de cheque y la llave de
búsqueda coincidan. Si el archivo no contiene un cheque con el
número 1258, el proceso de lectura y comparación continúa hasta
alcanzar el final del archivo.

Este método es la única forma para procesar un archivo secuencial. ¿Se podría escribir el programa para comparar el número de
cheque del primer registro y la llave de búsqueda para calcular dónde
se encuentra el cheque? La respuesta es no, ya que aunque el archivo
no está en orden secuencial ascendente, no aparecen todos los números de cheque; algunos cheques faltan. Al restar el último número de
cheque (1258) del primero (1240) se obtiene un resultado de 14. Pero el
cheque número 14 después de 1240 es 1269. (Aun cuando el archivo
estuviera en orden ascendente, el sistema no lo sabría.)

Evaluación de archivos secuenciales

¿Acaso la organización secuencial es una forma que ofrece ventajas
para ordenar y procesar archivos? La respuesta depende de cómo se
utilice el archivo. El método es simple y fácil de comprender. Sólo
se almacenan o leen registros uno después del otro. Para procesar el
archivo, se comienza desde el principio y se lee un registro después del
otro.

Supóngase que es necesario accesar cada registro en el archivo
para una aplicación particular. En este caso, un archivo secuencial es
un buen método de organización. Si, en promedio, alrededor de la
mitad de los registros en el archivo se van a utilizar, la organización
secuencial sigue siendo aceptable, ya que al menos uno de dos registros recuperados será utilizado y el tiempo necesario para examinar un
registro adyacente es breve.

Por otro lado, si el requerimiento es hallar un registro particular
en un archivo muy grande, la organización secuencial del archivo se
convierte en una desventaja. El programa debe comenzar al principio
del archivo y leer cada registro hasta encontrar al correcto, una tarea
que consume mucho tiempo a menos de que el registro deseado sea
uno de los primeros en el archivo.

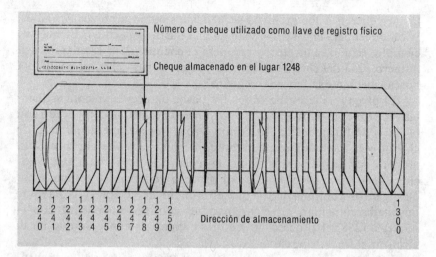

Número de cheque utilizado como llave de registro físico

Cheque almacenado en el lugar 1248

Dirección de almacenamiento

1240 1241 1242 1243 1244 1245 1246 1247 1248 1249 1250 ... 1300

FIGURA 11.8
Direccionamiento directo utilizando la llave de registro físico.

Organización de acceso directo

Cuando las características de los archivos secuenciales forman una desventaja para un sistema propuesto, una alternativa es la *organización de acceso directo*. Este método le pide al programa que diga al sistema dónde se almacena un registro antes de poderlo accesar. En contraste con la organización secuencial, el procesamiento de un archivo de acceso directo no requiere que el sistema comience en el primer registro del archivo.

Los archivos de acceso directo son archivos con llave. Asocian un registro con un valor llave específico y un lugar particular de almacenamiento. Todos los registros se almacenan mediante las llaves en las direcciones en vez de por posición; si el programa conoce la llave del registro, puede determinar la dirección de localización de un registro y recuperarlo en forma independiente de los demás registros del archivo.

En general, si se necesitan menos del 10% de los registros en un archivo durante una ejecución común de procesamiento, el archivo no debe establecerse como un archivo secuencial. Por otro lado, si se desea accesar más del 40% de los registros, el analista debe elegir la organización secuencial. (Entre el 10% y el 40%, la decisión depende del tamaño del archivo, la frecuencia de uso o si será actualizado con frecuencia o utilizado sólo para recuperación.)

Direccionamiento directo

En el ejemplo del cheque, el acceso directo de los registros se demuestra utilizando un área de almacenamiento que tiene un espacio reservado para cada número de cheque del 1240 al 1300 (Fig. 11.8). El sistema utiliza el número de cheque como una *llave de registro físico*. El cheque número 1248 se almacena en la dirección 1248, lugar reservado para el cheque con ese número. Para recuperar ese cheque del

| (a) | (b) |
| NÚMERO DE PARTE | NÚMERO DE CUENTA |

(a) NÚMERO DE PARTE		(b) NÚMERO DE CUENTA	
01-0000	⎫	103487	⎫
01-0101		103541	
01-0102		103544	
01-0103		103547	El rango de llaves
01-0104		103601	contiene muchos
01-0105	Lista densa de llaves	103648	saltos, lo cual
01-0106	con pocos saltos en	103759	provoca un espacio
01-0108	el rango de valores	103892	de almacenamiento
01-0109		114874	desperdiciado bajo
01-0112		114875	el direccionamiento
01-0114		114906	directo
01-0115	⎭	114981	⎭

FIGURA 11.9
Variaciones de la lista de llaves.

almacenamiento en un sistema de cómputo, se instruye al programa para que utilice el número 1258 como la llave de búsqueda. Sabe que la llave sirve como la dirección y así, va directamente al lugar asignado para el registro con la llave de 1248 y recupera el registro. La característica atractiva de la organización directa es que los registros se recuperan mucho más rápidamente que cuando la búsqueda se hace desde el inicio del archivo.

Requerimientos para el direccionamiento directo El uso de la llave del registro como la dirección de almacenamiento se llama *direccionamiento directo.* Cuando este método se puede utilizar, es simple y rápido. Sin embargo, es frecuente que los requerimientos de este método presenten desventajas para su uso. El direccionamiento directo debe tener un conjunto de datos con las siguientes características:

1. El conjunto de llaves (es decir, el rango de valores asignados a las llaves) tiene un orden denso y ascendente con pocos valores no utilizados (los valores no utilizados significan espacio de almacenamiento desperdiciado). Por lo tanto, se desean pocos espacios abiertos entre los valores de las llaves.
2. Las llaves de los registros corresponden con los números de las direcciones de almacenamiento; existe una dirección de almacenamiento en el archivo para cada valor real o posible de la llave y no hay valores duplicados de la llave.

En una lista densa de llaves, para cada valor llave existe un espacio de almacenamiento con una dirección que es equivalente a la llave. Los valores llave están también en una secuencia cerrada. Esto es importante en el diseño del archivo, ya que, cuando se asigna el espacio de almacenamiento al archivo se comienza en el valor más bajo de la llave y se extiende al valor más alto de la misma. Como se muestra en la figura 11.9, los valores no utilizados en el rango de los valores de la llave provocan un desperdicio en el espacio de almacenamiento. El almacenamiento se debe asignar aun cuando no sea utilizado.

Otro problema que prohíbe el uso del direccionamiento directo surge cuando las llaves para los registros no coinciden con las direcciones de almacenamiento. Aun cuando el analista quisiera utilizar el direccionamiento directo, es imposible hacerlo si los valores de las llaves y las direcciones no corresponden. Por ejemplo, si las llaves contienen caracteres alfabéticos (por ejemplo, una llave de AB1CD), no es posible el direccionamiento directo, ya que no existe una dirección para AB1CD.

Direccionamiento por (hashing)

Cuando no es posible el direccionamiento directo, pero es necesario el acceso directo, el analista especifica el método de acceso alternativo de hashing. El hashing (también llamado *transformación de llaves* o aleatorización) se refiere al proceso de obtener una dirección de almacenamiento a partir de un campo llave. Se diseña un algoritmo (un procedimiento aritmético) para transformar un valor de la llave en otro valor que sirva como una dirección de almacenamiento. (Los valores de los datos en el propio registro no cambian.)

Tipos de algoritmos de hashing En el número de algoritmos que los analistas pueden desarrollar virtualmente no existe límite. Por ejemplo, al almacenar registros de información sobre el personal de una empresa, es frecuente que los analistas elijan el número del Seguro Social (o algún otro número de identificación personal) para utilizarlo como llave del registro. Sin embargo, ya que el número del Seguro Social no cumple con los criterios anteriores para las llaves de direccionamiento directo, el diseño debe especificar un procedimiento de hashing que convierta el número del Seguro Social en un valor correspondiente a una dirección de almacenamiento.

El número del Seguro Social consta de tres partes que normalmente están separadas por guiones o espacios en blanco. A continuación se da un algoritmo simple de hashing para transformar el número del Seguro Social en una dirección de almacenamiento adecuado:

Paso 1 Se quitan los tres primeros dígitos del número del Seguro Social (son dígitos regionales fáciles de recuperar). El número 456821455 se convierte en 821455.

Paso 2 Se divide la nueva llave entre un número primo, cualquier número que sólo sea divisible exactamente (sin residuo) entre sí mismo y el número 1. El número primo 41 se utiliza en este ejemplo; posteriormente veremos cómo elegir números primos apropiados. Se divide 821455 entre 41.

Paso 3 Se utiliza la división modular. Este procedimiento especifica que el cociente se descarta y el lugar de almacenamiento está dado por el residuo, 19 en este caso. (Según el medio real de almacenamiento, la dirección 19 significará algo específico, una ranura en un gabinete de tarjetas o un bloque en un disco magnético, por ejemplo.) El resultado es: cociente 19558, residuo 19.

La división entre un primo es uno de los posibles tipos de muchos algoritmos de hashing que los analistas pueden desarrollar. Entre otros métodos comunes están los siguientes:

1. *Doblez*
   Se divide la llave en partes y se le continúa procesando (suma, resta, división, etc.).

   821
   455
   ‾‾‾‾
   1276 lugar de almacenamiento

2. *Extracción*
   Se eligen dígitos específicos de la llave y se les procesa con los dígitos restantes.

   814 (dígitos números 1, 3, 4)
   −255 (dígitos números 2, 5, 6)
   ‾‾‾‾
   599 lugar de almacenamiento

3. *Elevar al cuadrado*
   Se multiplica el número por sí mismo y entonces se le aplican otros métodos de hashing.

   821 455 × 821 455 = 67 478 831
   Se dobla la primera mitad con la segunda.

   6747
   8831
   ‾‾‾‾
   15578 lugar de almacenamiento
   Se extraen los dígitos primero y segundo de los demás dígitos.

   578
   15
   ‾‾‾
   593 lugar de almacenamiento

Virtualmente no existe límite al número de algoritmos de hashing que pueden idear los analistas, aunque el tipo más común es el que utiliza la división entre números primos.

Requerimientos para los algoritmos de hashing Los algoritmos de hashing deben tener las siguientes características:

- *Posibilidad de repetición*
  La capacidad de almacenar un registro mediante un algoritmo y recuperarlo, utilizando el mismo algoritmo, es un requerimiento

importante. Por ejemplo, en la división por dispersión, no se utilizan números aleatorios, ya que éstos cambian con el tiempo. Un registro almacenado con un número en la división no se podrá hallar si se utiliza un número distinto, ya que éste produce una dirección distinta de la que se usó al almacenar el registro.

- *Distribución uniforme*
  Si se va a almacenar un archivo en un espacio que permite el almacenamiento de 10 000 registros, éstos deben distribuirse de manera uniforme en todo el espacio asignado en vez de acumularse todos juntos. Esta distribución garantiza una recuperación más rápida de los registros y hace un mejor uso del espacio. (En la división entre primos, el divisor elegido es el más cercano, pero usualmente menor que el número de áreas de almacenamiento.)

- *Minimizar sinónimos*
  No existe un algoritmo de hashing perfecto, aunque algunos son mejores que otros cuando se trata de minimizar sinónimos. En la práctica, los sinónimos aparecen cuando el procedimiento de dispersión se aplica a llaves distintas y produce la misma dirección en el almacenamiento.

Un ejemplo sencillo mostrará cómo puede ocurrir esto. El procedimiento de hashing es dividir entre 1 000 y utilizar el residuo como el resultado.

Clave 1	Clave 2
10 485	11 485
Cociente 10	Cociente 11
Residuo 485	Residuo 485

Éste es un procedimiento muy pobre ya que genera con frecuencia sinónimos. El procedimiento no debería utilizarse como resultado. Los analistas deben probar los algoritmos de hashing que diseñan para minimizar la probabilidad de los sinónimos.

Un *área de overflow* se pone aparte para proporcionar el almacenamiento de los registros cuando aparecen los sinónimos (Fig. 11.10). Cuando se almacena un registro, el algoritmo de hashing se lleva a cabo y se obtiene la dirección. El programa accesa esa área de almacenamiento y, si no es utilizada, el registro se almacena ahí. Si ya existe un registro almacenado en ese lugar, el nuevo registro se escribe en el área de overflow.

Cuando el sistema debe recuperar un registro, el algoritmo de hashing se lleva a cabo y se determina la dirección de almacenamiento. Entonces se verifica el registro del área de almacenamiento. Si no es el correcto (lo cual significa que apareció antes un sinónimo), el sistema automáticamente va al área de overflow y recupera el registro para su procesamiento.

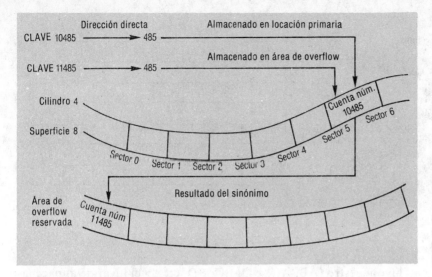

FIGURA 11.10
Uso de áreas de overflow para manejar sinónimos en transformaciones de llave.

Diagrama:
- Dirección directa / Almacenado en locación primaria
- CLAVE 10485 → 485
- Almacenado en área de overflow
- CLAVE 11485 → 485
- Cilindro 4
- Superficie 8
- Sector 0, Sector 1, Sector 2, Sector 3, Sector 4, Sector 5, Sector 6
- Cuenta núm. 10485
- Área de overflow reservada
- Resultado del sinónimo
- Cuenta núm. 11485

Organización indexada

Una tercera forma de accesar los registros es por medio de un índice. La forma básica del índice incluye una llave de registro y la dirección de almacenamiento de un registro. Para hallar un registro cuando se desconoce la dirección de almacenamiento (como en el direccionamiento directo y las estructuras de hashing), es necesario examinar los registros. Sin embargo, la búsqueda será más fácil si se usa un índice, ya que toma menos tiempo buscar en un índice que en un archivo completo de datos.

Características de un índice
Un *índice* es un archivo aparte del archivo maestro. (Por esta razón, algunos analistas se refieren a tal como un *índice separado*.) Cada registro en el índice contiene únicamente dos datos: una llave de registro y una dirección de almacenamiento. (No se duplican los datos en el archivo maestro.)

Para encontrar un registro específico cuando el archivo es almacenado bajo una organización indexada, se busca primero el índice para hallar la llave del registro deseado. Cuando se le encuentra, se observa la dirección de almacenamiento correspondiente y a continuación el programa accesa el registro directamente. Este método usa un examen secuencial del índice, seguido del acceso directo al registro apropiado. El índice ayuda a hacer más rápida la búsqueda en comparación con un archivo secuencial, pero es más lento que el direccionamiento directo.

Organización indexada no secuencial
El archivo de datos de la figura 11.11 se almacenó mediante la indexación. El índice de la izquierda contiene las llaves de los registros en el

ÍNDICE

CLAVE DEL REGISTRO	DIRECCIÓN
AB	1021
AC	1022
AD	1018
BC	1014
BD	991
BF	1008
BL	997
CA	1020
CC	1012

ARCHIVO MAESTRO

	0	1	2	3	4	5	6	7	8
Cilindro 9 Superficie 9	MN	BD	LM	CZ	XY	AA	BB	BL	
Cilindro 10 Superficie 0	LX	AL	MC	BR	CB	SA	BD		BF
Cilindro 10 Superficie 1	RS	UU	CC		BC	TT			AD
Cilindro 10 Superficie 2	CA	AB	AC						

FIGURA 11.11
Organización indexada no secuencial.

archivo maestro (AB, AC, AD, BC, BD, etc.) y el lugar de almacenamiento en el mismo. Así, el índice muestra las direcciones 1021 para AB, 1022 para AC, etc. En el ejemplo de la figura 11.11, el archivo maestro no tiene ningún orden específico. Este método de organización del archivo se llama *organización indexada no secuencial*. Existe un registro en el índice por cada registro en el archivo maestro.

Organización indexada secuencial
Otro tipo de organización indexada, la más utilizada en los sistemas de información, crea un archivo seudosecuencial. Los registros se almacenan en bloques con capacidad de una cantidad específica de datos. Por ejemplo, los bloques de la figura 11.12 puede almacenar hasta 3 150 datos. El primer bloque, que empieza en la dirección 1345, está en orden secuencial.

El archivo maestro de la figura 11.12 almacena bloques individuales de registros en orden secuencial. Sin embargo, este *no* es un archivo secuencial, ya que todos los registros no se almacenan en posiciones físicamente adyacentes; podemos pensar que es un archivo de bloques separados, llenos o parcialmente llenos, pero cada uno en orden secuencial.

Los bloques adyacentes no están en orden ascendente. Por ejemplo, para buscar una secuencia lógica ascendente, el registro que sigue al 1115 al final del primer bloque está en el siguiente bloque en la dirección 1349.

Búsqueda de registros Puesto que cada bloque en este tipo de organización está siempre en orden secuencial, ya no es necesario un índice para cada registro. En vez de esto, sólo se necesitan los valores máximo o mínimo de todos los registros en un bloque. Esto quiere decir que *sólo un* índice es necesario para cada bloque.

Utilizaremos el método del valor máximo de la llave para mostrar

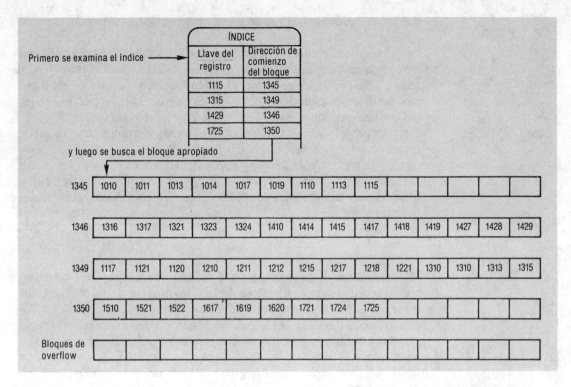

FIGURA 11.12
Organización
indexada secuencial.

cómo se utilizan los archivos organizados según el método de acceso indexado secuencial (ISAM). Supóngase que el programa desea hallar el registro cuyo valor de la llave es 1323. ¿Cómo se localiza el registro cuando el archivo se almacena usando una organización indexada secuencial? En primer lugar, el programa accesa el índice, empezando con el registro del principio. Compara la llave en el índice con la llave de búsqueda: 1323 contra 1115. Puesto que 1115 es el valor máximo en el primer bloque y 1323 es un valor más alto, el programa sabe que el registro deseado no está en ese bloque. Lo que hace es leer el siguiente registro indexado. (Conviene observar que el archivo maestro no ha sido accesado; sólo se utiliza el índice.)

A continuación, el programa compara 1323 y 1315, el valor máximo en el siguiente bloque. Puesto que 1323 sigue siendo el valor máximo, el programa sabe que el registro no está en ese bloque. Lee el siguiente registro del índice y compara su llave con la llave de búsqueda: 1429 contra 1323. Esta vez, el valor de la llave de búsqueda es menor que el valor máximo en ese bloque, por lo que el programa sabe que el registro debe estar en ese bloque. El programa le dice al sistema que comience a leer registros en la dirección 1346 y compara las llaves con la llave de búsqueda: registro 1, 1316 contra 1323; registro 2, 1317 contra 1323; registro 3, 1321 contra 1323, registro 4, 1323 contra 1323: las llaves coinciden y el programa sabe que ha hallado el registro deseado. Puede leer el registro y empezar el procesamiento que sea necesario.

El uso de los índices ahorra tiempo de búsqueda. Sólo hay que leer tres registros de índice y tres registros de datos antes de hallar el registro deseado. Sin el índice, el sistema buscaría en todos los registros en el primer bloque (9), todos los registros del segundo bloque (14) y tres registros en el tercer bloque, lo que da un total de 26 registros, antes de hallar el deseado. Aun para el archivo más pequeño utilizado en el ejemplo, la diferencia es significativa.

Los analistas que trabajan con sistemas en los que se espera que los archivos crezcan especifican que el espacio no utilizado se deje libre en cada bloque para acomodar el crecimiento. Comúnmente, los bloques están llenos de un 50% a un 75% cuando se crea el archivo por primera vez.

Mantenimiento de un archivo ISAM Al añadir los registros a los archivos indexados secuenciales, el sistema los inserta de tal manera que preserva la naturaleza secuencial de cada bloque. Por ejemplo, si los registros con llaves de 1015, 1020 y 1322 se añaden al archivo maestro, serán insertados en los bloques que empiezan en las direcciones 1345 y 1346 ya que el rango de las llaves para ellos está en dichos bloques. La figura 11.13 muestra que el registro 1015 se insertó después del 1014, previamente almacenado, 1020 después del 1019 y 1322 después del 1321. En cada caso, el bloque fue automáticamente reordenado por ISAM. Al añadir los registros, los demás se movieron realmente hacia abajo para hacerles espacio y mantener la secuencia.

Al agregar el registro 1322 se señaló otra característica de los archivos indexados secuenciales. Cuando se añade un registro a un bloque que ya está lleno, el último registro en el bloque ya no tiene lugar. Para manejar estas situaciones, se mantiene aparte un área de overflow.

¿Cómo halla el sistema un registro cuando se le necesita procesar? Primero, el programa busca el índice, como se describió arriba, para determinar el bloque apropiado. A continuación, el bloque se examina, un registro a la vez, y se verifican las llaves para hallar la que tenga el valor correcto. Cuando se llega al final de un bloque y no se ha encontrado la llave del registro, el sistema automáticamente examina el área de overflow hasta que lo halla.

Los procedimientos de cambio y borrado utilizan los mismos procedimientos de búsqueda. Se hace un cambio a un registro y se le reemplaza en su lugar original. Cuando se borra un registro, ya no es accesado por el programa. Sin embargo, el espacio que ocupaba ya no se reutiliza. Permanece sin estar disponible para guardar cualquier otro registro. (En la ilustración, los registros borrados se marcan con el símbolo "@" para representar el borrado.)

Los índices ocupan espacio adicional, pero proporcionan un

FIGURA 11.13 — Archivo indexado secuencial después de la actualización

ÍNDICE

Llave del registro	Dirección de comienzo del bloque
1115	1345
1315	1349
1429	1346
1725	1350

Añadir los siguientes registros al archivo maestro
1015
1020
1322

Borrar los siguientes registros del archivo maestro
1014
1113
1313
1619

Cambiar los siguientes registros en el archivo maestro
1100
1415

1345: | 1010 | 1011 | 1013 | @ | 1015 | 1017 | 1019 | 1020 | 1100 (Cambiado) | @ | 1115 | | | |

1346: | 1316 | 1317 | 1321 | 1322 | 1323 | 1324 | 1410 | 1414 | 1415 (Cambiado) | 1417 | 1418 | 1419 | 1427 | 1428 |

1349: | 1117 | 1121 | 1120 | 1210 | 1211 | 1212 | 1215 | 1217 | 1218 | 1221 | 1310 | 1310 | @ | 1315 |

1350: | 1510 | 1521 | 1522 | 1617 | @ | 1620 | 1721 | 1724 | 1725 | | | | | |

Bloques de overflow: | 1429 | | | | | | | | | | | | | |

método rápido de localización de registros. También permiten entrar a la mitad de un archivo para recuperar un registro o comenzar a procesar el resto del archivo en orden secuencial. Debido a la necesidad de ir primero al índice para encontrar el registro y regresar al índice al final del bloque para hallar dónde empieza el siguiente bloque, ISAM no es en realidad un método secuencial ni tampoco de acceso directo. Sus desventajas principales es el uso de espacio adicional para el índice, el área de almacenamiento asignada pero no utilizada dentro de un bloque, y el tiempo adicional para hallar un registro específico al compararlo con el tiempo necesario para localizar un registro utilizando el direccionamiento directo.

Una característica adicional de los archivos ISAM es la flexibilidad para procesar el archivo en cualquier forma (secuencial o aleatoria), dependiendo del requerimiento en el momento. Por ejemplo, una estructura de archivo para un sistema de tarjetas bancarias debe ser capaz de proporcionar respuestas rápidas a las solicitudes de los poseedores de las tarjetas que desean información sobre sus cuentas. Esta necesidad sugiere un archivo de acceso directo, que tenga como llave el número del cliente, para recuperar el registro. Sin embargo, la necesidad de examinar cada registro para determinar si se imprime un informe sugiere una organización secuencial. Por fortuna, ISAM permite que un archivo se utilice de ambas formas. Esta flexibilidad es la razón para que ISAM se use en muchísimos sistemas de procesamiento en las empresas.

Una alternativa a ISAM que se está volviendo cada vez más popular es el *método de acceso virtual secuencial* (VSAM) que coloca índices a los registros con base en varios campos del registro. Los índices múltiples hacen posible recuperar los datos directamente en varias formas o accesar registros a la mitad del archivo, utilizando distintos criterios de entrada. Al igual que ISAM, los índices y actividades de almacenamiento de registros de VSAM se manejan mediante el software de indexación. El programador no tiene que construir o mantener los índices.

Comentario al margen
Estructuras de almacenamiento

Los métodos para desarrollar un sistema de información están evolucionando de varias formas con respecto al uso de nuevas herramientas y técnicas, como lo hemos venido analizando, y también, involucrando a los usuarios finales en el proceso de desarrollo. Deseamos esos avances.

El centro de muchas de las actividades de los desarrolladores está en la forma en que se almacenan los datos en el sistema para su recuperación cuando sea necesario. Aquí hay algo que permanece constante. Las computadoras, ya sean grandes o pequeñas, y los programas que utilizan lenguajes de tercera, cuarta o quinta generación, siguen almacenando datos en únicamente dos formas: secuencialmente, con un registro detrás del otro, o aleatoriamente, en lugares específicos de almacenamiento. Estos métodos son una característica arquitectónica fundamental de los dispositivos de almacenamiento de las computadoras.

En cierto momento, los datos deben traducirse a una estructura de almacenamiento, ya sea secuencial o aleatoria. Ahí es donde se llega al punto importante (o cuando el disco alcanza a los datos).

CINTA MAGNÉTICA

La cinta magnética es uno de lo medios más conocidos y menos caros de almacenar datos en sistemas de todos los tamaños. Este método de almacenamiento secundario de archivos tiene ventajas y desventajas específicas que los analistas deben sopesar. Esta sección describe las características físicas de la cinta magnética y examina cómo se almacenan en ella realmente los archivos.

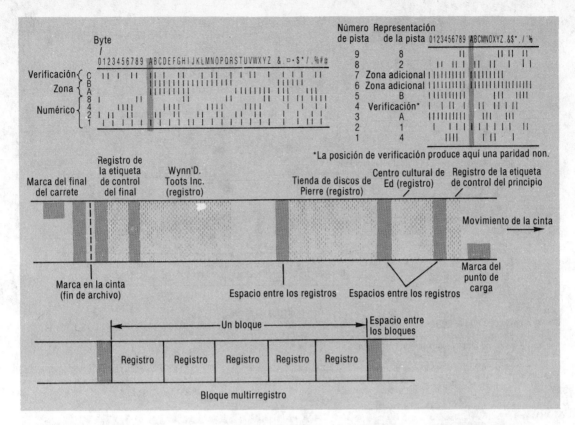

FIGURA 11.14
Esquema de codificación de una cinta magnética.

Almacenamiento de datos en cinta magnética

Los datos se almacenan a lo largo de la superficie de la cinta en una densidad específica, medida en bytes por pulgada (BPI). Un byte almacena un carácter, como lo indica la figura 11.14. La densidad de registro de un sistema se mide por el número de BPI. La densidad estándar en los sistemas de red principal es 1600 y 6250 BPI.

La densidad de registro de una unidad de cinta magnética es fija y no se puede alterar, pero muchos modelos tienen la opción de almacenar en dos tipos de densidades distintas.

Los datos se leen o se escriben en la cinta en *bloques* o *registros físicos* y sólo cuando la cinta se mueve hacia adelante, a través de la unidad de cinta, ésta pasa por las cabezas de lectura y escritura de la unidad. La cinta para y recomienza cuando el sistema le dice a la unidad de cinta que lea el siguiente registro físico.

Con el fin de permitir un espacio para que la unidad de cinta se detenga y recomience el movimiento de la cinta sin perder datos, se utilizan espacios entre los bloques para separar cada bloque. Un *espacio entre los bloques* (también llamado *espacio entre los registros*) es una longitud de cinta en blanco que mide 0.3 pulgadas.

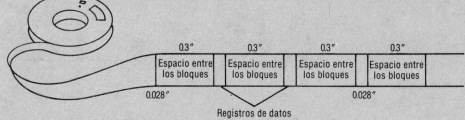

- Número de registro en el archivo: 15 000
- Tamaño de cada registro: 175 bytes

- Densidad de registro: 6250 BPI
- Tamaño del espacio entre los bloques: 0.3 pulgadas

FORMATO SIN BLOQUES
Espacio de almacenamiento de un registro:

$$\text{espacio entre los bloques} + \left(\frac{\text{tamaño de registro}}{\text{densidad de registro}}\right)$$

$$0.3 \text{ pulg.} + \frac{175}{6250} \text{ pulg.} = 0.328 \text{ pulg. por registro}$$

Espacio total de almacenamiento del archivo:
Número de registros en el archivo por el espacio usado para cada registro

$$15,000 \times 0.328 \text{ pulg.} = 4,920 \text{ pulg.}$$

0.3″   0.3″   0.3″   0.3″

Espacio entre los bloques   Espacio entre los bloques   Espacio entre los bloques   Espacio entre los bloques

0.028″   0.028″

Registros de datos

FORMATO CON BLOQUES
Factor de bloqueo
Espacio de almacenamiento de un bloque:

$$\text{espacio entre los bloques} + \left[\text{factor de bloqueo}\left(\frac{\text{tamaño de registro}}{\text{densidad de registro}}\right)\right]$$

$$0.3 \text{ pulg.} + \left[30\left(\frac{175}{6250}\right)\right] = 1.14 \text{ pulg.}$$

$$\text{Número de bloques} \frac{\text{tamaño del archivo}}{\text{factor de bloqueo}}$$

$$\frac{15000}{30} = 500 \text{ bloques}$$

Espacio total de almacenamiento de bloques:
Número de bloques por el espacio utilizado para cada bloque

$$500 \times 1.14 \text{ pulg.} = 570 \text{ pulg.}$$

Registros lógicos de datos

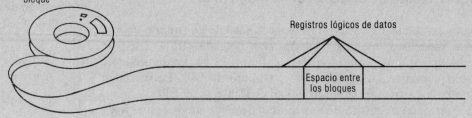

Espacio entre los bloques

FIGURA 11.15
Almacenamiento de datos con y sin bloques en una cinta magnética.

Determinación del espacio

Con frecuencia, los analistas deben calcular la cantidad de espacio necesaria para almacenar los registros, al determinar los requerimientos de almacenamiento durante el diseño de sistemas. La figura 11.15 muestra los cálculos cuando se utiliza un archivo formado por 15 000 registros, cada uno con una longitud de 175 bytes. En este ejemplo, se necesitan 4920 pulgadas, o alrededor del 17% del carrete de 2400 pies (28 800 pulgadas) de cinta para almacenar todo el archivo.

Creación de bloques

Para hacer un mejor uso del espacio de almacenamiento (y hacer más rápido el procesamiento), usualmente los analistas de sistemas reducen el número de los espacios necesarios entre los bloques mediante la creación de bloques. Es evidente en la figura 11.15 que se necesita más espacio para los espacios entre los bloques que para los datos.

Cada registro físico, ya sea que contenga un byte de datos o una cantidad mucho mayor, es precedido y seguido por un espacio entre los bloques. Sin embargo, los usuarios trabajan con lo que, en un sentido de sistemas, son registros lógicos (tales como registros médicos, de ventas, facturas o cheques bancarios).

La *creación de bloques* ocurre cuando el sistema almacena varios registros lógicos dentro de un único registro físico. El número de registros en el bloque se llama *factor de bloqueo*. Si, al almacenar un archivo de registros médicos en una cinta magnética, el analista especifica un factor de 30, el sistema almacenará 30 registros médicos —el registro lógico en este ejemplo— dentro de cada bloque. Si el sistema almacena solamente un registro, se dice que el almacenamiento no tiene bloques, como en el primer ejemplo que utilizamos.

Todos los bloques en un archivo en cinta magnética utilizan el mismo factor de bloqueo. Así, si un bloque es registrado con un factor de 30, todos se juntan en bloques de 30. Un bloque puede ser tan grande como sea necesario, siempre que se pueda leer en la memoria de la computadora a un tiempo. Cuando se leen los registros físicos, se transmiten a una sección especial de entrada y salida en la memoria, el buffer, el cual tiene una capacidad específica que varía de computadora a computadora. Así, la longitud máxima de cualquier bloque es el número de bytes que puede contener el buffer. Cualquiera que sea la longitud de un bloque, el sistema lo leerá completo y entonces hará una pausa.

Como lo muestra la figura 11.15 el cambio que se hizo de la especificación sin bloques utilizada para el archivo ejemplo a un factor de creación de bloques de 30 reduce la cantidad de espacio entre dichos bloques.

Determinación del tiempo de lectura

Además de ser capaces de determinar el factor de bloqueo y las necesidades de espacio, es frecuente que los analistas también deseen saber cuántos segundos, minutos u horas se necesitan para procesar el archivo.

El tiempo que lleva leer un archivo de datos (sin incluir el tiempo de procesamiento en el CPU) está gobernado por el tamaño de los registros lógicos y físicos, el tamaño de los espacios entre los bloques, la densidad de registro y la razón de transferencia de la unidad de cinta (la velocidad a la que se pueden transmitir los datos del almacenamiento secundario, en este caso la cinta magnética, a la memoria, o viceversa). La razón es determinada y suministrada por el fabricante.

Los analistas utilizan las siguientes fórmulas para determinar las velocidades de procesamiento de la cinta.

$$\frac{\text{Velocidad de la cinta}}{\text{(en pulg. por segundo)}} = \frac{\text{Tasa de transferencia (bytes por segundo)}}{\text{densidad de registro (BPI)}}$$

$$\frac{\text{Tiempo por}}{\text{bloque de datos}} = \frac{\text{bytes por bloque de datos}}{\text{Tasa de transferencia (bytes por segundo)}}$$

$$\frac{\text{Tiempo del espacio}}{\text{entre bloques}} = \frac{\text{Tamaño del espacio entre bloques}}{\text{velocidad de la cinta}}$$

Procesamiento de un archivo secuencial

La forma más eficiente para procesar los archivos maestro y de transacciones analizados anteriormente en el capítulo, es teniendo a ambos en la misma secuencia. De esta forma, sólo se necesitan leer los registros una sola vez. Las especificaciones de diseño deben establecer que el archivo de transacciones esté ordenado de la misma forma que el archivo maestro antes de llevar a cabo cualquier otro procesamiento. (Las transacciones no aparecerán en el mismo orden del archivo maestro. Por ejemplo, los clientes nunca llegarán en orden alfabético o en orden según su número de identificación.) El resultado de un proceso de ordenamiento, utilizando un programa de ordenamiento, es un archivo de transacciones ordenado y listo para el procesamiento posterior.

Actualización de un archivo

Para actualizar un archivo maestro, las tres transacciones posibles son añadir nuevos registros, borrar registros existentes o cambiar el contenido de los registros existentes del archivo maestro. La actualización de un archivo maestro crea uno nuevo que contiene los resultados de las actividades de actualización. Sin embargo, el archivo maestro anterior no se destruye. Además no es posible añadir o borrar registros en un archivo maestro secuencial sin producir una nueva copia de él en un carrete de cinta distinto.

El contenido del archivo de transacciones controla realmente el proceso de actualización, eligiendo los registros del archivo maestro por actualizar y aquellos que permanecen sin alterar. El sistema tiene cuidado de mantener automáticamente una asociación apropiada por bloques para el archivo maestro. La secuencia original del archivo maestro anterior se preserva en el nuevo.

Manejo de errores

Durante el procesamiento del archivo, se hacen continuamente verificaciones de error. Pueden ocurrir los siguientes tipos de error si los

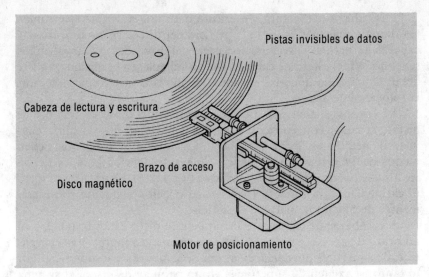

FIGURA 11.16
Equipo de disco magnético.

Dentro de la figura:
Pistas invisibles de datos
Cabeza de lectura y escritura
Brazo de acceso
Disco magnético
Motor de posicionamiento

datos de entrada no se validan en forma adecuada o si se incluyen transacciones erróneas en el archivo de transacciones:

1. Intento de añadir registros a un archivo maestro cuando el registro ya se ha almacenado en el archivo y no se permiten llaves duplicadas
2. Intento de borrar registros que no están almacenados en el archivo
3. Intento de cambiar el contenido de los registros que no están almacenados en el archivo (la llave de búsqueda no coincide con ninguna llave en el archivo)

Siempre que se hallen errores, se deben señalar por separado en un reporte impreso de errores, con mensajes que reportan el error y muestran la llave de registro afectada.

DISCO MAGNÉTICO

Examinaremos las características de los discos magnéticos para ver cómo almacenan los datos y por qué es posible el acceso directo a los registros con los discos pero no con las cintas magnéticas. El formato de los discos permite un almacenamiento ordenado de los datos.

Características y diseño del disco magnético

Los datos se escriben o se leen de los discos magnéticos (o diskettes) sólo cuando están girando dentro del drive (unidad de disco). La rotación del disco varía de aproximadamente 200 a varias miles de revoluciones por minuto, dependiendo del drive que se utilice.

Las cabezas de lectura y escritura detectan en forma electrónica los datos almacenados en la superficie del disco. Normalmente, las cabezas de lectura y escritura son parte del drive. Sin embargo, en los sistemas Winchester, las cabezas vienen selladas en el mismo paquete del disco para mantenerlas alejadas del polvo, así como para mejorar la velocidad de acceso.

Los datos se almacenan en la superficie del disco en una o más pistas, círculos concéntricos con una capacidad fija de almacenamiento medido en bytes por pista. Los diskettes pequeños tienen menos de 34 pistas por superficie, mientras que los grandes tienen varios cientos de pistas por superficie (Fig. 11.16). Cada pista se identifica mediante un número (desde 0 en orden ascendente con incrementos de 1) y un número de superficie.

Las cabezas de lectura y escritura en un disco están instaladas en un brazo de acceso y todas las cabezas se mueven juntas. Las cabezas en cada superficie pueden accesar una sola pista en esa superficie. Por lo tanto, si existen 20 superficies en un paquete de disco, el sistema puede escribir o leer de cualquiera de las 20 pistas cuando el brazo de acceso se posiciona. Las pistas identificadas con el mismo número forman lo que se conoce como cilindro.

Para accesar un registro específico, el programa debe determinar y especificar el cilindro y superficie donde se encuentra el registro. Este concepto es un aspecto importante de los dos métodos de direccionamiento utilizados en los dispositivos de acceso directo: direccionamiento de pista y de sector.

Direccionamiento pista/cilindro

La forma de direccionamiento de uso más común en las computadoras grandes utiliza el concepto de direccionamiento pista/cilindro.

Punto índice

La distribución general de una pista bajo el concepto pista/cilindro, la cual se muestra en la figura 11.17, consiste de un punto índice, la dirección inicial, registro descriptor de la pista y los registros de datos. El punto índice señala el comienzo de una pista, considerado como un enorme lugar de almacenamiento. Todas las pistas del disco están sincronizadas con el punto índice.

Cuando los discos se inicializan o preparan para su uso, un programa de utilería especial identifica el formato del disco escribiendo pistas en el disco en forma magnética. (Las pistas no son visibles; no existen surcos o marcas físicas en la superficie.)

Dirección inicial

Durante la inicialización, el sistema escribe la *dirección inicial* en la pista. (Si por alguna razón el sistema no puede escribir una dirección

FIGURA 11.17
Distribución de una pista del disco magnético.

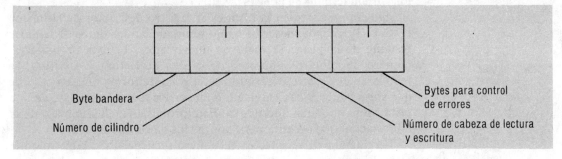

FIGURA 11.18
Vista detallada de la dirección inicial.

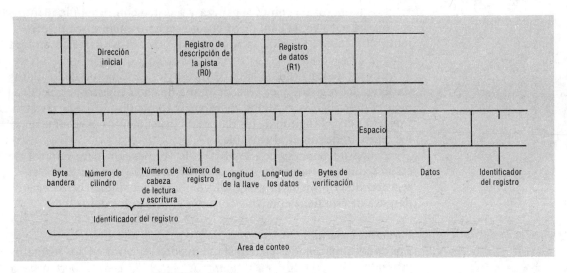

FIGURA 11.19
Registro descriptor de la pista.

inicial, el disco no se puede utilizar.) La dirección inicial consta de cuatro datos (Fig. 11.18).

El byte de bandera indica si la pista es una pista primaria o alternativa. El cilindro y número de cabeza de lectura y escritura identifican juntos una pista específica en el disco, característica esencial para los métodos de direccionamiento directo y por hashing que hemos analizado. Por ejemplo, un algoritmo de hashing debe producir una dirección que corresponde a una de las combinaciones de números de cabeza-cilindro almacenadas en la dirección inicial. Los bytes de verificación son para la detección de errores.

Registro descriptor de la pista

El siguiente registro en la pista es el registro descriptor de la misma (Fig. 11.19), el cual describe cómo se organizan los datos de la parte restante de la pista. Se incluyen nueve datos. El byte de bandera, número de cilindro y número de cabeza de lectura y escritura, se repiten en el registro descriptor de la pista de forma que, en caso de que surja la necesidad, se puedan mover los datos de la pista de una pista primaria a una alternativa. Esto proporciona al sistema toda la información que necesita para utilizar los datos que siguen.

El número de registro es el número secuencial del registro en la pista. El primer registro en la pista, número 0, es el registro descriptor de la misma. Su posición es la razón de que a veces se le llame *registro cero*.

Los números de cilindro, cabeza y registro conforman la identificación del registro, la cual distingue un registro en un disco de otro y, junto con los detalles de la longitud de los datos, describe el área tomada en cuenta.

El byte de longitud de la llave y los bytes de longitud de los datos (la llave del registro y el área de datos de cada registro, respectivamente) describen la cantidad de espacio abarcado por cada registro. Los bytes de la longitud de los datos son instrumentos para almacenar los registros de longitud variable.

A continuación siguen los bytes de verificación para control de errores que es el área de datos del registro. No existen datos en el registro descriptor de la pista. Sin embargo, cualquier otro registro después de éste tiene el mismo formato e incluye los datos.

Formatos generales

Los datos almacenados en la pista se pueden registrar en dos formatos generales (Fig. 11.20): el *formato de datos de conteo* pertenece a un archivo de registros que no contiene una llave de registro físico (un archivo secuencial). Los archivos secuenciales se pueden almacenar en disco magnético, al igual que en cinta. Los *formatos de datos de conteo* se utilizan para todos los datos con llave y hacen posible el almacenamiento de registros de longitud fija y variable bajo bloques o sin bloques. También se especifica un formato indefinido para cualquier

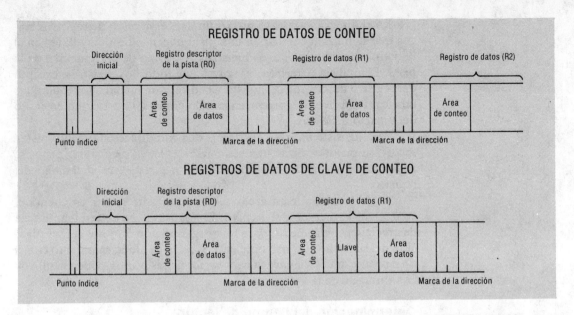

FIGURA 11.20
Formatos de registro del disco magnético.

registro con llave que no pertenezcan a ninguno de los formatos anteriores.

Direccionamiento pista/sector

El método de direccionamiento por sector de los discos magnéticos divide cada pista en un número específico de bloques de longitud fija, llamados *sectores.* Este método se utiliza en casi todos los sistemas de disco flexible, así como en los sistemas grandes de disco duro, aunque en los últimos no es tan común como el método de direccionamiento de pista abierta. Para poder localizar un registro, el programa debe instruir al sistema para cargarlo del cilindro, superficie y sector apropiados.

Cada sector en una pista tiene una capacidad de almacenamiento fija. Los sectores (y pistas) más internos contienen el mismo número de bytes de datos que los sectores de las pistas externas. Las capacidades comunes de los sectores son 128 bytes por sector (*densidad simple*), 256 bytes por sector (*doble densidad*) y 512 bytes por sector (*densidad cuádruple*).

Capacidad de almacenamiento en disco

El almacenamiento en disco está regido por la capacidad de cada pista del disco. La capacidad de la pista se puede establecer como el número de bytes que puede contener una pista, en el caso del direccionamiento pista/cilindro, o el número de sectores por pista, junto con una capacidad del sector, en el caso del direccionamiento pista/sector.

En el direccionamiento pista/cilindro, el número de registros físicos que se pueden colocar en una pista depende de si hay llaves en el registro y del tamaño de los registros, así como de la capacidad de la pista. El analista determina el tamaño de todos los registros, excepto del registro descriptor de la pista y la dirección inicial. A menudo, los fabricantes del equipo proporcionan diagramas para auxiliar en el uso del espacio del disco.

Para los sistemas que utilizan pistas con direccionamiento pista/sector, se puede realizar una estimación efectiva de cuántas pistas se necesitan si se divide la capacidad de la pista entre el tamaño del registro.

Al dar tamaño a un archivo, es importante tomar en cuenta el crecimiento esperado del archivo. El analista debe determinar la tasa de crecimiento promedio para una organización durante la investigación del sistema y asignar suficiente espacio de almacenamiento con el fin de manejar el crecimiento para varios meses o años, dependiendo de la naturaleza de la aplicación.

Determinación del tiempo de lectura

El tiempo que se tarda recuperar el registro de un disco es una de las tantas funciones de las características operativas del drive. Después de que el programa instruye al sistema para que lea un registro, existe un retraso en la inicialización para la lectura, debido a la rotación del disco. El retraso se llama *tiempo latente* o *retraso rotacional*. Un tiempo latente común es de aproximadamente 0.01 segundos.

El tiempo de búsqueda, un segundo componente del tiempo de lectura y escritura asociado con la operación del disco, es el tiempo que se tarda la unidad de disco en posicionar las cabezas de lectura y escritura en el cilindro adecuado. El tiempo de acceso es el tiempo requerido para localizar el registro adecuado, pero no para leerlo o escribirlo. El otro componente del procesamiento del disco es la tasa de datos, que es la tasa a la cual se leen los datos.

La información necesaria para estimar el tiempo de lectura y escritura de los discos se da en los manuales del sistema proporcionados por el fabricante del sistema de disco.

RESPALDO Y RECUPERACIÓN DE ARCHIVOS

Debido a que los sistemas de información no son inmunes a problemas que puedan conducir a la pérdida accidental de los datos, los analistas están interesados en la preservación de los datos de los archivos maestro y de transacciones en la fase de diseño y durante toda la vida del sistema.

Causas potenciales de la pérdida de datos

Al diseñar procedimientos de respaldo para los archivos del sistema, el analista debe suponer que puede ocurrir lo peor. Muy poco tiempo después de instalar un sistema (y a menudo incluso antes de terminar la implantación), usualmente algo provoca que se pierdan los datos. Algunas de las razones para la necesidad de los respaldos son el resultado del uso normal del sistema, pero otras no.

Al equipo normalmente se le da mantenimiento con base en un calendario, reparando o reemplazando partes y componentes después de intervalos específicos de tiempo. Pero, incluso bajo los mejores calendarios de mantenimiento preventivo, los componentes pueden fallar y provocar la pérdida de datos.

Los medios de almacenamiento de cinta y disco magnéticos también se acaban con el uso. La cubierta magnética puede dejar de almacenar datos en ciertos puntos de su superficie o las placas de metal de las unidades de disco pueden ocasionalmente estar defectuosas. Los discos duros tienen mucha mayor vida que los diskettes flexibles, aunque ambos durarán meses y años si se les maneja adecuadamente y se les protege del polvo y las huellas digitales.

También pueden ocurrir fallas debido al procesamiento incorrecto de los datos o a un error del operador. A menos de que la empresa mantenga copias de respaldo de los datos, podría estar en serios problemas. Por ejemplo, si el archivo maestro de estados de cuenta se daña o borra accidentalmente, la organización perderá dinero si no puede volver a crear el archivo.

Las fallas del software pueden llevar a la pérdida de datos, incluso en los programas que han sido usados por años. (El capítulo 14 examina con detalle el problema de la confiabilidad del software.)

Los desastres naturales, como los incendios, inundaciones o terremotos, así como las fluctuaciones y fallas súbitas en la energía eléctrica durante el procesamiento del sistema también pueden provocar la pérdida de datos, a menos que se tomen precauciones.

Los datos son el componente más importante de un sistema de información, como lo enfatizó el coordinador de sistemas en el ejemplo del principio de este capítulo. Así, el analista debe diseñar procedimientos de respaldo efectivos para proteger a la organización contra los datos perdidos o dañados.

Métodos de respaldo

Los archivos de respaldo duplican el conjunto original de datos. Existen varios métodos efectivos para mantener copias de respaldo.

La naturaleza de los sistemas con archivo secuencial proporciona un esquema listo y virtualmente automático de respaldo. Cuando se cambia un archivo secuencial por medio de actualizaciones que añaden o borran registros, se crea un nuevo archivo; así, existen dos

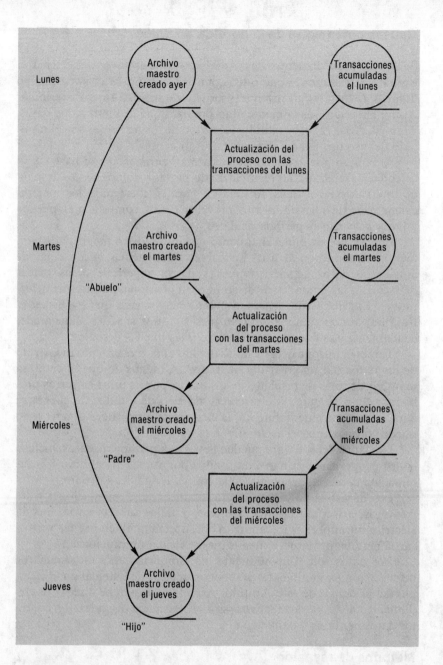

FIGURA 11.21
Generación de un sistema de respaldo para archivos secuenciales.

generaciones de archivos, el nuevo archivo maestro y el antiguo archivo maestro con los procesos del archivo de transacciones.

Generación de archivos maestros

En los sistemas con archivo secuencial, un método común y altamente efectivo para el mantenimiento de copias de respaldo, que utiliza a su vez las generaciones naturales de los archivos, es la técnica del abuelopadre-hijo (Fig. 11.21). Esta técnica desarrolla las dos generaciones de archivos maestros que generalmente existen como resultado del ciclo de actualización normal para los archivos secuenciales, por lo menos durante tres generaciones.

Vaciado de un archivo maestro

En los sistemas que utilizan archivos maestros directos, el método de las generaciones no se puede usar, ya que los registros se actualizan en el lugar del archivo maestro "vivo". Para garantizar la existencia de copias de respaldo, los analistas deben especificar otros métodos.

El vaciado de archivos es el proceso de duplicar un archivo para crear otra copia de él. Un programa aparte del sistema se ejecuta para leer datos del archivo maestro y escribe una copia de los datos a un disco de respaldo. El vaciado produce una copia adicional a la vez que deja la versión original sin alterarla. La copia original se utiliza en el procesamiento posterior, pero la copia de respaldo permanece sin cambios. Si la copia actual del archivo maestro se daña o borra, se puede procesar una copia y actualizarla con las transacciones acumuladas desde que se realizó el último vaciado.

Copias imágenes del registro

En los sistemas muy grandes, el vaciado regular de los datos no es posible. Por ejemplo, la administración del Seguro Social en los Estados Unidos, como muchas otras agencias del gobierno, mantienen varios cientos de millones de registros en su base de datos. Vaciar los archivos completos o las bases de datos sería prohibitivo en términos del tiempo (llevaría días copiarlos) y del costo.

Un método alternativo de respaldo descansa en la presencia de archivos de transacciones acoplados con las copias de los registros del archivo maestro que cambian durante el procesamiento. Una imagen anterior es cuando se hacen copias del registro del archivo maestro antes de que cambie y una imagen posterior es cuando se llevan a cabo copias del registro después de hecho el cambio, lo cual proporciona la información suficiente para reconstruir los registros si se dañan o se pierden.

Si se encuentra que ciertos registros se cambiaron en forma inadecuada, las transacciones se pueden ejecutar hacia atrás para restaurarlas en un punto donde se sepa que eran correctas. Este procedimiento se llama *retorno*.

Análogamente, en caso necesario, las copias de respaldo de los registros (creados antes) se pueden actualizar reprocesándolos con las copias de las transacciones. Este proceso se llama *traer hacia adelante* a los archivos.

Los analistas son los responsables de diseñar procedimientos para hacer copias de respaldo de los archivos y de utilizarlos para restaurar el sistema a su estado actual.

RESUMEN

Los sistemas de información se organizan con base en archivos que acumulan y almacenan datos para su procesamiento. Los archivos contienen registros relacionados con datos, los cuales describen entidades de importancia para la organización. Los propios registros se pueden diseñar según un formato de *longitud fija* o *variable,* dependiendo de la naturaleza de la aplicación y la cantidad de espacio de almacenamiento disponible. Los registros de longitud fija pueden utilizar mayor espacio, pero a menudo simplifican los requerimientos de programación y procesamiento.

Los tipos principales de archivos usados en los sistemas de información son los *archivos maestros, de transacciones, de tablas* y *de reportes.* Los archivos maestros son archivos permanentes que existen durante toda la vida de un sistema, aunque deben mantenerse actualizados para que sean útiles. Cuando ocurren eventos que afectan o involucran a la organización, los datos que los describen son capturados en los archivos de transacciones, que a su vez son procesados para actualizar el archivo maestro. Los archivos de tablas se usan para almacenar datos de referencia, los cuales se utilizan cuando se procesan las transacciones o se producen las salidas. Los archivos de reportes, por el contrario, acumulan las salidas que se pueden guardar temporalmente en una *cola de espera* en un disco magnético hasta que se puedan imprimir o producir en el dispositivo de salida apropiado.

Todos los archivos se almacenan utilizando un método de organización del archivo que se basa en la posición o dirección. El método más simple, la *organización secuencial,* es la única forma en que los registros se pueden guardar en una cinta magnética. Cada registro se almacena en la siguiente posición disponible en la cinta. Con los dispositivos de *acceso directo,* tales como el disco magnético, los registros se pueden almacenar secuencialmente o bajo acceso directo u *organizaciones indexadas.* Los métodos de acceso directo e indexados usan las direcciones de almacenamiento para identificar la localización específica de los registros o bloques de datos. Una dirección está formada por el número de cilindro, superficie y sector (áreas específicas del disco que el sistema pueda localizar rápidamente).

Existen dos organizaciones de acceso directo. El *direccionamiento directo* significa que la llave registro corresponde exactamente a una dirección de almacenamiento. Sin embargo, ya que no es usual que las llaves de registro cumplan este requerimiento, a menudo se utiliza el hashing para proporcionar un medio de acceso directo. Con hashing, se obtiene una dirección de almacenamiento aplicando un algoritmo de *transformación de la llave* que divide, *extrae,* o *dobla* la llave del registro. En algunos casos, se desarrollan *sinónimos*; dos o más llaves producen la misma dirección. Se reserva un área aparte de almacenamiento, el *área de overflow,* para almacenar los sinónimos que aparecen en un archivo. El número de sinónimos puede controlarse desarrollando cuidadosamente el algoritmo de hashing.

Las organizaciones de archivo indexado secuencial y no secuencial utilizan un archivo separado, el *índice*, que sigue la pista de las llaves de registro y las direcciones de almacenamiento de los registros en el archivo maestro. Para hallar un registro, el programa examina primero el índice y recupera el registro del archivo maestro en el lugar especificado por el índice. El índice hace posible procesar el archivo en forma aleatoria o secuencial. Las organizaciones indexadas secuenciales son las más comunes.

Cuando se actualizan los archivos secuenciales, ya sea en cinta o disco magnéticos, se produce una nueva copia del archivo maestro. Sin embargo, cuando se actualizan los archivos de acceso directo o indexados, los cambios se hacen en el archivo y no se produce una nueva copia. Esto es posible debido a las llaves de registro físico que se utilizan dentro de los archivos de acceso directo e indexados; no existen llaves físicas en los archivos secuenciales.

El uso de cinta y discos magnéticos para el almacenamiento secundario ofrece un almacenamiento más conciso que el que es posible con los registros en papel. Sin embargo, ambos medios de almacenamiento están sujetos al uso y posibles daños.

Para protegerse contra la pérdida de datos, los analistas de sistemas diseñan procedimientos de respaldo. Se hacen copias duplicadas de los datos para garantizar que siempre existirá una copia de los registros, aun cuando el original se dañe o destruya; siempre existe la probabilidad de que esto ocurra debido al error, falla del equipo o del software o a un desastre natural. Al utilizar archivos secuenciales, las generaciones de copias proporcionan el respaldo adecuado. Sin embargo, cuando los archivos se almacenan mediante una organización de acceso directo o indexado, se necesita un método de vaciado de los archivos o hacer copias antes y después. Los analistas deben suponer que las copias de respaldo se necesitarán tarde o temprano para mantener al sistema funcionando.

PREGUNTAS DE REPASO

1. ¿Cuáles son los componentes básicos de un archivo? Dé un ejemplo de cada uno de ellos. Explique cómo difieren los archivos.
2. Compare y contraste los tipos de archivos utilizados en sistemas de información. ¿Cuándo se utiliza cada tipo de archivo?
3. ¿Qué son las llaves de los registros? ¿Todos los archivos utilizan las llaves de registro para el almacenamiento y recuperación de los datos?
4. Explique la diferencia entre una llave de búsqueda y una llave de registro.
5. ¿Qué son los diagramas de estructura de datos? ¿Qué papel juegan en el desarrollo de un sistema?
6. Analice la notación de los diagramas de estructura de datos.
7. ¿En qué difieren las organizaciones secuencial y de acceso directo?
8. Analice los distintos métodos de almacenamiento de datos utilizando las

organizaciones de acceso directo. ¿Qué organización de acceso directo es la que se usa con más frecuencia? ¿Por qué?

9. Explique el significado de los siguientes términos: hashing, sinónimo, área de overflow y llave de registro físico.

10. ¿Qué caracteriza a los archivos indexados? ¿Qué ventajas ofrecen los archivos indexados secuenciales en los sistemas de procesamiento de información? ¿Qué desventajas presentan?

11. ¿El índice de un archivo ISAM es parte del archivo o está separado? ¿Cómo se mantiene si se añaden o quitan los registros de un archivo maestro?

12. ¿Qué factores determinan el tiempo de lectura y escritura cuando se utiliza una cinta magnética?

13. ¿Cómo varían los registros lógicos y físicos? ¿Siempre son iguales? Explique las razones de su respuesta.

14. Analice el proceso de añadir o borrar registros almacenados en cinta magnética.

15. Varias de las características de los discos magnéticos son parte integral de las direcciones utilizadas para almacenar y recuperar datos. ¿Cuáles son y cómo se usan en el direccionamiento del disco?

16. ¿Cuáles son los dos métodos generales para almacenar registros en una pista de disco?

17. Explique el significado de los siguientes términos: formato de datos de conteo, formato de datos de llave de conteo, punto índice, registro descriptor de la pista y registro cero.

18. Describa el proceso de lectura de un registro en un disco magnético. ¿Qué factores influyen en la cantidad de tiempo que se tarda este proceso?

19. ¿Cómo varían los métodos de respaldo cuando los archivos se almacenan en cinta magnética y en disco magnético?

PROBLEMAS DE APLICACIÓN

1. Un analista de sistemas está diseñando un sistema de contabilidad para producir reportes mensuales, resumir los balances de cuenta y actividades de los clientes. Se establecerán los siguientes archivos: 1) el archivo maestro de clientes, que contiene el nombre del cliente y la información del balance; 2) el archivo de pagos y ajustes, que contiene todas las transacciones de pagos y ajustes introducidas en el sistema durante el mes en que se llevan a cabo, y 3) un archivo de transacciones de ventas, consistente en la cantidad total de cada transacción, acumulada en el orden de aparición durante el mes. La llave de registro en todos los casos es el número de cuenta del cliente. Otros datos en los archivos de transacciones incluyen la fecha y monto de la transacción y, en el caso del archivo de pagos y ajustes, un código que indica si la transacción es un pago o un ajuste.

El reporte tendrá impreso el balance inicial en la parte de arriba, seguido por una lista de todas las transacciones en el orden en que se realizaron. Para cada transacción, el sistema imprimirá CARGO, PAGO o AJUSTE, dependiendo del tipo de transacción. Para imprimir las transacciones en el orden adecuado, hay que integrar los datos de los archivos de compras, de pagos y ajustes. Al final del informe, se imprimirá el nuevo balance de cuenta.

a. Con base en la información proporcionada, ¿bajo qué estructura de almacenamiento debería organizarse cada archivo? (Sólo se dispone del disco magnético y diskettes para utilizarlos en el almacenamiento secundario.)

b. Analice el desarrollo de procesamiento necesario para imprimir el reporte de la cuenta de la manera descrita. Asegúrese de indicar cómo integrará el sistema los distintos tipos de transacciones y cómo determinará cuándo se han procesado todas las transacciones de un cliente específico, de manera que pueda comenzar el reporte del siguiente cliente. (Utilice símbolos o notación gráfica para describir el procesamiento, en caso necesario.)

2. El teatro Nicolodeon desea desarrollar un sistema para venta de boletos. El teatro funciona los 7 días de la semana cuando están las obras en escena, con dos funciones diarias en la mayoría de los días. Los precios de los boletos varían según el lugar del asiento. Los precios de los boletos se reducen en las funciones de la mañana y los estudiantes y promotores reciben descuentos en el precio normal del boleto.

En cierto momento, estarán a la venta boletos para más de 50 obras distintas. Al hacer las ventas, se actualiza continuamente un registro de los asientos vendidos y los disponibles para venta.

La dirección adquirirá todo el equipo de cómputo necesario para operar el sistema automatizado ya que está convencida de que los beneficios de la automatización exceden los costos. En caso necesario, se dispondrá de almacenamiento en disco o cinta magnética.

a. ¿Qué archivos se usarán para operar este sistema? Describa brevemente sus contenidos. ¿Qué estructura de almacenamiento usará cada uno?

b. ¿Cuál es la llave de registro de cada archivo?

c. Puesto que los precios de los boletos varían en la forma descrita, ¿cómo sabrá el personal del teatro el monto exacto de cargo por cada función?

3. Se utiliza un método de acceso indexado secuencial (ISAM) para almacenar los registros del archivo maestro con las llaves de registro, como se muestra abajo. Cada pista tiene la capacidad de almacenar seis registros. Se dispone de un área de overflow aparte, pero actualmente no contiene registros.

DIRECCIÓN DE PISTA

11008	1457	1501	1503	1519	1527	1528
11009	1987	1989	1994	1999		
11012	1628	1641	1642	1651	1680	
11014	1377	1378	1394	1395	1397	1399
11015	2018	2020	2021			

a. Muestre el contenido del índice para el archivo anterior.

b. Procese los siguientes datos de transacciones en el orden en que se dan. Muestre el archivo maestro y el índice después de actualizar el archivo con las transacciones.

Añadir	1529
Añadir	1520
Cambiar	1642
Borrar	1378
Añadir	1627
Cambiar	1394
Borrar	1519
Añadir	1504
Añadir	1378
Añadir	1502

Utilice el área de overflow en caso necesario.

   c. Utilizando el archivo revisado, explique cómo localiza el sistema el registro con la llave 1529.

4. Una zapatería con sucursales en varias ciudades, está automatizando su sistema de estados de cuenta. Actualmente existen aproximadamente 25 000 cuentas. Cada cuenta tiene un número de cuenta de 7 dígitos, de los cuales el primero y el segundo indican la tienda donde se abrió la cuenta.

     Cuando los clientes hacen compras a crédito, el empleado hace una impresión del número de tarjeta en una nota de venta con varias partes. El cliente también firma la forma, en la que se detalla cada artículo adquirido, la cantidad y el costo. A cada transacción se le da un único número de identificación.

     Las transacciones de ventas se envían a un archivo maestro en forma semanal, periodo donde se ajusta el balance de deudas, dependiendo de los pagos hechos y las transacciones de compra recibidas. Una vez al mes, el archivo se procesa para preparar las facturas a enviar a los clientes. La factura enlistará el nombre y dirección del cliente, número de cuenta, balance de deudas, cargo por manejo y monto del pago mínimo. La factura también enlistará cada transacción individual mostrando la fecha, número de transacción, detalles de la transacción y localización de la tienda.

     Además de proporcionar datos para facturación, el archivo se utilizará para responder a preguntas de los clientes acerca de sus balances de cuenta. Se pedirá a los clientes que den sus números de cuenta al empleado que maneja la solicitud. Los números se introducirán al sistema para su uso en el programa con el propósito de recuperar los registros de información de los clientes.

   a. ¿Qué estructura de almacenamiento debe utilizarse para el archivo de registros de los clientes?

   b. Describa dos formas de almacenar los registros de las transacciones y procesarlos contra el registro principal y actualizar la información sobre el balance de deudas. En una, incluya los registros como parte del archivo maestro y, en la otra, almacénelos en forma separada. Explique cómo se realizará el procesamiento y generación de facturas en cada caso. ¿Cuáles factores determinarían su elección real en un enfoque o el otro?

   c. ¿Cómo manejaría usted las preguntas de los clientes acerca de sus balances de cuenta si no proporcionan dichos números?

   d. ¿Qué modo de procesamiento debe utilizarse para las actividades orientadas hacia los archivos descritos arriba?

5. Un archivo ordenado de transacciones contiene registros que incluyen las llaves de registro y códigos de cambio que se muestran abajo. Los códigos C, A y B representan las actividades de procesamiento *cambiar el registro, añadir el registro y borrar el registro.* El archivo maestro está en orden secuencial, basado en la llave de registro.

Archivo de transacciones:

1027 A| 1030 C| 1030 C| 1039 B | 1052 A| 1052 A | 1100 A | 1237 A |

Archivo maestro:

1020 | 102721030 | 1034 | 1039 | 051 | 1104 | 1237 | 1486 |

   a. Muestre el archivo maestro revisado después de procesar las transacciones en el archivo de transacciones. Indique cualquier mensaje de error que produzca el sistema.

   b. ¿Cómo cambiarían el proceso y los resultados si el archivo maestro estuviera organizado mediante una organización de acceso directo?

BIBLIOGRAFÍA

Date, C.J.: *Introduction to Database Systems.* 4th ed., Reading, MA: Addison-Wesley, 1986.

McFadden, F.R. y J.A. Hoffer: *Data Base Management,* Menlo Park, CA: Benjamin/Cummings, 1985.

12. Diseño de interacciones de base de datos

GUÍA DE ESTUDIO

Usted tendrá un panorama del diseño de interacciones de base de datos cuando pueda responder a estas preguntas:

- ¿Cuál es el propósito de los sistemas de manejo de base de datos?
- ¿Son distintos los métodos de diseño cuando se utiliza la base de datos en un sistema de información?
- ¿Cuáles son los modelos de datos utilizados en los sistemas de base de datos?
- ¿Cuáles son las ventajas y desventajas de las bases de datos relacionales?
- ¿Cuál es el papel del analista al desarrollar un sistema que emplea una base de datos ya existente?
- ¿Cuál es el papel del analista al desarrollar un nuevo sistema de base de datos?

OBJETIVOS DEL CAPÍTULO

- Preparar diagramas de entidad-relación para documentar las relaciones que se deben representar en el procesamiento de base de datos.
- Desarrollar diagramas de estructura de datos para las interacciones entre la base de datos.
- LLevar a cabo las operaciones de normalización y manejo de datos para mejorar la calidad del diseño de una aplicación.

PALABRAS CLAVE

Archivo invertido
Definición de base de datos
Dependencia de identificación
Dependencia existencial
Dependencia funcional
Esquema
Grupo de repetición
Independencia de datos
Instancia
Modelo de datos
Modelo de datos de redes

Modelo jerárquico de datos
Modelo relacional de datos
Multilista
Normalización
Operaciones JOIN
Operaciones PROJECT
Operaciones SELECT
Redundancia
Relaciones indefinidas
Sistema de manejo de base de datos
Subesquema

¡Detengan las aceras!

En un seminario sobre diseño de base de datos, los analistas y programadores escuchaban con gran interés cómo un experto en la materia comenzaba la sesión matutina con esta anécdota:

"Una universidad muy conocida del este tiene la distinción (no publicitada) de no tener prácticamente huellas de pisadas en los prados verdes del campus. Todos los estudiantes, profesores y visitantes utilizan las aceras y todo mundo coincide en que éstas parecen estar en los lugares precisos. ¡La distribución de las aceras parece perfecta!

"Ahora bien, esta interesante situación no ocurrió por accidente. Verán, el campus es relativamente nuevo y la mayoría de los edificios se construyeron en un lapso muy breve. ¿Las aceras? No se instalaron sino hasta que la mayoría de los edificios se terminaron y comenzaron a utilizarse.

"¿Cómo pudieron colocarse en el lugar correcto? Un día, el rector de la universidad, cuya oficina domina todo el campus, llamó al director de la planta física a su oficina. Juntos, se pararon frente a la ventana y observaron el campus, fijándose por dónde caminaban los estudiantes y profesores. El rector señalaba dónde deseaba las aceras. 'Quiero una de aquí hasta allá, otra aquí, una allá y otra por aquí', decía. El director tomaba nota cuidadosamente. Durante cerca de una hora, el rector planeó las rutas de acceso. Después de unos cuantos meses, los planes se llevaron a cabo.

"Ahora, cuando se van a construir nuevos edificios en el campus, las aceras se retrasan hasta que el director sabe por dónde prefiere caminar la gente. Entonces, se construye la acera sobre las huellas. Y ésta es la forma en que la universidad se asegura de que su campus sólo tenga aceras y no huellas de pisadas entre los edificios."

Después de narrar esta historia, el orador preguntó a los participantes del seminario: "¿Cómo podríamos usar este mismo punto de vista en el diseño de base de datos?"

En muchas aplicaciones es esencial la necesidad de flexibilidad en el almacenamiento y recuperación. Los criterios presentados en el capítulo anterior son eficientes para el diseño de sistemas basados en archivos maestros, donde las estructuras de archivos secuenciales, aleatorios y secuenciales indexados cumplen con las necesidades del usuario. También son las formas más efectivas para organizar y almacenar datos en los sistemas de transacciones, donde cada transacción se procesa para actualizar un registro en el archivo maestro. Sin embargo, cuando el propósito del sistema es el soporte de las decisiones de la dirección y los mismos datos se utilizan en aplicaciones múltiples, el analista puede encontrarse con que estos métodos de organización de archivos son inadecuados.

Este capítulo analiza los conceptos asociados con las bases de datos y los sistemas para su manejo, además explora cómo utilizar las relaciones en un banco de datos al desarrollar métodos para almacenar y recuperar datos. Los diagramas de entidad-relación y los diagramas de estructura de datos son herramientas útiles de diseño para llevar a cabo esto. También veremos cómo las características de un sistema particular de manejo de base de datos pueden facilitar o limitar el acceso a los datos.

DESARROLLO DE SISTEMAS EN UN AMBIENTE DE BASE DE DATOS

Como vimos en el capítulo anterior, las bases de datos permiten compartir los datos entre distintas aplicaciones. Además de la responsabilidad de diseñar archivos, determinar sus contenidos y elegir los métodos apropiados para organizar los datos, los analistas deben diseñar los medios de interacción con las bases de datos de la organización. En la mayoría de los casos, las bases de datos ya estarán disponibles y manejadas por el personal de administración de la base de datos.

Comenzaremos por examinar los fundamentos del manejo de una base de datos, marcando las relaciones entre los datos y cómo se comparten los datos entre distintas aplicaciones.

Relaciones entre los datos

Cuando se diseña un sistema de información para el procesamiento de transacciones, a menudo el centro de atención es una entidad (por ejemplo, tomar un pedido, aceptar un inventario o contratar a un empleado).

Cuando los analistas y usuarios van adquiriendo experiencia con el sistema de información y surgen nuevos requerimientos de la aplicación, la atención cambia: de ser capaz de recuperar un registro específico a desarrollar la capacidad de relacionar los registros sobre distintas entidades. Veamos cómo es probable que cambien los requerimientos cuando las firmas quieren más información para las solicitudes de procesamiento (Fig. 12.1):

1. Los detalles del pedido, tales como el artículo o artículos deseados y las cantidades de cada uno, el número de solicitud de compra del cliente y la dirección de envío.

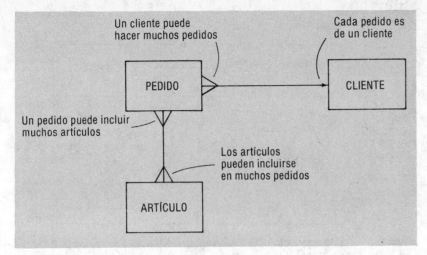

FIGURA 12.1
Dependencias entre entidades.

En la figura: "Un cliente puede hacer muchos pedidos", "Cada pedido es de un cliente", PEDIDO, CLIENTE, "Un pedido puede incluir muchos artículos", "Los artículos pueden incluirse en muchos pedidos", ARTÍCULO.

2. Información descriptiva del cliente, como su número de cuenta, estado de crédito y gravamen de impuestos.

3. Detalles de inventario de los artículos pedidos, tales como su descripción, información de empaque (unidades, cajas, galones, etc.), precio de venta y existencias.

En el ejemplo, existen varias entidades relacionadas. La toma de pedidos requiere relacionar tres entidades distintas: pedido, cliente e inventario. De eso trata el manejo de la base de datos: 1) marcar las relaciones naturales entre los datos y 2) compartir los datos entre entidades en todas las aplicaciones que necesiten de los detalles. En el ejemplo del principio de este capítulo, el rector de la universidad aplicó estos principios al planear la distribución de las aceras.

Usted puede pensar en otras relaciones entre las entidades que representan las actividades en una organización. Por ejemplo, los departamentos están conformados por empleados; los productos tienen partes y los proyectos incluyen a los empleados. En cada uno de estos ejemplos, las entidades están relacionadas entre sí.

Es útil mostrar las entidades y relaciones en forma gráfica por medio de los diagramas de entidad-relación (muchas herramientas de diseño automatizado tienen la capacidad de imprimir los diagramas). Los analistas de sistemas usualmente representan una entidad por medio de un rectángulo con el nombre de la entidad dentro del rectángulo. La figura 12.2 ilustra las relaciones entre las entidades mencionadas arriba. El diamante indica la relación. (Conviene observar que no estamos manejando los datos, sólo cuando se presenta la relación entre entidades: nuestra preocupación fundamental.)

Descripción de las relaciones entre entidades

Las relaciones entre entidades se describen mediante su *dependencia* una de la otra, al igual que por el alcance de la relación.

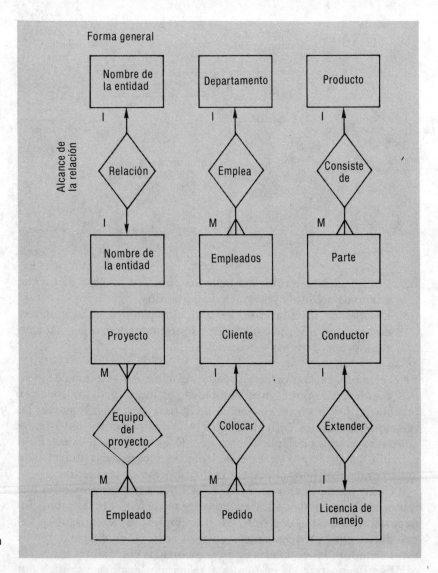

FIGURA 12.2
Diagramas de relación entre entidades.

Dependencia entre entidades Existen dos tipos de dependencia entre entidades. En la primera, *la dependencia existencial,* una entidad no puede existir a menos que la otra esté presente; el que exista la segunda depende de la existencia de la primera. Por ejemplo, los pedidos no pueden existir a menos de que primero exista un cliente (Fig. 12.2); los trabajos no pueden existir sin una compañía (o departamento).

Al eliminar los registros de una entidad en una base de datos puede ocurrir que se eliminen los registros de otra si existe una dependencia existencial. Si un cliente es eliminado, ¿se eliminarán también los registros de los pedidos hechos por ese cliente? Esta decisión de diseño se puede hacer en forma adecuada si el analista reconoce que existe una dependencia existencial entre las entidades.

En el otro tipo de dependencia, la *dependencia de identificación,* una entidad no puede identificarse de manera única con sus propios atributos. La identificación es posible sólo mediante las relaciones de una entidad con otras. Para identificar una entidad, se deben conocer las otras. Por ejemplo, las calles son únicas dentro de las ciudades; las ciudades son únicas dentro de los estados. Debemos conocer tanto la calle como la ciudad o la ciudad y el estado para identificar completamente que esta entidad es un lugar.

Alcance de la dependencia El alcance de la dependencia incluye dos preocupaciones interrelacionadas: la dirección de la relación y el tipo de asociación entre ellas. Ambas se pueden representar gráficamente. En el ejemplo que se encuentra al principio del capítulo, las huellas constituían tal representación.

En la figura 12.2, una línea con flecha conecta a cada pareja de entidades. Por ejemplo, la entidad cliente apunta hacia la entidad pedido, la relación se lee como "los clientes tienen pedidos" o "los clientes poseen pedidos", como lo indica el otro extremo en forma de pata de gallina. Si la flecha se invierte, la relación se interpretaría como que los pedidos poseen clientes o los pedidos inicializan a los clientes, nada de lo cual tiene sentido. Sin embargo, en este caso, la dirección de la flecha, así como el extremo de pata de gallina, indican una mutua dependencia entre los clientes y los pedidos.

Las asociaciones entre las entidades son uno a uno y uno a muchos y describen el alcance de la relación. Si es uno a uno, la aparición (a veces llamada *instancia*) de una entidad quiere decir que existe una y sólo una aparición correspondiente de la otra entidad en la relación (Fig. 12.3). En la combinación cliente-pedido, una relación uno a uno significa que un cliente sólo puede tener uno y sólo un pedido (lo que probablemente es una hipótesis irreal en los negocios, si la firma procesa muchos pedidos para un cliente dado). Sin embargo, al diseñar un sistema de registro de licencias de manejo, queremos una relación uno a uno entre el número de licencia de manejo y el nombre del conductor.

Es frecuente que los analistas se encuentren con que las firmas consideran a las personas u organizaciones como clientes, aun cuando no tengan en el momento un pedido pendiente (posiblemente las organizaciones desearían conservar una lista de correo de los clientes a los que se podría enviar propaganda de vez en cuando para animarlos a hacer pedidos). La misma firma seguramente maneja pedidos múltiples de un único cliente si éste lo hace. Esta asociación se denomina "uno a muchos". "Muchos" quiere decir 0, 1 o más apariciones de la entidad correspondiente. El extremo final en forma de pata de gallina en la figura 12.2 se usa típicamente para representar uno a muchos, al igual que la dirección de la relación.

Las *relaciones indefinidas,* en las que la dirección y asociación se desconocen, son inaceptables, ya que impiden el desarrollo de un

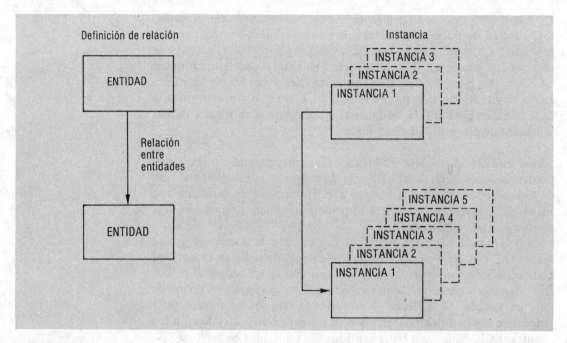

FIGURA 12.3
Relación entre entidades

modelo de datos que tenga sentido y por ende la parte de manejo de datos de un sistema de información. Así, el analista debe determinar los detalles de la relación antes de seguir adelante.

Diagramas de estructura de datos

Una vez que se han determinado las entidades y sus relaciones, podemos centrarnos en los requerimientos de datos para cada entidad. Construiremos un diagrama de estructura de datos a partir de la información obtenida, al preparar el diagrama de relación entre las entidades (las entidades y la dirección y alcance de las relaciones entre ellas).

Además de los componentes básicos que ya hemos identificado en un diagrama de estructura de datos (entidades, atributos y registros), existen dos elementos adicionales esenciales:

- *Apuntadores atributos*
  Enlazan dos entidades mediante la información común, usualmente un atributo llave en uno y un atributo (no llave) en el otro.
- *Apuntadores lógicos*
  Identifican las relaciones entre las entidades; sirven para obtener acceso inmediato a la información en una entidad, definiendo un atributo llave en otra entidad.

Los apuntadores lógicos, que usualmente se indican en la parte inferior del diagrama de estructura de datos, son los enlaces con las demás

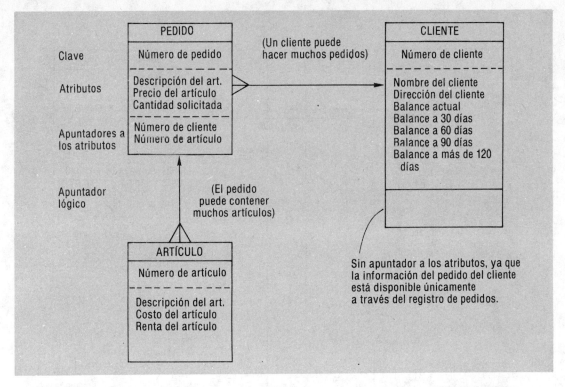

FIGURA 12.4

Diagrama de
estructura de datos
para el ejemplo de
pedidos.

entidades incluidas en el diagrama. Por ejemplo, en la figura 12.4,
"Número de cliente" se enlista en el diagrama de la entidad PEDIDO
y apunta hacia la entidad CLIENTE. Esta información nos dice que la
relación entre PEDIDO y CLIENTE se mantiene dentro del dato
común "Número de cliente", dato que se incluye en ambos conjuntos
de datos.

La flecha entre las entidades describe la dirección y alcance de la
relación (la ausencia de un apuntador lógico indica que no existe
relación entre las entidades). Al identificar un cliente específico dentro
de la entidad PEDIDO se permite el acceso a los datos de la entidad
CLIENTE (por ejemplo, dirección, estado de impuestos, situación de
crédito, etc.). Puesto que el apuntador va de PEDIDO a ARTÍCULO,
el acceso inmediato acerca de la relación sólo es posible desde el
registro de pedidos, no viceversa.

Compartir datos entre las aplicaciones

No es usual que los analistas se enfrenten a situaciones que requieran
hacer la distinción entre una transacción y otra, en donde los registros
se recuperan al especificar una llave de registro o bien se procesen
grandes volúmenes de datos a la vez para actualizar archivos; éstas
son actividades normales de procesamiento de transacciones. En vez
de esto, los analistas están más preocupados en las respuestas a las

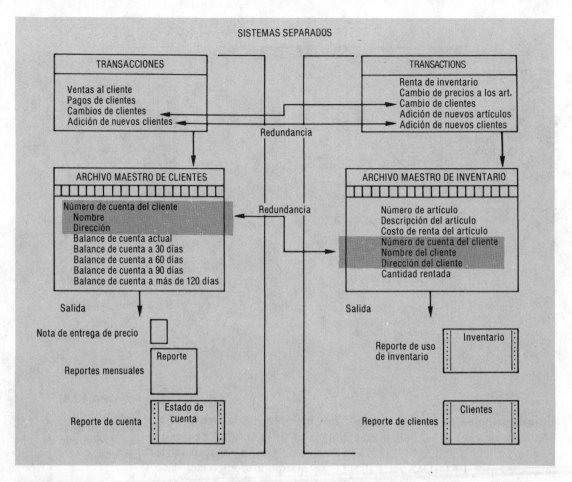

FIGURA 12.5
Diseño ineficiente
de un archivo en los
sistemas
de archivo único.

consultas o en la información especial que no se puede obtener utilizando llaves de registros simples.

Conviene concentrarnos en los requerimientos de distribución de datos de una organización. En una lavandería, es importante conocer la cantidad de artículos que se le da a cada cliente. En realidad, la empresa renta los artículos a los clientes, los que pagan sólo por limpiarlos cada vez que se usan (la renta se recoge en la forma de cargas de lavado). Al realizar cada entrega, el chofer hace una lista de entrega al cliente. Al final del mes, el cliente también recibe un reporte, el cual muestra el número de entregas durante el mes, así como el costo de cada una de ellas y un registro de los pagos o créditos recibidos durante ese periodo.

Este ejemplo demuestra dos sistemas comunes de procesamiento de transacciones: control de inventario, el cual muestra la asignación de ropa blanca de inventario a los clientes, y el estado de cuenta, el cual incluye el envío por correo de las transacciones de ventas y pagos, así como la producción de reportes. Cada sistema se puede desarrollar por separado, guardando los datos de los estados de cuenta aparte de los datos de inventario (Fig. 12.5). Sin embargo, al desarrollar más sistemas y crecer su utilidad para la dirección, a menudo existe la necesidad de integrar los sistemas para permitir que la información sea compartida por más de una aplicación. Análogamente, la necesidad de la dirección de recibir respuestas a consultas y análisis especiales comienza a afectar el diseño de un sistema.

Redundancia e integridad En el ejemplo de la lavandería, si cada sistema se desarrolla en forma independiente, la información sobre el nombre del cliente y su dirección se almacenarán al menos una vez por cada cliente en el archivo maestro de inventario, y una vez por cada cliente en el archivo de estados de cuenta. Además de requerir almacenamiento extra, tal duplicación innecesaria, llamada *redundancia,* puede reducir la *integridad* de la información; cuando se duplica información, hay una probabilidad alta de que los detalles no siempre coincidan. Por ejemplo, el cambio en la dirección de un cliente se puede registrar en el archivo maestro de estado de cuenta, pero no comunicar la información al departamento de inventario. El resultado es la pérdida de integridad en los datos, problema que a veces se puede corregir mediante mejores procedimientos de oficina. Sin embargo, se puede evitar del todo disminuyendo la redundancia de los datos en los archivos.

Comentario al margen
Relaciones entre entidades: la clave para manejar el cambio

Una cosa segura es que los requerimientos de datos en una organización cambiarán. Surgirá la necesidad de nuevas aplicaciones, se identificarán requerimientos adicionales en los reportes y cambiarán los formatos de los datos. Independientemente de qué tan eficiente sea el analista cuando un proyecto se lleve a cabo, las necesidades de ajustes específicos no pueden dejarse de lado.

El hecho de poner atención en el diseño de la aplicación y la base de datos es clave para manejar el cambio futuro. Es poco probable que las entidades que rodean a un negocio cambien. Por ejemplo, las firmas orientadas hacia el menudeo siempre trabajarán con clientes, proveedores y bancos. Y aunque necesitáramos información distinta sobre los clientes de cuando en cuando, la noción de captura de datos acerca de los clientes no cambiará.

Esta idea fundamental (enfatizar las entidades y las relaciones entre ellas) es la razón para que las firmas exitosas dediquen un gran esfuerzo de diseño para modelar las relaciones entre las entidades. Los datos acerca de las entidades cambian, pero la existencia y las relaciones rara vez lo hacen.

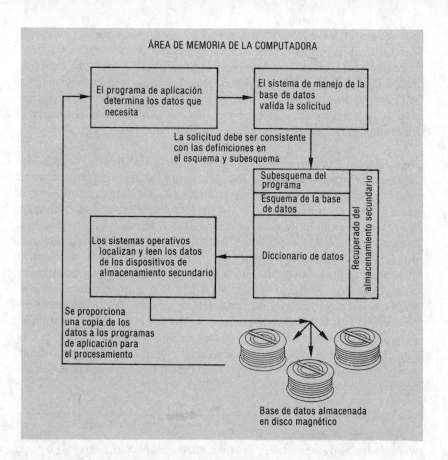

El programa de aplicación determina los datos que necesita

El sistema de manejo de la base de datos valida la solicitud

La solicitud debe ser consistente con las definiciones en el esquema y subesquema

Subesquema del programa

Esquema de la base de datos

Diccionario de datos

Recuperado del almacenamiento secundario

Los sistemas operativos localizan y leen los datos de los dispositivos de almacenamiento secundario

Se proporciona una copia de los datos a los programas de aplicación para el procesamiento

Base de datos almacenada en disco magnético

FIGURA 12.6
Interacción entre el programa de aplicación y la base de datos.

El impacto de los sistemas de manejo de una base de datos en el diseño de sistemas

Un *sistema de manejo de una base de datos* (DBMS: Data Base Management System) proporciona la flexibilidad en el almacenamiento y recuperación de datos y producción de la información. Un lenguaje de programación tal como COBOL puede incluir comandos de manejo de una base de datos (un sistema de base de datos en un lenguaje huésped) o bien, se puede desarrollar un lenguaje completamente nuevo para que soporte el manejo de la base de datos (un sistema de base de datos autocontenido).

Esquema

El uso de un sistema DBMS no elimina la necesidad de los programas de computación. Como lo muestra la figura 12.6, el DBMS es un puente entre el programa de aplicación, el cual determina qué datos son necesarios y cómo se les procesará, además del sistema operativo de la computadora, que es el responsable de colocar los datos en los dispositivos de almacenamiento. Un *esquema* define a la base de datos y un *subesquema* define la *porción* de la base de datos que utilizará un programa específico. (Por lo común, los programas sólo utilizan una sección de la base de datos.) Para recuperar los datos de la base de datos:

1. El programa de aplicación determina qué datos se necesitan y comunica la necesidad al DBMS.
2. El DBMS determina que los datos solicitados realmente estén almacenados en la base de datos (aun cuando podrían estar almacenados bajo un nombre distinto, un alias). Los datos deben definirse en el subesquema (esto es posible sólo si los datos están en la base de datos).
3. El DBMS instruye al sistema operativo para localizar y recuperar los datos del lugar específico en el disco magnético (o cualquier dispositivo donde se almacenen).
4. Se da una copia de los datos al programa de aplicación para su procesamiento.

El sistema de manejo de la base de datos permite la *independencia de los datos,* lo cual significa que el programa de aplicación puede cambiar sin afectar a los datos almacenados. Cuando se utiliza un archivo maestro, si el programa se altera de forma que también se modifique el orden de los datos almacenados o recuperados, dicho archivo debe volverse a crear y reestructurar. En cambio con la independencia de los datos, pueden ocurrir cambios en el almacenamiento o uso de un dato sin afectar a los demás. Un diccionario de datos se introduce en el sistema de manejo de la base de datos por medio del esquema y subesquema para asegurarse de que los datos están definidos y descritos de forma adecuada y que la duplicidad de los nombres (alias) no produce un almacenamiento redundante de los datos o la pérdida de integridad de los datos.

Estructuras de datos para los datos interrelacionados

Los sistemas de manejo de base de datos no reemplazan las estructuras de almacenamiento tradicionales. Aun cuando los sistemas de información puedan utilizar métodos de la base de datos, éstos se seguirán almacenando mediante organizaciones secuenciales, aleatorias o indexadas. El método de organización del archivo no cambiará, ya que se basa en la forma en que opera el hardware de la computadora para almacenar y recuperar datos. Sin embargo, surgirán estructuras de datos más sofisticadas para proporcionar la flexibilidad que hemos enfatizado.

Multilista Los sistemas de base de datos utilizan alguno de los varios métodos para estructurar lógicamente los datos. Las multilistas enlazan puntos comunes en un archivo. Una multilista es como una cadena, en donde cada eslabón es un registro que cumple con los requerimientos especificados por el usuario mediante el programa de

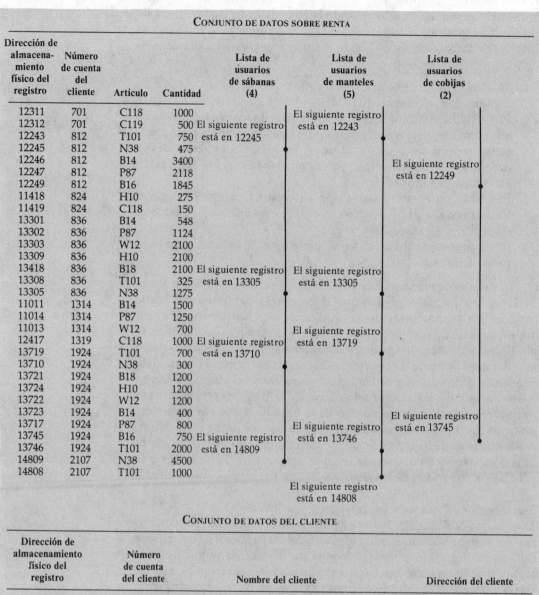

CONJUNTO DE DATOS DEL CLIENTE

Dirección de almacenamiento físico del registro	Número de cuenta del cliente	Nombre del cliente	Dirección del cliente
15011	701	General Supply Company	--
15108	812	Harper University	--
15119	824	Hara Enterprises	--
15084	836	Holiday Inn Downtown	--
15114	1314	Major Clinic, Inc.	--
15117	1319	McGraw Manufacturing	--
15088	1924	Sleepy Hollow Nursing Home	--
15097	2107	Union Hospital	--

FIGURA 12.7

Estructura de datos de multilista para el ejemplo de la lavandería.

Índice del artículo	Localización
B14	12246, 13301, 11011, 13723
B16	12249, 13745
B18	13418, 13721
C118	12311, 11419, 12417
C119	12312
H10	11418, 13309, 13724
N38	12245, 13305, 13710, 14809
P87	12247, 13302, 11014, 13717
T101	12243, 13308, 13719, 13746, 14808
W12	13303, 11013, 13722

(Las direcciones se refieren a las direcciones de
almacenamiento físico que se muestran en la figura 12.7)

FIGURA 12.8
Estructura de datos de
archivo invertido para
el ejemplo de la
lavandería.

aplicación. Por ejemplo, en la lavandería, una lista importante para la
dirección es la lista de todos los usuarios de manteles (Fig. 12.7).
Conviene hacer notar que los registros en sí no se mueven. En vez de
eso, todos los registros que tienen un atributo especificado (tal como
usuario de manteles) están ligados entre sí. La dirección de almacenamiento del siguiente registro en la serie se incluye en un registro
para continuar con la lista, en la misma forma que los eslabones de
una cadena. La única diferencia es que los eslabones están físicamente
adyacentes entre sí, mientras que en la lista de la base de datos están
ligados lógicamente.

El nombre de multilista se refiere a la capacidad de seguir muchas
listas en una base de datos. En la base de datos de la lavandería,
existen listas basadas en los productos que se rentan, la localización
del cliente y los estados de cuenta.

Archivo invertido El otro tipo de estructura de datos que se usa
comúnmente en los sistemas de manejo de una base de datos es el
archivo invertido. Este enfoque utiliza un índice para almacenar la
información acerca de la ubicación de registros con atributos particulares. En un archivo completamente invertido, existe un índice por
cada tipo de datos en el conjunto de datos. La figura 12.8 muestra un
índice para los artículos rentados del ejemplo anterior. Cada registro
en el índice contiene las direcciones de almacenamiento de cada registro en el archivo que satisface el atributo. Por ejemplo, el registro de
los usuarios de manteles contiene cinco direcciones; esto indica que
existen cinco registros en la base de datos para los usuarios de manteles.

Algunos datos en una base de datos probablemente nunca se utilizarán para recuperar información. El domicilio o número telefónico
de un cliente de la lavandería no se usa comúnmente para distinguir a
un cliente de otro o como base para responder a las preguntas de la dirección. Por lo tanto, no se construye un índice para estos campos. Si

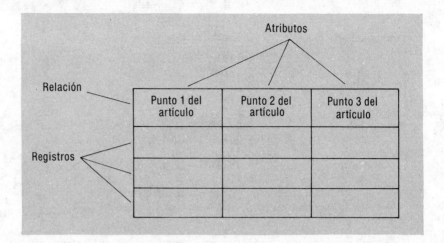

FIGURA 12.9
Componentes de
relación.

no se indexan todos los atributos, la base de datos sólo se invierte parcialmente, lo que es una estructura más común.

Algunos sistemas de base de datos también incluyen información "numerada" en el índice: puesto que las direcciones de los registros individuales son parte del registro del índice, el número de campos que satisfacen un requerimiento particular se puede determinar rápidamente numerando las direcciones. Si se le pregunta al programa: "¿Cuántos clientes rentan sábanas?", la respuesta se puede determinar examinando simplemente el índice. Los registros de los datos en sí no necesitan ser examinados.

Las preguntas complejas que requieren de más de un atributo se pueden responder bajo cualquiera de las estructuras de multilista o de archivo invertido. Primero se realiza un listado de campos, ya sea siguiendo los enlaces en una cadena o examinando el índice apropiado. A continuación se examina la lista para el segundo atributo. Las direcciones o campos que aparecen en ambas listas satisfacen los requerimientos. Aquellos que están únicamente en una lista no cumplen.

Modelos de datos

Existen tres modelos de datos que tienen uso común. El conocimiento de qué modelos de datos utilizará un DBMS determinará cómo debe estructurarse un diseño y las formas en que se representarán las relaciones entre los datos. Examinaremos los modelos de datos: relacional, jerárquico y de red, utilizando el ejemplo de la lavandería introducido en la sección anterior.

Modelo relacional

El *modelo relacional* es en la actualidad el más popular en los sistemas de manejo de una base de datos, puesto que es conceptualmente senci-

Estructura de registro

Número de pedido	Número del cliente	Nombre del cliente	Dirección del cliente	Fecha solic.	Número artículo	Descripción del artículo	Precio del artículo	Cantidad solicitada	Costo total
101456	812	Harper University	33 Whipple Lane, Rosboro, NY 13514	12/1	T101	Manteles	.95	100	185.40
					B16	Cobijas	1.55	50	
					C118	Sábanas	.29	30	
					B14	Toallas	.42	10	
102721	1319	McGraw Manufacturing	98 Main, Endicott, NY 13760	12/1	C118	Sábanas	.29	20	5.80
103654	2107	Union Hospital	1021 6th Avenue, NY, NY 10021	12/2	B14	Toallas	.42	60	118.20
					B16	Cobijas	1.55	60	
105489	824	Hara Enterprises	Commerce Circle, Endicott, NY 13760	11/30	N38	Servilletas	.84	100	84.00
105490	836	Holiday Inn Downtown	10 Downey Street, Buffalo, NY 13240	11/28	T101	Manteles	.95	100	78.50
					B16	cobijas	1.55	20	

Grupo de repetición

FIGURA 12.10

Estructura de registro no normalizada para los datos de los pedidos.

llo y comprensible por los profesionales de los sistemas de información y muchos otros usuarios finales; puede evolucionar, ya que las
relaciones entre los datos no necesitan estar predefinidas, además utiliza valores de los datos para implicar las relaciones. El modelo relacional de datos, desarrollado en 1970 por E.F. Codd, se basa en una
relación: una tabla bidimensional. Los renglones de la tabla representan los registros y las columnas muestran los atributos de la entidad
(Fig. 12.9). Las *bases de datos relacionales* utilizan un modelo para
mostrar cómo se relacionan lógicamente los datos de un registro.

El orden de los datos en la tabla no es significativo y tampoco
implica un orden cuando los registros están incluidos en la relación.
Análogamente, los detalles físicos de almacenamiento (ya sea una
organización aleatoria, indexada o secuencial) no son de interés para
el analista. Las tablas relacionales muestran las relaciones lógicas, no
físicas.

Al hacer una solicitud de información, el sistema produce una
tabla que contenga la información. En el ejemplo de la lavandería, si
se desea determinar quién utiliza sábanas, el sistema producirá una
tabla que contenga los nombres de todos los usuarios de sábanas.

Los datos de la figura 12.10 se muestran en forma relacional para
la entidad pedido. Si queremos saber los nombres de todos los clientes
que hicieron pedidos el primero de diciembre, podemos rastrear la
relación de pedidos, observando el orden de los datos. Lo atractivo de
las bases de datos relacionales es que el modelo relacional se puede
comprender rápidamente.

Definición de una base de datos   Una base de datos se debe crear antes
de usarla. En el ejemplo del principio de este capítulo, los edificios
debieron construirse antes de que la información acerca de su uso se
pudiera aplicar para diseñar el sistema de aceras en el campus. En una
base de datos relacional, un esquema, el cual describe la base de datos
que utilizará un sistema, se comunica con el DBMS. Según el DBMS
que se esté usando, las instrucciones pueden variar. La mayoría de las
bases de datos relacionales utilizan un lenguaje de *definición de una
base de datos,* como SQL.

Para crear una tabla para una relación, las instrucciones de definición de datos nombran a la relación de forma que se pueda añadir al
directorio de la base de datos. Entonces, cada dato de la relación debe
definirse describiendo el dato, tipo de dato y longitud. Los campos
para crear la relación PEDIDO son éstas:

```
CREATE TABLE PEDIDOS
(NÚMERO-DE-PEDIDO, INTEGER,
NÚMERO-DE-CLIENTE, CHAR (24),
NOMBRE-DEL-CLIENTE, CHAR (24),
DIRECCIÓN-DEL-CLIENTE, CHAR (24),
FECHA-DEL-PEDIDO, CHAR (24),
```

NÚMERO-DEL-ARTÍCULO, CHAR (10),
DESCRIPCIÓN-DEL-ARTÍCULO, CHAR (24)
PRECIO-POR-ARTÍCULO, INTEGER,
CANTIDAD-SOLICITADA, INTEGER,
COSTO-TOTAL, INTEGER)

El comando anterior crea la relación, pero no agrega datos. Esto se hace mediante una aplicación que acepta datos, posiblemente desde el teclado de una estación de trabajo en un sistema en línea y los agrega en la tabla. Para alimentar una base de datos, se utilizan instrucciones equivalentes a la siguiente:

INSERT INTO PEDIDOS VALUES ('101456', '812', 'UNIVERSIDAD DE HARPER', '33 WHIPPLE LANE, ROSBORO, NY, 13514', '12/1', 'T101', 'MANTELES', '.95', '100', '185.40')

Usualmente, este enunciado estará dentro de un programa hecho en un lenguaje huésped. De esta manera se insertarán datos en la tabla.

ESTRUCTURACIÓN DE DATOS

Al planear la organización de los datos que van a almacenarse, el analista debe prever la necesidad de accesar los datos para cumplir con requerimientos inesperados, objetivo que se puede alcanzar mediante la normalización de los datos.

Normalización

La *normalización* es el proceso de simplificar la relación entre los campos de un registro. Por medio de la normalización, un conjunto de datos en un registro se reemplaza por varios registros que son más simples y predecibles y, por lo tanto, más manejables. La normalización se lleva a cabo por cuatro razones:

- Estructurar los datos de forma que se puedan representar las relaciones pertinentes entre los datos
- Permitir la recuperación sencilla de los datos en respuesta a las solicitudes de consultas y reportes
- Simplificar el mantenimiento de los datos actualizándolos, insertándolos y borrándolos
- Reducir la necesidad de reestructurar o reorganizar los datos cuando surjan nuevas aplicaciones

Se han realizado investigaciones extensas con el fin de desarrollar métodos para normalización.

Los analistas de sistemas deben familiarizarse con los pasos de la

LASC-Georgia:
UN SISTEMA DE INFORMACIÓN EJECUTIVO

La Lockheed Aeronautical Systems Company-Georgia diseña y construye aeronaves de carga para su mercado mundial. Entre su línea de productos están los C-130 Hércules, los C-5 Galaxy (la aeronave más grande en el mundo) y el C-141 StarLifter. La base de la producción son las estaciones de producción separadas donde se construyen las aeronaves paso a paso con una vista panorámica para que todos observen. Los trabajadores pueden decir cuándo el progreso es más lento de lo normal o mejor que lo previsto.

El presidente de LASC-Georgia pidió ayuda para desarrollar un sistema con base en una computadora para mantener actualizados todos los desarrollos importantes de la compañía. Quería eliminar las montañas de papel que se acumulaban en su oficina.

El sistema MIDS, abreviación de Sistema de Información y apoyo a la Decisión Gerencial, (por sus siglas en inglés) fue concebido por primera vez en 1975 y ha sido utilizado hasta ahora por varios ejecutivos. MIDS se diseñó para:

- Reducir la cantidad de papeleo que los ejecutivos debían revisar para mantenerse al tanto de las ventas, contrataciones y desarrollos de producción
- Estar actualizados con la información precisa
- Ser sencillo de usar

Los subsistemas permiten a los ejecutivos de la organización desarrollar y controlar sus requerimientos personales de información. Comúnmente, estos subsistemas contienen:

- Acceso a información en forma detallada y resumida
- Estado del desempeño medido contra las metas internas
- Calendarios de eventos locales de la organización
- Datos especializados y estadísticas aplicables al desempeño funcional específico de un área

El equipo staff que desarrolló MIDS es responsable de ajustar el nivel de detalle proporcionado por el sistema al estilo de dirección de cada ejecutivo. Esta flexibilidad se logra mediante la adición de comentarios para explicar las anomalías o en algunos casos con pantallas a seguir para rastrear un desempeño más detallado. Por ejemplo, un calendario de eventos críticos principales para rastrear el progreso del programa se puede ampliar con un calendario más detallado de cierto punto crítico.

El usuario de MIDS no necesita ser un experto tipógrafo o un mago de las computadoras para obtener información importante de dirección. Todos los temas de las pantallas de MIDS tienen la misma estructura descendente. La pantalla inicial utiliza resúmenes gráficos que ilustran el estado del tema de la pantalla. A continuación sigue el soporte gráfico. Éste puede incluir una llave de los símbolos utilizados en la gráfica. La última sección de la pantalla contiene cualquier información necesaria para responder las preguntas previstas para el usuario final. Por ejemplo, se pueden anotar los tipos de pruebas a desarrollar en un vuelo específico.

Toda la información se puede recuperar utilizando un máximo de cuatro teclas. Los diseñadores de MIDS han incluido el nombre y número telefónico de la oficina en la fuente de los contenidos de las pantallas. En caso necesario, el usuario puede llamar a la persona para información adicional.

Los ejecutivos difieren en la forma en que utilizan MIDS. Algunos recorren las pantallas, centrándose en material de relevancia particular. Otros examinan regular y cuidadosamente, siempre en una cierta secuencia que ellos pueden predefinir, un conjunto selecto de pantallas.

MIDS tiene éxito ya que entrega la información correcta y también se ajusta a las necesidades del ejecutivo, cualquiera que sea su estilo de dirección y método preferido para utilizar los datos.

normalización, ya que este proceso puede mejorar la calidad del diseño de una aplicación.

1. Descomponer todos los grupos de datos en registros bidimensionales.
2. Eliminar todas las relaciones en las que los datos no dependan completamente de la llave primaria del registro.
3. Eliminar todas las relaciones que contengan dependencias transitivas.

El resto de esta sección analiza cada uno de estos pasos. Asimismo se examinan tres formas normales. La investigación sobre el diseño con una base de datos también ha identificado otras formas normales (ver la bibliografía al final del capítulo), pero están más allá de lo que utilizan los analistas en el diseño de una aplicación.

Primera forma normal

Una de las mejoras básicas que el analista puede hacer es diseñar la estructura de un registro de manera que todos los registros de un archivo tengan la misma longitud. Los registros de longitud variable crean problemas especiales, ya que el sistema debe verificar siempre en dónde se encuentran los extremos de un registro (por ejemplo, buscando marcas especiales o leyendo un indicador de la longitud). Al fijar la longitud del registro se elimina este problema.

La primera forma normal se alcanza cuando se quitan todos los grupos de repetición, de forma que un registro tenga longitud fija. Un grupo de repetición, es decir, la aparición repetida de un dato o grupo de datos dentro de un registro, es en realidad otra relación. Por lo tanto, se quita del registro y se le considera como una parte del mismo o como una relación adicional.

Consideremos la información contenida en el pedido de un cliente (Fig. 12.10): número de pedido, número de cliente, dirección del cliente, fecha del pedido, al igual que el número de artículo, descripción del artículo, precio y cantidad del artículo ordenado. El diseño de una estructura de registro para manejar un pedido que contenga tales datos no es difícil.

Sin embargo, el analista debe considerar cómo manejar el pedido. Existen cuatro números de artículo, cuatro precios de artículo y cuatro especificaciones de cantidad. El pedido se puede considerar como cuatro registros separados, en cada uno de los cuales se incluya la información sobre el pedido y el cliente. Sin embargo, al considerar cada registro como un pedido aparte se aumenta la complejidad para el cambio de los detalles de cualquier parte del pedido y utiliza espacio adicional (hallar el artículo correcto para cambiar valores es en sí más difícil).

Otra alternativa es la de diseñar el registro con longitud variable. Cuando un pedido especifica un artículo, los detalles de éste se establecen sólo una vez. Cuando se piden cuatro, los detalles del artículo se repiten cuatro veces. La parte del registro de los datos que se repite se denomina *grupo de repetición*.

La primera forma normal se alcanza cuando un registro se diseña de longitud fija. Esto se lleva a cabo quitando el grupo de repetición y creando un archivo o relación aparte que contenga al grupo de repetición. El registro original y el nuevo se interrelacionan mediante un punto común de los datos.

La figura 12.11 muestra la normalización a la primera forma normal para el registro de pedidos. Conviene observar cómo los datos incluidos en la nueva relación incluyen el número de pedido, número de artículo, descripción del artículo, precio y cantidad. El número de pedido es común a los registros de pedido y pedido-artículo. La aplicación utiliza ahora estas estructuras de registro para describir los detalles de un pedido de uno o más artículos. Aun así, la longitud del registro de pedidos no se ve alterada.

Segunda forma normal

La segunda forma normal se alcanza cuando un registro está en la primera forma normal y cada campo depende totalmente de la llave del registro (en el almacenamiento y recuperación). En otras palabras, el analista busca la *dependencia funcional:* un campo es funcionalmente dependiente si su valor está asociado de manera única con un campo específico. Aunque este concepto suena complejo, en realidad es muy sencillo, como lo mostrará este ejemplo.

Los departamentos estatales de control vehicular trabajan arduamente para garantizar que a un vehículo en el estado se le asigne un número de placa específico (los diseñadores de bases de datos llaman a esto una relación uno a uno). El número de placa identifica de manera única a un vehículo específico; un número de serie de un vehículo está asociado con uno y sólo un número de placa. Así, si se conoce el número de serie de un vehículo, se puede determinar el número de placa. Esto es la dependencia funcional.

En contraste, si el registro de un vehículo contiene los nombres de todas las personas que lo manejan, se pierde la dependencia funcional (y el diseño del archivo no cumple el objetivo de la segunda forma normal). ¿Por qué? Si conocemos el número de licencia, *no* conocemos quién es el conductor (pueden ser muchos). Y si conocemos el nombre de un conductor, *no* conocemos el número de placa o de serie del vehículo específico, ya que un conductor puede estar asociado con más de un vehículo en el archivo.

Para alcanzar la segunda forma normal, cada campo del registro que no dependa de la llave primaria del registro debe quitarse y utilizarse para formar una relación aparte.

Consideremos el ejemplo de los pedidos. El registro de los pedidos en la figura 12.11 está en la primera forma normal, ¿pero también está en la segunda forma normal? Intente esta prueba. Si conoce el nombre

Primera forma normal
Registro de pedidos

Número de Pedido	Número del Cliente	Nombre del Cliente	Dirección del Cliente	Fecha solic.	Costo Total
101456	812	Harper University	33 Whipple Lane, Rosboro, NY 13514	12/1	185.40
102721	1319	McGraw Manufacturing	98 Main, Endicott, NY 13760	12/1	5.80
103654	2107	Union Hospital	1021 6th Avenue, NY, NY 10021	12/2	118.20
105489	824	Hara Enterprises	Commerce Circle, Endicott, NY 13760	11/30	84.00
105490	836	Holiday Inn Downtown	10 Downey Street, Buffalo, NY 13240	11/28	78.50

Registro de artículos

Número de pedido	Número de Artículo	Descripción del Artículo	Precio del Artículo	Cantidad solicitada
101456	T101	Manteles	.95	100
101456	B16	Cobijas	.33	50
101456	C118	Sábanas	.29	30
101456	B14	Toallas	.12	10
102721	C118	Cobijas	.29	20
103654	B14	Toallas	.12	60
103654	B16	Cobijas	.33	60
105489	N38	Servilletas	.84	100
105490	T101	Manteles	.95	50
105490	B16	Cobijas	.33	20

Explicación: Cada registro tiene una longitud fija y no contiene grupos de repetición.

FIGURA 12.11
Primera forma normal para los datos de los pedidos.

Segunda forma normal
Registro de pedidos

Pedido	Cliente	Pedido	Total
101456	812	12/1	185.40
102721	1319	12/1	5.80
103654	2107	12/2	118.20
105489	824	11/30	84.00
105490	836	11/28	78.50

Registro de proveedores

Número del cliente	Nombre del cliente	Dirección del cliente
812	Harper University	33 Whipple Lane, Rosboro, NY 13514
1319	McGraw Manufacturing	98 Main, Endicott, NY 13760
2107	Union Hospital	1021 6th Avenue, NY, NY 10021
824	Hara Enterprises	Commerce Circle, Endicott, NY 13760
836	Holiday Inn Downtown	10 Downey Street, Buffalo, NY 13240

Explicación: Cada dato en un registro depende funcionalmente de la llave del registro.

FIGURA 12.12
Segunda forma normal para los datos de los pedidos.

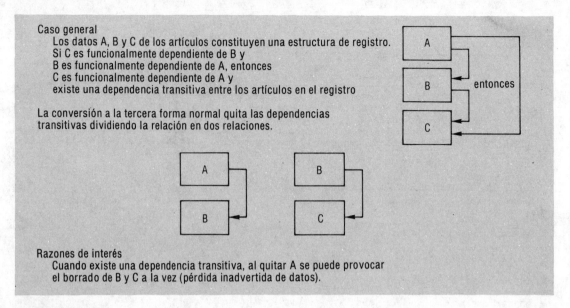

Caso general

Los datos A, B y C de los artículos constituyen una estructura de registro.
Si C es funcionalmente dependiente de B y
B es funcionalmente dependiente de A, entonces
C es funcionalmente dependiente de A y
existe una dependencia transitiva entre los artículos en el registro

La conversión a la tercera forma normal quita las dependencias
transitivas dividiendo la relación en dos relaciones.

Razones de interés
Cuando existe una dependencia transitiva, al quitar A se puede provocar
el borrado de B y C a la vez (pérdida inadvertida de datos).

FIGURA 12.13
Tercera forma normal.

del proveedor, ¿conoce el número de pedido?, ¿existe una relación uno a uno o muchos a uno entre el nombre del proveedor y el número del artículo?

Puesto que el nombre del cliente depende del número del cliente y no del número de pedido, y ya que la relación entre la llave primaria del número de cliente y número de artículo no es uno a uno, sabemos que no se ha alcanzado la segunda forma normal. Por lo tanto, se diseñan dos nuevas estructuras de registro, como se muestra en la figura 12.12. El registro de proveedores contiene el número de proveedor, nombre del proveedor y otros detalles, los cuales dependen en su totalidad de la llave del registro, es decir, del número de proveedor. Análogamente, el registro de partes contiene la llave de número de parte y todos los demás datos en el registro dependen funcionalmente de él.

Tercera forma normal

La tercera forma normal se alcanza cuando se quitan las dependencias transitivas de un diseño de registro. El caso general es el siguiente (ver Fig. 12.13):

- A, B y C son tres datos en un registro
- Si C es funcionalmente dependiente de B y
- B es funcionalmente dependiente de A,
- entonces C es funcionalmente dependiente de A.
- Por lo tanto, existe una dependencia transitiva.

En el manejo de datos, la dependencia transitiva es una preocupación, ya que los datos pueden perderse de manera inadvertida cuando la

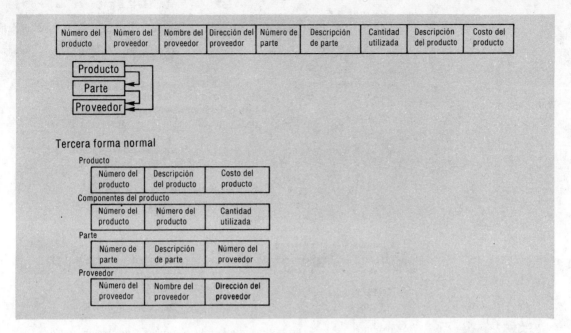

FIGURA 12.14

Tercera forma normal para los datos de los productos.

relación está oculta. En el caso anterior, si se quita A, entonces también se quitan B y C, sea o no ésta la intención. Este problema se elimina diseñando el registro para la tercera forma normal. La conversión a la tercera forma normal quita la dependencia transitiva dividiendo la relación en dos relaciones separadas.

El registro de la figura 12.12 se halla en la segunda forma normal. Pero puesto que no contiene dependencias transitivas, también está en la tercera forma normal.

Consideremos otro ejemplo. Al utilizar la información sobre el proveedor de la figura 12.14, podemos ver que PARTE depende de PRODUCTO, y PROVEEDOR depende de PARTE. Si quitamos un cierto producto de la base de datos, no sería adecuado eliminar las partes y los proveedores (los cuales podrían estar asociados con otros productos). O bien, podríamos desear un registro de cada uno en la base de datos para un uso futuro.

Para quitar la dependencia transitiva en esta situación, se crean los registros PRODUCTO, PARTE y PROVEEDOR (Fig. 12.14). Los registros adicionales dan mayor flexibilidad para cubrir los requerimientos futuros a la vez que eliminan las dificultades mencionadas arriba.

De lo anterior, el lector puede ver que la comprensión de cómo eliminar las dependencias transitivas requiere de un buen conocimiento de la relación entre los datos y las actividades empresariales en las que se utilizan. Pero ése es exactamente el punto. Los diseños del archivo y base de datos deben modelar la empresa a la que soportan. Estas decisiones no se pueden hacer en busca de satisfacciones técnicas

TABLA 12.1 Resumen de los pasos en la normalización de los datos

Forma	Pasos
Primera forma normal	Cambiar todas las estructuras que no sean bidimensionales (es decir, grupos de repetición) en estructuras de registro bidimensionales.
Segunda forma normal	Eliminar los datos que no dependan totalmente de las llaves de registro.
Tercera forma normal	Eliminar los datos que dependan transitivamente de las llaves primarias.

TABLA 12.2 Operaciones relacionales: Manipulación de datos

Operador relacional	Descripción de la operación
SELECT	Crea una nueva relación extrayendo *renglones* que cumplan con los criterios establecidos
PROJECT	Crea una nueva tabla extrayendo *columnas* que cumplan con los criterios establecidos
JOIN	Crea una nueva relación a partir de los *renglones* de *dos* tablas que tengan atributos que cumplan los criterios establecidos

o de almacenamiento. Veremos esto con más claridad en la siguiente sección, acerca de los modelos lógicos de datos.

La tabla 12.1 resume las tres formas de normalización analizadas hasta ahora. Si la base de datos se diseña de acuerdo con los principios de normalización, la manipulación de datos, la cual se describe abajo, será más fácil (de otra forma, el analista debe trabajar con el administrador de datos para realizar los ajustes necesarios).

Manipulación de datos

La manipulación de datos para preparar reportes o responder a consultas utiliza uno de los tres operadores relacionales (Tabla 12.2).

Operaciones SELECT
La *operación SELECT* produce una nueva tabla en respuesta a una consulta o solicitud de reporte creada a partir de los renglones de la tabla inicial que cumplan los criterios de la solicitud. La consulta

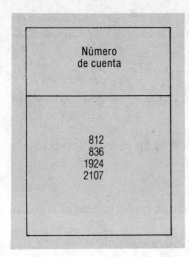

Número de cuenta
812
836
1924
2107

FIGURA 12.15
Resultado de PROJECT en el ejemplo del negocio de lavado.

"¿Cuáles son los nombres y direcciones de los clientes que hicieron pedidos el 12/1?" es satisfecha al elegir los renglones de la relación CLIENTE, donde el campo de la fecha del pedido tenga como valor 12/1. Se crea una nueva tabla que contenga dos renglones y dos columnas como respuesta. Únicamente los campos solicitados se incluyen en la nueva relación.

Operaciones PROJECT
El *comando PROJECT* crea una nueva tabla a partir de los datos extraídos, utilizando atributos especificados en la pregunta. En otras palabras, PROJECT escoge columnas de una relación. La pregunta

¿CUÁLES SON LOS NÚMEROS DE CUENTA DE LOS CLIENTES QUE RENTAN SÁBANAS O COBIJAS? producirá la tabla que se muestra en la figura 12.15.

Operaciones JOIN
La *operación JOIN* crea una nueva relación combinando dos tablas existentes, eligiendo los registros que cumplan los criterios establecidos en la pregunta y removiendo después los registros duplicados. (Conceptualmente, una base de datos relacional no contiene entradas duplicadas. Sin embargo, en muchas implantaciones del modelo relacional, los duplicados se eliminan sólo cuando el usuario elige la opción.)
La pregunta siguiente demuestra la operación JOIN:

¿CUÁLES SON LOS NÚMEROS DE PEDIDO Y NÚMEROS DE CUENTA DE LOS CLIENTES QUE SOLICITAN TOALLAS?

Estos operadores relacionales son la base de todas las operaciones en los datos. Por medio de éstos se pueden revisar las operaciones de adición, borrado y cambio:

- *Adición*
  Se añade un registro a la base de datos sin afectar los demás registros.
  INSERT INTO CLIENTE VALUES
  '1245', 'Acme Supply', '7856 Wilson High, Sandy Springs, GA 30338'

- *Borrado*
  Se borra el renglón de la base de datos que contiene al registro especificado.
  DELETE FROM CLIENTE WHERE CLIENTE-ID = '836'

- *Cambio*
  El registro con la llave especificada, se localiza y los valores de los datos en el atributo secundario se cambian de acuerdo a los nuevos datos.
  UPDATE CLIENTE
  SET DIRECCIÓN = '4675 WEST MAIN' WHERE CLIENTE-ID = '836'

Conviene hacer notar que en cada ejemplo, los pasos necesarios para responder a la consulta o procesar las solicitudes de actualización se pueden visualizar examinando los datos. Aun cuando una solicitud particular no se haya previsto al diseñar la base de datos, ésta puede todavía ser satisfecha debido a las poderosas operaciones disponibles mediante el modelo relacional. Éste no es necesariamente el caso con los otros modelos de datos.

Obsérvese también que no hicimos referencia a las llaves del registro físico, estructuras de archivo o rutas de acceso al manipular las tablas. Sólo se mencionaron los datos comunes para obtener los resultados deseados.

Modelo jerárquico

El *modelo jerárquico* relaciona entidades por medio de una relación superior/subordinado o padre/hijo. Por ejemplo, un diagrama de la organización muestra los niveles de ejecutivos, gerentes medios y personal de operación. Gráficamente, se muestra el modelo jerárquico de datos como un árbol volteado hacia arriba, en el cual el nivel más alto se conoce como la *raíz*. Los nodos del árbol representan las entidades.

Un modelo jerárquico de datos permite dos tipos de relación:

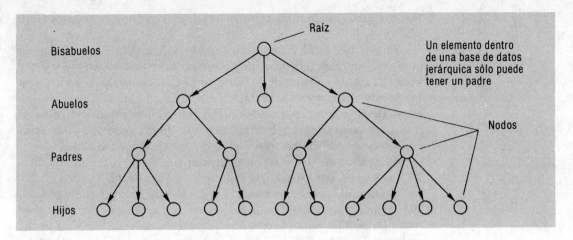

Raíz

Bisabuelos

Un elemento dentro
de una base de datos
jerárquica sólo puede
tener un padre

Abuelos

Nodos

Padres

Hijos

FIGURA 12.16
Estructura básica del
modelo jerárquico
de datos.

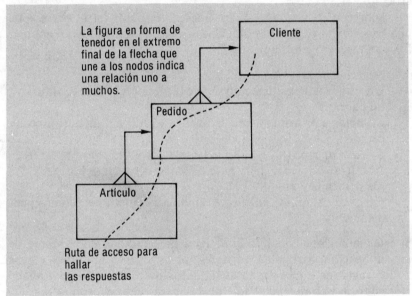

La figura en forma de
tenedor en el extremo
final de la flecha que
une a los nodos indica
una relación uno a
muchos.

Cliente

Pedido

Artículo

Ruta de acceso para
hallar
las respuestas

FIGURA 12.17
Estructura jerárquica
para la base de datos
de la lavandería

- *Uno a uno*
  Una entidad en un nivel se relaciona con una entidad en el
  siguiente nivel.
- *Uno a muchos*
  Una entidad en un nivel se relaciona con una, muchas o ninguna
  entidad del *siguiente* nivel.

El analista de sistemas se ve afectado por las decisiones hechas al
diseñar una base de datos jerárquica. Durante el diseño, el administrador de la base de datos, quien es responsable del diseño, determina
las entidades a incluir en la base de datos y la relación que existirá
entre ellas. Los nodos representan ocurrencias de registros que contie-

nen los datos tal como determina el administrador de los datos (Fig. 12.16).

El diseño de una base de datos jerárquica afectará la facilidad de acceso a los datos (las notas de acceso no necesitan hacerse al utilizar bases de datos relacionales). Por ejemplo, la figura 12.17 indica que los pedidos *siempre* están relacionados con un cliente específico. Es muy eficiente tener los pedidos de un cierto cliente o los artículos en un orden particular. La base de datos se diseña para soportar estas consultas ya que son las que aparecen con más frecuencia.

El analista de sistemas debe trabajar con las restricciones de diseño que surjan. Por ejemplo, el modelo de datos estipula que los artículos son accesibles sólo mediante la aparición de un registro de pedido. Esta relación indica que *se debe buscar toda la lista de artículos para todos los pedidos* para preparar un reporte de la venta histórica de los artículos.

Aparecen efectos colaterales indeseables bajo ciertos diseños de una base de datos. Las bases de datos jerárquicas involucran anomalías con respecto a lo siguiente:

- *Inserción de registros*
  Un registro dependiente no se puede añadir a la base de datos sin un padre.
  Ejemplo: Los artículos no se pueden añadir sin incluirlos en un pedido.
- *Borrado de registros*
  Al borrar un padre de la base de datos también se borran todos sus descendientes.
  Ejemplo: Al quitar un cliente también se quitan los pedidos pendientes.

Si estas situaciones ocurren con cierta probabilidad en el marco de una aplicación particular, es necesario establecer múltiples copias de los registros e incluso bases de datos múltiples —lo cual añade redundancia y complejidad adicional— para evitar el problema.

Modelo de red

El *modelo de red* es análogo al modelo jerárquico, excepto que una entidad puede tener más de un padre. Así, como se muestra en la figura 12.18, los miembros pueden pertenecer a más de una relación (es decir, tienen más de un poseedor). En el ejemplo de la lavandería, se puede mostrar una relación entre los clientes y pedidos, al igual que entre pedidos y artículos. Esta capacidad introduce el uso de un tipo adicional de relación entre los datos:

- *Muchos a muchos*
  Una entidad se puede relacionar con una, muchas o ninguna entidad en otro nivel.

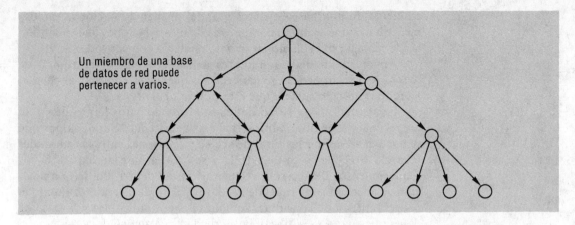

Un miembro de una base de datos de red puede pertenecer a varios.

FIGURA 12.18
Estructura básica del modelo de datos de red.

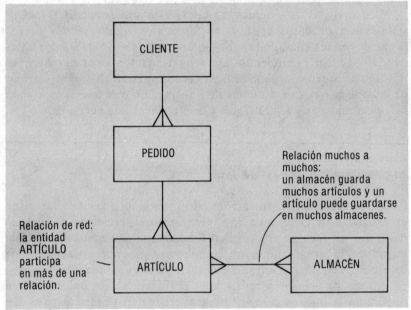

CLIENTE

PEDIDO

ARTÍCULO

ALMACÉN

Relación muchos a muchos:
un almacén guarda muchos artículos y un artículo puede guardarse en muchos almacenes.

Relación de red: la entidad ARTÍCULO participa en más de una relación.

FIGURA 12.19
Estructura de red para la base de datos de la lavandería.

La estructura de una base de datos de red que aparece en la figura 12.19 muestra las entidades en la base de datos de la lavandería que hemos estado usando. Sin embargo, la relación entre las entidades es distinta.

En las bases de datos de tipo red, así como en las jerárquicas, se deben establecer las relaciones entre las entidades al mismo tiempo que se establece el modelo de los datos y se crea la base de datos (en contraste con el modelo relacional, el cual no requiere rutas de acceso predefinidas o relaciones entre las entidades). El analista de sistemas debe ajustarse a esos detalles cuando desarrolla aplicaciones que capturan o recuperan datos durante el procesamiento.

Las bases de datos jerárquicas y de red son conceptualmente senci-llas y parecen no ser complicadas a primera vista. Sin embargo, en un ambiente de una base de datos grande, pueden evolucionar rápidamente hacia una telaraña complicada de interrelaciones que son difíciles de manejar al evolucionar la base de datos con el uso.

Aparecen anomalías similares a las del modelo jerárquico de datos. Así, si un pedido se cancela, no queremos eliminar al cliente, aunque el modelo sugiere que esto podría ocurrir.

Existe un lado positivo de los modelos de datos jerárquico y de red, el cual deben observar los analistas de sistemas. Supongamos que se pueden predefinir las rutas de acceso y relaciones entre las entidades (cuando el esquema se desarrolla y se crea la base de datos). Si los requerimientos de acceso y recuperación del desarrollo de la aplicación se adecuan a las rutas de acceso predefinidas, será más rápido el procesamiento de consultas, actualizaciones y adiciones a la base de datos que cuando se utilizan bases de datos relacionales.

Los analistas de sistemas también reconocen que existen muchísimas bases de datos basadas en los modelos jerárquico y de red instaladas en la actualidad en la comunidad empresarial. Si estas bases de datos están cumpliendo los requerimientos operacionales, es improbable que las organizaciones las reemplacen. Así, el desarrollo de las aplicaciones de sistemas de información que tomen en cuenta las oportunidades y restricciones que ofrecen es una necesidad.

Comentario al margen
El administrador de base de datos

Al darse cuenta las organizaciones del gran monto que han invertido en los datos de la corporación, comienzan a percatarse de que los datos son un recurso empresarial fundamental. El costo de captura, introducción y mantenimiento de información empresarial (datos de distribuidores, proveedores, clientes, empleados, políticas de seguros, programas de pensión y retiro, etc.) es sustancial. En una economía basada en la información, es esencial tener datos precisos para que camine una empresa exitosa.

Puesto que los datos son tan valiosos para la empresa, muchas firmas han creado un puesto con responsabilidad específica para el manejo de datos: el administrador de la base de datos. La persona en este papel y el equipo que supervisa son los responsables de manejar las inversiones multimillonarias (y a menudo multibillonarias) que las corporaciones hacen en los datos.

Diseño en un ambiente de base de datos

Aunque los analistas no diseñan las bases de datos, a menudo desarrollan sistemas que implican DBMS y bases de datos. Esta sección analiza las consideraciones que debe tomar el analista en estos casos.

		(Longitud	(Tipo de los datos)

El nombre del esquema es Lavandería

CLIENTE — El nombre del registro es Cliente

(Nombre del punto de los datos)		(Longitud de los datos)	(Tipo de los datos)
Número del cliente		12	A
nombre del cliente		24	A
dirección del cliente		24	A
balance actual		10	N,2 decimales
balance a 30 días		10	N,2 decimales
balance a 60 días		10	N,2 decimales
balance a 90 días		10	N,2 decimales
balance a más de 120 días		10	N,2 decimales

PEDIDO — El nombre del registro es Pedido

número del cliente	12	A
número de artículo	10	A
cantidad rentada	10	A

ARTÍCULOS — El nombre del registro es Artículos

número del artículo	10	A
descripción del artículo	24	A
costo del artículo	9	N,2 decimal

FIGURA 12.20

Esquema parcial del ejemplo de la lavandería.

En la mayoría de las organizaciones donde las bases de datos se utilizan y manejan bien, el personal responsable de la base de datos vigila el diseño y desarrollo de la propia base de datos, define el esquema, mantiene el diccionario de datos y busca estándares para los datos (tales como nombre, tipo, longitud y uso).

El analista de sistemas debe aun determinar los requerimientos de la información y las especificaciones de procesamiento de programa, las que a su vez se traducen en el contenido del subesquema. El subesquema, analizado previamente, es la definición lógica de los datos para la base de datos que utilizará el programa. Consta de nombres y descripciones de los datos y es un subconjunto del esquema. Para cada base de datos existe un único esquema (Fig. 12.20), pero pueden existir muchos subesquemas. Cada aplicación de sistemas de información que utilice la base de datos puede tener un subesquema diferente.

El analista de sistemas es el responsable de determinar cómo se ligarán los datos para cumplir con los requerimientos del usuario. Por ejemplo, en la lavandería, el ejemplo que se ha utilizado, el analista debe decidir si es necesario ligar los datos de los estados de cuenta e inventario, así como qué consultas se realizarán acerca de artículos tales como productos rentados, color del artículo, estado de cuenta y tipo de cliente. Entonces, el analista debe diseñar un esquema de código que identifique de manera única a cada artículo, como ya hemos enfatizado. Los análisis de requerimientos realizados con cuidado permiten a un analista prever consultas complejas y proporcionar los métodos para responder a ellas.

Las estructuras de registro son determinadas por el analista de sistemas. El conocimiento de que ciertos datos son necesarios para proporcionar información importante al usuario sigue siendo responsabilidad del analista. Sin embargo, puesto que en un ambiente de base de datos las estructuras de registro son lógicas (refiriéndose a la forma en que el programa verá los datos), pueden ser distintas las estructuras físicas reales (la forma en que el sistema almacena los datos). Como hemos analizado, las diferencias entre los DBMS tienden a producir diseños lógicos variados. Estas características se pueden aprender por medio de la capacitación en las capacidades del sistema específico. El DBMS ayudará a hacer la transición necesaria de reformateo de los datos para dar al programa lo que espera. La estructura de los datos debe seguir los criterios de longitud y tipo especificados en el diccionario de datos.

Si un sistema utiliza una base de datos existente, el analista debe completar los siguientes pasos:

1. Familiarizarse con el esquema de la base de datos
2. Revisar los estándares y especificaciones de los datos en el diccionario de datos
3. Determinar los requerimientos lógicos de los datos y, trabajando con el personal de administracion de los datos, desarrollar un subesquema que se adecue al esquema a la vez que proporcione los datos requeridos por el sistema de información
4. Identificar y diseñar los archivos maestros o de transacción necesarios para el sistema de información, pero que no forman parte de la base de datos existente
5. Determinar los esquemas apropiados de identificación, código y validación, así como los procedimientos adecuados de procesamiento para todas las entidades, ya sea que los datos acerca de ellas estén en una base de datos o en archivos separados
6. Considerar las preocupaciones de diseño, de métodos de entrada y salida, los cuales no cambiarán

Si los analistas están trabajando con un sistema que implica el desarrollo de una nueva base de datos, todos los pasos anteriores son necesarios, además, se necesitarán una interacción cercana con el personal de manejo de la base de datos para establecer el esquema, definiciones y diccionario de datos.

El DBMS no reemplaza los principios de diseño de sistemas que hemos analizado. En vez de eso, proporciona al analista una herramienta adicional para usarla en el desarrollo de sistemas que proporcionen información esencial a la dirección. Las preguntas acerca de los requerimientos del usuario guían cualquier decisión con respecto al diseño de sistemas o uso de un software de base de datos. El objetivo del diseño es proporcionar la información correcta en el momento oportuno. Así, el uso de un DBMS no es un objetivo, sino un medio para lograr un fin.

RESUMEN

Cuando el propósito de un sistema de información es soportar las consultas de la dirección y no es posible recuperar los datos especificando llaves de registro, se pueden utilizar los sistemas de base de datos. El *sistema de manejo de base de datos* (DBMS) es un programa que tiende un puente entre las estructuras de archivo que guardan los datos y las estructuras de datos que representan las necesidades de datos de los usuarios. Un *esquema* define la visión lógica de la base de datos y los programas de aplicación utilizan *subesquemas* que son subconjuntos del esquema. El DBMS hace posible mantener la *independencia de los datos* entre la *definición de la base de datos* lógica (mediante el esquema y los subesquemas) y la forma en que se almacenan físicamente los datos. Las estructuras de almacenamiento de *multilistas y archivo invertido* son los medios por los cuales los datos se organizan lógicamente para cumplir con los requerimientos del usuario.

Se construye un DBMS en un *modelo de datos. Los modelos de datos relacional, jerárquico o de red* se utilizan con el fin de definir relaciones en los datos para representarlas en la base de datos. Las hipótesis y restricciones subyacentes a cada modelo de datos influenciarán el diseño de la base de datos y a su vez la forma en que una aplicación pueda accesar y procesar datos. Las estructuras de datos, las cuales muestran relaciones entre entidades, son útiles para determinar gráficamente cómo se pueden organizar los datos.

La planificación de la organización de los datos almacenados puede requerir que el analista prevea la necesidad de accesar datos para cumplir requerimientos inesperados. Este objetivo se puede alcanzar por medio de la *normalización,* un proceso de simplificación de la relación entre los campos para producir una serie de estructuras de registro más simples y manipulables. Los datos extraídos también se pueden manipular, utilizando operadores relacionales, para producir reportes o respuestas a consultas.

Los analistas que desarrollan un sistema con bases de datos deben trabajar con los administradores de la base de datos para determinar cómo se almacenarán los datos y qué métodos se utilizarán para su recuperación y conversión al formato que requiera el programa. Los analistas son responsables de identificar y satisfacer los requerimientos del usuario marcando los datos almacenados en la base de datos y, en el caso apropiado, desarrollar archivos maestros y de transacciones independientes.

PREGUNTAS DE REPASO

1. ¿Cuáles son los propósitos de las bases de datos en comparación con los archivos maestros?

2. ¿Cuál es la diferencia entre una base de datos y un sistema de manejo de una base de datos?. ¿Por qué razones eligen las organizaciones invertir en sistemas de manejo de una base de datos?

3. Explique la diferencia entre un esquema y un subesquema, entre un sistema de lenguaje huésped y un sistema autocontenido, y entre un programa de aplicación y un sistema de manejo de una base de datos.

4. Explique el concepto de un modelo de datos. ¿Qué modelos de datos se utilizan en los sistemas de manejo de una base de datos? Analice las características distintivas de cada uno.

5. ¿Cómo depende el diseño de una base de datos de la relación natural entre las entidades en torno al cual se almacenan los datos?

6. ¿Qué tipos de relaciones existen entre las entidades? ¿Cómo se muestran estas relaciones en los diagramas de entidad-relación y en los diagramas de estructura de datos?

7. ¿Por qué está aumentando el uso de las bases de datos relacionales? ¿Qué ventajas ofrecen? ¿Qué desventajas presentan?

8. ¿Qué operaciones se llevan a cabo por medio de los sistemas de base de datos relacional? Explique el significado y propósito de cada operación.

9. ¿Cómo cambia la responsabilidad de diseño del analista de sistemas en un ambiente de base de datos?

0. ¿Cuál es la diferencia entre trabajar en un sistema que implica el desarrollo de una nueva base de datos o trabajar en un proyecto que involucra una base de datos ya existente?

PROBLEMAS DE APLICACIÓN

1. Se ha establecido una agencia estatal para ayudar a las empresas que se han visto afectadas de manera significativa por las importaciones de ciertos productos. Una parte importante de las operaciones de la agencia es el programa de búsqueda, el cual identifica firmas elegibles para la ayuda federal en materia de comercio. Este programa funciona de la manera siguiente. Al aprobar el congreso la legislación en materia de comercio, la agencia determina cuántas firmas del estado se podrían ver afectadas por la legislación. Usualmente, la legislación se escribe de forma que sólo se aplique a firmas que producen cierto tipo de productos (por ejemplo, artículos de piel).

En varias ocasiones, el personal de la agencia necesita categorizar las firmas según el condado, productos fabricados o vendidos, monto de las ventas anuales, número de empleados y código postal. A cada una se le ha asignado un número único de identificación. Actualmente, existen cerca de 3000 firmas incluidas en este grupo. Sin embargo, se espera que en los próximos dos o tres meses aumente a 10 000 el número de firmas.

El director de la agencia está pensando si automatiza este archivo en un sistema de cómputo. En este momento, la agencia no tiene medios computacionales, aunque desea invertir en equipo de cómputo para automatizar el archivo y desarrollar un sistema flexible de recuperación de datos.

a. Si el archivo necesita procesarse de seis a doce veces por semana para recuperar información y producir reportes, ¿tiene sentido automatizar el sistema? Además de la recuperación de la información, ¿qué otros usos podría tener el archivo?, ¿qué más puede procesar el archivo?

b. ¿Qué estructura de almacenamiento debería usarse para organizar el archivo maestro?, ¿cuál debiera ser la llave del registro? Explique su razonamiento.

c. Si se adquiere un sistema de base de datos con capacidad de archivos invertidos o de multilista, ¿cómo deberían usarse las capacidades adicionales para recuperar datos?

2. Una compañía que vende productos a más de 1000 clientes regulares basa su precio por artículo en la cantidad que el cliente ha adquirido históricamente, y en la distancia a la cual debe enviarse el pedido. La compañía vende 150 artículos diferentes. Como analista de sistemas, usted es responsable de estructurar el almacenamiento de datos en un sistema propuesto para auxiliar en las notas de los clientes.

Son pertinentes las siguientes características de la empresa:

- Cada cliente recibe un descuento especial por cada artículo que adquiere con regularidad. El precio de descuento de cada artículo es almacenado permanentemente con el número de identificación del artículo, como un precio base del artículo para dicho cliente. Ningún cliente tiene más de 20 artículos base incluidos en su lista de compra.
- Una lista maestra de artículos, consistente en 150 entradas, contiene los números de identificación y descripciones de todos los productos que vende la firma.
- Las facturas del cliente muestran el número de artículo, descripción del artículo y precio especial para el cliente.

La dirección desea conocer a través de consultas todos los precios disponibles actuales para un artículo específico y qué clientes están recibiendo descuentos. También quisiera recibir una lista completa de precios de todos los artículos, de todos los precios y clientes que pagan por el artículo. El reporte·debe mostrar los artículos en orden ascendente y agrupar a todos los clientes por artículo.

El número de clientes y los artículos que vende la compañía no cambian constantemente. Los precios se ajustan no más de cuatro veces al año, aunque en ocasiones todos los cambios ocurren al mismo tiempo.

a. Describa los archivos maestro y de transacción necesarios para el sistema descrito arriba. La compañía no tiene un sistema de base de datos. Se dispone de suficiente almacenamiento en disco para manejar el diseño, aunque el espacio no debe desperdiciarse. Son importantes la velocidad de procesamiento y la capacidad para responder a consultas. La configuración de la computadora en uso incluye 4 drives.

b. La dirección está pensando en adquirir un sistema de manejo de bases de datos para utilizarlo junto con otros sistemas de información que ha desarrollado. Muestre cómo podría diseñar el sistema anterior si dispone de un sistema de base de datos para su uso. Explique por qué su diseño es distinto.

3. Una oficina de personal del gobierno es responsable de mantener los registros de todo el personal administrativo empleado en agencias específicas. Además de un número único de identificación del empleado, los registros contienen los siguientes datos: todas las habilidades de trabajo por empleado, nivel de pago, localización del empleo por distrito, al igual que la agencia/instalación específica y el nivel (puesto o rango).

a. ¿Cómo debe organizarse el archivo, si se va a usar con regularidad para generar un reporte de todas las personas que tengan una combinación de cierta habilidad en el trabajo, nivel y pago?

b. ¿Cómo debe organizarse el trabajo si se utilizará solamente para la nómina y para enviar información a las personas a sus domicilios (los envíos se harán solamente para una cierta región, no para todos los empleados de la agencia)?

c. ¿Qué ventajas se obtendrían si un sistema de manejo de bases de datos es parte del sistema?

4. Examine la siguiente relación que describe a los alumnos y los cursos en los que están inscritos:

REGISTRO DEL ESTUDIANTE

Número del curso	Nombre del curso	Nombre del estudiante	Dirección	Créditos
CIS 200	Sistemas de información	John Warner	23 Main Street	5
CIS 220	Sistemas de información	Tim Hoffman	87 River Road	5
CIS 220	Sistemas de información	Jenny Lin	185 Winder Circle	5
CIS 450	Análisis y diseño de sistemas	Alice Chalmers	5483 Ocean Boulevard	5
CIS 480	Redes de comunicación	John Warner	23 Main Street	5
CIS 480	Redes de comunicación	Jenny Lin	185 Winder Circle	5

a. ¿Contiene la relación grupos de repetición? Explique.
b. ¿En qué forma normal se encuentra esta relación?
c. Si la relación no está todavía en la tercera forma normal, desarrolle nuevas relaciones que cumplan los requerimientos de la tercera forma normal.

BIBLIOGRAFÍA

BERNSTEIN, P.A.: "Synthesizing Third Normal Form Relations From Functional Dependencies", *ACM Transactions on Database Systems,* 1,4, diciembre 1976, pp. 277-298.

CHEN, P.: "The Entity-Relationship Model: Toward a Unified View of Data", *ACM Transactions on Database Systems,* 1, 2, marzo de 1976, pp. 9-36.

CHEN, P.: "The Entity-Relationship Model: A Basis for the Enterprise View of Data", *Proceedings of AFIPS Conference,* 46, 1977, pp. 77-84.

CODD, E.F.: "A Relational Model of Data for Large Shared Databanks", *Communications of the ACM,* 13, 6 , junio de 1970, pp. 372-387.

DATE, C.J.: *Introduction to Database Systems,* 4th. ed., Reading, MA: Addison-Wesley, 1986.

FAGIN, R.: "A Normal Form for Databases That is Based on Domains and Keys", *ACM Transactions on Database Systems,* 6, 3, septiembre de 1981, pp. 387-415.

McFADDEN, F.R. y J.A.HOFFER: *Data Base Management,* Menlo Park, CA: Benjamin-Cummings, 1985.

SALZBERG, B.: "Third Normal Form Made Easy", *SIGMOD Record,* 15, 4, diciembre de 1986, pp. 2-18.

13. Diseño para comunicación de datos

GUÍA DE ESTUDIO

Usted tendrá un panorama general del diseño de comunicación de datos cuando sea capaz de responder a las siguientes preguntas:

- ¿Qué tipo de decisiones deben hacer los analistas de sistemas cuando diseñan sistemas que implican la comunicación de datos?
- ¿Qué pasos se dan al transmitir o recibir datos?
- ¿Cómo varían las alternativas de transmisión disponibles para los analistas?
- ¿Qué controla la transmisión y recepción de datos en sistemas basados en computadora?
- ¿Cuál es la finalidad de las redes locales y de larga distancia?
- ¿Qué papel juegan los proveedores de arquitecturas en el diseño de sistemas de comunicación de datos?
- ¿Qué características distinguen a los sistemas de procesamiento distribuido?
- ¿Cómo difiere el procesamiento de datos en ambientes que requieren de la transmisión en línea de los datos?

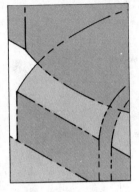

OBJETIVOS DEL CAPÍTULO

- Especificar los componentes de comunicación necesarios en una aplicación particular que implique la transmisión de datos.
- Especificar el tipo de red de comunicación necesaria para un sistema de información específico.
- Diseñar la arquitectura de redes de cobertura amplia y de redes locales.
- Decidir cuándo usar portadoras con valor agregado.
- Determinar si una red de procesamiento distribuido satisfará los requerimientos y capacidades de una organización.

PALABRAS CLAVE

Acondicionamiento de la línea
Acoplador acústico
Banda ancha
Banda base
Baud
Bus
Circuito de conmutación
Compuertas
Conmutación de mensajes
Conmutación por paquete
CSMA (Acceso múltiple de detección de portadora)
CSMA/CD
Empresa de telecomunicaciones

Método de paso de señal
Modem
Multiplexor
Portadores con valor agregado
Procesador primario
Protocolo
Redes de cobertura amplia
Redes locales
Seguimiento de auditoría
Sistema distribuido
Sistema entre puntos
Transmisión asíncrona
Transmisión síncrona

¿Por qué no rentar?

"He aquí un reto para ti, Tom. Pensamos que seríamos más eficientes si ligáramos al personal de la oficina de aquí —la gente de compras y contabilidad— con el almacén por medio de líneas de comunicación de datos. Las aplicaciones de cómputo están funcionando bien en cada área y han pagado su precio varias veces. Además, ambas computadoras tienen la capacidad de comunicar datos.

"Esto es lo que hemos estado pensando. El sistema del almacén hace un buen trabajo: se encarga de la mercancía recibida, en existencia, o de salida, cuando haya que cubrir un pedido. El sistema de contabilidad funciona muy bien: se hace cargo de lo que está pedido y de los proveedores a los que les debemos. Nos gusta la idea de tener dos sistemas separados y dos bases de datos distintas. Sin embargo, desearíamos que la información fluya entre los dos grupos. Cuando el personal de compras coloque un pedido en el almacén, quisiéramos actualizar el sistema de éste para mostrar que la mercancía se ha solicitado. Análogamente, cuando el pedido llegue al almacén, nos gustaría que tanto el departamento de compras como el de contabilidad lo supieran. Ambas bases de datos seguirán separadas y quisiéramos mantener el procesamiento local que cada grupo realiza, especialmente en la generación de informes y manejo de consultas.

"Puesto que eres un analista de sistemas, Tom, éste es precisamente tu campo. ¿Qué debemos hacer para alcanzar este nivel de comunicación? Estoy suponiendo que se puede llevar a cabo. He oído que has mencionado líneas rentadas anteriormente. ¿Es eso lo que necesitamos o éste es uno de los problemas de redes de área local? O bien, ¿necesitamos algo más? Lo que proponemos se puede realizar, ¿no es así?"

La mayoría de los sistemas de información diseñados actualmente implican la transmisión de datos entre instalaciones distintas. La tecnología de comunicación de datos avanza rápidamente. Los analistas de sistemas tienen una variedad de herramientas y tecnologías —desde el teléfono en la oficina hasta el satélite en el espacio— para garantizar que se puede cumplir con las necesidades del usuario en cada ambiente.

Este capítulo analiza el diseño de sistemas de información que impliquen la comunicación de datos. El análisis explica no sólo cómo elegir el equipo de comunicación adecuado, ya sea para sistemas grandes o pequeños o si la transmisión es en áreas amplias o limitadas, sino también los pasos que deben darse para diseñar la aplicación, especificar el método para ligar la aplicación en la red de comunicación y seleccionar los servicios de comunicación más útiles y eficientes en cuanto al costo. Se centra tanto en las tecnologías existentes como en las que están surgiendo.

En la primera sección, exploraremos los componentes básicos necesarios para la comunicación de datos.

REQUERIMIENTOS PARA SISTEMAS DE COMUNICACIÓN DE DATOS

Los componentes que se incluyen en un sistema de información determinan cómo puede ocurrir la transmisión de datos. Si se va a desarrollar un nuevo sistema, la selección de los componentes del sistema es responsabilidad del analista de sistemas. Si ya se dispone de un sistema, el analista debe saber las características de comunicación a considerar cuando se desarrolla una nueva aplicación que interactúa con una aplicación existente.

El analista de sistemas debe elegir o familiarizarse con los siguientes componentes:

- Canales de comunicación
- Dispositivos de control de comunicación
- Protocolo de comunicación

Además, el analista también debe elegir las características de la red que corresponda a los sistemas ya en uso o que puedan adaptarse a las características del hardware o software de la(s) computadora(s) en donde operará la red de comunicación.

La tabla 13.1 enlista las decisiones que debe hacer el analista en torno a la comunicación de datos.

Este capítulo describirá en primer lugar los componentes alternativos que se pueden utilizar en una red de comunicación y después analizará las arquitecturas de las redes.

Canales de comunicación

Un canal es la ruta que interconecta al punto de donde se transmiten los datos con su destino. Un canal también puede recibir el nombre de circuito, línea, unión, camino de los datos o medio de transmisión. Las características de cada tipo de canal influyen en la velocidad, el costo y distancia de transmisión. Existen cinco tipos de canales que tienen un uso amplio: cable telefónico por pares, cable coaxial, fibras ópticas, microondas y satélite.

Cable telefónico por pares
El cable telefónico es el más antiguo y común de los canales de comunicación. Esto no debe ser sorprendente, ya que la mayoría de los

TABLA 13.1 Áreas de decisión de las comunicaciones de datos

CATEGORÍAS DE DECISIÓN	EJEMPLOS
Canal de comunicación	Elección de canal Velocidad de transmisión Línea telefónica privada o común Tipo de línea (simplex, etc.)
Dispositivos de control de comunicaciones	Modems Unidades de servicio de datos Multiplexor y concentradores Conmutación de datos Controladores de grupos
Protocolo	Asíncrono/síncrono
Tipo de red	Red de cobertura amplia Red local
Topología de red	Entre puntos, de caída múltiple, etc.
Arquitectura de red	Arquitectura de red de un proveedor (por ejemplo, SNA, DNA) Modelo de manejo del acceso

edificios, ya sean comerciales, industriales o residenciales cuentan con el cableado para el servicio telefónico. Al incorporar nuevos dispositivos que permitan a estas líneas transmitir datos de computadora, las organizaciones pueden obtener el servicio que necesitan sin el costo adicional de instalar nuevas líneas de comunicación.

La red telefónica diseñada para transportar conversaciones con voz humana, data de la invención del teléfono por Alexander Graham Bell en 1876. La red telefónica mundial actual transporta más datos que conversaciones orales. Sin embargo, debido al origen de la red hoy en día, todavía se conoce a los canales como *canales de grado oral,* aun cuando las líneas de grado oral pueden transportar las conversaciones ordinarias o datos de computadora.

Los cables de teléfono actuales constan de pares de dos y cuatro cables, cada uno de ellos envuelto en una cubierta plástica y enredados entre sí. Los analistas de sistemas y los expertos en comunicación a menudo se refieren al cableado como *par torcida,* aludiendo a las características anteriores.

Velocidades de transmisión La velocidad de transmisión de los datos se mide en bits por segundo, es decir, la cantidad de datos medidos en bits que se pueden enviar en un segundo de tiempo. La velocidad de

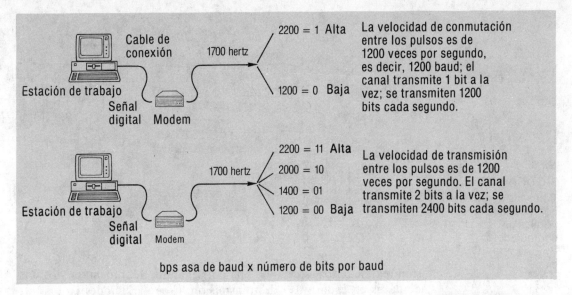

FIGURA 13.1
Relación entre bits y baud.

transmisión depende de varios factores distintos, incluyendo las características del canal de comunicación, dispositivos asociados al canal y los componentes de hardware o software.

Al utilizarse para la transmisión de datos, las líneas de grado oral pueden transportar datos a velocidades que van desde 110 hasta 30 000 bits por segundo. Como veremos, las líneas telefónicas se pueden acondicionar para mejorar los requerimientos de grado oral, lo cual hace posible velocidades de transmisión aún mayores.

Las velocidades de transmisión también se describen a menudo en términos de *baud*. Con frecuencia, baud y bits por segundo se usan de manera indistinta —pero incorrecta—. *Baud* mide en realidad el envío de señales o tasa de pulsos del canal, es decir, el número de veces por segundo que cambia la tasa de señales en el canal de comunicación. La tasa depende de la capacidad del equipo que une al canal y la computadora. Por ejemplo, si un dispositivo tal como un modem permite que la señal cambie 1 200 veces por segundo —una velocidad moderada— se dice que el modem tiene una tasa de señalización de 1 200 baud.

Si un canal puede transmitir un bit a la vez, entonces baud y bits por segundo son lo mismo. Sin embargo, si se puede transmitir más de un bit a la vez, la tasa de transmisión será mayor que la tasa de baud (Fig. 13.1).

Un ejemplo mostrará lo anterior. Si un modem puede transmitir un bit de datos a la vez y la tasa de transmisión es 1 200 bits por segundo, entonces la tasa de baud y la de bits por segundo son iguales. El sistema está transmitiendo a 1200 baud. Pero, si el sistema permite la transmisión de dos bits de datos a la vez y la tasa de señalización continúa siendo de 1200 pulsos por segundo, las dos medidas son distintas. En el segundo caso, la tasa de baud es 1200, pero la transmi-

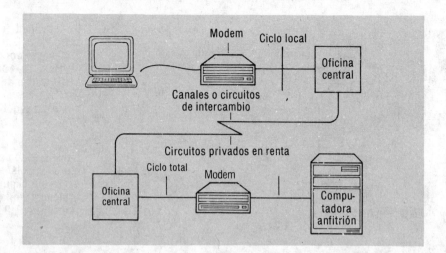

FIGURA 13.2
Transmisión de datos por medio de la red pública de conmutadores.

sión real de datos es de 2400 bits por segundo. Se transmiten dos bits de datos en cada pulso de transmisión. (Las variaciones en los bits transmitidos son resultado de los cambios en las frecuencias de señalización.)

En resumen, una tasa de baud es la tasa de señalización, un indicador del número de veces por segundo en que cambia la señal. Al transmitir más bits de datos con cada cambio de señal (posiblemente 2, 3 o 4 en vez de solamente 1), un canal puede mandar más bits por segundo que los baud del canal.

El rango de las velocidades de datos comunes es de 110 a 19 200 bits por segundo. Por ejemplo, muchas microcomputadoras se comunican con otros usuarios a razón de 110, 300, 600, 1200 y 2400 bits por segundo. Las tasas de transmisión en negocios con conmutadores de líneas de grado vocal viajan comúnmente a 1200, 2400, 4800 y 9600 bits por segundo. Si el analista especifica líneas especiales en renta como parte del diseño, son posibles velocidades aún mayores. Pero la especificación será en bits por segundo, no en tasa baud.

Líneas de conmutación La red telefónica pública a menudo se conoce como una *red de conmutación*. El nombre proviene de la manera en que las llamadas siguen la ruta desde el origen hasta el destino, usando líneas telefónicas regulares. Cuando se marca un número telefónico, ya sea para una conversación o transmisión de datos, se está usando una línea de conmutación. Se establece una ruta desde ese lugar hasta la oficina de conmutación telefónica más cercana (Fig. 13.2) y de ahí al destino. Si no está disponible toda la ruta del circuito, se genera una señal de ocupado y la conexión no se puede realizar.

La oficina central o centro de conmutación, juega un papel clave en el proceso. Conecta el origen a la central con una ruta que unirá el centro con el destino. Los centros de conmutación son el recurso que permite la interconexión con muchos otros lugares desde un solo origen. Sin la conmutación, sería necesario tener un cable separado yendo de cada lugar al que se deseara hablar, independientemente de qué tan a menudo (o qué tan poco) se hable al lugar. Se puede ver cómo la red de conmutación o llamadas es un sistema eficiente de comunicación.

Los cargos por transmisión de datos mediante la red de conmutación depende de la distancia, la hora del día y la duración de la llamada. Una llamada de 5 minutos para mandar datos a medio día cuesta lo mismo que una conversación de 5 minutos hecha a la misma hora del día. La ventaja es que los usuarios que hacen la llamada pagan sólo por el tiempo durante el que realmente usan la red; no existen otros cargos.

Líneas privadas en renta Cuando la transmisión es frecuente o se desean velocidades mayores de las posibles con las líneas normales, los analistas especifican la renta de líneas privadas, una de las alternativas mencionadas en el ejemplo al principio de este capítulo. Se dispone entonces de líneas de comunicación durante todo el día por una cuota mensual fija. Además, las líneas se dedican exclusivamente al uso del suscriptor; no forman parte de la red pública de conmutación. Se prepara y cablea una ruta fija alrededor de la oficina central de comunicación.

La decisión de usar líneas privadas en renta puede ser el resultado del *acondicionamiento de líneas*, un proceso en el que el portador (es decir, la compañía telefónica) usa filtros para minimizar la interferencia y retraso en una línea. Con un alto acondicionamiento, son posibles velocidades de transmisión más rápidas. Los portadores ofrecen varios tipos distintos de acondicionamiento, según la velocidad de transmisión requerida.

El acondicionamiento de líneas es posible solamente con líneas privadas en renta que se dediquen a un conjunto particular de instalaciones. No es posible adquirir un acondicionamiento de líneas en las líneas normales, ya que la conexión entre puntos varía de llamada a llamada.

La velocidad máxima en las líneas normales de grado oral es de 9600 bits por segundo. El uso de líneas privadas en renta y acondicionadas permite alcanzar velocidades de hasta 1.544 megabits (1 544 000 bits por segundo). Además, con las líneas privadas en renta, los analistas pueden especificar si se desea una configuración entre puntos o multipuntual (que se analizan posteriormente en el capítulo).

Tipos de líneas El tipo de línea determina la dirección de la transmisión de datos. Hay tres tipos de líneas. Las líneas simplex transmiten datos sólo en una dirección (Fig. 13.3). Si es necesario transmitir datos en dos direcciones y únicamente se dispone de líneas simplex, se necesitan dos de tales líneas —cada una de ellas transmitiendo en cada dirección (es decir, desde y hacia una instalación)—.

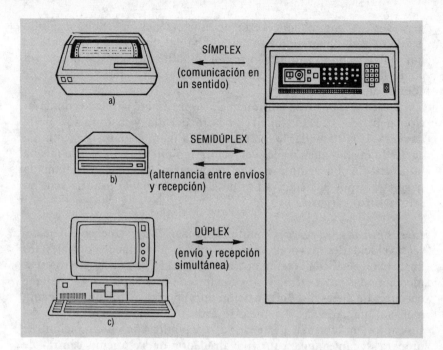

FIGURA 13.3
Tipos de líneas de transmisión.

Las líneas semidúplex transportan datos en cualquier dirección (pero no ambas) a la vez. Sin embargo, ya que las líneas se pueden invertir para transmitir en la dirección opuesta, *pueden* transmitir en las dos direcciones, pero no en forma simultánea.

Las líneas dúplex o completamente dúplex transmiten en ambas direcciones simultáneamente. Este tipo de línea es la más eficiente porque permite a una instalación transmitir y recibir al mismo tiempo.

Como ya se ha mencionado, los analistas y los técnicos de comunicaciones a menudo usan los términos de "dos cables", "par torcido" y "cuatro cables" al analizar las líneas de comunicación de datos. Es fácil comprender esta terminología si se relaciona con las líneas de grado oral ordinarias y con la dirección de transmisión. Las líneas de grado oral en una red con un conmutador de llamadas tiene generalmente combinaciones de dos líneas, también llamada par torcido. La mayoría de las líneas privadas son de cuatro cables. Las líneas de cuatro cables son siempre completamente dúplex. Sin embargo, las líneas de dos cables pueden ser semidúplex o dúplex. (Aunque muchas personas piensan que las líneas de dos cables pueden transmitir sólo en forma semidúplex, hay modems especiales que soportan el dúplex en líneas de dos cables.)

Portadores digitales Algunas de las líneas de los portadores se diseñan para transmisión digital en vez de analógica. Los canales digitales se usan tanto para voz como para datos. En cualquier caso, hay una jerarquía de canales, con base en la velocidad de transmisión. Para los

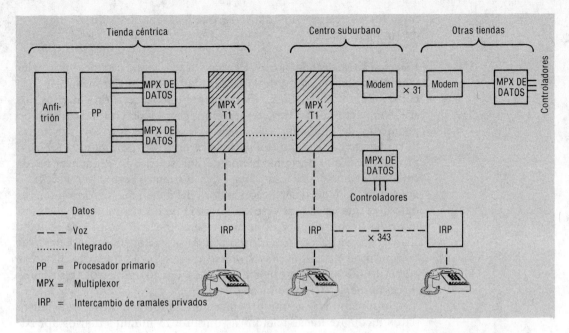

Datos ————
Voz — — —
Integrado ....
PP = Procesador primario
MPX = Multiplexor
IRP = Intercambio de ramales privados

FIGURA 13.4
Red integrada de voz
y datos.

canales digitales para voz y datos de la AT&T, existe una velocidad de 64 000 bits por segundo. Cuando se requiere una transmisión de muy alta velocidad, como en el caso en que se transmitan con frecuencia grandes volúmenes de datos, se pueden combinar grupos de 24 de esos canales en un solo canal de alta velocidad.

Los canales de alta velocidad tienen designaciones especiales: T-1, T-2, T-3 y T-4. Un canal T-1, compuesto de 24 canales individuales, tiene una velocidad de 1.544 millones de bits por segundo (Mbps). A su vez, los canales T-1 pueden formar canales T-2 con una capacidad de 6.312 Mbps. Los canales T-3 tienen una capacidad de 44.736 Mbps y los canales T-4 —los canales de la más alta velocidad disponible— tienen una velocidad de 274.176 Mbps. Comúnmente, el canal T-4 es usado internamente por AT&T como la columna vertebral de su red de comunicaciones; no es usual hallarlo en redes de comunicación corporativa.

El circuito T-1, disponible en las grandes ciudades, es el circuito digital de alta velocidad que con más frecuencia usan las empresas. Es rápido y económico cuando hay que transmitir un gran volumen de datos y se puede acoplar a muchos sistemas de conmutación disponibles en el mercado (analizados en este capítulo). Un analista que diseña un enlace de datos entre las múltiples tiendas en distintas ciudades (Fig. 13.4) y que transportará verificación de crédito, tráfico oral y datos de inventarios a menudo especificará un circuito T-1. Muchas tiendas generan grandes volúmenes de datos que se pueden empaquetar de manera eficiente en una línea de datos de 1.544 megabits. En el destino, los datos se pueden separar y dirigir hacia el destino adecuado.

Elección de líneas telefónicas El analista selecciona las líneas normales o en renta dependiendo de 1) la cantidad de datos a transmitir y 2) la confiabilidad de las líneas. Es frecuente que la decisión entre las dos sea simplemente de carácter económico. Al determinar el tiempo promedio de conexión (el número de minutos que la línea usará durante un mes) y multiplicarlo por el costo por minuto (el cual proporcionará el portador mediante una solicitud), el analista puede calcular el costo por usar una línea normal. (Podría ser necesario ajustar el costo de acuerdo con la hora del día en que se transmiten los datos, ya que las tarifas vespertinas son mucho menores.) El portador también proporcionará el costo de una línea privada, si se solicita. Este costo varía de acuerdo con la localización de cada centro de cómputo: el portador fija el precio de las líneas según la distancia entre sus oficinas. (La oficina está dada por los primeros tres dígitos de un número telefónico local.)

Supongamos que una organización ha estimado que transmitirá datos mediante líneas telefónicas durante 15 minutos diarios aproximadamente con un costo promedio de 0.85 de dólar el minuto. El sistema se usará todos los días hábiles, es decir 20 días al mes. Así, el costo del servicio local de llamadas es de 12.65 dólares al día o 255 dólares al mes. En comparación, el costo de renta de una línea telefónica local entre las dos instalaciones de esta organización es de $6 235 al mes. Se dispone de la línea privada durante las 24 horas del día. En este ejemplo, es claro que la renta representa una ventaja para la organización, en vez de pagar cargos por llamadas.

Un segundo punto a considerar es la confiabilidad de las líneas telefónicas. Algunos lugares tienen líneas de comunicación de mejor calidad que otros. La determinación de la confiabilidad de la línea es importante, ya que las líneas de baja calidad tendrán distorsión y ruido en la transmisión, lo cual provocará la comunicación de datos defectuosos, caracteres extraños o señales perdidas. En las líneas comunes, ni el analista ni el usuario controlan la línea que se usa para la llamada, así como tampoco su calidad. Por lo tanto, si en una área existe una alta probabilidad de ruido en la transmisión, el analista debería especificar líneas privadas. El costo puede ser un poco mayor para los usuarios con poco volumen, pero el costo de los datos erróneos o la transmisión pobre puede exceder por mucho los costos de la línea.

En los casos donde se necesita constantemente la comunicación continua, podría ser aconsejable especificar el uso de las líneas privadas con un respaldo de líneas comunes. Si la línea privada falla por alguna razón, el usuario puede seguir mandando y recibiendo datos usando de forma temporal una línea telefónica normal.

Si se necesitara un número importante de líneas en renta y se

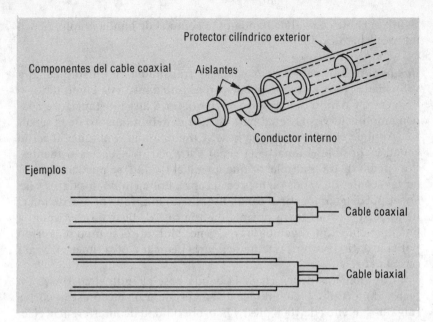

Componentes del cable coaxial

Protector cilíndrico exterior

Aislantes

Conductor interno

Ejemplos

Cable coaxial

Cable biaxial

FIGURA 13.5
Cable coaxial
utilizado en la
transmisión de datos.

esperara que el tráfico de datos (la cantidad de datos transmitidos) fuera pesado, podría traer ventajas la elección de un portador digital. Por ejemplo, un circuito T-1 puede a veces reemplazar a *varios cientos* de líneas privadas individuales a sólo una fracción del costo. Esto puede ser particularmente fructífero cuando las líneas privadas se extienden a ciudades distantes.

Cable coaxial

Un medio de transmisión aún más eficiente es el cable coaxial, el cual hace posible velocidades más altas de transmisión, y permite que más datos se muevan en el canal en un periodo de tiempo.

El cable coaxial está formado por un alambre de cobre en el centro del cable y rodeado por una capa metálica cilíndrica exterior. Los aislantes separan el alambre conductor de la capa (Fig. 13.5). En las comunicaciones, son comunes tanto los cables individuales como los grupos de cables en el conducto (un grupo de cables de 2 pulgadas puede transportar más de 20 000 transmisiones separadas en forma simultánea —ya sea datos o voz—).

En comparación con el par de cableado telefónico, el cable coaxial ofrece las siguientes ventajas:

- Las velocidades de transmisión varían de 1 a 50 millones de bits por segundo
- No es susceptible a la interferencia eléctrica o el ruido
- Poca distorsión de la transmisión
- Poca pérdida de señal (se puede transmitir a larga distancia, es decir, a través de un estado o por todo el país)

Tanto el cable coaxial de banda base como el de banda amplia tienen un uso generalizado.

Banda base Los cables de *banda base* transmiten en un solo canal a velocidades muy altas. Se pueden transmitir tanto voz como datos o imágenes. Cuando es necesario enviar datos a larga distancia, se añaden amplificadores al canal para sortear el debilitamiento de la señal.

Aunque el cable de banda base se limita a una sola función en un canal, es posible compartir el canal entre varios usuarios o fuentes. Por medio de un multiplexor que divida el tiempo, se pueden intercalar las señales de varias fuentes en el canal. Por ejemplo, los datos y las voces pueden compartir el canal, usando un multiplexor que divida el tiempo. Si esto no fuera posible, habría que dedicar todo el canal a una única función, digamos las imágenes, durante el tiempo requerido por el usuario. Posteriormente se podría dedicar a otra función, como sería la voz.

Los analistas deben elegir la banda base cuando el costo sea un factor importante o cuando las distancias de transmisión sean cortas (digamos, menos de 1000 pies) y la probabilidad de interferencia eléctrica sea baja. En comparación con la banda amplia, este tipo de cable podría ser más económico y menos complejo para el diseño y la operación.

Banda amplia La ventaja del cable de *banda amplia* es su capacidad para transportar varias señales a la vez. Se usa un equipo de modulación relativamente complejo para subdividir el cable coaxial en muchos canales distintos. En esencia, cada canal es una red de banda base, con un rango de frecuencia distinto.

El cable de banda amplia se usa en los ambientes de televisión por cable, en los que a menudo se pueden transportar 60 canales de programación diferente en un único cable. Las velocidades comunes de transmisión varían entre 20 y 50 millones de bits por segundo. Se puede transmitir voz, datos o imágenes en cada canal. Como en el caso de la banda base, los distintos esquemas de multiplexores permiten que cada canal lleve transmisiones intercaladas.

Desde el punto de vista del analista, la banda amplia es más compleja que la banda base, debido al equipo adicional que debe añadirse para permitir que se compartan los canales. Además, es frecuente que los proveedores diseñen la red de forma que sea incompatible con las instalaciones de banda base. Sin embargo, la banda amplia ofrece la ventaja de que puede transportar señales a distancias más grandes, lo cual proporciona gran flexibilidad a la persona que debe diseñar la red.

Microondas
La mayoría de las transmisiones de datos se realiza mediante el cable telefónico. Sin embargo, la mayor parte de las transmisiones a larga

FIGURA 13.6
Torre de microondas
y antena. (Cortesía de
los archivos de
AT&T).

distancia de datos y voz usa instalaciones de microondas. No se utilizan cables. En vez de esto, las estaciones de envío y recepción (Fig. 13.6) llevan la transmisión por el aire. Las estaciones repetidoras, separadas entre sí una distancia de 25 a 30 millas, mandan y reciben datos a lo largo de rutas de visión.

Puesto que no hay necesidad de colocar cables para las microondas, su uso es ideal en muchas áreas con terreno agreste (pero donde éste no bloquee la línea de visión). Las estaciones se pueden construir y alinear, permitiendo así la transmisión de datos. Sin embargo, en las áreas congestionadas hay demasiadas antenas instaladas, las cuales empiezan a interferir entre sí. Los usuarios en las grandes ciudades, por ejemplo, buscan frecuentemente métodos alternativos por esta razón.

Satélite

La transmisión que utiliza satélites en órbita aumenta en frecuencia. Los datos se transmiten desde las instalaciones del usuario a una estación terrena, de donde se envían a un satélite localizado a 22 500 millas de altura en el espacio (en una órbita controlada y asíncrona, es decir, que viaja arriba del ecuador y a la misma velocidad que la Tierra). Un analizador en el satélite recibe la señal y la retransmite —la señal no rebota o se refleja— a otro destino en la Tierra. (En algunos casos, hay que utilizar un satélite intermedio cuando no es posible la transmisión directa a las instalaciones.)

Un creciente número de satélites se están poniendo en órbita y la frecuencia de las transmisiones por satélite está aumentando rápida-

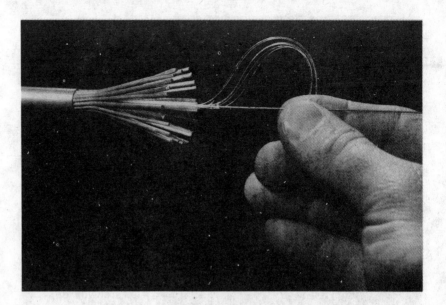

FIGURA 13.7
Cable de fibra óptica
(Cortesía de los
archivos de AT&T).

mente. Los analistas de sistemas que estén pensando en utilizar la transmisión por satélite, antes que cualquier cosa deben determinar si este método es el adecuado, por medio del análisis de factores tales como la distancia y costo de la transmisión, la localización de los envíos y recepciones, y el congestionamiento en la ruta de transmisión. La transmisión por satélite es una buena alternativa a la transmisión por microondas cuando esta última se ve impedida debido a la interferencia por congestionamiento de tráfico. Además, el costo de la transmisión por satélite no se ve afectado por la distancia a la que debe viajar la señal. Este método tiene una muy alta velocidad y relativamente carece de errores.

Si el análisis sugiere la posibilidad de uso de la transmisión por satélite, hay que hacer convenios con cualquiera de las cada vez más compañías de comunicación por satélite que ofrecen el servicio.

Fibras ópticas

El canal de transmisión más reciente usa fibras ópticas (Fig. 13.7). Una fibra de vidrio o plástico se introduce en un largo cilindro que actúa como medio de transmisión. Los pulsos de luz transportan los datos (por el contrario, la electricidad transporta los datos en los otros medios ya analizados). La combinación de los rayos láser y las fibras de vidrio con pocas impurezas soportan la transmisión de datos a larga distancia —varias veces mayor que los cables—. Las velocidades de transmisión pueden llegar hasta varios millones de bits por segundo.

Las fibras ópticas ofrecen otras ventajas. Los cables de fibras ópticas son inmunes al ruido y a la interferencia eléctrica, además de ser muy pequeños (son menores que el diámetro de un cabello

FIGURA 13.8
Dispositivos de comunicación para interconectar computadoras y líneas telefónicas (Cortesía de Hayes Microcomputer Products, Inc.).

humano). Una sola pareja de fibras puede transportar 1300 conversaciones ordinarias en forma simultánea. Los portadores comunes, empresas que proporcionan servicios de comunicación, están colocando redes formadas por cables de fibras ópticas para aprovechar las ventajas de su velocidad y de su pequeño tamaño.

Lo novedoso de las fibras ópticas significa que también hay problemas por resolver. En la actualidad, no es posible dividir una fibra, por lo que no se pueden establecer ramales (si la seguridad de los datos es importante, esta limitación puede ser en realidad una ventaja). El costo del cable de fibras ópticas puede ser prohibitivo para la transferencia de un volumen pequeño de datos. El uso de los rayos láser puede no ser posible —por razones económicas— para muchas aplicaciones. Sin embargo, los analistas deben tener en cuenta este medio de transmisión, ya que seguramente aumentará su importancia.

Dispositivos de control de comunicaciones

Siempre que se transmiten datos, debe existir un medio de interconexión entre los componentes de cómputo y los canales de comunicación. Los dispositivos particulares que se utilizan con este fin dependen de la naturaleza y número de componentes en cuestión. Esta sección examina los dispositivos más comunes, incluyendo los modems, unidades de servicio de datos, unidades de control de comunicaciones, multiplexores, concentradores, conmutadores de datos y controladores de grupos. En cada caso, se enfatiza por qué y cuándo un analista de sistemas debe especificar estos dispositivos en el diseño de un sistema.

Modems
Las líneas ordinarias de comunicación telefónica transmiten datos analógicos. Sin embargo, las computadoras son dispositivos digitales que transmiten datos digitales. Aunque muchas empresas de comunicación están estableciendo redes cuyo fin específico sea la transmisión de datos digitales, las líneas analógicas siguen siendo la forma de uso más común para la comunicación de datos. Los modems se usan para

conectar las computadoras y las líneas analógicas (Fig. 13.8). Un modem (el término es una contracción de modulador-demodulador) en el extremo de envío convierte las señales digitales de la computadora a su forma analógica para la transmisión (modulación). Al recibir los datos en el otro extremo, se convierten de forma analógica a digital (demodulación) de tal forma que la computadora que los recibe los pueda procesar.

El costo de los modems varía desde $100 hasta varios miles de dólares, según su calidad, método de conexión y lo avanzado de sus circuitos. Los *acopladores acústicos,* el tipo menos costoso, requiere que el usuario marque el número telefónico apropiado y luego coloque el auricular en un dispositivo con asa de plástico que sujeta ambos extremos del mismo. Los dispositivos de sonido en el acoplador reciben y envían señales por el auricular.

Se prefieren los modems de conexión directa ya que se conectan a la línea de comunicación y hacen un contacto real con ella. Como resultado, la calidad de la transmisión es clara y limpia, con poco ruido o distorsión. Cualquiera de los distintos tipos de modems de conexión directa se puede especificar para una aplicación. Los modems de tarjeta se introducen en una ranura en la computadora y hacen contacto directo con los circuitos del sistema. Se conectan a la red telefónica por medio de un cable telefónico ordinario. Los modems inteligentes, que pueden ser modems de tarjeta o estar separados del sistema de cómputo y conectados por medio de un cable especial, tienen un cerebro interconstruido. Se coloca un microprocesador en el modem para manejar operaciones de rutina como marcar el número telefónico del lugar al cual se van a enviar los datos, contestar el teléfono y hacer la conexión con otro lugar que envía datos para ser recibidos, o determinar cuándo se hace la conexión entre dos lugares. Los modems inteligentes también pueden indicar si una línea está ocupada, si no hay respuesta del otro lado o si la línea se desconecta. El término "inteligente" es el más apropiado, ya que este tipo de modem es una computadora en sí. A pesar de sus posibilidades, los modems inteligentes no son caros; los hay desde 200 dólares, aproximadamente.

Cuando se usa un modem de tarjeta en una microcomputadora, usualmente se le inserta en una ranura de interconexión dentro de la computadora. Sin embargo, cuando hay que instalar varios modems, que unan líneas múltiples de comunicación con la computadora, es común que las tarjetas se instalen en un gabinete especial, separado físicamente pero conectado a la unidad de procesamiento. El gabinete protege a las tarjetas del polvo y golpes accidentales a la vez que las hace fácilmente accesibles para pruebas o monitoreo.

A menudo se aplica el término *modem de corto alcance* a los modems diseñados para transmitir a distancias limitadas, digamos, de 4 a 5 millas. Las velocidades de transmisión pueden llegar hasta 19 200 bits por segundo. Los modems de corto alcance no se usan en ambientes de llamadas normales porque necesitan un circuito dedicado a ellos.

Los modems no sólo se usan cuando la comunicación utiliza las líneas telefónicas. Cuando la transmisión se realiza a través de circui- tos de fibras ópticas, se usa un modem especial para fibras ópticas para convertir las señales electrónicas digitales en pulsos luminosos que pueden enviarse por el hilo de vidrio.

Los modems se conectan a las computadoras mediante canales o puertos de comunicación construidos en la computadora y conectados al punto de interface entre la computadora y el modem. Debido al enorme número de marcas comerciales de equipo, se han desarrollado estándares para garantizar que las distintas marcas se pueden interco- nectar. Uno de los estándares más comunes en la industria de la computación es la interface RS-232C (el equivalente internacional es el estándar V.24). Este estándar establece el uso de conectores de 25 pines (Fig. 13.9), lo cual quiere decir que se pueden usar hasta 25 cables para interconectar dos dispositivos, tales como una compu- tadora y un modem. La transmisión de datos es en serie, lo cual significa que los bits se transmiten uno tras otro en una secuencia (en vez de juntos, en forma paralela). El estándar RS-232C también espe- cifica el tipo y forma de la clavija de interconexión, al igual que el voltaje eléctrico y el cronometraje de la transmisión de señales en el canal.

Unidad de servicio de datos

Una unidad de servicio de datos (USD, también llamada *unidad de servicio de canales, USC*) es un modem que se usa en las redes de transmisión digital. Debido a la creciente necesidad de transmitir datos digitales, las empresas de telecomunicaciones están desarro- llando redes de transmisión digital en las que es innecesaria la conver- sión a la forma analógica, esencial en la red telefónica común.

Además de interconectar la computadora y el canal, la unidad de servicio de datos lleva a cabo las funciones de filtrado y conformación de la señal, así como el control del voltaje. Estas funciones técnicas ayudan a garantizar las señales uniformes para transmisión de datos casi sin errores.

Unidad de control de comunicaciones

Las actividades que implica el manejo de un sistema de comunicacio- nes necesita software y tiempo de procesamiento. La transferencia y almacenamiento temporal de los datos, así como la recepción de transmisiones usan tiempo y recursos del procesador central. En los sistemas donde hay poca comunicación de datos, este uso adicional no causa mayores problemas. Sin embargo, en los grandes sistemas de comunicación, es posible utilizar más de la tercera parte del tiempo de procesamiento central sólo para el manejo de comunicaciones. Para liberar la unidad central de proceso (UCP), es frecuente añadir una

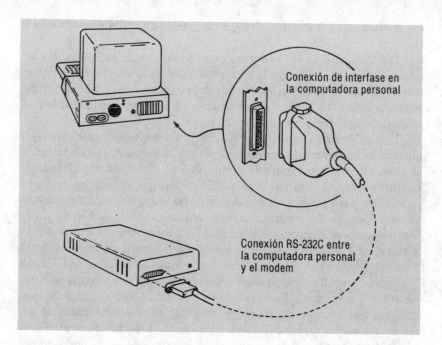

Conexión de interfase en
la computadora personal

Conexión RS-232C entre
la computadora personal
y el modem

FIGURA 13.9
Clavija estándar de
conexión para la
interfase RS-232C.

unidad de control de comunicaciones (también llamada *procesador primario*) a la configuración. Esta unidad es un preprocesador que interactúa tanto con la UCP como con la red de comunicaciones (Fig. 13.10), y que tiene la capacidad de identificar las terminales que mandan datos, recibir y ensamblar conjuntos de datos, así como detectar errores en la transmisión. Puesto que las unidades de control de comunicaciones varían su costo desde 40 000 hasta 100 000 dólares, solamente se usan con sistemas computacionales grandes o medianos que procesan un alto volumen de tráfico de comunicaciones.

Multiplexor

Si las terminales de la computadora no envían datos en forma continua, la línea de transmisión queda disponible para que otras terminales la utilicen, por ejemplo, un hospital podría desear tener varias terminales o impresoras en las clínicas distantes a las que da servicio. En vez de instalar una línea separada para cada dispositivo, se puede colocar un *multiplexor,* el cual permite que varios dispositivos compartan una línea. El multiplexor rastrea cada dispositivo para recoger y transmitir datos en una única línea al UCP. También comunica las transmisiones de la UCP a la terminal adecuada conectada al multiplexor. El multiplexor consulta a los dispositivos, es decir, les pregunta en forma periódica si tienen datos por transmitir.

Concentrador

Un concentrador es similar a un multiplexor en el sentido de que también combina varias señales simultáneas de datos desde distintas

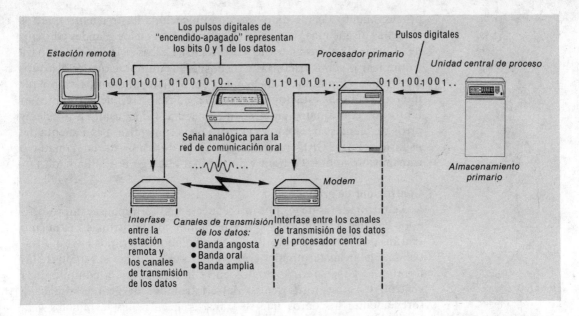

FIGURA 13.10
Dispositivos de comunicación (Procesador primario y multiplexor).

estaciones a una sola corriente de datos. Sin embargo, tiene la característica adicional de la inteligencia. Esto quiere decir que el concentrador puede llevar a cabo alguna de las funciones manejadas por la unidad primaria de control de comunicaciones. Por ejemplo, puede actuar como un almacenamiento temporal para los datos recién llegados. Un concentrador también puede llevar a cabo funciones rutinarias, garantizando que los datos se envían al dispositivo o lugar apropiados.

Conmutador de datos
Cuando hay que monitorear un número grande de líneas, digamos más de una docena, o cuando el manejo rutinario de los datos recién llegados (mensajes) debe hacerse rápidamente, pueden ser insuficientes las posibilidades de conmutación de los procesadores primarios, multiplexores y concentradores. En ese caso, se puede añadir a la configuración un conmutador de datos, el cual se basa en una minicomputadora o microcomputadora. El conmutador de datos puede hacer y recibir llamadas, almacenar en forma temporal mensajes (a menudo, varios cientos a la vez) e interconectarse tanto con las redes de telefonía normal como digital.

Puesto que los conmutadores de datos son computadoras en sí, se les puede programar para que desarrollen funciones específicas de comunicación. Se puede hacer también el registro de tráfico de datos.

Muchas organizaciones están instalando sistemas de IRP/IRC (Intercambio de ramales públicos/intercambio de ramales computacionales) para el manejo de tráfico telefónico. Estos sistemas son computadoras digitales con programas almacenados destinados al procesamiento de los datos de comunicación. Es frecuente que los analistas diseñen los sistemas de comunicación en los grandes edificios de oficinas y hoteles en torno a un IRP/IRC. Los sistemas sirven para comunicar muchos teléfonos y dispositivos conmutacionales distintos a un número limitado de líneas fuera del edificio, al mismo tiempo que interconectan las estaciones dentro del edificio. Se pueden intercalar tanto voz como datos en el mismo sistema. (Si se usan en hoteles y otros ambientes en los cuales el costo de la transmisión es a cuenta del usuario, el IRP/IRC puede registrar la duración de la llamada o transmisión, anotar la hora y determinar el cargo por la llamada.)

Controlador de grupos

Los controladores de grupos interconectan las terminales e impresoras a los canales de comunicación y permiten compartirlos en el mismo sentido que los multiplexores. Un controlador de grupos es responsable de vigilar las terminales conectadas a él, verificar el estado de las terminales y transferir los datos entre la terminal y la computadora central. Una memoria dentro del controlador de grupos almacena (brevemente) los datos que se transfieren entre las terminales y la computadora central.

Un controlador de grupos puede ligar 32 terminales e impresoras, aproximadamente. El controlador de grupos específico necesario en una configuración dependerá de si los datos se transmiten localmente o a un centro remoto y si se usarán conexiones semidúplex o dúplex. El protocolo de comunicaciones a utilizar (por ejemplo, BISYNC o SDLC, analizados en la siguiente sección) también influye en la elección de un controlador de grupos.

Protocolo

Los componentes para la transmisión de datos mencionados anteriormente —canales, dispositivos auxiliares y procesadores de comunicaciones— no son suficientes. También deben existir reglas que permitan a los componentes comunicarse entre sí. El término *protocolo* se refiere a las reglas que permiten a distintos dispositivos comunicarse entre sí de tal forma que cada uno pueda enviar y recibir señales comprensibles.

Un protocolo debe llevar a cabo las siguientes funciones:

- Lograr la atención de las otras partes en la comunicación (tales como otra computadora, impresora, estación de trabajo o una unidad de almacenamiento de datos tal como un servidor de archivos)
- Identificar el componente con los otros componentes en la comunicación (por ejemplo, una computadora que envía señales se identifica a sí misma transmitiendo su posición o direccionamiento —su identificación del canal—)

- Proporcionar un indicador constante de que los datos están siendo recibidos y comprendidos o bien que no están siendo recibidos o que llegan en forma desordenada, lo cual evita la comprensión de los datos
- Solicitar la retransmisión de los datos erróneos
- Iniciar el procedimiento de recuperación si aparecen errores
- Proporcionar una forma aceptable de concluir una transmisión para garantizar que todas las partes han terminado

El protocolo se introduce en el software de comunicaciones diseñado para utilizar un protocolo particular. Independientemente del protocolo que se utilice, cada dispositivo debe ser capaz de interpretar los protocolos de los demás dispositivos implicados en la comunicación. El protocolo en sí es transparente para los usuarios, ya que ellos no necesitan estar al tanto de la forma en que se lleva a cabo la comunicación entre los componentes.

Protocolo asíncrono

La transmisión de datos puede ser asíncrona o síncrona. En la transmisión *asíncrona* ("inicio-final"), los datos se transmiten un carácter a la vez, usando bits de inicio y final (Fig. 13.11). La transmisión de los bits de datos comienza y termina con secuencias especiales de inicio y final. Para que el receptor sea capaz de reconocer los datos que van llegando, cada carácter incluye un bit de inicio y 1 o 2 bits finales después de los bits de datos.

Puesto que el protocolo asíncrono permite la transmisión a intervalos irregulares, puede haber retrasos entre las transmisiones. Aun así, el receptor puede determinar cuándo llegan los datos debido a los bits de inicio y final.

La transmisión asíncrona se utiliza más comúnmente en las terminales de teclado que no tienen almacenamiento interno. Estos dispositivos también transmiten datos en intervalos aleatorios (siempre que el usuario oprime las teclas). Si el usuario hace una pausa en la introducción de datos, hay una pausa correspondiente en la transmisión de los mismos.

Protocolo síncrono

La transmisión *síncrona* es continua. Las terminales transmisoras y receptoras deben sincronizarse, es decir, estar en fase entre sí. Un reloj (generalmente localizado en el modem) controla la transmisión determinando cuándo se envía cada bit de datos. Puesto que la transmisión está programada y en fase, no se necesitan secuencias de inicio y final entre los bits de datos (Fig. 13.12). La transmisión síncrona es más eficiente que la asíncrona, ya que se pueden enviar más datos en el mismo intervalo de tiempo. La mayoría de las transmisiones mayores de 2000 bits por segundo son síncronas, así como virtualmente todas las transmisiones por debajo de 1200 baud son asíncronas.

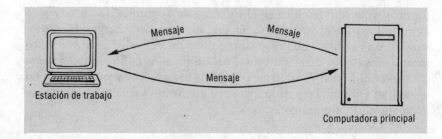

FIGURA 13.11
Transmisión
asíncrona.

FIGURA 13.12
Transmisión
síncrona.

Existen dos tipos muy comunes de protocolo síncrono. BISYNC (a veces conocido como BSC, comunicaciones síncronas binarias, en inglés) puede transmitir datos codificados en ASCII (código estándar americano de intercambio de información, en inglés) o EBCDIC (código binario extendido del código de intercambio de datos, en inglés) y se le asocia más frecuentemente con la transmisión semidúplex. La transmisión BISYNC está orientada a los caracteres, transmitiendo un byte por cada carácter de datos.

En muchos ambientes IBM, es común un protocolo de control síncrono de enlace de datos (SDLC, por su nombre en inglés). Este protocolo está orientado hacia los bits. La transmisión de datos se lleva a cabo en bloques, con un conjunto inicial de bits en cada bloque, el cual transporta información de control procesada por el receptor. Se pueden transmitir hasta 7 bloques en una secuencia.

La elección del protocolo depende de las características del equipo computacional y de comunicaciones en uso, al igual que las características propias de la red.

Selección de la configuración de comunicaciones correcta

Para demostrar el procedimiento de selección y adquisición de la configuración de comunicaciones adecuada, presentaremos un ejemplo. Un hospital general metropolitano ha decidido instalar un sistema de cómputo en su sección de registros, con terminales en cada una de sus tres sucursales en los suburbios (Fig. 13.13). Las terminales se utilizarán para proporcionar los datos de los nuevos pacientes y el tratamiento de aquellos que visitan la clínica y para recuperar los datos de

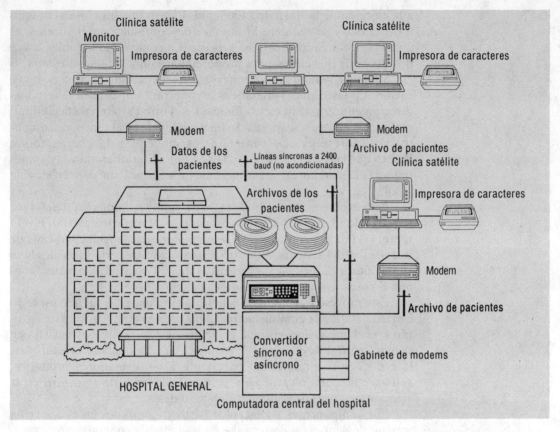

Clínica satélite
Monitor
Impresora de caracteres

Clínica satélite
Impresora de caracteres

Modem

Modem

Datos de los pacientes

Líneas síncronas a 2400 baud (no acondicionadas)

Archivo de pacientes
Clínica satélite

Impresora de caracteres

Archivos de los pacientes

Modem

Archivo de pacientes

Convertidor síncrono a asíncrono

Gabinete de modems

HOSPITAL GENERAL

Computadora central del hospital

FIGURA 13.13

Sistema médico con líneas de comunicación de grado oral.

la base de datos en el hospital. El analista ha verificado que se dispone del software de comunicaciones necesario y que existe un puerto disponible en la computadora para manejar la comunicación con las tres sucursales. (Un puerto es un punto de entrada de comunicaciones en la UCP. Todos los dispositivos externos, incluyendo las impresoras, terminales y dispositivos de comunicación, transmiten y reciben datos mediante los puertos. Puesto que el sistema tiene un número específico y limitado de ellos —a veces solamente uno o dos— el analista debe asegurarse de que se dispone de los puertos antes de comenzar el diseño.)

La velocidad de transmisión es importante en este sistema. Por lo tanto, el analista determina que se requiere una velocidad mínima de 1800 baud. La computadora acepta la comunicación asíncrona. Sin embargo, al trabajar con la compañía telefónica, el analista decide utilizar una velocidad de 2400 baud con comunicación síncrona. La base de esta determinación fue el hecho de que se necesitan las líneas acondicionadas a 1800 baud, mientras que a 2400 baud no lo requieren. La combinación de una mayor velocidad de transmisión, la transmisión síncrona y el no necesitar acondicionamiento condujeron a la elección de la línea de 2400 baud. Puesto que las clínicas operan todo el día y se requiere la interacción continua con el sistema, el analista decide usar una línea privada. La compañía telefónica usará dos líneas de dos cables para proporcionar la línea duplex deseada.

Se eligieron modems de conexión directa para manejar la comunicación. En las clínicas, el modem se conectará por cable a la terminal directamente con la línea telefónica. En el otro extremo de la comunicación, los modems se instalarán en un gabinete en el centro de cómputo. Un cable separado conectará los modems a la computadora. Puesto que las líneas manejarán la comunicación síncrona y la computadora usa comunicación asíncrona, se utilizará un convertidor de señal.

Por experiencia, el analista sabe que la compañía telefónica requiere de 30 días hábiles para preparar las líneas e instalarlas. Por lo tanto, las líneas se ordenaron 6 semanas antes de la fecha planeada de instalación del sistema. El costo aproximado de cada línea desde la clínica hasta la instalación central es de 200 dólares mensuales, aunque el costo real varía para cada instalación.

Este proceso es común de la labor de los analistas cuando especifican los detalles de comunicación en un sistema en línea. En este ejemplo y en el que se encuentra al principio de este capítulo, ya existía un sistema central de cómputo. Puesto que ya se conocían los detalles de la red de comunicaciones, incluyendo los procesadores primarios, software de comunicaciones y protocolo, el analista se centró en la elección de líneas de comunicación y modems.

Los componentes y conceptos básicos analizados en esta sección son los elementos fundamentales de las redes de comunicación.

REDES DE COMUNICACIONES

Las redes de comunicaciones pueden cubrir diferentes distancias, según los requerimientos de la organización y el sistema de información. En general, las redes de comunicaciones operan en las áreas siguientes:

1. Internacionales (entre países)
2. Entre los estados (de un país)
3. En el interior de un estado
4. Dentro de instalaciones locales (una estructura única o una serie de edificios)

Las redes internacionales, nacionales y estatales (incluyendo ciudades o áreas metropolitanas), a veces reciben el nombre de *redes de cobertura amplia (RCA)*, a diferencia de las instalaciones locales, que se conocen como *redes locales (RL)*. (El diseño de las RL se analiza en la siguiente sección de este capítulo.)

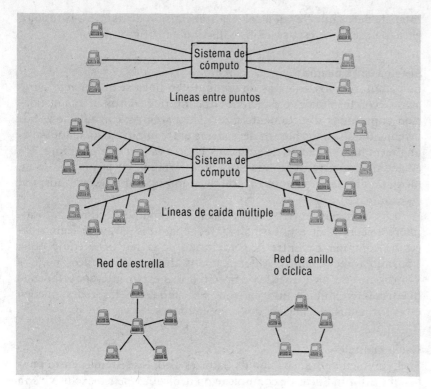

FIGURA 13.14
Topologías de red comunes.

Además de cubrir mayores zonas geográficas (desde pocas millas hasta miles de millas) que las RL, las redes de cobertura amplia también utilizan redes portadoras comunes, tales como la red telefónica por conmutación en los Estados Unidos. El término *portador común* se refiere a las empresas que proporcionan servicios de comunicación (por ejemplo, el teléfono, telégrafo y comunicación de datos) y que son reguladas por una agencia gubernamental. En los Estados Unidos, los portadores comunes son regulados en toda la nación por la Comisión Federal de Comunicaciones (FCC, por su nombre en inglés). Las comisiones de servicios públicos del estado también regulan los servicios que proporcionan los portadores y los cargos que imponen a los compradores de servicios de comunicación.

El diseño de una red de comunicaciones implica la elección de una topología y una arquitectura que guíe la interconexión de los componentes. Analizaremos las distintas topologías y un modelo estándar que están adoptando los proveedores de todo el mundo para facilitar el diseño de una red. Además, examinaremos el concepto de arquitectura de red del proveedor.

Topologías de red

Las redes de comunicaciones utilizan cuatro distintas topologías, que son la disposición o arreglo de los dispositivos de comunicación y rutas de datos que llevan a cabo la transmisión de datos. Las topologías analizadas en esta sección se ilustran en la figura 13.14.

Sistema entre puntos

Es común que los sistemas de cómputo en línea sean *sistemas entre puntos*, con terminales o estaciones de captura de datos en una instalación conectadas directamente a un sistema en otra instalación. Las instalaciones son los puntos del sistema entre puntos. Una máquina es una terminal o estación de trabajo y la otra es una computadora. Un enlace típico entre puntos es el de una terminal en la oficina de un médico que se interconecta con la computadora de un hospital cercano.

Los sistemas entre puntos pueden comunicar computadoras, interconectando de esta forma lugares separados para que sean capaces de comunicarse entre sí. Cada nodo de la red tiene equipo que transmite o recibe datos. Algunos nodos almacenan y procesan datos y otros no. Se dice que dos computadoras están interconectadas si pueden intercambiar información. Por supuesto, las redes pueden estar formadas por más de dos computadoras.

Caída múltiple

Si el volumen de transmisión de datos es alto, los sistemas entre puntos que utilizan líneas de comunicación dedicadas en uso exclusivo son eficientes, ya que la línea de comunicación está ocupada la mayor parte del tiempo. Sin embargo, en los sistemas en que éste no es el caso, es frecuente que los analistas diseñen líneas de caída múltiple que comparten una única línea de comunicación entre varias instalaciones. Aunque sólo una instalación puede enviar datos a la vez (los demás deben esperar su turno), todas las instalaciones pueden recibir datos en forma simultánea. Por ejemplo, una computadora central puede enviar datos a los demás nodos en la red simultáneamente.

Muchos nodos pueden compartir una única línea de comunicación. En caso necesario, se pueden interconectar hasta 20 o 30 lugares, dependiendo del uso de la línea.

Topología estrella

Los nodos de una topología estrella se interconectan en forma directa con un sistema central. En otras palabras, cada estación de trabajo, terminal o computadora puede comunicarse solamente con la instalación central y no con los demás nodos de la red. La transferencia de información de un nodo a otro sólo es posible enviando los detalles al nodo central, el cual, a su vez, los envía al destino. El nombre dado a esta topología describe su apariencia, como lo muestra la figura 13.14.

Las conversaciones telefónicas ordinarias implican una topología estrella. Cuando usted marca un número, envía datos a su central telefónica. Dicha central turna, a su vez, su mensaje a otra central y

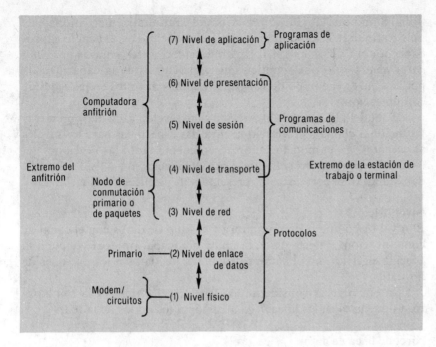

FIGURA 13.15
Modelo OSI de varios niveles.

ésta al teléfono que usted llama. Es imposible la llamada directa sin pasar por la central telefónica.

Topología de anillo

Una red de anillo (también llamada *red cíclica*) permite la comunicación directa entre los nodos y con la computadora central. En otras palabras, la instalación central no maneja los datos que se transmiten de un nodo a otro.

Si el sistema telefónico utilizara una red cíclica o de anillo, sería posible llamar ya fuera a través de la central telefónica o bien en forma directa a quien usted deseara llamar. Análogamente, si una serie de agencias jurídicas se conectan en un anillo, cada una puede comunicarse directamente con las instalaciones físicamente adyacentes. O bien, pueden transmitir datos por medio de la red a cualquiera o todas las demás agencias interconectadas.

Modelo de interconexión IEA

Para interconectar los componentes de comunicación, hay que llevar a cabo ciertas funciones mediante el hardware y software de la computadora. Puesto que muchas redes utilizan los componentes de diversos proveedores, ha existido una gran preocupación porque ciertas características no interfieran con la interconexión de componentes distintos. Esto es una preocupación internacional.

En 1977 un grupo de trabajo internacional, ISO/CITT (International Standards Organization / Comité Consultatif Internationale de Telegrafique et Telefonique) anunció el modelo IEA, el cual fue aprobado por el CCITT en 1984. IEA quiere decir *interconexión de estándares abiertos*, lo que significa que pone énfasis en la capacidad de poder utilizar el equipo de varios fabricantes distintos en las redes de comunicación.

El modelo IEA divide una red en siete niveles, cada uno con tareas y funciones claras y proporciona entradas específicas para los niveles adyacentes. En el modelo se toman en cuenta tanto las funciones del hardware como las del software. Los siete niveles son el físico, línea de datos, red, transporte, sesión, presentación y aplicación (Fig. 13.15)

Nivel físico

El nivel físico une la computadora y el flujo de datos con el canal de comunicación. En este nivel, la única preocupación es el voltaje o la energía eléctrica, no el cómo se empacan los datos o los patrones de los datos.

En este nivel se consideran los aspectos eléctricos de la combinación de señales en las líneas y la atención a los nodos de la red.

Nivel de línea de datos

Aquí la preocupación es con los protocolos y el patrón de los bits en los datos. Gobierna el intercambio de marcos de datos, garantizando que cada dispositivo pueda enviar y recibir datos.

Se pretende que el enlace entre los datos garantice la confiabilidad del enlace físico entre los componentes. Su servicio principal es la detección y control de errores. Así, este nivel hace posible que el nivel físico suponga que la transmisión a través del canal esté virtualmente libre de errores.

Nivel de la red

La preocupación del nivel físico es el hardware. Sin embargo, el nivel de línea de datos y los demás niveles se centran en el software.

El nivel de red es el responsable de establecer, mantener y terminar las conexiones entre los componentes en una red. Por lo tanto, no se requiere transmitir al nivel de transporte la información acerca de la transmisión de datos o los mecanismos de conmutación utilizados para conectar los sistemas y componentes.

Este nivel crea y maneja paquetes de datos. Todos los datos se transfieren en paquetes individuales. Según la naturaleza de la aplicación, se puede emplear un circuito virtual o un modelo de datos. El servicio de circuito virtual significa que existen fijos el transmisor y receptor de datos, como en una conexión directa entre puntos (por ejemplo, del tipo utilizado en el servicio telefónico común). Los datos se entregan al receptor de la misma forma en que se enviaron.

Por el contrario, el servicio del modelo de datos entrega cada paquete de un mensaje en forma individual. Los mensajes llegan a su

Coca-Cola:
La estrategia del mensaje

"La comunicación abierta en ambos sentidos entre las oficinas generales de la corporación y las distintas unidades de la empresa es el único modo aceptable de operación para una compañía descentralizada como la nuestra", dice Roberto C. Goizueta, presidente del consejo y ejecutivo en jefe de la Coca-Cola, al revisar la estrategia de su compañía.

Aunque los refrescos son la base de la Coca-Cola, el líder mundial como fabricante de refrescos también es un gran productor de películas y programas de televisión, al igual que uno de los más grandes comercializadores de cítricos. Las oficinas divisionales están en Atlanta, Nueva York y Houston. Sus operaciones cubren todo el globo.

El mantenimiento de las comunicaciones a nivel mundial, en el espíritu propuesto por Goizueta, es un importante reto. Coca-Cola ha visto que puede confiar en DISOSS, un producto de IBM para aplicaciones de red en sistemas distribuidos de oficinas, para enlazar varias partes de la corporación.

Según el informe de tendencias de la compañía, la estrategia de la Coca-Cola se centra en la capacidad de transferir información electrónicamente entre todas las instalaciones de la empresa en el mundo. La estrategia surgió de un grupo de trabajo establecido dentro de la oficina de servicios de información de la corporación. Bajo esta estrategia, se instaló DISOSS en las redes centrales principales del mundo y luego se enlazó con la red global. Las redes se diseñaron para cubrir las necesidades de comunicación local, así como para que las personas pudieran enviar documentos y mensajes desde sus escritorios a otros lugares en cualquier país de la red.

La elección de Coca-Cola fue la de seguir con una estrategia de sistemas centrales que reconociera la existencia de los sistemas que ya estaban instalados. Como muchas otras compañías, tenía una mezcla de equipo y redes instaladas en toda la compañía. El personal de sistemas de información buscó conjuntar los sistemas en los que ya había invertido la compañía y aún así tener flexibilidad para crecer y expanderse.

La Coca-Cola se basa en DISOSS para algo más que correspondencia. El uso más frecuente del sistema es el de transmitir una amplia variedad de documentos y mensajes con oportunidad. Aun dentro del complejo central, que incluye varios edificios, las propuestas de negocios se envían mediante DISOSS en vez de entregarlas personalmente. Los planes de comercialización, actualización de manuales de procedimientos y de políticas, y la información acerca de los cambios en el personal fluyen mundialmente a través del sistema.

DISOSS también simplifica la elaboración de los reportes de auditoría, envío de resultados de cuentas de monedas extranjeras, y los reportes cronológicos de las cuentas. La consolidación electrónica de los reportes de varios lugares elimina la necesidad de reescribirlos y revisarlos.

El sistema global también ha cambiado el manejo del tráfico de TELEX para la comunicación interoceánica. Ahora, los usuarios teclean cualquier mensaje, utilizando el software de proceso de textos en sus sistemas personales. Desde la estación de trabajo, el TELEX se envía por medio de DISOSS directamente al destinatario, en cualquier parte del mundo. Cualquier respuesta va directamente al buzón del individuo, no al buzón general. La administración de alto nivel de Coca-Cola promueve el uso del sistema como una forma de facilitar la comunicación y hacer más rápido el flujo de información. Este apoyo de alto nivel, conjuntado con el valor de la mensajería global, ha contribuido al éxito del sistema.

destino sin orden específico y se ensamblan en la secuencia correcta en su destino. Se incluye información de direccionamiento en cada paquete para asegurarse de que llegue a su destino apropiado.

Con el modelo de datos, el mismo mensaje se puede enviar a más de un receptor. Este modelo también ofrece una alta eficiencia, ya que no requiere de complejas rutinas de verificación de errores como es el caso del modelo de circuito virtual.

Nivel de transporte

El nivel de transporte nombra, direcciona, almacena y utiliza un multiplexor para los mensajes formados en paquetes en el nivel de la red. Asimismo, maneja (establece y termina) las sesiones de transmisión. En este nivel se llaman las alternativas de control de errores. Éstas pueden variar desde el control nulo de cualquier tipo de error hasta la detección de los mismos, indicando en caso necesario la retransmisión. Si el servicio de circuito virtual se elige en el nivel de la red, el nivel de transporte también verifica los paquetes desordenados y los coloca en el lugar correcto.

En resumen, el nivel de transporte garantiza que los datos se entregan sin errores, pérdida o duplicación y en el orden adecuado.

Nivel de sesión

Las sesiones son la interconexión entre dos entes que se comunican. Este nivel crea y maneja dichas sesiones, incluso las técnicas de recuperación en el caso en que la comunicación termine de forma abrupta debido a un error, falla o desconexión. Proporciona el mecanismo para controlar el diálogo entre las aplicaciones.

Una sesión puede implicar la comunicación en un sentido, o en dos sentidos en forma simultánea o alternante. Puede transmitir datos conforme se reciban o sólo después de que una pequeña cantidad se acumule. Tiene la capacidad de manejar puntos de verificación de forma que si ocurre una falla, se lleve a cabo la retransmisión de todos los datos desde la última transmisión correcta (el punto de verificación).

Nivel de presentación

Este nivel maneja la traducción y formateo de los datos. La traducción de código y del conjunto de caracteres (por ejemplo, variaciones del código entre distintos dispositivos de pantalla) se lleva a cabo y, en caso de que se especifique, la compresión de datos (para reducir el número de bits a transmitir). También se puede incluir el cifrado de los datos para mayor confidencialidad.

Los protocolos de transferencia de archivos, los cuales definen la forma en que el sistema mueve un archivo de lugar a lugar, es una preocupación en este nivel. Además, este nivel tiene la capacidad de comunicarse usando un protocolo terminal virtual. Los analistas de sistemas trabajan con muy variados tipos (no estándar) de pantallas.

Cada una de ellas puede manejar las actividades de entrada y salida en forma muy distinta. Para facilitar el problema de adecuarse a tantos estándares, este nivel está diseñado para comunicarse con una terminal virtual, un dispositivo lógico con características dadas. Los proveedores deben diseñar sus terminales físicas para comunicarse con la terminal virtual. Desde el punto de vista de las comunicaciones, esta característica permite una mayor estandarización en la comunicación de datos sin forzar la elección de una terminal o estación de trabajo específica.

Nivel de aplicación

El nivel de aplicación, el punto de acceso del usuario a la red, consta del software de aplicación. Los ejemplos de programas de aplicación de redes incluyen los sistemas de correo electrónico y los programas servidores de archivos. (En el nivel de red, el término *programa de aplicación* no se refiere a los programas de aplicación por el usuario, como los de contabilidad, captura de pedidos, manejo de inventarios, hoja de cálculo o procesador de palabras.)

Comentario al margen
Para vencer las barreras del tiempo y la distancia

El diseño de los sistemas de comunicación de datos determinará cada vez más el éxito competitivo de las corporaciones. Una razón para esto es que las redes de cómputo vencen las barreras del tiempo y la distancia.

Las restricciones de tiempo introducen retrasos en el cumplimiento de las necesidades del cliente o empresa. Las distancias geográficas impiden a las empresas entregar productos o servicios, mover la información entre empresas y empleados, mantener una presencia física en el área. Sin embargo, los sistemas de comunicación de datos pueden eliminar estas limitantes. Por ejemplo, pensemos en cómo conducen sus negocios en todo el mundo los grandes bancos internacionales mediante el uso de redes de cómputo bien diseñadas. Como lo señaló un banquero: "Si el sol está brillando en algún lugar del mundo, puede apostar que nosotros estamos trabajando ahí".

Las redes de cómputo son algo más que una herramienta de comunicación. Permiten a las organizaciones llevar a cabo sus actividades. Los analistas juegan un papel vital para hacer crecer las ventajas competitivas de los negocios y organizaciones diseñando sistemas de comunicación que venzan las barreras del tiempo y la distancia.

Arquitecturas de red de proveedores

El diseño de un sistema de comunicación de datos implica, como ya lo hemos señalado, muchas decisiones. Para poder apoyar a los diseñadores de sistemas a ensamblar redes y promover la intérconexión de sus equipos, muchos proveedores han establecido arquitecturas de red. Analizaremos las características generales de estas redes y después examinaremos la red SNA de IBM.

Características de las arquitecturas de red

Una arquitectura de red incluye las especificaciones y descripciones de los componentes en el sistema de comunicación de datos. Las rutas de transmisión, protocolos, medidas de seguridad y métodos de interconexión se detallan en la arquitectura. También se reparten entre los componentes las responsabilidades de las funciones de comunicación

Tanto los componentes del hardware como del software se incluyen en las especificaciones de la red. La forma en que se combinen los productos de un proveedor conforman la solución en materia de comunicación que se recomienda a los usuarios. Usualmente, un proveedor sugiere un único enfoque arquitectónico para la comunicación de datos.

Se han diseñado muchas arquitecturas. Entre las que se usan más ampliamente están las siguientes:

- Arquitectura de red de DEC (DECnet, de la Digital Equipment Corporation)
- Red de sistemas distribuidos (DSN, de Hewlett-Packard)
- Arquitectura de red de sistemas (SNA, de IBM)
- Arquitectura de red distribuida (DNA, de NCR Corporation)
- Primenet (Prime Computer)
- Arquitectura de expansión ininterrumpida (Tandem Computers)

Los nuevos productos para la comunicación se diseñan generalmente para ser compatibles con las arquitecturas de redes establecidas.

Arquitectura de red de sistemas de IBM (SNA)

En 1974, IBM presentó su arquitectura de red de sistemas (System Network Arquitecture, SNA) como la base de sus implantaciones de comunicación. El concepto SNA se ha actualizado varias veces desde entonces para reflejar los avances en tecnología de computadoras y de comunicaciones. Debido al dominio de IBM en los ambientes de microcomputación, minis y equipos grandes y debido también a que muchos otros proveedores desarrollan componentes para que sus sistemas interactúen con IBM, SNA juega un papel muy significativo en el mundo de la computación. Muchas personas lo consideran como el estándar *de facto* para las comunicaciones. Esta sección presenta las características de SNA, utilizándolo como la base para demostrar las características de las redes de comunicación que hemos bosquejado.

SNA es una arquitectura de nivel múltiple que en forma general se asemeja al modelo ISO (los diseñadores dividen sus características en forma distinta, en cuatro, seis o siete categorías). Los componentes del hartware (llamados *unidades físicas*) del sistema son los siguientes:

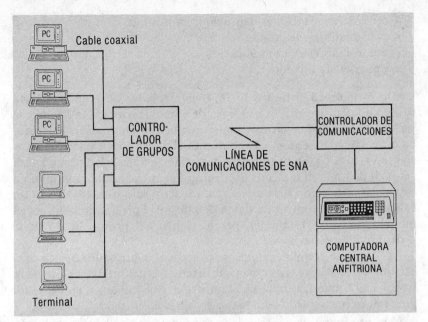

FIGURA 13.16
Configuración de red
de SNA utilizando
controladores de
grupos.

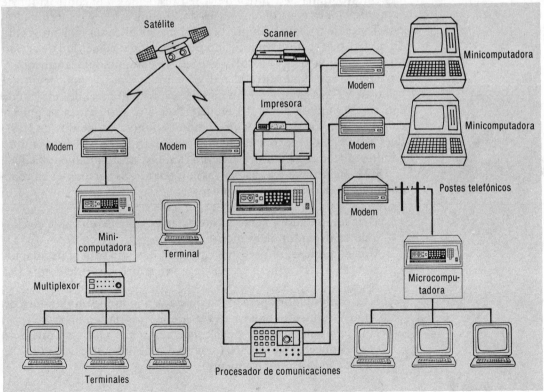

FIGURA 13.17
Componentes de un sistema distribuido.

- terminales, estaciones de trabajo, impresoras
- controladores de grupos
- controladores de comunicación
- un sistema anfitrión

Como lo muestra la figura 13.16, el controlador de grupos conecta casi cualquier dispositivo a la línea de comunicaciones (la que puede ser cualquiera de los varios canales que hemos analizado). El protocolo de enlace de datos más común es el control de enlace de datos síncrono (SDLC), un protocolo orientado hacia los bits diseñado para ser fácil de implantar al mismo tiempo que proporciona una mínima proporción de errores, aun en circuitos muy ruidosos. (SDLC es un subconjunto del control de datos de alto nivel proporcionado por el modelo ISO.) IBM también previó el uso del protocolo BYSINC (orientado hacia los bytes).

El canal de comunicaciones se conecta al controlador de comunicaciones, que a su vez se conecta al sistema anfitrión. El ejemplo de la figura 13.17 muestra un sistema anfitrión. Sin embargo, en las redes grandes, es frecuente incluir varios sistemas anfitriones.

Un programa de control de la red residente en el controlador de comunicaciones controla las líneas de comunicación y las terminales, estaciones de trabajo o impresoras asociadas al canal. Un programa de control de accesos (identificado por IBM como el método de acceso a la terminal virtual, VTAM) reside en la computadora anfitriona y sirve como interface entre la red y los programas de aplicación del usuario. VTAM también sirve como base para el nivel de servicio de control de flujo de datos del modelo ISO. Los programas de aplicación incluyen los productos de comunicación ya conocidos de IBM, tales como TSO (opción de tiempo compartido), CMS (servicio de administración de clientes) y PROFS (sistema profesional de oficina).

SNA puede incluir el uso de las computadoras personales en cualquiera de las cuatro formas siguientes:

1. Una computadora personal conectada mediante un cable coaxial a un controlador de grupos
2. Una computadora personal equipada con una tarjeta de adaptación de SLDC, que a su vez se conecte directamente con la red SNA
3. Una computadora personal conectada a la minicomputadora de un departamento y que a su vez se conecte a la red SNA
4. Una computadora personal conectada a una red local que a su vez se conecte a la red SNA por medio de una compuerta (que se analiza en la sección siguiente).

El concepto SNA es lo suficientemente general como para permitir su uso en todo tipo de ambientes. Así, los analistas lo utilizan en áreas tales como fabricación, procesamiento de pedidos, y sistemas de información en oficinas. Por ejemplo, en el área de automatización de oficinas, SNA soporta la distribución de documentos, almacenamiento y recuperación. También se dispone de una interface con la red local de IBM.

Aunque otras redes han sido anunciadas por la competencia, los analistas deben familiarizarse con las características de SNA debido a su uso amplio en la industria.

Portadores con valor agregado

Durante las conversaciones normales, es poco usual que haya largas pausas en la conversación durante las cuales no se envíen palabras mediante las líneas. Sin embargo, en la comunicación de datos ocurre lo contrario. Las líneas pueden estar ocupadas por periodos breves y, para otros periodos más largos, no se transmiten datos. En cierto sentido, estas líneas tienen una capacidad que no utilizan.

Los *portadores con valor agregado* han establecido un servicio que cubre la creciente demanda de comunicaciones de datos. Al construir sus propias redes de líneas privadas y revenderlas a los usuarios (base del valor agregado), estas empresas son capaces de proporcionar un servicio relativamente barato en un área geográfica limitada. Para utilizar el servicio, la organización debe pagar una cuota de membresía y cargos por uso, basados en la cantidad requerida de comunicación. Además, la organización debe establecer sus propios enlaces para comunicación, utilizando los modems y software de comunicación ya analizados.

No existe límite para el tamaño de sistema o tipo de equipo que se puede enlazar a una red de valor agregado. En la actualidad, los miembros pueden utilizar sistemas que van desde terminales que cuestan menos de 500 dólares hasta grandes sistemas con valor superior al millón de dólares. Ambos pueden usar el mismo sistema para enviar datos en la misma forma. Los portadores con valor agregado abren el mundo de las comunicaciones de datos a muchas organizaciones e individuos que no pensaban antes en su uso.

Las redes con valor agregado de propósito general más conocidas son operadas por Telenet y Tymnet. En Canadá, la red Datapac está ampliando los servicios y el número de usuarios. Están surgiendo otras redes para enlazar computadoras personales o llevar a cabo servicios especiales solicitados por algunas organizaciones.

Las estrategias utilizadas para la transmisión de datos en las redes con valor agregado son la conmutación de paquetes y mensajes. Cuando se usan las líneas telefónicas ordinarias para transmitir datos (o una conversación normal), el sistema establece una única conexión que se mantiene durante toda la llamada. La *conmutación de circuitos*, como se llama este tipo de transmisión, enlaza una línea que proviene de un sistema de conmutación de quien hace la llamada y una línea del sistema de conmutación al destino. La misma conexión se utiliza

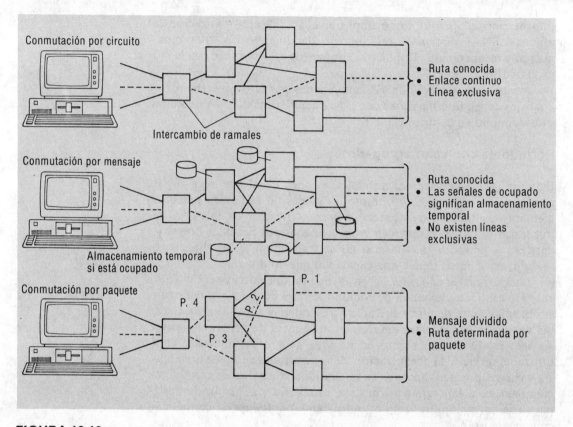

FIGURA 13.18
Movimiento de datos
en los sistemas
distribuidos.

durante toda la transmisión. Por ejemplo, cuando usted hace una llamada telefónica personal, la línea es constante durante toda la llamada, aunque cuando haga la próxima llamada, usted utilizará un conjunto de circuitos distinto.

La *conmutación de mensajes* no descansa en una única línea de transmisión (Fig. 13.18). En vez de esto, los datos se envían por bloques, uno a la vez, entre las oficinas de conmutación. En cada una de estas oficinas, se almacenan brevemente los datos, se inspeccionan para saber si tienen errores y a continuación se retransmiten a la siguiente oficina de conmutación. No existe límite para el tamaño de bloques transmitidos bajo la conmutación de mensajes. Sin embargo, debido al almacenamiento intermedio del mensaje, a menudo se escoge la frase *almacenamiento y retransmisión* para describir este método.

En la *conmutación de paquetes*, el tamaño del bloque está limitado. Por lo tanto, los mensajes se transmiten en varios bloques, cada uno moviéndose en forma separada, aun a lo largo de rutas de transmisión distintas. (Los paquetes pueden llegar en el orden incorrecto, por lo que el sistema debe reordenarlos en su destino.) Estas características garantizan que ningún usuario pueda monopolizar una línea de transmisión (factor que no es controlado por la conmutación de mensajes). Por esta razón, la mayoría de las redes de cómputo utiliza la conmutación por paquetes. A veces se usa la conmutación de circuitos, pero no se recomienda la conmutación de mensajes.

El analista que está pensando en la conmutación de paquetes y redes con valor agregado debe verificar con los portadores los algoritmos de tarifa utilizados, que incluyen el número de bytes de datos transmitidos y el tiempo de conexión al sistema. Con los portadores por paquete, en general no importa la distancia, excepto en comunicaciones internacionales. Sin embargo, con la conmutación de circuitos, los cargos se determinan mediante el tiempo de uso y la distancia de la transmisión, no mediante la cantidad de datos transmitidos.

Entre otras cuestiones que los analistas deben tomar en cuenta antes de diseñar un sistema basado en redes con valor agregado están las siguientes:

1. ¿Son necesarias líneas dedicadas para tener acceso a la red? En tal caso, ¿cuál es su costo?
2. ¿Existe un equipo especial necesario para conectarse a la red?
3. ¿Es necesario compartir equipo en la compañía portadora (como los puertos de acceso público)?

Es muy probable que las redes de valor agregado crezcan en popularidad al aumentar los costos de las comunicaciones y los deseos de las organizaciones de aprovechar el admirable desarrollo de la tecnología de telecomunicaciones.

Se están desarrollando estándares para guiar a los analistas a desarollar y utilizar redes. IBM ha publicado sus especificaciones de la red SNA, mientras que la red pública X.25 de la ISO es utilizada por Tymnet y Telenet, sistemas que transmiten grandes cantidades de datos a larga distancia.

DISEÑO DE REDES LOCALES

Las redes locales interconectan las computadoras y componentes de un sistema de cómputo dentro de un área geográfica limitada. Aunque las redes locales no son un concepto nuevo, su uso está aumentando debido a un mayor uso y accesibilidad de las computadoras y equipo de comunicaciones en muchos ambientes distintos. Esta sección explora las razones para el uso de estas redes y las decisiones que debe tomar el analista al elegir y desarrollar tales redes para cumplir con las necesidades del usuario y de la organización.

Características de las redes locales

Una red local es una red de comunicaciones que interconecta dispositivos de cómputo dentro de una instalación, tal como un aeropuerto,

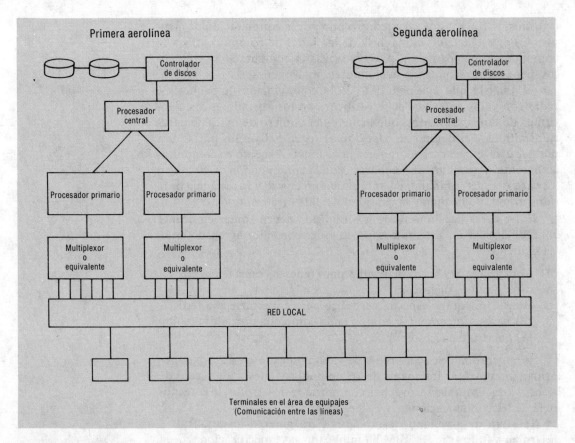

FIGURA 13.19
Red local que enlaza
instalaciones en un
aeropuerto

un edificio de oficinas, un campus universitario o un complejo manu-
facturero, como el del ejemplo que se encuentra al principio del capítulo. El término *instalación* no se refiere a un único edificio, sino que
enfatiza que la distancia que abarca la red es limitada, por lo general
menos de 15 millas (aproximadamente 25 kilómetros). Dentro de esta
instalación, puede haber varios edificios. Una red también puede
incluir múltiples establecimientos u organizaciones. Por ejemplo, una
red local puede diseñarse para enlazar los departamentos de manejo
de equipaje de todas las aerolíneas en un gran aeropuerto con múltiples terminales (Fig. 13.19). El departamento de equipaje de cada
aerolínea es un establecimiento; las terminales del aeropuerto son la
instalación.

Dentro de una red de comunicaciones puede haber una variedad
de equipo de cómputo, incluyendo microcomputadoras, estaciones de
trabajo o terminales, impresoras o servidores de archivos. Usualmente
están interconectados debido a una o más de las razones siguientes:

- Distribución de información y mensajes
- Distribución de documentos

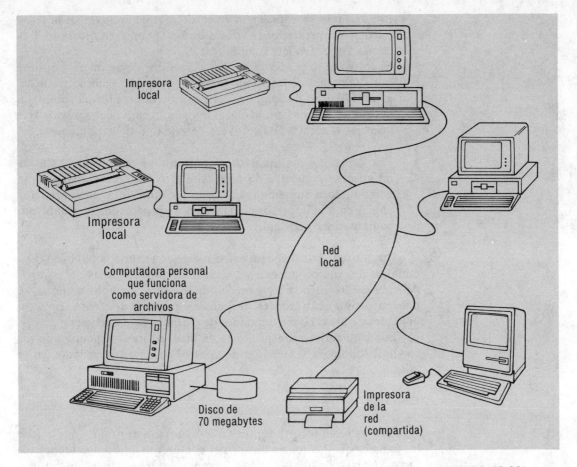

Impresora local

Impresora local

Computadora personal que funciona como servidora de archivos

Red local

Disco de 70 megabytes

Impresora de la red (compartida)

FIGURA 13.20
Red local en un ambiente de oficinas.

- Compartir procesamiento, almacenamiento y equipo de entrada/salida
- Interconexión con una red pública

En un ambiente de aplicación común, tal como una oficina, por ejemplo, puede darse el siguiente tipo de red local (Fig. 13.20):

- Una computadora personal grande o una minicomputadora sirve como el eje de la red local.
- Asociado al eje hay un disco duro de gran capacidad, que funciona como servidor de archivos.
- Varias impresoras láser con alta calidad de letra y alta velocidad se incluyen en varios lugares de la red.
- Existen computadoras personales y procesadores de palabras en varias oficinas y áreas de trabajo unidas a la red por medio de tarjetas de comunicación insertadas en las unidades de procesamiento individual y por cables que van de la tarjeta al cable de la red.

- Los archivos se almacenan en el servidor de archivos de la red y pueden recuperarse por varios usuarios cuando sea necesario. Las copias se pueden leer o modificar.
- El software se puede cargar en el servidor de archivos y utilizar por cualquiera de las computadoras personales cuando sea necesario. El hecho de compartir el software de esta forma elimina la necesidad de que cada usuario tenga una copia del software (las licencias necesarias de software de este tipo deben obtenerse del proveedor).
- Las copias de los archivos a imprimir se pueden enviar a las impresoras con letra de alta calidad o láser enlazadas con la computadora anfitriona. Los usuarios también pueden preparar copias en una impresora enlazada a un procesador de palabras o computadora personal.

Una variedad de dispositivos se puede conectar a la red local. Los tamaños del equipo pueden variar, así como las marcas del equipo. Además de los dispositivos mencionados en el ejemplo anterior, se pueden incluir graficadores, terminales gráficas, detectores ópticos, unidades de disco láser y unidades de entrada/salida de voces.

Las características específicas de una red local dependen de los canales, topología y métodos de control de acceso diseñados en la misma.

Canales

Aunque las redes locales se pueden diseñar para utilizar cualquiera de los canales que hemos analizado, es común que utilicen cable telefónico, coaxial o de fibras ópticas. Siempre que los analistas diseñan las redes locales, buscan proporcionar las características siguientes en su elección de canales:

- Bajo costo de instalación, mantenimiento y manejo
- Alta resistencia a la interferencia eléctrica (tal como la producida por copiadoras, máquinas de escribir o maquinaria industrial)
- Ancho de banda amplio (alta velocidad de transmisión)
- Que permita la interconexión de una variedad de computadoras y equipo de comunicación

Usualmente, las redes locales están controladas en forma privada, operando fuera del ambiente de comunicaciones regulado por los gobiernos federal o estatal. Las redes locales permiten conectarse con una variedad de dispositivos y componentes, con altas velocidades de transmisión. Además, las organizaciones están en libertad de determinar el tipo de proveedor que desean:

1. *Sistemas de un solo proveedor*

   Un proveedor proporciona un sistema integrado que se ajuste a las necesidades de la organización específica. El sistema se configura para cubrir las necesidades del usuario en el momento en que se desarrolla, con flexibilidad para expanderse después. La interconexión puede ser muy fácil, pero descansar en un solo proveedor puede evitar que el analista aproveche los avances tecnológicos de otros proveedores. A menudo, las minicomputadoras son el centro de las redes de un solo proveedor.

2. *Sistemas de interconexión abierta*

   Ofrecen flexibilidad de configuración para la computadora y equipo de comunicaciones. Se pueden añadir dispositivos tanto síncronos como asíncronos. La interconexión abierta puede aumentar el deseo y posibilidad de combinar medios múltiples (datos, voces y texto) en una red única. Sin embargo, los sistemas abiertos pueden ser más caros que los sistemas con un solo proveedor.

Existe una amplia variedad de opciones de los proveedores de redes. La mayoría de los proveedores de computadoras se centran en los sistemas de un solo proveedor donde tengan disponibles el hardware y software, las interconexiones con la red y los distintos componentes a añadir (impresoras, unidades de almacenamiento y estaciones de trabajo). A finales de la década de los ochenta, IBM ofreció su Application System 400 como un producto estratégico diseñado para utilizarse en redes locales departamentales.

En contraste, algunos proveedores proporcionan la capacidad de una red local (hardware, software y cableado) para su uso en computadoras fabricadas por otros proveedores. Novell, Ungermann-Bass y 3Com son de los más conocidos proveedores de este tipo. Los analistas pueden adquirir la red local por medio de ellos e instalarla en, digamos, microcomputadoras fabricadas por IBM, Compaq, AT&T y otros.

Métodos de acceso a las redes locales

El método de acceso determina cómo comparten las estaciones y componentes las instalaciones de la red para la transmisión y recepción de datos. Como lo muestra esta sección, existe una relación entre las topologías de red local y los métodos de acceso. Los dos métodos de acceso preponderantes son la contención de acceso y la transferencia de elementos (Tabla 13.2).

Contención de acceso

La mayoría de las redes locales utiliza una topología de señales en las que cada mensaje se envía a cada nodo. Sin embargo, éstos actúan sobre un mensaje sólo si se les envía a ellos. El cable coaxial sirve

TABLA 13.2 Métodos de acceso de las redes locales

Métodos	Explicación del modelo de acceso	Características
Contención de acceso (Ethernet)	Escuchar antes de la transmisión (sensibilidad del portador) Escuchar durante la transmisión (detección de colisiones)	Limita el retraso en el acceso a la red; la red está disponible para la demanda en ambientes de tráfico ligero.
Anillo de transferencia de elementos	Esperar al elemento (byte de control) Quitar el elemento de la red Transmitir datos Reemplazar elemento	Efectivo en ambientes de tráfico pesado; garantiza igual acceso para todos los usuarios.

como *bus* de transmisión (es decir, el canal a lo largo del cual se mueven los datos). Las terminales, estaciones de trabajo y los componentes de cómputo se comunican por medio del bus de transmisión para enviar y recibir datos (Fig. 13.21).

Si todos los dispositivos tienen igual acceso al canal, más de uno desearía transmitir en un momento particular. La forma de manejar esta situación se llama *contención de acceso* en la terminología de la red local. Existen cuatro métodos comunes de contención de acceso.

La división del tiempo, el método más simple para manejar la contención, utiliza intervalos de tiempo dedicados especialmente. En este modelo, los nodos tienen un uso total del canal para transmitir durante periodos de tiempo específicos. Por ejemplo, una instalación puede asignar un intervalo de tiempo de cinco minutos a la hora y la hora y media (por ejemplo, a la 1:00 p.m. y la 1:30 p.m.) durante todo el día a una cierta estación. Aunque es sencillo de manejar, este modelo es muy ineficiente. Aun cuando un nodo no tenga nada que transmitir, el intervalo de tiempo no puede utilizarse por otros nodos, ya que está reservado. Análogamente, un nodo debe esperar hasta que le toque el turno para transmitir.

Los intervalos de tiempo exclusivos se usan comúnmente en los sistemas de conferencias por video y las cadenas de televisión. Sin embargo, en general, los analistas no recomiendan la división del tiempo para las redes locales de propósito general ya que comprometen a la red, se use o no.

Un método alternativo es el de permitir que los usuarios entren a la red aleatoriamente y que transmitan sus datos. En otras palabras, la red está automáticamente disponible si nadie está utilizando el canal. Este modelo es sencillo y permite el acceso de los usuarios cuando lo necesiten mientras que se garantiza su uso en el nivel más alto. Si el número de usuarios es pequeño y las transmisiones son cortas, este modelo funciona muy bien. De otro modo, puede surgir el caos

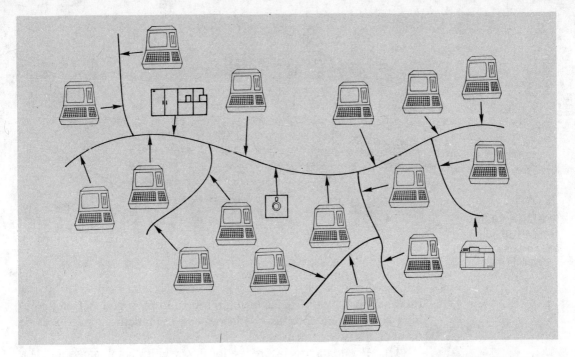

FIGURA 13.21

Método de contención
de acceso para redes
locales.

debido a la transmisión de mensajes múltiples, ya que es probable que
ocurran colisiones.

Un tercer método de manejo de la contención de acceso provoca
más orden en el uso del canal. En vez de simplemente entrar en la red
en forma aleatoria y comenzar la transmisión, se pide primero que el
usuario del sistema revise el canal para ver si está activo. Si éste es el
caso, el usuario debe esperar. Si no, la transmisión puede comenzar.
Este método recibe el nombre de *acceso múltiple sensitivo al portador
(CSMA)*.

CSMA puede eliminar gran parte del caos y las colisiones que
pueden aparecer bajo el acceso aleatorio, pero no es infalible. Debido
al retraso de la transmisión, un usuario situado a cierta distancia de
los demás puede oír a la red, pero no escuchar nada y comenzar
entonces la transmisión. Dos usuarios pueden escuchar al mismo
tiempo y entonces iniciar la transmisión simultáneamente.

El cuarto método elimina las colisiones monitoreando la red antes
y *durante la transmisión.* Si se detecta una colisión, el nodo interrumpe
la transmisión, espera hasta que el otro mensaje termine y luego
retransmite. El término para este proceso es *detección de colisiones
(DC).*

Puesto que los usuarios pueden seguir intentando retransmitir al
mismo tiempo, se añade un algoritmo en el software de manejo de la
red para retrasar, brevemente y de manera aleatoria, la retransmisión.
Así, las colisiones se reducen a un nivel manejable (no se eliminan

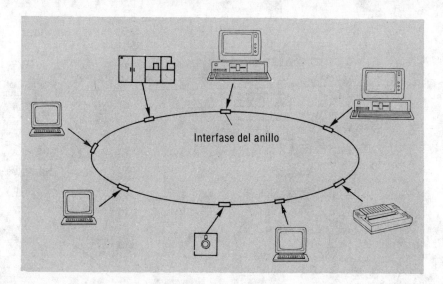

Interfase del anillo

totalmente). *CSMA/DC,* el término utilizado para este método, combina la eficiencia en el uso de la red con el manejo de colisiones de manera efectiva y funcional.

La tecnología de las redes locales seguirá evolucionando. La Xerox Corporation fue el primer estándar de red local ampliamente conocido que utilizó CSMA/DC y la topología de bus. Su producto Ethernet usa un modelo distribuido y un cable coaxial preescrito para establecer su red. Entre las compañías que adoptaron el estándar de Ethernet están la Digital Equipment Corporation (DEC) y la Apple Computer.

Además, el método de contención de acceso CSMA/DC se usa en productos de redes locales de Ungermann-Bass Inc. (Net/One) y Zilog (Z-Net). Estos productos usan modelos de banda base de un solo canal, aunque es probable que también introduzcan redes de banda amplia (es decir, de canal múltiple).

Anillo de elementos

Xerox desearía que las compañías tuvieran tres salidas en sus muros: la salida eléctrica, la telefónica y la de la red local. Por supuesto, Xerox quiere que la salida de la red local use el estándar Ethernet.

IBM también desea que las oficinas tengan tres salidas de forma que los clientes simplemente se conecten a una red local. Sin embargo, IBM desea que esa salida descanse en el estándar de anillo de elementos de IBM.

La topología de anillo es una alternativa a la topología de bus. A menudo utiliza un par de cables torcidos, pero también se puede diseñar para cable coaxial o de fibras ópticas. Si se usa el par torcido, esta topología puede ser la forma más económica de implantar una red, particularmente si no se requiere tender el nuevo cable. Sin

TABLA 13.3 Ventajas y desventajas de las alternativas de red

MÉTODO DE ACCESO	VENTAJAS	DESVENTAJAS
Método de contención de acceso	Los dispositivos pueden tener acceso a la red en cualquier momento	Pueden ocurrir colisiones
	Los métodos de contención del acceso manejan situaciones donde ocurren transmisiones simultáneas	Algunos métodos de contención de acceso pueden limitar la eficiencia en el uso de la red
	Es más eficiente cuando el uso de la red es intermitente y no predecible (es decir, los usuarios solicitan la red a intervalos aleatorios)	Requiere de cable coaxial o fibra óptica
Método de transferencia de elementos	El dispositivo puede conectarse a la red cuando el elemento está disponible, eliminando la probabilidad de colisiones.	Puede haber un retraso en el uso de la red mientras que el dispositivo espera al elemento
	Garantiza un acceso balanceado a la red; ningún nodo es dominante	Cuando el tráfico es intermitente, el retraso puede reducir la eficiencia global de la red
	Es más efectivo en ambientes de tráfico pesado	
	Puede usar par torcido, cable coaxial o fibras ópticas	

embargo, la desventaja del anillo es la pérdida de la conexión en el caso de una falla. Si falla un nodo (no puede transmitir o transferir datos), toda la red es inutilizable. (En una topología de bus, la pérdida de un nodo no afecta a los demás componentes de la red.)

La implantación de IBM de la topología de anillo usa un *método de transferencia de elementos.* Un elemento es una cadena de bits que se envía a través de la red. Siempre que un dispositivo tenga un mensaje por transmitir, espera al elemento, lo saca de la red y entonces transmite sus datos en la red. Después de la transmisión, el dispositivo regresa el elemento a la red (Fig. 13.22).

El método del elemento evita las colisiones del tipo descrito previamente. Puesto que sólo hay un elemento y un nodo no puede transmitir sin tener el elemento, las colisiones no pueden ocurrir. Este método también es efectivo en ambientes de tráfico pesado donde el objetivo es garantizar un acceso balanceado a la red; no se permite que ningún nodo domine. (Sin embargo, este método es una desventaja si existe un tráfico intermitente. Los nodos deben retrasar la transmisión hasta que el elemento pase por el anillo hasta ellos.) La tabla 13.3 resume las ventajas y desventajas de los métodos de contención de acceso y transferencia de elementos.

Redes locales de IRP/IRC

Está aumentando la atención sobre la implantación de redes locales utilizando los sistemas de conmutación telefónica ya existentes (ya sean IRP o IRC). Se utiliza una topología de red de estrella junto con una red telefónica con conmutador.

Una característica atractiva de esta estrategia es que no es necesario instalar cable nuevo en toda una organización u oficina para colocar cable coaxial o especial. (Sin embargo, hay porcentajes de error más altos con el par torcido cuando los datos se transmiten a velocidades altas.) Las modernas unidades de IRP/IRC tienen la capacidad de convertir los datos analógicos de la voz en señales digitales. Así, una red puede transmitir tanto voz como datos. De proseguir esta evolución, seremos capaces de interconectar las terminales de datos en una red local con cualquier teléfono de la organización. Las ventajas de retransmitir mensajes de todo tipo en una red local se están volviendo cada vez más atractivas.

Interfases y compuertas

Las redes locales no siempre actúan como sistemas aislados. En algunos casos, los analistas diseñan interfaces entre varias redes locales para permitir la transferencia de datos. La utilidad de las interfases entre redes es frecuente en las situaciones siguientes:

- Cuando una instalación es muy grande físicamente para una sola red.
- Cuando el volumen del tráfico es demasiado pesado para una sola red.
- Cuando varias redes son disímbolas en sus porcentajes de error o interferencia y es de interés para el usuario separar a los usuarios de más y menos problemas
- Cuando existe una diferencia en los servicios necesarios (por ejemplo, cuando se necesitan gráficas o transmisión de voz en la red)
- Cuando hay una diferencia en la topología o los canales.

Las interfases permiten la interconexión de varias redes. La función de la interfase es el intercambio de tráfico, al igual que el control y direccionamiento de datos. La conversión de formatos de código puede ser necesaria para permitir el intercambio de datos.

También se pueden diseñar las redes locales para que tengan una interfase con las redes de cobertura amplia. Es probable que deban transferirse mensajes, documentos o datos de una red de una única instalación a otro lugar distante, siendo ésta parte de una red de comunicaciones que pueda interconectarse con la red local. La interfase entre la red local y la de cobertura amplia se llama una *compuerta* (Fig. 13.23). Cuando se justifica este enfoque, los analistas deben trabajar con la empresa de la red de cobertura amplia para diseñar la interfase apropiada. La función de la compuerta es la de convertir códigos de mensaje a formatos, direcciones y velocidades de transmisión de datos en una forma que pueda aceptar la otra red. Las compuertas pueden ser de uno o dos sentidos. En este último, la red local puede enviar y recibir datos de la red externa. Por ejemplo, los sistemas departamentales se pueden configurar utilizando una red local para enlazar las estaciones de trabajo con un servidor de archivos, con el propósito de obtener los detalles del pedido de un cliente. A ciertos intervalos durante el día, se pueden transmitir los pedidos desde el servidor de archivos de la red local, a través de una compuerta, a un centro de proceso de datos de la corporación (red central) que sea parte de una red mayor de toda la corporación.

SISTEMAS DISTRIBUIDOS

La capacidad de conectar a los usuarios con el recurso computacional por medio de comunicaciones es esencial para las organizaciones, ya que una inversión razonable en hardware y software hace que el acceso a las computadoras esté disponible a todas las personas que lo necesitan. Sin embargo, existen muchos ejemplos en los que un usuario desea procesar datos en una instalación específica —tal como una oficina de ventas separada de la administración central de la corporación— y después enviar datos en forma periódica a un sistema de cómputo en la instalación central. En muchos ejemplos, las organizaciones ya tienen varias computadoras en operación, a menudo en lugares distintos y separados entre sí. Además, los costos de comunicación están aumentando mientras que el de las computadoras está decreciendo. Ahora es posible colocar computadoras en cada lugar donde se recolecten los datos o se necesite la información. Las computadoras grandes son de 10 a 15 veces más rápidas que las computadoras pequeñas, pero también cuestan hasta 1000 veces más. Esta falta de balance ha traído como consecuencia la consideración de utilizar legiones de computadoras pequeñas. Éstas son razones para que el analista tome en cuenta los sistemas distribuidos.

Concepto de sistema distribuido

Un *sistema distribuido* interconecta los lugares que tienen recursos computacionales para capturar y almacenar datos, procesarlos y

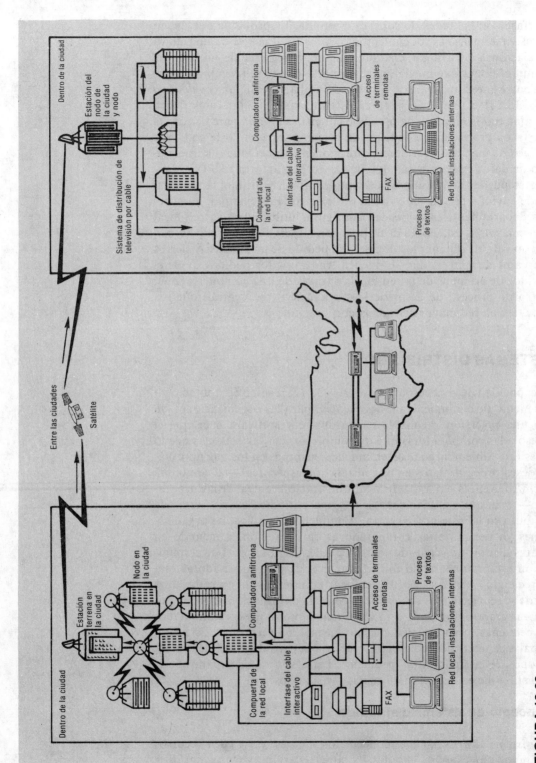

FIGURA 13.23
Red local con compuertas conectadas mediante cable coaxial.

enviar datos e información a otros sistemas, tales como un sistema central. El rango de recursos computacionales varía. Algunos lugares utilizan terminales, otros microcomputadoras, otros incluso grandes sistemas de cómputo. No existe el requisito de que todo el equipo sea del mismo fabricante. De hecho, se espera que estén implicadas varias marcas de hardware. Esto permite al usuario tener el tipo más adecuado a sus necesidades.

Todos los lugares (reciben el nombre de *nodos* en el procesamiento distribuido) tienen la capacidad de capturar y procesar datos en donde ocurran los eventos. En otras palabras, si un lugar específico usa una minicomputadora, los usuarios capturan y procesan datos en su minicomputadora. Reciben respuestas rápidas a sus consultas, almacenan datos en el sistema y preparan reportes cuando se necesitan. Sin embargo, también pueden transmitir datos o reportes desde su sistema a otro enlazado en la red, compuesta por todos los sistemas interconectados.

Por ejemplo, las grandes organizaciones están estableciendo redes para interconectar sus instalaciones de ventas y producción (Fig. 13.24). La información de ventas, contabilidad y técnica está disponible rápidamente en las diferentes instalaciones. Incluso la capacidad de procesamiento de palabras está enlazada en la red. La dirección corporativa, en la parte superior de la red, puede interactuar con los demás lugares en la red mientras que tiene su propio sistema independiente de información. Al mismo tiempo, las terminales en las oficinas de ventas pueden entrar a la información del sistema.

Características de los sistemas distribuidos

El procesamiento distribuido está íntimamente ligado con la comunicación de datos. De hecho, un sistema de comunicaciones de datos es la columna vertebral del procesamiento distribuido y el recurso que lo hace utilizable. Pero la comunicación es sólo un aspecto del procesamiento distribuido.

Un sistema de procesamiento distribuido incluye:

- *Múltiples componentes de procesamiento de propósito general*
  Pueden asignarse tareas específicas a los sistemas de procesamiento sobre una base dinámica. Los sistemas no necesitan ser de una misma marca o tamaño.
- *Sistema operativo de alto nivel*
  Los nodos de procesamiento individual tienen su propio sistema operativo, el cual está diseñado para la computadora específica; pero también hay un sistema operativo que los enlaza e integra al control de los componentes distribuidos.
- *Distribución física de los componentes*
  Las computadoras y otras unidades de procesamiento están sepa-

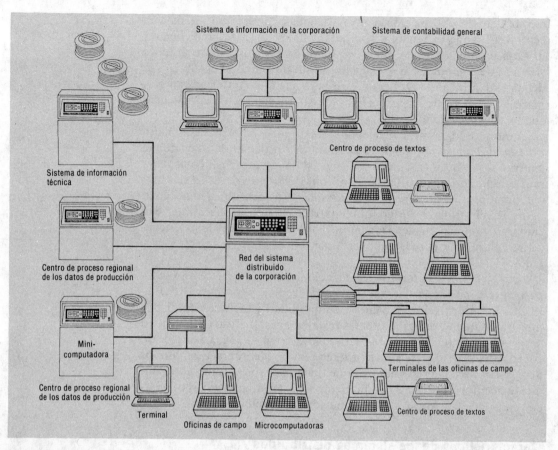

FIGURA 13.24
Sistema distribuido
para una organización
de instalaciones
múltiples.

radas físicamente. Interactúan entre sí por medio de una red de comunicaciones.

- *Transparencia del sistema*
  Los usuarios no conocen la ubicación de un componente en el sistema distribuido o nada de su fabricante, modelo, sistema operativo local, velocidad o tamaño. Todos los servicios se piden por su nombre. El sistema operativo distribuido lleva a cabo todas las actividades que implican la ubicación física y atributos de procesamiento para satisfacer la demanda del usuario.

- *Papel dual de los componentes*
  Los componentes individuales de procesamiento pueden operar independientemente del marco de trabajo del sistema distribuido. Aun así, pueden considerarse como un elemento integral para cubrir las necesidades de un usuario de la red.

Estas características enfatizan la independencia de los componentes en un ambiente distribuido. Los elementos individuales no están permanentemente ligados a la red, como es el caso de las redes de comunicaciones.

Están fuera de la clasificación como sistemas distribuidos los siguientes:

- Una computadora multifuncional grande que distribuye el procesamiento entre varios procesadores de entrada/salida y periféricos
- Un procesador primario que controla las comunicaciones del sistema al cual fue añadido
- Un conjunto de terminales remotas que recogen y transmiten datos a un sistema anfitrión
- La interconexión de varias computadoras anfitrionas que transmiten mensajes y llevan a cabo funciones y tareas exclusivas
- Una computadora personal que puede ser particionada, es decir, capaz de operar diversas sesiones de procesamiento en forma simultánea utilizando un sistema operativo especial

Aunque estas aplicaciones pudieran ser de utilidad, no cumplen con la definición de sistema de procesamiento distribuido.

Razones para el diseño de sistemas distribuidos

Entre las razones para el diseño de sistemas distribuidos están el proporcionar procesamiento local, con la capacidad de enviar resultados a donde sea cuando sea importante utilizar equipo diverso y tenerlo enlazado mediante comunicación o cuando es recomendable compartir cargas o software. A continuación examinaremos cada razón.

Procesamiento local con capacidad de comunicación

Los analistas diseñan los sistemas distribuidos cuando es deseable o necesario capturar y procesar datos en forma local, pero también comunicarlos a otros lugares. La organización del ejemplo que se encuentra al principio de este capítulo requería de un sistema así. Por ejemplo, los datos de las transacciones que ocurren durante el día pueden ser capturados mediante una microcomputadora o terminal conectada a una minicomputadora y almacenados en disco magnético. Al final del día, se imprimen los resúmenes de las transacciones ocurridas, pero los datos almacenados de las transacciones permanecen en el disco. Se hacen cambios y correcciones a las transacciones cuando sea necesario, después de revisar el registro de transacciones.

Por ejemplo, si el sistema es uno de venta al menudeo (Fig. 13.25), se pueden procesar los archivos de transacciones al final de mes, para producir informes mensuales que se envían a los clientes. Al mismo tiempo, las cuentas de los clientes se actualizan para mostrar nuevas compras, pagos, créditos y ajustes y producir así un saldo nuevo, todo lo cual ocurre a nivel local.

Con cierta periodicidad durante el mes, se puede enviar informa-

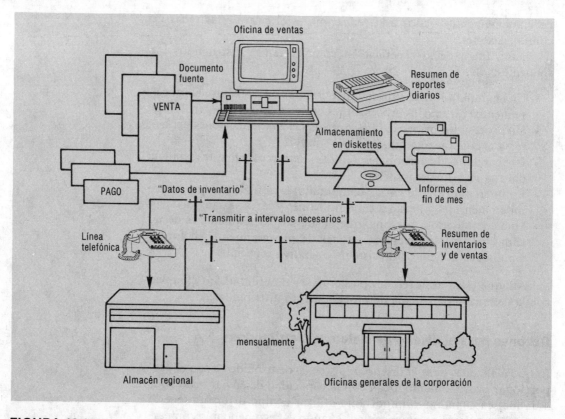

FIGURA 13.25

Procesamiento local en un sistema distribuido de ventas al menudeo

ción a nivel inventario hacia un sistema central, al almacén regional que maneja todas las adquisiciones de mercancía para la compañía. Este proceso se puede llevar a cabo todos los días, mensualmente o en cualquier intervalo de tiempo que la empresa considere necesario.

Al final del mes, las oficinas de ventas nacionales y regionales reciben los informes generados por el sistema local, los cuales resumen la información sobre ventas, inventario, pagos y cuentas por cobrar. De esta forma, la oficina central recibe toda la información que necesite, mientras que las oficinas locales pueden capturar y procesar los datos operativos en la forma más adecuada a sus actividades.

Enlace de distintas marcas de equipo

Existen pocas limitantes en cuanto a las marcas de equipo necesarias para operar en un ambiente distribuido. El tamaño del sistema requerido puede variar en forma dramática entre los nodos de una red común. Aun el software puede ser distinto. De esta forma, las operaciones locales pueden ajustarse a sus características particulares.

Al mismo tiempo, mediante las diversas formas de comunicación analizadas en este capítulo, se pueden transmitir por medio de la red los datos o resultados del procesamiento local hacia otros sistemas de tamaño distinto e incluso fabricados por diferentes compañías.

Carga compartida

Es frecuente que algunos sistemas estén muy ocupados con grandes cargas de trabajo, mientras que otros desarrollan poca actividad. Una importante ventaja de los sistemas distribuidos es la capacidad de compartir el trabajo entre las instalaciones. La *carga compartida*, como se le llama, permite que una instalación transporte datos hacia otro nodo —mediante líneas de comunicación— y que procesen ahí. Los resultados se almacenan en la instalación remota y son llamados por el originador cuando el sistema esté disponible.

La carga compartida también proporciona confiabilidad operativa, garantizando que otro equipo esté disponible para su uso si el sistema local no es operable. El procesamiento se puede hacer en otra parte de la red y los resultados se pueden recuperar cuando el sistema funcione de nuevo. A veces se tiene una terminal a la mano para enlazarla con otros sistemas cuando el sistema de cómputo local no se pueda utilizar.

Software compartido

A veces, el software es la razón para desarrollar sistemas distribuidos. Algunos paquetes de software sólo corren en ciertas marcas o tamaños de equipo. Las restricciones de presupuesto pueden también evitar que una instalación adquiera paquetes de software costosos. Sin embargo, si otra instalación de una red tiene un paquete específico en su sistema, es frecuente que los usuarios en un sistema distribuido puedan utilizar el software.

El software compartido permite que un usuario remoto tenga acceso al sistema de cómputo en otro nodo, introduzca datos y los procese en la computadora remota, utilizando el sofware almacenado en ese sistema. Al generarse los resultados, éstos se almacenan y luego se descargan (se retransmiten) al sistema que los solicitó.

Ejemplo de un sistema de procesamiento distribuido

Muchos ambientes bancarios se basan en los sistemas de procesamiento distribuido para mantener el control sobre los depósitos, retiros, préstamos y actividades de manejo de crédito. En realidad, sin tales sistemas podría haber serios problemas de seguridad.

Uno de estos casos son los sistemas de tarjetas de crédito bancarias. Muchas personas no se han dado cuenta que las tarjetas bancarias, tales como VISA, MasterCard y American Express, no serían las mismas sin los sistemas de procesamiento distribuido. Las redes están formadas por varias computadoras anfitrionas enlazadas por una red de comunicaciones (Fig. 13.26). Cada computadora anfitriona da servicio a una región del país. Cuando los poseedores de una tarjeta hacen una compra con ella, el negocio telefonea al centro regional (si la compra rebasa una cantidad específica) para obtener la autorización. Como parte del procesamiento de autorización, el centro regio-

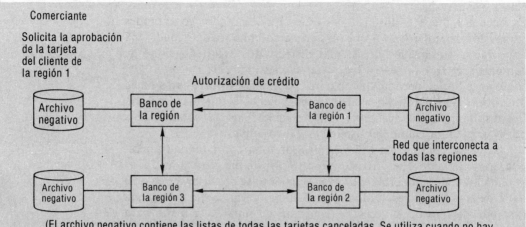

Comerciante

Solicita la aprobación
de la tarjeta
del cliente de
la región 1

Autorización de crédito

Archivo negativo — Banco de la región ⇄ Banco de la región 1 — Archivo negativo

Red que interconecta a todas las regiones

Archivo negativo — Banco de la región 3 ⇄ Banco de la región 2 — Archivo negativo

(El archivo negativo contiene las listas de todas las tarjetas canceladas. Se utiliza cuando no hay comunicación con el centro regional para solicitar la autorización.)

FIGURA 13.26

Sistema distribuido de autorización de tarjetas de crédito.

nal verifica el estatus del poseedor de la tarjeta y se asegura de que ésta no haya sido reportada como perdida o robada. Si todos los registros están en orden, el centro aprueba la compra y emite un número de autorización. El vendedor termina la venta, quedándose con copias de la transacción, las cuales se envían posteriormente (posiblemente al final del día) al centro de procesamiento.

Desde el punto de vista del cliente, el proceso parece muy simple. Pero conviene observar los detalles "detrás de las cámaras":

- Los clientes pueden recibir una autorización de una transacción en cualquier región, aun cuando no estén cerca de su propio banco.
- Hay que autorizar millones de transacciones diarias (muchas más de las que puede manejar una única computadora anfitriona).
- La falla de una computadora específica no obliga a que las autorizaciones se detengan.
- Se dispone de la información sobre tarjetas perdidas o robadas o cuentas sobregiradas o con saldos altos, a nivel nacional (e incluso a nivel mundial).
- Los centros de procesamiento pueden utilizar distintos tamaños o marcas de computadora.
- Los informes al cliente se preparan regionalmente.

Estas características demuestran la importancia del procesamiento distribuido. Si un nodo falla, las actividades de autorización de una región se pueden direccionar a una o más regiones. El vendedor no se da cuenta de dónde se realiza el procesamiento. Las copias de los registros de pérdidas, robos o saldos altos de un centro individual se mantienen usualmente en los demás centros regionales, una característica que ayuda aún más al manejo de autorizaciones en cualquier nodo.

Las transacciones se pueden llevar a cabo en cualquier lugar. Los detalles se envían a la región del domicilio del propietario de la tarjeta, en donde aparecen como informes preparados localmente. La impresión de los informes al cliente, así como el manejo de pagos y ajustes, se supervisan en forma local, el procesador opera en forma independiente y sin embargo puede estar enlazado a la red distribuida.

Se pueden probar nuevas marcas de computadoras y equipo de computación en una región sin tener efectos en la red. Aun así, se pueden interconectar a la red.

Las características de un sistema distribuido se basan en los componentes y principios que han sido analizados en todo este capítulo. Un analista que enlaza una computadora anfitriona a una red de este tipo debe aun considerar los bloques básicos de construcción: elección de los canales de comunicación, equipos del canal y modems, sofware de comunicaciones, etc. Además, como con todo el procesamiento basado en la comunicación de datos, deben hacerse previsiones para manejar las transacciones de forma que se garanticen la precisión y seguridad.

Comentario al margen
Transformación transparente de las comunicaciones de datos

Las redes de cómputo nos rodean diariamente. Su uso ha transformado la forma en que hacemos los negocios y llevamos a cabo nuestras actividades cotidianas. Aun así, no es frecuente saber de su presencia o pensar en ellas.

Cuando usted adquiere un boleto de avión, renta un automóvil o reserva un cuarto de hotel, el agente que maneja su transacción está interconectado con una red internacional de grandes proporciones. La caja automática, fuente de efectivo después de las horas hábiles, también esta conectada a una red de computadoras; cuando usted renueva su licencia de manejo o las placas de su automóvil, el empleado de la oficina está "en la red", recuperando información acerca de usted e introduciendo detalles de la transacción. Cuando usted va a una clínica para un tratamiento médico, la terminal de computadora que existe ahí es probablemente parte de una red que incluye a otras instalaciones médicas. Aun el agente de seguros que presenta una reclamación a favor de usted o que renueva su póliza está seguramente conectado a una red de cómputo. Redes como éstas dan un nuevo significado a las palabras "buen diseño".

Pero la mejor parte de todo es que nadie se da cuenta de que las redes están ahí. Están presentes y trabajando, pero son transparentes. ¿No es así la forma en que debiera ser?

DISEÑO DEL PROCESAMIENTO DE ARCHIVOS EN UN AMBIENTE DE COMUNICACIONES

En el diseño de un ambiente de comunicaciones, hay que prestar especial atención al manejo de los datos que se introducen y mueven en el sistema. Antes de dejar el tema de la comunicación de datos, es importante señalar las precauciones especiales que el analista debe diseñar en el sistema para garantizar la protección adecuada de los datos. Esta sección analiza la validación del procesamiento, métodos de almacenamiento de datos y los aspectos de actualización.

Validación del procesamiento

Como se describió anteriormente, cuando los sistemas son utilizados por personas enlazadas al sistema de cómputo sólo mediante líneas de comunicación, es difícil decir quién es el usuario. Por lo tanto, el analista debe incluir precauciones adicionales para validar al usuario y la transacción.

Validación de la transacción

Las terminales y computadoras situadas en lugares remotos tienen toda la capacidad de enviar mediante las líneas de comunicación todo lo que se pueda introducir por medio del teclado, incluyendo datos, solicitudes de procesamiento, o comandos que instruyan al sistema para que realice una acción determinada. Los analistas con poca experiencia tienden a suponer que los usuarios sólo introducirán transacciones válidas. Los analistas con experiencia, muchos de los cuales han aprendido de la manera difícil (cometiendo errores), suponen que los usuarios introducirán datos inválidos ya sea en forma accidental o intencional. Preparan las especificaciones de diseño pidiendo la verificación de cada solicitud de una instalación usuaria para asegurarse de que es aceptable para el sistema.

La validación de la transacción es el examen de los datos de entrada desde una instalación remota para determinar si es aceptable para procesamiento en el sistema. Una transacción puede ser con datos nuevos para almacenarlos en el sistema, datos para actualizar un registro existente o una solicitud para recuperar datos (imprimir un reporte o mostrar la respuesta a una consulta) del sistema.

El sistema debe verificar que es capaz de procesar la solicitud. Por ejemplo, si un usuario hace una solicitud para recuperar los datos de ventas mientras que utiliza un sistema de personal, la transacción no es válida. Sin embargo, a menos que el sistema esté diseñado para detectar que ésta no es una solicitud válida, que rechace procesarla y advierta al usuario por medio de un mensaje de error, el sistema puede fallar. La falla ocurre cuando el programa intenta procesar una solicitud que no está contemplada, es decir, es una operación no definida. A menos que el diseño especifique cómo manejar las operaciones no definidas, todo el procesamiento se detendrá y el sistema tendrá que reinicializarse (con la probabilidad de que haya pérdida de datos en memoria al momento en que el sistema falle).

Por ejemplo, un sistema de reservaciones en un hotel está diseñado para procesar tres tipos de transacciones: añadir reservaciones al sistema, cambiar reservaciones y recuperar reservaciones. El usuario solicita estas transacciones tecleando las palabras clave AÑA, CAM y REC, respectivamente. Si se teclea cualquiera de estas palabras, con la ortografía apropiada, el sistema inicializará la acción adecuada. Sin embargo, si el usuario introduce DEL, que no es un comando válido, el sistema reconocerá que la solicitud no es válida y enviará el mensaje NO ES POSIBLE PROCESAR LA SOLICITUD: EL COMANDO NO ES VÁLIDO, o cualquier mensaje que desarrolle el analista para informar al usuario. (Véase el capítulo 10 para un análisis más profundo de los diálogos en línea.) Algunos sistemas están diseñados para mostrar simplemente un ? cuando aparezcan los errores. Tales mensajes, como se examinó en el capítulo 10, son inadecuados para auxiliar al usuario.

Identificación y autorización del usuario

La validación de la transacción se lleva a cabo junto con los procedimientos de identificación del usuario. Se requieren varios niveles de identificación del usuario para proteger totalmente al sistema de la pérdida accidental de datos o del uso no autorizado.

Al entrar el usuario al sistema, se lleva a cabo el primer nivel de identificación. El diálogo de la figura 13.27 muestra que, cuando las personas se presentan por primera vez al sistema, se identifican por medio de una contraseña individual que los identifica de forma única, o por medio de una contraseña general que todos los usuarios autorizados deben conocer. (La contraseña general se cambia en forma periódica por los supervisores para protegerse contra los usuarios no autorizados que accidentalmente la conozcan.) En algunos sistemas, también es necesario proporcionar un número de cuenta autorizado al cual se le hagan cargos por el uso.

Aun cuando un usuario no autorizado entre al sistema y trate de introducir una transacción que el sistema pueda procesar, la combinación de usuario y transacción puede no ser válida. En otras palabras, los analistas pueden especificar niveles adicionales de protección que soliciten a los usuarios demostrar que tienen la autorización. En la figura 13.27, el simple hecho de que el usuario haya proporcionado la contraseña de entrada no es suficiente para cambiar los saldos de cuentas o imprimir la información detallada de utilidades y pérdidas. Deben proporcionarse además las contraseñas TOPHAT y BIGAPPLE. Aun cuando se haya introducido antes la contraseña inicial SAFEGARD, el no introducir las contraseñas de segundo y tercer nivel provoca el mensaje EL USUARIO NO ESTÁ AUTORIZADO PARA LLEVAR A CABO LA FUNCIÓN SOLICITADA.

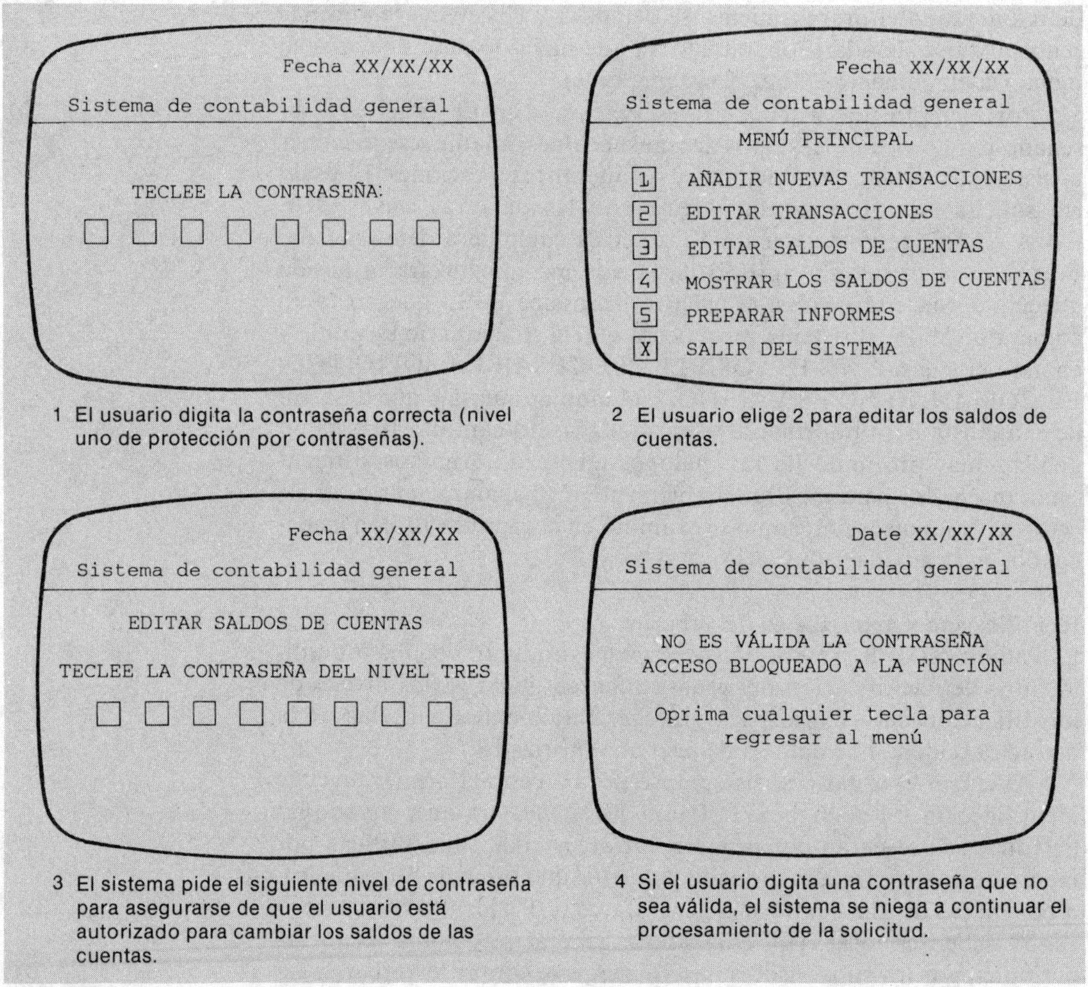

```
              Fecha XX/XX/XX                            Fecha XX/XX/XX
   Sistema de contabilidad general           Sistema de contabilidad general
                                                      MENÚ PRINCIPAL
        TECLEE LA CONTRASEÑA:                 [1]  AÑADIR NUEVAS TRANSACCIONES
                                             [2]  EDITAR TRANSACCIONES
   □ □ □ □ □ □ □ □                            [3]  EDITAR SALDOS DE CUENTAS
                                             [4]  MOSTRAR LOS SALDOS DE CUENTAS
                                             [5]  PREPARAR INFORMES
                                             [X]  SALIR DEL SISTEMA
```

1 El usuario digita la contraseña correcta (nivel uno de protección por contraseñas).

2 El usuario elige 2 para editar los saldos de cuentas.

```
              Fecha XX/XX/XX                            Date XX/XX/XX
   Sistema de contabilidad general           Sistema de contabilidad general

        EDITAR SALDOS DE CUENTAS
                                               NO ES VÁLIDA LA CONTRASEÑA
   TECLEE LA CONTRASEÑA DEL NIVEL TRES        ACCESO BLOQUEADO A LA FUNCIÓN

   □ □ □ □ □ □ □ □                              Oprima cualquier tecla para
                                                    regresar al menú
```

3 El sistema pide el siguiente nivel de contraseña para asegurarse de que el usuario está autorizado para cambiar los saldos de las cuentas.

4 Si el usuario digita una contraseña que no sea válida, el sistema se niega a continuar el procesamiento de la solicitud.

FIGURA 13.27
Contraseña de protección interconstruida en un sistema en línea a distintos niveles.

Este sistema está dirigido por un menú. Para llamar una función, la persona teclea el número correspondiente a la actividad que se muestra en el menú. (Véase el capítulo 10 para un análisis detallado de los sistemas guiados por un menú.) Cuando se introduce el número de la función, se solicita la contraseña de identificación. Si ésta no es proporcionada, se envía un mensaje de error, y se vuelve a mostrar el menú. A veces, los analistas diseñan los sistemas de forma que el usuario es sacado de éste en forma automática si se hace una solicitud no válida. Sin embargo, ésta es una acción extrema, ya que pueden ocurrir errores honestos al teclear (error tipográfico). Un mejor enfoque es el de permitir a los individuos que reintroduzcan la contraseña una segunda o tercera vez y, en caso de seguir siendo incorrecta, terminar entonces el procesamiento.

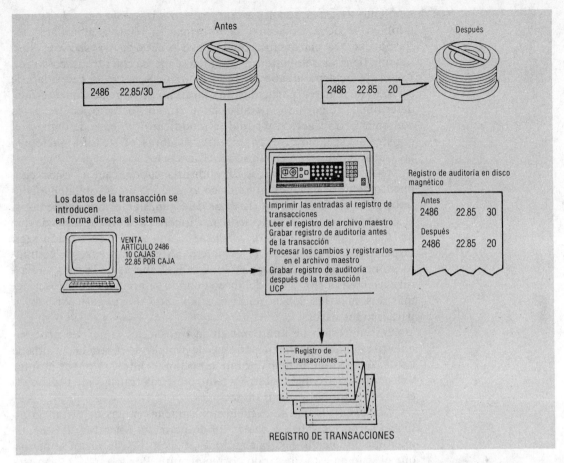

Los datos de la transacción se introducen
en forma directa al sistema

VENTA
ARTÍCULO 2486
10 CAJAS
22.85 POR CAJA

Imprimir las entradas al registro de transacciones
Leer el registro del archivo maestro
Grabar registro de auditoría antes de la transacción
Procesar los cambios y registrarlos en el archivo maestro
Grabar registro de auditoría después de la transacción
UCP

Registro de auditoría en disco magnético

Antes
2486   22.85   30

Después
2486   22.85   20

Registro de transacciones

REGISTRO DE TRANSACCIONES

FIGURA 13.28

Los registros de auditoría protegen contra la pérdida de datos.

Registros de auditoría

En los sistemas en línea, a diferencia de los ambientes de lote, pueden no existir copias de los documentos fuentes de entrada para respaldo en caso de que el sistema falle durante el procesamiento. También es posible que los usuarios en línea entren al sistema, alteren los datos almacenados en los archivos y se salgan de nuevo, sin que dejen pistas visibles de lo que hicieron. A menos que el analista mantenga registros de auditoría, no existe tal protección en los sistemas distribuidos y en línea.

Un *registro de auditoría* está diseñado para permitir el rastreo de cualquier registro de entrada o proceso llevado a cabo en un sistema, hasta su fuente original. Una forma de hacer esto es mantener en forma automática un registro de transacciones. Los detalles de cada transacción se registran en un archivo de transacciones (Fig. 13.28). El estudio de transacciones, como se analizó en el capítulo 12, puede proporcionar información de cómo se modificó el archivo. El almacenamiento de estos detalles es automático e invisible para el usuario; también se debe almacenar la información relativa al usuario, de forma que sea claro saber quién llevó a cabo la transacción. Si el sistema tiene un reloj interno, también se marca cada transacción con la hora exacta para saber cuándo ocurrió. Si surge la necesidad de revisar un registro particular en un archivo, es relativamente fácil determinar quién hizo la transacción, cuándo ocurrió, cuáles datos contenía la transacción y cómo se modificaron la base de datos o el registro del archivo maestro. En otras palabras, existe información de las transacciones y su efecto sobre el sistema.

Otra forma de registros de auditoría supone que el almacenamiento de transacciones en un disco magnético no es totalmente confiable. Por ejemplo, en los sistemas de algunas empresas pequeñas, si el sistema se apaga, posiblemente por una falla eléctrica, antes de que los datos capturados en disco durante una sesión de edición sean respaldados, se perderán por completo. (Algunos sistemas de cómputo utilizan sistemas de disco en los que las cabezas de lectura y escritura caen en la superficie del disco cuando se apagan. En estos sistemas, los usuarios deben quitar el disco *antes* de apagar el sistema o perderán los datos.)

La impresión de una copia de la transacción antes del procesamiento es una de las mejores formas de protegerse contra la pérdida de datos. Así, si algo ocurre durante la sesión en línea, se puede montar una copia del archivo maestro y reintroducir la transacción utilizando el listado impreso de las transacciones.

Los usuarios que se encuentran a muchas millas de distancia no tienen forma de saber si ocurre un desperfecto. Mientras ellos continúen introduciendo las transacciones, tienen toda la razón al pensar que el sistema está operando correctamente. Por lo tanto, el analista debe prever estos problemas para salvaguardar la integridad de un sistema proporcionando formas para auditorear su uso.

Manejo de archivos

Puesto que uno de los objetivos de la comunicación de datos y del procesamiento en línea es el de capturar datos mientras que los sucesos están ocurriendo, se debe prestar especial atención a las estructuras de los archivos y a su manejo.

Cuando se espera que el sistema procese muchas consultas o cuando sea esencial actualizar de forma inmediata los registros mientras ocurren las transacciones, son apropiadas las organizaciones de acceso directo o indexadas. Además, deben instalarse en unidades de discos que estén en operación, funcionando y disponibles para procesamiento. No hay tiempo para localizar, montar y cargar cintas magnéticas que contengan los datos de los archivos maestros ni de leer en la cinta para encontrar el registro adecuado. Por ejemplo, en una línea aérea, los pasajeros no desearían esperar los 5 o 15 minutos (o más) que tardaría un operador en realizar los pasos indicados.

Si no se dedica un sistema a una única función, se pueden montar y activar varios discos. Al recibir una solicitud de un usuario, el sistema la examina y valida, localiza el programa apropiado (también almacenado en disco magnético), determina los archivos necesarios, los prepara y comienza el procesamiento. Si la aplicación está trabajando en un ambiente de multiprogramación o multiproceso, el procesamiento debe interrumpirse varias veces para manejar otras solicitudes. Sin embargo, el disco sigue en operación, mientras que espera la siguiente solicitud.

Sin embargo, las cintas magnéticas deben tener un lugar para acumular los detalles de la transacción, es decir, para almacenar los registros de auditoría ya analizados.

En la actualización en línea, el sistema acepta y verifica los datos al recibirlos. Después se procesan las transacciones contra el archivo maestro para producir los cambios deseados y escribir los registros de auditoría.

Si la solicitud es para recuperar información para responder a una consulta, se localizan y procesan los datos necesarios y se envía la respuesta al que la solicitó. A veces, las solicitudes son de informes impresos. Aun cuando los datos se localicen y procesen en forma inmediata, puede ocurrir que el reporte no se imprima en ese instante. La transferencia de los datos a los archivos de reporte puede retrasar la impresión final del mismo, aunque todo el procesamiento esté terminado.

Cuando los sistemas no sólo están en línea sino que producen resultados que afectan a los sucesos en el momento en que están ocurriendo (lo cual es común en los sistemas que usan métodos de comunicación de datos), decimos que son de tiempo real. Los resultados instantáneos en el sistema de una línea aérea (enviar o recibir respuestas a consultas para asignar asientos o información sobre boletaje) significan que está operando en tiempo real. El sistema que acepta y procesa datos, pero que no produce resultados inmediatos, está en línea, pero no en tiempo real.

Cuando los resultados instantáneos no son esenciales, a menudo se especifica en el diseño el procesamiento en línea diferido. Las transacciones se aceptan en las terminales o desde los nodos en una red distribuida y los datos se almacenan en archivos. Ésta es una captura de datos en línea. Sin embargo, el procesamiento real de los datos se difiere hasta más tarde, cuando el sistema está disponible para el procesamiento.

Muchos de los sistemas bancarios basados en la comunicación utilizan los sistemas de caja en línea diferidos. Cuando usted hace un depósito o un retiro, el cajero automático registra su número de cuenta y los detalles de la transacción directamente en el sistema a través de una terminal especial en la ventanilla del banco. Se hace un registro de la transacción con fines de auditoría. Sin embargo, el proceso de actualización de la cuenta puede no llevarse a cabo en forma inmediata. Algunos bancos difieren el procesamiento matutino hasta el mediodía y el de la tarde hasta el cierre del día. Otros difieren todas las actualizaciones hasta el final del día. (Deben elaborarse cuidadosamente los procedimientos para proporcionar la seguridad necesaria y protegerse contra los retiros múltiples de la misma cuenta en distintas instalaciones de la red, previniendo así los sobregiros malintencionados.)

En muchas tiendas de abarrotes, los sistemas de punto de venta con base en lectoras de código de barras capturan datos en línea. La lectora lee el código (de barras) universal del producto en los paquetes y lo traduce en números de inventario. El precio y descripción del producto se recuperan del archivo en disco y se imprimen en la cinta de la caja registradora. Si el sistema actualiza en forma inmediata los registros de inventario para cada artículo vendido, está operando en línea. Sin embargo, si los detalles de las ventas se registran en un archivo de transacciones y procesados contra el inventario maestro en la tarde, es un sistema en línea diferido.

Las prácticas analizadas deben ser parte integrante del software de aplicación cuando el sistema utiliza las comunicaciones de datos. Cualquier decisión de diseño formulada por el analista de sistemas debe incluir no sólo los particulares del sistema de comunicación sino también criterios para estos procedimientos y protecciones. El siguiente capítulo analiza el software de aplicación con mayor detalle.

RESUMEN

La comunicación de datos es parte integral de muchos sistemas de información de la actualidad y por tanto es un aspecto importante en el diseño de sistemas. Para incluir la comunicación de datos, el analista debe considerar especificaciones para los canales de comunicación, dispositivos de control de las comunicaciones y el protocolo (todos integrados adecuadamente en una configuración funcional).

Las líneas de comunicación de datos (un método común para transmitir datos) usan líneas telefónicas común o privada que se conectan al equipo de cómputo mediante *modems*. Las líneas de grado oral varían su velocidad de transmisión desde 100 hasta 9600 bits por segundo, dependiendo de la velocidad especificada por el analista.

El *protocolo* es el conjunto de reglas que permiten a componentes diversos interactuar y comunicarse. Las características de la computadora y equipo de comunicación de una organización, así como la naturaleza de la red de comunicación que utilice, determinan la elección de un protocolo.

Los dos métodos para transmitir datos son el *síncrono,* en el que un reloj controla la transmisión de datos a intervalos de tiempo precisos, y el *asíncrono*, en el que se envían señales de principio y final junto con los datos. La mayoría de las comunicaciones a más de 2400 bits por segundo son síncronas. Las líneas simplex transportan los datos en una única dirección. Sin embargo, las líneas más comunes son las semidúplex, en las que los datos se transmiten en dos direcciones, una a la vez, o dúplex, en las que la transmisión se realiza en ambas direcciones en forma simultánea.

Otros métodos de transmisión de datos utilizan instalaciones de satélites y microondas, así como canales de fibras ópticas.

Las redes de comunicación pueden cubrir amplias áreas o áreas locales, dependiendo de las necesidades de la organización. El sistema telefónico representa al concepto de *red de cobertura amplia (RCA)*; sus características distintivas son el cubrir un área geográfica amplia y el uso de *redes de portador común*. Una alternativa a esto es la *red de valor agregado*. Por medio de la técnica de *conmutación por paquetes*, un portador de valor agregado permite que varios usuarios utilicen sus instalaciones de comunicación, repartiendo el costo entre todos los usuarios. Se pueden ajustar fácilmente el crecimiento y fluctuación de las necesidades de los usuarios.

Las *redes locales*, en contraste con las de cobertura amplia, comprenden una única instalación, que usualmente interconecta edificios y oficinas cercanos. No utilizan las instalaciones de portador común. La mayoría de las redes locales usan una topología distribuida y se basan en el cable coaxial para enlazar a los participantes a su propia red de dispositivos interconectados. Los diseños alternativos pueden ser las topologías de *bus, entre puntos*, de caída múltiple, anillo o estrella. En caso necesario, los analistas deben interconectar las redes locales con las de cobertura amplia por medio de interfases denominadas *compuertas*.

Un modelo internacional para la interconexión de estándares abiertos, OSI, enfatiza la capacidad de utilizar equipo fabricado por distintas compañías. Las arquitecturas de red de proveedores, que incluyen las especificaciones que describen los componentes en el sistema de comunicación de datos, se han establecido para ayudar a los analistas a ensamblar redes y promover la interconexión de los equipos de comunicación.

Los *sistemas distribuidos* interconectan dispositivos de cómputo en diversos lugares para permitir el procesamiento local de los datos y aun así permitir la transmisión de datos o la elaboración de resúmenes para otros lugares, tales como las oficinas centrales de la corporación. También es posible compartir carga y software, aun cuando el equipo de cómputo de cada nodo en la red sea de distintas marcas.

Cuando los analistas desarrollan sistemas basados en comunicaciones que hagan procesamiento en línea, deben tomar en cuenta los detalles adicionales del procesamiento de archivos. La validación del usuario y las solicitudes de procesamiento requieren especial importancia, ya que el usuario no es visible para el operador del sistema y por lo tanto no es fácilmente identificable como un usuario válido. Las transacciones también deben ser validadas para protegerse contra solicitudes de procesamiento ilegales o inesperadas. Cuando se envían y procesan las transacciones en línea, los *registros de auditoría* son un método esencial para preservar la integridad y confiabilidad de un sistema. Aun cuando el procesamiento se difiera un tiempo después de la captura inicial de los datos, se requieren protecciones para salvaguardar los datos y el sistema contra la pérdida de integridad.

Se prevé que las organizaciones aumenten el énfasis en la comunicación de datos entre sus instalaciones. Según el tipo de aplicación, las distancias comprendidas pueden ser grandes o pequeñas. En cualquier caso, los analistas de sistemas deben saber cómo diseñar las aplicaciones basadas en comunicaciones.

PREGUNTAS DE REPASO

1. ¿Cómo se pueden enlazar los componentes de cómputo y las líneas de comunicación? Explique el objetivo y las características de cada tipo de dispositivo.
2. ¿Cuáles son las ventajas y desventajas de las líneas telefónicas de conmutación y las privadas? ¿Cuáles son las velocidades máximas de transmisión de cada una de ellas?
3. ¿Cómo funcionan las comunicaciones de datos que utilizan líneas telefónicas de conmutación? Explique.
4. ¿En qué difieren los cables de banda amplia y de base? ¿Cuáles son las ventajas y desventajas de cada una?
5. Compare las transmisiones síncrona y asíncrona. ¿Cuándo es más probable que se use cada una?
6. ¿Cómo varían los distintos tipos de líneas de comunicación?
7. ¿Qué funciones realiza cada uno de los siguientes componentes: procesador primario, multiplexor, concentrador, controlador de grupos, conmutador de datos, unidad de servicio de datos?
8. Distinga entre portador común, conmutación por circuito, por paquete y por mensaje. ¿Cuál se recomienda para sistemas con valor agregado?
9. Explique el servicio que proporcionan los portadores con valor agregado. ¿Cómo se proporciona este servicio? ¿Por qué los analistas deben tomar en cuenta a los portadores con valor agregado?
10. ¿Cuáles son los tipos de redes locales? ¿Qué caracteriza a cada una?
11. Distinga entre redes de cobertura amplia, locales y de valor agregado.
12. ¿Qué es el estándar Ethernet? ¿Cuáles son las alternativas para el uso de Ethernet?
13. ¿Qué es el modelo de interconexión de OSI? ¿Cuáles son sus propósitos? ¿Cuáles son los componentes del modelo?
14. ¿Qué son las arquitecturas de red de proveedores? ¿Qué finalidad tienen en el diseño de los sistemas de comunicación de datos?
15. ¿Por qué está aumentando el interés de las organizaciones en los sistemas distribuidos? ¿Son distintas las redes distribuidas y locales? Explique su respuesta.
16. ¿Cómo comparten el software los usuarios en un ambiente distribuido? ¿Cómo comparten cargas?
17. ¿Cuáles son las preguntas que deben formularse los analistas con res-

pecto al procesamiento de archivos y transacciones, si trabajan con sistemas computacionales en línea basados en las comunicaciones?

18. ¿En qué formas salvaguarda un registro de auditoría tanto los datos como la organización en un ambiente en línea?

19. ¿Cuál es el objetivo del procesamiento en línea diferido?

PROBLEMAS DE APLICACIÓN

1. La Book Loft Company opera una cadena de librerías en Florida. Cada tienda mantiene un gran inventario de libros populares y de referencia de editores y distribuidores en todo el mundo. Las tiendas están diseminadas por toda la región, concentrándose en los principales centros comerciales de las grandes ciudades como Jacksonville, Orlando, Tampa y Miami. La compañía tiene sus oficinas centrales en el centro de Florida, en la ciudad de St. Petersburg. Actualmente, la cadena tiene 46 tiendas, pero un programa de expansión ampliará el número a más de 100 tiendas dispersas en Florida, Georgia y Alabama.

   Debido a los crecientes costos asociados con el transporte de grandes cantidades de inventario, la empresa está buscando formas para reducir las existencias en cada tienda. Sin embargo, quiere balancear cuidadosamente esta reducción con la demanda de la mercancía por parte de los clientes. No quiere tener agotadas las existencias de un artículo solicitado (perder una venta o arriesgar las futuras ventas a un cliente no son alternativas aceptables).

   Cada tienda está equipada con las terminales de punto de venta más modernas, las cuales acumulan datos de los artículos vendidos, incluyendo el número de inventario y la cantidad vendida. Al final del día, esta información se imprime por medio de la terminal, aunque éstas tienen capacidad de comunicación que permitirían que los datos se transmitieran electrónicamente a otros dispositivos e incluso a otros lugares. Cada tienda tiene de cuatro a seis terminales de punto de venta.

   La administración está pensando en utilizar la red de comunicación de datos para mejorar el manejo del inventario. Quiere recuperar los datos desde las terminales de punto de venta diariamente, para determinar lo que se ha vendido. Al comparar esta información con los datos que se conservan en el sistema central de la compañía acerca de la mercancía enviada a la tienda, esto indicaría el número de artículos en existencia. Los datos de inventario se pueden comparar con las tendencias y proyecciones de venta para determinar cuándo debieran enviarse existencias adicionales.

   a. Analice las ventajas de un sistema distribuido contra una gran red en la que las terminales se conecten directamente con la computadora central de la compañía. Para cada alternativa, ¿qué equipo de comunicación y de cómputo se requiere? (Recuerde que cada tienda tiene múltiples dispositivos de punto de venta con capacidad para comunicarse.)

   b. ¿Cuáles canales de comunicación debe tomar en cuenta la administración? ¿Por qué? Explique los argumentos para seleccionar o eliminar la línea telefónica común, las líneas privadas, microondas y fibra óptica.

   c. ¿Pueden usarse las redes locales y compuertas en esta red? ¿Por qué?

2. ¿Qué tipo de sistema distribuido representa cada uno de los siguientes? (Si no es un sistema distribuido, indique por qué.)

   a. Un grupo de minicomputadoras que se pueden comunicar directamente entre sí por medio de la red telefónica.

b. Un conjunto de terminales que pueden interactuar directamente con el sistema de cómputo central para introducir o recuperar datos de la base de datos de la corporación.

c. Oficinas regionales (conectadas directamente con las oficinas centrales de la corporación) que transmiten y reciben datos de ventas, contabilidad y producción; oficinas de distrito que interactúan con las oficinas de campo, en las que los agentes de ventas utilizan las terminales, y con las oficinas regionales donde se comparten los datos; y software residente en la computadora de la oficina regional que se utiliza para ejecutar análisis especiales de la administración.

d. Muchas instituciones médicas del Noreste que son capaces de comunicarse directamente entre sí para transmitir datos y recibir información.

e. Varios dispositivos de cómputo, incluyendo terminales, microcomputadoras, y sistemas centrales, que envían y reciben mensajes de instalaciones individuales utilizando las capacidades de comunicación de un poderoso sistema de cómputo que dirige todos los mensajes al lugar apropiado.

3. Un administrador está por decidir si desarrolla un sistema distribuido o una serie de sistemas separados. Actualmente, muchas de las instalaciones de la compañía tienen sistemas de cómputo, aunque las marcas y tamaños varían en forma significativa. Todos tienen una capacidad potencial de comunicación, aun cuando en el momento no participan en actividades de comunicación de datos. El trabajo que cada computadora procesa actualmente produce resultados que sólo se utilizan en dicho lugar.

    El personal de sistemas de información de la corporación ha observado los avances en la industria con respecto a la comunicación de datos y el procesamiento distribuido y sabe que esas tecnologías han sido ampliamente probadas. El personal está involucrado en el diseño de un sistema a nivel de toda la corporación, el cual requiere que las instalaciones remotas de la compañía transmitan los datos de ventas y fabricación al centro de procesamiento de datos de la compañía, semanal y mensualmente. Todas las necesidades de datos serán identificadas anticipadamente y formarán parte de un procedimiento operativo de rutina que implicará la transferencia electrónica de los datos por medio de líneas portadoras comunes. No se ha anticipado el compartir cargas o software. Sin embargo, el personal cree que en el futuro se desarrollarán otros sistemas que necesitarán la transmisión periódica de datos específicos de la empresa.

a. Si todos los datos se transmitirán utilizando servicios de telecomunicación, ¿deberá la empresa desarrollar un sistema de procesamiento distribuido? Explique.

b. En caso de ser así, ¿qué caracterizaría a esta situación como un proceso distribuido adecuado?

4. El gerente de sistemas de información de una organización de tamaño medio está por decidir cómo propocionar servicios de comunicación de datos que enlacen un nuevo centro de servicio al cliente con el sistema de cómputo localizado en la oficina central. El coordinador debe decidir si rentar una línea privada o utilizar el servicio telefónico ordinario. El software de comunicación necesario para cada alternativa ya ha sido adquirido por la compañía.

a. ¿Cuáles son los factores que debe contemplar el gerente al decidir entre las alternativas?

b. Suponga que el costo de una línea privada que cubra las necesidades de la compañía es de 240 dólares mensuales. Por otra parte, la tarifa del servicio telefónico es de 0.06 centavos de dólar el minuto. Si el uso promedio de las líneas telefónicas en la segunda opción será de 4 horas diarias y 20 días hábiles al mes, ¿cuál de estas opciones debe elegirse? Explique su respuesta.

5. La comunicación de datos entre la computadora y las instalaciones de los usuarios puede llevarse a cabo a distintas velocidades y utilizando distintos protocolos. Un analista de sistemas está por decidir si diseñar un sistema que use tasas de 2400 o 1800 baud. ¿Qué factores debe tomar en cuenta el analista al hacer esta decisión?

6. El administrador de una clínica está coordinando la expansión del sistema actual de registros médicos. El sistema ha estado en uso en la clínica durante varios años. Recientemente, la dirección de la clínica aprobó los planes para abrir su primera clínica satélite, en un lugar alejado unas 20 millas de las oficinas centrales. Una terminal en la clínica satélite permitirá al personal médico interactuar con el centro de cómputo en la clínica principal, recuperar los datos de los pacientes y enviar cambios e información de diagnóstico a la computadora central, la que procesará los datos para actualizar los registros de los pacientes. También se instalará una impresora en la clínica satélite para proporcionar copias en papel de los registros de los pacientes cuando el personal así lo solicite.

   a. ¿Qué pasos debe dar el administrador para asegurarse de que se cubrirán las necesidades de comunicación de datos ya descritas? Identifique todo el equipo, software y métodos de comunicación que debe adquirir o contratar el administrador.

   b. ¿Cuáles alternativas de líneas de comunicación debe tomar en cuenta el administrador? Analice los criterios que debe utilizar el administrador para elegir la alternativa apropiada.

   c. Si el administrador decide que se deben instalar cuatro terminales en la clínica satélite en vez de una, pero no desea que esto incremente los costos de las líneas de comunicación necesarias, ¿qué equipo de comunicación se requiere, además de las terminales?

7. Muchas compañías emplean personal de ventas que se encuentran en lugares a cientos, a veces miles, de millas de distancia de la oficina central. Es necesario que el personal de ventas envíe por correo o teléfono los pedidos de mercancía solicitados por los clientes, de forma que se puedan procesar en la oficina central. Sin embargo, a muchos gerentes de ventas les preocupa cada vez más el retraso excesivo en la recepción de pedidos por correo y el costo de largas llamadas telefónicas de larga distancia.

   Para mejorar el servicio al cliente y reducir los costos de las llamadas telefónicas de larga distancia, muchos de los gerentes de ventas están cambiando a los métodos de comunicación de datos. Se pueden utilizar pequeñas terminales, las cuales puedan ser transportadas con facilidad en pequeños estuches por el personal de ventas y transmitir los datos por medio de las líneas telefónicas comunes. Los datos de las ventas se pueden teclear en las pequeñas terminales y transmitir de forma directa a las oficinas centrales de la compañía.

   a. Además de las terminales, ¿qué hardware y software debe utilizarse para manejar la transmisión de los pedidos? Considere tanto el envío de pedidos por el personal de ventas como la recepción y procesamiento en la oficina central.

   b. ¿Tiene un menor costo la transmisión por medio de líneas telefónicas con tarifas de larga distancia que el mismo número de pedidos transmitidos verbalmente por medio de líneas telefónicas? Explique las razones de su respuesta.

BIBLIOGRAFÍA

FITZGERALD, J.: *Business Data Communications*, Nueva York: John Wiley and Sons, Inc., 1984.

McNAMERA, J.E.: *Local Area Networks: An Introduction to the Technology*, Bedford, MA: Digital Press, 1985.

QUARTERMAN, J.S. y J.C. HOSKINS: "Notable Computer Networks", *Communications of the ACM*, 29, 10, octubre de 1986, pp. 932.

ROWE, S.H. III: *Business Telecommunications*, Chicago: SRA, 1988.

STAMPER, D.A.: *Business Data Communications*, Menlo Park, CA: Benjamin-Cummings, 1986.

VOELCKER, J.: "Helping Computers Communicate", *IEEE Spectrum*, marzo de 1986, pp. 61-70.

CASO DE ESTUDIO FASE V

Diseño de archivos y medios de comunicación para las Industrias Sevco

DISEÑO DE UN ARCHIVO PARA CAPTURA DE PEDIDOS Y PROCESAMIENTO DE CUENTAS POR COBRAR

La elección de archivos y métodos de acceso para el sistema de las Industrias Sevco tenía el propósito de proporcionar un medio eficiente de procesamiento, que al mismo tiempo minimizara la redundancia entre los archivos. Puesto que existe una constante relación entre la captura de pedidos, facturación y cuentas por cobrar, los archivos se diseñaron de forma que también reflejaran las interrelaciones, como se mostrará en un momento.

Este diseño utilizó estructuras ordinarias para almacenamiento de datos. No se usó un sistema de manejo de bases de datos. Sin embargo, hay enlaces explícitos entre los archivos y métodos de encadenamiento de los archivos entre sí, lo cual se señalará cuando se utilice.

La sección siguiente analiza los archivos maestro, de tablas, reportes y transacciones para este sistema. Se identifican las estructuras de almacenamiento para cada uno y se indican las llaves de cada registro. Además, se listan los contenidos del registro. Los nombres de los datos corresponden a los utilizados en el diccionario de datos construído inicialmente durante las actividades de determinación de los requerimientos. Dicho diccionario contiene las especificaciones del tipo y longitud de los datos.

Archivos maestros

El sistema de captura de pedidos y cuentas por cobrar de la compañía es tradicional, en el sentido de que se basa en archivos maestros para almacenar datos acerca de los elementos del sistema. Este sistema se centra en tres objetos: clientes, pedidos y artículos o productos. Los tres archivos maestros, interrelacionados entre sí, conforman el núcleo del nuevo sistema. Son los siguientes:

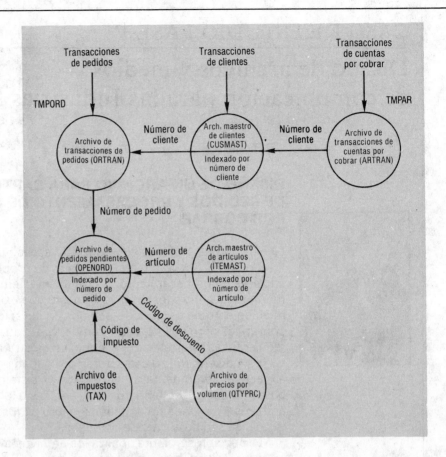

FIGURA CE.56
Encadenamiento e
interrelaciones entre
los archivos.

1. Maestro de clientes
2. Maestro de artículos
3. Maestro de pedidos pendientes

La figura CE.56 muestra las interrelaciones entre los archivos
maestros y las actividades de procesamiento de la información.

Archivo maestro de clientes

El archivo maestro de clientes guarda todos los datos
relacionados con el cliente, incluyendo la información sobre su
estado de cuenta. Por medio de este archivo se puede recuperar
la información acerca del cliente, como su nombre, dirección
para cobros, dirección para envíos y número telefónico. Además,
se dispone de la información de crédito, incluyendo el límite de
crédito y saldo de cuenta. El archivo también almacena la
información cronológica del saldo del cliente (los datos que

permiten al usuario saber si la cuenta del cliente está al corriente o si están vencidos los pagos de los pedidos anteriores).

Además cada registro del cliente contiene una cuenta de sus pedidos pendientes. Este campo, que cambia al hacerse o enviarse los pedidos, permite respuestas rápidas a las consultas de los usuarios, los cuales desean determinar cuántos pedidos del cliente están actualmente en proceso. Puesto que la cuenta se mantiene en el registro del cliente, el sistema no tiene que buscar en todo el archivo de pedidos pendientes para contar las órdenes de cada cliente.

El archivo maestro de clientes es un archivo indexado. La llave de registro es el número de cliente. Este archivo se utilizará en las actividades de facturación y captura de pedidos. Los datos financieros se mantendrán durante las actividades de cuentas por cobrar.

El contenido del archivo maestro es:

NÚMERO DE CLIENTE
NOMBRE DEL CLIENTE
DIRECCIÓN DE COBRO
DIRECCIÓN DE ENVÍO
TELÉFONO
LÍMITE DE CRÉDITO
NÚMERO DE REPRESENTANTE DE VENTAS
SALDO DE LA CUENTA
ESTADO DE LA CUENTA
SALDO ACTUAL
DEUDA VENCIDA 30 DÍAS
DEUDA VENCIDA 60 DÍAS
DEUDA VENCIDA 120 DÍAS
CONTADOR DE PEDIDOS PENDIENTES

Archivo maestro de artículos

El archivo maestro de artículos contiene los datos de los artículos fabricados por la compañía. Ya sea que el artículo sea estándar o haya sido fabricado de manera especial para un cliente particular, sus detalles están registrados en este archivo, el cual está indexado por el número de artículo.

El contenido del archivo maestro de artículos es:

NÚMERO DEL ARTÍCULO
DESCRIPCIÓN
NÚMERO DE DIBUJO DE INGENIERÍA
CARGO DE INGENIERÍA

HERRAMENTAL
OBSERVACIONES ADICIONALES
CANTIDAD A ORDENAR
COSTO POR ARTÍCULO
PESO UNITARIO

Archivo maestro de pedidos pendientes

El archivo maestro de pedidos pendientes contiene los datos que describen a todos los pedidos pendientes. Una de las decisiones de diseño para este archivo tuvo que ver con cuántos datos de los clientes había que almacenar en el archivo de cada pedido. Se decidió que sólo se almacenarían los datos NÚMERO DE CLIENTE en el archivo de pedidos (aun cuando se introdujera un pedido, el capturista debería verificar el nombre y dirección del cliente). El NÚMERO DE CLIENTE sirve como enlace del archivo maestro de clientes para recuperar la información sobre nombres y direcciones, cuando sea necesario. El uso del NÚMERO DE CLIENTE como llave para el archivo maestro de clientes hace posible este enlace entre los archivos. (También permite la inclusión únicamente del número de cliente, en vez de toda la información sobre nombre y dirección en el archivo de facturación, como se analizará más tarde).

El archivo de pedidos pendientes también contiene los datos para señalar al personal de la compañía el estado de un pedido transferido a producción y que incluye el número de orden de producción. Puesto que se espera abrir otra planta en un futuro cercano, el diseño permite rastrear el lugar de producción del pedido. Con ese fin se introducen los datos de un artículo.

El contenido del archivo maestro de pedidos pendientes es:

NÚMERO DE PEDIDO
FECHA DEL PEDIDO
NÚMERO DE CLIENTE
NÚMERO DE ARTÍCULO
DESCRIPCIÓN
CANTIDAD SOLICITADA
COSTO DEL ARTÍCULO
CÓDIGO-DESCUENTO
CÓDIGO DE IMPUESTO
CARGO DE INGENIERÍA
HERRAMENTAL
OBSERVACIONES ADICIONALES
FECHA SOLICITADA
TÉRMINOS

NÚMERO DE TRABAJO DE Sevco
ESTADO DE TERMINACIÓN
LUGAR DE PRODUCCIÓN

La recuperación de los registros en el archivo se hará por medio de pedido, pedido a producción o número de cuenta. Sin embargo, el índice principal será la llave de registro del número de pedido.

Archivos de tablas

Los analistas deben preocuparse por la forma en que su diseño se adecúa a los cambios provocados por las actividades empresariales normales. En el sistema de las Industrias Sevco, se establecieron dos archivos de tablas con el fin de proporcionar el medio para modificar la estructura cantidad-precio de la compañía y responder en forma rápida a los cambios en las leyes sobre impuestos estatales.

Archivo cantidad-precio

Antes de emprender el desarrollo del sistema, Sevco utilizaba un complejo algoritmo de cantidad-precio. El nuevo diseño usa la cantidad solicitada y el procentaje de descuento para determinar el monto del descuento. Por lo tanto, la compañía no depende de una única persona para determinar los descuentos. El algoritmo se incluirá en el nuevo sistema y hará uso del archivo de tablas de cantidad-precio.

El contenido del archivo es:

NÚMERO DE ARTÍCULO
CANTIDAD LÍMITE 1
CANTIDAD LÍMITE 2
CANTIDAD LÍMITE 3
CANTIDAD LÍMITE 4
CANTIDAD LÍMITE 5
DESCUENTO EN LA CANTIDAD 1
DESCUENTO EN LA CANTIDAD 2
DESCUENTO EN LA CANTIDAD 3
DESCUENTO EN LA CANTIDAD 4
DESCUENTO EN LA CANTIDAD 5

El archivo de acceso directo utiliza el número de artículo como llave del registro.

Archivo de impuestos

El archivo de impuestos contiene los detalles de los impuestos para la captura e informe de montos gravables. El registro del cliente contendrá un código de impuestos, el cual se refiere a todas las transacciones del cliente. Cuando se prepara una factura, el sistema calcula los impuestos de la venta. La tasa del impuesto se recupera del archivo de impuestos utilizando el código incluido en el registro maestro de clientes.

Los analistas han supuesto que habrán cambios en las tasas de impuestos. Si una cierta tasa de impuesto cambia, la tasa asociada con un código específico se puede ajustar simplemente en el archivo de impuestos. Los registros del cliente no se alteran.

El contenido del archivo de impuestos es:

CÓDIGO DE IMPUESTOS
NOMBRE DEL CAUSANTE
TASA DE IMPUESTO

El código de impuesto es la llave para este archivo de acceso directo.

Archivos de reporte

El sistema de captura de pedidos está diseñado para utilizar tres archivos de reporte. Cuando se llevan a cabo transacciones de procesamiento o contabilidad, las cuales están diseñadas para producir un alto volumen de salida, el sistema almacenará la salida en un archivo de reporte. Este se lleva después a la impresora para producir la versión en papel de la salida. El operador del sistema determina cuándo imprimir los reportes. Sin embargo, esta característica del diseño tiene la ventaja adicional de permitir al usuario determinar si la salida es correcta antes de que ocurra la impresión. En el diseño se incluyen los archivos de reporte de acuses de recibo, facturas y avisos de consignación y estados de cuenta.

Archivo de acuses de recibo

Cuando se reciben y aprueban los pedidos de los clientes, la compañía envía a estos un acuse de recibo que verifica que el pedido ha sido recibido y aprobado. El acuse de recibo también verifica los detalles pertinentes del pedido.

El contenido del archivo por cada pedido es:

NÚMERO DE CLIENTE
DIRECCIÓN DE COBRO
DIRECCIÓN DE ENVÍO
NÚMERO DE ORDEN

El contenido del archivo por cada artículo del pedido es:

NÚMERO DE PEDIDO
FECHA DEL PEDIDO
FECHA REQUERIDA
NÚMERO DE ARTÍCULO
DESCRIPCIÓN
CANTIDAD DEL PEDIDO
PRECIO POR ARTÍCULO
DESCUENTO POR CANTIDAD
CARGO DE INGENIERÍA
OBSERVACIONES ADICIONALES

Aunque las Industrias Sevco consideran cada artículo en el pedido de un cliente como un único pedido, los clientes no lo conciben así. Pueden darle a un representante de ventas un pedido de adquisición que solicite varios artículos distintos. Por lo tanto, el acuse de recibo incluirá una confirmación de todos los artículos solicitados, utilizando una orden de compra específica, siempre que sea posible. El archivo de reporte contiene información básica (número, nombre y dirección del cliente) y los detalles de cada artículo.

El archivo está organizado en forma secuencial. Puede ordenarse en dos formas: Por código postal (para fines de envío) o por número de cliente.

Archivos de facturas y avisos de consignación

Las facturas y avisos de consignación (documentos para envío) son idénticos, excepto por la forma en la que se imprimen. El aviso de consignación contiene instrucciones adicionales preimpresas para los que manejan el pedido, estableciendo sus responsabilidades.

El contenido de este archivo es:

Información básica (al principio de la factura o aviso de consignación):
NÚMERO DE CLIENTE
NOMBRE DEL CLIENTE
DIRECCIÓN DE ENVÍO

NÚMERO DE PEDIDO
FECHA DE PEDIDO
FORMA DE ENVÍO
TÉRMINOS
Información de la transacción (por cada artículo facturado)
NÚMERO DE ARTÍCULO
DESCRIPCIÓN
CANTIDAD DE ARTÍCULOS ENVIADOS
COSTO DEL ARTÍCULO
EXTENSIÓN DEL COSTO DEL ARTÍCULO
Información final
IMPUESTO TOTAL
FACTURACIÓN TOTAL

Archivo de informes

Al final de cada periodo mensual, se preparan y distribuyen los informes y saldos de cuenta de los clientes. El archivo de informes se extrae de los archivos maestros de clientes y transacciones. Cada informe resume las distintas transacciones que se han llevado a cabo durante el periodo. Los cuatro tipos de transacción que afectan al balance de cuenta son los ajustes, facturas, cargos financieros y pagos. El contenido de cada informe puede variar, dependiendo del tipo de registro de transacción.

Información básica (al principio del informe)
NÚMERO DE CLIENTE
NOMBRE DEL CLIENTE
DIRECCIÓN DE COBRO
DIRECCIÓN DE ENVÍO
TELÉFONO
NÚMERO DE REPRESENTANTE DE VENTAS
SALDO DE LA CUENTA (antes del procesamiento)
LÍMITE DE CRÉDITO
Información final (al final del informe)
SALDO DE LA CUENTA
DEUDA ACTUAL
DEUDA VENCIDA 30 DÍAS
DEUDA VENCIDA 60 DÍAS
DEUDA VENCIDA 90 DÍAS
DEUDA VENCIDA 120 DÍAS
MONTO SOBREGIRADO
TOTAL DE PAGOS
TOTAL DE CARGOS

TOTAL DE AJUSTES
Información sobre las transacciones (cuerpo del informe)
FECHA DE LA TRANSACCIÓN
TIPO DE TRANSACCIÓN
NÚMERO DE REFERENCIA DE LA TRANSACCIÓN
MONTO DE LA TRANSACCIÓN
SALDO DE CUENTA DE LA TRANSACCIÓN

El NÚMERO DE REFERENCIA DE LA TRANSACCIÓN es el número de la factura, el número de cheque del cliente o el número de ajuste de Sevco, dependiendo del tipo de transacción. Los campos TOTAL DE PAGOS, TOTAL DE CARGOS Y TOTAL DE AJUSTES son las sumas de cada tipo de transacción mostrada en el informe.

Este archivo de informes se almacena secuencialmente y puede ordenarse en dos formas: por código postal (para fines de envío) o por número de cliente.

Archivos de transacciones

Los archivos maestros en el sistema de la compañía se pueden actualizar ya sea mediante los archivos de transacciones o captura directa, dependiendo del archivo maestro específico y la naturaleza del cambio. Existen dos archivos de transacciones para capturar datos de pedidos o facturas y transacciones de cuentas por cobrar. Los cambios a los datos demográficos de los clientes se hacen en forma directa.

Archivo de transacciones de pedidos

El archivo de transacciones de pedidos contiene los registros creados por la captura de un pedido, mantenimiento de un pedido y transacción de facturas. El archivo se utiliza para actualizar el archivo maestro de pedidos, imprimir acuses de recibo y producir facturas y avisos de consignación.

El archivo contiene varios tipos y campos de registro para auditorear y controlar los lotes de transacciones:

Para control
NÚMERO DE LOTE
IDENTIFICACIÓN DE LA ESTACIÓN DE TRABAJO
FECHA
NÚMERO DE REGISTRO DEL LOTE
Para los datos de la transacción
NÚMERO DE CLIENTE

NÚMERO DE PEDIDO
NÚMERO DE CLIENTE
NÚMERO DE ORDEN DE COMPRA
CÓDIGO DE IMPUESTOS
FECHA DEL PEDIDO
NÚMERO DE FACTURA o NÚMERO DE CHEQUE o NÚMERO
   DE CRÉDITO
TIPO DE TRANSACCIÓN
NÚMERO DE ARTÍCULO
DESCRIPCIÓN
CANTIDAD SOLICITADA
COSTO DEL ARTÍCULO
CÓDIGO DE DESCUENTO
CÓDIGO DE IMPUESTO
CARGO DE INGENIERÍA
OBSERVACIONES ADICIONALES
FECHA REQUERIDA

Este archivo está encadenado con el archivo maestro de clientes mediante el NÚMERO DE CLIENTE. Se almacena en forma secuencial mediante lotes y utiliza una llave secundaria del número del cliente.

Archivo de transacción de cuentas por cobrar

El archivo de transacción de cuentas por cobrar captura todas las transacciones que afectan al archivo de cuentas por cobrar. Entre estas transacciones están los pagos, ajustes y cargos por facturación. El formato del archivo permite manejar cada tipo de transacción. Un código (TIPO DE TRANSACCIÓN) indica la naturaleza de la transacción. El NÚMERO DE CLIENTE es el enlace con el archivo maestro de clientes.

El contenido del archivo de transacciones de estados de cuenta es:

NÚMERO DE CLIENTE
FECHA DE TRANSACCIÓN (proporcionada por el calendario del sistema)
TIPO DE TRANSACCIÓN
NÚMERO DE REFERENCIA DE LA TRANSACCIÓN
MONTO DE LA TRANSACCIÓN

El NÚMERO DE REFERENCIA DE LA TRANSACCIÓN es el número de factura, número de cheque del cliente o el número de ajuste de Sevco, dependiendo del tipo de transacción.

Este archivo se almacena en forma secuencial al transmitirse las transacciones para su procesamiento.

Archivo de transacciones de clientes

Las transacciones de los clientes se procesan directamente contra el archivo maestro de clientes. Los nuevos clientes se capturan en línea; los ajustes a los nombres, direcciones, etc., se capturan por medio del teclado; los datos se almacenan directamente en el archivo maestro. Por lo tanto, el sistema no utiliza un archivo de transacciones para actualizar la información de los clientes. (El uso de un archivo de transacciones de este tipo sería una práctica común en los sistemas de procesamiento por lotes.)

Como se verá en el diseño del proceso, a menudo se crearán archivos temporales en el sistema. También se producirán archivos de edición, los cuales tienen la misma imagen que los archivos de los que se extraen los datos para aquéllos.

MEDIOS DE COMUNICACIÓN

La característica en línea del sistema propuesto para las Industrias Sevco requiere de la instalación de medios de comunicación que permitan la entrada y salida de datos e información que se ha planeado. El equipo AS/400 tiene los medios de comunicación específicos con los que el plan de comunicación se puede diseñar. Se utilizarán dos tipos específicos de métodos de comunicación en el sistema.

Medios de comunicación local

El equipo AS/400 tiene múltiples puertos de comunicación a los que se pueden conectar dispositivos externos. Se utilizarán dos puertos en forma inmediata. En uno de ellos se conectará una impresora de alta velocidad. En el otro se conectarán dos terminales.

La capacidad de conectar varias terminales a un puerto es posible gracias a una característica "exclusiva", en la que las terminales se conectan en serie a la línea de comunicación. Puesto que las terminales rara vez transmiten datos al mismo tiempo, los datos se intercalan en la línea al ser enviados desde la terminal hasta el procesador central (o viceversa).

Se añadirán tres terminales a la configuración actual del sistema para soportar el nuevo sistema de captura de pedidos y

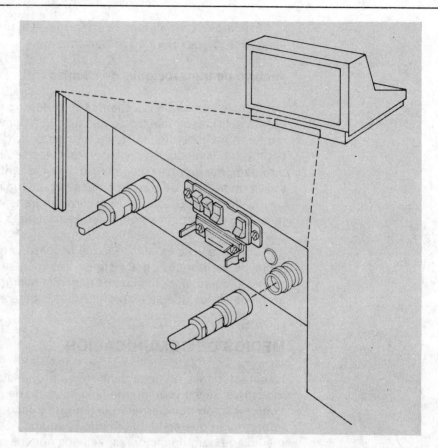

FIGURA CE.57
Conexión por cable de
las terminales para
permitir la transmisión
de datos.

cuentas por cobrar. Dos de ellas se instalarán en el
departamento de contabilidad para el manejo de pedidos de
clientes y transacciones contables. La otra se colocará en la
oficina del supervisor de producción, donde se utilizará para
monitorear y actualizar los registros de estado de los pedidos.

Puesto que las tres terminales se encuentran dentro del
edificio de Industrias Sevco, la comunicación de datos se
manejará por medio de cable coaxial. (Las líneas telefónicas de
portadora común no son necesarias.) Los cables coaxiales se
tenderán desde el procesador central hasta cada uno de los
departamentos donde se instalarán las terminales. Éstas se
conectarán directamente al cable de comunicación mediante
conectores de rosca (Fig. CE.57).

Las terminales de contabilidad compartirán el mismo cable
de comunicación, además enviarán y recibirán datos desde el
mismo puerto. La terminal de producción se conectará a un
puerto aparte, aunque la terminal tiene una característica

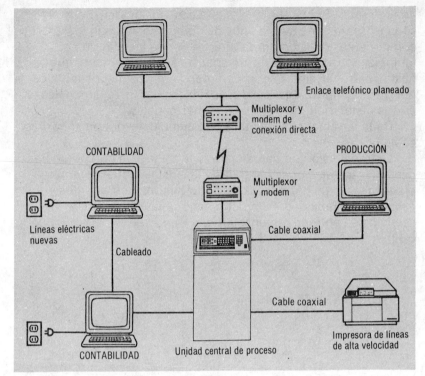

Líneas eléctricas nuevas

Enlace telefónico planeado

Multiplexor y modem de conexión directa

Multiplexor y modem

CONTABILIDAD

PRODUCCIÓN

Cableado

Cable coaxial

Cable coaxial

Impresora de líneas de alta velocidad

CONTABILIDAD

Unidad central de proceso

FIGURA CE.58
Configuración y cableado para el equipo en el nuevo sistema de procesamiento de pedidos.

mediante cable y podrá compartir posteriormente una línea con otras terminales si surge la necesidad.

La figura CE.58 muestra la configuración y cableado del sistema.

Telecomunicaciones remotas

Es posible que las Industrias Sevco requieran en el futuro el acceso a su computadora desde una instalación remota. Por lo tanto, los analistas de sistemas se han asegurado de tener puertos disponibles para permitir el soporte de otras instalaciones, utilizando dos puertos de comunicación en el sistema de cómputo.

Cuando se abran las instalaciones remotas, las terminales se conectarán al sistema de cómputo, utilizando líneas telefónicas de portadora común. Se han previsto líneas privadas con una capacidad de transmisión duplex, que transmitan los datos a 9600 baud, utilizando un equipo económico de transmisión asíncrona.

Es probable que una instalación remota requiera de más de

una terminal. Es por ello que, además de los modems que en cada extremo conecten la línea de comunicación con los componentes de la computadora, se podría instalar un multiplexor. Un multiplexor de cuatro canales permitiría que hasta cuatro terminales compartieran la misma línea telefónica. Aunque es improbable, pero si se necesitaran más terminales, se podría instalar un multiplexor con más canales.

Cada terminal se conectará con el multiplexor con su propio cable.

La transmisión de datos entre la terminal y la computadora, desde las instalaciones centrales y las instalaciones remotas planeadas, es un método ya probado de transferir pedidos y datos de contabilidad. Es mucho mejor a la alternativa de los servicios de entrega o mensajería.

La cuarta parte comprende cuatro capítulos (del 14 al 17), los cuales están diseñados para proporcionar un panorama de la implantación y revisión de los sistemas, la administración de su desarrollo y la selección de sus componentes y servicios de apoyo.

El capítulo 14 trata del aseguramiento de la calidad y presenta criterios para el diseño de sistemas de información confiables y fáciles de mantener. El capítulo 15 se centra en la administración de la implantación del sistema, incluyendo los métodos de entrenamiento para los operarios del sistema y otros usuarios, procedimientos de conversión y revisión

CUARTA PARTE
Implantación, administración del desarrollo, y selección del hardware y software

después de la implantación. El capítulo 16 se enfoca a la estimación y coordinación del desarrollo de los sistemas de información. Incluye una discusión de los conceptos de manejo de personal y explica el uso de revisiones y recorridos estructurados para ayudar a alcanzar los estándares de calidad y desempeño de los sistemas de información terminados. El capítulo 17 cubre la adquisición del hardware y software de los sistemas de información, incluyendo las opciones en la elección y contratación de los componentes y el apoyo computacional del sistema, así como los servicios de mantenimiento.

14. Ingeniería de sistemas y aseguramiento de la calidad

GUÍA DE ESTUDIO

Usted comprenderá cómo diseñar y desarrollar software de calidad cuando pueda contestar estas preguntas:

- ¿Qué principios deben guiar el diseño del software?
- ¿Qué quiere decir aseguramiento de la calidad?
- ¿Cómo se prueban los programas de computadora?
- ¿Son lo mismo los errores y las fallas del software?
- ¿Por qué se lleva a cabo el mantenimiento del software? ¿Qué tan frecuentemente se necesita?
- ¿Qué procedimientos de diseño hay que seguir para producir software de calidad?
- ¿Qué papel juegan las gráficas estructurales en el diseño de software?
- ¿Hay más de una forma correcta de diseñar software?
- ¿Qué herramientas se pueden usar para diseñar y documentar software?

OBJETIVOS DEL CAPÍTULO

- Fijar niveles de acoplamiento y cohesion en módulos de software.
- Desarrollar una gráfica estructural particionada.
- Desarrollar un programa de prueba de software.
- Preparar diagramas de flujo estructurado y diagramas de HIPO que describan las actividades del sistema.
- Dibujar diagramas de Warnier/Orr que muestren las relaciones en un proceso.
- Llevar a cabo pruebas de unidades y sistemas para promover el aseguramiento de la calidad.

PALABRAS CLAVE

Acoplamiento	HIPO
Aseguramiento de la calidad	Información de control
Biblioteca de pruebas	Parámetros
Caso de prueba	Prueba alfa
Certificación	Prueba ascendente
Cohesión	Prueba beta
Confiabilidad	Prueba de código
Diagrama de flujo estructurado	Prueba descendente
Diagrama de Nassi-Schneiderman	Prueba de especificaciones
Diagrama de Warnier/Orr	Refinamiento por pasos
Error	Sistema estructurado
Extensión de control	Tabla visual de contenido
Falla	Validación
Gráfica de estructura	Verificación

¿Qué tan probado está lo "probado"?

Terry Young y los demás miembros del equipo de sistemas de información de la compañía estaban en espera de esta reunión con el vicepresidente de mercadotecnia. Como líder del proyecto del sistema de captura de pedidos durante todo el día, Terry pensó que ellos tenían razón en sentirse orgullosos del sistema que recientemente habían terminado.

No sólo habían finalizado el proyecto a tiempo y dentro del presupuesto, sino que éste era el sistema más complejo que el grupo había desarrollado, ligando el manejo de pedidos e inventarios, órdenes de compra, historial de los clientes e incluso control de efectivo y cuentas por cobrar. Un reto adicional era el requisito de que la operación fuera 24 horas al día. El sistema tenía que operar en dos sistemas distintos para permitir un tiempo de mantenimiento del equipo.

Cuando el vicepresidente de mercadotecnia habló con el grupo, sus observaciones subrayaron el éxito del equipo.

"Sabemos que actualmente tenemos al mejor equipo y al mejor personal con el cual una compañía pueda contar. No hay duda de que nuestra habilidad para competir con éxito en el futuro depende de lo que recibimos de nuestra inversión en nuestros sistemas de información. Ustedes amigos, han hecho un excelente trabajo que contribuirá a nuestro provecho y su labor también beneficiará a nuestros clientes, ayudándolos a obtener los mejores productos rápida y fácilmente".

Terry observó a los demás miembros del equipo de sistemas de información para ver sus reacciones ante los elogios que se les prodigaban. Como ella, ellos parecían estar complacidos con el trabajo realizado. A pesar de haber sido un proyecto tan difícil, ahora se podía ver que bien había valido la pena el esfuerzo.

Terry continuó escuchando al vicepresidente, quien estaba concluyendo sus comentarios:

"Cualquiera puede comprar el mismo hardware que estamos usando, pero nadie más tiene nuestro equipo de trabajo, y nadie cuenta con la confiabilidad que tiene nuestro sistema. Terry Young, líder del equipo de desarrollo, va a hablarles ahora un poco acerca de las amplias pruebas y más pruebas que su gente ha hecho para garantizar la confiabilidad de nuestro sistema. Aunque no soy un experto en control de calidad, estoy seguro de que nuestro sistema no tiene errores. ¡Sin duda alguna, cada instrucción del software ha sido probada hasta la perfección! ¿No es así, Terry?"

La introducción del vicepresidente puso a girar la cabeza de Terry. Al levantarse para presidir la reunión, sus palabras resonaban en su cabeza. ¿**No** tiene errores?, ¿**cada** instrucción probada? El vicepresidente parecía no darse cuenta de que no hay tal cosa como un programa depurado o probado en su totalidad, pensó. Bueno, esto sólo tardará un poco más de lo que había planeado, se dijo a sí misma. Miró rápidamente a los otros miembros del equipo de desarrollo y vio que las sonrisas que lucían momentos antes habían cambiado por expresiones tensas.

"Gracias por sus elogios y confianza, señor Steele", comenzó. "Mis compañeros y yo apreciamos el que usted nos brinde esta oportunidad para hablarle de la confiabilidad del sistema. Comenzaré por decirle lo que hemos hecho para garantizar que el diseño del sistema cumpla las especificaciones y requerimientos para su uso y desempeño deseados. Quisiera explicar por qué **ninguna** prueba de un programa puede garantizar la confiabilidad de un sistema, algo que tal vez lo sorprenda" dijo, mirando directamente al vicepresidente. "Y entonces concluiré diciéndole por qué nuestro equipo cree que este sistema es tan confiable como nos fue posible".

Terry miró nuevamente a los miembros del equipo y comprobó que sus miradas revivían al dar principio a su presentación.

Mientras más funciones críticas de los negocios, las organizaciones y las actividades cotidianas se están automatizando, hay cada vez más confianza en los sistemas automatizados. Este hecho hace que haya una carga mayor en los analistas de sistemas para garantizar que los sistemas que desarrollan sean adecuados. La calidad de un sistema depende de su diseño, desarrollo, prueba e implantación. Una debilidad en cualquiera de estas áreas pondría seriamente en peligro la calidad y, por lo tanto, el valor del sistema para sus usuarios.

Este capítulo estudia las consideraciones del diseño que conducen a sistemas confiables y bien estructurados. Primero se analizan los objetivos del diseño para la confiabilidad y la facilidad de mantenimiento, continuando con criterios y prácticas de diseño. Se estudian las herramientas específicas que usa el analista para mejorar la confiabilidad y la facilidad de mantenimiento, al igual que los métodos para diseño y documentación.

La última parte del capítulo estudia el aseguramiento de la calidad y la prueba de sistemas y software. Veremos como las filosofías, estrategias y técnicas se combinan para producir el software confiable que desean tanto el analista como el usuario.

Comenzaremos el estudio de la ingeniería de sistemas, explorando los objetivos generales del diseño de software.

OBJETIVOS DE DISEÑO

Los dos objetivos operacionales de diseño que siempre buscan las personas que los desarrollan son la confiabilidad y la facilidad de mantenimiento del sistema. Esta sección centra su atención en la importancia de estos objetivos y los medios para alcanzarlos.

Diseño de sistemas confiables

Se dice que un sistema tiene *confiabilidad* si no produce fallas costosas o peligrosas al usarse de manera razonable, es decir, de tal forma que un usuario típico espera que sea normal. Esta definición reconoce que los sistemas no siempre se utilizan en la manera en que los diseñadores lo esperan. Existen cambios en las formas en que los usarios usan el sistema y también en las operaciones de la empresa. Sin embargo, hay ciertos pasos que los analistas deben dar para garantizar que el sistema sea confiable cuando se lo instala y que la confiabilidad se puede mantener después de la implantación.

Enfoques de la confiabilidad

Hay dos niveles de confiabilidad. El primero es en el que el sistema cumpla con los requerimientos correctos. Por ejemplo, se espera que un sistema tenga características o controles específicos de seguridad, construidos dentro de él a petición de los usuarios. Pero si el diseño no los especifica y permite la pérdida de fondos o mercancía durante mucho tiempo antes de que alguien detecte el problema, el sistema no es confiable. La confiabilidad a nivel diseño es posible sólo si el analista lleva a cabo una determinación cabal y efectiva de los requerimientos del sistema. Se necesita un estudio cuidadoso y completo del sistema para satisfacer este aspecto de la confiabilidad. Ya hemos visto varios aspectos del estudio de los sistemas.

El segundo nivel de la confiabilidad del sistema tiene que ver con los resultados reales que el sistema entrega al usuario. En este nivel, la confiabilidad del sistema se entrelaza con la ingeniería del software y su desarrollo.

Un *error* aparece cuando el sistema no produce los resultados esperados. Aunque es cierto que ningún sistema se depura o prueba en su totalidad, ni se puede demostrar que sea correcto —un hecho que alarma a muchos usuarios y aspirantes a programador— los errores no se limitan solamente al uso correcto de la sintaxis de programación.

La industria de la computación, en gran medida por medio del trabajo de Glenford Myers, ha distinguido entre los errores y las fallas. Una *falla* es la aparición de un error del software, con un cierto peso dado por su seriedad. Por ejemplo, si se desarrolla un programa sobre inventarios que trunca en vez de redondear los precios al calcular el valor de las mercancías hay un error si las especificaciones señalan redondeo. Pero esto puede no ser de consecuencia para el

TABLA 14.1 Enfoques de la confiabilidad

ENFOQUE	DESCRIPCIÓN	EJEMPLO
Prevención de errores	Previene la ocurrencia de errores en el software.	Es imposible en sistemas grandes.
Detección y corrección de errores	Reconoce los errores cuando se les halla y corrige el error o el efecto del error de tal forma que el sistema no falla.	Atrapa y modifica pasos aritméticos ilegales: compensa los valores inesperados de los datos.
Tolerancia a errores	Reconoce los errores cuando aparecen, pero permite que el sistema siga trabajando con una ejecución degradada o aplicando reglas que instruyen al sistema para que continúe el proceso.	Inhabilita parte del sistema. No lleva a cabo algún proceso pero mantiene operando al sistema.

usuario, que de hecho no lo reconoce como una falla. Sin embargo, si el programa se brinca ciertos artículos con regularidad o indica que no hay en existencia cuando en realidad sí lo están, hay una falla seria.

Prevención de errores Hay tres enfoques para la confiabilidad (tabla 14.1). Con la prevención de errores, los desarrolladores y programadores hacen todos los intentos por evitar que los errores ocurran. El propósito de los métodos y técnicas estructurados que se estudian en el presente capítulo es cumplir con este objetivo. Otra forma de buscar dicho objetivo es poner énfasis en la identificación temprana y cuidadosa de los requerimientos del usuario.

Los analistas deben considerar que es imposible alcanzar por completo este objetivo. Los errores pueden ocurrir no obstante los mejores esfuerzos de gente muy competente.

Detección y corrección de errores Este método usa características del diseño que detectan errores y hacen los cambios necesarios para corregir ya sea el error, mientras el programa esté en uso, o el efecto sobre el usuario, de tal forma que no ocurra una falla. En el capítulo 9 se estudió la corrección de los errores del usuario, tal como un mal deletreo de los términos importantes o la introducción de comandos inválidos. La detección de errores en un programa se hace de manera similar. Por ejemplo, un programa que calcule la productividad de un mesero o mesera en un restaurant, dividiendo la renta total de las comidas servidas entre el número de horas trabajadas, no debería fallar si los empleados no sirven nada. Si se avecina una fuerte nevada y los clientes se abstienen de ir al restaurant, los empleados acumularán tiempo de trabajo pero no tendrán ventas. El programa debería detectar el error de dividir entre cero y corregirlo para que el sistema se mantenga trabajando en forma adecuada. Desafortunadamente, muchos programas fallan cuando ocurre una situación como ésta. Aun cuando esto pueda no ocurrir durante varios años después de instalar el sistema, el error está allí desde el día en que se desarrolló el sistema. La falla ocurre posteriormente.

Tolerancia de errores Las estrategias de tolerancia de errores mantienen al programa en ejecución aun en la presencia de errores. La Administración Nacional para la Aeronáutica y el Espacio de los E.E.U.U. (NASA), por ejemplo, diseña sus sistemas para que toleren errores mediante el uso de hardware redundante. En un programa espacial, se usan computadoras redundantes a bordo y el voto de las computadoras se utiliza para procesar datos en paralelo, de tal forma que se puedan comparar los resultados. Dos computadoras procesan los datos de localización, corrección de curso y uso del combustible y compara los resultados con los de las otras dos computadoras que procesan los mismos datos. Se dispone de una quinta computadora para romper un empate en caso de que éste ocurra. En caso necesario, una sexta computadora guardada en un compartimiento de almacenaje accesible puede reemplazar rápidamente a cualquiera de las otras si se ha dañado o fallado.

Otra forma de la tolerancia de errores es el uso del procesamiento degradado. Con esta estrategia, el usuario recibe menos servicio del que el sistema está diseñado para proporcionar, pero esto se considera una mejor alternativa a los casos en que no dé servicio del todo. Por ejemplo, muchas de las instalaciones de generación y distribución de energía eléctrica en América del Norte se controlan mediante computadora. Supónga que en un día extremadamente caluroso, el sistema se sobrecarga y la computadora del centro de control es incapaz de procesar adecuadamente la distribución de cargas para cubrir la demanda de energía. En vez de arriesgarse a dañar la red de distribución de energía, la computadora automáticamente desconecta parte de la red. Al proporcionar un servicio degradado, la computadora tolera un error del software sin fallar.

Causas de los errores

Los aspectos de software en el diseño de sistemas son distintos de los considerados sobre la confiabilidad del hardware. En el hardware, por ejemplo, todos los errores de diseño se reproducen en cada copia del artículo fabricado. Sin embargo, los sistemas de aplicación son a menudo únicos y los errores de diseño no se distribuyen ampliamente. Por supuesto, si usted está trabajando en un sistema que se venderá comercialmente, existe un considerable interés en desarrollar y comercializar un paquete de software que no tenga errores de diseño.

Los defectos o errores de fabricación se introducen durante el proceso de producción. No son una propiedad del diseño y, de hecho, es posible que no aparezcan en cada artículo producido. Los errores de fabricación pueden aparecer en artículos producidos durante un periodo de tiempo específico, ya sea por problemas desconocidos con la calidad del material o por personas recientemente asignadas a un paso del proceso. En los sistemas de software, el equivalente de los errores de fabricación es la pequeña probabilidad de que, al hacer las copias en disco o cinta del programa para su distribución, se introduzcan ciertos errores. Sin embargo, este problema ocurre rara vez y no debe ser de mayor interés para el analista.

Aparecen fallas en el hardware cuando el equipo se usa y empieza a deteriorarse. No hay un equivalente en el software; es decir, no puede ocurrir que el software se vuelva inútil debido a que se deteriora. El medio en que se transporta (como cintas magnéticas o discos) se puede deteriorar o dañar, pero el software no.

Por lo tanto, el principal problema del software es el de diseñar y desarrollar software que no falle. Conviene recordar que, como lo señaló el líder del proyecto en el ejemplo del principio del capítulo, es imposible demostrar que no existen errores en un sistema particular.

Las causas de error que interesan al analista son 1) no obtener los requerimientos correctos, 2) no entender correctamente los requerimientos y 3) no traducir los requerimientos de una forma clara y entendible, de manera que los programadores los implanten correctamente.

Los capítulos anteriores acerca del análisis de sistemas describen los métodos para conducir un estudio efectivo del sistema e identificar los requerimientos correctos. Las técnicas de diseño y los criterios de diseño para las salidas, entradas, archivos y procesos garantizarán, si se aplican adecuadamente, que los requerimientos sean los correctos.

La transición del diseño del sistema al desarrollo del software es una oportunidad adicional para introducir errores de traduccion. Estos son el resultado de que el programador no comprende o no interpreta bien las especificaciones de diseño producidas por el analista. Recíprocamente, también aparecen cuando los analistas fuerzan a los programadores a traducir especificaciones incompletas. En el último caso, el programador se ve obligado a hacer decisiones de diseño mientras codifica el software.

Cuando ocurren tales malentendidos y se hace la implantación antes de detectarlos, el resultado es la necesidad de mantenimiento. Por supuesto que puede haber otras razones para el mantenimiento de sistemas, como lo estudia la siguiente sección.

Diseño de sistemas fáciles de mantener

Cuando se instalan los sistemas, generalmente se usan por periodos largos. La vida promedio de un sistema es de 4 a 6 años y las aplicaciones más antiguas a menudo están en uso durante más de 10 años. Sin embargo, este tiempo de uso trae consigo la necesidad de mantener continuamente el sistema. Debido al uso de un sistema después de

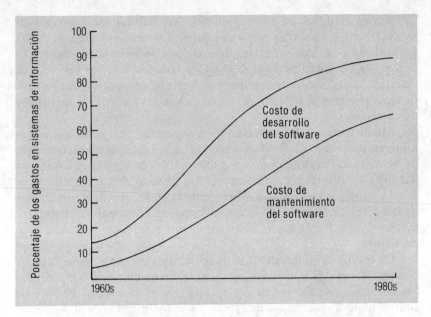

FIGURA 14.1

Tendencias en los costos de software y mantenimiento.

que se ha implantado por completo, los analistas deben tomer sus precauciones para garantizar que la *necesidad* del mantenimiento se controle mediante el diseño y la prueba y la *capacidad* para llevarlo a cabo se asegure mediante adecuadas prácticas de diseño.

Puntos del mantenimiento

Se han realizado muchos estudios en empresas privadas, en universidades y en el gobierno para conocer los requerimientos de mantenimiento de los sistemas de información. De los estudios realizados generalmente han concluido lo siguiente:

1. Del 60 al 90% del costo total del software durante la vida de un sistema se gasta en mantenimiento (Fig. 14.1).
2. A menudo, el mantenimiento no se hace de manera muy eficiente. En algunos casos documentados, el costo del mantenimiento, medido sobre la base del costo de escribir cada instrucción, es más de 50 veces el costo inicial de desarrollo del sistema (Boehm, 1976).
3. La demanda de software está creciendo con más rapidez que la oferta. Muchos programadores están trabajando más tiempo en el mantenimiento de sistemas que en nuevos desarrollos. Los estudios han mostrado que en algunas instalaciones, dos terceras partes de los programadores dedican su tiempo al mantenimiento del software. Existe un rezago en el trabajo de nuevos desarrollos. Además, hay un atraso oculto; aquellos trabajos que los usuarios ni siquiera se preocupan por pedir ya que saben que tardará años antes de que el desarrollo pueda comenzar.

Varios estudios en mantenimiento han examinado los tipos de tareas llevadas a cabo en el mantenimiento (Lientz y Swanson, 1980). La tabla 14.2 resume las clases de mantenimiento encontradas en los ambientes de sistemas de información. Una vez que los sistemas se instalan, la necesidad de depurar y corregir errores o las fallas en caso de emergencia es relativamente baja: menos del 20% de las tareas son de corrección.

Los sistemas de información y las organizaciones a las que sirven están en un estado de flujo constante. Por lo tanto, el mantenimiento de los sistemas también implica adaptaciones de versiones anteriores del software. Aproximadamente, el 20% de todo el mantenimiento se lleva a cabo para adecuarse a los cambios en los reportes, archivos y datos. Esto también incluye las adaptaciones necesarias cuando se instala nuevo hardware o software en un centro de procesamiento particular.

La mayor cantidad de trabajo de mantenimiento es para cumplir con peticiones de los usuarios, mejorar la documentación o recodificar los componentes del sistema para una mayor eficiencia. El 60% de todo el mantenimiento es con este fin. Aun así, muchas de las tareas en esta categoría se pueden evitar si la ingeniería de sistemas se lleva a cabo en forma adecuada.

Diseños fáciles de mantener

Las claves para reducir la necesidad de mantenimiento, al igual que para hacer posible que se realicen las tareas esenciales más eficientemente, son:

1. Definir con mayor presición los requerimientos del usuario durante el desarrollo del sistema.
2. Preparar lo mejor posible la documentación del sistema.
3. Usar métodos más efectivos para el diseño de la lógica del procedimiento y comunicárselos a los miembros del equipo del proyecto.
4. Hacer un mejor uso de las herramientas y técnicas existentes.
5. Dirigir el proceso de ingeniería de sistemas en forma efectiva.

Como lo indican los comentarios anteriores, el diseño es tanto un proceso como un producto. Las prácticas de diseño que se siguen para el software afectan en forma dramática la facilidad de mantenimiento de un sistema: las prácticas de diseño adecuadas dan por resultado un producto al cual puede dársele mantenimiento.

GRÁFICAS DE ESTRUCTURA DE PROGRAMAS

Los diseños bien estructurados facilitan el mantenimiento de un sistema. Un *sistema estructurado* es modular y desarrollado en forma

TABLA 14.2 Tipos de mantenimiento de un sistema

Categoría	Actividad	Frecuencia relativa
Correctivo	Ajustes de emergencia, depuración rutinaria	20%
Adaptivo	Inclusión de cambios a los datos y archivos, así como al hardware y software del sistema	20%
Perfectivo	Mejoras solicitadas por los usuarios, mejoras en la documentación, recodificación para mejorar la eficiencia computacional	60%

descendente, es decir, separado en componentes manejables. Los módulos deben diseñarse de forma que tengan un mínimo efecto sobre los demás módulos del sistema. Las conecciones entre módulos son limitadas y la interacción de datos es mínima. Se pretenden tales objetivos de diseño para que mejore la calidad del sistema y que faciliten las tareas de mantenimiento.

Los diagramas de estructura estudiados en el capítulo 4 muestran la relación de los módulos de procesamiento en el software. Esta sección estudia el desarrollo y uso de los diagramas de estructura.

Propósito de los diagramas de estructura

Un *diagrama de estructura* es una herramienta de diseño que muestra gráficamente las relaciones entre los módulos de un programa. Presenta cuáles módulos interactúan dentro de un sistema y también muestra gráficamente los datos que se comunican entre varios módulos.

Los diagramas de estructura se desarrollan *antes* de escribir el código del programa. No se pretende que expresen la lógica del procedimiento, tarea que se deja a los diagramas de flujo y pseudocódigo (una forma de español estructurado que se usa para describir la lógica del programa). Tampoco delinean la interfase física real entre las funciones de procesamiento (un objetivo de HIPO, como veremos en un momento). En vez de eso, indican las transferencias de datos entre módulos del sistema.

Simbología

Por conveniencia y facilidad de comunicación entre los desarrolladores de sistemas, se usa una simbología común en la elaboración de diagramas de estructura. Los módulos del programa se identifican mediante rectángulos (Fig. 14.2), con el nombre del módulo escrito

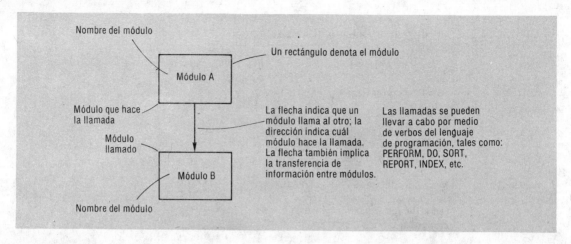

FIGURA 14.2

Notación usada en
diagramas de
estructura.

dentro del rectángulo. Las flechas indican las llamadas, las cuales son cualquier mecanismo para invocar un módulo particular. En los lenguajes de programación tradicionales, las llamadas se hacen ejecutando enunciados PERFORM y DO. En los lenguajes de cuarta generación y los sistemas de base de datos, las llamadas pueden ser macro instrucciones o comandos de alto nivel (tales como PREPARE, REPORT o INDEX). Para los fines del diseño, el mecanismo no es tan importante como reconocer que existe una relación entre los módulos individuales.

Las notas en el diagrama de estructura indican los parámetros que se transfieren y la dirección de movimiento de los datos. En la figura 14.3, vemos que los módulos A y B interactúan. Los datos identificados como X y Y se pasan al módulo B, el cual a su vez regresa el valor Z.

Un módulo que hace una llamada puede interactuar con más de un módulo subordinado. La figura 14.3 también muestra al módulo L, llamando a los módulos subordinados M y N. M es llamado con base en un punto de decisión en L (lo cual se indica con un pequeño rombo), mientras que N es llamado con base en un ciclo iterativo de procesamiento (denotado por el arco al principio de la flecha que hace el llamado).

Transferencia de datos

Cuando un módulo llama a otro, el módulo que hace la llamada puede enviar datos al módulo llamado de tal forma que pueda llevar a cabo la función descrita en su nombre. De la misma forma, el módulo llamado puede producir datos que se transfieran de nuevo al módulo que hizo la llamada.

Los parámetros son datos necesarios en el módulo llamado para realizar el trabajo necesario. Se usa una flecha pequeña con un círculo

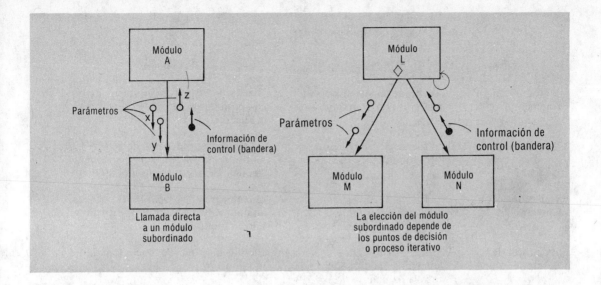

Llamada directa
a un módulo
subordinado

La elección del módulo
subordinado depende de
los puntos de decisión
o proceso iterativo

FIGURA 14.3
Anotaciones y trans-
ferencia de datos en
diagramas de
estructura.

hueco en su base para denotar la transferencia de parámetros. También se transfiere la *información de control* (a veces llamada *bandera*). Su propósito es ayudar a controlar el proceso indicando la ocurrencia de, digamos, errores o condiciones de fin de archivo. Una flecha pequeña con un círculo lleno identifica la información de control. Una anotación breve describe el tipo de información transferida (Fig. 14.3).

Los diagramas de estructura son una herramienta para ayudar al analista a desarrollar software que cumpla los objetivos del buen diseño de software. Estudiaremos estos objetivos en la sección siguiente.

DISEÑO DE SOFTWARE

Los siguientes principios deben guiar el diseño del software (Tabla 14.3):

- *Modularidad y fragmentación*
  Cada sistema debe estar formado por una jerarquía de módulos. Generalmente, los módulos de niveles inferiores son menores en alcance y tamaño comparados con los módulos de nivel superior y sirven para fragmentar procesos en funciones separadas.
- *Acoplamiento*
  Los módulos de un sistema deben tener poca dependencia entre si.
- *Cohesión*
  Los módulos deben llevar a cabo sólo una función de procesamiento.

TABLA 14.3 Principios del diseño de software

PRINCIPIO	DESCRIPCIÓN	OBJETIVOS
Modularidad y fragmentación	Diseño de un sistema como una jerarquía de módulos	Diseñar la estructura en forma descendente con módulos que realicen funciones específicas.
Acoplamiento	La fuerza de las relaciones *entre* módulos	Maximizar la independencia entre los módulos *minimizando el acoplamiento* (reducir el acoplamiento del módulo).
Cohesión (integración)	La fuerza de las relaciones *dentro* de un módulo	*Maximizar la cohesión;* los elementos altamente relacionados deben estar en el mismo módulo.
Extensión de control	Número de módulos subordinados al módulo que hace la llamada	Limitar la extensión de control de 5 a 7 módulos.
Tamaño	Número de instrucciones que componen a un módulo	Limitar el tamaño de forma que la función de todo el módulo se centre en un sólo propósito.
Uso compartido	Uso de un módulo por otros módulos	Evitar la duplicación permitiendo que los módulos sean llamados por otros que necesitan la función de cada uno.

- *Extensión de control*
  Los módulos deben interactuar con y coordinar las funciones de un número limitado de módulos de nivel inferior.
- *Tamaño*
  El número de instrucciones contenidas en un módulo debe ser limitado; el tamaño del módulo es generalmente pequeño.
- *Uso compartido*
  Las funciones no deben repetirse en módulos separados, sino establecerse en un único módulo que se pueda utilizar por cualquier otro cuando sea necesario.

Cada uno de estos principios se examinará con más detalle, para demostrar con ejemplos como se aplican.

Estructura descendente de módulos

Los métodos descendentes se usan en todo el proceso de análisis y diseño. El valor de usar un enfoque descendente, empezando en los niveles generales para comprender el sistema y moverse en forma gradual hacia los niveles de mayor detalle, se estudió junto con la etapa de análisis. En el proceso de moverse de arriba hacia abajo, cada componente se "hizo estallar" en más detalles. Un diagrama de flujo de datos se convierte en varios en el siguiente nivel inferior (Fig. 14.4).

Durante el estudio del diseño de entrada y menú, se enfatizó el enfoque descendente. El menú principal contiene varias opciones. Al escoger una de ellas se obtiene otro menú en el cual se presentan al usuario opciones más detalladas. Esta estructura proporciona a los usuarios un método fácil de entender para usar el sistema y elegir las opciones. No tienen que hacer todas las decisiones al mismo tiempo sino solo una a la vez.

El método descendente también se usa ampliamente en la ingeniería de sistemas y diseño de software. Cada función que el sistema lleva a cabo se identifica primero y después se desarrolla con mayor detalle. Los diseñadores de programas llaman a esto *refinamiento por pasos:* los procedimientos y procesos se desarrollan uno a la vez, desde lo general hasta lo particular.

Por ejemplo, un sistema de contabilidad está formado por varios módulos separados que se llaman uno a la vez, cuando los usuarios indican la función particular que desean llevar a cabo (Fig. 14.5). A su vez, el módulo de nivel superior llama a uno o varios módulos de nivel inferior hasta que la función deseada se realice.

Acoplamiento

El acoplamiento, explicado aquí, y la cohesión, examinada en la siguiente sección, miden aspectos opuestos del diseño de software (Fig. 14.6). El *acoplamiento* se refiere a la *fuerza* de la relación *entre módulos* de un sistema. En general, los buenos diseñadores buscan desarrollar la estructura de un sistema de tal forma que un módulo tenga poca dependencia de cualquier otro módulo.

Un acoplamiento holgado minimiza la interdependencia entre los módulos. Se puede alcanzar esto mediante las siguientes formas:

- Controlar el número de parámetros que se transfieren entre los módulos.
- Evitar la transferencia innecesaria de datos a los módulos que se llamen.
- Transferir datos (ya sea hacia arriba o hacia abajo) sólo cuando sea necesario.
- Mantener las relaciones superior/inferior entre los módulos que llaman y los que son llamados.
- Transferir datos, no información de control.

Conviene considerar la forma en que se transfieren los datos en un sistema de contabilidad. Al editar un registro de un proveedor (para el módulo de cuentas por pagar), la figura 14.7 muestra dos diseños posibles para editar el registro. En el primero, tipificado por un fuerte acoplamiento, el cual no es deseable, el módulo que hace la llamada

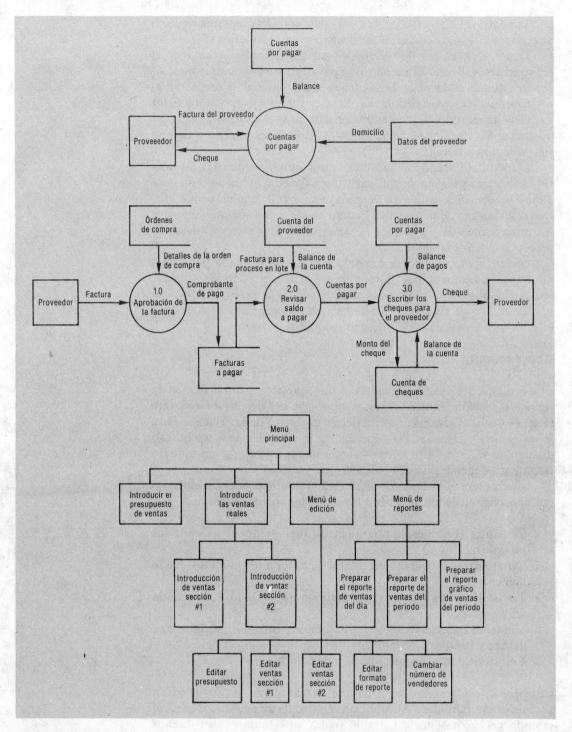

FIGURA 14.4
Métodos descendentes.

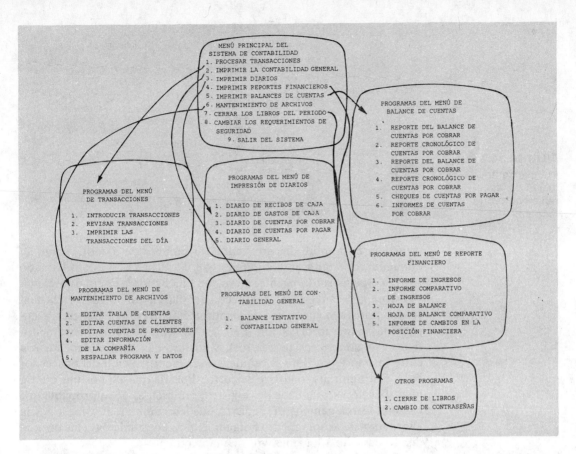

FIGURA 14.5
Programas para operar un extenso sistema de contabilidad modularizado.

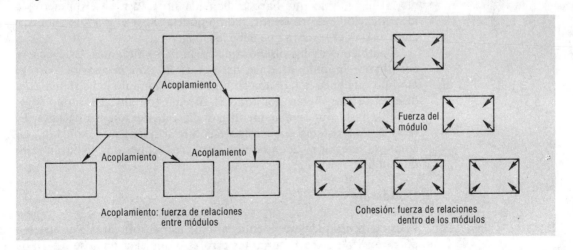

FIGURA 14.6
Acoplamiento y cohesión en el diseño de software.

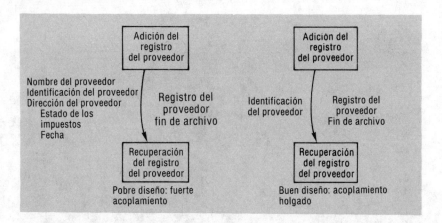

FIGURA 14.7
Acoplamiento y
fuerza de las
relaciones entre
módulos

transfiere el nombre del proveedor, su número de identificación, su domicilio, el estado de sus impuestos y la fecha. El módulo llamado regresa el registro del cliente, junto con una bandera de fin de archivo.

Compare esto con la versión con acoplamiento holgado en la cual sólo se transfiere el número de identificación del proveedor para recuperar la misma información. Pero este diseño no sólo mueve menos datos (solamente los necesarios), sino que hay menos dependencia entre los módulos. Sólo se requiere de la identificación del proveedor para distinguir un registro del otro. Puesto que es posible que la identificación sea la llave del registro, también es poco probable que cambie. Otros campos del registro pueden cambiar. Por lo tanto, la alternativa de acoplamiento holgado es más adecuada para alcanzar el diseño deseado y los objetivos de mantenimiento.

Evite varias características de un diseño pobre (Fig. 14.8). Transferir pocos datos puede hacer imposible el realizar la tarea. Por ejemplo, si el módulo que hace la llamada no transfiere el número de identificación del proveedor, ¿cómo podría saber el módulo subordinado cuál es el registro que debe localizar?

También evite los diseños que crean datos flotantes. Esto ocurre cuando un módulo produce datos que no son necesarios para el módulo que hace la llamada sino para otro módulo del sistema. Los detalles se transfieren por todo el sistema (de ahí el término "flotante"), hasta que finalmente llegan a la función que los necesita. El rediseñar el sistema para establecer un acoplamiento holgado, así como la creación de módulos con más cohesión, evitarán esta dificultad.

Cohesión

El uso del enfoque descendente para planear el software de un sistema no garantiza que se evitarán los errores o que el sistema será fácil de mantener. En los sistemas modularizados adecuadamente y cohesivos, el contenido del módulo está diseñado para que lleve a cabo una

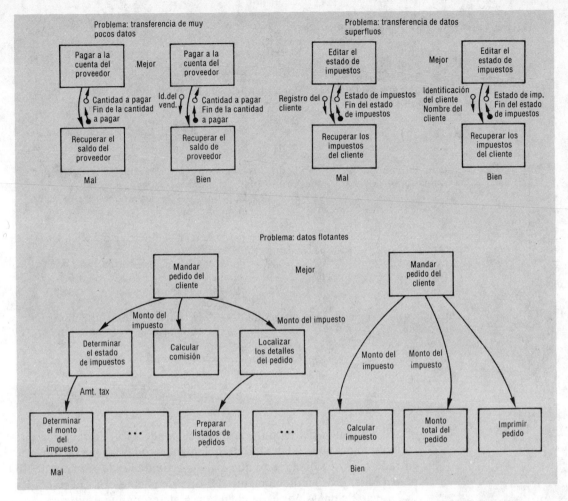

FIGURA 14.8
Ejemplos de diseño

función específica y para que sea más fácilmente entendible que los sistemas diseñados por otros métodos. Hay cuatro tipos generales de contenidos de módulos (Tabla 14.4); éstos se presentan enseguida en orden del menos al más deseable (Stevens, Myers y Constantine, 1974).

El tipo menos recomendable de agrupación del contenido de un módulo está formado por pasos que no llevan a cabo una función completa o que lógicamente no van juntos. Este caso extremo puede ocurrir si los programadores trabajan de acuerdo a reglas estrictas y dividen los módulos en secciones de 50 enunciados cada uno (o algún otro límite impuesto). Las actividades de entrada, salida, cálculo y manejo de archivos se llevan a cabo en un único módulo. Si esto ocurre, por lo general es el resultado del trabajo del programador sin especificaciones explícitas de diseño, o sin un claro entendimiento de cómo manejar una tarea.

TABLA 14.4 Cohesión de un módulo

	CONTENIDO DE UN MÓDULO	EXPLICACIÓN
MEJOR ↑	Contenido de un módulo determinado por la función desarrollada	Todas las actividades en un módulo tienen el mismo propósito, es decir, llevar a cabo una función específica. *Ejemplos:* Calcular el cargo financiero en un estado de cuenta; editar una transacción.
	Contenido de un módulo determinado por los datos usados	Todos los elementos en un módulo se refieren a los mismos datos o archivos. *Ejemplos:* Imprimir, desplegar, y copiar datos de un archivo común.
	Contenido de un módulo determinado por la lógica del procesamiento	Todos los pasos se realizan juntos o manejan las mismas funciones. *Ejemplos:* Todas las operaciones de entrada, todas las operaciones de salida y todas las actividades de inicialización.
↓ **PEOR**	Contenido no relacionado de un módulo	Los módulos se desarrollan por tamaño o número de instrucciones (es resultado de la programación con reglas escritas). *Ejemplos:* Todos los módulos no deben tener más de 50 enunciados de longitud; todos los módulos deben ajustarse a una sola página.

El contenido del módulo también se puede agrupar debido a que va junto lógicamente. Un módulo que maneja todas las operaciones de entrada o las de salida o uno que maneja actividades de procesamiento de pedidos, independientemente del tipo de cliente o las necesidades de manejo de datos por cada cliente, usa el agrupamiento lógico.

Los elementos del módulo también se pueden relacionar por el *tiempo* en el que ejecutan; es decir, lógicamente parecen ir juntos y se llevan a cabo al mismo tiempo. Un módulo que inicializa todas las variables y abre archivos está lógicamente integrado. Este nivel de modularidad es mejor que el primer tipo, ya que todos los elementos son ejecutables en un mismo marco de tiempo.

Los módulos que están lógicamente integrados son difíciles de modificar puesto que el costo será compartido por cada tipo de actividad. Hasta el más sencillo de los cambios puede afectar todos los tipos de transacción. Una mejor solución consiste en separar cada tipo de transacción en su propio módulo.

El contenido del módulo también se puede determinar por los datos que usen. Un módulo en el que el contenido se refiera a los mismos datos es preferible a uno que sea desarrollado sólo bajo la base de la lógica del procedimiento. Por ejemplo, se puede diseñar un módulo para que todas las operaciones sobre un conjunto de datos se

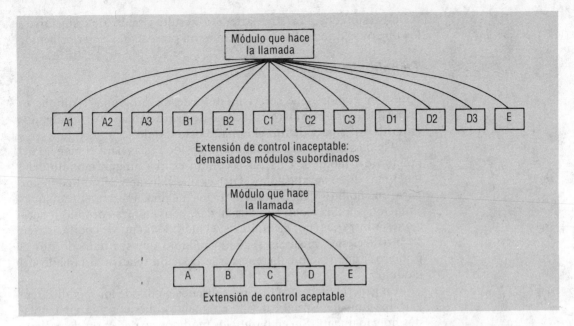

FIGURA 14.9
Extensión de control
en la jerarquía de un
módulo

lleven a cabo al mismo tiempo: se prepara un archivo para imprimirse en papel, llevado a disco y también duplicado para fines de respaldo. Un módulo que lee la siguiente transacción y actualiza el archivo maestro, añadiendo, eliminando o cambiando registros, incluyendo la verificación de error necesaria para cada tipo de función, comparte un conjunto común de datos. Este tipo de cohesión es mejor que los otros tipos presentados, pero no tan bueno como el agrupamiento funcional.

El agrupamiento o cohesión funcional permite una prueba más global del módulo. Si se necesitan cambios posteriores, los analistas y programadores pueden determinar rápidamente cómo se estructura el módulo y cómo procesa los datos e interactúa con los demás módulos en el sistema.

Se enfatiza constantemente en la confiabilidad y facilidad de mantenimiento en todo el desarrollo del sistema.

Extensión de control

La *extensión de control* se refiere al número de módulos subordinados controlados por el módulo que hace la llamada. En general, hay que tratar de no tener más de cinco a siete módulos subordinados (Fig. 14.9).

Por otro lado, la excesiva extensión de control, lo que significa un alto número de módulos subordinados, crea un peso considerable cuando se desea determinar cuál módulo llamar bajo ciertas condiciones y al establecer secuencias de llamadas para transferir datos y recibir resultados. Por otra parte, esto resulta común al no sujetarse a los objetivos de acoplamiento y cohesión presentados anteriormente.

Tamaño del módulo

¿Qué tan grande debe ser el módulo de un programa? Aunque es imposible fijar un número específico de instrucciones, existen algunos criterios útiles para definir el tamaño del módulo.

Algunas organizaciones han establecido reglas para el manejo del tamaño del módulo. Una regla común es que ningún módulo debe tener más de 50 instrucciones. Otra es que el listado del código fuente para un módulo debe limitarse a una página impresa. En algunas situaciones, estas reglas son adecuadas, pero en otras producen deciciones arbitrarias (por ejemplo, "si el módulo no puede codificarse en 50 instrucciones, crear un segundo módulo que sea llamado por el primero") que restan coherencia a la desición relativa al tamaño del módulo.

En general, debemos procurar diseños en donde los módulos tengan una función específica, sean altamente cohesivos y estén acoplados holgadamente. Sin embargo, los módulos no deben ser demasiado pequeños (cuando esto ocurre, deben conjuntarse los módulos). El tamaño del módulo depende también del lenguaje que se use. Más o menos, 50 enunciados en COBOL pueden ser un límite superior aceptable (los programadores no tienen que rediseñar si, digamos, se necesitan 51 o 55 enunciados, siempre que se cumplan los demás objetivos del diseño). Por otra parte, 50 instrucciones en un lenguaje poderoso de cuarta generación (donde una instrucción reemplaza de 10 a 50 enunciados equivalentes en COBOL) serían probablemente inaceptables.

Módulos compartidos

El uso compartido surge del deseo de tener una cierta función, cálculo o tipo de proceso llevado a cabo en un lugar del sistema. Se desea diseñar el sistema de forma que un cierto cálculo (como determinar los impuestos por ventas en un sistema de procesamiento de pedidos) se lleve a cabo una sola vez. Así, el módulo puede compartirse por todo el sistema llamándolo desde varios módulos.

¿Por qué compartir módulos? Hay varias razones. Primera, el compartir módulos minimiza la cantidad de software que debe diseñarse y escribirse. Segunda, minimiza el número de cambios que hay que hacer durante el mantenimiento del sistema. Por ejemplo, si cambian los procedimientos de cálculo de impuestos, solamente hay que modificar un módulo si se utiliza el principio de módulos compartidos. Y tercera, al tener un único módulo compartido se reduce la probabilidad de error: hay una probabilidad muy alta de que los módulos redundantes sigan distintos procedimientos de cálculo, si bien no inicialmente, sino después de la introducción de cambios en el mantenimiento (un módulo puede no ser cambiado porque se haya perdido de vista).

Muchos sistemas establecen los módulos de biblioteca —procedimientos predefinidos— que se incluyen en la biblioteca de programas del sistema. La rutina se invoca rápidamente mediante un solo comando o llamada.

Los módulos de biblioteca compartidos son otra forma en la que los buenos diseñadores siguen los principios introducidos al principio de esta sección.

DISEÑO DE SOFTWARE Y HERRAMIENTAS DE DOCUMENTACIÓN

El software modular y bien diseñado tiene mayor probabilidad de cumplir con los requerimientos de facilidad de mantenimiento, confiabilidad y prueba delineados en el presente capítulo. En esta sección se estudian tres herramientas específicas: los diagramas de flujo estructurado, diagramas de HIPO y diagramas de Warnier/Orr.

Diagramas de flujo estructurado

Los *diagramas de flujo estructurado,* también llamados de *Nassi-Schneiderman,* son herramientas gráficas que fuerzan al diseñador a estructurar software que sea modular y descendente. Proporcionan una estructura a la que se pueden ajustar los que desarrollan el software de aplicación. Las responsabilidades en una organización varían. En algunas compañias, los analistas son responsables de desarrollar la lógica del módulo, mientras que en otras esa responsabilidad se delega en el programador. En cualquier caso, el programador debe estar preparado en el uso de los diagramas de flujo estructurado.

Elementos básicos
Existen tres elementos básicos usados en el desarrollo de los diagramas de flujo estructurado: proceso, decisión e iteración. (Hay muchas analogías entre estos elementos y los componentes que se usan en el español estructurado.)

Proceso Los procesos o pasos en un programa se representan mediante un rectángulo: el símbolo de proceso. Este símbolo representa la inicialización de variables, actividades de entrada y salida y las llamadas para ejecutar otros procedimientos.

Un nombre descriptivo breve, escrito dentro del rectángulo, establece el propósito del proceso. La serie de pasos se muestra usando varios rectángulos.

Decisión El símbolo de decisión representa condiciones alternativas que pueden ocurrir y que el programa debe poder manejar. Muestran el equivalente de las estructuras IF-THEN-ELSE, estudiadas con anterioridad, en el caso del español estructurado y que son comunes a varios lenguajes de programación. Como se verá en los ejemplos, el símbolo de decisión puede mostrar acciones para más de dos alternativas al mismo tiempo.

Iteración El símbolo de iteración representa los ciclos y repetición de operaciones *mientras* exista una condición dada o *hasta* que haya una condición. La forma del símbolo de iteración muestra claramente el alcance de la iteración, incluyendo todos los procesos y decisiones contenidos dentro del ciclo. La parte izquierda del símbolo representa la ruta de repetición a seguir hasta que las condiciones que controlan la iteración se satisfagan.

Uso de diagramas de flujo estructurado

Los diagramas de flujo estructurado no usan flechas o continuaciones en páginas separadas. Cada diagrama de flujo estructurado se muestra en una sola hoja de papel (o una sola pantalla, si se desarrolla en línea).

Al diseñar un diagrama de flujo estructurado, los analistas de sistemas especifican la lógica en una forma descendente. El primer elemento a considerar en un proceso o decisión es el elemento de arriba. El segundo en la serie es el siguiente que se muestre, y así sucesivamente. En forma análoga, existe una única salida del proceso.

El analista comienza con un proceso principal e introduce otros símbolos para subdividir el proceso. Cada proceso recibe un nombre, pero, si el nombre no se subraya, es una referencia a otro diagrama o descripción. Esta sencilla convención hace posible conjuntar fácilmente distintos procedimientos que se llevan a cabo para terminar una actividad compleja.

La figura 14.10 muestra los pasos necesarios para producir las facturas de los clientes durante el procesamiento mensual. El diagrama de flujo estructurado se lee de arriba hacia abajo y de izquierda a derecha. Cada actividad se anida dentro de la iteración y procesos alternativos del cual es parte. Además, se muestra claramente cada condición.

Algunas partes de los procesos a menudo se describen en diagramas de menor nivel. Por ejemplo, las transacciones de compra, pago, débito y crédito se señalan en el módulo que se describe en la figura 14.10, pero los módulos que manejan el procesamiento de cada tipo de transacción se aplican aparte.

Un uso de los diagramas de flujo estructurado importante para el diseñador que debe verificar las especificaciones del sistema contra la lógica planeada del software, es el de identificar las condiciones y los procedimientos a seguir cuando existan dichas condiciones. El hecho

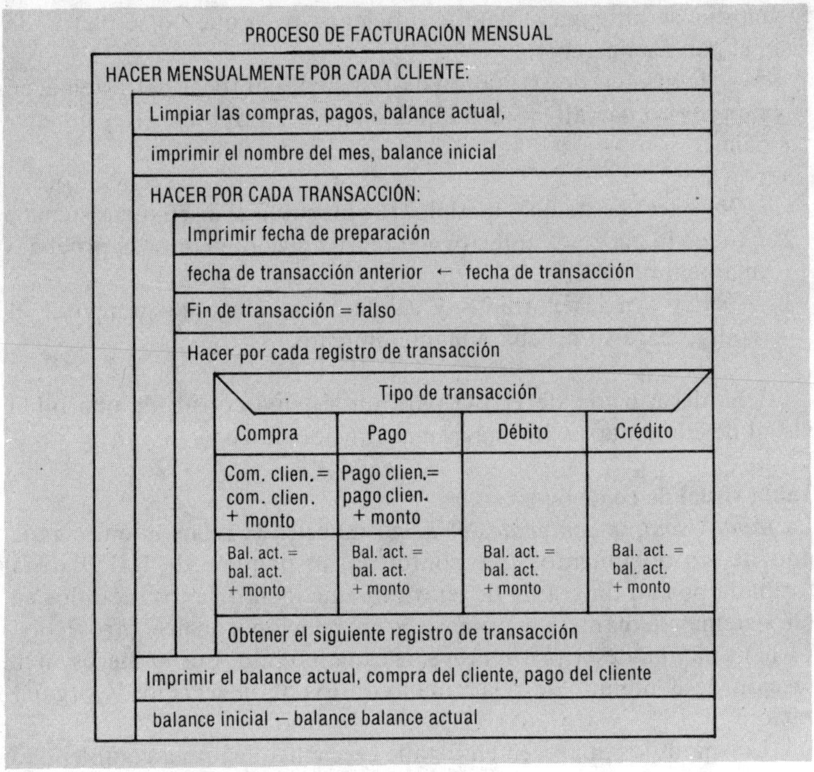

PROCESO DE FACTURACIÓN MENSUAL

HACER MENSUALMENTE POR CADA CLIENTE:

Limpiar las compras, pagos, balance actual,

imprimir el nombre del mes, balance inicial

HACER POR CADA TRANSACCIÓN:

Imprimir fecha de preparación

fecha de transacción anterior ← fecha de transacción

Fin de transacción = falso

Hacer por cada registro de transacción

Tipo de transacción

Compra	Pago	Débito	Crédito
Com. clien. = com. clien. + monto	Pago clien.= pago clien. + monto		
Bal. act. = bal. act. + monto	Bal. act. = bal. act. + monto	Bal. act. = bal. act. + monto	Bal. act. = bal. act. + monto

Obtener el siguiente registro de transacción

Imprimir el balance actual, compra del cliente, pago del cliente

balance inicial ← balance balance actual

FIGURA 14.10
Diagrama de estructura para la facturación mensual

de que el diagrama de flujo estructurado sea fácil de leer permitirá al analista determinar si la transacción de ajuste de débito, por ejemplo, fue añadida por el programador o era parte de las especificaciones originales del sistema.

HIPO

HIPO es otro método de uso común para desarollar software de sistemas. HIPO es una abreviatura del nombre en inglés de la *entrada-proceso-salida-jerarquica,* método que fue desarrollado por IBM para sus sistemas operativos grandes y complejos.

Propósito
La hipótesis en la que HIPO se basa es que es fácil perder la pista de la función deseada de un sistema o componente de un sistema grande. Esta es una razón por la que es difícil comparar los sistemas existentes contra sus especificaciones originales (y por lo tanto, porque pueden ocurrir fallas incluso en los sistemas técnicamente bien formulados). Desde el punto de vista del usuario, una sola función puede a menudo extenderse a varios módulos, por lo tanto, el interés del analista es entender, describir y documentar los módulos y su interacción de

forma que se obtenga el detalle suficiente, pero que no se pierda de vista el panorama general.

Los diagramas de HIPO son descripciones gráficas del sistema, en vez de prosa o narrativa. Ayudan al analista a responder tres preguntas guía:

1. *¿Qué* hace el sistema o módulo? (Se pregunta al diseñar el sistema.)
2. *¿Cómo* lo hace? (Se interroga al revisar el código para su prueba o mantenimiento.)
3. *¿Cuáles* son las entradas y salidas? (Se pregunta al revisar el código para su prueba o mantenimiento.)

Una descripción de HIPO para un sistema consta de una tabla visual de contenidos y los diagramas funcionales.

Tabla visual de contenidos

La *tabla visual de contenidos (VTOC)* muestra la relación entre cada uno de los documentos que conforma un paquete de HIPO. Está formada por un diagrama de jerarquía que identifica los módulos en un sistema mediante un número y en relación con los otros (Fig. 14.11) y da una descripción breve de cada módulo. Los números en la sección de contenido se relacionan con los de la sección de organización.

Los módulos aparecen en detalle creciente. Según la complejidad del sistema, son típicos de 3 a 5 niveles de módulos.

Diagramas funcionales

Existe un diagrama por cada caja en el VTOC. Cada diagrama muestra la entrada y salida (de derecha a izquierda o de arriba hacia abajo), los procesos principales, movimiento de datos y puntos de control. Los símbolos de los diagramas de flujo tradicionales representan los medios, tales como cinta magnética, disco magnético y salida impresa. Una flecha sólida muestra las rutas de control y una flecha hueca identifica el flujo de datos.

La ilustración de la figura 14.11 es un panorama del sistema, que representa la caja del nivel más alto en el VTOC. Los números de la parte inferior del diagrama indican donde se halla más detalle; es decir, se refieren a otros números de documento. Por ejemplo, el documento 3.11 explica el proceso de transacción de compra con mayor detalle.

Algunos diagramas funcionales contienen otros diagramas intermedios (Fig. 14.12). Pero también muestran datos externos, al igual que datos desarrollados internamente (como las tablas en el ejemplo de las facturas) y el paso en el procedimiento donde se usan los datos. Se le puede añadir una descripción de un diccionario de datos para explicar aún más los elementos de datos usados en un proceso.

Los diagramas de HIPO son efectivos para documentar un sis-

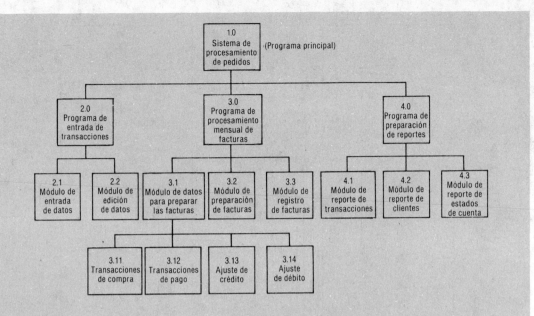

CONTENIDO

1.0 SISTEMA DE PROCESAMIENTO DE PEDIDOS (PROGRAMA PRINCIPAL)
Controla todo el procesamiento. Llama programas para manejar la entrada de datos, el procesamiento mensual de los registros y la impresión de reportes.

2.0 PROGRAMA DE ENTRADA DE TRANSACCIONES
Controla la entrada de todos los datos y la edición de los datos ya almacenados. Incluye las funciones de compra, pago y ajuste.

2.1 MÓDULO DE ENTRADA DE DATOS
Lleva a cabo la entrada y validación de datos para comprar, pagos y ajustes de crédito o débito.

2.2 MÓDULO DE EDICIÓN DE DATOS
Lleva a cabo la recuperación y edición de los datos de transacción previamente analizadas para comprar, pagos y ajustes de crédito o débito. Permite cambios a los datos o a la eliminación del registro de transacción.

3.0 PROGRAMA DE PROCESAMIENTO MENSUAL DE FACTURAS
Controla todos los pasos del procesamiento de facturas usando los datos de transacciones introducidos durante el mes.

3.1 MÓDULO DE DATOS PARA PREPARAR LAS FACTURAS
Lleva a cabo el procesamiento mensual de los datos de las transacciones para preparar la impresión de las facturas. Llama a módulos separados para manejar las transacciones de compra, pago y ajuste.

3.2 MÓDULO DE PREPARACIÓN DE FACTURAS
Imprime las facturas en formas ya impresas. Debe hacerse sólo hasta después de que los datos de la factura han sido preparados por el módulo 3.1.

3.3 MÓDULO DE REGISTRO DE FACTURAS
Imprime una relación detallada de facturas numeradas en forma ascendente. Debe hacerse sólo hasta después de que los datos de la factura hayan sido preparados por el módulo 3.1.

4.0 PROGRAMA DE PREPARACIÓN DE REPORTES
Controla toda la impresión de un reporte para los reportes de transacción, cliente y estado de cuenta.

4.1 MÓDULO DE REPORTE DE TRANSACCIONES
Imprime un listado detallado de todas las transacciones introducidas durante el mes, ordenado según el número de transacción asignado.

4.2 MÓDULO DE REPORTE DE CLIENTES
Imprime un listado de todos los clientes y la información demográfica en orden alfabético y de número de cuenta.

4.3 MÓDULO DE REPORTE DE ESTADOS DE CUENTA
Imprime los listados de todas las cuentas con balance distinto de cero en orden descendente. Incluye la información cronológica.

FIGURA 14.11
Tabla visual de contenido HIPO.

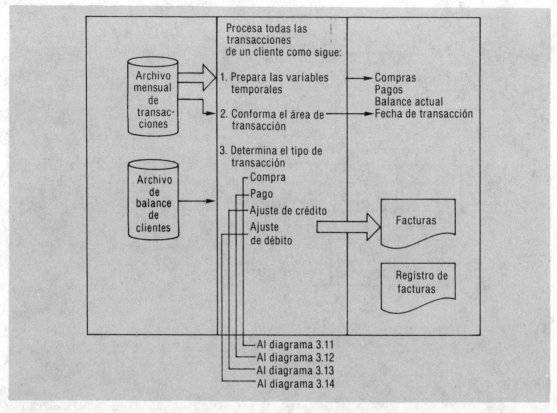

FIGURA 14.12

Diagrama funcional de HIPO para el procesamiento mensual de facturas.

tema. También ayuda a los diseñadores y los fuerzan a pensar en cómo cumplir con las especificaciones y dónde hay que ligar las actividades y componentes. Sin embargo, se basan en un conjunto de símbolos especializados que requieren explicación, una preocupación adicional si se compara con la simplicidad de, por ejemplo, los diagramas de flujo de datos. Los diagramas de HIPO no son tan fáciles de usar para los fines de comunicación como mucha gente quisiera. Y, por supuesto, no garantizan sistemas libres de errores. Por lo tanto, su mayor fuerza es la documentación de un sistema.

Diagramas de Warnier/Orr

Los diagramas de Warnier/Orr (también conocidos como *construcción lógica de programas/construcción lógica de sistemas*) fueron desarrollados inicialmente en Francia por Jean-Dominique Warnier y en los Estados Unidos por Kenneth Orr. Este método ayuda al diseño de estructuras de programas identificando la salida y resultado del procedimiento, y entonces trabaja hacia atrás para determinar los pasos y combinaciones de entrada necesarios para producirlos. Los sencillos métodos gráficos usados en los diagramas de Warnier/Orr hacen evi-

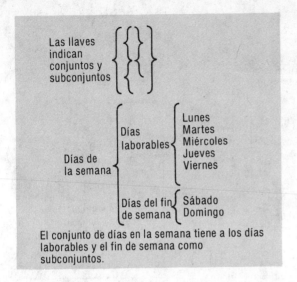

El conjunto de días en la semana tiene a los días
laborables y el fin de semana como
subconjuntos.

FIGURA 14.13
Simbología de
conjuntos usada en
los diagramas de
Warnier/Orr.

dentes los niveles en un sistema y más claros los movimientos de los
datos en dichos niveles.

Elementos básicos

Los diagramas de Warnier/Orr muestran los procesos y la secuencia
en que se realizan. Cada proceso se define de una manera jerárquica;
es decir, consta de conjuntos de subprocesos que lo definen. En cada
nivel, el proceso se muestra en una llave que agrupa a sus componentes (Fig. 14.13). Puesto que un proceso puede tener muchos subprocesos distintos, un diagrama de Warnier/Orr usa un conjunto de llaves
para mostrar cada nivel del sistema.

Los factores críticos en la definición y desarrollo del software son
la iteración o repetición y la selección de alternativas. Los diagramas
de Warnier/Orr muestran esto muy bien. Por ejemplo, al desarrollar
un sistema de facturación, existen procesos que ocurren en cada transacción, cada día y cada mes. Como lo muestra la figura 14.14, la
repetición de cada caso no sólo es fácil de identificar sino también se
localiza rápidamente en una secuencia lógica.

En algunas situaciones, la única preocupación es si está presente
cierta característica. Las alternativas son que esté o no esté. La simbología que se usa para indicar que una condición no existe es una línea
sencilla sobre el nombre de la condición. Por ejemplo, en la figura
14.15 los cuatro tipos de transacción de compra, pago, ajuste del
débito y ajuste del crédito son alternativas. El símbolo + representa
alternativas.

Uso de diagramas de Warnier/Orr

La capacidad de mostrar la relación entre procesos y pasos de un
proceso no es exclusiva de los diagramas de Warnier/Orr, así como

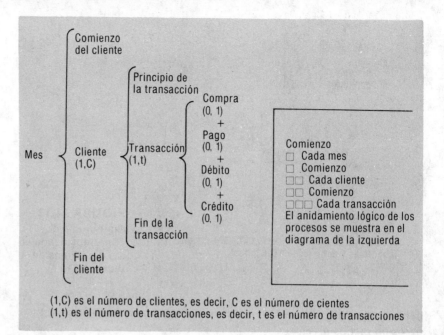

FIGURA 14.14
Seguimientos en el procesamiento mensual de facturas

tampoco lo es el uso de la iteración, selección de alternativas o el tratamiento de casos individuales. Tanto los diagramas de flujo estructurado y los métodos del español estructurado logran esto también. Sin embargo, el enfoque que se usa para desarrollar las definiciones de un sistema por medio de diagramas de Warnier/Orr es distinto y se adapta bien a los que se usan en el diseño de sistemas lógicos.

Para desarrollar un diagrama de Warnier/Orr, el analista trabaja hacia atrás, empezando con la salida del sistema y usando un análisis orientado hacia la salida. En el papel el desarrollo se mueve de izquierda a derecha. En primer lugar, se definen la salida o resultados esperados del procedimiento. En el nivel siguiente, mostrado mediante la inclusión por medio de una llave, se definen los pasos necesarios para producir la salida. A su vez, cada paso se define un poco más. Las llaves adicionales agrupan los procesos requeridos para producir el resultado en el siguiente nivel.

Un diagrama completo de Warnier/Orr incluye las agrupaciones de procesos y los requerimientos de datos. Como lo indica la figura 14.15, los elementos de los datos se enlistan para cada proceso o componente del proceso. Estos elementos de datos son los necesarios para determinar cuál alternativa o caso se debe manejar por el sistema y llevar adelante el proceso. El analista tiene que determinar dónde se origina cada elemento dato, cómo se usa y cómo se combinan los elementos individuales. Al terminar la definición, se documenta una estructura de datos para cada proceso. Ésta, a su vez, es usada por los

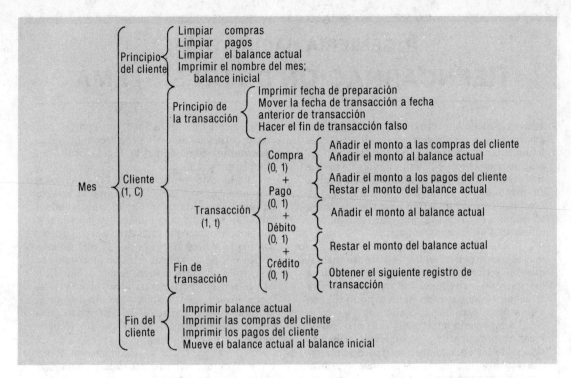

FIGURA 14.15

Datos que se usan en el procesamiento mensual de las facturas

programadores, los que trabajan a partir de los diagramas para codificar el software.

Los diagramas de Warnier/Orr ofrecen a los expertos en sistemas algunas ventajas distintivas. Son simples en apariencia y fáciles de entender. Aún así, son poderosas herramientas de diseño. Tienen la ventaja de mostrar agrupaciones de procesos y los datos que deben transferirse de nivel a nivel. Además, la secuencia del trabajo hacia atrás garantiza que el sistema estará orientado hacia el resultado. Este método también es un proceso natural. Con los diagramas de flujo estructurado, por ejemplo, a menudo es necesario determinar los pasos más internos antes de poder resolver lo relativo a las iteraciones y la modularidad.

Este método es útil para definir los datos y los procesos. Se puede usar para cada uno independientemente o se pueden combinar ambos en el mismo diagrama, como se hizo en el ejemplo anterior.

Una característica poderosa de los diagramas de Warnier/Orr es la forma en que se muestran los ciclos. Los pasos necesarios para moverse de un mes al otro en el procesamiento de facturas, por ejemplo, se señalan en la figura. Los pasos del procesamiento y los pasos de preparación de reportes se muestran con claridad, de tal forma que quien use el diagrama puede visualizar rápidamente cuándo se ejecutan los pasos y cuáles artículos están listos para terminar un ciclo

Ingeniería hacia atrás:
Reencarnación de un sistema

La mayoría de los aproximadamente 750 000 analistas de sistemas y programadores de los Estados Unidos trabajan en sistemas de información existentes. El mantenimiento de los sistemas de información es una enorme tarea en prácticamente cualquier organización. A nivel nacional, se invierten aproximadamente 55 billones de dólares al año para dar mantenimiento a los sistemas existentes.

Los analistas están prestando cada vez más atención al desarrollo de métodos, herramientas y técnicas para dar mantenimiento a los sistemas existentes. La ingeniería hacia atrás se está convirtiendo en un método valioso a considerar para llevar a cabo esto.

La ingeniería hacia atrás es el proceso de crear especificaciones, las cuales describan la acción de las aplicaciones existentes, en contraste con la ingeniería hacia adelante, en la que las especificaciones se crean de lo general a lo específico y que son seguidas por el desarrollo. La ingeniería hacia atrás también se puede llevar a cabo para rehacer la información que describe el propósito de los sistemas existentes.

La ingeniería hacia atrás es un concepto importante que se adecúa a la evolución de los sistemas de información. En la mayoría de las corporaciones, los sistemas no mueren; se les redirige, lo cual significa que los componentes se vuelven a desarrollar y usar para crear nuevas aplicaciones.

La documentación que describe en forma completa a los sistemas de información, así como los formatos de archivos y bases de datos, y el código fuente de los programas, es un cuerpo importante de detalles que explica cómo funciona un sistema, y en algunos casos, por qué se le ha diseñado de esa manera. Los comentarios en el código del programa y la información que se incluye en reportes con cierto formato también proporcionan pistas importantes para hallar la lógica oculta en algunos programas.

Todo esto pudiera parecer misterioso, casi como introducirse por la puerta trasera de una casa solitaria. Y hay cierta verdad en eso. En muchas compañías, la persona o equipo que desarrolló el sistema puede haberse cambiado a otra empresa por lo que no está disponible para explicar por qué un sistema se desarrolló de cierta manera incluso cómo funciona. La ingeniería hacia atrás proporciona dicha información crítica para su uso en la modificación o rediseño del sistema o para encontrar formas para poder usar los componentes en otros sistemas.

No exiten hasta el momento métodos estándares para llevar a cabo la ingeniería hacia atrás, aunque éstos llegarán algún día. Se espera que evolucionen las herramientas automatizadas para la ingeniería hacia atrás, permitiendo que los usuarios interactúen con un sistema para transferir el software en especificaciones. Es probable que un sistema de pregunta-respuesta permita consultas sobre, digamos, dónde se usa un cierto grupo de datos, dónde entra al sistema y en qué forma se genera. También es muy probable que ciertas herramientas produzcan bosquejos gráficos de la interrelación entre componentes, como un mapa de carreteras que une puntos clave.

La capacidad para ayudar a los analistas a desarrollar los sistemas con ingeniería hacia atrás podría convertirse en un importante elemento para mejorar la productividad del desarrollo de las aplicaciones nuevas y existentes.

mensual y prepararse para el siguiente. Este aspecto del procesamiento del sistema es crítico en un sistema de calidad.

MANEJO DEL PROCESO PARA GARANTIZAR LA CALIDAD

Las técnicas y criterios presentados en la sección anterior producirán, en caso de aplicarse adecuadamente, sistemas bien diseñados y con pocas fallas. Sin embargo, aun cuando las técnicas se sigan cuidadosamente, el analista no debe suponer que se ha cumplido con los estándares de calidad necesarios, punto que se enfatizó en el ejemplo del principio del capítulo.

El *aseguramiento de la calidad* es la revisión de los productos y documentación relacionada con el software para verificar su cobertura, corrección, confiabilidad y facilidad de mantenimiento. Y, por supuesto, incluye la garantía de que un sistema cumple las especificaciones y los requerimientos para su uso y desempeño deseados.

Niveles de seguridad

Los analistas usan cuatro niveles de aseguramiento de la calidad: prueba, verificación, validación y certificación.

Prueba

La prueba del sistema es un proceso caro pero crítico que puede llevarse hasta 50% del presupuesto para el desarrollo del programa. El punto de vista común respecto a las pruebas compartido por los usuarios, es que se lleva a cabo para demostrar que no hay errores en un programa. Sin embargo, como se indicó anteriormente, esto es prácticamente imposible, puesto que los analistas no pueden demostrar que el software está limpio de errores.

Por lo tanto, el enfoque más útil y práctico es en el entendimiento de que la prueba es el proceso de ejecutar un programa con la intención explícita de hallar errores, es decir, hacer que el programa falle. El examinador, que puede ser un analista, programador, o especialista entrenado en la prueba de software, está tratando realmente de hacer que el programa falle. Así, una prueba exitosa es aquella que encuentra un error.

Los analistas saben que un programa de prueba efectivo no garantiza la confiabilidad del sistema. La confiabilidad es asunto del diseño, como se estudió en este capítulo. Por lo tanto, la confiabilidad debe diseñarse en el sistema. Los analistas no pueden hacer una prueba de ella. Posteriormente, en esta misma sección, se discutirán estrategias específicas de prueba.

Comentario al margen
Estimación de la confiabilidad de los sistemas:
el cliente tiene el control

En las empresas, un dicho común entre los coordinadores y los representantes de ventas es "el cliente siempre tiene la razón". Últimamente, la frase, aunque no el significado, ha cambiado: "el cliente tiene el control", lo cual quiere decir que el cliente determina lo que es correcto y aceptable.

Esto es similar en los sistemas de información. Los usuarios son los clientes y los usuarios tienen el control. Determinan si un sistema es bueno o no. Cualquier intento de un analista por convencer a los usuarios de lo sabio o correcto de un cierto enfoque no sirve de nada si los usuarios no piensan que el sistema funciona de manera razonable.

Cuando hay que decidir si un sistema es confiable, la decisión es muy simple. Si los usuarios —aquéllos que usarán el sistema semana tras semana— no están convencidos que hace lo correcto (y en la forma correcta, sin sorpresas), no es un sistema confiable. Como dicen, ¡el cliente tiene el control!

Verificación y validación

Como la prueba, la *verificación* tiene la intención de hallar errores. Se lleva a cabo ejecutando un programa en un ambiente simulado. La *validación* se refiere al proceso del uso del software en un ambiente no simulado para hallar sus errores.

Cuando los sistemas comerciales se desarrollan con la intención explícita de distribuirlos a través de terceros para su venta, o comercializárlos por medio de oficinas de la propia compañía, primero deben pasar por la verificación, a veces llamada *prueba alfa.* La retroalimentación de la fase de validación generalmente produce cambios en el software para resolver los errores y fallas que se descubren. Se elige un conjunto de instalaciones usuarias que ponen a trabajar el sistema en un ambiente real. Estas instalaciones de *prueba beta* usan el sistema en las actividades cotidianas; procesan transacciones en directo y producen salidas normales del sistema. El sistema está a prueba en toda la extensión de la palabra, excepto que los usuarios están advertidos de que están usando un sistema que puede fallar. Sin embargo, las transacciones que se están procesando y las personas que usan el sistema son reales.

Es posible continuar la validación durante varios meses. En el curso de la validación del sistema, puede ocurrir una falla y el software será modificado. El uso continuo posiblemente produzca fallas adicionales y la necesidad de más cambios.

COMPAÑÍA DE AUDITORES CERTIFICADOS

123 Wall Street
New York, New York 10015

CERTIFICACIÓN DE SOFTWARE

Hemos revisado el paquete de servicio médico de la Medical Office Associates Company y elaborado un informe que describe nuestra revisión. Las observaciones principales de nuestro informe son que, en nuestra opinión, el paquete tiene la documentación adecuada tanto en el nivel del sistema como en el de la aplicación, lo cual permite a sus usuarios potenciales que entiendan el paquete. Proporciona controles internos de procesamiento, informes y archivos de datos que son adecuados para permitir el desarrollo de auditorías, de acuerdo con los principios y estándares generalmente aceptados en los Estados Unidos.

El sistema procesa la información de contabilidad utilizando procedimientos que permiten a los usuarios producir informes que se ajustan a los principios de contabilidad que generalmente son aceptados en los Estados Unidos.

Estos reportes y sus anexos son para el paquete de servicio médico proporcionado por Medical Office Associates Company.

FIGURA 14.16
Informe de certificación de software

Certificación

La *certificación* del software es una garantía de lo correcto de un programa, su importancia va en aumento para las aplicaciones de sistemas de información. Existe una creciente dependencia de la compra o renta de software comercial en vez del desarrollo "en casa". Sin embargo, antes que los analistas deseen aprobar la adquisición de un paquete, a menudo requieren de la certificación del software por parte del fabricante o de un tercero sin prejuicios.

Por ejemplo, algunas empresas importantes de contabilidad están involucradas en la certificación de paquetes de software, para garantizar que realmente hace lo que el vendedor afirma que realiza y de una manera apropiada. Para certificar de esta forma el software, la empresa asigna a un equipo de especialistas que cuidadosamente examinan la documentación del sistema para determinar lo que afirma el vendedor que el sistema hace y cómo lo lleva a cabo. Entonces ellos prueban el software contra estas afirmaciones. Si no se encuentran serias discrepancias o fallas, certificarán que el software hace lo que la documentación afirma (Fig. 14.16). Sin embargo, no certifican que el software sea el paquete correcto para una cierta organización. Esta responsabilidad sigue siendo de la organización y su equipo de analistas.

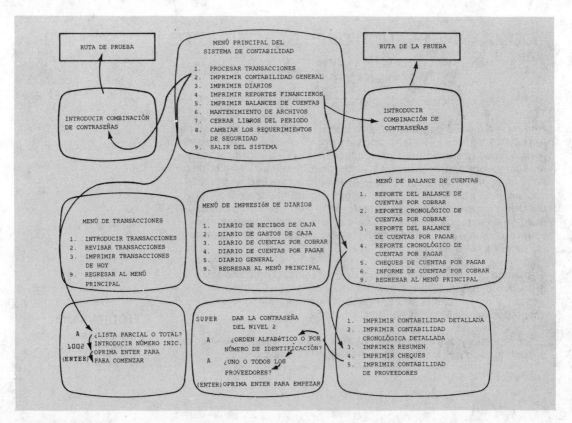

FIGURA 14.17
Datos para probar múltiples rutas en un sistema de contabilidad.

Estrategias de prueba

Ya se ha indicado que la filosofía detrás de la prueba es la de encontrar errores. Los casos de prueba se diseñan con este propósito en mente. Un *caso de prueba* es un conjunto de datos que el sistema procesará como entrada normal. Sin embargo, los datos se crean con la intención expresa de determinar si el sistema los procesará correctamente. Por ejemplo, los casos de prueba para el manejo de inventarios deben incluir situaciones en las que las cantidades que se retiran del inventario excedan, igualen y sean menores que las existencias. Cada caso de prueba se diseña con la intención de encontrar errores en la forma en que el sistema los procesará.

Hay dos estrategias generales para la prueba del software. Esta sección examina ambas, las estrategias de prueba de código y prueba de especificación.

Prueba de código
La estrategia de *prueba de código* examina la lógica del programa. Para seguir este método de prueba, el analista desarrolla casos de prueba que produzcan la ejecución de cada instrucción en el programa

o módulo; es decir, se prueba cada ruta del programa. Una ruta es una combinación específica de condiciones manejadas por el programa. Por ejemplo, en el caso del sistema de contabilidad, una ruta por el sistema es la de cambiar los balances de las cuentas. Se introduce la solicitud correcta, en seguida las contraseñas, datos y comandos adecuados (Fig. 14.17).

A primera vista, la prueba de código parece ser un método ideal para probar el software. Sin embargo, como vimos en el ejemplo del principio de este capítulo, es incorrecto el razonamiento de que todos los errores de software se pueden descubrir verificando toda ruta en un programa. En primer lugar, incluso en los programas moderadamente grandes, del tamaño usado en las situaciones típicas de un negocio, es casi imposible hacer una prueba exhaustiva de esta naturaleza. Las consideraciones financieras y las limitaciones de tiempo por lo general impedirán la ejecución de cada ruta dentro de un programa, ya que puede haber varios miles de ellas.

Sin embargo, aunque la prueba de código se pueda llevar a cabo en su totalidad, no es una garantía en contra de las fallas del software. Esta estrategia de prueba no indica si el código cumple sus especificaciones ni tampoco determina si todos los aspectos han sido implantados. La prueba de código tampoco verifica el rango de los datos que aceptará el programa, aun cuando, al ocurrir fallas del software en su uso real, sea frecuente que los usuarios introduzcan datos fuera de los rangos esperados (por ejemplo, una orden de ventas por un millón de dólares —la más grande en la historia de la organización—).

Prueba de especificación

Para llevar a cabo la *prueba de especificación* el analista examina las especificaciones que señalan lo que el programa debe hacer y cómo lo debe llevar a cabo bajo diferentes condiciones. Después se desarrollan casos de prueba para cada condición o combinación de condiciones y se mandan para su procesamiento. Por medio del estudio de los resultados, el analista puede determinar si el programa funciona de acuerdo con los requerimientos especificados.

Esta estrategia trata al programa como si fuera una caja negra: el analista no mira dentro del programa para estudiar el código y no le interesa si se prueba cada instrucción o ruta dentro del programa. En ese sentido, la prueba de especificación no es una prueba completa. Sin embargo, la hipótesis es que si el programa cumple las especificaciones, no fallará.

Ninguna de las estrategias de prueba de código o especificación es ideal. Sin embargo, la prueba de especificacion es la estrategia más eficiente, ya que se centra en la forma que se espera se use el software. También muestra de nuevo qué tan importantes son las especificaciones desarrolladas por los analistas durante todo el proceso de desarrollo del sistema.

MANEJO DE LAS PRÁCTICAS DE PRUEBAS

Independientemente de cual estrategia siga el analista, hay ciertas prácticas preferidas para garantizar que la prueba sea útil. Los niveles de prueba y los tipos de datos de prueba, junto con las bibliotecas de prueba, son aspectos importantes del proceso real de prueba.

Niveles de prueba

Los sistemas no se diseñan como sistemas completos ni tampoco se prueban como sistemas únicos. El analista debe llevar a cabo tanto pruebas parciales como las del sistema.

Pruebas parciales

En las pruebas parciales, el analista prueba los programas que conforman a un sistema. (Por esta razón, a veces se llama a las pruebas parciales *prueba de programas,* en contraste con la prueba de sistemas, que se estudia en la siguiente sección.) Las unidades de software en un sistema son los módulos y rutinas que se ensamblan e integran para llevar a cabo una función específica. En un sistema grande, se necesitan muchos módulos en varios niveles.

Las pruebas parciales se centran primero en los módulos, independientes entre sí, para localizar los errores. Esto permite al que realice la prueba detectar errores en el código y lógica contenidos dentro de ese único módulo. Aquellos errores que resultan de la interacción entre los módulos se evitan inicialmente.

Por ejemplo, un sistema de información de un hotel está formado por módulos para manejar las reservaciones; entrada y salida de huéspedes, restaurant, servicio al cuarto y cargos varios, actividades de convención y elaboración de estados de cuenta. Para cada uno, se tiene la capacidad de introducir, cambiar o recuperar datos y responder a consultas o imprimir reportes.

Los casos de prueba necesarios para las pruebas parciales deben probar cada condición u opción. Por ejemplo, los casos de prueba se necesitan para determinar cómo maneja el sistema los intentos, para registrar a clientes que tengan o no reservación, lo mismo que aquellos casos en los que hay que cambiar el nombre en la reservación cuando llega una persona distinta a la esperada. También se necesitan casos de prueba para las situaciones en las que el cliente paga el monto exacto de la factura, sólo parte de ella o más del monto mostrado. Es más, debe incluirse en un caso de prueba la salida del cliente sin que realice pago alguno.

Si el módulo recibe una entrada o genera una salida, también se necesitan casos de prueba para examinar el rango de valores esperado, incluyendo los datos válidos e inválidos. ¿Qué ocurrirá en el ejemplo de la salida del cliente del hotel si un cliente desea hacer un pago de $150 000 para una próxima convención? ¿Están diseñados los módu-

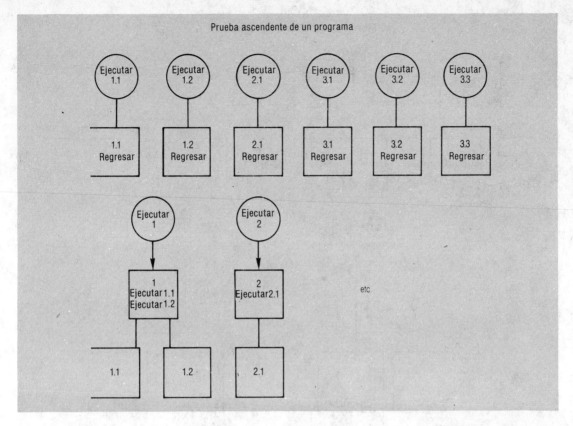

FIGURA 14.18
Método alternativo
para las pruebas
parciales usando un
enfoque ascendente

los de pago e impresión para manejar este monto? La prueba para esta
pregunta detecta rápidamente los errores existentes.

Si el módulo se diseña para llevar a cabo iteraciones, con procesos
específicos contenidos dentro de un ciclo, es recomendable ejecutar
cada condición frontera: cero iteraciones, una iteración en el ciclo y el
máximo número de iteraciones en el ciclo. Por supuesto, siempre es
importante examinar los resultados de la prueba, pero hay que prestar
especial atención a estas condiciones. Muy a menudo, los analistas
cometen el error de suponer que el caso de cero iteraciones será manejado automáticamente en forma adecuada.

Las pruebas parciales se pueden llevar a cabo en forma ascendente, comenzando con los módulos más pequeños y de nivel inferior
y continuando de uno en uno. Para cada módulo en la *prueba ascendente,* un programa corto (llamado *programa conductor* ya que maneja
o corre el módulo) ejecuta el módulo y proporciona los datos necesarios, de esta forma se pide que el módulo se desempeñe en la forma en
que lo haría al encajarse dentro del sistema. Después de probar los
módulos de nivel inferior, la atención se centra en los del siguiente
nivel (Fig. 14.18) que usan los de nivel inferior. Se prueban en forma

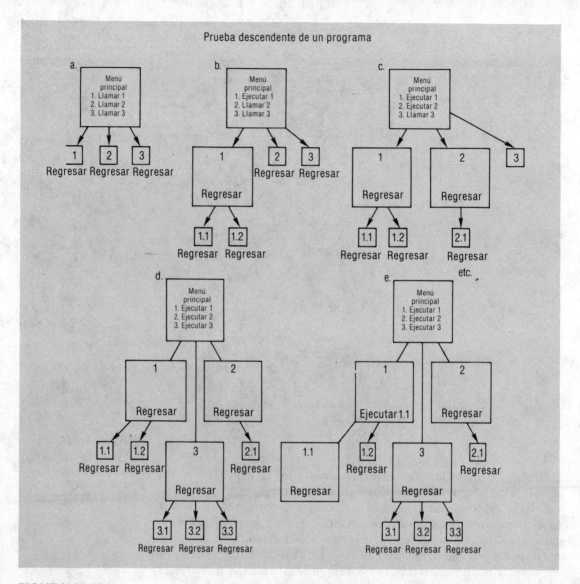

FIGURA 14.19

Método alternativo de prueba usando un enfoque descendente

individual y después conjuntamente con los módulos de nivel inferior que fueron examinados con anterioridad.

La *prueba descendente,* como su nombre lo indica, empieza con los módulos de nivel superior. Sin embargo, puesto que no se cuenta con las actividades de detalle, las que usualmente se llevan a cabo en las rutinas de nivel inferior (ya que esas rutinas no se están probando), se escriben fragmentos. Un fragmento es un módulo que puede ser llamado por el módulo de nivel superior y que, al ser alcanzado en forma apropiada, regresará un mensaje al módulo que hace la llamada, indicando que ocurrió la interacción apropiada (Fig. 14.19). No se hace el intento por verificar si el módulo del nivel inferior es correcto.

TABLA 14.5 Pruebas especiales de sistemas

TIPO DE PRUEBA	DESCRIPCIÓN
Prueba de carga máxima	Determinar si el sistema manejará el volumen de actividades que ocurran cuando el sistema esté en el punto más alto de su demanda de procesamiento. *Ejemplo:* Todas las terminales se activan al mismo tiempo.
Prueba de almacenamiento	Determinar la capacidad del sistema para almacenar datos de transacciones en un disco u otros archivos *Ejemplo:* Verificar la documentación en el sentido de que el sistema almacenará 10 000 registros de 383 bytes de longitud en un único disco flexible.
Prueba de tiempo de ejecución	Determinar el tiempo de máquina que el sistema necesita para procesar los datos de una transacción. *Ejemplo:* Tiempo de respuesta a las consultas cuando el sistema está cargado en su totalidad con datos operativos.
Prueba de recuperación	Determinar la capacidad del usuario para recuperar los datos o restablecer el sistema después de una falla. *Ejemplo:* Cargar copias de respaldo de datos y reiniciar el procesamiento sin perder datos o integridad.
Prueba de procedimientos	Determinar la claridad de la documentación en los aspectos de operación y uso de un sistema, haciendo que los usuarios lleven a cabo exactamente lo que el manual pide. *Ejemplo:* Apagar el sistema al final de la semana o responder al indicador luminoso de la impresora que señala la falta de papel.
Prueba de factores humanos	Determinar como utilizarán los usuarios el sistema al procesar datos o preparar informes. *Ejemplo:* Reacciones del usuario cuando no hay una respuesta inmediata a una consulta.

A menudo, los planes de prueba descendente se conjuntan con las pruebas ascendentes; es decir, se prueban como unidad los módulos de nivel inferior y se integran a un programa de prueba descendente.

Prueba de sistemas

La prueba de sistemas no prueba el software en sí, sino la integración de cada módulo en el sistema. También busca las discrepancias entre el sistema y su objetivo original, especificaciones y documentación del sistema. La preocupación principal es la compatibilidad de los módulos individuales.

Los analistas tratan de hallar áreas en donde los módulos hayan sido diseñados con especificaciones distintas para la longitud y tipo de datos y los nombres de los elementos de los datos. Por ejemplo, un módulo puede esperar que el tipo de dato para la identificación de un cliente sea un campo numérico, mientras que otros módulos esperan que sea de tipo carácter. Es posible que el sistema en sí no reporte esto como un error, pero la salida puede mostrar resultados inesperados. Si un registro creado y guardado en un módulo, usando la identificación como tipo numérico, se busca posteriormente esperando que sea de tipo carácter, el campo no será reconocido y aparecerá el mensaje EL REGISTRO PEDIDO NO SE ENCUENTRA.

La prueba de sistemas también debe verificar que los tamaños de los archivos son adecuados y que los índices se han construido en forma adecuada. Se deben probar a nivel sistema los procedimientos de ordenamiento y reindexación, que se supone están presentes en los módulos de nivel inferior, para ver que realmente existen y que logran los resultados que esperan los módulos.

Pruebas especiales de sistemas

Existen otras pruebas en una categoría especial ya que no se centran en el funcionamiento normal del sistema. Hay 6 pruebas básicas (Tabla 14.5).

Prueba de carga máxima Existen tiempos críticos en muchos sistemas, particularmente en los sistemas en línea. Por ejemplo, en un sistema bancario, los analistas quieren saber que ocurriría si todos los cajeros prenden sus terminales al mismo tiempo antes de empezar las actividades del día. ¿Los manejará el sistema uno a la vez sin incidentes?, ¿tratará de manejarlos todos a la vez y se confundirá tanto que se "cierre" y deba ser arrancado de nuevo?, ¿se perderán las direcciones de las terminales? La única forma segura para descubrirlo es probarlo. Las mismas situaciones pueden surgir cuando los cajeros apagan la terminal durante los descansos para comer y al final del día, por lo que la prueba se refiere a situaciones reales.

Prueba de almacenamiento Los analistas especifican una capacidad del sistema cuando se diseña y elabora. La capacidad se mide en términos del número de registros que un disco puede manejar o que un archivo puede contener. Estas capacidades están ligadas al espacio en disco y al tamaño de los índices, claves de registro y demás. Pero éstos también deben ser probados. Si la documentación de un sistema nuevo que va a correr en una microcomputadora afirma que un archivo en disco almacena más de 10 000 registros, cada uno con 393 bytes de longitud, la afirmación debe ser verificada antes de la implantación.

La prueba de almacenamiento requiere almacenar continuamente datos (ver las notas que siguen sobre los datos reales contra los sintéticos) hasta que se alcanza la capacidad. Al comparar las capacidades ofrecidas y reales se verificará, por un lado, la exactitud de la documentación y permitirá al mismo tiempo dar un juicio acerca de la capacidad real. La mayoría de los sistemas no se prueban de esta forma. Los usuarios encuentran demasiado tarde que las afirmaciones hechas durante la instalación no son ciertas: no existe la capacidad suficiente de almacenamiento para las transacciones y los registros del archivo maestro.

Prueba del tiempo de ejecución Cuando los analistas están desarrollando un diseño, se preocupan más por los reportes, entradas, archivos y secuencias de proceso que por el tiempo de ejecución, aunque esto cambia con la experiencia. Durante las pruebas parciales y del sistema, se usan conjuntos relativamente pequeños de datos para hallar errores o provocar fallas. Por lo tanto, los usuarios con frecuencia saben qué tan rápido o lento es el sistema sólo hasta después de que ha sido instalado y cargado con los datos. Esto puede ocurrir demasiado tarde. (Rara vez, los sistemas son muy rápidos para los usuarios.)

La prueba del tiempo de ejecución se lleva a cabo antes de la implantación para determinar cuánto tiempo se lleva recibir una respuesta a una consulta, hacer una copia de respaldo de un archivo o mandar una transmisión y recibir una respuesta. También incluye corridas de prueba para conocer el tiempo necesario para indexar o reordenar grandes archivos del tamaño de los que tendrá el sistema durante una corrida típica, o bien preparar un reporte.

Un sistema que corre bien con sólo algunas transacciones de prueba puede ser inaceptablemente lento cuando esté cargado por completo. El momento para saber esto es antes de la implantación, cuando se pueden hacer con mayor facilidad los ajustes. Una vez que los archivos están cargados en su totalidad y el usuario confía en el sistema para sus actividades cotidianas, es difícil retirarlo y comenzar cambios a gran escala. El usuario necesita el sistema y el analista no quisiera arriesgar la pérdida de datos reales.

Prueba de recuperación Los analistas deben suponer siempre que el sistema fallará y que los datos se dañarán o perderán. Aunque se escriban planes y procedimientos para cubrir estas situaciones, también se deben probar. Mediante la creación de un evento de falla o pérdida de datos, en donde los usuarios se vean forzados a volver a cargar y recuperar a partir de una copia de respaldo, los analistas pueden determinar fácilmente si los procedimientos de recuperación son adecuados. Generalmente, aun los planes mejor diseñados se ajustan o aumentan después de esta prueba.

Prueba de procedimientos Los manuales de documentación y ejecución que dicen al usuario como llevar a cabo ciertas funciones se prueban fácilmente pidiendo al usuario que los siga en forma exacta por medio de una serie de eventos. Es sorprendente cómo pueden surgir preguntas ante el hecho de no incluir instrucciones sobre cuándo oprimir la tecla ENTER, cuándo quitar los diskettes antes de apagar la máquina o qué hacer cuando se prende la luz que indica la falta de papel en la impresora.

Por supuesto, no hay sustituto para un conjunto de manuales de procedimiento bien diseñados. Los analistas se concentran en los detalles principales y críticos del diseño de un sistema y los incluyen en la documentación. También ponen atención en los pequeños detalles, tales como los mencionados anteriormente, al diseñar el sistema. Pero es común que las descripciones de los detalles no estén dentro de la documentación. Este tipo de prueba no sólo muestra dónde se necesitan, sino también en qué lugar están equivocados, es decir, dónde las acciones sugeridas en la documentación no son compatibles con las que realmente hay que llevar a cabo para hacer que el sistema funcione.

Comentario al margen
Documentación: para preservar la credibilidad

Lo peor que puede ocurrir cuando se implanta un nuevo sistema es que el software no funcione. Los profesionales de los sistemas de información se preocupan mucho por esta posibilidad, como se ha señalado en este capítulo.

Sin embargo, algo casi tan malo es que en la documentación los usuarios lean una cosa y que el sistema haga otra. En ese momento, tanto la aplicación como el analista pierden credibilidad. (Y una vez perdida la credibilidad es difícil de volverse a ganar.)

La documentación que va a dar a las manos del usuario final, ya sea en la forma de manuales, sistemas de ayuda en línea o diagramas sencillos, debe coincidir con la forma en que funcione la aplicación. Los analistas tienen que asegurarse de que ponen la atención suficiente para mantener este aspecto de credibilidad.

Prueba de los factores humanos ¿Qué hacen los usuarios si, después de mandar una transacción por medio de una terminal, la pantalla se pone en blanco mientras que los datos se procesan? Podrían no llevar a cabo las acciones que el analista desea o espera y en vez de ello responder de manera inusual: pueden oprimir la tecla de envío varias veces, apagar la terminal y volverla a prender, desconectar el teléfono y volverlo a conectar, volver a llamar al centro de cómputo o golpear la terminal. Obviamente, ellos harían cualquier cosa si el analista no les diera algún mensaje en la pantalla para indicar que su petición ha sido recibida, que está siendo procesada y que tardará un poco. De esto trata la prueba de factores humanos —hallar respuestas a preguntas sobre como reaccionará la gente ante el sistema en formas no previstas—. Como regla general, aunque parezcan extrañas las acciones anteriores, la gente tiene la razón, llevan a cabo acciones que son normales bajo las circunstancias.

Es responsabilidad del analista el anticipar preguntas que surgirán en la mente de los usuarios cuando éstos interactúen con el sistema. Si una pantalla se pone en blanco durante el procesamiento de la transacción, el analista debe asegurarse de que aparezca un mensaje en el cual se informe al usuario que la computadora está trabajando. Incluso no es suficiente si el retraso es de más de un segundo o dos. Para el procesamiento que se tarde periodos largos, el analista debe hacer que la pantalla dé al usuario un mensaje en el que se dice aproximadamente *cuánto tiempo* se tardará y dando *una opción para cancelar la petición*. El usuario puede decidir correr ese trabajo de una hora en otro momento, cuando el sistema no esté tan ocupado.

Si el sistema va a hacer un proceso largo de ordenamiento, el analista debe mantener al usuario informado acerca de que proporción del ordenamiento ha terminado. Los usuarios aprecían los sistemas que muestran el número de registros ordenados o el porcentaje terminado.

También el analista debe asegurarse de *observar* cómo introducen los datos las personas. ¿Usan teclas diferentes de las anticipadas (tales como la parte superior de los números en el teclado de la máquina de escribir en vez del teclado numérico)? ¿Hay combinaciones difíciles de teclas que puedan provocar errores (por ejemplo, tener que mantener oprimida la tecla de mayúsculas con el dedo meñique mientras se presiona la tecla + con el índice)?

¿Cómo se sentirá el usuario de un sistema después de trabajar con él durante mucho tiempo? El resplandor de una pantalla o simplemente bastante detalle en la misma provoca irritación física y mental. Las ligeras modificaciones en el contenido de la pantalla o la distribución del equipo son preocupacion es importantes del factor humano que afectan de forma dramática al usuario y, por lo tanto, al sistema.

Estas preguntas simples de prueba son de considerable importancia y extremadamente útiles para hallar defectos que puedan provocar la falla del sistema. Algunos analistas hallarán estos defectos en la forma más difícil —por medio de malas experiencias—. No es fácil olvidar al sistema que fue dañado porque el usuario golpeó la terminal cuando introdujo los datos y fueron aceptados por el sistema sin mostrar una respuesta. Sin embargo, si sigue los criterios anteriores, el analista puede evitar dichas situaciones.

Diseño de datos de prueba

Hay dos fuentes muy diferentes de datos de prueba, reales y artificiales. Ambos tienen ventajas y desventajas para el que realiza la prueba.

Uso de datos de prueba reales
Los datos de prueba reales son aquellos que se extraen de los archivos

de la organización. Después de que un sistema está terminado parcialmente, es frecuente que los programadores o analistas pidan a los usuarios que introduzcan un conjunto de datos de sus actividades normales. Por ejemplo, en un sistema de contabilidad, le pueden pedir a alguien del personal de contabilidad que introduzca la relación de cuentas y los estados financieros, junto con transacciones que afecten a estas cuentas. El analista de sistemas usa estos datos para probar parcialmente el sistema. En otros casos, los programadores o analistas obtienen datos reales de los archivos y los introducen ellos mismos.

Es difícil obtener datos reales en cantidad suficiente para conducir una prueba extensa. Y, aunque los datos reales mostraran cómo funciona el sistema para los requerimientos típicos de procesamiento, suponiendo que los datos reales introducidos son en realidad típicos, generalmente dichos datos no probarán todas las combinaciones o formatos que puedan entrar al sistema. El sesgo hacia los valores típicos no proporciona entonces una verdadera prueba del sistema y de hecho ignora los casos más probables que causan la falla del mismo.

Uso de datos de prueba artificiales

Los datos de prueba artificiales se crean solamente con fines de prueba, ya que se pueden generar para probar todas las combinaciones de formatos y valores. En otras palabras, los datos artificiales, que se puedan preparar rápidamente mediante un programa de utilería para generación de datos en el departamento de sistemas de información, hacen posible la prueba de todas las rutas lógicas y de control en todo el programa.

Los programas de prueba más efectivos usan datos de prueba artificiales generados por personas distintas de las que escribieron los programas. Frecuentemente, un equipo independiente formula un plan de prueba, usando las especificaciones del sistema.

Bibliotecas de prueba

Para garantizar que todos los sistemas se prueban adecuadamente, muchas organizaciones establecen bibliotecas de prueba. Una *biblioteca de prueba* es un conjunto de datos desarrollados para probar en su totalidad un sistema. Se guarda en una forma fácil de leer por la máquina, usualmente en disco magnético, y se usa por todas las personas involucradas con un sistema particular.

Por ejemplo, un sistema grande de inventarios está formado por cientos de programas. Todos comparten datos y formatos de archivo comunes. Cada uno de ellos también procesará transacciones similares y a veces actualizará registros y en otras ocasiones recuperará datos para responder a consultas o prepara reportes y documentos. Puesto que estos programas son transacciones interdependientes y sus procesos están relacionados, tiene sentido usar un conjunto común de datos para probar cada programa.

Las bibliotecas de prueba no solamente son para las pruebas iniciales. Al evolucionar el sistema y modificarse y dar mantenimiento a los programas, deben volverse a probar. La biblioteca de prueba tiene que conservarse durante toda la vida de un sistema de forma que, al hacer cada cambio, se disponga nuevamente de datos confiables para probar el sistema.

RESUMEN

La calidad de un sistema de información depende de su diseño, desarrollo, prueba e implantación. Un aspecto de la calidad del sistema es su *confiabilidad.* Un sistema es confiable si, al usarse de manera razonable, no produce fallas peligrosas o costosas. Esta definición distingue entre los *errores* del software, en los que el sistema no produce los resultados esperados, y las *fallas* que se presentan. Aunque es prácticamente imposible desarrollar software que se pueda demostrar que está libre de errores, los analistas hacen lo posible por prevenir la aparición de errores, usando métodos y técnicas que incluyen la detección de errores y su corrección y la tolerancia a errores. Ambas estrategias son útiles para mantener al sistema en operación y prevenir las fallas. A diferencia del hardware, en el que puede haber fallas de fabricación y del equipo, las fallas del software son el resultado de errores de diseño introducidos cuando se formularon las especificaciones y se escribió el software.

Un aspecto adicional del *aseguramiento de la calidad* es el evitar la necesidad de mejoras, por un lado, y por otra parte desarrollar software que sea fácil de mantener. La necesidad de mantenimiento es muy alta e impide los desarrollos nuevos. El porcentaje más alto del mantenimiento es para las mejoras propuestas por los usuarios y para mejorar la documentación —tareas que se pueden evitar o al menos reducir mediante una ingeniería de sistemas apropiada—.

Los *diagramas de estructura* son una herramienta importante para el diseñador de software. Muestran visualmente la relación entre los módulos del programa y los datos comunicados entre cada módulo. En general, se transmiten dos tipos de datos. Los *parámetros* son aquellos datos que el módulo necesita para el procesamiento. Por el contrario, la *información de control* ayuda a controlar el proceso, indicando la ocurrencia de errores o condiciones que afectan el proceso, tal como el indicador de fin de archivo.

Seis principios caracterizan a los buenos diseños de software: fragmentación descendente, *acoplamiento* holgado, agrupación funcional para la *cohesión,* extensión de control limitado, tamaño de adecuado de los módulos y módulos compartidos. Al seguir estos principios se aumenta la probabilidad de alcanzar niveles aceptables de confiabilidad y facilidad de mantenimiento.

Las necesidades de mantenimiento y de aseguramiento de la calidad también se cumplen mejor cuando se usa cualesquiera de las tres herramientas de desarrollo estructurado y documentación: diagramas de flujo estructurado, diagramas de HIPO o de Warnier/Orr. Todos usan la notación gráfica para describir sistemas o módulos. Los *diagramas de flujo estructurado,* también llamados diagramas de *Nassi-Schneiderman,* definen los módulos de un sistema usando las tres estructuras básicas de proceso, decisión e iteración. Cada una se ensambla de forma descendente para especificar la lógica de un módulo o sistema.

HIPO (entrada-proceso-salida jerárquica) también es un diagrama gráfico del sistema y está formado por una *tabla visual de contenido* que describe el sistema en general, y un conjunto de diagramas funcionales. Cada diagrama muestra la entrada, salida, pasos del proceso y flujo de los datos. Los diagramas de HIPO son muy adecuados para documentar un sistema.

Los *diagramas de Warnier/Orr* muestran en forma explícita las relaciones jerárquicas entre los procesos y los subprocesos. Para desarrollar un diagrama de Warnier/Orr, el analista trabaja hacia atrás, empezando con la salida del sistema y definiendo el sistema cada vez con más detalle. Los requerimientos de datos se añaden para cada proceso. Estos diagramas sencillos y fáciles de entender son una forma excelente de mostrar las relaciones entre los procesos que integran un sistema.

El aseguramiento de la calidad también incluye pruebas para garantizar que el sistema se desempeña de forma adecuada y que cumple con sus requerimientos. Los casos especiales de prueba son la *validación, verificación* y *certificación.* El propósito de la prueba es hallar errores, no el demostrar lo correcto de un sistema. Los *casos de prueba,* que usan datos reales o artificiales, son procesados por el software y se reportan los errores.

Se usan dos estrategias de prueba, ninguna de las cuales es ideal o suficiente. En la *prueba de código,* el analista desarrolla casos de prueba para ejecutar cada instrucción o ruta dentro de un programa. En la *prueba de especificación,* el analista examina las especificaciones del programa y entonces escribe los datos de prueba para determinar cómo opera el programa bajo condiciones específicas.

Los dos niveles de prueba son las pruebas parciales y la prueba del sistema. En la primera, el analista, usando alguna de las estrategias anteriores, examina los programas que conforman un sistema. Por el contrario, la prueba de sistemas pretende hallar cualquier discrepancia entre el sistema y sus objetivos originales.

Existen seis pruebas especiales que son: la prueba de carga máxima, almacenamiento, tiempo de ejecución, recuperación, procedimiento y de factores humanos. Cada una se centra en hallar los defectos de operación en el sistema para prevenir su falla.

Tanto los datos reales como los artificiales se usan para probar el sistema. Algunas organizaciones guardan los datos en *bibliotecas de prueba* para garantizar que todos los sistemas relacionados pueden procesar un conjunto común de datos de prueba cuidadosamente preparados. Además de la prueba inicial, las bibliotecas de prueba proporcionan datos confiables para probar el sistema cuando evolucione.

Las fallas en la prueba se muestran rápidamente cuando el sistema se implanta. La implantación del sistema se estudia en el capítulo siguiente.

PREGUNTAS DE REPASO

1. ¿Qué es la confiabilidad de un sistema? Comente los enfoques de confiabilidad de un sistema, señalando las ventajas y desventajas de cada uno. ¿Qué enfoque prefiere? ¿Por qué?
2. ¿En qué difieren los errores de hardware y software?
3. ¿En qué categorías se dividen las actividades de mantenimiento de un sistema? ¿Cuál es la frecuencia relativa de cada una?
4. ¿Qué niveles de modularidad caracterizan al software? ¿Cómo varían los distintos niveles?
5. ¿Qué son los diagramas de estructura? Comente sus componentes. ¿Qué papel juegan los diagramas de estructura en el diseño de software?
6. ¿Cuáles principios guían el diseño de software? Para cada uno, describa brevemente la intención del principio. ¿Qué resultados pueden ocurrir si no se siguen los principios?
7. ¿Qué es acoplamiento y cohesión? ¿En qué difieren y en qué se parecen? Dé ejemplos de cada uno, usando una aplicación representativa de sistema de información.
8. Comente el concepto de diagramas de flujo estructurado. ¿Cuáles son los elementos o componentes de los diagramas de flujo estructurado?
9. ¿Qué es HIPO? Comente el concepto y sus componentes. ¿En qué difiere HIPO de los diagramas de flujo estructurado? ¿Y de los diagramas de Warnier/Orr?
10. Comente las características de los diagramas de Warnier/Orr para el desarrollo de sistemas. ¿Cuáles son las ventajas de los diagramas como herramientas de diseño comparadas con otros métodos en este capítulo?
11. ¿Qué es el aseguramiento de la calidad en lo que respecta al software? ¿Por qué es un aspecto importante de la ingeniería de sistemas?
12. Comente los tipos más comunes de aseguramiento de la calidad. Dé ejemplos de cada tipo.
13. ¿Cuál es la finalidad de la prueba de software? Explique con ejemplos.
14. ¿En qué difieren la prueba de código y la prueba de especficación? Explique el propósito de cada una.
15. Comente las seis pruebas especiales de un sistema. Explique el propósito de cada una. Dé ejemplos para mostrar el propósito de la prueba.
16. ¿Cuáles son los niveles de prueba de un sistema? Identifíquelos y explique cada uno.
17. ¿Deben usarse datos reales o artificiales durante las pruebas de un sistema? Explique su razonamiento.

PROBLEMAS DE APLICACIÓN

1. Elabore un diagrama de estructura que describa la situación siguiente, en la que los pedidos de clientes se procesan en una organización.

   Todos los pedidos se identifican mediante un número único de pedido. Todos los artículos vendidos por la compañía también tienen un número único de producto.

   El procedimiento del sistema que se describe será automatizado aplicando buenas prácticas de diseño modular. Un operador de pedidos recibirá los pedidos por teléfono mientras trabaja en una terminal en línea. Se tomará la información por teléfono, y se introducirá al sistema por medio de una terminal.

   Cuando se recibe un pedido de un cliente en la compañía, se asigna el número consecutivo de pedido para identificar el pedido. Además, se introduce el número de cuenta del cliente en el pedido, junto con el nombre y la dirección. Si la persona que hace el pedido ya es un cliente regular de la empresa, su nombre, dirección y dirección de envío tienen que estar en el archivo, identificados por el número de cuenta. De ser así, la información debe poder recuperarse cuando el cliente proporcione el número de cuenta. Sin embargo, si el cliente es nuevo, el sistema pedirá al operador de la terminal que introduzca el nombre del cliente, su dirección, dirección de envío e información bancaria y de crédito.

   Todos los artículos de un pedido se introducen mediante el número del producto. Si el cliente le dice al operador el número del producto, éste lo introduce a la terminal, junto con la cantidad a ordenar. A su vez, la descripción y costo del producto se muestran en la terminal junto con una anotación de que los artículos están ahora "pedidos por el cliente". Cuando el cliente no conoce el número del producto, el operador introduce la clase de producto, dependiendo de la descripción que proporcione el cliente. En la pantalla de la terminal aparecen todos los artículos de esa clase. El operador y el cliente eligen conjuntamente el artículo correcto y se introduce su número de producto en el sistema, como se describió en el párrafo anterior.

   Al final del pedido, el sistema muestra un listado de todos los artículos y cantidades solicitadas, los costos individuales y totales por cada artículo y el costo total global del pedido.

   Al final del día, se imprime una copia de cada pedido y se la manda al cliente. Además, se prepara un reporte que resume todos los pedidos del día. El reporte incluye el número de cliente, nombre, dirección y dirección de envío, al igual que el monto total de cada pedido. Al preparar el diagrama de estructura:

   a. Muestre todos los módulos del sistema, identificando cada uno con un nombre descriptivo de su función. Use la notación estándar.
   b. Muestre la secuencia de llamadas entre módulos.
   c. Muestre los datos transferidos entre módulos.
   d. Anote cualquier hipótesis que haga al preparar el diagrama.
   e. Use un buen diseño modular.

2. El proceso de actualización de archivos secuenciales es común en todos los sistemas de información automatizados, independientemente del medio de almacenamiento usado para guardar transacciones y el archivo maestro. Si el archivo de transacciones se clasifica igual que el archivo maestro, los pasos son bien conocidos:

   Preparar el archivo maestro para su uso.
   Preparar el archivo de transacciones para procesamiento.
   Leer un registro del archivo maestro.
   Leer un registro del archivo de transacciones.

Si las llaves del archivo maestro y el archivo de transacciones concuerdan, el registro maestro se modifica y se escribe de nuevo en la memoria y los nuevos registros maestro y de transacción se leen en la memoria.

Si la llave del archivo de transacciones es menor que la llave del archivo maestro, se crea un registro y se escribe en el archivo maestro y se lee el siguiente registro del archivo de transacciones.

Si la llave del archivo de transacciones es mayor que la llave del registro del archivo maestro, el registro maestro se escribe en el nuevo archivo, se lee el nuevo registro maestro y el proceso se repite.

El proceso anterior se repite hasta que no haya más transacciones o registros en el archivo maestro. Entonces se cierran los archivos.

a. Desarrolle un diagrama de flujo estructurado para el procedimiento de proceso de datos descrito.

b. Desarrolle un diagrama de Warnier/Orr para el procedimiento.

c. ¿Cómo cambiarán los diagramas si se supone que
   (1) ¿Hay más de una transacción para aplicarla a un registro específico del archivo maestro?
   (2) ¿El archivo maestro se organiza con una organización de acceso directo?

3. Un patrón común de diseño que se usa cuando los individuos deben interactuar con un sistema en línea mediante pantallas, usa una serie de menús. Cada menú informa al usuario de las opciones que puedan ejecutarse en ese punto. En un sistema, el usuario entra introduciendo la palabra clave STARTUP (cualquier otra palabra clave es un error) y el sistema responde mostrando el menú principal del sistema. Las opciones del menú principal son la de añadir nuevos registros al archivo, editar los registros existentes, generar reportes, reindexar el archivo principal o salir del sistema.

Si el usuario elige la opción de reporte, se presenta otro menú a partir del cual el usuario puede elegir uno de cuatro reportes. Después de que el reporte ha sido seleccionado, se muestra otra pantalla preguntando al usuario si el reporte debe estar en orden alfabético, numérico o cronológico.

El usuario puede salir del sistema desde cualquier menú o puede regresar al siguiente menú de nivel superior. La salida se hace oprimiendo x o X. El movimiento de un menú a otro se hace oprimiendo m o M. Todas las opciones se eligen mediante un número (1, 2, 3, 4, etc.)

a. Desarrolle una tabla visual de contenido de HIPO para este diseño.

b. Describa el proceso por medio de un diagrama de Warnier/Orr.

c. Muestre la entrada al sistema y el proceso de selección de menú en forma de diagrama de flujo estructurado.

4. Los documentos que producen las empresas para enviar mercancías a los clientes a menudo reciben el nombre de *documentos de envío*. Análogamente, el sistema que produce los documentos se conoce como un *sistema de documentos de envío*. Un sistema particular utiliza un archivo de envíos para producir los documentos apropiados para el transporte de mercancía a los clientes, los cuales se clasifican con un código único de dos caracteres que describe el tipo de cliente y forma de envío a usar. Si el código de envío es BK, DV o CN, el programa añade un nuevo registro de envío al archivo de transacciones de envíos, archivo que se crea para su uso posterior por otro módulo del sistema. Si el código de envío es DA y el destino es un código de planta de producción DA, o si el código de envío es HH y el destino es una planta de producción con código DA, también se añade un registro de transacción al archivo de transacciones de envíos. El otro caso donde el sistema debe crear un registro de transacción de envío es si el código de pedido es QZ5.

Para estas situaciones y los demás códigos, el sistema produce una factura (además de la creación de los registros de transacción de envío descritos). Las existencias en el archivo de inventario de mercancías se reduce en el número de unidades facturadas cuando se prepara el documento de envío. Si el número de artículo en el documento de envío no coincide con ningún número de artículo en el archivo de inventario, el archivo no se altera y se produce un mensaje de error. Sin embargo, el documento de envío se sigue preparando como ya se describió.

    a. Desarrolle un diagrama de HIPO mostrando la entrada, proceso y salida para el sistema de envío tal y como se ha descrito.

    b. Muestre la lógica del diseño usando diagramas de Warnier/Orr.

    c. Compare los diagramas desarrollados en *a* y *b*. ¿Qué ventajas ofrece un método sobre el otro? ¿Cuáles son las desventajas de cada método?

5. Un analista diseñó un sistema de informes a la dirección que proporciona un reporte de una sola página donde resume las ventas y gastos del día. Las actividades de cada uno de los tres departamentos principales se reporta por separado, asi como el total de los otros departamentos juntos.

    Además, el sistema reporta las ventas acumuladas durante ese año para cada departamento y en total. Lo hace recuperando las ventas del día anterior y añadiendo las ventas del día de hoy a ese total. Después se graba el nuevo total junto con la fecha de hoy.

    El sistema se diseñó de tal forma que haya un registro grande de datos por cada día. En un año normal, el archivo contiene 365 días. Cada número de registro es el día numérico del año. Por ejemplo, el dato del primero de enero se guarda en el registro 1, el 31 de enero en el registro 31, el primero de febrero en el registro 32 y así sucesivamente. Cuando el usuario entra al sistema, hay que introducir la fecha actual. A su vez, el sistema traduce esto a un valor numérico.

    Si la fecha de hoy es el 31 de enero, el sistema recuperará las ventas acumuladas hasta la fecha del registro 30 (para el 30 de enero) y se añaden las ventas del día 31 para formar un nuevo total acumulado hasta el 31 de enero. Ese total se guardará como parte del registro 31 pero el registro 30 no se modifica. Al final del año, el sistema se recicla. En otras palabras, después del 31 de diciembre, el sistema empieza a reusar el archivo comenzando con el registro 1 (para el primero de enero).

    Desarrolle casos de prueba para determinar si el sistema recupera los datos del día anterior en forma adecuada. Especifique todas las combinaciones de datos necesarios para garantizar que la recuperación del día anterior trabaja adecuadamente. No hay que olvidar el año bisiesto, en el que hay 29 días en febrero y 366 días en el año.

6. Escriba el conjunto de los datos de prueba que crea necesarios para probar en forma adecuada el procedimiento de actualización de archivos descritos en la pregunta 4.

BIBLIOGRAFÍA

Boehm, B.W.: "Improving Software Productivity", *Computer,* 20, 9, septiembre de 1987, pp. 4357.

Boehm, B.W.: "Software Engineering"; *IEEE Transactions on Computers,* 25, 12, diciembre de 1976, pp. 1226-1241.

Brooks, F.P. JR.: *The Mythical Man Month,* Reading, MA: Addison Wesley, 1978.

HECKEL, P.: *The Elements of Friendly Software Design,* NY: Warner Books, 1984.

HIGGINS, D.A.: *Program Design and Construction,* Englewood Cliffs, NJ: Prentice-Hall, 1979.

JACKSON, M.A.: *Principles of Program Design,* NY: Academic Press, 1975.

LIENTZ, B.P. y E.B. SWANSON: *Software Maintenance Management,* Reading, MA: Addison Wesley, 1980.

METZGER, P.W.: *Managing a Programming Project,* 2a. edición, Englewood Cliffs, NJ: Prentice-Hall, 1981.

MYERS, G.J.: *The Art of Software Testing,* NY: Wiley-Interscience, 1979.

MYERS, G.J.: *Software Reliability,* NY: John Wiley and Sons, 1976.

NASSI, I. y B. SCHNEIDERMAN: "Flowchart Techniques for Structured Programming", *SIGPLAN Notices,* 8, 8, agosto de 1973, pp. 12-26.

PARNAS, D.L., P.C. CLEMENTS y D.M. WEISS: "The Modular Structure of Complex Systems", *IEEE Transactions on Software Engineering,* 34, 3, marzo de 1985, pp. 259-266.

PETERS, L.J.: *Software Design: Methods and Techniques,* NY: Yourdon Press, 1981.

STEVENS, W.P., G.L. MEYERS y L.L. CONSTANTINE: "Structured Design", *IBM Systems Journal,* 13,2, mayo de 1974, pp. 115-139.

WARNIER, J.D.: *Logical Construction of Programs,* NY: Van Nostrand Reinhold Company, 1974.

WASSERMAN, A.I. y STEVENG GUTZ: "The Future of Programming", *Communications of the ACM,* 25, 3, marzo de 1982, pp. 196-206.

YOURDON, E. y L.L. CONSTANTINE: *Structured Design,* Englewood Cliffs, NJ: Prentice-Hall, 1979.

15. Administración del proceso de implantación del sistema

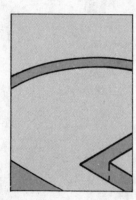

GUÍA DE ESTUDIO

Usted entenderá bien cómo administrar el proceso de implantación de los sistemas de información cuando pueda responder a estas preguntas:

- ¿Qué aspectos deben considerarse en la fase de capacitación de los usuarios y los operadores?
- ¿Cómo varían los métodos de capacitación entre las organizaciones?
- ¿Qué aspectos de la conversión de sistemas son los más difíciles de administrar?
- ¿Existen estrategias de conversión variables?
- ¿Cómo aseguran los analistas de sistemas que la conversión se lleva a cabo de forma adecuada y precisa?
- ¿Porqué es necesaria la revisión después de la implantación cuando los sistemas se instalan?
- ¿Cuáles son los métodos que se usan para revisar los sistemas después de la implantación?

OBJETIVOS DEL CAPÍTULO

- Evaluar un programa de capacitación para determinar si es completo y si tiene posibilidad de éxito.
- Preparar un plan de conversión para obtener un nuevo sistema de información.
- Diseñar un procedimiento para la conversión de los datos y archivos ya existentes para utilizarlos en el nuevo sistema.
- Delinear un plan de revisión después de la implantación.

PALABRAS CLAVE

Bitácora de eventos	Evaluación del impacto
Conversión	Gerente de conversión
Conversión directa	Procedimientos de ejecución
Enfoque piloto	Revisión después de la implantación
Etapas	Sistemas paralelos

Vacaciones en casa

Linda Gianni ha estado pensando cómo tomará su personal la implantación del nuevo sistema en su oficina. Todos parecen estar entusiasmados con la computarización, aun cuando ninguno de los miembros del personal, excepto ella, han tenido experiencia directa con las computadoras. Después de todo, en la mayoría de los casos, ellos están familiarizados con estas máquinas, ya que tienen cónyuges o hijos que usan computadoras en el trabajo o en la escuela. Al existir computadoras virtualmente en toda empresa, banco, tienda y terminal aérea, los temores y las preocupaciones que hace algunos años la gente tenía con respecto a la computarización han desaparecido en gran medida. El personal reconoce que las computadoras son parte integral de las empresas, así que están a favor del cambio. Se dan cuenta que les ahorrarán tiempo y mejorarán el servicio.

El departamento de Linda es el responsable de mantener registros exactos de los 5000 vehículos en renta de la compañía; el nuevo sistema promete hacer más fácil el trabajo para ella y sus compañeros de trabajo. Cada registro individual mostrará la fecha y el precio de compra del vehículo, la historia del mantenimiento y los términos del convenio de renta. Además, el sistema eliminará la necesidad de procesar manualmente los estados de cuenta mensuales que se envían a los arrendatarios, procedimiento que el personal desea automatizar. Como gerente, Linda se preocupa por las necesidades y deseos de sus compañeros de trabajo, así como de las necesidades y deseos de la empresa. Por fortuna, el nuevo sistema tiene el potencial para satisfacer a todos.

Linda revisa de nuevo la carta del proveedor que muestra los planes de capacitación para su departamento.

El programa de capacitación para el nuevo sistema será de cuatro días:

Primer día:	conceptos de computación, incluyendo una introducción al hardware, un panorama de las funciones que realiza el software y procedimientos generales de procesamiento de datos.
Segundo día:	experiencia directa con los menús, funciones y características del sistema.
Tercer día:	creación de archivos, introducción de datos, preparación de reportes e impresión de salidas.
Cuarto día:	práctica supervisada de uso del sistema.

Durante las sesiones de capacitación, el personal comenzará a construir archivos para su propio uso e introducirá los datos reales que ellos necesitan para procesar las cuentas. Esto asegurará que la capacitación sea realista, efectiva y también útil.

En vista de que se acerca el periodo de vacaciones, hemos tratado de preparar una programación que no interfiera con los planes vacacionales de los empleados.

Como resultado, hemos programado la capacitación para impartirse del 1 al 20 de diciembre, periodo de tres semanas que consideramos adecuado para las veinte personas que recibirán la capacitación.

Al final de la capacitación, daremos un receso hasta el 5 de enero, fecha en la cual adoptaremos el nuevo sistema. Todo el equipo se instalará y probará antes del primero de diciembre. Entre el 30 de diciembre y el 5 de enero probará el hardware, se harán ajustes al software o se corregirá cualquier dificultad que surgiera durante la capacitación. Ninguna de estas actividades interferirá con las operaciones regulares en su oficina.

Linda dejó la carta y empezó a pensar en las implicaciones de la programación propuesta. ¿Es una buena idea el receso de vacaciones?, se dijo a sí misma. Todos quieren el sistema en su lugar, pero tal vez la capacitación y la conversión debieran retrasarse hasta después de las vacaciones para que haya continuidad. Por supuesto, el proveedor probablemente no tenga ese espacio de tiempo disponible para la capacitación, dado un aviso tan precipitado.

También existe el problema de asegurarse que los registros se introduzcan de manera apropiada. Al tener que introducir los registros de 5000 vehículos por medio de las terminales, habrá muchas posibilidades de cometer errores u omisiones, recordó. ¿Será una buena decisión que el personal "practique" construyendo archivos con los datos reales? ¿No existe un gran peligro de equivocarse?

Al examinar la situación, Linda se preguntó: ¿cuál es el mejor método para dirigir la implantación? La programación propuesta, ¿dará por resultado una capacitación y conversión de la mejor calidad posible?

La implantación incluye todas aquellas actividades que tienen lugar para convertir del sistema anterior al nuevo. El nuevo sistema puede ser totalmente nuevo y reemplazar al sistema que hay, ya sea manual o automatizado; o bien puede ser una modificación importante de un

	CAPACITACIÓN DEL PERSONAL DE SISTEMAS	CAPACITACIÓN DEL PERSONAL USUARIO
Participantes	Personal de preparación de datos Personal de captura de datos Operadores de computadora	Todos los usuarios directos o indirectos

Temas principales	Uso de equipo
	Identificación de los problemas del equipo
	Procedimientos de ejecución de la computadora
	Programación de trabajos de la computadora
	Programación de actividades
	Mantenimiento del sistema
		Uso del equipo (en caso necesario)
		Identificación de los problemas del equipo (en caso necesario)
		Familiarización con la aplicación
		Captura y codificación de los datos
		Manejo de datos:
		   añadir registros
		   eliminar registros
		   editar registros
		Recuperación de información
		Uso de la información

TIPOS DE CAPACITACIÓN

Proporcionada por el vendedor:	Uso del equipo Operación directa Características y controles del software
"En casa":	Igual que arriba, pero se puede adaptar a las necesidades del usuario. Se puede usar material audiovisual, manuales de capacitación especial o software especial.

FIGURA 15.1
Actividades de capacitación de sistemas.

sistema existente. En cualquier caso, la adecuada implantación es esencial para lograr un sistema confiable y que cumpla con las necesidades de la organización. Una implantación exitosa no garantiza el mejoramiento de la organización que use el nuevo sistema (eso es una cuestión de diseño), pero su instalación inadecuada lo impedirá.

Como lo muestra este capítulo, aun los mejores sistemas pueden debilitarse si los analistas que conducen la implantación no atienden cada detalle importante. Ésta es un área en la que los nuevos analistas de sistemas deben concentrar gran parte de su atención. Los *buenos analistas* pueden hacer una gran diferencia.

Este capítulo estudia los tres aspectos de la implantación: capacitación de personal, procedimientos de conversión y la revisión después de la implantación. En cada área, se estudian los elementos particulares de ese aspecto, así como los métodos de manejo de cada situación de forma eficiente y efectiva.

CAPACITACIÓN

Aun los sistemas técnicamente elegantes y bien diseñados pueden tener éxito o fracasar debido a la forma en que se operan y usan. Por lo tanto, la calidad de la capacitación recibida por el personal relacionado con el sistema ayuda u obstruye, y puede llegar a impedir, la implantación exitosa de un sistema de información. Aquellos que estén asociados con el sistema o afectados por el mismo deben conocer con detalle cuáles serán sus papeles, cómo pueden usar el sistema y qué hará o no hará el sistema. Tanto los operadores como los usuarios del sistema necesitan capacitación (Fig. 15.1).

Capacitación de operadores de sistemas

Muchos sistemas dependen del personal del centro de cómputo, el cual es responsable de mantener al equipo funcionando, así como de proporcionar el servicio de apoyo necesario. Su capacitación debe asegurar que puedan manejar todas las operaciones posibles, tanto rutinarias como extraordinarias. La capacitación del operador también debe contemplar al personal de captura de datos.

Si el sistema necesita la instalación de nuevo equipo, por ejemplo, un nuevo sistema de computación, terminales especiales, o equipo distinto para la captura de datos, la capacitación de los operadores debe incluir aspectos tan básicos como saber prender el equipo, usarlo, apagarlo, y también un conocimiento de lo que es su operación y uso normales. También debe capacitarse a los operadores acerca de los desperfectos más comunes, cómo reconocerlos y qué pasos llevar a cabo cuando ocurran. Como parte de su capacitación, se debe dar a los operadores una lista de formas de resolver los problemas y que identifique los posibles problemas y solución, así como los nombres y números telefónicos de las personas a quién buscar cuando surjan problemas inesperados.

La capacitación también necesita la familiarización con los *procedimientos de ejecución,* lo cual implica trabajar a través de la sucesión de actividades necesarias para usar un nuevo sistema. Estos procedimientos permiten a los operadores de la computadora familiarizarse con las acciones que deben realizar (como montar discos o cintas magnéticas, copiar archivos, cambiar las formas de impresión o hacer funcionar sistemas de información) y saber cuándo deben ocurrir dichas acciones. Además, sabrán cuánto tiempo le llevará a las aplicaciones correr bajo condiciones normales. Esta información es importante, tanto para que los usuarios puedan planear su trabajo como para identificar los sistemas que corran más rápido o más lento de lo esperado —una señal que usualmente indica problemas con la corrida—.

Capacitación de usuarios

La capacitación de usuarios puede implicar el uso de equipo, particularmente en el caso en que, digamos, una microcomputadora esté en uso y la persona en cuestión sea al mismo tiempo operador y usuario. En estos casos, primero se debe capacitar a los usuarios sobre cómo operar el equipo. Preguntas que pueden parecer triviales para el analista, por ejemplo, cómo prender una terminal, cómo introducir un diskette en una microcomputadora, o cuándo se debe apagar el equipo sin el peligro de perder datos, son problemas importantes para los nuevos usuarios que no están familiarizados con las computadoras.

La capacitación de los usuarios también debe incluir la identificación de los problemas, determinando si el problema que surge es causado por el equipo o el software o por algo hecho por ellos al usar el sistema. Al incluir una guía de identificación de problemas en la documentación de los sistemas, se obtendrá una referencia útil por mucho tiempo después de terminar el periodo de capacitación. No hay nada más frustrante que trabajar con un sistema, hallar un problema, y no ser capaz de determinar si es error del usuario o si es algo que tiene que ver con el propio sistema. El lugar para prevenir la frustración es durante la capacitación.

La mayor parte de la capacitación del usuario tiene que ver con la operación del sistema en sí. La capacitación en la codificación de datos enfatiza los métodos a seguir en la captura de datos a partir de las transacciones, o en la preparación de datos necesarios para las actividades de apoyo a las decisiones. Por ejemplo, en un sistema de contabilidad, puede ser importante traducir los nombres de los clientes en números de cuenta de clientes que se introducen como parte de la transacción contable (Fig. 15.2). Los usuarios deben saber cómo determinar el número de cuenta del cliente, que tiene cuatro dígitos y que no contiene caracteres alfabéticos.

Las actividades de manejo de datos que reciben la mayor atención en la capacitación de usuarios son la captura de datos (cómo guardar nuevas transacciones), la edición de datos (cómo modificar datos grabados previamente), la formulación de consultas (cómo localizar registros específicos u obtener respuestas a preguntas) y el borrado de registros de datos. El grueso del uso del sistema implica este conjunto de actividades, lo cual quiere decir que la mayor parte del tiempo de la capacitación se dedicará a esta área.

De vez en cuando, los usuarios deberán preparar discos, meter papel en las impresoras cambiar las cintas de las impresoras. Ningún programa de capacitación está completo sin dedicarle tiempo a las actividades de mantenimiento de los sistemas. Si una microcomputadora o sistema de captura de datos usa discos, los usuarios deben estar preparados para formatear y probar discos. También deben realizar cambios de cintas de impresoras, limpieza del equipo y otros mantenimientos rutinarios. No es suficiente el simplemente incluir esta

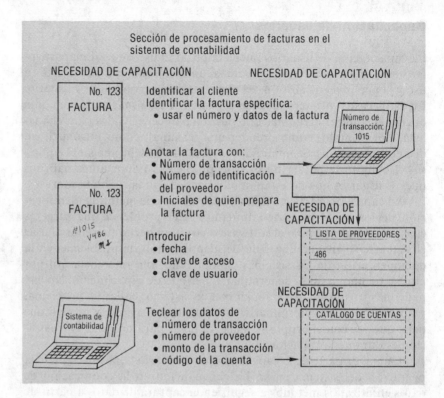

FIGURA 15.2

Necesidades de capacitación para la captura de datos de un sistema de contabilidad.

información en un manual, aunque esto es esencial para referencias futuras.

Como lo muestra el párrafo anterior, hay dos aspectos de la capacitación de los usuarios: la familiarización con el sistema de procesamiento en sí (es decir, el equipo usado para la captura y procesamiento de datos) y la capacitación en el uso de la aplicación (es decir, el software que acepta los datos, los procesa y produce los resultados). La debilidad de cualquier aspecto de la capacitación trae la posibilidad de llegar a situaciones embarazosas que producirían en el usuario frustración, errores, o ambos. Una buena documentación, aunque esencial, no reemplaza la capacitación. No hay sustituto para la operación directa del sistema mientras que se aprende su uso.

Métodos de capacitación

La capacitación de operadores y usuarios se puede obtener de distintas formas. Las actividades de capacitación pueden llevarse a cabo en las instalaciones del proveedor, en locales rentados, por ejemplo, en hoteles o campus de universidades, "en casa", o en las instalaciones de la empresa. Los métodos y contenido de la capacitación varían a menudo, dependiendo de la fuente y del lugar de la capacitación.

Capacitación por el proveedor

A menudo, la mejor fuente de capacitación para un equipo es el proveedor de éste. La mayoría de los proveedores ofrecen programas educacionales amplios como parte de sus servicios. En algunos casos hay un cargo, pero muchas veces la capacitación es gratis. Por ejemplo, IBM ofrece cursos complementarios de dos o tres días a los compradores de muchas de sus minicomputadoras y equipos grandes. Los cursos, impartidos por instructores con experiencia y personal de ventas, cubren todos los aspectos del uso del equipo, desde cómo prenderlo y apagarlo hasta cómo guardar y eliminar información y también cómo atender las fallas. Esta capacitación es directa, por lo que los participantes realmente usan el equipo en presencia de los instructores. Si surgen preguntas, éstas se pueden contestar en seguida. Puesto que el objetivo del sistema es la capacitación, generalmente no hay prisa por dejar la capacitación de lado para que comience el uso productivo del sistema. La capacitación llevada a cabo en la empresa puede precipitar un riesgo del que debe protegerse el personal de instalación.

Si se va a instalar un software especial, tal como un paquete de teleproceso o un sistema de administración de bases de datos, es preferible mandar personal a cursos cortos fuera de la empresa para obtener una capacitación amplia, en vez de una capacitación para el servicio. Estos cursos, que generalmente se imparten cobrando honorarios, se dan al personal de muchas empresas que compran o usan el mismo sistema. Los beneficios de compartir preguntas, problemas y experiencias con personas de otras compañías son muy importantes. Los contactos personales hechos durante las sesiones frecuentemente duran años, además se comparten continuamente la información y por tanto se benefician ambas partes. Los cursos cortos a menudo implican tiempo y costos adicionales para viajar a otras ciudades.

Capacitación "en casa"

La ventaja de ofrecer capacitación para el sistema en el lugar de la empresa es que la instrucción se puede unir a la organización donde se ofrece y enfocarse a procedimientos especiales usados en ese marco, los planes de la organización para su crecimiento y cualquiera de los problemas que hayan surgido. A menudo, los proveedores o las compañías de capacitación ofrecen tarifas más económicas y que permiten a la organización involucrar a más personal en el programa de capacitación que el que es posible cuando se necesita viajar.

También hay desventajas. El simple hecho de que los empleados estén en su propio medio es una distracción, ya que las llamadas telefónicas y las emergencias pueden interrumpir las sesiones de capacitación. Además, cuando los proveedores externos van a una empresa, pueden presentar cursos que enfaticen los conceptos generales, pero que carezcan de una práctica directa que sea suficiente. El coordinador de la capacitación debe reconocer esta posibilidad y tratarla de antemano para garantizar que el contenido del curso satisfaga las necesidades de operación.

La capacitación "en casa" también se puede ofrecer por medio de material instruccional adquirido de manera especial. Es posible rentar o adquirir una variedad de programas profesionales de enseñanza de varios temas por medio de empresas especializadas, tales como Edutronics (McGraw-Hill, Inc.); Deltak, Inc.; Professional Development, Inc., y Learning Corporation of America. Otros proveedores ofrecen materiales impresos o audiovisuales de instrucción programada que son autoinstructivos o bien complementan otras actividades de capacitación.

Sin embargo, no hay sustituto para la experiencia directa. Los manuales de capacitación son aceptables para la familiarización, pero las experiencias de usar realmente el equipo, hacer y corregir errores y hallar situaciones inesperadas son la mejor y más duradera forma de aprender.

Los manuales de capacitación generalmente toman uno de dos enfoques. Algunos hacen que el usuario trabaje distintas actividades paso por paso. Por ejemplo, la lista de la figura 15.3 presenta los pasos necesarios para implementar un sistema, usando discos flexibles. Cada paso se enlista en el orden adecuado.

El otro enfoque común consiste en crear un caso de estudio que incluya todas las situaciones que se hallan frecuentemente, las cuales puedan ser manejadas por el sistema y que el usuario debería conocer. Los usuarios tienen que usar el sistema para llegar a las situaciones reales; es decir, introducir los datos en la forma pedida, procesarlos y preparar los informes. Si el sistema está orientado hacia las consultas, el caso de estudio pedirá a los usuarios que preparen y reciban respuestas a las consultas. La figura 15.4 incluye un caso de estudio parcial que capacitará a las personas para usar un sistema de contabilidad. Se incluyen ejemplos de datos y transacciones individuales, así que las personas reciben una retroalimentación inmediata de lo correcto de sus acciones. Si los resultados que obtienen no se equiparan con los de la guía de estudios, los usuarios sabrán que cometieron errores.

Durante la capacitación, el personal de sistemas debe mantenerse atento a los comentarios hechos por los usuarios y a los problemas que éstos puedan hallar. A pesar de que se hayan realizado con anterioridad estudios de los factores humanos, con la intención de detectar dificultades, algunos problemas pueden ocurrir sólo hasta que los usuarios no experimentados interactúan directamente con el sistema. Aun con las pruebas, es posible que surjan durante la capacitación manejos incorrectos del tecleado al introducir los datos, transacciones inesperadas o formas no usuales de preparar transacciones. El instructor debe asegurarse de involucrar al personal de sistemas cuando se hallen errores en el diseño, a la vez que tiene que ayudar a los usuarios que son renuentes a cambiar sus viejas formas por los nuevos métodos

_____ 1. Encienda la computadora.

_____ 2. Inserte el diskette maestro en la unidad 1.

_____ 3. Usted deberá recibir el símbolo de comando "A>", el cual indica que el sistema está listo para la introducción de datos.

_____ 4. Escriba el comando "DIR" para listar los archivos en el disco. Verifique que aparezcan los nombres de 14 archivos.

_____ 5. Inserte un diskette en blanco en el drive 2.

_____ 6. Escriba el comando "FORMAT" que prepara el disco en blanco para su uso. Cuando el sistema pida la unidad a formatear, escriba "2". El proceso de preparación del diskette se llevará aproximadamente 1 minuto.

_____ 7. Pruebe el disco recién formateado, usando el comando "DISKTEST".

_____ 8. Copie el contenido del disco maestro al nuevo disco, usando el comando "COPY DISK 1 TO DISK 2".

_____ 9. Copie el sistema operativo al nuevo disco, usando el comando "COPY SYSTEM TO DISK 2".

_____ 10. Ahora está usted listo para comenzar a usar el nuevo sistema. Retire el disco maestro. Use ahora la copia que acaba de hacer.

FIGURA 15.3
Lista de verificación de la capacitación para preparar un sistema pequeño para su uso inicial.

necesarios para usar el sistema. Por supuesto, en primer lugar el instructor debe estar seguro de que los nuevos métodos son necesarios y que realmente representan una mejoría con respecto a los métodos en uso.

Comentario al margen
Perspectivas de la gerencia con respecto a la capacitación

Usted podría pensar que los gerentes corporativos tratarían de controlar los gastos asociados con los nuevos sistemas de información reduciendo la capacitación. Sin embargo, los buenos gerentes ven la capacitación como una valiosa inversión.

En muchos esfuerzos de implantación, los gerentes corporativos muestran gran interés en la capacitación de su personal. Aunque no estén presentes durante la preparación del lugar o cuando se instala el nuevo equipo de cómputo, al desarrollarse la capacitación están presentes con frecuencia, observando y escuchando. Su presencia es en sí una garantía de la importancia de la capacitación. También quieren ver si a "su gente" le va bien durante la capacitación.

¿Cuál es la razón de tal interés? Los gerentes eficientes saben que ningún sistema será eficiente a menos de que su personal lo use sabia y adecuadamente, para lo cual se necesita una buena capacitación. Además, de esta forma, el personal aprenderá acerca de prácticas efectivas que el equipo de instructores del proveedor ha observado en diversas compañías, así como prácticas exitosas que la compañía quisiera adoptar. Con la capacitación, los gerentes y los empleados pue-

Para familiarizarlo con el sistema que ha adquirido, desarrollaremos un ejemplo de aplicación en el que usted podrá introducir datos, recuperar información mediante respuestas a consultas y producir reportes. Las actividades que desarrollará en el ejemplo serán análogas a las que usted hará cada día de uso normal del sistema.

Siga cada uno de los pasos descritos abajo. Usted no puede dañar el equipo aun cuando cometa un error, así que no tenga miedo de intentar algo aunque dude si es correcto o no.

1. Comience el trabajo diario escribiendo el comando:

    STARTUP (RETURN)
    (La tecla (RETURN) puede estar señalada como (ENTER) en su terminal)

    Con esto, el sistema comienza y se prepara para aceptar sus registros

2. Lo primero que le pregunta es la fecha actual. Para esta sesión, introduciremos el dato de 15 de abril de 1991. Introduzca la fecha mediante el formato:

    04-15-1991

    Use la tecla de retroceso (la cual usualmente se halla en la esquina superior derecha del teclado) para regresar y volver a teclear un número si desea cambiar lo introducido.

    A cada transacción introducida durante el día se le anotará automáticamente esta fecha para referencias posteriores.

3. El menú principal aparece como se muestra en la página anterior. Observe que en la parte inferior de la pantalla hay un mensaje intermitente:

    EL DISKETTE NO HA SIDO PREPARADO PARA SU COMPAÑÍA

    El mensaje le dice que la información de su compañía, tal como el nombre y la dirección, no han sido introducidos y que el sistema no se puede usar hasta que se proporcione dicha información. Usted debe dar esa información solamente al principio, cuando el sistema se use por primera vez. Esta información será grabada y se utilizará por el sistema cada vez que la necesite.

    A continuación inicializaremos el sistema.

    El número 5 del menú llamará a la rutina para inicializar la información de la compañía. Oprima el número 5 y después la tecla RETURN. Teclee la información solicitada en los espacios en blanco que aparecen en la pantalla:

    BOULDER MANUFACTURING CO.
    131
    JAMES STREET
    ATLANTA
    GEORGIA
    30303

    Verifique sus datos con la información anterior para verificar la ortografía y la escritura con mayúsculas. Esta información se imprimirá en todos los reportes, informes y cheques que produzca el sistema. Use las teclas de flechas para mover el cursor (el punto parpadeante de luz que señala dónde aparecerá cada carácter de los datos) hacia arriba y hacia abajo en la pantalla. Teclee sus correcciones exactamente encima de los datos existentes y los cambios aparecerán en la pantalla.

FIGURA 15.4
Narración del enfoque por casos de la capacitación en sistemas.

Oprima la tecla (ESC) (escape) cuando haya terminado.
4. A continuación aparece una forma que le pide a usted los datos del año fiscal y el fin del periodo para la compañía. Su periodo contable puede tener cualquier longitud. Para nuestra compañía ejemplo, introduzca la siguiente información después de los encabezados de los datos que se encuentran en la pantalla:

FECHA ACTUAL : 04-15-1991
FIN DEL PERIODO : 04-30-1991
ÚLTIMO FIN DE PERIODO : 03-31-1991
FIN DEL AÑO FISCAL: 12-31-1991

De nuevo, use las teclas de flecha para mover el cursor cuando desee hacer correcciones. Oprima (ESC) cuando haya terminado y aparecerá de nuevo el menú principal.
5. El siguiente paso...

FIGURA 15.4
Continuación.

den ir más allá del dominio del nuevo sistema y aprender más sobre su negocio.

Los gerentes maduros tienen buena razón en ver la capacitación como una inversión, no como un gasto.

CONVERSIÓN

La conversión es el proceso de cambiar el sistema anterior al nuevo. En esta sección estudiaremos los métodos para desarrollar la conversión de sistemas y los procedimientos empleados para asegurarse que se lleva a cabo adecuadamente.

Métodos de conversión

Existen cuatro métodos para llevar a cabo una conversión de sistemas (Tabla 15.1). Cada método debe ser considerado a la luz de las ventajas que ofrece y los problemas que puede ocasionar. Sin embargo, muchas situaciones dictan el uso de un método sobre los demás, aun cuando los otros puedan ser más benéficos. En general, la conversión de sistemas debe realizarse lo más rápidamente posible. Los periodos de conversión largos aumentan la posible frustración y la dificultad de la tarea para las personas implicadas, incluyendo tanto a los analistas como a los usuarios.

Sistemas paralelos
El método más seguro para convertir un sistema anterior a uno nuevo es el de utilizar ambos sistemas en *paralelo*. Con este enfoque, los usuarios siguen operando el sistema anterior de la forma acostumbrada, pero también comienzan a usar el sistema nuevo. Este método es el enfoque de conversión más seguro, ya que garantiza que, en caso de surgir problemas, como errores en el procesamiento o incapacidad

TABLA 15.1 Métodos para la conversión de sistemas

MÉTODO	DESCRIPCIÓN	VENTAJAS	DESVENTAJAS
Sistemas paralelos	El sistema anterior se opera junto con el nuevo.	Ofrece la máxima seguridad. Se puede recurrir al sistema anterior si se hallan errores en el nuevo o si ocurren problemas de uso.	Duplica los costos de operación. El nuevo sistema puede no ser juzgado justamente.
Conversión directa.	El sistema anterior se reemplaza por el nuevo. La organización confía completamente en el nuevo sistema.	Obliga a los usuarios a que hagan trabajar el nuevo sistema. Hay beneficios inmediatos de los nuevos métodos y controles.	No hay otro sistema al cual recurrir si surgen dificultades con el nuevo. Requiere de la más cuidadosa planeación.
Enfoque piloto.	Se implanta una versión de trabajo del sistema en una parte de la organización. Con base en la retroalimentación, se hacen cambios y el sistema se instala en el resto de la organización mediante uno de los demás métodos.	Proporciona experiencia y prueba directa antes de la implantación.	Puede dar la impresión de que el nuevo sistema no es confiable ni está libre de errores.
Por etapas.	Se implanta el sistema de manera gradual a todos los usuarios.	Permite a los primeros usuarios aprovechar las ventajas del sistema. Permite la capacitación y la instalación sin uso innecesario de recursos.	Un largo periodo de instalación provoca la duda en el usuario de si el proyecto marcha bien (demasiado entusiasmo) o mal (resistencia y falta de un juicio justo).

de manejar ciertos tipos de transacciones en el nuevo sistema, la organización pueda regresar al sistema anterior sin pérdida de tiempo, ingresos o servicio.

Las desventajas del enfoque de los sistemas paralelos son significativas. En primer lugar, los costos del sistema se duplican, ya que existen dos sistemas. En algunos casos es necesario contratar personal temporal para operar ambos sistemas en paralelo. En segundo lugar, el hecho de que los usuarios sepan que es posible regresar a las formas antiguas puede ser una desventaja si existe una resistencia potencial al cambio o si los usuarios prefieren el sistema anterior. En otras palabras, el sistema nuevo puede no tener un juicio justo.

Después de todo, el método de conversión de los sistemas paralelos ofrece el plan de implantación más seguro si las cosas van mal, pero los costos y riesgos de un juicio justo no pueden ser pasados por alto.

Conversión directa

El método de *conversión directa* transforma el sistema anterior al nuevo de manera abrupta, a veces en un fin de semana o incluso durante una noche. Se usa el sistema anterior hasta un día de conversión ya planeado, en el cual es reemplazado por el sistema nuevo. Éste fue el método de conversión sugerido por el proveedor en el ejemplo del comienzo del capítulo. No hay actividades paralelas. Si el analista debe hacer el cambio y desea asegurarse de que el sistema nuevo reemplaza completamente al anterior, de manera que los usuarios no cuenten con los métodos anteriores, la conversión directa cumplirá con este fin. Sicológicamente, obliga a todos los usuarios a hacer trabajar el sistema nuevo, pues ellos no tienen otro sistema al cual recurrir.

La ventaja de no contar con un sistema de respaldo puede convertirse en una desventaja si surgen problemas serios con el sistema nuevo. En algunos casos, las organizaciones llegan a parar las operaciones cuando se presentan los problemas para que las dificultades puedan ser corregidas.

Una organización asignó a todo su personal de contabilidad para capturar datos y comenzar un nuevo sistema automatizado. La tarea llevó aproximadamente tres semanas, tiempo durante el cual ninguna de las operaciones contables regulares que debían convertirse al nuevo sistema se realizaron. En consecuencia, el trabajo sufrió un retraso de tres semanas. Sin embargo, tal retraso era esperado, así que la gerencia había planeado autorizar tiempo extra y la contratación de personal temporal para recuperarse después de la conversión. Cerca de dos días antes de llevarse a cabo la conversión directa, un gerente se dio cuenta de que el departamento de contabilidad no había planeado conservar los datos para establecer una historia de los estados de cuenta, así que detuvo la conversión. Como resultado, el equipo de contabilidad tuvo que recuperar el trabajo de tres semanas y volver a programar la conversión para un mes después, cuando muchos de los pasos previos tuvieron que repetirse. El sistema se implantó finalmente tres meses más tarde, después de mucho trabajo adicional, tiempo extra y la frustración del equipo debido a la forma en que se condujo la conversión.

Parar la conversión fue una medida particularmente drástica. Habría sido peor si los pasos se hubieran dado debido a problemas técnicos que necesitaran corrección. Si los usuarios saben que un sistema se detiene una vez por dificultades, ellos no tendrán toda la confianza de que el sistema será confiable, aun cuando los analistas les digan que se han corregido los problemas. El tiempo que lleva rehacer el trabajo que fue interrumpido por la conversión puede ser largo y costoso y es posible que cuente como tiempo perdido que nunca se recupere.

La conversión directa necesita de una planificación cuidadosa. Las sesiones de capacitación deben ser programadas y mantenidas. La instalación del equipo tiene que ser a tiempo, con un rango amplio de días para corregir cualquier dificultad que pueda surgir. La preparación del lugar debe terminarse antes de hacer la conversión.

Las conversiones directas son algo común, sobre todo con sistemas comprados o de operación inmediata. Por ejemplo, la administración de un hotel decidió instalar un sistema automatizado de reservaciones. Todo el sistema se implantó durante una semana, en la cual el sistema de computadora se preparó, se cargó el software y se probó el sistema. Durante esos siete días, un equipo de instructores trabajó con todo el personal de contabilidad y de recepción para familiarizarlos con la operación y uso del sistema. Estas actividades se llevaron a cabo de lunes a sábado. El domingo, se reunió a todo el personal para capturar las reservaciones, cargos de clientes e información contable en el sistema nuevo, de manera que coincidiera con el sistema anterior. La tarde del domingo, después del cierre del día, se comenzó a usar el sistema nuevo y se utilizó de forma permanente. Se retiraron los archivos de reservación en papel anteriores y las cajas registradoras, y las máquinas de contabilidad se reemplazaron por las terminales. El sistema nuevo cobró vida a la medianoche del domingo. No había un sistema antiguo al cual recurrir.

Comentario al margen
La preparación contribuye a realizar el cambio

La conversión directa es una forma común de introducir nuevas aplicaciones. Si se dirige adecuadamente, los riesgos que implica el no tener el sistema anterior al cual recurrir serán mínimos. Es necesaria una aplicación bien diseñada que trabaje adecuadamente para poder estar seguros, pero eso no es suficiente.

La conversión directa funciona mejor cuando el equipo de conversión anticipa la aparición de problemas y está listo para enfrentarse a ellos. Un equipo de apoyo, listo para entrar en acción al menor aviso, es esencial. Tal vez sea posible que se disponga de un asistente para ofrecer apoyo a un empleado de menudeo que use un sistema de punto de venta por primera vez. O bien, que un instructor pueda ayudar al empleado a registrar los huéspedes de un hotel durante las primeras tardes después de la conversión. La gerencia debe participar durante la conversión para que, si surgen preguntas sobre el procedimiento, se pueda dar una respuesta inmediata.

Conviene recordar que el experimentar problemas y preguntas durante la conversión no origina una crisis, ¡pero la incapacidad de enfrentarse a ellos sí! Al estar bien preparado se minimizarán los riesgos asociados con la conversión directa y se aumentarán las probabilidades de éxito.

Enfoque piloto

Si los sistemas nuevos también implican técnicas nuevas o cambios drásticos en el desarrollo de la organización, a menudo se prefiere el *enfoque piloto*. En este método se implanta una versión de trabajo del sistema en una parte de la organización, como una sola área de trabajo o un departamento. Los usuarios de esta área usualmente saben que están probando un nuevo sistema y que se pueden hacer cambios para mejorar el sistema.

Cuando el sistema se ha probado en su totalidad, se instala en toda la organización, ya sea completamente y de una sola vez (método de la conversión directa) o en forma gradual (método por etapas).

Este enfoque tiene la ventaja de proporcionar una sólida base de prueba antes de la implantación total. Sin embargo, si no se conduce bien la implantación, los usuarios pueden llegar a pensar que el sistema sigue teniendo problemas y que no es posible confiar en él. Por ejemplo, pensarían que las dificultades que experimentaron durante dos o tres semanas no han desaparecido sólo porque el analista lo afirme.

Método por etapas

El método *por etapas* se usa cuando no es posible instalar de golpe un nuevo sistema en toda la organización. La conversión de los archivos, la capacitación del personal o la llegada de equipo pueden forzar a la distribución de la implantación durante cierto tiempo, que varía de semanas a meses. Algunos usuarios comenzarán a tomar ventajas del sistema nuevo antes que otros.

Por ejemplo, un sistema médico con el propósito de unir 10 o 15 clínicas distintas puede desfasarse hasta un año. El trabajo necesario para convertir los registros de pacientes y de seguros hechos en papel a archivos guardados en discos magnéticos exige de 2 a 3 semanas por cada clínica. También se requiere de una semana de capacitación de los usuarios para cada clínica. Por lo tanto, los analistas pueden programar la conversión del sistema en una clínica a la vez, considerando 3 o 4 semanas por cada conversión. Es posible concebir que en este sistema la conversión total se llevará un año.

Los largos periodos de conversión por etapas crean dificultades para los analistas, independientemente de si la conversión marcha bien o no. Si el sistema está trabajando como se espera, los primeros usuarios comunicarán su entusiasmo a otros que estén esperando la implantación. De hecho, el entusiasmo puede alcanzar un nivel tan alto que cuando un grupo de usuarios reciba finalmente el sistema, se desilusione. Por ejemplo, en el caso de la clínica, el personal médico

Frito-Lay:
EL ENLACE CON LA INFORMACIÓN

A menudo, los equipos de venta y comercialización obtienen información oportuna sobre el movimiento del producto —información que es valiosa para ellos mismos y sus clientes—. El hecho de poner la información a disposición de los clientes, frecuentemente acerca a las empresas con sus clientes y las pone en una mejor posición competitiva. Tanto el vendedor como el comprador incrementan su éxito en los negocios.

Un caso a propósito de lo anterior es el sofisticado sistema de captura de pedidos desarrollado por Frito-Lay. Las complejas formas de papel que enumeraban más de 200 artículos han sido reemplazadas con computadoras de bolsillo. Cada uno de los 10 000 vendedores por ruta de la empresa, los cuales sirven como conductores, han recibido las computadoras de bolsillo en vez de los libros de pedidos.

El sistema ofrece tres ventajas claves:

1. La información importante de ventas se puede capturar ahora por medio de las computadoras de bolsillo, información que es compartida con las tiendas para mostrar cómo pueden hacer un uso efectivo del espacio en los anaqueles e incrementar sus utilidades. Frito-Lay puede justificar más rápidamente su porción de espacio en los anaqueles a las tiendas y, a su vez, las tiendas tienen información con la cual mejorar el manejo de la distribución del espacio.

2. La computadora de bolsillo también hace que los agentes de ventas/conductores sean más productivos, reduciendo el número de formas a llenar, eliminando al menos una hora de papeleo cada día. Y también los ayuda para que se den cuenta de los faltantes o sobrantes del efectivo recibido.

3. Los datos de las ventas pueden separarse rápidamente por producto y lugar, a tiempo para utilizarse en la planeación de promociones y exposiciones.

A nivel corporativo, el nuevo sistema tiene un efecto en toda la cadena de producción. Los registros de ventas son más precisos y actualizados, ya que los datos entran al sistema directamente de las computadoras de bolsillo. La introducción manual de datos resulta ahora innecesaria. Un mayor flujo de información oportuna afecta a los planes de adquisición de materias primas de los agricultores y distribuidores. La producción se programa de tal forma que los materiales adquiridos se colocan directamente en el proceso de fabricación sin demora. Los productos comestibles no esperan en el almacen, sino que se mueven rápidamente a los anaqueles de las tiendas. El manejo de la cadena de producción ha alcanzado nuevos niveles de eficiencia, beneficiando a todos desde el fabricante hasta el consumidor.

Los temores hacia el uso de las computadoras de bolsillo fueron menos que los previstos. Los agentes de ventas vieron rápidamente cómo se benefició el sistema simplificando el papeleo y haciéndolos más productivos. "Después de usar la computadora de bolsillo, no quisiera hacer papeleo manual jamás", es un comentario común sobre el sistema.

El sistema de 45 millones de dólares, que se pagará así mismo en sólo 2 años, se considera como uno de los eventos más significativos en la historia de la compañía.

Esta combinación triunfadora mueve la información más rápido mientras que le da a Frito-Lay una herramienta invaluable para el mercado competitivo.

puede exagerar el ahorro de tiempo que surge al no tener que buscar registros médicos o hacer manualmente reclamaciones al seguro, actividades que pueden llevarse a cabo con el sistema nuevo. Posteriormente, cuando ocurre la conversión, el equipo médico se da cuenta de que el sistema no realiza el proceso al instante. La desilusión es comprensible.

Por otro lado, si existen problemas en las primeras fases de la implantación, también se diseminarán los rumores de las dificultades. Entonces los usuarios podrían esperar dificultades al tiempo de la conversión y reaccionarían negativamente a los más pequeños errores, aun los propios. Cuando los sistemas se desarrollan por etapas, deben trabajar bien desde la primera conversión y las subsecuentes.

Plan de conversión

El plan de conversión incluye una descripción de todas las actividades que deben ocurrir al implantar el sistema nuevo y ponerlo en operación. Identifica a las personas responsables de cada actividad e incluye un programa de actividades para indicar cuándo debe llevarse a cabo cada una de éstas. En el ejemplo del principio del capítulo, la carta del proveedor bosqueja una propuesta de plan de conversión.

Durante las etapas previas a la implantación, cuando se planea la conversión, los analistas deben integrar una lista de todas las tareas, incluyendo lo siguiente:

1. Listar todos los archivos a convertir.
2. Identificar todos los datos necesarios para construir los archivos nuevos durante la conversión.
3. Listar todos los documentos nuevos y procedimientos que se usarán durante la conversión.
4. Identificar todos los controles a usar durante la conversión. Establecer programas para verificación cruzada de los sistemas anterior y nuevo. Determinar cómo sabrán los miembros del equipo si algo no se ha llevado a cabo adecuadamente.
5. Asignar responsabilidades para cada actividad.
6. Verificar los tiempos para la conversión.

El plan de conversión debe anticipar los posibles problemas y la forma de enfrentarlos. Entre los problemas que aparecen con más frecuencia son los de documentos perdidos, variación de los formatos para datos en el sistema anterior y el nuevo, errores en la conversión de datos, extravío de datos o pérdida de archivos, así como situaciones que se previeron durante el desarrollo del sistema. El encargado de la conversión debe estar alerta ante la omisión de pasos en la conversión. Una lista de verificación (Tabla 15.2) prevendrá los pasos faltantes. También hay que esperar las faltas del personal y especificar los planes de emergencia adecuados.

TABLA 15.2 Lista de verificación de la instalación

I. Hardware
  A. Contactos eléctricos
    _____ 1. CPU
    _____ 2. Consola
    _____ 3. Modem(s)
    _____ 4. Estaciones de trabajo/impresoras
  B. Cableado
    _____ 1. Cable y conexiones para aparatos locales
    _____ 2. Líneas telefónicas hacia lugares remotos
    _____ 3. Cable y conexiones para aparatos remotos
  C. Suministros
    _____ 1. Diskettes
    _____ 2. Almacén para diskettes
    _____ 3. Cintas para impresora
    _____ a. Impresoras del sistema
    _____ b. Impresoras de caracteres
    _____ 4. Papel
    _____ 5. Carpetas
    _____ a. Manuales
    _____ b. Reportes
  D. Formas de planeación
    _____ 1. Diagrama de planeación de la instalación del AS/400
    _____ 2. Diagrama de la red de la estación de trabajo local
    _____ 3. Diagrama de la red de la estación de trabajo remota
  E. Instalación de dispositivos
    _____ 1. CPU
    _____ 2. Impresora del sistema
    _____ 3. Consola
    _____ 4. Modem(s)
    _____ 5. Estaciones locales de trabajo/impresoras
    _____ 6. Estaciones remotas de trabajo/impresoras
  F. Software del sistema
    _____ 1. Microcódigo
    _____ 2. Configuración del sistema SSP
    _____ 3. Utilerías
    _____ a. DFU
    _____ b. SORT
    _____ c. WSU
    _____ d. SEU
    _____ e. SDA
    _____ 4. RPG
    _____ 5. Aplicar PTF'S
    _____ 6. Sistema de respaldo
    _____ a. IBRARY
    _____ b. RPG

  G. Seguridad del sistema
    _____ 1. Contraseñas
    _____ 2. Seguridad del menú
    _____ 3. Archivo de seguridad de listas
    _____ 4. Respaldo del archivo de seguridad

II. Sistema de cuentas por cobrar
  A. Copia firmada del contrato
  B. Verificación de la instalación
  C. Programa de instalación
  D. Requisición de los archivos de prueba del sistema actual
    _____ 1. Nombres/direcciones
    _____ 2. Saldos
    _____ 3. Transacciones
    _____ 4. Otros
    _____ 5. Organización del archivo
  E. Formas
    _____ 1. Registro del paciente
    _____ 2. Notas de cargos
    _____ 3. Etiquetas
    _____ 4. Cambio de información
    _____ 5. Ajuste de cuenta
    _____ 6. Informe detallado para la reclamación del seguro
    _____ 7. Diario de recibos/pagos
    _____ 8. Etiquetas de dígito de verificación
    _____ 9. Papeletas de control de procesos
    _____ 10. Bitácora de control de procesos
    _____ 11. Bitácora de control de cuentas por cobrar
    _____ 12. Actualizaciones del archivo maestro
    _____ 13. Informes iniciales
    _____ 14. Informes de seguimiento
    _____ 15. Formas en blanco o impresas para
    _____ a. Informes de cuentas de la compañía
    _____ b. Cartas de cobranzas
    _____ c. Informes detallados solicitados
    _____ 16. Inserciones de mensajes en los informes
    _____ 17. Sobres de informes
    _____ 18. Sobres de retorno
    _____ 19. Tarjeta de trabajo de cobranzas
    _____ 20. Notas al paciente
    _____ 21. Seguros médicos

TABLA 15.2 Continuación

_____	*a.* Medicare	_____	4. AR.HIST
_____	*b.* Welfare	_____	5. AR.KHIST
_____	*c.* Blue Shield	_____	6. AR.MTDARP030
_____	*d.* AMA	_____	7. AR.XREF—FLMENU, estructurar las referencias cruzadas de los pacientes
_____	*e.* Otra		

F. Instrucciones de programación
- _____ 1. Conversión
- _____ 2. Seguro
- _____ 3. Otros

- _____ 8. AR.PREF (sólo para familias)—FLMENU, estructurar las referencias cruzadas de los pacientes

G. Personal capacitado
- _____ 1. Operadores de sistemas
- _____ 2. Captura de datos
- _____ 9. Respaldar archivos de cuentas por cobrar

- _____ 3. Registro/recepción

M. Conciliar los saldos convertidos
- _____ 4. Caja
- _____ 1. Verificar los errores —BALARM
- _____ 5. Registros médicos
- _____ 6. Oficina administrativa
- _____ 2. Corregir los errores —ARFOOT
- _____ 7. Seguros
- _____ 8. Crédito/cobranzas
- _____ 3. Procesar el reporte de análisis cronológico de saldos
- _____ 9. Oficinas satélites
- _____ 10. Otros
- _____ 4. Procesar los totales de control de cuentas por cobrar

H. Preparar diskettes

I. Organizar las bibliotecas de programas
- _____ 5. Preparar la conciliación de saldos de cuentas por cobrar con conversión y obtener firmas de aprobación
- _____ 1. Fuente
- _____ 2. Objeto
- _____ 3. Conversión

J. Establecimientos de controles
- _____ 6. Respaldar el archivo AR.MAST si se hacen correcciones a los saldos en M.2
- _____ 1. Información del control del sistema (ARCTL)—ARP902
- 2. Definiciones del tamaño de los archivos—FLMENU

N. Establecer los controles diarios de saldos

O. Iniciar las operaciones normales
- _____ 3. Respaldo de bibliotecas objeto
- _____ 1. Registro en tiempo real

K. Organizar archivos maestros de
- _____ 2. Proceso en lote de los cargos, pagos y ajustes
- _____ 1. Control de clientes
- _____ 3. Captura de datos, auditorías, contabilidad, ajustes
- _____ 2. Instalaciones
- _____ 3. Doctores
- _____ 4. Respaldo diario
- _____ 4. Compañías de seguros
- _____ 5. Avisos
- _____ 5. Seguro automático
- _____ 6. Diagnósticos
- _____ 6. Informes detallados solicitados por las compañías de seguros
- _____ 7. Cargo
- _____ 8. Pagos/Ajustes
- _____ 9. Modificadores
- _____ 10. Respaldo de los archivos maestros
- _____ 7. Mantenimiento del archivo maestro

L. Construir archivos de cuentas por cobrar

P. Procesamiento de informes

Q. Procesamiento al final de mes (ARP072A y ARP073A se deben procesar antes del primer fin de mes)
- _____ 1. AR.ACCT
- _____ 2 AR.MAST
- 3. AR.PATS (sólo para familias)

La duración de la conversión es un reto, ya que existen tantos aspectos de la conversión, desde la instalación del equipo hasta el orden de las formas y los suministros. Algunas de las actividades de la conversión comienzan realmente hasta que el sistema está desarrollándose. Por ejemplo, si se requiere de nuevo equipo, usualmente

1. Corriente:
   120 VAC, 60 Hz, 30A, Monofásico.

2. Puntos a considerar:
   Todas las tomas de corriente del equipo de cómputo deben estar en la misma fase y circuito. No se deben permitir otros aparatos o circuitos en el circuito de la computadora.
   La tierra debe tener un mínimo de #10AWG, ya sea unida con soldadura a los interruptores y conexiones; o bien, si está prohibida la soldadura, debe estar libre de otras conexiones y fija en los tornillos de tierra en cada toma.
   El trayecto de la tierra debe regresar *directamente* a un buen enlace de tierra y no a otras ramas de tierra.
   De ser posible, deben instalarse un interruptor en caso de fallar la tierra y un supresor de picos en la caja del interruptor.

3. Tipo de toma de corriente:
   Tres cables, dúplex. El tipo estándar, no el casero

4. Equipo especial:
   Para evitar que otros equipos se instalen en el circuito de la computadora, se deben utilizar las tomas de corriente tipo "Hospital" de color naranja.

5. Número de tomas por equipo:
   Procesador central: 4 (2 dúplex)
   Cada terminal: 1 dúplex
   Cada impresora: 1 dúplex —Éste se puede suprimir si la impresora se coloca junto al procesador central o a una de las terminales.

Se puede obtener información adicional comunicándose con el departamento de mantenimiento del equipo de cómputo.

FIGURA 15.5

Ejemplo de especificaciones eléctricas para el acondicionamiento de las instalaciones.

debe solicitarse con 90 días de anticipación a la fecha de entrega necesaria. Las formas preimpresas necesitan de 6 a 14 semanas para su diseño e impresión. El capítulo 16 estudia la administración de proyectos y técnicas para planificar y monitorear las actividades del desarrollo del sistema.

Al estar muchas personas involucradas en la conversión, alguno de los empleados del departamento de sistemas de la compañía debe señalarse como *gerente de conversión*. Este individuo es la persona a contactar por los proveedores externos, los gerentes y el personal usuario. El gerente de conversión también es responsable de verificar todos los acuerdos, revisar los planes de conversión, verificar la entrega del software, formas y suministros y preparar las instalaciones.

Acondicionamiento de las instalaciones

A menudo, los analistas trabajan con el personal del proveedor para definir el acondicionamiento de las instalaciones. El cliente o ingeniero de sistemas presentará una lista de especificaciones para el cableado eléctrico y los contactos (Fig. 15.5), necesidades de aire acondicionado, controles de humedad y exigencias de espacio (Fig. 15.6). Lo mejor es tener el local listo antes de la llegada del equipo, ya que los proveedores son renuentes a entregar equipo cuando la construcción todavía está en proceso.

Si el sistema es una microcomputadora, se necesita poco trabajo de acondicionamiento. Sin embargo, se deben revisar las líneas eléctricas para asegurarse que no haya estática o fluctuaciones de corriente. Es una buena idea instalar una línea que no sea compartida por ningún otro equipo. Las máquinas de escribir eléctricas o las copiadoras pueden interferir con las operaciones de la computadora.

La electricidad estática es uno de los enemigos más comunes de las computadoras. En la medida de lo posible se deben evitar las alfombras en el cuarto de las computadoras, ya que pueden crear estática, que a su vez puede ser llevada por los operadores. Cuando ellos toquen el equipo de cómputo la carga estática puede transferirse a la terminal o a la computadora y provocar errores en los datos o, en algunos casos, borrarlos accidentalmente. Los pisos exageradamente encerados producen el mismo efecto.

Si es necesaria la alfombra, debe ser antiestática: que no permita la creación de estática. También se pueden instalar tapetes antiestáticos en torno a las terminales o computadoras para eliminar el problema.

La distribución en las instalaciones debe permitir un amplio espacio para mover el equipo y prepararlo para su operación normal. Los proveedores señalarán los requisitos de los espacios para realizar el servicio y mantenimiento y para la circulación del aire. Estos requisitos deben cumplirse estrictamente o la garantía puede perderse e interrumpirse el mantenimiento hasta que se satisfagan las especificaciones.

Comentario al margen
Búsqueda de eslabones débiles en un sistema

Siempre hay que buscar el eslabón más débil en un sistema durante la implantación. Todo sistema tendrá uno —un talón de Aquiles, por así decirlo—. A menudo, no será el sistema de información en sí ni la gente. Los eslabones más débiles aparecen donde menos se les espera.

Conozco una compañía —muchos podrían reconocer el nombre al instante— que invierte fuertemente en sus sistemas de información. La inversión produce muchas ventajas competitivas y la empresa tiene el personal, procedimientos y equipo para obtener confiabilidad e integridad. La compañía tiene lo último y lo más grande de todo.

Pero a pesar de la sofisticación, los sistemas de la compañía tienen un eslabón débil. Se descubrió que éste era el trabajador cuya labor consistía en pararse en el techo de la oficina central corporativa, en los días extremadamente calientes y rociar agua en las unidades de aire acondicionado del cuarto de computadoras para prevenirlas del calen-

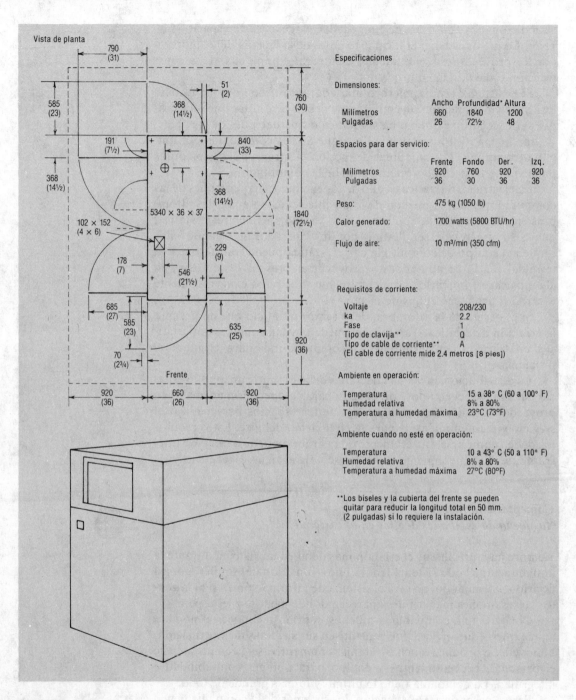

Vista de planta

Especificaciones

Dimensiones:

	Ancho	Profundidad*	Altura
Milímetros	660	1840	1200
Pulgadas	26	72½	48

Espacios para dar servicio:

	Frente	Fondo	Der.	Izq.
Milímetros	920	760	920	920
Pulgadas	36	30	36	36

Peso: 475 kg (1050 lb)

Calor generado: 1700 watts (5800 BTU/hr)

Flujo de aire: 10 m³/min (350 cfm)

Requisitos de corriente:

Voltaje	208/230
ka	2.2
Fase	1
Tipo de clavija**	Q
Tipo de cable de corriente**	A

(El cable de corriente mide 2.4 metros [8 pies])

Ambiente en operación:

Temperatura	15 a 38° C (60 a 100° F)
Humedad relativa	8% a 80%
Temperatura a humedad máxima	23°C (73°F)

Ambiente cuando no esté en operación:

Temperatura	10 a 43° C (50 a 110° F)
Humedad relativa	8% a 80%
Temperatura a humedad máxima	27°C (80°F)

**Los biseles y la cubierta del frente se pueden
quitar para reducir la longitud total en 50 mm.
(2 pulgadas) si lo requiere la instalación.

FIGURA 15.6
Especificaciones del
entorno para un
sistema de cómputo
de mediano tamaño.

tamiento y de quemarse. Imagine millones de dólares en sistemas de información, todo dependiendo de un trabajador y una manguera de 4.95 dólares. ¡Qué poder tenía esa persona!

Usted puede estar seguro de que los eslabones débiles existen en virtualmente todas las situaciones. El verdadero reto es hallarlos antes de que se presenten a sí mismos y provoquen la falla del sistema.

Preparación de datos y archivos

Junto con la capacitación, la etapa de la conversión que más tiempo consume es generalmente la que implica la preparación de datos y archivos maestros del sistema. Si un sistema empieza desde cero, todos los datos necesarios deben ser introducidos al sistema, a menudo en forma manual. Por ejemplo, para convertir un sistema manual de registros médicos a un sistema automatizado se requiere teclear varios miles de registros de pacientes en el sistema, a partir de los registros en papel. Dependiendo del número de personas que sean asignadas a esta tarea de introducción de datos, se necesitarían 2 o 3 semanas para un sistema de tamaño moderado, digamos de 7500 registros. Además, hay que preparar archivos de tablas para los códigos de seguros, códigos de procedimientos médicos e información sobre diagnósticos. Las tareas no son difíciles, pero llevan cierto tiempo.

Durante la conversión, es vital tomar precauciones para que no se pasen por alto ningún registro o se capturen en forma incorrecta eventos que conciernen particularmente al gerente del departamento en el ejemplo del principio del capítulo. Se sugieren controles tales como contar registros, acumulaciones financieras, cifras de control, y comparación de balances de sistemas.

Cuenta de registros

El control elemental es el de asegurarse que todos los registros han sido introducidos al sistema. Los métodos de control por lotes bosquejados en el capítulo 9 para las transacciones diarias también se pueden usar durante la conversión. Por ejemplo, se preparan registros en grupos de 50 o 100 cada uno. Cada lote se numera. Este método permite al gerente de conversión asegurarse que se capturen todos los registros en un lote (el número contado por el sistema debe ser el mismo que el del lote), y que cada lote sea procesado.

Al final del proceso de conversión, el número de registros en los archivos maestros del sistema debe ser igual al número de registros en el sistema anterior. Sin embargo, a menos de que se use el método de lotes, no se sabe de la existencia de un problema de registros faltantes hasta el final de la captura de datos. Entonces es difícil determinar con precisión dónde apareció el problema. Con el método de lotes, uno puede detectar rápidamente un problema y corregirlo antes de seguir adelante.

Totales financieros preestablecidos

Además de asegurarse de que todos los registros han sido convertidos al nuevo sistema, los gerentes de conversión deben verificar su exactitud financiera. Cada lote debe tener un total financiero de saldos de cuentas, acumulación de salarios, totales de inventario y cantidades de órdenes. El balance general del sistema antes de la conversión debe compararse con el balance del sistema nuevo al final de la conversión.

Cifras de control (totales preestablecidos por hashing)

Las cifras de control —sumatorias sobre campos no financieros— ofrecen protección adicional durante la conversión. Las sumas de los números de cuenta, de los números de identificación (de partes) o de identificación del paciente en sí, carecen de significado. Sin embargo, ofrecen otro control de la conversión. Si la cifra de control calculada por el sistema para los registros introducidos no coincide con un total preestablecido, es una señal para el personal de captura de datos que hay un problema a corregir antes de la conversión.

Situaciones relacionadas con la transmisión de datos

Al introducir datos al sistema por medio de terminales remotas, hay que tomar precauciones adicionales durante la conversión. Cada transacción debe identificarse con un número secuencial y así tener un método para asegurarse que cada transacción enviada es recibida e incluida en los nuevos archivos. Por lo tanto, al contar las transacciones se protege contra la pérdida de datos. El saber que se mandaron 1200 transacciones desde una terminal remota permite al analista verificar que el mismo número entró al sistema.

Una práctica común al transmitir desde terminales durante la conversión es la de acumular registros de cada lugar en archivos separados. Al terminar la transmisión, se revisan los registros para evitar errores originados por el operador o por el ruido durante la transmisión, así como para verificar si están completos. Solamente hasta después de verificar el archivo se combinan los datos con los archivos maestros del sistema.

Los lotes y totales de transacciones recién descritos son igualmente importantes en los sistemas que implican comunicaciones, así como en los ambientes por lotes. Por lo tanto, contar registros, totales financieros y cifras de control sigue siendo necesario.

REVISIÓN DESPUÉS DE LA IMPLANTACIÓN

Después de implantar el sistema y completar la conversión, se hace una revisión del sistema conducida igualmente por los usuarios y los analistas. Esto no sólo es una práctica normal, sino que debe ser un proceso formal para determinar qué tan bien está funcionando el sistema, cómo ha sido aceptado y cuáles ajustes son necesarios.

La revisión también es importante para recabar información para el mantenimiento del sistema. Puesto que ningún sistema es en realidad totalmente completo, el sistema permanecerá mientras no se requieran cambios debido a desarrollos internos, como nuevos usuarios o actividades de la empresa; o bien, situaciones externas, por ejemplo, nuevos requisitos legales, estándares de la industria, o la competencia. La revisión después de la implantación es la primera fuente de información de los requisitos de mantenimiento.

Preguntas en la revisión

El interés fundamental durante la revisión después de la implantación es determinar si el sistema cumplió su objetivo; es decir, los analistas desean saber si el nivel de desempeño de los usuarios ha mejorado y si el sistema está produciendo el resultado deseado. Si ninguna de estas expectativas suceden, es oportuno preguntarse si el sistema se puede considerar exitoso.

La calidad de la salida del sistema merece especial atención. El interés surgido durante el análisis y el diseño respecto a la precisión de la información, lo oportuno de su presentación, su cobertura y lo apropiado del formato siguen siendo indicadores de la calidad del sistema. Los reportes de difícil interpretación o que no contengan información suficiente para ser útiles deberían ser rediseñados. O bien, la revisión puede revelar que la información que previamente se consideraba innecesaria, a final de cuentas tiene que incluirse. Este hecho posiblemente logre afectar los requisitos de entrada.

La facilidad en el uso y la tendencia hacia los errores en la captura de datos son preguntas fundamentales que debe hacerse el analista durante la revisión. ¿Se usa fácilmente el sistema? ¿Acaso las validaciones son adecuadas para prevenir los errores de captura, detectarlos, reportarlos y corregirlos cuando ocurran? Si las respuestas a estas preguntas no son favorables, la confiabilidad y calidad de todo el sistema pueden estar en entredicho.

También la confianza del usuario es por lo general un indicador de la calidad del sistema. La confianza que tengan los usuarios, gerentes y operadores en el sistema con certeza afecta su longevidad y uso. ¿Realmente podría esperar un analista que los usuarios que no confían en la seguridad del sistema se apoyarían en él al tener que tomar decisiones críticas? Esto es improbable. Pero si los evaluadores deciden que los niveles de confianza no son adecuados, también deben determinar por qué. Las preguntas de precisión, cobertura, oportunidad y facilidad de uso siguen siendo esenciales para la revisión.

La facilidad de uso y los beneficios se compensan entre sí. En general, los sistemas que son fáciles de usar y que dan distintos beneficios son aceptados y bien recibidos por la gente. Sin embargo, aunque se esté usando un sistema que dé como resultado un mejor desempeño, si el sistema en sí es difícil de usar, no es poco común que se evite el

PUNTOS A CONSIDERAR EN LA EVALUACIÓN DE UN SISTEMA DE INFORMACIÓN*

1. ¿Cómo ha cambiado el sistema de información el costo de la operación?
2. ¿Cómo ha cambiado el sistema de información la forma en que se llevan a cabo las operaciones?
3. ¿Cómo ha cambiado el sistema de información la precisión de la información que reciben los usuarios?
4. ¿Cómo ha cambiado el sistema de información lo oportuno de la información y los reportes que reciben los usuarios?
5. ¿Ha provocado el sistema de información cambios en la organización? ¿Han sido estos cambios para bien o para mal?
6. ¿Cómo ha cambiado el sistema de información lo completo de la información?
7. ¿Cómo ha cambiado el sistema de información el control o la centralización? ¿Cuál es el efecto de dichos cambios?
8. ¿Cómo ha cambiado el sistema de información las actitudes de los usuarios del sistema o las personas afectadas por el sistema?
9. ¿Cómo ha cambiado el sistema de información el número de usuarios?
10. ¿Cómo ha cambiado el sistema de información las relaciones entre los miembros de la organización?
11. ¿Cómo ha cambiado el sistema de información la productividad?
12. ¿Cómo ha cambiado el sistema de información el esfuerzo que debe hacerse para recibir la información necesaria en la toma de decisiones?

*Estas evaluaciones se deben realizar tanto antes como después de la instalación de una aplicación de sistemas de información.

uso de ese sistema. Así, la facilidad de uso es un atributo tan importante como su seguridad.

En algunos casos, se hallan componentes inadecuados del sistema durante la revisión después de la implantación. Por ejemplo, el que un sistema requiera de un excesivo tiempo de proceso (el volumen de trabajo realizado durante un tiempo dado) se puede deber a la cantidad de tiempo necesaria para imprimir los resultados. Es posible que el cambio de impresoras elimine el problema. Los cuellos de botella en la preparación de datos pueden ser consecuencia de un número insuficiente de terminales o estaciones de captura de datos.

La tabla 15.3 resume las preguntas de la revisión después de la implantación.

Métodos de revisión

En general, los métodos de recolección de datos vía cuestionarios, entrevistas, observación, muestreo e inspección de registros son los más útiles para recopilar los detalles sobre el sistema nuevo.

Otros métodos complementarios revelarán información adicional a los evaluadores, por ejemplo, el *registro de eventos* (incidentes críticos) necesita que los usuarios registren eventos no usuales o inesperados que afecten al sistema. Estos eventos pueden ser el reflejo de incidentes que el sistema no sea capaz de controlar debido a un diseño incompleto o a actividades que no ocurran de la manera prescrita. Por ejemplo, cuando se instala un sistema de captura de pedidos, los usuarios podrían encontrarse con que no pueden cambiar los precios de los productos mostrados en el sistema. La frecuencia del incidente revela su importancia para la organización. Sin embargo, también puede revelar que los usuarios están tratando de hacer descuentos a algunos clientes o que, cuando se hacen compras al mayoreo, deben preverse precios especiales. En cualquier caso, la situación tiene que darse a conocer a los analistas que evalúan el sistema implantado.

La *evaluación del impacto* determina cómo afectan o cambian los sistemas a las áreas de la organización en las cuales se instalan. Si los nuevos sistemas se proponen y desarrollan sobre la base de una velocidad mayor, menos errores, mejor integración de las actividades, reducción de la redundancia en los datos o mejoramiento de la productividad, los sistemas deben evaluarse contra estas expectativas. Revisar algunos registros, determinar la productividad del sistema u observar a los usuarios darán estadísticas concretas de los efectos del sistema.

El impacto del sistema también debe compararse con los costos y beneficios económicos. Aunque se alcance una mayor productividad con un nuevo sistema, la gerencia desearía saber si los cambios producen las ventajas deseadas en la economía, el servicio o la competitividad. Durante la etapa de propuesta del sistema se determinan los costos y beneficios esperados. Después de la implantación, el sistema se revisa para comparar los costos y beneficios reales con los calculados.

¿Cómo se sienten los usuarios y otras personas afectadas por un nuevo sistema, tales como clientes, proveedores o gerentes internos? Esta simple pregunta revela mucho acerca de la utilidad futura del sistema. (Un sistema que es fuertemente criticado podría dejar de usarse en poco tiempo a menos que se le hagan ajustes.) Las *encuestas de actitud,* recolección de ideas y opiniones en torno a un sistema, dan esta información. Ya sea por medio de cuestionarios (el método de encuesta de actitud más frecuentemente usado) o con entrevistas personales, las encuestas de actitud revelan el lado humano del sistema. Las preguntas pertinentes cuestionan los sentimientos de las personas acerca de los cambios en la cantidad de trabajo que desarrollan, la calidad de sus esfuerzos, la calidad del servicio a clientes o pacientes, facilidad de uso o aceptación del sistema por los compañeros de trabajo.

Estos métodos de revisión enfatizan la importancia de recopilar tanto datos cuantitativos como subjetivos para determinar lo adecuado de un sistema. No hay sustituto de la revisión efectiva. La introspección y la suposición no tienen cabida en el desarrollo de sistemas, aun después de que el sistema se haya implantado.

RESUMEN

La implantación de un sistema, ya sea uno nuevo o uno ya existente que ha sido modificado, se conforma por las actividades primarias de *capacitación conversión y revisión después de la implantación*. La capacitación involucra a los operadores y usuarios que utilizarán el nuevo sistema, ya sea capturando datos, recibiendo información u operando realmente el equipo.

La capacitación de los operadores del equipo no sólo incluye la capacitación acerca del uso del equipo, sino también cómo diagnosticar los desperfectos y los pasos a dar cuando éstos ocurran. La capacitación también incluye lo relativo a los *procedimientos de ejecución* y las actividades de operación normal del sistema, tales como cargar archivos, cambiar formatos de impresión y preparar la comunicación de datos.

La mayor parte de la capacitación del usuario tiene que ver con la operación del sistema en sí, dando la máxima atención a los procesos de manejo de datos. Es imperativo que los usuarios sean capacitados adecuadamente en la captura de transacciones, edición de datos, formulación de consultas y eliminación de registros. Ninguna capacitación queda completa sin familiarizar al usuario con las actividades de mantenimiento sencillo del sistema. El descuido en cualquier aspecto de la capacitación puede llevar a situaciones difíciles que produzcan frustración y errores del usuario.

La capacitación se puede obtener por medio del proveedor o mediante actividades "en casa". La mayoría de los proveedores ofrecen cursos especiales en sus instalaciones como parte del servicio normal. Ya sean gratis o no, estos cursos usualmente proveen una capacitación directa excelente. Los cursos cortos fuera de las instalaciones son buenas fuentes de capacitación especializada cuando se requiere de un conocimiento profundo de un área temática específica, tal como la comunicación de datos o el manejo de una base de datos.

Se puede programar una capacitación dentro de las instalaciones si hay que preparar un gran número de personas en una organización. Este método puede ser el más eficiente comparado con el tiempo y costo de transporte de muchas personas. Sin embargo, las desventajas de la distracción con las llamadas telefónicas, las emergencias de la empresa y otras interrupciones no deben pasarse por alto.

Aunque la capacitación de alta calidad es un paso esencial en la implantación de sistemas, no es suficiente por sí misma. *La conversión*, el proceso de cambiar de un sistema anterior a uno nuevo, también debe ser cuidadosamente planeada y ejecutada. Existen cuatro métodos comunes: *sistemas paralelos, conversión directa, enfoque piloto* y sistemas *por etapas*. Los sistemas paralelos proporcionan la máxima seguridad en la instalación, mientras que la conversión directa ofrece el riesgo máximo. Cuando los sistemas tienen que ver con grandes organizaciones es común el método por etapas, en el que la conversión ocurre de manera gradual (digamos, un departamento a la vez). Cuando hay que probar nuevos métodos o ideas, a menudo se usa el enfoque piloto: un área de la organización usa el sistema y retroalimenta a los analistas. Cuando el sistema está listo para la implantación, se elige uno de los demás métodos de conversión para instalar el sistema.

El plan de conversión describe todas las actividades que deben ocurrir para implantar el nuevo sistema y ponerlo en operación. Identifica las tareas y asigna responsabilidades para llevarlas a cabo. El plan de conversión también debe anticipar los problemas más comunes, tales como la pérdida de documentos, formatos incorrectos de datos, pérdida de datos y requisitos inesperados del sistema, además de mostrar una forma de enfrentarlos cuando aparezcan.

Un aspecto importante de la conversión es el acondicionamiento de las instalaciones. Las actividades de acondicionamiento incluyen las instalaciones eléctrica y de aire acondicionado, distribución de las instalaciones y la colocación del equipo. Muchos proveedores dan las especificaciones de las instalaciones antes de que coloquen el equipo.

La preparación de los datos y archivos consume una buena parte del tiempo de conversión. No sólo hay que convertir los datos a un formato aceptable en el nuevo sistema, sino que los analistas deben asegurarse que esto se haga sin perder detalles o precisión. Mediante el uso de la cuenta de registros, controles financieros y cifras de control, los analistas pueden detectar y corregir problemas rápidamente, antes de que se salgan de su control, aun cuando la conversión implique la transmisión de datos.

Después de implantar el sistema y completar la conversión, debe hacerse una revisión para determinar si el sistema cumple con las expectativas y dónde son necesarias las mejoras. La calidad de los sistemas, la confianza del usuario y las estadísticas de operación quedan fijadas por técnicas como el *registro de eventos, evaluación del impacto* y las *encuestas de actitud*. Los métodos de recopilación de datos utilizados durante el análisis son igualmente efectivos durante la revisión después de la implantación. La revisión no sólo dice qué tan bien está diseñado e implantado el sistema sino que también es una valiosa fuente de información que puede aplicarse a un nuevo proyecto del sistema.

PREGUNTAS DE REPASO

1. ¿Cuál es el objetivo de la capacitación de sistemas? ¿En qué difieren la capacitación del usuario y el operador?
2. ¿Qué ventajas y desventajas ofrecen la capacitación externa y "en casa"? Comente el papel que tienen los proveedores de hardware y software en la capacitación de los usuarios y los operadores.
3. ¿Cuál es la relación entre la conversión y la implantación de sistemas?

4. ¿Qué métodos se usan para la conversión de sistemas? Describa brevemente cada uno de ellos.
5. Describa el objetivo y contenido de un plan de conversión.
6. ¿Qué es el acondicionamiento de las instalaciones? Describa las razones y actividades relacionadas con esto. ¿Quién es el responsable del acondicionamiento de las instalaciones?
7. ¿Cómo se aseguran los gerentes de conversión que los archivos y datos se convierten adecuadamente durante la implantación? Discuta el objetivo de cada método de control.
8. ¿Por qué se necesitan controles al transferir los datos durante la conversión? ¿Cuáles son los problemas más frecuentes?
9. Discuta el papel de los analistas durante la revisión después de la implantación. ¿Es esta revisión necesaria si el sistema se ha implantado adecuadamente y ha sido recibido favorablemente por los usuarios?
10. ¿Por qué la facilidad de uso de un sistema es un atributo tan importante como su confiabilidad?
11. ¿Qué métodos se usan en la revisión después de la implantación? ¿Cuál es la finalidad de cada uno de ellos?

PROBLEMAS DE APLICACIÓN

1. Una línea aérea está sustituyendo su actual sistema de boletaje y reservación por un nuevo sistema que usará computadoras más poderosas (fabricadas por una compañía distinta a la de las computadoras del sistema anterior) y un nuevo software que guarda y procesa datos de forma distinta a la del sistema anterior. Todos los archivos del sistema actual están guardados en medios computacionales y tienen una precisión alta. Los archivos incluyen:

Programación de vuelos de la línea aérea	Cada vuelo está identificado por una clave única.
Archivo del personal de la línea	Cada persona se asocia a un número de identificación de empleado.
Archivo de reservaciones	Cada registro contiene el nombre del pasajero, datos del vuelo, número de vuelo, costo del boleto y la clase del servicio.
Archivo de agentes de viajes	Cada registro contiene el número de identificación, nombre, porcentaje de comisión y el saldo actual de la cuenta por cada agente de viajes registrado con la aerolínea.

a. Presente los pasos que seguiría para manejar la conversión de sistemas, poniendo particular atención en el proceso de validación que usaría para transferir los archivos al nuevo sistema.
b. ¿Puede lograrse la transferencia de datos de un sistema a otro sin teclear todos los registros en forma manual? Los formatos de los archivos actuales y nuevos no son compatibles y los medios de almacenamiento en un sistema no funcionan en el otro.
c. Si las alternativas para la conversión real son el uso de sistemas paralelos o la conversión directa, ¿qué método recomendaría? ¿Por qué?
2. Una gran cadena de tiendas departamentales está implantando un nuevo sistema de cuentas por cobrar. La razón principal para desarrollar e

instalar el sistema es el mejorar la exactitud de los registros de cuentas por cobrar, los cuales promedian un millón de dólares al final de cada mes, además de proporcionar más información útil para el manejo de las cuentas, mejorar su cobro y reducir el total de cuentas por cobrar.

Con el nuevo sistema, los registros darán información sobre cuáles clientes tienen saldos vencidos, por cuánto tiempo han estado vencidos y cuándo fue hecho el último pago por los clientes. El sistema también podrá controlar y reducir errores al capturar datos de cuentas por cobrar.

Uno de los mayores problemas con el actual sistema manual es el porcentaje de error. En este momento existen cuentas que totalizan más de $ 200 000 de las que sólo se dispone de los nombres de los clientes y los saldos (no hay otros documentos de apoyo, tales como ventas o pagos). Algunos clientes están en desacuerdo con los saldos de sus cuentas porque dicen que hicieron algunos pagos que no se les acreditaron, que se les hacen algunos cargos por compras que no hicieron, o que quieren una prueba contundente de que ellos son los responsables del saldo.

La gerencia insiste en instalar el nuevo sistema para tener más precisión y poder obtener información uniforme sobre todas las cuentas y saldos de cuenta. Sin embargo, la gerencia no está segura de cómo manejar los 200 000 dólares de cuentas problema. Parece haber dos enfoques razonables: 1) introducir la información de todas las cuentas, incluyendo las cuentas problema, en el nuevo sistema, pero suministrando anotaciones en las cuentas que están a discusión o 2) mantener aparte las cuentas problema del nuevo sistema (esencialmente, trabajar con dos sistemas por separado) y manejarlas de manera independiente del sistema automatizado.

¿Cuál es la estrategia que hay que adoptar? ¿Por qué? Explique las razones para sus recomendaciones.

3. El gerente de una tienda especializada en ropa y accesorios de hombre se prepara para instalar un sistema computarizado de ventas e inventarios. El sistema ayudará a capturar la información de ventas, incluyendo los nombres y direcciones de los clientes, lo cual será la base para futuras listas de correspondencia. También servirá para la actualización constante de los artículos en inventario. Al venderse los artículos, se retiran de los registros de inventario. Al mismo tiempo, el sistema tendrá información sobre los artículos pedidos y la fecha en que se espera que dichos artículos lleguen, lo cual usualmente se estima con gran precisión.

La tienda tiene aproximadamente el 60% de sus ventas entre el primero de noviembre y el primero de enero de cada año, que es también el lapso en donde atrae la mayor cantidad de nuevos clientes.

Se perderá un volumen importante de ventas a menos que la gerencia disponga de información precisa acerca de los artículos en inventario y que el personal de ventas pueda asegurar las fechas precisas de entrega a los clientes. Cada uno de los artículos que vende la tienda es caro, a menudo su precio está por encima de los 100 dólares. Con el sistema manual actual, los problemas de inventario son tanto frustrantes como costosos. Los dieciocho empleados de la tienda desean tener un mejor sistema, aunque no saben si la computarización será la respuesta y no están seguros de qué tan difícil será el aprender a usar el nuevo sistema.

Suponga que hoy es el primero de julio. El hardware y software para el nuevo sistema se puede ordenar de inmediato. Los proveedores estiman que tomará 90 días para que lleguen todos los componentes. Además quieren una semana para instalar y probar el equipo y los programas, y otros siete días para capacitar al personal. Después de la instalación y la capacitación, todos los registros de inventario de la compañía deben introducirse en el sistema por medio de las terminales. El personal de ventas del proveedor estima que el proceso se llevará alrededor de dos meses.

a. El gerente debe decidir si firmar el contrato en el acto y buscar que la implantación esté a tiempo para la temporada alta de ventas que empieza el primero de noviembre o diferir la implantación hasta después del primero de enero, cuando el nivel de actividad del negocio llegue a su mínimo. ¿Cuáles son las ventajas y desventajas de cada alternativa?

b. ¿Qué recomendaría usted si fuera el analista? ¿Por qué?

4. Una gran empresa familiar de tapetes persas y otras alfombras importadas planea instalar un sistema automatizado de inventario en sus cuatro tiendas. El sistema permitirá el monitoreo continuo de las alfombras en bodega, ordenadas y por surtir, así como la captura rápida de los artículos recién recibidos en el registro de inventario. Un sistema de computadora central, localizado en la tienda principal, guardará toda la información. Las sucursales se conectarán al sistema mediante terminales y líneas de comunicación telefónica especialmente dedicadas a ese fin. El personal recuperará la información introduciendo datos acerca de la alfombra específica deseada o la clase de alfombras que sean de interés. Si el usuario quiere buscar una clase de artículos (por ejemplo, alfombras persas antiguas), el monitor mostrará una pantalla llena de información y entonces hará una pausa hasta que el usuario oprima una tecla, pidiendo la siguiente pantalla de información.

Un aspecto particularmente importante de las operaciones es que cada tienda mantenga su propio inventario de alfombras únicas. Todos los artículos tienen su propio número de serie, clasificados por tipo (tales como persa, china o india), estilo, tamaño y edad (en años). Se mantienen registros separados para los artículos que tiene cada tienda por lo que en el sistema manual actual, en cada almacén se tienen cuatro libros de inventario por separado, uno por cada tienda. Si un cliente está buscando un tipo particular de alfombra, el vendedor primero le muestra las alfombras disponibles en esa tienda. Si el cliente desea saber de otras alfombras o si la tienda no tiene la alfombra que el cliente quiere, entonces el vendedor telefonea a las otras tiendas y les pregunta si cuentan con el artículo deseado. Al recibir el pedido telefónico, el personal de ventas debe dejar de hacer lo que estaba realizando y verificar sus registros. (A veces pueden responder de memoria, sin verificar los registros de existencias, aunque en ocasiones ocurren errores cuando se procede de esta manera.)

El analista responsable de implantar el sistema está pensando en cómo instalarlo. Cada tienda tiene aproximadamente diez empleados que deben recibir capacitación del sistema. Los cinco empleados de la gerencia también necesitan capacitación del sistema. Por lo tanto, deben hacerse planes de capacitación para 45 personas. Cada sesión se llevará aproximadamente 3 días y una sola sesión no puede incluir a más de cuatro personas, ya que la capacitación requiere de actividades directas en la terminal de la computadora.

La compañía de teléfonos instalará todas las líneas de comunicación al mismo tiempo. Todo el equipo computacional llegará junto y se instalará tan pronto como se reciba. El software del sistema está suficientemente probado y en uso en otras compañías similares.

a. ¿El analista debe planear la implantación de todas las tiendas al mismo tiempo, digamos, durante la semana siguiente a la finalización de la capacitación o debería desfasar las tiendas, una a la vez? ¿Qué consideraciones subyacen en su recomendación?

b. Si el diseño de sistemas se altera para usar un inventario central (en vez de cuatro inventarios separados por tienda) que incluya a todos los artículos, pero que enliste la tienda en la que se encuentra cada artículo, ¿cambiaría su recomendación de la implantación? Explique.

BIBLIOGRAFÍA

GINZBERG, M.J.: "Key Recurrent Issues in the MIS Implementation Process", *MIS Quarterly,* 5,2, junio de 1981, pp. 47-59.

GINZBERG, M.J.: "Early Diagnosis of MIS Implementation Failure: Promising Results and Unanswered Questions", *Management Science,* 27,4, abril de 1981, pp. 459-478.

GINZBERG, M.J.: " Steps Towards More Effective Implementation of MS and MIS", *Interfaces,* 8,3, mayo de 1978, pp. 57-63.

KEEN, P.C.W.: "Information Systems and Organizational Change", *Communications of the ACM,* 24,1, enero de 1981, pp. 24-33.

MARKUS, M.L.: "Power, Politics and MIS Implementation", *Communications of the ACM,* 26,6, junio de 1983, pp. 430-444.

NICHOLS, M.L.: "A Behavioral Analysis for Planning MIS Implementation", *MIS Quarterly,* 5,1, marzo de 1981, pp. 57-66.

OLSON, M.H.: "New Information Technology and Organizational Culture", *MIS Quarterly,* 6,5, edición especial, 1982, pp. 71-92.

Diseño de procesos e implantación del nuevo sistema en las Industrias Sevco

PROCESAMIENTO DE SISTEMAS PARA CAPTURA DE DATOS Y CUENTAS POR COBRAR

Las actividades de procesamiento para las Industrias Sevco caen dentro de las dos categorías de procesamiento de órdenes y manejo de cuentas por cobrar. Examinaremos el proceso usando estas dos categorías. Se estudiará primero un panorama del proceso. Después se identificarán los módulos individuales de los programas y se examinarán en relación con su elección en el menú de sistemas. Se presentarán diagramas breves de los sistemas para explicar gráficamente el procesamiento.

Panorama del proceso

El sistema de la compañía se maneja por medio de los ciclos mensuales de actividades, tales como enviar avisos a los clientes o producir los reportes mensuales. Por lo tanto, el diseño debe incluir procedimientos idóneos para la producción de los reportes y terminar el mes de forma adecuada. El diseño del proceso de este sistema explícitamente provee actividades para fines del mes y para el cierre de los estados de cuenta, con el propósito de transferir los totales y los balances para el siguiente mes. El inicio de dicha actividad está bajo el control del usuario. Se prefiere esta alternativa en vez de usar el reloj del sistema y cerrar automáticamente los libros, una práctica que no permite que el usuario detenga las actividades hasta que se hallen los errores y se corrijan o bien que se introduzcan transacciones adicionales después. Los sistemas bien diseñados siguen la práctica presentada en este caso.

Durante las actividades de procesamiento, se construyen las previsiones de seguridad en el sistema. Se pide que todos los usuarios se identifiquen de forma adecuada y que indiquen si tienen autorización para realizar la actividad que solicitan. La clave de acceso y el procedimiento de validación diseñados en este sistema se indicarán por medio de un símbolo titulado "Menú principal de seguridad y opciones", siempre que la validación del usuario se lleve a cabo.

```
                                              Pantalla # 2
                                    CAPTURA DE PEDIDOS Y FACTURACIÓN
                                          PROCESAMIENTO DE PEDIDOS
          Pantalla # 1                  1  Recepción de pedidos
 CAPTURA DE PEDIDOS Y FACTURACIÓN       2  Resumen de facturas
        MENÚ PRINCIPAL                  3  Mantenimiento de pedidos
                                        4  Descarga de pedidos
    1  Procesamiento de pedidos         5  Recepción de pedidos por disco
    2  Consultas                        6  Actualización de lotes
    3  Reportes                         7  Aviso de artículos
    4  Cierre mensual                      listos para embarcar
    5  Mantenimiento de archivos        8  Tarjetas de pedidos
    6  Listado de archivos              9  Acuses de recibo
                                       10  Facturas
                                       11  Avisos de embarque
                                       12  Regreso al menú principal


          Pantalla  #11                         Pantalla # 12
        CUENTAS POR COBRAR              Manejo de cuentas por cobrar
         MENÚ PRINCIPAL

 1  Procesamiento de transacciones      1  Procesamiento de transacciones
 2  Cierre de periodo                   2  Captura de memos de
 3  Estados de cuenta                      facturas/credito
 4  Avisos de cuentas vencidas          3  Procesamiento de
 5  Saldo cronológico preliminar           transacciones no registradas
 6  Consultas de clientes               4  Regreso al menú principal
```

En algunos casos, se crean archivos temporales del sistema para realizar un proceso. En otras ocasiones, se necesita la función de clasificación para reorganizar un archivo temporal. Se indicarán gráficamente cuando se usen.

FIGURA CE.59

Menús para el inicio de procesamiento del sistema.

Procesamiento de sistemas

El procesamiento se inicia a partir de una de las pantallas de menú que se muestran en la figura CE.59. (Estas pantallas se explicaron originalmente durante el diseño de entrada, al final del capítulo 10.) Al teclear el número que precede a cada opción del menú, el usuario solicita los programas necesarios para continuar su actividad. En la figura CE.60 se estudia cada uno de los programas con respecto al número del menú que teclea el usuario (véanse páginas 850-866). Para cada uno de ellos, se presenta una breve explicación de la función del programa junto con un diagrama de HIPO abreviado que muestra los archivos

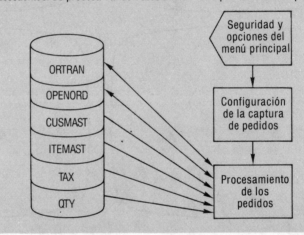

Los programas en línea para captura de pedidos proporcionan pantallas para la captura de datos y la verificación de:
- información del encabezado del pedido
- comentarios sobre el artículo y el pedido
- captura del artículo
- estado de la captura del pedido, mostrando:
  - exhibición del estado actual del pedido y el lote
  - fin del pedido con la actualización en línea
  - fin del pedido con la actualización con retraso (lote)
  - cancelación del pedido
  - fin del lote
  - eliminar lote

El número de pedido se genera automáticamente por el sistema, se verifica el estado del crédito, se pone precio al pedido y se aplican los descuentos. Se procesa varias veces al día —una por cada lote de pedidos—.

FIGURA CE.60
Métodos descendentes. Continuación

que se usan en cada programa así como la salida producida. En caso necesario, también se indican los archivos temporales. Asimismo, el diseño indica en dónde se necesita la función de clasificación antes de la edición o producción de documentos de salida.

CONVERSIÓN E IMPLANTACIÓN DE SISTEMAS

Las actividades primarias asociadas con la conversión del sistema existente de procesamiento de pedidos al nuevo sistema son la instalación, la capacitación y la conversión de archivos. El plan para cada actividad se explica a continuación.

Instalación

La instalación de un AS/400 necesitó de una planificación y preparación amplia de las instalaciones para la entrega de todo

Esta opción sólo se usará para procesar más rápido un pedido prioritario —el procesamiento normal se hará mediante la actualización del lote—. El pedido se pasa de ORTRAN a OPENORD y los archivos maestros se actualizan al final de la recepción del pedido. La rutina se llama desde la terminal. Si hay errores, la orden no se transfiere. Durante la actualización normal del lote, el pedido se procesa de nuevo para producir un reporte actualizado.

FIGURA CS.60
Continuación

un sistema computacional. El equipo se ordenó al fabricante 8 semanas antes de la fecha en que se necesitaba.

Antes de la llegada del equipo, se estableció contacto con los electricistas para que ayudaran en el acondicionamiento de las instalaciones. Se colocaron nuevas líneas eléctricas para el sistema computacional y para las dos terminales a usar en el procesamiento de órdenes y el manejo de los recibos de las cuentas en la oficina de contabilidad. También se instaló una nueva línea eléctrica en el área de manufactura para la terminal que se usará ahí.

SUMINISTROS PARA LA COMPUTADORA

También se ordenaron los suministros necesarios para el nuevo hardware antes de la fecha en que se necesitarían. Los suministros eran cintas magnéticas, discos y cajas para guardar los discos, los cuales se recibieron una semana después de que fueron solicitados.

El suministro de papel requirió de más tiempo. Se ordenaron los avisos mensuales con el logotipo de la compañía, dirección y otros datos pertinentes con 8 semanas de anticipación. El papel para agradecer los pedidos y los nuevos sobres de correspondencia se tardó 4 semanas. Las cajas de papel blanco estuvieron disponibles rápidamente y llegaron en 1 semana.

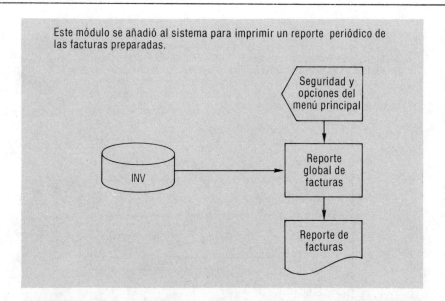

Este módulo se añadió al sistema para imprimir un reporte periódico de las facturas preparadas.

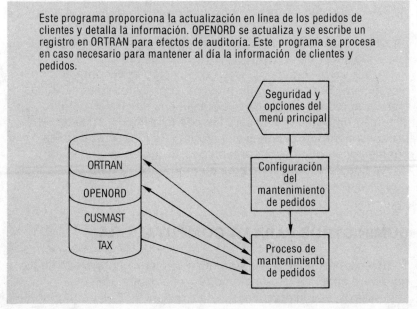

Este programa proporciona la actualización en línea de los pedidos de clientes y detalla la información. OPENORD se actualiza y se escribe un registro en ORTRAN para efectos de auditoría. Este programa se procesa en caso necesario para mantener al día la información de clientes y pedidos.

FIGURA CE.60
Continuación

ACTIVIDADES DE CAPACITACIÓN

Se hicieron tres tipos de capacitación para familiarizar al personal con los detalles del nuevo sistema. Los operadores del sistema, los usuarios directos y los gerentes recibieron capacitación para el uso del sistema.

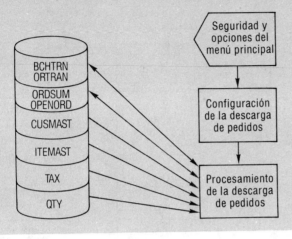

En la estación de trabajo, un pedido para facturación se selecciona de los pedidos abiertos. Se muestra la información de los clientes y los artículos. Se pueden hacer cambios al precio y la cantidad embarcada. Se verifican la información y cambios del pedido. El programa crea ORTRAN para descargar los registros del archivo maestro de entrada para actualización y facturación. Se procesa al menos una vez diariamente —para descargar cada lote de pedidos a ser facturados—.

FIGURA CE.60
Continuación

Capacitación del operador

El operador del sistema, que ya estaba familiarizado con el sistema/36, recibió capacitación en las operaciones de la AS/400 y se le dio una introducción al sistema de procesamiento de pedidos. Después de darle un panorama del propósito y uso del sistema, el operador y los analistas de sistemas estudiaron los procedimientos de ejecución. Se estudiaron los procesos siguientes:

1. Actividades de ejecución diaria, incluyendo la fecha en la que debe estar el sistema en operación, los archivos necesarios para procesar el sistema y los diskettes específicos a colocarse en el sistema. Se examinaron los procedimientos de respaldo para copiar archivos y se acordó un esquema de código por colores para distinguir entre los discos de datos de un día y los de otros días.

2. Preparación periódica de reportes, incluyendo las formas y documentos necesarios con fines de impresión. Se hizo la observación de que el personal de contabilidad indicaría cuándo correr un reporte y que el personal de sistemas sería

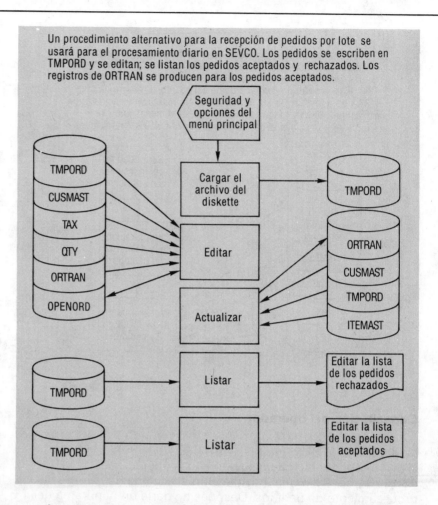

Un procedimiento alternativo para la recepción de pedidos por lote se usará para el procesamiento diario en SEVCO. Los pedidos se escriben en TMPORD y se editan; se listan los pedidos aceptados y rechazados. Los registros de ORTRAN se producen para los pedidos aceptados.

FIGURA CE.60
Continuación

el responsable de garantizar que las formas adecuadas se cargaran en la impresora.

3. Los procedimientos de emergencia, incluyendo los indicadores de que un proceso se tarda más tiempo que lo usual o que los datos no se están registrando adecuadamente. Se revisaron los procesos específicos para reiniciar, con el fin de asegurarse de que los operadores sean capaces de recuperar el sistema de cualquier problema que pudiera surgir, independientemente si se deben a errores del usuario, error del operador o desperfectos del equipo.

Todos los procedimientos de operación del sistema se guardaron en un manual de ejecución que se actualizará cuando se realicen cambios.

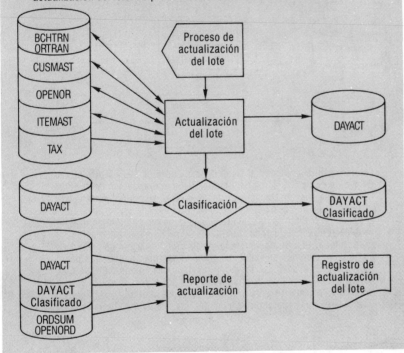

Este programa consta de:
— actualización del lote de captura para procesar lotes de pedidos estándar y actualizar los archivos maestros de ORTRAN
— actualización del lote de mantenimiento, el cual procesa los cambios a OPENORD de ORTRAN
— actualización del lote de descarga de pedidos que procesa los lotes de ORTRAN que han sido descargados para facturación

Cuando se embarca un pedido descargado de facturación, todos los archivos maestros se actualizan para quitar el pedido del sistema. Se produce un reporte de edición de actualizaciones llamado Registro de actualización del lote. Se procesa al menos una vez diariamente.

FIGURA CE.60
Continuación

Usuarios directos

Entre los usuarios del nuevo sistema se encuentra el personal que procesa los pedidos, maneja las cuentas por cobrar y usa las terminales en el departamento de manufactura. Aunque en general estaban familiarizados con los reportes de computadora usados en las actividades de la compañía, no tenían experiencia directa en el uso del sistema. Tomaron un curso de 2 días ofrecido por IBM en los conceptos de operación de AS/400, diseñado para familiarizar a los operadores de las terminales con los conceptos básicos de operación de AS/400. El curso incluyó la capacitación directa en un sistema computacional de trabajo y

Este programa crea un archivo temporal en el disco y produce avisos para embarcar clasificados por pedido y lugar. Se señalan los errores (información del cliente que no corresponde a los archivos maestros) para un manejo excepcional. El aviso se usa para el procesamiento en línea de la factura en la oficina principal. El programa debe procesarse al menos una vez diariamente para los lotes de pedidos listos para embarcar.

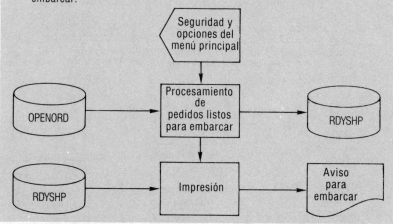

Este programa se añadió al sistema para imprimir de ORTRAN las tarjetas de pedido de SEVCO al mismo tiempo que la actualización del archivo maestro (se podrían seleccionar después en el archivo maestro). Las tarjetas de pedido también deben mandarse a las impresoras de la estación de trabajo, en las instalaciones remotas de manufactura, donde se desarrollan instalaciones auxiliares de producción. Además de proporcionar la información de la producción, la tarjeta de pedido sirve como un documento en el cual se anota la cantidad embarcada para facturarla. Se especifican las primeras opciones en una pantalla de captura (incluyendo las tarjetas de pedido por lugar); después se extrae un archivo de reporte. Este programa se procesa al menos una vez diariamente por cada actualización del lote, incluyendo lotes de entrada de pedidos.

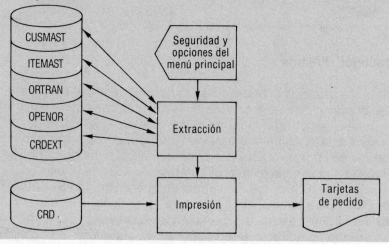

FIGURA CE.60
Continuación

Este programa imprime con base en ORTRAN, los acuses de recibo de pedidos de clientes en los registros de entrada de pedidos cuando un lote se descarga para la actualización. Se procesa al menos una vez diariamente para imprimir los acuses de recibo de cada lote de pedidos que entra. Se crea un archivo de extracción y entonces se imprimen los acuses de recibo.

Este programa se inicia en las estaciones de trabajo para imprimir las facturas, las cuales se mandan a los clientes. Construye un archivo de reporte de facturas/avisos de embarque. Se procesa al menos una vez diariamente por cada lote de facturas.

FIGURA CE.60
Continuación

problemas de demostración. Además de esto, se adquirió un curso autodidacta, Operaciones con AS/400, para profundizar el conocimiento de los miembros del equipo con los detalles de operación del sistema.

El resto de la capacitación fue dirigida por los analistas de sistemas que diseñaron el nuevo sistema. Se estudiaron y

Estos dos programas enlazan la facturación con cuentas por cobrar. Después de imprimir las facturas, los registros de facturas se contabilizan en el archivo de transacciones de cuentas por cobrar (ARTRAN). Un reporte, aplicación de facturas a los archivos maestros, produce los totales por cliente y finales. El programa de registro de facturas imprime el registro de facturas y actualiza el archivo maestro de clientes (CUSMAST). Se procesa al menos una vez diariamente por cada lote de facturas.

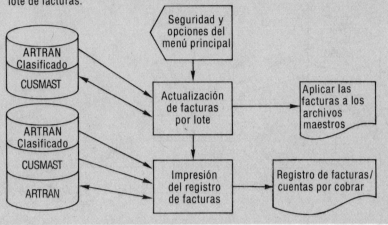

Este programa, llamado desde las estaciones de trabajo, extrae los registros del archivo de reporte FACTURACIÓN/AVISO DE EMBARQUE. Los avisos de embarque, que contienen la información de las facturas, se imprimen durante el ciclo de facturación y se usan como documentos de embarque.

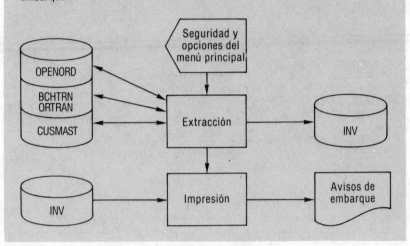

FIGURA CE.60
Continuación

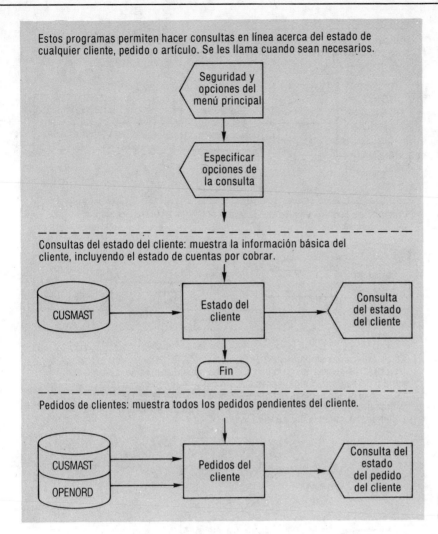

Estos programas permiten hacer consultas en línea acerca del estado de cualquier cliente, pedido o artículo. Se les llama cuando sean necesarios.

Seguridad y opciones del menú principal

Especificar opciones de la consulta

Consultas del estado del cliente: muestra la información básica del cliente, incluyendo el estado de cuentas por cobrar.

CUSMAST → Estado del cliente → Consulta del estado del cliente

Fin

Pedidos de clientes: muestra todos los pedidos pendientes del cliente.

CUSMAST, OPENORD → Pedidos del cliente → Consulta del estado del pedido del cliente

FIGURA CE.60
Continuación

probaron los procedimientos de captura de datos. Se hicieron unos ajustes según las recomendaciones del personal de contabilidad. También se probaron las actividades de crédito y cobranza, usando datos de demostración.

Tanto el personal de manufactura como el de captura de datos se tomaron mucho tiempo preguntando al sistema por información y registros, editando datos previamente introducidos y procesando reportes. Se puso énfasis en cómo enfrentarse a los problemas en todas las actividades. Los usuarios se familiarizaron con los métodos para determinar si el sistema no funcionaba como se esperaba y si los responsables eran los operadores o si era un problema del sistema. Surgieron muchas

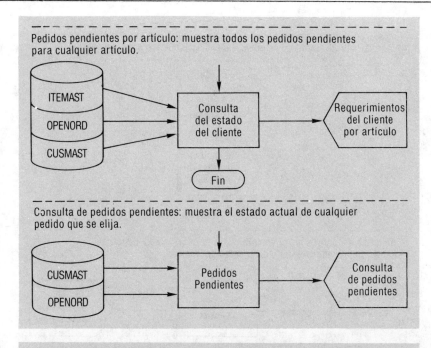

Pedidos pendientes por artículo: muestra todos los pedidos pendientes para cualquier artículo.

Consulta de pedidos pendientes: muestra el estado actual de cualquier pedido que se elija.

Estos programas se llaman desde las estaciones de trabajo para extraer los registros necesarios e imprimir los tres tipos distintos de reportes de estado del registro. Estos reportes se procesan cuando hacen falta, excepto el de los pedidos pendientes por cliente, que se procesa semanalmente. Los otros dos reportes son pedidos pendientes por fecha y pedidos pendientes por artículo.

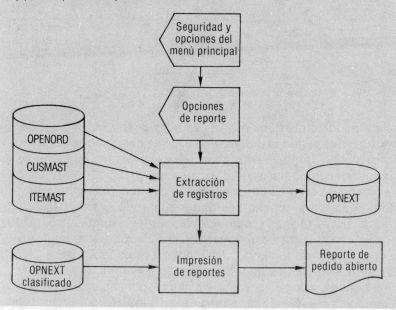

FIGURA CE.60
Continuación

Los reportes de impuestos se producen mostrando las cantidades totales susceptibles de impuesto por factura o el monto total de cada causante. La información necesaria se extrae a un archivo temporal y después se imprime. Los códigos de causantes se especifican en el archivo de impuestos (TAX). Los registros resumidos de impuestos se escriben en el archivo de extracción de impuestos. El archivo se reformatea para el siguiente cierre mensual.

FIGURA CE.60
Continuación

preguntas durante esta parte de la capacitación.

También se tuvo una reunión con los operadores del sistema para contestar cualquier pregunta de los usuarios relacionada con los procesos de respaldo y la programación de procesos tanto diaria como mensual, así como para estar de acuerdo en las expectativas de un grupo con respecto al otro. La reunión fue productiva.

Gerentes usuarios

El señor Olson asistió a una sesión especial de capacitación ofrecida por IBM a los gerentes. Se buscó que el curso de dos días sobre conceptos de procesamiento de datos introdujera a los gerentes en los conceptos computacionales, controles y procedimientos. El curso creó las bases para el cambio de los sistemas manuales a los automatizados.

Otros programas de reporte incluyen el vaciado de los archivos maestros y una lista de precios de artículos de los archivos maestros de cantidades y artículos.

Estos programas se llaman desde la estación de trabajo para:

1. Capturar los recibos de caja y ajustes, editar las transacciones, construir un lote en el archivo de transacciones de cuentas por cobrar (ARTRAN) y actualizar el archivo maestro de clientes (CUSMAST).
2. Capturar facturas y memos de crédito, editar las transacciones y construir un lote en ARTRAN. Las facturas, en procesamiento normal, se contabilizan en ARTRAN y CUSMAST durante el ciclo de facturación.

Las pantallas para captura de datos para los recibos de caja y ajustes incluyen: compañía, cliente, recibo de caja, ajuste, envío de dinero o ajuste y estado del lote.

Las pantallas de captura de datos para las facturas y los memos de crédito comprenden: compañía, cliente, factura y estado del lote. Los programas se procesan diariamente para cada lote de transacciones.

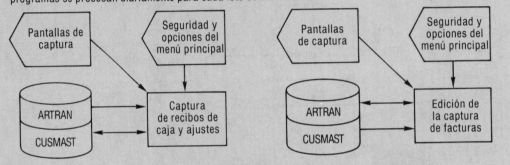

FIGURA CE.60
Continuación

También se tuvo una sesión de trabajo de una mañana con todo el personal de gerencia, para familiarizarlos con las características del nuevo sistema. Se prepararon ejemplos de reportes y se distribuyeron en la reunión. Una larga sesión de preguntas y respuestas les dio a todas las personas la oportunidad de discutir sus dudas y proponer sugerencias libremente.

CONVERSIÓN

Se planificó y programó una conversión directa al nuevo sistema para que coincidiera con el final del mes calendario. Al fin de mes se mandó un estado de contabilidad hecho manualmente y se cargaron los nuevos archivos preparándolos para entrar en acción.

Los tres archivos maestros que se convirtieron de forma manual a computarizada fueron los de clientes, el de artículos y el de pedidos pendientes. Los registros manuales de cada uno

Este programa se puede llamar desde la pantalla de captura de pedidos y facturación, menú de procesamiento de pedidos, opción (10). Se le llama para contabilizar las transacciones diarias que no lo han sido durante la facturación en la actualización en línea de cuentas por cobrar. Se extraen primero los lotes del archivo de transacciones de cuentas por cobrar (ARTRAN). Las facturas o memos de crédito no contabilizados se envían al archivo maestro de clientes (CUSMAST). Se produce el listado de la aplicación de las facturas a la lista maestra. Entonces se clasifica el archivo de extracción para producir un registro de caja y ajustes y el registro de facturas y memos de crédito. Los programas se procesan al menos una vez diariamente para contabilizar lotes de transacciones y/o imprimir los registros de transacción.

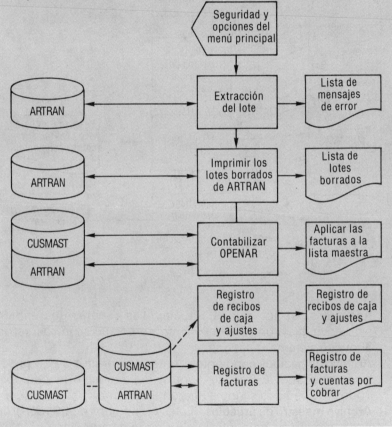

FIGURA CE.60
Continuación

fueron la base del nuevo archivo. Los registros se agruparon en lotes numerados y el personal tecleó los datos en el nuevo sistema por medio de las terminales. Las auditorías y procesos de control de cada archivo incluyeron:

1. **Archivo maestro de clientes.** Lotes numerados de 50 registros cada uno. Cifras de control del número de clientes. Totales

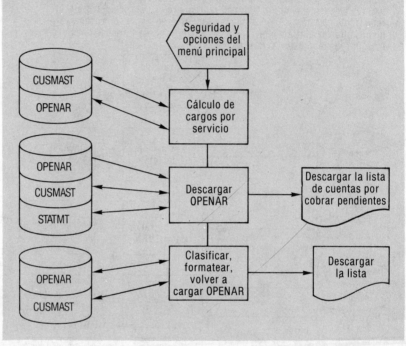

El sistema para SEVCO usa los periodos estándar de los meses calendario. Durante la ejecución del cierre, se calculan los cargos por servicio y se actualiza el archivo maestro de clientes. Se les pone fecha a las transacciones y se crean nuevos saldos de cuenta. Se origina un archivo de informes a clientes. Los totales de cuentas por cobrar del archivo maestro de clientes se actualizan y se producen los reportes si se considera necesario.

FIGURA CE.60
Continuación

financieros en los saldos actuales. Las cuentas que habían sido enviadas a una agencia de cobranzas no se introdujeron al nuevo sistema.

2. **Archivo de pedidos pendientes.** Lotes numerados de 50 registros cada uno. Cifras de control del número de pedidos. Todos los pedidos se introdujeron al sistema.

3. **Archivo maestro de artículos.** Lotes numerados de 50 registros cada uno. Cifras de control del número de artículos.

Un auxiliar de oficina temporal ayudó en la distribución por lotes y la generación de cifras de control. El personal de contabilidad introdujo los registros reales. Los totales de los lotes se acumularon durante la introducción de datos y se compararon con los totales manuales.

La captura de datos para construir los archivos maestros tomó cerca de 3 días. Durante ese tiempo, se aceptaron nuevos

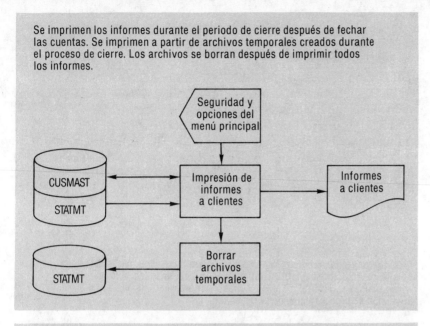

Se imprimen los informes durante el periodo de cierre después de fechar las cuentas. Se imprimen a partir de archivos temporales creados durante el proceso de cierre. Los archivos se borran después de imprimir todos los informes.

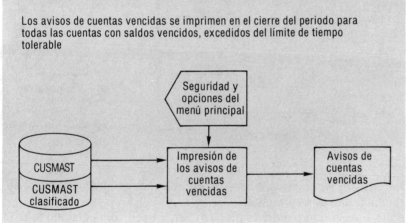

Los avisos de cuentas vencidas se imprimen en el cierre del periodo para todas las cuentas con saldos vencidos, excedidos del límite de tiempo tolerable

FIGURA CE.60
Continuación

pedidos pero no se procesaron. Al final de la conversión, se introdujeron al sistema. Al terminar el día siguiente, todo el trabajo estaba procesado y actualizado.

EVALUACIÓN DESPUÉS DE LA IMPLANTACIÓN

Los analistas de sistemas continuaron con el proyecto durante la etapa de implantación para garantizar un proceso suave de

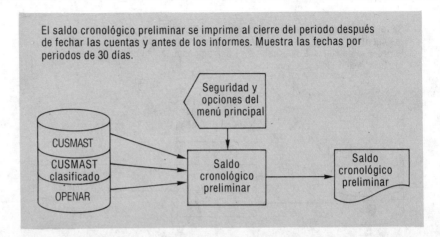

El saldo cronológico preliminar se imprime al cierre del periodo después de fechar las cuentas y antes de los informes. Muestra las fechas por periodos de 30 días.

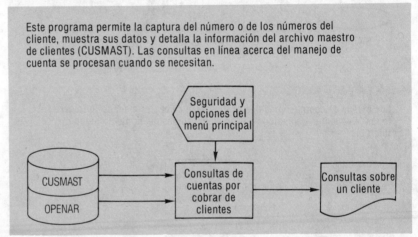

Este programa permite la captura del número o de los números del cliente, muestra sus datos y detalla la información del archivo maestro de clientes (CUSMAST). Las consultas en línea acerca del manejo de cuenta se procesan cuando se necesitan.

FIGURA CE.60
Continuación

transición. También estaban disponibles los programadores si se necesitaban sus servicios.

La implementación se planeó bien y todo se desarrolló sin contratiempos. El sistema se ha estado usando algún tiempo, pero casi no se han hallado problemas. Los analistas y la coordinación desean revisar conjuntamente el sistema después de 6 meses. Los objetivos de la revisión después de la implantación serán:

1. Determinar si se alcanzaron las metas y objetivos del sistema.
2. Establecer si se han mejorado los procedimientos del personal, las actividades operativas y el control de pedidos.
3. Determinar si se han satisfecho las necesidades de servicio

del usuario, reduciendo simultáneamente los errores y costos.

4. Precisar si requieren atención las limitaciones conocidas o inesperadas del sistema.

Todo indica que el nuevo sistema ha sido bien recibido y que cumplirá con los objetivos de desempeño que llevaron en primer término a su desarrollo.

¿Qué cree que mostrará la revisión después de la implantación?

16. Administración del proceso de desarrollo de sistemas de información

GUÍA DE ESTUDIO

Usted será capaz de demostrar que ha entendido los fines y métodos de la administración del desarrollo de sistemas cuando pueda responder a estas preguntas:

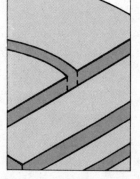

- ¿Cómo estiman los analistas de sistemas el tiempo necesario para desarrollar un sistema de información?
- ¿Qué factores determinan el tiempo de desarrollo de un sistema?
- ¿Es posible determinar la influencia de la experiencia del personal en el tiempo de desarrollo del programa?
- ¿Cuáles son los métodos que se usan con más frecuencia para administrar los proyectos de sistemas?
- ¿Cómo ayudan las prácticas de equipo a los coordinadores para utilizar de manera óptima al personal del proyecto?
- ¿Por medio de qué formas se asegura el personal de que el sistema que se desarrolla es correcto?

Como lo sugieren estas preguntas, la administración del desarrollo de sistemas de información requiere de mucho más que buenas habilidades técnicas.

OBJETIVOS DEL CAPÍTULO

- Formular estimaciones del tiempo necesario para desarrollar un proyecto de aplicación de un sistema de información.
- Hacer diagramas de PERT y de eventos críticos que describan las dependencias críticas en la terminación del desarrollo del proyecto.
- Planear un recorrido estructurado para la revisión de las decisiones de diseño y desarrollo.

PALABRAS CLAVE

Actividad ficticia
Biblioteca externa de programas
Biblioteca interna de programas
Complejidad de programas
Día de proyecto
Diagrama de Gantt
Encargado del diseño de pruebas
Equipo de especialistas
Equipo responsable de la programación
Equipos sin liderazgo
Eventos críticos

PERT
Recorrido estructurado
Requerimientos de tiempo de los proyectos
Revisión de código
Revisión de diseño
Revisión de pruebas
Revisión de requisitos
Ruta crítica
Técnica de la función puntual
Tiempo muerto

Un buen cálculo, cuando mucho

Charlie Cassidy, un analista de sistemas con un año de experiencia, hacia el bosquejo de la asignación de un proyecto con Gerry Kowalski, un analista novato que entró a la compañía hace apenas un mes. Gerry acaba de preguntarle a Charlie su opinión acerca de los mejores métodos para estimar con precisión el tiempo de desarrollo de un sistema.

"¿Estimar? ¡Sé realista!" —exclamó Charlie—. Entonces, al ver la cara de desaliento de su protegido, añadió: "No es mi intención ofenderte, Gerry, pero es obvio que eres nuevo en esto El hecho es que cualquier analista con experiencia sabe que tratar de determinar el tiempo que lleva desarrollar una aplicación es a lo más sólo un estimado. Simplemente no hay forma de predecir con exactitud cuánto tiempo se lleva y eso nunca podrá ser, a pesar de lo que te hayan dicho tus maestros y libros."

"¿Porqué es eso?", preguntó Gerry.

"Mira la realidad", dijo Charlie. "Todo sistema es una nueva experiencia con un nuevo conjunto de problemas que requieren de solución. La lógica de los procedimientos cambia cada vez que desarrollamos un nuevo sistema. Todos los archivos, incluyendo su contenido, llaves y características de acceso, varían de sistema a sistema. Y así ocurre también con la forma en que serán usados. Si distintas organizaciones manejan incluso 'prácticas de contabilidad estándar' de diez formas distintas, naturalmente sus sistemas serán distintos entre sí."

"El desarrollo del software no es igual a la construcción pesada, sabes", continuó Charlie. "No es como tener un conjunto de planos que se han usado antes. Todo es nuevo cada vez. Y recuerda, no hay normas estructurales —recomendaciones de esfuerzos, alturas de techos, etcétera— a seguir. Los supervisores de la construcción saben cuántos pies de acero se pueden levantar por hora o cuántas yardas de concreto se pueden verter durante un día, sin embargo no hay tales reglas en el análisis y diseño de sistemas."

"Pero no podrás negar que la estimación es una habilidad esencial de los analistas", insistió Gerry. "Es probable que los gerentes corporativos no den mucho crédito a los analistas cuando sus estimaciones son correctas. Pero, si una mala estimación produce la falla de un proyecto, ¿no se le reprocharía en gran medida al analista del proyecto?", preguntó Gerry. "Y aunque estoy de acuerdo en que dos trabajos nunca son iguales, no hay razón para ignorar los datos que puedes obtener de proyectos terminados. Me parece que si mantienes unos registros cuidadosos del tiempo necesario para entregar el sistema fase por fase, la complejidad del proyecto (el número de cambios de especificación y la cantidad de tiempo extra necesarios), el costo y tal vez la duración del proyecto y el tamaño del equipo, podrías tener una base para hacer estimaciones de los desarrollos futuros. ¿Está mal usar tasas de productividad ajustadas de proyectos anteriores? ¿No te daría eso una buena estimación?"

Charlie miró con simpatía a Gerry. "Mira", respondió. "Estoy impresionado con tu entusiasmo por la estimación, pero personalmente no estoy convencido de que una estimación sea muy importante. No estoy diciendo que no haya técnicas que puedan ser útiles, por ejemplo, el uso de datos de proyectos anteriores de desarrollo. Pero tienes que entender que ningún método puede garantizar resultados exactos. Hasta el momento, no hay un estándar para estimar con precisión cuánto tiempo se llevará desarrollar una nueva aplicación. Y para muchos de nuestros proyectos, no hay una experiencia real a la cual recurrir. Así son las cosas en este campo.

"Por consiguiente toma mi consejo, Gerry. Cuando te pregunten una estimación, dales tu mejor corazonada".

Los proyectos exitosos de sistemas de información son aquellos que han sido dirigidos exitosamente. Recíprocamente los programas de sistemas pueden fallar si no se estima el tiempo de manera adecuada, si los planes de desarrollo no toman en cuenta la naturaleza crítica de algunas tareas y si no se usa el personal efectiva o eficientemente. Este capítulo estudia los métodos para estimar y coordinar la programación del proyecto. Mostrará cómo se formulan las estimaciones del tiempo de desarrollo, cómo se combinan con la calendarización del trabajo y cómo se usan para evaluar el desempeño.

El desarrollo de sistemas tiene inherente una labor de equipo, como lo hemos indicado repetidamente. Este capítulo también muestra cómo se organizan y coordinan los equipos y se señala cómo ayudan las revisiones del diseño y desarrollo para alcanzar la calidad deseada y los estándares de desempeño en los sistemas terminados.

La primera parte de este capítulo enfatizará la administración del desarrollo físico y de programación del sistema.

La última sección estudia los desarrollos estructurados, un método de revisión que puede aplicarse a los análisis de requerimientos, diseño y desarrollo para mantener la calidad del sistema durante todas las actividades de su desarrollo.

Los gerentes corporativos esperan que al estimar el tiempo de desarrollo, el sistema se entregará conforme a lo planeado. Comencemos por examinar cómo se prepara tal estimación.

ESTIMACIÓN Y CONTROL DEL TIEMPO DE DESARROLLO

Los proyectos de sistemas mal planeados no cumplen con lo programado y desaniman a los usuarios entusiastas. En algunas organizaciones, la regla son los desarrollos tardíos, mientras que en otras compañías son la excepción. Aquellos proyectos que se desarrollan a tiempo tienen estas características en común: 1) Una estimación cuidadosamente formulada de los requerimientos de tiempo, 2) un medio para monitorear el avance, 3) un medio para comparar el desempeño planeado con el real y 4) la información suficiente para enfrentarse a los problemas cuando éstos surjan. Cada una de estas características se estudia en la presente sección.

Estimación de los requerimientos del tiempo

Como lo sugiere el ejemplo al principio de este capítulo, uno de los aspectos más difíciles del manejo del proyecto es la formulación de las estimaciones del tiempo necesario para desarrollar un sistema. Como lo propone el nombre, las estimaciones son aproximaciones de las horas, días o meses de esfuerzo necesario para producir el sistema deseado. Su precisión depende en gran medida de la habilidad, conocimiento y experiencia de la persona que prepara las estimaciones, usualmente es el coordinador del proyecto. Como se mostrará, quedan determinadas en muchos casos por factores tales como la habilidad personal de los analistas y programadores, la complejidad del sistema y las interrupciones no relacionadas con el proyecto, elementos que no caen directamente bajo el control del coordinador del proyecto.

Métodos de estimación del tiempo

Hay tres métodos comunes para estimar el tiempo de desarrollo del proyecto. El método histórico se basa en registros cuidadosos que se han mantenido con respecto a proyectos de desarrollo anteriores. Los registros indican las características del programa o proyecto, asignación de tareas, requerimientos del tiempo del personal y los problemas o hechos no usuales. Cuando se proponen nuevos proyectos, se comparan con los registros en archivos de proyectos anteriores para dar una estimación del tiempo esperado de desarrollo. El mantenimiento de registros es un proceso muy laborioso y que muchas organizaciones prefieren evitar. El método histórico sólo es tan bueno como los registros y aun entonces es útil únicamente sí el proyecto propuesto es similar a un desarrollo anterior.

Se dice que la experiencia es el mejor maestro. El método intuitivo se basa en la experiencia del personal más antiguo, el cual estima, por medio de sus experiencias personales, el tiempo de desarrollo esperado. Este método se describe a menudo como una corazonada educada, donde la porción de educación se refiere a la experiencia anterior de la persona que hace la estimación. El enfoque intuitivo difiere del histórico en que no se usan casos documentados y registros detallados.

El método intuitivo es el enfoque más ampliamente usado. Sin embargo, debido a que poca gente es capaz de estimar con un alto grado de precisión, la popularidad de este método se debe a que es rápido y conveniente para obtener una estimación.

El método de la forma estándar ofrece un enfoque más concreto a la estimación. Se identifican y cuantifican (con pesos individuales) los factores que afectan más drásticamente al tiempo de desarrollo, tales como las características del personal, los detalles del sistema y la complejidad del proyecto. Una fórmula aritmética especifica cómo relacionar los elementos individuales para producir una estimación del tiempo de desarrollo en horas, días o semanas. Los numerosos intentos de desarrollo de fórmulas efectivas incluyen esfuerzos altamente publicitados por varios proveedores importantes de computadoras. Pero todos estos intentos deben verse con cierto escepticismo. Posteriormente desarrollaremos una estimación de programación en esta sección usando una fórmula de IBM como ejemplo. Sin embargo, muchas organizaciones han sugerido estándares o procedimientos para estimar el tiempo de desarrollo.

Las estimaciones del tiempo del proyecto son necesarias para informar a la gerencia de cuándo es probable que se termine un proyecto y se implemente el sistema. Además, se necesitan las estimaciones para ayudar al coordinador del proyecto en la programación del personal para desarrollar varias tareas o hacer ajustes posteriores del equipo, en caso de ser necesario. Las estimaciones del tiempo del proyecto incluyen dos tipos de requerimientos: requerimientos de tiempo del proyecto y requerimientos de tiempo calendario.

Requerimientos de tiempo del proyecto

Los *requerimientos de tiempo del proyecto* se refieren al tiempo necesario para llevar a cabo una investigación del sistema, formular el diseño lógico, codificar los programas y preparar archivos, desarrollar datos de prueba, probar los programas y ordenar e instalar el equipo. En otras palabras, cada actividad asociada con el desarrollo de un sistema de información requiere de cierta cantidad de tiempo que debe estimarse e incorporarse al calendario del proyecto.

Estimación de los tiempos de actividad del sistema El tiempo de investigación del sistema se determina a partir del número de personas a entrevistar y la cantidad de tiempo necesaria para desarrollar, circu-

Diseño del programa

35%

Documentación 5%

35%

25%

Prueba y
depuración

Codificación del
programa

FIGURA 16.1
Distribución típica del
tiempo para el
desarrollo de¹
software

lar, recibir y analizar los cuestionarios, dirigir observaciones e inspeccionar registros. Aunque el analista depende de otras personas durante las investigaciones del sistema (aquéllos que son entrevistados o que deben llenar y regresar los cuestionarios), la estimación del tiempo de investigación es en muchos sentidos menos complicada que la estimación de otras actividades del sistema.

Los diseños lógicos implican la creatividad del analista y también requieren el desarrollo de muchos detalles del sistema, tales como la definición de los reportes, la organización de los archivos, la validación de datos, los métodos de control de éstos y los procedimientos de ejecución. Así, las actividades del diseño lógico son más difíciles de estimar que las actividades de análisis.

Sin embargo, en la mayoría de los sistemas, la mayor dificultad para formular los requerimientos del tiempo está en la estimación del tiempo para codificar y probar los programas. El desarrollo de la lógica del programa requiere aproximadamente del 35% del tiempo del programa total, tiempo que también emplea el proceso de prueba y depuración (Fig. 16.1). La codificación real y desarrollo de los datos de prueba comprende el 25% del tiempo. La documentación necesita aproximadamente del 5% de la asignación del tiempo del proyecto (IBM, *Management Planning Guide for a Manual of Data Processing Standards*). Esta estimación depende de tres grandes componentes:

1. Nivel de aptitud del programador
2. Nivel de complejidad del programa
3. Nivel de comprensión del programador en el programa específico

La experiencia y aptitud del programador varían enormemente de persona a persona. Los proyectos grandes pueden involucrar a programadores novatos, personal con experiencia y veteranos. El coordinador del proyecto debe considerar el nivel de aptitud al asignarles tareas específicas y estimar el tiempo que cada persona necesitará para una tarea particular.

Identificación de las variables de desarrollo del programa Algunos coordinadores de proyectos usan un sistema de pesos para evaluar las habilidades de un individuo y asociarlas con los requerimientos de tiempo del proyecto. Entre los criterios que se usan están los siguientes:

1. Conocimiento del lenguaje de programación a usarse en el proyecto
2. Experiencia con el sistema de computadora en el que se procesará el sistema
3. Experiencia en programación
4. Habilidad lógica
5. Creatividad e imaginación
6. Paciencia
7. Madurez
8. Persistencia
9. Educación

A cada individuo se le asigna un peso, usualmente entre 1 y 5, basado en sus atributos para cada una de las categorías anteriores. Por ejemplo, un programador nuevo usualmente será evaluado con un 1 o 2 en términos de su experiencia en programación, mientras que un veterano como regla se le asigna un 5.

En general, los analistas deben suponer que un programador novato requiere de tres a cuatro veces más tiempo para desarrollar un programa, que un programador veterano con una experiencia de 5 a 7 años. En contraste, un programador con experiencia amplia y variada necesita aproximadamente de 50 a 75% menos tiempo que un programador veterano.

La *complejidad del programa* es una medida del nivel de las características del sistema, tales como los métodos de entrada y salida y la dificultad de la lógica del programa que quedará inmerso en el software. Por ejemplo, un programa que procesa un solo tipo de entrada, actualiza un archivo secuencial en cinta magnética e imprime un listado de cada transacción procesada no es tan complejo como un sistema en línea que acepta tipos variables de entrada desde diferentes lugares. Si se incluyen varios archivos o se usa el procesamiento distribuido, se puede considerar todavía mayor la complejidad del programa.

Las variables que conforman la complejidad del programa (con base en un sistema propuesto por IBM) pueden ser las siguientes:

VARIABLE	PESO

TIPO DE ENTRADA

Una tarjeta	1
Varias tarjetas	2
Un solo dato, entrada directa	1
Varios datos, entrada directa	2
Entrada magnética (cinta, disco, MICR, etc., ver tipos de archivos)	1

TIPO DE SALIDA

Impresora, una línea por registro	1
Impresora, varias líneas por registro	2
Monitor, una pantalla, una línea	2
Monitor, una pantalla, varias líneas	3
Monitor, varias pantallas	4
Tarjeta perforada, un formato	1
Tarjeta perforada , varios formatos	2
Salida magnética (ver tipos de archivos)	

TIPO DE ARCHIVOS

Archivo secuencial de un solo archivo	1
Archivo secuencial de varios registros	2
Archivo secuencial con registros de longitud variable	3
Archivo secuencial indexado, un registro	2
Archivo secuencial indexado, varios registros	3
Archivo secuencial virtual	4
Archivo de acceso directo, un registro	3
Archivo de acceso directo, varios registros	4

A cada factor relevante para un programa se le da un peso, en donde los números menores se asignan a los atributos que comprenden la complejidad menor y los números más altos a los que implican la mayor. A menudo se utiliza la escala de 1 a 5 para estos pesos. La figura 16.2 muestra el uso de este sistema de pesos para un sistema que usa archivos secuenciales indexados y reporte de errores.

El conocimiento de los programadores hacia el sistema o programa que deben desarrollar puede alcanzar varios niveles (IBM):

1. Conocimiento detallado del trabajo requerido
2. Conocimiento general del trabajo requerido
3. Conocimiento general de temas relacionados
4. Ningún conocimiento del trabajo ni conocimiento general de temas relacionados

Otros pesos se fijan dependiendo del conocimiento necesario para desarrollar el trabajo. Por ejemplo, una persona que tenga un alto

Características del programa	Peso
CARACTERÍSTICAS DE ENTRADA	
Secuencial indexada; un tipo de registro	2
Archivo secuencial de transacciones en cinta magnética	1
Archivo secuencial de datos de excepción de error en disco magnético	1
CARACTERÍSTICAS DE SALIDA	
Listado de salida en formato único	1
Listado de transacciones en formato único	1
Reporte de error en formato único	1
	7
COMPLEJIDAD	
Lenguaje COBOL; complejidad moderada	17

Características del programador	
Factor de experiencia del programador	3.5
Conocimiento del trabajo por parte del programador	0.75
FACTOR DE PÉRDIDA DE PRODUCCIÓN	60%
RESULTADO DE LA FÓRMULA	$[(17 + 7) \times (3.5 \times 0.75)] \times 1.60 = 100.8$ días

FIGURA 16.2
Tiempo de desarrollo de un programa usando la fórmula de estimación.

conocimiento del trabajo en una situación que sólo requiera un nivel moderado de conocimiento será evaluada de forma diferente de aquella que tiene un amplio conocimiento del trabajo en un sistema que demanda alto conocimiento (Tabla 16.1).

Cálculo de estimaciones de tiempo de programación Cada programa debe evaluarse independientemente de los otros. Para determinar el número de días por cada programa, el coordinador del proyecto tiene que combinar los datos identificados anteriormente. Si se sigue con cuidado un enfoque cuantitativo, la complejidad del programa se multiplica por la suma de la experiencia y comprensión del programador. En el ejemplo de la figura 16.2, las características del programa dan por resultado un peso total de 7. El programa en COBOL, marcado como de complejidad moderada por medio de las características señaladas en la tabla 16.2 tiene un peso de 17. El programa en sí requiere un conocimiento general, más no detallado, por parte del programador, quien en este ejemplo se supone que es un novato. Además se estima que se añadirá un 60% al tiempo de programación debido a las reuniones y el tiempo perdido. Por medio de la fórmula en la figura

TABLA 16.1 Criterios de ejemplo de la productividad de un programador

(a) Nivel de experiencia del programador (Cortesía de International Business Machines Corporation)

PUESTO	EXPERIENCIA GENERAL DE PROGRAMACIÓN	DÍAS POR PERSONA POR PROGRAMA: PUNTOS DE PESO
Programador de alto nivel	Experiencia en la elaboración e implantación de muchos programas en varios tipos de equipo. Mucha experiencia en la configuración particular de la computadora y el sistema de programación.	050-0.75
Programador	Experiencia en la elaboración e implantación de programas de complejidades varias. Experiencia con la configuración particular de la computadora y el sistema de programación.	1.00-1.50
Aprendiz	Escribe e implanta en varios lenguajes. Experiencia limitada con la configuración particular y el sistema de programación.	2.00-3.00
Novato	Terminó la escuela de programación. Escribió programas de tipo académico. Experiencia muy limitada.	3.50-4.00

(b) Tabla de conocimiento del trabajo (Cortesía de International Business Machines Corporation)

CONOCIMIENTO DISPONIBLE DEL TRABAJO	Conocimiento requerido del trabajo		
	MUCHO	POCO	NADA
Conocimiento detallado de este trabajo	0.75	0.25	0.00
Buen conocimiento general de este trabajo con un conocimiento detallado fragmentado	1.25	0.50	0.00
Mediano conocimiento general de este trabajo, pero poco o nulo conocimiento detallado	1.50	0.75	0.00
Ningún conocimiento del trabajo, pero un conocimiento general de temas afines	1.75	1.00	0.25
Ningún conocimiento del trabajo y ningún conocimiento general de temas afines	2.00	1.25	0.25

SISTEMA DE PROGRAMACIÓN	FUNCIÓN	Puntos de peso			Rango[1]	
		SIMPLE	COMPLEJO	MUY COMPLEJO	MÍN.	MÁX.
COBOL	• Reestructurar datos	1	3	4		
	• Verificar condición	1	4	7		
	• Recuperación y presentación de datos	2	5	8		
	• Cálculo	1	3	5		
	• Enlace	1	2	3		
	Total	6	17	27	4	27
Lenguaje ensamblador	• Reestructurar datos	4	5	6		
	• Verificar condición	4	7	9		
	• Recuperación y presentación de datos	4	7	9		
	• Cálculo	3	5	8		
	• Enlace	2	3	5		
	Total	17	27	37	12	37
Programas de utilerías de IBM (Clasificación, de archivo a archivo, copiar, reestablecer, etc.)	• Cambios de tarjetas de control únicamente	1	N/A	N/A		
	• Necesidades de codificación	2	3	4		
	Total	3	3	4		
RPG		2	8	13		
PL/I	• Reestructuración de datos[2]	1	2	4		
	• Verificación de datos[3]	.5	3	6		
	• Recuperación y presentación de datos[4]	.5	4	8		
	• Cálculo[5]	1	2	4		
	• Enlace[6]	.5	1	2		
	Total	5.5	20	37	2	24

[1]El rango representa los pesos mínimos y máximos que pueden desarrollarse a partir del uso apropiado de estas tablas al aplicarse a un único programa. Tales pesos deben evaluarse contra la precisión histórica para mejorar tales estimaciones.

[2]Reestructurar datos —Combinar, condensar, arreglar de nuevo, borrar datos y actualizar archivos—.

[3]Verificar condición —Verificar controles, tales como las rutinas de etiquetación del encabezado y final, verificar la racionalidad, los límites y las rutinas de error asociadas con estos procedimientos—.

[4]Recuperación y presentación de datos —Búsqueda en un único archivo de registros específicos, tablas, técnicas aleatorias para el acceso de datos y la indexación asociada con estas actividades—.

[5]Cálculo —Cálculos aritméticos de todo tipo, excluyendo los pasos simples que se llevan a cabo con respecto a las demás categorías (por ejemplo, sumar 1 a un contador)—.

[6]Enlace —Rutinas de traslape de un programa, puntos de verificación y procedimientos de inicio y las rutinas necesarias para permitir al programa que interactúe con un sistema de programación o con otro programa o módulo de programa—.

*Cortesía de International Business Machines Corporation

16.2, se obtiene una estimación total de 100 días para el programa ejemplo.

Las estimaciones pueden ser sensibles a errores, como lo señaló uno de los analistas de sistemas en el ejemplo del principio de este capítulo. En consecuencia, algunos coordinadores prefieren usar una estimación que combine las estimaciones personales del tiempo de desarrollo más pequeño, más grande y más probable. Estos tiempos se combinan en una fórmula para producir una nueva estimación:

$$\text{Estimación} = [(\textit{más tiempo}) + 4 \times (\textit{más tiempo probable}) + (\textit{más tiempo optimista})]$$

En algunas organizaciones se requiere del uso de una fórmula específica para desarrollar las estimaciones que deben presentarse a la gerencia. Cada organización tiene su propia política de procedimientos para la estimación.

Estimación usando la función puntual El tiempo necesario para generar las líneas de código se ha vuelto cada vez más dificil de estimar al proliferar los lenguajes de cuarta generación. Esto ha llevado a la necesidad de métodos adicionales de estimación. Una consecuencia de esto es el desarrollo de la *técnica de la función puntual* para estimar el tiempo de desarrollo. Una función puntual mide la funcionalidad (es decir, las actividades) de un programa.

Desarrollada en IBM por A. J. Albrecht, la técnica de la función puntual produce un número que puede usarse para sugerir los requerimientos de tiempo de programación. La técnica emplea los siguientes puntos y pesos:

- Número de entradas del programa ($\times 4$)
- Número de consultas del programa ($\times 4$)
- Número de salidas del programa ($\times 5$)
- Número de interfases ($\times 7$)
- Número de archivos maestros ($\times 10$)

El número total es un indicador que se puede usar para deducir una estimación del tiempo de programación. También es un útil comparador de diseños alternativos de programa, ya que permite tomar en cuenta la complejidad de la aplicación y la incorporación de características en línea. Se puede tener un margen del 25% para estos factores. Aunque la forma de fijar los valores por parte del estimador es algo subjetiva (pero basada en los criterios discutidos en la sección anterior), su inclusión en el proceso reconoce la importancia de considerar estas características de la aplicación.

Al extraer los datos del ejemplo desarrollado antes (véase Fig. 16.2), podemos calcular la estimación de la función puntual como sigue:

	NÚMERO	PESO	TOTAL
Número de entradas	1	4	4
Número de consultas	1	5	4
Número de salidas	3	5	15
Número de interfases	1	7	7
Número de archivos maestros	1	10	10
			40
			puntos

Si determinamos que el programa es de complejidad moderada, como antes, no se hace ajuste alguno en la función puntual. Sin embargo, como la organización se adhiere a los principios de diseño estructurado, el estimador se da un margen del 10%, reduciendo la estimación por medio de la función puntual a 36.

El número de enunciados en el lenguaje fuente depende del lenguaje en el que se escriba la aplicación. Por supuesto, los programas en COBOL usan más enunciados que un lenguaje de cuarta generación. La tabla 16.3 sugiere la relación entre la función puntual y las líneas de código fuente para varios lenguajes.

En nuestro ejemplo, para una aplicación consistente de 36 puntos que será escrita en COBOL, se puede predecir un programa de 3816 líneas (es decir, 36 × 106 líneas por punto).

Después de considerar el tiempo de prueba, la pérdida de tiempo por reuniones, etc., el programador de la empresa promedia 35 líneas correctas de código por día en el periodo de desarrollo. Así, el tiempo estimado para desarrollar el programa es de 109 días (es decir, 3816/35).

Supóngase que en vez de COBOL, la empresa decide que la aplicación es adecuada para prepararse en un lenguaje de cuarta generación. Podemos ver rápidamente el efecto de este cambio. Según la tabla 16.3, se espera que se escriban 40 enunciados fuente por cada uno de los puntos. Así, el programa tendrá 1600 enunciados de longitud. Y puesto que los programadores trabajan mucho más rápido al usar lenguajes de cuarta generación, el número de instrucciones por día crece drásticamente —tal vez hasta 150 o 200 enunciados diarios en vez de los 35 estimados con anterioridad—. Si se usa 150 como una estimación de la productividad, se tiene que la aplicación se puede escribir en once días (es decir, 1600/150 líneas por día).

También se pueden preparar estimaciones optimistas y pesimistas, si se desea. El método para combinarlas es el mismo que presentamos en la sección anterior.

El uso de la función puntual para estimar la productividad del programador es una nueva área de estudio. Se está llevando a cabo una gran cantidad de investigación para poder comprender mejor los conceptos subyacentes en la estimación. Es un área que hay que contemplar para nuevos desarrollos. Como se indicó por medio del ejem-

TABLA 16.3 Relación entre la función puntual y los enunciados fuente

LENGUAJE/ GENERACIÓN DEL LENGUAJE	LÍNEAS FUENTE APROXIMADAS POR FUNCIÓN PUNTUAL
Lenguaje ensamblador	320
C	150
COBOL	106
FORTRAN	106
Pascal	90
PL/I	80
MODULA	71
Ada	71
PROLOG	64
Lisp	64
BASIC	64
Lenguaje de cuarta generación	40
Lenguajes de recuperación	16

plo del principio de este capítulo, el vencer las ambigüedades y aspectos subjetivos de la estimación representa un reto para el analista.

Requerimientos de tiempo calendario

La simple identificación de los requerimientos de tiempo del proyecto no da como resultado el número de días, semanas o meses para preparar el calendario del proyecto. Sólo es un factor. En la mayoría de los proyectos de sistemas, se utiliza un tiempo adicional en actividades del proyecto. Reuniones con la gerencia, revisiones del proyecto, educación y capacitación, interacción con los usuarios, enfermedades, vacaciones y días de descanso, y la no disponibilidad del sistema computacional, extienden los plazos más allá de las estimaciones previas. En realidad, en los proyectos de sistemas grandes, el tiempo adicional necesario para estas actividades extiende el tiempo total de desarrollo de un 50 a un 100%.

Con base en estos criterios, un proyecto estimado para usar 250 días de tiempo de programación en realidad se llevaría de 375 a 500 días de proyecto.

Un *día de proyecto* (a veces llamado un día de persona) se usa para medir el número de días que requiere un proyecto sobre la base del trabajo que un individuo puede hacer durante un día. El número de personas que trabajan sobre el proyecto afecta el tiempo calendario, pero no de manera proporcional. Al asignar más gente a un proyecto se reduce el tiempo total calendario, pero se debe considerar un tiempo adicional no perteneciente al proyecto.

Se usan comúnmente tres métodos para planear los requerimientos de tiempo calendario: diagramas de barras, de eventos críticos y de PERT.

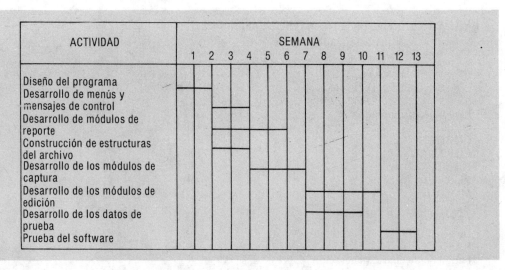

ACTIVIDAD	SEMANA												
	1	2	3	4	5	6	7	8	9	10	11	12	13
Diseño del programa													
Desarrollo de menús y mensajes de control													
Desarrollo de módulos de reporte													
Construcción de estructuras del archivo													
Desarrollo de los módulos de captura													
Desarrollo de los módulos de edición													
Desarrollo de los datos de prueba													
Prueba del software													

FIGURA 16.3
Información en diagramas de barras de un plan de desarrollo de un sistema

Diagramas de barras. La planificación más simple usa diagramas de barras que muestran cada actividad en un proyecto de sistemas y la cantidad de tiempo que se tomará dicha actividad. Este método, desarrollado por Henry L. Gantt (a veces, a los diagramas se les llaman *diagramas de Gantt*), emplea barras para indicar la cantidad de tiempo utilizado en cada tarea (Fig. 16.3). El analista identifica primero cada tarea y estima la cantidad de tiempo necesario para ella. Cuando se transfiere esta información al diagrama de barras, las tareas se listan de arriba hacia abajo en el lado izquierdo del diagrama en el orden en el que se realizarán. El tiempo calendario se muestra de izquierda a derecha. Se marca una barra horizontal por cada tarea, indicando cuándo comienza y cuándo se espera terminarla. Así, se planea que la primera tarea en la figura 16.3 se lleve 2 semanas. Tres actividades separadas, comenzando en la tercera semana, requieren de 2 a 4 semanas cada una. La ausencia de una barra significa que no hay trabajo relacionado con la actividad durante un periodo de tiempo determinado.

Los diagramas de barras son más manejables si el proyecto consta de un número limitado de tareas o actividades. De otro modo, el tamaño del diagrama se vuelve pesado e incluye tantas barras que es difícil usar la información.

Con frecuencia, se usan varios niveles de diagramas para comunicar la información planeada. Un diagrama de planificación global muestra las actividades principales. Un individuo responsable para todo un proyecto deseará un diagrama más general que el del programador en jefe por ejemplo, el cual debe subdividir cada tarea principal en tareas menores que sean dirigidas y controladas individualmente. Por lo tanto, qué tan finamente se muestren los detalles de la tarea en el diagrama de barras, depende de la forma en que este diagrama vaya a ser usado.

Diagramas de eventos críticos Todos los proyectos tienen eventos importantes, llamados críticos, que marcan puntos significativos en su desarrollo. Representan obstáculos difíciles de pasar o tareas críticas que deben realizarse a tiempo. Los diagramas de eventos críticos muestran los eventos significativos en la conclusión de un proyecto y la secuencia en la que deben llevarse a cabo. Difieren del diagrama de barras en que representan puntos de conclusión, no tareas individuales a realizar.

Por ejemplo, los eventos críticos en la conclusión de la implantación de un sistema incluyen la llegada del equipo, su instalación, la terminación de la capacitación del usuario, la conversión de archivos y la conversión al nuevo sistema.

El avance en un proyecto se mide comparando el estatus de una actividad con un evento crítico o tiempo de terminación; esto permite al coordinador del proyecto mantenerlo a tiempo. La desventaja de este método es su énfasis total en el tiempo, en vez de la interdependencia de las tareas o el monitoreo de los costos del proyecto. El que desarrolla el proyecto también debe asegurarse de usar eventos críticos que sean significativos y medibles. Eventos tales como entrevistas realizadas al 50% o código hecho a medias, o fechas en las que los analistas estarán conformes con el diseño lógico no son útiles y deben evitarse.

Diagramas de PERT El más sofisticado método de planeación es la técnica de revisión y evaluación de programas (PERT). Este método, desarrollado en 1958 por la marina de los E.E.U.U., y Booze, Allen y Hamilton, una empresa de consultoría gerencial, ha sido utilizado en muchos proyectos complejos que requieren de una planeación y dirección cuidadosa. Al desarrollar el sistema de armamento Polaris, la marina necesitaba un método para programar e integrar cientos de actividades industriales y científicas, un procedimiento para determinar el avance del proyecto y una forma para evaluar los efectos de los cambios en el calendario de terminación. Se diseñó PERT para enfrentar este reto. Tuvo éxito para ayudar a la marina a terminar el sistema de armamento Polaris dos años antes de lo planeado, cuando otros proyectos de la marina que no usaban PERT caminaban con retraso y excedidos en el presupuesto.

Aunque el mejor enfoque para la coordinación de proyectos es separarlo en fragmentos pequeños y manejables, existe un riesgo de perder la perspectiva del proyecto general mientras se supervisan las tareas menores. Las actividades del proyecto son con frecuencia interdependientes. Sin embargo, la interdependencia de las tareas no es evidente en los métodos de diagrama de barras o eventos críticos. Las tareas críticas, aquéllas que deben terminarse a tiempo y en una

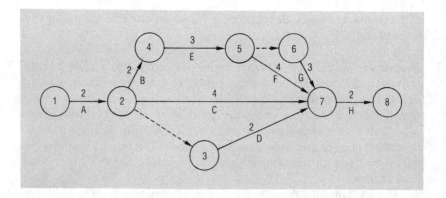

FIGURA 16.4

Ejemplo de un diagrama PERT acerca del desarrollo de un sistema de información

secuencia específica, tampoco son evidentes. Un coordinador de proyecto desea llevar a cabo lo siguiente: indicar las actividades individuales y el tiempo necesario para cada una, mostrar la interrelación de actividades, identificar la secuencia adecuada, dar estimaciones de tiempo, aislar áreas donde puedan ocurrir potencialmente problemas o retrasos (e indicar aquellas áreas que requieran del monitoreo y supervisión más cercanos) y tener medios para monitorear el avance del proyecto. Por ejemplo, sería necesario conocer el efecto del retraso de cierta actividad en el proyecto como un todo, o bien para qué actividad existe la mínima tolerancia para el retraso. Los diagramas de PERT desarrollados de forma adecuada proveen esta información, mientras que los diagramas de barras sólo implican la interdependencia de las tareas.

Los proyectos constan de eventos y actividades. El diagrama de PERT usa nodos y rutas (o arcos) para representar la interrelación de las actividades del proyecto (Fig. 16.4). Los nodos indican eventos y las rutas muestran las actividades necesarias para moverse de un evento a otro. Los números entre paréntesis señalan la cantidad de tiempo necesaria para llevar a cabo cada actividad. En un proyecto grande, la red de líneas y nodos puede ser muy extensa.

El diagrama de PERT es más valioso cuando un proyecto está siendo planeado y diseñado. Al concluir la red, se estudia para determinar la *ruta crítica* (es decir, la ruta desde el principio hasta el fin) bajo la cual el tiempo total necesario será mayor que el de cualquier otra ruta (mostrada con tono más oscuro en la figura 16.5). Si las actividades a lo largo de esta ruta no se concluyen a tiempo, todo el proyecto se retrasará. Por lo tanto, la atención del coordinador debe ser dirigida continuamente hacia estas actividades.

PERT muestra además las interdependencia de las tareas y ayuda a responder a tres preguntas de la gerencia:

1. ¿Qué otras actividades preceden o deben ser terminadas antes de iniciar una actividad específica?

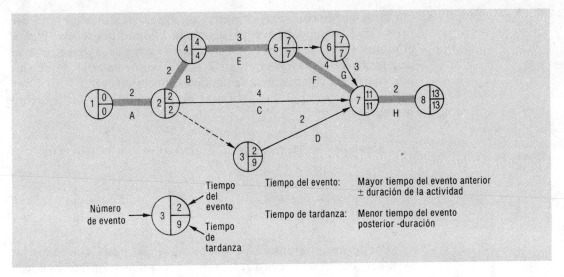

FIGURA 16.5

Tiempos de actividad
en una red PERT

2. ¿Qué otras actividades pueden realizarse mientras está en proceso una actividad específica?

3. ¿Qué actividades no pueden empezar sino hasta que esté terminada una actividad específica?

Para desarrollar una red PERT para un proyecto de sistema de información, primero hay que identificar las tareas y tiempos asociados con cada actividad. El tiempo necesario para cada actividad es la duración. A continuación, hay que identificar las secuencia de actividades y observar los puntos donde las tareas específicas deben preceder a otras y donde ciertas actividades pueden ocurrir simultaneamente con otras. Esta información se muestra en la red de la figura 16.5. Las líneas representan las actividades de la A a la H y el número de cada línea es el número de semanas en las que el coordinador del proyecto espera se lleve cada actividad (la duración de la actividad). Las longitudes de las líneas en sí no tienen significado.

En este ejemplo, los eventos 2-4, 2-7 y 2-3 no pueden empezar antes de concluir la tarea A, como se indica por la localización de los eventos en la red. La línea punteada entre los eventos 2 y 3 es significativa. No hay ningún tiempo asociado con la línea punteada y no tiene una identificación de tarea (una letra o un nombre) asignada. Cuando hay una dependencia entre dos eventos, pero no se consumen tiempo o recursos, se dice que es una *actividad ficticia*. Antes de que la tarea D en la figura 16.5 pueda comenzar, debe concluirse el evento 2. Análogamente, el evento 5 debe ocurrir antes de que la actividad G se pueda llevar a cabo. Las actividades ficticias se pueden usar para unir actividades paralelas. (Las actividades C y D pueden ocurrir en paralelo.)

El siguiente paso es analizar la calendarización del proyecto. Queremos saber 1) qué tan pronto es posible comenzar el evento y 2) qué tan tarde puede comenzar el evento sin afectar la duración total del proyecto. El tiempo del evento (denotado TE) más pequeño es 0 para el primer evento. Para los otros es la *suma mayor de la duración de la actividad y TE de cualquier evento inmediatamente anterior.* Por ejemplo, cuatro actividades preceden inmediatamente al evento 7. El TE se calcula analizando el TE y tiempo de duración para cada evento precedente.

Actividad	TE Precedente	Duración	TE Calculado
3-7	2	3	5
2-7	2	4	6
5-7	7	4	11
6-7	7	3	10

Puesto que el evento 7 no puede comenzar hasta que todos los eventos precedentes se concluyan, nos interesa el factor del tiempo más grande, 11 en este caso. La figura 16.5 muestra el TE para toda la red. Una notación usada con frecuencia muestra el TE en la parte derecha superior del nodo y el TT en la sección derecha inferior.

El tiempo de tardanza del evento (TT) es el mayor tiempo que se puede demorar el comienzo del evento *sin retrasar* el proyecto. Para determinar este tiempo, es necesario estudiar la red de atrás hacia adelante, comenzando desde la derecha. El tiempo de tardanza es la *menor diferencia entre el TT del evento terminal menos el tiempo de duración de la actividad.*

Por ejemplo, para determinar el TT del evento 7, se observa que el TT del siguiente nodo, el número 8 en la figura 16.5, es igual a 13. Al restar el tiempo de duración, se determina que el tiempo de tardanza es $13 - 2 = 11$. El número derecho inferior en el nodo 7 es 11.

Para determinar el comienzo más tardío para el evento 2, los cálculos son:

Actividad	TT Posterior	Duración	TT Calculado
2-4	4	2	2
2-7	11	4	7

Puesto que el TT más pequeño es 2 este tiempo se convierte en el TT del evento 2.

La ruta crítica es el conjunto de actividades que los coordinadores deben monitorear más de cerca. Identifica los eventos que tienen que comenzar y terminarse a tiempo y que no requieran más que el tiempo de duración estimado; de otro modo, todo el proyecto se retrasará.

En la figura 16.5, se determinó la ruta crítica, la cual aparece en color, uniendo todos los nodos donde los TE y TT son iguales, lo cual significa que no hay espacio para cambio o desviación; es decir, no hay *tiempo muerto.*

La cantidad de tiempo muerto asociado con cada evento se puede mostrar formalmente restando el tiempo de duración y el TE del nodo inicial del TT del nodo terminal. Por ejemplo, para el evento $3-7$, el tiempo muerto es de 7 semanas ($11-2-2 = 7$). La actividad $3-7$ puede comenzar en cualquier momento entre la segunda y la novena semana y, si el tiempo de duración de dos semanas se mantiene, el proyecto irá de acuerdo con el calendario. El hecho de conocer esta flexibilidad puede facilitar la programación del personal.

Los diagramas PERT son muy útiles en el diseño, como ya se ha indicado. En sistemas grandes es difícil mantener los diagramas y tenerlos actualizados para mostrar el status exacto de todas las actividades. Por esta razón, muchos coordinadores usan una combinación de diagramas: diagramas PERT para planear el desarrollo y mostrar las interdependencias y diagramas de barras para mostrar la calendarización de las actividades.

Comentario al margen
Estimación: Cumplir con el reto

La estimación del tiempo del desarrollo de un sistema es un reto que los analistas de sistemas de información deben enfrentar con éxito. El punto de vista de la gerencia corporativa general es que *los grupos de sistemas de información no pueden verse como parte integral de la empresa a la que apoyan sino hasta que puedan entregar los sistemas a tiempo y dentro del presupuesto.* Esto quiere decir estimar con precisión y después cumplir con las estimaciones.

Las palabras son duras. Una parte clave de la estimación es el reuso de diseños, estructuras e incluso porciones de código que se utilizaron en otros sistemas. Estos hechos serán la base de los estándares y medidas que son tan importantes para la estimación en otros trabajos, tales como la construcción de edificios. Las discusiones anteriores de las herramientas CASE y los principios de ingeniería de software, en los capítulos 6 y 14, respectivamente, dan la base y los medios para llevar a cabo este importante objetivo.

ADMINISTRACIÓN DEL PERSONAL Y DEL PROCESO DE DESARROLLO

El desarrollo de programas de trabajo confiables no garantiza el éxito del proyecto, el cual aún debe ser administrado. El personal debe ser asignado y utilizado adecuadamente. Al mismo tiempo, es necesario que el desarrollo cumpla especificaciones y siga lineamientos para asegurar la calidad. Esta sección estudia la utilización del personal y el uso de recorridos estructurados durante el proceso de desarrollo.

Conceptos sobre equipos de trabajo

El desarrollo de sistemas y la programación de computadoras en particular se consideran típicamente como actividades individuales. Sin embargo, desde el punto de vista del coordinador, es esencial estar prevenido ante la salida de personal clave (salida de la cual una organización sea altamente dependiente), capacitar a nuevo personal y a aquel que eleva su responsabilidad, y finalmente asegurarse que el personal adecuado se emplee para trabajos específicos. En esta sección presentamos los conceptos de equipo, con un énfasis especial en las actividades de programación del desarrollo de sistemas, aunque el concepto de equipo se aplica en todo el proceso de desarrollo de sistemas. Se tratan tres variantes del concepto de equipo: equipos responsables de la programación, equipos de especialistas y equipos sin liderazgo (Fig. 16.6).

Equipos con programador en jefe

El *equipo con programador en jefe* consta de un programador principal, un programador de respaldo y personal de apoyo. El programador en jefe es un programador hábil y con gran experiencia, el cual lleva a cabo todas las tareas de diseño del proyecto y escribe el código del programa para todos los módulos críticos en un sistema. Esta persona también integra y prueba el código de su equipo. En los proyectos grandes, la comunicación entre los usuarios y los equipos de desarrollo consume tiempo y ocasionalmente llega a ser confusa, en especial si un usuario específico está trabajando con varios miembros del equipo al mismo tiempo o si distintos miembros del equipo contactan en forma individual a los mismos usuarios repetidamente. Para evitar la frustración y la comunicación confusa, el programador en jefe sirve como el enlace primario para los usuarios y otros equipos.

El programador de respaldo, quien tiene habilidades análogas pero menos experiencia que el programador en jefe, realiza actividades tales como la investigación de alternativas de diseño y estrategias de desarrollo. Esta persona también participa en el diseño del software, codificación del programa y planificación de la prueba. El bibliotecario de programación, quien generalmente no tiene experiencia de programación o diseño, es el responsable de mantener la biblioteca externa de programas y la biblioteca de documentación interna.

La *biblioteca externa de programas* consta de conjuntos de código fuente, módulos objeto y directivos temporales, al igual que datos de prueba y procedimientos del lenguaje de control de procesos. Se mantiene en forma impresa, normalmente en un conjunto de carpetas. La responsabilidad del bibliotecario es la de mantener la biblioteca actua-

Equipo con programador en jefe	Equipo de especialistas	Equipo sin liderazgo
Miembros del equipo: Programador en jefe Programador(es) de respaldo Bibliotecario de programación	Programador en jefe Programador(es) de respaldo Administrador Encargado del diseño de pruebas Especialista en pruebas Editor de documentación Bibliotecario de programación Otros especialistas necesarios	Los miembros son los mismos que en los otros tipos. El liderazgo depende del proyecto.
Características: El programador en jefe formula las tareas de diseño y escribe el código de todos los módulos críticos de un sistema; lleva a cabo la integración y prueba del código del equipo; sirve como contacto principal con los usuarios y otros equipos.	Se mantiene un núcleo común de miembros del equipo durante todo el proyecto. Se añade apoyo administrativo para manejar presupuestos, instalaciones y recursos de cómputo. Se contratan los especialistas en tareas específicas conforme se necesiten.	Los papeles de liderazgo las asignaciones a los miembros del equipo cambian de proyecto en proyecto. El equipo se mantiene unido de proyecto en proyecto.

FIGURA 16.6

Características de los tipos de equipos de programación

lizada con copias de cada artículo proporcionado por los programadores conforme se hagan los cambios. *La biblioteca interna de programas* sirve como un archivo de información, un respaldo para los programadores en caso de que la biblioteca externa de programas se dañe o destruya.

El concepto de equipo con programador en jefe conduce a la gente de nivel superior a la vertiente principal de la programación y al desarrollo de sistemas. Muy a menudo, se promueve al personal técnicamente bueno para que desarrolle tareas de coordinación. En varios casos, ellos son mucho mejores técnicos que coordinadores y podrían ser más felices en el papel de desarrollo. El método del equipo con programador en jefe sirve tanto para el progreso individual como para la oportunidad de seguir en el papel de desarrollo.

Bajo esta estructura, los equipos son ajustables, de tal forma que los especialistas se pueden sumar de la forma en que lo requiera el proyecto. El equipo variará en tamaño y personal de proyecto en proyecto y así tendrá la flexibiidad necesaria para distintas tareas. Al mismo tiempo, este formato es una forma efectiva para dar capacitación y experiencia al personal de menor nivel o a los aprendices. El

Para profesionales:
Una ruta profesional

Es frecuente que los estudiantes recién graduados centren su atención en la obtención de un empleo sin considerar la ruta que deben seguir para alcanzar su objetivo profesional.

Ruta profesional. Una ruta profesional es la secuencia de puestos y responsabilidades que uno cumple durante meses y años en un determinado campo. Los directores corporativos de personal y los coordinadores de departamento deben considerar las demandas actuales del equipo, las necesidades futuras y los intereses y capacidades individuales para determinar la política de personal. Un individuo debe tomar en cuenta los mismos factores para planear una ruta profesional que armonice con las necesidades y política organizacional.

Al considerar su carrera en sistemas de información o alguna otra área, usted debe tomar en cuenta la forma en la que evolucionará su carrera, ya sea en una organización particular o con varias asociaciones a compañías conforme pase el tiempo. He aquí algunas preguntas que usted debería considerar al planear su carrera en sistemas de información:

- ¿Cuál es la sucesión típica de puestos y responsabilidades en la organización en cuestión?
- ¿Cómo se determina su progreso en las distintas asignaciones? ¿Por los logros obtenidos? ¿Por el tiempo de ocupación de un puesto particular? ¿Por haber vacantes en el siguiente nivel superior? ¿Por un sistema formal de puntaje?
- ¿Quién determina su promoción y la posición a la que debe ascender? ¿Su supervisor inmediato?, ¿un coordinador de grupo?, ¿un comité de promoción?
- ¿Cuál es la sucesión *típica* de puestos que usted debería ocupar (por ejemplo, programador, analista, líder de proyecto, etc.)

para alcanzar su objetivo profesional?
- ¿Qué capacitación dará la compañía y en que lapsos? ¿Será la capacitación en las oficinas de la corporación, en oficinas especializadas, etcétera? ¿Cuál es el número promedio de días de capacitación sobre una base anual? ¿Qué capacitación se proporcionará durante los primeros 2 años?
- ¿Se le dará a usted la oportunidad de tener diversas experiencias en varias áreas de la empresa o se espera que se especialice en un área particular?

La buena voluntad de una empresa para invertir en su carrera no sólo le dice a usted la visión que tiene de las personas como un recurso crítico, también le comunica algo acerca de la asociación a largo plazo que desea tener con los miembros del equipo.

¿Qué determina el éxito de una carrera? El éxito de una carrera es más que sólo estar en el lugar correcto en el tiempo correcto, aunque la mayoría de las personas coincidiría con sinceridad en que el ser oportuno puede ser importante.

La principal queja que la mayoría de las corporaciones tienen sobre el personal de sistemas de información es periódica: una falta de balance entre las habilidades empresariales e interpersonales, por un lado, y las habilidades técnicas por el otro. La gente no trabaja sola, sino con miembros de un equipo de proyecto, con usuarios y con coordinadores. La sensibilidad con la gente y las habilidades como mediador y negociador, cuando son apropiadas, determinan no sólo el valor de un individuo para la empresa sino también su progreso en la carrera. Aquellos que no procuran desarrollar sus habilidades empresariales y de comunicación no perduran, independientemente de su competencia técnica.

papel de bibliotecario ayuda al mantenimiento regular y sin dolor de la documentación de sistemas.

Por supuesto, los programadores de respaldo desearían superarse y tomar el papel de programadores en jefe, mientras que los programadores en jefe podrían necesitar capacitación gerencial. Si esto no se cumple, las ventajas del concepto de equipo con programador en jefe podrían reducirse e incluso perderse.

Equipos de especialistas

Una variante frecuente del formato de equipo, el *equipo de especialistas,* como su nombre lo indica, incluye el uso de especialistas conforme surja la necesidad. Un núcleo común de miembros del equipo permanece unido durante todo el proyecto. Cada miembro tiene una asignación especial que aprovecha su talento. Además del programador en jefe y del programador de respaldo, el equipo incluye un administrador responsable de los presupuestos, que organiza el espacio físico y el tiempo de máquina y que trata con los asuntos personales. Un editor de documentación edita la misma y supervisa su producción, mientras que el bibliotecario maneja las bibliotecas y archivos del sistema. Un *encargado del diseño de pruebas* es el responsable de diseñar y desarrollar o bien adquirir cualquier programa especial o herramienta de prueba que sea necesaria, mientras que un especialista en pruebas escribe todos los casos de prueba y desarrolla directivos de prueba.

El equipo de especialistas ofrece ventajas semejantes a las del equipo con programador en jefe, pero involucra individuos con una habilidad específica, lo cual beneficia al equipo, al individuo y al proyecto. Los especialistas son, por lo general, miembros de varios equipos de trabajo al mismo tiempo.

Equipos sin liderazgo

Algunas organizaciones han modificado el concepto de programador en jefe estableciendo equipos que no tienen un lider permanente. Algunos miembros particulares del equipo toman el liderazgo sobre una base informal para distintos proyectos, dependiendo de la naturaleza de la tarea y de sus propias habilidades. Los miembros del equipo distribuyen la asignación del trabajo entre ellos mismos, con base en sus habilidades. A diferencia de los otros equipos de programación, este equipo permanece unido de proyecto en proyecto; no se disgrega automáticamente después de terminar cada sistema.

Los equipos sin liderazgo no tienen una amplia aceptación, aunque en el concepto existen algunas ventajas. Sin embargo, muchas organizaciones sienten que a cada persona se le debe asignar una responsabilidad gerencial específica para el proyecto —un aspecto que se excluye explícitamente en los equipos sin liderazgo—.

Recorridos estructurados

Un *recorrido estructurado* es una revisión planificada de un sistema o su software por las personas involucradas en el desarrollo. Los participantes están generalmente al mismo nivel en la organización; es decir, son analistas o analistas programadores. Generalmente, los jefes de departamento de, digamos, compras o de producción no se involucran en la revisión aun cuando sean los beneficiarios del sistema. A veces, los recorridos estructurados se llaman *revisiones de igualdad* puesto que los participantes son compañeros al mismo nivel de la organización.

Características

El propósito de los recorridos es hallar áreas donde se puede mejorar el sistema o el proceso de desarrollo. Los miembros del equipo no se reprochan los problemas hallados. Hacer esto niega los posibles beneficios del proceso. Un recorrido debe verse por los programadores y analistas como una oportunidad para recibir apoyo, no como un obstáculo a evitar o tolerar.

Análogamente, la sesión de revisión no da como resultado la corrección de errores o cambios de especificaciones. Estas actividades siguen siendo responsabilidad de los que desarrollan el sistema. Por lo tanto, se enfatiza constantemente en la revisión, no en la reparación.

El concepto de recorrido reconoce que el desarrollo es un proceso de equipo. Los participantes, con la posible excepción de los participantes de los departamentos de usuarios, son aquéllos que realmente están involucrados en el desarrollo del sistema o en la producción del software.

Los individuos que formularon las especificaciones de diseño o crearon el código de programa son, como es de esperarse, parte del equipo de revisión. A veces, se escoge un moderador para dirigir la revisión, aunque muchas organizaciones prefieren que la sesión sea encabezada por el analista o diseñador que hizo las especificaciones o el programa, ya que ellos están muy familiarizados con lo que hay que revisar. En todo caso, alguien debe ser responsable de mantener la revisión enfocada al tema de la reunión.

También se requiere de alguien que escriba o registre los detalles de la reunión y las ideas que surjan. Puesto que el lider del recorrido o los analistas o programadores patrocinadores podrían no ser capaces de tomar notas de todos los puntos ventilados por los participantes, el asignar a otra persona para anotar todos los detalles relevantes usualmente asegura un registro más completo y objetivo.

Los coordinadores de sistemas están descubriendo cada vez más los beneficios de establecer estándares para los nombres de los datos, determinación de módulos y tamaño y tipo de los datos. El tiempo para empezar a reforzar estos estándares es en la etapa de diseño. Por lo tanto, deben enfatizarse durante las sesiones de recorrido.

También hay que estudiar el mantenimiento durante los recorridos. El reforzamiento de los estándares de código, modularización y la documentación facilitarán posteriormente las necesidades de mantenimiento. Se está volviendo cada vez más común el encontrar organizaciones que no aceptan nuevo software para su instalación hasta que sea aprobado por los equipos de mantenimiento de software. En tal organización, un miembro del equipo de control de calidad o mantenimiento debe ser un participante activo en cada recorrido estructurado.

El equipo de recorrido debe ser lo suficientemente grande para que se pueda enfrentar al objeto de la revisión de forma significativa, pero no tan numeroso que no pueda llevar a cabo nada. Por lo general, no más de siete a nueve personas deben estar involucradas, incluyendo a las personas que desarrollaron el producto a revisar, la persona que tiene que hacer el registro y el lider de la revisión. Por otro lado, un equipo de revisión de sólo dos o tres personas generalmente no genera el suficiente número de ideas independientes y la objetividad para producir los resultados deseados.

Como regla general, la coordinación no se involucra directamente en las sesiones de recorridos estructurados. En realidad, su participación podría poner en peligro el objetivo de la revisión, y desalentaría a los miembros del equipo de revisión para que expresen los problemas que ven en un proyecto. Puesto que la *coordinación* a menudo se interpreta como *evaluación,* muchas veces las personas tratan de perfeccionar su producto antes de la sesión de revisión para verse bien ante los ojos de la gerencia. Los coordinadores podrían sentir que el hecho de surgir muchas preguntas, identificar errores o sugerir cambios indica que la persona cuyo trabajo está bajo revisión es incompetente. En consecuencia, es mejor darle a los gerentes reportes que resuman la sesión de revisión, en vez de tenerlos participando (Fig. 16.7). El tipo más apropiado de reporte comunicará que se realizó una revisión del proyecto o producto específico, quién asistió, y cuál acción tomó el equipo. No necesita resumir los errores que se hallaron, las modificaciones que sugirieron o las revisiones necesarias.

Las revisiones estructuradas rara vez duran más de 90 minutos.

El recorrido estructurado se puede usar durante el proceso de desarrollo del sistema como una herramienta de administración constructiva y eficiente en cuanto a costos, después de la investigación detallada (revisión de requerimientos), después del diseño (revisión del diseño) y durante el desarrollo del programa (revisión de código y revisión de prueba).

Revisión de requerimientos

Una *revisión de requerimientos* es un recorrido llevado a cabo para examinar las especificaciones de requerimientos formulados por el analista. También se le llama *revisión de especificaciones;* este recorrido trata de examinar las funciones, actividades y procesos que el

Resumen del recorrido/revisión

Proyecto/contrato núm._____   Fecha_____

Nombre del proyecto_____   Hora_____

Unidad/sección/módulo revisado_____

Breve descripción de lo anterior_____
_____
_____

Participantes

_____   _____
              Líder-teléfono

_____   _____

_____   _____

_____   _____

Resultados

[　] *ACEPTADO EN SU FORMA ACTUAL*   [　] *RECHAZADO-NECESIDAD DE REVISIONES*

[　] *ACEPTADO CON MODIFICACIONES*   *IMPORTANTES*

　　　 MENORES   [　] *RECHAZADO-NECESIDAD DE*

[　] *REVISIÓN NO TERMINADA*   *DESARROLLAR DE NUEVO*

*Discusión/recomendaciones*_____
_____
_____
_____
_____

Anexos

_____   _____

_____   _____

_____   _____

                                      _____
                                              Firma del líder

FIGURA 16.7

Ejemplo de forma para reportar los resultados de las sesiones de recorrido

nuevo sistema debe manejar. Se realiza después de concluir la investigación detallada y enfatiza la información y las necesidades de procesamiento que tiene que manejar el diseño propuesto. Si hay inconsistencias entre las necesidades establecidas por los usuarios y las que el analista propone cumplir mediante el nuevo sistema, o si hay especificaciones vagas, el recorrido podrá descubrirlas para poderlas enfrentar.

La revisión de requerimientos, como todos los recorridos, incluye la documentación que los participantes deben leer y estudiar antes del recorrido. Esta descripción escrita del sistema debe delinear sus características y sus necesidades e indicar cómo se relacionan entre sí los componentes claves de un sistema. También tiene que identificar las personas en las posiciones claves que usarán o influirán en el nuevo sistema. Asimismo, es de vital importancia que se describan y evalúen las fuentes y usos de la información.

Además de la narrativa, las revisiones de requerimientos más eficientes también usan diagramas de flujo de datos, cuadros de decisión o diccionarios de datos como auxiliares en la descripción y comprensión de los procesos, los datos capturados y usados y los requerimientos de almacenamiento. Las organizaciones varían en la forma particular de descripción que usan, pero todas utilizan uno o más de estos métodos para dar a conocer las necesidades para la revisión.

Revisión del diseño

Las *revisiones del diseño,* como su nombre lo indica, ponen la atención en las especificaciones del diseño para cumplir con requerimientos del sistema identificados previamente. La información suministrada antes de la sesión acerca del diseño debe comunicarse por medio de diagramas HIPO, diagramas de flujo estructurado, diagramas de Warnier Orr, diseños de pantallas o de documentos. En otras palabras, el diseño lógico del sistema se comunica a los participantes para que se puedan preparar para la revisión.

El propósito de este tipo de recorrido es el de determinar si el diseño propuesto cumplirá con las necesidades efectiva y eficientemente. Si los participantes hallan discrepancias entre el diseño y los requerimientos, las señalarán y estudiarán. Sin embargo, el propósito del recorrio no es rediseñar porciones del sistema. La responsabilidad continúa con el analista asignado al proyecto.

Revisión de código

Los recorridos estructurados se usaron por primera vez para revisar el código del programa; funcionaron tan bien que el proceso se expandió a los otros tipos presentados en esta sección. Una *revisión de código* es un recorrido estructurado llevado a cabo con el fin de examinar el código de un programa desarrollado en un sistema, junto con su documentación. Se usa para los sistemas nuevos y los sistemas en mantenimiento.

Por regla general, una revisión de código no trabaja con todo un sistema completo de software, sino con módulos individuales o componentes principales de un programa. El código en sí se compara con las especificaciones originales o los requerimientos para determinar si ellas se están satisfaciendo. El hecho de descubrir que una porción de código no coincide con las especificaciones originales o hallar problemas o errores originados con el anterior análisis de requerimientos no es poco común. Aun cuando el hecho de modificar un programa o diseño puede ser frustrante, es mejor hacer esto durante la revisión que después de que el sistema se haya implantado. Como resultado,

FIGURA 16.8

Ejemplo de lista de
verificación para guiar
las actividades de
revisión

Lista de verificación del recorrido/revisión

Proyecto/contrato núm._____

Nombre del proyecto_____

Problema detectado
(marque todas las
columnas necesarias)

Categoría de la revisión	Ausente	Inneces.	Error	Grave*
Procedimientos de respaldo				
Mensajes de error				
Tiempo de ejecución				
Documentación externa				
Documentación interna				
Validación de la captura				
Mecanismo de interfase				
Lógica del procedimiento				
Transferencia de datos				
Cumple especificaciones de diseño				
Cumple especif. del usuario/problema				
Cumple con estándares de codif.				
Cumple los estándares de datos				
Facilidad de mantenimiento				
Uso del almacenamiento				
Datos de prueba				
Procedimiento de prueba				
Prueba de cond. de terminación				
Prueba de todas las cond. posibles				
Prueba del desarrollo				
Transferencia del control				
Estructura visible				

*Los errores graves que causarían fallas o fracaso

los costos serán menores, los cambios más fáciles y, lo más importante, los usuarios recibirán el sistema adecuado.

Al revisar los programas, los participantes también fijan la eficiencia de ejecución, el uso de nombres estándares de datos y módulos y los errores del programa. Los errores obvios, como los de sintaxis y los errores lógicos evidentes pueden ser anotados anticipadamente por los miembros del equipo y remitidos a la persona que lleva el registro y así ahorrar el tiempo de la reunión. Otros errores pueden merecer la discusión y examen durante la revisión. La figura 16.8 muestra una lista de verificación que se puede usar para anotar problemas y su gravedad. Los detalles faltantes, los componentes innecesarios y los errores grandes y pequeños se señalan fácilmente usando una lista de verificación de ese tipo.

El proceso es el mismo cuando se aplica al mantenimiento de sistemas, excepto que ya existía una parte del código del programa antes de llevar a cabo la labor de mantenimiento. La importancia de comparar el código con las necesidades o especificaciones no es menos importante que cuando se hacen cambios a un sistema ya existente que cuando el proyecto es un nuevo sistema.

Revisión de pruebas

El uso más común del recorrido estructurado es tal vez el análisis de los programas de prueba. Los mismos beneficios de la revisión con igualdad se pueden obtener en esta actividad de desarrollo. De hecho, los errores no detectados durante las pruebas de módulos y el sistema probablemente continúen presentes en el sistema cuando se implante, creando pesadillas para los usuarios y analistas por igual.

Los participantes en la revisón de pruebas no examinan realmente la salida de las corridas de prueba o buscan errores que hayan sido detectados usando un conjunto de datos de prueba. En vez de eso, centran su atención en la estrategia de prueba a usar y fijan qué tan adecuada es para detectar los errores críticos del sistema. Los participantes del recorrido también ayudan a desarrollar datos de prueba que puedan detectar errores de diseño o del software. Puesto que el propósito de la prueba es hallar errores, no demostrar lo correcto de un programa, el apoyo del equipo de recorrido para desarrollar casos de prueba eficientes puede ser muy útil en la detección de errores desconocidos. La habilidad de un equipo para enfocar un sistema desde un punto de vista imparcial, ya que los miembros del equipo no han trabajado con el sistema todos los días, usualmente traerá nuevas ideas y preguntas que se convierten en casos de prueba.

Comentario al margen
Consultores externos

A menudo, las organizaciones contratan consultores para planear y desarrollar sistemas de información. No obstante, los gerentes podrían preguntarse por qué se necesita un consultor para aumentar un equipo profesional que *debería* tener las respuestas.

Al recordar las múltiples relaciones de consultoría que he tenido, veo un principio fundamental al que deberían apegarse las organizaciones: no contratar consultores hasta saber qué se desea que ellos hagan. (Luego hay que dejarlos hacer aquello para lo que se les contrató.)

Es frecuente que las organizaciones lleven a cabo lo contrario. Contratan un consultor puesto que no saben qué hacer (lo cual quiere decir que están perdidos). En lugar de eso, se debe contratar a un consultor para:

- Dar una opinión objetiva
- Relacionar las observaciones obtenidas mediante la experiencia (no por medio de la experiencia de otros)
- Dar información técnica acerca de un tema específico

- Dar sugerencias (basadas en la aptitud y la experiencia) acerca de las alternativas para resolver un problema o capitalizar una oportunidad

Las empresas deben distinguir también entre los *consultores,* que dan consejos y opiniones, y los *contratistas,* quienes llevan a cabo una labor y entregan un producto. Los consultores que se contratan para los propósitos delineados arriba pueden dar un apoyo valioso a una organización.

Autoridad de aprobación

En muchas organizaciones, el equipo que realiza un recorrido estructurado tiene la autoridad final de aprobación de un proyecto en esa fase. Si los miembros del equipo no aprueban las especificaciones, el diseño o el código, los problemas identificados por ellos mismos deben resolverse antes de que continúe el desarrollo. Si se requieren cambios importantes, el equipo debe solicitar una revisión final antes de dar su aceptación. Sin embargo, si los cambios son menos graves, ellos pueden aceptar una notificación verbal o escrita de que los cambios se han llevado a cabo y no realizar una revisión adicional.

Algunas organizaciones requieren de la aprobación unánime de los miembros del equipo antes de aprobar un proyecto; otras establecen reglas estrictas de votación. Por ejemplo, en algunos casos se necesita una simple mayoría de votos aprobatorios. En otros más, la formalidad depende de la naturaleza del problema o cambio sugerido. Las cuestiones de diseño probablemente requerirán de la aprobación de todo el equipo, mientras que las cuestiones de estilo de programación o eficiencia de ejecución pueden resolverse por aprobación mayoritaria.

La simple realización de recorridos estructurados no garantiza que un programa o sistema sea mejor a que si no se realiza ningún recorrido. Este método tiene éxito sólo si las sesiones se conducen adecuadamente y si los analistas y programadores siguen las sugerencias. El apoyo de la gerencia, como con muchas actividades de desarrollo de sistemas, es esencial.

RESUMEN

Los proyectos de sistemas de información se deben planear cuidadosamente si se desea cumplir con la programación de su desarrollo. El tiempo necesario para desarrollar un sistema se puede estimar usando registros históricos del esfuerzo que se requiere para desarrollar proyectos semejantes (método histórico). A veces, la experiencia o la intuición son la base para las estimaciones (método intuitivo). Un tercer método usa una fórmula estándar que toma en cuenta las características del programa y el personal.

El uso de la *técnica de la función puntual* implica una serie de datos y pesos para producir una estimación del tiempo de programación y permitir la comparación de diseños alternativos de un programa.

Los *requerimientos de tiempo del proyecto,* que son el número de horas por persona necesarias para desarrollar un sistema y el número de días calendario son importantes para estimar el tiempo de desarrollo. Los métodos mencionados arriba tienen la finalidad de determinar las horas de personal. Para estimar y describir visualmente los tiempos calendario, el analista puede usar diagramas de barras, las que identifican la cantidad de tiempo que se tomará cada actividad del proyecto, o diagramas de *eventos críticos,* que indican puntos significativos en el desarrollo. El método de planeación más sofisticado, *PERT* (técnica de revisión y evaluación de programas), permite a los analistas identificar y fijar la interdependencia de las actividades en un proyecto. El tiempo global del proyecto se identifica con la *ruta crítica,* el conjunto de actividades del principio al fin para los que el tiempo total requerido sea mayor que el de cualquier otra ruta. Las actividades en la ruta crítica deben monitorearse cuidadosamente por la gerencia para poder concluir a tiempo el proyecto.

La administración del personal también es una preocupacion del coordinador del proyecto. A menudo, los analistas de sistemas y los programadores trabajan como equipos en vez de como individuos. La programación y desarrollo de sistemas en equipo permiten oportunidades de capacitación al personal poco experimentado, mientras que dan una oportunidad a las personas para utilizar su talento y habilidades en forma efectiva. Los tres tipos comunes de equipos son el de *programador en jefe, de especialistas* y *de liderazgo.* Éstos varían por la naturaleza del personal que conforma al equipo, por las responsabilidades asignadas a los miembros del equipo y según si constan de miembros temporales o permanentes.

Los *recorridos estructurados* se emplean frecuentemente para aumentar la calidad del sistema y dar una guía a los analistas de sistemas y los programadores. Un recorrido o revisión con igualdad, es una oportunidad para que un individuo reciba el apoyo de sus compañeros. Según el tipo de revisión, las especificaciones del sistema, los programas de computadora, o la prueba del software, los planes se revisan en un lapso no mayor de 90 minutos. La sesión de revisión no da como resultado la corrección de errores o cambios en las especificaciones. Estas actividades siguen siendo responsabilidad del encargado del desarrollo y ocurre después de concluir la sesión de revisión.

El recorrido es una actividad de equipo. Sin embargo, por regla general, la gerencia no se involucra directamente en una sesión de recorrido. En vez de esto, a los gerentes se les informa mediante resúmenes de la revisión, que indican quién asistió y qué acción se llevará a cabo.

La coordinación de un proyecto de sistema es un aspecto importante del esfuerzo global de desarrollo. Si el sistema se entrega tarde o si los analistas y coordinadores no dan pasos para asegurarse de que el sistema es de alta calidad, seguramente los usuarios se decepcionarán. Incluso puede fallar el sistema. Las guías mencionadas en este capítulo dan la base para una sólida administración del proyecto.

PREGUNTAS DE REPASO

1. ¿Qué métodos se usan para estimar el tiempo de desarrollo de un programa? Describa brevemente las ventajas y desventajas de cada uno.
2. Compare los dos tipos de requerimientos de tiempo asociados con el desarrollo del proyecto. ¿Es uno de ellos más importante que el otro? Explique su respuesta.
3. ¿Cuáles son las proporciones normales del tiempo total de desarrollo de un programa que se requieren en cada actividad de la programación y prueba del software? ¿Qué factores afectan estas estimaciones?
4. ¿Cómo varían los requerimientos de tiempo de un programador veterano y otro sin experiencia?
5. ¿Qué factores determinan la complejidad de un programa? ¿Cómo se utiliza cada uno de ellos para estimar el tiempo de desarrollo de un programa? ¿Qué otros factores deben tomarse en cuenta al formular las estimaciones de tiempo?
6. Cuando no hay certeza de las estimaciones de tiempo de programación, ¿cómo se determina una estimación útil?
7. Explique el valor de la técnica de la función puntual para estimar tiempos de desarrollo y productividad del programador.
8. Discuta las analogías y diferencias entre los diagramas de barras, de eventos críticos y PERT.
9. ¿Cuál es el propósito de PERT? ¿Qué componentes conforman un diagrama PERT?
10. ¿Cuándo es más valioso PERT para la coordinación del proyecto? ¿Por qué?
11. Compare y contraste los tres conceptos de equipo de programación más comunes. ¿Por qué podría una organización elegir un concepto sobre los otros?
12. ¿En qué se distinguen las bibliotecas interna y externa? ¿Son ambas necesarias? Explique.
13. ¿Con qué fin usan los coordinadores de proyecto los recorridos estructurados? ¿Qué lineamientos aseguran resultados efectivos

PROBLEMAS DE APLICACIÓN

1. A la ejecutiva de alto nivel que supervisa el desarrollo de sistemas de información a nivel corporativo le preocupa la cantidad de tiempo que se llevan los recorridos estructurados. Puesto que la ejecutiva piensa que los recorridos pueden no ser un uso productivo del tiempo, ha hecho la indicación de que es apropiada la celebración de reuniones breves, pero considera excesiva la cantidad de tiempo necesaria para preparar los recorridos estructurados. Además, en repetidas ocasiones objeta el uso

de la gente más hábil en muchos de los recorridos. Cree que no son productivos en las actividades de desarrollo del sistema.

a. ¿Cómo respondería usted a la ejecutiva con respecto a la utilidad y propósitos de los recorridos estructurados? Dé ejemplos para apoyar su respuesta.

b. ¿Haría usted cambios en el uso de los recorridos basándose en los comentarios e información proporcionados por la ejecutiva? Explique.

2. La programación de un sistema diseñado para apoyar a una compañía de ventas al menudeo en el manejo de ventas e inventarios está a punto de comenzar. El sistema será en línea, usando métodos de comunicación de datos con líneas telefónicas privadas. El coordinador del proyecto ha identificado los siguientes pasos en el desarrollo del software y los tiempos de desarrollo más probables. Se enumeran en el orden esperado de inicio.

Módulos de control general	2 semanas
Parte de ventas del sistema	
Módulo de captura	1 semana
Módulo de edición	3 semanas
Módulo de reportes	2 semanas
Desarollo de archivos	2 semanas
Prueba del software	2 semanas
Parte de inventarios del sistema	
Módulo de captura	2 semanas
Módulo de edición	6 semanas
Módulo de reportes	4 semanas
Módulo de reordenamiento del inventario	2 semanas
Módulo de inventario físico	1 semana
Prueba del software	3 semanas
Prueba del sistema	2 semanas

Las líneas de comunicación de datos deben ordenarse al menos seis semanas antes de que se necesiten; además se requerirán para llevar a cabo la prueba del sistema. Todo el equipo necesario para desarrollar y operar el sistema se encuentra ya en las instalaciones.

a. Desarrolle un diagrama de barras y de eventos críticos para el proyecto. Use números de semana (1, 2, 3,...) para mostrar los periodos en el calendario.

b. Desarrolle un diagrama PERT para el sistema, usando las estimaciones de tiempo indicadas. El desarrolllo de las dos partes del sistema puede ocurrir de forma simultánea. Las líneas de comunicación de datos se pueden instalar independientemente de las actividades de programación. Calcule las estimaciones del menor y mayor tiempo disponible para cada actividad.

c. Estudie el diagrama PERT para determinar dónde hay tiempo muerto.

d. ¿Hay actividades ficticias en este proyecto de desarrollo? En tal caso, identifíquelas e indique por qué son actividades ficticias.

3. Un programa de computadora para un sistema en línea escrito en COBOL tiene las características siguientes:

a. Un archivo tabla que contiene información de referencia que será guardado en disco magnético.

b. Un archivo de transacciones de captura directa que será guardado en forma secuencial en disco magnético. El formato de registro variará dependiendo del tipo de transacción. Se usarán dos formatos, aunque ambos emplearán registros de longitud fija del mismo tamaño.

c. El archivo maestro, consistente en un único formato de registro, se guardará usando un método de acceso secuencial indexado.

d. El sistema producirá un reporte de la transacción, un listado del archivo maestro ya sea en orden alfabético o numérico y un reporte resumen para la gerencia. Además, mediante las consultas en línea, se puede recuperar información y presentarla visualmente. Cada consulta producirá una respuesta que utiliza dos pantallas distintas.

Este sistema requiere de un conocimiento general moderado de las actividades empresariales que apoyará, pero no un conocimiento detallado. Se han asignado dos programadores con gran experiencia para desarrollar el software. Ambos tienen experiencia con la computadora a utilizar, aunque a ninguno se le considera un programador de alto nivel.

Si el factor de productividad es del 75%, ¿cuánto tiempo se llevará desarrollar este programa, utilizando de forma equitativa a los programadores? Use los lineamientos de este texto para calcular la estimación. ¿Cómo debe usarse esta estimación en comparación con otras estimaciones que se puedan desarrollar utilizando los registros históricos o la intuición?

BIBLIOGRAFÍA

ALBRECHT, A.J.: "Measuring Application Development Productivity", *Proceedings of the Joint IBM/SHARE/GUIDE Application Development Symposium,* octubre de 1979, pp. 83-92.

ALBRECHT, A.J., y J.E. GAFFNEY: "Software Function, Source Lines of Code, and Development Effort Prediction", *IEEE Transactions on Software Engineering,* SE-9,6, noviembre de 1983, pp. 639-647.

BEHRENS, C.A.: "Measuring the Productivity of Computer Systems Development Activities with Function Points", *IEEE Transactions on Software Engineering,* SE-9,6, noviembre de 1983, pp. 648-651.

IBM: *Management Planning Guide for a Manual of Data Processing Standards,* GC20-1670-2, White Plains, NY: IBM.

JONES, C.: *Progamming Productivity,* Nueva York: McGraw-Hill, 1986.

METZGER, P.W.: *Managing a Programming Proyect,* 2a. edición, Englewood Cliffs, NJ: Prentice-Hall, 1981.

MILLS, H.D.: "Principles of Software Engineering", *IBM Systems Journal,* 19, 4, diciembre de 1980, pp. 414-420.

PETERS, L.J.: *Software Design: Methods and Techniques,* NY: Yourdon Press, 1981

17. Selección de hardware y software

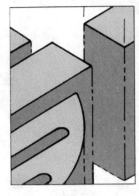

GUÍA DE ESTUDIO

Usted podrá probar su comprensión de la selección de hardware y software contestando estas preguntas:

- ¿Cómo comparan los analistas la capacidad de distintos sistemas computacionales?
- ¿Qué factores deben tomarse en cuenta al adquirir hardware y software computacional?
- ¿Cómo se obtiene información acerca de la velocidad y capacidad de una computadora?
- El hecho de adquirir un nuevo software, ¿significa esto que la organización es dueña de él?
- ¿Existen opciones para comprar equipo electrónico por medio de fabricantes de computadoras?
- ¿En qué difieren la adquisición de software y la de hardware?
- ¿Qué protección debe buscar la organización en un contrato de software?

OBJETIVOS DEL CAPÍTULO

- Formular una estrategia para comparar las características de desempeño de sistemas computacionales alternativos.
- Evaluar los beneficios de las estrategias de adquisición de sistemas alternativos.
- Desarrollar criterios de selección de software para aplicaciones de sistemas de información.

PALABRAS CLAVE

Administración de instalaciones
Alquiler a largo plazo
Compañía de servicios
Equipo compatible
Mantenimiento por parte de terceros
Pruebas
Trabajo sintético

Lo que se ve es lo que se obtiene

Durante el día de campo de la compañía, Brad Olsen, un alto ejecutivo de ventas, hablaba con David Chin, un miembro del equipo de sistemas de información, acerca de la evolución de su compañía dentro de la era de la computadora. Olsen, quien había visto a la compañía invertir grandes cantidades de dinero en los sistemas de información por computadora en la última década, reconoció que la inversión había demostrado ser valiosa.

"Pero si estás de acuerdo en que la inversión ha sido valiosa para la productividad de la compañía", dijo Chin, "(entonces por qué tu departamento se opone a los métodos tradicionales de desarrollo de sistemas siempre que se pide una nueva aplicación de la computadora?".

"Yo estoy con la computarización si contribuye a nuestras ganancias", respondió Olsen. "Pero mi filosofía es que estaríamos mejor si compraramos software comercial en vez de tratar de desarrollarlo en casa".

"Pero eso no siempre es práctico o incluso posible. (Qué hay de los prototipos?" preguntó Chin.

"No hay necesidad", replicó Olsen confiadamente. "Mira, cuando algúien propone una nueva aplicación, ustedes, la gente de sistemas de información, quieren estudiar primero la situación. Todo mundo la llama algo diferente —un estudio del sistema, determinación de requerimientos, investigación preliminar— ni siquiera se ponen de acuerdo en el nombre. Pero el punto es que ustedes parecen querer hacer más estudio que acción cuando hay un problema a resolver".

"Eso es porque queremos tener la certeza de que desarrollamos el sistema correcto", replicó Chin.

Olsen movió su cabeza. "Tenemos la misma meta, pero no estoy convencido de que ustedes necesiten hacer todo ese estudio para alcanzarla. Aquí esta nuestro enfoque —**y trabaja**—: tenemos proveedores en el mercado llamándonos y haciendo presentaciones formales de sus productos. Después hay una discusión abierta. Entonces escogemos el producto que se adecúa a nuestras necesidades.

"Verás, Chin, nosotros no queremos *reinventar* la rueda. Sólo deseamos comprarla. Con el software, lo que se ve es lo que se obtiene así de simple. Al ver los productos que ya están ahí afuera, podemos ahorrar tiempo, dinero y dolores de cabeza porque estamos comprando experiencia, pruebas y un método probado de operaciones. Obtenemos todo eso más un vendedor que hará un compromiso con nosotros— y todo por mucho menos que si tratamos de tenerlos a ustedes desarrollándolo para nosotros. Y lo mejor de todo, otros más tienen la desgracia que acompaña el administrar el perfeccionamiento de los sistemas. *Eso* es lo que yo llamo un buen negocio".

La variedad de tamaños y tipos de recursos computacionales disponibles pone en un aprieto al analista que debe seleccionar o recomendar una fuente de hardware, software o servicios. Este capítulo analiza las consideraciones al adquirir hardware y software.

El analista debe tener una forma sistemática de evaluación y selección de entre los muchos tipos y tamaños de equipo computacional, prestando atención tanto al equipo como al método para adquirirlo. Cada vez más, el analista selecciona el software comercial que cumple las necesidades de un sistema específico en vez de desarrollar el software en casa, como se mencionó en el ejemplo del principio de este capítulo. Cuando una organización adquiere software, se vuelve enormemente dependiente del proveedor. Como resultado, el analista debe estudiar todos los puntos importantes antes de comprometer a la organización.

La información sobre el hardware y software disponible se puede generar como resultado de llamadas telefónicas hechas por los vendedores del proveedor o en respuesta a peticiones por escrito de cotizaciones enviadas a los proveedores.

Cuando usted termine este capítulo, sabrá qué factores considerar al elegir y contratar hardware, software o servicios. Las habilidades desarrolladas en este capítulo son generalizables a muchas organizaciones diversas y a departamentos de sistemas de información tanto grandes como pequeños.

SELECCIÓN DE HARDWARE

Los sistemas computacionales a menudo se adquieren sin estar acostumbrados a ello o debido a la recomendación de alguien. Esta es en especial la práctica común para el analista sin experiencia que no está familiarizado con cuáles son las preguntas a responder al hacer una sabia selección y decisión de compra. Esta sección estudia esas preguntas, explora los factores de importancia para determinar las necesidades del tamaño y capacidad del equipo y presenta métodos para comparar sistemas distintos. También se examinan los factores financieros implicados en la adquisición y alquiler a largo plazo de sistemas y la contratación de servicio y mantenimiento.

Determinación de los requerimientos de tamaño y capacidad

Puesto que las computadoras varían en un rango desde las microcomputadoras hasta los grandes sistemas de red, el número de opciones del cual elegir un sistema, obviamente, es muy grande. Aun dentro de las líneas de un solo fabricante, hay muchos modelos y configuraciones de los cuales se puede seleccionar. (Cómo determina el analista el sistema necesario cuando se va a adquirir un nuevo sistema de cómputo?

El punto de partida en un proceso de decisión acerca de un equipo son los requerimientos de tamaño y capacidad. Un sistema particular de cómputo puede ser apropiado para una carga de trabajo e inadecuado para otro. La capacidad de los sistemas es frecuentemente el factor determinante. Entre las características relevantes a considerar están las siguientes:

1. Tamaño de memoria interna.
2. Velocidad del ciclo del sistema para procesamiento.
3. Número de canales para entrada, salida y comunicación.
4. Características de los componentes de despliegue y comunicación.
5. Tipos y números de unidades de almacenamiento auxiliares que se le pueden agregar.
6. Apoyo del sistema y software de utilerías que se proporciona o se encuentra disponible.

Frecuentemente, las necesidades de software dictan la mínima configuración necesaria. Por ejemplo, si se va a correr un programa particular en una microcomputadora y se requieren, digamos, 4 megabytes de almacenamiento, la lista de candidatos posibles excluye a todos los sistemas, independientemente de su atracción, que no tengan o no puedan configurarse fácilmente para tener una memoria de 4 megabytes.

Todos los sistemas tienen sus limitaciones, dependiendo de para qué se han diseñado. Las limitaciones pueden ser o no un factor en una decisión de elección particular. Por ejemplo, algunos sistemas comunican los datos sólo de manera síncrona. Si el sistema tiene otras características atractivas y no se usara para comunicación de datos o teleproceso, la característica de sincronía puede ser de poco interés. Sin embargo, si la aplicación principal de la computadora requiere de la transmisión síncrona de los datos en ASCII (véase el capítulo 13), la limitación bisíncrona puede ser importante. De la misma forma, el hecho de que una microcomputadora particular se limite a cinco puertos para conectar terminales e impresoras puede ser muy restrictivo en un sistema de teleproceso diseñado para conectar 23 sitios entre sí mediante terminales y líneas de comunicación.

Como ya lo hemos indicado, las necesidades de software a menudo dictan las necesidades de hardware, tales como los tamaños de memoria interna, puertos de comunicación, capacidad de disco y la posibilidad de usar cinta magnética. (No todas las computadoras permiten la conexión de subsistemas de cinta magnética.) Los proveedores son una fuente confiable para los requerimientos de configuración. Ellos pueden proporcionar información sobre los requerimien-

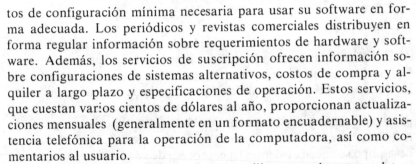

Plan de uso de los discos en un sistema de cómputo pequeño

ESPECIFICACIONES DE ARCHIVOS
Requerimientos del archivo maestro: 396 kilobytes
Requerimientos del archivo de transacciones:
   si se acumula y procesa diariamente: 90 kilobytes
   si se acumula y procesa semanalmente: 450 kilobytes

ESPECIFICACIONES DE DISCOS Y UNIDADES DE DISCOS
Diskette flexible de doble densidad, capacidad de 1.2 megabytes; pueden incluirse de 1 a 4 unidades en la configuración.

PLAN DE LA CONFIGURACIÓN Y USO DEL ESPACIO
La unidad 3 contendrá programas (disco duro)
El archivo maestro se guardará en disco y usará la unidad 3
El archivo de transacciones se guardará en disco y usará la unidad 1

Los datos de respaldo irán siempre de la unidad 1 a la unidad 3
El respaldo del programa será de la unidad 3 a la unidad 1 por medio de varios diskettes.

UNIDAD 2	UNIDAD 3
Archivo maestro	Copia de respaldo del archivo maestro
Archivo de transacciones	Copia de respaldo del archivo de transacciones
Programas	Copia de respaldo de programas

La configuración del sistema incluirá tres unidades de disco con base en este análisis. Las unidades 1 y 2 para discos flexibles y la unidad 3 para el disco duro.

tos de configuración mínima necesaria para usar su software en forma adecuada. Los periódicos y revistas comerciales distribuyen en forma regular información sobre requerimientos de hardware y software. Además, los servicios de suscripción ofrecen información sobre configuraciones de sistemas alternativos, costos de compra y alquiler a largo plazo y especificaciones de operación. Estos servicios, que cuestan varios cientos de dólares al año, proporcionan actualizaciones mensuales (generalmente en un formato encuadernable) y asistencia telefónica para la operación de la computadora, así como comentarios al usuario.

La capacidad de almacenamiento auxiliar generalmente se determina mediante las necesidades de almacenamiento y procesamiento de archivos. Para estimar el almacenamiento en disco necesario para un sistema, el analista debe tomar en cuenta el espacio requerido para cada archivo maestro, el espacio para los programas y software, incluyendo el software del sistema y el método mediante el cual se harán las copias de respaldo. Al usar diskettes flexibles en un sistema pequeño (Fig. 17.1), el analista tiene que determinar si los archivos maestros y de transacción deben mantenerse en el mismo diskette y en cuáles de ellos han de guardarse los programas. Los considerados de respaldo, así como el tamaño de los archivos, guían la decisión de cuántas unidades de diskette se necesitan. En el ejemplo (Fig. 17.1), se usan tres unidades de diskette para permitir un amplio espacio para el archivo maestro actual y su expansión futura. Esta configuración proporciona también una forma para respaldar todos los discos.

FIGURA 17.1

Plan del uso de discos en un sistema de cómputo pequeño

TABLA 17.1 Ejemplo de una prueba para la comparación de sistemas de cómputo

PRUEBA:
Ejecución de un millón de instrucciones usando instrucciones aritméticas idénticas

SISTEMA DE CÓMPUTO	PROGRAMA EN COBOL	PROGRAMA EN FORTRAN	PROGRAMA EN PL/1
1	385*	419	451
2	368	535	342
3	308	437	267

* Velocidad en instrucciones por segundo.

Medición y evaluación de computadoras

A menudo se hacen comparaciones entre los distintos sistemas de cómputo sobre la base de los datos reales de desempeño. El uso de los datos de prueba, generados al usar programas sintéticos, es más efectivo que la simple comparación de especificaciones técnicas.

Pruebas de equipo

Una *prueba de equipos* es la aplicación de programas sintéticos para emular el trabajo real de procesamiento de un sistema de cómputo. Los programas de prueba permiten someterse a una mezcla de trabajos que sea representativos de la carga proyectada de trabajo del usuario. También demuestran las técnicas de almacenamiento de datos por parte del equipo y dan la oportunidad de probar funciones específicas realizadas por el sistema. Por medio de esta técnica, las limitaciones del equipo se hacen evidentes en el proceso de adquisición. A veces, las organizaciones usuarias insistirán en que los resultados se agreguen al contrato de venta, estableciendo formalmente que se deben procesar un número específico de transacciones en un periodo dado de tiempo, que la respuesta a una consulta se debe dar en un lapso determinado de tiempo, y así sucesivamente.

Las pruebas se pueden hacer en prácticamente cualquier tipo de ambiente de sistemas, incluyendo los de trabajo en lotes y en línea y con los usuarios unidos al sistema directamente o por medio dc telecomunicaciones. La siguiente sección incluye un análisis de cómo estos trabajos pueden simularse por medio de programas sintéticos.

Las pruebas comunes son la velocidad del procesador central, con instrucciones típicas ejecutadas en un conjunto de programas, así como múltiples procesos en un ambiente de multiprogramación. La misma prueba realizada en otras computadoras mostrará cualquier diferencia entre la velocidad y desempeño atribuible al procesador central. La tabla 17.1 muestra una comparación de los resultados usando sumas y restas repetidas y detección de incompatibilidad de transacciones. Las diferencias entre las velocidades de procesamiento son claras.

Las pruebas también se centran en torno a una mezcla de lenguajes de los programas a ejecutar, una mezcla de distintos tipos de programas y aplicaciones con un rango amplio de volúmenes y necesidades de entrada y salida. El tiempo de respuesta para enviar y recibir los datos de las terminales es una prueba adicional para la comparación de sistemas.

A veces, en vez de procesar trabajos de prueba en los sistemas de cómputo, se usan simuladores de sistemas para determinar las diferencias en el desempeño. En los simuladores de sistemas comerciales, la carga de trabajo de un sistema se define en términos de, digamos, cuántas operaciones de entrada y salida existen, cuántas instrucciones se utilizan en un cálculo y el orden en el que se procesa un trabajo. Con dichas especificaciones se alimenta un simulador que guarda datos de las características del equipo particular (tales como velocidad de proceso, capacidad de canales, y tiempos de lectura-escritura). El simulador a su vez procesa los datos contra las características de operación y prepara un informe de los resultados esperados si la computadora real se usara. Las características del sistema se pueden cambiar para emular otro modelo de computadora y un nuevo conjunto de datos de desempeño producidos para la comparación. El tiempo y costos de procesar pruebas de cómputo son de interés tanto para los analistas como para los proveedores. El uso de los simuladores comerciales es una alternativa atractiva.

Diseño de programas sintéticos

Un *proceso sintético* es un programa escrito para practicar con los recursos de cómputo de una forma que permita al analista imitar la carga de trabajo esperado y determinar los resultados. La carga artificial de trabajo se puede ajustar y volver a procesar para determinar el efecto. El proceso se puede repetir cuantas veces sea necesario para ver cuáles tareas maneja bien —y cuales no— un conjunto dado de computadoras.

Los procesos sintéticos se pueden ajustar para producir el mismo tipo de actividad de los programas reales, incluyendo posiblemente el acceso aleatorio de archivos, la búsqueda secuencial de archivos con registros de varios tamaños, actividades de entrada y salida y acceso a archivos con patrones aleatorios variados. Los tipos de características de hardware y software que a menudo se simulan se enumeran en la figura 17.2.

Comparación de pruebas

Aunque una comparación sobre la base del desempeño del equipo es mejor que nada, hay ciertas desventajas en el uso de pruebas. Ante

HARDWARE	SOFTWARE
Velocidad de procesamiento de la UCP	Algoritmo de programación
Velocidad de acceso de la memoria	Algoritmo de compilación
Capacidad de manejar interrupciones	Eficiencia de código
Velocidad de canal periférico	Algoritmo de manejo de la memoria virtual
Velocidad de impresora	Eficiencia en el manejo de archivos
Tiempo de búsqueda en disco magnético	Manejo de interrupciones
Retraso rotacional para el disco magnético	Métodos de indexación
Velocidades de comunicación	Manejo de almacenamientos temporales múltiples
	Procedimientos de procesamiento de la comunicación

FIGURA 17.2
Pruebas representativas para hardware y software.

todo, las comparaciones se hacen puramente en una base cuantitativa. No relacionan el tiempo necesario de aprendizaje para acostumbrarse al sistema o a la calidad del software del sistema (tal como la calidad del diagnóstico producido durante la compilación o la eficiencia del código objeto producido).

Además, las pruebas no proporcionan una seguridad razonable de que los programas que en el momento se usen en un sistema existente se puedan convertir al nuevo sistema o que la nueva máquina los procesará eficientemente, incluso cuando estén convertidos. Los proveedores también podrían hacer afirmaciones, en el sentido de que un sistema específico es capaz de realizar tareas adicionales que otro sistema no puede. Puesto que las pruebas no pueden verificar directamente estas afirmaciones, el comprador debe insistir en que los enunciados de ciertas afirmaciones tienen que agregarse al contrato de venta.

¿Son necesarias las pruebas? Lo son, pero el analista debe reconocer lo que indican y lo que no.

Equipo compatible

Por razones de costo, es frecuente que los analistas tomen en cuenta el uso de equipo para una cierta marca de computadora que no esté fabricado por el vendedor de la misma. Tales componentes se llaman *equipo compatible*. Algunas compañías se especializan en la fabricación de componentes del sistema, tales como las impresoras, las unidades de disco, o las unidades de memoria que se pueden conectar al sistema de un proveedor en vez del mismo equipo fabricado por él. La unidad central de proceso no se preocupa o sabe que el equipo no es de la misma marca.

El beneficio del equipo compatible es el menor costo de un artículo, comparado con el del producido por un proveedor importante de computadoras. Puesto que las empresas especializadas en componentes específicos pueden desarrollar expertos en fabricación o probablemente tengan una inversión menor en investigación y desarrollo —duplican los componentes desarrollados por otra empresa— es posible que ofrezcan el mismo producto a un costo menor.

Aunque hay un gran mercado de equipo compatible debido a las diferencias de precios, el analista debe asegurarse que el equipo cumplirá con los niveles necesarios de calidad, que se desempeñará igual (o posiblemente mejor) al equipo original y que el proveedor de la computadora mantendrá las garantías y acuerdos de servicio en el resto del sistema. Existe el peligro de que algunos técnicos de servicio empleados por el proveedor acuse de desperfectos al equipo "extraño" agregado al sistema. Por lo tanto, el analista debe llegar a un acuerdo sobre las responsabilidades de mantenimiento y métodos para resolver las posibles disputas en cuanto a los desperfectos.

Factores financieros

La adquisición y pago de un sistema de cómputo se manejan usualmente por medio de uno de los tres métodos comunes: renta, alquiler a largo plazo o compra. La determinación de cuál opción es la adecuada depende de las características y planes de la organización al momento de la adquisición. Ninguna opción es siempre mejor que las otras. (La tabla 17.2 resume las características de cada método de adquisición.)

Renta
La renta de computadoras es adecuada para usar a corto plazo un sistema, generalmente de uno a 12 meses. Cada 30 días se hace un pago por el uso del equipo. Tanto el usuario como el proveedor tienen la opción de cancelar la renta mediante un aviso anticipado, usualmente de 30 a 60 días antes de la fecha de terminación.

Puesto que el compromiso es a corto plazo, el arrendatario tiene un gran margen de flexibilidad. La decisión de adquirir un sistema se puede retrasar hasta que el financiamiento sea adecuado, hasta que esté disponible una nueva generación de equipo, o tanto tiempo como desee la organización, por la razón que sea. La flexibilidad puede ser particularmente importante cuando una organización está experimentando un crecimiento planificado rápido y requerirá de un sistema específico en un lapso breve, cuando se desarrollen importantes reorganizaciones de las divisiones y departamentos que afectarán los recursos de cómputo, o cuando la empresa esté en un periodo de cambio dinámico.

En comparación con los otros métodos de adquisición, la renta es el más caro. Los pagos mensuales son más altos y la organización no recibe ningún beneficio fiscal o de propiedad, de no ser por la deducción de la renta mensual como gasto de la empresa. El equipo recibido se usa a menudo, aunque el contrato de renta debe escribirse de forma que el arrendatario se asegure de tener un sistema que funcione ade-

TABLA 17.2 Comparación de las opciones de financiamiento de los sistemas de cómputo

MÉTODO DE ADQUISICIÓN	VENTAJAS	DESVENTAJAS
Renta	Compromiso a corto plazo. Alto nivel de flexibilidad: No requiere un desembolso alto.	La opción más cara. Poco control del cambio de equipo. No todos los proveedores rentan.
Alquiler a largo plazo	Pagos predeterminados durante un periodo fijo. No requiere un desembolso alto. Usualmente hay un mejor servicio del proveedor que con la renta. Poco riesgo de obsolencia. Menos caro que la renta.	Más caro que la compra. Puede tener limitaciones en cuanto a las horas de uso del equipo.
Compra	Menor costo a largo plazo. Varias ventajas fiscales para una empresa con fines de lucro. Es un activo de la empresa. Control total sobre el uso del equipo.	Riesgo de obsolescencia. Compromiso permanente. Responsabilidad total en todos los problemas. Requerimientos de un mayor desembolso rápido en comparación con las otras opciones.

cuadamente y que se le dará mantenimiento apropiado. La previsión de la cancelación con un aviso rápido puede no proporcionar la seguridad suficiente al arrendatario para planear la disponibilidad continua del sistema. Por esta razón, la renta es típicamente una solución común a corto plazo que es apropiada posiblemente mientras se espera el anuncio oficial y la entrega de un nuevo sistema. Muchas empresas se rehusan rentar capital o equipo a corto plazo. El analista debe asegurarse de que los sistemas en renta están disponibles antes de tomar tal decisión, ya que no todos los proveedores ofrecen rentas a corto plazo.

Alquiler

Un *alquiler a largo plazo* es un compromiso de uso de un sistema por un tiempo específico, generalmente de tres a siete años. Se determinan con anticipación los pagos y no cambian durante todo el periodo del alquiler. Según los términos del alquiler, los pagos son mensuales, trimestrales, semestrales o anuales e incluyen el costo del servicio y mantenimiento del equipo. Al final del periodo de alquiler, generalmente el arrendatario no obtiene la propiedad del equipo. (Si ése no es el caso, y el equipo pasa a propiedad del arrendatario, la Oficina Recaudadora de Impuestos considera el acuerdo como una venta condicional y toda la transacción se debe tratar como una compra.)

En comparación con la renta, el alquiler es menos caro. Debido a que hay un compromiso mayor, el proveedor generalmente proporciona un mejor servicio y el usuario puede contar con la disponibilidad del sistema para su uso. El alquiler a largo plazo protege contra la obsolescencia técnica, que siempre es de interés al comprar equipo de cómputo. Si el lapso del alquiler es corto, el arrendatario puede aspirar a un sistema más poderoso al final del alquiler. Sin embargo, si el equipo lo alquila un fabricante de computadoras, usualmente es posible obtener a cambio un sistema mayor aun cuando el alquiler no haya expirado, siempre que el sistema se adquiera con el mismo fabricante.

No se requiere inversión de capital para alquilar a largo plazo un sistema de cómputo. El alquiler ofrece ventajas fiscales específicas. Además de deducir el costo del alquiler como un gasto de la empresa, a menudo se dispone de créditos fiscales por la inversión, lo que reduce directamente el impuesto sobre ingresos. En algunos casos, el título del equipo pasa incluso al arrendador. La asistencia legal es necesaria para investigar los términos y condiciones actuales permitidas por la oficina Recaudadora de Impuestos al momento en que se considere la transacción.

Compra

La adquisición de computadoras mediante la compra directa es el método más común, y se incrementa su popularidad al aumentar los costos del alquiler. Al transcurrir el tiempo, la opción de compra con frecuencia cuesta menos, especialmente a la luz de las ventajas en cuanto a impuestos que a veces se pueden obtener.

Con la compra, la organización es dueña del equipo. Por supuesto, el dinero de la compra se debe tomar de los fondos para operación o pedir prestado. En un sentido, la organización se amarra al sistema que compra, ya que el cambio a un sistema de cómputo distinto es más difícil; o bien el sistema debe venderse o hay que hacer arreglos para cambiarlo por una computadora distinta.

La organización debe obtener su propio servicio de mantenimiento (para las refacciones y mano de obra), usualmente por medio del fabricante, y pagar los cargos mensuales, que fluctúan año con año. Además, si el equipo se compró a plazos, se debe pagar el crédito periódicamente. La salida de dinero puede seguir siendo menor que con la renta o el alquiler a largo plazo, dependiendo de los términos arreglados por el comprador. A cambio del egreso de dinero, la compra ofrece ventajas fiscales específicas:

1. Los cargos por mantenimiento mensual son deducibles como gasto de la empresa.
2. Los intereses de cualquier crédito utilizado para financiar la compra son deducibles como gasto de la empresa.
3. El costo del equipo se puede depreciar con el tiempo; esto también reduce los ingresos susceptibles de impuestos y por lo tanto el impuesto sobre ingresos que se pague.

TABLA 17.3 Comparación de las alternativas de costo de adquisición de computadoras

	RENTA	ALQUILER A LARGO PLAZO	COMPRA
Sistema básico			$189,678*
Pago mensual	$ 6,807	$ 4,846	$ 4,817
Mantenimiento mensual	1,225	——	1,225
Costo anual	$ 98,631	$ 58,152	$ 72,504
Costo total a 5 años	$493,155	$290,760	$362,520
			Ahorro adicional en impuestos. El propietario del sistema.

* Sin enganche, tasa de interés del 18%, pagos mensuales.

4. Los impuestos locales, estatales y federales que se paguen en la compra pueden ser deducibles de los impuestos por ingresos.

La tabla 17.3 compara el costo de adquisición de un sistema de cómputo bajo cada uno de los tres métodos por un periodo de 5 años. La opción de compra indica el uso de la depreciación para reducir impuestos. Así, en un sentido, las deducciones por depreciación en el impuesto sobre ingresos reduce el costo de la computadora para la organización. Normalmente, este beneficio no es posible con los contratos de alquiler y nunca es posible para las rentas a corto plazo. Por supuesto, los beneficios fiscales se aplican solamente a empresas con fines de lucro. Las organizaciones que no operan así y que no pagan impuestos sobre el ingreso no reciben los beneficios fiscales en la compra de computadoras.

Mantenimiento y soporte

Un factor adicional en las decisiones sobre hardware se refiere al mantenimiento y soporte del sistema después de su instalación. Las consideraciones principales son la fuente del mantenimiento, términos y tiempos de respuesta.

Fuente del mantenimiento

Una vez que el sistema ha sido entregado e instalado, existe un periodo de garantía durante el cual el proveedor es responsable del mantenimiento. Usualmente de 90 días, aunque los términos específicos están sujetos a la negociación del contrato, tema que se estudiará posteriormente en este capítulo. Después de ese tiempo, el comprador tiene la opción de obtener el mantenimiento de varias fuentes.

La fuente más común de mantenimiento para el nuevo equipo es la empresa con la cual se adquirió. Si se adquiere un sistema de red o una minicomputadora por medio de la fuerza de ventas del fabricante, generalmente existe también un grupo de apoyo en mantenimiento que da servicio por un precio fijo. Las grandes compañías fijan costos de mantenimiento a nivel nacional que se ajustan sobre una base anual o semestral. Si el sistema es una microcomputadora o una computadora personal, el proveedor generalmente da mantenimiento como un servicio con costo. El comprador puede pagar un precio menor para las computadoras personales adquiridas por correo, pero es posible que pierda la conveniencia del servicio local. Los menores costos de servicio son una de las razones por las que las empresas que venden por correo pueden ofrecer menores precios de venta.

También se puede obtener servicio por medio de compañías especializadas. Las compañías de *mantenimiento por parte de terceros*, como se llama a estas empresas, con frecuencia dan servicio a comunidades pequeñas, donde para los fabricantes no es costeable mantener oficinas. Por otra parte, los proveedores de sistemas integrales que entregan e instalan combinaciones de hardware y software, pero que no fabrican dicho equipo, sugieren la contratación de compañías de mantenimiento por parte de terceros con las que trabajan directamente y les informan de cambios en el hardware y software y también les sugieren procedimientos de mantenimiento. Cuando se adquiere un sistema de cómputo usado de una organización de ventas independiente, el comprador no tiene más opción que la de recurrir a una compañía de mantenimiento por parte de terceros. Muchos fabricantes no dan servicio a equipo que ellos no vendieron.

Términos

Al formular un contrato de mantenimiento, los términos del contrato son tan importantes como el costo. El contrato se puede redactar para que cubra tanto la mano de obra como las refacciones (todas las refacciones, independientemente del número necesario o su costo), la mano de obra y cierto margen para las refacciones, o bien solamente la mano de obra, añadiéndole cargos por las refacciones necesarias. El tipo de contrato deseado depende de los gastos que la organización desea hacer en comparación con la frecuencia que se estima se requiera el servicio. La contratación de mano de obra y refacciones son el tipo más común de mantenimiento para los sistemas grandes.

El analista debe tomar en cuenta también cómo cambiarán los costos de mantenimiento. Los grandes fabricantes han establecido políticas de ajuste de sus costos de mantenimieno sobre una base semestral o anual y con frecuencia no cambian estas desiciones con ningún cliente. Otros proveedores y compañías de servicio ofrecen contratos de terminación abierta que permiten el ajuste de los cargos en cualquier lapso con 30 días de anticipación. Con frecuencia, los analistas que negocian servicios con estas compañías buscarán un máximo en mantenimiento; es decir, desearán un acuerdo, por escrito, de que los costos de mantenimiento no crecerán más allá de una cantidad máxima prefijada durante un periodo de tiempo específico, tal como un año calendario. Este tipo de protección asegura que el proveedor no puede aprovecharse del usuario que depende totalmente de la compañía de servicio. La mayoría de las compañías de servicio tienen buena reputación, pero la práctica dicta que la protección adecuada siempre debe buscarse al contratar servicios.

Servicio y tiempo de respuesta

El servicio de mantenimiento es útil, sólo si está disponible cuando sea necesario. Dos conceptos conciernen al mantenimiento: el tiempo de respuesta cuando se pide el servicio y el horario de atención.

Cuando se hace una llamada telefónica pidiendo el mantenimiento de emergencia, ¿se mandará inmediatamente un técnico o ingeniero? Eso es improbable. Sin embargo, el usuario tiene el derecho de esperar un tiempo razonable de respuesta después de hacer una llamada de emergencia. A menudo, las organizaciones especifican en el contrato que la respuesta a una llamada telefónica debe hacerse dentro de las primeras 2 horas. Otras aseguran la respuesta el mismo día y otras más aceptan la respuesta no más allá de la mañana siguiente. El grado de dependencia que la organización usuaria tiene del sistema de cómputo dictará cómo se negocian estos términos. Un sistema en línea que se use 24 horas al día requiere de una respuesta más rápida que uno que se utiliza intermitentemente para procesamiento de lotes.

Cuando las computadoras de escritorio están en uso, una alternativa para el servicio en la instalación es la de centros en la de servicio: el usuario entrega la computadora a la oficina de mantenimiento o al vendedor para su reparación. A menudo, es posible el servicio mientras se espera o antes de terminar el día. Para los problemas que requieran de mayores tiempos de reparación, se puede disponer de un sistema de renta.

El servicio de reparación a menudo se proporciona sólo durante las horas hábiles. Si una organización desea un servicio por la tarde o cobertura durante todo el día, usualmente dispone de ello mediante un cargo extra, digamos, del 10 al 50% de costo adicional.

Hemos estado enfatizando el servicio de reparación. Sin embargo, tiene igual importancia la necesidad de llevar a cabo mantenimiento preventivo, la rutina de servicio de limpieza y ajuste del equipo para prevenir las fallas. Siempre que se haga un contrato de mantenimiento, debe acordarse un programa de mantenimiento preventivo. La información de los ciclos y procedimientos de mantenimiento preventivo sugeridos por el fabricante deben archivarse en el departamento de sistemas e incluirse en los contratos de servicio.

En cualquier caso, es importante almacenar algunas refacciones, puesto que no es posible un buen servicio si no se dispone de refacciones. Las organizaciones usuarias deben obtener la seguridad suficiente de los inventarios de las refacciones adecuadas, anticipándose a las necesidades.

Megatendencias en los
sistemas de información:
Una mirada al futuro

La comprensión de las megatendencias —las expectativas y desarrollos masivos y persuasivos que darán forma al futuro— proporciona la perspectiva necesaria para evaluar las herramientas e innovaciones disponibles.

He aquí 10 megatendencias que prometen modelar el uso de los sistemas de información.

1. *Redes estratégicas.* Cada vez más, las corporaciones se basan en la capacidad de transmitir todo tipo de datos. La transmisión de datos de voz e imagen se está convirtiendo en una capacidad fundamental para manejar los negocios. En el futuro, una compañía sin una red confiable de comunicaciones tendrá una desventaja significativa.

2. *Globalización comercial.* El concepto de "mercado global" se está convirtiendo rápidamente en una realidad. No hay lugar para esconderse de la influencia de los competidores o de la demanda de los consumidores en todo el mundo. Tanto los grandes como los pequeños proveedores se verán forzados a ajustar sus operaciones a la complejidad de un mercado global.

3. *Consolidación corporativa.* En un ambiente económico de dos tipos, las grandes corporaciones conseguirán un gran volumen de negocios debido a la creciente consolidación. Las compañías con iniciativa actuarán en primera instancia como innovadoras de productos.

4. *Integración de operaciones.* Las empresas tenderán a establecer operaciones orgánicamente funcionales, continuamente interactivas y ligadas electrónicamente con una fuerza de trabajo unida.

5. *Reorganización de la administración.* La tradicional pirámide organizacional de los gerentes a nivel operacional, medio y alto cambiará. Los rangos de gerencia media se reducirán al mismo tiempo que su capacidad de decisión aumentará. La automatización cambiará la naturaleza y el número de posiciones de nivel introductorio.

6. *Experiencia automatizada.* Las habilidades, reglas empíricas y estrategias de decisión de los expertos se capturarán en la forma de sistemas expertos. Estos sistemas no sustituirán a las personas que toman decisiones sino que se convertirán en un importante y a menudo invaluable apoyo.

7. *Sofisticación del usuario.* Al seguir evolucionando lo "amistoso" y el poder de los sistemas de información, los usuarios jugarán un papel cada vez más importante en las actividades de procesamiento de la información de la organización.

8. Expectativas del consumidor. Los clientes demandarán mayores niveles de desempeño y confiabilidad del producto. La desmistificación de la alta tecnología dará como resultado un aumento en la excelencia del producto

9. *Reestructuración de la distribución.* Los consumidores esperan una entrega cada vez más rápida y eficiente de los productos. Si la tecnología de información juega un papel central, habrá una distribución más directa, que descansará menos en terceros, especialmente en aquellos que no agreguen valor.

10. *Redirección técnica.* Los usuarios dirigirán sus energías hacia la optimización creativa de la tecnología, equipo y productos existentes. Esta acción no se puede posponer anticipándose a los cambios revolucionarios.

Estas tendencias pondrán mayor responsabilidad en las manos de los profesionales en sistemas de información y aguzarán las expectativas del consumidor. En muchos casos, los profesionales de los sistemas de información nos capacitarán para el futuro.

Alternativas de los sistemas "en casa"

Otras opciones menos comunes para el soporte de cómputo incluyen el uso de oficinas de servicios o compañías de administración de instalaciones. Una *oficina de servicios* es una compañía que posee instalaciones de cómputo y que las hace disponibles a los usuarios por un cargo. El usuario manda los datos para su procesamiento, que se lleva a cabo en la oficina de servicios, en el sistema de cómputo de la oficina. En algunos casos, las organizaciones interactúan directamente con la computadora por medio de terminales localizadas en las oficinas del usuario. Usualmente hay un costo mensual más un cargo que varía de acuerdo con la cantidad de tiempo que el usuario pasa en comunicación con el sistema. Hay cuotas adicionales por el almacenamiento de datos, el montaje de discos y cintas magnéticos o la impresión de resultados.

Algunas oficinas de servicios dan servicio de procesamiento de datos. La oficina prepara los datos para su entrada, maneja todo el proceso e incluso puede proporcionar el servicio de recolección y entrega. La programación especializada está disponible por un cargo.

El uso de una oficina de servicios es muy común en las aplicaciones de contabilidad y pago de nómina. A menudo, las empresas que quieren los servicios de procesamiento automático de datos en estas áreas, pero que no desean adquirir equipo o emplear nuevo personal, contratarán una oficina de servicios. Sin embargo, al disminuir los costos de las computadoras y disponer de software comercial de alta calidad, la confianza de algunas empresas en las oficinas de servicios puede cambiar.

Las compañías de *administración de instalaciones* dan servicio a las empresas que desean desarrollar su capacidad de sistemas de información, pero que prefieren no mantener un equipo de operadores, analistas y programadores. Con esta opción, la organización usuaria puede adquirir un sistema de cómputo y entonces contratar una empresa de administración de instalaciones para que opere la computadora y dé servicio en las oficinas de la organización. La compañía de administración de instalaciones proporciona la experiencia en los sistemas de información así como el personal requerido por una cuota. También desarrolla el software o adquiere el software comercial para cumplir con las necesidades de la organización.

Por medio de la administración de instalaciones, una organización puede obtener procesamiento de información y servicio profesional sin invertir tiempo y recursos en la administración de un equipo de sistemas, mientras que recibe los beneficios de poseer un sistema de cómputo.

Comentario al margen
Los sistemas "usados" pueden ser similares a los nuevos

Cuando va a comprar sistemas y soporte de cómputo, el comprador está en el asiento del piloto. Las computadoras se están haciendo cada vez más parecidas: los fabricantes se basan en los componentes proporcionados por los mismos proveedores y a menudo usan el mismo equipo periférico (impresoras, unidades de disco, etc.) El mismo software funcionará de la misma forma en distintos sistemas. Ahora, los componentes compatibles son cosa de rutina para muchas empresas que adquieren recursos de cómputo.

De igual importancia en muchas situaciones es el considerar el equipo de cómputo usado. En este contexto, "usado" quiere decir que pertenecía previamente a alguien, no en cuanto a su uso. Por lo general, un sistema de cómputo, particularmente un sistema de rango medio o grande, queda cubierto por un contrato de mantenimiento que incluye el gasto de todas las refacciones y mano de obra necesarias para su instalación. Además, cubre las adiciones al hardware cuando éstas están disponibles. Esto quiere decir que el sistema a menudo está como nuevo. Aun así, el precio de ese sistema, que ya pertenecía a alguien, está muy por debajo del de un sistema nuevo.

Algunos comerciantes se especializan en computadoras usadas. Sin embargo, aun los grandes fabricantes de computadoras tienen computadoras usadas, a menudo tomadas a cambio de un sistema nuevo.

Esta alternativa puede merecer atención por parte de los analistas que están planeando nuevas configuraciones del sistema y que entienden el valor potencial de los sistemas ya poseídos con anterioridad.

SELECCIÓN DE SOFTWARE

Muchos de los aspectos de interés señalados en la elección de hardware también se aplican al software. La determinación de cuál software comercial es el correcto para una tarea particular —tema que se presentó en el ejemplo del principio de este capítulo— y el acuerdo de los términos contractuales son responsabilidad de la organización usuaria.

Evaluación del software

Una de la tareas más difíciles en la elección del software, una vez que se conocen los requerimientos del sistema, es el determinar si un cierto paquete de software cumple con los requerimientos. Después de la selección inicial, es necesario escudriñar un poco más para determinar lo deseable de un software particular comparado con otros candidatos. Esta sección resume las preguntas acerca de los requerimientos de una aplicación y después sugiere unas comparaciones más detalladas.

Preguntas acerca de los requerimientos de una aplicación

Cuando los analistas evalúan el posible software a adoptar, lo hacen comparando las características del software con los requerimientos de la aplicación desarrollados previamente. Como hemos visto, entre las consideraciones representativas de requerimientos están las siguientes:

- ¿Qué transacciones y qué datos de cada transacción se deben manejar?
- ¿Qué reportes, documentos y otras salidas debe producir el sistema?
- ¿Qué archivos y bases de datos maneja el sistema? ¿Qué archivos de transacciones son necesarios para mantenerlos?
- ¿Cuál es el volumen de los datos por almacenar? ¿Qué volumen de transacciones será procesado?
- ¿Existen características únicas en esta aplicación que requieran de especial atención cuando se elija el software?
- ¿Qué requerimientos de consultas debe soportar el sistema?
- ¿Cuáles son las posibles ampliaciones y cuáles de ellas ofrecerá el sistema?
- ¿Qué características de hardware y comunicación requiere el software?
- ¿Cuáles son las limitaciones del software?

Al trabajar con este conjunto básico de preguntas, junto con la orden de limitación en costos, el analista es capaz de rechazar rápidamente aquellos paquetes que no cumplan los requisitos. Es necesario analizar más a los candidatos restantes para su adopción con base en su flexibilidad, capacidad y soporte del vendedor.

Flexibilidad

La flexibilidad de un sistema de software debe incluir la capacidad de cumplir con los requerimientos cambiantes y las diferentes necesidades del usuario. El software flexible es en general más valioso que un programa que es totalmente inflexible. Sin embargo, no es deseable la flexibilidad excesiva, ya que eso requiere que el analista o el usuario definan muchos detalles en el sistema que podrían incluirse en el diseño como una característica estándar.

Las áreas donde se desea flexibilidad son el almacenamiento, los reportes y sus opciones, la definición de parámetros y la captura de datos. Además, la flexibilidad del software varía de acuerdo con los tipos de hardware con los que trabajará. Por ejemplo, un programa de envío por correo interactivo, diseñado de forma que el operador capture los datos por medio de un teclado, debería permitir el uso de una o dos líneas para una dirección (Fig. 17.3). Las direcciones de

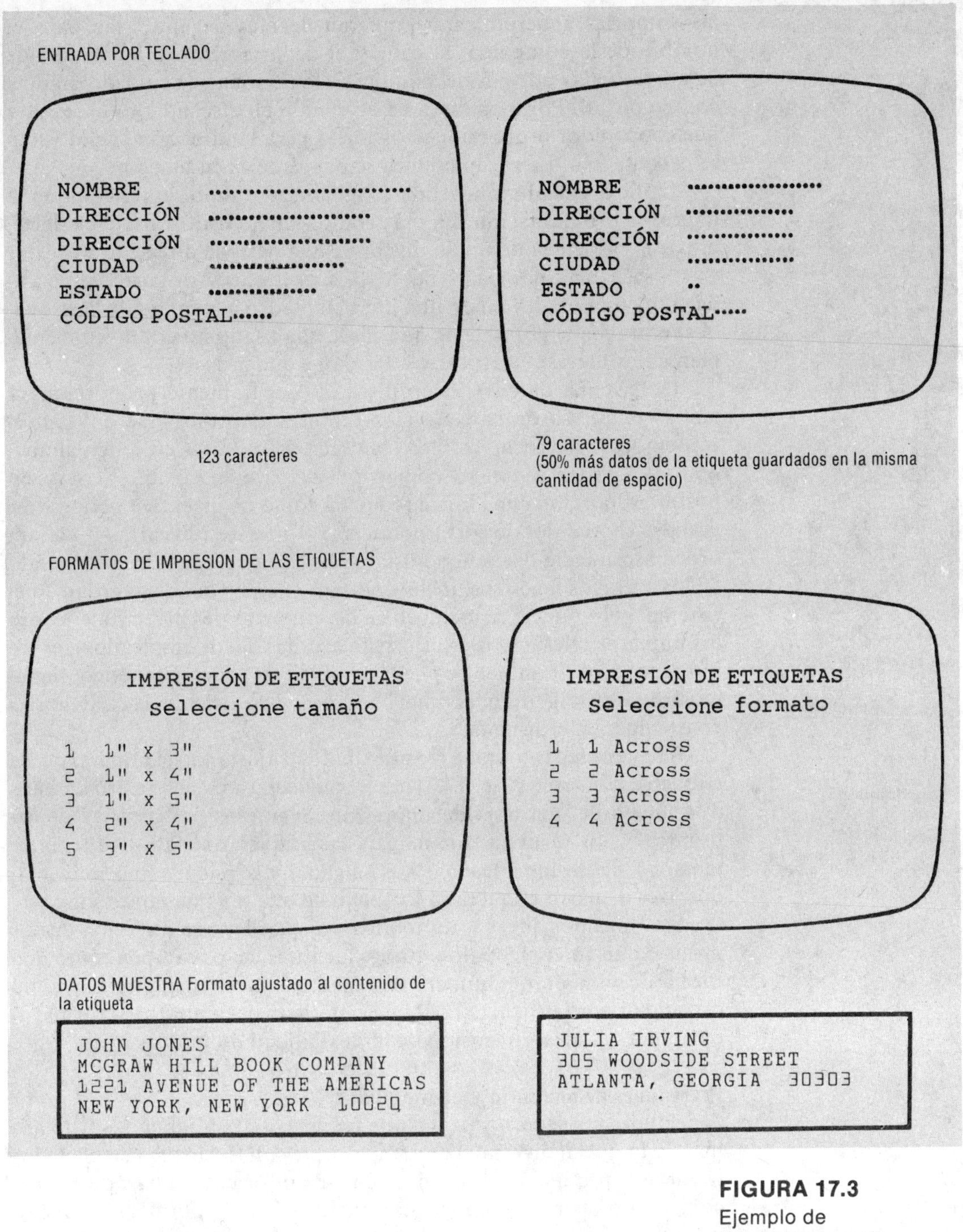

ENTRADA POR TECLADO

NOMBRE	....
DIRECCIÓN	....
DIRECCIÓN	....
CIUDAD	....
ESTADO	....
CÓDIGO POSTAL	......

123 caracteres

NOMBRE	....
DIRECCIÓN	....
DIRECCIÓN	....
CIUDAD	....
ESTADO	..
CÓDIGO POSTAL	.....

79 caracteres
(50% más datos de la etiqueta guardados en la misma cantidad de espacio)

FORMATOS DE IMPRESION DE LAS ETIQUETAS

IMPRESIÓN DE ETIQUETAS
seleccione tamaño

```
1   1" x 3"
2   1" x 4"
3   1" x 5"
4   2" x 4"
5   3" x 5"
```

IMPRESIÓN DE ETIQUETAS
seleccione formato

```
1   1 Across
2   2 Across
3   3 Across
4   4 Across
```

DATOS MUESTRA Formato ajustado al contenido de la etiqueta

```
JOHN JONES
MCGRAW HILL BOOK COMPANY
1221 AVENUE OF THE AMERICAS
NEW YORK, NEW YORK  10020
```

```
JULIA IRVING
305 WOODSIDE STREET
ATLANTA, GEORGIA   30303
```

FIGURA 17.3
Ejemplo de flexibilidad en el almacenamiento de entrada-salida en un sistema de lista de envíos.

las empresas generalmente requieren de más de una línea para el nombre de la compañía, la calle y el departamento o lugar adonde llegue el correo, además del nombre de la persona y la ciudad, estado y código postal. Por otro lado, un sistema bien diseñado no necesitará que el operador proporcione dos líneas para la dirección cuando sólo se necesite una. La segunda línea se puede dejar en blanco.

La flexibilidad en la salida es igualmente importante. Aunque la lógica de programación sea más complicada, el software debe determinar la presencia de una o dos líneas del dato de dirección y ajustar en consecuencia el formato de salida. Las etiquetas de correo preparadas por computadora, con una línea en blanco a la mitad de la etiqueta son prueba irrefutable de que el sistema usado no era lo suficientemente flexible para adaptarse a los datos que procesa.

Un sistema de envío bien diseñado seguramente proporcionará ambas etiquetas de correo y los reportes impresos que enlisten el contenido de los archivos. Pero también debe darlos en orden alfabético y en orden según su código postal para su envío. (El servicio postal proporciona una tarifa reducida como un incentivo para enviar grandes cantidades de correspondencia —más de 200 cartas— con un orden ascendente de código postal.) Una lista completa del contenido de los archivos maestros, incluyendo los campos que se guardan en el sistema, pero que no se incluyen en las etiquetas de correo (tales como los números telefónicos o las clasificaciones de los empleados), es un útil reporte que también se puede producir en orden alfabético, según el código postal, o sobre una base selectiva, usando las categorías construidas en el sistema.

Se puede tener todavía más flexibilidad ajustando el tamaño de las etiquetas de correo (Fig. 17.3) que se pueden usar y el número de éstas a lo ancho de una hoja de impresión. Según las preferencias de los usuarios y los recursos que tengan, las etiquetas serían de diferentes tamaños, desde 1×3 hasta 3×5 pulgadas y se pueden imprimir una, dos, tres o cuatro etiquetas a lo ancho de una hoja de impresión.

Supongamos que el usuario no desea guardar una dirección de dos líneas o que quiere tener longitudes menores de los campos como una forma de aumentar el número de registros que pueden guardarse. La capacidad para instruir al sistema para manejar uno de los formatos opcionales es otra dimensión de la flexibilidad de software.

Previsiones de auditoría y confiabilidad

A menudo, los usuarios tienen una tendencia a confiar en los sistemas más de lo que debieran, al extremo de que con frecuencia creen en los resultados producidos por un sistema de información basado en una computadora sin el escepticismo suficiente. Por lo tanto, la necesidad de asegurarse de incluir los controles adecuados en el sistema es un paso esencial en la selección de software. Los auditores deben tener la capacidad de validar los reportes y salidas y probar la autenticidad y precisión de los datos e información.

Entre los procedimientos de auditoría y control que son de interés están los siguientes:

- Rastrear una transacción por cada paso del proceso y tener la capacidad de examinar los valores de datos intermedios producidos durante el procesamiento.
- Imprimir registros y transacciones seleccionados del sistema que cumplan ciertos criterios (tales como una cuenta altamente activa o una cuenta con un saldo alto) para validar la precisión y autenticidad tanto de las transacciones como de los resultados.
- Mantener un balance constante en el sistema cuando éste implique cuestiones financieras y reportar si el sistema está balanceado.
- Producir un diario detallado de todas las transacciones y el efecto de éstas en los saldos de las cuentas o en los registros del archivo maestro.
- Proporcionar los controles suficientes en la entrada, tales como controles y cuenta de los lotes y transacciones.

La confiabilidad de un sistema quiere decir que los datos son confiables, que son precisos y creíbles. También incluye el elemento de seguridad, el que evalúa el analista determinando el método y adecuación de protección del sistema contra el uso no autorizado. El hecho de que el sistema tenga contraseñas no es una protección suficiente del acceso. A menudo se requieren niveles múltiples de contraseñas para permitir a los distintos miembros del equipo el acceso a los archivos y bases de datos o funciones que necesiten. Puesto que no todas las personas requieren el mismo nivel de acceso, muchos sistemas de seguridad utilizan niveles múltiples de contraseñas que controlan el nivel de entrada en el sistema que se permite a un individuo: preparar informes que la persona está autorizada a recibir, presentar datos de transacción para su procesamiento, cambiar saldos de cuenta o corregir datos de archivos, o bien cambiar los parámetros o contraseñas de seguridad actuales.

Las características de seguridad técnica no son adecuadas si las contraseñas o los demás métodos de seguridad se muestran siempre que se usen. Por ejemplo, si la contraseña que debe introducirse para tener acceso al sistema se presenta en una pantalla visual después de que se introduce, no se mantendrá la seguridad por mucho tiempo, ya que la contraseña puede ser leída de la pantalla por cualquiera que esté cerca. ¡Algunos sistemas incluso tienen tan mala seguridad que imprimen el nombre del usuario, número de cuenta y contraseña cuando la computadora produce su salida!

Capacidad

La capacidad del sistema se refiere al número de archivos que puede guardar y el número de archivos que puede conservar. Para mostrar su capacidad total, es posible que sea necesario tomar en cuenta el hardware específico en el que se va a usar el software. Sin embargo, la capacidad también depende del lenguaje en el que se escriba el software. A veces, el lenguaje es un lenguaje de procedimientos, como COBOL, PL/1, BASIC o PASCAL. Pero el software puede ser un sistema de base de datos, un sistema para generar software automáticamente o con la ayuda de la computadora, o un sistema de manejo de archivos. Otras limitaciones afectan la capacidad global del sistema, aunque pueden ocultarse como resultado de los apoyos del software previamente mencionados. La capacidad también se determina por medio de lo siguiente:

- El tamaño máximo de cada registro, medido en bytes
- El tamaño máximo del archivo, medido en bytes
- El tamaño máximo del archivo, medido en campos por registro
- El número de archivos que pueden estar activos a la vez
- El número de archivos que se pueden registrar en un directorio de archivo

Por ejemplo, supóngase que dos sistemas tienen características idénticas, y que permiten el almacenamiento de 1 000 caracteres en un solo dato. El archivo en sí puede guardar hasta 64 000 registros. El primer sistema permite 128 campos por registro, mientras que el segundo admite 64 campos por registro. Además, el primero sólo autoriza que dos archivos estén abiertos y activos a la vez. El segundo permite 64 registros por archivo y que ocho archivos estén abiertos y activos al mismo tiempo. Usted podrá determinar rápidamente que el segundo sistema tiene una mayor capacidad. Si todos los demás factores son iguales y la capacidad es importante en el momento actual o para la expansión, la decisión sabia será la de elegir el segundo sistema.

Soporte del proveedor

Al comprar el software comercial por medio de un proveedor, siempre es importante evaluar los servicios que se proporcionan, una consideración importante que posiblemente dejó pasar el ejecutivo de ventas del ejemplo que se encuentra al principio del capítulo. Como en el caso del hardware, no basta con saber que la calidad del artículo adquirido es la adecuada. El software también necesita mantenimiento, y el analista debe determinar quién lo llevará a cabo y a qué costo antes de firmar el contrato de compra-venta. Además, se deben detallar los términos del mantenimiento:

- ¿Con qué frecuencia se llevará a cabo el mantenimiento del software? ¿Se proporcionarán las nuevas versiones de manera regular? ¿Habrá un cargo por las actualizaciones?
- Si hay una cuota mensual por mantenimiento, ¿cuáles serán los servicios que cubrirá?, ¿cuáles servicios se excluirán?

- El proveedor del software, ¿proporcionará la programación especializada para adecuar aspectos específicos del software a las necesidades demostradas del usuario? ¿A qué costo? ¿Con qué prioridad, es decir, qué tan pronto después de realizar el contrato comenzará y terminará la programación?
- ¿Cuáles son los acuerdos para controlar los aumentos en las cuotas de mantenimiento?
- ¿Cómo se resolverán los desacuerdos acerca de las necesidades de mantenimiento de software?
- ¿Durante qué horas estarán disponibles los servicios de soporte del software? ¿Cuáles son las previsiones para recibir soporte de emergencia en caso necesario después de las horas hábiles?

Aunqué algunos agentes de ventas de software evitan el contestar estas preguntas, los proveedores confiables no; es más, pueden proporcionar la información antes de que surja la pregunta. En cualquier caso, el analista es responsable de hacer surgir las preguntas y obtener las respuestas.

El soporte del proveedor también incluye la capacitación que se proporciona cuando se adquiere un sistema. Puede ser gratuita o mediante una cuota, dependiendo del proveedor, y en las instalaciones del usuario o en otro lugar. Si el sistema es de uso inmediato y el proveedor proporciona capacitación e instalación "en casa", el contrato debe establecer claramente el número de horas de capacitación que se proporcionarán y el número de personas incluidas. Generalmente, también se especifica el número de días de capacitación en las instalaciones.

Como lo indica esta sección, el soporte después de la compra es parte esencial del proceso de selección.¡El software de calidad que no recibe mantenimiento en un ambiente dinámico pronto dejará de ser adecuado!

Comentario al margen
Los representantes de ventas poseen conocimientos utilizables

Los analistas de sistemas sin experiencia no siempre reconocen el valor de un representante de ventas del proveedor. Estas personas no son individuos que tomen pedidos; son expertos. (Conviene recordar que deben tener conocimientos para poder responder a sus preguntas y por lo tanto lograr la venta.) En muchos casos, pueden servir como consultores excelentes, ya que ellos rutinariamente visitan muchas organizaciones distintas y tienen la oportunidad de ver en forma directa una gran variedad de prácticas, tanto buenas como malas. Puesto que los representantes de ventas conocen a mucha gente en el medio, es posible que hagan contactos provechosos. También pueden demostrar ser útiles arreglando visitas a otras instalaciones y obtener infor-

LICENCIA DE SOFTWARE DE McGRAW-HILL

Este acuerdo le da a usted, el cliente, ciertos beneficios, derechos y obligaciones. Al hacer uso del software, usted indica que ha leído y entendido y que aceptará los terminos. Para obtener todos los beneficios y derechos que le corresponden, envíe la tarjeta anexa.

Esto es lo que McGraw-Hill espera de usted:

1. McGraw-Hill licencia y le autoriza el uso del software indicado en este documento sólo en una microcomputadora ubicada dentro de sus instalaciones.
2. Usted se apega a la Ley de Derechos de Autor de los Estados Unidos. Esta ley le da el derecho de hacer sólo una copia para respaldo. Le prohibe hacer copias adicionales, excepto cuando expresamente lo permita McGraw-Hill. En el caso de que el software este protegido contra copia, de tal forma que no pueda ser duplicado, McGraw-Hill le entregará una copia sin costo o con un cargo mínimo.
3. Usted no elaborará trabajos similares basados en este software porque esto tampoco está permitido por la Ley de Derechos de Autor. Por ejemplo, usted no puede preparar una versión para otro equipo o formato basado en este software.

Esto es lo que puede esperar de McGraw-Hill:

1. Si usted creeque el diskette esté defectuoso, trataremos de diagnosticar el problema mediante los teléfonos de nuestra División Universitaria. Llámenos sin cargo para usted, al teléfono 800-782-3737, de lunes a viernes, de 8:30 A.M. a 4:30 P.M. tiempo del Este. (Los residentes de Nueva York pueden llamar por cobrar al teléfono 212-512-2345). Si el diskette está defectuoso, le será cambiado sin costo para usted. Sin embargo, no es posible ofrecerle sustitución gratuita de diskettes dañados por uso normal, o que se le hayan perdido

(Continúa al reverso)

Corte por la línea punteada y deposite en el correo — — — — — —

Su nombre y título: _____ Fecha: _____

Institución/Compañía: _____ Departamento: _____

Domicilio: _____ Núm. Interior: _____

Ciudad: _____ Estado: _____ Código Postal: _____

Teléfono:( ) _____ Fecha de compra: _____

Información del Programa

Título: _____ Autor _____

Código ISBN No. 0-07-__ __ __ __ __ —

Tipo(s) de microcomputadora en uso: _____

Número de computadoras: _____ Utilizadas en cursos: _____

Comentarios (Por favor indique cualquier necesidad específica que tenga):
_____
_____
_____

---

2. Si tiene un problema con la operación de nuestroprograma, le asesoraremos a través de los teléfonos de nuestra División Universitaria. Llámenos sin cargo para usted, al teléfono 800-782-3737, de lunes a viernes, de 8:30 A.M. a 4:30 P.M. tiempo del Este. (Los residentes de Nueva York pueden llamar por cobrar al teléfono 212-512-2345). Por supuesto, McGraw-Hill no garantiza que el programa cubrirá sus requerimientos, que su operación será contínua y libre de errores, o que los defectos del programa podrán corregirse. Excepto por lo indicado en este acuerdo, el programa y sus diskettes se distribuyen sin ninguna otra garantía sea expresa o implicita, pero limitandose a garantías implicitas de mercado o adaptabilidad para un uso o propósito particular.

3. Su nombre será incluido en nuestras listas de correspondencia, y usted recibirá noticias periódicas de actualizaciones del software educacional de McGraw-Hill, además de información oportuna sobre ofertas especiales de software.

4. El programa que ha adquirido podría tener otros beneficios y derechos. Consulte el material adicional incluido en el programa, o llame al representante de McGraw-Hill más cercano.

P/N 831412-7   4/87

NO NECESITA
ESTAMPILLAS SI SE
DEPOSITA EN LOS
ESTADOS UNIDOS

**TARJETA DE
RESPUESTA COMERCIAL**

PRIMERA CLASE
PERMISO No. 26. NEW YORK, N.Y.

EL PORTE SERÁ PAGADO
POR EL DESTINATARIO

GERENTE COMERCIAL DE COMPUTACIÓN
McGRAW-HILL BOOK COMPANY, PISO 27
DIVISIÓN UNIVERSITARIA
AVENIDA DE LAS AMÉRICAS 1221
NUEVA YORK, NUEVA YORK 10020

FIGURA 17.4
Ejemplo de un contrato de licencia de software

mes y documentos que sean útiles para los analistas y sus proyectos. Además, pueden ser generadores de ideas brillantes.

Obtenga ventaja de cada oportunidad de trabajar con los buenos representantes de ventas.

Contratos de software

Todos los términos y funciones presentadas en esta sección se pueden incluir en un contrato de software. A menos que el contrato comprenda todos los acuerdos, incluyendo las promesas orales, sería difícil demostrarlas después de instalar el sistema o de ocurrir cambios en el personal.

La negociación del contrato es un proceso legal y debe involucrar a los expertos legales y financieros de una organización. Puesto que las empresas de hardware y software negocian contratos regularmente, a menudo son mejores negociadores que los analistas de sistemas o los gerentes del procesamiento de datos. Se recomienda que el abogado de la organización haga un borrador del contrato o modifique el sugerido por el vendedor.

Se pueden delinear dos tipos de contratos de software:

* Bosquejar los términos de alquiler de un programa de software. Cuando las organizaciones adquieren software, a menudo sólo reciben el derecho de usarlo mediante una cuota, ya sea una vez o por cierto tiempo. Una licencia (Fig. 17.4) permite a la organización el uso indefinido del software. Pero el comprador no lo posee y no puede vender el paquete, regalarlo o distribuir copias.
* Bosquejar los términos de un proyecto de programación, en donde la organización contrata a un proveedor independiente para que produzca software. Los términos pueden establecer que el trabajo se hará mediante una cuota fija (por el costo del trabajo del que lo desarrolle, más un porcentaje específico del costo que se añade al costo, dándole al que lo desarrolla una ganancia) o por un monto fijo y una duración específica en horas o en días calendario.

El contrato debe fijar claramente la propiedad del software de forma que no haya disputa posteriormente y si está incluido un servicio o alquiler, debe establecer cuando se termina el contrato.

Ya que a menudo habrá un periodo de tiempo entre la formulación del contrato de software y la fecha en la que realmente estará disponible para su uso, los términos deben proteger a la organización especificando cuándo y cómo se terminará la prueba y cuándo ocurrirá la implantación total. No debe haber duda de cuándo quedará terminada la implantación. A menudo, este punto se fija al momento en que se imprimen los primeros informes en una aplicación de contabilidad y en otros, cuando se producen los reportes del primer mes.

También el pago se liga con frecuencia a la implantación. Un patrón común que se sigue al comprar sistemas de software grandes y caros es el dividir los pagos: la tercera parte cuando se firma el contrato, otra tercera parte cuando se entrega el software y el resto cuando se termina la implantación.

Una última consideración, a menudo dejada de lado en los contratos de software, es la protección necesaria al tratar con ciertas empresas de software. Una organización que está haciendo un compromiso con un sistema de software debe asegurarse de que el software seguirá disponible y que se le dará mantenimiento, independientemente de lo que ocurra con el proveedor (el cual puede vender los derechos del software, ser adquirido por otra compañía, o terminar sus operaciones por medio de la venta o la bancarrota). Debido a que siempre existe la posibilidad de que ocurra alguno de estos hechos en forma inesperada, los abogados involucrados en la negociación del contrato piden que el proveedor proporcione el código fuente y los listados del programa, o bien que guarden una copia del programa con un tercero independiente que lo pondrá a disponibilidad si el proveedor termina sus operaciones. Análogamente, el abogado del comprador debe asegurarse también de que el software seguirá estando disponible para el comprador si el proveedor termina sus operaciones. Además, el abogado debe asegurarse de que se dispondrá del software si hay una disputa acerca del mantenimiento y las mejoras, y el comprador desea contratar su propio mantenimiento. Debido a que estos puntos son complejos y requieren de un amplio conocimiento legal, siempre se debe buscar el consejo legal en la negociación contractual.

En este capítulo hemos enfatizado la importancia de la adquisición de hardware y software. Aun cuando los analistas de sistemas analicen adecuadamente los requerimientos de información y formulen un diseño lógico efectivo, el sistema seguirá dependiendo de la combinación correcta de hardware y software. Como resultado, este proceso de selección es tan importante como cualquier otro paso asociado con el desarrollo de sistemas. Desafortunadamente, carece del brillo y espectacularidad de otros aspectos del desarrollo de sistemas. Muchos programas academicos para los analistas de sistemas no tocan varios de los puntos presentados en este capítulo; sin embargo, la comprensión de ellos es vital para administrar los sistemas de información del mundo real.

RESUMEN

La decisión de adquirir hardware y software de cómputo debe ser manejada de la misma forma que cualquier otra decisión de la empresa. Se consideran las alternativas, y las características de cada una se comparan con los requerimientos de la organización. Para cada alternativa hay preguntas específicas acerca de la capacidad del sistema, servicio y protección después de la compra y costos.

Al comprar equipo de cómputo, se fija el tamaño y capacidad del sistema por medio de los requerimientos de la aplicación. Características tales como el número de terminales que soportará el sistema, la velocidad de procesamiento y el equipo que se le puede agregar son elementos básicos que el analista no puede dejar pasar al elegir el sistema correcto para una organización. Con frecuencia, se dispone de información publicada a través de *servicios de suscripción* que complementan lo proporcionado por el proveedor y otros usuarios. Además, se pueden obtener pruebas para mostrar como procesará un sistema específico una mezcla determinada de trabajos. Si las mismas pruebas se procesan en varios sistemas distintos, el analista recoge datos que hacen posible la comparación más directa. Sin embargo, las pruebas muestran sólo datos cuantitativos. El analista debe evaluar todavía la facilidad con la que el sistema se pueda usar, la calidad de soporte por parte del proveedor y los demás factores que la organización crea esenciales, aun cuando no se puedan cuantificar por medio de pruebas.

El uso de *equipo compatible*, componentes producidos por compañías distintas a las de los grandes fabricantes de computadoras, puede ser una opción económica. Sin embargo, dicho equipo debe cumplir estándares específicos de calidad. Además, su uso no debe poner en riesgo las garantías.

La adquisición de una computadora se puede dar por medio de renta, *alquiler* a largo plazo o compra directa. La renta y el alquiler son similares. Sin embargo, el lapso de renta es usualmente más corto que un periodo de alquiler (hasta aproximadamente 18 meses, en comparación con un periodo de alquiler, que puede ser hasta por 7 años), el cargo mensual por renta es mayor. Tanto los cargos por renta y alquiler se pueden deducir de los impuestos como un gasto de la empresa para las organizaciones con fines de lucro.

Si la computadora se compra, la organización es dueña del equipo y puede depreciar su costo a lo largo de los años, como lo permite la Oficina Recaudadora de Impuestos. También es posible que deduzca el costo del interés si el equipo se compró por medio de un financiamiento y es elegible para un crédito fiscal. Los costos de mantenimiento mensual también son deducibles. La compra de equipo resulta, en general, de menor costo que con la renta o el alquiler a largo plazo.

Al contratar el mantenimiento la organización debe asegurarse de saber quién lo proporcionará y lo que incluye los términos del contrato de mantenimiento: mano de obra, refacciones y mano de obra, o cualquier otro arreglo. También se tiene que especificar el tiempo de respuesta cuando se llama para un mantenimiento necesario, junto con un programa de mantenimiento preventivo. A veces, el servicio lo proporcionan las firmas de *mantenimiento por parte de terceros*.

Las opciones para tener un sistema de computación "en casa"

incluyen el uso de *oficinas de servicios*, las que ponen a la disponibilidad del usuario sus instalaciones de cómputo con base en una cuota, y las firmas de *administración de instalaciones*, las cuales proporcionan servicio y personal a los sistemas de información.

La selección de software requiere del mismo cuidado que la selección de hardware. Los requerimientos de aplicación se comparan con las características del software. Se pone particular atención en la flexibilidad del software, su capacidad y la magnitud de sus características de auditoria y confiabilidad. El soporte y mantenimiento después de la compra proporcionados por el proveedor no deben dejarse de lado, ya que el comprador depende en gran medida del proveedor para un soporte continuo. Se recomienda pedir asesoría legal al contratar el software, para asegurarse que la organización que compra queda protegida totalmente y que tendrá una capacidad adecuada de software aun si el proveedor cambia de manos o sale del negocio.

No hay sustituto para la selección cuidadosa de hardware y software. Aunque las prácticas efectivas de análisis y diseño son esenciales, éstas deben equipararse con el equipo adecuado y el software conveniente.

PREGUNTAS DE REPASO

1. ¿Qué factores determinan los requerimientos de tamaño y capacidad de un sistema de cómputo? ¿Cómo se adquiere la información acerca de las diferencias entre los sistemas?
2. ¿Qué es una prueba? Dé ejemplos de éstas. ¿Cómo se determinan? ¿Quién las desarrolla?
3. Discuta la confiabilidad de los datos de pruebas al comparar computadoras de distintos tamaños y marcas. Indique por qué usted cree que debieran ser usados o no al evaluar distintos sistemas de cómputo.
4. ¿Por qué algunas organizaciones toman en cuenta el equipo compatible cuando se adquiere hardware? ¿Cuáles son las ventajas y desventajas de los componentes compatibles?
5. Discuta las alternativas para la adquisición de computadoras, comparando las similitudes y diferencias de cada método.
6. ¿Cuáles de los métodos de financiamiento de adquisición de computadoras son el menos y el más caro a corto plazo? ¿A largo plazo? Explique las ventajas fiscales, si existen, para cada método.
7. ¿En qué difieren las oficinas de servicios y las compañías de administración de instalaciones? ¿Cuáles son las ventajas que cada una ofrece a la organización que necesita servicio de cómputo?
8. ¿Por qué los contratos de mantenimiento son tan importantes al comprar o alquilar un sistema de cómputo? ¿Qué términos debe discutir el comprador al procurar el mantenimiento?
9. La capacidad del software para adecuarse a una aplicación específica es un factor importante en la selección de un programa sobre otro. ¿Cuáles son algunos factores representativos que demuestran la flexibilidad del software?
10. Comente la importancia de las características de auditoría en el software. ¿Cómo se garantizan éstas características?

11. ¿Cómo se evalúa la capacidad de software? ¿Cómo se deben comparar los datos de requerimientos del sistema con los datos de capacidad para determinar si un programa específico tendrá suficiente capacidad para cumplir las necesidades?

12. Bosqueje los puntos que un comprador debe considerar al hacer un contrato de software. Explique la importancia de cada una de ellas.

13. Cuando una organización paga por el software, ¿generalmente posee el software? Explique la razón de su respuesta.

PROBLEMAS DE APLICACIÓN

1. El administrador de una compañía de impresión y fotocopiado debe decidir si comprar o rentar un sistema de cómputo. La empresa, que está creciendo rápidamente y expandiéndose a otros lugares, no usa por el momento el procesamiento por computadora. Sin embargo, la administración piensa que se debe adquirir un sistema de información simplemente para mantenerse competitivos. El sistema de cómputo necesario para cubrir las necesidades de la empresa durante los próximos doce meses costará $ 50 000 para su compra y unos $ 22 500 adicionales para software, capacitación e instalación. Para efectos fiscales, la vida útil del sistema es de 5 años. Los costos de mantenimiento mensual serán de $ 600. Si se compra, el sistema será financiado por el precio total de compra con una tasa de interés del 16% anual.

   Como una alternativa, la empresa puede rentar el sistema por $ 2 800 al mes.

   El alquiler por un periodo de 5 años también se tomó en cuenta. El costo mensual del alquiler por 5 años es de $ 2 100.

   a. ¿Qué alternativa es la más benéfica desde el punto de vista financiero? Asegúrese de considerar y mostrar todos los costos para cada una de las tres opciones.

   b. ¿Qué beneficios obtiene la renta en la situación descrita? ¿Se pueden alcanzar los mismos beneficios mediante el alquiler a largo plazo?

2. Muchos propietarios de pequeños negocios consideran la compra de microcomputadoras para su uso en el procesamiento de los datos de la nómina y para preparar los cheques de los empleados. Sin embargo, otros propietarios de pequeños negocios prefieren que sus actividades de procesamiento de la nómina se manejen manualmente o se manden a una oficina de servicios que llevará a cabo todo el trabajo necesario para calcular el pago, determinar los impuestos en la nómina, preparar los cheques y mantener los registros de la nómina.

   El propietario de una empresa de jardinería está pensando si comprar una microcomputadora empresarial para manejar la nómina de la compañía o mandarla a una oficina de servicios. En cualquier caso, se deben preparar los cheques de todos los empleados cada semana. El costo de la computadora, incluyendo el suficiente almacenamiento de disco para conservar todos los registros requeridos para los 250 empleados de la compañía, es de $ 10 000. Una impresora costará $ 3 000 adicionales y el software de la nómina y el sistema operativo otros $ 1 000.

   La alternativa de la oficina de servicios costará $ 0.50 por cada cheque de empleado, lo cual incluye el mantenimiento de todos los registros de nómina y la preparación de las formas de impuesto retenido al final del año.

   a. Elabore un análisis de costo—beneficio para las dos alternativas bosquejadas. Suponga que el costo actual de dinero es de 22% y que la microcomputadora tiene una vida útil de 3 años. ¿Cuál alternativa es la mejor inversión, considerando que la microcomputadora empresarial se depreciará totalmente a los 3 años con una base mensual igual y que cada $ 2 de depreciación reduce el monto de los impuestos que la empresa paga en $ 1? Explique la razón de su respuesta, con las comparaciones específicas de costo.

b. Además del costo ¿cuáles otros factores debe tomar en cuenta el propietario del negocio para hacer la decisión del procesamiento de la nómina?

3. El propietario de una exitosa empresa de mensajería con un alto margen de ganancia esta pensando en adquirir un sistema de cómputo para el procesamiento de ventas, inventarios, y contabilización de datos. Por el momento, la empresa maneja todos sus registros manualmente. Los empleados están convencidos de que la instalación de procesos con computadora los ayudará en sus trabajos y reciben con agrado los beneficios de la automatización. La administración también cree que se puede obtener un mejor desempeño de la empresa a partir de un control mejorado del procesamiento de la información y transacciones.

El propietario, por un lado, desea hacer la inversión pero, por el otro, cree que los sistemas de cómputo están bajando su costo e incrementando su capacidad. Tanto la información en los periódicos y revistas empresariales como los consejos de sus compañeros de negocios le sugieren al comprador que habrá un sistema mejor y más poderoso *el próximo año* por menos dinero que el costo de una computadora disponible en este momento. Por lo tanto, el propietario está planeando posponer la computarización por un año más, así como lo ha hecho durante los últimos años, antes de comprar el sistema.

¿Esta el propietario en lo correcto si cree que los sistemas de cómputo están bajando de costo e incrementando su capacidad de proceso? Toda persona que piensa adquirir una computadora, independientemente del tamaño o costo, enfrenta el mismo dilema. ¿Qué factores debe tomar en cuenta el propietario para decidir si espera? ¿Es siempre "el próximo año" una época mejor para comprar un sistema?

BIBLIOGRAFÍA

BATEMAN, B.L. y J.C. WETHERBE: "Cost Analysis of Computer Maintenance Contracts", *MIS Quartely*, diciembre de 1978, pp. 15-22.

DICKSON, G.W. y J.C. WETHERBE: *Management of Information Systems*, Nueva York: McGraw-Hill, 1985.

"Evaluating Off-the-Shelf Software Packages", *Datamation*, diciembre de 1980, pp. 85-122.

GLESEER, M.A., B. EDITH, y D. LANG: "Benchmarking for the Best", *Datamation*, mayo de 1981, pp. 127-136.

HEAD, R.V., y M.S. GOFF: "Standard Benchmarks Aid in Competitive Systems Selection", *Journal of Systems Management*, enero de 1979, pp. 4-10.

HOWARD, P.C.: "Capacity Management and Planning (Part 1)", *EDP Performance Review*, 7, 5, mayo de 1980, pp. 1-7 (Ver también la parte II, junio de 1980).

LUCAS, H.C. JR: "Performance Evaluation and the Management of Information Services", *Data Base*, 4, 1, primavera de 1972, pp. 1-8.

SANDERS, L.G., P. MUNTER, y R.D. REED: "Selecting a Software Package", *Financial Executive*, 1, 9, septiembre de 1982.

WETHERBE, J.C., L. CARPER, y S. HARVEY: "Computer Capacity Planning: Strategy and Methodologies", *Data Base*, verano de 1983, pp. 3-13.

Índice